國家清史編纂委員會・文獻叢刊

張之洞全集

六

公牘・咨札

◎主編／趙德馨◎副主編／吴劍杰　馮天瑜

◎本册點校／吴劍杰

武漢出版社

第六册編輯説明

本册收録光緒二十三年正月至光緒三十三年五月，即張之洞出任湖廣總督期間的咨札共七百二十五件（不含附件），包括底本《張文襄公全集》（北平文華齋一九二八年刊本）第一百卷中的後三件和第一百零一卷至一百零九卷中的全部一百四十七件，計一百五十件；另增補五百七十五件，均録自抄本《督楚公牘》（不著卷次、頁碼。中國社會科學院經濟研究所圖書館藏）。凡增補各件，均在目録中相應標題的上方標示圓圈，并隨文分别注明出處。

本册由吴劍杰負責點校整理。張寧、黎浩參加了增補文獻的搜集。

第六册目録

公牘・咨札 光緒二十三年正月至光緒三十三年五月

光緒二十三年

光緒二十四年

光緒二十五年

光緒二十六年

光緒二十七年

光緒二十八年

光緒二十九年

光緒三十年

光緒三十一年

光緒三十二年

光緒三十三年

光緒二十三年

飭委提督張添習等接帶荆江水師後營、襄河中營[一] 光緒二十三年正月初六日

據荆宜施道俞道鍾穎稟稱：荆沙五方雜處，爲上游重鎮，巡緝彈壓，極關緊要。所設荆江水師後營，向章分派弁勇巡查沙市街道，水陸緝捕，均該營之專責，故地方官各局皆有津貼。本年江、監等邑被淹成災，交冬後沙市開設粥廠，災民麕集，巡查彈壓，事務較繁，而内河一帶，時有竊發案件。職道委飭管帶黄副將鯉庭督率弁勇，認真緝捕，該副將僅以空言塞責，及面加詢詰，又以營弁窘苦，未易鼓勵爲詞。該副將身弱多病，深居簡出，以致營務日漸廢弛。刻值巡防喫緊之時，荆州府舒守亦深以爲慮。職道有節制調遣之責，不得不據實密陳。如蒙憲恩，另派賢員迅速來沙整頓，實於營務、地方均有裨益等情，到本部堂。據此。查管帶荆江水師後營副將黄鯉庭，并不認真緝捕，致營務日漸廢弛，實屬怠玩不力，應即撤委示懲。所遺荆江水師後營，自應改委管帶，以資整頓。查有管帶襄河水師中營提督張添習，堪以飭委前往接帶。所遺襄河水師中營，即委提督謝得龍接充管帶。查襄河水師五營向無統領名目，前於光緒十七年因整飭水師，特委劉提督鶴齡爲五營統領。乃因劉提督資望素優，是以特設統領，以資調度，此時即勿庸再設統領，即委謝提督得龍兼充襄河總查，每月另支給總查公費五十兩，以資辦公。除分行外，合亟札委。札到，該提督即便遵照，迅將原帶襄河水師中營長龍、舢板及軍裝、器械等件，移交謝提督得龍接帶，刻日馳赴沙市接帶荆江水師後營，督率弁勇勤加操練，會同地方官實力巡查，聯絡一氣。勇丁不准一名缺額，所有水陸緝捕事宜，均須認真整頓。務期匪徒斂跡，地方安静，勿得停船缺勇，怠玩欺飾，有負委任。營中一切事宜，仍循照舊章，聽候荆宜施道節制調遣。并將接帶日期具報查考。

札北善後局等籌畫開源節流及騰挪湊備之法附單 光緒二十三年正月初七日

光緒二十三年正月初六日准户部咨開：湖廣司案呈北檔房傳所有速議湖廣總督張等奏湖北籌還洋款以後，萬難持久，據實瀝陳一摺，光緒二十二年十二月十九日具奏。奉旨：依議。欽此。傳付湖廣等司即赴本檔房抄録原奏，恭録諭旨，飛咨該省督、撫轉飭欽遵辦理等因。傳司前來，相應抄録原奏，恭録諭旨，飛咨湖廣總督轉飭遵照辦理可也等因，到本部院、部堂。准此。查湖北省每年派還俄法、英德洋款本息，當日接到户部來咨并電詢後，因原咨有京餉、甘餉照舊批解，此外俱准劃提之語，是以會同撫部院於六月初七日陽電覆户部，慨認光緒二十二年應還之款如期

[一] 以下十五件録自抄本《督楚公牘》。

籌還。并聲明鄂力極絀，驟增鉅款，萬分爲難，除指明之京、甘各餉照舊籌解外，他款當遵照來咨酌量減解在案。乃現准户部議覆，仍照原奏設法依限籌解，除司庫留協減平、糧庫幫津兑費及茶糖烟酒加抽各釐准其劃提湊備外，其鐵路經費、海軍經費皆未允准劃提。此外，淮、滇、黔、粵各省協餉，雖有斟酌緩急酌量協濟之語，所省不能甚多。至川省萬縣代收鹽課加價，部咨亦未聲明准予撥還鄂省，是此項洋款不敷尚鉅。且本年春限還期轉瞬即届，必須另籌開源節流及騰挪湊備之法。每年確可集成鉅數并再爲切實聲明，遵照部咨無論何款酌量劃提，方不致臨時束手。湖北民生凋敝，庫款支絀，已非一日，而近來尤甚。加以本省災賑尚苦于無從補救，更何從添此鉅款。惟部咨急迫，事關交涉，實屬勢處萬難。該司道等應再迅速會同悉心妥速籌議詳覆核奪，以免貽誤急需。合亟札飭。札到，該司道即便遵照迅速會同藩司、糧鹽道、江漢宜昌關道通盤籌畫，或開，或節，或力加整頓，或量爲騰挪，或仍請劃提，務須增出切實鉅款，妥速籌議詳覆，以憑酌核具奏暨分别飭辦，毋稍延誤。一面由該司道等將丁漕、貨釐、鹽釐、關税等項認真督率整頓，力除拖欠隱匿、走漏中飽之弊，以資補苴。是爲至要。切切。

户部奏稿

為遵旨速議具奏恭摺仰祈聖鑒事。湖廣總督張、湖北巡撫譚奏，餉需困竭，籌俄法、英德借款暫為挪解應急，以後萬難持久，據實瀝陳一摺，光緒二十二年十二月初八日奉硃批：户部速議具奏。欽此。欽遵由軍機處抄交到部。據原奏内稱，前准户部咨每年應還俄法、英德兩款本息清單内開，俄法一款由鹽斤加價項下指撥湖北川鹽六萬兩，西征洋款改為加放俸餉項下指撥湖北五萬兩，地丁、鹽釐、貨釐、雜税等款項下指撥湖北十六萬兩，洋税、洋藥税釐項下攤派江漢關十六萬兩、宜昌關八萬兩。英德一款，由鹽斤加價項下指撥湖北川鹽六萬兩，西征洋款改為加放俸餉項下指撥湖北五萬兩，地丁、鹽課、鹽釐、貨釐、雜税等款項下指撥湖北二十二萬兩，洋税、洋藥税釐項下攤派江漢關二十四萬兩、宜昌關十二萬兩。又原奏内稱，除常年應解京餉等項仍照常批解外，其餘俱准酌量劃提，各照分認數目，按期解交江海關彙總付還等因。當經分别轉行，迅速設法措解去後。兹據司道等會詳，查湖北省所收丁、課、鹽、貨、釐、税，外則供應京甘及各省協餉，内則支發本省兵勇餉項。近來鹽、貨衰減，撥款加增，艱窘情形，久為户部所知。即照部議無論何款酌量劃提，而通盤籌畫，實屬無可匀撥。惟有司庫留協減平、糧庫幫津兑費等項，及上年籌餉案内加抽二成茶糖、三成菸酒各釐，統計約銀十三四萬兩，尚不敷銀二十四五萬兩。擬請在應解鐵路經費、海軍經費、滇黔廣西等省協餉内酌緩劃抵。至指撥川鹽加價、西征洋款改為加放俸餉，自應遵照改撥。惟宜昌鹽局所收加價，應由四川將按年代收加價錢文解交湖北，方可免敷此數。又江漢關歲收税項，每年奉撥准餉六十萬兩，協滇餉銀二萬四千兩，亦擬略為騰挪。宜昌關徵税寥寥，兼之雲貴土藥收成歉薄，出貨減少，且荆州、宜昌兩府息借商款本息均應分期歸還。奉派俄法、英德償款，若土藥來源減少，洋税短絀，能否湊解足數，毫無把握。與其臨時貽誤，曷若預為陳明，詳請奏咨前來。臣等覆查該司道等所陳，均係實在情形，雖經臣等督飭，於無可設法之中勉作暫時騰挪之計，第本年撥款尚可湊足，此後實難按年湊解，深恐臨時貽誤，不能不預為陳明各等語。臣等查息借四國洋欵，原屬無可如何之事，而攤之各省、關分認歸還，尤屬萬不得已之舉。自本年五月臣部籌定辦法奏准通行後，方慮各省督撫、關道藉詞諉卸，而湖廣督臣張之洞等接奉部咨，竟慨然引為己任，首先督率司道等照數依限籌解，各省督撫繼之，卒使本年分攤洋欵將近一千萬兩之數，皆如期歸還，毫無貽誤。雖曰羣策羣力，同心共濟，要未始非該督臣等維持倡導之所致。此臣等始念所不及，而朝廷所為深相嘉許者也。今該督等以湖北丁釐税課入不敷出，攤認洋欵萬難持久，奏請劃留解部各欵，自係思深慮遠之見。惟此項攤欵關係重大，該督撫不能不持之以久，貞之以恒。設使稍有變更，勢必掣動全局。萬一各省、關援以為請，則臣部於此後還欵，又將何以處之。且鄂中財力之富，該督撫等擘畫之精，豈於此項緊要之攤欵，竟至通盤籌畫無可匀撥，而有臨時貽誤之慮乎。臣等公同商酌，應仍請旨飭下該督撫等務照臣部原奏分認各欵，督同該司道等於來年設法依限籌解，以免紛更。除司庫留協減平、糧庫幫津兑費及茶糖菸酒加抽各釐准其劃提湊備外，其鐵路經費、海軍經費皆應解部庫待用之欵，未便率准劃提。此外，淮、滇、黔、粵各省協餉，仍當斟酌緩急，酌量協濟。至江漢、宜昌等關應徵藥釐洋税，尤當嚴飭各關道認真整頓，實力稽徵，以重要需而維時局。所有臣等遵旨速議各緣由，理合恭摺具陳，伏祈皇上聖鑒。謹奏。

咨直隸督院送會稿并札張延鴻等查勘漢口至黄河南岸鐵路 光緒二十三年正月初七日

光緒二十三年正月初六日准督辦鐵路總公司事務大臣、太常寺少堂盛歌電開：美工師爾立樞、柏許等洋人三名即行。張令延鴻、沈令翊清即請會直隸督部堂與敝銜札委，并咨行鄂、豫、直三省，可不會印等因，到本部堂。准此。所有自漢口馬頭起，至黄河南岸過渡處止，應修一段鐵路，除於光緒二十三年正月初九日[一]會列貴部堂暨督辦鐵路總公司事務大臣、太常寺少堂盛台銜，札委張令延鴻、沈令翊清會同洋工師查勘，并由本部堂札飭北善後局墊發川資將來由鐵路公司歸欵外，相應將會、回稿咨送貴部堂，煩請查照書行鈐印，轉咨督辦鐵路事務大臣、太常寺少堂盛書行鈐印，將會稿存案，回稿移還備案施行。

現奉諭旨興辦盧漢鐵路，所有自漢口長江馬頭起至黄河南岸過渡處止，應修一段鐵路，自應遴派妥員各繙譯會同洋工師等迅速詳細勘明，以憑酌辦。茲查美工師爾立樞、柏許等洋人三名日內即可到鄂。查有准補黄陂縣知縣張令延鴻熟悉湖北河南地方情形，江蘇候補知縣沈令翊清諳曉英語，堪以派委前往，帶同繪圖生會同洋工師查勘，并沿途指引照料一切。除咨明河南撫部院飛飭經過各州縣妥爲照料保護外，合行會札飭委。札到，該員一俟洋工師到鄂，遵即會同前往漢口沿江一帶查勘，擇定馬頭處所，必須舟車轉接，兩屬便利。由此直向河南信陽等處詳細履勘，查明何處平坦，何路直捷。隨至鄭州上下一帶，查明何處渡河穩便，地土堅實，詳細繪圖，分别貼説，禀候酌辦，勿稍疏率延誤。切切。

[一] 抄本《督楚公牘》原文如此。

札北藩、臬司等飭縣示諭接設電綫并委員照料光緒二十三年正月十五日

光緒二十三年正月十二日准盛大臣文電開：長沙電綫初四開工，將至鄂境，武昌至蒲圻桿料已派司事起運，惟江夏、咸甯、蒲圻，鈞處尚未行知，乞札飭該三縣迅速查照向章，出示曉諭，認真照料，俾免工程阻滯爲禱等語。查電綫爲方今要政，最爲有益於地方、民生、商務之舉。湖北沿江二千餘里久已興辦多年，於隄工、賑務、商業及察吏整軍、緝匪捕盜諸事，皆臻便利，確有裨益。今湖南既已自長沙省城開造，接入鄂境，自應由蒲圻、咸甯、江夏等縣地方驛路接造，以通武漢正綫，聯爲一氣，以竟全功。除具奏并咨督辦鐵路總公司大臣兼辦電報事宜盛，迅即飭辦外，合亟札飭。札到，該司、局即便遵照，會同善後局轉飭蒲圻、咸甯、江夏三縣遵照，迅即出示曉諭紳民。此事於民間有益無損，勿得誤聽訛言，妄生疑阻。如驛路之旁間有所需地段，均係公平價買，於民間絶無擾累，并即由司、局派委妥員幫同彈壓照料，勿稍率忽，免致工程阻滯爲要。仍將勘路員司到境情形隨時稟報查核。此札。

咨直隸督院送會稿并札飭張延鴻等查勘鐵路改爲自漢陽鐵廠起至保定省城止光緒二十三年正月二十四日

光緒二十三年正月十五日准督辦鐵路總公司事務大臣太常寺少堂盛願電開：爾立樞等議明自漢陽鐵廠起，勘至保定止。全路測量估工，由天津航海回滬，呈送圖説，聽候核辦。頃接會稿勘至黄河南岸止，恐過河後印委不知照料。現既以汪牧代沈令，擬請更正另辦，會札咨行。祈速賜查照等因，到本部堂。准此。查前因原派勘路委員沈令翊清患病，業經會札改委汪牧喬年，偕同張令延鴻，會同洋工師將自漢口馬頭起至黄河南岸過渡處止，詳細查勘在案。茲准前因，特再會列貴部堂暨督辦鐵路總公司事務大臣太常寺少堂盛台銜，札飭該員等改由自漢陽鐵廠起至保定省城鐵路交接處止，會同詳細查勘，稟覆酌辦。除由本部堂專札飭令北善後局酌量墊發川資，將來由鐵路公司撥還歸欵，暨行北布、按二司飛速轉飭經過地方官，俟該委員等及洋工師到境，會同查勘，妥爲照料保護，并將查詢一切地勢、物産、商旅情形詳晰告知，勿稍疏略延誤，并請貴部堂轉飭直隸經過地方官一體妥護詳告外，相應將會、回稿咨送。爲此合咨貴部堂，請煩查照書行鈐印，轉咨督辦鐵路總公司事務大臣、太常寺少堂盛書行鈐印，將會稿存案，回稿移還備案，并希飛速轉飭經過地方官遵照施行。

照得本部堂欽奉諭旨，督辦盧漢鐵路，前因原委勘路委員沈令翊清患病，當經會委准補黄陂縣知縣張令延鴻、江蘇候補知州汪牧喬年，帶同繪圖生，會同美工師爾立樞、柏許等洋人三名前往勘路，勘至黄河南岸，咨行在案。茲查美工師爾立樞等現經議明自漢陽鐵廠起，經由湖北、河南、直隸三省，勘至保定省城止，全路測量估工，由天津航海回滬，呈送圖説，聽候核辦。應照現議所勘之路，更正改爲自漢陽鐵廠起至保定省城鐵路交接處止。沿途詳細查勘。除洋工師勘測繪圖聽其自行酌辦外，該員等應密加查明，何處道路平坦，何路較爲直捷，渡河何處穩便，地土堅實，并一面估計購地築路等項工價，察看沿途生意、土産、貨物

進出情形，地勢高下，每年水勢漲落丈尺如何，會同地方官博訪周諮，悉心詳審，分晰確切，逐條稟覆，以憑與洋工師所勘之法參考互證，酌量興辦。俟勘畢後，該員等仍會同洋工師由天津航海至滬，再行回鄂銷差。至爾立樞即李治、柏許即柏士應併聲明，以免歧誤。除分别咨行轉飭湖北、河南、直隸三省地方官會同查勘，妥爲照料保護，一切地勢、物産、商旅情形詳晰告知外，合亟札飭。札到，該員即便遵照現札指飭事理，改由自漢陽鐵廠起至保定省城鐵路交接處止，會同詳細勘估審察，迅速稟覆酌辦，勿稍疎率延誤。切切。

札委王秉恩督辦紡紗局務光緒二十三年二月初三日

照得湖北紡紗廠前經派委本任江漢關道瞿署臬司督辦局務，候補知府盛守春頤總辦局務在案。現在工程業已告竣，機器安設齊全，不日即可開工。惟該廠原議係官商合辦，官股商股各半，欵目甚鉅，其勢維均，其權力自應相等，不宜偏重。必應於發軔之始，與股商妥爲核議，立有明晰妥善章程，官商互相維繫。總之，令商人得以展布，而官力處處得以句稽，俾出入盈虧，明白顯著，毫無混淆，以示公平而昭慎重。亟應遴委大員駐局督辦，以便隨時隨事考核籌商。查有奏調湖北差委廣東候補道王道秉恩，堪以派委督辦紡紗局務，常川駐局，會同原委督辦瞿署臬司，督同總辦盛守，將應辦一切事宜妥議章程。所有考核在廠員董司事，約束工匠，體察商情，籌計欵項，采購棉花，稽核物料，督催工作，疏通銷路，核計盈虧，慎防流弊各節，均應督同盛守切實辦理，而尤以慎重官欵爲第一要義。如遇重要事件，仍隨時稟請本部堂核定示遵。除分行外，合亟札委。札到，該道即便遵照，督辦紡紗局務，常川駐局，查照上項指飭事宜，會同瞿署臬司，督同盛守刻日迅即將各章程悉心議妥，稟候核定遵行。以後隨事妥慎經理，勿令稍滋弊端，以副委任。仍將到局督辦日期稟報查核。

札發武備學堂章程八條附單　光緒二十三年二月初三日

照得鄂省設立武備學堂，所有議定章程八條，除分行遵照外，合亟札發。札到，該道、該洋教習、該守、該學堂即便查照辦理，勿違。

武備學堂章程

第一欵　本部堂在湖北地方創設武備學堂，選擇文武舉貢生監、候補候選人員及世家子弟以為學生。此學堂為儲備將材起見，期於五年學成可用。

第二欵　本部堂選派道員為學堂總辦，管理學堂一切事宜，仍隨時稟請本部堂之示。又選用洋員充當總教習及各教習，選派知府等官充當提調。所有總教習等及提調，均聽總辦節制。該總教習專奉本部堂及總辦為上司，而與提調平行，各辦各事。本部堂及總辦所有諭令總教習之事，必有文件行知教習。此文件無論何人，均可轉交。至本部堂及總辦或飭提調向總教習面商事宜，總教習務宜和平相商，仍候本部堂及總辦定奪。倘總教習有託提調代稟本部堂及總辦之事，該提調亦必迅速代稟，聽候本部堂及總辦定奪。

第三欵　學生功課其如何由淺入深、分别教授之法，責成總教習等盡心教授。每年分四季考課，春、夏、秋三季由總辦認真考試，稟知本部堂，冬季由本部堂親臨考試。其應考之事，可照總教習功課清册所請辦理。

第四欵　總教習擔受功課一切事宜。遇雙月分，教習作功課清册，呈於總辦。總辦於十日内轉呈本部堂督核。至該總教習有面稟事件，亦可先行請示，由本部堂定期傳見。

第五欵　總教習可定領班、繙譯、學生功課規條。（知）［如］總教習定有功過賞罰，應於午刻點名時申明，以昭勸懲。領班、繙譯、學生如有去留，先知照總教習商定辦理。如有不聽總教習號令者，總教習稟明總辦，查詢確實，必將其人撤去。

第六欵　總教習與提調分辦學堂事宜。凡事經本部堂及總辦酌定之後，其屬功課之事悉歸教習主持，所有各教習及領班、繙譯、學生，亦悉歸總教習管理。除功課之外，凡領班、繙譯、學生各事，均歸提調管理。緣本部堂體恤總教習，慎重武備，甚盼該總教習專心功課，則學生方有進益，不欲以學堂中瑣細事宜分總教習精神，致太勞苦也，不但與總教習體面毫無所損，并是格外優待教習之意。惟提調事務太繁，恐有管理不周之處，亦可由總教習會同兼管該領班、繙譯、學生一體遵行。

第七欵　學堂用欵，悉聽本部堂隨時諭知，總辦遵行，教習無庸預聞。其有講授時應需之物，由總教習開單，呈請本部堂及總辦核定，即飭提調購辦。每月學生薪水，由提調酌定地方時日，會同總教習當面發給。

第八欵　教習照章所定賞罰，稟明總辦，即行照辦。

札委潘錫璋開辦漢口土藥分局事務光緒二十三年二月初四日

據宜昌土藥總局趙道濱彦稟稱，請在漢口添設土藥緝私分卡，派員帶同司事、丁役駐紮於各碼頭常川梭巡，會同漢鎮釐局逐一查驗等情，自係爲力防弊端、裨益税項起見，應准照辦。本部堂、部院查有試用通判潘錫璋，堪以派委前往漢口設局開辦，合行札委。爲此，札仰該員即便遵照，迅赴漢口設局開辦，并選派妥實司事、丁役，在於各碼頭常川梭巡。如遇形跡可疑貨物，訪有夾帶私土情弊者，不論包簍、水煙箱，起坡即會同漢鎮釐局逐一查驗。一經查出，即將私土全行提出充公，照章給賞。其正貨應如何酌罰，由漢口釐局自行辦理。倘有抗查情事，立即送交地方官嚴行懲治。該委員亦當嚴飭司巡等不得藉端苛勒，擾累他項貨物商人。該員應支薪水局用，候飭宜昌土税局核議，另行飭遵。仍將開辦情形稟報查核。勿違。

札北藩司迅飭蒲圻等縣出示曉諭安設電綫情形并委員幫同照料光緒二十三年二月初五日

據委辦電綫工程湖南候補同知直隸州曾慶溥稟稱：竊卑職去臘回湘後，年内已將附郭十五里試辦，緣其時鄉民來省者多俾其先行瞻視，以釋疑議，旋即停止。嗣於新正初四日開辦大工，自離城十五里（澇）［撈］刀河起，二十三日工抵湘陰界，聞蒲圻、咸甯等處尚未丈量，伏求札飭兩縣迅速趕辦。卑職至臨湘境止，應即回省銷差，并求諭委賢員接辦。又據委辦長沙武昌電綫工程補用遊擊沈廷棟、候選縣丞吴焕棨會禀稱：竊遊擊等自去臘叩辭後，即僱用民船載運應用料物，隨同湘省委員曾直牧慶溥至十二月十三日抵湖南省城，禀見撫憲。諭以湘省風氣未開，此次創設電綫，一切辦法均經與諸紳籌商妥洽，擇日興工，當無疑議等因。遵於二十一日先將近城十五里試辦。二十四日做至（滂）［撈］刀河，旋即停止。嗣於新正初四日興工。時值雨雪連綿，停工數日。又僱用鄉夫分段接换，兼沿路插標竪桿，頗費周章，甚至道路曲窄，無地可以設桿，田中又不容插立。有一桿而改立數次者，有設線而復遷移者，節節停滯，日有紛擾。幸曾委員及團董等相與開導，卑工無不曲意就成，亦即相安無事。惟工程不能迅速，僅日做數里。兹於二十三日抵湘陰境，嗣後倘天氣晴明，工無阻滯，約二月中當可抵鄂境。自武昌至蒲圻桿木，前經盛京堂委派鐵政局提調張令贊宸早爲辦就，鄂境需用料物，亦寄存武昌電局，均候長沙興工，即行分運。伏求憲台飭沿途地方官，俟此項桿木綫碗運到，分屯沿路各驛，妥爲照理，免致損失，并求飭蒲、咸兩縣早先出示，庶使周知各等情，到本部堂。據此。查湖北接設電綫，前准盛大臣文電，當經本部堂會同北撫部院札行北布、按二司，善後總局，會同轉飭蒲圻、咸甯、江夏三縣遵照出示曉諭，派委妥員幫同彈壓照料，并據報委張丞价藩前赴蒲圻、梁倅承潤前赴咸甯、吴令明前赴江夏在案。據禀前情，合再札催。札到，該司即便會同迅即嚴飭蒲圻、咸甯、江夏等縣及三委員張丞等遵照，刻日出示曉諭，務使周知，俾釋疑慮，并俟此項桿木綫碗運到，分别安屯，勿得損失。該印委等務須妥爲曉諭，彈壓照料，如稍滋事端，以致工程阻滯，惟該印委等是問。切切。

札吴元愷等往軍裝所查驗修整軍火 附單

光緒二十三年二月初六日

據北善後局司道呈稱：案據前辦軍裝所盛守春頤禀，奉憲台諭，江南撥鄂槍礮軍火内，麥尼夏槍子及哈吃開司、克鹿卜快礮受濕鏽壞，飭即修整等因。遵即將鏽壞哈吃開司後膛快礮十二尊，又麥尼夏槍彈一千七百八十四箱，每箱計八百顆，飭匠分别修整。現已一律完竣，共計用過工料錢四千二百六十六串五百八十文，開具細數清摺請領前來，業飭收支所如數發交來丁領回歸欵。除飭接辦該所黄守國瓌妥爲存儲外，理合照繕清摺，呈賫查核等情，到本部堂。據此。查前項快礮并架彈暨快槍彈既據報稱修整完竣，亟應委員覆加查驗，妥爲存儲，以昭慎重。應即飭委統帶武愷兩營吴副將元愷，率同管帶武愷左營游擊王得勝迅速前往軍械所，會同黄守國瓌將礮身、礮架、礮彈、槍彈及一切配帶器具，逐一詳加查驗是否全將鏽澀磨去，擦抹完好，精利合用，并將快槍酌量開箱點驗有無鏽壞，應否一律擦抹修整，一面禀覆查核，一面妥爲存儲，勿任再有鏽壞情事。除分行外，合亟札委。札到，該統帶、營官即便遵照札飭事宜，前往會同認真詳細查驗禀覆，勿稍疏率含糊。切切。

修械工料細數錢文

謹將軍裝所修整江南撥鄂鏽壞後膛快礮、槍彈用過工料細數錢文，理合照繕清摺，呈賫憲鑒。

計開

修整鏽壞哈吃開司十磅後膛快礮十二尊。

每尊：礮身外膛并各件拆開磨鏽裝好工錢七串二百文，礮身内膛來復綫磨洗見亮工錢五串二百二十文，礮上做顔色工料錢八串文，前礮架並車輪修整油色工料錢四串二百文，後架并輪及彈藥箱四口修整油色工料錢五串四百文，開箱裝箱工錢九百二十文，用洋油一箱錢二串五百文，用砂布一打錢二串四百文，隨礮配帶器具一切物件修整工錢一串四百文。

以上每尊礮並前後礮架、車輪及藥箱、配帶各件修整見新工料合計錢三十七串三百四十文。

計礮十二全尊，共合錢四百四十八串八十文。

修整最鏞壞麥尼夏後膛槍子三百九十八箱。

每箱計子八百顆，磨整見新并鐵套一百六十箇，磨鏞加油色及開箱熯封鉛襯箱，用匠工、洋油、砂布、物料等價合錢三串五百文，共計錢一千三百九十三串文。

又修整鏞壞麥尼夏後膛槍子一千三百八十六箱。

每箱槍子磨整并鐵套、磨鏞加油色及開箱封箱用工料等價合錢一串七百五十文，共計錢二千四百二十五串五百文。總共用錢四千二百六十六串五百八十文。

札北藩司等示諭潛江等縣民嚴禁違章建磯築壩

光緒二十三年二月初八日

照得現據藩、臬二司詳稱轉據潛江縣禀，以監、沔各屬刁民違禁議在吴家改口等處建磯築壩，請分飭嚴拏究辦，并頒發示禁等情前來。查同治十三年，因沔陽刁民嚴士連創議在潛江縣屬吴家改口攔河築壩，有妨河道，斂費聚衆，抗官滋事。當經調派兵勇將嚴士連捕獲，奏明就地正法，出示永遠嚴禁攔河築壩，免致釁害滋事。今該處刁徒乃敢句同監、沔痞棍，煽惑愚民，以爲處處修隄，民勞財費，不若仍於吴家改口築壩，總扼全河，以致鄉民受其愚弄，竟敢斂錢派費。聞已在改口附近之馬湖灘一帶測量深淺，詭稱已在省城及荆州禀准，擇期祀土開工。似此違禁妄爲，實屬藐法已極，若不嚴禁重懲，於全河大局甚有關礙。除飭司分行各州縣解散痞黨，訪查首要各犯姓名，嚴拏審辦，并派礮船及升字營勇前往彈壓外，合亟出示曉諭。爲此仰潛江、監利、江陵、沔陽各州縣紳耆軍民人等一體知悉：爾等須知水道利害，必須統籌通省全局，不能專顧一隅。若利己損人，以鄰爲壑，既爲天理所不容，即爲國法所不宥。即如近兩年來，襄河、荆江附近州縣多有潰隄爲災，本部堂、部院叠經籌撥鉅欵數十萬緡，隨處修築。或以工代賑，或津貼民工，凡有關民生疾苦饑溺之端，無不竭力拯救。然只能捍災民之公患，不能徇刁民之私圖。爾等明白曉事者當不乏人，務各開導無知愚民，切勿在吴家改口附近之馬湖灘一帶建磯築壩。如有劣紳地痞膽敢顯違禁令，本部堂、部院現派水師礮船駐彼，并派委大員率帶升字營勇，前往會同州縣營汛兵役立即查拏，送交地方官嚴行懲辦，決不姑貸。嚴士連前車足鑒，慎勿覆轍是循。懍之懍之。特示。

會委張煜林督辦鄖陽府屬賑務

光緒二十三年二月初八日

案照宜昌、施南二府屬及鄖陽府屬迤南附近宜昌各處被災甚重，賑務緊要，業經本部堂、部院檄委現辦宜昌土税局趙道濱彦、現辦宜昌川鹽加抽局江西候補道惲道祖祁，督辦宜、施二府及鄖陽屬迤南附近宜昌之保康、房縣南境等處賑務總局，并委漢陽府余守肇康辦理鄖、宜、施三府賑務分局，即在漢口設局，專管購糧運糧各事，并經照行、咨行宜昌傅鎮，馳赴施南境内設局，督辦施屬賑務各在案。茲查鄖陽府屬各縣災情亦重，地方甚寬，除房縣、保康南境附近宜昌各鄉派歸趙、惲兩道就近兼顧外，所有鄖陽府屬賑務亟應另委大員辦理。本部堂、部院查有湖北試用道張道煜林，堪以派委督辦鄖陽府屬各縣賑務，即日由陸路馳往，以期迅速。其房縣、保康兩縣除南境外，其餘各鄉仍歸該道辦理。前已撥發銀一萬六千兩，此次併交該道帶銀二萬兩馳往。已另電襄陽、老河口兩處釐金、土税、川鹽、官運四局就近先行設法劃撥借墊，俟該道到彼撥用，一面由賑捐局迅速解往歸欵。合行札委。爲此，札仰該道即便遵照，迅赴鄖陽擇要設局，辦理鄖陽各屬賑務，會督地方官認真趕辦，或散米，或平糶，或發給錢文，均可隨宜分別辦理。鄖陽風土與豫陝相近，老河口雜糧較多，可即相機酌購應用。其前撥之欵，一併查明，會同散放。此外，如有應需相機因應，隨時變通之處，統由該道斟酌速辦，并可與鄖陽鎮樊署鎮竹山協文副將籌商如有需鎮協助理之處，即由該道隨宜商酌，會同辦理。所需隨往委員，應由該道自行稟明酌帶。該道及委員等所需薪水夫馬，由賑捐局核給具報。仍將辦理情形沿途隨時飛稟查核。毋違。

札發嚴禁鐵路兩旁田地私相賣買出示

光緒二十三年二月初九日

照得南北各省現在欽奉諭旨開造鐵路，經過地段所有占用民業田地、山場，應由委員會同地方官轉集業户，眼同勘丈，分別等則，按照民間常價，由官核定，酌中發給，不准居奇抬價，此地球萬國通例。我中華已辦之津榆、京津，現辦之盧溝、保定各路，勘地給價，皆係照此酌定章程一律辦妥，民間遵行，毫無異議。現在開辦幹路，南端由漢口、漢陽迤邐而北。誠恐該處紳商民户未悉定章，或多人争買，或業户居奇，以致地價騰貴，大工難於速成。查興辦鐵路乃朝廷利民經國之要政，美利所及必須公溥。國家創此盛舉，自當使各項商民一體受益，斷無任令賣地之家獨專大利之理。且鐵路雖設公司，内有户部奏明借撥鉅欵經費，盈絀皆須隨時核計奏明舉辦，豈容地棍市儈壟斷挾持，阻撓要政，合亟剴切示諭。爲此，示仰官吏紳商軍民人等一體知悉，凡鐵路經過之處，兩旁田地嚴禁私相賣買及倒填年月、高抬時價等弊，並飭各地方官六箇月之内不准印契，以免影射轇轕，聽候洋工程師勘明鐵路車站應用之地，插標釘樁，分段丈量，照章由官給價，用杜争執而重要工。如敢違章牟利，致有私售倒填、影射把持、朦混印契諸弊，查出定將契約作廢，仍行懲罰。懍遵勿違。特示。

爲出示嚴禁事。光緒二十三年正月二十四日准督辦鐵路總公司事務大臣太常寺少堂盛咨呈開，竊照中國奉旨開造鐵路云云。相應咨呈查照速賜核辦等因，到本部堂、部院。准此。亟應出示曉諭，除分行外，所有告示合行札發。札到，該縣即便遵照迅速在於漢口、漢陽城鄉市鎮鐵路經過各馬頭、要地張貼曉諭，務使一體周知嚴禁。六箇月之内，不准於鐵路經過地段買賣印契。嚴查吏胥鄉保地痞不得借此壟斷牟利，違者隨時覺察懲儆。該地方官如敢膜視要政，漫不經心，故違定章，朦混印契，以致將來路工棘手，不能迅速成功，定將該地方官懲處。各宜懍切遵照。仍將貼過告示處所具文報查。勿違。

札江漢關照會德領事勸令吴禮福勿入湖南省城 光緒二十三年二月十二日

據湖南布、按兩司，糧、鹽二道會禀稱：竊於本月初六日據長沙府長、善兩縣面禀，有德國洋人名吴禮福者，帶同通事文清，來至省垣，船泊小西門外河下，意欲謁見撫憲，因聞出省閲兵，復欲至司署拜謁等語。當經本司職道等一面敦飭該府縣等，并知照省河水師營妥爲照料防護，一面飭令府縣往拜，婉曲開導。中外游歷通商，久歷年所，在習見習聞之地，客主通謁，原屬常情。無如民情悍執，士氣囂張，耳目易致驚疑，聚鬨不免生事。現值書院考試，尤虞負氣尋争，雖官吏極力保護，而一切防不勝防，倘猝構意外釁端，轉非以慎邦交而全睦誼。且從前各國游歷洋人洞悉爲難情形，祇在省河徑過，并不登岸入城。在遠人亦屬慎全之方，在地主正殷保護之意。水師陳統領海鵬偕同府縣上船剴勸，并格外盡情盡禮，以期感悟而去。詎意該洋人仍復一味狡執，聲稱不顧利害，冒險徑行。所出護照係光緒二十二年五月總理衙門印發，照内填註游止尼、吴禮福之名。年限逾否，姑寘弗論，檢查各衙門文卷，均未奉准行知及江漢關道來文。值此多故之秋，又未便執條約内稱未經先期照會行知游歷處所，設有事端，難以保護爲言，而該洋人争執入城，情狀殊形躁急。且以危詞恫喝，復恐挾一尋釁之見，反致入其彀中。本司職道等尤不敢不加意調停，多方防護。惟湘省向無洋人入城之事，開端難保［不］滋事，拂欲亦虞召釁。本司職道等兼權併顧，均不得不慎重維持。萬一該洋人恃蠻必欲入城，理喻情解俱窮。究應如何照約辦理之處，本司職道等識疏見淺，不敢造次。伏候憲台訓諭，俾得有所遵循。該洋人到湘停住現已五日，道路雖有謡傳，民情尚稱静謐。本司職道等再四籌商，惟有飭令府縣格外優禮相待，再行委曲勸導，冀以優禮之忱，動其平心知諒，但能否敷衍出境，尚未可必。因聞此次同來通事文清，係漢口德領事所薦，臨行囑其舟次長沙省城，徑過即行，不必停留，一路亦不宜執性。果如所云，是該領事顧全輯睦大局，亦深知湘省民情非他省通商口岸可比。可否仰求憲台諭飭江漢關道晤商德領事，告以實因民志未孚，委非閉關拒客，婉請從速函勸該洋人不必入城，即日櫂舟前進，免致停泊過久，主客均屬爲難。倘得德領事一言解紛，其中顧全不少，似亦釜底抽薪之一法。除隨時飭令府縣會同地方文武各官加意優禮接待，一切妥爲保護，并馳禀撫憲示遵行外，所有德國洋人來湘游歷争執入城究應如何照約接待，并請飭商德領事勸令該洋人不必入城緣由，是否有當，禀請示遵等情，到本部堂。據此。除批：據禀已悉。查德國士人諤爾福，前於上年冬間准總理衙門咨，以諤爾福擬在湖南等省遊歷，發給護照，咨請轉飭各地方官沿途保護等因。當經於十一月十五日轉咨南撫院，并行該藩司在案。本年二月初間，復據江漢關道詳，又於二月初四日由四百里飛札湖南長沙等府飭屬保護，并飛咨南撫院轉飭亦在案。兹據禀，吴禮福現在到湘，必欲入城，恐滋事端，並謂各衙門均未奉行知等語。查據德國丁副領事照會稱，吴禮福即是諤爾福，因各省繙譯口音不同之故等語。是吴禮福即總署給照之諤爾福，明白無疑。西人姓名，往往因聲音相近，書寫不同，此類多有。該司道何不能會悟，竟謂檢查各衙門文卷，均未奉准行知及江漢關來文，殊屬拘泥。查條約內，洋人遊歷并無不准入城之條。若必慮人情詫異生事，應由該省各地方官切實以禮婉勸。倘必堅執入城，條約既無禁止明文，亦未便固拒不納，惟應照約實力保護。所請由德領事函阻該士人勿令入城一節，現已飭江漢關道，速商丁副領事函阻。惟該領事肯照辦與否，該士人肯聽領事阻止與否，均未可必。惟在該司道等切飭地方官竭力保護，不得藉口請示本部堂衙門，意圖推諉，倘生枝節，定惟各該地方官是問。又查上年法人前往荊州城內，被旗人兒童擲石擊傷，業經荊州將軍將旗營滋事之人從重枷示鞭責，并將城門步營街道各官咨部記過，已屬持平。乃法使照會總署，尚謂辦理過輕，須派駐漢副領事往荊州催結。現復經總署咨令妥速了結，以後如何結案，尚未可知。是遊歷洋人，總署許其入城，現有案據。該省宜以此爲鑒，務須妥爲防範，戒飭紳民人等，毋任滋事啓衅，致干重咎，是爲至要。再，查總署上年十月十七日始准德國海大臣照，稱謌爾福請遊湖南等省，則發給護照，自係上年冬間之事。調查駐漢德領事抄來總署護照，果係十月二十五所給。照內名字係謌爾福，亦無別人，丁副領事照會雖聲明吴禮福即謌爾福，亦只此一人。今核該司道來禀，聲稱總署護照係五月發給，照內名字則係吴禮福，又別有遊止尼名目。年月、人數及照內姓名均皆歧異，殊不可解。或係五月間請照遊歷係屬兩人同此一照，嗣後分路各行，冬間止吴禮福一人領照，亦未可知，并即向吴禮福查詢明晰禀復可也。如該洋人業已啓行，即勿庸追問矣。仍候撫部院批示。繳印發外，合就札行。爲此，札仰該關道即便遵照，即刻往晤切商，并摘録禀語，照會德國領事，囑其迅速函致吴禮福，使知湘省民情未孚，向無洋人入城，百姓未經習見，此次入城恐釀事端，該省地方官向其竭誠勸止，正係力盡保護之道，務令吴禮福毋庸入城，以免滋事而敦睦誼。是爲至要。切切。

咨荊州將軍等辦理了結李、瓦二法人被衆擲石打傷一案 附單 光緒二十三年二月十五日

光緒二十三年二月十一日准總理衙門咨開：光緒二十三年正月初四日准法國施使函稱，據漢口副領事官詳稱，上年十一月二十八日下午，兩委員偕同税務司由沙市往遊荊州城，至四點半鐘時將回沙市，突被衆約二百人從高隄擲下石塊如雨，該委員等各受石傷，帽子打落破碎，性命存亡無定，幸爲河中民船收留出險。查地方官有稽察訓民之責，前經貴署電飭查理，至今查緝人犯幾名，辦何罪名，未能保護之官員定何處分，曾否剴切出示以杜效尤，希即示覆等因。正辦理間，初六日准荊州將軍咨稱：光緒二十二年十一月二十八日，聞有西人三名自荊州東門入城，旗民孩童沿途隨觀，至公安門出城，人多擁擠，致滋事端。當即派委查詢實在情形，與荊宜施道函達各節稍有未符，隨飭委員迎安前往撫慰，並於十二月初三出示曉諭。旋據步營查獲滋事旗人富色哩交左司從重枷示滿日，照例鞭責。查中外通商雖經多年，西國官商來荊者甚少，間有洋人進城，旗民羣來觀看，其中無識孩童爭前擁擠，勢所不免。此次税務司同法國商局委員進城閒游，并未先期知照，觀看人多，致生枝節，業將滋事之人查獲從重懲辦，并將城門步營街道各官分別咨部記過，再行出示曉諭。復札行荊宜施道轉知税務司照會各國官商，如有要公入城，來營先期照會，

關道轉詳派員照料彈壓等語。當經本衙門據咨照會法使，請其銷案去後。旋於本月二十三日復准法使照稱，兩委員既有護照，突遭此難，性命幾在無定，爲案重大，似此輕辦，實覺不足，難保日後外國游歷人員無再被衆攻毆，請轉致湖廣總督查拏上年滋事首要各犯嚴行懲辦，失察干咎之各官員量予處分，并在荆州、沙市徧行出示，用保外國人員將來無虞，始可補救前事。倘或未能照辦，則須專派駐漢副領事前往荆州催商妥結等因。本衙門查外人游歷内地既有護照，地方官原有保護之責，不幸滋事，自應由地方官照約妥速了結，未便輒由該使派員干預，轉致枝節横生。除由本衙門分别駁覆外，相應鈔録來往信函、照會，咨行貴督查照辦理，并聲覆本衙門可也。粘鈔等因，到本部堂。准此。查總署來咨，已允其照辦者兩條，一嚴密訪拏，續獲加重懲辦，一在荆州、沙市徧行出示曉諭，自應遵辦。旗營應由將軍示諭，地方軍民應由荆宜施道示諭。除行江漢關道暨荆宜施道外，相應咨會。爲此，合咨貴將軍、部院，請煩查照酌核辦理，妥速了結見覆施行。

照録法國施使來信 光緒二十三年正月初四日到

逕啟者。法國里昂城商務局委員行抵荆州，被衆擲石攻擊一案，本大臣已據漢口副領事官來電，於歲十二月初二日函達貴王大臣速行電飭查辦去後。兹准該副領事詳報内稱：十一月二十八日下午，商局兩委員李堯、瓦克爾偕同海關税務司由沙市往游荆州城，至四點半鐘時游畢，將回沙市，突被衆約二百人從高隄擲下石塊如雨，該委員等在隄脚河岸之間防攻逃避，均屬莫奈，危險已極。如此許久，各受石傷，而擊首尤重，各人之帽打落破碎，性命存亡，已在無定。幸而河中來一民船收留返歸，犯衆仍以石塊向船亂打等情前來。查聚衆擲石毆打游歷人員，洵係可惡之至，地方官亦有稽察訓民之責。前經貴署轉電查理，并令出使慶大臣向法國外務部代告中國必能將案嚴辦，至今究已查緝人犯幾名、究已嚴辦以何罪名，未能保護之官員究定何等處分，并是否已經出示剴切以杜效尤各節，尚希貴王大臣示復，以憑酌核轉報為要。專此。順頌日祉。

照録給法施使覆信 正月初八日發

逕覆者。本月初四日接准函稱，里昂城商局委員行抵荆州，被衆攻擊一案，至今已查緝人犯幾名，嚴辦何罪，未能保護之官員定何處分等因。本衙門於初六日接荆州將軍來咨：光緒二十二年十一月二十九日，聞有西人三名於二十八日自荆州東門入城，旗民孩童沿途隨觀，轉至公安門出城，人多擁擠，致滋事端。當即派委查詢，覆稱二十八日申酉之間，有西人三名自東門入城，旗民孩童跟隨争觀，轉至公安門，擁擠人多，城門官兵彈壓，西人出城南行至城外仲宣樓下，道路狹窄，人多擁擠，西人舉槍執棍恐嚇，切近被打，喧嘩抛擲磚瓦，西人受有微傷。此係滋事之實在情形。旋據荆宜施道函達前情，稍有未符。當飭步營查拏滋事之人，務獲究辦，隨飭委員迎安前往，面為撫慰，即出示曉諭，於十二月初三日張掛各門。旋據步營查獲滋事之正藍旗七甲閑散富色哩，已交左司從重枷示滿日，照例鞭責，交該管官佐領嚴加管束。初六日酉刻，復據俞道禀稱，准湖廣總督電查前事，當將辦理情形電覆。初十日復准湖廣總督電詢，亦經電覆。查中外通商雖經多年，西國官商來荆者甚少，間有洋人進城，旗民人等羣來觀看，其中無識孩童争前擁擠，勢所不免。去歲日本官商初次到荆，多欲入城游歷，經前任荆宜施道周懋琦聲明約章，駐兵營盤，雖同盟各國官商概不准游歷駐防旗營。東門、公安門、小北門內，即是駐兵之所，曾經援約知照日本領事，珍田舍已等入城來見，先期由該道移知旗營本將軍、副都統派委旗員，會同江陵縣令出派兵役，沿途照料彈壓各在案。此次稅務司同法國委員進城閒游，先期既未知照，臨時各門又未即時呈報，出城之際，觀看人多，致生枝節。業將滋事之人查獲，照例從重懲辦，并將是日城門步營街道各官咨部分別記過，用昭儆戒，以肅營規，再行出示，剴切曉諭軍民遵照，復札行俞道轉知稅務司，照會各國官商勿遽入城閒游，如有要公來營，先期照會關道，轉詳派員照料彈壓，以昭妥協等語。本衙門查該將軍等咨稱各節，辦理亦頗周到。此案實因稅務司同貴國委員入城閒游，駐防旗營未曾先行知照，致令無識孩童一時聚觀滋事，不及彈壓，并非地方官等有心坐視。業經該將軍等兩次出示曉諭，并懲責滋事之人及營街各官咨部分別記過，足以昭睦誼而儆將來。相應照覆貴大臣查照，并希轉達貴國政府查核銷案可也。此覆。順頌日祉。

照録法施使來照會

為照會事。法國里昂城商務局委員李堯、瓦克爾於上年十一月二十八日往游荆州城，偕同海關稅務司返回，被衆攻擊一事，本大臣業於本月初四日將本國駐漢口副領事官報明詳細情形，函達貴王大臣在案。前亦屢次商請，務須首要各犯從嚴治罪，干咎之官員予以處分，并剴切出示，以免效尤。嗣於本月初十日准函復抄據荆州將軍咨報各節，與案情不符，并以人犯祗拏人一名，枷示鞭責，官員亦有咨部記過者，并已出示曉諭等情。本大臣查此事，我國兩委員既領有貴衙門護照，并專囑外省大吏照料，突遭此難，當時性命幾在無定，為案重大，而似此輕辦，實覺不足，難保日後外國人員在彼游歷，無再被衆攻毆。業經法國駐滬總領事、駐漢副領事分別知照湖廣總督及地方官指駁一切，亦分所當然。緣所有將犯輕辦一名，數員記過，并僅在兩城門張貼告示，何足以銷案。本大臣相應照請貴王大臣，速即轉致荆州將軍、湖廣總督查拏上年十一月二十八日滋事攻打首要各犯，嚴行懲辦，失察干咎之各官量予處分，并在荆州、沙市遍行出示，用保外國人員將來無虞，始可補救前事，并昭公平。倘未能照辦，則須本大臣專派駐漢副領事前往荆州偕商大員妥結。須至照會者。

照録給法施使照會

為照覆事。光緒二十三年正月二十三日，接准照稱法國李委員等游歷荆州城內被衆攻擊一事。荆州將軍咨報各節與案情不符，人犯止拏一名，枷號鞭責，記過者數員，僅在兩城門張貼告示，不足銷案，請飭該將軍等將首要各犯嚴行懲辦，官員量予處分，并在荆州、沙市徧行出示，倘未能照辦，本大臣專派駐漢副領事前往荆州偕商大員妥結等因。本衙門查本月初四日貴大臣來函所稱李委員等頭上被石擊傷一語，與該將軍所報西人受有微傷咨文，尚無不符之處。按中國律例，用石物毆傷人者，罪僅笞杖，旗人改用鞭責。又旗人傷人雖至斷折肢體，亦不過加擬枷號。李委員等頭受石傷，較之斷肢折體，輕重懸殊，照例止應鞭責。該將軍因李委員等係屬西人，故從重加擬枷號，已屬格外嚴辦，實為顧全睦誼起見。來照既以人犯祗拏一名，為數過少，恐有漏網之人，應由本衙門咨行該將軍等嚴密訪拏，如能續有弋獲，仍應加重懲創，以儆將來。再，李委員等執有護照，該省官員自應照約保護。惟中國駐兵處所，西人欲往游歷，必應先期知照地方官派兵彈壓，屢經該省照約聲明。查荆州公安門等處即係旗營駐兵之所，李委員等前往游歷，并未先期知照，因而滋事，本衙門已據該將軍原咨，於本月初十日函復貴大臣在案。該省因李委員等既被人毆，地方官究難置身事外，仍將城門步營街道各官分别咨部記過，與各直省自行記過者加重，亦屬加意邦交，必如來照再予處分，轉不足以昭平允。

來照又以僅在兩城門張貼告示，不足銷案，亦應由本衙門行知該省，按照貴大臣照會，即在荆州、沙市遍行出示，剴切曉諭。至來照所稱倘未能照辦，專派領事赴荆商結一節，中法兩國交情甚厚，凡條約應辦之事，本衙門無不照辦。此案既經本衙門轉咨該省，應請貴大臣毋庸專派領事，仍由中國地方官自行辦結。一俟該省咨覆到日，再行據咨照會，相應照覆貴大臣查照可也。須至照會者。

咨呈督辦軍務處會校滬、鄂槍式 光緒二十三年二月十八日

竊據槍礮局禀稱：前奉札行承准督辦軍務處飭查每月能出快槍若干枝，新製槍式宜劃一辦理等因，并准兩江督部堂劉咨同前由，先後行知到局。當經轉飭槍礮廠遵照在案。旋准上海製造局委派知縣劉毓湘、蘇晋帶匠攜備槍彈來鄂，隨約劉、蘇兩令并本廠洋匠克本在空地演放，滬槍連放五十槍，鄂槍連放一百零五槍，均命中擊穿一百七十馬遠三分厚鋼板。復飭該洋匠克本將滬鄂兩槍逐一拆卸，悉心考校。茲據該洋匠繪圖列説，逐欵指陳禀覆前來。據所列各欵如後：

一曰槍式，則鄂槍專宗小口徑毛瑟，取法劃一，配合得力，而滬槍則采取英奧兩種式樣，似未能盡取其長。

二曰槍管，則鄂槍經久耐用，而滬槍較薄，不甚堅實。

三曰機簧管，則鄂槍管頭有兩小耳關上轉灣，此耳即鉤住槍身，受力適中，彈出後一旋即開，既靈且固。而滬槍於管之後半截下面安設拖板藉板唇之力，鉤住槍身，直開直關，板受漲力，易致下垂，開管即難。又拖板受力不居正中，放多時簧管必因受力不正而灣曲損壞。且套入槍身處切面較多而緊，一受藥力熱漲，或受沙塵，進退均澀，手力不足，每須佐以足力，扳手球易於踹斷，全槍即歸無用。又拖板板唇起棱，頻進頻退，槍身與板唇屢相磨擦，均易受損。兩有微損，即板唇之力不足以鉤住槍身，而機簧管必突然倒退，尤易傷人。故拖板而艱於退出，則有足踹傷槍之患。拖板而易於滑出，則又有倒退傷人之患，不若鄂槍簧管關上轉灣爲萬全。又機簧管内有拉彈簧，又名推子鈎一件，鄂槍短而藏於管内，無碰斷之虞。滬槍長而附於管旁，一斷即彈殻不能退出。

四曰扳手機簧，則鄂槍用盤香式，是考驗新改之式，而滬槍用板，板端一片宜柔，板根一片宜剛，根上一片又宜柔。一件之中，剛柔異用，製造時淬火一不得法，板即易裂，該洋匠在奥國見此式之誤事者不少。

五曰來復綫，則鄂槍四條，多寡合宜。而滬槍六條，子出時旋轉既久，即坐力過大，兵勇肩下抵槍靶處必然作痛，難於久支，

且阻力過大，速率必減。

六曰坐力點，則鄂槍坐力點在機簧管之端，即兩小耳處，距人肩有十九寸之遠，而此點後又有機簧可以傳散此力。而滬槍坐力點在機簧管之後半截，即拖板處，距人肩止十四寸半，又無傳散之質，兵勇易於傷肩。

七曰望牌座，則鄂槍係照德式，將槍管烤紅，用藥水及錫銲固。而滬槍於槍管上鑽眼，管之受鑽處不免受傷較薄，多放即易於此處炸裂。

八曰準頭，則鄂槍準頭下有座，座面有槽，上弇下侈，準頭銜於槽內，可以左右活動，以備較準槍性後可微加推動改定，令與本槍綫路中心兩相恰對，無杪忽之差。而滬槍準頭釘實，不能活動，凡一槍造成後，其性必有微偏之處，或左或右，若不將準頭就槍性所偏，測確驗實，移改恰對，則既有微差，必難取準。

九曰輕重，滬槍重一百二十二兩八錢，鄂槍重一百零九兩八錢，德槍重一百零九兩三錢，是鄂槍僅差德槍五錢，而輕於滬槍十三兩。

十曰刀頭，則鄂槍厚薄大小合宜，而滬槍嫌薄嫌窄，刀把亦太小。

此十條據洋匠稱，皆鄂槍實在優於滬槍之處。至滬槍望牌偃卧時有輔牌，鄂槍望牌無輔牌。查外洋新式槍均已無輔牌，但將牌根橫軸加緊，即無輔牌望牌，偃卧時亦不搖動。此節兩局雖有異同，無關出入。惟鄂滬兩局槍皆係單管，德槍則係雙管，此由中國無此精鋼，故暫時未能仿造。但奧國曼里夏槍亦係單管，應俟鄂廠將來購求外洋秘法，煉成此項精鋼，即可仿製雙管。又據洋匠言，鄂槍鋼鼻微底，恐扳手曲機較滑。此并非原式如此，因工匠手法未熟之故，修改甚易，現已令廠工於已成之槍將此一節修改合法，未成者高低務令合度。復據面稱，伊甫經到華，兩廠所製之槍皆與伊無涉，無所用其抑揚。但就槍論槍，平心審量，滬槍多有不合。鄂槍俱係按照成法，斷無改鄂從滬之理等語。近日槍礮廠洋工師古謝到華，復加考驗，詢問所言，亦均與克本相同。伏思鄂廠機器前蒙憲台與出使俄德奥和大臣許電咨往復，體訪再四，終以德國小口徑新毛瑟爲中外近年第一最利火器，始行定議改購，是選定不爲不嚴，考核亦不爲不周。現在該廠開工造槍，僅止一年有餘，而華匠已多有（暗）［諳］習者。新又募到洋工師匠首，加意講求，僉謂此項槍式實屬今日利器，即比國新出口徑尤小之槍，究其命中致遠之用，亦不能邁過此槍。此槍既係全仿新毛瑟，前次解槍赴都，曾奉督辦軍務處覆稱與毛瑟一律無異，是鄂槍合用，久邀評定。至滬槍獨出心裁，兼采各槍作法，自成一式，雖據洋匠言有未能盡善之處，然亦屬殫心講求。他日滬局若能更出新意，益臻巧妙，或竟超出各種新式槍之上，亦未可知。惟此時若改鄂從滬，則實有未便。查此次滬鄂兩廠所以校槍之故，係爲遵奉督辦軍務處劃一辦理之示，期於舍短取長，有裨軍實起見。兩廠均係公家之事，并無畛域可分。假使鄂槍改從滬製，果於行軍有益，自當舍己從人，折衷一是，即勞費亦所不辭。第就洋匠稟詞，復加考核，其所稱滬槍未能優於鄂槍之處，確有可憑，非同臆揣，自未敢率行改易，轉失實事求是之心。祈察核分咨等情，到本部堂。據此。相應咨呈，謹請查照施行。

飭北藩司等將動撥鹽釐各欵分晰開單禀覆〔一〕

光緒二十三年二月二十日

據湖北善後總局司道呈稱，案准藩司咨，奉兩院憲會札，內開本部堂、部院於光緒二十二年十二月初三日由驛具奏，查明湖北本年被水各屬來春青黄不接，應籌接濟一摺。除摺稿前已抄行外，兹於光緒二十二年十二月三十日准兵部火票遞回原摺，後開軍機大臣奉硃批：著照所請。該部知道。欽此。合就恭録札行，備札行司，即便移行欽遵查照毋違等因。奉此。除分別移行外，查此案前於會詳內，聲明請撥司庫地丁銀二萬兩，鹽課、釐金項下各撥銀三萬兩，共銀八萬兩在案。兹奉前因，合將硃批摺稿一併恭録咨局，欽遵查照，在於鹽課、釐金項下如數撥解過司，以應急需，幸勿延緩。計抄摺一紙等因。准此。自應遵照辦理。兹在釐金項下，籌撥長沙平銀三萬兩解赴藩庫兑收，以應要需。除咨解外，理合呈報查核等情，到本部堂。據此。查前據北藩司議撥潛江縣孫家剅等處隄費詳內，當經本部堂明晰批示，以奏撥接濟春賑地丁、鹽、釐銀共八萬兩。地丁無存欵可撥，鹽、釐關繫京協、本省軍餉、洋欵各要需，已飭司於鹽、釐內撥銀四萬兩，分賑宜、施、鄖三府，是鹽、釐所撥已多，斷難再撥。總之，鹽、釐撥欵不能過四萬之數，宜與地丁分認在案。兹閲該局呈文引叙司咨，稱前於會詳內聲明請撥司庫地丁銀二萬兩，鹽課、釐金項下各撥銀三萬兩，共銀八萬兩等語。查本部堂衙門并未接據此件會詳，撫部院會奏只渾言地丁、鹽、釐共撥銀八萬兩，并未言據司詳稱鹽、釐共六萬兩，因何錯誤。且宜、施、鄖三府已指撥四萬兩，潛江縣隄工已據詳撥錢五萬二千串合銀四萬餘兩。雖司詳援引接濟案內係合地丁、鹽、釐及賑捐併計，然現在實係專撥釐金錢文。此次申報之指明釐金三萬兩，又另解藩司，是又加撥釐金三萬兩，共成十一萬餘兩，即釐金一項已撥九萬餘兩矣。若照此次呈文，則將來鹽課尚須再撥三萬，或再撥一萬，是合成十四萬餘兩或十二萬餘兩矣。似此一概撥動釐金，漫無限制，目前京餉、洋欵將從何出。大局所關，責成綦重，該司局豈能不通盤籌畫乎。各欵究係如何核計，亟應飭查明確，以憑核奪。合就札行。爲此，札仰該道、司、局即便會同善後、賑捐各局、鹽道，遵照前批辦理。一面將歷次撥動鹽、釐各欵分晰查明，開具清單，迅速禀覆，并將所有鹽、釐内多撥之欵，即行由賑捐内陸續解還，詳報查核，以清欵目而重餉需。切切，毋違。

飭扎勒哈哩查辦黄梅縣李令被控錢糧一案附單

光緒二十三年三月初二日

照得現據黄梅縣舉人帥培寅等禀控現署黄梅縣李令昌洵浮收錢糧并家丁索賄暨驛馬缺額各情。除批：查現在錢價日昂，該署黄梅縣李令徵收錢糧，何以每兩竟作錢一千五百六十文，復因何區分花户，令一兩以上者完銀，未及一兩者完錢。似此抑勒苛索，專困貧民小户，民何以堪。如果控詞不虚，實屬荒謬。至控户書鄧道生因該縣家丁趙滋香出賄銀五百兩充當經承，以及該縣驛馬缺額等情，均應一併確切查辦。仰北布政司會同按察司，迅速遴委公正大員，前往會同黄州府按照所禀各節，確切查明，據實禀

〔一〕以下十九件録自抄本《督楚公牘》。

覆核辦。本部堂已另行委員密查，該印委毋得稍涉瞻徇，并干咎戾。切切。再，該舉人等并不照例遣抱告在轅遞詞，亦不備具副呈，殊屬不合，并應申飭。稟抄發等因。印發外，查扎道勒哈哩現經本部堂飭赴廣濟查辦事件，應於事竣後即赴黄州府，會同吉守查照批飭，將抄發該舉人等稟控各節，秉公詳確查明，據實稟覆核辦。合就札委。札到，該道即便遵照，秉公確查稟覆，毋稍瞻徇遲延，并干咎戾。切切。

帥培寅等控稟

敬稟者。竊聞民為邦本，本固邦安。凡治國者，皆以體卹民艱為要務也。惟我國家治度森嚴，層層節制。要知民艱，莫如牧令。令賢則民力舒，不賢則民困。今之為牧令，能體恤民艱者有幾耶。然則民力盡則貧，貧極則亂生，此皆為有司之過耳。及如梅邑之民，素稱純良，向來歷任於斯者，即財毋苟得，亦莫不坐獲萬餘，尤未見今署斯邑之李令昌洵貪婪無厭，百計苛求，民隱難伸，怨聲載道。職等察其所由來者，蓋因浮徵錢糧之故。然梅邑地瘠民貧，上憲素知。合邑錢糧有三萬數千餘兩之多，漕米在外。歷來地丁每兩正者，官收一兩五錢。每兩銀作錢一千六百四十文，五錢乃八百二十文，合計民完一兩正者，應錢二千四百六十文，此向來未易之章。至兵燹後，胡文忠公深知民艱，逾格體卹，示諭梅邑之民，准其自行封銀投櫃完納，櫃書不得任意苛刻。閤邑士民，泐石永垂，感戴不盡。未幾，忽反前章，歷任斯邑者，總以收錢并不收銀，民知銀價在高，與所收之錢相等，是以亦不完銀，俱以錢完納。突於前、去兩年，銀價漸低，錢價陡昂，兼之制錢缺乏，時任斯邑者，乃潘令誦捷也，仍向前章徵收。民見錢貴銀賤，均請改章。是時潘令未允，以致激成上控於府，要仿胡文忠公之章而行。府批下縣銀錢兼收，庶使民力稍豫。潘令遵批，懸牌出示：有完銀者，准其封銀投櫃完納，完錢者，每兩銀可照市價高低完納。此示一出，閤邑士民皆呼青天，即泐石於署。不數日，新任李令蒞任，正乃下忙踴躍之際。見其每日所收銀過於錢，大失所望，日與司錢漕之家丁趙滋香互相密議，疑其經承、櫃書等作弊，遂有更換經承之語。此司錢漕者，乃該令之妾兄也。閤署之事，皆伊一人獨掌，是以擅專其權，威福自作，囂囂衆口，盛呼為一印兩官，而該令竟置若罔聞也。該丁聞其户書鄧道生家頗豐裕，與伊面商，爾可出銀五百兩，此經承與爾承充之。此銀非我得，乃係官要，切不可聲言於外。該户書想充經承，本屬素願，常言我若當得願，即千金不惜。今只需其半，又何不樂於從事。如是將經承換點鄧道生。然此陋規，亦不知誰得坐享。該令既換經承之後，諭其錢店萬裕祥令每月逢一由該店報價，以便懸牌照價徵收。此舉雖與潘令并肩，不意名雖如此，實則有方。每見所懸之牌，云據錢幫所報，每兩銀易錢一千四百八十文。試思疊年價低，今何忽貴於此耶。衆民見此牌示，亦有將銀去該店易錢者，而該店竟將每兩銀易錢一千二百二十文。民見不服，僉云爾門市與報價何不乎乃爾。該店云此價非出我本心所報，實由官勢驅迫，不得不爾，是以衆民均自封銀投櫃。而該令又出示云，花户有上一兩正者，准其完銀，未及一兩者，概行完錢，并諭櫃書等照此受收。可憐貧民無知，受累匪窮。然有完一兩正之花户者，乃大户也，家道稍裕，反得其便。未及一兩正者，乃小户貧民也。此舉不但貧者不能沾恩，而且更加其累。是此苦隱難明，安得不怨聲載道。日前乃上忙開徵之日，見其牌示竟有一千五百六十文之價。聞其今春錢價，較之去冬更高。而該令何得於斯顛倒從事，尤為駭然。試思此邑亦非苦缺，就以驛站項下計之，梅邑三站，共額設馬一百五十匹，今三站共計馬僅二十九匹，此喂養空曠每月計銀三百六十三兩，每年計之四千三百餘兩，外每年倒馬額四十五匹，價每四十四兩，合計六百三十兩。又藥餌四十餘兩。統計此項坐飽入私囊者，已有五千餘兩之多，錢漕兩項餘秤共有萬餘金。似該令現收之章，何止二萬，更以剥民自肥，未識該令居心何似也。後聞伊常言，如非中丞之姻親，方伯之桑梓，到省未及兩載，萬不能得此美缺。倘中丞、方伯去後照應無人，坐井守株，諒非一日。今且幸權握在手，不得不重獲利益，以妨後患。職等竊思該令行為於此上欺君下罔民，是此貪污之吏留於仕途，微特不能報效於朝廷，而且困民於水火矣。職等因見貧民受困，隱怨難伸，故肅修蕪稟，冒瀆上呈，恭候鈞裁，待命之至。

飭扎勒哈哩等赴廣濟縣查辦事件光緒二十三年三月初三日

據卸署廣濟縣知縣王光棣、現任廣濟縣知縣何錦琮會稟，該縣武舉游定京等乘官交卸，糾衆入署，鬨鬧挾制，訛索毆毀等情一案。查閱所稟，該武舉游定京等積惡多端，肆行無忌，屢經飭拏未獲。茲乘王令交卸之際，膽敢糾衆訛詐縣官，困署罷市，種種挾制，經何令前往彈壓，將游定京、方之政、江定選三人獲押。該犯等黨與甚衆，復敢佈散謠言，希圖劫獄。似此横行藐法已極，實屬罪無可貸。乃該令等既稟游定京等怙惡不悛，此次情勢洶洶，極爲兇横，擬由王令解犯赴省審辦，另單復爲曲原，聲稱該武舉等尚知悔悟，徒黨解散，請由何令就縣訊辦。查此等地方痞棍既係乘官交卸，藉端挾制，相沿成風，游定京等復屬著名巨痞，效尤滋甚，何以該縣歷任各令並不認真整頓，亦不將游定京等從早詳革，嚴拏究辦，一任養癰貽患。今出此巨案，又復意在遷就了事，實屬畏葸無能。此案情節甚重，亟應澈查究辦，以遏刁風而肅法紀。應飭該道即日乘輪，率同蔣游擊聲耀帶勇二百名，前往廣濟，督同地方官妥爲開導彈壓，勿任無知愚妄之徒再行附和滋事，自蹈法網。并按照抄發該令等稟陳各節，查明確情，據實稟覆核奪，一面立提武舉游定京、方之政、江定選等解交黄州府，就近調齊人證卷宗，查明詳革，嚴審擬辦，并查拏其餘在逃要犯，務獲併解審究。合行札飭。札到，該道即便遵照札飭事理，妥速辦理，毋稍違延。切切。

札委德將何福滿、德弁賽德爾充當護軍前、後兩營教習光緒二十三年三月初三日

照得鄂省護軍前後兩營暨工程隊一哨練習洋操，前經札委洋員貝倫司多爾夫充當該兩營教習，會督弁勇認真訓練各種技藝理法，頗著成效。查該兩營一哨仿照德國軍制，凡西法馬、步、礮隊、工程各陣式技藝，以及槍礮藥彈裝卸運用、機器理法、營壘橋道各工程，測量繪圖諸事宜，人人皆須練習，日日排有課程，必非洋教習一人所能分班徧教，亟應添派洋員會同教練，以昭周妥。查有洋員何福滿、洋弁賽德爾，本充江南自强軍教習，電調來鄂，堪以添派充當該兩營一哨教習。除訂立合同外，合亟札委。札到，該員即便遵照札行事宜，充當護軍前後兩營一哨馬、步、

礮、工程各隊操場學堂教習，會同原委教習貝倫司多爾夫及前營營官游擊張彪、後營營官參將岳嗣儀、提調錢守，酌定某日某時某人教某項功課，督同華繙譯教習盡心訓練，務令弁勇等於各種技藝、理法一律嫻熟，精益求精，造成勁旅。本部堂當隨時親臨校閱，勿得敷衍外觀，怠惰暇逸，致負委任。該洋員、弁於本部堂訓條固應恪遵，若洋操營務處指示之件，即係本部堂委令轉飭，該洋員、弁亦應一律聽從，勿得任性故違。切切。特札。

札委德將斯忒老充當武備學堂教習光緒二十三年三月初四日

照得本部堂創設武備學堂於上年冬間開辦，業於本年正月二十八日具奏在案。查學堂功課，分講堂、操場兩事。講堂以明其理，操場以盡其用。講堂功課如軍械學、算學、測繪地圖學、各國戰史、營壘橋道製造之法、營陣攻守轉運之要，操場功課如槍隊、礮隊、馬隊、營壘工程隊、行軍隊、行軍礮臺、行軍鐵路、行軍電綫、行軍旱雷演試、測量演習、體操等事，皆須次第講習通曉，始有實用。經向德國商派法勒根漢、根次兩員來鄂教習，惟學生百餘人，教習僅止兩人，不敷講授。又經電商兩江總督部堂劉，在江南自强軍中調撥洋員斯忒老來鄂，充當武備學堂教習在案。現在該洋員業已抵鄂入堂，除訂立合同外，合行札委。札到，該洋員即便赴堂，聽候總教習法勒根漢指示商辦，并恪遵學堂總辦節制，按上項所指各功課，盡心教授學生，俾成將材，本部堂實深厚望。切切。特札。

札北藩司等移行會奏鄂省連年被災甚重、工賑需欵，請推廣賑捐一摺光緒二十三年三月初六日

照得本部堂於光緒二十三年二月十六日，會同本任湖北撫部院譚前銜專差具奏，鄂省連年被災，民艱地廣，工賑併舉，需欵浩繁，情形緊迫，無從籌措。擬請援案暫行推廣賑捐，以資拯救一摺。除俟奉到硃批恭録另行咨外，所有奏稿，合先抄行。爲此，札仰該局、司即便移行一體遵照辦理。

札北善後局派委蘇晉等赴滬領撥毛瑟槍彈光緒二十三年三月初六日

光緒二十三年二月十五日，准兩江督部堂劉咨開：准貴部堂咨請撥十響毛瑟快槍二千枝并彈，派委知縣蘇晉等到甯到滬領運等因，到本部堂。准此。查此項毛瑟快槍現存上海製造局，江甯并無存儲。除飭該局遵照如數撥交來員領運外，相應咨覆查照等因，到本部堂。准此。合就札行。札到，該局即便查照。

札發招考自强學堂專課英法俄德四門方言學生告示章程光緒二十三年三月初八日

照得本部堂于光緒十九年十月奏設自强學堂於武昌省城，分方言、算學、格致、商務四齋。惟方言一齋住堂肄業，其餘三齋按月考課，歷年循辦在案。誠以爾時兩湖風氣未開，姑以四者開其先路。惟自强之道，貴乎周知情僞，取人所長。若非精曉洋文，

即不能自讀西書，必無從會通博采。茲經本部堂詳加酌核，更定自强學堂章程，其算學一門，中國古法及新譯西書籍較多，可不假道西文，業經於上年五月改歸兩湖書院另行講習。其格致、商務兩門，中國既少專書，津、滬諸局西人學館譯出諸編，不過略舉大概，教者學者無從深求。現將格致、商務兩門停課，先行統課方言，以爲一切西學之階梯，將來格致、商務即可自行誦繹探討。查京師同文館分設英文、法文、德文、俄文等館，規模大備。惟一館學生勢不能應中外之求。此外，各省堂局學習洋文，多係專習一事，取法一國。查西人學業各國雖大致相同，而專長兼長實非一致。辦理交涉，尤貴因應咸宜，此英、法、德、俄四國語言文字必須分門指授之意也。本部堂意在造就通材，所期遠大，欲使學者皆能自讀西書，自研西法，則可深窺立法之本原，並可曲闡旁通之新義。既不必讀展轉傳譯之書，免致得粗而遺精，亦不至墨守西師一人之説，免致所知之有限。將來學成以後，通殊方之學，察鄰國之政，功用甚宏，實基於此。此必須資性穎悟，身家清白，先通華文，先讀儒書，義理明通，志趣端正，方能與選。今分立英、法、德、俄語言文字四門，每門學生以三十名爲額，四門共一百二十名。英文、法文各省傳習較久，目下初學始基，即派華員爲教習。俄文、德文通習素罕，今派俄員、德員爲教習，輔以華員協同課授。現已委員購地，刻期添造誦堂並學生所住齋舍。合行出示招考學生。至堂内原有英文學生，其未通華文者，應行汰除。統計應招足一百二十名之額。目下誦堂住舍尚未造成，先行每門招十五名入堂肄業，其餘十五名俟誦堂、齋舍造齊，再行來堂。除該生飯食、書籍、紙筆等均由學堂備辦外，每名每月給膏火銀五元，以資安心學習。爲此，示仰各省舉貢生監、職員、官紳子弟人等知悉，凡有華文清通，年在二十四歲以内、十五歲以外者，無論本省、外省，悉准報名與考，聽候本部堂派員考試録取，復試挑選入堂學習。凡入堂學生不論何項人員，均須恪遵規矩，聽受教習及管學各員約束。如不守學規，即行斥退，斷不姑容。自出示之日起，以十五日爲限，迅赴自强學堂報名，慎毋觀望自誤。并開列簡明章程十二條於後，特示。

一、自强學堂以一百二十名爲額，分習英、法、德、俄四國語言文字。每門三十名，分四堂課授。

一、學生必須年在二十四歲以内、十五歲以外者，口齒較靈，志趣漸定。若過二十四歲或不及十五歲，均不收録。

一、學生必須以華文爲根柢，以聖道爲准繩，儒書既通，則指授西文，亦可得收事半功倍之效。此次挑取學生，非華文清通、義理明白、根基已立者，斷不收録。

一、吸食洋烟者，斷不收録，勿庸投考。

一、挑取學生先考華文一次，照定額加倍挑取，再行面試，并相其器宇端正、口齒靈敏、體質壯實、確無嗜好者，録取入堂。并於定額之外備取三四十名，俟入堂三月以後甄别一次，將不堪造就者剔去，仍照定額留堂學習。

一、學生有年齒稍長，或已列膠庠者，必已通曉儒書，每日除西文功課外，盡可自温舊業。其年齒稍稚、華文較淺之學生，另於該學堂設立華文教習，於西文之暇課授儒書華文，并作論説，庶幾中外精通，不至忘本。

一、在堂學生宜專心致志習學堂講授諸課，不准在堂兼作時文試帖，亦不准併應各書院課試，以致兩誤。

一、學生凡已入學者，准其請假以應鄉試，其一切歲科、小試，概不准請假。

一、學堂以五年爲畢業。學生留堂以後，即爲官學生，其未畢業以前，若非實爲緊要正事，不得自行請假。若借端求去改習卑下之業，甚或不自愛惜受洋行雇充繙譯，須將其歷年薪水、火食及本身一切用費追繳。責成該堂於學生挑選留堂之日，即將其家世考詢明確，并須有同鄉官員誠實可靠之人出具保結。

一、教授西文最忌陸續增收學生，新舊攙雜，不能成班，令教者窮於指授。該堂學生既經挑定以後，即應截止收録。至已留堂學生，或有因事撤退者，只可任令虚額，不能陸續收補，即使來堂求學者衆，亦止能俟下届招考新生之時令其報考，另作新班教授，不得中道收補，攙入舊班。

一、學生凡在誦堂，聽華、洋教習約束；凡在齋舍或飯廳，聽提調、總稽查并管學委員約束。如有犯規者，在誦堂即由教習酌量儆戒。在齋舍，由提調酌量儆戒。不率教者，斥退。

一、課程學規條目，糊牌懸挂堂内。

爲札發事。照得鄂省自强學堂現經更定章程，專課方言，分英、法、俄、德四門，派定教習分門課授，并添造誦堂及學生住舍，亟應招考學生入堂肄習。所有告示章程，合行札發。札到，該縣即便遵照。在於省城内外，漢陽、漢口地方張貼曉諭，俾令一體周知。

札北藩司轉飭江、漢兩縣示諭典當各商出入概用官局錢票光緒二十三年三月初八日

照得武、漢地方，向來商民用錢之處最多。上年因制錢缺少，設立官錢局，儲備釐金等欵官板大錢，印發制錢票，通行省内外，准其完納丁漕、釐税各項，均經奏明，奉旨允准，轉行欽遵在案。第此項局票民間雖已通用，而市面雜票爲價較廉，商民見小，樂於行使。不知此項雜票其舖本無實本，專圖牟利，既有少數攙毛之弊，又有挈騙倒塌之虞，一旦關閉，東夥遠颺，展轉追尋，訟獄滋起，雖至告官，罕能獲案。現當青黄不接，典當質當上架日多之際，自應禁止濫用雜票，以免貽害小民，屢經司、局督同地方官籌議。兹據稟稱，補救之方，先自典質各當店起，最爲有益小户貧民。擬飭地方官曉示江、漢兩縣典質各當，除官板制錢仍准照常收用外，凡需用錢票者，出入一概遵用官局錢票。錢色純净，票式精工，交易既免挑剔之煩，存積又無倒塌之累，自應照准飭辦，以重錢幣而便商民。除行善後局轉飭官錢局知照外，合亟札飭。札到，該司即便迅速轉行武、漢兩府，并由司徑行江夏、漢陽兩縣出示曉諭，限以本月十五日爲始，嗣後凡質當衣物，出入均須遵用官局錢票，不得濫用錢店雜票，并飭局員會同地方官隨時稽察。倘有把持阻抗者，准其指名稟究，從重懲罰。一體懔遵毋違。此札。

札北善後局發給洋員薪水等費并鈔行所訂合同附單　光緒二十三年三月十五日

照得鄂省設立護軍前後營并工程隊練習洋操，曾於上年四月間先募洋員貝倫司多爾夫一員試用，訂明試用期滿，再訂合同。查該營馬、步、礮三項，操場、學堂兩處課程已極紛繁，近又加工程隊一哨。工程一門爲中國所初設，一切教練技藝、習用器具，

人人有課，日日有課，斷非一教習精力所能徧教。特電商兩江督部堂劉，調江南自强軍洋員何福滿一員、洋弁賽德爾一員來鄂，會同貝倫司多爾夫分班分期分課盡心教授，期成精旅。業與該洋員等訂立合同，貝倫司多爾夫從光緒二十二年七月二十四日爲始，按西月每月薪水德金一千馬，何福滿從光緒二十三年正月二十八日爲始，按西月每月薪水德金一千馬，賽德爾從光緒二十三年正月二十八日爲始，按西月每月薪水德金七百馬，均應按月給發。又何福滿奉調來鄂，據江南自强軍總辦沈道敦和稟請給發盤費洋一百五十元。賽德爾奉調來鄂，據開用盤費銀三十二兩、洋二十一元。均准照數發給。又貝倫司多爾夫及何福滿兩員，按照合同，均應給予官房。現在無官房可給，另租房屋給住，其房租亦由官給發。除分行外，合亟札飭。札到，該局即便遵照，分別照數給領具報。勿違。

貝倫司多爾夫合同

湖北洋操營務處、自强學堂總辦奉欽命湖廣總督部堂張飭諭，與德國武員貝倫司多爾夫訂立合同，所有條欵開列於左。

第一欵　貝倫司多爾夫自來湖北投效，先經派在護軍營試用三箇月，現在留派護軍營洋操教習，并兼充自强學堂德文教習，訂明每月薪水德銀一千馬克，按西歷於每月初間給發。

第二欵　合同以兩年為期，自光緒二十二年七月二十四日，即西一千八百九十六年九月一號試用期滿之日起算，二年屆滿如欲留用，須先期三箇月知照。

第三欵　合同期內，由公家給與華式住房一所，或酌給房租，由貝倫司多爾夫賃屋自住。所有火食、僕從、煤火、醫藥等費，均由貝倫司多爾夫自備。如奉差遠出，所有川資旅費當由公家另給。

第四欵　貝倫司多爾夫務須盡心教導兵勇嫻習步、馬操法，尤以馬隊為重，并教測繪、行軍必須之學，又須兼教自强學堂德文學生語言文字。所有兵勇、學生兩項功課，按日分定時刻教授，悉心解説。夏令炎熱，准其告假一箇月避暑。

第五欵　貝倫司多爾夫辦公，應遵督憲所派該管上司如洋操營務處及自强學堂總辦調度。如初次不遵規矩，由該管上司勸誡，二次不聽勸誡，或故意違拗，行止不端，不遵合同，即稟明督憲刻日辭退，停止薪水，不給回國川費。如合同期內貝倫司多爾夫患病，經西醫驗明必須回國調理，其薪水自離差日止，准給回國川資二千五百馬。如當差勤奮，期滿回國，亦給川資二千五百馬。

第六欵　如合同期内本營裁撤、停操或學堂改章停課，可隨時令貝倫司多爾夫離差，薪水於是月底止，加給兩月薪水并給回國盤費二千五百馬。若本營停操而學堂不停課，或學堂停課而本營不停操，則貝倫司多爾夫仍舊留差，專教一門。

第七欵　貝倫司多爾夫在營在堂，均不得擅打學生，學生實有過失，應回明該管上司辦理。

第八欵　合同期內，中國如有戰事，貝倫司多爾夫自願隨營打仗從軍時，每月給予薪水德銀一千六百馬，費用另給。

第九欵　合同期內，貝倫司多爾夫因公受傷，經西醫驗明實係成廢，月薪至離差日止，給川資二千五百馬，另給恤賞銀一萬八千馬。因公受傷身故，給恤銀二萬五千馬，交德領事轉給其家屬。若傷非因公，或因病致死，則宜自安天命，不在此例。

第十欵　此合同一樣兩紙，蓋印畫押，一存洋操營務處及自强學堂，一交貝倫司多爾夫收執為據。

何福滿合同

湖北洋操營務處奉欽命湖廣總督部堂張飭諭，與德國武員何福滿訂立合同，所有條款開列於左。

第一欵　何福滿原充江南自强軍教習，合同未滿，調鄂差遣，派充護軍前後營教習。今於到鄂之後，另立合同，從光緒二十三年正月二十八日，即西一千八百九十七年三月一號起，以兩年為期。

第二欵　何福滿抵鄂後，除給住房外，每月薪水仍照原數德銀一千馬，所有飯食、柴煤、燈油、醫藥、車馬等費，均由自備。如因公出遠差，應給車船等件，並給住房。

第三欵　何福滿允將派授本班就學之人全備指授，兼教別班，其一切應習課程，盡心教導，不得延挨。所云全備指授，即馬、步、礮、工程各隊操練之事，及軍械、交鋒、測量、繪圖等學。

第四欵　何福滿允於教授時，聽繙譯反復討論，安心耐煩，使所教意義明白。

第五欵　何福滿自到差日起，歸中國所派該管上司節制，無論在堂在營，必遵向來定章，自不違背。

第六欵　何福滿允照定章，不得擅打學生，學生實有過失，告明該管上司辦理。

第七欵　兩年限內，所教各班經制台考試，如實有所得，從優奏奬，或給品級，或予寶星，以酬勤勞。

第八欵　何福滿兩年限滿，除給路費二千五百馬外，再照月薪給兩月薪水。如合同續訂，俟續定期滿，給予路費。

第九欵　何福滿如合同限內患病，經西醫驗明必須回國，除給路費二千五百馬外，再加給兩月薪水，以示體恤。

第十欵　合同未滿，何福滿因事辭退，先期四箇月稟明，以便另募。給路費二千五百馬，其薪水自離差日止。

第十一欵　兩年限內，何福滿如果因公受病成廢，經西醫驗明或半廢，或全廢，月薪以離差日止，給路費二千五百馬，外另給恤銀半廢一萬八千馬，全廢三萬六千馬。如死，二萬五千馬，由中國使館付給應得恤銀之人。

第十二欵　如中國遇有戰事，何福滿允願隨營打仗，打仗時薪水每月德銀一千六百馬。

第十三欵　此合同一樣兩紙，蓋印畫押，一存洋操營務處，一交何福滿收執為據。

賽德爾合同

湖北洋操營務處奉欽命湖廣總督部堂張飭諭，與德國武弁賽德爾訂立合同，所有條款開列於左。

第一欵　賽德爾原充江南自强軍哨官，合同未滿，調鄂差遣，派充護軍前後營步隊教習。今於到鄂之後，另立合同，從光緒二十三年正月二十八日，即西一千八百九十七年三月一號起，以兩年為期。

第二欵　賽德爾每月薪水，仍照原數七百馬，寓所及養馬等費均由自備。

第三欵　賽德爾遵該管上司節制，有公事稟知該管上司代稟。

第四欵　賽德爾於步隊一切應習之事，當盡心教導，以副委任。

第五欵　賽德爾於教授時，須竭力講解，以期明白。如學生中必須重辦者，稟明該管上司，不得自專。

第六欵　賽德爾違背合同，由總辦稟請辭退，薪水即於是月止，除給路費一千六百馬外，餘皆不得希冀。如合同未滿，賽德爾辭差，須於兩月前稟明，薪水以離差日止，路費照付。

第七欵　賽德爾因傷成廢，由總辦給三箇月薪水。若死，則欵由德國駐華領事轉交該弁家屬。

第八欵　合同滿時續訂，則路費俟續訂合同滿時再付。

第九欵　合同期滿，除給路費一千六百馬外，另給兩月薪水。

第十欵　合同未滿，學堂停止肄業，該弁薪水於是月止，除給路費外，另給兩月薪水，以示體恤。

第十一欵　此合同一樣兩紙，蓋印畫押，一存洋操營務處，一交賽德爾收執為據。

札飭北善後局將餉錢所歸併官錢局兼管光緒二十三年三月十九日

照得鄂省官錢局乃今日便民要政，必須現錢充足，方可期官票暢行。現經本部堂督同司局詳加酌核，應將餉錢所更定章程，以後該所只管兑收，不管支發，所有向由餉錢所支發一切雜項錢欵，統改由官錢局支放，以免紛歧。應飭北善後局即將餉錢所歸併官錢局兼管，飭委駐局專辦委員、補用知縣王廷珍兼管。該員原有薪水，毋庸再支，只每月支給夫馬錢四十串。其幫辦委員知縣李霨仍舊留差，其原派餉錢所委員知縣蔡國楨另有差委。除分行外，合亟札行。札到，該局即便分飭遵照具報。

札北藩司等移行户部奏准推廣賑捐暨優獎辦法光緒二十三年三月十九日

照得本部堂於光緒二十三年二月十六日，會同本任湖北撫部院譚專差具奏鄂省連年被災，民艱地廣，工賑併舉，需欵浩繁，情形緊迫，無從籌措，擬請援案暫行推廣賑捐以資拯救摺内，聲請嗣後湖北賑捐如有捐實銀一萬二千兩以上者，由籌賑局、司、道詳請專案奏請優獎。核其捐欵，總當較在部庫報捐現行章程銀數有盈無絀，方准請獎。此外，如有願捐翎枝及舉人者，亦暫准查照部章加一成收捐等因。當經抄摺行飭司局，移行一體遵辦在案。兹於三月十九日准户部巧電開，請推廣賑捐，捐實銀一萬二千以上，專摺奏請優獎，花翎加一成，三品上一千八百兩，四品下九百兩，藍翎四百五十兩。舉人捐甫經奏停，未便議開。本日覆奏奉准，希照辦等因，到本部堂。准此。合就札行。爲此，札仰該局、司、道即便移行本省鄰省籌辦湖北賑捐各局一體查照，認真勸辦。毋違。

札委蔡國楨充洋務局辦事委員光緒二十三年三月十九日

照得鄂省洋務紛繁，必須添派精明幹練、熟悉洋情之員，方足以資任使。查有候補知縣蔡國楨，堪以委充洋務辦事委員。該員月支薪水、夫馬銀共一百兩，由北善後局開支。此時洋務局暫附於鐵政局内，俟核定章程後，另札飭遵，合行札委。爲此，札仰該員即便遵照，遇有洋務事件，隨時稟請本部堂指示辦理。毋違。

札北籌賑局分移廷寄御史張仲炘奏陳湖北災區情形附單 光緒二十三年三月二十日

光緒二十三年三月十九日，准兵部火票遞到承准軍機大臣字寄湖廣總督張。光緒二十三年三月初七日奉上諭：御史張仲炘奏，湖北災區甚廣，請寬撥銀米飭地方官切實辦理一摺。據稱，湖北鄖陽、宜昌、施南各屬，上年因旱潦迭乘，顆粒無收，被災情形極爲慘苦。地方官相率諱匿，截漕之旨已下，而辦賑尚無明文，附近荆門所屬之當陽縣饑民已藉故滋事，宜昌、川東一帶亦均蠢動。現在三府被災丁口約在百萬以外，僅恃官籌紳助，既難周徧，亦患遲延等語。湖北上年災情極重，迭經降旨截漕散放，并據該督撫奏稱，業已分別籌欵賑恤。若如所奏情形，是該地方官於災賑一事并未切實辦理。著張之洞查明各屬災區究竟應否寬撥銀米賑濟之處，酌量情形，嚴飭地方官認真辦理，以拯災黎。原摺著抄給閱看。將此諭令知之。欽此。遵旨寄信前來等因，到本部堂。承准此。查鄖、宜、施三府所屬各州縣被災甚重，業經本部堂迭次籌撥鉅欵，采購米糧，檄委鎮、道大員馳赴各該處設局辦理賑務，督同地方官確切查明，分別賑濟平糶，并由本部堂分投飛電各省官紳商董，切商勸募。復設法向滬、漢華洋各公司設法租僱商輪，并向江南、湖南等省借撥官輪，多方趕運，檄電交馳，晝夜無暇。至當陽匪徒藉口饑民滋事，已據營、縣報明獲犯訊供，稟請懲辦。川東一帶饑民蠢動，亦已據稟報，經川省分別拏辦就撫在案。茲欽奉前因，合就恭録札行。爲此，札仰該局、司、道等即便欽遵，迅速分移辦賑。鎮、道各員并嚴飭該地方印、委各員，將賑務認真盡心辦理。總期多活災黎，實惠遍沾，毋稍偏枯延緩。一面由該局、司、道等將籌撥欵項辦理災賑，并現在地方是否静謐各節，迅即先行查明大略情形，叙詳請奏。毋延。切切。

御史張仲炘奏稿

掌河南道監察御史臣張仲炘跪奏：爲湖北災區甚廣，情形極重，恭摺仰懇天恩，寬撥銀米，飭地方官切實辦理，以救遺黎，仰祈聖鑒事。竊湖北鄖陽、宜昌、施南各屬接壤川、陝，袤延數千里。上年因旱潦迭乘，顆粒無收，致成災歉。初因地處偏僻，音信難通，民性馴良，雖忍死而不求賑。地方官因其易與，久之而後報聞。逮蒙恩賞截漕，皇仁廣被，感戴無涯。乃自二三月間，同鄉京官迭接家信，縷述災況，幾於耳不忍聞。據稱，宜昌各處業已十室九空，始猶取給於草根樹皮，繼則以山上所産之白石脂充饑。此物性極堅凝，服輒閉脹而死，因不得食而自盡者又纍纍不絶。冬間有南中善紳前往振濟，今日所查之户口，至明日已減其半。又以地勢遼闊，司事無多，辦理彌月，仍未徧巴東一縣。然宜屬尚水路可通也，其鄖、施兩屬山勢崎嶇，無人過問。入春以後，景象尤為慘酷。僵屍盈道，朝死而夕存白骨，甚有未死而羣起噬之者。坿郭之處，尚有本地紳耆設法撫濟，猶不能不以人為糧。窮鄉僻壤之中，直夫食其妻，父食其子矣。其尚非極貧之户，亦以産業無可消售，全家餓死，衆飽其肉而棄其資。似此情形，較之順直、山東尤為慘苦百倍。最可異者，除宜昌南紳查賑外，地方官皆漠不動念。聞竹山縣紳士自願煮粥，求官提倡，該縣楊鈞拒之不理，紳民痛哭，莫可如何。窮山僻處，省城窵遠，州縣既相率諱匿，督撫亦無自查詢。近以異常奇荒，視為偏災小歉，以故截漕之旨已下，而辦賑尚無明文。并聞附近荆門所屬之當陽縣，饑民已藉故滋事，宜昌、川東一帶亦均蠢動。若再不加賑救，一旦情急生變，相□〔一〕效尤，其地箐密林深，豈不大煩兵力。即或不至於此，而令數百萬芸芸之衆宛轉盡塡於溝壑之中，當亦為聖慈之所軫恤。現在三府被災丁口約尚百萬以外，僅恃官籌紳助，既難周徧，亦患遲延。相應仰懇天恩，寬為賞撥銀米，并請旨電飭該地方官迅速妥實勻放，不准敷衍因循，庶窮黎皆有再生之慶矣。謹冒昧續陳，伏乞皇上聖鑒。謹奏。

咨南撫院湘紳王先謙等請辦湖南内河小火輪船一案 光緒二十三年三月二十七日

據湖南紳士在籍前國子監祭酒王紳先謙等公禀稱：竊自上年中日和議成後，上諭飭准於蘇、杭行駛輪船，稍挽利權。淮、揚繼之，江西又繼之，節經批准奏辦在案。仰見公忠體國，保富於民至意。職等聞江西自行小輪船，不特商旅便益，即鄱陽湖每遇風濤險惡，救全身命船貨不少，歌頌功德，遠近同聲。因念湘、鄂兩省相距千里，洞庭之險甚於鄱陽。江西既行小輪船，湘省亦思效法試行，以資便利。從前湘人恐因輪船致引外人入於內地，又恐民船盡失生涯，衆口一詞，牢不可破。近則風氣日開，各省官船時泊省河，又有本省官輪船、鐵政局輪船往來湘、鄂，船中駕駛并無外人，居民見慣，習焉不驚。加以海口多事，新定約章准令機器製造土貨，通行各省内河輪船，我不興辦，彼必駛行。又聞有商人購置輪船名漢皋者，亦欲歸入鐵政局，專運湘煤，漸成商辦之局。湘人坐失其利，未免耽視興歎。且今湖南鑛產大開，以煤、鐵、磺三者爲最盛。蘆漢鐵路興工，煤、鐵實爲要需，轉運不靈，勢難接濟，大局攸關，不僅一隅之利。又安的摩尼一宗經亨達利洋行訂就合同銷售者，歲三萬噸，議由湘局運至漢口交納，而總局鑛師查勘芷江一處之銻，當產三百萬噸。常甯鉛鑛自去臘始，每日出砂八九百石或千餘石不等。又新設和豐火柴公司、寶善成機器製造公司，均經開廠工作，日興貨產滋多，非有輪船拖運，商販不能暢銷。與其本地利權全付他人，孰若本地之人自立根基，或可免異日喧賓奪主之患。以是，從前不願舉辦輪船者，茲皆極稱輪船有利無害，宜速無遲。時勢使然，不可遏抑。謹擬援照江西成案，集股置備湖南内河淺水輪船數艘，官督紳辦，承運本省鑛產、各種機器貨件，搭載仕宦客商，兼可代運湖北鐵政局所需湖南煤鐵，於漢口、湘潭、益陽、常德、衡州等處陸續試行。釐金局卡停船候查，以免偷漏。事屬創始，公推紳董數人，設局經理其事，由大公祖移咨總理衙門立案，湖南地方，不准華洋人等藉口影射，另立輪船公司等名目，以杜流弊。職等目擊時艱，冀維桑梓，怵他人之我先，懍利權之宜挽，將來辦理得宜，我之商務果興，彼之貪謀亦輟。以開爲塞，久在藎籌。如蒙允准，從此重湖千里化險爲夷，民船無覆溺之憂，既與救生有裨，鑛產無滯銷之慮，尤能藏富於民。鐵政局轉運煤、鐵亦可省購船養船之費，一舉而諸善皆備，以視商賈牟利者，其公私固迥不相同也。理合披瀝陳明，仰懇批示飭遵。一俟規模大定，再行詳擬章程，呈請鑒核等情，到本部堂。據此。除批：查内河行駛小輪，最爲利商便民、興旺地方之舉。特是體察時局，默驗民情，獨於湘省

〔一〕此處抄本《督楚公牘》空缺，似脱一「率」字。

尤宜格外慎重。前經本部堂詳加籌度，曾將一切利害各情函致南撫部院，布告湘省衆紳在案。茲據稟稱，請由官督紳辦，置備內河淺水輪船，專拖鑛產，兼搭行客等語。既係官督紳辦，專運鑛產，又兼利涉重湖，不拖别項貨物，他人不至藉口，自可准其舉辦。惟此項輪船必須統歸南善後局管轄，作爲善後局官輪，官督紳辦，不涉商人之事，庶他商不至覬覦。并須將各輪船船名、尺寸、馬力、噸數詳細開報，由江漢關給發船照，以憑稽核，方准駛來漢口。此項輪船只准專拖金石兩類鑛產，如金、銀、銅、鉛、鐵、銻、石磺、矾石、觀音土之類。煤乃湖南土産大宗，亦屬鑛類，以及開鑛所需機器，應一併准其拖運，以惠民生。遇卡停輪，聽候查驗，照章完釐，不得闖越、偷漏，不得夾帶他貨，其經過湘省之岳州，由湘入鄂經過之寶塔洲，均同一律。本部堂當專派巡船兵輪，認真稽查，如有抗違不服盤查者，以及偷漏釐金者、夾帶他貨者，均即將該輪充公，仍行嚴辦。若由湖南拖運各鑛産、煤斤來往沙市，亦可准行，統由江漢關給照。無江漢關執照者，至湖北境内即行扣留。又此輪係來往湖南、湖北兩省，歸宿全在漢口、沙市兩口，其行銷獲利皆係湖北地方，其利益自應南北兩省公之。本部堂統轄兩省，惠民必須公溥，政令必須均平。所有湘省共備小輪若干艘來鄂，應即稟定數目，亦准湖北紳士照湘省小輪數目製備，作爲鄂省善後局官輪，駛行赴湘，所拖之物及搭載行客，均同一律，俾兩省紳民同霑利益，以昭公允。至此外於湘省民情、船户、釐金有無窒礙，將來湘省紳民能否不至因行輪另生枝節，湘省地方官及各局卡如何稽察之法，應候咨明南撫部院轉飭司道府縣暨善後局妥速籌議，并傳集各紳詢問詳確，取具切結，妥議章程，咨覆辦理，并候札飭湖北牙釐局、江漢關妥議稽察章程，稟覆核奪。至稟稱專拖湖北鐵廠所需煤斤一節，查漢鎮爲通商大埠，又爲鐵路所發端，需煤之事甚多，且武漢一帶民間需煤尤復不少，鐵廠所需不過一端。湘省既運煤出售，若專指一項，轉嫌銷路不廣。此乃本部堂格外加惠湘民之舉，勿得自生枝節，轉多窒礙。其如何與該廠按期訂運若干之處，由湘紳自向該廠商議，不關行輪之事，仰即遵照。俟各項章程妥定後，再行會同南撫部院奏咨立案可也。此批。等因。榜示并行湖北牙釐總局、江漢關道會同妥議稽查章程，稟覆核奪外，相應咨明。爲此，合咨貴部院請煩查照，轉飭司、道、府、縣暨善後局妥速籌議，并傳集各紳詢問詳確，取具切結，妥議章程，咨覆核辦。望切施行。

札委陳道重慶馳赴鸚鵡洲釐局查驗剥船所帶木植并派委兵輪彈壓 光緒二十三年

三月二十八日

據委辦鸚鵡洲竹木釐局補用知府張守孝謙稟稱：竊卑局前奉牙釐總局札開，奉憲台札准南撫部院咨據湖南承運剥船委員、候補道莊道、候補知府沈守稟稱，竊職道等承造直隸剥船一百五十號，業經排造竣工，一律登江，報請委驗。惟水程五千餘里，渡湖涉江，必須壓艙鎮空，庶昭穩固。查上屆奏定不准裝載二成貨物，只准跨載護木，註明木碼兩數，不准多裝，如有溢數，照完釐稅。又稱職道等籌商以木碼大小紛繁，難於科算，擬請註定株數，可免爭執。稟請每船備帶木植十株，中小護木五十株，皆於舷外裝跨，以資搪浪。艙内裝載截斷杉筒八十段，以資壓艙，外帶皮篙四十根，備添換篙挽之用。此原擬請示核定之數目也。惟舵工、水手等懇求附載杉筒三十段，皮篙四五百根，期有少獲，以資沾潤，爲數不多，似可勉示體恤。第核與職道等原禀數目不符，未敢擅便。理合將起運備帶護木、杉筒及舵工、水手懇求附載杉筒、皮篙，開單呈請核定，咨部并行沿途各關卡查驗，如有溢數，照完釐税等情，到本部院。據此。除咨户、工部並分咨外，相應咨請查照通行各等因，轉行下局。奉此。嗣於三月十二日接據承運委員護照，内開承造直隸糧剥船一百五十號，跨載護木、杉筒，搪浪壓艙，現已薄紮成簰，分爲兩座，駛至漢口裝跨，計頭座木簰二十八塊，已經全數到鄂各等因。卑府遵於二十一日到差，當即督同司事前往逐細查驗，所有糧剥船陸續到齊，除船内裝壓附載不計外，計已到木簰二十二塊，停泊白沙洲一帶，長約六丈餘，寬約二丈餘，深則潛匿水底，未經丈量，無從估計。竊查糧剥所帶木植、護木，例應舷外裝跨，今則紮爲木簰，合計前後兩起，各簰五十餘塊，似與南省來咨及該員等原禀全不相符。且禀稱木碼難於科算，擬註定株數，則查照之下，朗若列眉。伏思簰木向以丈量爲準，木株之在水面者可數，其匿水内者非以木碼科算，則根株之是否溢數，誰則知之。又查原禀所請備帶木植、護木、杉筒、皮篙各項爲數已多，雖爲鎮壓船隻之用，實隱寓矜卹水手之心。乃又曲徇水手之請，准每船附載皮篙四五百根，杉筒三十段，即該員亦自稱與原禀數目不符。至云期有少獲，以資沾潤，顯然爲牟利起見。水手人等大都趨利若（鶩）［鶩］，若再縱之使爲藉糧剥之要公，圖挾私之厚利，各船所帶皮篙、杉筒之數溢與不溢，彰明較著，尚難逃憲台明鑒之中。總之，糧剥從無紮簰之理，又不註明木碼兩數，遂致無可究詰。并於正項之外，復准水手附載木株，數目如此之多，種種捏飾，難保不偷漏挾私，未便置之不問。卑府猥以菲材，初膺劇任，到差後風聞洲埠木植、皮篙一項，已被糧剥各船採購一空。當此餉項支絀、比較喫緊之時，欲查驗則札准放行，而且人衆船多，深恐藉公滋事。欲緘默則巨筏蔽江，乘流直下，所有下月釐金收數，幾於蕩然無餘。徬徨四顧，焦急萬分。再四籌維，可否趁木簰尚未到齊之時，禀請憲台速委妥員下局會勘，并派員彈壓之處，抑照數放行，統候鈞示飭遵。所有剥船隨帶木簰查驗大概情形，禀乞查核等情，到本部堂。據此。除批：據禀已悉。查湘省剥船准其跨裝護木，數已不少，并復酌定舵工、水手等附載杉筒、皮篙各數，俾資沾潤，已屬格外體恤。今該糧剥到漢，并不照額跨裝，輒紮成木簰，合計五十餘塊，竟不可以數計，核與南撫部院咨定辦法數目迥不相符。似此任意影射，恃衆違章，有礙鄂省税釐大局，斷難准其放行。除札委陳道重慶前往會同查勘點驗，并札飭中軍僉副將率同楚材大兵輪一號、小兵輪一號，暨漢陽鎮長江水師礮船五號，駛赴白沙洲一帶彈壓，不許船户、水手稍滋事端外，仰即遵照。俟委員陳道到局，即行會同切實查勘，照章核算，飭令各糧剥照數跨裝，不准溢額及另紮木簰。其有溢額紮簰、多帶木植，應令照章補完税釐。倘船户、水手等竟敢違抗，即行嚴拏懲辦。至此項糧剥運解委員并不嚴飭船户人等認真照章辦理，實屬不合，應俟查覆後，再行酌核，咨請南撫部院酌核示儆，該道、守毋得稍涉瞻徇。切切。此繳。等因。印發外，合行札委。爲此，札仰該道即便遵照上項批飭事理，迅速馳赴鸚鵡洲竹木釐局，會同委員張守切實查勘，點驗核算，飭令湘省剥船照數裝跨木植，不准溢額及另紮木簰。其有溢額紮簰多帶木植，即令照章完納税釐。倘船户水手等竟敢違抗，即行嚴拏懲辦不貸。仍將辦理情形，會同張守禀候核奪，毋稍瞻徇玩延。切切。

會委朱守滋澤購辦漢口至灄口鐵路應用之地 光緒二十三年三月三十日

照得本部堂、大臣奉旨督辦鐵路，南端由漢口作起，迤邐入豫，凡經過地段應用民業、田地、山場，均飭聽候酌定官價，以次圈購，曾按泰西通例，先期示諭，不准私相買賣，居奇抬價，並分檄漢陽、黄陂、孝感、應山各縣於奉文六箇月内停止印契，以杜壟斷牟利通行在案。現在北路盧保一段已購辦就緒，南路亦已疊派工司分道估工，即應從速興辦。所有購地事宜，亟須遴派明敏練達之員，以期妥速。查有湖北候補知府朱守滋澤，堪以派委。惟該守現辦武穴釐局，難以久離，應先責令自漢口至灄口一節，迅速購辦，自灄口以北地段，另候派員接替。除由本部堂札行北布政司、牙釐局外，合亟會委。爲此，札仰該守即便遵照，迅速暫行來漢，會同洋工程司錫樂巴，勘定車站、馬頭、機棧、貨倉一切鐵路應用之地，飭縣丈量，分别釘橛。所給地價，應查詢路議未創以前三年之内民間平常售買價值，酌中分定差等，禀候核定，給示曉諭，按户憑用聯票，赴局領價。總期秋雨江漲之前，畫界圈地妥定。設有地痞藉端撓阻，應即飭縣查照示諭懲辦。切切。此札。

札北鹽道等總辦鄂省鑄錢局事務并委李汝釗提調 光緒二十三年四月初六日

案查湖北省前因制錢缺乏，商民交困，飭由銀元局委員前赴上海，分向外洋及滬廠訂購鑄錢各種機器運鄂，即在鐵政局西偏餘地設局製造，均經奏明奉旨允准在案。所有鑄錢局廠，業已檄委銀元局委員候選知縣鄭誠、千總黄福華等擇地估工興辦。茲查此項機器不日可以到鄂，設局開鑄事宜均應豫籌，自應派委專員經理，以專責成。查從前鄂省設局鑄錢，係歸鹽法武昌道經管。此次新設機器鑄錢局，查現署鹽法道朱道堪以委令總辦，湖北候補道陳道重慶堪以委充駐局總辦，應并會同藩、臬兩司，妥籌辦理。即由善後局刊刻清、漢文湖北鑄錢局之關防一顆，給領開用，以資信守。并查有湖北試用知縣李汝釗，堪以委充該局提調。陳道月支夫馬、津貼共一百兩，李令月支薪水、夫馬共一百兩。除分行暨札委李令外，合就札行。爲此，札仰該道等即便遵照，督率提調各員弁等，迅將局廠趕緊估定興工。所有此時修造工程及開局後鑄造一切事宜，務當妥擬章程，禀候核定，督率在局員役認真妥辦。其有創設變通等事緊要之件及將來行用事宜，隨時禀候酌核飭遵。仍將遵辦情形禀報查核。切切。

札北臬司轉飭武昌府覆訊段甫珏謀殺王占彪一案 光緒二十三年四月初十日

據署江夏縣徐嘉禾禀，審明段甫珏圖財謀殺哨官王占彪，禀請批飭立正典刑一案。查此案該縣已經通禀，勿庸重録。除批：禀摺均悉。此案水勇段甫珏膽敢圖財謀殺本船哨官身死，實屬兇悖藐法，大干軍紀。既經該縣反覆研訊，贜證確鑿，毫無疑義，自應即按軍法從事。仰武昌府迅即提犯覆訊，如供詞與縣訊相符，即行録具供摺，禀請照章就地懲辦，以免稽誅。除札北按察司知照外，該府速即遵照。至撫部院衙門，係本部堂兼署，勿庸再候批示。此繳。等因。印發外，合就札行。札到，該司即便轉飭遵照。勿延。切切。

咨南撫院湘省鑛務委員與華利公司戴瑪德訂立合同設法挽救附單 光緒二十三年四月十一日

照得前聞湘省鑛務委員有在上海與華利公司洋人戴瑪德、見議陳季同訂立合同，將衡州府屬水口山所産之黑白鉛砂售與華利公司之事，當經函商貴部院設法挽救，以杜無窮後患。嗣准貴部院函覆，業已先據鑛務總局詳請核辦，批將歐陽棟、朱道濂發交長沙府從嚴審訊，由該兩人出具切結，情願自赴上海，將所立合同退回作廢等因。是所見適相符合，後患已經防及，實爲欣慰。一俟合同退廢確實，請即咨覆。查陳季同、戴瑪德即戴馬佗二人往來各省，百計賄謀，難保不別生枝節，希圖濛混，貽害中華大局。所有本部堂函稿及訪得鑛務委員與戴瑪德即戴馬佗訂立合同，除行南布、按二司外，相應咨會備案。爲此，合咨貴部院請煩查照施行。

合同

立合約字湖南鑛務總局委員朱道濂、歐陽棟，法商華利公司戴瑪德。今因湖南衡州府常甯縣所屬之水口山礦砂極旺，已奉撫憲札飭運漢銷售。茲委員來申，憑中與戴瑪德三面議定，將此處黑白鉛砂專賣與華利公司戴瑪德，訂立合約，條欵開列於後，彼此照約施行，毋得異言。

計開

第一欵　水口山鑛砂，原係黑鉛砂、白鉛砂二種，前已送樣交與戴瑪德化驗，含鉛含銀若干。現在漢口乾益升棧所存之砂，任委員、戴瑪德各自撮取樣砂五百觔，内黑鉛砂一分，白鉛砂三分，當面和勻，裝入木桶，彼此均加封條，作為大樣，並再請湖北化學官局就鑪詳細鎔驗，如與第一次原樣相符，即載明成色封存，以免日後争論。

第二欵　鑛砂到漢，未能預定日期，惟約明每三箇月須交一萬二千石。

第三欵　水口山鑛砂白鉛砂居多，黑鉛砂較少。今三面議定，日後交砂，白鉛砂七成五、黑鉛砂二成五，照數搭配分交，總以與化驗原樣相符。

第四欵　鑛砂到漢，定於一禮拜内起卸過秤，交與戴瑪德。除風雨水流阻礙不能起卸不計外，如有意延擱以致疏虞，惟戴瑪德是問。

第五欵　鑛砂過秤，言定每石以十六兩正秤每一百零五觔為一石，除皮净算。

第六欵　鑛砂運漢民船，約在戴瑪德棧房碼頭交貨，自水口山至漢口水脚、關税、釐金等費，概歸委員自理，碼頭上秤一切費用，概歸戴瑪德自理。

第七欵　鑛砂到漢，驗與原樣相符，除中用由戴瑪德扣付，每石實價洋例銀一兩二錢整。

第八欵　定約之後，凡水口山所有黑白鉛砂不論多寡，概歸戴瑪德承買。以現在鑛苗而論，每年可交五萬石，惟鑛苗深淺廣狹未能逆料，不便限定若干年，但約明至鑛苗净盡之時為止，届時戴瑪德亦可派鑛師往驗是否屬實，而鑛局委員等於鑛苗未盡之時，不得藉辭封禁，或希圖高價另售他人等弊。如有此情，惟鑛務總局是問。

第九欵　鑛砂到漢，若非貨色與封存原驗大樣不符，則戴瑪德不得無故苛生異説，翻悔不受。如有此情，所有一切用費及棧租等項，應惟戴瑪德是問。

第十欵　鑛砂過秤後，一禮拜内兑銀，期票以半月為率，不得挨延。如違，應問戴瑪德補息。惟每次交砂，須黑白配足至二千石，結數一次，如未滿二千石，應候補足方行結數交價，以免瑣碎。

第十一欵　此次交易，彼此均係創辦。總局委員允日後湖南出有別地方礦砂，先寄樣來漢交與戴瑪德化驗，視鑛質優劣，公道議價，彼此商妥另立合約與戴瑪德交易，庶幾各沾利益。

第十二欵　此約寫華文、法文各四分，當法國駐滬領事面比對之後，由湖南鑛務總局核准蓋印，兩面各執二分，以免日後轇轕。

第十三欵　合同立約後，定於三箇月内彼此照辦。

再聲明者，湖南風氣未開，將來水口山鑛盡之時，如戴瑪德欲派洋鑛師往看，須先與地方官商妥，地方官許允方准入湘。

上海法總領事印押

中人同義臣　陳耀卿　陳承春　陳階平　陳逸如　吴錫卿

見議陳季同

光緒二十三年二月十八日　委員朱道濂　歐陽棟　公司戴瑪德

札委吴元愷接帶武靖營等[一]　光緒二十三年四月十六日

頃准南撫部院陳[二]函開，西路辰沅永靖各屬錯接黔蜀邊境，自近年以來，匪徒十百爲羣，僞充兵役，白日持械，招摇過市，始則攔劫土商，繼且肆出剽鹵，數百里行旅居民多受其害，人心惶惶，深有燎原之懼。上年夏間，檄飭鎮筸道廷道會同統帶毅安營劉鎮福興駐紮沅州，督率弁勇兜拏此等匪盜，翦除窩頓，曾經會同奏明在案。劉鎮仍往來辰沅間督飭巡緝，設法解散，寬嚴併濟。計時九月有奇，訖無盜劫，商民恃以粗安。該鎮感激思奮，沅州一役，冥搜苦索，不避寒暑旦暮，因而致疾，竟於三月二十六日病故。湘中宿將類多六旬以外之人，其可用而精力未衰者，又多效力各省，耳目所及，足勝此軍之任而無暮氣者，竟爲難得。因思黔陽内閣中書黄忠浩志識才略頗殊衆人，尤務講求兵事，於辰沅故里土俗人情更爲諳習，以之接統毅安三營，無出其右者。請會銜檄委該員速赴辰州，接統毅安三營，并主稿附奏等因，到本部堂。准此。應即如函飭調黄中書忠浩迅速赴湘，聽候南撫部院陳札委，接統毅安三營，并照章附片會奏。所遺督帶武靖營，亟應委員接帶，以專責成。查有現統武愷兩營副將吴元愷，堪以飭委接帶該武靖營，即作爲武愷中營，仍兼統武愷左右兩營。該統帶即駐紮黄中書舊日營壘。其原有之武愷中營，即改爲武愷右營，即委現充該營幫帶之儘先副將陳迎祥管帶。該統帶、營官均

[一] 録自抄本《督楚公牘》。

[二] 指陳寶箴。

須督飭弁勇操練新式槍礮理法、準頭及西法陣式、營壘、畫圖、工程等事，總期一律嫻熟，以成勁旅。尤須破除積習，嚴申紀律，實力巡防，勿得短缺空額，怠惰曠廢。月餉仍照新章折合銀元，由委員會同點名散放，以除積弊。由善後局分別刊給關防。除分行外，合亟札委。札到，該副將即便遵照，接帶武靖營作爲武愷中營，仍兼統武愷左右兩營，督飭營哨各官切實訓練，以副委任。仍將接帶日期具報。

札司道總辦鐵政洋務局光緒二十三年四月十八日

照得湖北向設鐵政一局，現在漢陽鐵廠雖歸商辦，而鐵山、煤井、廠地、隄工以及從前用欵，與地方官交涉之事尚多，仍須有局員經理。至洋務事件，近來日形繁多，自應即就鐵政局設立洋務總局，以昭總匯而資考究。又查盧漢鐵路現須開辦，發軔即在漢口，鐵路總公司擬在漢口設局，購地興工。查路工與地方尤多交涉之事，必須設有專局，以與總公司所設之鐵路分局相表裏。至湖北全省各項鑛務，應辦者亦復不少。今就鐵政局改爲鐵政洋務局，兼管鐵路、鑛務各事宜。此時即仍用鐵政局關防，俟日後再行改刊。該局諸務殷繁，應委司道大員，以資綜理。合即飭委北布、按二司，督糧、鹽法、江漢關三道總辦局務。現署江漢關道湖北候補道蔡道作爲駐局總辦，即將來卸署江漢關後，仍責成該道總辦，并委奏調差委分省補用知府錢守恂提調局務。所有鐵政、洋務暨鐵路總公司與地方交涉各事，以及全省鑛務，該司、道等均須盡心籌畫，隨時禀候本部堂核示辦理。

札發自强學堂學生不給膏火銀元〔一〕光緒二十三年四月十九日

照得自强學堂考取入堂肄業學生，按月比較華洋文進境分數，分別甲乙，給予獎賞，皆不另發膏火銀元。茲特出示曉諭。所有告示〔二〕，合行札發。札到，該學堂即便遵照張貼曉諭，俾各考生一體周知。

札張道等查明御史張仲炘奏參各節趕緊詳細確查以憑核奏光緒二十三年四月二十五日

照得前因宜、施、鄖三府被災甚重，奉旨飭查，嚴飭地方官認真辦理，當將三府賑務實已竭力切實辦理及地方静謐情形，先行覆奏，以慰宸廑。惟御史張仲炘原奏各節，仍應一一詳細確查，另行復奏。查原奏所稱宜昌各處及鄖、施兩屬種種災荒情節，不可枚舉，甚至以人爲糧，骨肉相食，究係如何實在情形。至稱上年冬間有南中善紳前往賑濟。今日所查之户口，至明日已減其半。又以地勢遼闊，司事無多，辦理彌月，仍未遍巴東一縣等語。究竟善紳係何籍貫，姓名，共幾人，如何賑濟，是否自行帶來之欵。去年該道等在宜昌本地籌捐若干，是否用實收勸捐，抑係義賑。原奏又謂鄖、施兩屬山勢崎嶇，無人過問，附郭之處尚有本地紳耆設法撫濟。紳耆何人，如何設法，其撫濟之欵是否由紳捐，抑

〔一〕以下三十八件録自抄本《督楚公牘》。
〔二〕告示載本集《公牘·諭示》類。

由官籌。現據督辦鄖陽賑務張道禀，曾會同鄖陽府許守出示勸諭紳富捐貲助賑，無一應者，各屬亦未據有禀報。究竟紳耆有無捐賑之事，必須查訪確實。至原奏有竹山縣紳士自願煮粥，求官提倡，該縣楊鈞拒之不理一節，當查前據該令禀稱，該縣年歲荒歉，地方乏食，該令上年到任後，即諭各紳措資採買糧食，城鄉内外運回三千餘石，鄉間之田家壩、官渡河，運回各二千餘石，分設平糶局在案。又恐青黄不接，商運難資，面向本府借倉穀五千石，運回平糶。更恐窮黎乏錢購食，隨捐廉，督率紳富每日煮粥十餘石，施散災民，不准聚衆圍食大户。茲復先後奉發賑銀二千六百兩，派紳分赴襄、鄖兩釐局請領，就地買糧運回，經本府飭令分設粥廠，當請紳商商辦，擬城内及官渡河、欽峪河各開設粥廠一處。又據另單禀稱，粥廠城内已分男女二廠，日需省斗十石之譜各等情。是據該縣所禀，辦理災賑尚非毫無布置，任意玩忽可比，迥與原參情形不同。究竟該縣是否切實籌辦，抑係來禀飾詞搪塞，即經札飭該道查覆，現尚未據覆到，均應趕緊按照原奏，逐一查明。所有原奏事關宜施者，即由趙道、凌道、惲道詳確查覆。事關鄖陽者，即由張道詳確查覆，以憑核奏。合行札飭。札到，該道即便遵照，迅速切實查覆，毋稍違延。再，張御史原奏前已抄行，茲將覆奏摺稿抄録行知，并即查照。此札。

札委章文彬兼行管帶襄河水師前營光緒二十三年四月二十七日

照得襄河水師前營地處衝繁，巡防最關緊要。茲查管帶襄河水師前營副將吴惠吉，營務廢弛，未能得力，應飭銷差，另行遴委熟習水師之員接帶，以資整頓。查有現署漢陽鎮中軍游擊章文彬，才具勤能，熟習水師，堪以委令兼帶。其所管漢陽長江汛地，正與襄河前營水師汛地相接，若令來往巡緝，考察整飭，俱屬甚便，兩事併舉，皆無曠誤。外江内河，聯爲一氣，於緝捕盜賊，安輯地方，必可大有裨益。除飭副將吴惠吉交卸營務暨分行外，合亟札委。札到，該游擊即便遵照上項指飭事宜，迅速前往接帶，務須督率弁勇認真訓練，實力巡緝，勇丁不准一名缺額，毋得沾染積習，有負委任。仍將接帶日期報查。切切。

飭天門、漢川縣等妥辦災民工糶并嚴拏藉災滋事痞匪光緒二十三年五月初一日

照得據署天門縣李增榮禀稱：卑縣地勢低窪，最苦水澇。潰淹之患，本已無歲無之，且居鍾、京、潛三縣下游，每值該三邑襄隄有失，即又有帶淹之害。此卑縣所以向有澤國之稱也。本年自春徂夏，雨水既多，汛漲復早。上游京邑唐心口襄隄去歲潰口，前雖蒙憲恩籌發鉅欵興修，多方設法搶築合龍，無如該處上搭腦老隄原有低洪。四月初旬襄水陡長二丈有餘，漫過隄面，復將該隄上首衝成兩洪，水由内灌，直入卑縣縣河，以致縣河南北兩岸之諸通下等一百九垸田地概被帶淹，二麥悉沉波底。又通順支河南岸之上古下等四垸、襄河南岸之蒲湖等十八垸、襄河北岸之漳潑等五十垸，均係頻年漬淹之區，其形已如釜底。本年大雨過多，湖河併漲，垸外之水高於垸内，剅閘閉莫能開，涓滴無從宣洩，二麥亦被淹浸，現在一片汪洋，春收均已失望。除俟水勢稍退，仍督率圩業人等趕緊設法疏消，統俟秋後察看情形能否一律涸復

補種，再行禀辦。再，卑縣護城隄塍，本春早經催督汛員、圩約等會籌設法修復，所有張家角腦、北横隄、三龍河等處，低矮者加高，單薄者培厚，内外撑幫，以資抵禦。卑職於十四日由唐心口工次回署，水勢盛漲，洶湧異常。卑職登即集夫加築，晝夜巡守防護，幸保無虞。合併聲明，禀祈查核。又據管帶襄河水師左營總兵童福興禀稱，襄河自本月初六、十五等日兩次盛漲，致京山縣屬之唐心口復行漫潰，天門、漢川適當其衝，居民連年災祲之餘，復罹此鉅浸，蕩析離居，紛紛四散，沿途藉端尋衅，掠取田間豆麥，經過之處，不無滋擾。岳口係往來孔道，時有災民至境，動逾數百人。總兵督率弁勇并會同地方紳士彈壓資遣，尚覺安謐。乃本月二十三日准天門縣李令函稱，週河來有漢川災划數十隻，在盧家口、觀音湖等處攔截米船，搶掠財物。現在結隊上駛，距城僅十餘里，城中兵單，人心遑怖，請速撥弁勇彈壓等因。查卑營各礮船均派紮防段，會哨稽巡，在在均關緊要，而駐紮老營之船僅止四號，值此有事之際，調遣已覺不敷，然事關城池、倉庫，不得不設法兼顧。現已派撥一船弁勇登陸入城，隨同地方官妥爲彈壓，一俟綏輯，即調回營。惟災區太廣，人數過多，天門一帶未淹各村垸均有災黎聚集，鄉民不勝其擾，深慮滋生事端。總兵耳目所及，未敢壅於上聞，理合禀請察核各等情，到本部堂。據此。查京山縣唐心口隄復潰，天門、漢川適當其衝，小民值連年災祲之餘，復遭鉅浸，蕩析離居，人數既衆，四散滋擾，必須設法安輯。應就天門、漢川境内各應搶修之隄，令此失業流民速行赴工趕修，庶饑黎羣知餬口之有歸，流亡可以收復，隄工亦藉以修舉。或多設平糶處所，收價格外從輕，俾窮民便於就近購食，不肯輕離鄉井。其工需、糶費，該縣等一面就地儘籌，一面禀請酌撥公欵接濟。此外或别有辦法，均由該縣等妥切通籌，飛速禀請核辦。仍俟水勢稍退，將被淹田地趕緊疏消涸復，補種有收，以資民食。至該總兵禀以災民有散在沿途及未淹各村肆擾，并有漢川災划攔截米船搶掠情事，其中不免痞匪藉災横行，亦屬不法，應由該縣等會同營、汛嚴拏究辦，并由該水師多派礮船，在於津要處所認真梭巡彈壓，勒令災划回籍，不准滋事，違即拏犯解縣究治，以靖地方。總之，該縣等當先籌災黎奠定之方，而後嚴繩不肖滋擾之罪，寬猛兼濟，消患無形，是爲至要。如該總兵以礮船不敷調遣，防汛難以兼顧，即行移知中右兩營分撥船隻勻防可也。除行各該縣、營遵照外，合就札行。札到，該縣、該營、該司、該局即便遵照辦理。此札。

咨南洋大臣轉飭江海關道於鄂運白繭照案驗放 光緒二十三年五月初三日

據湖北繅絲局署漢黄德道蔡錫勇、候補知府趙毓楠詳稱：竊職道等蒙委辦理武昌繅絲局，上年收買黄繭，因年歲不豐，不敷廠用。本年雨水過多，蠶桑未免減色，出繭之數尚恐不如上屆，亟應預爲設法。擬委派員董赴江蘇無錫、常州一帶收買白繭，應完蘇省繭捐及到滬應完子口税，由收繭員董照章完納，惟由滬運鄂應完出口正税。查光緒二十一年由職局委員宗令得福在滬承運白繭八十擔，禀奉憲台於署南洋大臣任内，核准飭行江海關道免完正税，俟成絲運滬出售，再完出口各税在案。本年擬運白繭一千五百擔，陸續起運，由職局派員駐滬分批報明江海關道，隨時運鄂，不得逾詳定一千五百担之數。至滬上華洋各絲廠林立，由内地運繭到廠，亦係僅完内地税釐，不完正税。鄂省轉滬已多輪船運費，若再令完出口正税，則成本愈重，絲銷愈難。況在鄂出絲，與在滬出絲理無二致，自應援照一律辦理。合無仰懇憲恩俯准咨明南洋大臣，轉飭江海關道於鄂運白繭一千五百担，照案驗放，准運來鄂，仍俟成絲運滬出售，再行照完出口各税，以昭平允。理合具文詳請察核轉咨等情，到本部堂。據此。查本部堂前在署南洋大臣任内，曾札飭江海關道准將湖北絲局請運上海乾繭五千九百餘斤免税出口赴鄂。維時絲廠甫立，官商貲本維艱，又適奉旨振興商務之時，如不量爲體恤，則該局運繭來鄂，在滬關納一出口正税，在鄂關納一復進口半税，成絲出售又須納一出口正税，較在滬就地成絲出口多納一正税、一半税，商力實有不逮，是以不得不爲此斟酌體恤之舉。上年鄂局購買本地黄繭，并未向上海購繭。今年鄂省黄繭貨少價昂，該局擬採購上海白繭，又據該道等稟請援照前案，將本年擬運之白繭一千五百担免納江海關出口税等情。查乾繭抵滬，所有内地釐税早經完納，若在滬成絲銷售，不過納一出口正税而已。今鄂局運繭而來，運絲而去，已多往返運費，若再令多納正、半兩税，實非平允，似應准如所請。除批示外，相應咨明。爲此，合咨貴大臣請煩查照，轉飭江海關道俟前項購運白繭一千五百石到關，援照前案，免税查驗放行，俾早運解來鄂，仍俟成絲運售，再行照章完納出口正税。望切施行。

札委吴明、鄺祐昌查勘竹山、竹谿、房縣所屬大鑛山各銅鑛 光緒二十三年五月初三日

據縣丞鄺祐昌、千總黄福華稟稱：竊維制錢缺乏，各省開局鼓鑄，以整頓圜法爲急務，需銅甚多。今查湖北竹山、竹谿、房縣等屬之大鑛山、小鑛山、顧家溝、四顆樹、青龍寨、銅洞溝、大筵席溝、白羊啞等數十處向産銅苗之區，前有雲夢縣紳寶豐鑛務公司總辦胡正倫稟奉督、撫憲批准，前往該縣屬試辦，因股本難齊，經費不繼，隨即中止。凡開鑛非集資鉅萬不能興辦，且不足以備靈便機爐熔化。現寶豐鑛務公司股東送來大鑛山銅苗一塊，由卑職祐昌在化學堂親手化過，得有淨銅七成之多。歷年兩湖各處送來化學堂之銅苗，以大鑛山爲最高。惟未知其苗果否一律暢旺，苗脈是否厚大，非親臨其地，不能考其虚實。茲值鄂省開局鼓鑄，正需銅斤之際，亟宜設法開采，以供鑄造而塞漏巵。仰懇遴派委員先行前往各該縣屬産銅苗之區，逐細查勘明確，何處苗脈實旺，應用何種機爐熔煉，約需資本若干，剋期回省明白具陳，以資興辦之處，伏候示遵等情，到本部堂。據此。查鄂省開局鑄造制錢，需用銅斤甚夥。查開採鑛務，屢經奉旨飭辦。茲又接准户部咨議覆御史陳其璋奏錢價日昂，亟宜設法變通案内，行令湖北銅鑛切實開采，尤應遵照辦理。茲據稟大鑛山銅苗化煉，得有淨銅七成，必需派員先行勘明該山是否鑛氣充足，確有開堂大結之所，查勘情形確有把握，方可再議購機興辦。查有試用知縣吴明堪以委派，會同縣丞鄺祐昌，即日馳赴竹山、竹谿、房縣，會同地方官將所屬各鑛山詳細確切查勘，苗脈是否實係一律暢旺，

鑛質厚薄實係若何，開鑿轟炸施工難易若何，鑛砂每百斤實能煉出淨銅若干，水陸運道是否便利，能否用機器開采，有無妨礙地方田園廬墓，一併查勘明確，繪圖貼説，禀覆核奪，并采取各鑛様呈賫飭發化驗。所有該員等來往川資，飭由北善後局酌量核給具報。除分行外，合亟札委。札到，該員即便遵照札行事理，迅速馳往查勘禀覆，勿稍疎率延緩。切切。

札陳重慶等移行鸚鵡洲竹木釐局巡丁因公被毆，請飭令交犯懲辦并剥船各釐照數完納 光緒二十三年五月初四日

照得據委辦鸚鵡洲竹木釐局張守孝謙禀稱：竊卑局遵奉憲札，所有查驗湖南剥船拖帶木簰，并勾結行商包攬私貨，迥與上兩届奏案辦法不同情形，歷經禀明在案。兩月以來，卑府督同司巡往來稽查，各船除備帶木植外，恃有護照完釐，串通本洲行商採購搬運，絡繹不絶，并不報局完釐。不得已，日令司巡沿江梭緝，遇有運木到船者，按數登賬，留俟將來點驗核對實數，免致蒙混正木。不料盤查稍密，積忿成仇。本月初一日，糧船二幫二十號暨頭幫十二號，竟喝令水、舵將卑局巡丁唐開甲拖岸羣毆，受傷甚重。旋經司事趕到理論，始行解釋，惡燄兇鋒，令人不可嚮邇。伏查剥船護木，原咨正額估計價本已四萬餘串，就卑局一隅言之，邀免釐金八百餘串，現帶各木，照正額溢出一倍，合計價本八九萬串，豈有概行免釐之理。該船各木細數，均由新關點驗，有税單爲憑，斷非卑府空言所能誣造。即皮篙一項，正額八萬二千根，現由本洲訂購三十萬根，駭人聽聞。細加詢問，每船須裝二千餘根，非三十萬根而何。至船户、水手配帶零貨，又復不在數内。不圖糧剥要公，徒供奸商劣販盤踞把持，假公濟私，飽填慾壑，浸且護私逞兇，無惡不作至於此極，可爲浩歎。此次巡丁因公被毆，總由卑府督率無方，致負憲台委任，惟有加緊醫治，免令成廢。而逞兇之人，恃衆抗法，例應若何究懲，恭候憲威批飭，不惟宜伸法紀，藉免釀禍將來。抑卑府更有請者，剥船帶貨如此之多，挾私如此之衆，官商舵水混而爲一，上下交征，幾至尾大不掉，若無牟利分肥，尅扣吞蝕等弊，何至各船不遵約束。此次辦法離奇，真令人不可思議。現時搭載各木，尚屬有數可稽。擬求憲台札飭押運各員，分額内、溢數、零貨三項，勒限裝齊，照應完釐數統算總收，一面禀由陳道督同點驗，押令下駛，免再逗留，日久裹挾愈衆，盤詰愈難。木釐爲卑局專責，本月收數短絀固由陰雨過多，而訪聞剥船插買，木價陡漲，他商因而裹足。剥船泊鄂已及兩月，除勾串包攬，别無所事，多留一日，爲洲埠一日之害，於商務、釐務大有妨礙，委係實情。風聞百貨偷漏，爲數亦鉅。大致剥船專爲商販走私之具，當難逃憲台明鑒。若再停泊多日，又豈僅爲木釐之累。卑府賦性愚直，罔知忌諱，冒昧瀆陳。自知語多踰分，惟乞俯賜鑒宥，嚴批飭遵，俾得尅期竣事，以肅釐政而杜弊端等情，到本部堂。據此。查前據該局守禀，湖南糧剥到漢，違章多帶大宗木植，有礙鄂省釐税大局。當經本部堂檄委會辦牙釐總局陳道重慶，會同該局切實查勘，點驗核算，飭令湘省剥船照數裝跨木植，不准溢額及另紮木簰。其有溢額紮簰多帶木植，即令照章完納税釐，倘船户、水手等竟敢違抗，即行嚴拏懲辦，并飭派兵輪礮船駛赴白沙洲一帶彈壓，不許船户水手稍滋事端。并咨請南撫院嚴飭糧剥委員莊道、沈守等，勿得縱令船

户、水手人等違章滋弊，暨分別咨行在案。茲據稟，糧剥違章購帶額外木植及私貨甚多，爲數過鉅，駭人聽聞，何以督運委員並不約束禁止，顯有故縱情弊。迨經該局盤查較密，該糧剥頭幫十二號竟敢喝令水、舵將該局巡丁拖岸羣毆，受傷甚重，尤堪詫異。似此逞兇妄爲，實屬目無法紀，莊道、沈守何以毫無約束，任聽抗查逞凶，更出情理之外。應即勒令莊道、沈守將滋事兇毆之犯刻日按名交出，送交地方官嚴審究辦，不得再涉瞻徇迴護，致干參處。一面嚴定限期，由陳道、張守督率輪船水師陸勇，前往彈壓，嚴飭各船所載木植趕緊裝齊，（僅）［儘］數報明釐局，統算總收，除去照額准帶之木植，其餘溢數以及零貨，即照應完釐稅完納，押令迅速下駛，毋任再爲逗遛。如船户等仍敢抗玩不遵，委員等縱令違抗，有護私蒞法情弊，即行據實稟請奏明辦理。除分別咨行外，合行札飭。爲此，札該道即便移會藩臬兩司一體遵照辦理。

札北藩司等飭委員及洋工師查勘漢口至保定鐵路妥爲照料保護附單　光緒二十三年五月初五日

案照欽奉諭旨興辦盧漢鐵路，前經本部堂會同北洋大臣、直隸督部堂王、督辦鐵路總公司事務大臣太常寺少堂盛[一]會委江蘇候補知州汪牧喬年，會同美工師爾立樞即李治，測勘自漢口至保定全路地勢，業據稟報勘竣，詳陳估工辦法呈核在案。事關鉅工創始，考求不厭精詳。現由本部堂會列王部堂台銜，復委汪牧喬年，加派候選縣丞法文繙譯陳慶平，會同比國洋工師海沙地、洋書記博嘉甫，自漢口通濟門外起，勘至保定省城鐵路交接處止全路地勢，約估工料物價呈候核辦。除會銜札委并分咨外，亟應飛飭湖北省經過各縣，并傳知豫、直境内各縣一體妥爲照料保護，合亟札飭。札到，該司、縣即便查照單開各縣，飛速分飭遵照札行事理，俟該委員等及洋工師到境，會同查勘，妥爲照料保護，勿稍疎忽延誤。該司并飛移河南南汝光道一體知照。勿違。

計開

湖北

漢陽府：漢陽縣、黄陂縣、孝感縣。

德安府：雲夢縣、應山縣。

河南

汝甯府：信陽州、確山縣、遂平縣、西平縣、許州、郾城縣、臨潁縣、長葛縣。

開封府：新鄭縣、鄭州、滎澤縣、洧川縣。

懷慶府：武陟縣、修武縣。

衛輝府：獲嘉縣、新鄉縣、汲縣、淇縣、輝縣。

彰德府：安陽縣、湯陰縣。

直隸

廣平府：永年縣、磁州、邯鄲縣。

順德府：邢臺縣、沙河縣、内邱縣。

趙州直隸州：栢鄉縣、高邑縣、臨城縣。

正定府：正定縣、欒城縣、元氏縣、贊皇縣、獲鹿縣、靈壽

［一］指王文韶、盛宣懷。

縣、新樂縣。

定州直隸州：曲陽縣。

保定府：清苑縣、滿城縣、望都縣、完縣、唐縣。

飭荊州道府設公估局通行銀元稅糧釐金一律收用 光緒二十三年五月初六日

據湖北荊宜施道俞道、荊州府知府舒惠、江陵縣知縣張集慶電稟稱：沙市制錢缺乏，商民交困，飭通行銀元，慮多贋造。擬在沙設公估局，蓋圖記以取信，局用由官捐給，道府縣徵稅糧等項，按時價收用銀元。商務以釐金爲大宗，必一律收用，方能暢行。可否札飭沙釐局照時價折收之處，伏候電示。餘俟妥議續稟等情，到本部堂。據此。查鄂省銀元局鑄造大小銀元，原以輔錢法之不足，利商民之行用，前經奏准，釐金、鹽課一律用銀元交納，支發官欵一律酌量搭用，按照市價核算等因，轉行遵辦在案。查近來制錢益形缺乏，行用銀元實爲救時良策，亟應遵照奏案，准商民一體完納稅釐。茲據該道府縣稟，擬在沙市設立公估局，通行銀元，徵收稅糧釐金，一律收用，按照時價折收，自係爲便民恤商起見，應即照准。以後荊州道府徵收稅項、各州縣完納錢糧及荊宜等處徵收貨釐、鹽釐、土藥稅釐各項，如有完納鄂省自鑄龍紋銀元者，均應一體收用，不得刁難阻撓。除分飭遵照外，合就札行。札到，該局即便遵照，俟該道府撥解銀兩到局，隨時代鑄銀元，解交飭發行用。勿違。

咨户部四川包解沱卡銀兩擬遵部議提出一半撥充餉需、一半仍循舊由外支銷 光緒二十三年五月初六日

據署湖北鹽法武昌道朱其煊詳稱：竊奉憲札准户部咨開，山東司案呈內閣抄出湖廣總督張奏，查明湖北歷年所收四川包解萬户沱鹽卡銀兩，係開支局卡薪水、緝私等項一摺，光緒二十二年九月二十八日奉硃批：户部知道。欽此。欽遵抄出到部，相應恭録諭旨，行文湖廣總督遵照。查原奏內稱，鄂省自咸豐年間兵燹後，招商在萬户沱設店，借銷川省大甯廠鹽，以濟鶴峰、長樂等州縣民食，由宜昌川鹽總局設卡抽收公費，歷係撥充地方公費及水陸緝私等項之用。光緒六年，四川創辦官運局，咨請將萬户沱卡裁撤，每年由川認解銀一萬二千兩。維時前督李〔一〕以此卡一撤，恐中途洒賣偷漏，仍在萬户沱及老歸州等處設卡稽查，并令巴東等縣，營協同巡查，歷年所需薪水津貼，即在四川認解欵內支給。十數年來，皆係循照舊案辦理，應請照舊支給，以資辦公等語。查所稱光緒六年四川因辦官運咨請湖北裁撤萬户沱卡，核與上年四川總督所奏尚屬相符。惟四川每年包解銀一萬二千兩，上年四川總督所奏名爲包解釐銀，此次原奏稱爲包解鹽卡銀，名目稍有未符，應令轉飭查明光緒六年四川總督咨案究竟是否包解釐銀。如係包解釐銀，即不應全數支作緝私經費，且湖北宜昌川鹽局所收公費錢亦係半充兵餉，半充地方公費，未有全數提作緝私經費者。此項四川包解銀一萬二千兩縱非釐銀名目，亦應按照宜昌局公費章程，提出一半充餉，不得全作緝私經費開支。現在

〔一〕指李瀚章。同治九年至光緒八年曾任湖廣總督。

籌餉艱難，該督務當核實撙節，酌中衡定，報部核辦可也。等因。咨行到道。奉此。遵查：鄂省咸豐年間，在巴東縣萬户沱設卡抽收公費，本與宜昌正課不同，歷係撥充局卡委員司事薪水及地方營汛員弁水陸緝私等項之用。光緒六年，前四川督憲丁[一]創辦官運，咨請將萬户沱之卡裁撤，每年認解九七平銀一萬二千兩，在川省因請撤鹽卡疑以爲釐，其實湖北原收本係公費，故名目與川省稍有未符。所有此項公費係爲開支地方局卡薪水津貼等項之用，本難核減。惟現在籌餉維艱，既奉大部行令核實撙節，酌中衡定，自應遵照部文，於無可節省之中，力求節省，以濟餉需。業經會同宜昌鹽局將各局卡經費大加裁減，擬自光緒二十三年起，將川省認解萬户沱鹽卡銀一萬二千兩，照宜昌鹽局公費章程，提出一半移解善後局充餉，下餘五成仍請循舊支給，以資辦公。理合具文詳請查核，咨請户部核覆遵辦等情，到本部堂。據此。查四川每年認解萬户沱鹽卡費銀一萬二千兩，向係專爲開支各局卡委員司事薪水及地方營縣員弁水陸緝私等費，用項甚繁，皆在所必需之欵，歷年已久，本無可裁。惟現值籌餉維艱，自應遵照部議設法撙節，力爲其難。茲經督飭該道會同宜昌鹽局，將各處經費於無可裁省之中多方籌畫，大加删減。即自光緒二十三年起，查照宜昌鹽局公費章程，提出一半銀兩移解善後局以充餉需，相應咨明。爲此，合咨貴部請煩查照核覆施行。

咨還北洋大臣津榆鐵路現歸盧漢總公司經理嗣後運送各項概收全價稿 附單

光緒二十三年五月初六日

光緒二十三年五月初二日准督辦鐵路總公司事務大臣太常寺少堂盛咨呈開：承准北洋大臣王咨開，爲照津榆鐵路現在歸併盧漢總公司經理，嗣後運送各營官弁、兵勇、糧餉、軍械、馬匹等項，及中外官員乘坐火車往來，應照商務行車章程，概收全價。除會同出示曉諭各站長一體懔遵外，相應備具會回稿咨送貴京堂，請煩查照，書行鈐印，轉咨張督部堂分別備案移還施行。計咨送會回稿二本等因。承准此。相應將會回稿二本咨呈查照，書行蓋印，分別存還等因，到本部堂。准此。除書行鈐印，將會稿存案外，所有回稿，相應咨還。爲此，合咨貴大臣請煩查照備案施行。

張、王、盛三銜

爲出示曉諭事。據辦理鐵路總公司天津分局前代理津海關黄道建笎、直隸候補張道振棨詳稱：竊照津榆鐵路奉文歸併總公司經理，一切均照商務規條，與前由官辦情形迥異。查輪船招商局章程，承運各項軍需官物等項，均收脚價。現在鐵路已歸公司，自應仿照辦理，以歸一律。擬請嗣後運送各營官弁、兵勇、軍械、糧餉、馬匹等，概照行車章程核收車脚，其隨帶行李應准免收，惟不得過多，以示限制。火車現已通至關外中後所，凡東三省及道經津沽特簡大員乘坐火車，與尋常官商不同，各車站自應加意妥為照料，另備車房，不准外人攙入擠坐。其人位及各項隨從，一律照收全價，隨帶車轎、跟馬、行李，一概免收。至偶有軍務、賑務應用車輛，届時再當請示遵行等情。據此。本部堂、大臣查津榆鐵路積欠洋債甚鉅，亟須按期籌還。從前官路，原由户部每年發欵二十萬兩以充修路養路之費，自歸併總公司以後，部欵已

[一] 指丁寶楨。光緒三年至十二年曾任四川總督。

停，則籌還洋債暨養費、修費等項，全恃車價所入以資應付。自應如該道等所議，此後運送各營官弁、兵勇、軍械、粮餉、馬匹等項，及中外官員乘坐火車往來，均照行車章程概收全價，隨帶行李雖准免收，亦應區別限制，以免侵佔客貨。至偶有軍務賑務，事出非常，應用調兵運械放賑車輛，仍隨時請示，酌量遵辦。除批示外，合行出示曉諭。為此，示仰各該站長一體懔遵，務須實力奉行，隨時嚴加稽察。如有差弁兵丁不遵功令，恃强滋鬧，准各站長扭送稟辦，勿稍玩忽干咎。切切。特示。

咨送盛大臣會奏瀝陳籌辦盧漢鐵路情形并抄呈議借比國洋欵合同一摺會回稿 光緒二十三年五月初六日

光緒二十三年五月初三日准北洋大臣、直隸督部堂王咨開：竊照本大臣於光緒二十三年四月二十二日在天津行館，會同貴部堂、太常寺少堂盛由驛具奏，瀝陳籌辦盧漢鐵路情形，并抄呈議借比國洋欵合同一摺，除俟奉到諭旨恭録咨行外，相應備具會回稿，咨請查照，書奏銜印，轉咨盛京堂分別存案移還等因，到本部堂。准此。除將會、回稿書奏銜印外，相應將會回稿咨送。爲此，合咨貴大臣請煩查照，書奏銜印，以一分存留備案，其餘一分咨還北洋大臣備案施行。

飭委提督李清貴接帶武功左營 光緒二十三年五月初八日

照得方鎮友升所統武功左營，前於該營改立營名案内，聲叙准委記名提督李清貴管帶。因該提督請假回籍修墓，俟假滿來營時，再由該鎮稟請札委接帶，其未來營以前，并准該鎮派委中營右哨哨官參將方中和暫行代理，并分行在案。茲據統帶武功中左兩營方鎮友升稟報，提督李清貴祖墓修竣來鄂，業已到營，請飭委接充，以專責成等情。應即檄委提督李清貴管帶武功左營，督飭哨弁勤加操練，講求新式槍礮理法準頭，務期一律嫻熟，以成勁旅。勇丁不得一名疲弱充數，口糧不得稍有空曠虛懸，以除積習。除分行外，合亟札委。札到，該提督即便遵照，接帶武功左營，隨同方鎮按照札行事宜，妥慎辦理，仍隨時聽候統帶節制調遣，勿負委任。并將接帶日期具報查考。

咨北撫院已革安陸縣張源深稟汪守、胡倅受賄各情請提訊 附單 光緒二十三年五月十一日

據已革安陸縣知縣張源深稟，汪守、胡倅受賄確據并賄和各情，請飭司提訊等情，到本部堂。據此。除批：查該革員前稟訐控各情，當經飭委殷道及署德安府徐守查覆。嗣據該道府等稟，集證查訊，均屬影響無據之詞。當經批司查核詳辦在案。今該革員來稟又復添砌多詞，攀訐不休，膽敢謂被參冤革，且欲開復原官，實屬糊塗謬妄。查該革員以遏糴病民，濫行責押，激成衆怒，不惟害及無數之米販，實累及下游之災區，省内省外共見共聞，是以本部堂會同撫部院據實奏參。禁米係安陸縣出示，責押係安陸縣所爲，此與該管知府汪守何涉，此有何冤抑之可言，如何能予開復。且該革員係禁米出境，汪守係放米出境，迴然相反，如

何謂汪守嫁禍。即汪守不被毆，該革員豈能不加參劾。且該革員當日之被參以後之能開復與否，豈汪守所能操其權。乃屢次嘵瀆，羅織多人，不過罷職無聊，爲詭詐得財計耳。似此革員逞刁妄爲，玩視法紀，此風斷不可長。仰北按察司會同布政司即按照該革員所禀各節，提集人證案據，發交武、漢兩府嚴行審究。如係因被參後挾忿誣訐，即行詳請奏明，從嚴治罪，以儆刁健而肅紀綱。仍録報撫部院查核暨候批示。繳。禀及粘件抄發等因。印發外，相應録批抄禀咨明。爲此，合咨貴部院請煩查照施行。

抄　禀

敬禀者。為汪守、胡倅受賄確據并賄和實情，仰懇飭司親提人證質訊，以雪沈冤事。竊革員前此具禀，荷蒙遴委補用道殷道李堯會同署德安府徐守家幹嚴查傳訊，據實禀覆，并飭汪守元慶、胡倅得立明白禀復等因。遵奉之下，感悚莫名。暨各該員禀覆後，革員因語多矛盾，詞涉含糊，曾肅手摺，禀陳藩、臬兩司在案。現惟日既久，沈冤莫白，除將禀司手摺抄粘外，伏思整頓官方，維持世局，全力操於仁憲。革員廉潔持躬，實心辦事而誤被參革，例許呈明。若弗縷陳剖白，使一世不分清濁，辜國恩也。未得瀝詳清聽，使一成不復平反，辜憲恩也。只得再將革員被枉緣由，汪守、胡倅受賄確據，以及央託賄求實情，分別條列，敬祈電鑒。

一、前禀所列汪守之子德崇得受米船賄銀六百兩，係由錢店晏成之串通過話，在劣監徐子書手彙齊，先送大寶二隻，係安陸縣典史徐保宗即少山送署，親交汪德崇手，眼見其交家丁劉天壽收存，有徐少山親筆致晏成之信一紙，並親筆抄列過付説合等人姓名一紙可憑，另抄粘呈。

一、船户等斂錢賄通在府署具禀，懇飭安、雲兩縣弛禁，汪守諭准，不意紳民具禀阻米，汪守得賄後毫無動作，僅見革員出示，親身放行，該船户等因既無府示，又無兩縣弛禁之札，以為汪守行同撞騙，探悉過雲夢道人橋，因而攔路索討退贓，遂有毆辱汪守之事。

一、委員胡得立得受賄銀，係由德安衛守備宗承烈之次子宗振銑串通納賄，有徐少山親單可證。

一、道府會禀傳訊監生徐子書揑供，晏成之出來攔説，有張三少爺、姑少爺在他内房打牌，叫監生不必亂説等語。革員女婿係是年七月携眷回川，通城皆知，府諭阻米係臘月事，虛揑打牌，欲藉此將革員父子、親戚盡羅毒網，無論革員之子不能打牌，女婿何在，月日查對自明。

一、革員被參後，汪守回省，明知嫁禍冤誣，情所難甘，始則親身撫慰，繼又託人央和，誑以力為懇求開復，革員受愚，以致禀控遲延。疊次囑託記名提督謝友鵠、刑幕徐錦堂等許銀四千兩，勸令回家。革員被參冤革，雖屬無力還家而不能開復，受賄息和，實不能當此重咎。有謝友鵠、徐錦堂可傳質。謝友鵠即謝得龍。

以上各條，不過撮其大要。革員被參之冤，人所共知，實由汪守貪賄所致。其所以受冤者，又由串賄胡倅所致。前此不言者，不過欲兩兩相安，開復原官，即可忍氣吞聲。乃道、府查復，架揑口供，無中生有，欲必為斬草除根之計，尚復何所緘默。所有汪守、胡倅受賄央和，鐵據活口，種種可憑。仰懇飭司傳提汪守元慶、胡倅得立、王如松、宗承烈、汪德崇、周紹蓮、徐保宗即少山、晏成之、宗振銑、李養吾、徐仁山、徐子書、胡春鼎、彭駝子、陳遠煜、蒲大元、王隆興、謝友鵠、徐錦堂與革員質對，被參誣冤自可剖明。如所稟虛誣，即請按律加等辦理。

計抄粘稟司手摺一件，徐少山致晏成之信一件，又單一件。

粘抄呈遞兩司手摺

敬稟者。竊革員前以毆、贓兩諱，捏誤朦參，通稟各大憲台前，蒙批飭汪守元慶、胡倅得立明白稟覆，并遴委候補道殷會同現署德安府徐守查辦等因。奉此。仰見憲台俯恤下情至意，感佩良深。查此案根由，前稟已經縷陳。茲特就各員覆稟中刺謬之詞詳晰剖白，上瀆聰聽。如殷道等謂從前出示禁米，當時并未稟商汪守，嗣經汪守詰責，曾有願當不善辦理之語。若革員果有此狂悖之詞，汪守何以不明目張膽言之，乃摭拾胡倅面詢并無奉府諭禁之語，而胡倅稟中又并無面詢之事。胡倅不言而汪守言之，汪守不言而殷道言之。此係革員去任時，曾向同僚言貪贓取辱，欲捏以不善辦理，令我當之，我則不甘。殷道藉此割裂其詞，抑何可怪，則曾否稟府示禁一層，遂可據為定案乎。又謂質訊徐子書等，并無彭駝子賄通之事。革員前稟所列徐姓，與徐子書自係兩人，特恃以為據，未遽顯言，如蒙質訊，自將確據呈出，汪守必俯首無辭。至汪守被毆，各稟均稱既知誤毆，即刻解散，豈有船户已知其為汪守，地痞何獨不知，頃刻間何能搶掠堂堂府憲大員乎，其為船户挾忿索贓搶打屬實，何得架禍地痞。況既云知誤解散，則坦然無忌，何以猶至油房陳家住宿，尚有陳姓非誘我者之揣度，其畏葸顯然。又胡倅稟稱與宗承烈向未相識，僅令宗子代書稟件等語。夫其父且不相識，何以復識其子，又豈有於查辦重案，而令一向未相識之子弟代書要件，尤相矛盾。又謂呈遞公稟者聯名五十四名之多，因傳言係有人央求，因而置之勿論等語。夫查辦事件，以輿論為要，胡倅如果無私心，正當於此處體察，即果公稟不實，尤當實究虛坐，方成信讞，何得置之勿論。其所謂查辦者安在，且所謂傳言究係何人所傳，何人所言，五十四人之稟猶不足据，傳言二字遂足据乎，其袒護之情，舉一可以賅萬。至謂義塘打尖，適值汪守跟丁趙、徐二人稟稱等語。跟丁何人，乃敢路稟委員，其欲脱卸送銀事顯見。總之，革員種種蒙冤，汪守端端架禍，各員層層回護。若但據各證供詞，則革員前稟似屬虛誣。然革員業已去官，諸人何能顧忌。汪守係屬實缺，紳民何敢抗衡。卵石之勢，自必偏為重輕。如汪守果然理直氣壯，則於革員被參後，何以於去年夏秋間親來寓所央説，屢次託人居間以財求和。革員潔己守正不允，嗣言已代求開復，革員聽候，致使稟訴遲延。其居間諸人，此刻不難實指，特不欲牽連一網，是以尚未稟列。現已情急勢迫，只得略陳梗概，仰祈轉稟院憲俯准開復，實出再造之恩。如以所言不實，則祈俯賜再加密查，尤所懇禱。

粘抄信件

日昨所交來大寶兩隻，已轉送夢兄手收。其餘之欵，即祈轉催米行迅速交齊，以便放行可也。此致，即請成之兄台玉覽。少山字。閲後即付丙丁。

抄　單

徐仁山　米行，為府署六少爺汪德崇斂米船費。

李養吾　米行，每船取錢八百文共合銀六百兩正。

彭駝子　米客。

劉天壽　係府署六少爺跟丁過户人。

晏成之　串通過話人。

徐子書　存錢所。

宗振銑　德安衛守備宗承烈之三子，係與委員胡得立串通納賄之人。

以上六少斂費屬實，如有虛無，惟徐少山是問。

咨南撫院酌減緑營兵數迅速定議舉辦附單

光緒二十三年五月十三日

光緒二十三年五月初八日准兵部火票遞到承准軍機大臣字寄各直省督撫、長江水師提督，光緒二十三年四月二十五日奉上諭：督辦軍務王大臣等會議覆御史李擢英奏請酌裁長江水師暨各省勇營一摺。長江水師分隸五省，兵數既衆，口糧亦較緑營爲優。當此裁兵節餉之際，自應嚴加裁汰，力杜虛糜。著兩江總督、湖廣總督會同長江水師提督察看情形，按照該御史所奏裁去二分、酌留一分之議，斟酌辦理，限一月後迅速覆奏。至各省兵勇，糜餉甚鉅，前據户部奏請，業經諭令各直省督撫認真裁汰，并著合力通籌，趕緊辦理，仍將所裁兵勇數目日期，分晰具奏，毋稍延緩。原摺均著抄給閲看，將此各諭令知之。欽此。遵旨寄信前來等因，到本部堂。承准此。查湖南省勇營，應俟貴部院酌辦。至湖北、湖南兩省緑營應裁兵丁，前經本部堂酌擬辦法，分别咨行在案。茲欽奉前因，亟應欽遵認真裁汰，趕緊辦理。除長江水師應由本部堂咨商兩江督部堂、長江提軍門酌辦外，所有湖南省緑營兵數，亟應查照本部堂前咨籌酌裁減事宜，迅速定議舉辦。相應恭録咨會。爲此，合咨貴部院請煩欽遵酌核見覆，以憑核辦施行。

會議請旨通飭裁汰營勇摺

臣奕〔一〕等謹奏為會議請旨通飭事。光緒二十三年三月二十七日，准軍機處片交御史李擢英奏請酌裁長江水師暨各省勇營等語。軍機大臣面奉諭旨：該衙門知道。欽此。抄交前來。查原奏内稱：長江水師在昔剿平粵匪，最為得力。三十年以來，不問折衝禦侮，一旦有事，萬難與敵抗衡。時勢不同，帑餉可惜，請裁去二分，酌留一分，每年餉需可省百餘萬兩。至各省勇營，並請認真裁汰，每年約省數百萬兩等語。臣等查長江水師分隸五省，延袤五千餘里，設立提、鎮各標二十四營，兵數既衆，口糧亦較緑營為優。當曾國藩、彭玉麟等初創水師時，即已慮及日久弊生，宜隨時變通。值此裁兵節餉之際，自當嚴加裁汰，力杜虛糜。應請旨飭下兩江、湖廣總督會同長江水師提督，察看沿江情形，斟酌該御史裁二留一之議，汰其老弱，留其精壯。所留各營船隻，分定地段，均匀布置，務於使船演礮、巡防緝捕等事實力講求，方不失當年創立水師之意。不得以江面遼闊不敷分布為詞。限於文到一月後，即迅速議裁具奏，并將裁撤日期及營數兵數船數分别造册報部，以備稽核。至裁汰勇營一節，臣等查各省額兵已屬有名無實，防勇雖較緑營為强，然有事則動募多營，無事則不聞盡撤，逐漸加增，耗費實鉅，難保無羸弱充數者。本年三月間，户部因各省兵勇耗餉實多，已奏奉諭旨大加裁汰，臣兵部准户部知照後，即通行各省遵照在案。各該督撫公忠體國，自必念國計

〔一〕即督辦軍務大臣、恭親王奕訢。

之艱，妥為裁併。應仍請飭下各該督撫合力通籌，除額兵應遵照户部原奏實力裁減外，其各處勇營，亦應體户部節餉之意，破除情面，汰弱留强，去無用之卒，雖減數而實精。核浮冒之糧，有缺額者不貸。一勇收一勇之用，營伍自不虞單薄，并仍將所裁數目日期，分晰咨報備核，毋稍延緩。總之，兵貴精不貴多。既經裁定之後，水陸各營更宜勤加訓練。水師則分段梭巡，肅清江面，陸勇則按期操演，整頓營規，庶餉不濫支，兵無泛設，而練兵與節餉兩端可併行不悖矣。是否有當，伏乞皇上聖鑒，訓示遵行。再，此摺係兵部主稿，合併聲明。謹奏請旨。

督辦軍務恭親王臣　奕
幫辦軍務慶親王臣　奕劻
會辦軍務户部尚書臣　翁同龢
會辦軍務兵部尚書臣　榮禄
兵部尚書臣　徐郙
兵部左侍郎臣　榮德
兵部左侍郎臣　徐樹銘
兵部右侍郎臣　文治
兵部右侍郎臣　楊頤

咨北撫院盛大臣、北洋大臣咨會奏瀝陳籌辦盧漢鐵路情形并抄呈議借比國洋欵合同一摺奉硃批 光緒二十三年五月十三日

光緒二十三年五月十一日准北洋大臣、直隸督部堂王咨開：竊照本大臣於光緒二十三年四月二十二日在天津行館，會同貴部堂、太常寺少堂盛由驛具奏，瀝陳籌辦盧漢鐵路情形，并抄呈議借比國洋欵合同一摺，當經備具會回稿咨送在案。茲於本月二十五日遞回原摺，二十四日奉硃批：依議。欽此。又清單一件，奉硃批：覽。相應恭録，咨請欽遵查照等因，到本部堂。准此。除行鐵政洋務局、北布按二司外，相應咨會。爲此，合咨貴大臣、部院請煩查照施行。

札發漢口勘定鐵路地界給價收買告示 光緒二十三年五月十五日

照得奉旨興辦盧漢鐵路，所有漢口應用修建車路地段，業經委員會同漢陽縣查明民間買賣常價，酌定官價，由洋工程司勘定地界，插立標杆，一律給價收買。所有刊印告示，合行札發。札到，該縣即便遵照，迅速在於漢口各馬頭及通濟門外上至宗關一帶，張貼曉諭，務使一體周知。倘有業户違抗不遵，以及刁徒藉端阻撓，均與鐵路要政有礙，應即拏案嚴行懲辦，毋稍寬貸。仍將貼過告示[一]處所具報查考。

札行北鹽道稟鹽商天興成等呈船户攬載私土被獲按數科罰酌擬章程 附單 光緒二十三年五月十六日

據署湖北鹽法道朱其煊稟稱：竊奉批開，據鹽商天興成等呈，

[一] 告示載本集《公牘·諭示》類。

船户歐洪興攬載私土被獲，局憲按數科罰，令德豐玉補繳暨飭令該商等結保，後患莫測等情。奉批：據呈已悉。查土藥税乃奏定槍礮局專欵，關繫武備要需。近年日形短絀，自應認真整頓，力杜弊端。趙道屢飭各鹽號公同出具切結，乃係爲保護土税起見，并無不合。倘鹽號船户串通作弊，於鹽包中夾帶私土，希圖蒙混偷漏，自不能不從嚴罰辦，使此後不敢效尤，以重要需。惟據該號商等禀，以自川至宜數千里，船中押載無人，祇能保本號之不營私，不能保船户之不圖利，恐致被其牽累，自應查究確實，分别辦理。究應如何責成號商暨船户等嚴禁夾帶，杜絶弊端，不令波及受累，亦不致藉詞推諉，以期周密而昭平允之處，仰北鹽法道秉公妥議章程，迅速禀覆核辦，并移宜昌土税局、川鹽局知照。毋延。此呈據鹽道面禀，亦在該道衙門呈遞。此呈發閲仍繳等因。奉此。遵查土藥税課爲鄂省槍礮廠專欵經費，關繫緊要，目下收數較前短絀。辦理宜昌土藥税局趙道以德豐玉鹽號運鹽船户歐洪興，在四川雲陽縣攬載義和生私土八簍，經宜昌川鹽局於掣驗時查出，飭赴土藥局報税罰辦，因飭各鹽號公同具結，以後船户不得再裝私土，係爲整頓土税起見。惟據稱該商號等專運引鹽，由川至宜數千里，惟僅以號信交船户裝運，向來無人押載，祇能保德豐玉之不販私，不敢保各船户之不圖利。深慮以後被其牽累，具禀申訴，亦係實在情形。竊維裕課必先除弊，而立法貴乎持平。兹職道悉心體察，酌擬章程四條，期於國課商情，兩無窒礙。是否有當，理合開摺禀請查核示遵等情，到本部堂。據此。除批：查閲所擬章程，尚屬妥協，應准照辦。仍應飭鹽商積生恒等照前在土局所具第七次甘結式樣，但將不敢再裝私土一句再字改去，改爲不敢朦裝私土，公同在土局具結存案，并加蓋各該號圖章，以昭核實。若不蓋號章，憑何取信。至天興成字號久經關閉，何以在宜具結、在省具呈，仍用此空名牌號居首。若謂非有心朦混，其誰信之。將來或結或呈，如經駁斥，查究時則以空號竊名一語搪塞抵賴，令官無可追求。鹽號本係殷商，本部堂原所深信，惟似此屢屢作朦混嘗試伎倆，是啟本部堂以不能相信之心者，該號自取之也。總之，商情當卹，商累當除，商弊亦不可不防。土税爲武備要需，斷不容稍有影射偷減。如該號等因稽察嚴密，輒以停運之説挾制，本部堂決不爲其所摇動。仰即移知宜昌土藥、川鹽各局遵照辦理，一面由局示諭鹽土各號商，嚴切戒囑船户、水手不得夾帶私土，希圖漏税，倘以後查出夾私情弊，除號商呈出實不知情確據，准其免究，專辦船户外，倘查係號商、船户通同隱匿，定將該號商從嚴罰辦，不得稍涉寬貸。仍候撫部院批示。繳。清摺章程改定粘發等因印發外，合就抄摺録批札行。爲此，札仰該局、司、局即便遵照辦理。

運鹽船户夾帶私土章程

計開

一、船户中途攬載藥土，偷漏税課，該商等無從覺察，查出之後如訊明實無串通夾帶朦混情事，自應專辦船户，不便令其波及受累。惟各船户究由該商等在川中坐號僱用，不能不責令切實禁約，庶船户、水手人等知所儆戒。擬請嗣後川中商號裝運引鹽，必須招僱妥當可靠有身家船户攬載，於乘運船票上載明鹽斤包數，及不敢夾帶私土字樣，倘船户載運土藥，該商等有通同作弊，隱漏税課情事，一經查究確實，一併從嚴罰辦。

一、稽查藥土雖係土局委員專責，然船户素性狡獪，百弊叢生，立法不嫌周詳。以後鹽船經過平善壩及到宜掣驗，應令平善壩分卡及掣驗委員幫同土局委員一體嚴查，以昭周密。

一、四川土號交運鹽船户帶運藥土，聞亦係憑信送交宜、沙各號，應完税銀有交給船户代納者，亦有信致向來交易錢店、税鋪呈繳及本號自完者，以後查出私土如果船户隱匿交完税銀，自應專辦船户。若信已投送，除該錢鋪等據實補報，免其罰懲外，如通同隱漏，察出一併究辦。

一、鹽船攬載私土，如查明川省土號既乏現銀交給完税，又無錢店、税鋪代納之信，則是該號與鹽船勾結，有心偷漏，除將船户懲辦外，應由宜昌川鹽、土税兩局一面移知川省地方官，一面詳請咨明川省，轉飭該地方官將該土號拘案罰辦，以示懲儆。

咨還北洋大臣會奏瀝陳籌辦盧漢鐵路情形并抄呈議借比國洋欵合同一摺回稿光緒二十三年五月十六日

光緒二十三年五月十三日准督辦鐵路總公司事務大臣太常寺少堂盛咨呈開：光緒二十三年五月初八日承准北洋大臣王咨開，竊照本大臣於光緒二十三年四月二十二日，在天津行館會同貴京堂、湖廣總督部堂張由驛具奏，瀝陳籌辦盧漢鐵路情形并抄呈議借比國洋欵合同一摺，除俟奉到諭旨，恭録咨行外，相應備具會、回稿咨送貴京堂請煩查照，書奏銜印，轉咨張督部堂分別存案，移還施行。計咨送會、回稿二本等因。承准此。除遵照書奏銜印外，相應將會、回稿二本咨呈查照，書奏銜印，分别存案移還等因。到本部堂。准此。除書奏銜印，將會稿存案外，所有回稿相應咨還貴大臣，請煩查收備案施行。

札北善後局等應還良濟洋行三期機價官商各半光緒二十三年五月十六日

照得北紡紗廠全廠機器，前經飭委湖北候補知府盛守春頤於上海良濟洋行訂購，議定價銀英金七萬五千鎊，分五批付清，由江漢關發給關票，分期給付，業將訂立華洋合同分别札發遵辦在案。兹查北紡紗廠應付前項良濟洋行第三期機價英金一萬五千鎊，連利約合銀十三萬兩，現已屆期，應由官商各半攤還。除飭該局商董付給銀六萬五千兩外，其官欵應付之六萬五千兩，即請盛大臣轉飭鐵廠，於應繳還織布局欵内撥銀五萬兩，餘銀一萬五千兩即飭北善後局於新籌各欵内照數籌撥，均解交北紡紗局兑收，查明現時鎊價，按照合同，將第三期機價本利核算清楚付還，收回關票，移交江漢關查銷。除咨行外，合亟札飭。札到，該局即便遵照上項札行事宜，分别辦理具報。

飭漢陽府密拏詐索之通事李文廷光緒二十三年五月十八日

照得本年春間，德國士人謌爾福游歷湖南，帶有通事李文廷。該通事在湘省即傳謌語索銀，長沙、善化兩首縣共費三百餘元。路過湘潭、衡山，各索銀錢百元。至衡州時，該通事又傳謌語，索銀九百元、甯綢衣料十二套、珠玉古玩等物，并索婢女。地方官除婢女外，皆從豐致送。惟謌爾福僅自認在湘省收首縣銀錢一百數十元，係賞船户，其餘銀物皆係李文廷詐索捲逃。謌爾福查知後，亦深知其非善類等情。叠次接據湖南撫部院來函，及衡州道、府、營、縣來禀，大略相同。查此次諤爾福游湘，在各處多生枝節，皆由語言不通，該通事從中揑造妄傳，多方詐索，以致彼此懷疑莫釋，幾釀衅端，情節實屬可惡。不惟地方受其擾累，且於西人遊歷聲名深有妨礙。誠恐此後士民執爲口實，更將疾視西人，實於交涉事宜大有關繫，亟應嚴行拏辦。現經湖南撫部院嚴飭各營縣緝拏。惟查該通事李文廷係湖北人，難保不往來潛匿漢口等處，亟應一體嚴飭密拏務獲，解往湖南長沙府衙門收審嚴辦。所有該通事前在湘省各縣揑造詐索各情，即可就近查調各縣人卷，嚴切質審，以免狡遁而懲刁徒。合行札飭。札到，該府即便遵照，會督營縣，不動聲色，在於漢鎮一帶地方嚴密查拏李文廷務獲，迅速解往湖南嚴審禀辦，毋稍漏洩遲延，致令漏網。切切。此札。

札北藩司等會議南撫院會奏湘省出運各種鑛砂及硝磺懇請一律免收税釐摺附單

光緒二十三年五月十九日

案准湖南撫部院陳（一）咨開：光緒二十二年十月二十八日，會同貴部堂具奏湘省出運各種鑛砂及行銷各省硝磺，懇請一律免收税釐一摺，除俟奉到硃批，恭録另咨外，咨送會回稿等因。茲於光緒二十三年二月初七日准湖南撫部院陳咨：光緒二十三年正月初九日接回原摺，奉硃批：該衙門知道。欽此。恭録咨請欽遵查照等因，到本部堂。准此。查此案係由湖南撫部院會列本部堂後銜出奏。此次所辦鑛務是否官本抑係商本，未經分晰聲明，惟湖南開采各鑛，皆係新經創辦所出，當此風氣初開，各種鑛砂運來下游行銷，暫時免完税釐，以輕成本而開風氣。其物若非向來所有，事尚可行。若向來運銷歷完釐税之鐵料等物，似宜量加區別。至湘煤爲湖北釐金大宗，抽收多年，若一旦免抽，似與釐收大有妨礙。硝本各省共産之物，磺亦湖北施南等處所産，若專免湘省硝磺之釐，與本省官硝官磺有無妨礙。以上各節，應如何分別辦理。湖北現值京餉浩繁，洋欵緊急，萬分爲難之際，若將向有釐税多行除免，以後應解各欵應如何籌措支持，亟應札飭北布政司、江漢關道、善後局、牙釐局會同體察情形，悉心妥議，刻日詳覆，以憑核辦。除分行外，合亟札飭。札到，該司、關、局道即便遵照上項指飭各節，迅速會議詳覆核奪，勿稍違延。

湘省出運各種鑛砂及硝磺懇請一律免收税釐摺

奏為湘省出運各種鑛砂及行銷各省硝磺，懇請一律免收税釐，恭摺仰祈聖鑒事。竊臣前將設立鑛務局，開辦各鑛緣由，奏奉諭旨飭辦在案。隨經先後飭屬查報鑛苗，次第委勘，逐漸開採。創辦之初，一時未能暢旺，數月以來，除陸續收採硝磺外，惟益陽之銻鑛、常甯之鉛砂採獲較多，甯鄉煤鑛亦已獲煤數百噸，然皆本省需用無幾，非裝運出境，別無銷路。查通商口岸税則及各省釐金局卡章程，無論何項鑛砂，均須一律報收。今值試辦未久，開採轉運已費鉅資，若更於所經關卡抽收税釐，必致虧折資本，礙難售銷，恐無以保利源而資周轉。據總理鑛務局司道據情詳請

（一）指陳寶箴。

奏免税釐前來。臣惟湘省辦理鑛務，風氣初開，首在維持官商資本，徐圖擴充。當茲試辦伊始，擬暫量加體恤，免其抽税完釐，一俟成效漸著，行銷漸廣，即行咨商户部酌定税則，由湘省坐地併作一次抽收，彙欵解部，以歸簡易而免流弊。所有湖南目前及將來運出各種鑛砂，無論已煉未煉，并臣前次奏定官辦銷行内地各省硝磺經過各關卡應完税釐，擬合仰懇天恩，俯准一律免其抽收，由臣分别發給護照，持驗放行。如蒙俞允，應候勑下户部並總理各國事務衙門分别知照各省關，再由臣咨明各省督撫，臣轉飭所屬關卡一體遵照辦理。臣為維持鑛務起見，是否有當，理合會同湖廣總督臣張恭摺具陳，伏乞聖鑒訓示。謹奏。

札員外郎銜辜湯生充鐵政洋務局繙譯、縣丞鄭毓英充自强學堂教習光緒二十三年五月二十一日

照得自强學堂改課英、法、俄、德四國語言文字，除洋教習外，業經選派員外郎銜辜湯生爲英文教習，候選縣丞許壽仁爲法文教習，分省補用同知慶丞全爲俄文教習，候選縣丞楊本适爲德文教習在案。兹查鐵政洋務局兼管交涉、路工、鐵政、鑛務各事宜，事務較繁，關繫尤重，非有精通西文之員，不足以勝繙譯之任。查辜湯生素精英文，兼通德法文，堪以派充鐵政洋務局繙譯委員，兼辦選譯洋書、洋報事宜，每年薪水仍照自强學堂舊章，統給銀八百兩，按季支給。所有自强學堂英文教習，查有廣東試用縣丞鄭毓英，堪以派充，每月給薪水銀五十兩，以資辦公。除分行札飭外，合行札飭。札到，該員即便遵照，嚴定課程，認真教授，務令在堂學生盡心學習，文義日漸貫通，確有成效可觀。是爲至要。

札委劉祖桂赴北洋考究製造局所造槍礮、無煙藥并查看京津及津榆鐵路光緒二十三年五月二十四日

照得湖北漢陽槍礮廠製造日多，事體日繁，工作理法彌形精細。查北洋製造局開辦已久，所造槍礮、無煙藥各項工作之法，必須委員前往詳加考究，與漢廠參酌互證，俾得精益求精，以收擇善廣益之效。至京津及津榆鐵路，皆辦有成效，現值漢口鐵路開辦伊始，應一併委員前往查看，將購地、鳩工、設棧、行車各章程詳晰查考，以資印證。查有現充槍礮局提調、奏調湖北差委浙江候補知府劉守祖桂，堪以委派。合亟札委。札到，該守即便遵照，迅速束裝前往，一併考查明確，禀覆核奪，勿稍率忽。切切。

札委錢守恂充槍礮局提調光緒二十三年五月二十四日

照得槍礮局提調奏調差委浙江候補知府劉守祖桂，現經委赴北洋考究製造局所造槍礮、無煙藥各項事宜。所有槍礮局提調事務，現值槍礮廠添機增廠，擴充製造，事務殷繁，亟應添委幹員提調，以專責成。查有奏調湖北差委分省補用知府錢守恂，堪以派充槍礮局提調，遇事禀商總辦蔡道，會商駐廠提調沈丞，精心考究，妥籌辦理，如遇重要事件，仍禀由總辦禀請本部堂核定示遵。除分行外，合亟札委。札到，該守即便遵照提調槍礮局事務，

務須妥實經理，以副委任。仍將到差日期具報。

飭江漢關道於湖北境内鐵路事宜遇事協助光緒二十三年五月二十四日

照得欽奉諭旨，興辦盧漢鐵路。漢口爲南端發軔之始，業經勘定地段，插標購買，此後采石、墊土、安設棧廠、節節推設分站，即須次第辦理。計自漢口歷灄口以達應山出河南武勝關，凡在湖北境内之地，皆係漢黄德道管轄，所有購地、采料、集夫、興工，一切多與地方商民關涉，必須地方官協助呼應，方能靈通。且漢口一帶動與租界交涉，尤應江漢關道遇事相助。應即札飭漢黄德道、江漢關監督瞿道，所有湖北境内鐵路事宜，如總辦漢口鐵路分局朱道滋澤有籌商借助之處，該關道務即妥爲協助。除分行外，合亟札飭。札到，該關道即便遵照上項札行事理，於漢口鐵路分局所辦各事遇事協助，以重要工。切切。

札宜昌關道等籌議户部奏土藥由産地徵税辦法附單 光緒二十三年五月二十四日

光緒二十三年五月十六日，准户部咨開湖廣司案呈准北檔房傳付所有具奏内地土藥，出産日盛，擬另籌徵收之法，以廣利源一摺。光緒二十三年四月二十八日具奏。奉旨：依議。欽此。相應傳付貴州等司，即赴本檔房抄録原奏，恭録諭旨，飛咨各該省將軍、督撫、關道等欽遵辦理等因前來。相應抄録原奏，恭録諭旨，飛咨湖廣總督轉飭遵照可也。計粘單一紙。同日又准户部咨開湖廣司案呈准北檔房傳付所有議覆御史張兆蘭奏各省土藥行銷日盛，請變通收税章程附片一件。光緒二十三年四月二十八日具奏。奉旨：依議。欽此。相應傳付貴州等司即赴本檔房抄録附片，恭録諭旨，飛咨各該省將軍、督撫、關道等欽遵辦理等因前來。相應抄録附片，恭録諭旨，飛咨湖廣總督轉飭遵照可也。計粘單一紙。又於五月二十四日接准户部來文兩角，聲明係貴州司案呈，刷録原奏摺片，咨同前由各等因，到本部堂。准此。查湖北土藥釐税，由宜昌關徵收者爲解充京餉、派還洋欵及息借商欵之用，由宜昌、野三關等處各土局徵收者，爲奏准撥解槍礮廠經費之用，皆屬關繫要需，爲欵甚鉅。宜關除土藥一項外，别無他項税銀可收，即關用亦皆取給於此。今户部議由出産土藥地方收税後，無論運往何處銷售概不重徵，則是川、陝、雲、貴入境土税，湖北皆不能徵收。本省鄖、施所屬，地瘠山深，間有零星種植，僅供土人自用，無税可收，將來宜關京餉、洋欵、商欵及槍礮廠經費皆無所出，大有窒礙。宜如何妥籌辦法，應令宜昌關道、宜昌土税總局各於文到五日内妥速籌議詳覆，一面抄詳咨由北藩司、善後局、牙釐局會同覆加核議具詳，以憑核辦具奏。

户部奏摺

户部謹奏為内地土藥出産日盛，擬另籌徵收之法，以擴利源，以除積弊，恭摺仰祈聖鑒事。竊惟土藥一項，為自古載籍所無，既不能物土之宜，即無從則壤成賦，從前固懸為厲禁。自開禁之後，種植日廣，販售日多，駸駸有不可遏抑之勢。是以光緒十六年總理各國事務衙門會同臣部議立章程，并將總税務司赫德採訪各節，具摺請旨，飭下各省督撫體察情形，核實興辦。近年以來，各省覆奏或按畝輸税，或設局統捐。按畝者則捏報歉收，統捐者則隱匿短絀。即如江南徐州土藥，該督撫初報以産計捐可收銀三十萬兩，旋又改辦統捐，在徐局每百斤捐足六十兩，所過各關不復再捐。乃自改章後，每年僅收二十四五萬，近又短至二十一萬餘兩。即此一處，前後收數已屬懸殊，一再改章，竟同虚設。其餘各省辦法不同，要之一無實際。統計各省收數，每年不過一百數十萬，其中胥役之包庇、商販之偷漏、官吏之侵漁，種種弊端，更僕難數。國家徒受開禁之名，賦税未獲徵收之實，若不亟圖變計，將大利徒歸於中飽。臣等反覆籌商，并令總税務司赫德詳加察訪。據該總税務司開呈手摺，按近年出産吉林六千担，甘肅、陝西、山東、山西、河南、直隸六萬担，四川十二萬担，雲南八萬担，貴州四萬担，浙江一萬四千担，江蘇一萬担，安徽二千担，福建二千担，總計三十三萬四千担。雖所開者祇係約畧之辭，然西人工於心計，於中國物産較量稽考，精密無遺。證以臣等所聞，大抵邊塞荒寒之地，炎方瘠薄之區，凡五穀不宜者，罌粟轉能豐殖，所出之數與該總税務司所開無甚出入。若釐、税併徵，每一担以六十兩為度，則三十萬担，歲可得銀二千萬兩，如此則不加税而税足，不開源而源裕。此等商販本非廉賈，所謂多取之而不為虐者也。臣等查閲該總税司所開中國土藥，吉林、四川、雲南、江蘇等省最為出色。擬先由四省興辦，辦有頭緒，再為推及他省。吉林由山海關税務司兼理，四川由重慶關税務司兼理，雲南由蒙自關税務司兼理，江蘇由鎮江關税務司兼理等語。然土藥與洋藥不同，洋藥必先至通商各口，而後散入内地，在新關税、釐併徵，實為包括無遺。土藥則産銷内地，而後分運通商各口，在新關税、釐併徵，不免多所挂漏。中國土藥吉林、四川、雲南、江蘇以外，各省不乏出産之區。若專由山海、重慶、蒙自、鎮江四關徵收税釐，其距四關較遠、該省商販不常經過者，固難徧行查考，即距四關較近而本地土藥已在本地銷售者，亦屬無從徵收。若俟辦有頭緒再為推及，他省不惟累歲經年難期速效，終恐鞭長莫及，徒費周章。蓋各省可以兼統四關，而四關不足以兼統各省，事理灼然，不待辨也。兹擬通行各直省將軍、督撫選派幹員，在出産土藥繁盛各處設立總局，略仿洋藥税、釐併征之法，先行試辦，每担百斤征銀六十兩，就近在總局交納。納足之後，發給印票，粘貼印花，任其銷售，無論運往何處，概不重徵。如所過關卡查無總局印票及粘貼印花，或斤重不符，除令補足六十兩，仍照章議罰。自開辦之日起，半年報部一次，一年彙總開報。惟一年徵過土藥數目，必與總税司手摺所開大致不甚懸殊，方為核實。如所短過鉅，則是賣放偷漏等弊未能杜絶，該將軍、督撫即應將貪劣疲玩之員從嚴參辦。如與手摺所開不相上下或更有加增，亦准擇其尤為廉能勤奮者，奏請優予奬叙。至總税務司手摺未開之奉天、黑龍江、熱河、新疆、湖南、湖北、廣東、廣西、江西等省，或向産土藥抑或新種土藥，均應照此次徵收新章一律辦理，將來各省收有成數，准提一成開支局用經費，六成留歸本省，專備撥還續借洋款，其餘三成儘數解部，照案作為奉宸苑、頤和園等處工程之用，庶鉅款不致盡歸無著，而部庫與各省餉力均可稍紓。現因需用過鉅，籌款極難，此事勢在必行。各直省將軍、督撫等自當共體時艱，實心經畫。其應如何各就地方情形速籌開辦之處，即行妥定詳細章程，專案奏報。所有臣等擬另籌徵收土藥辦法緣由，理合恭摺具陳，并將總税務司所開手摺節録，恭呈御覽，伏乞皇上聖鑒。謹奏請旨。

謹將總税務司赫德所開手摺節録恭呈御覽：

計開

一、土藥係中國各省所産，而最出色者為吉林、四川、雲南、江蘇四省。特將採訪各省每年出産大概數目列左：

吉林六千担。

甘肅、陝西、山東、山西、河南、直隸六萬担。

四川十二萬担。

雲南八萬担。

貴州四萬担。

浙江一萬四千担。

江蘇一萬担。

安徽二千担。

福建二千担。

共計大概三十三萬四千担。

户部片

再，光緒二十三年四月十二日，御史張兆蘭奏，各省土藥行銷日盛，請變通收税章程一摺。軍機大臣面奉諭旨：户部議奏。欽此。欽遵抄交到部。據原奏内稱，土藥為籌欵大宗，擬令各省查明實在出産數目，專案報部，一律改捐落地正税。蓋就地徵收，較關卡易於查察。自收落地税後，任其運銷别省，概不重徵，商民知不重徵，亦必樂於從事，並擬請由户部發給印花，領新繳舊，收税後即准粘貼印花，所過關卡隨時查驗，有印花者放行，無印花者罰扣，并請裁撤各局委員，以省浮費，專歸地方官經理，按結詳報。如能收税足額，由該上司比照徵收錢糧之例，酌加奬叙。設有隱匿，一經查出，即行嚴參等語。臣等伏查各省土藥，臣部已另籌徵收之法，定議具奏。正繕摺間，據御史張兆蘭奏請前因。查該御史請徵收落地税，核與臣部所擬在出産土藥繁盛之處就近每百斤繳足六十兩概不重徵各節，大致尚屬相符。惟所請裁撤各局委員專歸地方官經理，雖為節省浮費起見，第恐地方官公事繁多，未能常川稽查，似不如設立總局，派委妥員就近徵收，較為得力。至印花請由户部發給，恐邊遠省分赴京具領，未免有稽時日，且易開需索留難之弊，應由各直省將軍、督撫自行妥酌議定應用何項印信，迅即查明開辦，以免遲延。所有遵議緣由，理合附片具陳，伏乞聖鑒。謹奏。

咨兩江督院宗得福稟在滬購買乾繭請飭江海關發給護照免完税釐光緒二十三年

五月二十五日

爲照本部堂前在署兩江督部堂任内，據湖北繅絲局幫辦委員知縣宗得福稟，在滬購買乾繭七千九百餘斤，請飭江海關道發給護照，免完税釐，俟將來成絲進口，照章納税等情，當經如稟批示，并咨行在案。查本部堂前署兩江督篆任内，奉旨仍經理湖北各局，另設鐵政一科，專存鄂工案件。此案係鐵政房承辦之件，旋因本部堂仍回湖廣本任，當將鐵政房撤回，致此案未及移交，相應抄録原稟批稿補咨。爲此，合咨貴部堂請煩查照備案，并希將本年五月初三日咨請飭江海關照案免抽鄂局購繭釐税一件，迅賜轉飭。望切施行。

咨盛大臣催還鐵廠原議售軌分批提還官本銀一百萬兩 光緒二十三年五月二十七日

案照鐵廠改歸商股承辦，前經貴大臣酌議章程，其第五條內開，官局用欵，已定煉出生鐵每噸提銀一兩陸續歸繳。如果鐵廠鐵路一氣呵成，届時於預付軌價之內，分作兩次先行提銀一百萬兩，歸還最要之官本，此一百萬兩即在造軌之後應提每噸銀一兩內扣抵等因。當將章程繕具清單恭摺奏明，并咨行在案。茲查鄂省新設各廠，應付外洋機價及本省應支應還各欵，爲數甚鉅，待用孔殷，須將從前鐵政局挪借之欵收回應用。此時鐵廠鐵路均歸貴大臣督辦，一氣呵成，盧保、淞滬鐵路現經開辦，均已在鐵廠訂購鋼軌各料，所有原議先行分批提還最要官本一百萬兩，應請貴大臣轉飭鐵廠，先行於鐵路預付軌價內撥還一批，解交鐵政局分撥應用，以濟急需。除行鐵政洋務局外，相應咨催。爲此，合咨貴大臣請煩查照原議，迅速轉飭撥還，見覆施行。

札催武昌府等移建候審所改爲鑄錢局廠 光緒二十三年五月二十八日

照得湖北訂購鑄錢機器，擇地造局，前經奏明，奉旨允准，移行欽遵在案。查有候審所地基正在銀元局東鄰，最爲相宜，議定以該所地基改造鑄錢局廠。前已面飭武昌府逢守、署武昌府同知黄丞、署江夏縣徐令嘉禾，鑄錢機器不日即可運到，所有候審所應即勘地移建，以便騰出地基建造鑄錢局廠，早爲安設機器。應即飭催逢守等迅速購定地基，即將候審所房屋拆卸移往，查照舊式，估工領欵修復，即責成黄丞承修。此係移建房屋，毋需另購物料，即使略有添補，想亦無多，務須撙節動用，尅期告竣，勿稍浮濫延緩。除分行外，合亟札催。札到，該府、丞、縣即便遵照偕同黄丞等督同江夏縣，迅將候審所房屋購地估工，照式移建，核估工料，稟請發欵，撙節興工趕造，勿稍違延。

飭北路土税局即在防緝經費及甯鹽路工捐欵項下每月籌銀津貼竹山協副將 光緒二十三年五月三十日

照得湖北北路土藥及甯鹽入境，皆須經由竹山一帶地方，山路紛歧，護商緝私甚關緊要，應即責成竹山協副將協同查緝土藥甯鹽各私販，以爲各局卡之助。每月應酌給緝私經費一百兩，在於北路土藥局所收防緝經費及甯鹽路工捐欵項下各籌一半開支，以資辦公而昭平允。應於距竹山較近之局卡撥給支領，由該局總辦體察情形，酌量稟定遵辦，自光緒二十三年六月起支給開報。該副將務須認真督緝，遇有安分商販，妥爲保護，務令經費、釐課日有起色，勿任汛兵、地痞包庇隱漏，是爲至要。除分行外，合行札飭。爲此，札仰該局即便遵照辦理。仍將支過數目，造入月報册内報查。切切。

咨覆南提督各營餽送禮物自應一律禁革、如敢故違定即參辦 光緒二十三年六月初二日

案准貴軍門咨開：營伍之要，當以整練爲先，而整練之由，尤以除弊爲急。本提督自莅任以來，屢經誥誡各營，似未覺有起

色，第恐積弊未除，奉行不力。迺風聞各營將弁，每於年節慶賀事宜，餽送上司及已分公幹，動輒攤派，直以兵丁口食之資，供將弁逢迎之具，此等情節，尤爲可惡，亟應嚴加整頓，以肅戎行。除通飭各協營遵照，以後自本提督衙門以至各協營汛，凡遇年節慶賀及酬犒一切，概不准餽送分毫。是否之處，咨請查核示覆等因前來。除此件來咨内營中千、把、外、額各員弁等，應由該管將領平時留心訪察，才品兼優者隨時保薦，開具清摺呈送，酌核存記注册，俟有缺出，即行調常，當場秉公較拔一節，業經另文酌核咨覆外，查邇來緑營凡遇年節慶賀及酬犒一切，動輒餽送上司，攤派營兵，此種惡習，最堪痛恨，自應如咨嚴行禁革，如敢陽奉陰違，即行指名參辦，以肅戎政。相應咨覆貴軍門煩爲查照，飭遵施行。

咨覆南撫院等撫標長沙三營候補人數衆多應酌量疏通辦理 光緒二十三年六月初二日

案准貴部院咨，據本標左右兩營暨長沙協候補千、把總周信田等稟，請賞准查照輪缺章程咨商核辦，并懇將各銜名分派各標鎮協營注册，遇有缺出，照章按名挨次呈請補署等情，咨請核覆等因前來。查撫標二營、長沙協一營候補千、把總人數甚衆，多係前在軍營出力之員，自應量予委用。惟據該弁等稟請查照同治七年郭前署部堂[一]所定輪補章程，將各銜名分派各營注册，遇有缺出，照章按名挨次補署等語。查各省千、把總員缺，定例應歸考拔，并無按名挨次補署之文。誠以千、把均有操防訓練之責，捕盜緝匪之事，必須選擢人材，鼓勵勞績，兼以考較技藝，不比馬步兵丁但看槍箭準頭，更不能專論年資。郭前署部堂前定章程時未詳考例文，行之未久，即經各前部堂停止，仍照舊例，或選拔，或考較，或論才具勞績及巡閱記名拔補有案者，或論技藝、參考其在營年資、兼察其人地是否相宜，或照行各鎮協營就近將合例應考各弁全行考驗，開具槍箭準頭清摺，并聲叙得過勞績記名拔補原案，呈候酌核揀拔，不准指名請補。此次該營弁等所請按名挨次補署，殊與歷辦例案不符，未便遽行照准。且湖南省外提鎮標各營，尚有候補千、把總人數亦復不少，均係曾在軍營效力之員，不僅省城三營有候補之弁，豈能盡占通省之缺。況撫標及長沙協三營近在省城，各項差委較多，若不將通省候補各弁合同核計，一體酌量疏通辦理，不足以昭公允。現經詳加酌核，應飭南撫標中軍、長沙協暨通行提鎮標各營一體遵照，迅將在標候補千、把總，查明曾經咨部核准、保案相符、現已到標，及期滿恩騎尉、雲騎尉告降借補千總各世職，并期滿武舉捐納各弁等，各予限三箇月嚴飭上緊練習槍礮，俟限滿後逐一考驗洋槍洋礮，查其技藝優劣，人材高下，即由該鎮將分別等差名次，出具切實考語，開具槍礮準頭清册，并查明有無勞績存記及巡閱記名之弁，聲叙案由，出具切實考語，另具清摺，一併先行呈賚本部堂查考，并分送各衙門備查，聽候合同考拔。惟撫標候補千、把人數甚多，缺額較少，如貴部院查有才藝勞績應行拔補示獎之弁，應由貴部院豫先咨明本部堂存記暨提軍門，以備遇有省外各標營缺出時酌核辦理。其長沙協千、把係屬提轄，惟近在省城，貴部院如查有

[一] 指郭柏蔭，同治六年至十二年任湖北巡撫，同治七、八年曾兼署湖廣總督。

應行獎拔之弁，貴部院亦可豫先咨明本部堂存記，并咨明提軍門查照，即長沙協副將，亦可豫先稟明本部堂暨提軍門，以備遇有各標營缺出時酌核辦理。各弁既須奮勉操練，以待考拔，且撫標及長沙協候補各弁才藝勞績有可取者，亦不致間廢淹滯，較爲簡易可行。除分别咨行外，相應咨覆貴部院請煩查照施行。

飭銀元局籌銀二萬兩匯粵交王丞秉必轉付銅價附單 光緒二十三年六月初三日

照得湖北前經奏明在粵省錢局附鑄新錢，所需銅鉛應即就近在香港購辦，隨時解交粵局鑄造，叠飭銀元局先後撥匯規元銀三千四百一十兩零二錢二分八釐，洋例銀九千七百四十四兩九錢，已據該局詳報在案。現復飭據廣東候補同知王丞秉必電稟，在粵定購屐齒銅二千一百擔，四箇月交清，約價銀五萬兩，已經本部堂電覆照定。應飭銀元局先匯銀二萬兩，交該丞查收轉付，合亟鈔電札知。札到，該局即便遵照，於粵錢易銀項下迅速籌撥銀二萬兩，匯至粵省交該丞查收轉付，隨時催提解交粵省錢局應用，勿稍延誤。切切。

王丞來電 光緒二十二年十一月初六日申刻發、亥刻到

白鉛照價購得現貨百擔，已付訂銀紙千元，餘二百二十擔月底交貨付價。鉛樣薛令看過，云合用，下月初旬請護照往運來省。再，銅行情極貴，住友每擔廿二兩五，請電諭准要若干，俟跌價時請示再訂。卑職秉必稟。魚。

王丞來電 光緒二十三年四月十一日未刻發、十四日午刻到

銅價定議此月中旬趕先交三百擔，其二千一百擔分五箇月交清包用。惟前此往復辦議，動延時日，皆與薛令商酌，竟至廿三兩五錢實銀議定，無扣，每擔據卑職前電較貴兩餘緣由，另稟詳陳。因薛令持重，必須頭批到局輾試後，始敢立寫合同。卑職秉必稟。歌。

王丞來電 光緒二十三年五月二十四日申刻發、六月初一日子刻到

屐齒銅樣輾試合用，昨日已立約，定二千一百擔，四箇月交清，價仍照歌電，約銀五萬兩，祈按期稍早兑粵，便赴港購銀紙交付。卑職秉必稟。皓。

致廣州王丞秉必 光緒二十三年六月初三日丑刻發

電悉。銅已定，甚好。已飭銀元局匯銀二萬，即查收轉付。沃。

飭武備學堂提調聯豫會同洋員帶同學生赴沿江一帶學習測量 光緒二十三年六月初七日

照得前據武備學堂洋教習法勒根漢稟稱：擬請於夏令放假時帶同學生赴沿江大冶、田家鎮、江西湖口縣石鍾山一帶，學習測量及行軍隊之學，業經允准在案。兹屆放假之時，該教習即日啟行。事關出省，且學生及執役人等有一百餘人之多，非有大員會同前往，不足以資統率。查有武備學堂提調、奏調差委浙江候補知府聯守豫，堪以派委前往。除分行外，合行札飭。札到，該守即便會同洋員赴沿江一帶，務須稽查約束，勿稍疎忽。切切。

札南藩司飭瀏陽、醴陵兩縣追取窿户欠欵 光緒二十三年六月初八日

據前辦江西萍鄉煤務局歐陽令柄榮稟稱：竊卑職去夏奉札停止購運所有卑局運湘煤觔，經前辦轉運委員王令天爵起存湘潭者，復奉鐵政局憲札，飭轉交槍礮廠應用，經接辦轉運委員王縣丞恂遵於冬月間一律轉運槍礮廠驗收在案。惟窿廠各户欠項多寡不一，有可設法追繳者，有病故逃亡、身老殘廢、實難一律收還者。卑職曾於去冬在鄂時繕具清摺，面呈憲鑒。本年二月間，仍將支放各欵概行編入報銷册内，計不敷借墊九八錢五千零六十六串八百五十三文。卑局續辦江南煤觔漸次完竣，收支兩項數目不甚相符。卑職檢查從前借墊各項細數，計上栗市分局煤價項下多開支錢一千七百四十七串三百五十三文，煤册原數尚屬無誤，止不敷借墊九八錢三千三百一十九串五百文應行更正。另存留湘潭找給由萍到湘、由湘轉運水力估平銀一千三百八十九兩八錢四分，現已將王縣丞恂經手轉運槍礮廠煤觔暨支發各項水力銀兩逐一造具清册，共付過估平銀一千三百四十兩零五錢八分，尚餘存估平銀四十九兩二錢六分。卑職與萍鄉縣顧令家相設法追還，窿廠各户欠數多者取具錢店紅票，限期分繳，少數者勒令現繳。其實在難繳、畏罪遵繳者，雖未能如數繳足，即量予末減，以示體恤，計共收還繳項錢一千六百五十二串三百八十二文，量減錢一百一十五串八百六十六文，收減細數另單呈電。其餘欠户如李良洪、榮本登、吴斯綽、李蓮芳、黄文星、何國甫、李漢成、張清溪、楊錦煌、傅汝諧、王干城等，皆家無宿儲，朝不謀夕，無論如何追呼，實難望其繳還，核共欠錢七百三十二串一百二十文。茂興井之戴亨恢、戴節紹、歐陽晉油等計欠錢八百零一串一百四十文，從前因該井未曾做到正槽，力竭停工，去冬盛京卿委員來萍開辦上栗市煤局，就地煉焦，該夥等見銷路暢旺，復行集股開挖。本年二月杪挖到正槽，煤旺質佳，每日可出塊末千餘石，經該局五次化驗，灰皆輕而磺稍重，始則一分二釐有奇，繼則一分六七釐不等。該處除此井外，更無大煤可買。職此之故，該局現已議撤，其井又因之而停，然所費已不貲矣。該夥等更無處再覓生計，雖經萍鄉縣追呼再三，亦實無可如何。卑職與顧令反覆細商，擬將此井由地方官封禁存案，俟煤有銷行之時，無論是否原夥欲開此井挖煤，必須先將此項官本繳清，方許開工。惟寄居瀏陽縣窿户羅迪吾所欠之七百八十九串一百四十文，與該縣船户李合林、醴陵船户劉純龍、夏鴻善、吴開益、潘克武等所欠，屬經卑職移請各該地方官追繳。該商羅迪吾函稱，現有白煤多石，寄存中湘待售，即當變價歸還，迄今未據繳到，亦未見各該縣移覆過局，擬請憲台札飭各該縣從嚴迅速追取，以重公欵而警效尤。至萍鄉廠户喻海洲所欠之四百二十串零八百一十七文，該生現丁父憂，俟滿百日後，卑職仍應與顧令設法追取，斷難任其藉詞延宕，曠持時日。謹將卑職擬辦上項情形縷晰具陳。是否有當，務祈批示，以便遵循等情，到本部堂。據此。除批示外，合亟札飭。札到，該司即便遵照，迅速分飭瀏陽、醴陵兩縣追取窿户羅迪吾所欠之七百八十九串有奇，及船户李合林等所欠，照數繳還歸欵，勿稍延宕。是爲至要。

札委知縣清瑞充當武備學堂總繙譯 光緒二十三年六月初九日

照得武備學堂設立已逾半年，學生之功課日漸加多，洋教習之指授日益加精，又須繙譯書籍以補教習口授之不足，非有精通英、德、法文字之員，不足以資助理。查有湖北補用知縣清瑞，由廣東同文館學生升充教習已歷八年，深通英文，人亦妥慎，堪以派充學堂管理譯務委員，按照洋教習所授，繙示學生，或口傳或筆述，務求確切吻合，勿令模糊影響，庶於學生功課克有裨益。按月在於學堂經費項下支給薪水銀五十兩，以資辦公。除分行外，合亟札委。札到，該令即便按照札行事理，勤慎趨公，并遇事稟商總辦、提調，認真經理，勿負委任。切切。

札行來鳳峽路經費局侯令昌錦稟遵辦施南荒政情形稟及批 附單 光緒二十三年六月初十日

據來鳳峽路經費局侯令昌錦稟稱：竊卑職於四月二十八日奉善後局札開，案奉憲台批示，宜施賑務前委趙、惲兩道督辦，該令即隨商該道等暨施南府額守認真辦理賑糶，以資裨助，多活災黎，札到，該令即便遵照辦理毋違等因。奉此。卑職曾於前三月將辦理情形稟明在案。查施南各縣現經傅鎮遣員下縣，一切賑放情形諒各隨時稟報，勿庸贅述。卑職仰荷憲恩，逾常倚任，目極災黎，但使心思智慮之所周，安敢不盡力籌畫。伏查卑局去冬奉憲台電諭，撥局欵六千兩速交施南額守，設法賑糶，取具印領備案。隨蒙額守札委卑職，半購南米，半解各縣，業於去臘將銀米如數完結，稟銷額守在案。本年春又蒙憲恩撥銀萬金，又撥賑煙幫道路二千兩。隨奉電諭：或買糧米，或以工代賑，或開礦務，統由侯令酌辦開報等因。奉此。卑職當思救荒以購糧爲急，而購糧尤以預謀爲先，因一面添派妥當親友在澧州津市購買米糧，以備陸續解運。一面添工代賑，新修煙幫公所，平治道路，各處廠鑛之區，或送局給價收買，或派人在廠試辦，均稍有頭緒，容當縷列開報，以備憲核。目下各處喜插秧過半，氣象一新，惟存糧告罄，米價陡漲，轉眼青黄不接之交，尤爲可慮。刻又陰雨連綿，春麥半萎。睹蠻云之晝黑，如坐針氈。聽風雨之夜號，難安枕席。茫茫天意，未卜如何。從此即能晴霽，歉象當不至更加。如其不然，想專辦兩道，當再據一方情形請示遵辦。至卑職無權客觀其間，措置艱難之處，有不能不爲憲台縷晰陳之，謹逐條繕清摺恭呈總覽，是否有當，伏乞訓示祗遵等情，到本部堂。據此。除批：稟摺均悉，查該令在湘所辦賑米，施南及宣、咸兩縣停撥，傅鎮、額守暨來鳳縣局印委及該令等早應相機酌定，就來鳳糶發，何以聽米儲倉兩月，殊不可解。且米積既多，數倉重裂，是來鳳正患米多，大可以資賑糶，即米將用罄，該令可將湘米購運。該令稟係五月初十日所發，何以據宜局趙道等電稟，委員連令會縣，竟行强捐强封富户之穀，致生事端。計其時約係五月中旬下旬事耳。相距止十餘日，何以既患米多難存，忽又勒封民穀，種種皆不可解。已經電飭將連令撤回，另派妥員前往，並將來鳳恩令嚴行申飭，以後來鳳賑務責成該令一人隨宜妥酌籌辦在案。現已飭司將恩令撤任，飭委該令接署，以期辦理得力。至五、六月以來，晴霽漸多，豌麥已經登場，禾苗、包穀、薯芋等項亦必滋長。屢據趙道等來電稱，農忙夫少，以致運米之夫無從雇覓等情。既係無夫可雇，自係饑民無多。該令應即就來鳳地方切實體察，現在災象是否稍紓，災民共有若干，所種雜糧收成若何，能否相機收束。如賑糶仍難遽紓，即速分投向常、澧、辰一帶。源源購運，自將局欵酌量撥用，隨時禀報，毋庸輾轉再商鎮、府。總之，散賑本非長策，不如一律改辦工賑，較有考核，窮民可沾實惠。工賑即開鑛、修路等事，工賑之外助以平糶。該令於此次奉批，即先將遵辦情形一面電聞，一面禀覆查核。至清摺所稱賑濟煙幫，資助夫役、施散官藥、用工代賑各節，均可照辦。又採辦銅、鉛、硝、磺一條，其硝、磺章程已據該令及各縣禀由額守轉賚，已經批飭遵辦，銅、鉛鑛務亦由該令妥酌便宜從事，隨時通禀查核。至來鳳以外施南府各屬，現在災情何處稍紓，秋苗若何，宣恩、咸豐兩縣究係如何情形，如該兩縣本地尚有存糧，自可無須運糧接濟，該鎮、府即行分別詳查電聞。查宣、咸兩縣距來鳳較近，距宜昌水陸兩路均過遠，運費較侯令所購湘米爲貴，人夫亦艱。以後該兩縣如仍需米平糶，即由侯令購湘米酌量接濟。如只需銀錢，即由鎮、府知會宜局撥濟。除抄摺録批行知北籌賑局，合就抄摺録批札行，爲此，札仰該局、司、府、鎮即便移飭遵照。

抄　摺

一曰採運。查卑職原條陳内，本擬將來、宣、咸三縣以常、澧為採買之所，以永定為轉運之所，以來鳳為貯積之所。去歲額守以郡城急迫，札委在南就近採運，以濟燃眉。但施南距常、澧千里有餘，緩何濟急，因在卑職本籍永定先借來四百餘挑，合京斗二百餘石，於年底趕運郡城，計程亦七百三十餘里，先後運到亦僅二十餘日，冒雪逾險解運，夫役等備嘗辛苦。雖來米無多，人情借資鎮定，民間洽然。額守又飭續為添辦，卑職即添派司事兼托親友遵照辦理。不料施城官吏等均以道遠運繁為嫌，額守亦只得函諭停止采辦，所有已買未運之米歸作本年採買之數開報。此去歲辦理施南賑米之實在情形也。本年奉撥局欵萬金，卑職即擬在南多購定米糧，以備咸、宣、來三縣撥發。三月中運到頭幫米八百餘挑，合京斗四百餘石，即請傅鎮、額守示彈發各縣，並面禀鎮憲。以五、六兩月青黄不接，尤宜籌備，又蒙撥欵三千，飭為續購。不料咸、宣兩縣均稱地有存糧，無須外來接濟，惟各請撥銀兩等語。傅鎮飭將續辦之欵中途追回，迅飭分解兩縣，並札卑職停止採買，所有未運之南米全撥來鳳糶發。奈貯倉兩月之久，愈積愈多，數倉皆以載重分裂，既虞霉爛，又防盗竊，朝夕守翻，不堪其擾。再三籌思，只得函止南中暫止搬運，即擬請示就南轉售，以顧局欵。直至四月初六前後，各處米缺，市價大漲，來城尤甚，人心大為惶惶。每升大錢一百一二十文，來令始至局取領並囑趕催未運之米，卑職始再至起運。伏查來鳳距津市水陸千餘里，灘河險阻，道路崎嶇，非可朝發夕至，且事關隔省，採買轉運均從民便，更未可刑驅勢迫，其間船夫、挑夫異常刁難。現僅二十餘日，先後已到米二千餘挑，合京斗千餘石，下餘米石五月内准可到齊。該令始而平糶，繼而設粥，皆此米之應援。目下各縣叠出鬧賑案件，獨來鳳暫時稍為静謐。刻來鳳恩令又權撥局欵二千兩，在湖南辰州就近兼運。卑職除撥來鳳京斗一千六百石外，隨時添買又在千石外，為施粥保商之用，容俟縷報細目。惟米止三千餘石，用夫在六千餘名，用錢亦在六千餘串。道經湖南永順地方，亦荒歉異常，每以食艱，夫役等隨在脱逃。山中錢更缺少，四處搬運，實費籌畫。又卑職一人經理，總難處處妥貼，幸蒙大人德感遠攝，沿途團保皆為保護，雖餓殍道旁，從無劫奪事件，稍慰廑注。此採運艱難之實在情形也。

一、煙幫道路。蒙諭救荒即以保商等因，卑職自去冬十月起，凡挑夫到局各施粥以濟困乏，刻仍照行勿懈。惟肩粥分施四門，刻因窮民太多，中途奪食。改於局門外設粥廠一所，每杯取錢三文，其極貧者仍暗中轉給錢文，以免嘈雜。永定、仙街、河龍山各處，皆煙幫棧宿之所，即所辦南米内分別平糶。但地寬欵少，僅買升不買斗，以示限制，并將去歲沿途預買穀石分賣各店，廣為資助。又夫役等因食物昂貴，到埠卸擔後無資回籍，餓殍道旁，殊堪憫惻。設法各給賑票一張，按埠給飯錢二十八文，俾使回里，以廣招徠。定於六月初一日起發賑票，另呈式樣備核。至已斃者施薄材，去臘至本月業施百餘具。目下由川至來鳳一帶，似傳有時疫，又制藥散兼為施救。此賑案之實在情形也。

一、工賑。施屬災荒為數十年所未有，各處義賑、義捐報不絶書，躬當其境者敢漠視耶。前禀添修煙幫公所及平治道路等事，刻已工完八九，秋間准可告竣，一切用費，雖暫由卑職監工督修，各商人等均願陸續捐還，不累公家分文。惟局前修演武廳、卡房各一所，約共費在百金外，既壯局威，亦藉傭工以活災黎。此以工代賑之實在情形也。

一、鑛務。銅鉛各鑛業蒙弛禁，聽民間自取硝磺，事關厲禁，另立簡明章程，由官收買禀明在案。惟山中貧多富少，銅鉛各鑛皆無力開採，卑職亦只得由局提本，或合本地人試辦，或送局給價。現銅、鉛兩種各存局數百斤，俟有把握可開之廠，容再禀請開辦。硝、磺則均由地方官發票，各硝户或由卑局遣派勇丁入洞守採，均隨送隨收。卑職擬俟七月賑務告竣後，當匯集各鑛，就近由湖南水道解交省垣。惟本年米價昂貴，傭工人等每日不敷糊口。因與各地方官商議，暫時收價不能不格外從優，以資賑救。如秋收後可續辦之鑛，當再行訂價，以昭平允。此辦鑛務之實在情形也。

須至摺者。

札紡紗局改歸官辦 光緒二十三年六月十五日

照得湖北創設紡紗局，原爲振興商務，抵制洋銷起見。建議之初，即以官任倡導，商任經營，作爲官商合辦之局。當經札委本任江漢關道瞿署臬司督辦局務，候補知府盛守春頤總辦局務，一面籌撥官欵，一面招集商股，訂立合同，協力興辦，期於互相維繫，各不相妨。本年二月間，本部堂以該局工程將次告竣，機器安設齊全，不日即可開工。原議官商合辦，官股商股各半，其勢維均，權力不宜偏重。復經添派奏調差委廣東候補道王道常川駐局，督辦廠務，并飭會同瞿署臬司督同盛守與各股商再行詳議明晰妥善章程，務使商力隨處得以展布，而官力隨事得以句稽。互盡防維，兩有裨益，俾出入盈虧明白顯著，於釐訂之中，仍寓維持之意。乃疊經王道與商董婉切籌商，初議股本既各半分籌，即事權宜一律分任，而商則慮局務或多牽掣，呈遞章程四條，仍以官爲保護，商爲經理爲請。繼議商既不願官分其權，是責成全在於商，官未便再添股本，祇能就已撥之三十萬兩，按年取息，不問盈虧。而商又謂該廠需欵繁鉅，實覺力有未逮，堅請官再發銀二十萬兩，所呈約估數目逾於前禀甚多。大意但欲官助商人之貲，而不欲官問商人所辦之事。似此用欵無定，成見難融，是官商合辦之局，諸多窒礙，自不能不另籌變通辦法。現據各股商合詞公稟，既稱力有未逮，請官收回，專歸官辦，自應照准。茲經本部堂詳加酌核，惟有另行籌欵，由官收回，暫行試辦。應飭盛守會同商董，將經手節次所收機器是否概與原訂相符，一切用欵及所造工程核實分別造報，黏同收發帳單簿據，呈候覆加確核。如果鍼孔相符，驗收屬實，准先撥還商本十五萬兩，其餘十五萬兩給發印票，一年爲期，暫作存項，周年八釐起息。此外挪用莊欵，統候帳簿核對清楚，即行分別歸還。至以後應付機價，均由官爲經理，按期清付。當茲改歸官辦之始，亟應遴委司道大員認真經理。查紡紗局與官布局地既相接，事復相同，應即以總辦官布局務本任江漢關道瞿署臬司、現署江漢關道蔡道，奏調差委廣東候補道王道總辦紡紗局務，并另札布局稽查兼代坐辦馮丞啟鈞坐辦紡紗局務，仍兼布局稽查原差，在假布局坐辦補用知縣馮令嘉錫兼理稽查紡紗局務。其餘收支、繙譯各員，均以布局現辦委員兼辦，以資熟手而節虛糜。至原派總辦局務盛守，現經委赴江西彭澤縣確查煤鑛情形，應俟將欵目及一切經手廠務交代清楚，即行赴江。所有全廠機器、器具、存料、簿據及作而未完之工、存而未用之貨，暨定貨未付之項、出貨未收之欵，以及一切往來銀錢出入帳目，均責成王道督同馮丞等按照簿據逐欵稽核，妥慎接收，分別具報，常川駐局，殫心整頓，實力經營，毋負委任。至該局現在司事工匠，務須認真遴選，分別去留，毋任冒濫。仍俟一二年後辦有成效，再行招商接辦，以符本部堂倡導製造、振興商務之本意。惟原有各股商此時如仍願將股本存局者，將來准其議令接辦。此時如將股本索回者，將來即不許其接辦，以昭平允。

札委盛守春頤往江西彭澤查勘煤鑛[一]

光緒二十三年六月十五日

案准督辦鐵路總公司大臣太常寺少堂盛咨呈開：竊照湖北漢陽鐵廠煉鋼造軌云云，勿任地痞藉端阻撓，致誤要需等因，到本部堂。准此。當經分咨兩江督部堂、江西撫部院飛飭九江道府，遴派幹員，會同蔡牧濟勤，馳赴畢家灣一帶詳細查勘，并飭縣妥爲彈壓，護導前進，勿任地痞藉端阻撓，致誤要需在案。查煤鑛關繫鐵廠要需，現在奉旨開辦路工，需煤尤亟，應即添委明幹之員前往，會同原委蔡牧詳確查勘。查有湖北候補知府盛守春頤，堪以派委。合亟札飭。札到，該守即便遵照前往彭澤縣，會同蔡牧及地方官，將畢家灣等處煤鑛詳細查勘，如煤質果係佳美豐厚，堪供鐵廠之用，即妥爲開導紳耆，俾得及早舉辦。務將實在情形迅速稟覆。勿延。

飭委吴明密查鄖陽賑務光緒二十三年六月十五日

照得宜昌、施南、鄖陽三府辦理災賑情形，業經本部堂會同撫部院委員分往各屬確查稟覆在案。查鄖屬地方遼闊，試用知縣吴令明，前經委赴竹山、竹谿、房縣一帶查勘銅鑛，其鄖陽府所屬災情賑務，應即一併委令就近密查。現在該府各縣災象是否漸紓，窮民是否已有生計可圖，豌、麥、雜糧收成如何，秋收約有幾成可望，何處尚須接賑，何處尚須平糶，何處有工作可以代賑，何處可以停賑，其從前及現在各州縣會同委員辦理賑糶確係如何情形，何處較

[一] 以下十六件録自抄本《督楚公牘》。

爲切實，何處未能盡善，應即分晰確切查明，飛速禀覆，以憑查核。所查各屬以竹山、竹谿、房縣、保康四縣爲最要，尤宜詳查。如該員川資不敷，即向鄖陽府城賑務局撥用。合行密委飭查。札到，該員即便按查飭查各節，將各州縣情形分晰查明，據實禀覆。事關賑務，務須細心訪查，身親目驗，破除情面，切實查覆，不得草率含糊，稍涉諱飾，致干未便。切切。此札。

會委蔡令國楨查明由宜陸運施南賑米人夫道路各情形 光緒二十三年六月十五日

照得施南賑米，據宜昌賑務局趙道等電禀，從前係由宜昌水程運至巴東、戴溪兩路登陸至施。本部堂、部院因現值峽漲灘險，以後恐多阻滯失事，擬由宜昌經長陽至施南向來通行陸路運往，加價僱民夫轉運，不致停阻。第此路險峻荒寂，民房稀少，夫米均無停頓，必須沿途搭蓋店房茅屋席棚，以爲夫米棲止之所，雖所費較多，仍係以工代賑，總爲災民受惠之舉。且此路爲由宜施長年通行之路，又爲土藥之路。如路途修好，兼有店屋，不獨有裨此日賑務，且於以後商旅有益，自係一舉兩得。現復據該道等來電，長陽城西之滋丘，有小路可抄朗平，由朗平入巴至施，較大路爲近。惟清江狹淺多灘，上水紆險，滋、朗亦皆叠嶂，夫行須三數日等語。查此路中隔清江，仍有上水險灘，若由大道運賑，一路陸行，將沿途棚屋修蓋，既於目前、將來均有裨益，似較小路抄運僅便目前者爲勝。且據稱此徑亦皆叠嶂，復阻水險，仍恐不免耽延。遥度統籌，似非長策。惟究竟由宜昌至施陸行共分幾路運道，究以何路爲便捷妥善，趙道等所擬滋丘小路是否可以經久通行，其向來通行一路修蓋店房棚廠約計需費若干，人夫是否易僱，亟應委員馳詣查勘，詳加審度，籌議辦法，迅速飛電禀覆，以憑核辦。查有補用知縣蔡令國楨堪以派委，川資由籌賑局核給，合行札委。札到，該令即便束裝迅速前往，遵照以上指飭各事宜，妥速查議，飛電禀覆，并繪一草圖呈閲，毋稍延緩。切切。

札委聶令廣濟等查明宜、施、鄖所屬各州縣災象秋成賑務各情形 光緒二十三年六月十六日

照得上年宜昌、施南、鄖陽所屬地方被災深重，民情困苦，業經派委大員疊籌鉅欵，廣運糧米分别賑撫在案。惟現在該府各州縣災象是否漸紓，窮民是否已有生計可圖，豌、麥、雜糧收成如何，秋收約有幾成可望，何處尚須接賑，何處尚須平糶，何處有工作可以代賑，何處可以停賑，其從前及現在各州縣會同委員辦理工賑平糶確係如何情形，何處較爲切實，何處未能盡善，亟應委員分晰確切查明，飛速禀覆，以憑查核。該員等川資由籌賑局核給，合行札委。札到，該員即便遵照，迅即馳赴宜昌、施南、鄖陽所屬一帶，按照飭查各節，將各州縣情形分晰查明，據實禀覆。事關賑務，務須細心訪查，身親目驗，破除情面，切實查覆，不得草率含糊，稍涉諱飾，致干未便。切切。此札。

札北臬司等將伏波兵輪拖帶差船闖卡滋事一案弁勇人等發府審辦 光緒二十三年六月十六日

案據實塔洲釐局委員施守紀雲禀稱：竊各省奏明設局收釐，原係奉旨查抽，無論何項官爵，有無貨物，均應受查，所以尊朝

廷也。乃本月十一日申刻，有火輪船拖帶巴桿船三隻上駛，經過卑局，并不停輪，亦不放氣筒。卑局哨划趕赴江心截查，司事洪光壽方過該巴桿船，不意有穿號褂之人迎頭一刀，洪光壽猝不及防，將額骨砍破，流血如注，登時昏暈倒伊船內。哨勇一面喊稱差船殺人，一面前往救護，被該巴桿船用篙亂打亂戳，將哨勇李春發、吴寶臣戳入江心。佘廣胖左眼左耳各被一篙，傷痕甚重。哨划止此四人，二人受傷，故落水之二人不能撈救，順流浮沉，生死未卜。輪船見事已至此，方始停輪。卑府正在哨棚監查，立飭紅船往問是何輪船，是何差使如此兇横，并借水師舢板、四板各一隻，前往看守該船。殊該船仍敢用刀砍傷水勇一指，恃帶多人，將所去船隻拴留，所去巡丁全行吊打，復將被砍之洪光壽吊在桅上。卑府細思火輪迅速，萬一開駛跟追不及，船名差使一概不知，未便具禀。爰另遣人婉告輪船管帶，爾等鬧出大事，豈能無罪，該管帶何不赴局辯明。該輪船管帶果約同該巴桿船家丁，持譚延闓、周長勝兩帖來局。據周長勝稱，係伏波輪船管帶，并稱譚延闓係兩廣督部堂譚之子。卑府以是否確實，無從查核。既已目無法紀，關係人命，該輪船及該差使均應候案，故將周長勝暨持帖之下人并一水手暫行扣留。據水勇報稱，洪光壽刀傷自髮際至眼角約長三寸有餘，不知深淺，血仍不止。卑府遣人至下游查李春發、吴寶臣能否遇救，現亦未回。誠恐該輪脱逃，卑局人少，勢難禁制，案情重大，不敢壅於上聞。謹縷禀情形，伏希憲台核辦。至起釁實不由卑局，江岸貨船衆目共覩。如將來水落石出係由卑局司巡起釁，卑府甘願加等坐罪，合併聲明等情。當經本部堂批示：查輪船拖帶船隻，往往藉稱差使，包攬釐金，闖卡抗查，斷不可不嚴加整頓。寶塔洲一局，此等情節尤多，旬日之間，已據該守禀報數起。茲據禀稱，伏波輪船拖帶巴桿差船三隻，過局并不停輪，經該局往查，該巴桿船號勇竟敢砍傷司事，并將哨勇一人戳傷，二人落水。迨該局派礮船前往該船，復敢砍傷水師兵丁，拴留船隻，吊打巡丁，膽大兇横，目無法紀，尤堪詫異。當經本部堂於接禀後，飭派方鎮乘測海輪船駛往查辦。該伏波輪船已帶該巴桿船折回漢口，經撫部院飭派牙釐局李道、陳道，率同江夏縣往驗查訊，將該巴桿船扣留，已據交出滋事之親兵江茂才一名，并供出一同滋事之親兵劉駿德等五名，現仍飭催方鎮勒傳該輪船管帶周長勝暨一同滋事之親兵五名到案，以憑發審究辦。仰即速查被戳落水之李春發等二人現在已否撈救獲生，并當滋事時，究係何人戳砍毆打，曾否查知其姓名年貌，以及來禀倉卒有無漏叙情節，迅即一併查明，詳細禀覆核辦。仍候撫部院批示。繳。等因。茲復據施守禀稱：竊卑局於本月十一日申刻被廣東伏波兵輪拖帶巴桿船闖卡抗查，刀砍司事，篙戳巡丁二名落水未起，一名耳目傷重，復將續往之紅船拴留，巡丁吊打，并刀傷水師勇丁一指等情，當禀憲台核辦在案。維時卑府見勢焰兇横，設法誘該輪管帶來局扣留作質，殊來弁周長勝冒充兵輪管帶，深夜始自稱係譚延闓差官。該船見周弁及其下人、水手未歸，毫不悔悟，又將傍晚時前往探察之哨划連人拖去，計拴留卑局哨划二隻、紅船一隻。除巡丁落水二名外，捆吊司事一名，巡丁十名。十二日黎明，該兵輪仍拖各船下駛，僅放巡丁六名及船三隻回局，將司事洪光壽、巡丁佘廣胖、張得祥、胡得勝、康長春共五名隨船帶去，稱云赴省。卑府查放回之巡丁萬先第肋骨棒傷甚重，餘人均受飽打，當提扣留之水手陳繼和、下人陳棣生詳訊。據陳繼和供，係巴桿船户楊愛曾雇工，該船同閔熙文船賃與譚少爺，由漢口至長沙，議價每船八串。楊姓船内伊經手裝條絲烟一百箱，别貨未經手，不知底細。閔姓船亦有條絲烟同時上載，後拖之七板子係貨船等語。陳棣生供係親兵，三少爺提充跟班，在漢口包巴桿船二隻，回長沙後拖之七板子船并未雇賃，要問周差官方知。至伊主僕均在輪船，三少爺見巴桿船打局中人，彈壓不聽等語。未經刑嚇，固難據爲確供。惟巴桿由漢口至長沙，賃價每船總在四十串左右，該兩船價止十六串，非以包攬釐金抵補而何。七板子重載果係何貨，何人所攬，伊少爺既不坐巴桿，雇船何用，且棒傷查船之人是誰主使，若不嚴審，不能水落石出。至卑局司巡，卑府約束過嚴，從不許打罵人，如有接口還手等事，不問曲直，立即開除，故各守局規，聽其魚肉，不然，卑局巡丁四十餘人，扣在該船亦十一人，豈不能以一拳一脚應敵。該船内人及卑局扣留三人俱在，有無受傷，一驗自明。連日暴風，正擬俟風息，將扣留之三人解請憲台核奪。茲奉撫憲飭交周長勝、陳棣生二人，當經交出，伏候鈞示施行。再，戳入江心之巡丁李春發、吴寳臣，流至相距八里之龍口，被該划張姓、賣酒划劉姓先後救起，倒水灌蘇，十二日辰時送局，幸未至死。惟李春發右膀骨被打脱筍，吴寳臣驚悸發病，現均調治。張、劉兩划，卑府各賞錢四串，合併聲明等情前來。除批：據稟續陳差船抗查兇横，及巡丁李春發等撈救獲生各情，均悉。現已飭據方鎮友升傳到伏波兵輪管帶千總林高輝、差弁周長勝，及親兵江茂才供出一同滋事親兵五名來省，已飭該鎮將林千總看守，其冒充輪船管帶之差弁周長勝并親兵江茂才等六名，應一併飭發武昌府審辦，如有須訊林千總之處，即行傳案查訊。除行按察司轉飭武昌府遵照提案，切實研究，務得確情，録供議擬稟辦外，仰即知照。仍候撫部院批示。繳。等因。印發外，合就札行。札到，該司、局即便遵照，轉飭武昌府查照批飭事理，提案切實研究，務得確情，録供議擬，通稟核辦，毋稍徇延。切切。

札北善後局派員將軍裝所地板改造塞門德土僱匠駐所修理槍礮 光緒二十三年六月十七日

據護軍營洋教習德國千總何福滿呈稱：竊教習於五月三十日奉憲台諭令，偕同張游擊彪、王游擊得勝查驗軍械分局各種槍礮等因。奉此。教習等遵於是日會同華教習楊蓉第、繙譯楊其昌齊赴軍械分局，并隨同該局總辦黄守國瓚及委員沈縣丞廣貞、楊司獄元賓，查看各項軍械。茲查得該局房屋建造規模甚爲合式，收藏軍械亦頗相宜。惟該房屋内用地板鋪蓋，尚高牆外開設小窗，以透空氣，蓋意在避潮濕起見，造法不爲不善。但此等地板，如遇天時晴朗，則潮濕可免，倘逢陰雨，則潮濕由板縫而上，凡軍械及槍礮等物一遇潮濕，即易生鏽，恐久後朽壞，仍不能免。依教習愚見，若能將地板改造塞門德土，其潮濕不能透入，軍械不致毁壞。需價甚廉，獲益匪淺。是否合當，伏祈酌奪。再，查軍械所有已開箱槍礮，亦漸生鏽，是必賴有熟習槍礮之人隨時擦驗，妥爲經理，敢懇俯准飭令漢陽槍礮局，撥派熟悉修理槍礮人數名赴該局，每月妥爲修理，再按季請飭委員查驗一次，以昭鄭重，庶於槍礮實有裨益。伏思收藏軍械，乃武備中第一要事，今教習擬將該局房屋地板改造塞門德土，并請撥派熟悉修理槍礮人常川經理，一切修費及各人薪水、每月擦抹油料統而計之，爲費雖屬浩繁，然較之軍械朽敗，臨時不能合用，所得已多，是以不揣冒昧，縷晰上陳，用副憲台講求軍械之至意。所有查驗軍械情形，理合繕具清摺，恭呈鈞鑒，伏候批示祗遵等情，到本部堂。據此，應准照辦，合亟札飭。札到，該局即便遵照，迅速遴派妥員，會同黄守國瓚，將軍裝所全屋地板一律改造塞門德土，以免潮濕由板縫透入，致令槍礮生鏽。一面僱募熟習修理槍礮匠數名常川駐所，將存儲各種槍礮隨時修理，打磨光潔。應需修費、薪水、油料，酌核議給。將各項工費、作法籌計估定後，即行禀請核定，迅速舉辦。勿延。

洛南撫院派員查辦邵陽縣聶令縱差擾民并抄搶鉅案附單

光緒二十三年六月十八日

據寶慶協副將劉盛國禀稱：竊沐恩深受國恩，捐軀難報。自委任寶慶協［以］來，整飭營伍，操練精勤，固屬分所當然，而保衛地方，尤必率屬竭力從公，凡有關大局，時深謹懔，罔敢漠視，有負官箴。寶府素稱沃壤，今歲雨水過多，穀價陡起，已屬可虞。又值代理邵陽縣事聶家遂係江西譎賈，報捐知縣，去歲委辦寶府釐局。今春二月因毛令調署南洲，委伊代理縣事，自宜清廉飭己，慈惠愛民。詎料初登仕版，不顧紀綱，縱蠹役以害良，串濫衿以欺懦。三四月來，命盜抄搶，鉅案迭出。該令全不知懼，惟賄是圖，暗結差役爲財神，一切訟棍日坐門房，而四鄉騷擾，萬姓哀號。知府莊年老多病，事惟委幕友李主持，而聶令即聘府幕爲己幕，故得任性妄爲，朦蔽知府。沐恩覩此時局，深切隱憂，恐一旦釀成禍變如前歲武岡故事，不惟同城難辭夫咎，即武營亦覺虚設也。爲此，仰邀憲恩賞調一缺，俾得文武同心，各盡職分，不致掣肘，隕躓末路，自干尸位曠官之罪，則銘感無涯矣。并抄粘縣差逼民除詞訟外，抄摟斃命各積案呈電。又據代理邵陽縣知縣聶家遂禀稱：竊卑職仰隸幈幪，渥蒙培植，代理邵陽縣篆。自光緒二十三年二月初八日蒞任，迄今已四越月，兢兢業業，未敢稍持京兆五日之見，且一切恪守毛前任矩矱。近承本府遇事提撕，遠沐各上憲多方指示，以故卑職十年聽鼓，初綰縣符數月以來，幸無貽誤。惟於蒞任之初，因地方賭風最熾，親歷查巡，當場拏獲賭犯劉榮貴一名，訊係協標兵丁，照例懲治，因此協標挾嫌。五月二十二日，據愛蓮義學齋長胡崇禮等禀報，齋夫鄭定雲與木貨店木匠龔遂發口角，被龔遂發等踢傷小腹等處，請驗帶究等情。當經驗明鄭定雲傷痕，立單簽差譚申等將龔遂發帶案訊據，供係鋸匠手藝，在協標喫糧。詰以因何與鄭定雲争毆，據稱争毆係其兄弟龔興發即龔遂福。是否狡推，將其收管，取具限狀限令，將龔興發即龔遂福交案提同質究。詎該協標兵丁聳動劉副將立發大令，喊集同標兵丁，擁入縣署，不由分説，將縣差譚申、曾茂、張廷、黄漢四名拏去。其時卑職尚意兵丁滋事，非副將所及知，因即往謁副將，將欲説明，藉可轉圜。乃副將以（勝）［盛］氣臨之，斥卑職始以拏賭責押兵丁，今以據報鬭毆，又帶兵丁管押，全係瞧我武營不起，并斥代理人員，不得作威作福。卑職當以在營操練，係屬兵丁，在外犯法，即屬邵陽縣百姓，何爲作威作福。起辭轉謁本府，奉諭將兵丁龔遂發送還該營，并以查問縣差下落，而該營都司稱縣差三名關禁在協標之馬王廟内，其送還之兵丁不收，仍帶回縣，改收兵房，以致外間諠傳馬王廟内關禁之縣差，被標兵吊拷慘甚。二十五日，卑職因勘案下鄉。二十六日回署，查悉縣差頭役蕭祥等，已稟奉本府飭將縣中改收兵房之兵丁龔遂發提府，由府送還協標，并提關禁馬王廟内之縣差到府，委員驗明譚申右協腋、左肋、左脊膂、右腿各一傷，供係標兵蔣得魁、張呈玉、張竹軒、鄒勳臣各用拳用脚用扇柄打傷。又驗明曾茂右協、左協、右耳根各一傷，供係標兵楊松甫、蘇鏡成用拳用扇柄打傷。又驗明張廷右脊背、左脊膂各一傷，供係標兵趙澤蘭、楊順生用櫈脚打傷。分别立單行縣，飭將發回之縣差譚申等醫調務痊，訊供稟辦。惟被拏去之黄漢一名，據該頭役等回稱尚無下落。伏查協標兵丁均係散處在外，凡諸開設鋪店及城内之泥木手藝，標兵十居七八，據紳士陳希齡等稟稱，平日三五少年與城内痞徒，競尚鎗棍，欺壓愚民，名曰佗子會，互相結納，以爲聲援。若遇有事，在官簽差查拏，即呼集拒毆，或用詞聳動將領縱容擾害。然此風不自今始，士民久爲側目。此次愛蓮義學齋夫鄭定雲被龔遂發毆傷，祇知龔遂發係一鋸匠。該義學在縣具報，亦止指控與木匠争毆，即卑職簽差往帶，亦祇是帶一木匠。及其帶案查訊，始供係在標喫糧，并供争毆係其兄弟，所以從寬，未予刑責，僅據所供，限交其兄弟到案提同質訊，似無不合。乃劉副將竟爲其下聳動，立發大令，擁入縣署，捉拏縣差，關禁毆打，則陳希齡等稟標兵結會互爲聲援，或聳動將官縱容擾害等情，實屬顯而有徵。此風若長，則將來鋪店及泥木手藝有一人在標當兵，則一家人有事在官，官竟不能票差帶案，殊與地方風氣大有關繫。況此案縣差毫無情弊，乃竟縱容捉拏，關禁毆打，而曾茂一差受傷較重，均係致命，尚不知能否醫痊。若不從嚴懲創，竊恐將來之禍猶不止此。卑職明知代理，交卸在即，而實有所見，未敢壅於上聞，是以不揣冒昧，縷情稟懇俯賜察核，批示祇遵各等情，到本部堂。據此。查劉副將並聶令互稟各情，自應查訊明確，以憑核辦。相應咨請貴部院就近派委大員，確切查明稟辦。即希見覆施行。

粘單

二月十二日，羅清嘉以助滅抄毁控告，又彭經濟以背騙搶扮控告，李忠春以强奸强抄控告，又張蕭氏以强挖謀斃控告，又廖嗣開以牽抄斃潑控告。

十九，李仕賢以兇傷慘斃控告。

二十，楊澄鏡以糾衆强牽控告，又謝榮錦以非毆即毒控告。

二十三，趙輔臣以截途刦搶控告。

二十六，蘇立達以黑夜刦殺控告。

二十七，劉寶亭以違溺慘斃控告。

二十八，賀主欽以强欺截搶控告。

三月初六，傅益順以潑毁兇殺控告。

初八，羅張氏以恨糾毁抄控告。

十一，羅佑果以鉅族類匪控告，又羅榮度以捉卡督毆控告。

十二，王坤豪以盤挾毆斃控告。

十三，汪秋齋以督砍抄殺控告，又石李氏以糾衆强刦控告，又周光樹以威逼潑抄控告。

十四，賀劉氏以統殺命危控告。

十六，謝如松以兇潑毁抄控告。

十八，朱契芽以潑抄兇毆控告，又羅教漢以糾扛毁護控告。

十九，羅胡氏以藉污勒斃控告。

二十三，陳代炳以毒斃大冤控告，又匡維新以會匪强牽控告，又秦祖連以恨拂强抄控告。

二十七，周宇門以藉督抄毆控告。

三十，王興翹以抄牽兇抗控告。

四月初三，唐世富以圍逃擄斃控告，又吴祖圭以奸斃縱壞控告。

初五，羅登旺以誘逼慘斃控告，又鄒家治以藐聚圍殺控告。

初六，周永茂以截殺慘匿控告。

十一，彭迪球以朋毆慘斃控告。

初九，吴光裕以挾栽兇斃控告。

十三，唐鋼勇以生死慘報控告，又唐承以慘斃冤沉控告。

十四，梁王氏以效逆明毆控告。

十六，楊萬榮以奇抄兇斃控告。

二十八，周榮畢以滅推慘斃控告。

五月初六，陳何氏以慘斃明毆控告。

初十，劉家起以逼毒斃暴控告。

十二，艾方梓以漏賊兇殺控告，又鍾尚滿以朋毆慘斃控告，又曾厚圃以縱滅統抄控告。

十四，陳家龍以兇抄潑毁控告，又劉李氏以毆毒慘斃控告。

十七，蕭順友以朋毆慘斃控告。

十八，李芬卿以挾搶毆傷控告，又王坤友以朋逼傷斃控告。

二十一，姚益順以統抄兇燒控告。

二十二，寧理安以謀刦燒殺控告。

札委馮丞啟鈞坐辦紡紗局務仍兼布局稽察 光緒二十三年六月十八日

照得武昌紡紗局現經議定，先後撥還商本，由官收回，專歸官辦，業經札委總辦官布局務本任江漢關道瞿署臬司、現署江漢關道蔡道、奏調差委廣東候補道王道總辦紡紗局務在案。查北紡紗局機器繁多，事體重大，所有購花售紗、督催工作、稽察物件、收發款目、約束工匠，在在均關緊要，亟應遴委專員坐辦，并派員稽察，以昭慎重。查有織布局稽察兼代坐辦湖北試用同知馮丞啟鈞，堪以委充坐辦紡紗局務，仍兼布局稽察原差。在假布局坐辦補用知縣馮令嘉錫，堪以派委兼理稽察紡紗局務。該局切近布局，并令該員等常川駐局，兩相兼顧，一切工作認真經理，隨時督催，支用經費力求撙節，款目出入悉心籌計。在局委員、司事、工匠人等，均責成該員等稽察考核，約束彈壓。倘有怠惰玩愒、朦混滋弊及工作未能如法情事，即行稟請總辦蔡道、王道等撤換懲儆，勿稍含糊徇隱。一切應辦事宜，均隨時稟商總辦妥酌辦理。如遇重要事件，仍稟由總辦稟請本部堂核定示遵。除分飭外，合亟札委。札到，該員即便遵照坐辦紡紗局務，按照札行事理，認真妥慎辦理，以副委任。仍將遵辦日期具報查考。

札北牙釐局轉飭各局卡整頓釐金 光緒二十三年六月二十日

光緒二十三年六月十五日，准户部咨開湖廣司案呈内閣抄出湖廣總督兼署湖北巡撫張奏湖北籌餉緊急別無切實良策，惟有整頓釐金，謹擬奏定章程責成地方官稽查以維餉源一摺。光緒二十三年五月初三日奉硃批：著照所請，該部知道。欽此。欽遵於初五日准山東司傳送前來，相應恭録硃批，移咨湖廣總督可也等因，到本部堂、部院。准此。查湖北釐金關係京餉、洋欵各要需，此次擬定新章，嚴加整頓，仰蒙俞允。查原奏内開將通省釐金責令局卡所在地方官認真稽查，其在何州縣之境内者即責成該州縣，其有局卡與道府治所相距甚近者，并責成該道府一體稽查，如該局卡有賄賣、司事巡丁侵蝕虚報苛勒留難等弊，即行據實稟報本部堂、院及藩司、牙釐總局，以憑考辦。每届夏冬兩季，即將此半年内境内釐卡有無弊端，商貨是否暢旺，密行通稟一次。倘有較大弊端，地方官扶同徇隱，查出亦即撤任參處等因，前經通飭在案。惟該局卡抽收之數與報解之數是否相符，地方官無案可查，不能纖悉周知，無憑稽核。應飭釐局委員將每月所報總局之收數及歲額歷年比較，按月申報移報相距較近之道府，并移知所在州縣存查，即由該道府州縣證以見聞，詳加資訪，查其所報數目與所收之數是否相符。如有短絀，是否實因商貨不旺或因稽徵不力，抑或有司巡蒙弊委員侵蝕情弊，應即據實稟明，毋稍徇隱，致干咎戾。除通飭各該管道十府一直隸州轉飭各州縣一體遵照，將各局卡所報收數認真查核外，合就札行。札到，該局即便轉飭各局卡一體遵照，按月開具收數，比較簡明清册與報總局之册式樣，一律送由地方官備查。仍將遵辦情形具報。毋延。切切。

飭威武軍改名爲緝私營并委副將洪貞祥管帶 光緒二十三年六月二十日

據北督銷局劉道思訓面禀，管帶威武軍留川補用副將潘洪貴緝私不能得力，請遴員接帶，以資整頓等情，應即照准。所有威武軍事務，查有補用副將洪貞祥，堪以飭委接帶，其營名即改爲緝私營，以符名實。除分行外，合亟札委。札到，該將即便遵照，前往接帶威武軍新改之緝私營，督飭哨弁嚴申紀律，實力整頓，勇丁不准一名短缺，口糧不准絲毫剋扣，仍按照原駐地段分布扼紮，隨時會同武勝新營聯絡聲勢，認真巡緝，以顧淮銷，勿使北私浸灌。該營官尤須時常周歷各防段巡視考查，倘弁勇有得受私販陋規、包庇縱放及藉端滋擾情事，立即訪查明確，禀請撤革懲辦，勿稍徇隱，以副委任。仍將接帶日期具報查考。

咨南撫院美教士在湖南常德另租屋地并請保護 光緒二十三年六月二十一日

照前准貴部院咨據常德府湯守似瑄、署武陵縣王令紹鈞禀：本年三月二十八日，有美國教士江愛德、卞良成二名持照游歷到郡，復在南門内城灣佃有張百友即申和、張念卿兄弟公業房屋，意欲開設義學、施藥等事等情，咨請查照酌核，轉飭江漢關道與美國領事妥協商議，以符條約，免滋衅端等因。當經本部堂行令江漢關道照會美國領事商令江愛德等游歷事畢，即便遄行，毋任逗遛，以符條約在案。茲據署江漢關蔡道詳稱，遵即備文照會美國領事查照，商令江愛德等游歷事畢，即便遄行，毋任逗遛，以符條約去後。茲於六月初七日准美領事柴有德照覆，内稱本領事查敝國教會按照條約在内地租佃房屋，或置買房地，均無不可，請即查看中美和約第三十條暨中法新訂之約章便知。至若該教士所租張百友兄弟公業或有不便，本領事亦願設一活法，傳諭該教士等於該郡城地方另行佃屋或置買屋地，但不得因敝處有此活辦一法，又另生枝節，以與該教士爲難可也。相應照請轉詳督憲，迅飭常德府武陵縣按照條約，保護該教士爲要等因前來。職道查美約第十三欵内載：現經兩國議定，嗣後大清朝有何惠政恩典利益施及他國，准大合衆國官民一體均沾。又法國條約第三十欵内載：天主教原以勸人行善爲本，凡奉教之人，皆全獲保佑身家，其會同禮拜、誦經等事，概聽其便。凡按第八欵備有蓋印執照，安然入内地傳教之人，地方官務必厚待保護。凡中國人願信崇天主教而循規蹈矩者，毫無查禁，皆免懲治各等語。近來外國教士入内地租屋開堂傳教施醫，處處皆有，已勢難閉門拒絶。但租屋必須出於業主情願，不許教士强租硬佔。地方官於洋人到境固須保護，且須開導紳耆，諭以傳教爲條約所准行，毋任鄉民滋生事端。今美領事所請之處可否照辦，理合具文詳覆查核，咨明南撫部院查照，轉飭常德府縣察酌情形，按照條約妥爲辦理稟覆等情，到本部堂。據此。相應咨覆。爲此，合咨貴部院請煩查照，轉飭常德府縣察酌情形，按照條約妥爲辦理，稟覆施行。

札沙市關道參照蘇州各國租界章程 附單

光緒二十三年六月二十四日

據代理蘇州關監督、江蘇儘先補用道錢志澄稟稱：竊職道於四月初六代理蘇州關務，知各國租界章程尚未議定，英美兩領事必欲將租界權利悉照日本定章，而地價年租又須改照杭州條約，陸道曾與磋磨，未能就範，因督運事迫，面囑職道悉心經理。查日本章程，所有捕房、道路、馬頭、橋梁一切讓彼管轄，則内地商埠與海口無所區别，似失自主之權。職道明知日本有此成樣，各國難以挽回，然身當其任，不敢不力爲其難，以冀權歸自主。自四月下旬督同劉守慶汾與英美各領事反覆辯論，直至五月望前，始得動之以情，折之以理，將租界權利歸我管轄，以謂即可畫約矣，乃彼更以地價年租爲言。蓋地價則日本每畝統以一百六十元爲率，此則分上中下三等，而上等須洋二百五十元。年租則杭章每畝按年繳洋兩元，此則須繳錢三千文，十年後加一千，永遠以四千文爲率，因此嘵嘵不肯立約。乃告以蘇州錢漕之重甲於天下，不能援他處爲例，况杭州租界離城有十餘里之遥，蘇州近在附郭，更自不同。此等細事本可通融，惟日本年租業經定議，各國及日本租界均約四百七八十畝。各國由各處商人分租，分則其數散而輕。日本乃一國商人統租，統則其數合而重。倘一改動，則彼必援一體均沾之例，恐各國所減無幾，而日本沾利獨厚矣。至地分三等，則出利較易，而離河道及馬路稍遠之處，當不致無人顧問。即以各國商務計，地有等差，價有多寡，庶免偏枯之弊。於是各領事互相斟酌，欣然允諾，於五月十七日立約。謹將約章七欵恭録，呈請鈞鑒。伏念職道於交涉一切，媿無知識，此次適逢其會，心殊惴惴，因思忠信篤敬，蠻貊可行，不論華洋，總不出情理之外。彼雖堅持，我以婉諷，彼雖狡辯，我以情商，即萬變而不離其宗，亦百折而不屈於理。久而久之，則彼之情意孚而我之詞意亦達矣。值日本定章之後而思挽自主之權，開議時殊無把握，今權利悉歸我有，實非始念所敢期。差幸駁論，幾及一月，彼此均無疾言厲色之情，亦賴有劉守慶汾熟悉外洋情形，因勢利導，不激不隨，深資臂助。又據襄辦蘇滬洋務、改留江蘇儘先補用知府劉慶汾稟稱：竊近來交涉事件棘手倍於昔年，處此時局艱難，既不敢輕忽以誤事，復不敢剛愎以僨事，處處固宜顧全大局，而事事尤冀折服彼心，庶幾得以平允。且蘇埠乃新闢商場，凡事偶有齟齬，遂成定例，稍有不當，輒生彼族尋釁之端。責成綦重，關繫匪輕，時切戰兢，相機應變。欲求諸臻妥善，必須操縱合宜。卑府自前秋蒙委襄辦洋務以來，黽勉從事，不敢苟安，日夜籌思，心力交瘁，迄今兩載，甫得界務略有端倪，然猶不能聊酬憲台知遇之恩，撫躬更覺惶悚。四月二十日，卑府奉撫憲委赴申江，與各國領事會議蘇埠租界章程。彼輩動輒恃强，凡屬有關利權，毫不相讓，且限於戰後約章，又限於彼强我弱，再四磋磨，舌敝脣焦，此中艱難情形，早在憲鑒。至若道路、巡捕以及地價年租，彼等尤争之齗齗，復以日本新訂章程爲詞。卑府因思地價年租雖屬銀錢細事，然爲數甚鉅，不得不争。其於道路倘歸彼管，則大失租界本意，直與割地無殊，尤屬不能不挽。職是堅持月餘，導以情義，固雖費盡籌畫，力竭精疲，然各領事理屈詞窮，諸項竟得悉就我範，此尚差堪告慰厪念耳。謹將所訂章程七條，繕呈鈞閲。至於日本界内道路，前經總署讓與彼修，沿河已成馬路仍歸我管，業經載明章程，互相存案。今倭外務來電，忽謂沿河馬路雖經中國政府造成，而我寓蘇日商，决不可建房該路之側，蓋居其道左，欲出房捐則情所不願，不出房捐則勢所不行。頃准於該路之旁再爲自造一路，俾我日商往來，日後抽捐管轄，其權均自我操，方爲不失專界之旨等語。恃强無理，亦至於斯。倭領已屢來相商，而中丞毫未相許。但窺彼詞意甚爲堅決，將來又須大費唇舌也。俟其續議如何，謹再肅達各等情，到本部堂。據此。查各省議立租界情形，各有不同，除界内橋、道照鄂省通商口岸向章，從無中國代造之理，與蘇州辦法重在中國管轄租界内權利者情形迥然不同。其餘各條，籌計甚爲周密。所有賫到租地執照、板契、地圖并抄録章程，合行札發備考。爲此，札仰該道即便查照，取其與沙市地方情形相合者，酌量采擇籌議。惟租界内橋梁、道路由中國官修建一節，不可仿照。切切。并飭委員梁令查照。

照録蘇州各國租界新章

第一條　租界之地分上、中、下三等，凡在租界内東西兩邊沿運河自官路界起進深一方段，作為上等之地，每畝租價洋二百五十元；再進深一方段作為中等地，每畝租價洋一百六十元；其餘無所區别，均作為下等地，每畝租價洋一百元。自光緒二十三年七月初一日起十年内，每年每畝完納税錢三千文，十年外永遠每年每畝完納税錢四千文，此外并無他項地租。所有税錢托領事官於每年正月内向租户照數代收，繳回中國地方官，由地方官給回收據。

第二條　凡租界内凡有約之國商民，均可在此照章租地，遵約建造屋宇、棧房。但欲租地必須稟明領事官，并備應完地租以及本年内應納税錢，照會中國地方官收訖，由地方官履勘該處，即印發租契三紙，由領事官會印，一給租户，一存領事衙門，一存中國地方官衙門。一經承租之地遵約照章歸租户租用，惟每人祇能租六畝為止。

第三條　所有租契應以三十年為限，滿後應准换契續租，以後永照三十年一换契之例辦理。限滿不報，即行注銷。遇有限滿年次，租户報明，立即准其續租，租户毋庸重納地租，兩國官員均不得稍有限制阻撓，令租户吃虧等情。

第四條　一經租給之地，祇准租户遵照條欵定章租用。如有轉租事故，於轉租之前必須稟明領事官查明核准後，照會中國地方官接續租用。凡承接轉租之人須立有和約之國商民，方為合例。

第五條　凡租界内不准搭蓋草屋及下等板屋，恐易引火貽害他人。至火藥、炸藥及一切有害人身家財産之器物，概不准收藏夾帶運送。一經由官查出或他人告訴，各照自國律例懲辦。設有工事必須應用炸藥等件，應先稟明領事官作何用處，開明清單稟報聽候查明，照開清單知照新關由税務司查明，方准起岸。起岸之後即須用去，不得久留貽害。

第六條　租界内所有橋梁、溝渠、馬頭、道路等項，由中國地方官自辦，建設完固。所有各項工程設在何處何方及修理之法，領事官可與中國地方官商議施設，所有修理費用，中國地方官與領事官會商章程，一體籌捐，以昭公允而期久遠。

第七條　所有商民在此界内往來僑寓，中國地方官自應按約保護。所有巡捕事宜，由中國地方官會同税務司設立管理。

札籌賑局轉飭施南府查覆侯令所購鑛、米等價 光緒二十三年六月二十五日

照得據宜昌鎮傅鎮稟稱：五月十七日，據會辦來鳳賑務委員連令炳、經費局委員侯令昌錦會稟，各處鑛務分地採辦，派差分赴咸豐中堡，宣恩、鶴峰交界之紅板雲，宣恩桐子營等處試採銅鉛各鑛，業已招户熬硝，籌畫運路，送驗銅鉛硝各質定擬價值，請先提資本，借以存活開辦。又據侯令稟陳奉辦已購米石運交數目，飛挽艱狀。來鳳恩令又權撥局欵，暨由經費局又隨時添買米石，遵奉督憲諭辦理救荒保商，工鑛併舉，以工代賑各條。連令又稟籌辦賑糶情形各等情，請示祗遵。據此。查施屬六縣災象，恩、建爲重，建始續被冰雹，情形尤苦，其餘較次。各縣辦理情形，業已列摺兩稟憲鑒在案。其來鳳一縣，曾經侯委員面稟災輕，續經稟報春田有八九分收成之象。其恩令甫以奉撥米石由城運鄉，嫌費力腳，隨後又稟請催前項未交之米，并懇提用糶欵續購米石，并碾動倉穀備急。踵據侯令稟報，該局所購南米遵札交兑，並撥給恩令庫平銀一千五百兩，作爲續買之資各等語。節經分別准駁，隨時批行。詎月之十三日，又據來鳳縣恩令、經費局委員侯令、賑務委員連令會稟，遵照督憲電飭，隨時撥用局欵，將來撥用若干由侯令開報，賑糶若干由恩令開報等情。除通稟外，請示前來。本職又節録憲台叠次電諭，甫經批發，而各前情之稟又紛至（踏）［沓］來。在該印委等稟籌各節既爲辦荒要訣，且救饑如焚，又勢不容緩，而本職忝督施賑，要在統籌全局，分別輕重。即如來鳳災情等於宣、咸、利，而地方尚小，用至萬金之米，又全提糶錢續購，同一災區，費欵何止三倍，況恩令、侯令先後條陳，以工代賑諸善政無美不備，果能言行相符，洵足以廣皇仁而敷憲德。若以鑛論，更應遵示就欵籌辦，現在救來民之不暇，又何必派出多人遠爲咸豐、宣恩、鶴峰之民代謀生養，況他州縣印委皆奉有辦理賑鑛之責，豈盡玩視民生耶。本職現在已辦者，恩、宣交界白鑛園鉛礦係委下營壩汛外委收砂，每觔價十八九文，約砂二觔餘可出鉛一觔上下。利川屬金子山銅鑛，係紳士開辦，委該縣千總監收鑛砂，每觔價二十六、七、八至三十六文不等，約三觔多砂出銅一觔左右，均係二十兩秤。統連運郡腳力計算，銅每觔不過一百二三十文，鉛每觔核四十餘文。建始鑛産美而且旺，開甫一月，收鑛一萬四千九百餘觔，每觔價僅十八文，俱係按照向來

民價每觔酌加二三文，以副憲台以工代賑之意，未有二百二十文收毛銅、八十文收鉛、一百二十文收硝者。至該員去歲奉額守在湖南津市購米京斗二百石，共用銀一千二百四十兩，聞得運至郡城，每石報價錢七串三百文，折郡城斗三十三觔十二兩，每石核錢十五串七百之譜。時在臘月，市價上熟米十一串三四百文，故額守於每石勾去原報三百文。二月間，該員稟呈委辦施屬荒賑事宜，摺内稱奉撥銀一萬兩，由經費局在南採運，已於年底米價低時購妥六百石，每石僅去錢二串六百文。本年下游各地米價已漲至三千一二百文，此後千石之價，恐難一律。每石由津市至仙槎河力錢八百，至來鳳山路力錢二串。現來鳳米價八串，此米到來，合運力只五串零，但來斗稍大，每斗加四升，合價錢七串以外，就來鳳米價，每石尚長錢二三百文之譜。嗣詢米運至來究係每石若干觔，核價若干，覆稱先買米六百石、價二串六百文，後買千石、價二串八百文，均京斗重十四觔，水力八百，陸路兩道，由永定發來鳳每石二串五百，由永屬之仙街河發來鳳每石二串，布袋、油簍、繩索等費每石約加三百，共計京斗每石，估錢六串三四百文之譜，尚有採運司事、押運巡丁薪工、伙食在外。比時宣恩米價每升重四觔祗一百二十文，咸豐二十觔斗，内四里米價四串七八百文，外四里四串一二百文，來鳳二十三觔重之斗市價每升錢僅八十文耳，此米較來斗已價在十串零五百餘文。此即宣、咸不要，而來邑亦以由城運鄉腳力太昂，附近里甲間有餘，穀可以挹注爲辭之所由來也。正慮米之久儲霉朽，詎料霪雨連綿，春收失望，鄰邑遏糶，米價飛漲，來民深賴此米接濟周轉，本職不勝佩慰之至。又該員始則稟呈摺内稱此米准於三月内趕運來鳳，繼則面呈摺内又稱土挑暢旺之時僱夫甚易，又稟覆米已運至來城六百餘石，其餘皆已分運在途。現值煙商寥寥，肩夫甚少，難以迅速，蓋以肩夫背米至來、挑土回轉爲信也。及至來邑需米，印委迭催，至五月中旬，尚未運齊。又稱隔省採運，均從民便，未可刑驅，船夫、挑夫異常刁難，固屬實情。至四月半，永定、永順之交蛟水陡發，各夫阻滯，亦非意料所及。然當此時土挑何舍米不負，甘空手入川挑土耶。本職曾約該員至郡面商一切，談風極好，語及官場習氣，則指誓自明，是知該員才大勇爲，不計勞怨之所致，尚非無故浮靡鋪張者可比也。總之，博施濟衆，堯舜猶病不過盡心力所能到者。爲民求一綫生機，若必使酣嬉娱樂而後爲之賑，任憑欵項再多，亦無把握。何況當庫欵奇絀，捐項(努)［弩］末之日乎。本職至愚，既托數十萬生靈之衆，苟有益民生者，無不量力爲之。所以未敢稍拘憲台電飭原指，銀米合計，施南可能用十萬兩之數，早已用過頭矣。目前除却米石，實在無法應付。該印委爲救災起見，迫不及待，遵照憲諭動撥局欵，除恩令續撥銀二千兩自任籌補外，其先撥之一千五百兩，與侯令續購南米一千餘石，暨派人赴咸、宣、鶴等州縣採鑛，用欵均係已動後稟。本職再四思維，奈難批答，相應照録歷接該縣全卷，呈請電鑒核示祇遵等情。又據該鎮電稱，先是風聞侯令有在咸、宣購米之説，該鎮決不信有此事。嗣後細核各處米價，始知各縣皆不願要，并非無因等語。查核所稟，侯令所訂銅、鉛、硝價均較該鎮所收昂逾數倍，南米價值折合施郡及宣、咸、來本地市價，亦復格外昂貴。又該令何以不在常、澧一帶購米，乃購自咸、宣，殊不可解。至該令動用各欵辦理工賑、平糶一切是否認真，確有實濟，亦應確切查明，以憑核辦。再查傅鎮所呈抄案内，有前來鳳恩令所擬收綿紗、收柴薪、收蠶繭、挖龍嵩救荒四條，指陳多有可採，現在能否擇要舉行，應飭侯令相機酌辦，合行飭查。札到，該局即便會同布政司遵照，轉飭署施南府魯守按照指飭各節，詳晰查明，據實稟覆核辦，毋稍含糊延緩，并轉飭侯令將恩令所擬救荒四條相機酌辦。并移北布政司遵照暨録報撫部院查核。切切。

札飭麻城縣密查武勝新營緝私滋事情形 光緒二十三年七月初一日

照得管帶武勝新營副將吴清泰駐紮麻、黄緝私，本部堂訪聞該營勇近來每因緝私滋生事端。茲於六月初五日，麻城東鄉熊家磅防勇獲李姓、熊姓私鹽二挑，不繳公項，攘此賣彼，地方不服，致啟争端，兩造均受有傷。防勇理絀，故未稟報。哨官一係吕姓，一係吴副將之子。又六月間，東義洲、木子店等處騷擾毆傷之事不一而足等情。如果屬實，殊非與地方相安之道。亟應飛飭麻城縣確查情形，以憑核辦。合行札飭。札到，該縣即便將上項訪聞各節確切查明，據實稟覆，以憑核辦，勿稍徇隱。切切。

札江漢關道爲槍礮局與漢口禮和洋行訂購煉鋼機器價銀合同蓋印保還 附單

光緒二十三年七月初二日

據湖北槍礮局詳稱：竊照外洋製造新式快槍、快礮，皆用精煉之罐頭鋼，務使鋼之拉力、凸力、伸力足以受無煙藥之漲力，而毫無管裂膛鬆之弊，利器乃爲完備。湖北自創設槍礮廠以來，所購製造毛瑟快槍及十二生以下各種快礮機器，均係上等新機，惟所用鐵廠自煉之鋼，祇有西門馬丁及貝色麻兩種。疊據洋匠驗試鋼之拉力、凸力、伸力，屢稱不及罐鋼遠甚，其容受漲力，實不如外國所用製造快槍快礮之罐鋼，誠恐製成槍礮不能經久無弊，非另用罐鋼，難期盡利。因查外洋罐鋼之價十數倍常鋼，若必購自外洋，非獨道遠曠期，價昂耗費，且恐有事之秋，購運諸多窒礙，是以稟奉憲台諭飭，向漢口德商禮和洋行訂議向德國名廠購辦精煉罐頭鋼并鑄鋼機器全副，即責成禮和洋行代雇熟諳鎔煉罐鋼之洋匠來鄂，設廠包煉，以期省便等因。遵即與該洋行往返妥議，并訂明煉罐頭鋼并鑄鋼機器全副，每日能煉罐鋼二三噸，鑄鋼機能鑄塊鋼重每塊二噸，價值、運脚、保險各費包運至漢口交收，實價德銀十三萬三千馬克，不折不扣，立合同日應先付全價三分之一作爲定銀，起運時再付三分之一，下餘三分之一俟貨到驗收後，給清全價。先由禮和洋行墊出，自立合同日起兩年後，分三期歸還其利息，常年以七分計算，利隨本減。并遵奉諭飭槍礮局給與期票，由江漢關道加蓋關防保還，按期歸款。除與該洋行議定各條款照立漢洋文合同各二分，彼此蓋印簽字，各執存據，并將期票三紙咨送江漢關道加蓋關防，移局發給外，理合抄録合同，具文詳請俯賜察核，批示立案，并祈檄行江漢關道遵照蓋印保還等情，到本部堂。據此。除批示外，合就札行。札到，該關道即便遵照，迅將槍礮局送到期票三紙加印保還。勿違。

訂購合同

謹將槍礮局奉飭與漢口德商禮和洋行訂購煉罐鋼并鑄罐鋼翻砂機器照譯合同，清摺呈請憲鑒。

計開

一、此項機器，禮和洋行須向德國第一等名廠訂造，法式宜新，而工料尤須精美，不得以低貨舊物搪塞。

一、禮和洋行允照合同附單所開機器物料，逐項配全，每日能出罐鋼二噸至三噸，每塊鋼料約重二噸為度。此項機器爐座如法裝就，并用熟手工人，上等材料，調度得宜。禮和洋行能保所出之罐鋼與歐洲所煉罐鋼無異，每四方一米厘密得能得拉力六十啓羅，凹凸為三十啟羅，又每百分長有伸力自十五分至二十二分長。如機爐不佳，或配件不全，或所出之鋼不符此項程式，禮和洋行甘願退換，另購合式者償補，不另加價。惟機器到後實係精美無疵，若管理不得人，任聽工匠糟蹋，致不能用，則與禮和洋行無涉。或因意外之事，如有軍務致交收不能如期，禮和洋行亦不任咎。

一、此項機爐自合同畫押蓋印并付印票日起，五箇月内準在德國起運，不得逾限。倘沿途遇有不測之事，致稽延時日或機件損失，不歸咎於禮和，應由禮和自行與保險行家理論，全與槍礮局無涉，一面由禮和趕行續購新機賠補，迅速運交。惟所言意外不測之事，須由禮和呈出憑據，先期稟報。

一、此機在廠竣工、電音到華時，應由禮和稟報，即請電派洋員到廠驗視。倘驗見此機果非新法新造及陋劣等情，聽憑退換，趕行重造。倘在廠時未經驗視，則貨到漢口再請派員驗視，如驗見有與附單所開不符，或非新式新造，亦聽退換，仍在原廠新造賠償，不得異言。

一、自付印票、合同畫押日起，三箇月内應由禮和繪呈造廠裝安機爐各圖，以便照式起造安配。

一、此項煉罐鋼及鑄鋼翻砂機器全副，為制造快礮快槍而設，照附單所開件數，實價德銀十三萬三千馬克，包運至漢口交收，運腳保險費在内。

一、常例立合同時，應先付全價三分之一作為定銀，貨在外洋裝船時再付三分之一，下餘三分之一俟貨到漢口驗收付訖。茲訂明三期應付之欵均由禮和墊出，自立合同日起，照西歷扣足兩年，分三期歸還，其利息以七分計算，每年每百兩納息七兩。立合同時請督憲札飭湖北槍礮局發給期票三張，并札飭江漢關道加蓋關防認保，如期歸還。第一期印票應於立合同日起息，第二期印票應於貨在外洋裝船日起息，第三期印票應於貨到漢口驗收完竣起息。三票均由起息之日扣足兩年本利清還。

一、印票三張，每張計機價三分之一，合德銀四萬四千三百三十三馬三十三分，另加周息七分，合德銀六千二百零六馬六十七分。是第一期印票自合同畫押日起扣足兩年，應付本息共德銀五萬零五百四十馬克；第二期印票約計自合同畫押日起，扣足兩年零四箇半月，應付本息共德銀五萬零五百四十馬克；第三期印票約計自合同畫押之日起，扣足兩年零六箇半月，應付本息德銀五萬零五百四十馬克。若未到期先行付銀，其利息自應按日扣算，計自付銀之日為止。至德銀合轉華銀，均照付銀之日銀行電匯德國之價核算。

一、倘因不測，運機遲延，以致應開工之日不能開工，即印票之期即應按照耽延之日展緩，可在印票上隨時批明。至交貨時儻有一二零件損壞，尚不至因此停工，應由禮和趕辦賠補，迅速運交，印票期限毋庸展緩。

一、立合同後請發給進口免税憑單，俾免届時阻滯。如須照納進口税，禮和可以代墊，仍由槍礮局如數還給。

一、禮和應允在歐洲代覓熟手煉罐鋼洋匠一名，來鄂管理煉罐鋼事宜，每年薪水約計不得過七百五十鎊，另給來往盤川各費，其條欵另行妥議。該洋匠系歸官局管束，行止有玷，禮和不能任咎。

一、此合同華洋文併列，照繕兩分，彼此簽字，各執一分為據。

二品頂戴署漢黄德道憲監督江漢關總辦湖北槍礮局蔡　漢口德商禮和洋行蘇和德

謹將新式頭等煉罐鋼機爐一全副，每日能煉成礮鋼自二噸至三噸，其最重之鋼塊一塊約兩噸，開具名色價目清摺，呈請憲鑒。

計開

煉鋼爐一座。配有煉鋼罐六十具，每具能容三十五啟羅。煤氣管并各管各門俱全。

做煤氣器兩全副。

烘爐兩座。

中立旋轉起重架一架。為起四圍煉鋼罐用，能起重二噸又四分噸之一，其旋杆能伸遠至七邁當，升高至三邁當。

烟囱三具。用鐵板所造，每具高十五邁當，徑四十至五十生的，鐵板厚五密里到六密里。

烟囱一具。用鐵板所造，高二十五邁當，徑九十生的，鐵板厚六密里至八密里。

運鋼料車兩具。

鋸機一副。

鑽床一架。

抱箍。為抱取鋼料用。兩支。

抱箍。為抱取各物用，十二支。

應需之箍并煉條共重約三噸。

澆鋼地窟應需鐵件全副。窟長十邁當。

鋼軌長一百一十邁當。為運鋼料車往來運行之用，其鋼軌每一邁當計重十六啟羅至十八啟羅，兩軌相距八十生的。

軌路尾用熟鐵轉盤。為運車轉彎之用。六具。

爐前鋪地鐵板共重十六噸。

軸柱、滑輪、挂脚、枕托等項全套。皮帶輪及皮帶在外。

以上機器物件共重約一百八十噸。

填砌火爐應需之耐火料、應需之筆鉛罐、應需之半行動汽機一副。有馬力二十四。

造廠圖并位置機器圖一應俱全。

以上共實價德銀十萬零五千馬克正。連由洋運至漢口運保等費在內，關税及安置機器費在外。

續添鑄鋼機器全副，共價德銀二萬八千馬克。

計開

蒸汽小起重機一具。

烘模盤大氣爐一具、小氣爐四具。

小模盤四具。

攪鋼器一具。

燒火器具全副。

提鋼器具全副。

和泥機器一具。

熔鋼罐六箇。

應用鐵煉抱箍配足。

研泥機器一具。

烘模爐全副。

烘裹模爐一具。

烘泥窑一座。

札行户部奏各省釐金未能暢旺、飭令竭力整頓摺附單 光緒二十三年七月初二日

光緒二十三年六月二十八日准户部咨開：湖廣司案呈准北檔房傳付所有具奏各省釐金未能暢旺飭令竭力整頓一摺，光緒二十三年六月初九日具奏。本日奉旨：依議。欽此。相應傳付湖廣等司，即赴本檔房抄録原奏，恭録諭旨，飛咨各省將軍、督撫，一體欽遵辦理，并由湖廣司移會各處，咨呈軍機處知照吏部付知督催所等因前來。相應抄録原奏，恭録諭旨，飛咨湖廣總督遵照辦理可也。同日又准户部咨山東司案呈同前由各等因，到本部堂。准此。合就札行。爲此，札仰該司即便分別移行各道、府、州、縣一體遵照辦理。

各省釐金未能暢旺請飭令竭力整頓摺

户部謹奏為各省抽收釐金未能一律暢旺，請飭令竭力整頓，以裕餉源，恭摺仰祈聖鑒事。竊查光緒二十年間臣部因償欵太鉅，需餉孔殷，奏令各省整頓釐金，妥議章程，并將辦理情形報部備查。嗣據各省先後奏報，均經臣部行知在案。兹就二十一年分各省報到釐金數目與二十年分詳細比較，江蘇多收銀八十餘萬，廣東多收銀四十餘萬，浙江多收銀三十餘萬，湖南、福建、江西多收銀十餘萬，是必整頓有方，故徵收立見起色，較之空談利弊毫無實濟者，自屬大相懸殊。直隷、安徽、湖北、雲南雖多銀一萬至三萬不等，然以二十一年有閏計之，所多實為無幾，其餘僅多數千，或有減少者，更無論矣。至二十二年釐金，各省多未將全年奏報。就已報者而言，惟陝西二十二年較二十一年多收銀十一萬有奇，福建二十二年上半年較二十一年上半年多收銀十二萬有奇，視各省最為踴躍。江蘇、江西上半年收數已不免鋭減，浙江則少收二十九萬，廣東亦少收至二十七萬，此上年抽收釐金未能一律暢旺之大略也。夫釐金之衰旺，視乎商貨之盈虚多寡，原無定額，乃各省局卡正因其并無定額，得以意為赢縮。舉其弊，大致不外乎商販之偷漏，委員之中飽，司事巡丁之賣放。欲防偷漏，在乎扼要設卡，嚴密梭巡。欲杜中飽，在乎崇廉抑貪，收報核實。欲嚴賣放，在乎信賞重罰，分別勸懲，而其要總以委任得人為切實關鍵。各該將軍、督撫果能謝絶情面，遴選賢能，則大吏之好尚既端，下僚之精神自振，一切因循朦蔽、苛索侵欺之錮習，自當為之湔除。其次則互相維持，多方檢制，亦屬整飭之一法。近時湖廣總督張之洞奏明，將湖北通省釐金責令局卡所在地方認真稽查，其在何州縣之境内者，即責成該州縣。其有局卡與道府治所相距甚近者，并責成該道府一體稽查。如該局卡有賄賣、司事巡丁侵蝕虚報、苛勒留難等弊，即行據實禀報督撫、藩司及牙釐總局，以憑參辦。每届夏、冬兩季，即將此半年内境内釐卡有無弊端，商貨是否暢旺，密行通禀一次，儻有地方官扶同徇隱，查出亦即撤參等因。如此辦法能否確有成效，固難預知，然多盡一分心力，自多增一分餉需，以視見好局員，任其捏報漫無稽考者，蓋不可同年語矣。方今債累日多，財力併絀，田賦既未能溢額，洋税亦遽難加收，惟釐金為籌餉大宗，豈可再令短絀。應請旨飭

下各省將軍、督撫，各就地方情形，設法再加整頓，如何可以有利，如何可以無弊，務令局卡各員涓滴歸公，和盤托出，徵收報解之數按年逐漸增加，將來各省釐金較二十一、二兩年收數，大省加增三四十萬以上，中省加增二三十萬以上，小省加增一二十萬以上者，准其將廉幹之員從優奬勵。加收數稍有虧短，即將尤為貪劣者撤委嚴參，庶積弊漸清而稽徵可期得力。所有釐金未能暢旺，行令各省竭力整頓緣由，理合恭摺具陳，伏乞皇上聖鑒。謹奏。

照札防緑各營挑選兵勇練習洋操附單

光緒二十三年七月初六日

照得今日時務，以講求武備爲要圖。從前各緑營防營所練尋常槍礮以及刀叉等物，既非制勝利器，而操演率皆沿襲故套，殊鮮實用。至新式快槍快礮，理法精密，必須有熟習洋操之教習訓練，方能通曉運用修整之法。但此等教習甚少，勢難各營徧設。即或派往教操，而將領未必認真，仍是有名無實。茲經本部堂詳加籌酌，惟有將省内外各處防營馬步勇丁及緑營各標挑練之操防馬步兵，於每營中擇身體强壯，性情樸實，年在二十五歲以下者，就本營人數挑選十分之一，派一哨弁率帶來省，聽候分派教習教以新式快槍快礮及練習體操各法。本部堂隨時親臨督查，務令實力訓練，嚴核課程，分別賞罰。其餉項仍由原營自行撥解，其駐紮營棚，當飭營務處、善後局籌備。練至半年，遣回各本營教練同營兵勇，仍另調一成來省學習。總之，半年一换，務使各營兵勇展轉相授，一律練成勁旅。惟調省教練者僅止一成，其本營全隊亦須一體講求。應另派教習前赴各防營、操防營，查照省營操法，認真教練，務令兵勇皆成有用，餉項不致虚糜。除緝私之武勝新營，大冶鐵山、馬鞍山煤井彈壓之武勝右營勇丁，仍舊駐紮巡防，毋庸挑送外，其餘防勇練兵、襄陽馬隊勇丁、鄖陽馬隊練兵，均應一律照數挑送。合行開單照飭、札飭該營即便遵照，將所部勇丁、練兵擇其體壯性樸、年在二十五歲以下者，挑送一成來省，聽候分派操練。如以疲弱衰老油滑之人充數，定即駁回。切切。

計開[一]

武防中營勇丁二百五十名，調操二十五名。
武防左營勇丁二百五十名，調操二十五名。
武愷中營勇丁五百名，調操五十名。
武愷左營勇丁二百五十名，調操二十五名。
武愷右營勇丁二百五十名，調操二十五名。
武功中營勇丁二百五十名，調操二十五名。
武功左營勇丁二百五十名，調操二十五名。
升字中營勇丁二百五十名，調操二十五名。
升字左營勇丁二百五十名，調操二十五名。
升字右營勇丁二百五十名，調操二十五名。
武剛左營勇丁二百一十名，調操二十一名。
鎮南後營勇丁二百五十名，調操二十五名。
鳳字馬隊中營勇丁一百五十名，調操十五名。

[一] 此單據抄本《督楚公牘》補入。

鳳字馬隊左營勇丁一百五十名，調操十五名。
以上共調馬步防勇三百五十一名。
督標練兵六百名，調操六十名。
撫標練兵四百名，調操四十名。
武昌城防營練兵二百名，調操二十名。
漢陽協練兵二百八十名，調操二十八名。
提標練兵一千名，調操一百名。
提標親兵一百名，調操十名。
鄖陽鎮練兵六百二十名連馬隊一百名在内，調操六十二名。
宜昌鎮練兵三百名，調操三十名。
施南協練兵三百名，調操三十名。
以上共調馬步練兵三百八十名。

通飭湖北各屬州縣購閱湘學、農學各報[一] 光緒二十三年七月初十日

照得上年上海創行時務報，業經本部堂飭局購發各書院諸生暨通省各官閱看在案。本部堂近閱湖南湘學報，大率皆教人講求經濟時務之法，分爲史學、掌故、輿地、算學、商學、交涉之學六門，議論閎通，於讀書講藝之方，次第秩然。惟其中有素王改制一語，語意未甚明晰，似涉新奇。現准湖南學院江[二]電稱，湘報本旨力求平實，此語由編纂者一時譌誤，詞不達意，現已更正等語。是此報議論，均屬平正無弊。又上海農學報，大率皆教人務農養民之法，於土性、物質、種植、畜牧、培養宜忌各種新法，以及行銷衰旺情形，考核精詳，確有實用。其一有裨士林，其一有關民生，均爲方今切要學術治術，自宜廣爲傳布。除省城兩湖書院發給五本，經心書院發給二本，本部堂衙門暨撫、學院、司道、荆州將軍衙門各一本，由善後局付給報資外，合行通飭。札到，該道、府、州即便遵照轉行所屬各州縣，將以上兩報一體購閱。湘學報並應發給書院諸生閱看，農學報并應發給紳士閱看，俾士民人等鼓舞講求，以儲人才而興地利。惟查前次時務報係飭善後局籌欵，統購分發各屬閱看，此次湘學、農學兩報，應由各道、府、州、縣衙門自行購閱。其所屬書院、紳士，此時應先由各該州縣捐資購備，發給閱看，以開風氣。計湘學報一月三册，每册錢一百文，應酌定大中州縣購三分，小縣購一分，均發該處書院閱看，願多購捐發者聽。至農學報一月兩册，每年全分銀元四元，大中州縣購十分，小縣購三分，均發該處紳士閱看，並須勸諭該書院、紳士等務宜展轉傳觀，細心考究。所需報費，由善後局暫墊，將來核開銀數咨會該管道，由該道彙收咨解省城善後局歸欵。該局及該道、府、州即將遵辦緣由具報查考。毋違。特札。

咨南、北撫院鄂紳吴錦章等公稟興辦内河小輪會湘紳設局合辦光緒二十三年七月十七日

據前湖南補用道吴錦章等稟稱：竊本年三月内，湖南前國子

[一] 以下三件録自抄本《督楚公牘》。
[二] 指湖南提學使江標。

監祭酒王紳先謙等議行内河小輪往來湘、鄂，拖帶民船兼搭客商，來鄂具稟，蒙恩批准興辦，并蒙飭令鄂省照湘輪數目制備一律行駛，仰見大公爲懷，溥惠鄂民至優至渥，凡隸帡幪，莫不同深感戴，職道等正議遵奉鈞批稟請興辦。竊思兩省小輪并行，將來難保壟斷包攬者希圖搶裝，減少水脚，各挾私見，勢必致啟争端。誠恐兩敗俱傷，致負憲台統籌南、北爲民興利之至意，以故遲延，未即具稟。嗣閲湘紳公函，懇請憲恩准予湘、鄂合辦，以持久遠。已酌定章程，擬請於漢口、長沙兩處議立總局，鄂局擇舉湘紳一人會辦，湘局擇請鄂紳一人會辦，且於宜昌、沙市、襄河兼設鄂輪分局，衡州、湘潭、常德兼設湘輪分局，和衷共濟，互相維持。一切應行事宜，均持公平之理，務期有利無害，原始要終，同結齒唇之交，立化畛域之見，實於兩省商務確有裨益。理合稟懇憲台批飭遵辦，以保利源而杜流弊。其集股用人行輪各詳細章程，俟會同湘紳分條妥議後，再行稟請察核，奏咨立案。除稟湖北撫憲暨湖南撫憲外，伏乞俯准批示施行等情，到本部堂。據此。除批：查内河行駛小輪，本爲利便商民，興旺地方之舉，惟事屬創始，流弊亦不可不防。前據湘紳王紳先謙等公稟，置備内河淺水輪船行駛湘、鄂一帶，請由官督紳辦，專運鑛産及機器，兼搭行客，不拖別項貨物等情，當經本部堂批飭，准其舉辦。惟此項輪船必須統歸南善後局管轄，作爲善後局官輪，官督紳辦，庶他商不至覬覦，并須將置備輪船數目及船名、尺寸、馬力、噸數詳細開報，由江漢關給發執照，以憑稽核，無江漢關執照者，到湖北境内即行扣留。又此輪專拖金、石兩類鑛産，來往湖南、湖北兩省，歸宿全在漢口、沙市兩口，行銷獲利皆係湖北地方，其利益自應南、北兩省公之，亦准湖北紳士照湖南省小輪數目制備，作爲湖北省善後局官輪，駛行赴湘，所拖之物及搭載乘客均同一律，俾兩省紳民同沾利益，批飭遵照在案。兹據湖北紳士前湖南補用道吴道錦章等公稟，遵示興辦内河小輪，會同湘紳設局合辦等情。查南、北兩省小輪既係合辦，自應通力合作，章程畫一，利益均平，不可稍存畛域。南、北兩局應公舉南省、北省紳士各一人爲總董，此一局内南、北兩總董公同辦事，和衷共濟，互相稽察，毫無偏畸。如須添人協助，則一局之内南、北兩省各派一副總董亦可。所有賬目稟報事件，南、北兩省一律通稟，以昭畫一，以示均平。至所請分駛宜昌、襄河、沙市一帶一節，查湖南初次請行小輪原稟，但指漢口、長沙兩處，至沙市一埠本湘紳原議所無，本部堂因沙市亦屬繁盛之區，是以推廣及之，已屬體卹優厚。至湘紳稟内所稱陸續駛行湘潭、益陽、常德、衡州等處，此各府縣皆有煤鐵，常德爲滇黔北上之冲途，行旅尤多，自可准其陸續通行。至宜昌距省遥遠，上水遲滯，若行小輪，於行旅未嘗無益。惟該處并非産鑛之區，亦非銷鑛之地，小輪專拖人載之船，誠恐不敷費用。若襄河則水勢湍急，沙綫無定，難於測量，行輪亦多不便。所請分駛宜昌、襄河兩處，應從緩議，以後體察情形，再爲續議酌辦。至輪船應完釐税，自應查明定章，嚴禁偷漏，前經札飭湖北牙釐局、江漢關妥議稽察章程，稟覆核奪在案。該紳等亦應自議稽察防弊妥善章程，稟候核定，用資遵守。惟吴紳錦章雖係領銜，該紳聞已赴湖南候補，不能親到鄂省籌辦，一切究有未便，自應就近派委得力可靠之紳，籌商勸辦一切。查有前陝西候補道黄紳嗣東，端謹不苟，才識老練，鄉評素洽，應即派委黄紳總司籌辦湖北行輪事宜，一切集股、用人、行船、查弊各章程，統由該紳會同吴道會督各紳妥議舉辦，并即會商湘紳妥議，通稟南、北兩省聽候核定飭遵。仰北善後局轉飭遵照，并移南善後局轉行湖南紳士遵照。仍候湖北、南撫部院批示。繳。印發外，查江湖行駛小輪拖鏇搭客，誠爲利便商民。惟近日寶塔洲釐局稟報，一月之内，輪船拖帶貨船不服查驗，闖越局卡，毆傷司巡水師兵丁之案，已有多起，此項小輪若行，雖有不准拖貨之禁，難保不違章私拖，任意闖越，攔不勝攔，於釐金大有關係。應俟兩省紳士公議章程稟到後，再由北、南布政司，北、南釐金、善後兩局，江漢、沙市兩關道妥核詳辦。相應録批咨明。爲此，合咨貴部院請煩查照施行。

咨行副將吴元愷稟拏獲會匪張松林先行就營正法 光緒二十三年七月二十二日

據統帶武愷三營副將吴元愷稟稱：竊訪查卑中營中哨四棚勇丁張松林，聞其素不安分，平日與人往來，形迹極爲詭秘，挂號出營兩日不歸。六月十四日復因在外逞凶與人鬬毆，將其拘回究辦，於身伴搜得空白飄布十二張，盟帖五付，證據確鑿，顯爲哥老會無疑。提訊供詞遁飾，當即開革，送交江夏縣澈訊去後。至本月十七日夜三鼓時，營門已閉，巡更弁勇見有人在營盤墻外窺探，一聞喝問即行逃逸，追其跟踪追捕，竟敢持刀拒格。獲案識認，即屬該革勇張松林。訊其因何逃回，據供江夏縣派差將其遞解回籍，行至湖南平江地方，毆傷差役，脱逃來鄂。伊係會中老滿，奉大頭目之命，赴各處句結黨羽，分散飄布等情，直認不諱。詰其頭目名氏，堅不肯供。伏查該匪前充卑營勇丁，膽敢句結匪類，散給飄布，既經查獲，已爲證據確鑿，縣中將其遞解回籍，仍不知悛悔改行，竟敢毆差潛逃，黑夜窺探營壘，持刀拒捕，實屬罪無可逭。本擬將其解赴憲轅，請示正法，因該犯凶惡異常，恐因遲生變，當將該匪犯就近即行正法。惟此次未先稟報，迹近專擅，然爲嚴肅軍律，剪除會匪起見，可否仰乞憲恩寬免擅殺罪人處分之處，理合稟懇察核批示祇遵等情，到本部堂。據此。除批：據稟該營勇丁張松林，膽敢句結會匪，散給飄布。迨經查獲開革，送縣訊究，遞解回籍，又復中途毆差潛逃來鄂，黑夜窺探營壘，持刀拒捕。本擬解轅請示，因該犯凶惡異常，恐因遲生變，當於訊明後就近即行正法等情。查防營拏獲會匪及查明營勇充當會匪，皆當稟明解送臬司，飭發委審衙門訊供定擬稟辦，以昭核實而符定章。茲據稟在營就地正法，雖係爲嚴除會匪起見，查該營附近省城，盡可隨時請示，何以未經稟候發審，遽行正法，殊屬粗率。仰營務處會同督標中軍確切查明所稟各節是否屬實，其中有無别項情由，并查取江夏縣原訊該革勇供詞及飄布盟帖等件互相印證，務得確情，稟覆核奪，并移該將遵照。仍候撫部院批示。繳。稟鈔發等因即發外，相應咨會。爲此，合咨貴部院請煩查照施行。

照札防緑各營挑選年輕兵勇 光緒二十三年七月二十四日

照得現在講求武備，各營兵勇必須一律年輕力壯，操練精强。昨經札飭各勇營及操防練兵教練新式快槍快礮及體操、工程各務，尤須年少氣鋭之人，運動方能靈活，心思方能敏捷，且皆有好勝求益之心，庶可不嫌勤苦，鼓勵講求，日見進境。且教練既成，尚可爲國家効力十數年，庶不虛操練之功。若在營年久兵勇，習染已深，性情疲滑，難期其奮發講求。且年至三十以外者，筋力笨拙，縱使於槍礮理法或能領悟，而體操、工程等事，必難如法。轉瞬年逾四十以外，更何能效命衝鋒。是此日徒糜餉需、徒勞教練，將來仍不能收其實用，實非長策。應即通飭各勇營及操練各軍，將各該營兵勇按册考查明確，除什長之歷練較深，年在三十以外，尚可暫仍其舊外，其餘兵勇如有年在三十歲以外者，即行開除名糧，另選體壯性樸、年在二十歲以下者，照額充補。防營勇丁由外召募，操防練兵飭令退回原營，仍由原營選補，不准以外省之人冒充。自經此次汰補之後，防練各軍如有隨時續補兵勇，均須年在二十歲以下。俟換補一律足額，即行造具清册，呈賫查核，聽候委員點驗。如有一名不實，即將該營官分別記過罰懲。所裁勇丁發給恩餉兩箇月，即由各該營在於公費項下自行籌給。至所裁操防營兵，退回原籍仍食原有底餉，毋庸另給恩餉。除分行外，合亟照飭，札飭該營即便遵照，迅速認真舉辦。仍將遵辦情形稟覆。此係本部堂加意整飭營伍緊要大端，勿稍隱飾違延。

札委蔡國楨查勘施南各處銅鉛鑛并就地開爐鑄錢附單（一）

光緒二十三年七月二十八日

據督辦施南賑務宜昌鎮傅鎮稟稱：試采各鑛，利川金子山銅鑛美而且旺，已商令黄守邦俊先往踏勘。咸豐銅鑛亦佳，派令該汛守備試探究旺與否，又派妥弁往查。其餘僅只本職坐局隨時收買，以惠窮黎，未敢放手採辦，并非辦無速效。茲遵憲批，將已煉未煉各鑛質分包注明，另摺呈電，何者應採，何者應停，俟奉到批示，再斟酌時勢，妥擬章程，稟請推廣。并據清摺内稱，各鑛在山之成本雖極輕微，而出山之運費甚重，第施南銅錢奇缺，惟有專採銅鉛，就山開爐鑄錢之一法，既可補救錢荒，又可就利推廣，便民實非淺鮮各等情，到本部堂。據此。除將各鑛發交鐵政局化驗，另行飭知外，查開採各鑛，實爲目前要政，而銅鉛兩項需用尤多。且施南各屬地瘠民貧，連年荒歉，尤可以工代賑，俾濟民艱，惟必須委員查勘明確，籌有辦法，方可開辦。查有湖北候補知縣蔡國楨，堪以派委前往，會同署施南府魯守將各屬銅鑛何處鑛苗較爲暢旺，開採何處較難，何處較易，鑛砂每百斤實能煉出净銅若干斤。據傅鎮摺開，恩施、宣恩所屬有好銅鑛多處，鉛鑛亦有佳者。又聞建始縣屬銅鑛亦有質佳而苗旺者，若運至武漢一帶行銷，路遠山深，運費太貴，必致虧折。惟有就地開爐鑄錢一法，確是利民善策。惟須核計一年所收銅鉛約得若干萬斤，可開幾爐，工匠需用若干，能否就地雇募，匠頭是否須由省城派往，此時開辦需費若干，鑄出之錢自不必轉運出山，致多耗費，能否就地開設官錢局兑换便民，抑或別有行用之法。查土爐所鑄之錢，不比機器所鑄之精工。查廣東奏案，每文重庫平八分。上年部定機器鑄錢章程，每文重庫平七分。查鑄錢以輕爲貴，既可減輕工本，兼以豫杜私銷。茲應先以七分爲率試鑄。如土法製造不能鑄至七分之輕，即照八分試鑄，總期輪廓透露，點畫分明爲要。銅鉛必須各半配搭，以銅五成、鉛五成爲準，方不致粗脆易

（一）以下十件録自抄本《督楚公牘》。

壞。提煉必須極淨，磨工必須極光，方不致令私鑄混淆。自開采鎔煉，以至鑄成制錢，核計銅鉛鑛價、工費、局用，每錢一千文約需成本若干，有無盈餘。以上各節，均即查勘明確，悉心妥籌辦法，詳細通禀，以憑札飭司局會核妥議詳覆飭遵。來摺所開侯令於各鑛多已定價二十二串，照山内價錢價已合銀二十二三兩，未免太貴，據傅鎮注明成色不好，内多鐵質，此鑛即不必開，且即使係上等銅鑛，亦無此價。查現在外洋上等冷紫銅每百斤止銀二十三四兩，已爲昂貴，豈有銅鑛而值銀二十餘兩之理。至二十二串究係銅鑛若干斤之價，其中有無舛誤，一併禀覆。至銅鉛之外，惟硫磺用處亦多，尚可開采，鐵則價賤而工鉅，硝則各處皆有，均可勿庸開采。除分行外，合亟札委。札到，該員即便遵照上項札行事理，迅速馳往出産鑛各處，親履確勘，會同魯守妥籌辦法禀覆，毋稍疏率延緩。切切。

宜昌鎮傅鎮開呈已采未采、已煉未煉銅鉛硝磺各質清摺

計開

一、據利川縣職員朱福炳呈送大綠銅鑛、鏡面鐄銅鑛、墨綠銅鑛、白錫蜡銅鑛、紅紫金銅鑛五種，成色極佳，即由本職發欵飭委利川汛千總李正廷督同該紳開采。嗣據禀稱出産甚旺，五月初，已報收鑛四百八十餘斤，内每斤價錢由二十八九文至三十六文不等收買。

一、據利川汛李千總解到金子山已煅鑛子二百九十斤、鑛砂八十斤，又解到銅鑛一百四十斤，并本職坐收散鑛二百三十八斤，通共七百四十八斤，一併熔得銅二百三十一斤，計鑛三斤出銅一斤，每斤合工本錢一百二十餘文。坐收之鑛，率皆饑民遠送到局，祇得因寓振意，雖係次鑛，祇好格外從寬收買。

一、據咸豐汛守備李發富呈，咸屬北鄉老坭壩所産銅鑛，已熔成淨銅十斤八兩，又經本職重熔，提得淨銅十斤四兩，成色果好，已發欵飭采，并派弁往勘。

一、據張義紳函稱，建始東鄉土玉河所産銅鑛甚旺，并送鑛苗十三斤，係一人一天挖獲，請示開采，前來試驗，鑛砂極好，已飭開采矣。

一、據下營壩汛外委鄭先祥呈送淨鉛一條，并稱係恩宣交界白果園所産，鑛苗最旺，隨撥欵飭令收采。嗣據解到淨鉛六十五斤，提出銀四錢。

一、又據該外委解到鑛砂二百五十六斤，親督熔得淨鉛八十五斤，核每鑛百斤，出鉛三十三斤。每鑛一斤定價十八九文收買，每鉛一斤核工本錢六十文左右。

一、據建始縣典史馬仁堃呈送建屬横槽所産磺鑛一塊，又鷄蛋磺鑛二塊，當經試驗，成色皆佳，其鷄蛋鑛子尤好，撥欵准在雙路口設局開辦。據報收淨磺五萬餘斤，已分批起運四萬餘斤，由大溪附船轉運至宜轉解省城。

以上各鑛均係已撥欵開采者也。

一、據監生葉煉臣呈送恩屬苦寨産銅鑛，試驗尚好。

一、據外委朱福茂履勘得恩屬長沙河所産銅鑛，試驗所呈鑛砂，每斤出毛銅三四兩。

一、又據該外委呈恩屬東鄉小河所産銅鑛。

以上等處距城較近，鑛砂均由本職坐局收買。

一、據田和銘呈送恩、宣交界金魚塘所産銅鑛樣砂，成色極

好，已飭前往查看，出産旺否，尚未據覆。
一、據崔壩王巡檢乃斌呈小水田後山所産銅鑛，已熔成毛銅，據稱上砂每斤出銅半斤，次者半之。
一、據高立齊呈送恩屬戴外槽潘家老屋後廠所産鉛鑛，係未煅已煉未成者。
一、又據高立齊呈恩屬秋果坪所産已煉鉛鑛。
一、據利川汛李千總呈送宣恩西路草壩場所産鉛鑛。
以上各鑛成色雖好，尚未及開采。
一、據利川汛李守備呈送鑛樣，面稱不知何名，鄉民挖送，萬縣每斤可售錢六十文，試似硫磺。
一、又據該守備呈利屬二保五里徐家梁子所産銅鑛，試驗鑛輕，雖有銅無多。
一、據監生吴心白呈宣恩南鄉壇子垌所産金花銅鑛，并稱每斤能化銅八兩，次者三四兩。試驗僅有銅引，鑛質太多。
一、據張義紳接武生何以成等禀稱，建邑北鄉銅廠坡素出銅鑛，轉呈前來，隨撥欵，即飭該義紳督同試辦。昨據送到鑛樣，試驗質多鑛鐵。
一、據朱外委呈送戴外槽所産銅鑛，試驗成色不好。
一、據利川汛李守備呈利屬七保三里米湯溪所産銀花銅鑛，試驗不好。
一、據建始馬典史呈建始北鄉下壩觀所産銅鑛，試驗不好。
一、據哨弁孫云林呈送咸豐縣中堡所産銅鑛樣砂，已經侯令禀稱，已得鑛砂千餘斤，銅質百餘斤，由該局定價二十二串文，經本職試驗，係鐵質。
一、據侯令呈宣恩屬銅廠溪銅鑛。已禀稱定價二十二串，經本職試驗，成色不好。
一、又據呈咸豐屬北鄉大毛坡産銅廠。已禀稱定價二十二串，經本職試驗，成色不好，砂輕銅少。
一、又據呈宣恩屬南鄉大山坪、冷潮溝産銅鑛。已禀稱定價二十二串，經本職試驗，成色不好，内多鐵質。
一、又據呈咸豐北鄉銅廠坪産銅鑛。原來已煅二次。已禀稱定價二十二串，經本職試驗，成色不好。
一、又據呈宣恩屬南鄉銅廠忠興壩肖家坳産銅鑛。已禀稱定價二十二串，經本職試驗，成色不好，鐵多。
一、又據呈咸豐北鄉大毛坡香水潮産銅鑛。已禀稱定價二十二串，經本職試驗，成色不好，多鐵。
一、又據呈宣、鶴交界銅雲板産鑛已化毛銅。已禀稱定價二十二串，經本職試驗，成色不好，多鐵。
一、據侯令呈來鳳産淨鉛二條共五斤，内熔一條，出銀一珠，分別包封。據禀每百斤定價八百文收買。
一、又據呈來鳳産淨硝一元。禀稱係每百斤定價十二串收買。
以上均係飭令暫行停采之礦質也。
計呈送
已經開采：銅礦九封，淨銅板二塊，鉛板一塊，提銀一珠重四錢，磺鑛二封，淨磺一塊。
尚得開采：銅鑛一封、毛銅一封、鉛鑛三封。
擬令停采：銅鑛十三封，毛銅一塊，淨鉛一條，提銀一珠，淨硝一元，鑛樣一封。
右鑛已采、未采生熟各質，皆係親督試驗，分別包封，詳注出處成色，蓋以印花，賫呈電察。伏乞飭令精於鑛學者試驗，何者應采，何者應停，訓示遵辦。至於采硝必於秋後，及已辦之磺仍請飭善後局試驗，是否可用，工料運費較之購於他處是否合宜，一併示下，以便分別辦停，而免糜欵誤事。其餘産銅鑛之區，尚有恩屬鴨渡溪、濫泥壩、天桑園、鷂子溪、燕子溪、南里渡、木貢、蒿壩、木撫、板橋，恩、宣交界之太平壩、清水塘、三里牌、方家壩、象鼻嶺、二太坪、謝家糧、邱家灣，宣屬之漢家溝、梨花坪、響水溝，咸豐之銅廠坪、龍坪、馬河，利川之汭水溪，建始之土地埡，長樂、鶴峯、宣恩交界之韭菜箱各處，均有大脲銅引。恩屬之秋谷坪、恩宣交界之草把場銅鑛山、宣屬之尖山坪，皆有鉛鑛。此係已經據報之處。其有訪聞，尚未據報之處尚多。至於硝垌磺引更所在皆有，均以賑務紛繁，未遑履勘。大約每銅一斤，資本至多不過百餘文。運送出山，恩、建、宣出大溪，利、咸、來出湖南，每斤應須陸運價三四十文左右。合併聲明。

咨行各標鎮協營本年應裁兵丁截止餉米日期附單

光緒二十三年七月二十八日

照得湖北緑營制兵，前奉諭旨飭令大加裁汰，切實覆奏，業經本部堂體察情形，酌籌辦法。核計全省兵數，統裁五成，分五年遞裁。所裁兵丁酌給一年恩餉銀米，遣令歸農，以示體恤。聲明裁減五成一語，乃一定不易之範圍，斷斷不能踰越，并將各營應裁應留兵丁總數，分別開單，其中應裁馬、戰、守兵各若干。一時無從查清，分開咨行，遵照來文事理，再行妥速籌議，依限咨覆，詳覆核辦。并須開列清單，將某營、某汛馬、戰、守兵裁減歸併若干，節省餉銀餉米若干，某營、某汛存留馬、戰、守兵若干，實需餉銀餉米若干，條分縷晰，以便查核在案。茲查各營均經將應裁兵數先後開單咨覆詳覆，惟宜昌傅鎮至今尚未覆到，鄖陽鎮則請少減成數。至各營除督、撫兩標暨提標十營、漢陽協、武昌城守營、蘄州營、興國營已將應裁馬、戰、守兵數分晰開單，其餘鎮、協、營多係籠統開造，并未分別馬、戰、守名目，以致恩餉銀米之多寡，無從核發。其分別馬、戰、守者，又未將三項各按五成裁減，或將馬兵少裁，以戰、守多裁抵數。或將所裁兵數按月按季分裁，每年應節省餉米數目，亦未聲叙明晰。各營於此事辦理延緩參差，殊屬未合。本部堂現將所裁兵數統計核算，尚應添裁兵二十七名，方敷五成足數。查提標五營内從前所裁之數不足五成，應由提軍門再將存營兵内補裁兵二十八名，俾足全省統裁五成之數，而在提標所裁甚屬有限，距五成之數尚遠。查宜昌傅鎮前經電稟，宜施一帶荒歉，各營兵丁未便遽裁，請俟賑務竣後舉辦。現在賑事將竣，斷難再行延緩。且鄖陽同一被災，業經詳請裁減，尤不得藉災久延，應即趕緊查照本部堂前次照文詳辦。至鄖陽鎮營兵，應照本部堂前單飭裁之數裁去，不得少裁，致有歧異。來詳請少裁兵二百名，礙難照准。至請將鄖陽城守營分防鄖西縣汛守備一員留兵四十名，竹山協右營分防洪坪汛千總一員留兵二十名。現在各營均經裁定，所請留兵六十名，實屬無從裁減，應仍在該二營所留存營兵内撥額分駐。其籠統開單，未經分晰馬、戰、守名目各營，均應照本部堂現發單式，將馬、步、戰、守各兵各裁若干，本年及嗣後每年分勻裁減馬、步、戰、守若干數目，每年不得參差不齊。應給一年恩餉銀米若干，每年層遞節省餉乾米折若干，五年統共節省若干，分晰造具細册，并造具已裁兵丁花名册，於文到五日内咨詳送院，一面造册移送藩司，以憑飭司將應發月餉、恩餉查核發給。至此案係欽奉諭旨嚴切飭辦之件，亟當趕緊辦妥覆奏。應將本年即作爲第一年裁期，各營所裁第一年兵丁，即照本部堂此次單開本年應裁兵數全行裁減，不得分季分月遞裁，以致參差不齊，應領餉銀米折，均截至本年八月底爲止。若各營已發在截止日期以後者，應即飭令如數繳還，若已領未發者，即由營如數扣存。藩司亦即將應發月餉恩餉先行核計，所有秋季全餉未領者如何豫扣，已領者如何扣回，迅速籌定辦法，以免轇轕。除分別咨行外，合就照行。爲此，照行該鎮、將即便遵照，并轉飭所屬各協營遵照來文事理，迅速詳覆，立待核辦具奏，毋稍違延干咎。切切。

裁兵節餉并發給恩餉銀米數目清單式樣

計開

某營應裁兵丁若干名，分五年勻裁數目不得多寡參差。

第一年：應裁兵若干名，内戰兵若干名，馬兵若干名，守兵若干名。

以上本年應節省馬、戰、守兵餉銀若干兩，乾銀若干兩，米若干石，折銀若干兩。

本年除裁減外，實存馬、戰、守兵各若干名，實需餉銀若干兩，乾銀若干兩，米若干石，折銀若干兩。

第二年：仿前式

第三年：仿前式

第四年：仿前式

第五年：仿前式

以上五年共裁戰兵若干名，馬兵若干名，守兵若干名。

共節省馬、戰、守餉銀若干兩，乾銀若干兩，米若干石，折銀若干兩。

合共節省餉乾米折等銀若干兩。

除五年裁清後，實存馬、戰、守兵各若干名。

每年實需餉銀若干兩，乾銀若干兩，米若干石，折銀若干兩。

第一年應裁馬、戰、守兵各若干名。

應發餉銀若干兩，米若干石，折銀若干兩。

第二年：仿前式

第三年：仿前式

第四年：仿前式

第五年：仿前式

以上五年共裁馬、戰、守兵各若干名，共應發恩餉銀米若干兩。

計開

湖北省

督標三營

應裁兵一百四十八名，分五年裁。

本年第一年應裁馬、戰兵共三十名。

漢陽協

應裁兵三百一十九名，分五年裁。

本年第一年應裁馬、戰、守兵共六十四名。

黄州協

應裁兵二百零七名，分五年裁。

本年第一年應裁馬、戰、守兵共四十二名。

蘄州營

應裁兵九十五名，分五年裁。
本年第一年應裁馬、戰、守兵共十九名。

武昌城守營

應裁兵二百四十名，分五年裁。
本年第一年應裁馬、戰、守兵共四十八名。

興國營

應裁兵一百六十七名，分五年裁。
本年第一年應裁馬、戰、守兵共三十四名。

德安營

應裁兵二百七十二名，分五年裁。
本年第一年應裁馬、戰、守兵共五十五名。

撫標二營

應裁兵八十二名，分五年裁。
本年第一年應裁馬、戰、守兵共十七名。

提標中營

原擬裁兵九十名，茲再裁十八名，共計一百零八名，分五年裁。
本年第一年應裁馬、戰、守兵共二十二名。

提標左營

應裁兵一百五十二名，分五年裁。
本年第一年應裁馬、戰、守兵共三十一名。

提標右營

原擬裁兵一百二十二名，茲再裁十名，共計一百三十二名，分五年裁。
本年第一年應裁馬、戰、守兵共二十七名。

提標前營

應裁兵一百二十二名，分五年裁。
本年第一年應裁馬、戰、守兵共二十五名。

提標後營

應裁兵一百二十五名，分五年裁。
本年第一年應裁馬、戰、守兵共二十五名。

荆州城守營

應裁兵二百三十四名，分五年裁。
本年第一年應裁馬、戰、守兵共四十七名。

均光營

應裁兵二百七十七名，分五年裁。
本年第一年應裁馬、戰、守兵共五十六名。

襄陽城守營

應裁兵二百五十四名，分五年裁。
本年第一年應裁馬、戰、守兵共五十一名。

荆門營

應裁兵二百九十九名，分五年裁。
本年第一年應裁馬、戰、守兵共六十名。

安陸營

應裁兵一百九十八名，分五年裁。
本年第一年應裁馬、戰、守兵共四十名。

鄖陽鎮中營

應裁兵一百九十六名，分五年裁。
本年第一年應裁馬、戰、守兵共四十名。

鄖陽鎮左營

應裁兵四百五十五名，分五年裁。

本年第一年應裁馬、戰、守兵九十一名。

鄖陽鎮右營

應裁兵四百二十八名，分五年裁。

本年第一年應裁馬、戰、守兵八十六名。

鄖陽鎮前營

應裁兵一百七十六名，分五年裁。

本年第一年應裁馬、戰、守兵三十六名。

竹山協營

應裁兵四百五十五名，分五年裁。

本年第一年應裁馬、戰、守兵九十一名。

鄖陽城守營

應裁兵三百一十四名，分五年裁。

本年第一年應裁馬、戰、守兵六十三名。

宜昌鎮中營

應裁兵二百七十一名，分五年裁。

本年第一年應裁馬、戰、守兵五十五名。

宜昌鎮左營

應裁兵二百二十八名，分五年裁。

本年第一年應裁馬、戰、守兵四十六名。

宜昌鎮前營

應裁兵二百一十五名，分五年裁查該營分汛兵一百二十八名，前單誤裁一百三十八名，係多裁十名，應行更正。現在該營總共只應裁兵二百零五名。

本年第一年應裁馬、戰、守兵共四十一名。

宜昌鎮後營

應裁兵二百八十六名，分五年裁。

本年第一年應裁馬、戰、守兵共五十八名。

施南協

應裁兵六百二十名，分五年裁。

本年第一年應裁馬、戰、守兵共一百二十四名。

遠安營

應裁兵一百八十名，分五年裁。

本年第一年應裁馬、戰、守兵共三十六名。

衛昌營

應裁兵二百六十一名，分五年裁。

本年第一年應裁馬、戰、守兵共五十三名。

宜都營

應裁兵一百七十一名，分五年裁。

本年第一年應裁馬、戰、守兵共三十五名。

荆州隄防營

應裁兵三十八名，分五年裁。

本年第一年應裁戰、守兵共八名。

會委黄國瓊監修經心書院擴建工程 光緒二十三年七月二十八日

照得本部堂、部院屢准總署、禮部咨整頓書院，變通章程，采西學之長，以中學爲根柢，擴充舊規，甄拔真材，均經奏奉諭旨允准咨行到鄂，當經欽遵分別咨行在案。現在各省均有擴充書院，添習時務之舉。查湖北省城經心書院，前因經費未裕，規制未宏，僅設課額四十名，住院肄業。茲值整頓書院，講求實學之際，本部堂、部院會商，學院改定新章，固須講明中學，兼須考求時務，增設課額四十名，共内課八十名，均須住院，不設外課名目。因課程較密，添請主講一席，會同原請主講，總司考核訓迪。並添請專門分教二席，分堂講授。原設堂齋不敷分住，現已飭江夏縣將經心書院西偏玉皇閣移建他處，并購買民房地基，擴充展拓，添建講堂，分教堂及諸生齋舍，以資講肄。應需經費，由善後局籌撥。定於十月初一日開學，亟應遴員估工興造。查有湖北候補知府黄守國瓚，堪以派委監修擴充經心書院工程。合亟札委。札到，該守即便遵照，迅速前往，核實勘估，悉心擬議，繪圖貼説，禀候核定，飭局籌欵給發，迅速購料興工，計日觀成，以便開學，毋稍粗率延誤。是爲至要。

咨北撫院把總董大炎等禀測海輪船查出夾帶私貨緞疋 光緒二十三年八月初七日

據管帶測海兵輪船把總董大炎禀稱：竊標下遵奉憲台飭派，隨同廣西全委員赴甯裝運軍械往滬，於本月初一日早由省開行，初三日晚至金陵下關抛錨，候裝軍械。全委員因人地生疏，邀同進城幫其料理。初六日晚清楚上船，初七日早開行，初八日下午抵申。十九日下午展輪回駛。二十一日夜十點半鐘至金陵草鞋浹時，以風雨交加，遂即停輪。次早三點半鐘又開，二十六日下午抵省。忽於昨日耳聞外人傳言卑輪上有人夾帶貨物，殊爲駭異，當經上船詰查。據大副董林利稱，衆水手略帶緞疋。隨至水手艙内遍搜，提出緞包。正在追詢禀辦之間，適值王都司恩平奉派來查，復同滿船搜看，并無别貨，即將緞包眼同點明，大小共三十八件，計三百疋，封存官艙。伏思標下因公離船，其船上一切係該大副責成，此次水手私行帶緞，標下離船不知，何以該大副亦不知情，朦混未報，顯有瞻徇作弊情形。所有緞包應如何准其發落之處，出自恩施核奪。標下仍一面追指帶緞之人辦理，俟事畢後，擬請將該大副從嚴懲革。標下隨侍帥爺數年，奉差多次，無不遇事謹慎，不敢稍有荒唐，安能圖此帶緞約數十元之微細水脚，致失體面，辜負憲恩。無奈此次大意失察，咎無可辭，理合一併禀請查核處辦，恭候訓示祇遵等情，到本部堂。據此。除批：官輪夾帶私貨，最爲近日大弊。該把總所帶測海兵輪派運廣西軍械，自甯赴滬回鄂，經本部堂訪聞帶有私貨，飭據都司王恩平查出艙中私緞至三百疋之多，實屬顯違禁令。無論是否水手包攬，該把總係屬管帶，約束稽查，責有攸歸，何以并不察出懲警，豈得以此諉過大副。茲當整頓釐金，嚴察差輪積弊之際，必應從嚴懲儆。應將該把總管帶輪船差事撤去，聽候委員接帶，以示懲儆。至查出私緞應如何罰辦之處，即由牙釐局照章辦理，仰北牙釐局遵照，并移善後局轉行王都司并該把總知照。此繳。禀抄發等因。又據管帶楚材兵輪船都司王恩平禀稱：竊奉憲台手諭，飭查測海輪船此次自江南來夾帶私貨，起獲禀報等因，奉此。當即遵照前往該輪，會同該管帶董大炎在船查獲水手艙内帶有緞疋，當即全行起出點明，計三百疋，比將封存該輪官艙内。復於船之上下各處搜查，別無貨物。所有沐恩遵奉往查情形，理合據實禀報，呈請憲台鑒核。惟封存緞疋應如何發落之處，出自恩施裁奪。恭候批示祇遵等情，到本部堂。據此。除批：已於該輪管帶把總董大炎禀内批示，仰北牙釐局查照辦理。稟抄發等因。分别印發外，相應咨會。爲此，合咨貴部院請煩查照施行。

咨南撫院遵旨裁減湖南各營兵數光緒二十三年八月十六日

光緒二十三年三月十四日准兵部火票遞到承准軍機大臣字寄各直省將軍、督撫：光緒二十三年三月初四日，奉上諭：户部奏冗兵耗財過鉅，亟宜大加裁汰一摺。近因庫欵支絀，各省亦籌解維艱，經户部先後奏請裁減緑營七成、勇營三成，叠經降旨飭令遵行。上年十一月初二日復通諭各直省將軍、督撫，不論緑營、勇營，均應大加裁汰，是裁減兵勇一事，事機所迫，勢在必行。茲據户部奏稱，自行知各省以來，惟山東一省經該撫李秉衡奏明將制兵分限五年，裁減五成，并將防營、練勇分别裁減，此外各省或請將兵額酌裁尚無成數，或僅裁緑營二三成，所裁勇營更屬寥寥無幾。似此敷衍塞責，有名無實，何濟於事。現在綜計各省兵勇尚有八十餘萬人，歲需餉銀約共三千餘萬兩。緑營積惰，久同虚設，當茲償欵期迫，中外諸臣自應合力通籌，先其所急。若猶復飾詞搪塞，坐擁多營，值此需欵緊急之時，棄有用之餉，養無用之兵，以致借無可借，抵無可抵，民生日蹙，國計亦因之愈窮。在公忠體國之大臣，當不出此。各直省將軍、督撫奉到此旨，統限一月内將裁減兵勇若干，節省餉銀若干，條分縷析，切實覆奏。所留兵勇務當精選訓練，鎮撫地方。至所裁兵勇，應酌給遣餉銀米之處，并著該將軍、督撫等體察情形，奏明辦理。原摺著抄給閲看。除直隸、南洋、河南、浙江現有各軍另行諭令切實裁汰外，將此由四百里通諭各直省將軍督撫知之。欽此。遵旨寄信前來等因，到本部堂。承准此。當查鄂省勇營業經奏明分别裁併，此後能否再裁，應歸另案核辦。其湘省勇營能否裁減，應俟貴撫部院酌核辦理。至南北兩省緑營，前次欽奉諭旨，經前兼護督部堂譚[一]奏明汰去老弱，缺額不補，以各營合計，一年以來，開革停募兵數當亦不少，乃各營多未切實奉行。現據所報，停募兵丁甚屬寥寥。值茲洋欵期迫，庫帑艱難，復奉嚴旨飭令裁汰兵勇，節省餉需。聖訓煌煌，事在必行，且飭令合力通籌。專閫提鎮各大員，均係渥荷國恩，分膺重寄之臣，均應仰體時艱，上紓君父之急，斷不能任聽各該營以無可裁汰之語，回復搪塞。查緑營制兵久形積弱，零星分駐，無從訓練，且兼作工匠貿易，更難專意操防。湖南緑營，咸豐年間其中不乏人材，嗣後湘勇風氣漸開，戰功卓著，勇營既盛，緑營愈疲。近年海防邊防，罕得營兵之力，大率僅供緝捕彈壓，護餉解犯之用，而缺額虚曠、攤派扣減、雜役冒充種種弊端，各營如出一轍。似此情形，何能望其爲干城敵愾之選。國家恩養營伍二百餘年，值此餉匱時艱，豈忍坐糜鉅欵，不爲變通之計。本部堂欽遵諭旨，體察兩省情形，會商貴撫部院詳加籌酌，雖難如户部原奏驟行裁減七成，亦應照山東奏案，就現有兵額實數，馬步一律裁減五成，分爲五年遞減。除湖北已經一律照裁五成具奏外，惟湖南苗疆邊要，情形不同，酌量分别免裁少裁，其餘各營一律裁減五成。茲將擬定辦法分條詳列於後：

一、鎮筸鎮兵向稱得力，暨撫、提、鎮各標已挑入操防營之

[一] 指譚繼洵。

練軍，勿庸議減。

一、綏靖鎮、永綏協、乾州協、鎮溪營、河溪營、保靖營、古丈坪營，均係駐紮苗疆要隘，應將最要之綏靖一鎮裁減一成，其永綏、乾州、鎮溪、河溪、保靖、古丈坪各協、營，應各裁減二成，以資鎮懾。

一、此外，原營無論何標何營，凡未練之兵一律裁減五成。總之，就練軍及原營實數合計，馬步統共只留五成，不得剔除練軍之數計算，亦不得牽合數年前原額之數計算，希冀少裁。將核定應裁之數，勻分五年裁竣。

一、所裁之兵，應發給一年餉銀餉米，遣令歸農，俾得藉以資生，徐圖改業。惟自各營實在開額停餉之日起，發足一年銀米，俾霑實惠。

一、副、參、遊、都、守等官及千、把、外委、額外等弁，應留爲升轉之階及將來分帶兵勇之用，一概勿庸議裁。其分駐協防外汛之把總、外委、額外等弁所管之兵雖經裁除，至其額缺廉俸應仍其舊。誠以此等末弁乃兵勇升階，必使有以自給，俾出力兵勇有上進之望，免枵腹之虞，以示體恤而資鼓勵。

一、所裁原營未練之兵，自應體察地方輕重，情形緩急。繁要者裁減較少，簡僻者裁減較多。如其地設有操防練軍者，其原營即可勿庸多留。

一、酌減次第，應先儘千、把以下外汛及各塘零星無益之兵裁汰。如塘汛裁不足五成之數，再將副、參、遊、都、守專營隨身在城在營之兵裁減，察其繁簡，分別酌裁。

一、凡有千總分防外汛者，其地或係州縣城內，或係關津鎮市，較有關繫，需兵彈壓，且遇有匪徒竊發，尚可作哨探之用。應將此千總之汛仍行存留，其所管之兵原額不過二三十名，只留該千總本汛隨身之兵若干名。其於此千總所屬分撥外塘外汛者，或三四名，或七八名，零星無益，均即裁汰。此項外汛千總隨身之兵，擬定爲二十名，以歸畫一而便核計。

一、把總、外、額之防、汛，兵數尤屬畸零無用，均即裁除。如把總所管汛地間有關繫緊要者，應於練軍及原營酌撥。

一、如千、把以下外汛及副、參、遊、都、守各專營所減不敷五成之數，即在撫標及提、鎮標同城之原營未練各兵內酌減，其數係除鎮筸、綏靖兩鎮，永綏、乾州兩協，鎮溪、河溪、保靖、古丈坪各營另計外，應將此外各標營兵額合計共減五成。應請貴撫部院會商提軍門，并督同藩、臬兩司移行，迅速遵辦。仍核計全省應裁總數、各營應裁細數，明晰開單，分別咨覆詳覆本部堂核辦。

一、外汛既裁以後，無弁兵之外汛踈防原轄之武職免議。

一、塘兵既裁以後，武營遞送公文，有驛站地方即由驛遞，無驛者交州縣向用遞文之舖司等項人役投遞，不令營員出費。

一、所留之兵宜如何挑選訓練，擇要屯紮，以後尚須各就地方情形，妥籌切實辦法，務令裁存者亦均有實用，不得付之虛糜。

一、各標練軍，皆係就本標各營挑入，此次裁減以後，原營之兵愈少，所有管帶練軍，應即委本標同城實缺、署缺將官管帶，不得另委候補及外省人員，以免實缺將領無兵可管。如察有才不勝任者，儘可咨請稟請與他營調署，以符名實而專責成。

查湖南通省各標、鎮、協、營，額設馬、步、守兵共計二萬二千八百二十三名，除鎮筸鎮中、左、右、前四營原額馬、步、守兵共四千零六十一名全數不裁外，所有撫標左、右二營，提標中、左、右、前、後五營，長沙協左、右兩營，永順協、常德協、澧州營、九谿營、岳州營、永定營、辰州城守營、龍陽城守營、沅州協、靖州協、綏甯營、長安營、永州鎮、衡州協、寶慶協、臨武營、宜章營、桂陽營、武岡營、嶺東營，共額設馬、步、守兵一萬二千七百四十二名，按五成核計，共應裁兵丁六千三百七十一名。又永綏協、乾州協、鎮溪營、河溪營、保靖營、古丈坪營共額設馬、步、守兵四千六百四十一名，按二成核計，共應裁兵丁九百二十八名。又綏靖鎮中、右兩營額設馬、步、守兵一千三百七十九名，按一成核計，共應裁兵一百三十八名。以上各標、鎮、協、營統共應裁減馬、步、守兵七千四百三十七名。惟以上兵數皆係查照册報約計，恐其中不免小有出入，應由南布、按二司，各該鎮、協、營確查額數，各按此次所定成數詳細算明，照數裁減，以免舛誤參差，亦不必返往請示，免致稽延。茲將各營裁兵截餉並發給恩餉銀米數目開列清單式樣，應由貴撫院、提軍門并各鎮分飭各營照數裁減。其中汛地有繁簡衝僻之不同，或有應多裁之處，或有應少裁之處，均由貴撫院、提軍門并各鎮，督飭各營因地制宜，酌量匀裁，總須與此次核定全省應裁總數相符，不得再有短少。各營即將裁減總數若干，分五年遞減若干，每年應節省餉米若干，按成將應裁馬兵若干，戰兵若干，守兵若干，分別匀裁。總之，或馬或戰或守，五成者每十名裁五，二成者每十名裁二，一成者每十名裁一，馬、戰、守各自核計成數，不得籠統開報，亦不得少裁馬兵，多裁戰、守。假如該營馬兵四十名、戰兵一百名、守兵二百名，五成者即裁去馬兵二十名、戰兵五十名、守兵一百名，其餘仿此，二成、一成者亦照此遞減。務須將馬、戰、守兵各應裁數目分晰均匀，開單詳報，以憑分別查核，飭司發給一年餉米，以資謀生。此案係欽奉諭旨嚴切飭辦之件，亟應趕緊辦妥覆奏。現經本部堂咨商電商貴撫部院，并札行南布、按二司詳酌辦法，核計全省各營兵數，分別地方衝僻繁簡，分成裁減。所有應裁兵丁各數目，即以本年作爲第一年裁期。各營所裁第一年兵丁，應照本部堂此次單開式樣，將本年應裁兵數全行裁減。限於十月內一律截止，兵餉不得分季分月遞裁，以致參差不齊。其已裁無兵之汛弁，即歸原標，聽候差遣，如地方官願留該汛弁委帶團勇民壯協助緝捕者，亦聽其便。又州縣解犯、解餉、看守城門局庫等事，如該州縣存營之兵尚多者，即照舊章辦理，如該州縣存營之兵過少或無兵可派者，應責成州縣慎選差役護解，如遇緊要重犯、大批餉銀，人數銀數較多，應俟臨時酌量情形，或添派民壯團勇，均由該州縣酌辦。至此次部文令裁七成，現議只裁五成，而苗疆要地又有僅裁二成一成及全數不裁者，是原議雖擬裁減五成，而合現裁各營總計，尚不及三成，且係分年遞裁，又復優給一年恩賞餉米，外汛千、把以下各弁又均留其額缺廉俸，體恤不爲不至。如有謬妄營弁造言煽惑，把持阻撓，抗違諭旨，立即奏明，從嚴懲辦。除行南布、按二司迅速核明全省應裁總數，各營應裁細數，明晰開單，分別移行遵照辦理，并即具報外，應請貴撫部院會商提軍門，按照商定各營應裁成數，通盤籌計，分別酌定數目，轉飭各營務須裁減足數，統限於十月內將本年應裁兵數一律裁畢。至各標、鎮、協營本年應裁兵數，均截餉至十月底止，不得藉故稽延。所有應裁兵餉，十月以後如有尚未裁竣者，概不支給。相應飛咨。爲此，合咨貴部院請煩查照，迅速核飭妥辦，并希見覆，以便會同具奏。望切施行。

札委汪鳳瀛偕農學洋教習赴大冶等處查看農務光緒二十三年九月二十日

照得農爲本富，商爲末富。中華向推爲重農之國，而農功夙號艱難，農利寖形衰薄，非果地愛其寶，實由農官罷設，農學不修故也。現經户部奏准通行各省實力講求農田水利等事，亟應創設農務學堂，參用西法，以開風氣，以廣利源。本部堂前向美國延訂農學教習一員，業已到鄂，應令先於近省各縣地方隨宜涉歷，察看中國農務情形，然後在省城外擇地建造學堂，置田購器，以資各項種植，用備研求。惟洋員涉歷内地，亟應派員陪同前往，彈壓照料，俾免疏虞。查有湖北試用同知汪鳳瀛堪以委派。合行札委。札到，該員即便遵照，陪同該洋員於近縣各地方如大冶等處隨宜涉歷，妥爲照料彈壓，毋滋事端。所需川資、伙食、夫馬各項，候行善後局核議酌給，即由該員赴局具領，隨時撙節動支，事竣核實造報。此札。

札北藩司等兑收解湘賑獎欵銀兩光緒二十三年九月二十二日

光緒二十三年九月十五日准太常寺少堂盛咨呈開：案查湘賑獎欵八萬兩，前經本京堂咨請，按照湖北賑捐外辦章程勸捐，改撥鄂省備修襄河隄工，承准貴督部堂咨覆，行局查照列收在案。兹奉貴督部堂歌電，秋間大咨擬將湘賑餘欵三萬三千一百五十兩撥修鐵廠外襄河隄工，現已委漢陽薛令督同錫樂巴勘估，刻日舉工，由錫承修。據錫禀稱，石料須趕速備齊，萬不可誤，祈將前項賑欵速匯籌賑局轉發支用等因。除電覆并先行備齊庫平銀一萬兩咨解湖北賑捐局兑收外，相應咨呈查照飭局彈收下餘銀二萬三千一百五十兩，俟各處解到即行隨時陸續批解等因，到本部堂。准此。合就札行。札到該司局，即便遵照將解到前項賑欵銀一萬兩兑收，即日轉發漢陽縣薛令具領，飭將鐵廠外襄河隄工，督同錫樂巴迅速購料開工具報，勿稍遲誤。

飭委江漢關道瞿道總辦武備學堂光緒二十三年九月二十九日

照得總辦武備學堂、湖北特用道蔡道現報病故。所有堂中督催功課，考核勤惰，稽察約束一切，均關緊要。且延聘洋教習在堂教授，措置尤貴得宜，必須另派大員總辦，以資督率。查有江漢關道瞿道，堪以委派。除分行外，合亟札飭。札到，該道即便遵照總辦武備學堂，督率洋教習暨提調委員等，將應辦功課一切事宜妥慎經理，認真整頓，隨時到堂親加考核。如有重要事件，隨時禀請本部堂核定示遵，以副委任。仍將到堂總辦日期具報查考。此札。

飭委江漢關道瞿道總辦槍礮局光緒二十三年十月初一日

照得總辦槍礮局、湖北特用道蔡道現報病故。所有漢陽槍礮廠事務繁重，必須遴派大員接充總辦，以資督率。查江漢關道瞿道相距不遠，到廠較易，堪以派委總辦槍礮局事務，督率提調、委員、洋匠、司事人等，悉心講求，隨時督催，務期工作日加精良，製造日臻迅速，料歸實用，費無虚糜。倘委員司事辦事不能得力，或工匠不實，虛費物料，以及工匠人等怠惰疲緩，出械不多，製造粗率，不能如法，查出即行撤換懲儆，勿稍徇隱。如遇重要事件，仍禀請本部堂核定示遵。除分行外，合亟札委。札到，該道即便遵照札行事宜，認真妥籌辦理。仍將遵辦日期具報查考。

咨呈總署暫留繙譯聯恩湖北差遣光緒二十三年十月初二日

竊照上年湖北布政司王之春奉命再使俄邦，當經該司呈請貴衙門飭調户部郎中法文繙譯官聯恩充當繙譯。嗣該司未經出洋，而該員因適患病未愈，未即回京銷差，旋即來至漢口就醫。查鄂省近來洋務日形紛繁，法文譯員需用尤多，且正在開設學堂，講習各國語言文字，尤需幫同分任教習之員。應請將該員聯恩暫留湖北差遣，一俟學堂功課漸臻成就，再令回京供職。相應咨呈。爲此，咨呈貴衙門謹請察照施行。

會札漢陽等縣出示再行嚴禁鐵路應用地段囤買居奇、地方官展停六箇月税契光緒二十三年十月初十日

照得盧漢興辦鐵路應用地段，無論公私産業，概由委員會同地方官估價勘丈，照章分別給價購買，嚴禁民間囤買居奇，并飭各地方官停止税契六箇月，以免影射轇轕，前經本部堂、部院示諭在案。茲由洋工程司勘定漢口至灄口一帶地段，插立標樁，尚須時日，勢難立時買竣。誠恐貪利之徒於鐵路應用地段未經買竣以前，藉口停税期限已滿，或復行囤買，或倒填年月，私相授受，乘間投税，以圖影射，亟應展停税契，以杜此弊。除通飭外，合再嚴切曉諭。爲此，示仰官吏、紳商、軍民人等一體知悉，爾等須知漢口鐵路乃奉旨興辦之事，關繫中國富强要政，斷不容刁民藉口把持，居奇牟利。自示之後，凡鐵路應用地段，民間買賣田地、屋宇概行展停税契六箇月，以前次停止税契滿限之日爲始，即行接續停止，以免後買倒填年月之弊。倘敢故違，一經查出，定即從嚴懲罰，決不寬貸。其各懔遵勿違。切切。特示。

照得盧漢鐵路發軔南端，計自漢口以達黄、孝、應山，皆爲軌路必經之地，無論公私産業，應由地方官會同委員勘估，給價購買。前因恐有業户私相囤買，希圖漁利，有礙路工，經本部堂、院會示嚴禁，并飭地方官停止印契六箇月，已於漢陽、黄陂兩縣出示曉諭在案。茲查漢陽路工地段已經洋工程司勘定，不難年内外即行買竣，而黄、孝、應山三縣軌道尚未勘定立標，辦理尚須時日。誠恐奸商意存漁利影射，洋商冒名教堂肆行囤買，私相授受，若不及早維持，一經印契，此後成爲華洋轇轕，於路工大有關礙。若一律概行久停税契，於民情恐又不便。本部堂、部院詳加籌酌，惟有先行示諭，展停漢陽税契六箇月，其黄陂、孝感、應山各縣於鐵路未經買地竣事以前，應飭該縣等凡有民間投税，務令契内註明買主土著籍貫，并非洋商教堂置買，方准印契。若契未註明，或契内所註之地址在車路必經附近一帶，即一概不准印契，以杜流弊而免轇轕，合行札飭。札到，該縣即便遵照，自奉文之日起，俟鐵路委員買地竣事之日止，凡有投税之契，務即查明買主土著籍貫及并無影射洋商教堂等弊，方准印契，一面出示曉諭民間周知。此乃路工要政，該令慎勿視同恒泛。倘敢陽奉陰違，希圖收税，致有洋人託名囤買地段，有礙路工，定干參撤。

仍將奉文日期及遵辦情形逕稟查核勿違。切切。此札。

札委汪鳳瀛接充自强學堂總稽察[一] 光緒二十三年十月初十日

照得自强學堂總稽察、知府用候選知縣姚令錫光，前經委充武備學堂總稽察。現查武備學堂事務日加繁重，勢難兼顧，應即飭令該令勿庸稽察自强學堂，專管武備學堂總稽察。所有自强學堂總稽察，查有該堂收支委員、試用同知汪鳳瀛堪以飭委兼充自强學堂總稽察。令即常川駐堂。所有堂規課程一切人役，均責成該員總司稽察，隨時隨事考核約束，諸事稟商總辦、提調，認真經理，勿稍懈弛。除分行外，合就札委。札到，該員即便遵照自强學堂兼充總稽察，按照札飭事理，認真稽察，勿負委任。仍將到堂日期具報查考。

札江漢關税務司籌興茶務 光緒二十三年十月十一日

照得茶葉一項，爲中國出口之大宗。漢口一鎮，又爲各省茶市之樞紐。年來中國茶利逐漸衰落，各商累耗鉅資，殊堪憫惻。查中國茶種之佳，地球無匹，徒以株守舊説，不知變通，栽種既未合法，焙製又復失宜，遂爲洋商所厭棄。若不亟圖變計，何以挽利源而維商本。惟是栽種必明化學，焙製又須機器，非合各富商之力，糾股設廠，延請洋人督率教導，未克奏功。查江漢關税務司穆和德於茶務目擊情形，深明利弊，極願爲中國茶利謀補救之術，本部堂實深嘉許。合行札委該税司籌畫種茶製茶之良法，在漢口或産茶地方設立廠所，延致洋人，實力教導，俾中國茶市日有起色。其如何訪覓明白事理之富商商集股分，以及如何購機製茶以成佳茗，購地試種以期推廣，并延請洋人、酌雇印度工人以資教授各事宜，統歸該税司一人主持。惟不得招附洋股，儻經查有冒附，惟該税司是問。仍將辦理情形隨時稟報本部堂察核。其有干涉地方各事，如向民間購地及彈壓保護之類，應由江漢關道協助照料，無令掣肘。一俟辦有端緒，再行具奏立案。

飭委游擊李福田前往皖北招募年少馬勇來鄂[二] 光緒二十三年十月十三日

照得現值講求武備，防緑各營兵勇教練新式快槍快礮及體操、工程各務，必須年少氣壯，運動方能靈活，心思方能敏捷，且皆有好勝求益之心，不嫌勤苦。昨經通飭各將領，將各勇營及操防練兵如有年在三十歲以外者，即行開除名糧，另選體壯性樸、年在二十歲以下者照數充補在案。兹據管帶鳳字馬隊中營副將錢永林、左營游擊李福田電稟稱，卑營中、左馬隊共裁老弱九十八名，現商李福田往皖北招年少馬勇頂補，懇請憲台咨達江、皖、豫三省知照各州縣，以便前往招勇等情，到本部堂。據此。亟應如稟飭令游擊李福田，前往皖北一帶招募年少馬勇九十八名，管帶來鄂换補。務須體壯性樸，年在二十以内，皆能識字者，方爲合格。除咨兩江督部堂，安徽、河南撫部院轉飭各州縣知照外，合亟札飭。札到，該營官即便遵照上項指飭各節，迅速前往，照數招募

[一][二] 録自抄本《督楚公牘》。

回營，匀分充補，造具花名清册，呈候委員點驗。該營官自當詳加體察，勿得濫招年長體弱、游惰桀驁、毫不識字之人充數，以致駁斥干咎。切切。

咨呈督辦軍務處解送槍礮附單 光緒二十三年十月十八日

據槍礮局稟稱：奉札開，准神機營咨，行令將湖北所造槍枝并隨子碼佩帶全分，儘數運解來京。并准練兵處王大臣電飭鄂廠精選槍枝，配齊子藥，解送來營各等因。飭將漢陽槍礮廠所造成各項槍礮内，擇其近日已經考校精密、製造合法無疵者，先行選解小口徑毛瑟快槍一千枝，配解槍彈十萬顆，并加解三生七快礮十二尊，配礮彈一千二百枚，内配分開花、實心礮彈各六百枚，礮架十二副，解赴督辦軍務處呈投，聽候酌度分撥神機營、練兵處應用。伏查製造槍礮在各項製造中最爲精深繁難，快槍快礮尤爲中國創辦之舉，由槍管以及各種機簧、零件、槍托、槍彈，由礮身以及礮尾、塞門、機件、礮架、礮彈，名目繁多，理法微密，運用靈巧，而關繫出入最爲危險重要。中國向無專製槍礮之廠，故員弁工匠罕能通曉，即外洋新購來機器，亦未能盡諳其安配運用之法。漢陽槍礮廠自廠屋造成，機器修好以後，兩年以來，分向滬粵各處募選良匠，經在廠委員督率工匠藝徒悉心考究，摹仿學習，於光緒二十一年冬間開機試造，二十二年各廠各件陸續開工。去冬今春，復先後募用德國槍匠克本、礮匠米勒、洋總工師柯塞爾，先後到廠。經槍礮廠提調同知沈錫周，督同各洋匠督率華工刻意講求華洋各種物料，多方體驗，精益求精。所有初造不盡合法之處，均經逐條考求，分别修改，現已一律周密完善。茲委知府汪洪霆到廠，會同沈錫周將應解各件演放考驗各情，詳列於左：

一、漢廠快槍，均倣德國小口徑新毛瑟式，惟將套筒改作單筒，計重九磅三兩，槍力、彈力可及二千零五十邁當之遠。其準頭係倣外洋新式，可以左右推動，令與中心綫路恰對，無差杪忽，以救槍性所偏。所有槍上鋼鼻望牌各件，均各一律配製得宜，錫銲提鎔，粘合亦屬得法，無鋼鼻走火、望牌并座動摇脱落諸患。

一、槍彈計每彈彈頭連銅殼重七錢，内裝無煙槍藥六分四釐，共重七錢六分四釐。彈頭係照外洋新法，用鎳格鋼皮，力可擊穿鋼板，較之舊法用白銅皮者遠勝。

一、三生七快礮，計礮口徑德尺三十七密里，身較口徑長三十倍，重一百一十磅，後膛塞門零件共重一十二磅，礮力彈力遠及三千五百邁當。至塞門内之打火鍼，現已伸縮得宜，放礮時鍼即先縮入内，不致損傷，不致劃傷礮彈銅殼。

一、礮彈分實心、空心兩種。空心開花彈計重十七兩一錢，彈内裝黑炸藥九錢，共重一磅半。實心彈重二磅。開花、實心兩種，每出較準，應食無煙礮藥九錢。

一、礮架計全架重三百五十六磅。縮礮之處係用純鋼，相切甚緊，運掉甚靈，裝拆甚便，不致笨滯，且無銅夾鬆動之病。

以上快槍、快礮、槍彈、礮彈、礮架各件，均經該員等逐一察看，悉臻妥善，槍礮俱演放多次，均屬合用，呈祈察核給咨委解等情，到本部堂。據此。查湖北槍礮廠所造槍枝尚有餘存，惟因槍彈彈頭先照外洋舊法用白銅皮，後改照新法用鎳格鋼皮，只造成十萬顆，鋼皮業已用盡，續在外洋購運未到。鋼皮彈頭既屬無多，不能多配槍枝，故只先行精選快槍千枝解京，一俟鋼皮購到，即當飭廠趕緊續造槍彈，以爲分配槍枝之用。查有前委充槍礮廠提調、湖北候補知府汪洪霆，於該廠制造情形極爲熟悉。茲特委該員將上項槍礮等件管解赴京呈投，以備咨詢，一切相應咨呈。爲此，咨呈督辦軍務處謹請查照點收，酌度分撥施行。

照得本部堂現飭漢陽槍礮廠精選小口徑毛瑟快槍一千枝，配解槍彈十萬顆，并加解三生七快礮十二尊，配礮彈一千二百枚，內分配開花、實心礮彈各六百枚，礮架十二副，派委該守管解至京，前赴督辦軍務處呈投，聽候酌度分撥神機營、練兵處應用。除給咨管解外，合將應解槍礮彈架各件，開單札飭。札到，該守、即便遵照將上項槍礮火藥等件分別裝載官輪、商輪，務須小心管解，隨帶工匠四人，由海道運津，妥速赴京呈投。所需川資運費，由槍礮局酌量核給，差竣據實開報，勿稍遲誤。切切。

解京槍礮、礮架、子彈、火藥等件清單[一]

謹將解京槍礮、礮架、子彈、火藥等件開單呈核。

計開

一、快槍：

倣造德國小口徑毛瑟快槍一千枝。

槍頭刀連皮殼一千把。

以上兩項共裝五十一木箱內，四十九箱每箱內快槍二十枝，槍刀連殼二十把。

又一箱內裝快槍十六枝，槍頭刀連殼十六把。

又一箱內裝快槍四枝，作為樣槍，每槍各裝柚木匣一只，槍頭刀連殼一把，螺絲起子一把，槍子二十顆，子袋四箇，洗槍手帚一柄。

附槍用皮件一千副，勻裝五十木箱，每箱內裝槍彈皮盒四十箇。

皮腰帶二十條，銅帶扣二十副，背槍皮帶二十條，刀插二十件，望牌皮套二十箇。

附備用槍內要件一千副，計裝一木箱內。打火針用鋼簧一千條，拉彈銷一千箇。

一、槍彈：

槍彈係鎳格鋼皮，頭內包鉛條，下緊連銅殼，內裝無煙藥彈計十萬顆，勻裝一百木箱，每箱內槍彈一千顆。

一、快礮：

倣造德國三生七快礮十二尊，計裝十二木箱，每箱內有三生七快礮一尊，塞門等全。螺絲扳手二件。

一、礮架：

三生七新式能拆開礮架十二座，勻裝二十四木箱內，十二箱每箱內礮架一件，車軸一條，螺絲扳手二件，洗把一條，螺絲起子二件，礮口礮尾皮套兩件。

又每箱小木箱一只，內裝打火針一枝，扳手一件，撥彈殼鋼叉一件，表尺一枝，表尺螺絲一件，火針扳簧一件，火針盤簧一件，撥彈殼簧一件，準頭一箇。又十二箱每箱內礮架行輪二箇。

附試槍架一座，分裝二木箱，一箱內架座一件，圓球一件。又一箱內架面一件，扳手四件，鋼輪四件，生鐵夾一件。

[一] 此單據抄本《督楚公牘》補入。

一、礮彈：

三生七快礮用實心彈計六百顆，匀裝十二木箱，每箱内實心彈五十顆。

三生七快礮用開花彈計六百顆，匀裝十二木箱，每箱内開花彈五十顆。

附開花彈用碰火計六百箇，匀裝十二盒，每盒内碰火五十副，起碰火起子一把，共裝一木箱。

附礮彈用銅壳計一千二百箇，匀裝二十四箱，每箱内銅壳五十箇。

又一木箱内裝毯墊大小二千四百箇。

附裝礮彈器具一副，計裝一木箱内，裝彈子入銅壳機一副，裝銅壳藥斗二箇，裝開花子藥斗二箇，量銅壳藥斗二箇，量開花子藥斗二箇。

附三生七快礮用無煙藥一百磅，計裝二木箱。

附開花彈用炸藥七十磅，共裝二木箱。

札委汪洪霆於解槍礮赴京之便往天津、上海兩局廠考查製造器械及無煙火藥等項[一] 光緒二十三年十月二十日

照得湖北漢陽槍礮廠製造日多，現在又添購無煙火藥機器，不日即須建廠興工，事體益繁，工作理法彌形精細。查上海、北洋兩處製造局開辦已久，所造槍礮、無煙火藥各項工作之法，必須委員前往詳加考查，與漢廠參酌互證，俾得精益求精，以收擇善廣益之效。查有前委充槍礮廠提調、湖北候補知府汪洪霆，於解槍礮赴京之便，堪以就近委往天津、上海兩局廠，將製造器械及無煙火藥等項情形一併考查明確，回鄂禀覆，以憑核奪。除分咨外，合亟札委。札到，該守即便遵照上項札飭事理，悉心妥爲考究，勿稍率忽。切切。

札委黄邦俊坐辦建始磺鑛事宜 光緒二十三年十一月初八日

據奏委督辦施南賑務、宜昌鎮傅鎮禀賫清摺内稱：建始硫磺鑛向係私挖，經本職煞費經營，乃見成效，如鄂省不辦，禁不能禁，防不勝防。況該處川楚接壤，凡挖磺之人多非善類，若竟阻其謀生之所，不第磺歸四川私收，難免滋生事端。查建始磺局迄今僅只十廠，如放手收買，每年可得磺四十萬觔，係黄守履勘，商由本職經營籌創而成。該守現辦施、來官電，擬請將磺鑛責成該守坐辦。除繳官應用外，分銷本省外省，所得盈餘，先歸施南電費，次辦他鑛以及商務。查緑營原有緝私硝磺之責，如蒙准以建始硫磺鑛分任黄守坐辦，設轉運局於職署，一切事宜統由本職督率，該守悉心籌商，妥爲辦理。所有章程另摺繕呈，敬候示遵等情，到本部堂。據此。查閲所禀，係爲開興地利，化私爲官，惠養山僻災民起見，應准照議試辦。所有磺鑛事宜，即委宜昌鎮傅鎮督辦，委候補知府黄守邦俊坐辦。此專指硫磺一項而言，不得涉及他項五金鑛暨别項商務，以免紛歧賠累。除照行傅鎮外，合行札委。爲此，札仰該守即便遵照坐辦建始磺鑛事務，諸事均

[一] 以下十八件録自抄本《督楚公牘》。

須稟商傅鎮，詳籌辦法，妥慎試辦，事事務須核實，不可大言鋪張，毋任司事工匠人等朦混滋弊，尤不准滋擾地方，致生事端。其所開出之磺即運至宜昌，由傅鎮酌核行銷川、楚等處。所有未盡事宜，并由傅鎮詳晰妥籌稟辦。所收銷售價值不必解省，即作爲開磺鑛之本，用資擴充，以濟災區，而廣利源。其中緊要事件，仍須隨時由該守一面稟商傅鎮，一面徑行通稟核奪。即將奉札開辦日期情形通稟查考。勿違。

密飭章文彬、蔣聲耀確查襄河水師各營積弊光緒二十三年十一月十六日

照得本部堂訪聞襄河水師各營，除前營外，諸事廢弛，勇額短缺，礮械銹損，全不操練，不知槍礮爲何事。船上并無礮手，遇有差事，臨時雇人濫充，不諳演放，每致或因礮壞、或因藥多、或因點放無法，屢有轟炸傷人之事，以致不能緝捕，盜風不息，殊堪痛恨，亟應密飭確查。爲此，札仰該游擊迅速密行前赴襄河一帶，將襄河中、左、右、後兩營，按照所指上項情弊，認真密切確查，明白稟覆，勿稍漏洩徇隱，致干未便。切切。

咨覆盛大臣鐵路料物免徵税釐并免運料船税光緒二十三年十一月十六日

光緒二十三年十一月十五日准貴大臣咨呈開，據總辦漢口鐵路分局候選朱道滋澤稟，光緒二十三年六月初八日，奉湖廣督憲張札開，准兵部火票遞到户部咨開：當檔房案呈本部議覆直隸王等奏籌撥幹路先後次序、操縱機宜，請准借官欵以速工程一摺，光緒二十三年五月初七日具奏。初八日軍機大臣面奉諭旨：依議。欽此。相應抄録原奏恭録諭旨，飛咨湖廣總督查照可也等因，到本部堂。准此。合就札行。札到，該局即便查照。此札計抄單一紙。內開又片奏地價、料價可使輕減，津榆、京津鐵路所需官民地段、華洋材料，悉用官給，定免税之法，現值路欵竭蹷，若不援照津榆、京津鐵路辦法，不足以維繫要工各等語。臣等伏查購地運料、官定價值、免徵税釐各節，應由該督等相度機宜，斟酌妥辦各等因，奉此。伏查盧漢鐵路，職局發軔南端，歷程四百餘里，又加轉運物料直至黃河以東，工程浩大，需料實繁，即由漢口至灄口一段外江內湖五十里路工，儼若長隄，石壩需用護石、木樁、灰砂、磚料，計需費已數十萬金。其中石料一項價輕運重，一舟之載，物價僅三四千，船税至三四百文。此外各物運購湘滬，近採旁邑，經過釐卡，往返或至數局，計釐税比於購本或加至一二成之多，若不設法輕減，實於經費有礙。津榆、京津既經歷辦有案，現在天津鐵路分局援照辦理，職局與津局南北相資，可同一律，此項税釐應可援案照辦，以期撙節。現時興辦孔急，欵自維艱，税釐省則物價可望稍輕，船税免則運費可期從減。且此項要工，事出新創，并非舊來，應有税釐於關卡初無損虧，於路工實有裨益，曾經援案分詳懇請憲台俯賜查核，給定免税之法，分別飭遵。六月二十二日奉湖廣總督張批：已據詳札飭北布政司會同善後、牙釐兩局妥議詳覆飭遵矣。仰即知照。又於六月二十七日奉憲台批：據稟已悉。路欵現俱動用部帑，漢端發軔，凡大河以南工程物料皆須由此轉運，自應援照京津鐵路成案，免徵税釐，并免運料船税，前經會奏在案。業據並詳，應仍候湖廣督部堂、湖北撫部院批示録報，此覆等因，奉此。各在案。又於十一月初

七日奉憲台文開，光緒二十三年十一月初三日，承准南洋大臣劉咨覆北洋大臣王、湖廣督部堂張暨本大臣文開：光緒二十三年十月初八日准部堂、大臣會咨，案准户部議覆會奏鐵路總公司購地運料，請援照津榆京津辦法成案悉用官給官定免税之法一片，抄單咨請轉飭豁免税釐等因，并抄單到本大臣。准此。查前據江海關劉道電稱，鐵路運到火車機器照章應完税，盛大臣以與尋常廠機有别應免税，電請核示。電經户部申明定章通行照辦。鐵路雖歸商辦，事較重大，與尋常商務不同。第當此西法盛行，各省購機必多，此端一開，各省官辦機具更易借口。再三籌酌，應將一切設路料物税釐均行照免，車頭機器照章收税，行局查照等因，奉此。查此案迄今四月之久，司局如何議覆，職局尚未得奉鈞示。現在路隄開築，工料吃緊，運木運石逐日臻多，既經户部議准將一切設路料物税釐均行照免，應請憲台明定章程，迅賜示覆遵辦，俾得稍節糜費，趕運工需。所有鐵路購料援案免徵税釐并免運料船税稟該賜速飭定各緣由，理合具稟查核示遵等情，據此。查設路料物税釐及運料船税，事屬新創，并非各關卡額征原有之數，此案前經附片會奏，并准南洋咨覆，均行照免有案。查現辦鐵路均係官本，應請迅飭司局通行援案免徵。該道原稟每船石價僅三四千文而船税多至三四百文，是以部帑購辦石料將以十成之一爲該關額外之征。時局艱窘，司農仰屋，似不及將此船税照石價提開十成之一還諸部欵爲滴滴歸還之計。合亟咨呈查照飭遵等因，到本部堂。准此。查前准貴大臣咨呈，會同北洋大臣及本部堂於本年三月十二日附奏購地運料各節援案擬議章程一片清單内開，鐵路需用外購各器料，并華廠自造車軌應用之各器料，及鋼鐵、灰泥、磚瓦、木石等料，請准豁免入口税及行坐釐金等因。是設路料物税釐，均應遵照奏案免完。至運料船税係納之於船户，與物料不同，不在應免之列，以免船户藉端種種影射，故原奏并未議及，并無免納船税明文。且查武昌關税收日減，每年皆有短絀，積成巨欵，叠准户部嚴催，至今未籌有辦法，若再免鐵路物料之船税，勢必更形短絀，管關之員有干部議。惟鐵路係創舉要務，亦應一體維持。前據朱道滋澤詳請准免運料船税，已飭藩司會同善後、牙釐兩局妥議，詳覆飭遵。究竟此項船税能否酌減成數，以及能減幾成，應仍飭該司局督飭管關之員迅速妥議，歸入前案詳覆，以憑核定咨覆。除分行遵照外，相應先行咨覆。爲此，合咨貴大臣請煩查照施行。

咨覆户部田鎮礮隊營薪糧係照楚、湘軍章程核給光緒二十三年十一月十七日

據湖北善後總局兼辦報銷事務司道詳稱：案奉札開，光緒二十三年六月初七日准户部咨開，湖廣司案呈准湖廣總督張咨，添募田鎮礮隊營弁勇銜姓花名、月支餉項及成軍起支日期造册開單送部前來。查光緒二十二年二月間，據湖廣總督張、湖北巡撫譚奏湖北裁勇截餉日期暨現留防營移扎處所、田鎮江防礮臺告成添募礮勇專習洋礮一摺。奉硃批：該部知道。欽此。當經本部行令將裁撤之勇均於正項外加給一箇月恩餉，并將添募炮勇一百八十名營制餉章及起支日期造册送部等因在案。今據該督咨送添募田鎮礮隊營應支餉項數目單開，哨官二員，月各支薪水銀十四兩；鋼礮教習一名，月支銀二十八兩，均不扣建。哨書二名，月各支口糧銀三兩八錢；什長十八名，月各支口糧銀四兩二錢；礮勇一百六十二名，月各支口糧錢三兩六錢；長夫二十四名，月各支銀

二兩四錢，均扣建。以上礮隊一營，大建月應支銀七百八十兩，小建月應支銀七百五十五兩八錢六分七厘，係於光緒二十一年十一月二十日成軍之日起支等語。查單開各項數目與各省礮臺請銷數目多有不符。該省咨送薪水口糧各數究係仿照何項章程支給，原單内未經聲叙，本部無憑稽考。除將此次餉數清單銜名清册存查外，相應移咨湖廣總督轉飭迅即查明前項弁勇應支薪水口糧銀兩，仿照何項章程聲覆報部，再行核辦可也等因。轉行到局。奉此。查湖北田家鎮添築礮臺，安設外洋後膛礮位，亟應招募礮隊認真訓練，以期有備無患，當因經費支絀，未便仿照各海口礮隊薪糧核給，而專練洋炮又與防營稍有不同，是以查照湘軍、楚軍章程摺中議定，較之各省礮臺實爲節省。兹奉前因，理合詳請查核咨覆户部等情，到本部堂。據此。查貴部咨詢田家鎮礮臺薪糧章程，據該局詳覆，係查照湘軍、楚軍章程摺中議定一案，係光緒二十一年本部堂調署兩江時，湖北撫部院譚在兼護湖廣總督任内所定辦法。嗣本部堂回任湖廣，於二十二年十一月内會同撫部院譚具奏田家鎮礮臺設立管臺專官分派弁勇駐臺操練酌定餉章摺内，曾將該礮臺官弁勇丁餉章從新酌核更改，駐臺各營亦經分別移調裁撤，另募新營，與撫部院譚前定章程勇數、餉數均有不同，所有現章支餉細數已飭善後局另行開單造報。除俟取造至日再行咨送外，相應據詳先行咨覆。爲此，合咨貴部請煩查照施行。

札興國州等炭山灣煤鑛局紳董稟覆買山丈尺展限清丈 附單

光緒二十三年十二月初二日

據辦理炭山灣商務煤鑛局紳、兵部候補郎中余郎中正裔，董事商民劉人祥、陳雯、劉長蔭、金衍楷稟稱：竊紳董等所辦炭山灣商務煤鑛，前經稟明擬添股本，仿照西法開井取煤，購辦起重、抽水機器，延請外洋鑛師經理鑛工，以冀保成本而圖後效。九月十二日奉到憲台批示，飭將所聘洋工師合同妥善另訂，并飭將保結内列名紳董開具籍貫、職銜、家業呈明候查等因。奉此。仰見大人睿思密慮，訓誨周詳，既防患於未然，復實事而求是，欽佩莫名。除將所訂合同另摺呈候核奪并分繕華洋文與洋工師簽字呈送備案外，謹縷下情，據實覆陳，上祈慈鑒。司員係湖北鄖陽府鄖縣民籍。商民劉人祥係漢陽府漢陽縣籍，金衍楷係武昌府江夏縣籍，劉長蔭原籍本隸漢陽，現新移籍浙江甯波府鄞縣，陳雯係浙江紹興府紹興縣籍。司員托祖父餘蔭，遺産歲收佃租四五百石，約值價一二萬金。商民金衍楷世居花隄，先父曾爲意利洋行買辦，故後留遺市房共十一所，十所坐落省垣花隄，一所坐落漢鎮龍王廟正街，歲收租錢一千餘串，約值銀一二萬金，現尚讀書，未捐職銜。商民劉人祥、陳雯、劉長蔭世以貿易爲業，既未報捐，亦未多置田産，惟人祥現充漢口立興洋行買辦，長蔭現充上海立興洋行買辦，陳雯現充瑞記、太古渝兩洋行買辦。想大人垂詢紳董等家業，原恐家不殷實，不能見信於人，股不易招，又恐赤手空拳，收得股銀自飽私囊。此固大人慎重鑛務惜商愛民之深心，但紳董等辦理炭山灣煤鑛，因親見鑛廠佳厚，又歷經中外鑛師勘驗，堪以久採獲利。且從前已經用去股本四萬金，不辦則前欵皆成虛擲，接辦尚可收本獲利，所以竭力籌措，廣爲邀約，因親及親，因友及友。幸各親友見紳董等舉辦一事必始終求成，百折不回，又復仿用西法，較有把握，故皆願意入股，確已約有成數，共得十五萬兩，今已先收五分之一，只候股票刊發，立可收足，並非俟示始出招股。且以華人充當洋行買辦，必有同業保薦，確有家業值數萬金，洋人始肯假以事權。就今年一年計算，申、漢兩處商民人祥、長蔭曾代立興洋行辦貨約值銀百萬兩，陳雯曾代瑞記、太古渝兩洋行辦貨約值銀百萬餘兩，江漢關、江海關皆有報關税册可查，人人共知共見。雖貨銀出自洋商，而初買時實商等預爲墊辦，洋人必俟交貨撥銀。商等若非稍積資財，何能隨時墊辦鉅欵。凡此情形，早在大人明鑒之中，勿庸瀆陳者也。況乎洋場貿易出入甚鉅，或一年賺銀數萬，或一年賠錢數萬，毫無定局，茶務即屬明征。又況辦事在人，每有家極殷富，行爲難信於友朋；又有素稱清貧，聞望能孚於邇遐，此又視乎人而不專視家業。加以股友衆多，分隸各省，雖保結列名紳董只四五名，其未列名而入有鉅股者亦不乏人。若各省行查，恐多延時日，徒勞文牘，而洋匠請定，亦不能閒居久待何日興動大工。紳董等總計所約股本，實皆集自華商，決無洋人入股。所請洋匠、鑛師，無論鑛務賠賺，均經議明將來與商局紳董核算，斷不准向官中需索轇轕，妄求賠償。此則紳董等可以自信，願甘於大人臺前以身家作保者，想大人必能俯鑒隱情也。然紳董等尤有懇者，中國鑛務初興，風氣未開，購設機器，鄉民少見多怪，每每不服彈壓，逞强滋事，地方官長又復漠不關心，所以鑛務難以圖成。今既聘外洋工師到山開工，若遇鄉民蠻横欺侮洋人，紳董等自應稟由地方官長嚴速懲辦。儻仍延宕不理，洋人豈能安於緘默，紳董等亦難任此重咎。總懇大人嚴飭興國州、蘄州、大冶縣各地方隨時保護，認真彈壓，免致另生枝節，則紳董等感戴鴻恩，永無既極矣。至買山界址四至未載丈尺，該處前買之地尚不敷用，現已請同中保添買馬頭堆棧基址，擬請展限，候應添地畝買齊，一併請興國州簽派書吏，前後一同清丈，再行給具圖說，呈送備案等情，到本部堂。據此。

除批：據稟及合同圖説均悉。該紳董等所約股本十五萬兩，既據稱實皆集自華商，并無洋人入股，雇用洋匠鑛師，議定鑛務賺賠，將來只與商局紳董核算，不准向官需索賠償，不得以擬開之煤窿向洋人押借資本，致滋轇轕。查閱所訂合同，尚屬妥協。所購炭山灣地段圖説四至，亦尚明晰。自應准其開採，以興鑛務。惟炭山灣係興國轄境，該紳董等只可於炭山灣所購界内開井取煤，不得牽連別處。至合同内稱小駁馬頭出港運道，均與大冶縣連界，江邊拖駁馬頭又係蘄州轄境，各處營造工程，請飭知各地方官於興工時隨時彈壓保護，亦即照准札行，惟不得於大冶、蘄州境内購地開煤，以示限制。除行北布政司、鐵政洋務局暨江漢關轉飭遵照，并飭興國州、蘄州、大冶各地方官隨時保護彈壓，勿任地痞藉端滋事，另生枝節外，仰即遵照辦理。其詳細辦法章程，隨時稟候查奪，并將所訂合同分繕華、洋文，令洋工師簽字，暨該煤鑛地名四至圖具稟呈驗，并將合同圖件分稟鐵政洋務局、江漢關道備案。切切。此繳、圖説、合同底摺存等因榜示外，合亟札飭。札到，該州、縣即便遵照隨時彈壓保護，毋任地痞藉端滋事，另生枝節，是爲至要。

合同

謹將聘請經理炭山灣煤廠工程師所訂合同抄呈鑒核：

立合同字，辦理炭山灣煤鑛商局兵部正郎余公冑，在股董事劉歆生、陳雲樵、劉長蔭、金衍楷等。竊照炭山煤鑛歷請鑛師查看，苗旺質佳，如能採取得法，可以久獲利益。惟中國於鑛學未深講求，鑛工不甚熟習，所以開辦數年，尚未收效，且土法取炭少而獲利微。上年會股友合議，添集股本，購辦機器，仿照西法開挖直井，以冀廣開利源，曾經稟奉湖廣總督部堂張批准照辦，飭將股友名籍、股本若干、聘請鑛師購辦機器合同、鑛地丈尺、輪駁船數一切詳細章程，據實稟明，聽候督憲核奪批示，再興大工。現經衆股友數次聚議，擬集股本銀十五萬兩，專聘熟悉鑛工名師為總經理，所有炭山商局工程以及選聘鑛師、購買機器，統歸總經理人承包辦理，以期收效而獲利豐。今衆股友公議，特聘法國法格為炭山灣煤鑛商局總經理工程師，應即詳議條欵章程，訂明合同，分繕華、洋文四紙，各執華、洋文一紙，共相遵守，并稟明督部堂張，轉咨法領事府存案備查可也。所議章程條列於後：

一、議總工師自立合同日起以十年為限，如限滿時由股董會議或留辦再定合同，或辭謝回國，皆聽股董臨時酌核。

一、議總工師不取工價，在十年期內所有經理機器工程銷炭價內，每銀百分提銀七分以作酬勞之費，鑛務賺錢原可多得勞金，賠錢不得另生枝節，其代購機器等件，仍照向章，歸總工師九五扣用，惟不得逾格加增。

一、議井內鑛師由總工師聘請，必須選擇藝精學熟、性情和正之人，并須執有憑照者，每年工價由商局照發。如到工後或有懈怠刁難情弊，應由總工師包請包辭，商局不能受其挾制。

一、議鍋爐、起重、抽水一切開鑛應用機器，由總工師包辦，須在西洋出名大廠挑選極新靈之件採擇定購。如不合用，應由總工師包管退換，所需價值由商局股本照撥。至於機器圖式，候鑛師到山測量估計，再定馬力大小、付銀期限。

一、議商局股本皆係集自華人，鑛務事件應遵中國律例，售炭先盡中國官局購用，如不合用，或有所餘，再行分運各處行銷。至於鑛廠工人，優劣不等，一切工程統歸總工師調派。洋人去留由總工師專主，如更換華工應交商局裁補，雖越規矩不得遽施抃責，免滋事端。

一、議合同現雖訂明，仍候商局各項照批應行稟覆之件匯齊，稟呈督部堂張，奉到批示後，彼此再行簽字為據。

大清光緒二十三年八月二十日　金衍楷　劉歆生　余公冑

陳雲樵　劉長蔭

西歷一千八百九十七年九月十六號　法　格

札委俞厚安等修赴武備學堂等處馬路

光緒二十三年十二月初四日

照得時事方殷，整飭武備爲今日第一要政。鄂省武備學堂在省城東偏，相距督署甚遠，武備學生時須調轅操習，本部堂并須隨時親往武備學堂，并赴校場校閲學生及各營弁勇操演槍礮陣式，亟應修造馬路，以便往來而期迅捷。現飭委勘從督署東轅門起，循大街入王府口，直東過大石橋至如意寺南行轉東而北至武備學堂爲一路。此路并由大都司巷接修至文昌門外，通至布局江岸，又從中途天符廟分接一枝，經大朝街轉東，經自强學堂、銀局、錢局而北至校場爲一路。估計工料各費，約需銀五千兩内外，并派各營勇丁幫同修築。已飭據江漢關道議妥另籌閒欵應用，即日興工。除分別咨行外，合行札委。札到，該將、守即便查照，會同估工購料，剋期分督勇匠興工，赴江漢關領欵，限一箇月造成。務期堅實坦平，經久不壞，便於行駛，毋稍草率虚糜。切切。此札。

札飭武備學堂總教習法勒根漢仍回學堂教習光緒二十三年十二月初六日

案照光緒二十二年十二月十六日，據武備學堂總教習法勒根漢呈遞漢文禀函一件，當查所陳各節，多因未諳中國情形，懷疑誤會，筆墨不易剖晰，特飭前武備學堂總辦蔡道、督署洋務文案委員梁令，於正月内面晤該總教習，詳細慰解，俾釋疑團。旋據蔡道面稱，該總教習已涣然冰釋，照常回堂教授，故未徑行批覆。近日該總教習又復禀陳各節，本部堂以未悉其中各事情形，又飭總辦蔡道面晤該總教習，逐條詢問，代爲措置調停，善爲勸慰。據蔡道覆稱，總教習亦已欣然，均無異詞，是以不加批答，以免辯析之煩。嗣後續聞該總教習等勤督功課，堂務日有起色，本部堂不勝欣悦。正冀安心教導，將諸生造就成材，爲我中國振興武備。乃本部堂自履勘隄工回省，又聞該總教習忽停功課，欲辭回國，本部堂殊爲惋惜。茲特飭總辦瞿道前往面晤該總教習，善爲慰留。查堂務如實有爲難之處，儘可與總辦瞿道詳爲商酌，不必遽爾辭去。至提調乃幫同經理學堂功課以外各事之員，斷非教習之上司，萬不必誤會滋疑。至於應需各欵，該總教習但開一單送交總辦，自可即時照給，凡可優待之處，本部堂無不格外通融。本部堂政務殷繁，故未能時常與該總教習相見，如有必須面陳之處，日内當親自接見，詳告一切。惟望再爲詳思，仍回學堂，俾諸生有所請益，毋負本部堂厚望。切切。此札即與批覆前各禀無異也。特札。

札漢陽府縣示諭紳民不得阻撓黑山採石致誤要工光緒二十三年十二月初七日

光緒二十三年十二月初二日，准督辦鐵路總公司事務大臣盛咨呈開：據總辦漢口鐵路分局候選朱道滋澤禀稱，竊職局漢灄路隄開工，需石至萬數千丈方，又須堅結，符合尺碼，採辦極爲艱難。自秋間開局以來，靡日不斤斤於此。屬境旁邑開山遍二三百里，各包頭陸續運繳，并委員自行採取，迄今不敷猶多。近復歷派多員分頭查採，幾至晝夜無停，質堅塊大者既不易得，道遠水涸者轉運又難。錫樂巴力言黑山石堅多而易運，必須開採該山，方能濟用。職道復查無異，因派員前往租買，幸山主皆願領價。頃方鳩工開辦，詎民間惑於陰陽家無稽之談，風聞羣疑衆議，深恐窒礙要工。竊維風水之説本干條禁，且鐵路所經之地，廬墓尚須遷移，似此緊要工需，斷不能聽其梗阻。現時工程喫緊，需料尤急，該山既近在咫尺，舍此又別無可求，路隄土工已成，無石關繫甚重。惟有仰懇憲台俯念大局，鼎力維持，通飭該管道、府、縣地方官曉諭紳民勿得阻撓，俾職局得以趕速採運，不至延誤要需，保全路工，實非淺鮮。所有漢陽縣屬黑山採石，請通飭該管地方官曉諭紳民勿得梗阻各緣由，理合禀陳鑒核示遵等情。據此。查漢灄路隄需石至急，疊經札催該道依限採運，毋誤要工。既稱漢陽縣屬黑山地方石多易運，豈容再任流言撓阻。合亟具文咨呈查照，迅賜檄飭漢陽府、縣出示曉諭，務令關除痼習，濟益工需等因，到本部堂。准此。并據漢口鐵路分局候選道朱道滋澤禀仝前由。查奉旨興修盧漢鐵路，實爲中國自强要圖，裕國利民，關繫重大。現值南端發軔伊始，漢灄修築路隄，正在鳩工興辦，需用石料多而且急。考驗漢陽縣屬黑山産石，質堅運易，應准迅速開採，以濟急需。開工以來，窮民踴躍赴工，藉資生計，乃聞間有一二無識之人惑於風水無稽之言，阻撓要工，殊屬非是，自應剴切出示開導，以釋羣疑。除分行外，合亟札飭。札到，該府、縣即便遵照，迅速出示嚴切曉諭，務使民間鬭除痼習，聽憑委員督同石工儘力開採，勿爲流言所惑，致阻要工。是爲至要。

札宗得福督催鐵廠隄工需用石料光緒二十三年十二月初七日

案照漢陽鐵廠演武廳後一帶隄工三百丈，關係緊要，前經飭委漢陽縣薛令福祁購備沙石等料，并委洋工師錫樂巴管理工程，嗣又添委候補知縣宗令得福幫同薛令辦理購料集夫等事。原期按照錫樂巴所稟石料尺寸，限期從速辦齊，俾得如期施工。乃迄今已届開工，而所亟需之蠻石三千方，爲築隄脚之用，限十一月三十日辦齊者，據錫樂巴親自量算，山上及隄旁所積，總不過五百方，所差太鉅，實屬任意延玩。據錫樂巴稟稱，必須趕十二月十五日先將蠻石三千方辦齊，以築隄脚，其餘塊石二千方尚可陸續購辦等語。自非有明幹專員駐工督率，并派人逐日催料，不足趕應工需。查宗令得福本係鐵廠委員，可以就近常川駐工，分向包頭包運石料，日日嚴催，并集夫作工。雖届新年，毋許工人紛散，更稽時日。此事責成宗令專辦，仍由薛令竭力幫同催趕，毋使宗令稍形掣肘，有礙要工。合行札飭。札到，該令即便遵照，趕速駐工嚴催石料，督率夫工。此項工程關繫萬分緊要，毋再稽延。特札。

飭北善後局發給農學洋教習布里爾薪水并由美來鄂川資光緒二十三年十二月初九日

據照料洋教習考察農務委員、湖北試用同知汪鳳瀛稟稱：竊照農學洋教習布里爾，於西歷八月十四號即華歷七月十七日由美國起程，應聘來華。訂明每月薪水美金二百五十圓，每圓照漢口時價合長平沙紋銀壹兩五錢一分。計合長平沙紋銀叁百柒拾柒兩伍錢，自西歷八月十四號起，至十二月十四號止，即華歷十一月二十一日。應領四箇月薪水美金壹千圓，合長平沙紋壹千伍百壹拾兩。又由美來鄂川資，共用美金肆百壹拾貳圓，合長平沙紋銀伍百貳拾貳兩壹錢五分，兩共合銀貳千零叁拾貳兩壹錢五分。除九月二十四日奉飭由善後局支給長平沙紋銀伍百兩，應找領銀壹千伍百叁拾貳兩壹錢五分。茲據該教習請核發前來，理合代稟具陳。如何核給之處，伏候批示遵行等情，到本部堂。據此。自應如數照發，合就札行。爲此，札仰該局即便遵照，迅即如數動支給發具報。毋違。

飭江漢關道照會德領事轉飭武備學堂教習法勒根漢等具領川資等銀光緒二十三年十二月十九日

照得該教習來華充當湖北武備學堂教習一年又四箇月，本部堂實深嘉許，故優待之意實有逾於合同之外。乃該教習合同未滿，忽自請歸國，本部堂十分婉惜，屢經關道及學堂提調傳述本部堂之語，曲意挽留，至再至三。復飭教習德員斯泰老〔一〕、工師德員

〔一〕亦作「斯忒老」。

錫樂巴極力勸留，更經本部堂親自見面，反復敦勸仍留辦事。是本部堂挽留之真意確已十分明顯，而該教習歸志仍未稍改，不得已准如該教習所請，然本部堂欲留該教習之意，始終如一也。今照該教習中歷十一月二十日所上學堂總辦禀内開列應領之欵，計該教習及根次兩員回國川資共五千馬克，又一欵五千九百馬克，又房租銀五百五十兩正，又傢伙、抬椅、什物等銀六百三十一兩三錢二分，又另單所開漢口渡江小輪船費一百六十五兩，上海來漢盤川四十八兩，西正月房租五十兩，均由江漢關道轉交駐漢貴國副領事代收，託其轉交該教習。合就札行。爲此，札仰該關道即便遵照，將所發銀兩照會德領事轉飭具領。

飭副將劉恩榮督操調省兵勇 光緒二十三年十二月二十二日

照得湖北省内外防營馬步勇丁、緑營操防馬步兵丁，前經通飭各將領擇其體壯性樸、年在二十歲以下者，每營挑選一成，調省練習新式快槍快礮及體操各法，半年遣回，另調一成來省，展轉相授，以期一律練成勁旅在案。兹查省内外防緑各營將領先後挑派來省，共計勇丁三百五十一名，兵丁三百八十名，亟應遴員督操，以資統率。查有儘先副將劉恩榮，操守廉潔，熟習洋操，出征關外，尚稱得力，堪以委派。除分行外，合亟札飭。札到，該將即便遵照，督操調省防練各營兵勇，率同哨弁嚴加約束，聽候洋教習、華教習指授，將西法馬步礮各隊陣式技藝，及槍礮藥彈裝卸運用、機器理法、營壘橋道、測量繪圖，并每日練習體操一切緊要事宜，分别於學堂、操場認真講習。操練務須步伐嚴整，材藝嫻熟，與護軍各營一律練成勁旅。如該兵勇中查有疲弱衰老之人，即行開除另補，勿稍徇隱。仍將督操日期具報查考。

札委張斯栒總辦自强學堂并兼辦本衙門洋務文案 光緒二十三年十二月二十二日

照得鄂省自强學堂前經重定新章，專課各國語言文字，以爲各種西學階梯。分俄、德、英、法、日本文字爲五堂，延派華洋教習分堂教授。每堂學生額定三十名，共計一百五十名。查該學堂爲培植時務人才而設，實爲今日急務。原委總辦蔡道業經病故，亟應遴委精通洋務之大員接辦，以專責成。查有候選道張道斯栒，前在歐美各國已二十年，迭充英、法等國使署參贊官，精通方言，歷辦交涉事宜，堪以派委總辦自强學堂，會同原派經理堂務北鹽法道朱道，督同提調錢守及在堂各員，將堂内應辦事宜妥爲經理，整肅學規，詳酌課程，嚴核功過，務令在堂學生盡心學習，文義貫通，皆有成效可觀。由該學堂在於經費項下按月支給薪水銀一百兩。并令該道辦理本部堂衙門洋務文案，由善後局支給夫馬銀五十兩，以資辦公。除分行外，合亟札委。札到，該道即便遵照總辦自强學堂并辦理本衙門洋務文案。務須勤慎將事，以副委任。

咨盛京堂將北紡紗局應還商本銀十五萬兩請在鐵廠軌價應還項下照撥 光緒二十三年十二月二十三日

據湖北紡紗局漢黄德道江漢關監督瞿道廷韶、奏調差委廣東候補道王道秉恩詳賫商辦移交收支各欵清册，請派員赴廠驗收。

又稟機器工程用欵三項分類開摺請示等情，到本部堂。據此。查從前官辦鐵廠借撥布局股本尚有應還之欵，現辦紗局係賴布局挹注，所有紗局應還商本銀兩，亟待貴大臣將鐵廠應繳官本銀兩迅爲劃撥解交，方能輾轉撥付。除批：據詳及附稟均悉。紗局改歸官辦，該道等查驗簿據交單存件，尚屬相符，應將重出多報等款照數扣出，所有册開結欠莊欵二十六萬兩零，除扣外，即行分別籌還，調驗往來摺票塗銷，以清欵目。查該局成本甚鉅，關繫重要。至該局前購辦機器多不完備，承修廠屋間有未如法之處，應飭總辦王道督飭局員估查機器共少若干，一面查照原訂合同，向良濟洋商詰究，以便在未付機價扣抵，一面先行購備齊全，以重廠務。至廠屋應如何修改始能堅實，免誤工作之處，并令該道體察情形，悉心辦理，勿稍疎誤。至商本銀兩本年應給還之十五萬兩，候咨明盛京堂在鐵廠應還項下照撥，俟照給准覆後，再將股票發回該局塗銷備案。此繳。清册清摺存等因。印發外，相應咨明。爲此，合咨貴大臣請煩查照，希即轉飭鐵廠迅即在於軌價應還官本項下劃撥銀十五萬兩付給紗局商人，仍請備文作爲解交鐵政局列收，以便由鐵政局解還布局轉交紡紗局，給還商人承領，分別立案收回股票塗銷。望切施行。

札委副將劉恩榮管帶武愷左營改名護軍中營光緒二十三年十二月二十五日

照得原帶武愷左營儘先遊擊王得勝，業經飭委接帶護軍後營，所遺武愷左營，查有儘先副將劉恩榮操守廉潔，熟習洋操，出征關外，尚稱得力，應即委令接帶，并將營名改爲護軍中營。惟查武愷中、左、右三營，中營係整營五百人，左、右兩營係底營。除左營現改護軍外，尚存勇丁七百五十名，應即就中、右二營勇數一律改爲三底營，每營二百五十人，仍名爲武愷中、左、右三營，歸吴副將元愷統帶，并自行兼帶中營。其左營由該將遴選樸勇更事操練認真之營官，稟請飭委管帶。所有新改之護軍中營，應令劉副將仿照原有護軍前、後兩營辦法，練習洋操，督飭哨弁約束勇丁，遵照洋教習、華教習指授，將西法馬步礮各隊陣式、技藝及槍礮藥彈裝卸運用、機器理法、營壘橋道、測量繪圖並每日練習體操一切緊要事宜，分別於學堂、操場認真講習操練，務須步伐嚴整，材藝嫻熟，與前、後兩營一律練成勁旅。月餉准照前、後兩營定章支領，由該營官會同洋操提調錢守恂及洋教習當衆給發，以示大公。除分行外，合亟札委。札到，該將即便遵照上項札行事理，妥爲接帶督飭，認真練習，以副委任。仍將接帶日期具報查考。

札委汪鳳瀛充當農務學堂委員光緒二十三年十二月二十九日

照得本部堂創設農務學堂，延募美國農務教習來華，已閲數月，迭派湖北試用同知汪丞鳳瀛伴同洋教習往江夏、漢陽、沔陽、黄陂、孝感、大冶等處考察農情，辨別土宜，均經將察看情形稟報在案。現又發欵往美國購備西式農具、果穀佳種，備春融試種之用，亟應派員課督，以興農利。查汪丞業與洋教習相習數月，籌議辦法頗有端緒，應即派委該丞充當農務學堂委員，以資熟手，每月支薪水銀四十兩，以資辦公，自明年正月起支，按月由善後局支給。爲此札委。札到，該丞即便會同洋教習悉心經理，隨時將辦理情形禀候本部堂核定飭遵。

札北善後局調取槍礮、子彈等件解京附單

光緒二十三年十二月二十九日

光緒二十三年十二月十九日，承准欽命練兵王大臣咨開：照得本王大臣擬由湖廣調取槍礮及子彈什物等件，於本年十一月二十五日附片具奏。奉旨：依議。欽此。欽遵相應抄録原片，恭録諭旨，咨行貴大臣查照辦理可也。計抄原片等因，到本部堂。承准此。合就札行。札到，該局即便遵照，轉飭軍裝所迅將前項槍礮、子彈等件查核明確，照數點裝完好，禀請派委妥員，給咨管解，俟開河時由輪船運解赴京交收。勿違。

調取槍礮片

再，練兵所需槍礮器械，一半籌欵製造，一半由北洋隨時調取，以濟要需，曾經奏明在案。嗣又接奉督辦軍務處文稱，如有需用槍枝，即由南、北洋咨取等因亦在案。查光緒二十二年正月間由内閣鈔出湖廣總督張之洞附片，奏稱湖北省現收前湖南撫臣吴大澂購買克虜伯礮十二尊，車架車輪并子彈零件，又麥尼夏槍二千枝，皮帶共八十五箱，麥尼夏子彈二百萬顆，已飭交善後局妥為收存，以備撥用等語。奴才等現在練兵，器械槍礮實所必需，擬請將鄂省善後局所存克虜伯礮十二尊、麥尼夏槍二千枝并車架、車輪、子彈、零件及皮帶八十五箱、麥尼夏子彈二百萬顆，調取應用。如蒙俞允，即由奴才等行文湖廣總督，著派妥員解送來營應用。所有調取槍礮緣由，謹附片具陳。伏祈聖鑒，訓示遵行。謹奏。

光緒二十四年

咨行北洋大臣咨請飭解旅順、大連臺礮經費[一]

光緒二十四年正月十三日

光緒二十四年正月十九日准北洋大臣直隸督部堂王咨開：據海防支應局詳稱，光緒二十三年十一月二十八日奉憲臺札准兵部火票遞到軍機大臣字寄光緒二十三年十一月二十四日奉上諭：總理各國事務衙門、户部會奏遵議估計旅順大連灣購礮修臺經費，擬請分年撥欵籌辦一摺。旅順大連灣拱衛北洋，相爲犄角，形勢天險，業經王文韶派員勘估，按照圖説，擬請擇要修築大小各礮臺，配用各種快礮。據王大臣覆覈，財力既多撙節，防務復協機宜，自應准如所請。著在杭州關税釐項下每年提撥銀二十萬兩，湖北每年劃撥釐金銀十萬兩，閩海關每年劃撥洋藥加價銀十萬兩，均自明年起，按年照數解交北洋大臣兑收，解足五年，共合銀二百萬兩，統作爲購礮修臺之用。至於應用槍礮，前經張之洞在湖北創設槍礮廠，奏明添撥洋欵，除該廠原造之數，每年能加陸路、過山兩種快礮二百尊、礮彈二十萬顆。現在旅順大連灣應添礮位，如果該廠可以製造，較之購自外洋，所省不啻倍蓰。著張之洞酌度情形，總以鄂廠所造爲宜，并著會商王文韶先行妥商，奏明辦理。現在防務緊要，亟宜未雨綢繆，先事布置，而且籌欵實非易

[一] 以下五件録自抄本《督楚公牘》。

易，王文韶務當督飭在事各員，認真辦理，庶幾緩急可恃，欵不虚糜。原摺均著抄給閲看。將此各諭令知之。欽此。行局欽遵查照。計抄原奏等因，奉此。職局查旅順大連灣爲北洋門户，拱衛畿疆，防務最關緊要，修臺購礮，急待興辦。所有估計經費銀二百餘萬兩，係蒙憲台多方考覈，格外撙節，不容絲毫短少。玆奉指撥杭州關税釐銀二十萬兩、湖北釐金銀十萬兩、閩海關洋藥加價銀十萬兩，共銀四十萬兩，均自光緒二十四年起，按年照數解交北洋兑收，解足五年，共合二百萬兩。欵關防務要需，待用孔亟。理合具文詳請轉咨湖廣總督部堂查照轉飭，將光緒二十四年應解北洋旅大臺礮經費銀十萬兩趕緊分批籌解，并請嗣後按年如數解足，均隨時將起程各日期先行咨報，行局備查，實爲公便等情，到本大臣。據此。除分咨外，相應咨請查照轉飭，如數籌解，以應要需等因，到本部堂。准此。惟查前奉寄諭，現在旅順大連灣應添礮位，如果該廠可以製造，總以鄂廠製造爲宜等因。遵將鄂廠可以製造之礮位名目，電商北洋大臣，約估價值。旋接覆電，當經核計所需礮位價值已需數十萬金，尚有未經估定之件，約略合計，爲數尤鉅。自應將本年湖北應解之釐金銀十萬兩暫行截留，俟本部堂與北洋大臣商定由鄂廠製造礮位若干，價值若干，再爲咨商劃撥，以備工料之需。合就札行。札到，該司、局即便遵照。

咨吏、兵部湖北槍礮局出力各員詳請核咨立案 附單

光緒二十四年正月十六日

據湖北槍礮局漢黄德道、江漢關監督瞿廷韶詳稱：竊照近年奉准新章，局廠勞績人員五年准其保獎一次。查湖北槍礮廠關繫軍實要需，爲中國自强大計，實併槍廠、礮廠、槍彈、礮彈、礮架五廠爲一大廠。當創造之始，一切經營廠工、訂購各種機器、選募工匠、設機試造、購備應用物料，端緒紛繁，事體重大，需員甚多，全賴在廠各員盡心籌畫，實力講求，隨時照料，常川駐廠，勞瘁不辭。自光緒十六年開辦之日起，閲時數年之久，始將各廠陸續造成。各廠委員事有專司，稽查考究，朝夕不遑，辦理方見成效。其間因槍廠不戒於火，改造鐵梁鐵柱，修理傷損機器，致稽時日。迨至前年，始獲告厥成功，開機製造。又以工匠多係生手，雖有洋匠率同工作，所出槍礮無多。此時工藝漸熟，製造日精，業經遵照憲札，精製小口徑毛瑟快槍一千枝，三生七快礮十二尊，配帶子彈，禀奉委員解赴督辦軍務處，分撥神機營、練兵處應用。伏查槍礮廠事繁責重，一槍之中，其零件名目多至七十八種，一礮之中，其零件亦〔七〕十八種，其餘槍彈、礮彈、礮架各工，均各細微精密，無件不關緊要，無處稍可含糊，偶有參差，便難裝配。其於施放之靈鈍，尤以製造之良楛爲區分，非如他種機件，或可省力偷工者比。所用工匠，數倍於煉鐵廠，非委派多員，不足以資分布。現在所造快槍、快礮、槍子、礮彈，均能施放靈便，密合洋製，成效昭然。事關軍實創舉，任事各員，實屬始終奮勉，異常出力。惟其中辦事之員甚多，勢難全數開列。理合將槍礮廠歷年在事尤爲出力文職二十員、武職二十六員銜名，并委辦何項差事，先行詳請咨部立案。除俟另行詳請具奏請獎外，爲此具詳等情，到本部堂。據此。查湖北槍礮廠事體重大，工作精微。創辦之初，全賴任事各員經營廠工機器，選募華洋工匠，購備物料，教練工徒，講求製造，歷時八年之久，始克告厥成功。事關軍實創舉，實屬始終奮勉，異常出力，自應奏明請獎，以示

鼓勵。除俟另詳至日再行具奏外，所有在事文武尤爲出力各員銜名并委辦何項差事，除咨兵、吏部外，相應先行據詳抄録清單咨送。爲此，合咨貴部請煩查照立案施行。

抄　單

今將槍礮局廠歷年在事尤為出力文武各員銜名并委辦何項差事，開具清單，咨送查核立案。

計開

提調、湖北候補知府汪洪霆

提調、浙江候補知府劉祖桂

提調、分省補用知府錢恂

提調、分省補用知府沈錫周

總監工委員、候選通判馮熙光

總局文案兼收支委員、湖北候補知縣周林

稽查物料委員、湖北試用知縣鄒履和

文案委員、揀選知縣岳嗣銓

總稽查兼採辦委員、湖北截取知縣徐鈞溥

總監工、候選知縣吴傳綸

繙譯兼監工委員、補用直隸州知州、候選知縣梁敦彦

查工委員、候選知縣蘇晋

監工委員、兩淮鹽大使唐我增

繙譯委員、候選鹽大使李維格

監工委員、補用知縣、湖北試用府經歷楊悦

稽核工匠委員、湖北試用府經歷楊榫

總監工、前廣東候補縣丞張焕斗

收發物料委員、試用縣丞游宗泗

監工委員、湖北候補縣主簿韓方樸

清理欵目兼監工委員、候選巡檢嚴用炳

考驗槍礮全廠機器、儘先補用副將劉恩榮

考驗槍礮全廠工作、湖廣儘先補用遊擊張彪

考驗槍礮全廠工作、湖廣儘先補用遊擊王得勝

稽查槍廠工作、儘先遊擊宋得明

考驗槍廠工作、游擊銜儘先都司陳士恒

稽查槍彈廠工作、儘先補用都司安得永

考驗礮廠工作、都司銜兩江候補守備唐坤朋

礮彈廠監工、儘先守備孫連升

校定槍礮全廠機器、儘先拔補千總黄德福

礮廠監工、儘先拔補千總張玉堂

礮廠監工、儘先千總黎元洪

礮廠監工、千總職銜杜長榮

礮廠監工、五品藍翎記名外委鄧定彝

礮工領工、五品軍功記名外委張巨生

礮架廠領工、五品軍功記名外委何榮

槍廠監工、拔補千總姚廣順

槍彈廠監工、千總職銜李芳榮

繙砂鑄彈廠監工、軍功儘先外委孟廣發

槍彈廠監工、千總職銜焦坤山

礮彈廠監工、五品軍功陳世貞

礮架廠監工、五品軍功李澤湘

礮架廠監工、五品軍功孫富貴

繙砂鑄彈廠監工、五品軍功石茂林
槍廠監工、八品軍功高福堂
槍廠監工、儘先千總石金城

札朱滋澤限三箇月完成漢灄路隄頭二段光緒二十四年正月十六日

光緒二十四年正月十四日准督辦鐵路總公司事務大臣大理寺少堂盛元電開：海沙地所稟法蘭吉、王福昌等皆言屬實，宣在漢嚴切面催，朱道無不善言慰我，今日看來不特第三段無望，一、二段亦屬可慮，內必爲廷議詰責，外必爲洋人恥笑。此皆宣督屬無方，用人不當，咎無可辭。然臨敵易將，亦多不便。細審朱道於宣未免客氣，瀕行推誠告誡，終恐隔膜。惟有懇求憲台設法曉以利害，限令三箇月內將兩段石堤務要砌成。儻再不認真備辦工料，則發水工必不完，已砌之隄亦必爲水所漂。海之力已盡，現只缺石料石工，此兩事皆中國總辦之責，謹稟申明，以作證據云。除咨行外，查朱道訂定三段，停辦頭二段，石料石工必不延誤，若如海沙地所稟，漢工如何得了，朱道應得何咎。此時惟有責成朱道趕緊催石催夫晝夜趕辦，即照石匠合同，每日砌成五十方，亦須百餘日完工，尚恐雨雪耽擱。石料朱道所辦，石工朱道所雇，即使宣親自駐工，亦非朱道不能爲力，中外注目，焦灼同情。同日又准盛大臣願電開：頃據海沙地到滬稟稱，頭二段運來石料甚少，仍是極下等蠻石，朱道所允紅沙四千方到者寥寥。又工匠朱道應允七八百名，照理每日可砌六十方，不意開工一月之久，僅砌六十三方。又請多招石匠頭數家，人多則易貶價。而朱道止招一家，訂定合同每日亟少須砌石五十方，自西正月二十六動工，該石匠毫無本領，亦不能踐約，動身之日僅砌十方。海屢次函催，朱道均空言回覆。現計至發水時爲日無多，而隄工尚有七八千方未辦成。并請責成該道專力辦石隄及買地兩事，以免分心，灄口以上土工責成沈廷棟矣各等因，到本部堂。准此。合亟札飭。爲此，札仰該道即便遵照，勒限正、二、三三箇月內，先將頭、二兩段石料趕緊催辦齊全，分投多雇石匠，每日必須砌成六十方，趕於此三箇月內一律砌成完工。儻再藉詞延誤，迨至春水漲發，猶未完工，甚至或將工隄沖壞，或將堆積之石漂沒，定即嚴參不貸。懍之。一面并將現辦情形據實稟覆。切切。

札委姚錫光等前往日本游歷詳考各種學校章程光緒二十四年正月十八日

照得造就人材爲一切政治之根本，培植之法全在學校。日本國近三十年來採用西法，設立各種學校，實力舉行，規制周詳，於武備一門進境尤速。近來中國雖已極意經營，而立法尚嫌未備，成材不能甚多。日本與我同種同教，同文同俗，又已先著成效。故中國欲採取泰西各種新學新法，允宜階梯於日本，必須有明白事理，究心學術之員，前往游歷詳考各種學校章程，實有領悟，方足以資倣效。查有知府用候選直隸州知州姚錫光歷辦學堂，堪以派往。又日本章程，凡干涉武備如製造槍礮、營壘、礮臺等事，非武員出身之人，不能游歷，用特加派儘先游擊張彪、都司銜補用守備吳殿英、五品頂戴儘先千總黎元洪、東文繙譯生瞿世瑛，偕同姚牧前往日本，將政治學、法律學、武學、航海學、農學、工學、山林學、醫學、鑛學、電學、鐵道學、理化學、測量學、商業學各種學校選材授課之法，以及武備學分槍礮、圖繪、乘馬各種課程，或隨時筆記，或購取章程賚歸，務詳勿略，藉資考鏡。近年新學日出，屢奉諭旨設立學堂，開設特科，故學校爲當今要務，而武備尤要中之要。該員等深體本部堂亟於培材之深心，勿負委任，勿虛遠行，是爲至要。合亟札委。札到，該員即便遵照，即日束裝起程，前往日本游歷。合計往來程途，通以三箇月爲限，所須川資旅費，由善後局先行給發銀二千二百兩，以利遄行，并將起程日期具報查考。

照得日本近年來採用西法，設立各種學校，實力奉行，規制周詳，於武備一門進境尤速。中國欲採取泰西各種新學新法，亟宜派員前往日本游歷，詳考各種學校章程，以資倣效。茲特派委知府用候選直隸州知州姚錫光、儘先游擊張彪、都司銜儘先守備吴殿英、五品頂戴儘先千總黎元洪、東文繙譯生瞿世英，前往日本，將現設各種學校選材授課之法，以及武備學分槍礮、圖繪、乘馬各種課程，或隨時筆記，或購取章程賚歸，務詳勿略，藉資考鏡。除飭委該員等遵照，即日起程，往來程途以三箇月爲限，并飭發川資旅費外，合行給護。爲此，照仰經過沿途關卡一體遵照，如遇該員等到境，立即驗明護照放行，勿得留難阻滯。沿途不准包攬夾帶私貨，致干查究。切切。

札委徐鈞溥會同姚錫光等前往日本游歷詳考各種學校章程 光緒二十四年正月二十三日

照得造就人材爲一切政治之根本，培植之法全在學校。日本國近三十年來採用西法，設立各種學校，實力奉行，規制周詳，於武備一門進境尤速。中國雖已極意經營，而立法尚嫌未備，成材不能甚多。日本與我同種同教，同文同俗，又已先著成效。中國欲採取泰西各種新學新法，必須派員前往日本游歷，詳考各種學校章程，以資倣效。昨經飭委知府用候選直隸州知州姚錫光、儘先游擊張彪、都司銜補用守備吴殿英、五品頂戴儘先千總黎元洪、東文繙譯生瞿世瑛，前往日本游歷，詳加考究在案。茲查有槍礮廠委員、截取知縣徐鈞溥，堪以加派前往，考究製造槍礮各事宜。應即會同前委姚直牧錫光等，將日本政治學、法律學、武學、航海學、農學、工學、山林學、醫學、鑛學、電學、鐵道學、理化學、測量學、商業學各種學校選材授課之法，以及武備學分槍礮、圖繪、乘馬各種課程，或隨時筆記，或購取章程賚歸，務詳勿略，藉資考鏡。總之，該員以製造槍礮各局廠爲要。近年新學日出，屢奉諭旨設立學堂，開設特科，故學校爲當今要務，而武備尤要中之要。該員務當深體本部堂亟於培材之深心，勿負委任，勿虛遠行。合亟札委。札到，該員即便遵照，即日束裝起程，前往日本游歷。合計往來程途，通以三箇月爲限，所須川資旅費，由善後局先行發給銀五百兩，以利遄行。并將起程日期具報查考。

照得日本近年來採用西法，設立各種學校，實力奉行，規制周詳，於武備一門進境尤速。中國欲採取泰西各種新學新法，亟宜派員前往日本游歷，詳考各種學校章程，以資倣效。昨經派委候選直隸州知州姚錫光等前往游歷在案。茲特加派截取知縣徐鈞溥前往日本，會同原委姚直牧等，將日本現設各種學校選材授課之法，以及武備學分槍礮、圖繪、乘馬各種課程，或隨時筆記，或購取章程賚歸，藉資考鏡。除飭委該員即日起程，往來程途以三箇月爲限，并飭發川資旅費外，合行給護。爲此，照仰經過沿途關卡一體遵照，如遇該員到境，立即驗明護照放行，勿得留難阻滯。沿途不准包攬夾帶私貨，致干查究。切切。

咨呈總署録送漢口俄國租界條約附單

光緒二十四年二月初二日

據湖北漢黄德道、江漢關監督瞿廷韶詳稱：竊查俄國在漢口開辦租界，上年〔一〕四月間已勘明劃定，會同酌議條欵，在英租界下起，至法租界止，作爲俄國租界，業經職道將勘劃辦理情形并繪圖，詳蒙查核咨明總理衙門查照在案。當日職道與領事原議，地價每方十兩，迭飭府縣傳諭業户繳契領價。乃漢口地價極貴，各業户不肯棄捨祖業，多不繳契呈驗，而搬遷拆屋之費領事亦未議定。嗣駐漢俄領事羅日新及現任俄領事王厚目擊情形，亦知一時將地全租，殊非容易，情願先租界内沿江岸一帶地段，地户較少，辦理較易。往返商榷數月之久，節飭地方官開導，現在始與業户議定。俄領事日來催促定約簽字，急如星火。現於本月〔二〕十六日，職道與俄領事王厚會同重立條欵，彼此簽字。當准俄領事交來地價銀票，及津貼業户唐瑞芝屋價等項，共計銀四萬九千七百三十三兩八錢五分，飭交府縣分别發給業户。除飭令業户寫契給價，取具領狀送查外，所有俄國租界，現從沿江岸一帶地段先行永租緣由，理合照録條約，具文詳請核咨等情，到本部堂。據此。相應咨貴衙門，謹請查照施行。

漢口俄國租界條約

大清欽命二品頂戴湖北漢黄德道江漢關監督瞿、大俄欽命駐紮漢口正領事官辦理通商事宜王，為會同訂立辦理中國將漢口俄租界江岸地基四段永租與俄國之條約三條，開列於後。

第一條　中國永租與俄國政府坐落江邊地基：

第一段地，先係厚生祥業户基地，東至江邊，南至順豊洋行基地，西至新泰洋行磚茶棧，北至公巷。丈得三萬一千六百四十英方尺，核計二百二十九方零一分七釐一毫六絲。每方計銀十兩，共核銀二千二百九十一兩七錢二分，地基上所有房屋估銀九千兩，總共核銀一萬一千二百九十一兩七錢二分，議定二十四年二月底交屋。

第二段地，先係武昌船關基地，東至江邊，南至公巷，西至新泰洋行基地，北至新泰洋行基地。丈得六千五百三十一英方尺，核計四十七方零三分。查關屋係屬公所，現因俄國開辦租界，督憲體念中國輯睦邦交之意，諭飭格外通融，不必計算價值。今俄國政府願獻銀一千兩，請中國作善舉之用，或作為貼補移關之費，其地上房屋由中國自行遷移。

第三段地，先係唐瑞芝基地，東至江邊，南至寶順洋行基地，西至大路，北至無主之地。丈得三十九萬七千一百三十二英方尺，核計二千八百七十六方零四分六釐五毫三絲。每方計銀十兩，核銀二萬八千七百六十四兩六錢五分。所有在地上未成棧房，應於立約後限一月搬移他處。所有蓋造花費，貼還銀三千一百四十兩零五錢。總共核銀三萬一千九百零五兩一錢五分。

第四段係無主之地，東至江邊，南至唐瑞芝基地，西界大路，北界公巷。丈得七萬六千四百四十五英方尺，核計五百五十三方

〔一〕「上年」，指光緒二十二年。
〔二〕「本月」，指光緒二十三年十一月。

零六分九釐八毫五絲。每方計銀十兩，核銀五千五百三十六兩九錢八分。飭查現無地主出頭承認，所有地價銀兩由中國收受，存於銀行，俟將來有真正地主執契出認，提銀發給。

第二條　中國將以上所開地基四段以及房屋現在永租於俄國政府，所有地價暨房屋估價等項，共核銀四萬九千七百三十三兩八錢五分，當時中國收清，由中國躭承與各業户自行辦理。

第三條　現在俄租界内公巷二條，仍照前留出，無論華洋商民均准一律行走。如將公巷收入添蓋房屋，俄國政府仍照章每方補還中國地價銀十兩。其餘未盡事宜，均照華二十二年四月所定條章辦理，合併登明。

大清欽命二品頂戴湖北漢黄德道江漢關監督　瞿

大俄國欽命駐紮漢口正領事官辦理通商事宜　王

大清光緒二十三年十一月十六日

大俄一千八百九十七年十一月二十七日

札老河口官運局添派委員稽察〔一〕 光緒二十四年二月初三日

照得老河口官運川鹽局開拓川鹽邊界銷路，分設局店多處，配運疏緝，事繁責重，運售欵目尤形繁多，杜倅焕章遠駐河口，誠恐鞭長莫及，勢難兼顧，亟應添派委員，稽察考核，以昭周妥。查有張丞賡颺辦事精詳勤慎，熟悉官運情形，堪以委派。務將官鹽出入鹽斤、收支銀錢及緝私敵私一切應辦事宜，商同杜倅悉心稽核，認真整飭，并隨時周歷各邊界分局子店，巡視考察，如司事人等有暗中舞弊及以多報少情事，即行查明，稟請撤換。嗣後官運局杜倅每月册報多造一分移送該員，隨時勾稽，如有舛錯，即行馳往官運局查核校對，勿稍疏率。每月由官運局支給夫馬銀八十兩，以資辦公。除分行外，合亟札委。札到，該員即便遵照上項札行事理，前往會商稽察，務須官運日有起色，以裕課餉。是爲至要。仍將遵辦情形隨時報查。切切。

札委署漢陽縣李令觀濤幫同宗令得福催趕鐵廠隄工 光緒二十四年二月初六日

案照漢陽鐵廠演武廳後一帶襄河隄工被水沖陷，急需修築，前經飭委漢陽縣薛令福祁購辦石料，并委洋工師錫樂巴管理工程，暨添委候補知縣宗令得福幫同辦理購料集夫等事。嗣因此隄關繫緊要，必須有專員駐工督率，催料集夫，方可趕應工需。宗令本係鐵廠委員，可以就近常川駐工，又經札委宗令駐工專辦嚴催石料、集夫工作，仍由薛令幫同催趕，以免宗令掣肘在案。兹查薛令業經交卸漢陽縣篆，所有鐵廠隄工事務，應即改委新署漢陽縣李令觀濤幫同宗令催趕，務於春水未漲之前勒限早期完工。此項工程關繫地方水利，李令務須隨時竭力協助，毋得推諉延誤。合行札飭。札到，該令即便遵照辦理，迅速幫同催趕，毋令宗令掣肘，有礙要工。切切。

〔一〕以下八件録自抄本《督楚公牘》。

札委方悦魯管帶武愷左營光緒二十四年二月初十日

照得副將吴元愷所統武愷中、左、右三營，前經札飭將左營改爲護軍中營，另委副將劉恩榮接帶，練習洋操。該將仍就中營整營、右營底營兩營勇丁七百五十名，一律改爲三底營，仍名爲武愷中、左、右三營，歸副將吴元愷統帶，并自行兼帶中營。所有左營由該將遴選樸勇更事，操練認真之營官，稟請飭委管帶，并分行在案。茲據統帶武愷中、左、右三營副將吴元愷稟稱，新改左營遵飭遴員接帶，開摺陳明，請飭委等情。查有分省補用知縣、候選府經歷方悦魯營務精詳，熟習洋操，從征關外，著有勞績，堪以飭委管帶武愷左營。應即督飭哨弁勤加操練，講求新式槍礮理法準頭，及一切繪圖測量、營壘工程諸事宜，務須一律嫻熟，以成勁旅。勇丁不准一名疲弱充數，口糧不得稍有空曠虚懸，以除積習。除分行外，合亟札委。札到，該員即便遵照接帶武愷左營，隨同吴副將將營中操防一切事宜認真整頓，妥籌辦理，仍隨時聽候該統帶節制調遣，勿負委任。并將接帶日期具報查考。

札行官運局等張賡颺稟遵擬官運、緝費兩局增解數目籌定辦法附單 光緒二十四年二月十三日

據湖北候補同知張丞賡颺稟稱：竊卑職將下游官運局店裁撤，還清官本，回省銷差。現奉憲台切諭，嗣後上游盈餘每年能增解若干，緝費項下除照舊解撥外每年能增解若干。現在時事多艱，餉需支絀，飭將兩局設法籌維，多多報解，以濟要需，速定章程核奪等因。卑職遵即通盤籌畫，將兩局各欵目酌定辦法，官運局裁下游，節省提紅多解銀一千二百兩，不提留固本約多解銀三四千兩，帳餘儘數提解約銀三千兩，邊界盈餘約銀四千餘兩，合計前稟定年解盈餘六千兩計，可籌解銀一萬七八千兩。緝費局除照舊解鹽庫、提署銀一萬四千兩及撥官運局經費外，計可籌增解銀四千兩。兩局共大約籌銀二萬一二千兩。謹將各欵目另具説帖，恭呈鈞核。所有卑職遵飭謹擬官運緝費兩局增解數目籌定辦法是否有當，伏祈批示分飭等情，到本部堂。據此。除批：據稟及清摺均悉。所籌甚爲精細核實，可嘉之至。該丞籌定官運局正鹽、邊界、賬餘三項盈餘，除提花紅外，每年可共籌解銀一萬七八千兩，除原定應解盈餘六千兩外，計增解銀一萬一二千兩，緝費局除照舊解鹽庫、提署銀一萬四千兩及撥官運局經費外，每年可增解銀四千兩，兩局共計應籌解銀二萬一二千兩，連向解鹽道緝費一萬二千兩及提署緝費二千兩，共一萬四千兩，合計統共應解銀三萬五六千兩，內新增加解銀一萬五六千兩。應即照此次籌定增解數目作爲定額，以後均即照解，不准絲毫短少，兩局尤不得再行稟請存留，以濟餉需。除行上游官運局、沙市緝費局遵照辦理，并另行北鹽法道妥核嚴定章程，詳覆核奪飭遵外，仰即知照。此繳。等因。印發并分行外，合就札行。札到，該局即便遵照批飭事宜辦理，勿稍違誤。切切。

抄單

官運局

正鹽盈餘項下：

查光緒二十三年正月分起，至九月分止，計册報已餘銀八千

八百二十九兩，十、冬、臘三箇月約可餘銀三千餘兩，通年共約餘銀一萬二千兩之譜。查近年錢價較昂，盈餘較增。

邊界盈餘項下：

查光緒二十三年正月分起，至九月分止，計册報已餘銀三千六百六十三兩，十、冬、臘三箇月約可餘銀一千二三百兩，通年約共餘銀四千八九百兩之譜。查近年錢價較昂，私鹽斂跡，官銷大旺，始有餘利。

帳餘項下：

查光緒二十二年分有三千兩零，二十三年分錢價較前尤勝，即照此比較，通年約可餘銀三千兩之譜。

以上三項，通年共約計餘銀在二萬兩之譜。現奉飭妥籌撙節餘欵竭力報解章程，擬請正鹽、邊界、帳餘三項盈餘，除提花紅外，儘數報解，局内不得存留絲毫餘欵，以昭核實。

一、提花紅。查向年上、下游合辦時，每年酌提四千兩之譜。上年下游奉撤，少委員一人，司事三十餘人，應節省紅費銀約一千二百兩。上游現擬請定每年無論盈餘多寡，限以二千八百兩為率，不准加增。

一、固本。從前稟定章程，此項原為留備不虞而設。現在時事多艱，餉項支絀，擬請儘數報解，無庸如前酌留。倘遇不虞，須由地方官驗勘出結，應先行稟准後，方可於本年盈餘項下實報支銷，以免擅支。

一、邊界。原係減價銷售，抵敵私鹽，本無盈餘。近年來私鹽短缺，銷路較旺，又得錢價昂貴，方獲有盈。查前經稟定，邊界如有盈餘，留備私鹽充斥、抵敵折本之用。現因公家要需緊急，擬請此後掃數湊解，不准存留，如遇私鹽充斥，錢價跌落年分，隨時稟請核辦。

一、帳餘。從前李故牧幹經辦，虧折官本銀兩，數年來業已彌補清楚。此次稟撤下游時，已將製造運鹽船隻價及欠撥額支各欵掃數彌補無虧，擬請此項銀兩嗣後可毋庸留局，儘數報解。

一、前稟上游無甚明效之店，隨時停撤，以節經費，除已由杜倅焕章裁併三店外，擬請以後不再裁併，節經費有限，庶行銷之地徧及。如銷數較多盈餘，既可生色，宜課亦能充裕。

卑職通籌欵目，比較二十二年餘欵及查上游九月分册報數目，并將向係留局之欵，今擬請提出湊解，約計三項除提紅二千八百兩外，計可净解銀一萬七八千兩。

緝費局

緝費項下：

查二十三年抽收鹽捐錢五萬三千零九十三串二百八十文，暢銷年分可收五萬四五千串文不等。計每年解鹽庫彌補公費銀一萬二千兩，扯合錢一萬五千三四百串文。每年解提署緝私費二千兩，扯合錢二千五六百串文。每年奉撥上游官運局額支緝私各欵錢一萬六千五百十二串文，另支錢一千八百串文。邊界局店額支錢三千二百四十三串文，另支約三千餘串文。下游官運局額另支約四千串文。本局卡委員津貼錢八百六十四串文，本局額支二千四百十八串文，草市、太師淵、青龍觀、張家溝四分卡共額支一千五百三十二串四百文，蔴串挑力一百二十串，歲修巡船、添製蓆篷六十串文。二十三年十一月裁撤下游官運局店，稟准賞給資遣司事盤費等項，計三箇月薪工，各司事積年懸欠外，所收除解撥支各欵，有虧無盈。自二十四年起，節省裁撤下游局店經費每年約錢四千串，擬請以後每年除照舊解撥支外，無論收數多寡，再增解銀四千兩，作為額解，不准短少。倘遇收數不敷，隨時稟請核辦。查二十三年收欵撥解無存。惟時事多艱，待用孔亟，不得不力籌措解。本年所收緝費，除照章月解鹽庫一千兩外，先行提前將籌增之四千兩報解，以濟要需，此後均照如此辦理。

札發武備學堂行兇滋事學生張英等分別發縣看管、追繳膏火、驅逐出堂告示

光緒二十四年二月二十五日

照得武備學堂之設，乃本部堂深念時艱，培植人材之舉，并非爲津貼寒士而設，從前告示札文屢經明白曉示在案。泰西各國，無論文學、武備各學堂，皆係學生捐備火食束脩及學堂經費，每年每人約須百餘元，從無官發膏火之事。鄂省學堂因係初設，格外從優，學生既不納費，又復給予膏火、衣服、飯食、雜用等件，經費甚鉅，原屬暫時試辦章程，以後尚擬變通撙節，以爲經久之計。乃本日午前，武備學生孟平、張錫勳等遵章上學，午初下學時，被不願上學之學生張英等行兇毆踢，張錫勳脅下受傷，孟平亦受微傷。張英糾衆逞凶，目無法紀，實堪痛恨，應即發交江夏縣看管，俟張錫勳、孟平傷痊，再行核辦。其隨同逞兇之蔣福田、李忠信、吕聯瑾、孫本厚、張典謨五名，均追繳所領膏火銀兩，驅逐出堂。午後，又有學生高鼎、陳雲岫、楊開甲等膽敢强糾同學多人來轅求見，又不肯具報姓名，是何居心。據高鼎稱，昨日見學堂批示漢川生員周珍等請收入學堂一稟，有學堂章程迥異書院，所有膏火正議停止等語，因此情急來轅請示。查所批係批示漢川生員示期傳見之語，因向來書院積習，往往爲希圖膏火而來，以致并不認真嚮學，動輒生事，故此次批示預先聲明，以杜其輕學重利之心，并非目前即行停止。即使將來停止，該生等亦應恪遵静候。乃該生等輒敢糾衆滋鬧，所爲祇此四兩之膏火，其居心卑下，不堪造就，已可概見。高鼎當巡捕官詢問之時，又不敢自道姓名，捏稱姓王，尤屬刁詐。陳雲岫平日遇事逞刁，此次聽從幫鬧。楊開甲平日尚稱安分，何以亦聽從高鼎、陳雲岫兩人，隨同滋事，均屬糊塗謬妄。高鼎、陳雲岫均追繳所領膏火銀兩，驅逐出堂。高鼎係候選州判，既有官職，情節較重，應另行從嚴懲儆。楊開甲姑念功課尚好，留觀後效。又本日午刻吆喝員司不准上飯廳之李英棻、汪桂芳兩名，一併斥逐出堂。其餘安分在堂之易甲鵬[一]等二十餘名及被脅無奈之陳元傑等二十餘名，均准照常上學。本年以來，學堂規矩漸臻嚴肅，在放縱各生自多不便，難保無以後尚有藉端滋鬧造言生事之人。仰該學堂總辦、提調認真考察約束，并責成領班學生彈壓開導，如有稍不安分之學生，立即稟請斥逐，毋稍寬縱，以肅堂規而警效尤。切切。特示。

札委張道鴻順等督辦農務、工藝學堂

光緒二十四年二月二十六日

照得中華向爲重農之國，乃因農學不修，農利日薄，而工藝一切尤多拘守舊習，不能用新法製造，以致利權外溢，民生益困。亟應創設農務、工藝各學堂，採用西法，實力講求，以開風氣，而廣利源。本部堂前向美國延訂農學教習布里爾來鄂，當令前往

[一] 抄本《督楚公牘》為「鵬」，誤。

近省各縣察看中國農務情形，并發欵往美國購備西式農具、果穀佳種，以備試種。現在農具等項陸續運到，既經查勘省城東門外卓刀泉一帶地方，尚屬相宜，應即在該處擇地建造農務學堂，并購附近田畝，爲種樹藝穀暨畜牧之地。以布里爾爲正教習，再募副教習一人教導學生、農人研求物理，依法種植。又工藝學堂現暫設鐵政洋務局内，延訂東洋教習二人，一教理化學，一教機器學，并募能製造工師二人，幫同教課學生、工匠講求製造各事宜。亟應派委大員督率經理，以收實效。本部堂查明湖南候補道張鴻順堪以檄委總辦，分省補用知府錢恂堪以派充提調，候選知縣梁敦彦堪以派充繙譯兼照料委員。合行札委。爲此，札仰該道、守、令即便遵照，督同錢守悉心經理，前往卓刀泉一帶勘定建造農務學堂基地暨應用田畝，共需地價、工料銀若干，據實開摺呈核，并將鐵政洋務局相度開設學堂工廠地方，一面詳議各學堂章程，稟候酌定飭遵。張道月支薪夫銀一百兩，即在善後局支領。錢守、梁令毋庸開支薪水。仍將辦理情形隨時報查。此札。

札北藩司等會議户部咨會奏續借英德商欵摺令將鹽釐抵償附單

光緒二十四年二月二十七日

光緒二十四年二月二十四日准兵部火票遞到户部咨開，北檔房案呈准總理衙門咨稱：光緒二十四年二月初十日會奏續借英德商欵一摺。奉硃批：依議。欽此。咨行户部欽遵辦理，并分咨江蘇、江西、浙江、湖北、安徽各省督撫等因，咨行前來。相應標録原奏，恭録諭旨，由四百里飛咨湖廣總督遵照可也等因，到本部堂。准此。查鄂省善後局收欵，向係專指貨釐、鹽釐兩項，以充餉需。核計宜昌所收川鹽課釐每年約計錢一百數十萬串，淮鹽分運鄂湘銷售每年計收鄂釐銀二十餘萬兩，實爲餉源大宗，所有奉撥京協各餉、籌還從前四國洋欵及本省水陸防練各營月餉，無不仰給於此。而川、淮兩鹽所收江防經費，尤爲專供槍炮廠常年經費之用，是川、淮鹽釐實爲湖北全省命脈所關。茲准部咨，奏准行令以宜昌鹽釐、鄂岸鹽釐抵償此次英德借欵，如照此辦理，則此後本省營餉及奉撥京協各餉并籌還從前四國洋欵，皆屬無欵可支，諸事束手，全省大局如何支持。究應如何另行籌計設法維持之處，應飭北布政司、鹽法道，善後、槍礮、宜昌川鹽三局悉心體察，迅速妥議，詳候核奪覆奏。除分行外，合亟札飭。札到該司、道、局即便遵照迅速會議詳覆。勿違。

續借英德商欵摺

總理各國事務衙門等謹奏為續借英德商欵訂立合同請旨遵行恭摺仰祈聖鑒事。前於光緒二十二年二月間訂借英德商欵一千六百萬鎊，約合庫平銀一萬萬兩，奏蒙允准在案。嗣經陸續提付日本賠欵及威海軍費七千七百五十九萬餘兩，加以訂購礮船等項，僅餘銀三百數十萬兩，而日本賠欵尚欠七千二百五十萬兩，若不續借鉅欵，照約於三年之内全數還清，則已付之息不能扣回，威海之軍不能早撤，中國受虧甚鉅。且本年閏三月間應付之一千七百餘兩，亦尚無從籌措。上年十二月間英、俄兩國使臣迭向臣等商議借其國家之欵，息扣雖較商欵為輕，而所索利益互相關礙，難以允從。臣等籌思至再，祇可仍借商欵以免轇轕。然不先指定償欵，則借欵仍歸無著。中國借欵向指關稅作抵，各關關稅每年納收二千一二百萬兩，内提出使經費、各關經費、船鈔等項，並抵還以前借欵本息，所餘無多，不敷抵借。至於鹽課、地丁雖皆有著之欵，然均係歲入正供，不宜作抵。且所收數目洋商無由得知，若准令洋商照看，更礙於俄、法借欵一體均沾之條，益恐别生枝節。臣等通盤籌畫，擬將蘇州貨釐、松滬貨釐、九江貨釐、浙東貨釐、宜昌鹽釐、鄂岸鹽釐、皖岸鹽釐等項，酌照廣東六廠辦法，札派總税務司赫德代徵，以便按時撥付本息，不致遲誤。此項貨釐、鹽釐每年約徵銀五百萬兩，抵償借欵當可取信洋商，而他國不至有所借口。當將此意面告赫德，令向英德銀行商辦。經赫德與該行往復商論，訂明續借英金一千六百萬鎊，仍合庫平銀一萬萬兩，開具草合同呈送前來。臣等查合同所開周息四釐五毫，八三折扣，四十五年還清，每四百鎊用費一鎊。雖較前次英德借欵折扣稍重，然前欵周息五釐，三十六年還清。現欵周息四釐五毫，四十五年還清，每年少還本息十三萬一千七百二十餘鎊，亦可稍紓財力。其餘各欵與前次合同無甚參差，較諸俄、英兩國同時商借之欵利害相懸甚遠，既無誤日本償欵之期，亦免諸多要挾。臣等公同商酌，自可照此定議。謹抄録合同底稿恭呈御覽。臣等即一面照案飭令總辦章京户部司員與該銀行董事畫押訂明，如期交欵，一面札行總税務司并咨行江蘇、江西、浙江、湖北、安徽等省督撫欽遵辦理。所有續借英德商欵緣由，理合恭摺具陳，伏乞皇上聖鑒訓示。

再，此摺係總理各國事務衙門主稿，合同户部具奏，合併陳明。謹奏。

札漢陽等縣出示再行嚴禁鐵路應用地段私相囤買、接續展停六箇月税契

光緒二十四年二月二十八日

照得盧漢鐵路發軔南端，自漢口以達黄、孝、應山，皆爲鐵路所必經，無論公私産業，凡屬應用之地，概當由委員會同地方官勘估，照章分别給價購買。前恐業户私相囤買，希圖漁利，阻礙路工，曾經本部堂、部院出示嚴禁，并飭地方官停止税契六箇月，嗣因限期届滿，又經本部堂、部院出示展停在案。兹查漢口至灄口鐵路應用地段，業經洋工程司插立標樁，分别購買，刻下尚未買竣，而黄、孝、應山三縣軌道地段較爲綿長，勘定立標尚需時日，勢難立時購買。誠恐奸商串通業户，藉口限期已滿，私相囤買，倒填月日，乘間投契，亟應接續展停，以杜影射。除分飭外，合再嚴切示諭。爲此，示仰官吏、紳商、軍民人等一體知悉，爾等須知興辦鐵路乃利國利民之盛舉，於地方大有裨益，豈容刁民囤買把持，壟斷牟利。自示之後，凡鐵路經過之地，兩旁田地房屋嚴禁民間私相買賣，再行接續展停税契六箇月，以前次展停税契滿限之日爲始，以免倒填年月，影射轇轕。倘敢故違，一經查出，定即從嚴懲罰，決不寬貸。其各懔遵毋違。特示。

照得盧漢鐵路發軔南端，自漢口以達黄、孝、應山，皆爲鐵路所必經，無論公私産業，凡屬應用之地，應由地方官會同委員勘估，給價購買。前因恐有業户私相囤買，希圖漁利，阻礙路工，曾經本部堂、院出示嚴禁，并飭地方官停止税契六箇月，嗣因限期届滿，漢口至灄口地段尚未買竣，又經本部堂、院出示展停漢陽税契六箇月，并於黄陂、孝感、應山三縣一體出示曉諭，飭令

各該縣於鐵路未經買竣以前，凡有民間投契，務令契内注明買主土著籍貫，并非洋商教堂置買，方准印契，若契未注明，或契内所注之地址在車路經過附近一帶，即一概不准印契在案。兹查漢口至灄口鐵路應用地段，業經洋工程司插立標樁，分别購買。刻下尚未買竣，而黄、孝、應山三縣軌道地段較爲綿長，勘定立標尚需時日，勢難立時購買。誠恐奸商藉口限滿影射，洋商冒名教堂肆行囤買，一經税契，即成華洋轇轕，於路工大有關礙。亟應重申禁令，以杜流弊，而免轇轕。除分飭外，合亟再行札飭。札到，該縣即便遵照前札事理認真辦理，勿得陽奉陰違，希圖收税，致干未便。切切。

札江漢關道開辦漢口商務公所光緒二十四年

三月初二日

照得今日阜民之道，自以通商惠工爲要策。漢口爲南北水陸交衝之地，華洋商賈薈萃之區，與各省氣勢易通，與外洋聲息亦甚易達，自宜設法鼓舞，俾省外偏僻遥遠各州縣所有出産造成各貨，得以傳播流通，以開風氣而濬利源。查湖北地産所有各物，如大冶之鐵，興國之錳，利川、建始、鶴峰、興山、竹山、德安之銅，興國、施南之鉛，施南所屬各縣之土硝、硫磺、雄黄，應城、巴東之鹽，興國、大冶、蒲圻、當陽、長陽等處之煤，江夏等處之觀音土，大冶之白灰石，漢白玉石，應城之石膏，竹山、施南之石緑，蒲圻、崇陽、通山、鶴峰等處之茶，漢陽、黄州、安陸、荆州之棉，武昌各府之麻，襄鄖之黄白黑木耳，施南之厚樸、陰沉木、癭木，黄陂、孝感之藍靛，宜施鄖之藥材、生漆，武昌等處之桕油、菜油，竹山之桐油，蘄水之蔗，均州之菸葉，蘄州之艾葉、白花蛇，施南之虎豹狼狐猴牛等皮，麻城之鴨氄，應山之蜂蜜。人力所成各物，如省城蠶桑局之錦緞綢紬，荆州之錦布，天門、江陵、河溶之絹，鄖陽之繭緞，當陽之繭紬，漢口之翦絨，沔陽、河溶、黄州之絲，通城之葛，德安之布，漢口之白銅器皿，宜昌之石筍屏風，興山之瓷器，沙市之木器，江夏、蘄州之竹器，興國之紙等物，皆有可觀。此外，有益民用，可以販運遠方之物，尚復不少。兹擬於漢口創設商務公所，預備寬敞明潔之屋，將以上各種貨物分别陳列，標明出産地方、價值、運本，令華洋商民均得到局縱觀。專派坐辦委員常川駐局，經理此事，并飭各幫大商公舉董事數人，禀派入局，協同經理，隨時會議。并邀集素有閲歷之行商坐賈，比較物産之精粗，工藝之優劣，考求采製新法，配用合宜，隨時剴切勸勉，以期日出日廣，日造日精，民生藉以寬舒，地方益臻繁盛。此係仿照外洋勸工場辦法，既所以興商業，亦所以勉工藝。其應如何相機推廣，籌本集股，購製運銷，統由商人自籌自辦，官不預聞。有關涉本省外省地方各事，如彈壓保護，諏訪外省外洋情形之類，則禀官爲之主持照料，不令窒礙，應即派委大員督率經理。本部堂、部院查有漢黄德道、江漢關監督瞿道廷韶堪以派委總辦該公所事務，試用通判張賡颺堪以派充坐辦委員。合行札委。該道即便遵照，督同張倅悉心籌畫，即日開辦，一面議擬大略章程呈核。仍將辦理情形隨時報查。

札委錢守恂會辦農務、工藝學堂[一] 光緒二十四年三月十六日

照得湖北創設農務學堂，延訂美國農學教習二人講求種植畜牧事宜，并設工藝學堂，延訂東洋教習二人，一教理化學，一教機器學，講求製造事宜。業經飭委湖南候補道張鴻順總辦農務、工藝兩學堂，奏調差委分省補用知府錢守恂充兩學堂提調在案。茲查農務、工藝兩學堂均屬開辦伊始，必須久歷外洋者，於籌議各項功課辦法始能周詳。錢守應即改委充兩學堂會同總辦，與總辦張道籌商妥辦，以資得力。前委之同知汪鳳瀛委充農務學堂管堂委員，前委照料之知縣梁敦彦委充工藝學堂管堂委員，梁令仍兼照料農務學堂。除分行外，合亟札委。札到，該守即便遵照，會同張道總辦農務、工藝兩學堂，與張道悉心籌商，督同汪丞、梁令妥實經理，以副委任。切切。

札行户部咨蘇、松等七處分卡貨釐、鹽釐俟總税司派人前往將向來一切辦法告知 光緒二十四年三月十八日

光緒二十四年三月初九日，准兵部火票遞到户部咨開北檔房案呈准總理衙門咨：據總税務司赫德申呈，蘇、松等七處釐局分卡何處設立，何員管理，有何項章程，按何項則例抽釐，光緒二十二年七處各抽釐若干，七處轄境地圖繪明貼説，逐一詳查户部前來。本部查釐金始於咸豐初年，就地籌餉，隨收隨支，各省向不報部，嗣雖將每年數目籠統造報，而各項章程、詳細條例仍未能一一奏咨。就其中有案可稽者，大約總局則設立省城或各府城，分卡則設立市鎮或水陸要區，管理人員總局則派道府大員，分卡則派州縣佐貳，其下有司事、巡丁人等徵收。例章或值百抽五，或值百抽二，或按引抽收，或按斤加價，或進口先繳四成，落地再繳六成，或上卡抽釐，下卡驗票，一收一驗，不再重徵。光緒二十二年七處各抽釐若干，浙江僅開總數，浙東難以畫分。然就各處通盤合計，多寡牽算，足敷五百萬之數，如有不敷，本部自應另籌補足，如有盈餘，即解還各該省備用。至七處釐局轄境，蘇州則轄蘇、常、鎮三府屬，松滬則轄松、太兩府州屬，浙東則轄甯、紹、台、温、處五府州屬，九江則轄本府州屬，宜昌萬户沱則在湖北上游，爲川鹽入楚要路，鄂岸則專指湖北漢口，皖岸則專指安徽大通。惟各省向來辦法，未將地圖繪明，無憑貼説送閱。第查七處貨釐、鹽釐，已奏明照廣東六廠辦法，札派總税司赫德代徵，本部已由四百里飛咨各督撫遵照在案。該税司自可派員會同地方官將各該處釐金章程、局卡地段詳加考訂，切實履勘，定期交接，照案代徵。除片行總理衙門轉飭總税務司赫德查照外，相應飛咨湖廣總督，俟總税司派人前往時，將向來一切辦法詳細告知可也等因，到本部堂。准此。合就札行。札到，該道、局即便移行遵照辦理。

札行户部咨代徵鹽釐、貨釐應由各關派副税務司專爲經理 光緒二十四年三月二十日

光緒二十四年三月十八日准兵部火票遞到户部咨開北檔房案

[一] 以下五件録自抄本《督楚公牘》。

呈准總理衙門片稱：光緒二十四年二月二十四日，據總税務司赫德申稱，伏查借貸洋欵以資要需，此係出於不得已之事，而洋税年徵二千餘萬之鉅欵，尚屬不敷抵償，勢不得不指他項爲抵，俾得按期了事。若借某國之欵，必致有允其派員經理抵［押］各事之類，若借商欵，則自行派税務司管理抵押之項。雖權柄不致旁落，然此舉與歷來辦法不同，致不免大招物議。惟如此辦理，可以了結要事，雖有先事可料之不便，然與不能了結要事，出有難於逆料之枝節，兩事相衡，似較甚善。試一深思，瞭若指掌。即如將釐金交總税務司代徵一事，一則將地方官向辦之事，今忽不歸管轄，一則將總税務司未辦之事，今須改歸管理，交代接管必致不易。且應交代之百貨釐金在通商口岸左右，而租界附近地方何處宜設釐局，何處不宜設局，皆係常與各國辯論之事。誠如總理衙門李中堂所云，如總税務司於此項地方不抽釐金，則不敷付還本利之欵，若於此項地方抽釐，則恐各國紛紛辯阻，不以爲然。情事如此，進退彼此兩難，左支右絀，互有得失之不便，任重力薄，自恐弗勝。惟既係奉旨飭辦之事，則彼面必能欽遵交代，和衷共濟，此面亦必盡力接辦，無虞掣肘，不致與官事民事有損，不致與大局有礙，實爲總税務司現所企望者也。至派人前往一層，查宜昌鹽釐，應由宜昌關税務司稽查，由特派之副税務司專爲經理。鄂岸鹽釐，應由江漢關税務司稽查，由特派之副税務司專爲經理。皖岸鹽釐，應由蕪湖關税務司稽查，由特派之副税務司駐紮大通，專爲經理。蘇州、松、滬等處貨釐，應由蘇州關税務司稽查，由特派之副税務司專爲經理。浙東貨釐應由杭州關税務司稽查，由特派之副税務司專爲經理。九江貨釐應由九江關税務司稽查，由特派之副税務司專爲經理。至各處應設之分卡及各處各卡應定之章程，以及現在之釐局員役或留或去各要端，自可陸續訂辦，隨時呈報。至訂期交接照案代徵一節，不但其事之詳細尚未深悉，且需人甚多，一時難於選派，惟借欵合同定期交銀必須指抵之釐，現仍接收，不可中止，是以各局員不得此時擅離，務須俟總税務司陸續查明應否派人接手，該局員等再定行止。倘徵有盈餘，除酌開經費外，自應解還各該省備用。現奉前因，理合先將入手大概情形備文申請鑒查，俟嗣後再將各處應如何辦理之詳細陸續分別呈明一切等語，抄錄片送查照前來。相應飛咨湖廣總督查照可也等因，到本部堂。准此。合就札行。札到，該道、局即便移行遵照辦理。

咨呈練兵處派委汪洪霆呈投洋槍洋礮等附單　光緒二十四年三月二十日

竊據湖北善後總局司道詳稱：案奉憲台札開，光緒二十三年十二月十九日承准欽命練兵王大臣咨開，照得本王大臣擬由湖廣調取槍礮及子彈什物等件，於本年十一月二十五日附片具奏。奉旨：依議。欽此。欽遵相應抄録原片恭録諭旨，咨行貴大臣查照辦理可也。計抄原片等因，到本部堂。承准此。合就札局，即便遵照轉飭軍裝所，迅將前項槍礮子彈等件查核明確，照數點裝完好，稟請派委妥員給咨管解，俟開河時由輪船運解赴京交收。計抄原奏内開，擬請將鄂省善後局所存克虜伯礮十二尊、麥尼夏槍二千枝并車架、車輪、子彈零件及皮帶八十五箱、麥尼夏子彈二百萬顆調取應用等因。奉此。查局存前湖南撫憲吳購買外洋槍礮子彈，鄂省現在改練洋操，除已動用麥尼夏槍二百枝、子彈二十萬顆、皮帶二百副分撥各營以資練習，并酌留克虜伯礮二尊、子彈二千顆，隨礮器具全爲漢陽槍礮廠仿造考驗之用外，當飭據軍裝所將現存克虜伯炮十尊、麥尼夏槍一千八百枝及車輪、車架、子彈零件，一律檢齊。理合開具清單，詳請查核，委員點驗管解赴京交納，所需運費由鄂照支匯案開報，并請奏咨立案等情，到本部堂。據此。亟應委員管解。查有湖北候補知府汪洪霆堪以派委。茲特札飭該員前往軍裝所，將上項槍礮子彈及配帶各件照數點驗承領，管解附搭輪船赴京，前往練兵處呈投。除附奏并咨户部外，相應抄録清單咨呈。爲此，咨呈練兵處謹請查收施行。

抄單

謹將撥解善後局收存前湖南撫部院吴購買外洋槍礮子彈及配帶各件數目清單開列於後。

計開

克虜伯五生三口徑後膛快礮十尊。並零件計十箱。

礮架十座。計十箱。

礮後車子藥彈十只。計十箱。

礮車輪四十個。計二十箱。

礮懸杆十根。計四箱。

開花藥彈五千顆。計一百六十七箱，每箱三十顆，內一箱二十顆。

銅五件碰火五千枝。計十箱，每箱五百枝。

登密空木彈樣十顆，計一箱。

麥尼夏槍一千八百枝，連刀頭計七十五箱，每箱二十四枝。

藥彈一百八十萬顆。計二千二百五十箱，每箱八百顆。

皮帶一千八百條。計一箱。

共計二千七百二十五箱。

咨行附奏應閱湖北營伍請展至秋間再行馳往校閱片 光緒二十四年三月二十三日

照得本部堂於光緒二十四年三月二十二日專差附奏應閱湖北營伍請展至秋間再行馳往校閱一片，除俟奉到硃批恭録另咨外，所有片稿相應咨送。爲此，合咨貴將軍、貴部院請煩查照施行。

札道員王秉恩創設製麻局 附單 光緒二十四年三月二十七日

據該道禀稱：竊奉憲諭，川鄂所出苎麻皆屬上產，祇以商民不諳製造，視爲粗質，悉以賤值售諸洋商，販寄回國，織成各樣匹頭，仍運來華銷行。上年海關徵收册，出口貨苎麻一項、入口貨苎布一項，爲數不貲，皆由於中國無此項製麻專廠，以盡物之用，以爲民之倡，坐使美材供人取利。若不因時設法抵制，實爲一大漏卮。案查光緒二十一年閏五月欽奉諭旨，多設織布、織綢等局，廣爲製造等因。欽此。又上年總署咨議覆給事中褚成博奏洋商改造土貨，應籌抵制一摺內，有該給事中請由各省將軍、督撫酌度土宜，集股設廠，官助商本，逐漸推廣，自濬利源而杜外溢，應照行等因。查麻即係湖北土宜，可用機製之貨，亟宜欽遵諭旨，在省城設立製麻專廠。官先籌欵設局，以爲之倡，民再集股分辦，以爲之繼，當必有如今日之設局紡紗、織布各事者。通商惠工之道，無逾於此。飭迅覓專業此項織造之洋人，考求機器，估計價值，訂立合同，請欵興辦。至廠地前已購有平湖門外空地一區，飭即一併查看丈量，是否合用，併行禀覆，聽候核奪示遵等因。查外洋購販中國苎麻悉皆乾質，故於就産麻地方製造生麻

之法，尚未盡善。此次奉諭議辦，且設廠在省會地方，自以先由製造乾麻爲始，至織成綢布各料爲止。聞蔡故道錫勇曾以此項製麻機器一再與禮和、瑞記兩洋商籌辦，均未就緒。刻就所商兩洋商，飭呈機圖并前商函件，逐一檢閲。除禮和洋商蘇和德尚須寄信回洋，估價開報，未能久候外，查瑞記洋商蘭格，其父在外洋專業織布。該洋商在漢販運乾麻，歷時已久，於織機尚未極精，於販賣實已甚熟。因事屬創辦，尚乏熟諳之人。如機器既由其承辦，廠務亦擬令其暫爲經管，仍委員督率學習製作，稽核帳目，并訂明隨時均可聽官收回。既可學其製造之法，而又并無掣肘之虞。其所商辦法，所有機器之價值付價之日期，製造之名色，委員之薪水，總管之用費，洋匠之辛工，在事之事權，買賣之辦法，帳目之稽核，溢利之獎勵，均已詳載清單及合同内。計由鍋爐引擎而去麻膠水，而紡麻爲綫，而織麻成布各機，層層接續，統共價值除中國關税不計外，連運保費共計英金一萬四千零四十三鎊。自立合同日起付全價十分之二，機器運齊日付全價十分之四，内二分瑞記允代墊付，由機器運齊日起，一足年内付價十分之四，并瑞記代墊十分之二分。所有第一批機價十分之二、第二批機價十分之二，共計英金五千六百一十二鎊[一]，合現時鎊價約洋例紋銀四萬六千兩零，擬請籌欵發給。其第三批機價及瑞記代墊十分之二分，共爲十分之六，届時稟請另行設法借撥付給。以上機價，均俟製麻廠造成開辦後獲有盈餘，仍當陸續分還。如蒙批准，應請飭局借撥第一批機價二成英金二千八百零八鎊零，約合洋例銀二萬三千兩零。隨批發下，以便簽立合同，呈請用印立案。至平湖門外地基，已經該洋商丈量合用，應請批給爲製麻布廠建造之用。此外估造廠屋及開廠後一切章程，均當隨時飭該洋商籌議具報，轉請示遵等情，到本部堂。據此。查湖北土産苧麻，質地堅韌，貨多價賤，民間僅以之績麻綫、織麻布，相沿成習，此外別無出色生新之法，徒以賤值售諸外洋，經洋商織成各樣匹頭，又以貴價售與中國，良由華民不諳製造，以致利權外溢，徒負土産。前經本部堂訪聞外洋各國於苧麻一項，有專門紡織機器，將苧麻醃去粗皮，漂練潔白，梳櫛精細，始而成絨，繼而成綫，爲經爲緯，光亮柔滑，足與蠶絲相仿彿。粗之可織苧布，即通行最細最光最爽之洋布。精之可以織綢織絨。或全用本質，或攙絲，或攙棉，織成匹頭，或花或素，無不精美，洵足化粗爲精，化賤爲貴，較之棉花紡織紗布，其利尤溥。中國改造土貨，無有善於此者。現值湖北小民生計艱難，有此美材良法，亟應倡導鼓舞。兹特創設製麻局，先行購織機四十張，酌配梳紡等機，分別織布織綢，先行試辦，俾商民仿行製造，漸次推廣，各省均可仿辦，用以開風氣而利民生。他日各省轉相仿效，利源日濬，漏卮漸塞，其裨益中華大局，似非淺鮮。現經飭令該道與瑞記洋商蘭格，議定購訂將麻紡成紗絲暨將麻織成細布各種機器，并經管督率稽核一切章程，尚屬周妥，自應及時舉辦。遵照總署奏案，由官助給商本，統計機價連運保費共英金一萬四千零四十三鎊，所有第一批機價二成英金二千八百零八鎊零，約合洋例銀二萬三千兩零，應即飭令北善後局在於新籌各欵項下照數撥發，即日解交織布局，由該道付給洋商承領，以便簽立合同，呈齎蓋印，各執爲據。其第二批機價四成，除由瑞記議爲代墊二成外，其餘二成英金二千八百

[一] 英金一萬四千零四十三鎊的十分之四，應為五千六百一十七鎊。

零八鎊零，約合洋例銀二萬三千兩零，俟機器運齊，另飭銀元局於盈餘項下墊撥付給。其第三批機價十分之四及瑞記代墊二成到期，均由銀元局盈餘項下墊撥付給。所墊銀兩，統俟製麻局造成製造獲有餘利，陸續歸還清欵。即將平湖門外購定空地一區，作爲製麻局建造房屋之用。此時局務即責成該洋商蘭格暫行經管，認真籌辦，一切不掣其肘。即委該道督率，并派委員司事學習製造。即由該道稽核欵目，并與訂明隨時均可聽官收回。王道勿庸開支薪水。

瑞記承辦湖北麻花廠合同[一]

第一欵　湖廣督憲委漢口瑞記購辦安裝麻花廠機器，以及總管該廠事務，全廠機器配全去麻膠水機、漂洗機，自麻紡至細紗至織布各機，層層接續，以及大引擎鍋爐、輪軸、鐵管、抽水機等件，均照所開詳細單，坿入此合同後。

第二欵　此全廠機器價、運、保、裝箱一概費用在内，但關税在外，運至漢口，計英金一萬四千零四十三鎊。此機價已訂實後，督憲要布機内改五張織絨布機，彼此言明該布機比原布機價多若干，應如數付給。

第三欵　付機價日期如下：當合同簽字日付全機價二成，機器運齊付四成，自機器運齊日起計一年内，付餘價四成。

第四欵　第三起機價四成，計週息七釐，每批機器在外洋裝船所值若干，於裝船日起計息，但已付定銀須先扣清，方能將其餘價起息，未付清此欵以前，以全廠機器、房屋以及地址作押。

第五欵　自合同簽字日起，計限六閲月久，全廠機器起運來漢，如有工匠罷工以及裝機器輪船海上遇險，不在限内。現時歐洲工匠罷工事既已調停，不患有此事躭擱。如有逾期若干日，瑞記情允將所收定銀即照若干日週息七釐扣回。

第六欵　中國向未興辦此種廠，瑞記為昭信實起見，情允總管安裝機器、起造房屋以及管理廠務，俟督憲見合宜，另委總管。

第七欵　因瑞記總管理廠務，允准將所售出貨扣二釐半用，以及每年溢利分二成，以酬其勞。廠中僱洋匠、華工薪水，紙張、電報以及别項雜用，均歸實數歸該廠出，餘八成溢利歸督憲廠中資本。亦請督憲備便上文所説之辦公房費用，約計每月需銀一百五十兩，廠中辦公委員每月共給薪水銀一百兩，總管漢口往來輪船一切費用，均在一百五十兩之内。

第八欵　督憲派官員在廠學習紡織事宜，其薪水不得由廠付給，為省經費并求厚利起見。

第九欵　帳目部用漢、英文記帳，督憲所派委員可隨時稽查帳目。

第十欵　督憲如見合宜另派總管，須早一月示知，瑞記當算清帳目，有無盈虧。

第十一欵　督憲購定廠地約計長十九丈，江邊寬三十三丈。

第十二欵　瑞記專辦此廠事，管理機器，佈置工人，與夫派人採辦生麻，賣紗布之事，駐廠委員以及别人不得攙奪其權，但廠中委員只稽查帳務并帳目。倘廠應添機推廣，須稟督憲批准方行。

此合同書漢、英文各兩分，彼此執一為據。

[一] 此合同及後開機器名目，均據抄本《督楚公牘》補入。

督憲用印
漢口瑞記簽字用圖章
光緒二十四年三月　日
西歷一千八百九十八年　月　日

瑞記承辦湖北麻花廠機器名目

計開

蘭加時鋼鍋爐兩箇，每長二十八尺，徑六尺半，配全應需之件。
省汽管四十八根，配全。
抽水入爐小抽水機一副。
平放康邦引擎一副。
馬力二百匹。
大抵力汽缸，徑十三寸。
小抵力汽缸，徑二十四寸。
推機路，三十六寸。
抽氣機汽管、水管、汽門、水門以及别種機件，配全。
全廠應用大小輪軸、鐵輪、皮帶輪、輪軸托等件，配全。
全廠内所需鐵水管、汽管以及接頭等件，配全。
去麻膠水機項下
去麻膠水機、漂洗機、桶爐、抽水機等件，應需之件配全。
紡織機項下
彈軟麻絨機三副，配全。
首道抽花機八張，配全。
二道抽花機八張，配全。
輥一架。
梳花機二張，配全。
首道完工機二張，配全。
二道完工機二張，配全。
三道完工機二張，配全。
頭道粗紗機二張，每張有錠子四十箇，配全。
二道粗紗機六張，每張有錠子三十箇，配全。
細紗機二十張，每張有錠子一百四十四箇，配全。
共計錠子二千八百八十箇，能紡三十二號至六十號止。
織布機項下
摇緯紗機二張，每張有錠子六十箇，配全。
經紗機二張，配全。
摇經紗機二張，每張有錠子九十四箇，配全。
捲紗機一副，配全。
預備摇紗機、乘紗錠架一副。
穿紗機四副，配全。
四十寸寬布機四十張，内有織麻攙絲布機十五張，全麻苎布機二十張，織絨布機五張，配全。
碼頭抽水機
抽水機、鍋爐、鐵水管配全，以抽水供廠之用。
零件機件
除配機上所用外，尚有備用足敷六閲月之用，如粗紗機木管、細紗機木管、⺌字形鐵制秤紗磅、小棉繩、油壺、齒輪、捲紗鐵輥、綜篾、大小皮帶、布機應用齒輪、剪刀等件。
以上所開各件運至漢口，計英金一萬四千零四十三鎊，一概費用在價内，但關税在外，織絨布機價比原布機價多若干，彼此已訂明照數付給。

光緒二十四年三月　日

西曆一千八百九十八年　月　日

札委汪洪霆充槍礮廠提調[一] 光緒二十四年閏三月初一日

照得漢陽槍礮廠事關武備要需，事體繁重，疊次承准督辦軍務處調撥槍礮，工作緊急，又須添建制造十二生大礮、罐子鋼、無煙藥各廠，諸務尤爲紛繁。查精煉罐鋼、制造無煙藥，尤爲槍礮廠根本。現在各項機器業已陸續運到，亟應添委提調，會同原派提調沈守駐廠，分別辦理，以昭周妥。查有湖北候補知府汪守洪霆堪以委派，該員應即赴槍礮廠，將無煙藥廠、罐鋼廠地基迅速踏勘，或即用本廠餘地，或另購相當之地，繪圖貼説，禀候酌定。將來建廠安機及制造一切事宜，均飭該守妥籌辦法，禀由總辦禀請本部堂示遵。其槍礮各廠，仍飭沈守督飭原委各員切實整頓，各專責成。所有該兩守應辦一切事宜，沈守、汪守仍應彼此互商，以收集思廣益協恭共濟之效。如有重要事件，仍禀由總辦禀請本部堂核定示遵。除分行外，合亟札委。札到，該守即便遵照充槍礮廠提調，務須常川住廠，將責成應辦各事認真商籌妥辦，以副委任。仍將到廠日期具報查考。

札行總署咨代徵七處釐金定於閏三月十一日爲開辦之首日 附單　光緒二十四年閏三月初六日

光緒二十四年閏三月初六日准兵部火票遞到總理各國事務衙門咨開：光緒二十四年三月二十一日，據總税務司申稱，英德借欵奏定七處釐金歸總税務司代徵一事，所有派定由各該税務司稽查，由選派之副税務司專爲經理，業經呈明在案。惟各處交代之期關係綦重。各處總局及分卡向來一切辦法，由派員就地細詢，方能擬定交代之日。所派之員，必須足敷辦公之用，方能接管。惟各處情形未經查明，實難預定。現派令副税務司六員詳細查考，逐條申覆，定於閏三月十一日爲開辦之首日，呈請核咨各等因。相應抄録原呈，咨行貴督查照飭知可也。附抄件等因，到本部堂。承准此。合就札行。札到，該司局等即便移行遵照辦理。

照録總税務司赫德申呈

為申呈事。竊查英德借欵，奏定七處釐金歸總税務司代徵一事，所有派定由各該税務司稽查，由選派之副税務司事為經理各緣由，業經呈明在案。惟各處交代之期，關係綦重，前曾請示各處總局及分卡均設在何處，并有何章程，有何則例及經管員役等事，無如户部覆稱各項章程詳細條例未能一一奏咨，并云須行知該省，俟總税務司派人前往時，即將向來一切辦法詳細告知云云，是以不得不由特派之員就地細詢一切。其未經詳細查覆以前，總不能擬定交代之日。且此次所奉諭旨，與派令管理有別，實係派委代徵，則各卡中總税務司所派之人員，必須足敷辦公之用，方能接管。惟各處之情形尚未查明，應用人員若干，現時實難預定，且各關人員中堪以委辦此項釐金者亦屬寥寥，而一經轉委，此差遺缺更須另補，并須於新關中續添多人，以備日後補足各釐卡應

[一] 以下八件録自抄本《督楚公牘》。

用之人數，是以交代日期尤難預定。伏思借欵合同所定，除洋税餘銀外，每年應用七處釐金提補之項，至少需銀五百萬兩，且應付利息係於本年二月初九日起，按月交付，是以每月應由此項釐金中提銀四五十萬兩之數。情事如此，而總税務司於代徵一事，非特尚未深悉其情形，且辦公應用之人員亦未能一時備齊，何能率任此萬難辦到之事。顯見交代日期不但不能預定，亦實不應預定，庶可無誤要公。現時只能派員先行前往，陸續查明下手各事。此則已經派妥，專令副税務司六員即行赴任，詳細查考，逐條申覆。其宜昌、皖岸兩處鹽釐并九江貨釐，所屬地方似不甚遼闊，辦公之處亦聞不甚散漫，大約一兩月内即可查覆。惟鄂岸鹽釐事務似較紛繁，尚須多延時日。至蘇州、松滬、浙東三處貨釐，幾乎江浙兩省各半之地均歸所屬，其詳查一切，尤須多假時日，方能申覆。此時總税務司正須漸漸選擇人員，以期各處查明申覆後，可用之員較愈於此時之不敷遣派也。是以總税務司只可擇定各該副税務司，開辦查核所委各事之期。再四思維，現定於閏三月十一日為開辦之首日，俟查覆後，即可陸續定期交代。其交代以前，所有釐局現在各員役，仍應照舊辦理，并須按月遵交應還借欵之銀數。此係未至總税務司接管代徵之先，其責任係在現時之各局員，并非總税務司之任也。惟按照合同所載，七處釐金照廣東六廠辦法辦理，則此任早晚必歸於總税務司，然必俟各處各事均得就緒，方能担承此任，以符合同所載之明文。伏思此項釐金歸總税務司代徵，乃國家借欵不可免之要端，且為奉旨委辦之事，所有官員庶民，自必敬謹順從。總税務司并所屬人員雖均籍隸西國，然實則服官中土，辦理中國之事，辦事各員或歸税務司屬下，或歸地方官屬下，實係一事，如一家然。是以籍貫不分中西，均應和衷共濟，互相維持，以釋嫌疑而顧大局。至各總局暨各分卡並各項章程辦法則例一切事宜，但可仍舊者即亦不必更張，一則欲順商情，一則期保國課。各處所徵釐金均應由各商一律交納，並按照一定之則例，毫無歧異，在各卡徵一釐即報一釐，各商完一釐即給一釐之號收，以杜積弊而昭公允。至現在之局員雖不知其均係何人，而總税務司之意，仍欲留其可用者用之。惟更改辦法與否，留用人員與否，必俟所派之副税務司等將各處情形詳細查覆後，方可定奪，此時萬難預計也。現將選派人員先行前往查辦各事之期，并隨後再定代徵交代之日各辦法，備文呈請貴衙門鑒查，祈為核准，并請咨明南洋大臣等查照施行。其餘各事，容俟陸續舉行，隨時申報可也。須至申呈者。

飭北藩司籌撥銀五萬兩解槍礮局應用

光緒二十四年閏三月初六日

照得槍礮局現承准督辦軍務處來文來電指撥槍礮彈藥等項，需用甚亟，惟該局欵項支絀，閏三月經費待用孔急，應即飭令北布政司迅速籌撥銀五萬兩。如可撥之欵不敷，即行借撥湊足，解交槍礮局應用，以濟急需。除行北槍礮局外，合亟札飭。札到，該司即便遵照，迅速照數籌撥具報。毋違。此札。

札行總署咨宜昌等七處釐金派巴爾等專爲經理

光緒二十四年閏三月初七日

光緒二十四年閏三月初六日准兵部火票遞到總理各國事務衙門咨開：光緒二十四年三月十七日據總税務司申稱，宜昌鹽釐，現派雙龍三等第三寶星代理宜昌關稅務司三等幫辦巴爾英國人，升爲宜昌關額外副稅務司，專爲經理一切。漢口鄂岸鹽釐，現派蘇州關三等幫辦盧力飛義國人，升爲江漢關額外副稅務司，專爲經理一切。蕪湖皖岸鹽釐，現派總稅務司署中三等幫辦吴樂福德國人，升爲蕪湖關額外副稅務司，專爲經理一切。九江貨釐，現派四品銜粤海關署副稅務司頭等幫辦紀默理英國人，升爲九江關額外副稅務司，專爲經理一切。蘇州松滬等處貨釐，現派總稅務司署中署襄辦漢文副稅務司三等幫辦梅爾士英國人，升爲蘇州關額外副稅務司，專爲經理一切。浙東貨釐，現派四品銜九龍關署副稅務司頭等幫辦孟家美英國人，升爲杭州關額外副稅務司，專爲經理一切。所有該七處貨釐鹽釐，并派各該關稅務司稽查等因前來，相應咨行查照，轉飭各該關道及貨釐鹽釐委員，於總稅務司所派各副稅務司行抵各該處時，將應辦事宜會同妥商辦理可也等因，到本部堂。承准此。合就札行。札到，該司等即便移行遵照辦理。

札行電致盛京堂鐵廠隄工經費不敷、請先匯湘鄂賑欵暫墊光緒二十四年閏三月十一日

照得本部堂於光緒二十四年三月二十六日發寄督辦湖北鐵廠事宜大理寺少堂盛宥電開：鐵廠隄工前撥湘賑計實銀三萬三千餘兩，除兩次解銀二萬兩外，其餘一萬三千一百餘兩，祈速解。再，頃據宗令稟，前項隄工約共需銀四萬七千兩。又據錫樂巴稟，添築小磯頭五座，約需銀三千兩，連前工合算約共需銀五萬兩。除尊欵已解未解外，尚不敷銀一萬七千餘兩，請撥欵前來。鄂省賑欵早已匱竭，無可再籌，而此隄關繫全廠，務請由尊處勸集鄂賑銀一萬七八千兩，作爲該隄不敷經費，并請酌墊速解，以應急需。祈電覆等因。旋於三月二十八日准盛京堂霰電開：宥電屬再集鄂賑實銀一萬八千兩，即當遵辦。盛守、宗令稟新磯下錫壩數十丈，外隄崩裂，須用蠻石暫衛隄身，又需費三四千兩，已由錢守轉稟，勢須速辦。此欵是否在一萬八千兩内，乞示。現因墊賑徐海，而滬市銀緊非凡，鄂捐因部照不到，各處欠繳，前墊尚未清。總之湘賑餘欵先解鄂，捐添欵請暫墊，亦必包成等因，到本部堂。准此。除咨覆盛京堂迅將湘賑餘欵改撥鐵廠隄工經費尾欠銀一萬三千餘兩趕緊催齊，先行匯解來鄂歸墊，一面設法勸集鄂賑實銀一萬八千兩，作爲隄工不敷經費之用外，合亟抄電札行。札到，該局即便遵照迅速核計銀數，填印鄂捐實收，開摺具文，呈賫盛京堂查收勸辦具報。勿違。

札北籌賑局迅速籌欵以修葺鐵廠外隄工等事宜光緒二十四年閏三月十二日

據署湖北漢陽縣知縣李觀濤、即補知縣宗得福稟稱：竊卑職等蒙委承辦漢廠隄工，購料集夫，歷將辦理情形稟陳憲鑒。本月二十五日卑職得福奉傳諭，據鐵路洋參贊錫樂巴繪具圖説詳稱，自槍礮廠外圍界起築至鐵廠演武廳迤東約八九十密達，共計約二百八十丈，自開工迄今分段趕做，已有八九成工程。今年襄河發水較早，勢如建瓴，演武廳東西一帶向來溜頭最急，冲刷岸屋甚多，從此可保年久無礙。去冬初辦，一時購買材料爲難，曾經稟

明先搶此險工二百八十丈，今冬再行往下續修四五百丈，築至集稼嘴爲止，從此可望鞏固。近因白鱔廟一段，該處河形内向灣曲，溜水極涌，每年冲坍民屋堤岸不少，且離下段漢廠隄墻僅止三四丈光景，於二十一日會同錢守、盛守、宗令一同往勘，擬在白鱔廟坡下趕緊插標，於坡岸腳下每長寬二十丈處築一水底暗磯，計下蠻石二百方，共築五座，約用蠻石一千方，需銀三千餘兩。此種工程并不爲鉅，既固岸腳，又可引水歸入中流，夏秋盛漲，無慮危險，今冬續修，更易辦理。如沐俯允，請即飭知錢守、宗令商同從速續采蠻石千方，以濟要工等因。奉此。遵查白鱔廟所出之工，離開錫參贊所做之石坡約六十餘丈。當去冬水涸，居屋鱗比，尚不覺其危險。不料今年襄水較早，外江未漲，内河流勢益急，隄腳搜空，驟出險工，崩塌三十餘丈，致離廠墻甚近，自應趕緊設法保護。昨奉傳諭，刻已趕購蠻石，即日由錫參贊指點下水。如果每座需石二百方，自然千方足用。竊慮水有深淺不能一律，錫參贊自開工迄今朝夕不離工次，於工料等事亦不肯絲毫遷就。即如目前已築之工，於本月初又諄屬添購大冶青石百方，新舊兩磯頭改爲上下大馬頭，初定英尺二丈寬，嗣因煤船擁擠，兩馬頭又加寬一丈，共寬三丈。又添紅石數千條。鐵廠東水房上向有之水塘，縱横數丈，集雨之後，錫參贊見其水浸隄腳，又復車干填土，并於廠外添開大小水溝四條，統裝鐵筒以資疏泄。此外零星添工料之處甚多，實數難以估計，所幸全工已將告成，連同此次添築之水底暗磯五座，大約工需在五萬金左右。除先後四次已領四萬金外，懇恩續撥萬金以濟急工，不勝待命之至等情，到本部堂。據此。查鐵廠隄工添築小磯頭五座，需銀三千兩，連前工合算約共需銀五萬兩，除湘賑餘欵全數抵支外，計尚不敷銀一萬八千兩，當經電請盛京堂照數勸集鄂賑解鄂應用。旋准電覆，湘賑餘欵先解，鄂捐添欵請暫墊，亦必包成等因。當經抄電札行該局，核計填印實收，呈賫盛京堂勸辦在案。茲據稟前情，合亟札飭，爲此，札仰該局即便遵照，迅速籌墊銀一萬兩，發交該印委等承領應用，以濟要工具報。勿違。

會行鹽釐歸税司代徵荊州駐防俸餉由本省裁兵節餉、停辦米價項下匀撥

光緒二十四年閏三月十三日

照得本部堂、部院於光緒二十四年三月二十八日發寄總理衙門、户部儉電開：昨奉大咨，奏續借英金案内將宜昌鹽釐、鄂岸鹽釐派赫税務司代徵撥付等因。查鄂省近年川、淮鹽釐正雜、新舊各欵，每年共收銀約一百四十餘萬兩，均有奏案。内川釐正課、加課約收八十五六萬兩，雜欵約六萬餘兩，淮鹽督銷局解來楚釐舊案每年約二十萬兩，緝私等費二萬數千兩，又川淮江防加價奏定槍礮局專欵共十七萬餘兩，又籌餉加價指還四國洋欵川、楚共十二萬兩。除鹽課提解鹽釐京餉二十萬兩，固本京餉七萬兩、遇閏加五千兩，又撥解荊州滿營俸餉約三十萬兩，分解淮鹽督銷局加課約十三萬兩，下餘約三十餘萬兩，儘數撥歸善後局湊撥餉需。西征洋欵改爲加放俸餉一項鹽釐攤十萬兩，甘肅新餉鹽釐攤十五萬兩，内務府經費一萬餘兩，尚餘銀十餘萬兩，添湊供支練兵、防勇各軍月餉及峽江救生紅船口糧。查鄂省收欵惟貨釐、鹽釐兩大宗，鹽釐實居其半。近數年來水旱交乘，洋旗子税愈增愈多，貨釐日形短絀，年逐一年，若鹽釐歸赫德，全局俱困。督同司道

等反覆籌商，均屬焦急無策。所有鹽釐京餉、固本兵餉已無欵可提，惟有請予免解。加放俸餉亦屬無可湊撥，惟有請照鹽釐減收之數減解。其練兵、防勇月餉驟短十餘萬兩，鄂省兵額已奏定分年裁減五成，若再行裁汰，難保不啓亂階，尚須另行籌辦。至荆州駐防俸餉，向來專指鹽釐，計口授食，到期支放，刻不容緩。上年奉撥四國洋欵，欵鉅期迫，早已羅掘罄盡，斷斷無從籌撥，豈有坐視旗營枵腹之理。荆州駐防一項，祇有仍在宜昌鹽釐内先行如數提出，再還借欵，免致貽誤。擬俟税司到鄂，當與面商。設不允從，再當咨請改撥的欵。他如奏定槍礮局經費之川淮江防加價十七萬餘兩，奉撥專還四國洋欵之籌餉加價川、楚共十二萬餘兩，均屬最要急需，萬難短少。此兩項係因事抽捐，并非正欵鹽釐，應仍由鄂徵收，擬即照此與税司妥商辦理。總之，一省驟少一百四十餘萬兩，實無點金之術。謹飛電奉達，伏祈裁酌，迅賜示覆等因。旋於閏三月初六日准户部歌電開：儉電悉。七處釐金既歸税司代徵，户部自應照五百萬之數，另籌撥補。各該省向解京協各餉及洋欵等項，均不得截留免解，掣動全局。至荆州駐防俸餉三十萬，即由本省裁兵節餉及上年暫停採辦米價運費項下先行勾撥。又宜昌加價已列入合同，應歸税司徵收。至江防加價、籌餉加價，合川淮、川楚而加，部中但指爲鹽釐，并未詳列合同，若於抵借數目無礙，自可由鄂徵收，希與税司核算清楚，分别辦理等因，到本部堂、部院。准此。除分行外，合亟札行。札到，該司、道、局即便遵照。

札委姚錫光、雙壽接充武備學堂提調、管堂委員光緒二十四年閏三月十四日

照得湖北設立武備學堂，經營創造，事務極繁。自去冬屋宇落成，遷入新堂，規模粗定。今本部堂奉旨陛見，即日啟程，所有原派之提調錢守恂隨同本部堂入都，堂中諸務亟應遴員分接，毋令縱弛。所有與洋教習商酌功課，考核學生，察任員司，稽核欵項各事，派原委之總稽查姚令錫光接充提調，接管一切事宜，并派湖北試用同知雙丞壽充管堂委員，如門禁出入宜嚴，齋舍飯廳宜整肅，勇役巡守宜勤密，甫經釐定，均應認真接辦。學堂一切規條，在在與今日功課相表裏，即與他日治軍用兵相表裏。締造匪易，毋稍廢弛。除姚令錫光本有薪水外，雙丞壽酌給夫馬銀二十兩，俾資辦公。合行札飭。札到，該員即便遵照札飭事宜認真接辦，以副委任。

札道員陳兆葵等查勘粤漢鐵路經行地段光緒二十四年閏三月十四日

照得現奉諭旨，興辦粤漢鐵路，先以審度宜由何路行走，曉諭地方爲第一要議。所有鄂湘兩省鐵路地段，亟應遴派委員先行前往開導曉諭，查勘大略，以憑復勘。查有湖北試用道陳兆葵、湖南候補直隸州知州曾慶溥、江蘇候補知州汪喬年，堪以派委。該員等應會同盛大臣所派委員候選縣丞羅國瑞，自湖北省城起，勘至湖南與廣東交界地方爲止。沿途會同地方官，聯絡紳耆，剴切開導，務令民間家喻户曉，咸知鐵路爲富强之盛舉，土貨易於流通，貧民可增生計，於地方最爲大有裨益。并查明何路較爲平坦，何處較爲直

捷，將鐵路應用地段查勘大略。遇有高山大河，能否設法繞越，俾得路近工省。何處有何項土產可以貿遷，何種物料可資工用，均須博訪周諮，考查明確，隨時筆記，繪圖貼説。俟至廣東交界地方，再行偕同粵來之洋工師，由南而北，彼此參考互證，沿途勘回，會同詳細禀覆，以憑商酌辦理。除飭司通飭經過沿途地方州縣妥爲開導保護，勿任阻撓滋事外，合亟札委。該道即便遵照札飭事理，率同汪牧等迅速前往，詳細查勘，禀覆核辦。

札關、局支給隨轅北上委員錢恂等三箇月薪水并各給川資銀兩附單(一)

光緒二十四年閏三月十五日

照得本部堂欽奉諭旨來京陛見，已定於本月十七日啟程北上。查此次赴都，係有重要事件，必須通曉洋務、繙譯及繕校之員隨轅差遣，以資得力。茲查有本部堂衙門洋務文案分省補用知府錢守恂、繙譯委員員外郎銜辜湯生、洋務文案兼繙譯電報委員候選知縣梁令敦彦、文巡捕兼繕校委員湖北試用縣丞張曾疇、電報學生湖北試用巡檢梁敦教、繕校江蘇優貢生王家槐，堪以飭派隨轅北上。該員等各有差委，勿庸另給薪水，應准將原領薪水先行支給三箇月，以後照舊按月支給，并由北善後局各另給來往川資，錢守等給銀三百兩，王家槐給銀二百兩，以資辦公。除分行外，合亟札飭。札到，該關道等即便遵照，迅速發給川資，并按照粘單，分別照數給領具報。勿違。

計開

洋務文案分省補用知府錢恂，月支薪水銀一百兩，由江漢關發給。

繙譯員外郎銜辜湯生，月支薪水銀五十兩，由宜昌關發給。

繙譯兼管電報候選知縣梁敦彦，月支薪水銀一百二十兩，由宜昌關發給五十兩、善後局發給七十兩。

試用縣丞張曾疇文巡捕，月支薪水銀二十四兩，繕校月支薪水銀二十四兩，兼鹽署書記幫文案薪水三十二串。

試用巡檢梁敦教，月支薪水銀四十兩。

繕校江蘇優貢生王家槐，月支薪水銀二十兩。

咨呈練兵處槍礮局禀遵飭挑選槍礮暨槍彈、礮彈、礮架呈請派員管解祈奏咨

光緒二十四年閏三月十六日

竊據總辦湖北槍礮局、漢黄德道、江漢關監督瞿廷韶禀稱：前奉憲台札，承准督辦軍務處行令將湖北槍礮廠所製快槍、快礮并隨配子彈、礮架，解交神機營、練兵處交納等因。當蒙委派前槍礮廠提調、補用知府汪守洪霆，管解快槍一千枝、三生七快礮十二尊，配解槍彈十萬顆、礮彈一千二百枚、礮架十二副，解交督辦軍務處，奉飭逕解神機營如數交收，驗明試演，掣取批回，回銷無誤。其應解練兵處槍礮等件，現已挑選小口徑毛瑟快槍一千枝，三生七快礮十二尊，隨配槍子二十萬顆，開花礮彈一千二百枚，并奉飭遵照督辦軍務處來文，應解甘軍提督董軍槍礮等件，亦已挑選小口徑毛瑟槍一千枝，三生七快礮十二尊，隨配槍子十

(一) 以下八件録自抄本《督楚公牘》。

萬顆，開花礮彈一千二百枚，礮架十二副，理合稟請派員管解。惟現因訂購無煙火藥尚未運到，子彈尚須添配，一俟無煙藥運到時，即行配足前數，點交委員起解。再續奉札知，董軍現已移紮直隸正定府，并請分咨董軍派員赴津迎提，以昭簡便。理合稟請察核飭委等情，到本部堂。據此。查有湖北候補知府汪洪霆堪以飭委管解。除咨甘肅提督董福祥派員赴津迎提外，相應咨呈。爲此，咨呈練兵處謹請察照，俟前項槍礮架彈等項解到，驗收施行。

會札勸工勸商公所督辦、總辦、會辦

光緒二十四年閏三月十六日

照得前經奏明札飭江漢關道在漢口地方設立勸工勸商公所，採取湖北地上所產各物、人工所造各貨，陳立公所，標明出產地方、價值、運本，令華、洋商民縱觀，令各幫大商公舉董事數人經理其事，飭委瞿道總辦公所事務，試用通判張賡颺充當坐辦委員在案。茲查勸工勸商公所爲興利阜民之盛舉，於地方民生大有裨益，自應添委專員設法籌辦，以冀貿易日盛，制造日精。查江漢關道瞿道應即改委督辦該公所事宜，候選知府朱滋澤堪以委充總辦，試用通判張賡颺堪以委充會辦。所有該公所一切應辦事宜，均責成朱守、張倅聯絡各幫商賈，悉心籌畫，隨時稟商督辦瞿道，斟酌妥善，即日開辦，一面妥議章程呈候核定。瞿道不支薪水，張倅前已批給薪水外，朱守應俟銷鐵路分局差後，再由北善後局按月支給薪水銀一百兩，以資辦公。并飭善後局刊刻漢口勸工勸商局之關防一顆，呈賚飭發開用。除分行外，合亟札委。札到，該道即便遵照札行事理，督同朱守等妥慎籌辦，總期實效可觀，民生有益，以副委任。切切。此札。

札發農務、工藝學堂學生報名聽候定期開學告示附單

光緒二十四年閏三月十六日

照得富國之本，耕農與工藝併重。近來泰西各國農務最爲興盛，由於格致理化之學日益精深，知地力之無盡藏，於辨土宜、察物性、廣種植、厚培壅諸事，講求不遺餘力。美國尤以農致富，且製器造物，翻陳出新，務求利用，亦皆學有專門，精心考究，用能行銷廣遠，阜裕民生。中國地處温帶，原隰沃衍，甲於環球，乃因農學不講，坐使天然美利壅閼不彰，此農學不講之故也。至於工藝，尤爲西國擅長。中華物產富饒，五材備足，而百工樸拙，相因沿習，舊藝祇就已知已能，各謀生理。執業小工既困苦畢生，無暇考究。搢紳士夫復專攻文學，不屑講求。即有欲學之人，又無門徑可尋，以致民智日拙，游惰日多，洋貨充斥，漏卮日甚。此工學不講之故也。查湖北生齒較繁，兼之連年水旱，歲收歉薄，民生困苦。本部堂、院蒿目時艱，凡有當務之學，莫不亟圖倡導。勸農惠工，併爲養民根本。邇來迭奉諭旨飭令廣種植，興製造，亟宜剋日開辦，以期惠養民生。本部堂、部院前聘美國農學教習早經到華，所購西式農具、果木佳種，即日亦可運到。現暫借保安門内公所爲農務學堂，仍俟另建學堂落成遷居。一面在省城内清查官地，租用民田，興辦農學，講求相土辨種之方，炭、養相資之理，兼及各項畜牧事宜。又於省城洋務局内設立工藝學堂，選募華洋教習，專教筆算、理化之學，汽機重動之功，以明其體，并選中國東洋各項工藝匠首，分教專門之法，以達其用。茲特招

選紳商士庶子弟，或有志講求農學者，或有志講求工學者，分別入農、工兩學堂肄業，庶教導既專，心智自啟。將來成效漸著，收回利權，富强之基，實有賴焉。查西國無論何種學堂，均由學生自納費用，爲數頗鉅。今設立農務、工藝各學堂，凡一切建堂租地、購種置器、教習員司薪水，概由官給，數已不貲。其學生火食、油燭、筆墨零用等項，酌令學生每人每月納銀元四枚，稍貲貼補。在國家既設學堂，豈復吝此區區費用，惟令學生納貲，正是勸學深意。爲此，示諭官紳商聰穎子弟知悉，如有有志講求農學者，或有志講求工學者，分赴各學堂報名，聽候選擇，定期開學，毋稍觀望。切切。特示。

出　示

照得鄂省設立農務、工藝各學堂，延聘華洋教習專司教授，招選官紳商聰穎子弟分別入堂學習。所有告示，合行札發。札到，該縣即便遵照，在於省城内外、漢陽、漢口地方張貼曉諭，俾得一體周知。

札北善後局湘學報難於行銷、勿庸續寄并飭墊付報資光緒二十四年閏三月十六日

准湖南學院徐〔一〕函開，由湘帆輪船寄來湘學報自第十册至第二十六册，每期一百五十二分，共計二千五百八十四本，又陸續由輪船寄來二十七册至三十三册，共計一千零六十四本，到本部堂。准此。查湘學報一期至九期，前經札發該局，分別呈送轉發。嗣據該局呈報，一期至九期報資計錢一百九十八串文，如數送交前湖南學院江〔二〕查收清款，并咨明湖南學院在案。茲准前因，查近來湘學報謬論甚多，應俟本部堂派員將各册謬論摘出抽去後，再行札發。所有以前報費，應由該局先行寄湘，以清款目。現已咨明湖南學院，湘學報一項，湖北難於行銷，以後勿庸續行寄鄂外，合就札行。爲此，札仰該局即便遵照，所有以前應付報資核明若干，仍由局先行籌墊，遇便解湘具報。毋違。

札北牙釐局、善後局支撥農務、工藝兩學堂常年經費光緒二十四年閏三月十六日

據總辦湖北農務、工藝學堂湖南候補道張道鴻順，會辦農務、工藝學堂分省補用知府錢守恂稟稱：竊照湖北創設農務、工藝兩學堂，奉憲台會銜具奏，并選募美國農學教習二人分課種植、畜牧等學，選募日本工藝教習二人分課理化、機器等學，飭借保安門小公館爲農務學堂辦公之所，洋務局爲工藝學堂辦公之所。一切應辦事宜，業經職道等督飭委員次第布置。亟應招選生徒，開學肄習，俾農、工兩業之新理、新法及時興舉，以開風氣而廣利源。查西國各項學堂經費極鉅，凡器具之應試演，物産之應考驗，圖書之應觀索者，無不搜羅購置，用備研求。其經費半由紳富樂輸，半由學生捐備，不足則國家籌撥公款以佽助之，維持之，此泰西學校之所由盛也。中國於各門講求實學之學堂，類皆甫經創設，風氣初開，非官爲提倡，未易集事。現除學生火食零用概令自備，而建堂、購器、教習、員司、繙譯等薪水，工役、農夫人

〔一〕指湖南省學政徐仁鑄。

〔二〕指前湖南省學政江標。

等工食，必須有常年的欵可備隨時領支，方足以垂久遠。仰懇憲恩，指撥何項欵目，俾可由學堂隨時備文請領。目下創辦之際，常年經費尚未估計確數。值茲公欵支絀之時，職道等惟有督飭委員等於一切應用之項力求撙節，實用實銷，按月造報，以資考核。理合稟候批示遵行等情，到本部堂。據此。除批：據稟已悉。查農務、工藝兩學堂建造講堂齋舍、購辦器具并開支員司、繙譯薪水，工役農夫人等工食，所需常年經費自應預籌欵項，以資應用。除分飭牙釐局在於米穀釐金項下，及飭善後局於商捐項下分半動支外，仰即遵照，隨時詳請飭發。務須督飭員司撙節動用，按月造報，以備查考，勿稍虛糜。是爲至要。仍候撫部院批示。繳。等因印發外，合亟札飭。札到，該局、司即便遵照在於商捐、米穀釐金項下，隨時動支撥用具報。

札委趙毓楠提調製麻局務光緒二十四年閏三月十六日

照得鄂省創設製麻局，業經奏調差委廣東候補道王道，與漢口瑞記洋商蘭格議定機器，歸其承辦廠務，責成暫爲經理，仍委員督率學習製造，稽核賬目，訂明隨時均可聽官收回，先付頭批機價，簽立合同，并將平湖門外購定空地一區，作爲製麻局建造廠屋之用，飭委王道督率局務在案。查製麻局機繁工精，事極重要，現值經營伊始，所有庀材考工，按圖建廠，督催布置及將來廠屋落成一切開辦章程，均須與洋商妥爲籌議，亟應遴員提調局務，隨同王道預爲籌計，并督率在局文案、稽查各員分司照料督察，以專責成。查有候補知府趙毓楠，堪以派委提調製麻局務，按月核給夫馬銀五十兩。除分行外，合亟札委。札到，該守即便遵照前赴製麻局提調局務，隨同王道將該局應辦事宜悉心妥籌，核實經理。如遇重要事件，隨時稟由王道商定，稟請本部堂核示，勿稍疏率。切切。

咨商兩江督院續撥快槍一千枝解鄂以濟急需光緒二十四年閏三月十六日

案照前因鄂省各營改練洋槍，本省局存局造快槍不敷應用。本部堂前在署兩江督部堂任内，電致出使俄國大臣王[一]在巴黎廠訂購德國十響毛瑟快槍五萬枝，彈五百六十萬顆。計每槍一枝價十二馬，曾經於原奏摺内聲明此項彈槍備發各處，亦甚有益，是以迭經商請貴部堂，均承概允兩次分撥十響毛瑟快槍共四千枝，每枝配彈二百顆，共彈八十萬顆，并准電覆統作協濟，無須由鄂給價等因。具見公忠，實深感佩。茲迭次欽奉諭旨，講求武備，訓練新軍，亟應欽遵辦理。查省内省外各營均應練習快槍，期成勁旅，惟鄂省漢陽廠自造快槍，及由前湖南撫院吴[二]撥交之快槍，均經督辦軍務處、練兵處提撥解京，此間軍械頗形缺乏，應請貴部堂再行分撥十響毛瑟快槍一千枝，每枝配彈二百顆，共彈二十萬顆，以濟急需。其價應飭北善後局核計，照數撥還歸欵。如現存之彈不多，將來再備價咨請由甯、滬兩局製造解濟。除行

〔一〕指王之春。光緒二十年十月十五日（公元一八九四年十一月十二日），清廷派湖北布政使王之春往俄唁俄皇亞歷山大三世之喪，并賀新皇尼古拉二世登基。後出訪德、法，於次年五月召回。

〔二〕指吴大澂。

北善後局外，相應咨商。爲此，合咨貴部堂請煩查照，希即分飭金陵軍械所、籌防局照數分撥，移覆來鄂，以憑派員到甯領運。深紉公誼，并希見覆。望切施行。

照札各營練習快槍附單 光緒二十四年閏三月十六日

照得今日武備機宜，兵精先由械利。從前防緑各營沿用土槍及刀矛弓箭等項，均非制勝之具，於戰守毫無裨益，亟應改練快槍，以收實效。前經本部堂商准兩江督部堂劉協撥鄂省十響毛瑟快槍，擬即分發省内省外防勇各營及緑營練軍各營，一體上緊學習操練，前經奏明在案。兹查江南協撥槍枝已經運解到鄂，應即分發防練各營，責成該管將弁督飭一體講求，認真學習。所有運用裝卸修整之法，必須一律通曉，悉臻嫻熟，以收實效。俟本部堂秋間出省查閲營伍，即以洋槍之精否，爲將弁兵勇等考核之實據，功過之等差。除護軍前後中三營、武防、武愷、武功等營已有快槍，及緝私之武勝新營、緝私營、彈壓大冶鐵山、馬鞍山煤井之武勝右營，均勿庸飭發外，其餘防勇練兵各營，均即一律酌量撥發。其不敷之數，應俟即行咨商江南備價添撥。未到以前，省城操防各營暫行少領，俟解到日補足。合行開單札飭、照行該該即便遵照所發快槍數目，迅速派弁來省請領，督率講求，認真學習，隨時妥爲收儲，精加擦磨，勿任稍有鏽霉損壞。是爲至要。

撥發防、練各營快槍子彈數目[一]

步隊：

升字左、中、右營，發快槍三百枝，配彈六萬顆。

沙防營，發快槍一百枝，配彈二萬顆。

襄防營，發快槍一百枝，配彈二萬顆。

練軍：

提標先鋒左、右營，每營發快槍二百枝，共四百枝，共配彈八萬顆。

鄖陽鎮操防營，發快槍三百枝，配彈六萬顆。

宜昌鎮操防營，發快槍一百枝，配彈二萬顆。

督標操防營，發快槍二百枝，配彈六萬顆。

撫標操防營，發快槍一百枝，配彈四萬顆。

漢陽協操防營，發快槍一百枝，配彈二萬顆。

施南協操防營，發快槍一百枝，配彈二萬顆。

武昌城守操防營，發快槍八十枝，配彈二萬顆。

札武備學生王者化等充副營官光緒二十四年閏三月十六日

照得講求武備，爲立國第一要圖。現經欽奉諭旨，飭令練兵。查練兵之法，貴因時以制宜。就近今情形而論，欲禦外侮，非改用洋法操練，講求新式槍礮理法、營壘、橋路工程及測量、繪圖等學，不足以成精旅。此等學藝，惟武備學堂學生出身之員方能分門教授。兹欲認真操練，非任用學生不可。查各營均亟須認真教練，兹先就省城各防營辦起。今定各營原委之營官作爲正營官，另派學生出身之員作爲副營官。正營官照舊管轄營中事務，所有

[一] 此單據抄本《督楚公牘》補入。

約束彈壓、體恤教訓、發放餉項及哨弁勇丁因事開革換補，乃正營官之專責，副營官不必干預。至於教授功課，嚴定課法章程，講説大義，考核勤惰，盡以責之副營官。在正營官尤須和衷共濟，相助爲理，不得意存諉卸輕藐，以向來軍中教習相待，致令副營官稍有掣肘。儻弁勇有不遵教授及練習不能得力，即准副營官商之正營官，立時將勇丁責懲，或開除另換。哨弁不遵教導，亦准稟商撤换。該哨弁等當一律以上司禮相待，如該營官稍有掣肘，准副營官據實稟聞。其餘省外各營，俟續選學生，再行委派副營官，以資教練。除分行外，合將防營派充副營官銜名開單札委，該員即便遵照，按照單開營名，前往充當副營官，認真講求教練，務令弁勇等將各種技藝理法一律嫻熟，由粗入精，練成勁旅。切勿敷衍外觀，怠惰暇逸，致負委任。

飭北善後局發給日員大原武慶等來鄂川資薪水并發合同附單〔一〕 光緒二十四年閏三月十六日

照得繙譯外國書籍，周知四方之情狀，考究新出之理法，爲當今第一要務，而譯西書又不如譯東書之易於真確。三十年日本國廣譯西書，而又按切東方時勢，洵屬有裨實用。亟應擇要轉譯華文，以資取鑑。本部堂特令派往日本游歷委員訪求精通華文熟諳新政之日員來鄂，繙譯書籍、新報、雜誌等件。所訂兩員陸軍大尉大原武慶、文職教官木野村政德次第到鄂。大原武慶每月薪水一百七十銀元，木野村政德每月薪水一百三十銀元，兩員來華川資每人二百銀元，由善後局照付，俾資辦公。合將合同札發。札到，該學堂即便遵照。勿違。

合　同

大清國湖北武備學堂兼自强學堂總稽查官、補用知府姚錫光，奉湖廣總督張諭，聘大日本國在籍陸軍大尉大原武慶赴湖北充東文譯員，所擬合同如左：

一、湖北聘定大原武慶之意，專為繙譯東文各種書籍及新聞報、雜誌等件。

一、每日所譯之件，須逐日送由所在之局提調呈明總辦核定，以便即交書手繕寫。

一、議定每月薪水一百七十元，飯食在内，惟住房并房内傢具均由湖北預備。如大原武慶譯書勤勉，兩面相宜，可由所在之局總辦稟請督憲酌加薪水。

一、議定西渡川資二百元，至湖北支付。日後合同滿時，亦支川資二百元歸國。

一、議定此合同以二年為限。如未滿，湖北欲辭退大原武慶，除應給川資外，須給六箇月薪水。如大原武慶以另有他事自請退者，惟給川資，不給六箇月薪水。

一、議定大原武慶如不幸在湖北病故，即以川資并六箇月薪水作為殯殮及恤銀。

一、如合同滿時，湖北與大原武慶兩相合宜，可接續做去，無庸另立合同。

〔一〕以下五件録自抄本《督楚公牘》。

大清國湖廣總督張諭代定合同官、湖北武備學堂兼自强學堂

總稽查官、補用知府姚錫光

大日本國在籍陸軍大尉大原武慶

大清光緒二十四年閏三月初六日

大日本明治三十一年四月二十六日

大清國湖北武備學堂兼自强學堂總稽查官、補用知府姚錫光，奉湖廣總督張諭，聘大日本國文職教官木野村政德赴湖北充東文譯員。所擬合同如左：

一、湖北聘定木野村政德之意，專為繙譯東文各種書籍及新聞報、雜誌等件。

一、每日所譯之件，須逐日送由所在之局提調呈明總辦核定，以便即交書手繕寫。

一、議定每月薪水一百三十元，飯食在内，惟住房并房内傢具均由湖北預備。如木野村政德譯書勤勉，兩面相宜，可由所在之局總辦稟請督憲酌加薪水。

一、議定西渡川資二百元，至湖北支付。日後合同滿時，亦支川資二百元歸國。

一、議定此合同以二年為限。如未滿，湖北欲辭退木野村政德，除應給川資外，須給六箇月薪水。如木野村政德以另有他事自請辭退者，惟給川資，不給六箇月薪水。

一、議定木野村政德如不幸在湖北病故，即以川資并六箇月薪水作為殯殮及恤銀。

一、如合同滿時，湖北與木野村政德兩相合宜，可接續做去，無庸另立合同。

大清國湖廣總督張諭代定合同官、湖北武備學堂兼自强學堂

總稽查官、補用知府姚錫光

大日本國文職教官木野村政德

大清光緒二十四年閏三月初六日

大日本明治三十一年四月二十六日

密委同知曾磐在上海坐探洋情光緒二十四年

閏三月十六日

照得時事孔亟，當務之急，尤以明悉外情爲要義。本部堂現在奉旨北上，亟應派員在上海坐探確情，隨時用一等電報電達。查有候選同知曾磐堪以派委。月支薪水銀三十兩，由湖北善後局發給。電費准其開報。除行北善後局外，合亟札委。札到，該丞即便遵照在上海坐探，凡有關時局情事，隨時確探電稟。如有緊要事宜，除節要電達本部堂行轅外，并隨時專差飛稟行轅。該丞務當慎密妥速辦理，毋稍稽延洩漏，以副委任。切切。

札北藩司等撥支製麻局建廠機價關税等欵光緒二十四年閏三月十七日

據湖北製麻局奏調差委、廣東候補道王道秉恩詳稱：奉憲台札飭創設製麻局，用機器製造乾麻，至織成綢布，服用精美，足利民生，委職道督同洋商委員悉心籌議，并將造廠開辦一切事宜隨時稟請核奪等因，奉此。查訂購製麻機器合同，言定六箇月起

運，計至本年八月内即可運來。所有瑞記洋商承辦機器第一批機價二成英金二千八百零八鎊，已准善後局解到洋例銀二萬三千兩，當即付給。其第二批機價四成，除由瑞記代墊二成外，其餘二成及第三批機價十分之四及瑞記代墊二成，約共應付機價洋例銀九萬二千餘兩，均蒙札飭由銀元局盈餘項下墊撥付給。其議明期限付給，均按周息七釐計算，共需息銀四千五百餘兩。又關稅照值百抽五，約合銀五千六百兩左右，尚未指定何欵撥用。又造廠工料約需銀二萬兩。至修廠員司薪水、火食、雜項經費及開辦活本，均不在内。此欵廠圖一到，即須動支，磚石尤須購備。應由何處撥用，伏乞憲台批示指定欵項，以憑隨時備文請領。兹將應付機價各欵銀兩分别開摺，一併呈送等情，到本部堂。據此。除批：據詳已悉。查銀元局餘欵，現已札飭專充紗局分還洋欵之用，所有製麻局應付二、三批機價，應由善後局於峽路經費項下動撥付給。其息銀、關税、造廠工料、員司薪工等項經費及開辦活本，均應預籌欵項，一併在峽路經費動支。如峽路經費不敷，即由北善後局於漢鎮商捐項下動支。此係遵照總署光緒二十三年二月奏案官助商本辦法。除札北善後局遵照立案外，仰即遵照，隨時備文請領。務須督同洋商委員妥速籌辦，早睹成效，是爲至要。此繳。清摺存。等因印發外，合亟札飭。札到，該司、局即便遵照批飭事宜，動撥應用具報。勿違。

飭銀元局撥銀解紡紗局分還洋欵光緒二十四年閏三月十七日

據武昌紡紗官局、湖北漢黄德道瞿道廷韶、奏調差委廣東候補道王道秉恩詳稱：竊照本年閏三月十一日，職局因二十三年六月十六日收回官辦，所有前商因局中公用借到漢滬錢莊欵項，查是因局中公用所借，理應由官籌還。當由布局向德商瑞記洋商借有洋例銀二十萬兩，訂明壹分周息，以西歷一足年歸還，立約交欵，均經稟請憲示飭遵，并將原訂合同呈送，蓋用印信，并由布局具報移解職局核發，覆由職局先後核發具報，并於二十三年十二月初十日照約付給息銀一萬兩各在案。查所借銀本二十萬兩，又息銀一萬兩，截至本年五月二十二日止，爲應本息清還之期。查職局欵項無出，曾會商該洋商司理人蘭格展緩一年，該商未經允肯。惟允親到上海，商同該洋商總司理人熟商原借銀主，除息一萬兩仍應照約所載一足年届期清付外，所有借本二十萬兩，擬匀爲十二分，分十二箇月，每月還給一次所有息銀，已還本者隨還即行止息，未還本者隨批帶還息銀，經立有允到上海熟商，仍候上海允照實信爲定信據存據。刻雖尚未據有上海該洋商照允實據前來，然既已商酌將所有借欵二十萬兩，分爲十二分每月還給一次，已還本者隨還隨即止息，未還本者按批帶清息銀，則此項按月應還本銀並帶還息銀，均應預籌的欵，以便該洋商遵照所擬辦理，隨時照付。理合將擬辦未定情形先行陳請憲台，預籌的欵，以便該商遵照所擬匀分按還辦法前來，職局即行遵照批示，向領轉付以清欵目。又同日附摺稟陳：向瑞記所借二十萬兩一欵，原約本訂一足年歸還，兹將届期欵無所出，不得已擬將所借二十萬兩分爲十二分，按月歸還一分，約合銀一萬六七千兩，將來如果照所議辦理，必得月有的欵，方足以陸續應付。查紗局機器未經配全之先，餘利無多，萬難按月籌此的欵，交還急需。即司局各庫拮据萬分，亦難挪借。仰屋無籌，殊深焦灼。查銀元局新添機器刻已運來，下月即可安裝完全，開用以後，鑄數可以較前加倍，現復力籌借本自鑄代銷之法，果能成議，溢利較多。所幸江南所鑄銀元甫經開工，浙江所鑄銀元尚未成物，職局銀元行銷蘇滬杭湖，目下正在通行，約計此一年内銷滯情形，雖未敢預知，然當不致全無把握。應否將所借瑞記二十萬兩一項，現擬按月分還一萬六七千兩，批飭銀元局按月在盈餘項下照數撥解職局分還。所有此項撥解分還之欵，擬照糧、鹽各署提欵充本取息之法，由職局備具股票，於收到銀元局移解欵項時如數填給之處，恭候察核批示遵辦。職道因借項須還，籌欵不易，擬以銀局溢餘暫存紗局充本，稍事挪移，以應緩急等情，稟報在案。於十二日奉到憲台批示：可行。除遵批詳請立案飭撥，并移知銀元局查照外，理合具文詳請查核立案。伏祈札飭銀元局遵照指撥，以便飭領等情，到本部堂。據此。除批：據詳已悉。紗局收回官辦，實爲鄂省大宗利權，關繫緊要，亟應設法維持，以固官本。該道所籌尚屬周妥，准即如詳辦理。除飭銀元局在於盈餘項下籌撥銀一萬六七千兩解交該局分還歸欵外，仰即遵照，届期派員赴銀元局請領，即照糧鹽各署存欵充本取息辦法，務須隨時妥籌，俾製精銷暢，以敵洋產而廣土貨。切切。此繳。等因印發外，合亟札飭。札到，該局即便遵照按月在於盈餘項下籌撥銀一萬六七千兩，解交紗局分還歸欵具報。勿稍違延。

札銀元局將鋼模暫借鑄錢局搭鑄小銀元以資彌補局費不足光緒二十四年閏三月十七日

據湖北鑄錢局司道詳稱：竊上年四月奉諭開辦鑄錢局務，經營一載，局屋機廠次第造成，外洋購買機器已俱運送到局，漢廠所造機器亦可剋日辦齊，計在下月可以開鑪鼓鑄。惟鑄錢無不賠貼之理，當此帑項支絀，將從何處籌此常年貼補之欵。查每月局用至省，須一千三百餘兩，煤、炭兩項亦須一千三百餘兩，加以零星添補，每年總在三萬五六千之譜。昨蒙撥發三萬二千串，除買銅六百擔用銀一萬五千兩外，漢廠代造機器已付二千兩，尚須找付四千餘兩，瓦木工作尾項約估仍須千金，是所存只有六千餘兩，尚不敷三箇月用度。躊躇再四，只有搭鑄小角銀元一法，不惟彌補局用一切，且可獲有贏餘。查本局機器每日可鑄錢四百千，若分鎔銅鑪六座、烘餅鑪二座、輾片機二副、舂餅機一副、印字機一副，每日少鑄錢一百串文，可鑄一二角小銀元一萬三千箇，每月按二十八日計算，可鑄三十六萬四千箇，餘利似尚可觀，除抵充局用、煤炭等項，總仍有所贏餘。本局獲有自然之利，即無庸更請撥欵，而每年所獲餘利悉數充公，留備提用，亦於公家不無小補。一出一入，大有懸殊。而每月鑄錢八千餘串之多，仍是以鑄錢爲大宗，與原奏開局鑄錢亦不相背。銀元局新購極大機器，每年約可餘利三四十萬兩，此不過如大國之附庸，斷不礙其銷路。擬請憲台俯賜批准，俾局務藉可維持，而稍獲贏餘，提充公用，亦略盡奉上急公之義。如蒙恩允，即由本局自出印票，息借商銀六萬兩以作成本，不敷周轉之處，亦仿照銀元局略准商家搭鑄，不更請領公帑，上累藎籌。所有應添翦子機一副，滬商可以購買，光邊機一副，漢廠亦可製造，所費不過數百兩，亦不更請給發。惟鑄元首重銀色，次則平須較准，銀色固須拾足，平亦不可稍有重輕。茲當搭鑄之初，萬一稍有參差，誠恐牽掣大局，且不略示區別，亦無以嚴比較而專責成。查總鋼模以美國鐫刻爲最精，然若購自外洋，曠日持久，不能趕早開鑪，未免虚糜局用。擬請飭知銀元局將總鋼模暫借印鑄，免得外洋購買，展轉稽延。至應於銀元上添刻如何字樣，俾不礙於行銷而有以示其分别，伏祈酌奪飭遵等情，到本部堂。據此。除批：據詳鑄錢須籌常年貼補之欵，擬分機爐搭鑄小角銀元，所獲贏餘彌補局用一切，餘利悉數充公，留備提用，請飭銀元局將總鋼模暫借該局印鑄等情。所籌尚屬可行，應即照准。惟平色必須照章較足，銀元面上即於舊日左右花紋兩朵地位，改鑄錢局二字，以示區别而專責成〔一〕。至商人附鑄章程，兩局必須畫一，尤不得稍有參差，致礙大局。每年限定所鑄，不得過銀八十萬之數。除飭銀元局遵照迅將總鋼模暫借該局印鑄外，仰即遵照，妥慎辦理，勿稍疎率。切切。此繳。等因印發外，合亟札飭。札到，該局即便遵照，迅將總鋼模暫借鑄錢局印鑄具報。勿違。

札江漢關道照會英領事飭教士暫勿往湖南

光緒二十四年四月十五日

據駐漢英國霍領事官照會內稱：茲據倫敦會堂稟稱，本堂現擬在湖南長沙、湘潭兩處分設教堂，懇乞轉請保護等情前來。查該教會在此兩處分立教堂，或先租用民房，開堂傳教，並無爲難之處，祇須地方官實力幫助，多出告示，認真保護，自然相安。茲據前情，相應照請查照，希即札飭該地方官遵照辦理出示，妥爲保護，以期民教相安，望切施行等情，到前兼署部堂移交本部堂。據此。查各省建堂傳教，由來已久，豈必於湖南一省獨加阻止。惟湖南風氣未開，民情强悍，議論紛繁。長沙、湘潭深入腹地，素與西人不甚相習，必需地方官體察情形，實無窒礙，方可前往。現值沙市新出巨案，尚未完結。沙市滋事，係屬湘幫，雖經重辦數人，現尚人心未定。如該教士突然前往長沙、湘潭建堂傳教，誠恐民心驚疑，多生枝節，殊非民教相安之道。前准總署咨，岳州已經奏准作爲通商口岸。茲擬俟將來岳口開辦後，湘民習見交涉情形，漸次相安，長沙、湘潭之民或可聞風無阻。一面由地方官曉諭開導，俟民情實無窒礙，再當知照領事，彼時再往建堂傳教，較易辦理。仰該關道即便照會英領事知照。

札僉厚安等修武備學堂并校場至洪山寶通寺馬路〔二〕

光緒二十四年四月二十七日

照得武備學生及護軍營并調操各營兵勇，均須常往洪山操演槍礮并應敵攻守之法，本部堂并須隨時親往校閲。惟該處距城較遠，道路不盡平坦。所有自武備學堂起，北至賓陽門內大街，并自校場起東出賓陽門合爲一路，以至洪山寶通寺，應再添修馬路，以期往來便捷迅速。應需工料各費，即由北布政司籌欵給領應用。事關武備要政，并派各營兵勇共同修築，即日興工。除分別咨行外，合行札委。札到，該將即便遵照，會同趙守迅速估工購料，分督工匠兵勇等興工，赴藩庫領欵，刻期造成，總須堅實經久，便於行駛，毋稍草率遲延。切切。

〔一〕抄本《督楚公牘》於此句後又有「平色必須照章較足」等語，似與上文重復，故删。

〔二〕以下二件録自抄本《督楚公牘》。

札北藩司撥欵購地修路 光緒二十四年四月二十八日

據制麻局提調湖北補用知府趙毓楠、署江夏縣知縣王廷珍稟稱：竊奉憲台面諭，制麻廠即日興修，接連布局、紗廠、絲局，形勢已極開展。惟江岸一帶高低不等，亟宜加修整齊，并將官路一律修成砥平，江水可免倒漾，飭令詳細會勘，迅速稟覆，以憑撥欵分段趕修等因。奉此。卑府、職遵即逐細會勘，自制麻廠至護軍前營一段，江岸既低，中間鋪户民房結廬聚處，共計鋪面四家，瓦屋二十一家，棚屋十三家，均礙官路。卑職已經會同委紳帶同工書挨户丈量地基，分別鋪面住房、瓦屋棚屋，妥爲議價，具限拆遷。請俟地價議齊，另開清册呈請鈞鑒。自護軍營至皇華館一段，尚無房屋阻礙，惟水府廟右側江沿較窄，急應幫補加寬，趁此起土尚易，業經填築興工。接自織布局、紡紗廠段，形勢平坦，間有礙路之處，均係紗廠地址，退讓有餘。自文昌門外馬頭至繅絲局馬頭一段，臨江地勢亦尚開拓，無甚阻礙，惟文昌門轉灣有炭店一處，應即議價拆遷。以上會勘各段，除由張游擊繪具圖説外，所有購置地價、預備工料各項，一時尚難估計數目，隨後開摺另呈。伏望俯賜查核，預爲撥欵，委員估修，以期妥速等情，到本部堂。據此。除批：查省城外沿江堤岸連年不免盛漲淹浸，亟應墊築均平，修治齊整，俾免倒漾之虞，始足以衛城闉而安民生。其沿隄一帶各局所甚多，運機運貨之事甚繁，應即乘此築成馬路，一律平坦迅利，以便商民。兹據該守等稟遵飭會勘江岸高低形勢，應購地基并修平官路，請撥欵、委員估修等情，應即委該守會同該令督修此項工程，迅將地價議明購定，豫備工料，查照所繪圖説，北自制麻局起，南至繅絲局以東接官廳止，即日分段興工，務將岸工路工一律修築堅實，限於五月内完竣。所需經費估計若干，飭由藩司籌撥，統歸江夏縣隄岸工程内開支。該守等迅即具領，撙節應用，務須核實迅速，毋稍遲緩虛糜。至修築馬路其有應需兵勇等幫工之處，即由該守等移會本標中軍僉副將撥派應用。除札北布政司會同籌賑局迅即撥欵轉飭該守等遵照外，仰即遵照，并録報撫部院暨候批示。繳。等因。印發外，合就札行。札到，該司即便遵照，會同籌賑局迅速撥欵給領興修具報。勿違。

札北臬司大修監卡 光緒二十四年四月二十九日

照得江夏縣監獄前因限於地基，修造未能寬展。至羈押各卡兼有發審各項人犯，屋宇狹暗，人數擁擠，污穢不潔，疫氣薰蒸，疾病瘐斃者，往往不免。察其慘苦情狀，實堪閔恤。雖歷年督飭該縣時有清獄恤囚之舉，終以規模未能大改，苦況未能大蘇。至司府各監雖較縣監略勝，亦未能遽臻整潔寬舒。方今民生日蹙，地方官吏自當以恤民爲第一要政。徧考東西洋各國，於刑獄一端最爲矜慎。其監禁處所不惜鉅欵，廣造樓房，其罪囚起居飲食，寒暖疾病，無不體念周至，於中國刑獄往往多加訾議。鄂省華洋輻輳，尤爲四方觀聽之所繫，儻聽其因陋襲常，不加整飭，不惟有妨仁政，抑且於國體有關。惟政自近始。兹應先將江夏縣監羈各所大加改造，添購地基，酌量采用西式，務期屋廣院寬，通風避濕，器具齊備，整潔寬舒，一應規模章程，均期詳備周密。總須與平民住房無異，令被禁被押之人不受法外絲毫之苦。至府監司監，亦應分別量加修改。俟省城各監卡辦有規模，再飭省外各道府州縣就地籌欵，仿照興修，以昭公溥。至各監卡人犯衣食、醫藥、冬夏所需各件，一切均須優加籌計。即由北按察司會同布政司遴委明幹之員，會同江夏縣迅速查勘，如何展拓修改，如何購地買屋，估計工費，繪具圖説，由司禀候核定，刻日興工。不得草率搪塞，僅以掃除堊飾，略添數椽，即爲了事。所需經費，應飭藩司籌欵撥用。

札武昌、大冶縣採辦紅石供省城要工應用[一] 光緒二十四年四月三十日

據制麻局提調湖北補用知府趙毓楠、署江夏縣知縣王廷珍禀稱：竊奉憲台面諭，制麻廠即日興修，接連布局、紗廠、絲局，形勢已極開展。惟江岸一帶高低不等，亟宜加修整齊，并將官路一律修成砥平，江水可免倒漾，飭令詳細會勘迅速禀覆，以憑撥欵分段趕修等因，奉此。云云。所有購置地價預備工料各項，一時尚難估計數目，隨後開摺另呈，伏望俯賜查核，預爲撥欵，委員估修，以期妥速等情，到本部堂。據此。除批云云等因印發外，查此次省城外修築江岸，限期迫促，需用石料至多且急，武昌縣屬之龍王磯、大冶縣屬之黄石港，均産紅石，應由趙守等估計需用數目，督飭匠頭即日前往各該處，迅速照數采辦，以濟要工。并須責成各該縣切實督催該山開出石料，先盡省城要工應用，不得任聽他處匠頭阻撓争奪，致誤要需。除分行外，合亟札飭。札到，該縣即便遵照，妥爲照料，催趲采辦。江水盛漲在即，限期迫促，千萬勿得稍存膜視。儻有遲誤，致干未便。切切。

會札沙防營勇弁於匪徒滋事時防護不力、發兩月恩餉裁減回籍 光緒二十四年五月二十一日

照得沙市地方匪徒因細故生事，將關局公寓房屋、坐船并將日本領事公署暨怡和洋行寓所放火焚毁，幾釀極大衅端，不可收拾。查沙防營弁勇防護不力，該管帶約束不嚴，自有應得之咎，除俟沙案定議後酌議奏參外，所有沙防營弁勇即全數裁撤。至前准總署來電，日本使函稱沙市鬧事時有兵丁爲匪黨聲援，并訪聞沙市滋事後沙防營勇丁有二十餘名未曾回營等情，顯係該營勇丁當日有附和匪徒情事。本應嚴行查拏究辦，惟事無主名，恐致株累，既經裁撤，姑免深究。原領軍械、旗幟、號衣等件，由該管帶督率各哨官逐一查明繳儲善後局點收，其槍械尤不准短收一件，應領月餉即截至登輪之日止，仍照章給予恩餉一箇月，并從寬再加給恩餉一箇月，飭派輪船送至岳州。加給之恩餉俟到岳州後發給，由該管帶營哨官由岳州妥爲押送到籍，分别遣散，不准在鄂遺漏一名，尤不得稍事逗遛。除分行外，合行札飭。札到，該管帶即便遵照督飭各哨官務將應發各勇正餉、恩餉發足，不得稍有剋扣，致滋借口。沿途毋任逗遛逃逸，滋生事端。此事係本部堂、院格外從寬辦理，如該管帶官辦理稍有不善，所領槍械短繳一件，即將該管帶從嚴參辦。

[一] 以下六件録自抄本《督楚公牘》。

札黄岡縣嚴拏阻撓陽邏採石滋事之人

光緒二十四年五月二十二日

光緒二十四年五月初四日准督辦鐵路總公司事務大臣大理寺少堂盛咨呈開：據提調鐵路漢局李牧宗璡詳稱，案據採辦陽邏紅石委員、試用知縣方榮焜禀稱，卑局自被林煜南等阻撓之後，仰蒙詳奉湖廣督憲張、督辦大臣盛批飭黄岡縣嚴拏滋事之人懲辦，儘力開採等因，理應静候。無如迄今數月，僅據黄岡縣派差二名來邏，并未到局，亦未嚴拏此案滋事之人訊辦究追。風聞該縣楊令函致林煜南，請其速將此事了結，以致該處之人見林煜南如此聲勢，益形膽熾，俱惟林煜南之言是聽。卑職先已聞得邏紳因此案由局通禀，深爲恐懼，欲求速了，林煜南從中把持不准。伏思卑職奉文開採，始則但慮出石之無多，是以石山棚腳、車價、水腳先已發出七百餘串，原冀多採多運，可以陸續歸繳。今被阻止，工匠均已打散，縣中又不雷厲風行，遷延時日，糜帑誤公，何所底止。爲此，懇請轉詳大憲，札催黄岡縣迅速差拘林煜南等究追了案，俾得儘力開採，以濟公需，而清公項，實爲公便。并據委紳王世馨面稱，有素不安分之陶坤三脅同阻公，請一併懲辦等情前來。查此案前經卑職詳奉憲台咨請湖廣督憲張，札飭黄岡縣嚴拏訊辦，迄今兩月有餘，僅據該縣簽差兩名送信林煜南，請其速了，而於大憲文告置諸不論，殊不足以儆刁風。似此遷延玩誤，該局已發之欵無從追繳，停待之費更滋虚縻，且恐各處聞風效尤，將來工程前進，購地遷墳，更形掣肘。現時漢口玉帶門民地即多抗阻，可爲前車之鑒。合無仰懇憲台即咨湖廣督憲張、湖北撫憲譚嚴催黄岡縣迅速究辦，實爲公便等情。據此。查此案前據漢口鐵路分局朱總辦滋澤、李提調宗璡詳，經本大臣咨請貴部堂轉飭黄岡縣迅速拏辦，從嚴追究在案。兹據前情，除詳批示并分咨外，合亟咨呈查照，嚴催黄岡縣迅速遴派幹役，拘拏林煜南等到案，勒限追究，按律懲辦等因，到本部堂。准此。查此案前據總辦漢口鐵路分局朱守滋澤詳，當經札飭黄岡縣迅速嚴拏滋事之人到案究追，并傳集林煜南等查明實在情形，責令出具永不滋事甘結，聽憑委員督同石匠儘力開採。倘再藉端阻撓致礙要工，定即從嚴懲辦。旋准盛大臣咨呈，又經前兼署部堂譚轉飭黄岡縣遵照前札并來咨事宜，妥速辦理各在案。迄今日久，何以僅據該縣派差二名赴邏，并未嚴拏此案滋事之人訊辦究追，亦不傳集林煜南等查明情形，責令出具永不滋事甘結，聽憑委員儘力開採，實屬玩延。事關奉旨要工，近日又奉嚴旨催辦，豈容劣紳抗阻，實出情理之外。兹准前因，合亟嚴札飭催。札到，該縣即便遵照，迅速勒傳林煜南等到案，勒限追究，勿任（原抄本下缺）

札行黄嗣東禀籌辦鄂省行輪章程并定期行輪請飭縣營照料稽查

光緒二十四年五月二十九日

光緒二十四年閏三月初九日據前陝西候補黄道嗣東禀稱：前准湖北善後局司道照會，奉憲台批，内河行駛小輪，利便商民，須官督紳辦，派委職道總司湖北行輪事宜，一切集股、用人、行船、查弊章程，統由該紳會督各紳妥議舉辦，并會商湘紳通禀核定等因。奉此。伏查内河行輪，搭客拖貨，現經總税務司赫德條陳，由總理各國事務衙門奏准通行在案。時移事異，自應作速舉辦，以免捷足先得。職道今春往來湘、鄂，與兩省紳商悉心籌畫，并遵批邀集股本，復面承訓示，酌定暫借鄂省之楚寶、楚威兩官輪，湘省之湘帆、慈航兩官輪，先行試辦，擬請援照南局章程，刊用木質關防，文曰辦理兩湖官輪北局之關防，以昭信守。鄂省之襄河、武穴、沙市、宜昌，湘省之衡州、湘潭、益陽、常德，凡小輪能至之地，應准一體暢行，設立埠頭，停泊躉船，并嚴定過卡完釐章程，以杜流弊。一面購置淺水拖輪鄂湘兩省各一隻，三號小火輪各二隻，事歸官督，即屬官輪，照例報明關道，請領牌照，毋庸繳費。俟試辦一年，著有成效，再稟請憲台酌提紅利，以助兩省練兵養士之用。除將開辦日期另文申報外，所有酌定章程，業已開摺面呈，理合稟請批示立案等情，到本部堂。據此。當批：據稟及清摺均悉。查現准總理衙門咨，通商省分所有內河，無論華商洋商，均准駛行小輪船。據總税務司酌議章程，奏准咨行各該關道查照辦理等因。當經轉行遵照辦理在案。其章程內凡有赴關領小輪船之船牌者，除官辦之船勿庸繳費外，其餘均應繳納牌費等語。從前南北兩省議設小輪，擬作爲官局、善堂所用，原爲豫防窺伺，自保利源起見，是以多方維持，以杜外人藉口。現在時局已變，內河小輪新章已行，華洋均無限制，情形自與上年不同，此時湘、鄂兩省紳商若願製造小輪，來往長江、內河，搭客裝貨，均無不可，但只可與商輪一律辦理，未便作爲官輪，自應遵照總理衙門現行新章，一律作爲商輪赴關領牌報税，以歸畫一而免葛藤。至楚寶、楚威二輪係專爲官用之船，差務繁多，未便久作貿易之事，應准借給半年先行試辦，其薪水暫由局發，以示體恤，煤油等費仍由商局自發。仰北善後局轉移遵照辦理。仍候北、南撫部院批示。繳。摺存。又於光緒二十四年閏三月十三日據該道稟稱：竊職道奉委籌辦湖北行輪事宜，業將酌定章程稟請立案，并將開局日期具文通報各在案。查大湖南北，凡輪船必經之路，上游如靖港、湘陰、蘆林潭、陳陵磯、新隄、寶塔洲、京口，下游如黄州、黄石港、蘄州、黄梅等處，自須設棚撥划，以便客貨搭載。每至夏秋之交，江湖水漲，小輪不似大輪，有時亦避風浪停泊，或無一定時刻。當此薦饑之後，萑蒲不靖，搶掠頻聞，誠恐匪徒滋擾，是以稟定章程內有請沿途水師照料一條。現已開局行輪，理合照章稟請通飭長江水師暨荆河、襄河選鋒各營水師礮船，在於設棚泊划之處加意防護，以安行旅。如有夾帶私貨，半途起卸漏釐，准水師隨時查出，就近稟報釐局暨地方官懲罰，并將弁勇優獎等情。復批：查內河行駛小輪，新章已行，該紳商製造小輪，來往長江內河，搭客裝貨，只可與商輪一律辦理，未便作爲官輪，業於該道前稟明晰批示，飭善後局轉移遵照辦理在案。該紳此稟，自係未奉前批所發，惟該紳之船已屬商輪，自應遵照總理衙門通行章程辦理，從前南北兩省所議章程，均毋庸議。現既不必官督紳辦，所有該紳自行刊用之關防，不應再爲行用，亦毋庸再用委辦字樣。即南省各輪搭客裝貨，亦應與商輪一律，赴關領牌報税，以歸畫一。至請飭水師於設棚泊划之處照料防護之處，自可照准，惟只可照保護通行商輪民船一律辦理，未便兩歧。此案昨據江漢關詳請照現奉總署咨行新章辦理，當經批飭如詳辦理在案。總之，此舉經本部堂多方籌維，無非欲自保利權，兼杜外人效尤，無如時局已變，新章已行，從前本部堂與南撫部院暨該紳所籌，於今日情事已不相合。該紳如果情殷桑梓，欲籌保富塞漏之方，當别思良策可也。仰即遵照。仍候北、南撫部院批示。繳。又於光緒二十四年四月十八日據江漢關道瞿道詳稱：光緒二十四年閏三月二十五日，准總辦兩湖鄂賑捐輪事宜兼辦官輪局前陜西候補道黄道嗣東咨稱，敝道前准善後局司道照會，奉督部堂批，内河行駛小輪，利便商民，須官督紳辦，派委敝道總司湖北行輪事宜等因。旋於本月十三日禀報啓用關防，開局試辦。頃已購置拖帶小火輪一隻，身長英尺七丈，寬一丈三尺，馬力四十五匹，裝貨不及噸數，名曰博濟，船價洋例銀三千六百兩正。相應移請印發護照，并咨明宜昌、九江各關道，無論長江内河，准其拖貨搭客，照章納税，一體放行等因。准此。職道查鄂省所置官輪，向來僅派解餉送差等事之用，并不准裝載貨物，是以洋關税務司向不與聞。上年湘鄂擬設公司輪船，已奉憲台行知，俟兩省紳士公議章程禀到後，妥議詳辦，迄今該紳等并未議定章程。本年三月奉准總理衙門咨奏定新章，准予各省内河行駛小輪船，藉以擴充商務。查奉發章程第二條内載，非出海式樣之各項華洋小輪船，或在口岸内駛行，或往來内港，除按本國律章應隨有之牌照外，尚須赴税務司處請領關牌，其關牌内應將業主姓名、籍貫註明，并將船名、船式及水手人數等項按行開列，每年换領一次，如改業主及停止貿易等事，即將所領之關牌繳銷，初次領牌應納牌費關平銀十兩，其後每年换領新牌，納費銀二兩。又第五條内載，此項小輪船如在各口裝載應税之貨駛赴内港，應即報明海關，由關核定應否照完何項出口税。如由内港裝載應税之貨駛回本口，應即報關，由關一體核辦各等語。業經咨行遵辦。茲鄂省官輪局黄道購置博濟小輪船一隻，擬往來長江内河，拖貨搭客，與向來不裝貨之官輪不同。既經拖船裝客，即屬華商公司輪船，自應遵照此次新章辦理，擬由職道發給中國應有之牌照外，尚須赴税務司處請領關牌繳費，將來裝貨進口、出口，俱報關查驗，完納税釐，以符定章。除抄録新章咨復黄道查照外，是否有當，理合具文詳請查核，批示飭遵等情，復經本部堂如詳批准。又於光緒二十四年四月二十九日，據黄道嗣東會同湖南紳士候選郎中張祖同禀稱：竊職道等先后奉憲台暨南撫憲札委，籌辦湘、鄂兩省行輪事宜，業將開辦章程及啓用關防日期具禀呈報，并奉批准借用官輪兩艘試行半年各在案。茲職道嗣東會同職員祖同，將由湘抵鄂埠頭廠棚一律修完，擬於四月二十五日載貨搭客，啓椗行駛。惟是湘省於行輪一事風氣初開，又值外人有在岳州設埠通商之議，輪舟來往，慮有浮言。似應先行出示曉諭，俾衆周知此係兩省紳商集股自辦，共保利源，毋生疑慮。且中途搭船卸載，難保無地痞宵小混雜其間，竊攫貨物，走漏釐税，在在均須預爲防範。所有各處棚廠，應由地方官會同選鋒、長勝、澄湘水師營弁，并督率團保隨時彈壓稽查，以昭慎重，理合禀請札飭長沙、衡州、常德、岳州四府屬沿地沿河各州縣（原抄本下缺）

札行户部奏撥補各省釐金抵借洋欵摺附單

光緒二十四年五月三十日

光緒二十四年五月二十八日准户部火票遞到户部咨開：山東司案呈准北檔房傳付内稱，所有撥補各省釐金抵借洋欵一摺，單一分，於光緒二十四年五月初九日具奏。奉旨：依議。欽此。相應傳付廣東等司即赴本檔房抄録原奏清單，恭録諭旨，飛咨各該省督撫一體遵照辦理等因，相應抄録原奏清單，恭録諭旨，飛咨湖廣總督遵照可也等因，到本部堂。准此。除分行外，合就札行。札到，該道、司、局即便查照部咨各節，通盤籌計，會同核議切實辦法，迅速具詳，以憑酌核奏咨。勿延。

撥補各省釐金抵借洋款摺

户部謹奏為續借洋欵，訂明釐金作抵，應將各省所短釐金之數趕緊撥補，恭摺仰祈聖鑒事。竊維續借英德商欵，前經奏准以七處釐金作抵，内蘇州松滬貨釐二百萬，九江貨釐二十萬、浙東貨釐一百萬、宜昌鹽釐加價一百萬、鄂岸皖岸鹽釐八十萬，共釐金五百萬，均自本年閏三月十一日起，由税司代徵，抵還洋欵。惟前項釐金業已指明抵還洋欵，各省京協各餉以及本處防餉等項，向取給於釐金者，勢必驟形短絀，亟應另籌的欵，如數撥補，以免貽誤。查各省裁兵節餉、丁漕折錢平餘及現辦昭信股票，原議俟積有成數，聽候撥還洋欵，不准挪作别用。今續借洋欵，既由釐金項下歸還，則各處釐金即由裁兵節餉各欵内如數籌補，於原議辦法尚無不符。臣等公同商酌，擬在江蘇、江西、安徽、浙江、福建、湖南、湖北、四川、廣東、河南十省裁兵節餉丁漕折錢平餘及現辦昭信股票項下，劃撥銀五百萬兩，作為自税司代徵後補足七處釐金抵還洋欵之數，每省劃撥若干、分解何處若干，即由臣部開具詳細清單恭呈御覽，并請旨飭下各省督撫轉飭按照臣部單開數目，陸續撥解各該省兑收應用，毋任稽遲。其現時撥剩之欵及嗣後續收之欵，仍應存儲候撥，不准擅自動用。至有釐金各省，經此次撥補之後，本年應解京協各餉，務當依限掃數報解，不得借口出入不敷，任意截留，致干參處。

再，明年七處釐金應由何項撥補，擬俟歸税司代徵後，比較從前徵收數目，再行酌度辦理。所有臣部撥補釐金緣由，理合恭摺具陳，伏祈皇上聖鑒。謹奏。

謹將擬由各省裁兵節餉、丁漕折錢平餘及現辦昭信股票欵内撥補釐金數目，開列清單，恭呈御覽。

計開

一、蘇州貨釐作抵銀八十萬兩。除已准截留浙西代徵絲繭捐及本省牙帖捐、綿繭捐約銀十二萬三千兩外，今撥江蘇裁兵節餉銀十萬兩、江蘇丁漕折錢平餘銀十萬兩、江甯丁漕折錢平餘銀四萬兩，江蘇昭信股票銀四十三萬七千兩，補足前數。

一、松滬貨釐作抵銀一百二十萬兩。除前已電准由江海關洋藥税釐撥補銀十四萬九千兩外，今撥江蘇裁兵節餉銀十七萬一千兩，河南裁兵節餉銀十四萬兩，河南丁漕折錢平餘銀二萬兩，江蘇昭信股票銀七十二萬兩，補足前數。

一、九江貨釐作抵銀二十萬兩。今撥江西昭信股票銀二十萬兩，補足前數。

一、浙東貨釐作抵銀一百萬兩。今撥浙江裁兵節餉銀十萬兩，浙江昭信股票銀三十二萬兩，福建昭信股票銀十萬兩，廣東裁兵節餉銀四十八萬兩，補足前數。

一、宜昌鹽釐加價作抵銀一百萬兩。除前已電准由湖北暫停採辦米價運費補撥銀七萬兩、三成養廉撥補銀三萬兩外，今撥湖北裁兵節餉銀十一萬兩，湖北丁漕錢價平餘銀五萬兩，湖北昭信股票銀十萬兩，湖南裁兵節餉銀八萬兩，湖南丁漕折錢平餘銀三萬兩，湖南昭信股票銀七萬兩，四川裁兵節餉銀十萬兩，四川昭信股票銀三十六萬兩，補足前數。

一、鄂岸鹽釐作抵銀五十萬兩。除前已電准由淮鹽加價撥補銀五萬八千兩外，今撥江蘇裁兵節餉銀十六萬二千兩，廣東裁兵節餉銀二十八萬兩，抵足前數。

一、皖岸鹽釐作抵銀三十萬兩。今撥安徽裁兵節餉銀七萬兩，安徽丁漕折錢平餘銀五萬兩，安徽昭信股票銀七萬兩，江西裁兵節餉銀六萬兩，江蘇裁兵節餉銀五萬兩，補足前數。

以上除已電准截留撥補四十三萬兩外，今由裁兵節餉項下撥銀一百九十萬三千兩，丁漕折錢平餘項下撥銀二十九萬兩，昭信股票項下撥銀二百三十七萬七千兩，共合撥補銀五百萬兩之數。應令各該省各按單開數目，分別解支，不得短少遲延，亦不准挪移別用。至協解省分，何日起程，受協省分何日收到，均隨時

(原抄本下缺)

札北藩司將火器新捐欵盡數提解槍礮局應用光緒二十四年六月初一日

照得湖北槍礮廠欽奉諭旨，飭令籌欵漸次擴充，從速開辦，亟應欽遵辦理。近來承准督辦軍務處、練兵處文電，飭撥槍礮爲數甚多，目前又需趕造皮袋各件，經費極形支絀。且現在添設無煙藥、罐子鋼、臺上所用十二生鉅礮，各廠需費甚鉅。查槍礮廠常年經費，近來土藥税收數短絀，川淮鹽釐抵還洋欵，是鹽局江防加價一欵有無尚未可知。查前准部咨令辦火器新捐原奏内稱：此項專爲槍礮之用，將來由何處制造即由何支領。現在槍礮廠需欵甚急，應急飭司迅速查明火器新捐一欵收數實存若干，盡數提撥解交槍礮局應用，以濟急需。除行槍礮局外，合亟札飭。札到，該司即便遵照，迅速盡數撥解具報，并報明撫部院查考。勿違。

札南、北司道書院改試策論預防流弊光緒二十四年六月初六日

案照光緒二十四年五月十七日承准總理衙門來電，五月十二日奉上諭：御史宋伯魯奏請將經濟歲舉歸併正科，并各省生童歲科試迅即改試策論一摺。前因八股時文積弊太深，特諭令改試策論，用覘實學。惟是掄才大典，究以鄉、會兩試爲綱。鄉會試既改試策論，經濟歲舉亦不外此，自應併爲一科考試，以免紛歧。至生童歲科，著各省學政奉到此次諭旨，即行一律改試策論，毋庸俟至下届更改。將此通諭知之。欽此。當經恭録分別咨行欽遵在案。查鄉、會歲科既改策論，各書院課試生童，自必一律改課策論。恭查前於五月初五日欽奉上諭：士子爲學，自當以四子六經爲根柢，策論與制義殊派同源，仍不外通經史以達時務。總期體用兼備，人皆勉爲通儒，毋得但逞博辯，徒蹈空言，致負朝廷破格求才至意等因，欽此。自當敬謹奉行。原本經書，博考時務，方與以四子六經爲根柢之諭旨相符。至策論所出題目，必應明示限制，以崇聖道而免歧趨。每課策論中，斷不准全無四書五經之題，即所出時務各題及諸生課卷中，亦不得以狂悖怪謬、顯背聖經之言任意闌入。總之，以聖經之綱常義理爲本，以古今中外之經濟才藝爲用，庶可得真才而無流弊。儻有顯背經書，廢棄倫常，干犯朝廷，詆毁孔孟者，諸生即行咨明學院斥革。如各官官課出有此等悖謬題目，或奬拔此等悖謬課卷，或師課題目及該處士民有倡爲此等悖逆邪説，地方官并不曉諭禁阻、據實稟聞者，定即嚴行奏參。除分行外，合亟剴切通飭。爲此，札仰該司道即便轉行所屬府廳州縣一體遵照辦理。

札江漢關道照會俄領事開導俄商買辦劉輔堂完結汪春榮一案[一] 光緒二十四年六月十八日

光緒二十四年四月二十六日據駐漢俄國王領事照稱，案查俄國新泰商人控齊同源保薦串通、舞弊侵喫本銀八千餘兩一案，叠據俄領事官照會，均經先後札行該關道轉飭漢陽縣提集人證，秉公審斷。嗣因該縣未能迅速斷結，且查此案買辦劉輔堂係應質訊之人，若不到案，萬難審斷悦服，是以本部堂札飭該關道照會俄領事，令新泰洋商速將劉輔堂交出，并札委武昌府逄守提省，秉公質訊，以期早日持平斷結在案。兹復迭據俄領事照催，復經飭據漢陽縣李令稟稱，前往會晤俄領事，再四婉商，請其開導劉輔堂，此案雖由汪春榮薦人錯誤，而劉輔堂亦有用人不慎之責，何能盡行諉過汪春榮，令其全賠。劉輔堂并不認錯吃虧，且胡善誠等在新泰幫貿業已三年，前二年辦茶頗有盈餘，并未分給餘利，後因胡善誠等辦茶虧折，無力賠償，以致牽累汪春榮虧則勒罰，何以盈則無賞。查前俄領事謂劉控兩人，汪衹保薦一人，令其照賠一半銀四千兩，汪春榮實係因人受累，經縣切實開導，强允出銀二千兩，彼此數目相懸，以致拖延。現已折衷定斷，令汪春榮賠繳銀三千兩。且查汪春榮前有買花香茶末銀一千兩，劉輔堂以茶末不好，索賠銀兩，還銀即應退貨。現隔兩年之久，如買還花香，至少亦須銀數百兩。此項兩不退還，亦可長抵數百兩，照賠四千兩之數，所短實屬不多，自應就此完結等情，到本部堂。據此。查此案欵項實由汪春榮薦人虧累，并非自已真正欠有新泰洋行之欵，定須責令賠還。如謂汪春榮有薦人不實之咎，劉輔堂亦有用人不慎之責。諉宜分任，則此欵劉輔堂亦應認賠，豈能全責汪姓賠償。前經前俄領事擬令汪春榮照賠一半銀四千兩。汪春榮因人受累，力本難支，經該縣切實開導，始肯勉允二千兩。兹經本部堂酌斷，飭令再加一千，共令汪春榮賠繳銀三千兩，合之所買花香茶銀，已去四千兩之數不遠。此係因交涉案件，格外從厚斷結，以示優待俄商之意。劉輔堂不可執迷不悟，仍復藉此狡展。至此案叠經俄領事照會，并經本部堂迭催審斷，所以久延未結者，均由劉輔堂并不到案，以至無從判斷所致，應由俄領事開導劉輔堂遵照，就此完結，以免再延，合就札行。札到，該關道即便照會俄領事查照，明白開導劉輔堂遵照完案照覆。切切。并飭漢陽縣知照。此札。

札江漢關道照會各領事收回洋商所購武昌地基附單 光緒二十四年六月二十七日

照得湖北省城武勝門外塘角及新河一帶地方，并非通商口岸，所有該處地基，應留爲中國修造粤漢鐵路馬頭及車棧貨棧之用，并須由江東岸馬頭沿江接修枝路至草湖門外，塘角等處斷不准民間私相買賣。乃近查得該處居民貪得厚利，有將地基賣與各國洋行暨洋行各買辦情事，殊與條約不合，深堪駭異。當飭據署江夏縣王令查明開摺，呈賫前來。此項地段是否實係各國洋行暨洋行各買辦所購，抑或係華民冒名洋行影射囤買、希圖漁利，其所買之地有業經税契者，係由地方官率忽所致，應俟查明辦儆。以上

[一] 録自抄本《督楚公牘》。

各情，應由江漢關道照會各國領事，查明如果屬實，迅即剴切籌商，令各洋商將所買地基契據，查照丈尺，無論已未税印，均各繳出查驗，核明屬實，給還原價，不令受虧，原地退還，以便將來中國修造鐵路、碼頭、車棧、貨棧及枝路等事。查鐵路爲國家要政，無論何項産業，皆應先儘鐵路之用，地球各國條例大率相同。況武昌并非通商地方可比，諒各領事必知鐵路緊要，各洋商當無異言。合亟抄單札飭該關道即便遵照，照會各國領事商令迅爲查明。如果屬實，即令洋商迅將所買地基契據已未税印，均各繳出查驗，以憑核明，給還原價，將原地收回。是爲至要。

抄　單[一]

計開

一、上新河口，法商雷理、孫燮記即亨達利洋行，承買甘光順等地一段，南北斜長八丈，東西寬二十八丈。計價錢一百九十串文。二十三年六月税契。

一、上新河口下，俄商小歐陽即買辦宋西山，承買宋多柏地一段，南北長七十二丈五尺，東西寬十七丈、十三丈不等。計價銀三千兩。二十二年八月税契。

一、上新河口南岸，法商雷理、孫燮記，承買傅賢銀等地一段，南北長十二丈五尺，東西寬十六丈，計價錢一千二百餘串文。

一、中新河口下，法商雷理、孫燮記，租賃天主堂地二段，南北長一百四十丈，東西寬四十丈至十丈不等。計價銀二千四百餘兩。

一、下新河口，日商泰記即大阪洋行，承買張吉甫地一段，南北長十四丈，東西寬五十七丈。計價錢一千串文。

一、紅關下，德商美記即美最時洋行，承買張光發等地一段，南北長八十四丈，東西寬四十餘丈，計價錢二千八百零二串四百文。二十一年六月税契。

一、紅關下，俄商馬利金堂即順豐洋行，承買李維洪等地一段，南北長四十七丈，東西寬四十餘丈。計價錢一千六百餘串文。

一、紅關下，俄商馬利金堂，承買陳明清等地一段，南北長四十五丈，東西寬四十餘丈。計價洋紋二千元。

一、紅關下，法商雷理、孫燮記，承買李維洪等地二段，南北長九十丈零五尺，東西寬四十丈、五十丈不等。共計洋紋二千七百餘元。

咨呈總署德使索漢口租界利益應分別辦理 光緒二十四年六月二十八日

爲照漢口地方近添各國租界，何國先行陳請，即何國先行訂界，在中國既無分彼此，在各國亦豈能有所争論。查德國租界議定之後，適鐵路總公司選擇設立總站地方，即在德界之下。德界附近鐵路獲利獨優，乃是適逢其會，并非德界必應附近鐵路也。嗣日本請立三百丈租界，鐵路公司因需地正多，不能允其所請，勉減爲一百丈，設在德界之下。詎德國嘖有煩言，以爲失去附近鐵路之利益，竟有索償之語，在中國斷無允認之理。然本部堂最重邦交，故設法向鐵路公司商議，在於鐵路經過德界後面之處，添設一小支路，通入德界，專備貨車坐車。每逢總站開車之先，

[一] 此單據抄本《督楚公牘》補入。

另用汽車拖至總站，鉤附總車，同時啓行，是比未定日本租界之先，德界與車站相去數里之遠，并無專備拖車者，獲益更優。前派員面告德員柯委員，亦首肯稱善。嗣准貴衙門六月號電開，據德繙譯轉達德海使所索三條，一自德租界至江邊鐵路總站，須修造通日本租界鐵軌，以便來往。二德租界內，應准華人居住。三德租界應拆去舊有之城等語。查第一條修造通日本租界鐵軌，即與本部堂前議造一小支路之意相同。惟此路專爲優待德界而設，自應在於鐵路經過德界後面，即西面之處分造支路，不必通至日界，從支路歸入總路，即引至江邊總站，俾德界獨享此利。第二條德界內准華人居住，亦可照辦。第三條德界內舊有之城，此城腳外地段既已歸入租界，如無礙潦水淹灌之處，亦可照准拆去。惟德界相近之舊城有關防水者，仍應留存。似此通融辦理，無非爲格外聯交起見。除札江漢關道照會德領事及德國柯委員外，相應咨呈貴衙門察照施行。

札行户部議覆湖南省籌練新軍、請將裁勇餉項及丁漕錢價平餘留充練餉一摺附單〔一〕

光緒二十四年七月初九日

光緒二十四年七月初三日准兵部火票遞到户部咨開，湖廣司案呈准北檔房傳付所有議覆湖南巡撫奏湖南省籌練新軍，請將裁勇餉項及丁漕錢價平餘留充新軍練餉一摺，光緒二十四年六月十一日具奏。奉旨：依議。欽此。相應傳付湖廣等司，即赴本檔房抄録原奏，恭録諭旨，飛咨湖南巡撫、河道總督、湖廣總督遵照，并由湖廣司移會各處，暨咨呈軍機處知照兵部付知督催所等因前來。相應抄録原奏，恭録諭旨，飛咨湖廣總督遵照可也。又於光緒二十四年七月初六日准兵部火票遞到户部咨開，山東司案呈准北檔房傳付內稱，所有議覆湖南巡撫奏湖南省籌練新軍請將裁勇餉項及丁漕錢價平餘留充新軍練餉一摺云云，相應抄録原奏，恭録諭旨，飛咨湖廣總督遵照可也各等因，到本部堂。准此。查前准户部咨撥補各省釐金抵借洋欵一摺，抄録原奏清單，恭録諭旨，咨行遵照辦理等因。當經札行藩司，糧、鹽兩道，善後、川鹽兩局查照部咨各節，通盤籌計，會同核議切實辦法，詳請酌核奏咨在案。茲准前因，合亟札飭。札到，該道即便遵照移會各司道局併入前案，迅速會議詳辦，勿稍延緩。

户部奏摺

户部謹奏為遵旨議奏事。湖南巡撫陳寶箴奏湖南省籌練新軍，請將裁勇餉項及丁漕錢價平餘留充新軍練餉一摺。光緒二十四年五月二十四日奉硃批：户部議奏。欽此。欽遵由軍機處抄交到部。據原奏內稱，湖南通省防軍十六營，分別遣撤裁減共汰去二千三百名，改為十四旗，每旗勇丁三百六十名，共五千零四十名，另募新軍六旗，共二千一百六十名，綜計防勇、新軍，統共七千二百名，較原額有減無增。惟湘軍皆守舊制，今練新軍，必須仿用西法，器械尤必專習新槍，所有薪糧均須酌加，又有西法教習、各項器具之費，即未能悉照北洋新軍，較之湘軍額餉，不無增益。前奏每年約需十一二萬兩，是以請將丁漕錢價平餘提欵三萬數千兩，留為本省教練新軍之用。總之，裁防餉以濟新軍，於勇數餉

〔一〕以下十六件録自抄本《督楚公牘》。

需無大出入，所增者為仿西法以更舊習，冀成今日勁旅，實為必不可省之費，故不得已為此變通〔一〕騰挪之計，即部議所稱整頓裁汰，騰出餉項之法。今若以撤減防勇之餉歸入節省，備抵償欵，勢不能更練新軍，而徒以孤防勇之勢。現在防勇已裁，若再撤新軍，其貽誤必且更速。今岳州已議通商，鐵路又將修造，彈壓鎮撫極關緊要，已擬請另自募勇兩旗，與前練新軍共為八旗，容另摺具奏。如俱能練有成效，或更有籌欵之方，則擬再行添練。原奏撤減勇餉八九萬兩，與丁漕平餘提欵三萬餘兩，仍請留充新軍練餉等語。臣等伏查裁勇節餉及丁漕錢價平餘，係因備還洋欵，行令聽候部撥，均不准本省留用。嗣因續借英德金鎊，雖以七處釐金作抵，然由釐金解支各欵，亟應全數撥補。是以湖南巡撫前奏請將裁勇餉項為練軍薪糧不敷銀兩，請提各州縣丁漕錢價平餘，當經臣部查與原議不符，行令另行設籌，并將該省裁勇節餉銀八萬兩、丁漕錢價平餘銀三萬兩撥補宜昌鹽釐，先後奏明各在案。茲復據湖南巡撫奏請仍將前欵留充新軍練餉等因。查練兵必先籌餉，係古今不易之理，亦係地方應辦之事。若但知招募新軍，不能預籌的餉，徑將臣部籌出各欵概行截留，臣部遇有應撥要需，勢必無從指撥。即如續借洋欵以釐金作抵，而釐金五百萬兩，關繫京餉、協餉及各省防餉，均不容稍有短欠，較湖南一省練餉，其緩急輕重，相去懸殊，非有裁勇節餉及錢價平餘等欵，又恃有何項可以奏撥足數。該撫所請將前欵留用之處，臣部原難照准。第查裁汰舊勇，添練新軍，迭奉諭旨飭辦，又各省勇營一律改練洋操，現經臣部覆奏通行有案。今湖南改營為旗，另募新軍，仿用西法，自係遵奉諭旨，參酌時宜，為建威銷萌之計。該撫既稱裁防餉以濟新軍，於餉需無大出入，臣部自未便過分畛域，應請將每年節省勇餉銀八九萬兩，准其留用，以冀添練新軍，悉成勁旅。惟丁漕錢價平餘，原非為練兵而設，各省均未准留用，湖南不能獨異。且湖南丁漕錢價平餘每年不過三萬餘兩，該撫如果於出入各項力求整頓，當不難自行設措，應仍令將前項平餘銀三萬兩，迅即解交湖北，撥補宜昌鹽釐，毋得再請截留，并將下存平餘若干，報部候撥，以符奏案。至節省勇餉既准湖南留用，則宜昌鹽釐仍少銀八萬兩，自應另籌存欵，照數撥補。現查河南省節省河防銀八萬兩，據河道總督奏明存儲司庫，聽候部撥。臣等擬將此項銀兩令該督轉飭在於司庫提出，解赴湖北兑收，作為撥足宜昌鹽釐尚少銀八萬兩之數。一俟奏奉俞允，臣部即行知湖南巡撫、河道總督、湖廣總督遵照辦理。所有遵議緣由，理合恭摺具陳，伏乞皇上聖鑒。謹奏。

飭江漢關道照會日本領事并禁漢報館妄登紀録 光緒二十四年七月初九日

照得報館之設，所以彰公論、廣見聞，是誠人心風俗之所關，未可以無稽之言相雜也。乃查閱漢報，其所紀武漢近事，每致傳聞失實，而於官辦政事，尤多影響之談，甚或以無作有，以小報大，多不可信。此蓋因街譚巷議，展轉傳訛，該報館訪事者不得其人，以致採訪多有未確。夫採訪不實，則是非不公，此不僅爲世道之憂，且於該報館聲名有礙，亟應查明禁止。合亟札飭。札到，該關道即便照會日本國領事官，并告知漢報館，嗣後該報紀

〔一〕抄本《督楚公牘》為「勇」字，疑誤。

事，務須選擇誠實謹慎者充當訪事人，查探明確，再爲據實直書，毋得以捕風捉影之談，致淆觀聽。倘仍不查虛實，率行登報，定當通飭湖北、湖南兩省概不准購閱漢報，并即飭知。想該報館顧惜聲名，必能妥慎辦理。并將轉飭情形稟覆。

飭兩司、關道會議在漢口酌設正印專官光緒二十四年七月十一日

照得漢口巨鎮，兼係通商口岸，華洋雜處，諸事紛繁，近年各國展拓租界交涉之件，愈形棘手。且奉旨開辦盧漢、粵漢南北兩鐵路，將來路工告成，漢鎮尤爲南北各省來往要衝，市面愈盛，則交涉之件愈多。乃該鎮遥隸於隔河之漢陽縣，遇有要事，奔馳不遑，且以後通濟門外直至灄口數十里皆成繁盛之區，即皆有華洋交涉事件。該縣本係衝繁地方，政務亦復不少，豈能日日往返八九十里，於民事洋務均多窒礙，自非有正印專官駐紮漢口，不足以重交涉而資治理。近據江漢關道面稟，擬在漢口添設一縣，或即將漢口同知改爲撫民直隸廳，品秩較崇，彈壓較易。將漢陽縣地方酌量劃歸該廳縣管轄，或即將漢陽縣移駐漢口，庶洋務不虞稽延，而民事亦不致曠廢等語。究應如何變通辦理，方臻妥善，應由藩臬兩司、江漢關道迅速通籌妥議詳覆，以憑本部堂會同撫部院核定具奏。合就札行。札到，該司、道即便遵照通籌妥議，詳候核奪。毋稍遲延。切切。

札行黄邦俊稟長豐鹽務及施宜商務硝磺事宜光緒二十四年七月十七日

據委辦宜施電報官局兼鹽磺事務、湖北候補知府黄邦俊稟稱：竊卑府於上年十月間會同署巴東縣朱令祖蔭電稟，請於縣北長豐之紙倍溪地方採煤煮鹽，爲救濟窮民之舉。奉憲台諫電，諭令試辦，責成卑府會同朱令勸諭紳富集股等因，奉此。遵即會商朱令招商集股，即於十一月開工，當經電稟在案。至山中切要各事，復經會同朱令，於本年正二月間後先赴廠查勘部署，粗有頭緒。正擬馳稟間，奉江漢關瞿道札轉奉憲台會札，提取鹽樣五十觔，賫呈漢口商務公所，當由朱令備文申解在案。伏查長豐鹽泉，嘉咸年間曾經試辦，聞以味淡滯銷而止。茲據土人嘗驗，水味鹹而適口，較奉節大甯有過之無不及。現計設柴竈七座，煤竈十有六座，日可出鹽一千餘觔，每觔約定價錢四十文。長豐近接房、保南境，向爲潞私浸灌，今則價廉質美，房、保二縣商販孰不欲就近購買，是該廠非惟無礙川淮分路，且可藉抵潞私。至建始磺鑛，今春由卑府履勘，酌定章程，定額每年四十萬觔，前路銷數能旺，尚可加額。茲擬硝磺併採，事歸一律，民用既便，而私産亦杜。似此鹽磺兩廠向皆視爲瘠區，幸賴憲台指示機宜，均已辦有成效，地方幸甚，商務幸甚。此外施、宜各屬所産貨物，每年計所值甚鉅，奈因運道艱遠，商販裹足，以致銷路日疲，生計日蹙，若不設法疏導，一遇荒歉，困苦更不堪言狀。卑府現擬招集紳商，勸導創辦施宜各屬商務，并擬附入各分局處所，以節縻費。其經理各事，即於各紳商中遴派，官特爲之保護，而利之所在，并不干涉。其山民土貨，或願照時價就近售與各公所，或以運去之紗布互爲通易，各任其便，絶不遥制。惟事屬創始，商民見聞不廣，若非仰賴憲台頒發關防，檄飭辦理，殊不足以昭慎重而專責成。所有辦理長豐鹽務并施、宜商務、硝磺事宜，除將各情酌擬章程繕摺呈遞邀免賫叙外，謹遵鈞諭，理合稟陳。是否有當，

伏候批示祇遵，實爲公便等情，到本部堂。據此。除批：據稟，該守現辦鹽磺事宜並擬勸辦施、宜各屬商務，所請頒發關防，已飭北善後局刊刻木質關防一顆，文曰巴東賑鹽宜施硝磺局之關防，呈驗發給。至長豐鹽廠若儘力開辦，每日可增出鹽若干，現在如何行銷，是否僅止房、保兩境，將來出産稍旺，約可捐繳經費若干，應自何時起算，均即詳切稟覆。其硝磺事宜并即妥爲籌辦，隨時將辦理情形稟報。所有硝磺應繳捐項，亦即查照向章，如數遵繳，并即稟覆。除行北鹽法道暨籌賑、善後兩局，宜昌鎮傅鎮查照外，仰即補稟撫部院查核。繳。等因印發并分行外，合就札行。爲此，札仰該道、局即便查照，并刊刻巴東賑鹽宜施硝磺局之木質關防一顆，呈驗飭發。

札行總署咨議覆御史曾宗彦奏請農工二務摺附單

光緒二十四年七月十九日

光緒二十四年六月二十日准兵部火票遞到總理各國事務衙門咨開：本衙門議覆御史曾宗彦奏請農工二務一摺，光緒二十四年五月十六日具奏。本日奉硃批：另有旨。欽此。同日内閣奉上諭：總理各國事務衙門議覆御史曾宗彦奏請振興農學一摺。農務爲富國根本，亟宜振興。各省可耕之土，未盡地力者尚多，著各督撫飭各該地方官勸諭紳民，兼採中西各法，切實興辦，不准空言搪塞。須知講求農政，本古人勞農勸相之意，是在地方官隨時維持保護，實力奉行，如果辦有成效，准該督撫奏請獎叙。上海近日創設農學會，頗開風氣，著劉坤一查明該學會章程，咨送總理各國事務衙門查核頒行。其外洋農務諸書，并著各省學堂廣爲編譯，以資肄習。欽此。相應咨行貴督欽遵辦理可也。粘鈔奏等因，到本部堂。承准此。合亟札飭。爲此，札仰該司、學堂、局即便移行，遵照辦理。

總署奏摺

謹奏為遵旨議奏事。光緒二十四年五月初五日准軍機處抄交御史曾宗彦奏農工二務亟宜振興一摺。本日奉旨：著總理衙門議奏。欽此。查原奏稱，歐西鐵路之興，所以便商旅利行兵也，然必其國之利源已開，土貨之銷足敵外貨之暢，故民利而國與俱利。中國人工物産，事事辦無成效，所出口只有此數，雖有鐵路，無所利之。洋人自通商以來，竭澤而漁，中國精華，朘削殆盡。且新增條約，又准改土貨為洋貨，販運愈捷，成本愈輕，銷路愈廣。今又佐以鐵路，將以開中國之利源，適以竭中原之膏血。急籌抵制之術，厥有二端：一曰勵農學以盡地力。中國地屬温帶，土宜最廣。可耕之地若以西法經營之，利可六倍西人。常謂盡地所受日之熱力，每一英里可養一萬六千人，計一英里僅中國三里三。又西人推算中國之地，若用西國農學新法，每年增欵可六十九萬萬有奇。今縱不必盡如其數，但能得半，尚中國已歲增三十餘萬萬。惟責之官辦，則文告係屬空談。聽之民辦，則愚賤憚於謀始。其勢非紳辦不可。查江浙紳士邀集同志，於上海創設農學會，兼採中西各法，以樹藝畜牧倡導海内，在興利之中最有實際，行之一年，尚稍稍有應之者。惟以一二人士主持其間，功力有限。伏乞明降諭旨，將上海農學會亟予激勵，或飭地方官力為保護，或恩賞銀兩以示特施，使天下聞風盡奮，美大之利，計日可收。此興農學之足籌抵制也。一曰准專利以勸百工。歐洲凡出新意制器者，皆准呈官考驗，予以專利年限，限滿之日方准他人仿造。中國未有專利明文，出奇者煞費苦心，效尤者立攘其利，以故人人自廢。西人挾彼之功，乘我之虛，閭閻日用，半資洋貨，民生安得不困，國用安得不虛。伏乞明降諭旨，飭下各直省督撫、將軍，凡民間能出新意制造器物者，准呈所在地方官考驗，以適用之大小，定專利之年限，其能制造新式軍械有益大計者，所在督撫、將軍摺奏，破格獎勵。此興百工之足籌抵制也。二者皆興，則鐵路之通以富以强，二者有一不興，則鐵路之通以貧以弱各等語。臣等查鐵路為自强要務，中國不能不及時修造，亦事會使然。惟土貨之銷，不敵洋貨之暢，自屬實在情形。該御史擬籌抵制之法，係為開拓利源起見，其勵農學以盡地力一節。查泰西農學沕有專書，中國拘守舊習，於西人種植畜牧之法未及考求，實農政之未修，非地力之已盡。近日京師奏設大學堂，各省學堂次第設立，正宜廣譯外洋農學諸書，兼資肄習，以為試辦之地。該御史謂官辦、民辦諸多窒礙，不如責成紳辦，洵屬扼要之論。所稱上海農學會，由江浙紳士創設，行之有效，是風氣業已漸開。惟該學會何人經理，一切章程未經呈報，無案可稽。應請旨飭下南洋大臣查明該紳等姓名及該會章程，咨送臣衙門備核，仍由南洋大臣就近考察，如果確著成效，請旨嘉獎，為各直省農學之倡。其如何妥為保護，并應否籌給經費以垂久遠之處，統由該大臣酌核奏明辦理。至准專利以勸百工一節，查光緒八年上海創設機器織布局，定限十年只准華人附股，不准另行設局。光緒二十一年煙臺設立酒廠，採買葡萄釀酒，定限十五年不准他人仿造，俾專執業，均經奏准有案。又本年四月總税務司申送福州人陳紫綬所制紡織機器，經臣衙門查驗，學有心得，援案准其專利十五年亦在案。今該御史請定制器專利年限，事屬可行。擬請飭下各直省督撫、將軍，嗣後民間自出新意制造貨物，准其呈請考驗。其用之小者，仿照上海織布局成案，予以專利十年。其適用之大者，仿照煙臺釀酒成案，予以專利十五年，各給印照，以為憑據。其有制造新式軍械，不在利限之例，呈由該管官詳加試驗，如果裨益大計，隨時奏請優獎，以資鼓勵。竊維播穀重虞廷之命，考工補周禮之書。當此時艱孔棘，即不參用西法，亦應整飭内治，於厚生利用諸要政，詳加考究，力圖自强。况鐵路之通，既足以擴利源，西法之善，復足以資印證。誠能加意講求，使地無曠土，工有良師，富國之道，孰大於是，又不僅抵制洋貨暢銷土貨之一端也。所有議覆御史條奏農工二務亟宜振興緣由，謹恭摺具陳。是否有當，伏乞皇上聖鑒訓示。謹奏。

光緒二十四年五月十六日奉硃批：另有旨。欽此。同日内閣奉上諭：總理各國事務衙門議覆御史曾宗彦奏請振興農學一摺。農務為富國根本，亟宜振興。各省可耕之土，未盡地力者尚多。著各督撫督飭各該地方官勸諭紳民，兼採中西各法，切實興辦，不准空言搪塞。須知講求農政，本古人勞農勸相之意，是在地方官隨時維持保護，實力奉行。如果辦有成效，准該督撫奏請獎叙。上海近日創設農學會，頗開風氣，著劉坤一查明該學會章程，咨送總理各國事務衙門查核頒行。其外洋農務諸書，并著各省學堂廣為編譯，以資肄習。欽此。

札委王秉恩等在漢口相地開辦商務局

光緒二十四年七月二十二日

光緒二十四年六月十九日准兵部火票遞到軍機大臣字寄兩江總督劉、湖廣總督張光緒二十四年六月初七日奉上諭：振興商務，爲目前切要之圖，迭經諭令各省認真整頓，而辦理尚無頭緒。泰西各國首重商學，是以商務勃興，稱雄海外。中國地大物博，百貨浩穰，果能就地取材，講求製造，自可以暗塞漏卮，不致利歸外溢。著劉坤一、張之洞揀派通達商務，明白公正之員紳，試辦商務局事宜。先就沿海沿江如上海、漢口一帶，查明各該省所出物産，設廠興工。果使製造精良，自能銷路暢旺，日起有功。應如何設立商學、商報、商會各端，暨某省所出之物産，某貨所宜之製造，并著飭令切實講求，務使利源日闢，不令貨棄於地，以期逐漸推廣，馴致富强。事屬創辦，總以得人爲先。該督等慎選有人，即著將擬定辦法迅速奏聞，毋稍延緩。將此各諭令知之。欽此。查此事乃今日要政，上海爲沿海總會，漢口爲上游要衝，鐵路樞紐，自應分設兩局。除上海一局由兩江督部堂劉委員開辦外，兹於漢口設立商務局，以鼓舞聯絡上游川、陝、雲、貴、湘、粤等處工商爲要義。其商學、商報、商會及講求工廠製作、商貨銷路等事，江楚兩局各自籌辦，遇有應行聯絡通貫，或應互相協助之處，隨時知照，會商辦理，雖分兩局，仍聯爲一氣。應由本部堂與兩江督部堂劉商籌酌辦。所有應辦之事，其要有八：

一曰啟發。商報、商會、商學，皆係啓發之事。商報係採訪沿江沿海各口岸暨鄰省本省土地所産，及人工所造各貨市價、銷路，并譯各洋報所載商務，兼譯西書之有關商務者，分期出報。商會係由本局商董，邀集各省各幫大商入局，訂立商會，或面商或通函或登報，互相討論考校，以期聯絡協助，力厚氣旺。商學係考求製貨理法，銷貨道路，綜核新式護商律例，以及中外盈絀、銀幣漲落、各國嗜好、各業衰旺各情形，自應設立學堂，延師教習，方能增長智術。惟中國設立商學，華人能任教習者斷無其人，若延請洋教習，經費太鉅，且設堂經費亦屬不貲，斷難舉辦。惟有赴外洋學習，東洋尤便。商會中人有願去者，由本局禀請本部堂發給護照，并咨明總署暨出使大臣，但須自備資斧。

二曰倡導。製造土貨，需用機器，華商不知成本若干，有無利息，未敢試辦。現擬除已設之紗、布、絲、麻各局外，其餘土貨之需用機器者，若牛皮、骨角、紙張、竹器、漆器、洋蠟之類，均可次第籌辦，官籌本若干，并借商款若干，先設數廠，令其觀感，見有成效，自知仿行，或代爲訪求製造之法及需用何項機器。

三曰合力。商務必集公司，方能大舉。一省商力不足，合他省以益之。且上游四川、雲、貴省出産土貨甚多，而地勢較偏，購機選匠，種種不便。且機器運至川江以上，實屬不易，銷路亦窄。若造成後再運至下游行銷，徒多往返耗費。至於陝、甘、河南、兩廣、湖南，亦不如漢口地勢適中四達。現擬於武、漢一帶衝要地方購買地段，以備入商會者在此地段内購地造屋，或設行棧，或設機廠。

四曰塞漏。現在洋商已准在内地設廠製造土貨，無從禁阻，愈開愈多，華商更難覓生計。即使日後續開，固已著著落（落）[後]，莫若議與洋商合辦，既免占我全利，并可學其工藝。此亦補救漏卮之一法。

五曰祛習。中國商賈積習，識陋見小，亦思依仿新式，辦運新貨。而偷減工料，貨質全非，以假亂真，以劣攙優，種種欺僞，以致外人割價退盤，甚至無人過問，其貨真價實之商反爲所累。甚有招集股分，意存誆騙，事未辦成，貲已用罄，遂致人人畏避，公司難集，商務莫興，實緣於此。必須明定賞罰，以示勸懲。

六曰保護。近日各省倒帳之案層見迭出，漢口、沙市已屬不少。商局既設，未倒之先，官爲訪察防護。既倒之後，官爲嚴追懲辦。凡曾經倒塌之商，照西例飭令報窮，列諸商報，使遠近咸知，以後永遠不准更名經貿。

七曰體恤。嚴禁稅關釐卡留難需索，新製土貨可以抵制洋貨者，奏明減輕或暫免稅釐，定明專利年限，不准他商仿造。

八曰獎勵。新創機廠暨捐資興辦商報、商會、商學，及在外洋學成工藝回華可資實用者，奏明請獎。

總之，不外於抵制洋貨、依仿洋式、借助洋師三義。從此著手，方爲有關内地商務大端，由粗入精，由近及遠。其中事體繁博，必須先立大概章程，此後隨時籌畫變通，務期妥善。業經本部堂電奏，派委湖北差委候補道王秉恩暨奏調江蘇候補道程儀洛總理其事，并擬遴選殷實誠信、通曉時勢之商董數人爲總董。惟漢口之商，外省人多，本省人少，但取其熟悉商情，亦不拘於本處紳士等因。業經奉旨允准。除商董另行遴委暨分行外，合亟札委。札到，該道即便總理漢口商務局，遵照上項指飭事宜，即在漢口迅速相地，開辦商務局。所有原設勸工、勸商局，即歸併此局之内，由王道督飭認真籌辦。一面將擬辦章程、所有上游各省應如何擇要設立分局之處，亦即一併統籌，稟候核示，迅速開辦，勿稍延緩。切切。

札飭江夏縣購買護軍前營附近地基改修營房光緒二十四年七月二十五日

據管帶護軍前營兼管工程隊游擊張彪稟稱：竊照卑營練習洋操，年來勤求槍礮陣法，均臻嫺熟，至於體操課程，亦皆分派學習。現奉憲諭，精練體操可壯筋骨而增膽氣，講解課程能長智識以收實效。練兵之道，此爲要義，務須添辦操練器具，認真率教，人人全精。惟值我憲台整頓武備之際，標下自應恪遵，奮勉妥辦。伏思體操之法，架扛軟木，種樣匪少，必設廠所以練之。課程之類，軍器測繪，門徑尤多，必設講堂以教之。今卑營駐紮平湖門外江岸，其營盤係前鐵字營舊建，原因水陸换防，僅居三哨。上年卑營至此，於營後添蓋一哨住房，僅敷棲止，仍少且窄。況原操車礮十八尊，嗣續添操四生、五生快礮各六尊，并七生半四輪車礮四尊，所養礮馬及購到外洋鞍架與行軍各種器具，皆無存儲之所，業已稟明，候估辦理。然體操廠所、課程講堂，更緣基址狹隘，無處添設，均經面陳。仰奉憲諭，准就營之左右空基添買加寬，重新蓋造，而營前操塲讓出馬路一條，已由西北首購置一段，彌補營右之地，尚可敷用。第營左西南首之地，有民房數家，如一購拆，亦敷布置。查住房、講堂、體操、繪圖、軍裝、馬棚各所屋宇一一分蓋，頗需地基。既仿操西法以爲練兵様式，又濱臨江渚，乃屬中外目見，此項建蓋必須層次井井，方足以資整齊而壯觀瞻。謹擬圖式呈請鑒定，并請憲台札飭善後局、江夏縣分別估購興修，俾早竣工，以資操練。所有擬請購廣地基、改修營房緣由，理合繪圖稟懇察奪，批示祗遵等情，到本部堂。據此。除批：稟圖閱悉。查該營地址狹隘，現在練習洋操，必須有體操廠所、課程講堂，并添蓋營房、馬棚、各項屋宇，務令勇丁安舒，衣械齊整，與舊日營房規制不同，自應購地興建。仰北善後局速飭江夏縣趕緊𨈆購地基，一面由局照圖估工，發欵趕修，以資操練，毋稍遲延。切切。抄稟及圖併發等因印發外，合亟札飭。札到，該縣即便遵照，查照圖式，迅速在於營附近地方購定地基，以便添修廠所、講堂、營房、馬棚各項屋宇之用，勿稍延緩。切切。

飭張彪添募工程營勇認真訓練 光緒二十四年七月二十五日

照得洋操各項隊伍中，惟工程隊技藝功課最爲繁細，仍須兼有步隊礮隊之長，必應廣爲操練。茲查舊日沙防營裁撤，當經飭令游擊蔣聲耀所帶武防右營改名沙防營，調往沙市填紮，遺出武防右營勇額二百五十名，又新裁漢口緝捕營勇丁一百名，應飭現在管帶工程隊之游擊張彪照數募補，并添募五十人，共四百名，合之原有工程隊之一百名，共成五百名，名爲工程營，餉項章程與從前工程營一律。其多募之五十名，應俟於他項勇丁裁撤抵補添足。橋梁、營壘、電雷、修械、測繪、路電六所，分門講習，務須事事認真訓練，期成勁旅。新募之勇必須年在二十歲以下而又識字者，方准收録入營。其年逾二十并不識字，以及疲弱油滑之輩，不准濫充。俟募足時，即造具勇丁花名清册賫呈，以憑委員點驗，并備紙筆考核。一面遴選熟習洋操、樸誠勇敢之幫帶哨弁，先行禀候批示，飭委承充。除分行外，合亟札委。札到，該遊擊即便遵照上項札飭事宜，妥速辦理禀報。毋違。

札飭武勝新營裁撤由武功營填紮堵緝北私 光緒二十四年七月二十六日

照得屢次欽奉諭旨，精練洋操，餉需浩繁。又屢奉旨，飭令裁兵節餉，亟應欽遵辦理。惟有酌裁舊有勇營，以節餉項而資抵補。查副將吴清泰所帶武勝新營，向係駐紮麻城，分巡麻、羅境內各卡，堵緝北私，應即裁撤，由省城另派他營接緝。原領軍裝、旗幟等件，即由該將督飭哨弁查明，繳交善後局點收。其槍械尤不准短少一件。應支薪糧截至遣散之日止，仍照章給予恩餉一箇月，即飭北善後局將應發薪糧，委員解至麻城，會同吴副將點名散放，即在現紮地方妥爲遣撤完竣。遠處勇丁，分別押送回籍，不准沿途逗留滋事，近處招募者，即令各自歸農。所有麻城、羅田一帶緝私事務，應即飭令前總兵方友升所帶武功中、左兩底營刻日拔隊開往，按照原紮營壘填紮，接辦緝私事務。該統帶務須督飭哨弁，嚴申紀律，破除積習，勇丁足額，不准短缺，認真堵緝。倘弁勇有得受私販陋規、包庇及藉端訛詐滋擾情事，立即查明，禀請從嚴懲辦，勿稍徇縱。除分行外，合亟札飭。札到，該將即便遵照上項札飭事理，妥速辦理。仍將遣散日期報查。切切。

札北藩司等查明各鑛歷年籌辦情形彙齊備查 附單 光緒二十四年八月初四日

光緒二十四年七月十八日准兵部火票遞到欽命統轄鑛務鐵路總局咨開光緒二十四年六月十五日奉上諭：著於京師專設鑛務鐵路總局，派王文韶、張蔭桓專理其事。所有開鑛築路一切公司事宜，俱歸統轄，以專責成等因。欽此。本大臣等遵於本年六月二十四日具奏設立鑛路總局情形一摺。奉硃批：知道了。欽此。同日，又附奏請鑄造關防一片。奉硃批：依議。欽此。相應恭録并鈔奏咨行貴督欽遵辦理。查各省鑛務累年以來或業經開採，或開而復封，或已勘未開，或鑛苗顯露未經查勘，情形不一。今既奉設專局，自應綜其綱領，詳爲稽核，以免輕率從事。應請貴督通飭所屬，將已開未開各鑛歷年籌辦情形，繪圖貼説，撰爲表譜，及一切詳細章程，務於文到三月内彙齊，咨送本總局備核。至圖表尺寸、格式，俟本總局酌定體例，續行咨寄。嗣後關涉鑛路文件，除咨報本總局外，仍分咨户部、總理衙門，以備查考。此文係借用總理衙門關防辦理，合併聲明。粘單等因，到本部堂。准此。除咨行外，合就札行。札到，該司、局即便遵照，會同鐵政洋務局、布政局，迅速通飭所屬查明已開未開各鑛及歷年籌辦情形，繪圖貼説，撰爲表譜，及一切詳細章程，依限呈請該司局彙齊，詳賫核咨，勿稍違延。

鑛務鐵路總局奏摺

謹奏為遵旨設立鑛務鐵路總局，謹將路鑛大略開局日期并派定司員恭摺仰祈聖鑒事。本年六月十五日恭逢上諭：鐵路鑛務為時政最要關鍵。現在津榆、津盧鐵路早已工竣，由山海關至大凌河一帶亦籌欵接辦，大段已具。鑛務以開平、漠河兩處辦理最為得法，成效已著，現在一律推廣。惟路鑛事務繁重，誠恐各省辦法未能畫一，或致章程歧出，動多窒礙，亟應設一總匯之地，以一事權。著於京師專設礦務鐵路總局，特派總理各國事務大臣王文韶、張蔭桓專理其事，所有開鑛築路一切公司事宜，俱歸統轄，以專責成。欽此。臣等竊維中國疆圉之廣，民物之饒，甲於諸洲指日鐵路星羅，鑛工雲集，若漫無歸宿，則利未浚而害已潛。茲欽奉諭旨，京師專設總局，所以保國權而息紛擾，略於各國鐵路鑛務設部之例，經權妙用，深佩聖明。此中籌辦之道，或官辦，或商辦，或官督商辦，宜有區別。即中西商合股，亦屬商辦，與他國國家無涉。又鐵路公法，凡車載腳價，均由政府核定，從無公司自定者。現在津榆、津盧鐵路車行漸暢，而每噸貨物收數幾何，上等、中等、下等客位收數幾何，户部與總理衙門均無案可稽，即車路起迄，工程分數，開車次數，車行時刻，車上條規，車棧處所，車路車棧所占地畝為官地、為民地，並車路、車棧、車頭、車内所用工匠華、洋人各幾名，客車貨車各幾輛，亦均無可考。將來盧漢、粵漢、甯滬、津保四路，推而及之他處，亦復如是，則國家予公司以莫大利益，而公司視國家漠不相關，所謂開鐵路以拓富强者安在也。及今整理，尚不致叢脞日積，不可收拾。此鐵路之大略也。至各省鑛務，漠河、開平成效已著。漠河歲解户部銀約二十萬兩，幾經駁查而得，而其礦山界址，採鑛章程與沙丁畫分四六成生金，猶是藏頭露尾。黑龍江將軍開鑛又尤而效之，無非以距京遥遠，驟難稽核，自非令和盤托出，不足以拓商務而垂久遠。又開平煤鑛初辦甚疲累，近年經理如法，出煤日多，時或運銷南洋，煤質之佳遠勝日本，果能推行盡利，足為國家生財。現在商欵若干，官欵若干，從前兼辦塞門德土能否不致虧本，每日每年出煤數目，局廠幾處，各用華、洋人幾名應令據實具覆。此鑛務之大略也。本年山西、河南鑛務章程經總理衙門核議具奏，其第六欵鑛質出井值百抽五，仍完出口税各節，於國帑不無裨益，他省煤、鐵鑛可援助辦理。至五金之鑛，則值百抽五不足以盡之，自宜另訂抽收之法，以重公帑。現在遵旨設立京師總局，臣等先就户部、總理衙門調查檔案，分行各省各公司，查取現辦章程詳為核訂，請旨遵行。未經奉旨設局以前，無論官商擬辦未確之事，均不得作為定案。緣此數年間謀辦路鑛者紛至沓來，大都欲得一准辦之據，以自為謀，其於國計民生無與也，於路鑛成敗利鈍無與也。其所臚舉，甚至松竹齋廠紙鋪，亦可擔認八十萬銀貲本。江浙鐵路竟有借銀行期票作保，驗訖發還，謹與該行訂認一次月息，空中樓閣，百出不窮，駁之則叢謗，准之則誤公。臣等仰維朝廷設局之意，惟當實事求是，何敢委曲遷就。然此中情形，臣等既有見聞，不能不豫為防範，以免魚珠淆混，貽笑外人。設局伊始，端緒甚繁，另覓公所，恐曠時日。現擬就總理衙門西院權為總局，選派提調、管股章京，先將路鑛檔案分別清釐，以憑核辦，即於七月初一日開局。一切應辦事宜，容臣等隨時商議具奏。所有遵旨設立鑛務鐵路總局各緣由，謹繕摺具陳，伏乞皇上聖鑒訓示。謹奏。再，現在遵設鑛務鐵路總局，一切文牘自必繁多，應有關防以專責成。相應請旨飭下禮部鑄銅關防一顆，其文曰：欽命統轄鑛務鐵路總局關防。鑄成後咨送臣局，俾資銓用。未經鑄造以前，所有應行文件，暫借總理衙門關防辦理。謹附片陳請，伏乞聖鑒訓示。謹奏。

札安陸、德安二府示諭織户收買官紗

光緒二十四年八月初五日

據總辦湖北紡紗織布兩局、廣東候補道王道秉恩稟稱：竊布局出紗向來行銷各省，紗局出紗即疏銷本省，天門縣之岳口尤爲本省銷數大宗。今夏該處紗銷寥寥，皆緣莊户收布不廣，秋來似有起色。滿望從此暢旺，不料昨接岳口分銷處來稟，潛江、天門一帶收布莊户，共議禁買洋紗，以爲洋紗受漿過重回潮，每致霉爛，在各該鎮揭貼，不准收買洋紗織布云云。雖未述及官紗，而官紗交易頓形減色，殊不知官紗與洋紗迥別。官紗係選用通、鄂好花，并不攙用洋花。官紗力緊，洋紗力鬆。緊則受漿不重，紗線自然堅韌，鬆則受漿（不）重，紗線不免易斷。鄂局開織七年，近來銷行更廣，運往雲、貴、陝、甘、四川者甚多，水陸行程非數月不能到地，從未有發霉一説，此其明證。即紗銷四川、湖南，皆大批運往，僉稱較洋紗爲勝，豈近省轉無見聞。若果有回潮霉爛等事，局布安能有如此銷數。但恐奸商借官紗爲名，實則售賣洋紗，影射欺朦，不可不慮。祗須認明湖北官布局、武昌官紗局雙龍抱珠紗牌爲記，自無錯誤。擬請札行安陸、德安兩府，出示曉諭，官紗與洋紗實自有别。該布莊既稱洋紗織布不合銷路，不能波及官紗，自應分別收買，庶織户有所適從，不致貽累官紗等情，到本部堂。據此。查官紗行銷已久，本省及雲、貴、陝、甘等省銷路甚暢，向無回潮霉爛情事。誠恐奸商影射欺朦，致令黑白混淆，有礙官紗銷路，亟應剴切曉諭。除分行外，合就札飭。札到，該府即便轉飭所屬迅速出示，剴切曉諭民間買紗，務須認明湖北官布局、武昌官紗局雙龍抱珠紗牌爲記，即係官紗，自無回潮霉爛之弊，俾得一體周知。仍將遵辦情形稟報查考。勿違。

札北藩司等報查輪委到班各員并榜示周知

光緒二十四年八月初八日

照得各項候補人員各按班次委署，部章本可於本班中酌量必須，考察人才，原不能專論資序。惟輪委一班，資格較深，所以振拔淹滯，裁抑躁競，定章亦有深意。嗣後凡遇輪委之缺，該司應將輪委一班前十名銜名員數，每月一面開單呈報本衙門備查，一面於藩署官廳榜示周知。遇有缺出，先儘前三名委署。其或實在人地不宜，再將以後之員酌委，然總不得出五名之外，以示限制而免向隅。合行札飭。札到，該司即便移會臬司一體遵照辦理。勿違。

札商務局、商報經費飭在牙釐局行捐項下開支光緒二十四年八月初九日

照得漢口地方，現經遵旨設立商務局，奏派湖北差委廣東候補道王道秉恩、江蘇候補道程道儀洛總理其事，經本部堂籌撥創辦大概章程八條，札飭該道等認真籌辦。惟創辦商報，目前即需經費，即商會一事，自應遵旨及早開辦。所有該局應出商報一節，亦不能不略有用項。至該總局即暫設布局内，以省經費。其漢口勸工、勸商局，已奏明歸併商務局之内，其經費亦即歸商務局開支。應飭牙釐局將牙帖一項認真整頓，不得仍前瞻徇敷衍，并即於行捐項下每月支撥銀八百兩解交商務局，以作商務局經費。至開辦商報，前次章程飭令採訪沿江沿海各口岸暨鄰省本省土地所產、人工所造各貨市價銷路，并譯各洋報所載商務，并譯東西洋各書之有關商務者，分期出報，此第綜其大要而言，其應如何延訪通人，購譯洋報以及一應未盡事宜應如何定立詳細章程，即由該道等迅速妥議，禀請核定籌辦。合行札飭。札到，該局即便遵照辦理。毋延。切切。

飭北牙釐局議擬整頓米穀釐金功過章程光緒二十四年八月十一日

照得現值時局艱危，需餉孔亟，且宜昌鹽釐已經抵還洋欵，湖北餉源惟恃釐金一端，斷不能不認真整頓。叠奉諭旨整頓釐金，嚴杜中飽，凡屬在事各員，自宜潔己認真，盡除積弊。惟近來各局卡貨釐收數多無起色，或以歲歉貨少，或以洋旗子稅藉口短收。明而每至留辦之第二年將滿，自知不能再留，末兩月必然虧短。明係句串司巡任意侵蝕，殊堪痛恨。豈知貨釐之盈虧，固視來源之衰旺，尤視各員之賢否。至米穀釐金奏明以供地方要需，若核實抽收，可成鉅欵。去年本部堂兼署撫篆時，曾經嚴定此項歲額比較，飭令按月另册造報。查各局報册，惟鮎魚滖一局年來收數暢旺，每較舊額多收數倍，較新定之額亦必長收，其餘各局卡無一能敷歲額者，而短至九成以外者甚多，明係以米穀釐金挪移貨釐之内，或混入雜糧之中，專爲中飽之計，實爲膽大荒謬，欺藐太甚。此等情弊，本部堂久已周知，應飭牙釐總局將米穀釐金專作一條，明定功過，庶免蒙混營私者任意侵欺。迅即核議章程，限三日内詳覆核辦。此外整頓釐金章程，有應責成外局者，有應責成總局者，有何項應行增補酌定之條，一併分別議擬核奪。除行北布政司外，合行札飭。札到，該局即便遵照，限三日内擬章詳覆。勿違。特札。

札吴元愷添勇丁練洋操并先儘撫標裁丁中挑補光緒二十四年八月十一日

照得方今練兵一事最爲急務，迭次欽奉諭旨，飭令講求武備，改練洋操。惟查原有護軍前後、工程各營，爲數尚少，不能成軍。兹查撫標兩營兵丁現經裁撤，騰出餉項，應即飭令統帶武愷營吴副將元愷，迅速添募勇丁五百名，分爲兩底營，名爲新軍左、右

兩營，應用營哨官弁，即同該統帶遴選熟習洋操、樸誠勇敢之人，稟請選定委充。所有此兩底營新募勇丁，必須先儘撫標裁撤兵丁及該兵丁之子弟親族，挑選年力合格者收録充當。如尚不敷，再爲另招年輕識字之勇。如年逾二十以及目不識丁、疲弱油滑者，不許濫充。俟募足時，造册呈請委員點驗，起支薪糧章程餉數，與護軍營一律。即飭該統帶督率營哨官，設立學堂，遵照洋操教習指授，酌分馬、步、礮、工、輜各隊，認真講習操練，以成勁旅而收實用。除分行外，合亟札委。札到，該統帶即便遵照上項札飭事理，妥速辦理稟報。勿違。

飭北鹽道等撥解赴日本游學學生各經費光緒二十四年八月十一日

照得現值時艱才乏，必須廣儲英俊，講求武備新學，方足開風氣而裨世用。武備之外，各種政治新學門類甚多，延洋師教習於中國，不如派學生游學於外洋。查日本武備學堂最爲精心講求，蒸蒸日上，此外各學堂於西學門類無不兼賅，且與中國同文，學習較易。其地較西洋爲近，經費亦省。前准總理各國事務衙門咨開奉旨令派學生游學日本，又准咨開學生每人每年應需衣食、筆墨等費三百元，應由選派省分自行籌備核發，由出使大臣就近照料等因。茲擬派學生一百一十人游學日本，以學生五十人入武備學堂學習以儲將佐，以弁勇五十人入教導團學習以儲弁目，以學生十人入農務、商務、工藝學堂學習以裨民事。其經理科、軍醫科亦應學習，即附入武備之内。或以五年爲期，或以三年爲期，或以二年半爲期，均以學成爲斷。一切變通辦法，并經本部堂與日本遊歷人員商酌妥協，亟應籌給經費，以資用度。計學生一百一十名，每年約需交日本學堂脩火用費等銀日本銀元三萬三千元，約合銀二萬六千餘兩。派員監督，隨帶司事照料，前赴日本，監督薪水每年約銀二千四百兩，外交費每年約一千二百兩，房租雜用等項不能豫計，飭由監督委員實用實銷。此爲常年之欵，其來往川資，并到彼之輪船、火車、搬運、旅食等費，約需銀五千四五百元，到日本後自備學生中華火食半年，約需銀五千數百元。此爲一次之欵。以上用欵爲數甚鉅，除臨行一次用費不計外，常年經費合計約需三萬餘兩。茲擬將裁缺糧道奏定公費銀一萬兩，外銷津貼項下撥銀三千六百兩，裁缺武、漢、黄、荆四府通判及安同知各一百五十兩共七百五十兩，裁缺糧庫大使八百兩，糧道衙門各房書吏約裁一半節省銀一千兩，又各項人役約裁一半節省銀一百兩，糧道衙門每年由各衛分解辦公津貼全裁銀九百五十兩，鹽道每年解撫署、公費銀一萬零八百兩，牙釐局支撫署茶號各行人役、茶爐、油燭，各門茶房聽事等薪工飯食，每年支錢二千七百串，約合銀二千一百兩，又牙釐局每年解撫署公費銀四千兩，共銀三萬零五百兩，一併撥充前項學生出洋經費，如有不敷銀兩，在牙釐局行用項下撥足濟用，均解交善後局彙齊開支，以後分批匯寄。除輪車及初到半年火食不在常年經費之内，所有各項經費按年分批匯寄東洋濟用。此係爲培植人才，講求武備，博通新學，以濟時艱起見，務須將前項經費照案按年撥足，勿使稍有缺乏。除分行外，合亟札飭。札到，該司、道、局即便遵照上項指飭事宜辦理，分別提撥匯解具報。勿違。

咨呈總署録送漢口新增英國租界條欵附單

光緒二十四年八月十二日

據湖北漢黄德道、江漢關監督瞿廷韶詳稱：竊查光緒二十二年俄法兩國在漢口開辦租界案内，曾經議及英租界後面之地，准英商永租，歸入英界，詳蒙咨准總理衙門核覆照辦。職道遵即會商英領事賈禮士，酌議章程八條。其第一、二兩條訂明四址以内，華民基地以一年爲期，均永租與英商，凡有各國商人已租之地，應由英領事與各國領事商妥照會監督有案，再議歸入英界等語。旋准英領事照稱，業經照會各國駐漢領事商辦。至華民地界，即以是年五月初六日爲始，一年期内全行租與英國政府，歸入租界辦理。職道亦即照會各國領事查照。接准法、俄、美、比、和等國領事覆文，内稱照辦，惟瑞典、德國係副領事丁乙尼一人兼理，不能作主照覆，以致未便訂界。飭據漢陽縣委查明各地主姓名及勘量地畝丈尺，共計三百三十七畝有奇，造册繪圖，申賫照會英領事查照。嗣送奉總署電催，以英公使催索章程，飭速寄署，而漢口英領事亦堅請迅速詳咨，遂於是年八月初八日鈔録草具章程詳請核咨，一面催准瑞、德兩國副領事，覆稱俟與英領事商酌核辦。二十三年二月准英國領事霍必瀾照稱，奉駐京大臣札覆，新增租界不久限滿，查英商現未全買，當有華民居住界内，擬請再緩一年，俟英商全行買就，華民遷出之後，再歸英國政府。又經前署道蔡道錫勇詳奉憲台批准，并照覆英領事查照在案。本年三月，准英國霍領事官照會，以奉駐京大臣札，漢口新增租界即應開辦，查前定章程内尚有未盡之處，酌擬數節，照請見覆前來。職道督飭府縣委員按照前呈草具章程，與霍領事往覆籌商，略有增改之處。現議定條欵九條，已於七月十五日彼此畫押存案，前次詳咨章程聲明係屬草創，自應即以現定之條爲準。除分行漢陽府縣并租界委員遵照外，理合鈔録條欵，暨飭繪地圖，具文詳賫查核，咨明總理衙門核覆飭遵等情，到本部堂。據此。相應咨呈貴衙門察照核覆施行。

漢口英國新增租界條欵

為立約永租地基事。現因英國漢口租界之後新增地基歸入英界，即應開辦。奉湖廣總督部堂張派委，本監督會同本領事查勘定界，所議條欵開列於左：

一、英租界後至城垣，留出官城五丈止，南自一馬路向城垣直綫起，北至俄界止。所有四址以内，全行租與英國政府，歸入租界。

二、英租界後四址以内，凡有各國商人已租之地，若須歸入英界，應由英領事與各國領事商妥，照會監督有案，再議歸入英界，照英租老界章程辦理，并不准華民在界内同住。

三、英租界後四址以内，共合地三百三十七畝五釐，每年應納租價，即係地丁、漕米銀兩，照畝科算，每畝丁銀一錢一分七釐，共銀三十九兩四錢三分五釐，每畝漕米二升八合四勺，共米九石五斗七升二合二勺，每米石折銀三兩，共銀二十八兩一分七釐。二共六十七兩四錢五分二釐，於每年四月由英領事官送交漢陽縣查收彙解。

四、永租地價及地基上房屋并會館、菴廟，暨葬有墳墓者，如現在此段地基仍屬華人之地，自應由地方官查明，禀請監督會同領事官公平議價，并酌給搬家遷葬之費，訂期遷讓，不准高擡價值。英領事官亦飭洋商勿得抑勒，以昭公允。儻有地基早經洋商價買，地上仍有房屋、菴廟、墳墓者，應詢問該洋商及各地户從前買地之時，有無將房屋價值搬家遷葬等費議明在內。如經議明，價值給清，當由地方官諭令遷讓。其有洋商雖經買地，而未將房屋價值及搬家遷葬等費議明在內，或議而未給者，應由領事官自行辦理。

五、英租界後四址以內舊有官街、公路，應免科算地價，將來蓋造洋房時如有侵越，應即另行留出街路基地，如法修建，無論華洋商民，均准一律任便行走。又如中國開辦鐵路須用地基，仍准讓還，其價值儻與租户隨時相商未能妥洽，應由監督會同領事官持平議定，均不得藉詞不允讓還也。

六、舊有公路，華洋商人均准任便行走。如有華人佔踞種菜蓋屋者，應由地方官查明，飭令讓出，以備租界工程局修造。其有洋商已經購買而間有侵佔公路蓋屋者，應由領事官自行辦理。至設有更改抵換之處，必須商議明白，兩無異言，以昭公允。

七、大智門内官街及城垣一帶留出官地，即舊有公路，無論華洋商民及驛遞公文、餉鞘夫馬人等，均准一律任便行走。至於路燈、巡捕，議由租界工程局安設。此項大路亦由工程局修造，但此路雖由工程局修造，仍屬官路，與現在老租界三道洋街相同，以歸一律。

八、現在城垣之上，大小房棚屋甚多，臭惡已極，理應驅逐。租界開辦之後，不准再有蓋屋居住。

九、新增租界以內，華洋交涉事務仍按老界章程辦理。

以上條欵，立為租約兩紙簽押，一俟兩國上憲批准，再行蓋印為憑〔一〕。

大清頭品頂戴新授湖北按察使漢黄德道江漢關監督瞿　押

大英欽命駐扎漢口管理通商事務領事官霍　押

咨呈總署録送漢口德國展寬租界條欵附單

光緒二十四年八月十二日

據漢黄德道、江漢關監督瞿廷韶詳稱：竊照前奉札開准總理衙門咨開，光緒二十四年五月十二日准德國海大臣照稱，漢口德國租界一事，前於本年二月間據本國委員稟稱，該省現已應允德國將租界内北頭江邊之地交還，以爲税場分卡，中國亦可將江邊通濟門外留出城垣餘地讓與德國，列入本國租界等語。當飭該委員據此商議，以盡通融之道，想該省亦可通融辦理，將彼此所願之地相讓，相應照會貴署，務望電飭速爲辦妥等因。除電達外，相應抄録該大臣原來照會咨行貴督查照核辦等因，咨院行關即便遵照，迅速妥辦詳咨等因，奉此。遵查德國租界，於光緒二十一年議定在通濟門外，計寬三百丈、深一百二十丈，訂明靠城城墻外留出餘地十丈，作爲保守城垣之用，詳請咨明總理衙門查照在案。去年德員柯達士來漢辦理租界事宜，因武昌船關分卡由俄租界内移在通濟門城内靠城墻餘地上建造，柯達士謂該卡與其馬路有礙，節次照會面商，必要另遷，并請將通濟門外留出城垣餘地及後段空地，一併讓與德國，展寬租界。經職道與之往復辯論，柯達士堅請不已。因彼時膠案未結，當此時事多艱，不能不量予

〔一〕底本似脱漏「再行蓋印為憑」六字，今比照後列《漢口日本租界條欵》補入。

通融，允其所請，以免別生枝節。故該員稟報海大臣，有現已應允相讓之語。茲經職道與之議定，德國租界准到通濟門外城根，前留護城餘地及後段空地增入租界，深一百二十丈，前寬十二丈五尺，後寬二十五丈。如内有官地，免收價值，民地照章由德國委員自向業户永租。德國於租界内，交還下首沿江岸地一塊寬四丈深十丈，爲建修武昌關分卡之用，亦不給價。言明一切均照本年四月二十四日柯達士照會辦理，書立條欵三條，已於七月十一日彼此畫押存案，訂立界址，并由職道出示曉諭業户，不准將讓給德界内地基賣與德國商民暨中外各國人民，應由德國官員按照時價，公平租賃，全行歸入德界，以免混淆。理合抄録條欵照會并飭繪地圖，具文詳賫查核，咨明總理衙門核覆飭遵等情，到本部堂。據此。相應咨呈貴衙門查照核覆施行。

漢口德國租界條欵

為會議立約事。本委員請展寬租界地段，將武昌船關分卡移建德租界下首。彼此允諾，議立條欵，開列於後：

一、議得德國租界，准頂到通濟門外城根，所有前留護城餘地及後段空地，增入租界。前自江邊城腳中間起，抵後面深一百二十丈為止，前寬十二丈五尺，後寬二十五丈。此係中國情讓，如内有官地，免收價值。如係民地，照章由本委員自向業户永租。

一、議得中國既已情讓護城餘地及後段空地，展寬租界，所有武昌船關分卡，德國亦讓出租界内下首沿江岸地一塊，計寬四丈、深十丈，為建修船關分卡之用，亦不給價值。惟彼此言明，均應遵照本年四月二十四日本委員照會内開列條欵辦理。

一、以上所議各條，仍俟本監督稟請督憲批准蓋印，及本委員稟明駐京欽差海大臣核准，方能為憑。理合登明。

大清新授湖北按察使漢黄德道江漢關監督瞿　押

大德駐京欽差大臣特派辦理漢口租界事宜委員柯　押

咨呈總署録送漢口日本租界條欵附單

光緒二十四年八月十二日

據漢黄德道、江漢關監督瞿廷韶詳稱：竊照前奉憲台札准總理衙門咨日本國漢口租界一事，本衙門准盛大臣來函所稱各節，照會日本矢野使去後。四月初八日准該使照稱，盛大臣函稱委係顧念大工起見，所言甚屬周詳。再四籌酌，惟有將原擬劃德界以下一百丈横至鐵路止，作爲日本專界。但以界址過於窄狹，將來商户滿盈，則當臨時酌妥情形，仍在丹水池以下由領事官隨時與地方官商酌，購買妥宜地基，以便日後設立工廠等因前來。本衙門查該國租界，允於德國以下減至一百丈，并俟將來商務興旺，再由丹水池迤下隨時與地方官商酌購地設立工廠，均尚近情，自可允行，以免日久懸宕等因，咨院行關，遵照辦理詳咨等因，奉此。遵查日本租界，矢野使請於德界以下減至百丈，奉准總理衙門允許，飭令妥定章程，自應恪遵辦理，當即檄飭漢陽府縣及租界委員遵照。嗣日本駐滬總領事小田切萬壽之助來漢辦理租界事宜，蒙派補用知府錢守恂，與職道會同該總領事妥爲商辦，遵即率同錢守往復籌商。現議准於漢鎮通濟門外德國租界北首起，量得沿江長一百丈，南接德界，東抵江口，西北均至鐵路地界爲止，作日本租界。仿照各國租界成案，并杭州前辦日本租界章程，酌議條欵十二條，已於五月二十八日彼此畫押存案，訂立界址。界内房屋田地凡屬華民之産，自當督飭地方官開導業主，公平置買，不准高擡價值。其有先經賣與各國洋商者，應照章由日本領事官與各領事自行商辦。除照會各國領事官查照，并督飭漢陽府縣將買屋租地各事宜隨時妥爲辦理外，理合抄録清摺并飭繪具地圖，具文詳賫查核批示，并請咨明總理衙門核覆飭遵等情，到本部堂。據此。相應咨呈貴衙門查照核覆施行。

漢口日本租界條欵

大清欽命二品頂戴湖北漢黄德道監督江漢關税務兼辦通商事宜瞿、大日本欽命駐滬署理總領事官特派辦理漢口租界事宜小田切　為立約永租地基事。現因日本商務日盛，請在漢口新開租界。奉湖廣總督部堂張派委，本監督會同本署總領事查勘定界，所議條欵開列於後：

一、日本租界定准漢口鎮德國租界北首起，量得東界沿江長一百丈，南界緊靠德界，東起江口，西至鐵路地界為止。西界沿鐵路地界，北界自東界之北端江口起，至西界之北端鐵路地界為止，畫成直線此直線必須與南界作平行綫，不得歪斜不齊，此為日本專管租界。立定此約之後，派員會同樹立界石。

一、界内所有道路、隄塘、溝渠、碼頭，以及稽查地面之權，由日本領事官管理。其道路、隄塘、溝渠、碼頭由日本領事官設法修造。道路、隄塘、溝渠公共所需之地如有官街官地，免納租價錢糧。如係民地，除付租價外，免納錢糧。

一、界内租户應完錢糧每畝地丁銀一錢一分七釐，每畝糟米二升八合四勺，每米一石折銀三兩，定於每年四月由日本領事官送交漢陽縣查收彙解。其有日商未經租定地畝，華民自行交納錢糧。

一、界内凡日本商業工業，均可在此照章租地，建造屋宇棧房。日本商工人等向華民業户租地，應償租價須照三年以内相等地基價值公平酌定，江漢關監督不准華民高抬時價，日商亦不准有强抑之事。日商願租之地如有官地，自應另議租價，格外從廉，以示惠恤。但租地之時，必須禀明日本領事官照會地方官履勘，即發租契三紙，由日本領事官會印，一給租户，一存日本領事衙門，一存中國地方官衙門。一經承租之地，照章永歸租户租用，不准何國何人强行退讓。所有租契式樣既有成案，無須另議。

一、中國無身家之人，不得私自在租界内住家或開設店鋪行棧，違者分别懲辦。如實係殷實體面、品行端正之人，方准在此界内居住營業。然該商民等只准居住，不准租地。如有形跡可疑、不安本分、不奉章程之人，中國地方官可知照日本領事官，日本領事官亦可知照中國地方官，會同查確，由中國地方官罰辦，不得縱容包庇，以安商旅而昭公允。

一、一經租給之地，祇准出名承租之人居住。儻租户有事不能親身在此居住，須托親戚、友人、夥計、同行等有身家之人代理管辦。如有不得已事故，非轉租不可之時，仍於轉租之前，由日本領事官照會中國地方官，方能换給租契。

一、租界内如有民間家廟、祠堂及各幫會館、公衆菴廟，租價自應另議，以順輿情。永租地基之上蓋有房屋、葬有壙墓者，亦應分别瓦房、棚房，照估價值，并酌給搬家遷葬之費，交清價值即當讓地。若地基上蓋有房屋者，應再訂期遷議。若未遷讓之先，華民業户用地祇可本人并其家屬居住種田，不許作别項用，亦不准再造。又由地方官出示，禁止界内新造墳墓，安放靈柩，以便經營。將來如欲另擇地區以設日本人墳域，屆時由日本領事官照會中國地方官商辦。

一、日本租界未開之前已經外國人向華民租定地基，并無違礙，應照他國租界之例辦理。惟界内地址過於窄狹，自立此約之後，只歸日本商民永租地基，不准華民業户向外國商民以地抵押，或行租讓，違者由中國地方官從嚴懲辦。如有外國體面殷實人願在租界内居住者，祇能居住，不得租地。

一、日本所開之租界，即在漢口通商口岸之内，如建碼頭，須先與江漢關監督商量，查看地勢與華洋商船往來無礙，方可建修。

一、日本租界内，如遇無駐華領事官管束之洋人并華人涉訟，應歸中國官辦理，派員在租界審讞。若無領事管束之洋人并日本國人或各國人因被華民欺凌稟控，以及華民在租界内違犯章程，由中國官會同日本領事官或領事官所派之員會審。如讞員定案不合，可由日本領事官照請江漢關監督再行復訊。如有重大事件，仍由地方官辦理。如係兩國交涉事件，仍照約章辦理。

一、所有外國租界，及將來設有開拓之外國租界施設事宜如別有優處，日本租界亦當一體均沾。

一、此次所定日本租界，以界址過於窄狹，將來商户盈滿，則當臨時酌妥情形，仍在丹水池迤下之地，由日本領事官隨時與江漢關監督商酌購買妥宜地基，以便日後設工場。儻或丹水池迤下地方已歸洋人租借之處，即應在於丹水池以至沙口等各處地方，擇江岸水深與泊船相宜之地代之，總以附近鐵路為主。所有租地章程，務依現議章程辦理。

以上條欵立為租約兩紙簽押，一俟兩國上憲批准，再行蓋印為憑。

光緒二十四年五月二十八日
明治三十一年七月十六日　　在漢口立

札委汪鳳瀛、梁敦彦充農務、工藝學堂坐辦[一] 光緒二十四年八月十三日

照得湖北創設農務學堂，延聘美國農學教習二人，講求種植畜牧，購備美國西式農具、果穀佳種試種，并設工藝學堂，延聘東洋教習二人，一教理化學，一教機器學，講求新法製造。現值開辦伊始，端緒紛繁，事體重要，均須派委專員坐辦，以期得力。查有原委農務學堂管堂委員、試用同知汪丞鳳瀛，堪以改委農務學堂坐辦，仍兼照料工藝學堂。其原委工藝學堂管堂委員兼照料農務學堂候選知縣梁令敦彦，堪以改委工藝學堂坐辦，仍兼照料農務學堂。汪丞應由農務學堂每月支給夫馬銀四十兩，梁令應由工藝學堂每月支給夫馬銀四十兩。將堂内應辦事宜，飭即會同稟商總辦張道，將農務、工藝兩學堂各項功課章程迅速籌議，稟候核定示遵。除分行外，合亟札委。札到，該員即便遵照，充當農務、工藝學堂坐辦，仍兼照料工藝、農務學堂。所有一切應辦事宜，均即會同妥慎籌畫，稟商總辦，切實經理。如遇重要事件，仍稟由總辦稟請本部堂示遵，以副委任。切切。

[一] 録自抄本《督楚公牘》。

咨呈總署録送沙市日本租界草約附單

光緒二十四年八月十四日

據荆宜施道俞鍾穎禀稱：竊照日本領事會議租界事宜，前將面議情形縷陳。六月二十四日奉憲台電開，日本領事所請地價減一半，道路、溝渠地價認十分之一各節，只可照准。因地價酌減，道路隨意酌給兩條，總署已與該公使議明允許等因。職道遵即復與日本領事永瀧會議，反復議論，永瀧允將道路、溝渠地價加一成，爲十分之二，定要七月初一日立約畫押。職道即檢去年與梁令商擬十七條，查照現議情形，酌量改定。永瀧於字句之間復加損益，作爲草約，聲明應禀請兩國政府核定批准施行。當於初二日畫押蓋印，各存一本。兹特繕呈清摺，伏候核定飭遵等情，到本部堂，據此。除禀批示外，相應將條欵草約抄録清摺，照摹租界圖一幅，咨呈貴衙門查核辦理施行。

沙市日本租界草約

第一條　在沙市口日本國租界，自洋碼頭荆州官地西界起，至東南臨江，直長三百八十丈，横寬由西界直長八十丈，間深八十丈，以下三百丈，間深百二十丈為界，永租日本商民。另附圖備查。嗣後他國如定通商租界，則於日本國租界東下分段劃地。

第二條　租界内所有道路、橋梁、溝渠、碼頭、隄防以及巡捕之權，由日本領事官管理。其道路、橋梁、溝渠由日本領事官施設，與中國地方官無涉。

第三條　租界沿圍堅築石隄，預防浸水，所費工項及有築隄刨去斜坡腳壓地基，應照工程一律中日兩國委員會同估計，各出其半。

第四條　租界内地基應分上中下三等，照等每畝議價開後：

一、本約批准之後至光緒二十六年之内，租地每畝上等地百元，中等地八十元，下等地五十元。

一、光緒二十七年起，未經租者迄至滿四年，每年各等每畝遞加五元。

一、滿四年之後，未經租者即將第四年租價每畝上等地百二十元、中等地百元、下等地七十元，定為地價，以便指租。價表附後。

以上地畝，按照租額每年每畝只繳完錢糧中錢一千文，不另繳地租。地段分等，日本領事官與中國地方官應即商定。

第五條　界内所需道路、溝渠地價，定為每畝上等地二十元，中等地十六元，下等地十元，無庸錢糧。所有租價，俟開辦時由日本領事官繳回中國地方官。

第六條　租界内凡欲租地者，必須何段何地，詳明日本領事官查核無礙，就徵應完租價照會中國地方官收訖，即由地方官印發租契三本，日本領事會印，一給租户，一存日本領事衙門，一存中國地方官衙門，以為永租之據。若有水火盜難等災失去地契，禀明再得换新租契。式樣由中國地方官照會日本領事官應即商定。

第七條　光緒三十一年之後，日本商民據呈租地之時，由日本領事官將何等地段拍租之事，限十五日及至二十日間布告之後，與中國地方官會同施行。必租價貴者，若有二人以拍值相同，另期再行公拍。租人已定，先徵租價五分之一，以為押錢，所欠租金飭限一箇月内完清，其代收照交及地契發給之法，照章辦理。

第八條　每年承租人應完錢糧，由日本領事官於中歷四月十五日為限，向租户照收，繳回中國地方官製發糧串。設有意外事變，事定之後，由日本領事官補收補交。

第九條　中國商民及外國人准在界内居住、營業，不能租地。

第十條　租界内承租人將其經租之地欲為買賣讓與，則於轉租之前，禀明日本領事官照會中國地方官，方能换給租契。

第十一條　租地區内墳墓、房屋拆遷等項，隨時由日本領事官與中國地方官商議定數支給。嗣後中國地方官仰示嚴禁界内添葬蓋屋。

第十二條　日本領事官隨時隨宜酌定章程，租界内碼頭停泊之船，每次應捐若干租界充用。

第十三條　租界内所有碼頭、躉船等項，須先與税務司查看地勢與各商船往來無礙，方可興修。

第十四條　凡在界内，不准搭蓋草屋，況且火藥、炸藥、其他有害身體財産之器物，一概不准私藏夾帶運送。設有必需炸藥等件，應先禀明日本領事官作何用處，詳細開單，可以聽從。

第十五條　中國地方官與日本領事官商議，在界内設立會審衙門，援例上海定章，當即辦理。

第十六條　將來如欲另擇地區，或就附近之處以設日本人墳墓，届時由日本領事官會中國地方官商辦。

第十七條　現時及將來，允准外國人施設事宜如别比本章有優處，則日本租界亦當一體均沾。

以上議定章程，繕中文日本文各二本，畫押蓋印，各存二本為憑，一面禀請兩國政府核定批准施行。

大清欽命湖北荆宜施道監督沙市關兼辦通商事宜俞　押

大日本欽命駐紮沙市辦理通商事務領事官永瀧　押

大清光緒二十四年七月初二日

大日本明治三十一年八月十八日

札北牙釐局通飭禁薦司事、巡丁光緒二十四年八月十四日

照得釐金短收中飽之弊，固由局員不能廉潔奉公，而兼在司事、巡丁舞弊把持，局員亦無可如何。向來惡習，每委一釐差，即有上司各衙門及牙釐總局總辦暨各道府各上司幕友勒薦司事、巡丁，不容不收，且言定必須派委要差，局員禁不能禁，撤不敢撤，以致任意侵蝕，肆行無忌，甚至大局司事每年進項有至鉅欵者，實堪駭異，本部堂知之甚悉。現在奉旨整頓釐金。惟禁薦司事、巡丁一端，尤爲切要。本部堂衙門從未薦過司事、巡丁。嗣後應自本衙門起，以至現任司道各府、牙釐總局暨候補道府等員，以至各衙門幕友，一概不准薦引。司事、巡丁均由各局員自擇妥實可信之人充當司事，以便嚴行考查。儻仍有薦引司事、巡丁者，各局員儘可不理，如外薦已收之人辦事不妥者，即行驅逐，不得瞻徇。如有勒薦情事，即通禀本部堂衙門查究。或經本部堂查出，定將勒薦之員予以懲儆，此後各局員無可藉口。如仍與司事人等串同作弊，任意短絀，定即從嚴參處。

札司道通飭屬吏崇尚節儉光緒二十四年八月十四日

照得方今四方多故，外患日深，而中原數十年來，金幣消耗，漏卮莫塞，時局艱危，財力匱竭。湖北則連年迭遭水旱。上年鄖

宜施安襄等府被災尤重，民不聊生，今歲各處又多歉收。以言天下大勢既如彼，以言鄂省民困又如此，凡在官吏，應如何刻苦激勵，勉濟時艱。乃官場習氣，往往於宫室服用，宴會應酬，習爲奢靡，但知逸樂。宴客一席之費有多至二十金者，實堪詫異。甚至修造華屋，演劇高會，合朋鬭牌，形同聚賭。玩時廢事，尤爲惡習。此雖遭際富盛之時，猶當崇儉習勤，引以爲戒。矧值此時艱民困之秋，豈忍出此。且查鄂省各州縣丁漕平餘，業經分别減徵提解，而各官各局現在復奉嚴旨，飭令裁併釐卡各差，斷不容稍有中飽。是州縣進項少於前，候補差缺亦少於前。儻復不自儉約，任意蕩佚，實任各員或則虧空庫欵，自累身家，或則貪婪取盈，重爲民害，候補各員懦弱者必致飢困無聊，窮濫者必致夤緣喪品。此有關於官方政事者，實非淺鮮。本部堂猶憶咸豐、同治年間，候補當差者，州縣薪水不過三十金，初到省入局者或猶少於此。知府薪水不過五十金，道員薪水不過七八十金，至多百金。文人處館者，除刑幕外，歲脩常例一百二十金，次等者或八十金，或六十金。然官幕各項，皆各有以贍其身家，此由於皆知節儉刻苦之故也。今日官幕司事，薪脩往往多於此數，州縣進項與從前并無差别，然動稱苦累不敷，瀆求調劑。固緣物價較貴，亦實由不節之嗟。易云節以制度，傳云儉者德之共，又禮有國奢示儉及荒年減禮之訓。本部堂用特明申勸戒，凡我湖北大小官吏，際此時艱，亟宜共懷憂危怵惕之心，以講求國計民生爲心，而以力崇儉約爲務。一切服用宴會應酬，概從減省。即遇應辦要差，亦宜省約樸素，不得稍涉侈靡。尤不准有在家演劇，合朋鬭牌等事。爲各員計，事事務須以于清端、陸清獻爲法，既足以著循聲，且可以省債累，豈非公私兩益之道。上以是率下，下以是自勵，僚友不得以是相譏，自無難相化成風，廉儉交資，共爲循吏，上飭官常，下紓民病，本部堂實有厚望焉。如仍昏迷不悛，不能謹身節用，以致困迫虧累，乃復瑣瑣瀆懇，求缺求差，交卸虧空者求彌補，除官階較大不遵教誡者嚴行奏參外，其餘一概駁斥不理。本部堂籌辦要政，治内交鄰，練兵籌餉，晝夜無暇，事事爲難，斷不能爲逸樂無節、不能耐苦之俗吏冗員謀畫私計也。

札方友升調武功中營回省另派升字左營赴麻、羅會同武功左營緝私[一]　光緒二十四年八月十八日

照得麻城、羅田一帶緝私事務，前經飭調前總兵方友升統帶武功中、左兩底營撥往填紮在案。兹查武功營人較精壯，應令方鎮酌選督率，在省操練，未便專供緝私之用。應飭方鎮自帶武功中營仍行回至漢口駐紮，照舊勤加操練，即留左營在彼緝私，精械携帶回省，常械留充巡緝。應即另派一底營前往鎮紮，會同緝私。查有升字左營記名提督吴建瀛熟悉麻、羅緝私情形，應即改調該營官管帶所部升字左營，馳赴麻、羅一帶，會同武功左營，按照向派緝私地段原紮營壘，勻分填紮。該兩底營合計仍係一整營五百人之數，應領月餉由督銷局照原支數目撥解給領，於緝私勇數并無出入。武功左營仍歸方總兵統帶節制，升字左營仍歸周提督統帶節制。各該營務須彼此和衷，商明地段勻紮，認真堵緝，嚴申紀律。弁勇如有得規包庇及藉端訛詐滋擾居民情事，立即稟

[一] 以下十四件録自抄本《督楚公牘》。

明從嚴懲辦，不准稍有回護徇庇，致干未便。除分行外，合亟札飭。札到，該統帶即便遵照上項指飭事理，分別調省、留紮具報。勿違。

札委姚廣順充當護軍工程營營官 光緒二十四年八月十九日

照得前因屢次欽奉諭旨，飭令講求武備，練習洋操。查洋操各項隊伍，尤以工程隊爲要。業經飭令管帶護軍前營游擊張彪，將兼管之工程隊勇丁添募四百名，合原有一百名，共成五百名，名爲工程營。俟募足時造册稟請委員點驗等因，并分行在案。茲據管帶護軍前營兼管工程營游擊張彪稟，酌定工程營營制餉章，開具清册，賫請查核批示。并聲明前立工程隊章程暫設一哨，勿庸專設營官，由前營營官兼管，將來擴充時再行請派營官。茲奉添募成營，應即照章請派，以專責成。查幫帶工程隊千總姚廣順講求操課，遇事認真教練，工兵頗稱精整，以之派充是營管帶，當能得力。擬請飭委該員接充試辦等情。亟應如稟，飭委千總姚廣順充當管帶護軍工程營營官，飭令督飭各正隊官，嚴申紀律，約束勇丁，遵照洋教習、華教習指授，將橋梁、營壘、電雷、修械、測繪、路電六所，分門講習，認真訓練，務期一律嫻熟，精益求精，以成勁旅。管帶護軍前營游擊張彪，應即改爲督帶護軍前營兼轄後營及工程營。該營即歸張游擊兼轄，督率操練，以資熟習。除分行外，合亟札委。札到，該千總即便遵照充當管帶護軍工程營營官，仍歸張游擊兼轄，按照上項指飭事宜，妥實管理，以副委任。并將接帶日期具報查考。

咨呈總署等革員李光漢稟懇承修鐵路并批示 光緒二十四年八月二十一日

據三品銜革職候選道李光漢稟稱：爲稟懇查欵具奏承修鐵路事。竊富國之計，莫如鐵路，然修路以資本爲先。惟時值困敝，物力維艱，專待股欵，緩不濟急，況當各省籌辦昭信股票，凡擁資之家，韜藏無計，誰肯出頭作富商以承乏，是非挹注，別無良策。革道籌有鉅欵六千萬兩，擬作建修自湖北省南達東粵、西至西隴鐵路貲本。現東北已著成效，如西南告成，則中國通身策應甚靈，不僅商務振興，富國可期，即遇有外侮，征調飛輓，一呼即至，誠自強之要舉也。至所籌之欵，議定年利五釐，前五年還利，後二十五年本利匀還。商借商還，與國無干。路成收税納課，官督商理，洋人不得與聞。每年税利除匀還本利、開銷鐵路使用外，品爲紅股四分，提一分繳國課，餘三分儲作歲修、電線、學堂一切經費。事關重大，未敢冒昧逕稟節帥前。四月二十二日具稟，預將新利洋行董事美林、繙譯唐學塤欵據一函，內草約一紙，問條二張，賫呈湖北巡撫部院譚代呈憲鑒，未知已轉達與否，請就近於撫署調查約條。如荷允許，即乞先賜電傳上海江西路新利洋行美林、唐學塤到鄂，當面問明籌欵實在，派員查覆後，革道即便遵照與該行董事美林等換立德華銀行合同正約、分期交付章程，親叩鈴轅，列銜具稟，再求覈辦。據洋工估計，由鄂南至東粵、西至甘肅，共路不滿六千里，需費不過六千萬兩，分頭加緊修築，五年當可蕆事。似此備欵承辦，切實無虛，奉旨即可剋日興工，萬不至延玩成命，自取咎戾。再，革道目擊時艱，自願將所籌之欵提出二百萬兩作爲報效，以濟朝廷要需，於鐵路開工告竣時分繳，不敢仰邀奬叙等情，到本部堂。據此。除批：據禀及手摺、洋函均悉。自中國興辦鐵路以來，謬妄不安分之紳商，紛紛謀辦鐵路，動云已籌有鉅欵，實則未籌分文，希圖僥倖蒙混。名爲借用洋債，實則全是洋東，不過欲藉經手承辦之名，以冀立致鉅富，專意營私，不顧國家利害，最爲近日大患。查所呈洋函，云俟奉旨後，當能市上銷售借票，是欵尚未借定，而禀内則竟云已籌集六千萬，該革員之欺誑不實，已可概見。不知滬上洋行本無鉅欵，只圖經手向外洋殷實富户轉借，而外洋斷不肯只聽中國荒唐紳商及貪圖行用之洋行一面之詞，必須先行查明擬辦之路將來能獲利與否，所借之欵能保還本利與否，承辦之人殷實可靠與否，方肯出借鉅資。今北路已有奏定之盧漢一路，南路已有奏定之湘粤一路，且有山東一路，該革員復欲南達東粤，西至西隴，添建一路，無論外洋富户揣知中國數路併行，不能獲利，必不借欵。即使爲該革員及經手洋行聳動允借鉅資，所立合同必然種種要挾，占盡權利。設五年之後所收車費不敷抵還，試問六千萬鉅欵從何籌償。且查該革員前十餘年欠捐欵尾數五千餘金尚不能繳，致煩通緝，況六千萬之鉅欵耶。既無的欵以償，必致洋人藉口占路，是直引外人踞我土地耳，此時雖將該革員懲辦，何補於事。聞該革員前在北洋攬辦鐵路，曾被北洋大臣王駁斥，今復來此滋擾，希圖蒙混，實屬謬妄。且禀内謂該革員已與洋人立約，其未便中止，勢不能不上達天聽等語，尤屬狂妄，所請斷斷不能照准。該革員嗣後務須安分守己，慎勿再生妄想，自取罪戾，是爲至要。洋函擲還。此飭。等因掛發外，相應咨呈。爲此，咨呈貴衙門謹請察照施行。

札北鹽道轉飭荆沙川鹽分局應裁各欵附單 光緒二十四年八月二十一日

照得屢次欽奉諭旨，飭令裁減局卡冗員。除分飭各局欽遵辦理外，查荆沙川鹽分局開支各項頗有可裁之欵，亟應酌量裁減，以節經費。現經本部堂詳加查詢，所有荆沙川鹽分局應裁各欵，合亟開單札飭。札到，該道即便轉飭該分局遵照，即自九月爲始，照數裁減停支具報，并將裁出各欵解存道庫，聽候撥用。并移宜昌川鹽總局一體飭遵。勿違。

兹將應裁各欵開列於後

一、荆江營每月領津貼錢二百二十串文。該營向有荆州府及所屬七縣津貼錢四百餘串文，此欵應裁。

一、緝私委員陶再寬每月領薪水錢三十串文，久不到差，此欵應裁。

一、催兑課委員每月領薪水錢三十串文，向交故道錫璋，現已回旗，此欵應裁。

一、緝私司事張肇桂每月領薪水銀二十四兩，向交撫署，未見其人，此欵應裁。

一、沙洋倉租每月領津貼錢四十串文，係官運局應發之欵，與川鹽局無涉，此欵應裁。

飭武昌府訪拏造謡於洪山開辟操場給錢遷柩之人并榜示曉諭光緒二十四年八月二十二日

督部堂張示：頃閲八月初一日上海中外日報有辟築操場一條，

内云聞每棺給錢二十串遷柩等語，荒謬怪誕，毫無影響，實堪詫異。查城外操演乃係就原有山川林麓自然形勢，演習攻守之法，并非在平地排演，緑營老陳山谷即是操場，何用開辟。如須開辟，即當擇平坦處所，豈有反於叢葬數千之高峻墳山加以開鑿之理。且其田畝甚多，張望數十里，盡可購買民田，填築充用，何必遷毀墳墓，擾民斂怨，糜費多金。種種不近情理，明係奸民痞匪造作謠言，煽惑人心，實堪痛恨。除飭武昌府、江夏縣嚴密訪拏懲辦外，合行出示，曉諭城鄉居民人等，勿得爲其所惑。特示。

爲飭拿事。頃閲八月初一日上海中外日報有辟築操場一條，内云本部堂擬於洪山開辟操場一所，習演西操云云，煽惑人心，實堪痛恨。除出示曉諭外，合亟札飭。札到，該府即便督同江夏縣遵照，遴派差役，嚴密訪拏此項造謠奸民痞匪務獲，訊明懲辦，以儆奸宄。切切。

札委羅珍材招募新軍左營光緒二十四年八月二十二日

照得昨因撫標兩營裁撤，札飭統帶武愷營副將吴元愷添募勇丁五百名，分爲兩底營，名爲新軍左、右兩營，練習洋操在案。兹查補用參將羅珍材才具穩練，志氣奮發，堪以委帶洋操新軍左營。此營新募勇丁，即飭該參將先盡撫標裁撤兵丁及該兵丁之子員親族，挑選年力合格者收録充當，疲弱油滑者仍不得挑入。如尚不敷，另招年輕識字之勇。如另招之勇年逾二十、目不識丁、疲弱油滑者，不許濫充左營哨弁。即由該參將分别遴選，稟請委充，仍俟該營募足時造册呈請委員點驗，設立學堂，酌分馬、步、炮、工、輜各隊，練習洋操，實力講求，以成勁旅而收實效。即飭北善後局刊刻管帶新軍左、右兩營關防各一顆，呈賫分别飭發開用。除分行外，合亟札委。札到，該將即便遵照上項札飭事理妥爲辦理，以副委任。切切。

札北藩司昭信股票事宜飭交官錢局經理光緒二十四年八月二十八日

照得鄂省辦理昭信股票，商民率多觀望不前，即已繳者亦不免心存疑慮，良由一經衙門胥吏之手，總難免刁難需索之弊。查省城現設有官錢局，兩年以來，與商民銀錢交易信實無欺，且所用皆係商人，毫無官局習氣，直與商號無異，民間稱便，相信已久。所有湖北省昭信股票事宜，收取股本及將來領息還本各事宜，若概交官錢局經理，不經衙門胥吏之手，取携便捷，士民自無不樂從。將來如届付息及還本之期，應由藩司預將息銀若干及應還本銀若干，籌撥官錢局存儲，先期一月曉諭商民，届期持票赴官錢局領取，隨時稟報藩司，原票繳銷，年終彙案報部。現在未認借者雖已奉文停辦，已認借者奉文仍須收繳。若照此章程明白示諭，於收繳各屬之欵，必有裨益。且即以官錢局作爲昭信分局，亦可節省經費。合亟札飭。札到，該司即便遵照辦理，通飭各屬曉諭紳商民户人等一體周知。仍將詳細章程隨時酌議妥辦，并即將遵辦情形報查。

札北藩司等移借庫欵撥銀元局以充鑄本并隨時移還光緒二十四年九月初二日

據銀元局司道詳稱：竊銀元局前擬收回行銷之利，曾議借本自鑄託銷之法，經商允天順祥票號借本自鑄，給紅代銷，并將辦理情形開具説帖稟陳，奉批照辦在案。後因折息太大，滙水加增，而原議給息過微，籌欵不易，以致所借鑄本商號不能如期籌解，有誤鑄務。又經稟請將所借鑄本滙水、折息兩項，照市上價直核給，復蒙批示照辦，隨經傳知各在案。現在雖據該商號於半月内解過鑄本三批，約銀七八萬兩，藉以充鑄，而每次來函，極稱折息之大，籌欵之難，加以蜀匪漢災牽動市面，以後情形正未可料，非籌實本，恐難爲繼等語。查廣東、江南各省鼓鑄銀元，均是借撥庫欵，蓋因鑄成銀元，隨即變賣，售有銀本，歸還原借，局有利益可得，庫無絲毫受虧，與尋常之借撥一經動用，必另籌欵項始能抵還者不同。茲既借本爲難，不得不援照他省辦法，借用庫欵，以事鑄造而免曠工。查糧庫每年額解額收，所有數目期限均有一定章程，可以先期核算，而以收抵解，每月結存數目總在二十餘萬兩。合無仰懇憲台俯念銀局按月奉有指撥歸還紗局借用瑞記洋商的欵，全恃盈餘以資挹注，一經停鑄，即難籌還。允准飭令糧庫借撥庫欵銀十五萬兩，由局咨領回局以充鑄本，照前稟自鑄託銷情形辦理。倘按月周轉尚不能及前議二十四萬之數，仍覓該商籌借，務使機器不致虚閒，指項有欵可撥而後已。如果糧庫以收抵解欵移知數目暫時移還應用，俟收欵有存再行借出，一轉移間，庫欵無所出入，局事裨益實多。由局開具説帖稟陳，奉批與藩司糧道商辦，照此辦法，似於庫欵無損，而於銀元局有益。遵由署司職道等會商借撥庫欵供鑄，隨時移還應用，事屬可行。惟糧庫甫經開徵，所收之數無多，現在僅能撥銀四萬兩，并於籌賑局撥銀十萬兩，合共可撥銀十四萬兩，以供鑄造周轉之用。嗣後遇有不敷抵解之時，仍照所議先期半月移知銀元局，暫停鑄銷，移還備解，俟有收欵，再行借出。似此辦理，實於庫欵無損，而於鑄務有益。所有會商籌撥局庫兩欵共十四萬兩以供鑄造，并隨時移還各情形，理合稟陳憲台鑒核。如蒙俯允，擬即仰懇札飭籌賑局暨藩司、糧道衙門遵照辦理，以便銀元局咨領充鑄等情，到本部堂。據此。除批：據稟，該司道等會商擬借撥糧庫銀四萬兩、籌賑局銀十萬兩，共銀十四萬兩，以供銀元局鑄造，隨時移還應用，嗣後如有以收抵解欵項不敷若干，先期半月移知銀元局暫停鑄銷，將借用庫欵移還備解，俟有收欵再行出借等情。既係商定用欵可隨時移還，此舉係爲裨益鑄務，免致曠工起見，應即照准。除飭北布政司、籌賑局、糧道遵照辦理外，仰即遵照派員分赴該道局領解回局充鑄具報。惟遇有籌賑局及糧庫應用時，務須隨時撥還，俟該局該道續收有欵再行移借，以期周轉鑄銷，兩無妨礙爲要等因。印發外，合就札飭。札到，該司、道、局即便遵照照數借撥具報。勿違。

嚴札查拏漢鎮縱火匪徒光緒二十四年九月初三日

照得漢口鎮於本年八月十六日東嶽廟起火，延燒至迤南濱臨襄河之流通巷一帶地方。自此次大火以後，十七、十八、二十九、初二等日接連火警，延燒民房十餘家及數十家不等。顯係有匪徒縱火，藉圖乘火搶奪。并聞該鎮小街僻巷近有匪徒掠人衣物等事。本部堂風聞地方有拏獲形情可疑、手執油撚匪徒，各員弁并不認真審究。如果屬實，大堪詫異。查漢口向有水龍會，按月期會，於夜間分段巡查，何以近來并不舉行。該鎮防營與文武員弁向有夜間會哨章程，是否仍舊舉辦。該地方文武及防營火警頻聞，宵匪爲害，心無所動，及至被災以後，但求倖免參處，尤出情理之外。應飭江漢關道、漢陽府督飭漢口同知、通判、漢陽縣、漢鎮兩巡檢，統帶升字營周提督督飭營哨官弁，漢陽協副將督飭漢鎮都司等，各舉其職，認真防範，查拏奸匪，將縱火搶奪等匪徒嚴密查拏務獲，訊明嚴懲，不得稍涉輕縱。除按照向章稽查外，并酌議周密新章，認真巡緝，以靖地方，毋再疏懈貽患。以後如再有火災疊見情事，定將漢陽縣、同知、通判、巡檢等官照例分別參處，并將防緑各營一體參處，不能曲原。特此豫戒，勿再干咎。除分行外，合亟嚴札飭辦。爲此，札仰該統帶等即便遵照。懔之。此札。

咨兩江督院派員赴甯、赴滬領運分撥毛瑟快槍回鄂濟用 光緒二十四年九月初四日

爲照鄂省各營操練需用快槍，前經電商貴部堂，先後接准電覆咨覆，除前撥二千枝外，允再撥江南購存十響毛瑟快槍三千枝。并飭江南機器製造局代造毛瑟彈二百萬顆，現已造齊。核計工料每千顆合庫平銀二十兩，共庫平銀四萬兩，請派員來甯赴滬，將前項槍枝、子彈領運回鄂，并將子彈工料銀兩撥還濟用等因。除商撥快槍、代造槍彈情形先經奏明外，兹特派委補用參將岳嗣儀、儘先都司王恩平乘輪前往，領運回鄂。惟查此項快槍存在甯局，該員應先赴江甯請領分撥之快槍三千枝。槍彈雖經滬局代造二百萬顆，應飭赴滬先行領運一百萬顆，下餘一百萬顆暫存緩運，即由北善後局先將槍彈一百萬工料價籌撥銀二萬兩，交上海製造局兑收。除分行外，相應咨會。爲此，合咨貴部堂請煩查照，希即分別轉飭江南籌防局、金陵軍械所暨上海製造局遵照，俟該員到甯到滬，照數上項聲明之數撥交領運回鄂。望切施行。

札武愷三營挑留兩營及武防營加餉改練洋操 光緒二十四年九月初九日

照得本部堂現將各營酌量裁撤，騰出餉項，精練洋操。現已添募工程隊四百名，足成工程營五百名。又吴副將元愷原統武愷三營七百五十名，汰弱留强，以撫標裁兵之子弟親族補足。又新委該副將統帶之武愷前營二百五十名，又僉副將厚安統帶之武防中營二百五十名。以上各營，均照護軍營一律改練洋操，餉需即均照護軍營餉章加給。除將裁營抵餉詳細情形具奏，另行抄摺行知外，查近來叠奉諭旨，整頓陸軍，精練洋操。惟欲得精壯耐勞、志氣堅鋭之戰士，必須厚給餉需。當此庫儲支絀，萬分艱難，經本部堂通盤籌畫，酌將各營設法裁併，始克騰有餉項，爲添練此項洋操營勇之需。各該將領當念朝廷經武之至計與鄂省籌餉之艱難，際此時局孔急，務須激發天良，練成勁旅。除委員常川稽查外，本部堂當隨時親臨督查校閲，若復狃於積習，并不切實上緊講求，則是徒增厚餉，無裨實用。試思本部堂蚤夜焦思，籌餉練兵，豈能徒供該營之濫支耶。現在酌擬辦法，除工程營已著成效，應與護軍營餉一律發給外，應將武愷四營、武防一營正勇，於新增餉銀一兩二錢之内，先發一半，暫緩全發，什長哨長等以此例推。責成僉、吴二副將將所部營勇悉行挑選年在二十上下、精力强壯者，舊勇不得過二十五歲，新勇不得過二十歲，認真練習洋操，概不准以疲輭油滑者充數，其中至少總須有一半識字者。自

成軍之日起，予限三箇月一律練成，稟請本部堂親臨校閲，果係著有成效，即將此三月加餉之半統行發給，以充獎賞，以後即照加餉按月開支。如果年力不齊，營制不整，技藝不熟，器械不修，并無成效，除將加餉停給并將各哨官勇丁分别嚴懲外，定將該將領嚴行參處，以懲惰玩而戒虚糜。毋謂言之不預也。合行札飭。札到，該游擊、該將即便遵照札飭事宜認真訓練，毋稍玩違，致干重咎。凛之。切切。

咨兩江督院轉飭江海關道照會上海德領事澄清瑞記洋行售機息價事光緒二十四年九月初九日

光緒二十四年九月初八日據德國駐滬克代理總領事照稱，現據德商瑞記、地亞士洋行等稟稱，光緒十九年間，該行等與貴督部堂訂立合同，售賣織布機器。按此合同，應於每年西歷七月初一日交銀十五萬兩，其利息七釐，歷經按照交清，惟所餘價英金一萬零八百十二鎊十九先令五辨士，暨西歷七月二十日起之利息，至今尚未交清。該行等稟請照會，以便轉飭按照合同交清等情前來。據此。本總領事細思，此事或因屬員錯誤，或係疏忽，以致迄今價銀仍未交清。深望貴督部堂覽悉之後，迅速嚴飭將此事立即辦結。合亟備文，照請查照辦理，仍希見覆等情，到本部堂。據此。查德商瑞記、地亞士等洋行代辦紡紗機器價銀，前經本部堂在兩江署任内屢飭委員與瑞記等洋行詳議，核定價銀及運保等費六十萬餘兩，付給現銀，當撥湘、鄂兩岸票價銀三十萬兩。又上海寶山灘地變價約值銀三十餘萬兩，先將已繳地價銀十萬兩飭發，其不敷機價銀二十萬兩，暫在息借瑞記洋欵内借撥，將來由灘地變價項下歸還。是此項紗機價銀共六十萬餘兩，業已如數付清，奏明在案。兹據德商瑞記等稱，餘價英金一萬零八百十二鎊十九先令五辨士，暨西歷七月二十日起之利息尚未交清等語。查此項機價及運保等費既在江南議定付清現銀，則無利息之可算，何以該商仍照前在鄂省所立合同計算，且所餘價係何項價值、西歷七月二十日起之利息係西歷何年之利息，均未聲明，殊多含混。查上海寶山一帶灘地，經貴部堂接續委員設局清查，現在查出之數日多，地價日貴，較前三年不啻數倍。此項紗機既經奏明撥歸江南商務局，所有價值、息銀一切首尾，自均應歸江南核算籌付。應請轉飭商務局及上海道，查明原案應否再付息銀，酌核辦理。如必須給息，自應仍在灘地繳價項下撥付，以符原案。相應咨會。爲此，合咨貴部堂請煩查照轉飭查案，酌核辦理，并飭江海關道照覆德國領事施行。

札委扎勒哈哩總辦營務處光緒二十四年九月十三日

照得湖北營務處，前經飭委奏調差委廣東補用道王道秉恩總辦在案。兹查王道以舊疾不時舉發，所管局務較多，不遑兼顧，稟請開去營務差事，以資調理。當經照准。所有湖北全省營務處，現值整頓武備，改練洋操，事務益形繁重，亟應另委大員總辦。查有補用道扎道勒哈哩，堪以派委總辦營務處。應令照舊駐局，隨時會同藩、臬兩司，將防、緑各營練兵一切事宜認真講求，祛除積弊，總期軍營整肅，胥成勁旅，以副委任。除分行外，合亟札委。札到，該道即便遵照總辦營務處，會同兩司妥籌辦理。勿違。

札委張道斯栒等前往日本閱操光緒二十四年九月十四日

案照光緒二十四年七月二十八日承准總理各國事務衙門宥電開，日本林使函稱該國山城携津地方興行陸軍大操，擬請中國酌派武員十五名往閱，約中歷八月二十五出都，九月初六前抵東京，該館青未陸軍少佐可偕往等語。希揀派熟悉洋操營務鎮道大員，酌帶武員一二名前往。宜派統帶洋操大員觀摩取益，并非虚應故事，望先將銜名電覆等因，到本部堂。承准此。查日本講求武備，操練有法，近年愈臻精熟。湖北省屢經欽奉諭旨，練習洋操，自當採取東洋操法，收效較爲捷速。兹承准前因，亟應揀派通曉洋文之文員，講求操練之武員，前往日本閱視陸軍大操，以資觀摩取益。查有候補道張斯栒，前廣東南韶連總兵方友升，署督標右營游擊穆齊賢，儘先游擊王得勝，補用知縣清瑞、方悦魯，都司謝測泉，千總姚廣順、鄒正元、杜長榮，堪以派往。該員等務須將日本陸軍操法，所有馬隊、步隊、礮隊、輜重隊各種隊伍、器械、營壘，均須悉心閱看體察，相機諮詢考校。閱操畢後，并赴各軍營壘及武備大中小學堂、製造槍礮各廠、各處緊要礮臺，詳加游覽，一切法式、功課、章程，均宜一一筆記，回鄂詳晰禀覆，勿得粗心泛覽，以致虚此一行。所需川資旅費，及應酬一切並公用隨從五人牽算，每人約需銀三百兩，約共需銀四千五百兩，由北善後局照數先行發給，以利遄行。除分飭外，合行札委。札到，該道、總兵、員即便遵照，刻日束裝起程，前往日本閱操，按照上項指飭事理，悉心閱看體察，相機諮詢考校禀覆。切切。

札副將劉恩榮遣回調省操練兵勇光緒二十四年九月十五日

照得湖北省内外防營馬步勇丁、緑營操防馬步兵丁，前經通飭各將領每營挑選一成，調省練習新式快槍快礮及體操各法，半年遣回，另調一成來省，展轉相授，以期一律練成勁旅。旋經飭委儘先副將劉恩榮督操此項兵勇，率同哨弁，嚴加約束在案。兹本部訪聞調省防緑各營兵勇并不認真練習，其中多有不甚安分之人，常在武、漢地方滋生事端。蓋緣各營兵零星抽調，哨弁無責革之權，以致不能管束。應即將此項兵勇暫行全數遣回原營，由該本管官精加挑换，俟明年春間再行飭調來省練習。惟明歲調操各營兵勇，必須另立章程，由各營酌派整哨兵勇，即飭本哨官管帶來省，免致零星湊集，難于管束。其所派調操兵勇不必限定一成，或一哨或兩哨均可，其一成之數不足一哨者，准其添足一哨，其溢出一哨者，即將零數删除，人數較多將近兩哨者，即添足兩哨。總之，以本哨之官弁帶本哨之兵勇，俾有約束責革之權，方足以飭營規而勤操練。除分行外，合亟札飭。札到，該將即便遵照，迅速全行遣回原營，并分移各將領遵照。

札襄河水師前營派撥礮船二號移駐槍礮局河岸馬頭巡護〔一〕光緒二十四年九月十五日

照得漢鎮火警以後，謡言甚多，皆由匪徒散布。漢陽槍礮廠關繫軍實重要，防範最宜周密，已飭該廠提調督率升字營、操防

〔一〕以下十一件録自抄本《督楚公牘》。

營兵勇及本廠巡丁認真梭巡。惟廠地較寬，勇丁仍嫌單薄。查襄河水師前營停泊漢鎮，應即飭令該營管帶陶游擊運亨，迅速派撥得力礮船二號，移駐槍礮局河岸泉隆巷馬頭，保護槍礮局，與在廠巡護勇丁水陸相聯，加意防範。漢鎮近在咫尺，有事仍可兼顧。除行知槍礮局外，合亟札飭。札到，該營官即便遵照迅速派撥移駐，小心防護具報。勿違。此札。

飭裁襄河水師後營續添勇丁六十名光緒二十四年九月十七日

照得襄河水師後營，前經添募勇丁六十名，經善後局議准，此項勇丁月餉未便作正造銷，歸於外銷項下開支在案。查近來迭次欽奉諭旨，飭令裁減防營勇丁，練習洋操。惟洋操功課勤苦，餉項較防營優厚，自應酌裁防勇，騰出餉項，添練洋操，以收實效。除另案飭裁外，查都司張理玉所帶水師後營續添勇丁六十名，係在船額之外，月餉由外開支。現值餉絀異常，外欵更無可籌，應即飭令將此項勇丁全行裁撤，餉項截至十月十五日停支，以資挹注。除分行外，合亟札飭。札到，該營官即便遵照，迅即妥爲遣撤，發清餉項，押令回籍歸農，不准一名逗遛滋事。仍將遣撤情形報查。勿違。

札槍礮局修理岳州鎮前領金陵軍械所撥格林礮四尊光緒二十四年九月二十三日

據長江水師湖南岳州鎮總兵張捷書稟稱：竊總兵於十六、十七等年兩次稟請兩江督部堂飭金陵軍械所先後撥給十門格林礮四尊，配發子彈，差弁赴甯請領回營，擇要安放，督飭練習精純，以備緩急。迄今演放年久，連珠機管頗欠靈通。奈此地匠藝粗疏，難覓良工修整。思維再四，深切杞憂。茲特不揣冒昧，專派外委洪長明將此項礮位四尊，配彈五百顆，裝運赴鄂，稟懇大人俯念軍裝重件，賞准批飭漢陽槍礮廠迅速修理完好，俾得演放靈敏，仍給來弁運回，以資防禦而遏亂萌。地方幸甚，總兵幸甚。惟念此項快礮并非漢陽廠製之件，理應備價請修，方昭公允。緣營中清苦情狀久邀憲鑒之中，若解赴金陵，往返更延時日。惟有籲懇憲恩，可否飭廠在於製造項下准其報銷。再，此案本應奉批後始行解廠修理，因地方情形緊要，是以未及候批辦理等情，到本部堂。據此。除批：該鎮格林礮四尊演放年久，機管欠靈，已飭令槍礮局將該鎮解到前項礮位修理完好，給交來弁運回。所需工費如爲數無多，即由該廠在製造經費項下開支。如需費較鉅，應由該局移明北善後局撥解歸欵。仰即知照。繳。等因。印發外，合就札行。札到，該局即便遵照。勿違。

飭北牙釐局撥解工藝學堂開辦經費附單

光緒二十四年九月二十四日

據湖北工藝學堂坐辦委員、直隸州用候選知縣梁令敦彥稟稱：竊照湖北創設工藝學堂，奉札飭將各項功課章程迅速籌議，稟候核定示遵。并奉面諭，以洋務局爲工藝學堂辦公之所，趕緊布置開辦各等因。卑職遵即連日會商籌議，業已擬有大概。茲將所擬學堂功課章程以及堂內應用教習、匠首、人役數目薪工約數，繕具清摺，附呈鈞核，一俟奉到憲台批定，即可招選生徒，開學肄業。至將來學生之造就如何，全視教習、匠師之得力與否。而工匠之佳者均有實業，不能不及早訪求，亦已由卑職分別函致港、滬各處，廣爲詢訪商訂，不久當可陸續來鄂。其各門工藝將來應購何種器具，此時創辦之際，尚難確估，惟有俟各門匠首募到，再行詳細與商，另禀請示。惟開辦之先，所有修改房屋，置備書籍、傢具、零星什物，以及匠首來鄂薪水盤川等項，在在需欵。可否援照農務學堂開辦之例，擬懇憲恩飭撥銀二千兩，將來實用實銷，按月造報等情，到本部堂。據此。除批：禀摺均悉。該令所擬學堂功課章程及應用教習、匠首、司事人役薪工數目，尚屬妥協，應准照擬辦理。仰工藝學堂即便遵照，迅速招選生徒，開學肄業，仍俟各門匠首到鄂，將各門工藝應購何種器具，詳細商明，禀請核示購辦。查蠶桑局及曹道所辦工藝局，現已歸併農務工藝局之内，茲工藝學堂需欵，應即在蠶桑工藝局經費項下照數撥解銀二千兩，以作開辦之費。除飭牙釐局遵照外，即由該學堂派員領回應用。務須核實撙節，勿稍虚糜。仍按月造報。此繳。清摺存。等因。印發外，合亟札飭。札到，該局即便遵照迅速撥解銀二千兩具報。勿違。

抄單

謹查外洋大小工藝學堂甚繁，其大者教習機器製造專門深奥之理，必須已通格致、理化、算繪諸學，然後方能領會。蓋學問之道，必盈科而後進也。今民間子弟聰穎者雖不乏人，而求曾聞以上諸學者必難其選。況工藝諸書尚未編就，雖有名師，亦難措手，故謹擬切實淺近辦法，由淺入深。所有匠首、教習均用華人，以言語相通，易於講授，庶學徒從學三年，雖不能比擬外洋上等匠師，而有一藝之專長，旁通諸學之理法，亦可謂有用之材。俟三年小成之後，若再欲其深造，則可擇其尤者留學二年，另訪外洋名師教授，或派往中外各廠閲歷考究，以臻大成。愚昧之見，是否有當，伏候憲台核奪訓示。

謹擬先設工藝共十門，每門派正、副匠首一名，各領學徒數名，此外各門，隨時陸續添設。

一汽機　二車床

三翻沙　四繪圖

五木作　六打鐵

七打銅　八玻璃

九蠟燭　十肥皂、香水

第一第二兩年，學徒須專學一門。

第三年兼學堂内所有各藝。

謹擬逐年課程：

每日六點鐘即起冬日遲半點鐘。

六點鐘至六點半鐘，食粥。

六點半鐘至七點鐘，操。

第一年體操。第二年陸操。第三年陸操。

七點鐘至九點鐘，讀書。

第一年認字、寫字、讀聖諭廣訓、曾文正公家書之類，記帳。

第二年讀孝經四書兼講解，學寫家信。

第三年讀史鑑節要、古文、點看諸報，寫信、作日記。

九點鐘至十點鐘，食飯。

十點鐘至三點鐘，做工。

第一年學各工專門。

第二年仍各學專門。

第三年擇與所習之專門相通者，兼習一兩門。

三點鐘至三點半鐘，食粥。

三點半鐘至五點半鐘，算繪。

第一年筆算。

第二年代數。

第三年選幾何、三角。

五點半鐘至六點半鐘，食飯。

六點半鐘至八點鐘，理化。

第一年聽講風霜雨露、光聲電吸、天文格致諸學淺理。

第二年讀動静水學、動静重學、化學。

第三年讀水陸汽機理、槍礮火藥理法。

謹擬工藝學堂應用教習、匠首、學生、司事、夫役人數薪工約數，開列呈請憲鑒。

計開

每門匠首正副各一人，汽機、車床匠首每月薪水約八十兩，餘自三十兩至五十兩。

擬每門先募正匠首一名，其副匠首將來陸續添募。

華文教習四人，每名每月薪水多則三十兩，少則十五兩，擬先募二人。

算學教習二人，每名每月薪水約三十兩。

繪圖教習一人，每名每月薪水約四十兩。

格致、化學教習各一人，每月薪水約五十兩。

教操弁一人，每月薪水十六兩。

每門約招學生自六名至十名，擬先考取六十名，每名每月火食約三千文。

書識二名，每月每名工食錢六千文。

司事六名，每名每月薪水錢十千文，先用四名。

更夫、雜差、門房約共十名，每名每月工食錢四千文。

以上薪工數目祇擬大概，將來陸續募到，隨時稟請憲台核奪。

札江漢關道照會德領事轉發德員古式爾薪水川資附單 光緒二十四年九月二十五日

昨准德國駐漢禄副領事照稱：本日准漢陽槍礮局德員古式爾來署云，稱今有上湖廣總督部堂英文稟一件，交請貴副領事代爲照呈等因，准此。相應備文照送，查收核鑒施行等因，到本部堂。准此。查槍礮廠洋總管古式爾，前經本部堂由德國僱募來華，月給重資并來往盤費。今該員合同未滿，聲稱自願辭差，將合同注銷。本部堂心存寬厚，即准所請，令其銷差，并飭局查案將該員合同期内應領薪水及回國川資全數發給。該員須知此係格外從優體恤。茲將所有該員應領各款鎊票、銀票及清單札發該道，照送駐漢德國領事轉給該員收領，取具收據存案。合就札發。札到，該道即便查照辦理。此札。

計開

四百鎊票一張，係四箇月薪水。

五十鎊票一張，津貼途中薪貲。

八鎊六先令八本士票一張，係四箇月醫費查合同載每年二十五鎊，今按照攤算。

四先令八本士票一張，係西十月分零用費。

二十一鎊票一張，折奴阿海口至德國麥得火車費。
四鎊五先令一張，行李費。
洋例銀四百八十四兩一張，回國船資各費。
共七張

札行兩江奉撥福建船廠經費請將鄂釐全數照解光緒二十四年九月二十六日

案准兩江督鹽部堂劉咨，奉旨飭撥福建船廠經費淮鹽督銷局銀十二萬兩，在湘岸應解湘釐鄂釐内各撥出銀二萬兩等因。當查此項湘岸應解鄂釐，關係鄂省要需，先後電致兩江督鹽部堂，請飭將鄂釐全數照解。續准電覆，飭運司改撥鄂釐照解等因。所有來往各電四紙，合亟抄録札行。札到，該司、道、局即便遵照辦理照解具報。

飭蔣聲耀率勇丁礮船赴安鄉、華容、公安、松滋一帶緝匪光緒二十四年九月二十七日

照得湖南、湖北連界之荆、澧一帶，會匪素多，伏莽未靖。本年二月間，松滋縣會匪結黨拜盟，謀爲不軌，拏獲匪首何永松等懲辦。嗣經松滋縣王令派役前往安鄉拏匪，遂致匪黨大集，殺斃勇役多名，攻燬縣署。目前安鄉縣匪徒雖經暫時撲滅，然情形過悍，夥黨過盛，匪首在逃，根株未絶，仍爲地方隱患，亟應澈底清查。業經電商南撫部院，擬由南北兩省各派勇營、礮船前往，會同紳團查緝，專拏匪首，飭團勒交，不准騷擾。頃准俞撫部院電覆，南省派陳鎮海鵬帶礮船四隻并勇百名赴荆、澧，會鄂營協團查緝等因。鄂省亟應派撥營勇礮船，前往會緝。查安鄉一帶地居澤國，港汊紛歧，應飭管帶沙防營游擊蔣聲耀，帶領勇丁一百名并荆江後營水師礮船四號，前赴安鄉、華容、公安、松滋一帶，會同湘營及紳團清查勒緝。一面購覓眼綫，踩確匪踪，分投兜捕。并飭長江水師荆州協、沅江營各礮船，於汛地左近扼要巡防截緝，務將首要各犯按名拏獲，稟解究辦，以靖伏莽，而銷亂萌。除分行外，合亟札飭。札到，該游擊即便遵照札行事宜，帶領勇丁礮船，馳往安鄉、華容、公安、松滋一帶，會同清查匪首，購綫勒緝務獲，稟解究辦，以期伏莽肅清。該員不得稍涉疎縱，致匪漏網，亦不得妄累無辜，致形騷擾。切切。

札錢永林查明新募中營勇丁有頂冒爲匪開革懲辦光緒二十四年九月二十七日

案照襄陽縣稟：東津灣同春福土棧被匪執械撞門入室，搶去銀錢、土藥、衣物。拏獲盜犯丁魁悰，供認投充鳳字中營新募馬隊，於未經點名之先，即將名字并馬一匹賣與陳姓頂替等語。查募勇所以緝匪，豈有勇丁反爲盜賊。今該犯丁魁悰充當營勇，該營官毫無覺察，聽其將名字、馬匹賣與旁人頂替，該犯竟自行搶劫，實堪駭異。由此以觀，則該營於各勇并不查清來歷，而平日營務廢弛，漫無約束，概可想見。應將該營管帶副將錢永林記大過一次，并即查明該哨弁係何銜名，摘頂具報，以示薄懲。該副將迅即督飭各弁逐棚清查，如勇丁内有不守營規或暗通匪類，形迹可疑者，即行革換嚴懲。所有各勇均須一律來歷清白，不准一

名濫充。一面整頓營規，認真操練，嚴加約束，不許出外遊蕩，以肅紀律而靖地方。以後倘仍有前項情弊，除將該管哨弁撤參外，定惟該營官是問。合亟札飭知。札到，該營官即便遵照札飭事理辦理。仍將遵辦情形稟報查核，勿稍徇隱延違，致干重咎。懔之。切切。

札委程儀洛總辦商務局及農務、工藝兩學堂光緒二十四年九月二十八日

照得叠奉諭旨，認真整頓商務。鄂省前經於漢口設立商務局，飭派湖北差委候補道王秉恩、奏調江蘇候補道程儀洛總理局務，并聲明令程道兼辦農、工等局，均經奏明在案。并將漢口原設之勸工勸商局歸併商務局内，飭該道等將商務應辦各事宜妥擬詳細章程，稟候核定，次第認真籌辦。并於本年三月二十六日先經奏明，於省城設立農務學堂，延聘美國農學教習二人，講求種植、畜牧，購備西式農具、果穀佳種試種，并設工藝學堂，講求機器化學新法製造在案。茲查程道儀洛現已來鄂，應即飭令該道總辦商務局及農務、工藝兩學堂。其商務局仍會同原委王道總辦。所有省内原設之蠶桑局，應即併入農務學堂，省内原設之工藝局，應即併入工藝學堂，以免紛歧而專責成。程道應由善後局每月支給薪水銀一百兩，夫馬銀五十兩，以資辦公。除分行外，合亟札委。札到，該道即便遵照總辦商務局并總辦農務、工藝兩學堂，按照札行事理會商，悉心妥籌，分别稟請核示遵辦，總期早觀厥成，以副委任。切切。

札委許鼎鈞等管帶新軍武愷前、右營

光緒二十四年九月二十八日

照得本部堂具奏裁撤撫標左右兩營，挑練勇營改習洋操一摺，聲明就裁撤兵丁，選足年青力壯者，分爲新軍兩底營。倘合格者少，即就該兵丁之子弟親族挑選。尚有不敷，即將武愷右營勇丁汰除疲弱，挑選精壯補足，派委熟悉洋操之候選知縣許鼎鈞管帶一營，名爲武愷前營，其一營名爲武愷右營，仍派委原帶武愷右營之副將陳迎祥接帶。仍委統帶武愷營副將吴元愷統帶，仿照鄂省原有洋操隊各營一律教練，月餉照護軍營餉章支給等因，抄稿札行在案。除先經札飭統帶武愷營副將吴元愷，將新軍武愷前、右兩底營挑選足額，俟成營後造册，呈請委員點驗，起支薪糧外，所有新軍武愷前營，應即飭委候選知縣許鼎鈞管帶，其新軍武愷右營應即飭委盡先副將陳迎祥管帶。該兩營均仍歸吴副將統帶節制，遇事稟商辦理。除分行外，合亟札委。札到，該員、將即便遵照上項札飭事理妥實辦理，認真操練，以副委任。切切。

札張鴻順改充農務、工藝兩學堂會辦

光緒二十四年九月二十九日

照得前經飭委湖南候補道張鴻順總辦農務、工藝兩學堂在案。茲查奏調江蘇候補道程道儀洛現已到鄂，原奏片稿内曾經聲明令該道兼辦農工各局。除另札飭委程道總辦農務、工藝學堂外，張道應即改委充兩學堂會辦，遇事由程道主持，稟請本部堂核示遵辦。除分行外，合亟札飭。札到，該道即便遵照札行事理會辦農務、工藝兩學堂事務。勿違。

札蠶桑局停工歸併光緒二十四年九月二十九日

照得鄂省原設蠶桑局，種桑育蠶，兼織各種綢緞，原爲開風氣而利民生起見。無如民間領去之桑多不加意培植修理，滋榮者甚少。育蠶又不得其法，所出之絲織成綢緞，終難與江浙、四川等省争勝，以致該局織成各件，絲質既遜，成本又昂，市面不能行銷，局用經費每年虧折欵項甚鉅。前經本部堂飭令該局招商承辦，藉資補救。乃兩月以來，多方勸導，武漢、江浙各商均無人願承辦。若不趕緊收束，勢必徒滋賠累。兹特飭令蠶桑局總辦曹道南英暫行停工，迅將織成各綢及存而未織之絲先行變賣，已經織完之機即行停工。其已織未完各綢，催令織完，陸續變賣，織完一機，即將此機停歇，工匠藝徒陸續遣散。限於十日内一律織完，空出房屋數排，將各種機件妥爲存儲，即行撤局銷差。所有一切帳目，均即結算清楚，并刻期將所存絲綢迅速變賣，據實報銷。蠶桑事隸種植，應即歸併農務學堂。該堂募有美國教習二人，飭令參酌西法，將種桑育蠶二事講求精確，再行隨時曉示民間照辦。織綢事隸製造，應即歸併工藝學堂。遣出蠶桑局織綢全廠房屋，即作爲工藝學堂應用。查織綢須織中國未有之物，若洋綢、洋巾、洋闌干等項，可以抵制洋貨銷路者，庶於民生商務有益。俟另覓精於中西織工之人，再當酌度情形，即於工藝學堂妥籌試辦。又前撫部院譚所設省内工藝局打造麥草帽辮等物，係委曹道南英總辦，亦應飭令歸併工藝學堂，酌撥房屋數間爲帽辮工徒之用。事體甚簡，勿庸另設一局，以節經費而免紛歧。除分行外，合亟札飭。該道即便遵照，分别停撤變賣，歸併報銷，妥爲辦理。

咨盛大臣將紗局應還商本在鐵廠應繳官本項下劃撥[一]光緒二十四年十月初四日

據職商劉安濤、盛觀曾、邱炳垣、黄金燦、劉錦藻禀稱：竊商等前因鄂省創辦紗局，是以各招親友附股合辦。嗣奉鈞諭改歸官辦，所有商本銀兩，先還十五萬兩，其餘十五萬遲一年交還等因。祗聆之餘，莫名感戴。當將機器、物件等項如數點交，一面造册移送官局，覆核無誤。商等股本守至年終，未蒙給發，僅給予本年三月底期票十五萬兩，又十二月底期票十五萬兩，並蒙傳諭，候咨明盛京堂在鐵廠應還項下照撥。商等以有欵可指，當可尅期抵用。三月底持票赴局領取，聞盛京堂以部欵并未續撥，不允交付。不得已在局静守，已經半載。竊思商等股本大半係親友湊集，今紗局既歸官辦，各思領回資本，另謀生業。際此時事艱難，銀根奇緊，各股友屢次責問經手，疑竇滋多，殊覺無詞可對。叠經商懇總辦王道，總因官局并無另欵可籌，亦未核發，焦灼萬分。近悉部撥有各省昭信股票欵三百萬兩歸鐵路專用，即前盛京堂所云未收之部欵。商等生機有望，欣幸至深。前奉憲諭，以鐵廠應歸專項爲撥還商本之欵，并非虚有此數。而盛京堂接奉憲咨，亦以部欵未齊，無從提撥，致未照交。延緩之由，商等亦深明其故。至現在則大部咨撥之明文已見，大帥指還之原諭具存。素仰仁憲惠商，當邀據文催給，而盛京堂以部撥之欵還鐵廠之欵，成約在先，想大帥當不聽其少有異議。用特不揣冒昧，披瀝上陳，伏祈俯鑒下情，電咨盛大臣，准在各省所撥昭信股票項下撥還鐵廠應還項下銀十五萬兩發交商等，作爲紗局給還第一批商本銀十

[一] 以下五件録自抄本《督楚公牘》。

五萬兩。至第二批商本銀十五萬兩，遵照局發印票日期，於本年年底再當趨領，俾商等不致失信於親友，而紗局亦免賠利之累。伏祈批示祇遵等情，到本部堂。據此。查湖北紡紗局改歸官辦，先期應還商本銀十五萬兩，前據紡紗局升任瞿臬司、廣東候補道王道秉恩詳，當經以從前官辦鐵廠借撥布局股本尚有應還之欵，現辦紗局係賴布局挹注，所有紗局應還商本銀兩，亟宜將鐵廠應繳官本銀兩劃撥解交，方能輾轉撥付。當即咨明貴大臣轉飭鐵廠，在於軌價應還官本項下劃撥銀十五萬兩付給紗廠商人，仍請備文作爲解交鐵政局列收，以便由鐵政局解還布局轉交紡紗局，給還商人承領，分別立案，收回股票塗銷在案。兹據稟，前項商本因貴大臣以部欵并未續撥，未及交付。現在部撥各省昭信股票欵三百萬兩，歸鐵路專用，請咨催給領等情。除批示外，相應咨明。爲此，合咨貴大臣請煩查照，在於部撥欵内撥還軌價應繳官本項下，迅即劃撥銀十五萬兩付給紗廠商人，備文作爲解交鐵政局列收，以便鐵政局解還布局，轉交紡紗局給還商人承領，分別立案，收回股票塗銷。望切施行。

札南、北布按兩司轉飭地方官保護美公司勘路人員光緒二十四年十月初四日

光緒二十四年十月初四日承准總理各國事務衙門支電開：美康使函稱，粵漢鐵路公司經理人柏士，同美工師共十人，於十月十二日由漢赴粵，履勘路基，請飭沿路地方官實力保護等語。希即轉飭各該地方官妥爲保護等因，到本部堂。承准此。合就札行。札到，該司即便預派妥員沿途伴送保護，并轉飭經過沿途各州縣遵照，於柏士同美工師等履勘粵漢路基到境之先，立即剴切曉諭紳團，先期開導。須知此係奉旨飭辦，乃於湖南北兩省民生商務大有裨益之事。路係官開，并非洋人所開，切勿誤聽謡傳，妄生疑沮。俟到境後，會同營汛妥爲保護，勿稍疎略，以致阻礙，致干未便。仍將出入境日期具報，并將委員銜名報查。勿違。

飭查各府州縣吏治、釐金、土藥、鹽鑛諸端光緒二十四年十月初六日

照得本部堂札委該員查府、州屬牙帖，應即就便密查該府、州暨各州縣守令政事是否廉公，聽斷是否勤明，緝捕是否認真，其有隄工處所修防是否用心，以及年歲豐歉、盜賊多少、民教相處情形，該地方有何著名巨盜、會匪、訟棍，凡該府州所屬各釐局，查明徵收是否核實，有無侵蝕、需索、留難情事，應如何整飭方能暢旺，均即體察情形，一一考核詳確，分條密記。果係確有實據及可見諸施行者，并即詳晰稟陳查核。此係密委之件，該員務須廉謹自好，慎密從事，不得向地方官暨各局員漏洩張皇及有需索情弊。如所陳覆按非虛，本部堂定當予以獎勵。倘藉有飭查事件竟向各州縣局員示意見好，輒向需索，代爲彌縫掩飾，或草率含糊稟覆，本部堂仍有密查別員，參考得實，定干未便。合行密飭。札到，該員即便遵照札飭事宜，認真密查，據實詳細稟覆考核，毋稍漏洩徇隱干咎。切切[一]。

有無侵蝕需索留難情事，又應城膏鹽出産是否豐裕，課税章

[一] 以上札行武昌府屬試用通判黃辰、漢陽府屬試用知縣徐之棨、黃州府屬候補知縣王奎照、安陸府屬試用同知毛承霖、荊門州屬候補知縣姜光裕。

程是否妥協，東路土藥局向設應城及分卡各處收數日減，地方官是否留心經理，難保無丁胥賣放隱匿之弊。應如何整飭，方能暢旺，均即體察情形云云，毋稍漏洩徇隱干咎。切切〔一〕。

有無侵蝕需索留難情事，應如何整飭方能暢旺。又沙市鹽務各局、土藥補抽局收數如何，是否核實，均即體察情形云云，毋稍漏洩徇隱干咎。切切〔二〕。

有無侵蝕需索留難情事，又北路土藥暨官運局鹽務辦理是否核實，應如何整飭，方能暢旺云云，勿稍漏洩徇隱干咎。切切〔三〕。

有無侵蝕需索留難情事，又北路土藥辦理是否核實，及大甯鹽斤能否整頓鼓舞，房縣、竹山、竹谿等處銅鑛究竟開採能否暢旺，均即體察情形云云，勿稍漏洩徇隱干咎。切切〔四〕。

有無侵蝕需索留難情事，又土藥、川鹽來源銷路是否暢旺，各分局卡有無弊端。黄守邦俊所辦巴東鹽廠，每年約能出産若干，利益如何。宜屬硝磺每年約能運銷若干，約可繳費若干，鹽、磺兩項辦理是否核實，均即體察情形云云，勿稍漏洩徇隱干咎。切切〔五〕。

民教相處情形，又利川建始銅鑛出産是否暢旺，辦理是否得法。黄守邦俊辦理建始硝磺，每年約能出産若干，動支經費是否核實。來鳳土藥局本年收數不如前年之旺，究因何故。蔡令國楨所修路工是否堅實寬坦，有無草率損壞，經費是否核實。利川教案究竟係何情形，現在曾否平静，均即體察情形云云，勿稍漏洩徇隱干咎。切切〔六〕。

札蔣聲耀辦理沙市陸路緝務、張國棟但管江中巡查光緒二十四年十月初九日

據管帶荆江水師後營副將張國棟稟稱：竊卑營駐紮沙市一帶，兼管荆屬七縣緝捕，地當衝要，向稱繁難。前管帶曹守備因該處街道遼闊，水師常泊河下，不能時時兼顧，另設堆卡三座，弁勇四十二員名，各分地段，聯絡防範，加派卡委三員，以總其成。海查晝巡，副哨夜緝，佐以辦案守卡各巡勇，厚其薪糧，嚴其賞罰，以故有犯必懲，無奸不破，其補救於無形者甚多。而此項經費不在正餉之列，向由沙市川鹽局月撥津貼二百二十串文，以充餉項。本月十二日爲卑營放餉之期，正專差赴各局署請領，忽川鹽局委員劉令肇墀聲稱，已奉憲台札飭，將該局撥發津貼截至八月底止，毋庸發給等語。方今時勢艱難，度支竭蹶，凡可減省者自無不力求撙節。無如卑營津貼業已疊經裁汰，計徐守備連陞管帶時，裁去荆州道月給緝捕犒賞銀五十兩，王提督得勝管帶時，裁去釐金局撥給查夜油燭費一百二十串文。現在所領各款，除另繕清摺開呈外，合川鹽局津貼通計之，按月分給，僅够敷衍。有此款以分設三卡駐紮，街之上下平時既可壯觀瞻，臨事亦可恃緩急。如將此款裁去，則可恃者無一端，而可慮者有四弊，謹爲憲

〔一〕以上札行德安府屬試用同知王邦傑。
〔二〕以上札行荆州府屬候補同知鄭寶琛。
〔三〕以上札行襄陽府屬候補知縣黎培質。
〔四〕以上札行鄖陽府屬候補知縣胡金鐙。
〔五〕以上札行宜昌府屬候補知縣葉丙勳。
〔六〕以上札行施南府屬候補通判胡子斌。

台縷晰陳之。卑營舢板二十一隻，内外分汛十三處，而護送釐局省餉、彈壓鄉鎮械鬬，又往往有之，以故灣泊沙市，僅止三四隻。每夜巡街，向分二起，一查夜所以肅清街市，一冷哨所以捕捉逋逃。查夜專責水師，冷哨專歸陸卡，以其習於行徑而各有地段，便於呼應也。如其撤此三卡，僅恃水師巡緝，而沙市街巷遼闊，大有鞭長莫及之勢，遇有事故，東擊者不能西應。此可慮者一也。辦案副哨巡勇，俱稔悉盜賊行徑之一輩，一旦餉項無着，勢必令其出伍，既無田之可耕，復無藝之可作，將來逗留街市，難保不流爲匪類，是營中去一利，而民間添一害也。此可慮者二也。即令撥歸舢板以備不時之用，而舢板輪流出差，不能常紮沙市，辦案諸人又有偵探踹緝等事，又不能常住船中，不惟啟水師登陸之漸，抑且一船無一船之實用。此可慮者三也。且升降者賞罰之階梯，賞罰者行軍之樞柄。卑營職司緝捕，原設卡委、副哨、海查各差，顯以分責任之重，實隱以寓黜陟之端。設令去此名目，則有過者無遞降之途，即有功者無推升之路，更非所以示鼓勵而重緝捕。此可慮者四也。有此四慮，而卑營欵絀事繁，復不能裒多而益寡。標下再四思維，無從設法，惟有暫將三卡本月薪餉墊發，以靖軍心，再行仰懇憲慈，垂念沙市重鎮，卑營整頓緝捕甫經就緒，仍飭川鹽局將津貼照章發給，於地方實有裨益。如其會計已定，未便更張，則請轉飭沙市釐金局酌發陸卡弁勇薪餉，庶弁勇無缺餉之虞，而閭閻消無形之患。標下爲保衛地方起見，謹據實縷陳，并另繕餉項清摺，稟祈鑒核，俯候訓示遵行等情，到本部堂。據此。除批：查沙市地方，從前并未派有營勇駐紮，是以由該營設卡分巡街道，藉資兼顧。此時沙市業經飭派遊擊蔣聲耀所帶沙防營專駐巡防，所有陸路地段，應責成沙防營專管。即飭蔣游擊酌派弁勇分段設卡，巡查街道，勿庸支給津貼。該營係屬水師，但管江中，所有荆沙外江内湖分巡地段，即責成該營實力巡查，毋庸再在岸上設卡，以符名實。該營原設陸路三卡，應即全行裁撤，原領川鹽局每月津貼錢二百二十串文，仍遵前札停發，以節經費。除分行外，仰即遵照辦理。此繳。清摺存等因。印發并分行外，合就札行。札到，該游擊即便遵照將卡防事理認真辦理，務期巡緝得力，毋稍疎懈干咎。

札北藩司等改四川會館、昭忠祠爲農務學堂并撥欵移建館、祠 光緒二十四年十月十三日

照得湖北省城奏設農務學堂，飭員勘定四川會館、霆軍昭忠祠地址，堪以建設。其地高燥空曠，附近租有田園，可備種植畜牧。先因川省官商以該會館僻處一隅，每欲另行覓地改建。至霆軍昭忠祠，本係官欵修建。茲查善後局移設軍裝所，原有之善後局房屋，經局員與川省會館首事妥商相度，可爲改造四川會館、霆軍昭忠祠之用。該祠、館遷移改造，自必需費。現經議妥，由善後局撥給銀二千五百兩，由該館值年首事具領備用，霆軍昭忠祠亦併由川省會館首事承修。至四川會館東南隅空地一區，經候選州判徐之杰於該館地基上造有房舍，亦由善後局發給房主價銀一千兩，統將房地併歸農務學堂之用。合行札飭。札到，該局等即便遵照，轉飭江夏縣并行知四川會館值年首事查照立案，並將銀兩照數分別撥給具報。

札委正途出身各員充武備、自强學堂教習光緒二十四年十月十八日

照得本部堂創設武備、自强等學堂，原爲深念時艱，培植人材之舉。乃近今士習日瀉，趨向不定。開辦以來，如武備學堂學生張英之糾衆逞凶，自强學堂學生劉問堯、管存元等之酗酒滋事，糾衆毁鬧，事已屢見。業經屏斥注劣，隨時懲儆。似此不守禮教，不求實學，一年有餘，積習未改，於國事士風有何裨益，殊屬大負本部堂儲才造士之本意。查武備學堂爲教育將校之初基，自强學堂爲造就通才之根本。所有中學教習，不獨講明經史，課作論説，尤必須約束諸生率循規矩，時時切加訓迪，勉以修身立品，成材報國之道，令其忠愛廉恥之心勃然奮發，方能力争上流，儲爲大器。查當初招考學生章程，必須文理清通，性情恂謹者，方予入選，原以志趣向上之生，必知自愛，不染粗鄙悖妄之習。惟近來詳加考察，收録時未免過寬，以致其中不學無志者濫竽不少。兹特另定章程，將原來在堂人數，責成提調會商原派華洋教習切實考核，量加删減。武備學堂共擇取學生六十名，自强學堂東文學生擇取二十名，英、法、俄、德文學生各擇取十五名，作爲定額。務取文理清通，性情恂謹，志趣向上之士，遴選本省正途出身候補人員派充此項教習，以師道而兼官法，實心教督訓課。如有不守禮法不聽教訓之學生，務即隨時指名，禀明提調斥退。其文理淺率，質性粗鈍，不能立志向學者，亦即禀候開除，毋稍寬徇。誠以人數較少，是約束易周，訓課易密，庶幾堂規可期嚴肅，學業可望進益。查有湖北教習知縣唐監金堪以委充武備學堂東講堂教習，教學生三十名。湖北試用同知雙壽堪以委充武備學堂西講堂教習，教學生三十名。湖北試用知縣顧印愚堪以委充自强學堂教習，教東文學生二十名。湖北試用知縣羅運崍堪以委充自强學堂教習，教英、法文學生共三十名。湖北試用知縣梅際郇堪以委充自强學堂教習，教俄、德文學生共三十名。每日務須騰出日力，或早或晚，酌留六刻工夫，爲講習中學之地。華教習與本堂諸生日日見面講論，即肄習武備、西學之時，各該教習亦須常到本堂稽察照料。察其規矩是否肅敬，聽受是否用心。并須每日親到諸生齋舍稽察拊循，以收親師敬業之益。師生均不准稍有間斷曠誤，并責成該堂提調遵章認真督率。合行札委該丞、令即便遵照札行事理，盡心訓課，秉公考察，務須克盡教習之責，以副委任。如該員等不能認真教習，有名無實，以致習氣不除，學業不進，毫無成效，責有攸歸。切切。

飭裁撤武勝右營并派督標左右兩營及武昌城守營練軍赴大冶、馬鞍山填紮[一]光緒二十四年十月十九日

照得湖北現因裁營騰餉，改練洋操，經本部堂奏明裁撤大冶鐵山、馬鞍山煤井所創之武勝右營，另派練軍彈壓等因，抄稿分行在案。所有記名提督王春發所帶之武勝右營分駐大冶運道勇丁二百名、馬鞍山煤井勇丁五十名，應即全行裁撤，原領軍裝、旗幟等件查明照數繳交善後局點收，槍械不准短少一件。應支薪糧截至遣散之日止，仍照章給予恩餉一箇月。即由北善後局核明應

〔一〕以下二十七件録自抄本《督楚公牘》。

發薪糧，委解該營防所，會同王提督點名散放遣撤，遠處勇丁責成該營官哨弁親督乘船，稟明派輪拖帶，押送回籍，不准沿途逗遛滋事。所有大冶鐵山運道及馬鞍山煤井，應於督標派赴黄、孝等處緝私之練兵二百名内分撥一百名，遴派得力哨弁帶領，馳往大冶鐵山，會商商廠董事，按照原紮地段，分派填紮，實力巡查，妥爲彈壓。并飭武昌城守營參將挑撥練兵三十名，派弁帶往馬鞍山彈壓煤井。所有分駐鐵山、煤井兩項之練軍，均能查照緝私向章，按半年換防一次，以均勞逸。各該管帶將官務須督飭哨弁，嚴申紀律，恪守營規，毋稍擾累居民。除分行外，合亟札飭。札到，該游擊等即便遵照札飭事理，迅速商定先派何營，照數派撥，馳往填紮。仍將起程到防各日期具報查考。

飭北臯司等查當陽縣文生彭潔齋等與教民不和情事 光緒二十四年十月二十一日

據駐宜昌英領事何蘭田函稱：據本國蓋教士稟稱，八月二十一日，接清溪河教友嚴玉階等來信，言當陽新場地方文生彭潔齋，藉四川風聲，捏造謡言，辱詈衆教友，并統領多人於教友聚會之日，將堂中書籍撕毁，揚言要滅盡洋人與吃教之人。又有清溪河之楊定位、李家灣之李啓柱恃横謗教，當場阻辱。又有觀音寺之大紳士胡端亭、林有山、羅灼夫等激動鄉愚，阻擋教會。本教士到當陽，函知縣令，請出示諭，并懲辦前項阻教之人。詎該縣寄來示諭，於九月十二日竟被閻彩堂、閻偉厚將告示抓撕。當憑文生蕭森、保正彭昌堯等處和，未和而彩堂等又夥領多人，將教友向永豐舖内貨物搶掠，學友謝崇高被毆受傷。本教士又請當陽縣照例法辦。及接該縣回信，大概言辦不辦之意。本教士因面見縣令訴説前情，該縣亦面允辦理。後本教士回宜，又寄函當陽縣催辦前案，乃不惟不辦，并不以爲然等情。據此。本領事查該文生彭潔齋既造謡糾衆，如此横妄，若不加褫革，誠恐他人效尤，後患莫止。且衆人滋生事端，亦當嚴懲，只得泐函奉達貴督部堂查照，煩將當陽縣文生彭潔齋衣衿褫革，懲一儆百，以免效尤而弭後患。并請札飭當陽縣令，將以前滋事等人照例懲辦，再行加意出一示諭，不准有人再爲撕毁，以息事端而安教衆等情，到本部堂。據此。合就札行。札到，該司、道即便轉飭當陽縣遵照將函稱各節迅速確查是否屬實，先行具覆，一面妥速辦理稟報查核。并即出示曉諭，四川余蠻子現已就撫，地方安静，商賈照常，嚴禁居民毋得妄信謡傳，藉端鬧教，滋生事端，致干重咎。毋稍延違。切切。

札武昌城防營及沿途地方官紳迎送保護粤漢勘路美工程司一行 光緒二十四年十月二十五日

光緒二十四年十月二十五日准督辦鐵路總公司事務大臣大理寺少堂盛咨呈開：照得粤漢鐵路美國工程司等，由武漢起程赴湘粤勘路，前准總理各國事務衙門支電准美康使函，會即經貴督部堂行司派員伴送，飭屬保護。嗣續准號電，囑令會同湘粤督撫出示曉諭，照約保護。又經本大臣咨商迅賜核辦在案。茲美國總工程司柏生士、梅哲、亨德、柯爾德，幫工程司韋妥瑪、濮來思，繙譯田夏禮，代理人柏士共八人，隨帶洋醫一員，又總公司派洋

營改練洋操在案。查鄧提督正峰所統田家鎮礮臺三營，亟應一律練習洋操，以成勁旅。現因槍礮廠經費支絀，新式臺上大快礮尚未造成，各臺亦未及改築新式。應先將該軍飭調來省，就近仿照護軍各營操法，認真練習。酌留勇丁數十名，派一哨弁帶領駐守田家鎮各礮臺，該提督即督率各營駐省，嚴申紀律，不准在武漢地方稍滋事端，實力訓練，嚴核課程。本部堂仍當隨時親臨校閱，總期緩急可恃，餉不虛糜，俟礮台造成後，再行回駐原防。除分行外，合亟札飭。札到，該提督即便遵照札飭事宜辦理，統營來省上緊訓練，勿稍懈弛。切切。

申飭軍裝局以後非奉批飭不准擅發槍彈光緒二十四年十一月十二日

照得軍實最關緊要，各營請領槍彈，自應禀候本部堂查核情形，酌量批發，軍裝局始可憑以給發，以重軍實。茲查管帶武防營僉副將厚安，前由局領比槍一百八十桿，子三萬六千顆，旋又添領八十桿，子一萬六千顆。又方副將友升前亦由局領有槍枝，均未經本部堂批發，該局輒行發給，實屬不合。應嚴行申飭，以後非奉本部堂批示，不准擅發。倘仍有前項情事，定將該局員撤差記過示懲。合行札飭。札到，該局即便遵照。

飭北善後局撥解學生游學日本經費并委鄺國華帶往光緒二十四年十一月十四日

照承准總理各國事務衙門咨開：奉旨令派學生游學日本，又准咨開學生每人每年應需衣食筆墨等費三百元，應由選派省分自行籌備核發，由出使大臣就近照料等因。茲又於十月二十五日承准總理各國事務衙門敬電開，日本矢野使云，接本國電，武備學堂業已安置妥貼，請中國於南北洋、湖北三處，各派武備學生前往肄業等語。希酌派數名，派員帶往，經費由本省籌給各等因，先後到本部堂。承准此。查前因撫署裁缺，糧道等缺亦應分別酌裁，騰出公費薪飯等欵，撥充出洋學生經費，擬派學生一百一十人游學日本，業經札行在案。茲查撫院照舊復設，糧道等缺均仍其舊，所有公費薪飯等欵，自未便照撥，仍各歸原案開支。至出洋學生經費，自應另籌付給。茲承准前因，擬派學生二十人游學日本，入武備學堂學習，年限以學成爲斷。計每年約需交日本學堂脩火用費等銀日本銀元六千元，約合銀四千數百兩。派員監督，月支薪水，并房租雜用等項，由監督委員實用實銷。其往來川資，并到彼輪船、火車、搬運、旅食等費，約需銀一千餘元。到日本後，自備學生中華火食半年，約需銀一千餘元。以上用欵，均飭令北善後局在於新籌峽路經費項下開支，按年分批匯寄日本濟用。此項出洋學生，應即派委候選縣丞鄺國華帶往日本東京，交閱操之候補道張道斯栒暫行照料約束，送入武備學堂肄業。務令各學生專心學習，恪守禮法，力圖進益，勿得出外閒游，稍滋事端，自干屏退，是爲至要。俟另派監督專員到彼，再行交替。至鄺國華所需川資旅費，由北善後局照出洋閱操成案，核明給領，以利遄行。除分行外，合亟札委。札到，該員即便遵照迅將出洋肄業學生帶往日本東京，交張道斯栒暫行照料約束具報。勿違。

飭委王秉恩總辦銀元局光緒二十四年十一月二十一日

照得會辦銀元局奏調差委廣東候補道王道秉恩在局有年，考較成色，講求鑄造，廣籌銷路，嚴查弊端，遇事悉心籌畫，局務日有起色。應飭該道改爲坐辦銀元局事務，會同藩司及各司道，督同提調及委員司事人等循照定章，認真經理，以期成效日彰。除分行外，合亟札委。札到，該道即便遵照坐辦銀元局事務，認真妥籌辦理。如遇重要事件，稟請本部堂核定示遵。仍將坐辦日期具報。勿違。

札發招考工藝學生告示、章程附單　光緒二十四年十一月二十一日

照得中國材産富饒，人物靈秀，甲於五洲，而開物成務，實較各國爲最早。惟近數百年來，機器之靈巧，製造之精美，中國轉遜於外人。蓋由洋人工藝各有專門，悉本格致、理化、測算諸學，精益求精，日新月盛。而中國士人皆不屑講求，凡諸百工，類多目不識丁之人，沿習舊業，不特不能自出心裁，創物製器，即繼述前人，尚多失其真傳精意，以致土貨日就窳陋，洋貨日見充斥。民智日拙，游惰日多。亟應設法勸導振興，以挽風氣而塞漏巵。是以本部堂於設武備、自强、農務諸學堂之外，復奏設工藝學堂於湖北省城，選紳商士人子弟肄業其中，擇中東匠首、教習，分授工藝十數門，兼課格致、理化、算繪諸學，使生徒熟習各項工藝之法，兼探機器製造立法之本原，庶三年學成之後，既明其理，復達其用，旁通十餘門之製造。根基既立，中人以上，隨時加功講求，或可創製新奇。即中人以下，亦不致流爲無業游民。現已擇定舊日蠶桑局房屋改爲工藝局，已飭趕緊修改房屋，購備器具，剋日開學。兹特招選各省紳商士人聰穎子弟，曾讀四書識字，十二歲以上十六歲以下者，入堂肄業，均須身家清白，有官紳殷商具保。除該生飯食、書籍、紙筆均由學堂備辦外，不另發給膏火。倘到堂後不遵約束，故犯堂規，或私自離堂，仍將歷年火食費用向保人追繳。爲此，示仰各省紳商士人子弟知悉，如有有志講求工學者，即於十一月内赴工藝局報名，聽候選擇，定期開學，毋稍觀望自誤。切切。特示。

附列簡明章程七條

一、工藝學堂以六十名為額，分習汽機、車床、繪圖、翻沙、打鐵、打銅、木作、漆器、竹器、洋蠟、玻璃各門工藝，學習三年為畢業。初兩年各學專門，第三年兼學各項工藝。

一、學生必須身家清白，十二歲以上、十六歲以下，天資靈敏，氣體充實，讀過四書，能認二千字者，方能收録。

一、學生入堂，必須聽委員因材分派各門學習，不能自行揀擇。

一、各項工藝，必須親手操作，方能切實通曉。各生均須聽各門匠首、教習教導指揮，實力操作，不准袖手旁觀。

一、學生每日工作四點鐘，讀格致、化學、算繪諸書四點鐘，晚間仍須讀中國書。每日由各教習分别勤惰，逐名核記分數，每月統計榜示甲乙一次，使各父母親屬周知。其有不堪造就，不受約束，屢犯堂規者，隨時斥革。

一、學生入堂後，如無要事，不准請假外出。一切親朋非禀

明委員，不准採視。

一、學生選定後，必須有紳商具保，方能收録。倘以後不遵約束，故犯堂規或未畢業私自離堂者，惟保人是問，將該生歷年火食費用全數追繳。

札武昌城守營派練軍彈壓灄口至黄陂路工 光緒二十四年十一月二十二日

照得灄口至黄陂一帶鐵路，現經洋工程司分段趕修。該處華洋雜處，需用工匠甚多，誠恐地痞奸匪溷迹其間，藉端滋事，茲准欽命督辦鐵路大臣盛函請派兵前往彈壓，俟過黄陂後，即可周妥等因。應即飭署武昌城守營璞參將，挑撥練兵四十名，遴派得力哨弁，即日渡江，帶往工所，分段駐紮，往來梭巡，實力稽查彈壓。如有奸痞游民藉端阻擾，鬨鬧滋事，立即查明，拏送地方官究懲。仍約束兵丁恪守營規，勿許擾累居民。除分行外，合亟札飭。札到，該將即便遵照上項札飭事理，迅速派撥起程具報。勿違。

咨送派往日本游學學生姓名、年歲、籍貫附單 光緒二十四年十一月二十三日

竊照承准總理各國事務衙門咨開，令派學生游學日本，開具銜名、年歲、籍貫，咨覆本衙門，酌定派往。每人每年應需衣食、筆墨等費三百元，應由選派省分自行籌備，由出使大臣就近照料等因。旋又承准總理各國事務衙門電開，令湖北酌派武備學生數名，派員帶往日本肄業等因。當經查照南洋派往人數，擬派學生二十名游學日本，入武備學堂學習。需用一切經費，均由鄂省籌備，分批匯寄日本濟用。派委候選縣丞鄺國華將出洋學生帶往日本東京，飭委閲操之候補道張斯栒暫充監督，以資照料約束，送入武備學堂。

茲將選派赴日本游學學生姓名、年歲、籍貫開列於後

計開

徐傳篤　年二十五歲，江蘇江甯府上元縣人，廩生。

易甲鶠　年二十五歲，湖南長沙府湘陰縣人，文童。

傅慈祥　年二十四歲，湖北安陸府潛江縣人，候選州同。

萬廷獻　年二十二歲，湖北武昌府武昌縣人，附生。

吴紹璘　年二十一歲，湖南長沙府湘鄉縣人，從九品。

鄧承拔　年二十歲，湖北武昌府江夏縣人，監生。

杜鍾岷　年十九歲，貴州貴陽府貴築縣人，文童。

吴禄貞　年十八歲，湖北德安府雲夢縣人，文童。

文　華　年十八歲，荆州駐防正紅旗六甲喇人，文童。

高曾介　年二十五歲，直隸天津府南皮縣人，文童。

劉邦驥　年二十五歲，湖北漢陽府漢川縣學增生。

田吴炤　年二十五歲，湖北荆州府江陵縣學增生。

鐵　良　年二十五歲，湖北荆州駐防增生。

劉賡雲　年二十四歲，湖北漢陽府沔陽州學附生。

顧　臧　年二十四歲，廣東廣州府番禺縣國子監生。

吴元澤　年二十三歲，湖北鄖陽府保康縣學附生。

吴茂節　年十九歲，安徽徽州府休甯縣監生。

盧静遠　年十八歲，湖北鄖陽府竹谿縣學附生。

吴祖蔭　年十八歲，湖北武昌府蒲圻縣學附生。

張厚琨　年十八歲，直隸天津府南皮縣監生。

札北善後、牙釐局籌撥鑄錢局常年經費 光緒二十四年十一月二十三日

據湖北鑄錢局司道詳稱：竊職局以成本不敷，難於周轉，曾蒙憲台批飭搭鑄小角銀元，以資彌補。旋奉憲台札開，以銀元局所鑄小角銀元爲數已多，現在銷路頗滯，鑄錢局若再加鑄，銀元局必難暢銷，以致兩相牽制，應飭鑄錢局嗣後全機專鑄制錢，勿庸分機再鑄小角銀元，以歸畫一等因。奉諭之下，曾將咨還前借銀元局總鋼模兩副，自强學堂化驗學生兩名，呈報在案，并將撙節經費，裁減局用，省無可省情形，開具清單，上呈憲鑒。查自開鑪鼓鑄以來，迄今四月有餘，憲台所撥官錢局銀二萬五千九百餘兩，陸續購買銅斤，撥還機價及局用薪工、煤炭各欵，現已無存。廠内所存銅鉛，亦只僅敷數月周轉，而委員司事之薪水、飯食，工匠、藝徒、長夫、書役人等之薪工，機鑪之煙煤焦炭，以及添配零星物件之費，除鑄出制錢約抵銅鉛成本外，計極力節省，每月總須銀二千五六百兩左右，合計一年非三萬兩不能敷用。現在銀元停鑄，無從挹彼注兹。無米之炊，莫可籌措。明知鄂省進欵日少，用欵日增，在在有左絀右支之勢。而有舉不廢，必須設法維持。況此舉本屬憲台損上益下之盛心，尤爲商民所感戴。擬請憲台設法籌措的欵，每年撥支銀三萬兩以爲常年經費，俾得全機專鑄制錢，局用有資而成本不致或乏，官民交益而市價亦以漸平，庶與銀元相輔而行用，以利民生而充國帑。理合詳請查核，指撥鑄錢常年經費銀三萬兩，以資局用各項急切之需等情，到本部堂。據此。除批：據詳，該局用欵每月需銀二千五六百兩，合計按年非三萬兩不敷應用，請撥的欵以爲常年經費等情。應即照准。除飭善後、牙釐兩局每年各籌銀一萬五千兩隨時分批移解應用外，惟查該局委員、司事、工匠、藝徒人等薪工飯食，以及購買煙煤、焦炭，添配零星物件等項支用數目，并未據開摺呈賫查核。查閱詳内，僅稱鑄出制錢約抵銅鉛成本一語。究竟每月實能鑄出制錢若干串，配用銅鉛各若干斤，銅鉛購價與制錢易銀兩欵相抵有無盈餘可以貼補工火，亦未據明晰聲叙。應令嗣後明晰分開四柱清摺，按月呈賫備查，并將以前每月用欵詳細開摺補賫，勿稍含糊，仰即遵照上項指飭事宜辦理。至現在百事支絀之際，力籌欵項以供鑄造，實屬異常艱難。特以補救圜法，利益民生之舉，不特不勉力籌解。該局總須隨時核實撙節，勿稍虚縻，是爲至要。此繳。等因印發外，合亟札飭。札到，該局即便遵照，每年各籌備銀一萬五千兩，詳明分批解交鑄錢局應用。勿違。

札委張斯栒暫充湖北留日學生監督并飭徐家幹帶學生往上海備辦出洋事宜 光緒二十四年十一月二十五日

照得湖北游學日本學生，現經選派二十名，飭委縣丞鄺國華帶往日本東京，交閱操之張道斯栒暫行照料約束，當將學生姓名、年歲、籍貫開單咨明總理衙門，并咨出使日本大臣就近照料暨分別札行在案。兹查該學生等備齊行裝，即日由鄂起程，應即飭委

張道斯栒暫充游學日本學生監督，妥爲照料約束，應需用費各項，均由張道妥酌備辦，隨時電禀函禀，由鄂省匯寄該道。湖北尚有要差，將來尚須另派監督專員前往接替。此項出洋學生，并即飭派武備學堂提調徐守家幹帶〔一〕，應行備辦出洋各事，均由徐守妥爲料理，俟開輪後，該守即行回鄂。除分行外，合亟札委。札到，該道即便遵照上項札飭事理，監督游日學生，遇事妥爲照料，隨時訓誡，加意約束，務令學生專心學習，力圖進益，恪守禮法，言語舉動均須格外謹慎，勿任出外閑游曠課，致負本部堂殷殷期望之意，以副委任。所有房租各項用費，由善後局匯欵内動支，實用實銷。勿違。切切。

札委朱滋澤總辦宜、施會匪事宜光緒二十四年十一月二十七日

照得先因利川匪徒句結川匪倡亂，焚搶教民多家。旋有巴東、長陽、長樂等處會匪聞風響應，滋鬧教堂，四出焚掠擄殺，意圖與川匪余蠻子夥黨響應，宜昌府一帶民情驚擾。昨經電飭宜昌鎮傅鎮飭派鮑遊擊佑卿、王游擊有盛率帶該鎮練軍，施南協楊署將派撥該協練軍，并飭派吴副將元愷督率武愷中右兩營、劉副將恩榮督率護軍中營，由省馳往，分路進攻。沙防營蔣游擊聲耀酌帶營勇馳赴宜都一帶防截迎擊，以期及早撲滅，免致燎原。兹特飭委營務處提調朱守滋澤總辦宜施會匪事宜，以一事權。所有調往前敵省内省外各營防緑兵勇，悉聽調度。應令探確匪踪，勦撫兼施，殲擒首要，解散誘脅愚民，戎機應用。軍糧責成各該地方官各就山中情形，迅速籌解勿誤。行軍諸事仍會商宜昌傅鎮、吴副將元愷、劉副將恩榮，撫民清匪安教諸事，仍會商宜昌陳守、施南額守。和衷共濟，妥酌辦理，准其單銜先行禀報，札行文武各員不得掣肘。務須赴機迅速，肅清股匪，安靖地方，毋令蔓延爲患。刊就總辦宜施會匪事宜營務處提調關防一顆，即飭發朱守開用。除分行外，合亟札委。札到，該守即便遵照上項指飭事宜，妥籌速辦，以安良民而靖地方。仍將開用關防日期具文報查。

札朱滋澤等欽遵諭旨護教撫民光緒二十四年十一月二十七日

光緒二十四年十一月二十三日，承准總理衙門養電開，奉旨：川省余蠻子鬧教日久，心懷叵測，勢難安撫，已諭令奎俊等相機勦辦矣。惟毘連各省均有教堂，無業游民難保不爲其煽惑，乘機起衅。況湖北施、宜兩屬已有焚搶情事，不可不及早防維。著張之洞、崧蕃、王毓藻、黄槐森各即嚴飭地方文武，鎮静民心，力護教堂，一有謡傳，迅即彈壓撫定，毋任聞風附和，紛紛效尤，致煩兵力，是爲至要。將此電諭知之。欽此。等因，到本部堂。承准此。查前因宜昌府屬巴東、長陽、長樂等處會匪同時滋鬧，教案叠出，業經飭派營務處提調朱守滋澤，并飭統帶武愷等營吴副將元愷、管帶護軍中營劉副將恩榮，各帶營勇馳往，會商相機勦撫在案。兹欽奉前因，除分行欽遵辦理外，合亟恭録札飭。札到，該守、將即便欽遵，迅速會同防緑各營及地方官相度機宜，其已經糾衆焚毁爲亂者，分别勦撫，嚴拏首要，解散脅從。其尚

〔一〕抄本《督楚公牘》於「帶」字以下似有脱漏。

未起事僅有謡傳者，即妥爲彈壓撫定，毋任會匪奸民聞風附和，一面鎮静民心，力護教堂，免致民教再起衅端。是爲至要。

飭北善後局匯寄出洋游學學生學費光緒二十四年十二月初三日

照得本部堂前經於武備學堂、兩湖書院内挑選學生二十名游學日本，飭委縣丞鄺國華帶往日本東京，交閲操之張道斯栒妥爲照料約束，暫充游學日本學生監督，并委武備學堂提調徐守家幹送至上海，備辦出洋各事，妥爲料理，分别咨行在案。查前充武備學堂提調錢守恂，現亦在上海照料。兹據徐守家幹、錢守恂、縣丞鄺國華電禀，稱已與駐滬日本總領事小田切定議，學費先付幾箇月，祈籌定速匯等語。應准先付半年學費六箇月，以資應用，合就札行。札到，該局即便遵照迅速購辦日本洋銀三千元，刻日匯寄上海，交日本總領事小田切查收轉寄，勿稍延緩。切切。

照會漢陽鎮嚴飭水師營認真看守黄安木簰，不得徇情故縱光緒二十四年十二月初四日

案查黄安木簰向應在鵝公頸起卸銷售，前在鸚鵡洲違章拆卸抗釐，業經照飭該鎮派撥水師營礮船前往彈壓，嚴加看守封禁。旋據該商振順和等具呈，懇准就洲銷售，照章完釐等情，經本部堂從寬批准，飭令照章完繳洲局過載、鵝局起灘各釐，不准藉詞拖欠在案。兹據北牙釐總局面禀，并抄呈洲局張守、漢陽縣李令説帖，該商仍復延不完釐，即前經獲案之李明德交該營礮船領哨都司劉國棟看管，竟敢縱逃回籍，近日恒昌永等運賣板筒各件，礮船并不攔阻。是該都司既縱於前，現又坐視拆卸偷賣而不問，其爲得賄無疑。應請飭令該幫如數完納，否則逐日卸賣，木植將歸烏有，釐金更無著落等語。本部堂查交該都司看管之人，膽敢故縱，以致商人更得藉延抗釐，實屬藐玩。除由牙釐局檄飭原籍黄安縣關提各號商按名傳解，訊究繳釐外，應飭漢陽鎮將都司嚴加申飭，勒限將李明德交案，責成認真將各簰看守，以後不許擅行拆賣，致損釐收。一面由洲局、漢陽縣暨該都司勒令簰商將釐照章完繳。如仍延不繳完，即飭該都司將黄安木簰盡數押赴鵝局，所有洲局應完之釐，亦即在鵝局統收分解，不稍寬假。該都司如有徇情故縱及受賄情弊，應即分别記過撤參。即由該鎮迅速查明，據實呈覆核辦。合行札飭。札到，該鎮即便遵照轉飭切實遵辦。毋違。

添委連捷管理官錢局銀錢賬目等項事宜光緒二十四年十二月初四日

照得湖北省設立官錢局行使官票，原爲便民通商起見。前據北善後局飭委候補知府趙毓楠駐局專辦。現在官票行用日廣，所有該局銀錢出入，欵目甚鉅，事體益形繁重，趙守尚有他局事務，亟應添委大員，會同管理，以期周妥。查有候補知府連捷，堪以委令會同趙守管理官錢局，趙守差務亦即改名爲管理官錢局。該守等務須謹嚴細心，嚴防作僞，量入爲出，先事籌維，局中存欵必須足供支發持票取錢之用。其緊要事宜，隨時禀請本部堂暨善後局核示。務期商民相信，官票流通，根本穩固，不使稍滋流弊，

以副委任。并由善後局刊刻清、漢文木質關防一顆，文曰湖北官錢局之關防，飭發應用，以資信守。除分行外，合亟札委。札到，該守即便遵照，會同趙守管理官錢局，遵照上項指飭事理，與趙守隨時會商，妥籌辦理。該守月支薪水銀七十兩，夫馬銀三十兩，即在該局餘款項下動支。仍將到局日期報查。毋違。

札行總署奏通籌鐵路辦法分別緩急次第摺附單 光緒二十四年十二月初五日

光緒二十四年十一月二十八日准兵部火票遞到總理各國事務衙門咨開：光緒二十四年十一月初一日，本衙門會同鑛務鐵路總局具奏通籌鐵路辦法分別緩急次第一摺。本日奉硃批：依議。欽此。相應恭録并抄原奏，咨行貴督欽遵可也。粘抄等因，到本部堂。承准此。除分行外，合就札行。札到，該局、司即便查照。

通籌鐵路辦法分別緩急次第摺

奏為通籌鐵路辦法，分別緩急次第，恭摺仰祈聖鑒事。竊維鐵路靈捷，可以利國便民，原期幹枝相輔，脈絡貫通，多多益善，然就現時之情形而論，有不得不分別緩急次第者。請備陳之。中國鐵路以盧漢、粵漢為最要之大幹，津鎮次之，而山海關外奉天、營口等處亦為扼要必争之地，餘皆為枝路。幹路工費鉅而收效遲，枝路工費省而收效速。國家轉輸征調、呼息靈通所注意者，在幹路。商賈懋遷貨物欲速見小所注意者，在枝路。幹路為本，枝路為末。若辦法不分次第，勢必使認辦枝路者紛至沓來，串通影射，而承辦幹路之公司出售股票反至無人過問，事多掣肘，竣工愈難。舍本徇末，殊屬非計。不特此也。各公司所辦各路集有股本者，甚屬細微，其大宗皆係息借洋款，所立合同皆載有本息未還以前，將所辦之路作為抵押。設幹、枝雜揉競辦，當彼此尚未貫通之際，縱有路利，必難豐旺，華商買取枝路股票亦必寥寥，所有應付洋債本息及養路各費恐無實在著落，則抵押之路必難收回，是權利仍屬他人操縱，豈能由我。商路之害，亦國家之害也。臣等悉心體察，與其并騖兼營，事以紛歧而易擾，不若先急后緩，植其大體而徐圖。伏查盧漢、粵漢要幹及甯滬、蘇浙、浦信、廣九等近幹要枝，均由總公司盛宣懷承辦，津鎮及山海關内外亦奉諭旨責成胡燏棻等辦理，太原至柳林已由山西商務局承辦，廣西龍州已由提督蘇元春承辦，應請旨飭下該大臣等認真督飭，先盡此各要路妥速辦竣。如果敷還借款本息及養路各費綽有餘裕，再議次第推廣辦理各枝路，以昭慎重。自此次奏明後，除已與各國定有成議，及近幹要路地不過百里，款不出百萬，不在停辦之列外，凡華洋各商請辦各枝路，此時概不准行。如蒙俞允，即由臣等通行飭遵。所有籌鐵路辦法緣由，理合恭摺具陳，伏祈皇太后、皇上聖鑒訓示。謹奏。

再，此摺係總理衙門主稿，會同鑛務鐵路總局辦理，合併聲明。謹奏。

札委程儀洛充經心書院提調兼監督事務 光緒二十四年十二月十二日

照得經心書院自上年重定新章，嚴立學規以後，住院人數愈多，課程益密，曾經聘請翰林院編修周、前廣西道御史吴公同主講，輪替到堂，講明中學，并延各分教分門講授天文、外政、格致、制造四門，兼課算學，檄委湖北候補知府徐家幹充該書院提調在案。兹經本部堂詳加酌核，各分教所授各門，每日均須院長到堂監察督率，自應仿照西湖書院改稱監督，以符名實。惟周院長明年北上，該書院現止吴院長一人，一切到堂講授督課及查齋各事宜，無從輪替，未免過勞，自應添設監督，以資協助。查有奏調差委江蘇候補道程儀洛，品格方嚴，學術純粹，辦事認真，堪以委充經心書院提調兼監督。查從前經心書院曾有數年未請院長，但委李道壽蓉充經心書院閲卷有年，兹係比照成案辦理。程道另有他差，應由鹽道衙門於書院專欵月支夫馬銀三十兩。其原派提調徐守家幹，現充武備學堂提調，兹又委充江漢書院提調，事體益繁，即毋庸提調經心書院。除分行外，合亟札委。爲此，札仰該道即便遵照辦理經心書院提調兼監督。務須常川到院，協同吴院長，講明中學，於院生功課，商同吴院長暨各分教，督率監院，悉心考核。每日酌量親查各齋，範以禮法，考其學業。一切書院應辦事宜，均由該道認真經理。遇有重要事件章程，隨時禀候本部堂核定。務令諸生實在住院，率循規矩，不曠課程，品學兼美，人材蔚起，以副委任。仍將到院日期具文報查。

札北藩司填報鑛務總表會詳咨呈鑛路總局查核備案光緒二十四年十二月十六日

光緒二十四年十二月初十日准兵部火票遞到欽命統轄鑛務鐵路總局咨開：光緒二十四年十月初六日本總局奏定鑛務章程二十二條，業經通行知照在案。查該章内載局中另繕表譜格式，分行各省，所有公司辦理鑛路情形，應於每年年終如式填寫，送總局查核等因。兹本總局業將鑛路表譜格式刊印成册，相應咨送貴督查收照繕，分交各該局、司一體遵照辦理。其從前未經查報之案，希飭迅速查明，照式填送，無庸俟至年終彙送，以免遲延。仍將此次收到日期咨覆本總局備案可也。附鑛務表四分、鐵路表二分等因，到本部堂。准此。查湖北開辦各處鐵路，均係由督辦鐵路總公司事務大臣、大理寺少堂盛主政。除將鐵路總表咨送盛大臣查照辦理外，所有鑛務總表合行札發。札到，該司即便遵照，會同鐵政洋務局照樣謄寫，通飭查明湖北所屬各州縣現開各鑛，及已勘未開、已開今閉、已報未勘各鑛，詳細填寫入格，并將應行隨表咨送各欵逐條聲叙明晰，會詳請咨，勿稍違延。

飭派江清、楚威兩輪駛往武穴、寶塔洲各釐局巡查彈壓光緒二十四年十二月二十三日

案據湖北通省牙釐總局司道詳稱，湖北長江釐局，平日帆檣來往，停泊候查，照章完納釐錢，向均遵照無違。獨至每届歲底十二月二十八九及除夕等日，各商船往往先期在上下游相距釐局數里或數十里不等，連檣停泊，迨至歲底，相約起椗疾馳，任意闖越，毫無忌憚，强爲之名曰跑恩關。數日之間，漏釐已屬不少。擬請嚴定章程，嗣後祇准於除夕日午刻起至酉刻止，各商船過局者寬免完釐，此外仍一律照完等情。業經本部堂如詳批准，并出示嚴禁，札派荆江、襄河、長江水師礮船各二隻，前往各該釐局巡查彈壓在案。查恩關一事，積習相沿。現既嚴定章程，祇准於除夕日午刻起至酉刻止，寬免完釐。誠恐船多人衆，滋生事端，兹特飭派江清輪船駛往武穴，楚威輪船駛往寶塔洲，停泊各該釐

局江濱，會同前派長江水師礮船哨弁認真巡查，妥爲彈壓。除分行外，合亟札飭。札到，該管帶即便遵照上項札飭事理，迅速開往武穴、寶塔洲釐局停泊，認真巡查，妥爲彈壓。勿違。

飭兩司、關道會議籌給漢陽府辦公經費光緒二十四年十二月二十七日

照得漢陽府爲近省首郡，又復密邇漢鎮，所有洋務交涉及地方應辦各事極爲殷繁，辦公經費每慮不敷。且該府兼管新關税務，現值整頓關税之際，用人稽徵，添設小輪，在在需費，不可不籌給經費，以資辦公。應飭藩、臬兩司會同江漢關道妥議酌籌公項，每年撥給該府專款若干，以爲辦公經費之需。合行札飭。札到，該司、道即便遵照，迅速會議，稟覆核奪。毋延。

札北善後、牙釐二局撥解農務、工藝兩學堂經費以資應用光緒二十四年十二月二十八日

照得湖北省開辦農務、工藝兩學堂，所需經費前經本部堂批准，均在於牙釐局米穀釐金及善後局商捐項下分半動支。又前撫部院譚〔一〕原設之蠶桑、工藝局經費，係在牙釐局行捐項下支動，現將該局裁併，其原有各事歸入農務、工藝兩學堂分別辦理，是該局原支之行捐一項現經騰出，本可作爲工藝學堂經費，是以於本年十月十九日札飭北牙釐局，工藝學堂需款即在蠶桑工藝局經費項下撥解在案。惟查現在行捐項下支款甚多，不敷分撥，所有農務、工藝兩局經費，應即另行分別指撥專款，以爲常年之用。查光緒二十年復抽米穀釐金原案，係奏明以充地方要需，經本部堂嚴定比較後，收數尚旺。現在農務局正值建造學堂，購置農具之際，開辦一切需用浩繁，此外尚須添募蠶務、茶務洋教習，每年薪水工食及一切經費，約需三萬餘兩。應將農務局常年經費以後專在米穀釐金額内動支。其工藝局常年經費，每年約需銀二萬餘兩，以後改在牙釐局米穀釐金及善後局商捐項下分半動支，以資應用。至現在開辦工藝局，其有購辦機器一切用度，待款孔殷。查有前撫部院譚籌備工藝局購辦機器用存銀五千八百六十三兩五錢現存北牙釐局，應即全數撥交工藝局查收，作爲補發機器尾價等項之費。除分行外，合亟札飭。札到，該局即便遵照辦理。

札江夏、漢陽兩縣示令各户購備水槍以防火災光緒二十四年十二月二十九日

照得本年天時亢燥，武漢迭次火警，各處水龍遠道往救，火勢已熾，撲滅不易。且街道狹窄，水龍每多壅滯，及救熄之後，延燒人家已屬不少。創鉅痛深，亟宜速謀救急之法。惟有由武昌、漢陽、漢口各住户自行廣備救火器具，以防不虞。查現有銅水槍一項，激水甚遠，需價無多，取用亦尚靈便。應令大户購置水槍三枝，中户兩枝，小户亦須一枝，偏僻零星不近市廛之貧户，不在其内。平時多備水缸、水桶等物儲水，遇有火警，不待遠處水龍，附近各家即刻將自備水槍齊力赴救。當火勢初起之時，本街但有水槍數十具，即可噴灑滅熄，斷不致釀成燎原之患。合行出

〔一〕指譚繼洵。

示曉諭。爲此，示仰官户、紳户、商户、民户人等一體遵照。須知此舉爲爾等自衛身家起見，務當將前項水槍趕緊向上海、香港等處照數購備，限三箇月内一律購齊。如果該紳首公同合計，向上海、香港洋廠分投定購定製此項水槍數萬枝，三月内足可辦齊，屆時由保甲局稟請本部堂派員點驗，如并不照購或購不如數，定即分别懲罰。凛遵勿違。

光緒二十五年

札知府黄國瓌覆勘粤漢鐵路經過湘省地勢光緒二十五年正月初三日

照得奉旨興修粤漢鐵路，由武昌省會發軔，經歷湖南以達廣東省城。前經盛大臣延聘美國總工程司柏生士等十人，并會派陳道兆葵、董令治勛等，暨湖南撫部院所派各員，前往沿途測勘。惟查由湘潭赴粤，程途本有兩路，東大路則由湘潭繞東經醴陵、攸縣、茶陵、安仁以至永興，西大路則從湘潭南下，沿湘河東岸經衡山、衡陽、耒陽以至永興。又江西萍鄉煤鑛因運道不易，前經盛大臣會同本部堂奏明購用機器開採，就萍鄉添築鐵路一條至長沙，與湘粤鐵路相接。以上三路，均經美工程司等及各華員分班分勘，統至永興取齊，會同入粤查勘在案。惟事關重大，查勘不厭精詳，究竟由湘潭至永興赴粤，東西兩路以何路較爲直捷平坦，施工難易何處較爲相宜，民情物産兩路孰勝，亟應委員復勘。查有湖北候補知府黄守國瓌原籍湖南，熟悉湘省地勢情形，堪以委派前往，將此兩路詳細勘明，順至江西萍鄉查勘應修枝路，分别繪圖貼説，稟覆核奪，勿稍率延。

札江漢關道設局清查税契飭議章程光緒二十五年正月初六日

照得漢口鎮房屋地址，早年往往有由漢陽府税契者。近年以來，皆係由府税契。其漢鎮堡外之地，向由漢陽縣税契。惟漢口自展拓租界，開辦鐵路，刁民每將地揑賣洋商，或雇請流氓洋人保護，串同地痞、衙蠹朦混税契。即漢口街市馬頭，亦往往被洋人私買私租，以致難於補救，致滋種種轇轕。該府縣公事殷繁，往往於税契事件未能詳細稽查，以致交涉事體枝節日多，動形棘手。關繫甚鉅，斷不可不嚴爲之防，以善將來。當經本部堂督同藩臬兩司、署江漢關道疊次籌議。據該司道等僉稱，查上海商埠，設有會丈局清查各地，凡税契鈐印，專歸上海道經管，事有專責，弊端較少。漢口亦當仿此辦理，應由江漢關道設局，所有漢口鎮城内房屋地址，及漢鎮城外暨鐵路左右附近三里内之地，毋庸由漢陽府縣税契，均歸該局清理。遇有買賣過割，必須由局認真查明業户、買户作何用處，一一考究確實，并無弊混其中，絶不牽涉洋人，即由關道税契，鈐用江漢關道印。契上寫明不與洋人相涉，給予管業。如其地本與洋人有交涉者，尤須由關局切實查明核辦。如此辦理，庶可以專責成而免枝節等語，自應照辦。即自光緒二十五年正月爲始，漢口城内城外以及鐵路左右附近三里内，無論房屋、行棧、街巷、馬頭、空基曠地、田畝魚塘、草場湖蕩，一概均即統由江漢關道飭局查明鈐印税契。即或暫行租典，或指地押錢，但與洋人交涉，若非將租契典契押字呈驗，關局核准，均不作據。現經奏請將漢口改設夏口廳，無論部議准改廳治與否，均即照此辦理。所有刻期設局應如何詳定章程，嚴禁諸弊，統由江漢關道會同北布、按兩司妥議詳辦。

札發行用銀元票并准完丁漕、關税、鹽課、釐金告示〔一〕

光緒二十五年正月初六日

照得本部堂前經奏明於湖北武昌省城設立銀元局，開鑄銀元，行用已久，工精色足，遠近商民稱便。現在制錢尤缺，花票累深。本部堂念市面之艱，特飭銀元局刊發銀元票，每張壹元，與官錢局所發錢票相輔而行。按照銀元市價，折合銀錢，准其完納丁漕、關税、鹽課、釐金各官項，并曉諭當商、錢業及百貨鋪店，照官錢票一體行使。凡持此票呈繳官項者，一律照收。欲取用銀元者，即赴銀元局及武漢官錢局一律照發，與錢票之即作現錢無異。此係官票，如有私刻假票者，照私鑄例治罪。除札行司局關道外，仍嚴札各關卡、州縣，如敢藉詞不收，或稍有留難需索，准該商民等赴轅呈控，一經查實，立即嚴參重辦，斷不容吏胥人等弊混梗阻。一體懍遵勿違。特示。

札委何煊等馳往通山等縣採購茶秧

光緒二十五年正月初七日

照得鄂省創設農務局，延聘美國教習講習西式種植畜牧之法，以興地利而裕民生。查茶葉爲通商貨物大宗，種植亟須講習。湖北通山、通城、崇陽、蒲圻等縣向爲産茶之區。前承准總理各國事務衙門咨，行令講求採擇種製之法，實力整頓，以期銷路日暢，業經通飭遵辦在案。茲省城農務局籌辦已有端倪，瞬值東作方興，亟應乘時購備茶秧來省種植，以資倡導。茲特飭委辦楊芳林茶釐

〔一〕以下二件録自抄本《督楚公牘》。

之試用通判何煊、委辦崇陽茶釐之候補知縣胡子功，前往通山、通城、崇陽、蒲圻等縣，不拘何縣，但擇其産地脈産茶最佳之區，酌量購辦茶秧五千株。務須挑選上等好秧，勿任商民以劣種攙雜滋弊。茶秧須取甫種一年者，株不高，根亦不大，移植可期易活。茶秧起土後，濕以水，每株尤須多帶根土，以草繩束緊，勿得散脱損壞。外購茶子約一兩萬顆，須上年已種入土者，或已萌芽，或未萌芽均可。務須連土起出，平放籃内，勿任顛倒，致損嫩芽。沿途妥爲照料，陸續解運回省，呈交農務局查收，擇地分種。到該縣後，即會同該地方官出示曉諭，務限二十日内購齊回省，不准遲誤。應需價銀，由善後局先行核給銀五百兩，事竣核實開報。除分行外，合亟札委。札到，該員即便遵照上項札飭事宜，迅速馳往，照數選購，押運回省，勿稍刻延。切切。

札兩湖、經心、江漢三書院改定課程

光緒二十五年正月十一日

准禮部咨，九月三十日欽奉慈禧端佑康頤昭豫莊誠壽恭欽獻崇熙皇太后懿旨：書院之設，原以講求實學，非專尚訓詁詞章。凡天文、輿地、兵法、算學等經世之務，皆儒生分内之事。現在時勢艱難，尤應切實講求，不得謂一切有用之學，非書院所當有事也。等因，欽此。自應欽遵懿旨，將省城各大書院，即照天文、地理、兵法、算學分門講授。除江漢書院業經本部堂欽遵添設住院實學生四門分課外，查兩湖書院現課經學、史學、天文、輿地、地圖、算學六門。兹除經學、史學原係書院所當講求外，查測繪、地圖本係兵法中最要之務，該書院所分門類，正與此次所奉懿旨適相符合，應即將地圖一門改稱兵法。惟兵法之學，體大思精，應於兵法一門中，又分爲三類：一曰兵法史略學。講求歷代史鑑，兵事方略。一曰兵法測繪學。講求測量山川海道形勢遠近，營壘礮臺體式，繪畫成圖。一曰兵法製造學。講求製造槍礮船雷、行軍電報、行軍鐵路等事。每門各設分教一人。又體操一事，爲習兵事者之初基，即與舊傳八段錦、易筋經諸法相類，所以强固身體，增長精神，必不可少。國朝定制，凡八旗文生員、舉人、進士，皆須兼習騎射，不能騎射者不得入鄉、會場。具見造就人才，文事武備兼重之至意，自可仿照辦理。應於該書院後餘地建設兵法體操棚，於功課畢後習之。先習簡易諸式，如空手體操及運動木椎、鉛椎、擎槍、托槍、推槍、超乘諸法，并先製備木質槍礮式，以資目驗考究。即派武備學堂優等諸生爲領班，以資教導。又經心書院新定章程，除四書大義、中國内政本係由監督訓課講習外，若天文、算學本係章程所有，其外政即係講求輿地之學，格致製造即係講求兵法之學，此後亦定名爲天文、輿地、兵法、算學四門。其經史向章即由監督隨宜訓課。惟監督院事過煩，應專設經史一門，添請分教一人，每月課以經史一次，或解説，或策論，由分教核定分數，開單送交監督，與各門統計合定等第。該書院經費較少，故經史合設一分教，兵法亦只設一分教，其添習兵法、體操，亦與兩湖書院同。又江漢書院除四門分課外，亦應專設經史一門，添請分教一人，每月課以經史，其别計分數，統定等第，與經心書院同。惟江漢書院現無隙地，若住院實學生四十名中願習體操者，准報名附入經心書院隨同肄習。至各書院學業雖分立門目，各有分教講授，然欲成有用之人才，必以砥厲品行爲本。欲望學業之進益，必以率循規矩爲先。三書院均應另立行檢一門，由各監督院長每日酌定時刻，分班接見，訓以四書大義、宋明先儒法語，考其在院是否恪遵禮法，平日是否束身自愛，每月終分別優絀，亦定爲分數，開列清單，并經、史、天、地、兵、算諸門合較分數之多寡，爲每月之等第。此條兩湖、經心、江漢三書院一律辦理。似此各大書院教法學業統歸畫一，文武兼習，學行交修，庶可期其皆儲爲國家有用之才。合亟札飭該提調即便遵照辦理，并恭録懿旨，刊刻講堂，俾諸生一體欽遵。勉之。

札督標中軍俞厚安派撥兵丁三百名歸撫標左右兩營管轄〔一〕光緒二十五年正月十三日

案照前因欽奉上諭：湖北巡撫裁缺，將撫標兩營裁撤，騰出餉糈，另行選募精壯勇營，練習洋操。嗣經欽奉懿旨，復設湖北巡撫，所有撫標兩營員弁兵丁，自應照舊設立，其前隸撫標候補各員弁及各項世職，均應仍回撫標候補，以符舊制。除另札飭委璞參將玉署理撫標中軍參將、劉副將恩榮署理撫標右營游擊外，惟查撫標兩營兵丁前已裁撤，現值裁兵節餉之際，未便另行添募，自應查照奏案，暫撥督標操防練軍兵丁二百名、原營兵丁一百名，作爲撫標左、右兩營，每營各半。惟兵數較少，將來應如何添撥之處，俟新任撫部院到任後，再行會商，妥酌辦理。合行札飭。札到，該將、員即便遵照，會同左、右兩營游擊，迅速如數派撥，移送撫標中軍參將右營遊擊分別接管。仍將派撥兵丁花名造册具報。毋違。

飭洋務局内設立鐵路、交涉、學堂、製造四所光緒二十五年正月十三日

照得湖北省近年洋務事體日形繁多，所有華洋交涉之條約、商税、租界、行輪、教案、遊歷等事，動至牽涉大局，關繫甚爲重要。且近十年以來，創辦鐵路及開採鐵、煤、銅、磺各鑛，又創設武備、自强各學堂，農務、工藝、商務各局暨農工學堂，并派學生出洋學習武備。又創設製造槍礮、鋼藥各廠，銀元、鑄錢、紡紗、織布、繅絲、製麻各局。以上各事，端緒紛繁，大率皆與洋務局多有關涉，而通省委員諳習此類事體者甚不多覯，以致遇事隔膜，自非分門別類，委員經理，不足以晰條理而資練習。應即在於洋務局設立鐵路、交涉、學堂、製造四所，每所各派委員，遇有札行洋務局事件，即分門別類，交各所委員檢點歸檔存儲，隨時用心考究，遇事即將本所章程例案，立時檢呈該局總辦、提調，以備本部堂督飭籌議，庶可綱舉目張，有條不紊。查有員外郎銜辜湯生、候選知縣梁敦彦、試用縣丞施煃，堪以委辦交涉所，專管條約、商税、租界、行輪、教案、遊歷各事件。湖北試用同知沈寶樞、湖北候補知縣鄧端巘、查有銓，堪以委辦鐵路所，專管盧漢鐵路、粵漢鐵路及漢陽鐵廠、通省各屬煤井、通省鑛務各事件。湖北試用同知汪鳳瀛、補用直隸州知州存燾、試用通判程頌萬，堪以委辦學堂所，專管武備學堂、自强學堂，農務、工藝、商務各局，農工局内學堂，所有各局各學堂洋操各軍之洋教習，出洋學生各事件。湖北試用同知馮啟鈞、候補知縣周林、候選縣

〔一〕以下四件録自抄本《督楚公牘》。

丞勞錫昌，堪以委辦製造所，專管槍礮、鋼藥、銀元、鑄錢、紡紗、織布、繅絲、製麻等局各事件。該員等無兼差者，均須即住本所内，有兼差者亦應常川到所，細心經理，勤加考究，務期日臻明習，以備將來任使。現委各該員俱有本差，均勿庸重支薪水。除分行外，合亟札飭。札到，該局即便遵照，分設四所，飭委各該員遵照上項札飭事理分別經理。并將遵辦分設各所日期具報。

札漢陽協派練兵彈壓灄口至黄陂路工

光緒二十五年正月十三日

案照灄口至黄陂一帶鐵路，前因洋工程司分段趕修，華洋雜處，需用工匠甚多，誠恐奸痞混迹滋事，曾准欽命督辦鐵路大臣盛函請派兵前往彈壓，俟過黄陂後，即可周妥等因。當經檄飭署武昌城守營璞參將，挑撥練兵四十名，派弁帶往工所，分駐彈壓在案。兹查武昌城守營練兵陸續分派出防，存營兵數太少，應飭將前項彈壓鐵路城守營練兵四十名調回原營歸伍，以資操防。改由漢陽協照數派撥練兵四十名，遴派得力哨弁，即日帶往灄口至黄陂一帶，按照原駐地段分紮，往來梭巡，實力稽查彈壓。如有奸痞游民藉端阻撓，鬨鬧滋事，立即查明拏送地方官究懲。仍約束兵丁恪守營規，勿許擾累居民。除分行外，合亟札飭。札到，該將即便遵照上項札飭事理，迅速派撥起程具報。勿違。

飭北牙釐局將整頓牙帖一欵分撥商務局應用

光緒二十五年正月十三日

照得漢口地方遵旨設立商務局，業經本部堂酌擬籌辦大概章程八條，恭摺覆奏，欽奉諭旨飭遵在案。原奏第一條内，聲明設局經費擬於整頓牙帖項下籌撥，以資刊報、設會等事之需等語。兹查委員分赴各府屬，會同地方官整頓牙帖，籌辦已有端倪，現正陸續收繳，約計通省商户應繳帖費，爲數甚鉅，而商務局現值開辦伊始，需費浩繁，自應查照奏案，於新增之整頓牙帖項下撥用。應即飭令牙釐局迅將前項整頓牙帖一欵，應劃分若干，分撥商務局應用，議定成數立案，以憑隨時提撥移解，迅速妥議詳覆核奪。合亟札飭。札到，該局即便遵照，迅速議詳。勿違。

札江夏縣示禁鐵路基地私相買賣

光緒二十五年正月十三日

照得建造鐵路買賣地土，應統由本省地方官查核主持，方免朦混滋弊，且於將來管轄地方之權不至有所妨礙。現在修造粤漢鐵路，係由湖北省沿江東岸開辦，所有省城武勝門外紅關起，至青山以上止，沿江一帶民地基址，應指定長一千一百丈、深二百丈，留爲建設鐵路馬頭及官局一切營建之用。其鐵路馬頭地方，均在紅關以下五百丈。此一段寬約一百丈，應留深三里，將來統歸湖北善後局、商務局購買，不准民間私相買賣，擡價居奇。查此處并非通商口岸，其間地段從前有被居民貪利私行賣與洋商者，大與條約不合。除前由署江夏縣王令鈔呈地單，經本部堂札飭江漢關道查明由官贖回外，其餘民地一概停止税契，不准私相買賣，由官設局清查，照民間原契給價收買，斷不令稍有短少，以備將來官建工廠、兵房一切有益地方公事之用。其鐵路公司需用修造鐵路、馬頭、車棧、行棧各項，如必需之地，可向官局議購。除官局應留用地段外，即行妥商劃購，將來管轄地方之權，統歸湖北官局籌議酌辦，以重地方而省轇轕。合亟札飭該縣即便遵照，迅即出示曉諭沿江居民，自紅關起至青山以上止，沿江一帶地基應留出長一千一百丈、深二百丈。至鐵路建造馬頭約在紅關以下五百丈，此一段寬約一百丈，應留深三里以上。所指應留地方，一概停止稅契，不准民間私相買賣，應聽湖北官局收購，照原契給價，不稍短少。儻有不肖之徒貪圖厚利，藉故抗違，或倒填年月，私自售賣，以及冒名洋商影射囤買各弊端，一經查出，即行拏案嚴懲，不稍寬貸。該縣於稅契時務須確查，毋任吏胥朦混稅印，致干未便。

札北藩司飭議建始磺務章程附單

光緒二十五年正月十七日

案照前委湖北試用道李道宗棠確查黃守邦俊所辦宜施磺鹽利弊，并建始縣所辦銅鑛情形。茲據查覆，將宜施硝磺銷數支欵籌繳捐費並試辦巴東賑鹽情形，及遵籌建始銅磺辦法，分別開具清摺請示前來。查前定硝磺辦法，係屬民採，官爲出資收買，由官主辦。鹽則由商出資辦理。現查磺產甚旺，銷數亦廣。至巴鹽現因煤缺，未能添竈多熬，且遠處皆川鹽引地，勢難旺行暢銷。自應分爲兩事，各委一員專辦，以免藉磺欵之盈餘，補鹽欵之虧耗，徒致兩受其累。亟應劃清界限，不容牽混。此後官應專辦磺務，其巴東鹽廠應另定章程，聽商民自辦，以濟本地窮黎。但由官勸導保護，考核其欵目，毋庸由官經理。至建始銅鑛，應歸施南府督縣勸諭紳商自行辦理，不與宜昌屬磺鹽相涉。該道所擬就建始銅鑛鑄錢一節，事多窒礙，應毋庸議。惟查黃守現辦磺務開支經費，未免太多，以後斷不准照前開支。現應如何在省設立總局，認真稽察，將經費撙節開支，官捐應如何酌定數目分期繳納，并應如何妥定一切章程，應飭北布政司會同善後局體察情形，妥議詳覆核奪。至建始磺產既旺，逐漸推廣開採，自應分運外省行銷。惟不先行咨准，必致阻遏。此後應行銷何省，必須先行酌定，由總局稟請咨商，各省覆准，再行運往，以免阻滯。除分行外，合亟札飭該司即便遵照，會同善後局按照摺開查覆硝磺各節，悉心詳核妥議，詳覆核奪，勿稍疏略延緩。

查覆宜施硝磺辦理情形[一]

謹將遵查宜施硝磺辦理情形開具清摺恭呈憲鑒：

計開

一、查產硝之處。宜屬較多，東湖、興山、巴東三屬皆有洞硝，如姚家坪地方，距府城三十里，硝產甚好，從前羅鎮曾經收採，嗣因滋事封閉，至今未開。建始所產大半山硝，採價稍高，估若行銷不廣，易於折本，上年辦理荒政，亦祇採鑛，并未採硝。興山之户溪岩、陵口、南洋河、黑岩等處，出產頗多。黃守甫經飭紳試採，尚未運來。現在洞硝、山硝，均未辦成。

一、查建始磺鑛。磺質最佳，磺產最旺，若將盡數暢收，每年可許一二萬石。緣因成本不多，難敷周轉，銷路未廣，恐致壅塞，是以上年試辦開採時，招定廠户，於九姑山、獅子岩、龔家坡、雙路口四處，計開十一廠，採取之磺，煉淨送局過秤給價，

[一] 以下三件據抄本《督楚公牘》補入。

每年限以四千石為限，俟將銷路擴充，准即多採多收。現已開辦經年，確著成效。將來愈擴愈廣，斷不止四千石之數。

一、查産磺之處。原不僅在建始，如恩施、松滋、興國所出，質雖稍次，産實不少。若能依次開採，每年亦約萬餘石。即鄖陽屬亦出，雖未深考産數，難保無私採私售者。現在除建始外，尚未分别採辦。

一、查建磺底本。收價略有上下，視乎磺之優劣、路之遠近為斷。每一百斤約一串八九百文，由雙路口至大溪，由大溪至宜昌，須加包繩運費六七百文。統計底本，總在兩串五六百文之譜，再由宜昌運銷各路。

一、查運銷之地。本省以武、漢為大宗，沙市、宜昌、樊城、襄陽、棗陽、光化、谷城諸境次之。河南光州五屬，黄守派員前往試辦，此現在已經運銷等處。外省銷場，尚未通行。安徽、江蘇、江西程途較近，均可行銷。蓋自臺磺缺而川磺、湘磺出，若鄂磺有以抵制之利權，非無把握，但能實力奉行，自有盈而無虧，運銷之地尚多。

一、查售數情形。今至九月以後，官辦商銷者多，武、漢各商包定每年認銷二千五百石，似非僅行銷本地，必有分運外路若干。據商家言，此數尚不敷售。沙市約銷三四百石，要非荆屬私磺藉舊票以影射，減輕價以招徠，所銷更多。宜昌約銷一二百石，樊城甫往試辦，連襄、棗、光、谷諸縣，約銷五六百石。統計每年約售三千六七百石，售善後局若干，不在此數。照現在本省銷路售數，實已浮於採額。至若宜、施各屬，恩、宣、巴、建一帶花爆藥材所用，取諸土銷，價雖必減，税可照抽。該屬既奉憲禁，不准私自採賣。土銷之貨，應即官局所收之貨。惟有責成該局嚴密稽查，勿涉含混。

一、查運銷之利。如宜昌減定官價，每石四串四百文。武、漢官價，每石四串八百文。商銷每石四串六百文，另加外費銀一錢。樊城官價，每石五串二百文。照路程增運脚，以此類推。牽合拉算，售磺一石，除底本運費外，約得盈餘兩串文。設局用人，原無定數，現據黄守摺開，每月局用支銷五百三十串，通年約需六千四五百串，照四千銷數計之，每年盈餘八千串，除去用項，净剩一千餘串文。

一、查應繳官捐。據黄守稟稱，每磺一石，擬照向章捐銀五錢，藩司房費，每石抽銀一錢。若按建始歲額四千石，每年應繳二千金，司費亦須八百金。此項據稱一明一暗，共銀二錢，是否屬實，尚待訪詢。照現在局用支銷，所餘之數，仍有不敷。又據摺開支自本年九月十一日起，已售官商磺十二萬二千九百二十五斤八兩，應繳捐銀六百十四兩六錢三分，業經電稟動用造坪關兩電局另文造報，不敷籌補云。

一、查已設局所。宜昌設總局，武、漢、沙、宜、樊、河南商城各設分銷局，官督商辦。大溪設轉運局，雙路口設收磺局，廟宇槽巫山界設稽查收發處，巴東設坐辦公所，另有水卡、掣驗、緝私委員。松滋縣之洋溪，現已派員前往，擬明年設局緝私分銷，並派人就廠收磺，費用與雙、廟兩局相仿。

一、查已售磺數。自九月册報起，僅有武、漢售磺七百三十二石零，又銷善後局四百九十六石零。本月解交善後局六百石，尚未領價。新舊存磺一千六百餘石，其餘售數，尚有各局册報未齊者。此項收數、存數，與移交案卷收發賬簿，均不相符。旋據摺開内稱，被焚失秤，及羅委員三欵開除黄磺八十八石有奇。

以上各節，明查暗訪，一面與漢商、宜商探問實在銷路，一面與傳鎮、黄守晤詢詳細辦法，一面調取全卷護照駁票各存根，及收發賬簿通盤詳查。自傳鎮督率黄守開辦以來，辦法均屬得宜，此時已有成效，即移交該守專辦後，經理一切，尚屬認真，果能力固成本，漸通銷場，鄭重銀錢，事事核實，將來硝、磺併採，利益無窮，自不致有坐耗中虚之慮。況就現在銷路論，常年定逾四十萬斤，但是溢銷土銷之處，不得不嚴杜漏卮，預防流弊。即局用支銷各欵，尤宜隨時變通，量入為出，庶足以資實濟。官捐一項如何定章，應即責成該局按季分繳，勿許牽延為妥。敢將管見所及暨查明宜、施硝、磺銷數、支欵、籌繳捐費各緣由，據實覆陳。是否有當，伏希察核。

查覆巴東賑鹽試辦情形

謹將遵查巴東賑鹽試辦情形開具清摺恭呈憲鑒：

查巴東長豐鹽廠，係集商股試辦，購鍋修池造廠，所費不貲。自上年開辦以來，現衹柴竈七座，煤竈十六座，每日每竈出鹽四五十斤，至七八十斤不等。煤竈色白而味淡，柴竈色次而味咸。柴竈工大售價高，煤竈工小售價低。照二十三竈通拉算，每日每竈約出鹽六十斤。該處水源甚旺，足供三四百竈之用，其所以緩籌添竈者，緣因採煤運遠，運煤力貴，現在採用之煤，煤質稍劣，其地相距五十里許，總須就近能再開挖旺煤，可敷供用，方能添竈多熬。據聞該局司事所言，現經議定廠户包熬，認定租竈之價，每竈一座每月租錢一串文，柴鹽每斤收價四十二文，煤鹽每斤收價三十二文，柴煤及廠丁工食，均歸廠户自備。所熬之鹽隨時送局過秤給價，陸續分銷附近地方，柴鹽售價每斤五十二文，煤鹽售價每斤四十二文，售鹽一斤，可獲利十文。現在柴、煤竈共二十三座，每日出鹽約一千三四百斤，可獲利十三四串文，每月約有四百串文之譜。統年核計，夏秋水淡停工外，衹能熬六七個月，通年獲利不過二千餘串。除局用運費及商股利息外，餘欵無多，但若拘定二百竈始行繳捐，殊無指期。姑無論廠地寬狹、煤路遠近，惟計其運銷之利若何，按每斤十文計之，即增至五六十竈，每日出鹽三千數百斤，盡採盡銷，每月約得盈餘千餘串，通年作七個月論，亦將七千餘串，除去一切用項，當不致無力繳捐。現實衹柴、煤竈二十三座，原可暫行寬免。謹將遵查巴東賑鹽試辦情形據實覆陳。伏希察核。

遵籌建始銅、磺辦法

謹將遵籌建始銅、磺辦法開摺恭呈憲鑒：

查建始滿碌山銅鑛，旱路距城三十里，距雙路口五十里。該鑛原係該處武生何以成等集貲試辦，該生歷年賠欵頗巨，總欲克底成功。今正月間果挖獲真正大倉，苗長脈遠，并無雜質夾砂，即用土法熔煉，煉净之銅，每月可出萬斤上下，自應轉運出山行銷濟用。前經李令祖蔭通禀請示開採，核定章程，曾令傳漳禀請酌計價值民採官收各情形，辦法甚屬得宜。但派專員坐收，既需現欵，又支經費，殊覺籌運兩難。現該生等業已辦有成效，必不肯讓外商，倘由官辦，亦復種種不易，則惟民採官收，庶幾因利而利，期于持久。如磺鑛亦係民採官收辦法，派員坐辦，然坐辦委員，似當專駐建始，管理收發運解等事，局支自可較省。宜昌、巴東兩處，只係分銷轉運之區，本無多用。宜局每年現支將三千串，巴東另設坐辦公所，每年現支將二千串，亟宜嚴加裁汰。其餘各局用項，亦可量移。再不減輕成本，恐終難免虧折之弊。如派坐辦委員駐建始，既可節費，并可兼收銅圜，就地用土爐鑄錢，收價合宜。可取售磺之欵，酌提若干，買銅開鑄，所鑄之錢，仍作買磺之用，相生相濟，均獲盈餘，日久利多，定能推擴，是銅與磺正不妨合辦。所關係緊要者，在乎稽核銀錢。若武、漢為銷路之大宗，即將來運銷外省者，亦莫不由此。凡錢、磺之出入，全重前路，非有穩練妥實之員，不足以昭慎重而資督率。其後路則僅司採運而已，尚無他慮。至關防則宜用湖北硝磺鑛務總局字樣，以便通行六十八州縣，及外省運銷之地。考之臺灣硝、磺，從前遍行內地，現今來貨已缺。川磺湘磺，私販漸多。鄂磺既歸官辦，實足以抵制其私。設非振興此舉，而川產勢必大行，且收我境之磺，化為彼省之官磺。自開建廠，而利權始歸我掌握。是亦有不得不辦之勢。川、湘之産，理應上行諸省，長江而下實鄂產所能流通。盡現在之成本，收後來之餘利，再將他屬緩圖擴充，與硝併採，誠無窮之利益也。一則曰坐辦宜駐建始，一則曰總局宜設省城，銅磺合辦，尤一舉兩得之事。敢將管見所及，遵籌銅磺辦法，妄擬覆陳。是否有當，伏希垂察。

札知州李紹遠等修省城外南北隄工 光緒二十五年正月十九日

照得省城望山門外鮎魚套至金口六十里，武勝門外紅關至青山三十里，南北兩路沿江一帶，均有舊隄，年久殘缺，江水浸灌，隄內田畝致成湖蕩。每遇盛漲，內外通連良田數十萬畝盡成澤國，居民耕種失業，極形困苦。且武勝門外東北有撫標馬廠，周圍數十里，望山門外東南有督標馬廠，周圍亦數十里，積水淹没，畜牧無從，實於民田官廠關繫甚大。查南北舊隄，係周文忠公昔年任湖廣督院時所築。前賢惠政，豈可聽其廢滅。現經本部堂飭令署督標中軍副將僉厚安、署撫標中軍參將璞玉、江夏縣知縣陳夔麟，周歷兩隄，分別查勘。自望山門外鮎魚套至金口龍船磯計五十餘里，自武勝門外紅關至青山蘭木廟計長二十餘里，繪具圖説前來。查核南北兩隄以內數十里，大小湖蕩十餘處，均係由積水渟蓄、江水灌注而成。其東南北三面均有山嶺圍繞，並無河道來源。體察民情，詢訪紳耆，均願及早興修，以復舊業，自應趁春汛未漲以前，委員分別勘修，以衛民田而復官廠。現在青黄不接，各處貧民甚多，即可以工代賑。查有候補直隸州知州李紹遠，堪以派委承修望山門外鮎魚套至金口龍船磯一帶隄工，截取知縣徐鈞溥，堪以派委承修武勝門外紅關至青山蘭木廟一帶隄工，均會同江夏縣辦理。至鮎魚套小河、蘭木廟小港，江水由此灌入，應修兩閘，以資捍衛而便宣洩，另派專員勘修，以期迅速，仍責成李牧、徐令二員督率，稽察工程。該二員皆係操守廉潔，辦事認真，本部堂素所深知。此項隄工、閘工關繫重大，日期急迫。儻該二員能迅速督修，於水漲以前完竣一切，經費均核實撙節，自不得僅以尋常工程勞績論，本部堂當飭司注册，提前酌委繁要州縣缺，以示奬勵。除分行外，合亟札委。該員即便遵照，分別帶同測繪員弁前往復勘，測準隄身高下，估計土方數目，覆日禀覆，以憑撥欵興工。江水日漲，工程緊要，勿稍延誤。

札飭查禁武愷等營勇丁在漢口鬧娼滋事并禁止渡江〔一〕 光緒二十五年正月二十日

照得鄂省各營，現經本部堂刊發練兵新章，發給各營遵照，其中固以操練爲要，尤以紀律爲先。本年正月初間，營勇放假，閒遊漢口，往往鬧娼滋事，擾及居民，迭經派委執持大令巡查之署漢陽協都司陳士恒拏獲數名，送交本營責革究辦。外有冒充營勇句結滋事之地痞數名，亦經拏獲，送交漢陽縣懲辦在案。此等匪徒實爲閭閻之害，殊堪痛恨。查營勇以紀律約束爲先，現在省內外各營軍令嚴肅，勇丁安静者固不乏人，而其中新募之勇，間有遊痞混雜，以致滋生事端者亦所不免，若不嚴行禁止查拏，何以整肅營規。各該營嗣後務須申明紀律，嚴加約束，恪遵練兵新章，兵勇有事，必逢休息日之下半日方准掛號出營。如非休息日而有急事者，亦必操課已畢，方准掛號。倘有捏稱急事掛號者，查出重辦。凡掛號者必限定時刻，標明於號簽之上，速去速回，違者重辦不貸。漢口係繁盛市鎮，華洋雜處，良莠不齊，各營兵勇駐武昌者，禁止私自渡江，駐漢口者禁止無事閒遊。倘再有生事擾民情節，無論何營兵勇，准由署漢口都司陳士恒即將該兵勇押赴本部堂衙門，傳集該營管帶，分别責革懲辦，毋庸送交本營，以免徇縱。如有敢抗不遵查者，即行綑解來轅。陳都司本領有本部堂大令，應即責成該都司會督汛委各員，認真稽查，實力彈壓。如遇有地痞冒充各營兵勇句結生事者，隨即拏送漢陽縣究辦，以靖地方而安商民。除分飭外，合亟札飭。札到，該統帶等即便遵照上項札飭事理，認真約束查禁。嗣後如再查有該營兵勇在外滋事擾民，定即予以懲處，斷不能再爲該管營官留體面也。凛之。切切。

札鑄錢局派員赴牙釐局領解常用經費

光緒二十五年正月二十二日

據湖北牙釐總局司道詳稱：案奉憲札，據鑄錢局詳稱，成本不敷，難於周轉，所撥官錢局銀二萬餘兩，現已用竣無存，必須設法維持，籌撥的欵每年撥銀三萬兩，以爲常年經費等情，批由善後、牙釐兩局每年各籌銀一萬五千兩，札局飭備詳明，分交鑄錢局應用等因，奉此。并准鑄錢局咨同前由。遵查從前創設蠶桑局，分籌的欵，係由漢口局水師項下提出二分餘平，每年約解銀四千餘兩。恐有不敷，仍於行捐項下按月提用，每年約銀一萬餘兩。今蠶桑局既已歸并農務學堂，所有該局經費，悉於米穀項下撥用，是現在雖極左支右絀，從前籌備蠶桑局用欵，仍可勉强通挪。擬請即以前項兩欵合銀一萬五千兩，專供鑄錢局經費，分批飭鑄錢局分批赴局具領應用，并祈批示祇遵等情，到本部堂。據此。除批：如詳准將蠶桑局遺出漢口局水師項下提出二分平餘，及行捐兩欵每年約合銀一萬五千兩，全數撥用，分批解交鑄錢局，以資應用。仰即遵照，并移鑄錢局分批赴該局支領。此繳。等因印發外，合應札行。札到，該局即便遵照，派員分批領解回局應用具報。

〔一〕以下八件録自抄本《督楚公牘》。

咨行札發湖北練兵新章光緒二十五年正月二十二日

照得本部堂參攷北洋新建軍、南洋自强軍及外洋練兵章程，體察本省情形，酌定湖北練兵新章，近年以來，已飭護軍營遵照操練。現經刊印成本，亟應札發練習洋操各營一體認真照練，恪遵章程內規條禁令，以期一律練成勁旅。至武、漢各標營操防練軍，餉項甚厚，與洋操勇營相去無幾，亦應一體酌量仿照操練。除分行外，合亟札發。爲此，札仰該即便遵照，督飭營哨官弁，將發去練兵新章隨時傳集勇丁兵丁，依次分條悉心講授，實力奉行，勿得視爲具文。切切。

計發練兵新章五本。

札委洋員何福滿兼充武備學堂教習光緒二十五年正月二十三日

照得武備學堂各學生講習漸久，課程加密，事體較前繁重，前派洋教習福克斯、威耳赤二員，教授均各認真不懈。惟學生衆多，礮隊、工程諸法必應專門考究。查有前派護軍工程等營教習洋員何福滿，於礮隊、工程隊諸法極爲精熟，堪以添派兼充武備學堂教習。除分行外，合亟札委。札到，該員即便遵照，兼充武備學堂教習，會同原委教習福克斯、威耳赤，和衷商酌，盡心訓課，以副委任。所有護軍前營、工程營功課，仍須分定時刻，照舊教練，勿稍曠怠。是爲至要。

札行示禁槍礮廠廠門從嚴把守，不准擅行出入光緒二十五年正月二十三日

照得槍礮廠爲製造軍械之所，關繫重要，防閑不容或疎。查東西洋通例，凡製造槍礮、架彈官廠，無論本國、異國官民人等，非奉其國家及管軍械之衙門之令，不得擅入，原以慎重軍實，恐有疎虞故也。本部堂訪聞漢陽槍礮廠游人如蟻，出入自如。在創造之初，道路分馳，原難防範。近日垣墻高峻，門限儘可從嚴。若猶聽出入自便，萬一奸宄混迹，爲患何堪設想。嗣後該廠委員督率司事巡丁人等，務將廠門從嚴把守，無論何人，不得擅行放入。在廠匠徒小工一切執役人等，放工時亦必嚴密稽查，不容携帶廠物出廠。如有疎虞，一經發覺，咎有攸歸，決不寬貸。切切。特示。

札北善後局等撥發工藝局稟擬購各種機器物料欵光緒二十五年正月二十三日

據湖北工藝局湖南補用道張鴻順、江蘇補用道程儀洛稟稱：竊照湖北省城創設工藝局，招選學生教授各門工藝，所有開辦章程及學堂功課，業經坐辦委員梁令敦彦稟呈鈞鑒，當奉憲批照擬辦理，迅速招選生徒，開學肄業，仍俟各門匠首到鄂，將各門工藝應購何種器具，詳細商明，稟請核示購辦等因在案。職道等遵即督同梁令招選學生，布置一切，現已將次就緒，延募各門匠首亦均到鄂，擇於本年正月二十二日開學肄業。其應購機器，據坐辦委員梁令飭據匠首唐國安，將機器、鍋鑪、翻砂、銅鐵、木作等廠需用各項機器傢具，約估價值，并各廠應用物料，開摺呈請購辦前來。職道等與梁令詳細熟商，擬購各機器物料，係爲各廠所必需，恐滬上一時未能猝辦，必須購自外洋，似應早爲集欵，即由梁令酌派妥人，分別訂購，剋期運鄂應用。謹將擬購各種機

器物料，繕摺附呈，伏乞憲台鑒核。查工藝局前准前辦蠶桑工藝局曹道南英移存牙釐局購辦機器用存洋例銀五千八百六十三兩五錢，又售綢銀一千六百九十五兩四錢，又准牙釐局咨准曹道移存銀四百九十九兩四錢六釐二毫，錢二百二十三千二百八十四文，内除由牙釐局扣還開辦經費銀二千兩外，計存牙釐局銀六千五十八兩三錢六釐二毫，錢二百二十三千二百八十四文，又存官錢局絲綢變價銀六千五百二十三兩二錢七分三釐，總共計存銀一萬二千五百八十一兩五錢七分九釐二毫，錢二百二十三千二百八十四文，均係遵奉憲諭，專欵存儲。該匠首擬購各種機器物料所需價值應如何分別提撥，由坐辦委員梁令派人訂購，伏祈批示祗遵等情，到本部堂。據此。除批：據稟已悉。該局所需各種機器物料，應即照購。機器各件，大者開單電託出使美國大臣代購，小者飭上海委員樊棻代購，物料亦屬樊委員代購。所需價值，應即將前次購機餘存及絲綢變價銀一萬二千五百餘兩錢二百二十餘串文，分別陸續提撥，撙節動支可也。除行牙釐局，并行善後局轉飭官錢局如數照撥外，仰即遵照。此繳。清摺存等因印發外，合就札行。札到，該局即便遵照，轉飭官錢局如數照撥具報。勿違。

札北牙釐局撥解添修農務局工程欵 光緒二十五年正月二十五日

據湖北農務局江蘇補用道程儀洛、湖南補用道張鴻順稟稱：竊照湖北農務局現蒙憲台撥給四川會館，作爲辦公之所，應行建設種植、畜牧、蠶務、茶務、方言、算學各項學堂，并洋教習住房、學生齋舍、農具堆棧，暨員司、書丁、工役人等棲止之所，除將舊屋修改抵用外，必須添造之屋甚多。茲分別緩急，先將緊要需用之所估工趲辦。業經繪具圖様，稟請憲台核定，遵即飭匠撙節估計，應需磚瓦、木石、灰砂、油漆各項工料錢五千四百五十四千七百六十六文。此外裝配玻瓈、雨棚，購置鋪陳傢具，容俟續估確數，另行稟請撥欵採辦。謹將現估工程逐項開列，造具清册，恭呈憲鑒，應如何指撥欵項，俾速開工之處，理合具稟，伏候批示遵行。又據另單稟稱：現奉憲台諭飭添招農務學生五十名，原估齋舍不敷居住，應再添修學生齋舍六間，估計磚瓦、木石、灰砂、油漆等項共錢七百千文。查原估各項工料錢五千四百五十四千七百六十六文，應請憲台一併飭發，以資應付。除咨牙釐局照數撥解外，理合肅稟各等情，到本部堂。據此。除批：據稟農務學堂應行添造各局估計工料錢五千七百四串七百六十六文，請飭發等情。除飭北牙釐局在於米穀釐金項下照數動支移解應用外，仰即遵照派員領解回局，撙節動用，飭匠迅速開工，照式修建，限三月上旬一律完工，勿稍延緩。切切。此繳。清册存等因印發外，合就札行。札到，該局即便遵照，迅速在於米穀釐金項下照數撥解具報。勿違。

札商務局於整頓牙帖項下提撥經費 光緒二十五年正月二十七日

據湖北省牙釐總局司道詳稱：光緒二十五年正月十五日奉憲台札開，照得漢鎮地方遵旨設立商務局，業經本部堂酌擬籌辦大概章程八條，恭摺覆奏，欽奉諭旨飭遵在案。原奏第一條内聲明設局經費，擬於整頓牙帖項下籌撥，以資刊報、設會等事之需等語。茲查委員分赴各府屬，會同地方官整頓牙帖，籌辦已有端倪，現在陸續收繳，約計通省商户應繳帖費爲數甚鉅。而商務局現值開辦伊始，需費浩繁，自應查照奏案，於新增之整頓牙帖項下撥用。應即飭令牙釐局迅將前項整頓牙帖一欵應劃分若干，分撥商務局應用，議定成數立案，以憑隨時提撥移解，迅速妥議詳覆核奪。合亟札飭。札到，該局即便遵照迅速議詳勿違等因。奉此。遵查漢鎮設立商務局，所有經費，前經憲台奏明，以整頓牙帖項下捐費籌撥，以資刊報、設會等事之用，自應儘數撥解。惟前次分派各員馳赴各府清查牙帖，飭令繳捐。現在雖據各員先後禀報辦有端倪，惟究竟實有成數若干，尚未一律禀報齊全，礙難懸斷。近年各項支絀，似不能不留有餘［地］，以應不時之需。擬俟此項整頓牙帖之欵陸續解繳到局，無論解多解少，照數分半解歸商務局應用。緣奉飭議，相應詳請查核，批示衹遵等情，到本部堂。據此。除批：既云議定成數，原因不能豫定實收數目，故飭議酌分幾成也。來詳礙難懸斷云云，殊屬誤會。至所議新增整頓牙帖之欵，俟陸續繳解到局，無論多少，照數分半解歸商務局應用等情，應准照辦。除行商務局外，仰即遵照，劃分一半，隨時移解應用，并録報撫部院衙門查核。此繳。等因印發外，合就札行。札到，該局即便遵照。

札鄖、宜、施三府酌定公費光緒二十五年正月二十七日

照得鄖陽、宜昌、施南三府，山僻民窮，所屬州縣無不瘠苦，乃向來均有解繳本府公費。此等州縣大半無城無署，城鮮居民，署無幕友，用度尚覺支絀，辦公常患無資，往返盤費已難措辦，豈可更令應酬上官，更增苦累。於是與者爲難，受者不安，政事諸多遷就，毁譽亦非至公，實非察吏恤民之道。至附郭之鄖縣、東湖、恩施三縣，承辦本府到任及常年衙署器具等項供支，尤多賠累，以致任該縣者視爲畏途。本部堂督同藩臬兩司詳加籌議，亟應一律裁除，另籌閒欵發給，作爲該三府辦公經費。當經電飭各該府許守、陳守、額守，查明向來公費數目，電覆前來。本部堂復加酌核，查向來間有到任禮名目，有無多少，不能一定，因就舊日數目量爲增加，包括一切，總較舊日有贏無絀，俾其用度裕如，且令三府同歸一律。茲定爲該三府辦公經費，每年三千兩，外小費五百兩，其到任禮及門包、茶敬等一切名目，悉在其内。如有該府小費向來多於此數者，由該府自於辦公經費内匀給。本府到任修署供支，每一次銀五百兩，由該縣赴局領欵代辦，不得逾出此數。本府常年各項供支，每年銀五百兩，由該縣按季赴局領欵，呈交該府自行備辦。鄖陽府辦公經費等項，即在老河口補税局防緝經費内照數撥發。宜昌府辦公經費等項，即在宜昌土税局善後經費内照數撥發。施南府辦公經費等項，即在來鳳局峽路經費内照數撥發。惟辦公經費須按月給領，供支須按季給領，不准豫支。該局支解此欵文内，其名目即曰代各屬籌解辦公經費、代各屬籌解某季供支等字樣，以免將來數典忘祖，致向州縣重索。自光緒二十五年正月初一日爲始，所屬公費、小費一律裁革永禁，不准别立名目，再受屬員餽送一錢。如已送到者，即日退還。首縣供支一併永遠禁革，不得再有需索。儻再有於已領公欵外重複收受屬縣公費及重複需索屬縣供支情事，查出嚴行參處。屬縣如有意圖格外見好致爲作俑亂法之階，一併參處。該府州縣務須砥

厲廉隅，各修守職，上司無瞻徇廢法、挾嫌挑剔之嫌，屬員無藉口虧挪、窮困擾民之弊，庶於吏治民生均有裨益。

飭兼充武備學堂洋教習何福滿聽總辦節制[一] 光緒二十五年正月二十八日

照得護軍工程等營洋教習何福滿，精熟礮隊、工程隊諸法，業經札委兼充武備學堂教習，會同原委洋教習福克斯、威耳赤二員，和衷商酌，盡心訓課，并令將護軍前營工程營功課分定時刻，照舊教練在案。茲查何福滿原訂合同第五欵，曾經聲叙歸中國所派該管上司節制，無論在堂在營，必遵向來定章，自不違背等語。應即飭令該教習聽候武備學堂總辦節制，遇事隨時與原委提調和衷商辦，功課并與原派在堂之兩洋教習商酌，勤加訓課。該洋員專司堂内學生課程，其堂内他項公事，仍由提調及各委員分司辦理，以符定章，而專責成。除分行外，合亟札飭。札到，該洋員即便遵照上項札飭事宜辦理。勿違。

札縣丞朱文駿勘設宜都、長陽電綫 光緒二十五年二月初四日

照得前因宜施兩府屬會匪滋事，山深路歧，軍報遲滯，應設電綫以速事機，業經飭令沙市電報局將由沙市至宜都縣對岸之白楊渡接安電綫。其由宜都縣至漁陽關一帶，亦經飭委候選縣丞朱文駿前往購料安設，旋因軍務已平，飭令停修在案。惟查長陽、長樂、鶴峰等處，深山僻遠，文報難通，吏治民情罕能上達，以致會匪句結蔓延，蓄謀已久，及至豎旗起事，該鎮該府尚無所知，釀成入城劫官鉅禍。必須先令信息靈通，方能籌撫綏控馭之法。茲查長陽縣屬資坵地方，尚屬繁盛市鎮，水道可通，且現有商人在彼開採煤鑛，其地距長陽、長樂均止數十里。若由宜都縣城安設電綫，經由長陽縣城以達資坵，則長陽之氣脈固通，即長樂、鶴峰轉傳電報亦不甚遠。且資坵必有商報，亦可貼補經費。是此路電綫裨益甚多，亟應仍委該縣丞迅速安設。除札行宜都、長陽兩縣妥爲照料彈壓外，合亟札委。該員即便遵照，揀帶熟習電報學生、工匠，連同前購之木桿綫料等件，刻日前往查勘安設。如綫料不敷，速即添購。茲先由善後局發銀一千兩，所有工料銀兩一面核實勘估，稟候核定飭發，務須撙節動用，事竣核實造報。切切。

札委張煜林兼充工藝局總辦[二] 光緒二十五年二月初六日

照得鄂省奏明設立工藝局，講求機器、化學新法製造，前經飭委奏調江蘇候補道程道儀洛總辦局務在案。茲據程道面稟，該道總辦商務、農務各局，皆係創辦伊始，又兼充經心書院監督兼提調，籌畫一切，事務殷繁，所有工藝局總辦事務未能兼顧，懇請銷該局差事等情，應即照准。改委湖北試用道張道煜林兼充工藝局總辦，督同在局坐辦、委員等，將應辦一切事宜悉心經理，認真籌辦，核實撙節開支。如遇重要事件，隨時稟請本部堂酌核

[一] 録自抄本《督楚公牘》。

[二] 以下十一件録自抄本《督楚公牘》。

示遵，總期成效早著，以副委任。除分行外，合亟札委。札到，該道即便遵照上項札飭事理，兼充工藝局總辦，妥籌辦理。仍將到局日期報查。勿違。

飭委陳昌基照料學生同往日本學習武備光緒二十五年二月初七日

照得湖北選派學生，前赴日本學習武備各項學術。各生遠適異邦，自應遴派委員同往照料一切。查有江蘇候補知縣陳昌基，前經派充湖北武備學堂委員，於開辦一切頗能明習，堪以派充照料湖北游學生委員。當經電商江蘇撫院覆允，加札飭委在案。除俟另派之監督到洋後，一切稟商辦理，并咨江蘇撫部院外，合亟札飭。札到，該員即便先行偕同學生起程東渡，妥爲照料，毋負委任。每月薪水夫馬銀一百元，自起程之月起支，臨行時另給整裝銀一百元，由善後局支給，到日本後，即在匯寄游學經費項下動支，以資辦公。

札北藩司等議勞績人員應分三等獎敘、聲明事迹光緒二十五年二月初八日

照得查閱藩司賫呈上年各月分同通州縣拔委酌委記功各員清册，内有不論繁簡首先揀委，有儘先酌委繁要缺、優缺，有超前，有儘先前提前，有儘先提前，有提前，有儘先前，有儘先，有提前儘先等項拔委酌委各名目。至各員以何事得獎，并未注明。檢查歷來請獎各員案册，亦未以事之輕重，判奬之等差。本部堂詳加酌核，如緝獲會匪劇盗，有關地方安否；籌畫餉需，整頓釐税，有裨軍餉；製造軍火，實有成效，有關武備；承辦洋務繁難要件，有益中外交涉，則較他項差事爲重。同一讞局，而平反冤獄，則較時常到局但積年勞者爲重。同一隄工，而督修專辦之員，籌畫妥善、節省堅固者，則較隨同在工者爲重。同一管解差使，餉鞘則較錫蠟試卷爲重。同一署局當差，其關係稿件、欵目者，則較他項局差爲重。而各局文案收支之中，事體之大小、差事之專辦幫辦，其輕重繁簡，亦各有不同。諸如此類，不可枚舉，可以例推。乃向來一律獎叙，并不明爲區别，而請獎時多增儘先前、提前種種名目，奬勸既未盡平允，章程太涉紛歧，轉致無憑考核。嗣后應定爲異常勞績、異常稍次勞績、尋常勞績爲三等。三等之中，每等由兩司議定予一獎叙名目，何員應得何項勞績奬叙，應查其差事之輕重、難易以爲等差，即於請獎時明白聲叙，并於勞績册内該員銜名下注明，以昭核實而示平允。合行札飭。札到，該司等即便遵照札飭事宜，會同妥核議詳飭遵。毋延。此札。

飭槍礮廠將造成槍礮、彈、架按月造册呈報光緒二十五年二月初九日

照得近來疊次欽奉諭旨，飭查湖北製造槍礮現有機器若干，每年實能造成何項槍礮、藥彈若干，按季奏報等因。欽此。除恭録札行欽遵辦理外，查槍礮廠製造槍礮、子彈、礮架等項，雖據按月造册呈報，惟快槍每枝必須將槍管及各種機簧接套等零件裝配完全，一律上色，安上木殼，并如數備足刀頭、皮帶、彈盒，方爲齊全。槍彈快礮每尊必須合礮身暨各項零件及礮架一切完備，方爲齊全。槍彈須將彈頭臬格鋼皮銅殼、白藥一律配齊，并如數另備應裝之無煙

藥，方爲齊全。礮彈須將銅殼、彈頭、碰火等一律配齊，并如數另備應裝之無煙藥，方爲齊全。册内僅據開報已上色、未上色各若干枝，配木殼若干枝，其刀頭、皮帶、彈盒等件配有若干分，并未分晰聲叙。槍彈雖據報明造成數目，而於彈頭是否一律均用鋼皮，有藥可裝者若干，無藥者若干。至快礮僅據報明造成若干尊，而每礮應配之礮架、礮彈、需用之銅殼、碰火已否隨彈造足，亦未叙及。以上各項，亟應切實確查，隨時考核，以重軍實而核工作。應即飭令槍礮廠提調沈守迅速查照上項指飭事理，查明造成連皮帶、皮盒之快槍，及連架之快礮，一律全備者若干，何件尚未全備者各若干，及槍彈、礮彈一切完全備有無煙藥者若干，未備有藥者若干，撥用若干，現在實存若干。截至本年正月爲止，按照上項指飭各節，分晰開具清册，呈候本部堂委員赴廠詳加點驗。以後於每月初五日，即將上月造存各項數目及配帶各件是否齊全，開造簡明清册，以便按月委員前往點驗。所有在廠員司工匠人等應支薪工獎賞，俟點驗後，再行照數支給。倘製造疲玩，不能如數，甚至有短少虚報情事，以及工作粗率未能悉如法式，即將經手員司、工匠人等薪工酌量罰扣示儆。至省城建造軍械庫，係爲專儲後膛精械之用，漢廠造成槍礮、彈架等項，應即將全分配齊者儘數解交軍械庫點收，妥爲存儲，聽候撥用。合亟札飭。札到，該局即便遵照妥速辦理，稟覆查核，勿稍違延。

飭北鹽道議荆沙川鹽緝費兩局虧項分別彌補攤還光緒二十五年二月初九日

照得據委辦荆沙川鹽緝費局同知張賡颺稟：沙市德成裕錢店倒塌緝費二千零八十五兩，請於新增提解欵内開除彌補。又據委辦荆沙川鹽局知縣劉肇墀稟，該店并塌欠該局銀三千四百兩，請歸委員十年攤還各等情，到本部堂。據此。查該兩局於公項經理不慎，致被倒塌，實難辭責。第沙市上年市面大壞，各店倒閉相繼，猝不及防，其情亦尚可原。現在該錢店主家産盡絶，既已無可抵追，而公欵斷難虚懸無著，該兩員所籌辦法，張丞則請提公欵彌補，劉令則請由委員流攤，殊屬兩歧。豈有公項虧塌，局員絲毫不認之理。至劉令所請攤還，懸限十年，限期亦嫌過遠，自應酌歸一律辦理，以昭公允。查張丞所指緝費局新增每年提解銀四千兩一欵，此項係屬近年新籌開欵，與别項公欵尚屬有間。姑念該兩局塌項并非意料所及，與該局自行虧空不同，應免令委員全數賠還，可准其在此項緝費局新增提解欵内酌撥彌補。至緝費局應撥補若干，該局員攤還若干，川鹽局應撥補若干，該局員攤還若干，應限幾年還清，應飭鹽道核議妥擬劃一辦法，詳覆核奪。合行札飭。札到，該道即便遵照迅速議詳。勿違。

札委錢恂充當游學日本學生監督光緒二十五年二月十一日

照得湖北選派游學日本學生，業經飭委縣丞鄺國華帶往日本東京，交閲操之張道斯栒暫行照料約束，即委張道暫充游學日本學生監督，聲明該道在湖北尚有要差，將來尚須另派監督專員，前往接替，并派江蘇候補知縣陳昌基偕往照料各在案。查學生游學關係重大，際此時艱，斷非空言淺學所能補救，人材出則國家强，是爲目前至要至急之事。各學生肄業異邦，凡功課之孰勤孰惰，志趣之孰高孰下，行止之端正與否，精神之强健與否，非有專員隨時體驗，稟報考察，則目前去留、將來任用，不能確當，自應派委專員監督，以資考察而重學務。查有奏調差委分省知府錢恂，堪以派充游學日本學生監督。該守到日本後，張道即將已辦事宜詳細交明錢守，先行回鄂。縣丞鄺國華俟飭辦銀元官錢各票事件辦妥後，再行回鄂。錢守即督飭先派照料之陳令昌基，遇事妥商日本各學校校長等員善爲照料，隨時勸勉約束各學生專心學習，力圖進益，恪守禮法，一切言語舉動，均須格外謹慎，勿任閑游曠課。勖戒與保護兼施，俾成國家有用之器，庶幾見重鄰邦，無負本部堂期望之意。隨時稟請本部堂諭示遵行，并就近稟商出使大臣妥爲辦理。用款仍由善後局匯款内動支。目下款項支絀，雖外洋用度較中國爲費，務應實用實銷，力從撙節。合亟札委。札到，該守即便束裝起程，遵照上項指飭事理，謹慎將事，無負委任。切切。特札。

札北善後局勘明方鎮友升稟製辦操具、建操場等事 光緒二十五年二月十一日

據統帶武功中左兩營副將方友升稟稱：竊卑軍駐紮漢鎮，分守街卡、教堂、醫院、漢陽槍礮廠，日中換班回營，仍習槍法。去臘面奉鈞諭，須照護軍等營練習體操。今正蒙頒操章，仰見憲台整軍經武有備無患，敬讀之下，欽佩莫名。伏查西法體操，應需操架等具，詢之護軍諸營，製辦全分約需經費三四百金。卑軍所需，是否咨明善後局發款交卑軍自製，或由軍裝局製就核發，恭候核奪。惟既製操具，必須操場安放。卑軍現駐之燈草會館，前抵官街，後臨後湖，左右皆居民菜圃，向無餘地。冬令水涸，尚可藉湖地以作操場。轉瞬春漲，全湖汪洋，其勢不能托足。茲擬於營左購用民地，僅供操練，約需二三百方，係黄、向、吴三姓管業。若須建立講堂，安放操具，需地甚寬，幸有可購。目前不免低窪，趁此水涸，就湖取土，可以培墊。理合先行請示，應如何購地建造，伏乞遴委幹員勘估繪圖呈覽，再求核發經費，以資興工等情，到本部堂。據此。除批：據稟已悉。查製辦體操架具，必須先覓操場安放，且操練隊伍及槍法礮法各種技藝，尤須於該營附近設有操場。該營左近既有民地可供操演，應准給價購買，趁此水涸，由該營就湖取土培墊，以資興建。除行北善後局迅速委員前往，會同江漢關委員勘明應需民地若干丈量購買外，仰即遵照。此繳。等因。印發外，合就札行。札到，該局即便遵照迅速委員前往，會同江漢關委員勘明應需民地若干，丈量明晰，給價購買具報。勿違。

札北善後局核給游學日本學生監督錢恂薪水 光緒二十五年二月十五日

照得奏調差委分省補用知府錢恂，現經委充湖北游學日本學生監督，每月應支給薪水銀二百兩，自三月起支，臨行時另給整裝銀一百兩，由善後局支領，到日本後，薪水即在匯寄游學經費項下動支，以資辦公。其自强學堂提調、洋操提調夫馬銀兩即行停支。合亟札飭。札到，該局即便遵照，照數核明給領具報。

札北善後局查核截清勦辦宜施兩屬會匪各項用欵光緒二十五年二月十八日

照得宜施兩府屬會匪鬧教倡亂，經本部堂電准宜昌鎮新募健勇五百名，餉需暫在春荒存欵動支，如有不敷，由宜昌川鹽局撥用，所有該營營制餉章，暨此後由何項籌發餉銀，應由善後局查明，詳請奏咨立案。又本部堂調撥駐紮省城之吴副將元愷武愷兩營，劉副將恩榮護軍中營，統帶田家鎮三營鄧提督正峰督帶所部三營，先後乘輪前往，分途勦辦，需用輪船運費并加給長夫，暨由宜都、東湖等縣墊雇夫船等欵。又據宜昌鎮開摺禀報，派撥遊擊鮑佑卿等暨守備王有盛等，各帶領原營兵丁并練軍，分赴各州縣防勦，計派原營兵三百二十五名，練軍九十名。又據補報分派原練各軍並精勇營分赴各處駐防，及隨同朱守滋澤赴施緝拏匪犯。又禀派新募精勇一百名赴宜都防截。查核向章，原營兵應支行糧并長夫銀兩，練軍勇營應支長夫銀兩。又施南協派撥練軍赴利川、建始兩縣防緝，由施南府利川縣酌給用費。又署利川縣蔡令募勇一百名，由善後局籌借薪糧。署長樂縣李令募勇五十名，由宜昌鹽局墊給銀一千兩。又巴東募勇八十名，在該縣平糶等欵挪用。又施南府協拏獲匪犯賞格銀兩，准由來鳳經費局發銀一千兩。又宜都縣墊發吴軍、鄧軍、劉軍回省代雇民船銀兩。又白揚渡、資坵安設電綫以通軍報經費，及此外一切應用之欵，其中有爲善後局已發之項，有未發之項，有各處墊發之項，或准或駁，或補發或歸墊，以及何項應於何日起支，何項應於何日截止，統由該局查明細數，復加確核，將各欵截清，先行詳請奏咨立案，一面造册報銷。合就札行。札到，該局即便遵照，迅速核明辦理毋違，勿稍遺漏舛錯。切切。

札江漢關道派員將武功、升字兩營應需操場之地一併速購光緒二十五年二月二十三日

照得本部堂欽遵疊奉諭旨，飭令各營講求武備。據駐防漢口之統帶武功中營方鎮友升禀，擬於該營左近購買民間空地，以作操場等情，業經批准給價購買，以資興建，并飭北善後局委員前往，會同江漢關委員勘明丈量，給價購買在案。乃昨據方鎮面禀，武功營應需操場已經插標，竟有鐵路委員、仁義司巡檢將標拔去，不准購買，實堪駭異。查鐵路購地左近之地，苟非路綫經過之處，如有官務需用之處，自應先儘官購，下餘方歸總公司購買，以作行棧等用。且漢口駐紮勇營，乃彈壓地方最要之事，從前於漢口未設操場，僅於每月中至漢陽府操場操演一次，實形疎懈，是購地操練，關繫實屬緊要。該營左近别無可作操場地方，現尚有統帶升字營周提督亦須添購操場，本部堂并令其酌量加寬，共此一處操演，趁湖水未漲之際，一律墊平，以便開操，豈能任聽該巡檢妄行攔阻，實屬昏謬糊塗。應由藩司、江漢關道將該巡檢嚴行申飭，并由該關道迅即派員，協同武功營方鎮及升字營周提督，將應購操場之地需用縱横若干，踩定插標，一併速購，勿稍延誤。除分行外，合亟札飭。札到，該關道即便遵照上項札飭事理迅速辦理具報。切切。

札飭汪洪霆將新添鋼藥廠工程各事會同沈守錫周商籌稟辦光緒二十五年二月二十三日

照得槍礮廠新添之鋼藥廠，爲軍實最要之需，業經購定地基，機器亦已運到，所有購料興工，安機製造，工費甚鉅，而現在經費異常支絀，必須事事核實撙節。查現辦鋼藥廠之汪守洪霆經理該廠一切事宜，尚知講求，惟不能認真破除情面，以致未能悉臻妥洽。應即責成槍礮廠提調沈守錫周，會同汪守妥爲商辦。務須破除情面，核實撙節，所有鋼藥廠事事均須會商會稟，總期器臻美備，欵不虛糜，是爲至要。除分行外，合亟札飭。札到，該守即便遵照札飭事理，會商切實辦理。毋違。

札江漢關道議定德租界後添設枝路一案光緒二十五年二月二十六日

漢口德國租界後添設枝路一案，本月二十一日德國禄副領事偕柯委員來署面商後，當經本部堂再行切實電商督辦鐵路盛大臣。昨據覆電，仍以鐵路公司代德界添造枝路，恐各處效尤，公司受累，必須德界出造路之費，方可照辦。惟查當日係因德界下添開日本租界，致德界與鐵路總站相隔。本部堂調停其間，有於德界後添設枝路之議，他處他國情形不同，斷不能援引爲例。但盛大臣恐他處效尤，公司受累，不願照辦，而德領事又堅不肯出費，均難强勉。本部堂以中德兩國交誼爲重，不願因此小事致多費脣舌，特於前日飭該關道與禄副領事及柯委員面議，業已議定：若將來幹路路綫能稍移近德界，不拘何處有一處與德界後邊界相切，則無庸另設枝路。若幹路與德界後離開，則由本部堂籌欵，交由鐵路公司造一至短枝路，由幹路通至德界後邊界爲止。至將來應給一切往來運費，禄副領事及柯委員應允德界認給，且知此係本部堂格外通融調停辦法，因從前有添日界許修路兩層，故從中調停了事，他處他國均不能援以爲例。此外所有行車時刻，車輛數目以及一切詳細事宜，應由鐵路公司妥酌，務與公司章程有便而無礙，德領事決不格外苛求挑剔。但口議無憑，除咨明盛大臣外，合就札行。爲此，札仰該關道即便遵照照會德國禄副領事查照爲要。此札。

札委熊賓等接充武備、自强學堂教習〔一〕光緒二十五年二月二十六日

照得武備學堂東講堂教習湖北教習、知縣唐監金委署出省，所遺武備學堂東講堂教習兼管堂委員事務，查有湖北截取知縣熊令賓堪以派委接充。又自强學堂東文學堂漢文教習、湖北試用知縣顧印愚，原係銀元局文案，事體繁重，學堂課程詳密，兼顧殊多不便，應令勿庸兼辦。所有自强學堂東文教習兼管堂委員事務，查有湖北優貢知縣周德馨堪以派委接充。又自强學堂收支兼稽察委員、知縣鄭詩鎮所遺差務，查有大挑知縣漆濱堪以接充，并飭令兼充幫同教習、管堂委員。熊令、周令等務須遵照札飭批定各章程，諸事稟承提調，常川在堂，整飭學規，稽查照料，每日常與諸生當面講論，盡心訓課，俾學業日有進益，造就成材，以副

〔一〕以下三件録自抄本《督楚公牘》。

委任。漆令除將收支兼稽察事件認真經理外，遇有各教習委員因公他往及事繁不能兼顧時，即幫同教習照管一切，稟承提調辦理。該三員薪水，各月支銀三十兩。除分行外，合亟札委。札到，該員即便遵照，接充武備學堂東講堂教習管堂委員、自强學堂收支兼稽察并兼幫同教習管堂委員，遵照上項指飭各節，稟承提調，盡心辦理。并將到堂接辦日期具報查考。

札漢陽協、襄河水師派撥練兵礮船駐紮防護無煙藥廠 光緒二十五年三月初二日

據槍礮廠提調、分省補用知府沈錫周，湖北補用知府汪洪霆稟稱：竊卑府等前以鋼藥廠基地遼闊，既無圍墻，又無廠屋，機件物料堆積甚多，遺失堪虞，曾經屢具説帖，請撥水陸營勇防護。乃爲日既久，僅襄河前營陶遊擊撥來礮艇二隻，升字營勇丁并無一名到廠。現在廠工正開辦，物料雲集，稽查匪易，加以淅省無煙藥機器已到，露積廠地，煉鋼廠、磚廠又復開工，在在均須防護。況地段曠野，非得四棚分紮四隅，仍恐照料難周。礮艇二隻現紮煉鋼廠及磚廠地段，而無煙藥廠相隔二三里，亦有鞭長莫及之勢。一切情形，屢經卑府等陳明在案，惟先後准升字營及襄河前營咨明營勇、礮船不敷分布各節，或係實情。兹卑府洪霆會同卑府錫周商議，意見相同，擬請再飭升字營或漢陽操防營，無論何營，從速調撥勇丁四棚，爲陸地防護。水師則請飭襄河水師左營童總兵福興再撥礮艇兩隻，駐紮無煙藥廠地段，以資彈壓。卑府等爲慎重廠務起見，統祈訓示飭遵等情，到本部堂。據此。應即如稟派撥。除飭管帶襄河水師左營總兵童福興派撥礮船兩隻，管帶漢陽操防營、漢陽協副將派撥練兵四棚，赴無煙藥廠停泊、駐紮防護彈壓外，合亟札飭。札到，該將、總兵即便遵照，派撥練兵四棚，遴派妥弁管帶礮船兩隻，前往無煙藥廠駐紮停泊，實力防護，妥爲彈壓，勿稍延緩。仍將派撥弁兵勇銜名具報查考。

札北鹽道核議川鹽收課變通辦法詳覆核奪 附單 光緒二十五年三月初二日

據宜昌川鹽總局凌道卿雲稟稱：竊職道前於光緒二十二年奉憲台委辦川鹽局務，當查歷年税簿逐漸加少，詢悉情形，皆由税重所致。因知蒯遊擊德浦在宜多年，熟悉鹽務，曾與籌議。據稱，須設法變通，可期暢旺，否則愈收愈少，不可挽回。嗣奉調土局，未及條陳而去。今又蒙札飭兼辦鹽局，不敢存五日京兆之心。現查去年税簿，連閏僅收一百三十餘萬串，若再不加整頓，恐求如此數亦不可得。復與蒯遊擊叙及前擬條陳四則，不知可行與否，謹繕具清摺，恭呈採擇示遵等情，到本部堂。據此。查凌道所擬川鹽收課變通辦法四條是否妥協，其中有無窒礙，合亟札飭。札到，該道即便遵照迅速會同接辦川鹽局陳道詳加體察，酌核妥議，詳覆核奪，勿稍違延。此札。

變通川鹽税條陳

謹將川鹽税收漸少，亟應設法變通，以期暢旺。管見所及於左，以備採擇：

一、宜輪銷以疏商困，而來源多而税自旺也。查川鹽開局之初，每年收税錢二百餘萬串，此後漸收漸少，竟至一百七八十萬串，去年連閏只收一百三十萬串，逐年短少，實有江河日下之勢。

推原其故，皆由於鹽税過重所致。其初每年止收税錢數文，遞加十八文，旋又加至二十五文，商力難支，多圖改業。然本省江防籌餉、兩江加釐，皆有不能從減之勢。為今之計，惟有使各商改歸輪賣，以平其價，使鹽價無大漲落，則已存之商尚可自保，後起之商猶可招徠。其所以必歸輪賣者，查淮鹽有引票，世守其業，苟欲改圖，或租或頂，必有人接替而後可以歇手，是業鹽之人雖易，而鹽引之數常存。川鹽則不然，既無引票，聽商自由，獲利則趨，無利則止。故咸同數年間業川鹽者百餘家，今則剩十餘家。其漸少之故，由於虧折，虧折之故，由於鹽價不一，驟漲至五兩以外，驟落至四兩以内。淮鹽及各省鹽價漲落，俱不過二三錢，為其業皆世守，不平其價，則不能持久。川鹽漲落竟至一二兩不等，適逢其時，獲利固多，不及其時，折本尤甚。而此十餘家者，又皆各自為謀，但知大漲以獲利，而不知大漲一次，淮鹽即多進一步，買川鹽一斤，幾可買淮鹽二斤。及川鹽價落，而慣食淮鹽者，不能改食川鹽，積日累月，則淮鹽復舊而川税無徵矣。若改歸輪銷，凡官運商運，皆於局内納税後挂號發票，如今日到者為一號，明日到者為二號。再於沙市由鹽業中立一公所，公舉公正殷實之商按號稽查，如開賣應歸一號者，二號不得攙越，依次輪銷，各商自無爭先恐後之心。再由各號到公所議價，或一月一議，或數月一議，只准按買價加銀數錢以為餘利，不得私自漲落，違者議罰。如此則價平，雖無大利，亦無大折，商人知川鹽一業最為穩妥，則不待招而來，來者多則税亦多矣。

一、宜定章以保商本，則倒騙少而税自旺也。查川鹽銷路以沙市為大宗，而沙市鹽業買主賣主向不謀面，俱歸鹽行經手，其有不肖行户，設局倒騙者向屬不少。亦有行户認真經理，而因過鹽交銀，向以一月為期，行户僥幸獲利，將鹽賒去囤集不賣，惟望漲價，即可空手得利，一遇驟落則賠折太多。迨至折多歇業，各號受累，更屬不支。縱控官追繳，遥遥無期。或議折成歸欵，不過十之二三，得不償失。商本無多，何堪虧折。若改歸輪銷，則鹽價劃一，凡賣鹽者皆由公所輪賣，概用現銀。至鹽行領有部帖，但予行用，不得經手代賣，似此鹽商不受鹽行之挾，而獲利又有一定之規，其孰不樂為乎。若不改輪銷，則不能一律，仍不免由行户把持。此在各商自立規程，而亦須官局代為經理，商不受累，則税起色矣。

一、宜設法以制淮抵，則銷路寬而税自旺也。查川、淮並銷之岸，淮商必提頂上白鹽減價銷售，而又同籌鉅欵，以備賠補折耗之用。既如澧州各屬淮鹽運往，每斤只售五十餘文，公議每斤賠錢數文。若川鹽到澧，本税既重，又加湘釐，昔之商號已為淮鹽擠倒，近則但由米販在宜沙購運，有利則購鹽，無利則販他貨。川商亦不問其旺否，漠不關心，孰肯賠欵減價以備抵銷。此澧岸所以漸失也。查十年前澧岸能銷川鹽三四百載，近則不過數十載，每載納税錢一千六百餘串。照四百載合計，運澧之税即可得六七十萬串。失此一岸，税即少收。然欲令川商照淮商辦法減價抵銷，川商必不樂從。惟有改歸輪運，使川鹽之到楚者合而為一，然後令川鹽公所於澧州設一總店，每年運澧若干載，每載約賠若干錢。其賠本也，又必為之設法彌補，庶川鹽不至視為畏途。其法維何，一曰包澧屬之鹽釐，一曰減運澧之鹽税。澧州有四釐局，不抽淮鹽，專抽川鹽，刁難需索，商情何堪。宜仿照萬户沱川包鄂税辦法，查其四局每年共收川鹽釐金若干，統由宜局照數解交湘局，與商無干。川鹽到澧，隨時驗票放行，不准留索再抽分文，宜局雖多用此欵，而多收數百載川鹽運澧之税，所入已數倍於所出。此包運澧之釐可以復澧岸也。川鹽到宜一律納税，運澧又復抽釐，所以運澧之鹽成本加重，商販裹足，澧岸漸失。然與其失岸而無税，何如減税而復岸。似宜於運澧鹽税量予減收，令川鹽公所報明每年運澧若干載，或准照七八折完税，或准其以銀納税，必令川鹽到澧所賠之數皆出於税中。商人有利則趨，無不聞風踴躍，倘每年能銷澧鹽三四百載，即免其半税，已可多得三十餘萬串，較澧岸全失而税收全無者，不猶愈乎。此減運澧之税，亦可以復澧岸也。二者併行，川鹽仍可至澧。否則澧岸盡失，而税何有矣。

一、宜減税以輕成本，則民食多而税自旺也。查鹽税每斤收錢十餘文之時，每年猶收二百餘萬串，及加至二十五文以後，每年只收一百餘萬串。昔日在井買鹽，每引不過百兩左右，近則一百五六十兩。在井則收引釐，而瀘、渝又收税釐，到宜又收税課，通計每斤須納釐税錢三十二文。税重於本，商人無利可沾，故多改業。其尤吃虧者，則在銀價太低，買鹽納税船價等費，皆須用錢，而賣鹽則又收銀。鄂銀一兩易錢［一千］二三百文，川則只易一千一百餘文。賣鹽先賠銀價，上税又賠錢價，此川鹽之價所以日漲也。鹽税定章，固難稍改，倘能易為收銀，商人受惠已多，然收銀局中吃虧過大，或一半收銀，一半收錢皆可，否則或另設法亦可。此不過為順商情以廣招徠之極思也。總之，税輕一分，鹽即多銷一分，明有所失，而暗有所獲，此一定之理也。

以上四條，其輪銷及由公所售鹽二條，應由鹽業中自行籌辦，惜無人倡首，遂使人人欲辦之事，變成人人畏辦之事。緣自兵燹時淮鹽道梗，川鹽准其濟楚，原無所謂商運官運，不過零星小販順帶數包，以求微利，日久漸多，始設税局，又久漸衰，始設官運，初無一定引票，亦無一定章程。稍不獲利，商即舍而之他，故雖有欲改輪銷者，而憚於提倡，略有虧折，即不如改業之為愈也。今若改為輪銷，應請憲台遴委熟習商情之員，會同各商公議。而川鹽各商，又皆以渝、萬為主店，運行川鹽又皆以瀘局為根本。所委之員，必須至瀘、渝、萬縣會同籌議，詢謀僉同，然後改為輪銷，則各商自歸一律，而商號亦自有增無減。商多則鹽多，鹽多而税自多，不過一反掌間耳。至運澧之鹽，或包湘釐，或改折減税，或易錢收銀。倘蒙允准施行，則商人但有微利可沾，固無不樂於從事也。

札參將高長洪等分修隄工光緒二十五年三月初四日

照得武勝門外紅關至大王磯隄工，關係重要，已飭僉副將厚安、璞參將玉、吴副將元愷、恩倅玉四員，會同原委之李牧紹遠、徐令鈞溥趕緊分段興修在案。兹查該隄工鉅期迫，亟應添委多員，分段承修，以免貽誤。查有署參將高長洪、署游擊陶運亨，游擊張彪、王得勝，堪以派委。全隄工程原議二五收分，今查紅關一帶江流較急，時有衝刷，工程尤爲喫重，應將紅關以下一千丈外幫，加爲一三收分，以期坦厚鞏固。自此以下至天興洲以上，應否酌加抽分，由該員等體察妥籌辦理。務須硪築堅實，限定於四月十五日以前完工，以禦汛漲。至李牧、徐令堅請辭修工之差，應即照准。委徐令爲全工總收支。李牧本係派委督修白沙洲至金口一帶隄工閘工，即應飭專心籌辦，勿庸兼管紅關隄工。至新築之隄恐未十分堅結，應於隄外酌抛蠻石，以護隄根而禦盛漲。

札北藩司等籌議户部循案撥補各省釐金抵借洋欵一摺附單(一) 光緒二十五年三月初七日

光緒二十五年三月初四日准兵部火票遞到户部咨開山東司案呈據北檔房傳付所有循案撥補各省釐金抵借洋欵一摺，單一分。光緒二十五年二月十五日具奏。奉旨：依議。欽此。相應傳付江南等司，即赴本檔房抄録原奏清單，恭録諭旨，飛咨各該省督撫一體遵照辦理等因前來。相應抄録原奏清單，飛咨湖廣總督，轉飭鹽屬各員遵照可也。同日并准户部咨湖廣司案呈同前由，又於三月初六日准户部咨貴州司案呈同前由各等因，到本部堂。准此。查宜昌鹽釐，關係京協及本省各項餉需，甚爲重要。自上年將鹽釐改由税司代徵，雖經户部照數撥補，上年所撥本省各項，其中尚有無著之欵，自今仍屬虚懸。此次所撥補本年一百萬，其中無著之欵尤多，或并無此項，或已經户部指撥作洋債專欵，或本欵并無如此之多，或將湖北之欵又撥補他省。似此鉅欵虚懸，鹽道應解京餉、駐防餉、本省各餉，必致貽誤。應由藩司、鹽道、善後局會商糧道、江漢關道、牙釐局，電商宜昌、沙市兩關道，通盤籌計，會同核議切實辦法，迅速具詳，以憑酌核具奏。除分行外，合就札行。札到，該司、局、道即便會同各道，遵照上項札飭事理迅速核議詳辦，勿稍遲延。

户部奏稿

户部謹奏為續借洋欵，訂明釐金作抵，循案將該省所短釐金照數撥補，恭摺仰祈聖鑒事。竊查續借英德商欵，前經奏准以七處釐金作抵，内蘇州貨釐八十萬，淞滬貨釐一百二十萬，九江貨釐二十萬，浙東貨釐一百萬，宜昌鹽釐加價一百萬，鄂岸鹽釐五十萬，皖岸鹽釐三十萬，共釐金五百萬，均自光緒二十四年閏三月十一日起，由税司代徵，抵還洋欵。惟前項釐金業已指明抵還洋欵，各省京協各餉，以及本處防餉等項向取給於釐金者，勢必驟行短絀，是以上年臣部籌欵奏明撥補在案。今本年自三月十一日起，七處釐金仍由税司代徵，各該省所短釐金五百萬，自應仍由臣部撥補。第上年撥補之欵，以昭信股票為大宗，現時昭信股票已奏准停辦，必須另行設措，方能撥補足數。而各省司關道庫同一拮据，又均無存儲的欵足供指撥。當此財力日絀，用度日繁，不得不於無可搜括之中，為竭力補苴之計。謹將籌撥各欵開列清單，恭呈御覽。應請旨飭下各省督撫轉飭按照單開數目，分别撥解兑收，以清欵項。惟是各省所短釐金既經臣部指欵撥補，在協解省分固當不分畛域，勉籌協濟，在受協省分尤當力為其難。凡向應解京餉等項，仍照常報解，不得藉口出入不敷，任意截留，致有貽誤。至七處釐金改歸税司代徵以後，比較從前收數自當日有起色。應俟扣足一年，由總理各國事務衙門飭總税務司查明確數，詳細呈報，仍由總署轉咨户部，以備稽核。所有撥補釐金緣由，理合恭摺具陳，伏乞皇太后、皇上聖鑒。謹奏。謹將撥補釐金各欵開列清單，恭呈御覽。

計開

一、蘇州貨釐作抵銀八十萬兩。除照上案准撥浙西代徵絲繭捐及本省牙帖捐絲繭捐約銀十二萬三千兩、江蘇裁兵節餉銀十萬

(一) 以下六件録自抄本《督楚公牘》。

兩、江蘇丁漕折錢平餘銀十萬兩、江甯丁漕折錢平餘銀四萬兩外，今撥新疆裁兵節餉，抵作江蘇應協甘餉六萬兩，直隸薪餉減平，抵作江蘇應協淮餉十萬兩，貴州裁併局員節省薪費等項，抵作江蘇應協貴州協餉六千兩，再撥蘇州新關洋藥税釐五萬兩、金陵釐局五萬兩。江蘇實存漕項十萬兩，安徽實存漕項二萬兩，又由江蘇裁減各項用費節省銀内提五萬一千兩。以上共撥足八十萬兩之數。

一、松滬貨釐作抵銀一百二十萬兩。除照上案准撥江海關洋藥税釐撥補銀十四萬九千兩、江蘇裁兵節餉銀十七萬一千兩、河南裁兵節餉銀十四萬兩、河南丁漕折錢平餘銀二萬兩外，今撥兩淮鹽斤加價二十一萬兩，河南鹽斤加價二萬兩，河南漕折正項加復銀四萬兩，江蘇茶糖煙酒加捐銀四萬兩，江蘇當税銀二萬七百兩，廣西梧州新關洋税銀八萬兩，廣東減平銀八萬兩，安徽清賦多徵銀二萬兩，廣東當税銀九萬九千三百兩，江蘇截留奉天俸餉銀六萬兩，又由江蘇裁減各項用費内提銀五萬兩。以上共撥足一百二十萬兩之數。

一、九江貨釐作抵銀二十萬兩。今撥九江關税四萬四千兩，江西當税銀六千兩，江西裁兵節餉銀六萬兩，江西應協福建餉銀截留五萬兩，江西司庫實存雜欵銀四萬兩。以上共撥足二十萬兩之數。

一、浙東貨釐作抵銀一百萬兩。除照上案准撥浙江裁兵節餉銀十萬兩外，今撥廣東裁勇節餉銀二十萬兩，廣西裁兵節餉銀四萬兩，福建鹽課銀三萬兩，浙江鹽斤加價銀五萬兩，兩浙鹽課並溢課銀八萬兩，浙江漕項銀六萬兩，浙江茶捐煙酒加價二萬兩，浙江新章減平銀八萬兩，浙江緑營公費節省銀二萬兩，浙江新增當税銀二萬兩，浙江整頓釐捐盈餘銀八萬兩，杭甯兩關洋藥税釐銀二十萬兩，甌海關洋税銀二萬兩。以上共撥足一百萬兩之數。

一、宜昌鹽釐加價作抵銀一百萬兩。除照上案准撥湖北暫停採辦米價運費銀七萬兩、湖北裁兵節餉銀十一萬兩、湖北丁漕錢價平餘銀五萬兩、湖南丁漕折錢平餘銀三萬兩、四川裁兵節餉銀十萬兩外，今撥湖北鹽斤加價銀五萬兩，湖南鹽斤加價銀二萬兩，湖北漕項銀四萬六千兩，湖南漕項銀四萬兩，四川鹽斤加價銀十萬兩，雲南裁兵節餉銀四萬兩，宜昌關洋税銀十萬兩，湖北當税銀一萬四千兩，江漢關洋税銀十萬兩，山西煙酒加税銀七萬兩，湖北釐金銀六萬兩。以上共撥足一百萬兩之數。

一、鄂岸鹽釐作抵銀五十萬兩。除照上案准撥淮鹽加價銀五萬八千兩、江蘇裁兵節餉銀十六萬二千兩外，今撥四川鹽課實存銀四萬兩，河東鹽課實存銀三萬兩，湖廣裁減長江水師節餉銀二萬四千兩，山西當税銀四萬二千兩，湖南當税銀三千四百兩，河南當税銀四千一百兩，四川當税銀七千五百兩，揚州關常税銀三萬兩，鳳陽關常税銀一萬二千兩，湖北沙市關洋税銀七千兩，四川重慶關税銀八萬兩。以上共撥足五十萬兩之數。

一、皖岸鹽釐作抵銀三十萬兩。除照上案准撥安徽裁兵節餉銀七萬兩、安徽丁漕折錢平餘銀五萬兩、江蘇裁兵節餉銀五萬兩外，今撥安徽歷年積存漕折銀十萬兩，安徽裁兵節餉銀三萬兩。以上共撥足三十萬兩之數。

統計七處共撥補銀五百萬兩，應令各該省、關各按單開數目，分别解支，不得短少遲延，亦不准挪移别用。至協解省分何日起程，受協省分何日收到，均隨時奏咨報部，以備查核。

札南藩司等遵照部撥抵補宜昌鹽釐數目撥解來鄂[一] 光緒二十五年三月初八日

光緒二十五年三月初四日准兵部火票遞到户部咨開山東司案呈據北檔房傳付所有循案撥補各省釐金抵借洋欵一摺，單一分云云，相應鈔録原奏清單，飛咨湖廣總督轉飭鹽屬各員遵照可也。同日并准户部咨湖廣司案呈同前由，又於三月初六日，准户部咨貴州司案呈同前由各等因，到本部堂。准此。除分行外，合就札行。札到，該司、道即便遵照部撥抵補宜昌鹽釐數目，迅速照數撥解來鄂，以供應解要欵，是爲至要。勿稍延誤。

飭委胡得立前往確查甯鹽開辦官運是否毫無窒礙 光緒二十五年三月十一日

據上游官運川鹽局湖北候補通判杜焕章禀：竊卑職禀覆遵諭查勘北潞二私案内，擬創大甯官運，以開利源，禀報飭派卑局幫辦委員張縣丞長祐前往周歷查勘明確，禀請核辦等情，禀報在案。茲據該員回局禀稱，遵飭束裝起程，由光、均、鄖、房、竹山、竹谿沿途勘度，以達四川之大甯，計水陸程途一千三百二十里，萬峰環聚，一線溪流，人煙稀疎，山高灘險。查得大甯廠設大使一員，鹽竈九十六副，每年產鹽約二千引，每引五十包。炭鹽每引售銀一百十兩，柴鹽價倍之。若運至竹山之官渡河，加水陸運脚，川、鄂釐税，計成本運本，每觔炭鹽合錢四十五文，柴鹽合錢六十五文，售鹽價值量加五文一觔，銷必能暢。蓋房、竹一帶無官督銷，商販惟利是圖，罔識大體，視道路遠近，加價零售，自八九十至百餘文不等。山民瘠苦，淡食者多。加以比歲不登，甯銷愈形減色。茲聞官運將興，平價便民，羣情欣慰。其銷數大旨以三縣核計，初設官運，每年約可銷一萬五六千包，計二百萬觔有奇。土局帶征鹽税，每觔抽收一文二毫，今請倍加爲二文四毫，毋庸帶徵，就售鹽之内按包核提，毫無遺漏，每年約得五千餘串，再加售鹽盈餘，歲約一萬串。除局用、司巡薪糧，并查照土税局抽收鹽釐額解鹽庫二百四十串文外，鹽、釐盈餘兩欵，每年約可解錢一萬串，確有把握。但得年穀順成，委員經理認真，銷數日旺，盈餘鹽釐必可逐漸加增。至設局之處，查竹山所屬之官渡河爲三縣適中之地，洵運鹽之樞紐，應即在該處設局，此外轉運分銷以及運鹽道路，均經逐一勘度，尚屬易於舉行。謹呈輿圖清摺，伏候酌核轉賫等情。據此。伏查該員所查情節，尚屬詳明，輿圖清摺，亦甚分晰。既盈餘確有把握，當此公家支絀之時，不無河海細流之助。卑職擬即前往先行試辦，以開利源，藉補卑局之不逮。應需官本，前禀聲明擬將活欵二萬兩暫請停解，借撥作爲大甯官運存本。伏祈查明前禀併案批行等情，到本部堂。據此。除批：禀單及清摺、圖説均悉。據稱，甯鹽開辦官運，既有便於民食，且核計鹽、釐盈餘兩欵，每年約可解錢一萬串等語。此事屬創辦，既須借撥官本，又須咨明川省，是否毫無窒礙，應候本部堂委員前往確查禀覆到日，再由北鹽法道體察情形，妥議詳覆核辦。仰北鹽法道轉飭遵照。此繳。等因印發外。此事係屬創辦，是否毫無窒礙，查署鄖縣知縣胡倅得立，現在當已交卸，茲特派委該倅親往官渡河、馬門子、白河口、雞心嶺、核桃園、猫

[一] 此電并咨明四川督院、雲貴督院、雲南撫院、山西撫院。

兒灘、檀木樹坪等處，詢考官紳商民，通籌確核，是否有利無弊，據實稟候核奪，勿稍草率遷就。惟各處道途險遠，盤費浩繁，所有夫馬川資，均准開報發給，并於老河口一帶，密切確查杜倅近年所辦上游官運局是否妥善核實，回省據實稟覆。此係特委重要事件，該倅向來辦事勤能老練，勿辭勞瘁，勿避嫌怨。切切。除電飭外，合亟札委。札到，該倅即便遵照札飭事宜，分别認真查明稟辦。特札。

札興國州嚴拏炭山灣煤鑛滋鬧首要人犯 光緒二十五年三月十二日

據辦理興國州炭山灣商務煤局、兵部候補郎中余正裔稟稱：竊炭山灣煤鑛仿照西法，去冬先就山邊開一小井，又於湖邊續開大井，刻已挖深七丈有餘。其小井舊設機器，因鍋爐太小，未兼起重，人力起炭，數故不多。去臘新購小井機器運到，(開)〔刻〕正趕即安設，修建煙囱一座，開爐即可每日出炭數十噸。幸工程師機器熟悉，鑛師藝學皆精，辦事勤奮，佈置各工，有條有理。各項大井機器，鐵路輪船，均已陸續辦〔齊〕，不日皆可運到，仰託福庇。大井如早出炭，定有成效可睹。不料鄉民蠻野，動輒滋生事端。二月初，年節已過，始而附近炭山之大屋莊，繼而茅村莊，繼而陳必成莊，忽然辦演獅燈，糾集二三百人，名爲送燈，實係恃衆訛詐，開口定要數十串。業給數串，不滿其欲，即逞凶吼擁，毁壞機器，搶取物料。鑛師見其無理，令各歸散，竟敢相對喝罵，不服彈壓，勢即用武。接連兩三日，不堪其擾。恐尚有效尤之處，遂將陳姓逞凶之人解送到州，請官懲辦。乃牛牧棠僅予掌責，比即開釋，大屋、茅村之案，亦未深究。查興國向有演燈土風，但止搭彩燃鞭，以娱春景，從無索錢之事。況工廠非玩燈之地，洋師非可辱駡之人。此端不可開，此風亦不可長。鑛師當欲請其領事行文照會，司員勸其聽候官辦，因請江漢關俞道鍾穎專函致州，請牛牧認真究辦，保護遠人。司員并親到興國面商辦法，牛牧當亦簽差查辦，而究未拘人到案。詎知月之初二日，相隔數里之黄洪揚莊忽聚數百人往大冶阻窿，路過炭山灣，膽將大井棚廠、攬車機器打毁，鳴鑼叫號，一哄而過。司員當接黄姓族長幫同照料，詢其何故生端，云被洋犬趕咬挾忿，尤爲無理取鬧。該族長正欲服理賠物了事，乃衆丁轉回時，復將木石抛填大井，又故意繞至洋師屋前，指名跳駡，各手執有凶器，喝阻不理，鑛師比即擎鎗欲擊，司員力阻其前，未釀鉅禍。司員伏思近日民情，知法而不知恩。興國民風雖然强横，斷無不畏官法。惟其聚族而居，拘拏不易。必須簽差會營，多派百數十人，必可拏獲，嚴懲其一，自足以儆百。如去歲鄉民偷盗洋划，毁去裝飾，又偷盗大小木料機件，并縱火燒棚各案，迭送十數起，竟未拘辦一人，愈長其横。今洋鑛師覩其情形，覺鄉民專與爲難，非重辦爲首之人，其心必不甘服。洋鑛師等刻已上漢，據云州官遇事敷衍，全不保護，工程何能再辦，且恐誤傷其生，如工程將竣，略有毁傷，則全功盡棄，必當請示領事，恐有照會詰問，上煩大人操心。且洋人性情急躁，設再遇前項情事，鄉民不知輕重，萬一擁至近前，洋人護己，先即轟斃數人，司員何能擔此重咎。加以工程師代購機器鐵軌等項，合銀數萬兩，議定分年攤還。工程如不能辦，必索現銀，再索數年工價，銀數亦鉅，商局從何籌給。謹據實縷陳下情，伏祈大人嚴飭興州牧，迅將爲首滋事之犯拘案懲治，認真保護彈壓，俾大工可以速成，功不廢於半途。鑛務幸甚，司員幸甚等情。并據駐漢法國德領事照會，據亨達利洋行商人稟稱，伊在興國州炭山灣開挖煤鑛，被該處鄉民糾衆訛詐錢文，打毀棚廠機器，拋石填井，擾害不堪，稟懇移請拘究，派兵保護，以免釀禍，并附呈興國州炭山灣煤局司員説帖一紙前來敝領事。據此。相應備文附送説帖一紙，照請查照。希即札飭興國州迅速嚴拏滋事之人懲辦，以儆效尤。還希派兵前往該地方彈壓，以免釀禍等情，到本部堂。據此。查前據該郎中余正裔稟准辦理炭山灣商務煤鑛，當經札飭興國州隨時彈壓保護，勿任地痞藉端滋事，另生枝節在案。兹據該郎中稟稱前情，是該州於該鑛局平時并不認真彈壓，故棍徒敢於混行訛詐，藉端滋鬧。及生事後，復不嚴行拏辦，以致刁風愈長。查鑛務乃近年疊次奉旨飭辦要政，尤係爲民興利大端，該州何得一味膜視，置之不理，縱容地痞匪徒訛詐擾害，實屬大謬。且該處鑛務募有洋工程師在廠辦理，如果愚民滋生事端，致釀禍衅，該州豈能當此重咎。合行飛札嚴飭。札到，該州即便遵照，迅速嚴拏此案滋鬧首要人犯，訊明懲辦稟報，一面遵照前札，隨時認真彈壓，妥爲保護。倘敢仍復有意膜視，致滋事端，該州定干參處。懍之。切切。

札陶運亨查拏漢陽府黄陂五通口滋事匪徒 附單

光緒二十五年三月十八日

據湖北漢陽府知府余肇康稟稱：卑府近聞黄陂縣南鄉五通口一帶，每有匪徒夜入人家，形同劫掠，以江邊艕子船爲巢穴，出没無定，迭經密飭張令設法查拏，并由卑府屢派妥人往查。適值張令因公來郡，面爲評述，并令前往長江水師陶游擊會商辦理，一面再由卑府簽差協同踩緝在案。兹據該令稟覆，并將拏獲水保正張松亭取具初供鈔寄前來。卑府詳加查閲，踪迹實類會匪。現經卑府飭再研訊張松亭確供，多覓眼綫，將其所指諸匪訪拏務獲，并分别移送陶游擊暨漢陽協張副將、漢陽縣李令一體協同查緝。兹將張松亭供摺先行呈請鑒核。該匪徒既以艕子船爲窩頓，自以搜查江面爲第一要義。擬請迅賜檄飭陶游擊趕速遴派得力舢板二只，前往暫駐五通口，俾資協拏而便彈壓等情，到本部堂。據此。查黄陂縣屬五通口一帶現既有匪徒，形同劫掠，以江邊艕子船爲巢穴，出没無定，實爲地方隱患，亟應查拏懲辦，以遏亂萌，而安閭閻。應飭長江水師漢陽鎮標游擊陶運亨迅速派撥得力舢板二只，前往五通口暫駐彈壓，實力協緝。并飭黄陂縣及漢陽營、縣迅速覓購眼綫，按照張松亭供指各匪，踩訪確踪，嚴密查拏，務獲稟辦，以免蔓延滋害。除分飭外，合亟札飭。爲此，札仰該游擊即便遵照，迅速遴派長江水師得力舢板二只，前往五通口暫駐妥爲彈壓，實力協緝，務將此案滋事首要各犯悉數弋獲，稟解究辦，以靖地方。勿稍疎忽。切切。

張松亭供詞

據張松亭供，年五十二歲，家内并無他人。小的先年與伯父開貿張永順糧食行，小的并在江南駕過船的，因無事才開煙館。充當五通口水保正，有十二年。先是礮船王老爺所派，經管江面上事，上自諶家磯下之江嘴，下至沙口上之汪家尾，上下船只，每船挂號，給洋布護標一張，用的漢陽中營右二隊李印記，每張取錢五十文，礮船上不分錢，小的年下約得十多串錢。至張一賢出門十多年才回，他同熊連喜、鄧老么，聽説都是會匪，手中常拿洋礮短刀。去年十二月二十邊，鄧老么自江南駕一船回，可裝糧食四十石，兩邊有艕子，小的不挂他號。怕他挾仇，只得給他挂號，聽他停泊。他的船去年臘月裝過人到漢口，又裝人轉來，小的怕他們不安分，禀過李老爺，叫嚴密。李老爺去年十二月上去，今年二月初才下來，現又上去，中間小的并向舵工説過，舵工也不管閑事。今年二月初五日聽見説張一賢走了，又聽説在七家洪遇着朱林子船。張一賢并訛了朱林子錢五六串，是因先裝私鹽，才訛他。會匪名叫訂釘子，是他們口號。朱林子船裝客貨，現往江西樟樹鎮去了未回。又徐老虎是南京人，會匪頭子，人在口岸地方，離七濠下邊百十多里。張一賢先在江南，因徐老虎要殺他才回。又聞有朱鳳起，他也是會匪，聞充配湖南。認得張一賢的人，只有上五通口官興曾，還有張連惠認得，可做引綫。今蒙查訊，求施恩典。

札江夏縣嚴訊孫洪升刃傷蕭得勝一案

光緒二十五年三月二十六日

據孀婦蕭闞氏、蕭羅氏呈稱：爲袒禀理冤，主縱顯然，吁叩提核卷案，一併究辦以儆袒縱事。氏前控凶犯孫洪升，泄嫌刃傷氏子蕭得勝，背面共十二傷斃命一案，沐憲批示森嚴，法威兩感，銜結難忘。但思張游擊、王營官等身居領帶，闔營主張，理應嚴肅御下，禁暴戢凶。乃以梟凶孫洪升視爲爪子，孫即以張、王等恃爲主膽，在督衙法地挾嫌刃傷氏子，迫氏喊叩督、撫兩轅。張、王猶不知儆，禀以氏子開革後飭繳軍裝，不服約束，辱駡冒犯等謊，朦朧搪抵，并將凶犯送縣訊押，以塞己責。不知該營兵在營犯法，理合在營以軍令從事，何用送縣延展。殺人者死，律有明條，何庸訊押了事。既云軍裝未繳，試問半月口糧何以得給。如云約束冒犯，試問營官何不發落，領帶何不加罪。獨孫一人持刃凶殺，是專國法，且擅軍令，尤爲無法無天，何容庇護。況督衙乃森嚴陣地，理法所在，凶敢視爲屠場，濫殺無忌，非惟滅民母子，抑且藐視國法，何容曲袒。情形似此，則氏子雖死於孫凶之手，實死於張、王之口也。不叩迅提併辦，死難瞑目。除已催叩撫憲外，衹得瀆叩台前，鑒核作主，迅提縣主卷宗傷格并嚴究孫洪升及張游擊、王營官等到案研訊，如何殺斃，如何袒縱，軍令從事，以慰苦魂等情，到本部堂。據此。除批：查孫洪升將該氏之子蕭得勝殺斃，情節凶暴，亟應嚴究抵償，早經發縣監禁，明白批示在案。惟人命案件，例應由州縣官審明擬辦，解府、解司、解院覆勘具題，接准部覆後方可處決，該氏自應静候照例辦理。省城防營釀命，并非前敵軍營可比，不能遽以軍法從事。且現經欽奉懿旨，除會匪、土匪、游勇、馬賊可就地正法外，即强盜殺人重案，仍應照例解勘，不准就地懲辦。功令惶惶，自宜懔遵。該氏之子被殺，不能比强盜殺人之案尤重，何能即行正法。且前批已批明應抵，即該營官等原禀，亦已聲明係開革後殺斃，此即是擬抵之根據，何得謂爲袒縱。今該氏乃以交縣審辦爲延展，以監禁爲收押，輒謂應以軍令從事，何庸審訊，且復砌詞牽連混控，實屬無理。該氏等婦女無知，顯有訟棍從中主唆情事。仰北按察司飭催江夏縣速提凶犯孫洪升嚴訊究抵，照例解勘。一面查明此案如有唆訟棍徒，并即挐案究懲。切切。等因。印發外，合就札行。札到，該縣即便遵照速提凶犯孫洪升嚴訊究抵，照例解勘。

一面查明此案如有唆訟棍徒，并即拏案究懲。切切。

札江漢關道照會法領事結宜施教案附單

光緒二十五年三月二十八日

案查宜施兩府屬教案，據法領事照請迅速委派幹員商辦，以期速結，當經飭令營務處提調、候補知府朱守滋澤，洋務委員、候選知縣梁令敦彦，前赴漢口，會同法領事德托美及明教士妥議辦理，議定條欵，開具清摺，業經法領事、教士及該委員等均各簽押。兹據該委員等面呈前來。本部堂查核所議條欵，尚屬妥協，應即照辦，以結此案。所有呈到清摺，合行照録札發存案。爲此，札仰該關道即便遵照照會法領事即照議結條欵，將宜施兩屬教案全作了結，刻日照覆，以憑結案。勿稍遲延。

法領事照送各單（一）

照抄江漢關道稟呈法領事德托美照送各單

今將奉到本國駐京大臣札辦巴東、利川各縣教案各欵列後：

一、焚搶毁殺教堂教士教民各要犯，按照中國之例，嚴行懲辦。

二、巴東縣恩、利川縣蔡、長陽縣竇、長樂縣劉、恩施各縣令，往往縱害，有同謀滅教之心，亦按照中國之例，嚴行參辦。

三、董教士被匪殺斃，現該教士家有父兄人等需賠伊家紋銀二萬五千兩。

四、天主堂、育嬰堂學房，以及焚搶什物等項，需賠紋銀四十五萬兩。

五、利川縣城内准該教士擇一地方，需地方官出銀買妥，並賠做天主堂一座。

計開教堂教士教民房屋什物被焚殺毁搶各目列後：

一、利川李子漕天主堂、育嬰堂學房各數棟，以及教民房屋六十家，統被焚搶。又教民數名，亦被殺害。

一、野茶壩天主堂一座、房三座，以及教民房屋十七座，一並焚搶。又毁教民房屋三十一座，又殺壞教民數名，又教民孕婦二名亦被打下，至今未愈。

一、南坪天主堂被打毁，教名房屋十八座亦被焚毁，以及教堂教民房屋什物一併搶盡。

一、支羅、石家壩、海家壩、花台等處地方，天主堂學房，以及教民房屋什物等項，統被焚搶一光，又殺斃教民二名，丢放火燒。

一、建始鴉雀水教民房屋被焚三座，什物亦被搶盡。又被搶去姑女一名，未知存亡。

一、巴東塞口山小麥田天主堂并什物亦被毁搶，宗溪地方天主堂并房屋二座亦被焚燒。教民房屋一百五十家並什物等件，統被焚搶一光，又被殺害燼死教民八十三名。又被搶去姑女二名。

一、長陽小峰埡、長宗、麻榨地方天主堂并教堂房屋數座以及什物等項，被焚搶一光。又教民房屋二十座，以及什物等項統被焚搶。

一、長樂以元關、天元坪、扇子坪等地方，教民房屋十座并什物等項，統被焚搶。

（一）據抄本《督楚公牘》補入。

一、担子山地方教堂教民房屋十座以及什物等項，統被毁搶。

計開巴東焚殺毁搶各首犯名目列後：

劉明達　劉明經　陳年崇　陳年興　陳年義　譚文瑞
劉華國　劉文誥　鄭開松　張先典　張先魁　劉德先
田昌覺　蘇先春　馮先達

以上匪徒係殺斃董教士之犯。

彭孝康　楊永培　陳士公　雷國珍　何景詩　段嗣云
陳連從　周興儒　雷嗣壽　向志强　胡光才　劉道信
胡光明　段嗣揚　段嗣元　段嗣群　段嗣坤　段嗣宣
段長壽　段遠興　石啓高　石啓科　石啓全　石啓金
石啓明　石啓坤　石文清　雷大申　雷本高　雷大選
雷遵德　胡充美　胡光學　胡立忠　陳士寬　陳開模
張必南　張萬和　張昌序　張萬書　張光隆　馬天福
譚大富　鄢廷安　鄢廷松　鄢門烈　潘興禮　易善家
歐德盛　楊永德　鄢廷書　姚士明　姚士後　向志剛
羅承紀　楊維猛　李光清　毛秀才　李　才　余洪丙
石各學　余應和　戴大受　戴大山　戴習成　趙宏成
李光揚　石啓倫　戴大庸　戴習清　戴習名　王與柏同子
馮清海　馮清河　馮清洲　葛士學　葛承福　姚道孝
余洪昇　余洪丙　余洪恩　周恒章　胡光清　王心安
楊顯華　譚大良　張啓綸

計開長樂匪首名目：

向熙廷　吴將朝　孫敬峰　李光佑　吴焕友　祝蘭亭
李竹軒　吴支山　唐玉寧　李斗山　朱德詔　嚴昌直
傅德忠　羅永安　朱虎臣　黄河亭　朱德照　朱德揚
朱道善　羅承仁　羅承義　羅成柏　曹志齊　余運伸
余有剛　嚴有邦　嚴昌志　嚴昌盛　張萬和　任國善

計開宜都匪首名目：

嚴登武　馬志漢　叶俱善　熊永章　叶俱美　劉開早
斐士林　高玉三　曹學書　陳永發　曾臣義　楊能全
閔元德　楊得勝　郭連甲　郭文典　隗必生　鍾德富

計開長陽匪名目：

覃培章　劉洪寬　鄧全和　楊大偉　范大志　覃忠悦
李少白　覃培群　劉洪才　蘇文林　楊大仟　劉茂來
覃厚璠　周恒章　覃培君　萬家翰　許其科　戴大豪
李茂開　李明西　黄正炳　覃秉作　曾傳明　李大俊
李光恒　李光臺　蹇賓州　李明錫　王文藻　張士早
黄道詩　雷士清　楊大全　段遠興　王興泰　趙昌達
覃厚經　楊大則　覃忠見　覃忠西　葛開芝　黄大先
李明羊　李成學　李成美　李成德　覃章書　覃原芳
覃茂繼　覃秉君　覃秉衣　覃自欽　覃自祥　覃自望
覃自恩　覃茂謙　覃茂河　覃茂敦　覃自恩　覃茂謙
覃茂河　覃茂敦　覃茂守　覃章理　田吉魁　覃秉德
覃秉悦　田正楷　覃秉詩　覃德培　覃德義　覃德玉
覃國武　覃國全　覃益書　張萬選　吕守蛟　嚴正全
彭世明　侯照遠　楊正清　葛素甲　蔡老六　葛連甲
高永昇　范計伸　鄧　金

計開利川野茶壩匪首名目：

張順禄　吴東瀛　鄧邦之　鄧惟照　黄德柏　張官蘊
王遠傳　王遠山　段家哲　牟其遂　鄧忠原

計開李子榜匪首名目：
張順禄　牟一達　向昌洪　向邦玉　郜金波　郜金源
張明壽　牟一杞　牟奇南　牟奇升　李永亮　牟一久
計開南坪匪首名目：
曾憲台　李一清　牟一貴　楊章華　徐昌福　徐昌發
黄甫生　成先正　周澤舍　許世有
計開石家壩匪首名目：
石成碧　許興岱　石元偉　許興瑞　石成台　許世業
陳仲文　許代長　許世紀　許連開　許世聘　許代占
許宗芝　許春山　吴　興　許朝望　饒九麻子
計開長堰塘匪首名目：
朱維見　楊里善　朱維典　譚維典　譚維騰　譚永保
計開花台匪首名目：
李世爵　李世碧　王忠賢
計開支羅匪首名目：
趙學剛　向懷義　向培娃　趙興東　鄧忠源　黄花子
計開磁洞溝匪首名目：
劉安全　趙正印　向莫漢　楊章典　趙興代
覃章良　覃章選　覃章景　覃章全　向耀桃　張中寛
覃登岸　覃仕德　劉興巴　牛角尖　楊吉安即小霸王
楊板角大王

宜、施教案議結條欵[一]

光緒二十五年三月二十四宜、施二府教案議結條欵

今將議宜、施二府教案立約列後：

一、董教士被害實屬可憫，應即給恤銀漢口平色銀一萬兩，交由法領事轉給其家，并代致慰，告以地方官實屬抱歉。

一、除匪首向策安及施南、長樂、長陽、巴東匪目數十名已經批飭正法梟示，又打仗陣斃賊匪百數十名，軍前正法二十餘名外，所有知名匪犯仍當嚴密查拏，一俟陸續拏獲，隨時訊明情節，按中國律例懲辦，以靖地方，決不姑容。所有在逃匪犯，如教堂教士探知逃匿何處，可隨時通知嚴拏，決不容其漏網。

一、此次宜、施兩府各縣地方，所有被毁各教堂、育嬰堂、學堂教堂公産，并堂内堂外失去祭器家具木植，暨各教士私自衣服書籍一切什物等件，議明統共償給漢口平色銀四萬四千五百兩作為了結，再無異言。

一、前任長樂縣劉令，因縱容會匪不能及早禀辦，以致釀成鬧教之事；後任長樂縣蘇令於匪徒作亂鬧教時，不能彈壓撲滅，均已經奏參革職。長樂汛千總、長樂縣典史，亦俱已參革，已足以示懲儆。惟須嚴飭巴東、利川、長樂、長陽等縣保護教民俾得歸耕，不為痞匪擾害。

一、嗣後各地方官務須實力保護教堂，并剴切曉諭百姓不得與教堂為難，而教堂教士亦不收留匪類，不干預詞訟。總之，嗣後遇有詞訟，不問是民是教，只問安分與否，彼此推誠布公，以期民、教相安。

一、各處百姓有被害過於貧苦者，不分民、教由地方官酌量撫恤。教堂如欲散賑，地方官必極力相助。

[一] 據抄本《督楚公牘》補入。

一、利川縣城内由地方官選擇一官民相宜無礙地方，由官出款，建造天主堂一座，該價言明以錢一千串為限，其地以一百方内外為率。此堂定於一年之内興工，造成之後交付本地天主堂永遠管業。

法領事德托美　簽押

明教士　簽押

湖北營務處提調朱滋澤　簽押

督轅洋務文案梁敦彦　簽押

札修隄委員加厚隄工 光緒二十五年三月二十八日

照得省城武勝門外紅關至青山隄工，前經札委僉副將厚安等分編甲乙等字十號，按段承修。旋因己庚兩號工程太緩，辛字號工亦較難，又將己字五百丈勻作兩段，飭由璞參將玉、恩倅玉分修。庚字號原係四百丈，撥辛字一百丈歸入庚字，共五百丈，勻作兩段，加委副將劉恩榮、都司甯鴻章分段修築，以期迅速竣工各在案。查全隄工程原議内外二五收分，惟甲字、乙字兩號正迎襄河之溜，水勢較緊，自應格外加厚，隄内二五收分，隄外加三收分，以資抵禦。其餘八號隄内外均按二五收分，不得稍有短少。查小磯頭地勢最低，數十年前盛漲之時，水痕七尺五寸，應即照此水痕再加高二尺五寸，定爲隄頂高一丈。全隄以此爲準，一律較平，不得稍有低矮。至層土層硪，乃修隄一定不易辦法。所有該隄全工，均須用石硪每層連環套打，務求堅實，不得用牛拉石磙，希圖省事。蓋緣石磙力微，衹堪以壓地脚，若築隄上之土，斷非石硪不可。如工頭自帶之硪不敷應用，可速定造石硪多具，數日即成，亦不難於趕辦。總之，新築之隄本難十分堅結，全賴硪工得法，始足以禦盛漲。萬勿草率遷就，致滋貽誤。

札飭各道府州縣并咨行各省購閲商務報[一] 光緒二十五年三月二十八日

照得湖北漢口地方遵旨設立商務局，所有辦法章程八條，聲明由局傳布商報，業經恭摺奏明，奉旨允准，飭令加意講求，認真經理在案。茲查商報一事，凡有關商務諭旨自應恭録，奏疏文牘均應採録，此外商局講論、中外商情暨各報商務通論、商務交涉案件，均應採入，其東洋西洋各報、商學商律諸書，亦應擇要譯編，按旬出報。查商務實今日要圖，振興之法非一端所能盡，而綜論利弊，則必以商務報爲開通風氣之先。現既奉旨設局立報，應即通飭湖北各道府州縣，查照農學報一體購閲，并轉發紳商閲看，使知中外貨殖之盈虚，製造之良楛，行銷之通塞，庶可透晰利病，力圖振興。其各州縣官紳如有究心商業者，能將湖北地産所有各貨，人工所成各貨，詳載利用之實，籌畫行銷之法，均可由各該官紳隨時論列，詳細函致該局内商報館，以備採擇入報。總期互相聯絡講求，俾商務日新月盛，以保利權。合行通飭。札到，該道、府、州即便遵照，轉行所屬各州縣，將商務報一體購閲。初次酌定大州縣購二十分，中等州縣購十分，小州縣購五分，轉發紳商展轉傳觀，切實考求，以爲裕民阜物之基。各道府每處各購三分。此時均暫由善後局墊給半年報費，將來核開銀數，行

[一] 以下三件録自抄本《督楚公牘》。

知該管府及直隸州，由該府州彙收，解交省城善後局歸欵，各道自行移解歸欵。惟派購止此一次，計報半年以後，該道府州縣及紳商、軍民人等即自行查照報尾所載經理送報各處，自往購閱可也。仍將遵辦緣由具報查考。毋違。特札。

以保利權〔一〕。除通飭湖北各道府州縣遵辦外，相應將現出商務報第一册，咨送貴部堂、部院，請煩查照，通飭各屬知照。如有閱報者，即照報尾所載各省經理、送報各處，前往購閱。其有各屬官紳商民考究商務一切利益，均可隨時論列，詳細函交送報處，轉達湖北商務局内商報館，採擇登報，庶各省商情無虞隔閡，商務得以流通。望切施行。

飭辦沔陽州天主、福音兩教互鬭案光緒二十五年三月二十九日

照得據沔陽州屬仙桃鎮電局電稱，距仙四十餘里地名路林湖，天主教與福音教仇殺，已開兩仗，殺死有人等語。正核辦間，接據沔陽州李牧士英電稱，沔屬大興垸天主、福音兩堂教民因争湖水，聚衆互鬭，福音教民被傷九人，槍斃一人，經士英往驗彈壓，已解散。天主教民亦報有三人被毆斃死，現在確查等語。據此。查此案因争湖起衅，輒行聚衆互鬭，殺斃人命，毆傷多人，情節甚重，無論是民是教，均應嚴行禁止，迅速查辦，且其中關涉天主、福音兩教，尤宜詳查妥辦，以免另滋事端。合亟札飭。札到，該州、府即便遵照，先將此案詳細情形據實稟覆，一面查拏爲首糾鬥及下手正兇，務獲稟辦。至天主教民報有三人被毆斃死，究竟有無其事，亦應訪查明確，務得實在下落，毋稍含糊，致滋藉口。仍剴切示諭兩造，務各静候查辦，勿再凶鬭妄爲。是爲至要。若再藐法逞兇，定即照土匪例查拏治罪。切切。特札。

札委王立清總理北路緝私營務處光緒二十五年三月二十九日

照得副將洪貞祥所帶緝私營，提督李清貴所帶武功左營，提督吴建瀛所帶升字左營，分駐黄、孝、麻、羅一帶堵緝北私，地段遼闊，近年私梟充斥，巡緝尤當認真，必須有大員會督各營官實力整頓營勇，方能得力。查鄂岸督銷局江蘇候補道王道立清現已到鄂，應即委充總理緝私營務處。所有鄂岸緝私營及武功左營、升字左營派出之緝私營勇，均聽稽查約束。除各該營緝獲私梟匪犯，調派操防一切事宜，仍由各該營官稟候核定外，如人數或有短缺疲弱，并營哨各官操練巡緝是否認真，勇丁有無得規庇縱、藉端擾民情事，均責成該道考核稽查。倘有前項情事，即據實稟請核辦，勿稍瞻徇，其有操練勤能，巡緝得力者，亦據實稟請奬勵。除分行外，合亟札委。札到，該道即便遵照總理鄂岸緝私各營營務處，務須認真整頓，勿負委任。仍將奉札遵辦日期具報查考。

札知府黄邦俊展設施南至利川電綫光緒二十五年四月初三日

照得宜施兩府所屬州縣，地處邊隅，距省遥遠，一切吏治民

〔一〕上文同前。

情、會匪教案各事件，文報批答，往還淹滯，每致後時。近年業經先後將電綫展設，由宜昌通至施南、來鳳、野三關、大枝坪，宜都、長陽資坵等處，以速事機在案。茲查施南府屬之利川縣地方，距府城一百八十里，與川省接壤。此次長樂、長陽等縣會匪鬧教倡亂，先由利川假託川匪余蠻黨羽擾教滋事而起。查湖北各屬民教積成嫌隙，以利川爲最早。現在籌辦善後，釋怨解鬭，除莠安良，亦以利川爲最難。必須電報迅捷，立時查訊清結，認真保護彈壓，方可消患無形，不致多生枝節，釀成鉅案。應再由施南展電接至利川縣城，即派黄守邦俊趕緊安設，限一月内竣工。該守現在省城，所有電綫、鉤碗即在武漢、沙市等處迅速購運上駛，其電桿木料可在施南就近購用。應需經費，即行核實開報，由善後局給領。

札修隄委員鞏固隄工 光緒二十五年四月初四日

照得紅關青山隄工係屬新築，必須格外穩固，方足以禦江漲。除甲乙兩號一千丈正迎襄河溜頭，最爲吃重，已飭於隄外斜鋪蠻石一丈，作爲坦坡，以護隄腳。此隄腳鋪石處均應用石灰勾抹，以期堅結外，其以下八號二千七百七十餘丈，均應於隄外幫趕鋪草皮，庶可藉禦盛漲盪刷。再，此時隄工將竣，所有隄外距取土之處，原飭留出六丈，今應將此六丈空地立定界石，不准該處民人耕種挖土。迅即多爲插種柳樹，將此六丈空地參差種植，示以界限，以免私耕私掘，致隄腳受傷。此時所種所發枝條雖不能十分蕃茂，然亦可期成活，俟明年正月再行補種齊全，并於柳樹中間空處多種粗壯葦根，俾得迅速發生，以衛隄址。

札飭北藩、臬兩司迅將宜施教案分賠銀兩查照總署奏案妥議詳覆核辦（一） 光緒二十五年四月初五日

案照此次宜、施兩府屬教案，業經派員與領事、教士議定結案辦法，共計應賠銀五萬四千五百兩，業經札行藩、臬兩司，江漢、宜昌關道查照，并分别咨行在案。查前准光緒二十二年四月總理衙門咨，嗣後如遇教案賠償之欵，議結後由該管督撫、藩臬、道及府廳州縣分年按成償還歸公等因。此項賠欵應如何分賠之處，即由兩司迅速議詳，以憑核辦。合亟札行。爲此，札仰該司即便遵照，會同迅將此次宜、施教案議結銀兩分賠數目，查照總署奏案，刻日妥議，詳覆核辦。毋稍遲延。

飭查經心書院滋事諸生并令妥議整頓章程 光緒二十五年四月初九日

照得書院之設，所以教育人才，先講品行，再論學業。茲查得經心書院諸生因争較奬銀，竟敢張貼告白，投遞公函，詆毁江漢書院院長，竟有以打繼之之語。其措詞舉動惡劣已極，實屬粗鄙近利，荒謬妄爲。查該書院於數年以來，經本部堂叠次擴充，歲費鉅欵，其待該書院諸生可謂優厚。特於課程六門中專設行檢一門，原所以整飭學規，滌除積習，以期學行交修。今該生等如此不知自愛，不循禮法，行檢何存，大負本部堂培植之意，實堪駭歎。亟應嚴行查辦，以端士習，斷難稍事姑容。合亟札飭。札

（一）以下三件録自抄本《督楚公牘》。

到，該提調、道即便遵照，會同鹽法道、提調程道，督飭監院迅速查明此次在院滋事之人，據實禀覆，以憑嚴行懲辦，斷不能含糊了事。至該書院膏獎章程，俟此案查辦了結後再議可也。此札。

咨行北撫院、學院將經心書院滋事之閔鴻勛等屏逐出院 光緒二十五年四月十二日

照得書院之設，所以教育人才，先講品行，再論學業。茲查得經心書院諸生因争較獎銀，竟敢張貼告白，投遞公函，詆毁江漢書院院長，竟有以打繼之之語，其措詞舉動惡劣已極。此外告白言語更有凶暴無理，不能形諸紙筆者，實屬粗鄙近利，荒謬妄爲。查該書院於數年以來，經本部堂叠次擴充，歲費鉅欵，其待該書院諸生可謂優厚。特於課程六門中專設行檢一門，原所以整飭學規，滌除積習，以期學行交修。今該生等如此不知自愛，不循禮法，行檢何存，大負本部堂培植之意，實堪駭歎。當經本部堂札飭該提調等查明滋事之人，禀覆懲辦去後。茲據該道等會禀稱，查得此次張貼告白、投遞公函，實由外院諸生倡議，係閔鴻勛、揭文錦面交外院門役熊英賫遞，內院諸生實未與謀。惟算學齋鍾炳查係知情。擬請將閔鴻勛、揭文錦、鍾炳開除出院，以示懲儆。其餘各生多係隨聲附和，尚未與謀，懇免深究等情。據此查經心書院外院肄業生閔鴻勛、揭文錦，既經該提調等查明不守院規，投遞公函，詆毁江漢書院院長，內課肄業生鍾炳知情附和，均屬謬妄已極。本應褫革，以端士習，姑從寬屏逐出院，并咨明學院注劣，以示薄懲。此外諸生姑免深究。嗣後如再有似此不循禮法，不顧行檢，生事妄爲者，定即隨時從嚴懲黜，決不能稍從姑息。除行經心書院提調、北鹽法道遵辦，并傳諭各生知照外，相應咨明貴部院請煩查照施行。

札江漢關道勸諭華商購機製茶 光緒二十五年四月十四日

照得中國出口土貨以茶葉爲大宗，而漢口商務之盈絀尤專視茶葉爲盛衰。近年印度、歐美、東洋各處種茶漸多，銷流漸廣。雖茶質遠遜中國，而外國人究心培植、加工、烘製，洋茶貨價日高一日，我茶出口年少一年。若不及早整頓，則必如他事終落人後，原有大利盡爲外人奪去，豈不可痛可危。前經屢飭江漢關道悉心考究，妥議詳奪，并札委税務司穆和德勸令華商集股，仿照外洋烘製之法，購機試辦。旋據江漢關道詳：據武昌府崇陽、蒲圻、通山、咸甯、興國等州縣，及茶釐委員易守學灝暨茶葉公所商董禀覆前來，大率皆以機器製茶水味苦澀，香氣不清，祗宜英國，以外則不能暢銷。機器價貴，成本難籌，不若仍循其舊爲詞。查華商性情，但以襲故套圖小利爲事，而憚於求精。官場積習，但以因循省事搪塞上司爲能，而懶於振作。當經批駁，飭令再行悉心體察，妥議詳奪在案。茲日久未見詳覆，特再札催該商等，須知中國茶葉所以至今仍勝於洋茶者，乃中國土性天氣使然。至於人工烘製，則人事之不齊，斷不若機器之一律。若中國仍用舊法，洋商必藉口人工不能停勻，製法不能乾潔，極力傳播煽惑，務使各國盡銷洋茶而後已，恐各國銷路日久皆將窒塞，豈獨一英。我若改用機器，是製法與彼同，而茶質較彼勝，又何能與我争衡乎。若謂機器製茶香味全失，此説最謬。查洋人飲茶，專取濃厚，

既爲消食，又防傷胃。先用鐵鍋熬成濃汁，將飲之時，注於甌内，必加入洋糖兩塊，再攙入牛乳一勺，已別成一種風味。即使清芬雋永如浙之龍井、蘇之碧螺、閩之蘭蕊，配以中泠、惠山之泉，一用西法煎熬調和，恐亦不能辨其爲何味矣。西人所謂清香，豈中國詩人墨客品茶諸書所謂清香耶。況機器烘製，其經火成熟與人工同，而迅速停匀，無煙氣，無霉氣，無馬糞氣，則遠勝之，何反至有損香味，尤不可信。若謂機器製茶只銷於英，尤爲無稽妄説。漢口煙筒林立者，即俄商以機器製茶之屋也。數年來，俄人亦漸買印度茶，所買者即皆機器之所製也。近年温州機器製茶，味美價善，洋報稱盛，該官商等獨未之聞耶。至漢口茶商連年虧折，大抵皆因零星小販太多，資本不足，重息假貸，減價争售，致壞市面。若各大商能集股購機製茶，小販力薄不能購機，勢必不能與之争利，是小販不禁自絶。既無小販，則華商不爲洋商挾制，市面必日有起色矣。前據税務司穆和德面禀，洋商之欲來漢試辦者甚多，而華商皆畏葸裹足，不肯集股。本部堂聞之，殊爲華商惋惜。此事所需資本並不甚鉅，多則十萬，少則六萬，再少則三萬亦可試辦。以漢口茶商之盛，豈竟無一二有識有志之人，爲中國挽回利權耶。爲此，札仰該關道趁此茶商雲集之時，務速再爲傳集各商，極力勸諭籌辦，以爲明年之計，毋負本部堂勸導苦心，務期議有端倪。如有須官力維持保護之處，本部堂定必竭力扶持。儻商人集股不足，本部堂亦可酌籌官欵若干相助，以期成此盛舉。

咨浙江撫院委員解運毛瑟槍赴浙[一]　光緒二十五年四月十七日

照得現據浙江惲藩司來電，以湖北槍礮廠所造小口徑毛瑟槍浙省需用四百枝，皮帶、皮盒、子彈均全，請由鄂派員即日運杭，需價二萬二千四百兩，已交甯號逕匯湖北等語。應飭湖北善後局趕緊委派妥員，墊給運費，迅速解往浙江藩司衙門交收。所有運費，即俟運到核明，如數解鄂歸欵。除飭善後局遵辦，仍將起運日期先行電知浙省，并飭槍礮局將前項槍彈等件照數配齊，交給委員速解外，相應咨明。爲此，合咨貴部院請煩查照飭知施行。

札委程頌萬充當自强學堂提調　光緒二十五年四月二十三日

照得自强學堂提調，前經飭委湖北試用同知汪丞鳳瀛代辦在案。兹汪丞另委有農務學堂差。該學堂開辦在即，事務殷繁，難以兼顧，所有自强學堂提調應即另行委員接辦，以專責成，而昭慎重。查有現充該堂總稽察湖北補用通判程頌萬心思精細，辦事認真，堪以委充自强學堂提調。務須常川到堂，遇事查照定章，禀商總辦，督同在堂各員，認真經理，實力整頓。遇有重要事件，仍隨時禀請本部堂核定示遵。除分行外，合亟札委。札到，該員即便遵照充當自强學堂提調，按照上項札飭事理，妥爲辦理。仍將接辦堂務日期具報查考。

[一] 以下三十七件録自抄本《督楚公牘》。

札岳嗣儀赴滬領運毛瑟彈回鄂 光緒二十五年四月二十四日

案照江南機器製造局代造湖北省毛瑟槍彈二百萬顆，工料價合庫平銀四萬兩，上年已由湖北善後局籌撥銀二萬兩，派輪先行領運一百萬顆回鄂濟用在案。本年正月二十一日發寄兩江督部堂劉箇電，以代造毛瑟槍彈尚有一百萬顆未領，需價銀二萬兩，擬在江南現存勸辦湖北賑欵二萬兩內劃撥，當即派輪領運以清此案。旋於正月二十三日接准兩江督部堂劉養電，毛瑟槍彈價銀已飭賑捐局劃撥，并電飭製造局兑收，即請派輪領運，以了首尾等因，到本部堂。准此。應即派員前往領運。茲特派委參將岳嗣儀乘輪赴滬，領運回鄂。除咨行外，合亟札委。札到，該員即便遵照迅赴上海，將製造局造存毛瑟彈一百萬顆照數領運回鄂，沿途務須小心押解，勿稍疎虞，并不准夾帶拖帶別項貨物，致干查究。所需運費，即赴善後局請領。

咨兩江鹽院川税劃抵楚釐辦法等事 光緒二十五年四月二十五日

案照江南鄂岸淮鹽應解湖北楚釐銀兩，在於湖北應行解淮川税欵内劃抵一案，迭准貴督部堂先後來咨，并抄金陵籌防、支應兩局、湖北督銷局各詳。查核楚釐每年約解銀十八萬餘兩，内除扣還籌餉預釐四萬餘兩，又江南攤派鄂岸認還俄法英德四國洋欵二成銀兩、督銷局於楚釐内酌提一成銀一萬數千兩外，每年止解楚釐銀十二萬數千兩，其川税解淮每年約銀十二萬數千兩。督銷局擬就欵劃撥湖北緝費銀約二萬五六千兩，所餘解淮銀不過十萬餘兩，以之劃抵楚釐，不敷銀二萬數千兩，在於江南代付湖北鐵廠銀兩扣除，暨由督銷局於商繳昭信票銀撥解等因咨鄂。當經轉行北鹽法道核明議詳去後。茲據鹽法武昌道孟繼壎詳稱：伏查淮鹽定章，每引派楚釐銀一兩八錢，由督銷局徵收，移解道庫轉解充餉。川鹽定章，每觔解淮加課一半錢二文五毫，由宜昌川鹽局徵收，彙解道庫轉解督銷局兑收。此歷來之辦法也。自光緒二十四年閏三月十一日以後，川税楚釐彼此兩未解交，此次議抵，應將是年閏三月十一日起至年底止鄂岸宜局各銷淮鹽、川鹽引數、斤數覈明各應解釐課銀錢若干。除江南攤派鄂岸認還洋欵二成銀兩，應由江南於所收鄂岸鹽釐内攤還，未便於楚釐内扣提，另詳更正聲請免扣外，其楚釐内應扣預釐一項，即由督銷局將銀數覈明移道，再由道將宜局所收錢數，照宜局册報市價合成長平估實，又以督銷局前解之局平折實銀數，互相劃抵。倘互有盈歉，各分別補清，以後各將所銷引數、觔數彼此報查，每月由道按照報查數目，核明劃抵一次，即作爲解課一次。仍應各備具文批，移行存案，以便句稽而符原案。至湖北鐵政等局應撥還江南借付鐵政廠訂僱鍊銅洋匠薪費銀一萬五千餘兩，其如何借付及所借數目，事與鹽釐無涉，道署無案可稽，應即各清各欵，請免劃扣。況楚釐乃本省兵餉及京餉要需，一旦劃扣，不但轇轕難清，且餉項短絀，殊關緊要。擬請將鐵政局應還之欵，仍由該局自行籌還，以免轇轕。其湖北緝費督銷局擬於川税内劃撥一節，查楚釐解鄂銀每年約十八萬餘兩，今除扣還預釐銀四萬餘兩外，尚應解銀十四萬餘兩，即以川税解淮銀每年十二萬數千兩全數劃抵，尚不敷銀一萬數千兩，應請由督銷局補解足數。是此項欵内，并無盈餘可以劃作緝費，所有緝費一項，亦應由督銷局照案解濟，俾濟要需。

合將遵奉覆議川税劃抵楚釐辦法并免抵緝費緣由，具文詳祈查核，咨明兩江督部堂轉飭遵照等情，到本部堂。據此。查督銷局應解楚釐，乃係因淮鹽行銷鄂岸湖北應抽之釐。此欵歷係解充各項緊要軍餉，關係重要。其江南攤派鄂岸認還洋欵二成銀兩，與湖北無涉，自應由江南於所收鄂岸鹽釐内攤還，未便在楚釐内提扣，已據該道另詳，咨請免扣。至江南借付湖北鐵廠銀兩，應即飭由湖北鐵政局籌還，各清各欵，亦免在楚釐内劃扣。現計楚釐惟應扣還預釐一欵，除扣之外，尚應約解銀十四萬餘兩，即以川税解淮銀十二萬數千兩全數劃抵，約尚不敷銀一萬數千兩。應請貴部堂飭令督銷局補解足數。其湖北緝費，亦應由督銷局照案撥解，以濟要需。相應據詳咨會貴部堂，請煩查照轉飭督銷局遵照辦理，并希見覆施行。

咨盛京堂飭查招商局洋涇濱各産抵保洋行借欵案附單

光緒二十五年四月二十九日

案照本年四月十五日承准軍機大臣字寄光緒二十五年四月初二日奉上諭：有人奏，大理寺少卿盛宣懷辦理江西萍鄉煤鑛鐵路，以招商局洋涇濱各産抵保洋行借欵，請飭查禁等語。萍鄉煤鑛前據張之洞等奏陳開辦情形，并無抵保借欵之説，若如所奏，因萍鄉一隅之鑛，輒以招商局各産抵保，殊屬有礙大局。著張之洞詳細查明，即行知照盛宣懷，毋得輕許，致滋流弊。是爲至要。原片著抄給閱看。將此諭令知之。欽此。遵旨寄信前來等因，到本部堂。承准此。查此案現奉諭旨飭查，非先咨詢貴京堂查悉現辦情形，確考案據，不能得其詳細，與他項密查事件不同。應請將此案原委辦理情形，及此次借欵每年還欵本利約須若干，是否以招商局全局各項産業抵押，抑止以上海洋涇濱一處棧房産業作保，現在招商局各處輪船棧房一切産業成本共值銀約若干，上海洋涇濱一處産業約值銀若干。此次借欵合同内係寫作保抑係抵押字様，抵押與作保有何區别。設將來借欵本利萬一無著，洋商能將招商全局佔據管理，致礙大局否。商借此欵之時，貴京堂曾否電商總理衙門核准并奏報有案。至原奏所請令萍鄉紳富集股一層能否辦到，若將來萍鄉商富附股集有成數，能否以附股之欵將此項洋欵及早清還，抑或另有何妥善辦法。以上各節，逐一詳細咨覆，以憑查核覆奏。相應咨明貴京堂請煩查照辦理，迅速確覆施行。

請查盛宣懷以招商局洋涇濱産業抵保洋行借欵片

再，近聞自南方來者，喧傳大理寺少卿盛宣懷以招商局洋涇濱各項産業抵保洋行借欵，辦江西萍鄉煤礦鐵路，不知信否。如實有之，臣竊惑焉。中國商務與外人抗行者，獨一招商局輪船公司耳，雖係商辦，實歸南、北洋大臣主持，是為官商合力，中國商務全局所關。萍鄉僅一隅之鑛，致以中國第一公司抵保，豈非失算。萍鄉設有蹉跌，以一隅而牽動全局奈何。通商以來，中國買回馬頭，設立招商局，洋人未嘗不生嫉忌。輪船公司之利，近年益為招商局所擠，在洋人方處心積慮，謀傾奪之而不得其隙，今忽指此作抵，則有隙可乘，必千方百計使此局終為洋人所據而後已。其中情形事勢，盛宣懷不得諉為不知也。如謂此止作保，不為抵押，夫以各項産業作保而曰非抵押，其將誰欺。如謂此係為湖北鐵廠計，查萍鄉至醴陵不及百里，水陸均便，煤鑛既旺，搬運匪難，何必籌開鐵路，致貽後患。如謂購辦機器，其價甚鉅，盛宣懷本挾多貲，何必動借洋欵。專藉洋欵營利，市人皆能之，何必盛宣懷。如謂不借洋欵，萍鑛欲停，必為洋人所得。獨不思一借洋欵，本息難償，萍鑛必為洋人所得乎。招商局本議不准抵押，盛宣懷何得妄行開端。擬請飭令南、北洋大臣立案禁止，以杜陰謀，而弭隱患。并請飭下湖廣督臣、湖北撫臣認真稽核，別籌辦法。或即令萍鄉紳富集股接辦，俾焦炭足敷鐵廠之用，與開平煤鑛相輔而行，於大局不無裨益。附片具陳，伏祈聖鑒。謹奏。

咨兩江鹽院飭督銷局免扣補解湖北楚釐 光緒二十五年四月二十九日

據湖北鹽法武昌道孟繼壎詳稱：竊照卷查光緒二十二年間奉憲台札開，准兩江督鹽部堂劉咨開，據兩淮鹽運司江人鏡詳覆奉飭分認歸還俄法英德借欵一案，計鄂岸攤派二成等因。旋准督銷局咨，在於月解楚釐及各處鹽釐項下，每處先行酌提一成歸欵，其餘不敷銀兩再行按月扣還，以足鄂岸攤派二成之數等因，先後行咨到道，經前署道移知善後局查照各在案。職道查此項認還四國洋欵，經户部指撥江蘇地丁、鹽課、鹽釐、雜税等項，乃部派江省認攤歸還之欵，與湖北無涉。即江運司議詳在鄂岸攤派二成，乃係於江省所收鄂岸鹽釐内攤派，并未令在應解湖北所得楚釐内攤還一成之説。蓋所謂楚釐者，爲鄂岸代楚北徵收之釐，非應歸江省之欵，而鄂岸似不應以代人徵收之銀，作彼省奉撥認還之項，竟於楚釐内派還一成，辦理實未平允，與江運司攤派鄂岸二成之語名實不符。前署道漏未查明具詳，迨職道履任之初，正值鹽釐改歸洋人代徵之際，督銷局遂將楚釐一例停解，故未及詳晰辨論。兹奉文以湖北解淮川税劃抵督銷局解鄂楚釐，又當鄂省萬分拮据之時，於出入欵項更應認真籌度。況此項四國洋欵，鄂省已奉部派認還，爲數甚鉅，若再於楚釐内又扣一成，直是重複加派。鄂地素稱瘠苦，殊難支持，自應咨請更正免扣，方爲正辦。復查督銷局於楚釐内扣去攤還洋欵銀，自二十二年六月起至二十四年閏三月初十日止，共扣去銀三萬二千八百九十八兩二錢一分五釐，自閏三月十一日以後，楚釐銀兩未准移解。所有未解者自應查案更正，毋庸攤扣。已經攤扣之銀，應令督銷局如數補解，以濟要需。所有遵議楚釐内請免攤扣洋欵緣由，是否有當，理合詳祈查核，咨明兩江督部堂轉飭督銷局查案更正，免扣補解，實爲公便等情，到本部堂。據此。查江南應還四國洋欵，經兩淮運司議在鄂岸攤還二成，自係在江省所收鄂岸鹽釐内攤派。督銷局乃於應解湖北楚釐内酌提一成，則是以湖北應得之釐代江南攤還洋欵，殊未允協。所有督銷局嗣後應解楚釐，應請貴督部堂轉飭該局，不得扣攤洋欵。其自光緒二十二年六月起至二十四年閏三月初十日止，共已扣攤洋欵銀三萬二千八百餘兩零，應即由督銷局如數補解，以濟緊要餉需。除批示外，相應咨會。爲此，合咨貴部堂請煩查照，希即轉飭鄂岸督銷局查案分別更正，免扣補解，見覆飭遵。望切施行。

密飭北藩、臬兩司查拏張鴻澤解省究辦 光緒二十五年五月初二日

照得上年沙市客民與招商局更夫因細故滋事，焚毁關局，延

燒華洋房屋一案，其肇衅之由，實因招商局董、同知銜候選知縣張鴻澤平日恃勢淩人，此案復袒護更夫，以致激成鉅案，其咎甚重，經本部堂奏參。奉旨：張鴻澤袒護更夫，致釀鉅案，著一併斥革，永不准投效軍營，更名捐復，并即行驅逐回籍，毋任逗遛等因。欽此。欽遵轉飭在案。現在訪聞張鴻澤并未回籍，前往宜昌招攬多事。近又潛赴沙市，希圖與外人句串生事。查該革員從前在沙日久，劣蹟多端，商民均深痛恨，現復逗遛沙市，於交涉事宜必致多生枝節。似此顯違詔旨，任意逗遛，干預交涉，實屬膽大藐法。應即飭司密派幹員馳往沙市，會同地方官，不動聲色，密速設法拘獲，押解來省，發審究辦。合亟密飭。札到，該司即便遵照，迅速委員密拏張鴻澤，務獲解究，毋得漏洩疎縱。如令該革員逃逸，定干未便。仍將委員銜名報查。

飭委沈錫周總辦槍礮、鋼藥兩廠光緒二十五年五月初四日

照得湖北槍礮局關繫重要，前充提調沈守錫周，現經奉旨以道員分省補用，應即委充總辦，以資得力。該道即會同原派總辦瞿署藩司，總辦槍礮局事務。該道仍常川駐紥漢陽廠内，所有漢陽槍礮廠、鋼藥廠事宜，統歸經理，督率提調、委員、洋匠、司事人等，悉心講求，認真督催，務期工作日益精良，製造日臻美備，料歸實用，費無虛糜。倘委員司事辦事不能得力，或工匠不實，虛費物料，以及工匠人等怠惰疲緩，出械不多，製造粗率，不能如法，查出即行撤换懲儆，勿稍徇隱。如遇重要事件，仍稟請本部堂核定示遵。除分行外，合亟札委。札到，該道即便遵照充槍礮局駐廠總辦，查照上項札行事宜，認真妥籌辦理。仍將遵辦日期具報查考。

會札北藩司等通飭各州縣、釐卡應解各欵不得概以銀條官票作抵光緒二十五年五月初八日

據專辦官錢局兼餉錢所、湖北候補知府趙毓楠稟稱：竊照鄂省制錢缺乏，錢價日增，奉飭設立官錢局，原爲平價便民起見。遵查定章，各州縣錢漕，均令解歸官錢局代爲傾鎔上兑，已由兩司暨北善後局詳明通飭，并蒙憲台奏准欽遵轉行在案。開辦以來，各州縣所解現錢殊爲踴躍，不特官民稱便，即錢局添此不竭之源，根柢愈見深固，實屬盡善盡美。乃日久弊生，近來各州縣運解到局多係銀條，甚至支展兑期。各釐卡報解餉錢所，亦係官票居多，現錢甚屬寥寥。緣漢口市面，現錢易銀及購官票均有沾潤，故凡解到現錢，一抵漢口即起卸錢店，或兑後期銀條，或轉買官票作抵，此現錢運到錢局之所以少也。查卑局官票原准完納釐金，如果各該州縣暨釐卡實係經徵官票，亦斷不能强令解運現錢。但聞各州縣徵收錢漕多係銀錢兼收，各釐卡抽提釐金，亦係銀錢並用，未聞鄉里小民、過路客商全携漢口銀條、卑局官票赴櫃完納者。今則徵收如彼，報解如此，是官錢局僅供投文上兑之役，而餉錢所亦爲有名無實之地。在該州縣暨釐卡印委各員廉潔自持，素顧大局，萬不至此，大抵皆管解家丁及司事從中漁利。不知卑局與餉錢所原屬一氣相生，此端一開，該所既來源不旺，卑局亦展布不開。現在該所存錢不多，而每月應付善後局各欵，爲數甚鉅，

萬一周轉不來，竊恐臨時周章。此卑府不能不預爲籌度也。理合將現在情形縷陳憲鑒，伏懇飭知北布政司、督糧道暨牙釐局，分別通飭各州縣暨各釐卡仍遵舊章，凡應解餉錢所、官錢局者，收銀解銀，收現錢解現錢，收官票解官票，不得概以銀條、官票作抵。卑府謹當竭力維持，務期官商一氣，上下相聯，俾官票日見暢行，現錢得以流通，則幸甚矣等情，到本部堂、部院。據此。查各州縣錢漕，向章解歸官錢局代爲傾鎔上兑，即各釐卡亦多以釐錢赴餉錢所上兑，緣各州縣徵收錢漕，多係銀錢兼收，各釐卡抽收釐金亦係銀錢併用，斷無全收漢口銀條及官錢票之事。今則各州縣運解到局多係銀條，各釐卡報解到所多係官票，顯係管解家丁及司事將現錢兑換銀條、官票從中漁利，而該州縣、該局亦豈得諉爲不知，實屬顯違定章，希圖自便，不顧要公。倘以後官錢局及餉錢所現錢難以流通，各該員豈能當其咎耶。亟應通飭查禁。除分行外，合亟札飭。札到，該司、道、局即便通飭各州縣、釐卡遵照，嗣後征收錢漕、抽收釐金，凡遇應解官錢局、餉錢所者，務照定章，收銀解銀，收現錢解現錢，收官票解官票，不得任令管解家丁及司事從中漁利，以所解現錢在漢口兑易銀條，并購官票作抵，以致官錢局、餉錢所現錢難於周轉，有礙支放。倘再仍前朦混滋弊，一經查出，定即從嚴撤懲。

札朱滋澤確查鸚鵡洲抽收竹木公行捐欵 附單 光緒二十五年五月十五日

據漢陽縣生員羅峻、漢川縣貢生李芳欽呈稱：鸚鵡洲有公行一欵，係歸行户在於買客除扣行用之外，每串抽錢十八文繳還釐金，另抽錢八文完納公行。計釐金每年包解十二萬，公行每年應存五萬有奇。此項公行私抽之欵，徒作無名浪費，懇請委員查算，撥作公欵等情，具呈前來。查此項捐欵，與釐金正項無涉，究因何事於何年議同釐金併抽，向係何人經管，每年究可得捐欵若干，如何支用。若果如該職等所呈，取之商販者已屬鉅欵，而經管之人任意侵挪浪費，是於地方毫無裨益，徒歸中飽。亟應查明確實，撥歸地方重要公用，以杜私競。合就札委。札到，該守即便遵照札飭事宜迅速認真確查，明晰稟覆，以憑核辦。毋稍徇延。切切。

請查鸚鵡洲公行抽收捐欵

敬稟者。竊當今時勢，中外羣處，帑藏空虛，欵項支絀。大帥以憂國憂民之心，舉全副精神，籌富强之策，一切鐵政、織布、機器、馬路等項，與夫書院、學堂、護軍、礮隊等事，在在需費，(劈)[擘]畫維艱，共知大帥日夜焦勞，眠食俱廢。生等杞憂雖切，獻曝無由。茲查得鸚鵡洲有公行一欵，係歸行户在買客分中除扣行用之外，每串正抽錢十八文繳還釐金，另抽錢八文完納公行。公行與釐金相輔而行，釐金每年包解計十二萬，公行每年應存五萬有奇。此生等訪之非親即友作買客之實言也。既未奉旨奉憲，又無公欵開銷，其為完納八文，由來遠矣。所痛恨者，並將所剥之脂膏，徒作無名之浪費，此情何能上達，在買客徒自太息而已。生等因念斯時籌欵孔急，昭信股票尚且經營，似此私抽之項，相沿既久，商民出之已慣，無俟另籌新章。伏懇委派廉明之員，核算積年賬目，并問所收鉅欵存蓄何處。生等近居者識理，應同委查核，以免賄蔽各情。嗣後另立名色，委員接辦，撥何公欵，出自憲裁。生等為公家起見，原無嫌隙沾染。聊抒忱悃，藉報涓埃。謹將公行私收鉅欵實在情形縷陳原委，恭呈憲鑒。

會札鑄錢局暫停鑄造光緒二十五年五月十六日

案照前因鄂省制錢缺乏，商民交困，是以購機造廠，鑄造制錢，原期與銀元相輔而行，以期俾益民用，雖略有虧折，亦所不恤。所有鑄錢局常年經費，係批定由善後、牙釐兩局每年各籌解銀一萬五千兩應用在案，而銅鉛價之虧耗，尚不在内。兹查上年銅價每百斤需銀二十餘兩，洋白鉛價每百斤需銀七兩，近則銅價漲至三十四兩，洋白鉛價漲至九兩，成本過重。加以近來錢價漸低，虧耗益鉅。本省竹山銅鑛已停，建始銅鑛未旺，而各庫各局欵項日形支絀，此項虧耗鉅欵，實難籌措彌補，惟有將鑄錢局暫停鑄造，俟將來銅鉛價值相宜，再行鑄造。如需用現錢時，或仍託粤局代鑄，較爲節省。至局中委員、司事、機匠、藝徒人等，已臻嫻熟。查現奉寄諭，令各省銀元統歸湖北、廣東兩局鑄造，是鄂省銀元局正須擴充，所有該局員司、匠徒及機爐器具各件，即可撥作銀元局之用。如此辦法，實屬一舉兩得。將來如果銅廉欵裕，即就附近拓地添機，亦尚不難。除分行外，合亟札飭。札到，該局即便遵照刻日暫停鑄造，查照上項事理截清用欵，將現存銅鉛點清存儲，將機爐器具各件與銀元局商明移交，分别報查。勿違。

飭令槍礮局等挑選學生、弁勇、工匠赴東洋學習槍礮工科光緒二十五年五月十六日

照得武備事宜，以講求槍礮爲第一要義。迭奉諭旨，飭催趕造槍礮子彈，久經嚴飭湖北槍礮局認真遵辦在案。查製造新式槍礮，理法極爲精微，誠恐該局工匠人等藝能淺近，尚未能盡機器之用，以致製造未能精密迅速，亟應選派學生、工匠，赴日本礮兵工科學校，迅速悉心學習，以資任使。兹飭自强學堂選派東文學生五人，槍礮廠選派工匠九人，護軍工程營選派識字能畫圖之弁勇六人，均須選擇穎悟誠實，行止謹慎，年在二十五歲以内者，各將姓名、籍貫、年歲造册開送，以憑派往日本學習，即交派往監督游學學生之錢守恂督察約束，照料一切。所有學費、川資、整裝各項，即在槍礮局經費項下開支。將來學成回華，即歸槍礮局量其學業材能，優加録用。合亟札飭。札到，該局、學堂、營即便遵照札飭事宜，刻日遴選年在二十五歲以内工匠九名、東文學生五名、識字能圖畫之弁勇六名，開送姓名、籍貫、年歲清册，呈候核辦。毋延。

札岳嗣儀等暫行裁停測海、金甌兩兵輪光緒二十五年五月十七日

照得測海、金甌兵輪二艘，原係因沿江會匪滋擾，衅端堪虞，咨由南洋撥歸鄂省駛用，飭令在沿江上下游巡防彈壓。該兩輪月支薪糧一千兩有零，奏明與楚材兵輪勻撥支用，咨行在案。此時長江一帶尚屬安静，楚材兵輪一艘亦可勉資巡緝，所有測海、金甌兵輪兩艘，應即暫行裁停，以節餉需。即責成管帶測海兵輪參將岳嗣儀、管帶金甌兵輪縣丞鄺祐昌，將船内鍋爐、機器、礮械、器物等件點交清楚，舵工、水勇、礮手人等妥爲遣散，勿任逗遛，并由北善後局會同督標中軍副將，將裁停事宜妥酌辦理。每輪仍

酌留數人看守，停泊省城近河江岸，應支薪糧，截至裁停之日爲止。此項節出餉需，即專欵存儲，留備修建塘角礮臺之用。除分行外，合亟札飭。札到，該將、員即便遵照迅將所帶測海、金甌兵輪暫行裁停，聽候善後局會同中軍副將妥酌辦理具報。勿違。

飭北善後局匯寄本年下半年游學日本經費 光緒二十五年五月十七日

照得鄂省前派出洋游學日本學生二十名，應需學費用欵，前經飭令北善後局在於新籌峽路經費項下開支，按年分批匯寄日本濟用，已於上年十二月間札飭北善後局先付半年學費六箇月，購辦日本洋銀三千元，匯滬交日本總領事小田切查收轉寄在案。茲查本年下半年所需游學經費亟應早日寄往。北善後局應即迅速核明，照數匯寄日本，交游學日本學生監督奏調差委分省補用知府錢守恂查收應用，以資接濟。合就札行。札到，該局即便遵照迅速核明照數匯寄具報。勿稍延緩。

會飭錢永林將襄陽馬隊中營裁撤 光緒二十五年五月十九日

照得副將錢永林所帶襄陽馬隊中營馬勇頗有缺額，緝私緝匪亦不甚得力，應即飭令全行裁撤，以節餉需。由該營官責成各哨弁，將軍裝、器械、馬匹等件，查明原領數目，一律收回，賫繳北善後局分別存儲變價，槍械不得短少一件。應領薪糧、馬乾截至遣撤之日止，仍照章加發官弁勇丁恩餉一箇月，務令發足，不准絲毫剋扣，派弁將勇丁押送各回江北原籍，沿途不准逗遛。所遣襄陽府屬沿邊一帶地段，即飭管帶襄陽馬隊左營遊擊李福田，就該營弁勇擇要勻撥，分派駐紮，兼管緝私緝匪事宜，隨時會同營汛練軍步隊營勇及水師右後兩營，聯絡聲勢，認真堵緝。嗣後該遊擊務須破除積習，整頓營規，勇丁挑選精強足額，馬匹喂養一律膘壯，不准一名一匹短缺。倘弁勇得受私販陋規，包庇縱放，及有交接匪徒并藉端滋擾情事，一經查出，定即從嚴參辦。仍責成襄陽馬隊營務處、安襄鄖荊道朱道稽察約束。如有前項情弊，立即據實稟請嚴懲，毋得稍涉徇縱。除分行外，合亟札飭。札到，該將即便遵照札飭各事宜妥速遣撤，并將原領關防截角呈賫繳銷。勿違。

咨吏、兵部爲勦辦宜施會匪出力員弁兵丁立案 附單 光緒二十五年五月十九日

案照湖北宜昌、施南兩府屬會匪鬧教倡亂，擾害數縣，入城刦官，派兵勦辦，官軍攻破賊巢，撲滅股匪，拏獲匪首情形，經本部堂上年十二月間恭摺具奏，并聲明請將勦匪尤爲出力員弁據實保獎，以勵戎行。旋於本年正月二十一日奉硃批：准其擇尤酌保數員，毋許冒濫。欽此。欽遵在案。查此次會匪起事，因藉川匪余蠻子鬧教釀釁，乘機煽亂，先自利川縣蠢動，長樂縣匪徒繼起，焚掠長樂、長陽、巴東三縣教堂、教民房屋，殺斃教士教民，擾及湖南之石門縣地方，到處蹂躪。愚民紛紛附和，蔓延甚廣，匪衆日熾，幾有不可收拾之勢。該數縣跬步皆山，嶺高崖險，官軍前往勦捕，并無徑路可尋。又值山中大雪，冰凍嚴寒，山中米穀素缺，官軍裹糧奔馳，備極艱苦。幸得力就撲滅，不致燎原。

綜計在事出力者，有省城派往之防營，有宜昌、施南之練軍，有各地方官招集之練勇、團丁。或扼要堵勦，或督團進攻，或憑險力戰，或往來遊擊，或設法擒渠。現據各營將領及委員并地方官開具各員弁兵勇銜名前來，自應先行據報咨部立案，俟由本部堂詳加酌核，欽遵毋許冒濫之諭旨，將文武各員擇其尤爲出力者，分別各保數員，奏請奬叙，其餘末弁兵勇，分別歸於咨保及由外奬給功牌，以示鼓勵。所有據報出力文武員弁、兵勇銜名，除咨兵、吏部立案外，相應先行抄録清單咨送。爲此，合咨貴部請煩查照立案施行。

清　單

今將勦辦湖北宜施兩府鬧教會匪出力文武員弁兵勇開具清單，咨送貴部查核立案。

計開

三品銜湖北候補知府朱滋澤，該府係奏明總辦宜施會匪事宜之員

總兵銜湖廣補用副將吴元愷

總兵銜儘先補用副將陳迎祥

藍翎守備銜千總用儘先拔補把總鄒正元

五品銜儘先千總吴國英

守備用儘先千總蒲連元

千總用儘先拔補把總方得貴

藍翎儘先拔補把總李廣順

儘先外委張祥亭

藍翎儘先拔補外委曹永順　王家坤　李德華　劉松林　高明榮　黄昌南　海中棠　馬廷驤　薛三昌　龔雲龍　王應德　桂錦標

儘先拔補外委任大發　朱芝鴻　張鶴齡　楊得元　郭景順　劉文斌　吴元駿　方悦琦　孫玉山　陸松濤　羅志安　夏楚泉　彭德壽　孫傳枝

軍功孟憲德

軍功李堉端

軍功張壽豊

軍功李文廷

軍功羅逢春

軍功劉錦標

軍功羅天培

軍功劉炳和

軍功楊保如

軍功周雲龍

軍功李錦樹

軍功韓安太

軍功盛仁德

軍功胡占鰲

在任候選縣丞巴東縣野三關巡檢謝鼎

湖北試用縣丞張焕丁

分省候補班補用從九品彭慶瑞

候選主簿吴燿南

候選從九品王應仙

分省候補班補用從九品于琦

監生袁慶藩

以上均係副將吴元愷所部及知府朱滋澤隨帶攻破長樂縣白溢、紅溢兩寨及巴東縣車棧棚等處地方匪徒，或扼要堵剿，或督團進攻，或憑險力戰之各員弁。

署宜昌鎮前營游擊本任遠安營游擊鮑佑卿
署宜昌鎮中營守備儘先游擊王有盛
藍翎儘先千總借補宜昌鎮中營把總吴俊生
宜昌鎮前營把總羅仁俊
宜昌鎮前營外委韓青雲
練兵六品軍功武童甄樹增
五品軍功記拔外委張鏡堂

以上均係宜昌鎮傅廷臣派出勦辦長樂、長陽、巴東各縣匪徒，往來游擊、打仗得力之員弁。

六品軍功馬兵劉洪恩
六品軍功馬兵朱大盛
守兵張書貴
守兵宋文章
守兵饒紹富
守兵蕭五揚
守兵孫雲廷
守兵張興甲
守兵王興才
守兵蔡金鏞
守兵詹洪順
守兵韓維周

以上均係宜昌鎮傅鎮派出在巴東縣車棧棚打仗受傷兵丁。

勇丁韓秀廷
勇丁羅逢春
勇丁陳榮升
勇丁黄錦樹
勇丁張得貴
勇丁楊正才
勇丁龔迪發

以上係愷軍在紅、白兩溢寨打仗受傷兵丁。查據初次禀報受傷六名，後經續查禀後實係受傷七名。

署施南協副將升補竹山協副將楊通純
施南府知府額勒恒額
署恩施縣典史試用主簿謝琦
施南協營候補守備告降千總王與權
五品軍功馬兵甘登甲
五品軍功馬兵段尚國
七品軍功牟連登
六品軍功劉啓壽
六品軍功尤成名
六品軍功魯化南
五品軍功楊光潤
五品軍功胡森

以上均係拏獲匪首向策安出力員弁、兵丁。

札委姚廣順另募護軍中營、劉温玉管帶工程營光緒二十五年五月二十日

照得副將劉恩榮所帶護軍中營，將弁素不相習，督課不能上緊，操練難期見功。當此餉需極絀，練兵喫緊之際，但有一兵即須精求操法，但有一營即須練成勁旅，豈能敷衍遷就，致糜餉糈。應即飭令全行裁撤，由該營官責成各哨弁將軍裝、器械等件查明原領數目，一律收回，賫繳北善後局存儲，應領月餉，截至遣撤之日止，仍照章加發一箇月恩餉。此營本係武愷營撥來勇丁，並派吴副將元愷會同辦理，派弁將、勇丁押送回籍，沿途不准逗遛。再查襄陽馬隊中營現已裁撤，所有該馬步兩營遣出餉項，合計每月銀二千八百六十餘兩，應即另募護軍中營步隊一營，勇丁五百名，比照護軍前營餉章，僅不敷銀八十餘兩，由善後局籌欵補足。查有現充工程營營官、補缺後守備用儘先千總姚廣順辦事勇往，操練最長，曾經游歷外洋，於武備一切均能細心考究，堪以委充護軍中營管帶。所遺工程營管帶，查有現充工程營幫帶、儘先把總劉温玉武備嫻熟，訓練認真，堪以委充。此營即歸督帶護軍營游擊張彪兼轄。該千總姚廣順新募之勇，必須挑選年在二十歲以下强壯合格者，方准收録入營，違式者不准濫充。俟募足時，即造具勇丁花名清册，呈由該督帶官稟賫，以憑委員點驗。成營之後，仿照護軍前後兩營、工程營功課操法，練習洋操，分别於學堂、操場認真講習訓練，期與前後、工程三營一律練成勁旅。把總劉温玉接帶工程營，應令循照該營操練功課成法，督飭認真練習，益臻精嫻，勿稍曠怠。所有護軍各營皆責成張游擊彪督率辦理，務期訓練確有成效，是爲至要。除分行外，合亟札委。札到，該弁即便遵照上項札飭事宜，妥速選募成軍上緊訓練，稟報勿違。或接帶工程營認真操練，具報勿違。

札延忠改委農務局差委光緒二十五年五月二十三日

照得候選同知延忠前經委派槍礮廠差事。此時該廠委員已多。查農務局甫經開辦，事務紛繁，需員任使。應將該員改委農務局差委，按月由該局支給薪水銀三十兩，以資辦公，所有原委槍礮廠差，即勿庸再行管理，薪水亦以卸差之日停止。除分行外，合亟札委。札到，該丞即便遵照前往農務局聽候差委，務須勤慎從公，勿稍怠忽。切切。

飭官錢局嗣後凡收各欵祇收官票現錢不准收用銀條光緒二十五年五月二十五日

案據專辦官錢局兼餉錢所趙守毓楠稟：近來各州縣解局多係銀條，甚至支展兑期，各釐卡解所亦多係官票，現錢甚屬寥寥，緣漢口市面現錢易銀及購官票，均有沾潤，皆由管解家丁及司事從中漁利，此端一開，該所既來源不旺，卑局亦展布不開，懇飭司道局通飭各州縣、釐卡仍遵舊章，凡應解餉錢所、官錢局者，收銀解銀，收現錢解現錢，收官票解官票，不得概以銀條、官票作抵，庶官票日見暢行，現錢得以流通等情。當經本部堂、院分飭北布按二司、督糧道、牙釐局通飭各州縣、釐卡遵照。嗣後徵收錢漕、釐金，凡遇應解官錢局餉錢所者，務照定章收銀解銀，收現錢解現錢，收官票解官票，不得任令管解家丁及司事從中漁利，以所解現錢在漢兑易銀條并購官票作抵，以致官錢局、餉錢

所現錢難於周轉，有礙支放在案。亟應飭令官錢局，嗣後即照定章，凡遇各州縣應解錢漕及各釐卡應解釐金，祇收官票、現錢、現銀三項，如有以漢口錢店銀條上兑者，一概不准收用。并查明各州縣、釐卡如有將現錢解省，應即將現錢交局交所，不准司事家丁從中漁利，將現錢向各錢店换購官票，解交局、所。倘有此等情事，即由官錢局查明澈究，交縣懲辦。合亟札飭。札到，該局即便轉飭遵照辦理。

飭沿江各屬選送細潔麥草供工藝局往購使用 光緒二十五年五月二十六日

據湖北工藝局候補道張道煜林詳稱：案奉憲台面諭，招回辮草學徒，業經遵辦在案。惟麥草一項，必須預爲籌備，以免臨時不敷取用。查職局現存麥草二千六百餘斤，皆自河南鹿邑購來，距鄂太遠，搬運腳力殊不合算。本省襄、鄖之草雖亦可用，然運道尚艱。惟沿江一帶州縣所出麥草倘能合用，購運較便。合無仰祈憲台札飭各屬，採取細潔草樣，轉交職局提選合用者，以便備價派人往購等情，到本部堂。據此。除如詳分飭外，合亟札飭。札到，該州、縣即便遵照，迅速查明境内麥草如有質地細潔、柔韌不腐者，務即採取草樣百餘斤，送交工藝局，該價及川資若干，均由局給發，以便提選合用者，派人前往購買。切切。

札委汪鳳瀛專管武備學堂譯書事宜 光緒二十五年五月二十八日

照得武備學堂現擬繙譯武備書籍甚多。查汪丞鳳瀛向來於譯書一事，尚能細心考究，所有譯武備書及譯一切洋務書各事宜，應即委該丞專管，俾各種譯書得以早觀厥成。該局既設在武備學堂内，即委該堂提調徐守家幹兼管。凡有應支各費，即在武備學堂經費内另列一欵，核實開支。合行札飭。札到，該丞即便遵照，專管武備學堂譯書事宜，務須悉心經理，勿稍疎率遲緩。切切。

咨覆浙江撫部院無煙火藥機器讓鄂并以鄂産土洋藥濟浙劃抵機價 光緒二十五年五月二十九日

案准貴部院咨據防軍支應善後總局司道詳稱：案照浙省前議創設無煙火藥廠，當經飭購外洋機器。嗣以省城人煙稠密，擇地未定。適奉鄂督憲張來電，以鄂省現建無煙藥廠，商將此項機器移讓鄂廠，將來浙省需用火藥由鄂撥去，抵還機價，已到洋匠，亦由鄂僱用等因。即經將機器合同保單及洋匠合同，交由鄂委汪守洪霆在滬接收，并運機器及洋匠偕同回鄂，業經詳請咨明鄂督憲各在案。本司道查浙省現存洋藥無多，必須預爲籌足。擬請鄂廠先撥洋藥及土洋藥各若干，俾資濟用。所有浙省原購機器全部價銀三萬六千六百兩，又關稅、棧租銀二千二十兩一錢八分，共收據五紙，又洋匠川資等銀一千四百二十五兩，代付洋匠西三月分薪水銀合德銀一千七百二十七馬克，收據二紙，詳送鄂督憲備案外，理合詳請咨明湖廣督院查照等情，到本部院。據此。相應咨請查照等因，到本部堂。准此。當經札行槍礮局、善後局查核原案議詳咨覆去後。茲據槍礮局會同善後局司道詳稱：查鄂省前因設無煙火藥廠，業經購機建造。嗣據汪守洪霆稟浙省亦曾訂購機件，洋匠業經到滬，停止不辦，機器存滬，久擱易於銹爛成廢，不如請將此項機器移讓鄂廠，將來浙省需用火藥，由鄂撥去抵還機價，已到洋匠鄂廠僱用等語。當以浙機存滬無用，鄂廠亦可藉資擴充。因由憲台電商浙江惲藩司稟經前浙江撫部院廖〔一〕允爲照辦。嗣以鄂廠未成，洋匠早來無用，當以十箇月作爲建廠之期，浙鄂各任洋匠五月空曠工資。復經汪守由電商允浙省照辦，其此項機器需用關税、棧租及洋匠路費已經浙省付給，即不移讓鄂廠，此欵亦屬無著，鄂省可不與聞，亦由汪守往返商妥。當派汪守赴滬，將機器洋匠帶同回鄂在案。現在自應照案辦理，所有機器價銀應歸鄂省抵還，其關税、棧租及洋匠路費，應即由浙省自行清欵。至原議浙省分任洋匠五箇月薪水，現計只付西三月分一月，其餘四箇月薪資尚未經浙續解轉給。茲奉准來咨，以浙省現存洋藥無多，擬先撥洋藥、土洋藥各若干，俾資濟用。查鄂省洋藥多年未經採購，現亦所存無多，不敷分撥。茲由善後局撥解自製土洋藥十四萬磅，每磅價銀一錢零五釐，共合一萬四千七百兩，又查鄂省前次代墊派輪拖運浙省採辦倉穀、煤價七千四百五十八兩九錢四分零八毫，又浙省欠解洋匠四箇月薪水計六千六百餘馬克、合銀二千三百餘兩，現擬由鄂省代給。以上三項，通共銀二萬四千四百餘兩，以之劃抵浙省所購前項機器價銀三萬六千六百兩，計已劃抵三分之二，餘尚欠銀一萬二千餘兩，仍俟無煙火藥製成，再行撥運抵還，以符原議。所有前項土洋各藥，應請由浙省委派妥員來鄂運解等情，到本部堂。據此。相應據詳咨覆。爲此，合咨貴部院請煩查照施行。

咨北學院通飭各學申送年輕生員酌量調入武備、自强學堂肄業光緒二十五年五月二十九日

爲照湖北武備、自强兩學堂肄業諸生，必須身列膠庠，深通文理者，學成以後，方有大益。現需添增學生入堂肄業，以資造就。應請貴院查明學册，通省各屬生員如有實係年在二十歲以下者，一面悉數開册咨送，一面通飭各學迅即備文申送，催令各生來省，以憑酌量分别派入兩學堂肄習。但係察看其性情舉止、文理尚堪造就者，必當儘數發堂肄業。如斷不能入選者，本部堂必當資遣回籍，以示體恤。相應咨請。爲此，合咨貴院請煩查照，迅速分别咨送飭學申送，望切施行。

札行武愷營馬其驤殺斃陳景昆等將統帶營官分别記過光緒二十五年六月初一日

據統帶武愷等營副將吴元愷稟稱：竊奉諭飭以漢鎮都司陳士恒單報，五月二十二日晚十一點鐘，有武愷營勇丁在楊千總巷内流娼胡進全家滋鬧，經革勇馬其驤將該勇陳景昆、劉炳林二名殺傷身死，又袁玉山一名亦被殺傷未斃等情。奉飭查明何營，據實稟覆，不准徇隱，一面將馬其驤勒限拏獲等因，奉此。標下當即遵飭各營管帶確查，旋據卑前營管帶許鼎鈞稟稱，前哨陳景昆，係五月十八日因患久病請假出營，中哨劉炳林，係五月二十日逃走出營，穿去號衣，連日訪拿未獲，均有各該哨官長報單。其袁

〔一〕指廖壽豐。

玉山一名，查明各營前今均無此人。至馬其驤原係卑左營左哨勇丁，因不安分，已於三月二十六日革出，當時該營管帶函知陳都司會同漢鎮文武官員出榜訪拏有案。茲馬其驤逗遛游蕩，致釀人命，自應遵照會同漢鎮地方官拏獲懲辦。理合將實在情形稟祈訓示祇遵等情。并飭據署漢口都司陳士恒稟覆。馬其驤前經愷字左營革出後，以聞其在漢滋擾，曾於四月十三日該營函知該都司出有賞格訪拏，賚呈賞格查核各等情，到本部堂。據此。查馬其驤雖早經該營開革訪拏，至已死陳景昆、劉炳林二名，則係甫自該營請假及逃走出營，釀成鬧娼斃命重案，足見該營官平日約束不嚴，勇丁常有潛行渡江游蕩之事，積成釁隙，以致該勇丁出營，仍復至娼寮滋鬧生事，實堪痛恨。應先將失於約束之營管帶官知縣許鼎鈞記大過二次，統帶官副將吴元愷記過一次，以示薄懲。仍飭會同漢鎮地方文武購覓眼綫，趕緊查拏逃凶馬其驤務獲，解縣訊明懲辦。一面嚴飭所部四營務當整頓營規，嚴加約束，各勇無事不准擅出營門。夜間出營，尤干厲禁。即有事告假，亦須給以號簽，限定時刻，斷不准渡江游蕩，滋生事端，以肅軍律。倘有前項情事，一經查明，或被告發，定即嚴參懲辦，不稍寬貸。除分行外，合亟札飭。札到，該統帶官、管帶官即便懔遵上項札飭事宜，認真整頓，隨時嚴查。毋稍疏忽縱弛，致干重咎。切切。

札委襄陽道扎道總理襄陽馬步各營營務處 光緒二十五年六月初十日

照得游擊李福田所帶襄陽馬隊左營，分駐襄陽府屬沿邊一帶查緝私梟兼緝盜匪，地段遼闊。又游擊劉水金所帶襄陽防營駐紮襄樊，巡防緝捕，亦關緊要。該兩營以後即名爲襄防馬隊營、步隊營，兩營均距省遥遠，必須遴委大員，將此項馬、步兩營防勇認真考察約束，不准缺額懈操，方免廢弛而收實效。應即派委安襄鄖荆道總理襄防馬步各營營務處，就近考察約束，所有該兩營勇、馬有缺額及以老弱充數，各該營官操練是否認真，巡緝執勤執惰，有無實效，及有無藉端騷擾商民各事，均責成襄陽道隨時認真考察。如有前項情弊，即據實稟報本部堂核辦。以後襄陽道無論或實缺或署任，均兼充襄防馬步各營營務處，以資整飭。但不准該道提取馬勇、步勇一名入道署當差，以防流弊。即由善後局另刊給關防飭發應用。除分行外，合亟札委。札到，該道即便遵照，總理襄防馬步各營營務處，就近考察約束。務須破除情面，整頓稽查。勇、馬均須精壯足額，聯絡聲氣，實力巡緝，務著成效。如有缺額懈惰，縱私不緝，巡防不力，及得規包庇，并藉端擾民等事，隨時據實稟聞，勿稍瞻徇。該道斷不可提取一勇一馬入道署當差，致滋流弊。務宜懔遵。切切。仍將接充營務處日期具報查考。

札委胡得立等赴直隸招募護軍前營回鄂訓練 光緒二十五年六月十三日

照得鄂省現經奏明添募護軍前營步隊一營勇丁五百名，查直隸保定、正定一帶，人多强壯樸實，較爲合宜，應即前往該處招募足額，帶回鄂省以資訓練。茲飭委湖北試用通判胡得立，會同該營管帶官守備用儘先千總姚廣順，前往直隸保定、正定一帶，迅速招募勇丁五百名，俟募齊時，編立成營，該員等一同帶領回鄂，沿途務須嚴申紀律，不准稍有滋擾。此項新募之勇，必須挑選年在二十歲以下强壯合格者，方准收録，其中尤須多有識字者爲善，其有嗜好及油滑之輩不准濫充。應需招募小口糧及川資旅費，即由北善後局先行酌核給領，回鄂據實開報。除分行外，合亟札委。札到，該員、弁即便遵照上項札飭事宜，即日起程，會同前往招募足額，編立成營嚴加約束帶回鄂省，勿稍延緩。

札行户部議覆撥補湖北宜昌鹽釐欵多無著仍請改撥各摺片附單　光緒二十五年六月十六日

光緒二十五年六月十三日准兵部火票遞到户部咨開湖廣司案呈准北檔房傳付本部議覆湖廣總督奏撥補湖北宜昌鹽釐欵多無著仍請改撥一摺。光緒二十五年五月二十三日具奏。奉旨：依議。欽此。相應傳付湖廣等司即赴本檔房抄録原奏，恭録諭旨，飛咨湖廣、四川各總督，山西、湖南、雲南各巡撫欽遵辦理等因，傳付前來。相應抄録原奏，恭録諭旨，飛咨湖廣總督轉飭遵照辦理可也。同日又准兵部火票遞到户部咨開山東司案呈同前由各等因，到本部堂。准此。查本年撥補宜昌鹽釐，前往查明本省各省無著之欵共七十餘萬兩之多，奏請改撥四川昭信股票銀三十六萬，本省昭信股票銀十萬餘兩，其餘不敷，請由部中改撥。茲准部咨，僅止准撥本省昭信股票銀十萬餘兩，餘俱議駁，是前項撥補鹽釐虚懸之欵爲數甚鉅，而京餉、甘餉、荆州滿餉、洋欵等項，刻不容緩，例議極嚴。至本省兵餉勇餉，亦係極關緊要，無從減省。究應如何籌辦之處，應由藩司、鹽道、善後局會同糧道、牙釐局，江漢、宜昌、沙市各關道，按照部議，迅速查明妥議，詳籌辦法，以憑酌核具奏，免致有誤要需。至沙市關收數極微，關用一切尚且不敷，歷由宜昌關借欵支用。所有上年册載實存之欵，即係宜昌關借撥所餘，原以留作下結關用不敷之需。又長江水師節餉，係湖北本省之欵，現當本省各欵不敷解撥之際，未便將此欵反爲他省撥補欠項。且原請留作湊解之武衛中軍餉項，尤屬有關緊要。今部議仍令將前兩項撥解江南，以備作抵鄂岸鹽釐之用，亦應妥議詳覆，以憑核辦，合亟札飭。札到，該司等即便遵照迅速核議詳辦。

户部奏稿

户部謹奏為遵旨議奏，恭摺仰祈聖鑒事。湖廣總督張之洞等奏撥補湖北宜昌鹽釐欵多無著、仍請改撥以濟要需一摺。光緒二十五年五月初七日奉硃批：户部議奏。片三件併發。欽此。欽遵由軍機處抄交到部。據原奏内稱：户部具奏循案撥補各省釐金抵借洋欵，計單内開宜昌鹽釐加價作抵銀一百萬兩，除照上案准撥湖北暫停採辦米價運費銀七萬兩，湖北裁兵節餉銀十一萬兩，湖北丁漕錢價平餘銀五萬兩，湖南丁漕折錢平餘銀三萬兩，四川裁兵節餉銀十萬兩外，今撥湖北鹽斤加價銀五萬兩，湖南鹽斤加價銀二萬兩，湖北漕項銀四萬六千兩，湖南漕項銀四萬兩，四川鹽斤加價銀十萬兩，雲南裁兵節餉銀四萬兩，宜昌關洋税銀十萬兩，湖北當税銀一萬四千兩，江漢關洋税銀十萬兩，山西煙酒加税銀七萬兩，湖北釐金銀六萬兩，撥足一百萬兩之數。又撥補江南所收鄂岸鹽釐，指撥湖廣裁減長江水師節餉銀二萬四千兩，湖北沙市關洋税銀七千兩等因，咨行到鄂。當經分別轉飭查核詳辦去後。

茲據各該司道詳稱，本年户部撥補宜昌鹽釐百萬内，指撥湖北各欵，或本欵已不敷撥，或一欵已撥不能再撥。至指撥他省各欵，能否如數解足，現亦不能預料。惟前項宜昌鹽釐，非解京、甘各餉，即供支本省滿餉、營餉，查明無著各欵，共有七十餘萬兩之多。現計湖北昭信股票銀尚存十餘萬兩，擬即以之抵撥，尚有不敷六十餘萬，惟有詳請由部另行改撥。又據片稱，户部撥補宜昌鹽釐，其中無著者七十餘萬，擬照上年撥補原案，改撥四川股票銀三十六萬兩，除將湖北股票存銀十萬餘兩撥補，尚欠銀二十四萬兩，仍請改撥的欵。又據片稱，撥補本年江南所收鄂岸鹽釐，指撥湖北長江水師節餉二萬四千兩，沙市關洋税銀七千兩。查沙市自開關以來，征數極微，實屬無欵可為撥補。至水師節餉，湖北雖存有此欵，惟應撥補各欵正患無著，實未能舍本省於不顧，轉為他省撥補欠項，擬一併飭部另行改撥，即將前欵留存本省，湊撥武衛中軍餉需。又據片稱，江漢關奉撥淮軍勇餉每月四六成洋税銀五萬兩，現解至光緒二十三年十二月止，約計積欠銀共八十萬兩，奉撥之欵日益加多，實未能徵解足數，請奏明免計功過，并請將税司經費邀免加撥各等語。臣等伏查本年湖北宜昌鹽釐循案作抵續借英德洋欵，業由臣部將本省及外省各欵湊足銀一百萬兩，奏明撥補在案。茲據該督撫等奏稱，指撥湖北暫停採買米價運費銀七萬兩，係按年提存之欵，自應遵案照辦。裁兵節餉祇省銀九萬餘兩，丁漕平餘解到不足二萬兩。此外或稱收不敷支，或稱已撥別用，力難兼顧。其撥補外省之欵，則憑各省一時電復，遂謂無從撥補，并稱雲南裁兵節餉一欵，因鄂省欠解滇餉，慮必為該省撥抵，其餘他省亦係以想像之詞，謂能否解足，亦難預料。臣等詳加考查，抵補湖北宜昌鹽釐、奏撥本省及外省當商加税、煙酒加税，均係近年新增之欵，原奏明聽候部撥，各省不應動支。且查湖北、四川之裁兵節餉，湖北、湖南之丁漕折錢平餘，上年業已照數撥抵有案。湖北、四川鹽斤加價並非全數提歸鹽釐，均於撥還洋欵無礙。又撥本省及湖南漕項、本省釐金，係按該省册報實存撥江漢、宜昌關税，及另片奏稱之沙市關税，亦均按該關結報實存，尤不得諉為無著，另請改撥。惟該省攤還洋債并應解京、甘各餉，供應本省旗防各營餉需，偶有不敷亦係實情。應由湖北昭信股票項下添撥銀十萬餘兩，作為撥補宜昌鹽釐之用。至照案請由四川昭信股票借撥銀三十六萬兩一節，查四川省昭信股票除已撥用外，上年該省因勦辦土匪借撥昭信股票銀五十萬兩，本年二月間因匯豐洋債需欵已撥還三十萬兩，下餘二十萬兩，復行知該省留備本年八月間匯豐洋債之需。現在四川昭信股票是否尚存銀七十萬兩，未據報部，應請旨飭下四川總督查明確數，專案奏報，再由臣部酌核辦理。當此時局艱難，各省、關同一竭蹶，無論別無的欵可指，即使知為有著之欵，亦必以自行留用，或藉湊還洋欵為詞，另請改撥。誠如原奏所云，部臣徒多為難。應仍令四川、雲南、湖南、山西等省，各按原撥奏定欵目銀數，自本年三月十一日起，至來年三月初十日止，於一年限内報解清楚。其原撥湖北漕項釐金、鹽斤加價，江漢、宜昌兩關徵存洋税，亦即由該督撫轉飭各該司道酌劑盈虛，量力認解，以期湊撥足數。又另片奏長江水師節餉及沙市關税，均屬實存有著之欵，應即遵照奏案，撥解江南，以備作抵鄂岸鹽釐之用。該督等素具公忠，務當嚴飭司道力任其難，勉思共濟，不得稍分畛域，互相推諉。至江漢關應解淮餉及加增税司經費，係欽奉諭旨，及總理各國事務衙門會同臣部奏准通行之件，應令該關道照案籌解，以應要需。

所請免計功過，并免予加增之處，臣部礙難率准。所有臣等遵議緣由，理合恭摺具陳，伏乞皇太后、皇上聖鑒。謹奏。

札吴元愷培修曾家巷至大隄口江隄 光緒二十五年六月十七日

照得武勝門外大隄口至曾家巷一帶，原有舊隄基址，兼有石磡岸舊基餘石。惟年久不修，以致水大輒漫溢内灌，由沿江漸進，此淹至武勝門外一帶。本年已將紅關至青山二十餘里大隄修竣，此一帶民田官廠足資保衛。惟近武勝門一段江岸低矮之處，若不一律修補，或致盛漲内灌，豈不前功盡棄，自應迅速補修，以竟全功。現經本部堂委員測量繪圖，計南至大隄口起北至曾家巷止，共長三百三十三丈有奇，均須加高，最低處須加三尺，與紅關大隄隄頂齊平，其餘酌減，以平爲度。隄面寬窄暫仍其舊，勿須加厚，隄外須培厚，作成坦坡形，合二五收分之式，并須將城角小長生閘、古旃檀林一帶地基酌量填築，務令水不内灌。約計需土工五千數百方，需費不過錢一千數百串。即委該副將即日估工稟報，一面趕速興修，趁此江水暫退，隄外有土可取，迅速修竣，礮築堅實。所需鋤筐、石礮，即將紅關、青山隄工餘存之件酌量取用，限十五日完工，不准延至盛漲，致有貽誤。其經費即歸入紅關、青山隄工一併開支彙報，所有委員、司事人等，均毋庸開支薪水。其武愷左營營門外一帶四十餘丈舊隄亦較低矮，均須添高二三尺不等，外面亦須培厚如式。此一段向係駐紮該處之營勇年年培補，即責成該營官弁督率勇丁修築，以資抵禦。仍委徐令鈞溥管理收支。合就札行。爲此，札仰該將即便遵照會同徐令迅速前往該處，刻日勘估稟報，一面趕緊興修，依限完竣具報，勿稍延誤。毋違。

札武昌城守營另派弁兵填紮馬鞍山 光緒二十五年六月十七日

照得馬鞍山煤鑛局因土窿工頭鄧忠林虧空局欵私逃，各鑛工夫索領工資，聚衆赴局滋鬧，毆傷委員司事，業經江夏縣會同宗令得福前往查拏爲首滋事之人究辦，并將私開揚店土窿封閉在案。本部堂訪聞武昌城守營候補把總馬春揚帶領練兵駐紮馬鞍山，平時既不能認真巡查，此次工夫聚衆滋事，又不能彈壓解散。該處鑛工人數衆多，良莠不齊，該弁奉飭在該處填紮，原令其稽查彈壓，不令生事。今既不能約束彈壓，則該弁帶兵駐紮究屬何爲，實屬怠玩無用。應將馬春揚摘去頂戴，記大過二次，即行撤調回省，由武昌城守營參將另行遴選得力勤妥之弁，挑撥練兵三十名，前往換防。務令督飭兵丁實力巡查，妥爲彈壓，毋任鑛工人等稍滋事端。一面嚴申紀律，恪守營規，毋許擾累居民。合亟札飭。札到，該將即便遵照札飭事理，迅速轉飭并撤調回營，另行派撥馳往填紮具報。勿違。

飭宜昌土藥税局等將峽路經費及補税雜欵等項作正解充槍礮廠常年經費 光緒二十五年六月二十三日

照得湖北槍礮廠爲軍實要需，關係重大，前經奏定撥支土藥税每年銀二十萬兩，川淮鹽斤加價每年約銀十六七萬兩，專充槍礮廠常年經費在案。近年土藥税收數日形短絀，報解漸不如額，光緒二十二年止解到十六萬餘兩，二十四年止解到十五萬餘兩，二十五年一届現已三季，止解到十萬餘兩，尾數斷不能甚多，是該廠經費所短甚鉅，關繫非輕。而槍礮廠添機添廠，擴充製造，需用浩繁，斷難停工待欵。奏明新添罐子鋼、無煙藥兩廠，所欠外洋機價爲數甚鉅，立待付還。查光緒二十四年九月初二日欽奉上諭：製造槍礮爲當今第一要著，自應就原有局廠切實擴充等因。欽此。又於光緒二十四年十月二十四日欽奉懿旨：著就地籌欵，移緩就急，督飭局員認真考求，迅即製造等因。欽此。尤當欽遵辦理，亟應將該局經費設法籌欵補足。查宜昌、來鳳有過境土藥抽捐之峽路經費一項，每年約可收銀七八萬兩，北路局亦有過境土藥抽捐之防緝經費一項，每年約可收銀一萬餘兩，向歸外銷之用，因係於正税之外勸導過境土販捐助之欵，是以解交善後局，撥充地方要需。現當槍礮局正欵不敷，自應欽遵懿旨，移緩就急，此後應即收入正税，名爲過境土藥税，其如何抽收之法，仍照向章辦理。此項與正税在該局仍分别抽收，分晰開報，但統解槍礮局作爲槍礮局經費正欵，以濟要需而符奏案。至北路所收之土藥補税雜欵，爲數雖屬無多，自應一併歸入正税，以資補苴。如各項收數總計在二十萬兩以外，除補足歷年經費欠解之數外，即當隨案奏明，作爲遵旨籌欵擴充製造，及添撥鋼、藥兩廠經費之需。以後宜昌、來鳳、老河口、均州各局，即將峽路、防緝等經費及補税雜欵，均即歸入正税，分收統報，逕解槍礮局兑收添撥槍礮廠常年經費之用。務須實力徵收，迅速報解，免致有誤軍實要需。除分行外，合亟札飭。札到，該局即便遵照，將上項向抽之經費補税各欵，自接到此札後即行改解槍礮局兑收應用，并將名目更正，仍按月將收解數目分欵造册，報明本部堂及布政司、善後局查考。勿違。

札漢陽府准鐵廠於墻外官地自行造屋租賃、禁民私蓋茅房板屋免起火災 光緒二十五年六月二十四日

據總辦湖北槍礮廠、分省補用道沈錫周，代理總辦鋼鐵廠、候補知府盛春頤稟稱：竊維槍礮廠與鋼鐵廠圍墻以外官基，向收居民地租，每方丈月定租錢三十二文，并不准民間私自搭蓋房屋，侵佔基地。此項地租即作爲歲修襄隄，按三七成兩廠均攤，載在案卷。乃節年以來，遵繳地租者十不獲一，任催罔應，而私自紛紛添蓋房屋，則日增月盛，訪查悉係後來由他處遷此，較前居之原業主增多十成之七八，故官基盡爲刁民侵佔，欲禁則聲言窮民無可棲身，欲照定章押拆則又恐滋事端，羣起而激爲上控。抑且顯違舊章，窩娼、聚賭、開燈，無所不有，屢經派員查禁，并抄録章程嚴示，亦復置若罔聞。所最可虞者，該居民等所造屋宇，均係茅房板屋，極易引火，種種情形，實於廠務大有妨礙。職道與卑府等正在會商妥籌辦法間，適於四月二十七日夜，鐵廠外襄隄居民失慎，延燒二百餘家，逼近鐵廠庫房，風猛火烈，極形危險。幸是晚風從南來，直撲襄河，否則不堪設想。因思徵收地租既極爲難，而刁民反藉爲得計，得步進步，甚至肆開煙館，窩聚娼賭，牽引竊盗，本屬不成事體，又復茅房板屋之易起火災。不如趁此出示停蓋民房，并派員清查實係貧苦者，酌給撫恤遷費，由兩廠會度地勢，酌建磚瓦墻屋，其建費由鋼鐵廠墊發，建成之

後由鋼鐵廠招賃收租，歸清墊欵，以後租錢仍照原案，歸作歲修裹隄費用。所建房屋概用磚瓦，一則可免茅房板屋引火之虞，再則擇人而賃，可杜煙賭娼竊流弊。且地租與房租取值亦較有主客難易之别，此後無論遭火與未遭火之處，一概不准民間再添一椽半舍，似覺於廠有益，於民仍無所損。曾由臬府稟請督辦鐵廠盛咨商憲案，一面會縣曉示。而刁民即遞具不列名姓呈詞，大致欲仍由伊等自行蓋屋，并藉口係從前土著，曾奉憲台恩准各該民人在廠外蓋屋居住，會當上控憲轅云云。在憲台權衡在握，案據昭然，固非若輩一紙呈詞所能混瀆。惟兩廠外之官基幾成爲民間私業，向之居民大約十存一二，客民爲多，年復一年，伊於胡底。裹隄一帶損壞亦復不少，按段修理，即在目前，收地租爲歲修之説，直是有名無實，若不乘此整頓，以杜後患而保廠地，似非慎重廠務之道。所有職道與臬府等會議停蓋民房，由廠建屋出租各辦法是否有當，理合稟祈鑒核，批示祇遵等情。并續據廠外被災居民鄭行桂等聯名公稟，懇求仍舊居住等情前來。當於沈道等稟批示：據稟已悉。查從前購置鐵廠地基，飭令廠地居民遷居隄外隙地，原所以曲示體恤。今該居民等乃輒搭蓋茅房板屋，不知謹慎，易於引火，實於廠務大有妨礙。且復多開煙館，窩聚娼賭，牽引竊盜，尤屬不法。所請從此禁止該民等居住，自係爲慎重廠務起見，并此後無論遭火與未遭火之處，一概不准民間再添一椽半舍，以後由廠酌建磚瓦墻屋，出租收租，歸清墊欵，以後租錢仍照原案，作歲修裹堤費用等情。惟該居民等俱係窮黎，近因失火延燒，情形不無可憫。現據該委員等面稟，擬由鐵廠將被火之户查明，量予撫恤，一面分别大户、小户，酌給搬遷之費，俾該居民等遷往他處，仍可租蓋房屋居住，不致因此失所，籌畫尚屬周到，應准照辦。惟修造墊欵若干，何年扣清，應核實稟報查核，庶兩廠修隄經費不致無著，是爲至要。除將災民鄭行桂等一稟明白批發外，仰即遵照。此繳。并於民人鄭行桂等稟批示：查從前購置鐵廠地基，飭令廠地居民遷住隄外隙地，原所以曲示體恤。今該民等不惟抗欠租錢，且搭蓋茅房板屋，不知謹慎，易於引火，實於廠務大有妨礙。又復多開煙館，窩聚娼賭，牽引竊盜，殊屬不法。此次鐵廠會縣示禁該民等居住，亦屬正辦。且事由該民等所自取，何得復又來轅瀆稟。惟該民等俱係窮黎，近因失火延燒，情形不無可憫。現經飭據鐵廠委員稟，擬由鐵廠將被火之户查明，量予撫恤，一面分别大户小户，酌給搬遷之費，俾該民等遷往他處，仍可租蓋房屋，不致因此失所，是於慎重廠務之中，仍有體恤窮民之舉，甚屬平允。除批准照辦外，該民等一俟撫恤遷費錢文領到，立即遵示搬遷，不得稍事抗違干咎。切切。等因。印發外，合亟札飭。札到，該府即便轉飭漢陽縣查照。

札宗德福等督修冶坊至古旃檀林一段江岸石隄光緒二十五年六月二十八日

據統帶武愷營副將吴元愷、截取知縣徐鈞溥稟稱：案奉札開，照得武勝門外大隄口至曾家巷一帶，原有舊隄基址，兼有石磡岸舊基餘石。惟年久不修，以致水大輒漫溢内灌，由沿江漸進，淹至武勝門外一帶。本年已將紅關至青山二十餘里大隄修竣，此一帶民田、官廠足資保衛。惟近武勝門一段江岸低矮之處，若不一律修補，或致盛漲内灌，豈不前功盡棄，自應迅速補修，以竟全功。現經本部堂委員測量繪圖，計南至大隄口起，北至曾家巷止，共長三百三十三丈有奇，均須加高，最低處須加三尺，與紅關大隄隄頂齊平，其餘酌減，以平爲度，隄面寬窄，暫仍其舊，勿須加厚。隄外須培厚作成坦坡形，合二五收分之式，并須將城角小長生閘、古旃檀林一帶地基酌量填築，務令水不內灌。約計土工五千數百方，需費不過錢一千數百串，即委該副將即日估工稟報，一面趕速興修，趁此江水暫退，隄外有土可取，迅速修竣，硪築堅實，所需鋤筐、石硪，即將紅關、青山隄工餘存之件酌量取用。限十五日完工，不准延至盛漲，致有貽誤。其經費即歸入紅關青山隄工一併開支彙報，所有委員、司事人等，均勿庸開支薪水。其武愷左營營門外一帶四十餘丈舊隄，亦較低矮，均須添高二三尺不等，外面亦須培厚如式。此一段向係駐紮該處之營勇年年培補，即責成該營官弁督率勇丁修築，以資抵禦。仍委徐令鈞溥管理收支。合就札行。爲此，札仰該將即便遵照會同徐令迅速前往該處，刻日勘估稟報。一面趕緊興修，依限完竣具報，勿稍延誤。毋違。等因，奉此。標下元愷與卑職鈞溥遵即會同至該處復勘，查照飭示事理，有謹遵辦者三，有請改辦者二，敬爲我大帥陳之。一、加修此段隄工，近在標下，駐營委員、司事由營中派人兼任，即遵不另開支薪水。一、卑營墻外舊隄四十餘丈，現尚水淹隄腳，無從取土，而外面培厚亦鮮有基，其僅添高二三尺不等，隄內皆營盤、操場、塘宕、民房，取土處恒少。蓋只此四十餘丈加高，即遵飭營勇或於沙湖、或覓高地揭土挑培。一、修補隄工內營坊口至曾家巷一百五十丈零五尺，按現量舊隄面寬一丈五尺餘居多，其有二丈處甚少，加高三尺，擬將隄面寬扯歸一丈五尺，內按一五收分，外按二五收分。又舊隄高八尺，外腳培厚，坦坡均按二五收分，共計每長一丈，修補高厚約需土十六方餘，合共二千四百方有奇，尚未細核其極窄加培寬厚，并舊隄腳外填窪宕地平，亦需土工，未能懸計入內，修成實報。現在水退二尺許，隄外灘坡有十餘丈及數丈不等，即遵在擬培厚之隄腳離四五丈外取土，可挖深二尺餘，再深則有沁水。該項照紅關、青山隄夫工、硪工，估需錢數百千文，俯祈批飭支發，刻日開工。以上三者，係擬遵辦情形也。一、古旃檀林至營坊口一百八十三丈舊隄，內沿皆街道民房，外沿濱江有石岸腳，無多灘坡，標下元愷前經稟明。今與卑職鈞溥細看細量，自水平至隄平，原有八尺、六尺、七尺餘高不等，而由高斜到水平，石腳有二十餘丈，有十數丈。隄之高處悉係市房，并無餘空，隄身房屋則又犬牙相錯，不全購拆，修隄無地。若當街加隄，必將兩邊市房門堵塞。若挑高巷口，市房不齊，既難免無罅漏處，倘遇水大且久，老屋小房，亦慮坍塌，仍欠防備。再內鮮有可以繞修之地，即江沿坦坡，自市房墻至石腳，僅一二丈與三四丈不等。又此段內營坊口至爐坊前五十餘丈舊隄刷洩至石岸腳，亦僅一丈二尺左右。第補修該隄既高須一丈餘，又不能寬，外按二五收分作坦坡式，實無餘地。況此一段石脚外係斜坡，不便挖土致虛，且尚水淹，并左近無處可多取土。如用土，非購隄內菜園，即須遠至沙湖挖挑。蓋臨江當衝勉培貴重之土，一值漲水狂風，不免（無）[有]浪刷隨去之虞，如空費欵費力同，此尤可慮也。今時水退，石岸腳現出兩層。擬請仍改歸江岸工程辦理，乘早估修。石岸一丈一二尺高，將土填實，二三丈寬，雖多費若干，則受一勞永逸之裨。卑職等乃看此段情勢，祇宜如此，故有是請，仰荷鈞察。一、古旃壇林橫至小長生閘城墻角四十七丈九尺，該處有溝，問之係鄉試年由此車水進城到貢院用。宜修溝之北邊，惟有民房數家，臨在溝沿，如培土即應檢礙購讓，如砌石尚可循沿鑲寬。查鑲石少購民房，較土溝沿更屬堅固。此按六尺高之譜，需費無多，與江岸相連，亦擬改歸江岸工程一併估辦。以上二者，係擬請改辦情形也。所有奉委補修大隄口一帶隄工，會商勘估，擬請遵辦改辦緣由是否有當，理合稟請查核示遵。又據候補知縣宗得福稟稱：竊奉傳諭履勘武勝門外自旃檀林起至營盤口止，培修土石隄工等因。遵即率同各工頭周勘兩日，計地一百八十三丈零，向有石岸，大約年久失修，石多漂失，其跟腳現皆浸没，如議修復，底腳有無走動，無從勘驗。況採辦紅石亦不能急切應手，無已，惟有先培土隄。閧吴副將元愷所陳説帖，隄面擬一丈五尺寬，二五收分，是隄腳即須三丈五尺。自營盤口溯上至廣泰昌爐坊止，計地約一百一二十丈，隄腳尚寬，可以培築。自爐坊至旃檀林止，計地約六七十丈，沿江皆民屋櫛比，屋後餘地無多，所幸地形漸高，間有一二低窪之處，尚可因勢培築。詢之耆舵，僉云今年底水不足，此時水離隄岸自五六尺至丈餘不等，即使秋漲，此數十丈或可無礙。可否即責成吴副將一手培築至爐坊爲止。爐坊以上，擇其低窪之處，檢江邊舊石夾土修補，以冀無虞，伏候鈞察各等情，到本部堂。據此。查吴副將所稟固係實在情形，惟營房口至旃檀林一段江隄共一百八十丈，若全行改修石工，斷趕不及，應即參酌宗令所議，分别變通辦理。查營坊口至冶坊約一百二十丈，隄腳尚有餘地，目前尚可權且趕培土幫，酌量加高若干尺，以固暫禦汛漲，俟秋冬間水退後再築石隄。此項新培土幫，即作爲將來石隄磡岸内應填之土，不爲虚費。仍派吴副將督工修理，刻期完竣，不得推諉。其冶坊至旃檀林沿江一段約六七十丈，不能培土，且尚有舊日磡岸石基可爲憑藉，仍應趕築石隄。其自旃檀林迤東，横抵城角小長生閘，沿溝隄岸應即照吴副將所議，改作石工，以免占地而期鞏固。兹特委派候補知縣宗得福督修。惟昨據宗令面稟，慮石料爲難，趕辦不及。現將石料已另委游擊張彪派弁迅速購辦，并派輪船拖運，限定七月初十日以前運到紅石四萬塊，七月三十日以前運齊八萬塊，由宗令核實點收，驗明尺寸，照通行定價給價。核計現辦工程，所需紅石總在三萬塊以内，購運之石甚有盈餘。石料既可應手，該令自可督夫趕辦，不致因待料耽延。其所餘石料，留待冬間修築冶坊至營坊口一帶石工之用。該令即一面估工領欵，一面開工，趁此秋汛未漲以前，加工趕辦，不得延誤，致礙全局。除分行外，合就札行。札到，該令等即便遵照札飭事理認真趕辦，毋稍延誤。切切。

札北藩司、鹽道議詳宜昌鹽釐抵還洋欵所少銀兩如何籌補光緒二十五年七月初二日

據總辦宜昌川鹽局、湖北試用道陳兆葵稟稱：光緒二十五年六月十一日准宜昌關副税司巴爾照會，以宜昌鹽釐抵還續借英德金欵，查合同載明每年應還一百萬兩等因。嗣准貴前督辦暨貴督辦將所收鹽釐正課，并一半加税錢合算規元銀兩，陸續照送前來，歷經申報照復各在案。兹查自光緒二十四年閏三月十一日即西歷一千八百九十八年五月一號開辦之日起，扣至光緒二十五年三月二十一日西歷一千八百九十九年四月三十號止，已届一年期滿，共收到歷次解交正課並一半加税錢八十八萬二千三百四十七串五百七十八文，統合規元銀六十八萬九千九百五十九兩五錢二分二釐五毫八絲二忽二微，照一百萬兩之數計算，尚少銀三十一萬零

四十兩零四錢七分七釐四毫一絲七忽八微，照會查照。所少銀兩應如何籌補以清借欵之處，希即見覆等因，准此。查此案職局奉文只交正課及一半加税錢文，所有已交之欵實係儘收儘解。茲准前因，其所少銀兩如何籌補，理合據情禀請查核批示，以便轉覆該副税司遵照等情，到本部堂。據此。所有此欵應如何籌補之處，合亟札行。札到，該司即便遵照會同鹽道迅速妥籌辦法，核議詳辦，毋稍遲延。切切。

札裁停問津、楚寶、楚功三輪光緒二十五年七月初五日

照得鄂省現在餉需支絀，自應設法節省。查問津輪船需費較多，楚寶、楚功兩輪，馬力較遜，應將此三輪一併暫行裁停，以節餉需。飭令管帶問津輪船千總徐堂、管帶楚寶輪船都司胡文達、管帶楚功輪船縣丞魏祚連，將船内鍋爐機器什物等件，點交清楚，不准短少一件，舵工、司機、水手等妥爲遣散，毋任逗遛。所裁三輪，即停泊省城附近，由善後局派人將各輪器物一切接收清楚，并飭楚材輪船酌撥數人看守。應支薪糧，截至裁停之日爲止。此項每年節省薪糧煤炭，計每年該三輪可共省銀約二萬餘兩，於餉需不無裨益。除分行外，合亟札飭。札到，該弁、員即便遵照，迅速將所帶問津、楚寶、楚功輪船即日裁停，妥速辦理具報。勿違。

飭北善後局估修愷字營塘角營房光緒二十五年七月初六日

照得前據統帶武愷等營副將吴元愷禀稱，該營駐紮塘角地方，營房傾塌狹小，擬添購地基改建，繪具圖説，呈賫前來。旋經本部堂親往該營察看，房屋地址破爛潮濕不堪，不能駐兵操練，自非趕緊改修不可。惟查核繪圖，營盤修作方式未能如法，且占地甚多，添購民地工費一切約需二萬餘金，所費甚鉅。續據禀摺繪圖，將營盤改作長方形，其第一層營房雖可隱蔽隄内，第二層營房仍不免顯露隄外，辦法尚未合宜，工費仍屬不貲。本部堂察看地勢，酌量情形，該處係在漢口對岸，省城下游防守之要地，因酌定辦法，飭繪一圖，將營盤沿隄修作長式，使可隱蔽隄内，有事既便防守，且不須多購民地，約計工費止需銀一萬零數百兩，便可敷用，較爲省費合法。應由善後局委員會同該副將，查照本部堂飭繪之圖，速再核實估計，妥速興工。至此項工費，自當預籌。查各營修造營房成案，從前鐵字營係勇丁八百餘名，修造營房曾經支領銀三千二百兩。現在愷字營係勇丁一千名，應照鐵字營修造營房支領之數支用。又愷字營前飭照護軍營練習洋操，加給月餉，先加一半，尚餘一半銀，候本部堂親臨校閲後，如操練得法，再行加給。本擬俟隄工事竣，校閲酌加，惟現在修營需欵，自應儘先趕辦，俾勇丁安棲得所，始可認真操練，仍是於勇丁有益。應將此項加餉暫作修營之用，自本年五月起至明年二月止，共十箇月加餉約銀六千餘兩。合計照案支領修造營房之欵，及一半加餉銀六千餘兩，以及舊有營房物料亦可酌抵若干，足可敷用。現在時近秋凉，亟應趁此迅速興工，以便工畢趕緊操練。其營房未成以前，所有勇丁除陸續拆修移住外，查前次興修紅關、青山隄工所餘蓆篷甚多，即可取以搭蓋棚房暫住。至營外江隄一百八十餘丈，既長且寬，將來須於寬處間作隔堆，以備安礮之用，若用民工，所費甚鉅，應俟營工竣後，由該副將查照前次札飭，將

營外一帶護營隄工督飭勇丁陸續如式修竣，俾資保障，即於上新河身取土培築，其修隄勇丁，屆時當酌加津貼犒賞，以示體恤。查現值欵項極絀，而該營關繫緊要，復難視爲緩圖，是以本部堂設法籌維，將營房與隄工令善後局與營勇分任，而營房之項，先儘該營應加月餉内扣存動用，籌畫備極艱難。所有估工督修之員，務須事事核實，俾營工一律堅固合法，斷不可稍有虛糜，亦不可草率延緩。合亟札飭。札到，該局、將即便遵照札飭各事宜妥速辦理，毋稍延誤。切切。其該副將兩次繪圖及本部堂酌定之圖一併發局核看，仍行繳回。

札委王肇鋐充武備學堂譯繪委員兼理譯書局譯本收發等雜務光緒二十五年七月初十日

照得江蘇附貢生王肇鋐，原充武備學堂管理繪圖兼譯東文事宜，辦事尚屬認真，應即委令充武備學堂譯繪委員，按月加給薪水銀十兩，連原支銀三十兩，共支銀四十兩，以資辦公。又譯書局延有外洋員工，所有交接各事，甚爲繁雜，并令該員兼理譯書局譯本收發等雜務，毋庸另支薪水。除分行外，合亟札委。札到，該員即便遵照，充當武備學堂譯繪委員兼理譯書局譯本收發等雜務。務須實心經理，以副委任。切切。

通飭各府申送年在十八歲以下各生來省光緒二十五年七月十四日

照得湖北武備、自强兩學堂肄業諸生，前因需添學生入堂肄業，咨請湖北學院王，查明學册，將通省各屬生員年在二十歲以下者，悉數造册咨送，一面通飭各學備文申送來省，并行該府、州轉飭遵照在案。兹准學院咨送諸生名册，内載其年在二十歲以下者人數過多，且查歷來各處生員入學年歲多有虛開，目前各書院肄業生多有實年逾於册年五六歲者，此次名册所載之年，恐亦未必盡實，若册開二十歲者，則實年逾格已多。總之，此項肄業各生，須令肄習各項學業，必須思敏課勤，耐勞不懈，年歲愈輕，所學愈易於精進。兹詳加酌核，改爲年在十八歲以下方爲合格，始行調取。除已商明湖北學院王通飭各學外，應再通飭該府、州轉飭所屬各學，將所有申送諸生，親自認真挑選，務須實年在十八歲以下，不得任其稍有虛開，一面催令各生迅速來省，以憑酌量分别派入兩學堂肄業。但係察看其年貌合式，性情舉止文理尚堪造就者，必當儘數發堂肄業。如斷不能入選者，亦必資遣回籍，以示體恤。慎勿遲延不到，以致額滿見遺，徒貽自誤之悔，合亟札飭。札到，該府、州即便遵照，迅速飛飭所屬各學查照札飭事宜妥速辦理，勿稍延緩。切切。

札武備、自强學堂收本省生員肄業光緒二十五年七月十四日

照得武備、自强兩學堂，專爲造就人才而設，所有肄業諸生，自應遴選湖北本省文生員文理深通者，學成之後方有大益。目前則流品行檢易於考察，日後則科名進取易登仕途，可備國家任用。惟尤須年在十八歲以下，則心力精鋭，以之肄習各項學業，既肯虛心受教，亦且易於精進。嗣後該兩學堂新收各生，必須實係生

員，并實年在十八歲以下，始可稟候批准，收堂肄業。其職監及并無功名各色人等，以及實年逾十八歲者，概不收入，以清本源而資造就。其本省武舉、武生材堪造就而年歲合格者，臨時由該提調考察確實，另行請示辦理。

飭方友升等查拏匪首李春山[一] 光緒二十五年七月十六日

據湖北漢黄德道、江漢關監督岑春蓂稟稱：昨據漢鎮保甲委員聶令廣澤面稱，訪有匪首李春山，湖南鎮筸人，在漢口、漢陽一帶結黨滋事，散放飄布，希圖煽惑等情。比經職道嚴飭該令督率練勇，不動聲色，并商知漢陽水師陶游擊運亨酌派舢板，於外江內河一帶一體嚴密查拏。旋晤方鎮友升，亦面達前情，并經該鎮分派營勇幫同嚴緝，俾圖弋獲。竊思漢上華洋雜處，九省通衢，良莠本已不一。今該匪李春山膽敢結黨滋事，散放飄布，希圖煽惑，實屬不法已極，若不稟請嚴拏，一旦滋生事端，爲害實非淺鮮。爲此稟乞憲鑒，可否札飭方鎮友升選派得力營勇并水陸各防營，於武、漢沿江該匪出没之地嚴密查拏，俾免漏網等情，到本部堂。據此。查漢鎮華洋雜處，商賈輻輳，奸匪最易溷迹，現既有匪首李春山在漢口、漢陽一帶放飄結黨，希圖煽惑滋事，應即責成方鎮友升嚴密查拏，以消亂萌而靖地方。除分飭查拏外，合亟札飭。札到，該統帶即便遵照督飭營哨，會同地方文武及水陸防緑各營，覓購眼線，在於漢口、漢陽沿江各處，嚴密查拏匪首李春山及各要犯，務獲稟解究辦，勿任漏網貽患。切切。

札周得升等飭派哨弁師船前往新隄地方防緝紅會匪黨 光緒二十五年七月十六日

據湖北漢陽府知府余肇康稟稱：竊照本年六月間，卑府聞新隄地方又有紅會匪黨潛至該處鬭毆滋事，并有殺傷情事以及酗酒賭博，爲害地方，即經卑府出示，飭發曉諭嚴禁，并行沔陽州暨該州州同嚴密設法捕拏，務獲究辦去後。兹據該州同俞德城稟稱，卑汛濱臨長江，與湖南臨湘縣僅一水之隔，向爲會匪出没之所。上年紅會匪首易春亭就獲，該黨羽聞風驚竄，地方相安者一年。今夏五月，該匪黨又復潛來新隄，卑職密加察訪，該匪黨并無著名頭目，多半外來匪類，因臨湘一帶駐有防營，不敢託足，遂爾來此，其從前奉札指拏之袁紹文、王四脚猪等諸逸犯均皆未回。當即會同營汛嚴密查緝，隨時嚴查，茶寮、飯舖、煙館不准稍事容留，并督飭團紳率各團丁實力梭巡及保護教堂，嚴加防範，未敢疏忽。乃近日風聞該匪黨互相煽惑，黨羽愈多，上下鄉之被誘脅從者日益衆，竟敢在鄉强索鉅欵，不遂其欲即以迷藥投入茶水，俟其家人迷惑，囊括其資財以去。被害之家既不深悉其人之姓名，亦懼禍不敢告人，祇得含冤隱忍，深自諱匿。該匪黨并揚言將於中元前後爲易犯設醮超度。似此情形，實屬兇狠冥頑，愍不畏法。卑汛襟江帶湖，爲商旅往來孔道，新關、鹽釐各局均爲税課重地，法美二國又設有教堂，關係皆爲緊要，安可任該匪黨一日潛踪，蔓延滋患。且更有慮者，該匪黨仍蹈易犯故轍，動與教堂爲難，教民畏之如虎，萬一於爲易犯營齋之際嘯聚生事，擾及教堂，事

[一] 以下七件録自抄本《督楚公牘》。

關二大國交涉，勢必多方棘手。竊以爲事後之補救，何如事前之防維。無如卑署及營汛兵役無多，團丁五十名巡緝雖稱得力，奈匪黨衆多，且該團丁僅有刀矛，并無軍火，以之治盗賊則有餘，以之除會匪則不逮，自非防營查緝，不足以資鎮攝。連日兩堂教士來署，亦以請兵保護爲辭。卑職明知鄂省防營不敷分布，曷可輕請調撥，然而地方緊要，事機逼迫，非藉兵力難遏亂萌。竊思上年易春亭諸匪藏匿新隄，即蒙請撥水陸防營分駛彈壓，地方得以安堵。現在情形相同，且黨羽較上年更多，奸謀較上年更露，其在左近，公然肆虐如此，不畏王法，毫無忌憚，視上年尤爲可慮，民情浮動，市廛不安。卑職再四思維，既未便稍涉張皇，致生事故，亦不敢竟安緘默，釀成禍端。除飛函告知李牧，並會同水陸營汛遴派兵役設法捕拏，及督率團丁認真巡防，妥爲保護教堂外，理合據實稟明，仰懇轉稟兩院憲迅賜酌派營勇百人，速行來隄常川駐紮，則聲威既壯，防備亦嚴，庶足以安民心而消隱患。卑職爲保護教堂，綏靖地方起見，是否有當，伏乞鈞裁。又另單稟稱，水師協防盧外委現已奉調回汛，僅原有之師船二號駐泊新隄水面，亦嫌單薄，合併稟聞。再卑職擬商請關委，於秋涼帶勇會哨等情前來。卑府伏查紅會匪黨上年在新隄一帶煽惑擾害，殺人放飄，無所不至，并與該處教堂齟齬，業經卑府密飭地方文武會同訪拏匪首易春亭訊明，稟奉批飭正法在案，自是市廛始獲安静。乃甫閱一年，該會匪黨羽又復潛來新隄，在鄉鎮各處横行不法，訪有殺傷情事，并仍蹈易匪故轍，動與教堂爲難，黨羽甚多，兇燄較上年爲尤，甚且敢揚言將於中元爲已經正法之會首易春亭設醮超度，實屬兇頑已極。該處爲長江商賈往來要道，又有教堂、關局，無在不關緊要。設使該匪徒裹脅勾結，乘機滋事，勢必不堪收拾。新隄雖有駐防礮船二隻及團丁五十名，實嫌單薄。似此匪黨蠢動，伏莽滋多，非有防營查緝，不足以資鎮攝。除批飭該州同迅速密將爲首滋事匪徒，及去歲漏網之袁紹文、王四脚猪二犯會同該州李牧訪拏務獲，從重究辦，以示懲警，其餘附和脅從人等，并即出示解散，以安反側而定人心。一面認真督率團丁操練，日夜帶領梭查，不准有名無實，暨面稟蒙憲台飭派升字營撥勇百名，業已馳赴新隄，會同該州同及水陸各營彈壓查緝。又經卑府電請長江水師岳州鎮添派舢板二隻，前往駐紮，以助聲威，俾水陸均有布置，匪黨可期斂跡外，理合仰請憲台檄飭升字營周提督暨長江水師岳州鎮，嚴飭派往師船妥爲防緝，毋稍疏懈，并請通飭岳州、荆州各府縣及沿江水陸各營一體嚴防，以期周密。卑府爲綏靖地方，保護教堂起見，伏祈批示祗遵等情，到本部堂。據此。除批：據稟紅會匪徒現復潛來新隄，在鄉鎮各處横行不法，并有殺傷情事，且其黨羽甚多，動輒與教堂爲難，甚至揚言爲已經正法之匪首易春亭設醮營齋，實屬兇頑藐法，亟應查拏嚴辦。除照飭岳州鎮飭催派往師船，并飭統帶升字等營周提督飭催派往哨弁，會同地方官及水陸營汛嚴密查緝，勿任蔓延，暨通飭岳州、荆州二府督飭所屬沿江各縣一體實力稽查防緝外，仰即督飭沔陽州會同水陸各營，迅速嚴密查拏滋事首要各犯，及去年漏網之袁紹文、王四脚猪二犯，務獲訊明稟辦。一面切飭營團保護教堂，勿稍疎懈。切切。仍候撫部院批示。繳等因印發，并當即分別電飭調派暨分行外，合亟札飭。爲此，札仰該鎮、統帶即便遵照，轉飭派往新隄師船、哨弁會同地方官及水陸營汛嚴密查緝，務將首要各犯悉數弋獲解報，一面切飭營團保護教堂，勿任蔓延。切切。

札行工藝局稟請撥款趕辦製造以資周轉光緒二十五年七月二十六日

據總辦湖北工藝局、候補道張煜林稟稱：竊蒙憲台以外洋講求化學製造，洋貨日精，收利愈廣，而內地安陋就簡，洋貨充斥，民生日絀，特設工藝局於湖北省城，招選學生，講求格致、化學、算繪以及各門機器製造，以塞漏卮而開民智。仰見憲台教養兼施，無微不至，欽佩莫名。況工藝不特爲商務之本，而水師之管理汽機，陸軍之修理槍礮，各局各廠之製機造物、裝修輪船，均非多儲通曉機器之人，不敷分布而備指使。是工藝之設，尤爲富國强兵當務之急。前者創辦之時，以經費支絀，籌欵爲艱，經營一切，事事撙節，因舊日蠶桑局房屋將就開設，不敢另修局所。查外省各局各廠購辦機器動輒百數十萬，而職局僅購必需機器數具，其餘皆係自行配置，共用價值不過數千金。數月以來，職道督同提調梁牧敦彦籌度布置，事事核實撙節，非萬不得已者不敢動支經費，一切機器已陸續安備，學生功課亦漸有規模，均早邀鈞鑒。昨奉憲台面諭，農工商局雖係奉旨飭辦之事，但目下國家練兵籌餉，需欵甚殷，迭奉諭旨裁併局所，節省經費，飭職道等務須妥籌再行節省辦法等因，仰見憲台統籌全局，慎重度支之至意。奈職局經費早已節之又節，并無浮費可省。際此時事孔艱，利源外溢，事事仰給於人，工藝製造若再不及早講求，又何以抵制外人。但國家需欵孔殷，亦不能不統籌兼顧。職道等再四籌維，竊思籌欵之道，不外開源節流兩法，節流則所節有限，開源則開之不竭。查中國現在講求武備，各省軍營操練需用手槍、槍彈必多。自漢口火災以後，武漢五六萬户，家家争置水龍、水槍。又湖北槍廠槍枝應配皮帶、皮盒，現由漢口機器店包造，倘能籌欵添置機器，僱募工匠，製造手槍、槍彈、水龍、水槍、皮帶、皮盒，必能銷售，藉資周轉。伏查職局前奉憲台諭飭，常年經費約需銀二萬餘兩，由牙釐局米穀釐金及善後局商捐項下動支應用等因，遵自二十四年十一月起，每次領經費銀二千兩，現祇領至第五次，均經申報在案。扣至本年底，尚應領經費銀一萬八千兩。擬請於此項内先撥銀一萬三千兩，由牙釐、善後兩局各撥六千五百兩，存官錢局隨時支用，以爲拓充廠屋、添備機器物料、雇募工匠之需。自下月起至年底止，每月減半只領經費銀一千兩。即於局内添設四廠，曰手槍廠，曰彈子廠，曰皮帶廠，曰水龍廠，連已購之機器爲修理廠，共爲五廠，約計年底可以一律布置齊全，明年出貨銷售，當可各有盈餘，以充局用，縱或不敷開支，每月不過領經費銀四五百兩，每年不過領經費銀五六千兩。如蒙俯允，則本年并不多領絲毫經費，自下月起即減領經費一半。自明年正月開工銷貨以後，即可節省經費十之七八，似可仰副憲台軫念時艱，造就人材之至意。所有撥欵趕辦製造以資周轉，以後節省經費緣由，伏乞鑒核批示祗遵等情，到本部堂。據此。除批：據稟已悉。鄂省欵項支絀，各局用欵必應力求節省。惟農工商各局係上年奉旨設立之舉，自亦不宜停罷。查該局設立工藝學堂，乃係教導湖北窮民，令其學有技能，庶可各謀生理，兼可供本省官商各局廠之用，以免動受外人挾制，徒糜重薪。此乃教養窮民之本計，與他項機器製造不同，本年六月十六日曾經電奏在案。茲該局所擬預領今年經費數月，設廠自造官民需用各件，藉其盈餘以供局用，及教習學生各經費以後即可少領經費等情，自係萬不得已維持工學之苦衷，應即照辦。仰即督飭提調各員，迅速認真辦理，務著成效，以副期望。切切。

會委歐陽炳榮接辦川鹽練兵新餉局 光緒二十五年七月二十九日

照得本部堂、部院於光緒二十五年四月二十四日具奏，力籌練兵新餉，擬請援照湖南奏案，推廣川淮鹽斤加價以供餉需一摺，欽奉硃批：著照所請，該部知道。欽此。業經抄録原奏，恭録硃批，咨明四川督部堂轉飭曉諭川商，并行北鹽法道會同宜昌川鹽局一體示諭，嗣後行銷鄂省川鹽，即由湖北所設之宜昌川鹽局每斤加價二文，解交北鹽法道轉解善後局充餉去後。旋據湖北川鹽局陳道兆葵詳稱，遵即再三開導，各商已願遵辦，第懇稍寬限期，俾川商得資周轉。是以會同鹽道出示，擬定於六月二十一日起，每鹽一斤加收練兵新餉錢二文，除將所收錢文仍按旬彙報，並按月解交鹽道轉解外，至此項加收錢文是否逕解現錢，抑或以錢易銀報解，理合詳請示遵等情。當經本部堂批：據詳已悉。此項加收練兵新餉錢文，應即以錢易銀報解，惟此係練兵專欵，即名爲練兵新餉，不得用加價二字，以免與舊案加價相混，致生膠葛。并應由省另委專員抽收，另刊關防，即附住該局之旁，免致税司誤會，是爲至要。目前委員未到之前，即由該道代收，仰北鹽法道轉移遵照。繳。等因印發，并經本部堂、部院會委大挑知縣田芸生前往專辦在案。茲據田芸生稟請辭差，應即改委補用知縣歐陽炳榮前往宜昌，專辦加收川鹽練兵新餉事宜。飭令附住川鹽總局之旁，將抽收各事，循照川鹽局加價成案辦理。所收錢文，按月易銀報解，仍由北善後局刊刻加收川鹽練兵新餉局之關防一顆，呈賫飭發，帶往應用。該員每月支給薪水銀八十兩，以資辦公。除分行外，合亟札委。札到，該員即便遵照札飭事宜，前往宜昌妥爲辦理。仍將遵辦情形具文報查。

札飭漢陽府舉辦沔陽州新隄地方團練 光緒二十五年八月初五日

照得本年七月，沔陽新隄地方有紅會匪徒潛圖滋事，欲與教堂爲難，據漢陽府稟經派撥岳州水師及升字營勇一百名，前往該處查拿彈壓在案。現在該處已經安堵，而漢口華洋雜處，奸匪最易潛蹤，巡緝事務極爲繁重。現止升字武功等營分段駐紮，分布時虞不敷，且尚須抽暇操練，自應權其輕重，以期周密。查新隄地方，約有居民二千户，店户數百家，向稱繁盛，團丁易集，團費亦不難籌。應飭漢陽府督同沔陽州，剴切勸諭該處紳商、店户、居民人等，迅遵迭次懿旨、上諭，妥速籌辦，於向有團丁之外，再行酌量加練數十名，合之該處原有團丁五十名，并新關巡勇二十四名，足敷彈壓地方，查緝盜匪之用。所有前次派往之升字營勇一百名，除已先撤回五十名外，俟八月底定須全數撤回。此後該處平日查緝匪類，保護教堂等事，即照奏定章程，均歸團練經管，不得復請撥勇，以免調發紛擾，且或有顧此失彼之虞。合亟札飭。札到，該府即便遵照札飭事宜，妥速辦理。仍將遵辦情形，稟報查核。

録批咨行批准開辦漢口自來水各情形

光緒二十五年八月初十日

據同知銜前江西知縣張鼎坤、揀選知縣胡洪漳、五品職銜彭柏春、五品銜補用鹽大使徐源森、中書科中書趙潤辰等禀稱：竊維通商以來，各口利源半爲西商所奪，而漢口自來水利更在垂涎無厭之中。從前風氣未開，尚可停辦。近因租界毗連，凡西商埠頭早經汲食清潔，居民習而豔之，將來侵及全鎮，勢所必至，故欲收回利權，不得不預占先著，免致他人下手，噬臍莫及。然或籌無的欵，邀集洋商，抑或立法未善，防礙貧民，皆非所以上體憲意，下洽輿情之舉，是以各商禀辦，未蒙准行。茲職等糾集殷實股東户部郎中周家謙、總兵劉朝泰、候選同知桂聚慶、教習知縣朱起琇、候選知縣朱漢章、候選州同郝稼臣、補用同知張文彬、同知職銜朱德元、卓錫堂等，擬籌銀八十萬兩，以爲創辦之貲，現已陸續匯到漢口銀四十萬兩。時因漢市銀根甚鬆，商之山西殷實票號數家，皆以欵項太鉅，難生利息，不願收存。其餘錢莊雖多，而漢鎮倒風素熾，各股東因此鉅欵不敢輕於存放，不得已暫存道勝銀行，俟奉批准後，即行將欵提出，購辦機器。餘欵則分存錢莊，隨時支用，實係華商股本，并無絲毫洋欵。將來發出股票時，自應註明祇准華商入股，如有洋人包攬，此票作爲廢紙，自可杜絶洋欵等弊。原議如是。業於前月二十四日，在黄鶴樓邀集本省各紳庶吉士汪明源，揀選知縣劉世忠、吕寅東、汪春樹等，逐一備查無虛，并將擬章繕正傳觀。各紳等體驗情形，均皆稱善，以爲可杜外人覬覦，更於地方風水貧民毫無關礙，且令食水之家飲濯清而買價較廉，挑水之夫用力少而謀生亦裕。即或偶遇火警，止用皮帶汲取，施救甚易，不似水龍笨重，反多擁擠，一時難於撲滅，蓋所謂一舉而三善皆備者此也。惟事關重大，不敢欺蒙，業經商就各股東，一俟奉批准行後，情願先繳銀十萬兩，以三萬兩報效公費，以七萬兩作爲倡辦局廠碼頭等項之股本。除另立合同遵照辦理外，嗣後如查有洋欵在内以及洋人包攬等事，並願將此次繳存入股之銀七萬兩全數認罰充公。如蒙恩准，并請賞予專利，三十年期内不准他人在漢鎮再設，分奪利權，以保鉅本。除將會商各紳實在情形陳明外，理合粘鈔合擬章程，伏乞鈞鑒，俯如所請批准施行等情，到本部堂。據此。除批：據禀已悉。查漢口人煙稠密，創設自來水，民間得食潔浄之水，可免疾病，遇有火警，隨處汲水施救，即可撲滅，洵爲地方善舉。前因禀請興辦者均係洋股影射，恐滋流弊，故未批准。茲據該商董等所禀及附呈章程，尚屬妥協。并據紳士汪明源等聯名另禀，於地方風水貧民，有益無礙，地方願辦。復經江漢關道訪查列名商董，均尚殷實，與前此之朦混招摇藉端漁利者不同，自應准其開辦，裨益地方，并准其專利三十年，以顧商本。倘將來查出有洋股在内，立即停辦，除報效之欵本係歸公外，并將繳呈之股本銀七萬兩全數充公。將來所有股票，必須注明此票祇准華人收執，不准轉賣或抵押與洋人。一經入洋人之手，即作廢紙，以杜影射。仰江漢關道轉飭遵照，迅將情願報效之三萬兩并作股本之七萬兩，一併呈繳，尅日興辦。所有詳細章程，仍責成張道煜林悉心妥酌，隨時稽查禀報，勿任稍滋流弊，致負期望。切切。至報效之三萬兩，即作爲建置夏口廳經費，并飭夏口廳遵照。此繳。又據翰林院庶吉士汪明源、揀選知縣劉世忠、揀選知縣吕寅東、揀選知縣汪春樹、候選訓導范輅、舉人王廷儒等禀稱：竊維通商以來，各口利源半爲西商所奪，而漢口自來水利更在垂涎無厭之中。從前風氣未開，尚可停辦。近因租界毘連，凡西商埠頭早經汲食清潔，居民習而豔之，將來侵及全鎮，勢所必至，故欲收回利權，不得不預占先著，免致他人下手，噬臍莫及。然或籌無的欵，邀集洋商，抑或立法未善，防礙貧民，皆非所以上體憲意，下洽輿情之舉，是以各商稟辦，未奉准行。茲據同知銜前江西知縣張鼎坤、揀選知縣胡洪漳、五品銜補用鹽大使徐源森、五品職銜彭柏春、中書科中書趙潤辰等，先將妥議章程大衆傳觀。職等體驗情形，實係創辦。此舉既可杜絶外人覬覦，亦并於地方風水貧民毫無關礙，且令食水之家飲濯清而買價較廉，挑水之夫用力少而謀生亦裕，即或偶遇火警，止用皮帶汲取，施救甚易，不似水龍笨重，反多擁擠，一時難於撲滅，蓋所謂一舉而三善皆備者此也。復據張鼎坤等糾集股東户部郎中周家謙、總兵劉朝泰、候選同知桂聚慶、教習知縣朱起琇、候選知縣朱漢章、候選州同郝稼臣、補用同知張文彬，同知職銜朱德元、卓錫堂等，已有的欵四十萬兩，早經匯到漢口，實存道勝銀行。職等業經明查暗訪，確係華商股銀，并無絲毫洋欵，可備查核。除張鼎坤等已將令擬章程粘呈憲鑒外，謹將地方願辦情形，合併陳明，伏乞鈞恩，俯如所請，批准施行等情。除批：據稟漢口創設自來水，於地方風水貧民有益無礙，并查明張鼎坤等所糾集股分確係華股，并無絲毫洋欵等語，自應准其興辦，已於商董張鼎坤等稟内詳晰批示矣。仰江漢關道轉飭該紳等遵照，并飭夏口廳遵照。繳。各等因印發外。查本年二月間，曾據候補郎中王庭楨稟稱，情願報效布局成本銀十萬兩，請興辦漢口自來水。當以恐與窮民生計有損，且創辦此事者均係招攬洋股，尤多窒礙，是以批駁未准，其報效銀十萬兩，亦無庸該職報效，分別咨行在案。茲據該員紳張鼎坤等、汪明源等稟，均以與貧民無礙，且無洋股在内，且經署夏口廳陳署丞條議以爲可行，自可准其興辦。仍應由江漢關督飭夏口廳體察情形，必須實無洋股，仍與窮民有益無損，督飭妥爲辦理，是爲至要。合就札行。爲此，札仰該司、道、廳即便遵照。毋違。

札行獎賞護軍三營各弁勇馬褂料、翎管、功牌、銀元等件附單 光緒二十五年八月十四日

照得湖北護軍中後兩營暨工程一營自成軍以來，練習洋操，已歷三年，叠經本部堂親臨校閲，并會同本部院校閲各營校場操法并野外行軍戰法，以及講堂功課，其部伍技藝諸臻嫻熟，講堂功課亦甚能用心講求，明晰詳細。該營平日操練勤勞，倶有實在進境，深爲可嘉，自應量加獎賞，以勵戎行。當經飭令該營將各營弁勇造具清册，酌擬等次，經本部堂、院覆加核定，所有該督帶游擊張彪教練有方，勤勞罔懈，爲鄂省軍營創開風氣，應獎給上海購來之戰馬二匹。管帶、幫帶、經理各員，繙譯、教習、正副哨官等，各賞給織絨得勝馬褂一件。凡優等什長、勇丁已得有軍功頂戴者，賞給翎管一枝及繪圖器具一份，無軍功頂戴者，賞給八品功牌。其次等勇丁，賞銀元一元，作賞爲戰靴之資，以示鼓勵。除行北善後局遵照，將應賞之戰馬、織絨得勝馬褂料、翎管、畫圖器具、銀元照數查點，購辦齊全，轉給該游擊查收，分別給領，并應賞功牌由本部堂填給外，合亟札飭。札到，該游擊即便分飭各營哨一體曉諭知照。

抄單

計開

管帶官二員，幫帶官三員，司理文件七員，經理餉械六員，翻譯、教習六員，正副哨官三十二員，正排長四名，正隊目六名，副排長二十五名，號令教習三名，醫生二名，獸醫一名。

以上共九十七員名，每員名賞給織絨得勝馬褂料一件，每件價銀十三元五角，共合銀元一千三百零九元五角。

三營優等什長、勇丁已有功牌者三十二名，每名賞翎管各一枝，畫圖器具各一副，共三十二副，價每副三元。

三營優等勇丁無功牌者二百六十一名，每名賞八品功牌，共二百六十一張。

三營次等勇丁一千一名，每名賞銀元一元，合共銀元一千一元。

兩項總共銀元一千零九十七元。

札營務處飭防、綠各營員弁聽講兵學

光緒二十五年八月十四日

照得湖北綠營候補員弁向有月課津貼錢文一項，月需錢七百八十串，每年九千餘串。各員弁考課有名無實，殊屬糜費鉅欵。且方今屢奉諭旨，整飭武備，而該員弁等終日閒廢，不能講求兵事，力圖進益，其何以成人材而備任使。以後此項候補支領津貼員弁，應令輪班赴六營公所，聽洋教習講論各種武備兵法，藉以開擴見聞而增長志氣。即派營務處暨督撫兩中軍輪日前往督察功課。此後本部堂按月考校功課，分數上等者另行籌給獎賞，中等者照留津貼錢文，下等者酌量罰扣，無故不到者及三月後學無進益者，即行分別停減津貼。至此外武漢各標營實署有缺官弁，及操防練軍各營并防勇各營所有營官、幫帶、哨弁等，亦應輪班聽講，按月考校，分爲三等。其無故不到者及無進益者，亦即撤任撤差。至各員弁不能日日均到聽講，所有綠營候補支領津貼員弁，及武漢各標營有缺官弁、練軍營官弁、勇營官弁應如何輪班之處，即由該將領、統帶酌擬開單，呈候本部堂核定，輪派飭知。至每月獎賞之項，即由善後局於新籌輪船租價項下動支，此項即作爲防綠各營月課獎賞專欵。

札委程鰲接充農務局華文教習兼管堂委員

光緒二十五年八月十八日

照得農務局華文教習兼管堂委員、試用同知吴學莊另有差委，所遺農務局華文教習兼管堂委員事務，亟應委員接辦，以資訓迪而便約束。查有拔貢知縣程鰲堪以飭委。應令會同原委試用知縣李堅，常川駐局，嚴定課程，盡心教授，并隨時勸勉約束，務使學生等恪守堂規，立志向上，學業日有進境，經費不致虚糜。應支薪水，照案在農務局經費項下按月開支，以資辦公。除分行外，合亟札委。札到，該員即便遵照接充農務局華文教習兼管堂委員，按照札行事理，認真辦理，勿稍曠誤，以負委任。切切。

咨北撫院、北藩司等會詳加抽淮鹽練兵新餉[一] 光緒二十五年八月二十一日

據署湖北布政使瞿廷韶、鹽法武昌道陳重慶、督銷淮鹽局王道立清會詳加抽淮鹽練兵新餉，解交北鹽道轉解善後局支發等情。除批：據詳已悉。查此次加抽淮鹽練兵新餉，本應由鄂省自行設局辦理，惟從前江防加價係由督銷淮鹽局徵收轉解，且據督銷局王道疊次面稟會商，一力擔認，堅稱决無延欠，此次姑准暫由該局代收，以歸簡易。至從前江防案加價所徵銀數，合之現時銀價，所短甚多，本當照時價加徵，惟念鹽價已貴，商販之力或有不逮，准將江防案免再加收，應由督銷局曉諭商販，以示從寬體恤之意。此後該局各分銷局店，即當迅速疏銷解繳，倘復觀望延欠，或該局報解延緩，仍藉端抵扣，即由鄂省自行設局，將此項新餉并江防案鹽價一律由鄂省委員，認真加收。除咨明兩江督鹽部堂外，仰即遵照，迅速徵收具報，并移北善後局知照。仍候撫部院批示。繳。又據該司道局會詳，加抽淮鹽練兵新餉内商捐款項，擬作外銷練兵雜款，呈請立案等情。除批：據詳已悉。查現在銀價與從前大相懸殊，此次加抽淮鹽練兵新餉，每大引合庫平銀一兩零四分，本應將前次江防案鹽價一律照加，惟念鹽價已貴，商販不免稍形喫力，免其照加，以示體恤。所有現抽此項新餉，應即照議以每引七錢作爲正項，以符前案而卹商情。其餘三錢四分，即如來詳名爲商捐，以爲外銷練兵雜款，即由督銷淮鹽局照現定之數，認真抽收，隨時速解，不得稍有延欠。仰即遵照，并移北善後局知照。仍候撫部院批示。繳。各等因印發外，相應咨明。爲此，合咨貴部院請煩查照施行。再，原詳已據聲叙逕詳有案，勿庸重録。合併咨明。

札飭各局廠所領官欵祗存官錢局不准存錢店 光緒二十五年八月二十三日

照得武、漢各錢店常多閉歇，以致倒塌官欵追究無著。或以産業作抵，變價不過得半，官欵仍屬虚懸。查省城本設有官錢局，各項官欵存交官錢局，自臻穩妥，何以經手之員輒與各錢店銀錢交易，難保非將官欵私存錢店，貪圖生息，藉可自向通挪，迨至虧倒，僅能責成錢店繳還，該經手之員轉得置身事外，殊堪痛恨。嗣後無論何項局廠、學堂，所有各項官欵，應令儘數交官錢局存儲，隨時提撥應用，斷不准將官欵私存各錢店，致有前項情弊。倘仍蹈前轍存放錢店，一經倒塌，官欵或有虧欠，定即勒追經手之員照數賠繳。除分行外，合亟札飭。札到，該局、學堂即便懔遵辦理。仍將遵辦情形具報查考。勿違。

札北鹽道、善後局核議部催萬户沱鹽釐銀一半解部充餉 光緒二十五年八月二十五日

光緒二十五年八月二十二日准户部咨開：山東司案呈，查四川每年包解湖北萬户沱鹽釐銀一萬二千兩，前經湖廣總督奏，歷年所收銀兩，係開支局卡薪水、緝私等項之用，當經本部行令，此項銀兩應照宜昌局公費章程，提出一半充餉，不得全作緝私經

[一] 以下二十一件録自抄本《督楚公牘》。

費開支。嗣據覆稱，請自光緒二十三年起，查照宜昌鹽局公費章程，提出一半銀兩移解善後局充餉。復經本部查善後局本有專餉，此項節省銀兩，應令如數存儲，報部候撥，其餘五成公費銀兩係歸於何案造報，并令查明聲覆。旋據湖廣總督覆稱，自光緒二十三年起，内提出一半充餉銀六千兩，其餘五成公費銀六千兩，請按年歸入宜昌公費案内造報，均經本部行知遵照各在案。查前項銀兩，已據該督咨明提出一半充餉銀六千兩，另欵存儲，聽候部撥。查現在部庫異常匱絀，應令轉飭即將光緒二十三、二十四、二十五等年提出萬户沱每年一半充餉銀六千兩，共一萬八千兩，應隨同京餉一併解部，以裕庫儲。其餘五成公費銀一萬八千兩，應令趕緊造具細册，專案送部，以憑核辦可也等因，到本部堂。准此。查善後局應解京協各餉并本省餉銀，需欵甚鉅，常年所收鹽貨各釐不敷撥解。此外但能爲善後局增一進項，即爲善後局增一解欵，并非善後局有一定專餉，可供撥解之數，此外并無須他欵湊解也。前之請將此項萬户沱鹽釐提出銀六千兩移解善後局，原期湊解各餉，稍可彌補不敷之數。迨户部駁令另欵存儲候撥，其時值宜昌鹽釐尚未抵還洋欵之際，尚可勉遵部議辦理。今則宜昌鹽釐作抵，本年户部撥還鹽釐之欵，無著者至數十萬之多，以致善後局應解各餉無從撥解。自應仍照原議，將萬户沱此欵仍解善後局，藉供湊解各餉之需，斷難如前勉遵部議另欵存儲候撥。准咨前因，應由北鹽法道會同善後局切實核議，叙詳請咨。合亟札行。札到，該道、局即便會同切實核議叙具妥詳請咨。勿延。

札北牙釐局撥用米穀釐金六萬兩湊還禮和洋行借欵光緒二十五年八月二十六日

案照上年槍礮廠向禮和洋行息借代墊鋼廠經費無煙藥機各項價值，本年八月下旬到期，應還銀約八萬兩。現經商明撫部院，在於米穀釐金項下撥銀六萬兩，湊還前項借欵，其餘不敷之銀，即由槍礮局另行籌還。除撥用米穀釐金，俟將來查明共用若干，再行奏明外，合亟札飭。札到，該局即便遵照，迅速在於米穀釐金項下撥銀六萬兩，轉解槍礮局湊還借欵具報，毋稍違延。切切。

咨南撫院擬於澧州設局以暢銷川鹽整頓餉課光緒二十五年八月三十日

據署湖北鹽法武昌道陳重慶、宜昌川鹽局候補道陳兆葵詳稱：宜昌川鹽近年銷數日疲，而宜局奉撥京餉洋欵爲數日增，屢次奉准户部電飭催解，亟應力籌整頓，以顧要需。茲飭據委員查覆禀稱，湖南澧州一屬五縣，向係川、淮併銷之地，澧屬先年能銷川鹽十六七萬包，近年僅銷五六萬包，而民間賒食川鹽，竟有數載拖延，且有終久塌騙者，因此川鹽不敢賒帳，川銷日形疲滯。查淮鹽在澧設立督銷分局，保護淮鹽，以免賒户倒塌拖欠，川鹽亦應仿辦。擬於澧屬適中之津市地方，設立一稽查川鹽銷澧分局，委員試辦。商人運鹽到岸，由局照料出售，如有倒塌拖欠情事，委員即代經理追索，使川商不至視爲畏途，藉以暢銷，且可杜由來鳳一帶入澧未經在宜納税之零星川私等情，到本部堂。據此。查湖南澧州地方，查照定章，本係川、淮併銷之地。今該道等因川鹽銷數日形疲滯，查照淮鹽辦法，在澧州設立稽查川鹽分局，委員經理，自係爲整頓餉課，力顧要需起見，與淮鹽事同一律，應准照辦。除批准委員前往設局試辦外，相應咨明。爲此，合咨貴部院請煩查照，轉飭湖南鹽法道、澧州遵照辦理，不得意存歧視，致礙緊要餉需，并希見覆施行。

札北藩司等議覆户部電釐金作抵借欵每月約短交銀四萬兩由各該省自行設法籌解 光緒二十五年九月初五日

光緒二十五年九月初四日准户部江電開：釐金作抵借欵，據總税務司申稱，宜昌鹽釐每月約短交銀四萬兩，殊與原估之數不符，務令按照條約，逐月如數交付。如實係收不足數，希由各該省自行設法籌解，毋誤洋債要需。照辦并電覆等因，到本部堂。准此。合就札行。札到，該司、道即便會同鹽法道遵照，迅速妥議禀覆，以憑電覆户部。勿稍刻延。切切。

飭派各員生兵匠赴日本各學堂、營壘分門肄習附單 光緒二十五年九月初七日

案照上年冬間，曾經遵旨選派學生二十名赴東學習武備在案。本年叠奉諭旨，飭令擴充製造槍礮。近又叠奉旨飭興辦農工商各項事務。亟應欽遵辦理，自應續派各員生就近前往日本，分門肄習，以資造就。茲特選派各營官弁三十名，前往日本閱操，學習聯隊諸法。又選派護軍營工兵、槍礮廠工目共二十名，赴日本礮兵工廠學習製造槍礮。又選工藝局學生十名，學習製造槍礮廠所需皮帶、皮盒各件革料之法。又選兩湖、經心等書院學習農工商陸軍測量學生二十名，赴日本各門學校分別學習。通共八十人，均已與日本商明，仍交原派監督游學各生之奏調差委知府錢守恂帶往日本，分別商送各學堂、各營學習。除各學生、工兵、工目等衣裝費已飭善後局發給外，所有應需川資及初到食宿、雇車各費，應發銀四千兩。以後常年學費等項，照中國各省在日本游學生通例，約每人三百元爲度，應先發一季學費銀四千兩，以後再行籌撥。此項川資并學費共銀八千兩，即由鹽道在淮鹽加價練兵雜欵内動撥。此欵未經收到以前，由該道先在雜欵項下迅即照數墊發錢守收領濟用，以後欵到撥還。合亟札飭。札到，該道即便遵照將川資及學費銀八千兩照數發給具報。勿違。

清單

閱操學習聯隊官弁三十名。

學習製造槍礮工兵工目二十名。

學習製革生十名。

學習農工、商務、陸軍、測量學生二十名。

以上共八十名。

咨四川督院淮鹽行鄂課釐較川鹽輕擬請會奏免再加重川課 光緒二十五年九月初七日

據署湖北布政使瞿廷韶、鹽法武昌道陳重慶、宜昌川鹽總局補用道陳兆葵會詳稱：竊照光緒二十五年八月十六日奉憲台札開，

光緒二十五年七月二十二日准四川督部堂奎[一]咨開，據布政使王之春、署鹽茶道長春、總辦官運局補用道華國英會詳，光緒二十五年三月十六日奉本督部堂札開，光緒二十五年三月初十日准兩江督部堂劉[二]咨，據淮運司詳覆，查明淮鹽入楚現徵課釐確數，請核轉咨等情，到本部堂。據此。除批：此案前准川督部堂咨查，即經札行查議在案。據詳前情，仰候咨明四川督部堂查照，飭議辦理，該司仍俟川省覆到，趕速核轉，以憑咨商會奏。繳。等因印發外，相應抄詳咨明等因，奉此。遵查，此案前經會詳咨查，并電請兩淮鹽運司江人鏡電復淮鹽運銷鄂湘，每引六百觔，各徵正課加課二兩一錢一分三釐，鄂徵釐銀五兩二錢六分七釐，局費三錢。查局費不列課釐免計外，實共徵銀七兩三錢八分，每觔實攤徵銀一分二釐三毫，此淮鹽計觔攤徵之數也。又查川鹽行鄂，五十包爲一引，除去皮耗，衹重一萬觔，在川徵引稅羨截額課銀八兩七錢二分八釐，廠釐銀十八兩，渝釐銀二十五兩，共銀五十一兩七錢二分八釐。至鄂又徵課釐錢一百八十千文，海防釐錢二十千文，江防經費錢三十千文，鹽觔加價錢二十千文，共錢二百五十千文，以錢約十五六文作銀一分，每鹽一觔攤徵錢二十五文，合銀一分六釐，川、鄂兩省應徵銀錢併計，實攤徵銀二分一釐一毫七絲二忽八微，此川鹽計觔攤徵之數也。兩相比核，川鹽每觔實較淮鹽多徵銀八釐八毫七絲二忽八微。按照原奏，每包一百三十五觔計，淮鹽僅徵銀一兩六錢六分五毫，川鹽則徵銀二兩八錢五分八釐三毫二絲八忽，亦較淮鹽多徵銀一兩二錢之譜。川重於淮，顯而易見。復經詳明咨商兩江、湖廣督部堂會核，免再加重川課在案。茲奉前因，并將兩江抄詳飭發本司暨道局公同查閱，核與兩淮鹽運司前電徵欵相符。惟兩淮鹽運司原詳內不直言川重於淮，而以似覺川重，故爲疑詞。又舍課釐而較運費成本以及捐雜各欵，以爲川輕淮重，未免其詞過甚。詳考從前禁川復淮奏案，歷叙兩淮煮海爲鹽，本輕易舉，川省鑿井取鹽，工堅費鉅，加以灘險失事淹消，與近年食貴工昂，成本不貲，商多虧歇，且自借銷淮岸以來，業已重徵課釐，以濟公家之用，即不得不裁抑浮費，以恤商力之艱，此正川省辦理核實之處，似不應再合雜欵各費以較輕重。本司暨道局悉心核議，竊以川鹽課釐既已較重於淮，川商運本亦復不輕於淮，即原奏加重川課，意在與淮相埒，今且過之，若猶勉强再加，思以抵補淮課原額，在商岸則苦於本重利微，在官運則慮其滯銷擱本，勢必至於引鹽價貴而難暢，不敵私賤之易銷，誠恐無補於淮額，轉損於川課。再四思維，擬請俯念川鹽現徵課釐併計比淮加重，近年商疲滯銷，准予分咨兩江、湖廣督部堂會商酌核，奏懇天恩，免再加重川課，以恤商力而顧岸銷。所有遵札會議兩江咨覆淮鹽行鄂課釐數比川輕，應請咨商酌核會議奏免加重川課緣由，是否允協，理合具文詳請查核，批示祗遵等情。據此。除分咨外，相應咨請查照。是否即據此詳會奏，祈速酌核示覆等因，到本部堂。准此。合就札行。札到，該道即便遵照迅速核議詳咨等因，奉此。職道重慶遵即會同本司職局詳加核閱，遵查川淮二鹽徵課確數，現經兩江、四川督憲飭查明確，川鹽課釐既已較重於淮，川商運本亦復不輕於淮，是川課比淮加重，不須抵補情形，川省司道詳內已將川、淮收課各數目明晰辯論，似可毋庸再議。第就鄂省情形更詳言之。復查湖北行

[一] 指奎俊。
[二] 指劉坤一。

銷川鹽，自同治九年兩淮規復引地以來，只行荆、宜、安、襄、鄖五府，荆門一州，并湖南之澧州一屬，銷路既隘，收税漸少。迨至光緒十年以後，兩江在宜昌添設加抽局，并先後奉文籌辦江防，籌還洋欵，迭次加價，每鹽一觔已至二十五文之多，商人成本已重，加之川江險阻，腳力盤費，因而無利可獲，宜沙各處鹽商折本歇業者日見其多，每加價一次，年計收税必短少一二十萬串或二三十萬串不等，此商疲銷滯之明徵。況鄂省宜局所收鹽税，本爲京滿各餉要需，現已撥抵洋欵百萬鉅數，雖奉撥補，實多無著，若勉强再加，收數必又短絀，不但有損於川課，似更有礙於大局。本司暨道局等悉心妥核，以川省司道所議洵爲至論，擬請即據原詳咨覆四川督部堂酌核會奏，籲懇天恩，免再加重川課，以恤商力而顧餉需。所有遵札會議川省查明淮鹽行鄂課釐數比川輕，擬請咨覆即據原詳會奏免再加重川課緣由，是否有當，理合具文會詳，伏祈核咨等情，到本部堂。據此。查川鹽課釐較淮已重，豈能再議加增。據詳前情，均係實在情形，自未便再行加重川課，相應咨覆。爲此，合咨貴部堂請煩查照會核覆奏施行。

札北善後局撥解武備學堂第三十四次經費銀三千兩 光緒二十五年九月十三日

據湖北武備學堂署布政使瞿廷韶詳稱：竊照武備學堂需用欵項，在善後局新籌善後經費項下動支，歷經咨請善後局撥解銀兩，自開辦起，按月造册報銷在案。茲查前領三十三次銀四千兩，除開支西九月分洋教習二員薪水，本年八月分東文譯官各員薪水，學生贍銀火食以及員司八月薪夫等欵，現存無幾，自應照案仍請撥發第三十四次經費銀三千兩，以資應用。除備文咨請善後局照案撥解外，相應詳請查核批飭善後局撥解等情，到本部堂。據此。查武備學堂經費，現經本部堂飭令銀元局於製造銀元盈餘項下動支，惟目前尚未積存有欵，此次該學堂請領經費三千兩，仍暫在善後局餘存峽路經費内動支，俟動支完畢，再由銀元局支給。合行札飭。札到，該局、學堂即便遵照。

札委朱金祺接充自强學堂東文堂漢文教習兼管堂委員 光緒二十五年九月十六日

據自强學堂提調、試用通判程頌萬稟稱：自强學堂東文堂漢文教習兼管堂委員一事，現尚虛懸，請即遴委接辦等情，據此。查有大挑知縣朱金祺，堪以派委接充自强學堂東文堂漢文教習兼管堂委員。應令遵照原定各章程，諸事稟承提調，常川在堂，整飭學規，稽察照料。每日常與諸生當面講論，盡心訓課，俾學業日有進益，造就成材，以副委任。該員薪水月支銀三十兩。合亟札委。札到，該員即便遵照接充自强學堂東文堂漢文教習兼管堂委員，務須查照札飭事宜，稟承提調，盡心辦理，并將到堂接辦日期具報查考。

飭農務局等開辦農務報 光緒二十五年十月初一日

照得湖北遵旨設立農務局，派延華洋各教習，招集學生，講求種植畜牧之法，凡五穀果實、茶務林木、棉花蠶桑、牛羊雞豚，皆統於農務之内。誠以農務爲養民之本，衣食之源，亟宜首先考求，以立富國富民之基。惟講明農學，必先開辦農報，方足以開通見聞，廣爲勸導，是農報又爲農務之根。應即在農務局内設立湖北農學報。查浙江附貢生羅振玉究心農學，辦事實心，已飭酌擬體例，呈候核定舉辦。惟所譯東西洋各國之書，須與上海農會所譯者不蹈重複。至湖北全省農務，應由藩司通飭各廳州縣，將該處種植畜牧所宜何物，出產衰旺，價值高下，銷路通塞，有何培養獎勸之法，以及一切凡有關於農務情形，務須按月詳細稟報農務局，以便採登入報。其報即自本年十月起。據該貢生核計，譯印及一切雜費，每月約須五百五十金，應飭牙釐局於米穀釐金項下，以銀合錢，先付經費三箇月，撥交農務局轉發，以資開辦。合行札飭。札到，該局即便遵照開辦農務報，勿稍違延。

札北藩司等查實存制兵防勇餉米各若干光緒二十五年十月初七日

光緒二十五年十月初六日准户部微電開：盛京將軍、吉林將軍、黑龍江將軍、福州將軍、荆州將軍、固原轉遞甯夏將軍、西安將軍、太原轉遞綏遠城將軍、伊犁將軍、熱河都統、轉遞察哈爾都統、轉遞庫倫辦事大臣、迪化轉遞烏里雅蘇台參贊大臣、轉遞科布多參贊大臣、直隸總督、兩江總督、兩廣總督、四川總督、閩浙總督、雲貴總督、湖廣總督、陝甘總督、漕運總督、河道總督、山東巡撫、山西巡撫、河南巡撫、陝西巡撫、江西巡撫、江蘇巡撫、安徽巡撫、湖北巡撫、湖南巡撫、浙江巡撫、廣東巡撫、廣西巡撫、雲南巡撫、貴州巡撫、新疆巡撫：各省兵勇餉需，近年迭有增減，奏報亦互有前後，本部難於綜核。即希將該省現在實存制兵若干，一年支餉銀若干，餉米若干，實存防勇若干，一年支餉項若干，查明確數，分晰電覆等因，到本部堂。准此。除分行外，合就札行。札到，該司局即便遵照迅將鄂省實存制兵、防勇若干，年支餉銀、餉項若干餉米若干，查明確數，開具清摺三分，詳賫來轅，以憑分晰電覆户部，勿稍違延。

咨南撫院、北鹽道在澧州設立稽查銷澧分局請飭地方官曉諭保護光緒二十五年十月初八日

案照前據署湖北鹽法武昌道陳重慶、委辦川鹽局湖北試用道陳兆葵會詳稱：宜昌川鹽近年銷數日疲，而宜局奉撥京餉洋欵爲數日增，屢次奉准户部電飭催解，亟應力籌整頓，以顧要需。茲飭據委員查復稟稱，湖南澧州一屬五縣，向係川、淮併銷之地，澧屬先年能銷川鹽十六七萬包，近年僅銷五六萬包，而民間賒食川鹽，竟有數載拖延，且有終久塌騙者，因此川鹽不敢賒帳，川銷日形疲滯。查淮鹽在澧設立督銷分局，保護淮鹽，以免賒户倒塌拖欠，川鹽亦應仿辦。擬於澧屬適中之津市地方，設立一稽查川鹽銷澧分局，委員試辦。商人運鹽到岸，由局照料出售，如有倒塌拖欠情事，委員即代經理追索，使川商不至視爲畏途，藉以暢銷，且可杜由來鳳一帶入澧未經在宜納税之零星川私等情。本部堂當查湖南澧州地方，查照定章，本係川、淮併銷之地，今該道等因川鹽銷數日形疲滯，查照淮鹽辦法，在澧州設立稽查川鹽分局，委員經理，自係爲整頓餉課力顧要需起見，與淮鹽事同一律，應准照辦。批准委員前往設局試辦，咨請貴部院查照，轉飭湖南鹽法道、澧州遵照辦理，不得意存歧視，致礙緊要餉需等因

在案。茲據該道等詳委候補知縣劉嶽鎮、縣丞黃授書辦理，并派司事丁役，調撥宜局緝私舢板礮船一隻，隨同赴澧開局。惟以澧州設局試辦，事屬隔省，誠恐無知之徒於該地方藉端生事。應請憲台轉咨湖南撫憲，飭知岳常澧道札行澧州各屬出示曉諭，以免滋擾等情前來。除遝札岳常澧道遵辦外，相應咨會。爲此，合咨貴部院請煩查照，轉飭澧州各屬出示曉諭，以免無知之徒藉端生事。望切施行。

飭委陳世貞充當護軍前營副營官 光緒二十五年十月十二日

照得鄂省新募護軍前營，前經飭派守備姚廣順充當該營管帶，仍歸督帶護軍等營游擊張彪兼轄，責成仿照護軍中、後兩營及工程營功課操法，練習洋操，分別於學堂操場，認真講習訓練，期與中、後、工程三營一律練成勁旅，分別札行在案。茲據督帶護軍四營游擊張彪稟稱，守備姚廣順會同委員前往直隸，已將護軍前營勇丁募齊，帶領回鄂，酌擬官弁勇丁人數餉數，并請派委副營官，以資幫理等情，到本部堂。據此。應即飭委工程營二隊正哨官陳世貞，調充護軍前營副營官，循照護軍中、後兩營及工程營成法，務將操練功課一切事宜，幫同正營官守備姚廣順認真經理，仍隨時聽候督帶官指示調遣。總須訓練確有成效，勿稍曠怠，有負委任。除分行外，合亟札委。札到，該外委即便遵照充護軍前營副營官，查照札飭事理妥爲辦理。仍將任事日期具文報查。

札委鄭葆琛接辦老河口官運川鹽局務 光緒二十五年十月十七日

照得委辦老河口官運川鹽局湖北候補通判杜煥章，現據稟請辭差。查老河口官運川鹽局，係開拓川鹽邊界銷路，分設局店多處，配運疏緝，事繁責重，亟應委員接辦。查有湖北補用同知鄭葆琛堪以飭委接辦老河口官運川鹽局。該員務將官運疏銷出入鹽斤收支銀錢及緝私敵私一切應辦事宜，查照舊章，力求撙節，認真整頓，并隨時周歷各邊界分局子店巡視考察。如司事人等，有暗中舞弊以及疏緝不力情事，即行查明稟請撤換。總期官運日有起色，私販無從浸灌。應解各項經費盈餘等項，不得稍有短少，以裕課餉。除分行外，合亟札委。札到，該丞即便遵照前往接辦老河口官運川鹽局，按照札行事宜妥籌辦理，以副委任。仍將接辦日期報查。切切。

札鐵政局等議詳鐵廠歸還官本事 附單 光緒二十五年十月十七日

光緒二十五年十月初八日准户部咨開湖廣司案呈本部核覆湖北鐵政局自開辦起，至改歸商辦止，第一批報銷收支銀數并責成商局按期歸還官本一摺。光緒二十五年八月十七日具奏。奉旨：依議。欽此。欽遵相應抄録原奏，恭録諭旨，咨行湖廣總督欽遵辦理可也等因，到本部堂。准此。查此案前准户部咨，湖南岳州開設通商口岸經費，指撥商辦湖北鐵廠應繳官本銀十萬兩，當經行飭鐵政局查明核議詳辦。嗣又准户部咨，鐵廠商辦已逾三年，約應繳官本銀四十餘萬兩，除撥岳州口岸銀十萬兩外，實存銀若干，應令查明，報部候撥，復經行飭鐵政局一併議詳。又准兵部咨奏，以鐵廠改歸商辦，原奏内稱此項一切官本概由商局承認，每年可繳官本銀十餘萬兩，行令取具商局按年照數歸還官本甘結，并接收各項清單暨該官商銜姓花名清册送部。復經行飭鐵政局移商鐵廠，查明原奏案據應如何出具甘結之處，妥議詳咨各等因在案。茲復准户部咨具奏核覆鐵政局第一批報銷指駁各欵，多支數目行令追還，并飭商局出具清單册結，暨行查商局認還官本銀兩，除撥岳州口岸銀外，查明實存若干，報部候撥等因前來。查本部堂原奏鐵廠改歸商辦，用過官欵但期鐵路開辦，即可按日計噸，常川提繳，議定俟尋獲佳煤鑛後，除漢陽廠兩爐齊開外，必須在大冶之石灰窯一帶添設新式生鐵大爐四座，計每一爐日出生鐵六七十噸，六爐共日出四百餘噸，每年可出生鐵約十餘萬噸，即每年可繳官欵約十餘萬兩等語。原係指佳煤足用，六爐齊設，出鐵日旺，每年始可繳還官欵約十餘萬兩。現在萍鄉煤鑛鐵路尚未修成，運鄂之煤無多，漢陽鐵廠只開一爐，大冶四爐自更未能添設。前與商廠原議奏案聲明出生鐵一噸繳銀一兩，今每年止出鐵二萬餘噸，自未便責以每年繳此官欵十餘萬兩，致與原奏不符。此次部中未及細核原奏，將懸擬將來還欵之數，定爲現在實還之數，以致計算有誤。至查原奏議定商局承辦鐵廠章程内，有先行提銀一百萬兩，儘先歸還急需之官本一條，并經本部堂將此一條特行附片具奏，聲明鐵廠歷年各項用欵共約銀五百數十萬兩，内只奏撥官欵三百七十萬兩，其餘不敷之欵係借撥湖北槍礮局經費銀一百數十萬兩，内急待付還者五十餘萬兩。又借撥織布局銀五十四萬一千餘兩，并有積欠洋廠華廠及各商號之欵一時未能截清，應令商局將此提前豫繳官本一百萬兩，先行儘數繳還礮、布兩局，此後續行按年提繳之欵，即當陸續歸還迭次奏撥各欵等因。查鐵廠所用五百數十萬，并非全係官欵，係連積欠華洋各商機價物料借欵并布局商欵在内。至鐵廠借用礮、布兩局之欵，係查照歷次奏案辦理。如商廠有繳欵，自應先還商債，其餘方是官家之銀，其奏撥官欵實止三百六十四萬餘兩。現因辦理報銷，一律查核截數，計共欠槍礮局銀一百五十六萬四千六百二十二兩六錢八分九釐，内急待付還者六十二萬數千兩。原欠布局之五十四萬一千餘兩除已還外，尚待付還銀二十七萬八千七百六十二兩一錢五分六釐。華洋商號各欵，除已付外尚欠銀一十萬一千一百九十九兩零，即是册報所列不敷之數，前已於咨送鐵局一批報册咨文内聲覆，於官本百萬兩内扣還。以上三項計共庫平銀一百萬兩零，前因欵項支絀，隨時移東補西，猝難清算。及至互相劃抵，截清各數之際，應待還槍礮局急欵比前稍多，而應付布局及商號急欵則比前較少，合之仍是一百萬兩有奇，并無出入，現有報册可稽。總之，前所欠奏撥官本計三百六十四萬餘兩，其餘多係挪移拉借之欵。前以鐵廠所欠華洋各商欵，前兩年即應立待付清，無從延宕，而礮、布兩局之欵尤爲急需，因奏請提前預繳銀兩，先還礮、布兩局，以應急欵。所有奉撥官欵三百六十四萬餘兩，再當按年續繳歸還，故於鐵廠改歸商辦後，據商局將此項預繳銀兩陸續繳過數批，内中多係代付鐵廠所欠華洋各商機器物料各價，及劃扣槍礮廠所用鐵廠鋼鐵價值，其實繳現銀止長平三十一萬餘兩。據商局稱，現銀及代付劃扣，共係五十餘萬兩，因代付洋商機價内有洋息鎊價，其應歸官歸商，尚未算清確數。且槍礮廠所用鋼鐵數目價值，亦未核算明確，然大致所差不多，約係五十萬有奇。總之，所繳之現銀，均經隨時歸還從前官辦鐵廠所欠緊要各欵，因商局劃扣槍礮廠近年所用鋼鐵價值爲數太多，其應還槍礮局借欠機價及各項商欵，尚多未還。現在鄂省并無存儲所還官本銀兩可供部撥。此後如商局續有預繳此項銀兩，應儘先歸還前欠礮、布兩局及華洋商欵，以符預繳官本一百萬兩歸還急欠之原案。此後續行按年提繳之欵，即當查照奏案，將迭次奏撥官欵三百六十四萬餘兩陸續歸還，斷不致［欵］歸無著。惟總須照原奏所云，將來佳煤既獲，爐座多開，鐵噸暢銷，方可按噸繳銀，每年收繳官本十萬之數，以備部撥之用。至鐵廠每年出生鐵若干噸，按月俱有册報可稽，并非漫無稽考。准咨前因，應由鐵政局遵照迭次札飭，并按照户部此次指撥各欵，再行確核詳辦。仍一面遵照前札，移商鐵廠查明原奏案據，應如何出具甘結，并造送清單清册之處，妥議詳咨，并應會商槍礮局查核奏案一併議詳，以憑咨部查核。合行札飭。札到，該局即便遵照辦理，毋稍違延。切切。

核覆湖北鐵政局報銷欵項并責成商局按期歸還官本摺

户部謹奏為核覆湖北鐵政局自開辦起，至改歸商辦止，第一批報銷欵項，并責成商局按期歸還官本，恭摺仰祈聖鑒事。據湖廣總督張之洞將湖北鐵政局自光緒十六年二月開辦起，至二十二年四月改歸商辦止第一批支用各欵，共庫平銀二百六十萬六千七百零五兩四錢一分六釐，咨部核銷前來。臣等查湖北鐵政局，自該督創辦以來，據咨報先後共支過銀五百六十八萬七千六百十四兩六錢零七釐。嗣以經費難籌，後據該督奏明招商承辦，從前用去官本，概由商局認還各在案。今據造具第一批報銷清册咨送到部，臣等督飭司員按欵詳核，查册開新收項下部撥經費及奏撥鹽、糧各道庫鹽釐幫津、水脚兑費，又借撥江南籌防局、瑞記洋欵、兩淮鹽商捐，并撥槍礮局經費、織布局股票、漢陽廠鋼鐵價等項，共銀五百五十八萬六千四百一十五兩五錢六分一釐，核與奏咨各案銀數相符。開除項下，共支銀二百六十萬零六千七百零五兩四錢一分六釐，内除購買外洋各種機器物料、測繪器具等項，歸工部核銷銀一百五十九萬二千九百十六兩六錢零五釐。又運保、水脚、船價、車費、輪船、薪工、恤賞等項，歸兵部核銷銀四十九萬九千一百二十三兩七錢九分二釐八毫零七忽二微。此外册造出洋藝徒、勘鑛、試採煤樣、夫馬、員司書役薪火、洋匠薪水雜費、鐵政局公費、購買民房遷費、抽水打樁、挖地開綫、立表修路、試地壓地、測繪工費等項，共銀五十一萬四千六百六十五兩零一分八釐一毫九絲二忽八微，内除册造籠統之薪水、房租、船價等銀一萬三千一百三十一兩七錢七分。事隸三部之欵，已由臣部專案行令該省劃清另行造册，分送三部核銷外，又委員池貞銓夫馬多支并以散合總，共多支銀六十五兩七錢六分五釐三毫，幫辦總工師年臣，每月支薪工英金一百鎊，按册開四十四箇月短三天核算，該支英金四千三百九十鎊，册開四千三百九十三鎊八先令六本士，計多支三鎊八先令六本士，每鎊扯合長平銀五兩八錢八分三釐九毫三絲九忽七微五杪，合長平銀二十兩零一錢五分二釐，折合庫平銀十九兩四錢五分一釐。又完納漢陽、興國二州縣錢糧，計多支銀一分四釐，以上共多支銀八十五兩二錢三分零三毫，應令追還。其餘銀五十萬一千四百四十八兩三分七釐八毫九絲二忽八微，應歸臣部核銷。以上册造各項，據稱仿照江南制造滬局章程支給。檢查江南滬局章程，與此案開支各欵，名目既繁，同異互見，實無從比擬核定。惟查該督前擬改歸商辦原奏内稱，此項一切官本，概由商局承認，俟按年陸續抽還，并稱每年約可繳官本銀十餘萬兩等語。今冊造各欵，既無例章可循，當時局中差事之繁簡，制造之巧拙，部中亦難懸擬。該商局既一律接收，情願繳還官本，惟有責成該商局逐件查驗，如果物值相符，支用各項委無浮冒，即令該商及承管之員開具接收各項清單暨該官商銜姓花名清冊，并取具按年照數歸還官本甘結，一併送部再行核銷。至該官商應還官本銀兩，查前據湖廣總督於光緒二十二年奏明由商局承認分年抽還，每年可繳官欵銀十餘萬兩。截至現在止已逾三年，約應繳官本銀四十餘萬兩，除撥歸湖南岳州府地方開設通商口岸銀十萬兩外，實存銀若干，應令查明報部俟撥，并令嗣後按年如數繳還，一併存儲，聽候部撥，不得擅自挪用，以重欵項。如蒙俞允，應由臣部行知該省欽遵辦理。所有核覆湖北省鐵政局第一批收支銀數并責成商局按期歸還官本各緣由。恭摺具陳，伏祈皇太后、皇上聖鑒。謹奏。

札督標挑撥緑營馬兵百二十名别立一營操練 光緒二十五年十月二十二日

照得湖北爲南北交衝之地，江北平陸廣闊，馬隊之用甚多，無如緑營馬兵自屢經裁減以後，每營止有零星若干名，不成隊伍，無從操練。且馬匹均歸守備餵養，類多疲瘦不堪，遇有戰事，斷不能用，積弊甚深，殊爲可惜，亟應設法整頓。現查督標三營五年裁定以後，餘存馬匹除外委、額外各弁馬十九匹外，尚存六十九匹。武昌城守營除外額馬八匹外，尚存馬二十九匹。漢陽協營除外額馬十一匹外，尚存馬十九匹。共計一百十七匹。另在五年裁定以後，餘存馬兵較多之鄖陽城守營撥出馬兵三名，湊集馬兵一百二十名，另立一營，名曰督標練軍馬隊營。本部堂當另派營官管帶，專立營壘，另籌經費，講求洋操馬隊之法。所有武昌城守、漢陽協、鄖陽城守三營既將前項馬匹撥歸督標新練馬軍，其馬兵餉銀、米折、馬乾等項亦應一併改撥督標新軍，以供支放。該三營即照撥出馬兵之數，改作步兵。計武昌城守營應改馬兵爲步兵二十九名，漢陽協營應改馬兵爲步兵十九名，鄖陽城守營應改馬兵爲步兵三名。此項新立督標練軍馬兵一百二十名，均食督標操防練軍之餉，即由督標中軍於督標原有馬兵内擇其精壯年在二十五歲以下者挑用，其年歲過長及氣體不壯者，既不勝馬兵之選，本應革退，姑從寬改爲步兵。由善後局發給一年馬兵本身餉銀餉米，作爲恩餉，以示體恤，馬乾不在其内。此項於外銷欵内動支。其不敷人數，仍在督標各步兵内認真挑選，改作馬兵，補足馬兵一百二十名之額。至該兵等底餉、練餉、馬乾、米折，向由司道局分別動支，現須核明一兵底餉、練餉、馬乾、米折全數若干，合計此一營全數若干，俱改由善後局墊欵發給，由藩司、糧道照數撥還，以歸簡易，而省膠葛。至鄖陽城守營距省甚遠，應將所撥馬匹變價解報，不必將原馬解省。其武昌城守營、漢陽協營所撥馬匹，應即全數點交新派馬隊營官接收，其原馬膘壯者留用，瘠老不堪乘用者即行變價，另行籌欵買補。似此辦理，於例支餉乾并無出入，而挑選精卒，換補勁騎，特立馬隊專營，認真操練，庶以後可收騎兵實用。再，查提標五營經五年裁定之後，餘存馬兵尤多五營，共計尚有二百零八名，散處荒廢，亦屬可惜。且襄陽一帶馬隊尤爲得力。應俟督標挑練馬隊辦有成效後，再當斟酌仿照辦理。除分行外，合亟札飭。札到，該將、中軍、將即便遵照札飭事宜認真辦理。并將遵辦情形迅速具報查核，毋稍違延。

咨行飭委胡得立管解小口徑毛瑟槍二十枝并子彈、藥碼等件赴京交收 光緒二十五年十月二十五日

案照承准軍機大臣字寄，光緒二十五年六月十六日奉上諭：前因上海、江甯、湖北均有製造槍礮局廠，諭令該督等切實會商，將所製槍礮膛口子彈，統歸一律。茲據劉坤一奏稱，派員馳赴湖口，比較數次，所造槍礮子彈格式分量、口徑大小，現均一律合膛，并無歧異等語。著劉坤一、張之洞飭令江甯、上海、湖北各廠，將仿造之小口徑毛瑟槍各提二十枝，注明某廠某年月製造，配齊子彈藥碼一切零件，委員解送來京，以備考驗。將此各諭令知之。欽此。遵旨寄信前來等因，到本部堂。承准此。業經札飭槍礮局欽遵辦理在案。嗣因准兩江督部堂劉來咨，以滬局添配機器仿造，奏明俟槍機到齊造成再解等因，是以湖北擬俟江省同解。茲復承准總理衙門銑電，奉旨催解。遵復電詢，准江省電覆，滬局槍枝即日起解。當經本部堂飭據湖北槍礮局揀選小口徑毛瑟槍二十枝，配齊藥彈一切零件，共計□□箱，呈賫前來，亟應委員管解赴京。查有湖北試用通判胡得立堪以派委管解。相應咨明。爲此，合咨貴大臣請煩查照，轉飭營務處俟前項槍枝藥彈等項解到，考驗施行。

札委洋員大原武慶、福克斯兼充防營、緑營將弁學堂教習 光緒二十五年十一月初一日

照得鄂省現於六營公所設立防營將弁學堂。查有譯書局東文繙譯大原武慶，堪以飭委兼充防營將弁學堂教習。自强學堂東文教習柳原又熊、譯書局繙譯木野村政德，均堪飭委兼充防營將弁學堂講堂繙譯。該兩員於每日午前、午後分別輪充傳譯。又於武備學堂內附設緑營將弁學堂，所有緑營候補將弁及實缺都、守以下各弁，均即一體入學。查有武備學堂教習福克斯，堪以委令兼充緑營將弁學堂教習，并派營務處張道煜林爲總管功課官，派督標中軍僉鎮厚安、撫標中軍璞參將玉爲總察功課官，派漢陽協張副將壽廷、署城守營高參將長洪、署督標左營陳游擊金元、右營紀游擊堪榮、署撫標右營連游擊陞、統帶武功營方鎮友升、統帶升字營周提督得升、統帶武愷營吴鎮元愷、督帶護軍營張游擊彪，均爲監察功課官，均須輪班到堂，不准無故不到。除札委該洋教習大原武慶、福克斯分別兼充防營、緑營各將弁學堂教習，妥定課程，盡心教授，俾各員弁學有進益，造就成材，暨札委柳原又熊、木野村政德兼充防營將弁學堂繙譯暨分行外，合就札行。札到，該局等即便查照。

札行北藩臬司、營務處等上諭各國争先入我堂奥，各省必須協力同心殺敵致果 光緒二十五年十一月初三日

光緒二十五年十一月初二日准兵部火票遞到軍機大臣字寄各

直省督撫，光緒二十五年十月十九日，奉上諭：現在時勢日艱，各國虎視眈眈，争先入我堂奥，以中國目下財力兵力而論，斷無釁自我開之理。惟是事變之來，實逼處此，萬一强敵憑陵，脅我以萬不能允之事，亦惟有理直氣壯，敵愾同仇，勝敗情形，非所逆計也。近來各省督撫每遇中外交涉重大事件，往往預梗一和字於胸中，遂至臨時毫無準備。此等錮習，實爲辜恩負國之尤。兹特嚴行申諭，嗣後倘遇萬不得已之事，非戰不能結局者，如業經宣戰，萬無即行議和之理。各省督撫必須同心協力，不分畛域，督飭將士殺敵致果，和之一字不但不可出諸口，并且不可存諸心。以中國地大物博，幅員數萬里，人丁數萬萬，苟能各矢忠君愛國之誠，又何强敵之可懼。正不必化干戈爲玉帛，專恃折衝尊俎也。將此通諭知之。欽此。遵旨寄信前來等因，到本部堂、部院。承准此。合亟恭録札行。爲此，札仰該司、局、處即便欽遵查照，并移行鄂省防緑各營將領一體懔切欽遵。

按：此札同日行南藩司、營務處。

札北藩、臬司遵旨籌辦江防 光緒二十五年十一月初五日

准兵部火票遞到軍機大臣字寄光緒二十五年十月十八日奉上諭：現因意大利兵船在沿海一帶不時窺伺，曾經傳諭葉祖珪預先布置，妥籌萬全，朝廷不爲遥制。惟是各省沿江沿海礮臺與兵輪相爲表裏，必須先事聯絡一氣，始免臨時紊亂之虞。兵輪通語旗燈，具有成書可考。聞南洋各臺於此事不甚諳曉，必致呼應不靈。各國兵輪大約相似，北洋所購新船，各礮臺亦未經認識，萬一辨别不真，爲害非細。至礮臺攻船之法，必須將礮表度數、船行速率推算定準，各省礮臺恐未能悉精此藝。且建有礮臺地方，岸上各要隘固應嚴密扼堵，又須緊防抄襲後路。以上各節，皆係緊要關鍵，必有制勝之將，熟練之兵，礮臺、兵輪互相犄角，縱不能出洋攻敵，守口尚屬有餘。現在吴淞、鎮江、長門三處及沿江一帶礮臺，統領爲誰，是否得力，守臺兵數各若干，著該督撫先行具奏。此次葉祖珪率船南下，并著南洋、閩浙等省督撫接見該統帶，面商一切機宜，即令會同各礮臺統將，周察形勢，講求布置，總期事出萬全，不准稍存畛域之見，致誤事機。各該省如何先事預防之處，朝廷仍不爲遥制。將此諭知各該督撫，并由北洋大臣傳諭葉祖珪知之。欽此。遵旨寄信前來等因，到本部堂、部院。承准此。合亟恭録札行，仰該司即便會同北善後局、營務處迅速體察情形，將湖北沿江下游一帶礮臺應如何先事預防、講求布置，岸上各要隘應如何嚴密扼堵之處，妥議詳覆核辦，以憑覆奏，毋稍率延。

札督標馬兵王正太等十二名分别記拔外委、額外〔一〕 光緒二十五年十一月初五日

照得現在新立督標練軍馬隊營，業經札飭督標中軍於督標原有馬兵内擇其氣體精壯、年在二十五歲以下者挑用等因在案。查督標常川差操之馬兵王正太、熊正國、曾元祥、許文敖、王安邦、徐光發、張用彬、謝運釗、朱文相、陸應藻、陸廷翰、高玉陞等

〔一〕以下三十二件録自抄本《督楚公牘》。

十二名，差操素勤，著有勞績，惟年歲稍長，與挑練馬隊新章不符，自不能仍充馬兵。所有王正太、熊正國、曾元祥、許文敫、王安邦、徐光發六名，均作記名，拔補外委，張用彬、謝運釗、朱文相、陸應藻、陳廷翰、高玉陞六名，均作爲記名，拔補額外，以示獎勵。合行札飭。札到，該中軍即便遵照註册，并分飭各該弁知照。此札。

咨駐日公使李盛鐸抄譯日本陸軍學校詳細章程附單 光緒二十五年十一月初七日

光緒二十五年十一月初五日准兵部火票遞到軍機大臣字寄直隸總督裕、兩江總督劉、湖廣總督張。光緒二十五年十月二十一日奉上諭：盛宣懷奏條陳練兵事宜，請建練將總學堂以成將才等語。據稱中國之兵，材質與各國相敵，而耐苦過之，實不難練成勁旅，惟練兵必先練將。近來日本所以制勝，皆練將學堂出身之人才，其詳細章程，應飭李盛鐸向該國陸軍學校鈔譯進呈，再定辦法等語。中國武備學堂久經設立，尚未能確有成效，該京卿所陳練將一事，日本學堂詳細章程究竟若何，是否可以仿照辦理，著裕禄、劉坤一、張之洞咨明李盛鐸就近抄譯，會同詳議具奏。盛宣懷原奏均著摘抄給與閱看。將此各諭令知之。欽此。遵旨寄信前來等因，到本部堂。承准此。相應恭録咨會。爲此，合咨貴大臣請煩欽遵，希將日本陸軍學校詳細章程迅速抄譯咨送本部堂，并分咨南北洋大臣，以憑會核詳議具奏。望切施行。

節録盛宣懷條陳

一、建設練將總學堂以成將才。中國之兵，材質足與各國最强之兵相敵，而耐苦過之，實不難練成勁旅。惟練兵必先練將，而練將難於練兵。臣曾考詢日本甲午之役，其用宿將甚少，所以制勝者，皆練將學堂出身之人才也。又詢其出身學堂，初經戰陣，何以能有膽識，中國學堂中人，何以不及，則曰中國學堂止學皮毛，將領無學無識，則兵勇雖强，不能制勝，槍礮雖精，亦歸無用。將官須知兵法學問，然僅學堂肄業，豈得謂之學成。按照德國練將章程，報名應考者果能學優合格，先充兵丁六箇月後，入尋常武備學堂，學習諸藝。九箇月後，考驗實能訓練，委為把總。從軍歷練一年，再入總學堂三年，考列優等，充當小兵官，循序而進。總學堂祇應由陸軍衙門建立一處，現擬定額一千名。學堂與軍營相輔而行，應請上等洋教習，派知兵熟悉洋操大員總理，一面與日本陸軍省商明，選派學生數百名前往陸軍學堂練習，期滿學成而歸，給與武職。以後各軍調取士官，均由陸軍大臣飭令總學堂派出，總歸一綫。到底如何詳細章程，應請飭下大學士榮禄咨明出使日本大臣李盛鐸，即向日本陸軍學校抄譯進呈，再定辦法。

札江漢關道照送英國領事轉給駱丙生獎照 光緒二十五年十一月初八日

據英國駐漢胡領事照稱：茲接本國化學教習羅弼生函稱，本教習前充武昌化學教習九年，嗣後遺就江陵。詎料江陵諸學堂今已奉文裁撤，現在祇得暫行回國。竊查本教習曾在武昌教授化學，惟時已有九年，毫無貽誤，理合懇乞轉請賜與薦函，以便應聘別處等情前來，據此。相應照請查照，希即飭繕薦書一紙，移送本署，以便轉給收執等情，到本部堂。據此。查教習駱丙生，即英領事文內所稱羅弼生，前在湖北充當化學教習九年，教法精詳，著有成效，今自請暫行回國，應准發給獎照，合就札發。爲此，札仰該關道即便遵照，將發來獎照一張，照送英領事查收，轉給化學教習駱丙生收執。勿違。

飭鄧正峰督帶田鎮礮臺各營勇丁來省學習洋操 光緒二十五年十一月初九日

照得現經欽奉諭旨，飭令各省籌辦江防礮臺事宜，自應欽遵籌辦。查湖北下游門户，以田家鎮爲最要。該鎮設有舊式礮臺，前因經費難籌，尚未改修完備。該提督鄧正峰所部勇營駐紮該處，并無洋教習及學堂操練，難期精進，惟有調省認真學習洋操，講求礮臺諸事宜。本部堂當躬親督飭教練，一俟操練較熟，再行回防，方有實際。至田家鎮所需大礮，應俟煉鋼廠煉成精鋼後即行製造，此時自以豫練礮臺弁勇爲要，俟臺礮既成，方有可用。合行札飭。札到，該提督即便遵照，迅速酌留弁勇看守舊臺，酌帶所部勇丁四百名，即日來省駐東門外洪山舊壘，認真訓練，毋稍延違。仍將帶勇起程日期先行報查。此札。

飭督帶護軍營張彪呈報行軍操練所需物件以便赴東洋購辦 光緒二十五年十一月初九日

照得練習洋操，以常練行軍隊爲要。查此項操練行軍隊，必須帶用外洋雨衣、背囊、飯盒、水瓶等件，一切全備，方能認真操演，有裨實用，亟宜迅速製備。護軍四營勇夫二千餘名，應需各件若干，即由該督帶、營官迅速開單，禀候核定，以便就近赴東洋購辦，回鄂應用，俾得認真操練。至洋操之武愷、武功等營，俟操場功夫嫻熟後，亦須操練行軍隊，將來再當陸續一律購置。合行札飭。札到，該游擊即便遵照迅速開單，禀候核定飭購。毋違。

札委馮啟鈞接辦繅絲局稽察彈壓事宜 光緒二十五年十一月初九日

案照湖北繅絲局近來雖經租商試辦，局內應辦一切事宜，概應由承辦商董經理。惟查該局機器廠屋各件，官本甚重，女工甚多，仍應委員照料一切，以臻周妥，前經飭委幫辦繅絲局務、湖北候補知縣宗得福駐局稽察彈壓在案。茲查宗令現已委署利川縣篆務，所遺幫辦繅絲局稽察彈壓事宜，亟應委員接辦。查有署武昌府通判馮啟鈞堪以派委，應需薪水銀兩，按月照宗令章程支給，以資辦公。合亟札飭。札到，該員即便遵照，前往繅絲廠將稽察彈壓事宜妥爲辦理，以副委任。切切。

札錢恂就近在日本點收頭批銀元票八萬張 光緒二十五年十一月初十日

照得鄂省前經電請欽差出使日本大臣李[一]在日本印刷局代爲定造銀元票一百萬張，原訂合同內聲叙，准於光緒二十六年正

〔一〕指李盛鐸。

月二十一日以後十日内造八萬張交付等因。是頭批之銀元票八萬張，轉瞬即將造成交付，應即飭派監督游學各生分省補用知府錢守恂，就近在日本照數點收解運回鄂，以資應用。除咨李大臣先行通知印刷局長，到期發給文憑令該守持往點收外，合亟札行。札到，該守即便遵照札飭事宜辦理。勿違。

札北藩司等查明川鹽税抵還洋欵應由鄂在撥補項下歸欵等項 光緒二十五年十一月十一日

光緒二十五年十一月初十日准兩江督鹽部堂劉咨開：據江南籌防局、金陵防營支應局、江甯布政使恩壽等詳稱，本年十月二十一日奉院札開，光緒二十五年十月十八日准户部巧電，續借英德欵合同内載宜昌鹽釐并萬户沱加價，共作抵銀一百萬兩。現據鄂督電稱，萬户沱加價銀十五萬兩及加課解淮一半銀十三萬兩，均係兩江收欵，鄂省作抵鹽釐可解税司者，每年止有七十餘萬兩等語。查萬户沱加價及加課解淮一半銀兩既非鄂欵，自應由江南如數提出解交税司，或由鄂省截留，統歸宜昌鹽釐，一併解交税司之處，希速酌定電覆等因，到本部堂。准此。查萬户沱加價銀十五萬兩及加課解淮一半銀十三萬兩，前准部議撥補案内并無此項名目。准電前因，合行飭議札局，即便核案迅議覆奪毋違等因下局。同奉此。支應局伏查宜昌川鹽局經徵加課一半解淮銀兩，向由湖北鹽道轉解湖北督銷局兑收，抵放每年湖北鹽道緝費銀二萬五六千兩，督銷局緝費銀三萬五六千兩，節省經費候撥銀一萬兩，金陵善後經費銀六萬二千四百兩，通共約計銀十三萬兩。上年九月，奉行准户部咨具奏清釐湖北淮鹽局收支川税欵目附片内聲叙，宜昌鹽釐改由税司代徵，備抵洋欵銀一百萬兩，業經部籌的欵撥補，應飭宜昌川鹽局將每年川鹽加課一半解淮錢文，在於撥補欵内照數劃出，解交湖北淮鹽局。該局收到此項川税，即將原支緝私、薪糧銀兩仍由川税項下支給等因。此項加課解淮銀兩既奉彙抵洋欵，自應由鄂省截留，統歸宜昌鹽釐一併解交税司，仍由鄂省在奉部撥補項下劃解湖北督銷局歸欵濟放，以符案欵。近准督銷局咨會，加課銀兩自去年閏三月十一日以後，未准湖北鹽道解交。現以應解楚釐查明互抵，是加課一項，本係由鄂省截留統解税司，毋庸更議。籌防局伏查上年奉部撥補釐金文内，係叙明宜昌鹽釐加價作抵洋欵銀一百萬兩，此次部電亦係萬户沱加價字樣。兩江於光緒十一年在萬户沱設局，係加抽川釐，並非加價，往歲部中通行各省鹽斤加價二文，另有專欵，各省均經照辦，與兩江萬户沱加抽川釐名目不符。今奉行知萬户沱加價應解交税司，是否鄂省别有萬户沱加價之欵，擬懇咨詢湖廣督憲查明移復辦理，并請先行咨覆户部查照。奉札前因，理合會同詳覆，伏候俯賜核辦，批示祇遵。再，查昨准湖北督銷局來文，叙及去年川税收數短絀，自閏三月十一日起至年底止，應撥解淮加課僅祇銀七萬八千餘兩，視從前每歲十三萬之數大相懸殊。核計抵支鹽道及鄂岸緝費、金陵善後等項，不敷甚鉅，尚不知如何爲計。至萬户沱加抽川釐，每年收數除去局用等項，大致約解籌防局銀十二萬兩或十四萬兩不等，湊放江海防務要需。二十四年解欵尚不及往年之數，并無十五萬兩之多。合併聲明等情，到本部堂。據此。相應咨請查照查明見覆辦理。望速施行等因，到本部堂。准此。合亟札飭。札到，該司、道、局即便遵照迅速會同查明，議詳核奪，以憑咨覆。毋稍遲延。

札委楊纘緒等充各營體操總教習光緒二十五年十一月十二日

據監督游學日本學生、分省補用知府錢恂禀稱：楊纘緒、石茂林、潘連陞、孫富貴等四弁在日本户山學校學習體操畢業，經校長給予畢業證書、評單。楊、石兩弁於學科教範甚優，潘、孫兩弁於術科體操甚優，户山校長、總教習諸人及日員福島大佐均極奬許。宜令回華傳授，有所表見，俟受學者繼起有人，再令該四弁東渡他學，更資深造等情。自應量予録用，俾資觀感。查護軍、武愷、武防、武功及督撫標、武昌城守、漢陽協標防練各營，現均練習體操，應即委派該四弁充當各營體操總教習。飭令每營先挑四名前來，責成該弁等率同勤加操練，務須一律精嫻合法，確有成效，再將各營挑取，輪班教練，教成回營，轉相傳授，實於營務有裨。該四弁薪水，按月由北善後局各支給銀二十兩，以資鼓勵。除分行外，合亟札委。札到，該弁即便遵照上項札飭事理，充當各營體操總教習，務須妥定課程，實心教授，俾各營兵勇一律練成勁旅，以副委用。切切。

咨呈總署遵旨選派學生入日本農工商等學堂肄業附單 光緒二十五年十一月十二日

光緒二十五年十月初九日承准貴衙門咨開：光緒二十五年九月十一日，本衙門具奏議覆出洋學生入各國農工商學堂肄業章程一摺。同日奉硃批：依議。欽此。相應恭録諭旨，鈔録原奏，咨行遵照可也。計粘鈔等因，到本部堂。承准此。查湖北省上年冬間，曾經遵旨選派學生二十名赴日本學習武備在案。本年叠奉諭旨，飭令擴充製造槍礮，近又迭次奉旨飭興辦農工商各項事務，亟應欽遵辦理，因續派各員生出洋，分門肄習，以資造就。惟日本道路較近，經費較省，已於九月内選派護軍營工兵、槍礮廠工目共二十名，赴日本礮兵工廠學習製造槍礮。又選工藝局學生十名，學習槍礮廠快槍所需之槍帶、彈盒，過山礮所需之礮鞍、皮帶以及軍靴、馬鞍各件革料之法。又選兩湖、經心等書院學生二十名，赴日本各門學校分別學習農、工、商、陸軍、測量等學。又選派各營官弁三十名，前往日本閲操，學習聯隊諸法。通共八十人，均已與日本商明，仍交原派監督游學各生之奏調差委知府錢恂帶往日本，分別商送各學堂、各營學習。所有經費，暫由湖北本省籌撥。至兵農各書，鄂省已於各學堂酌派華洋員士分別擇要繙譯編輯，以資廣益。承准前因，相應咨覆。爲此，咨呈貴衙門謹請察照施行。

遵旨覆陳摺

謹奏為遵旨覆陳恭摺仰祈聖鑒事。光緒二十五年七月二十七日，軍機大臣面奉諭旨：向來出洋學生，除學習水陸武備外，大抵專意語言文學，其餘各種學問均未能涉及。即如農、工、商及鑛務等項，泰西各國講求有素，夙擅專長。中國風氣未開，絶少精於各種學問之人。嗣後出洋學生，應如何分入各國農、工、商等學堂專門肄業，以備回華傳授之處，着總理各國事務衙門詳細妥訂章程，奏明請旨辦理。欽此。由軍機處傳知臣衙門欽遵。臣等尋繹再三，仰見聖謨廣運，振興學術，取彼良法，以阜民生國計之至意。伏查遴派學生出洋肄業，自前大學士兩江總督曾國藩始，光緒十六年四月、二十二年九月，先後奏准出使英、法、俄、德、美五國，每届酌帶學生二名，共計出洋學生十名。自同治以來，江督所派幼童百五十名往美國肄業，因年太幼稚，志氣未定，多有通洋語而拋荒華語，并沾染習氣之病。是以嗣後南北洋武備水師學堂，歷派武弁學生，赴各國船礮機器廠、水師學校肄習新法，閩船政局先後派學生分批出洋肄製造管駕等事，多係年齒較壯通曉中西文字之選，間有專肄工、商、鑛務者，其中才能雋敏能通格致、化學、汽機製造，學成回華，擢用要差者，亦不乏其人。查英、法有農政公會，美國有農政書院，最為講求耕墾收獲之務。近日英之愛爾蘭，新立勸農勸工章程。至商鑛學堂，各國多有之，其名物器具象數之繁，分門記載各有專書，非精通西文翻譯，無由入門而悉其體用利病。歷派出洋學生每届三年回華，為時既暫，誠有如聖諭專攻語言文學，肄習水陸武備，而於各國農、工、商務鑛務未有專門精肄回華傳授者，誠宜變通出洋肄業章程，使各就其才性之所近，分門研究，以收布帛菽粟興物前民之用。興學術即以殖民生、裕國計，非此不能為之椎輪嚆矢也。夫中國自來以農戰立國，近年始趨重商政。泰西素以商戰立國，近日農學大興。臣等閑嘗考校中西農學，互有短長。泰西農家新法多從格致化學出，有與中法同者，有與中法異者，有可行之中國者，有不可行之中國者。徐光啟農政全書教民用龍尾車以汲江河之水，恒升車以汲井泉之水，此泰西水法，與中國同者也。察土性有十四原質之殊，資澆壅有磷養鳥糞之别，此與中法異者也。糞地宜何谷播種，必察其土脉、氣分，養淡，植物必順其生機。糞田之法，與周官草人土化焚骨漬種之法相似，此可行於中國者也。歐洲人少工貴，易牛耕而用機輪耘鋤，收割之具多用汽機，肥田之物或用硫强水。此則成本太鉅，獲不償費，不可行於中國者也。若論農學之美備，則欽定授時通考一書，實括千古農學之術，新法不能出其範圍矣。至於工、商、鑛務之學，則泰西以商立國，以兵衛商，專門之學，專營之政，講求最精，誠有如聖諭風氣未開，中土所素不習者。今奉飭議出洋學生，分肄農、工、商、鑛等學詳細章程，以備學成回華傳授，實為强本利用之根基。臣等謹參考中西政學，權以目前事宜，詳擬章程六條，敬為我皇太后、皇上備陳之：

一、請飭出使大臣就現派出洋學生，督令各肄專門之學也。查出使各國大臣每届奏帶同文館學生各二名，係專資辦理公牘之員，自無暇分身肄業。至光緒二十一年各臣衙門奏准派學生分駐俄、英、法、德肄業各四名，共十六名，月給薪水五十兩，歲需經費銀九千六百兩。又南北洋、鄂省派赴日本學校各二十名，又浙江四名，費由各省籌給。三共計已派出洋學生八十名。現在出使經費，極為支絀，物力甚艱，應先就此項學生察其才性，擇尤送入農、工、商、鑛學堂肄業，應加津貼并延師經費，准在出使經費項内開支，作正報銷。又查光緒十二年先後據出使大臣曾紀澤、許景澄咨報，轉據洋監督師恭薩克禀稱，出洋學生第一届、第二届分赴各學堂、船礮廠肄業，歷經各洋官考列記優次數分别等第給予執照，内有能造船械、能開五金鑛、能造礮藥、能充機器匠首、能充駕駛教習、能辦軍務工程各若干名，一一注明肄業何堂，從何工師，游歷何廠，領有何等官憑，可充何項監工，咨臣衙門立案。上年九月據駐英國使臣羅豐禄文稱，學生朱敬彝派學製造鐵路，王汝淮派學鑛務，漸有端倪，應該飭下各出使大臣推廣辦理，并隨時照料，稽查功課。

一、請飭選譯農工商鑛各書，删繁舉要，使人人易於通曉也。伏查臣衙門同文館、江南製造局及鄂、滬各學會翻譯西書之有用者，已不下數百種，其中如農學新法、蠶務圖説、農事論略、植物學、種蔗、製糖、養蜂各法，皆農政類也。汽機必以工程致富，考工記要、海塘輯要、鑄錢工藝、電氣鍍金、星軺考轍、鐵路工程、造硫强水法、造紙法之屬，皆工政類也。富國策正續生利、分利之别，貿易總册，皆商政類也。開煤要法、井鑛工程、冶金録寶藏興焉，西國煉鋼，皆鑛政類也。嘗見粤刻有防海新論節要，本圈點句讀，極為簡明。西書文多繁複，其不切要者，不妨篇删其句，句删其字，或稍潤色之，務使人人易知易行，一覽了然。日本人於西學書多加删節而酌改之，得其要領，使適已用。應請飭下南北洋大臣、鄂省督撫、各出使大臣，派員繙譯有用之書，或聘高材教習，如徐建寅、華蘅芳、金楷理、傅蘭雅之流，擇其於中國土宜物力簡當可行者，擷其精要，删其繁蕪，圈點明白，刊刻頒行，使中人之資，可以家喻户曉，使農與農處，工與工處，商與商處，風氣大開，懲勸互用，是與列邦之設博物院、勸工場無以異。十年之後，效可睹已

一、請飭疆吏寬籌常年經費，續派高等學生出洋肄業也。自光緒初年通使西域以來，南北洋、閩船政局時有派武弁、藝徒已曉方言者，分赴各處工廠肄業之舉，或送入法之哈富馬賽學堂，或赴英之阿木士湯廠，或赴德之哈次鑛廠，學成回華，多有能充教習、才任器師者。現各省應推廣籌辦。出洋後，由出使大臣考校課程大要，以札記、譯書二事為綱領。

一、出使參贊隨員，如有精通洋文者，亦可令肄習各學也。查歷届出使大臣遴選高才之員出洋差遣，本藉資閲歷各國政教、風俗、兵、農、商、鑛各種制度學問，課以日記，歸為拜獻之資，本係奏定章程。英國中等學堂，例定年十一以上十三以下，方准收入。其上等學堂，則已通繙譯者可以送入。應請飭各出使大臣詳查，如有參隨人員已能淹貫語言文學者，擇其性之所近，分肄農工商鑛各學，習其理兼習其數。如有必知其意，繙訂考校編成專書，實可見之施行者，行之有驗，奏明請旨隨材録用。

一、俟學生業成回華，分派各省農工各藝學堂，以開風氣也。美國農利甲於歐洲，謂農為邦本，於農政、農器最為究心，考百昌之異質，審九土之異宜。至於各國工政鑛務皆以機器，濟人力之不足。商政以鐵路為緯，以銀行為經，講求不遺餘力。學雖分門，實有相濟相成之義，而立國之根基寓焉。現各省設商務局使官主持，商情之涣者仍不能聚，徒博虚名，無益實事。不若專設藝學堂，以農、工、商、鑛分門課授，先酌聘西教習，一俟業成之藝生回華，即可辭退西教習，悉令此項藝生充當，庶風氣廣開，可收實效。

一、請將業成回華得有文憑之學生甄别優劣，分發委用，量予官職，以資鼓勵也。議者謂入外國學堂三年，勝於中國學堂十年。游學之益，幼童不如通人，庶僚尤不如親貴，此深切時病之言也。俄之前王大彼德憤彼國之不强，親到英荷船廠為工役，十餘年盡得其製造駕駛之法，歸國教練，浸致强大。日本在同治初年鎖港拒敵，旋為美英兵船所乘，發憤求自强之策，歷遣榎本武揚、山縣有朋、陸奥宗光、伊藤博文等率其徒百餘人游學歐洲各廠，或肄政治、工商，或究水陸兵法，學成而歸，漸加擢用，損益西法用之，國勢遂日强一日。此遴派親貴賢能，重出洋之選，

其明效大驗也。聖心燭微見遠，興學致用，徐圖推廣，始基之也。現擬派出洋之員弁學生，資有利鈍，成有遲速，向章限三年期滿回華，恐未能速成。自應一律限定六年學成，務以考得優等文憑為度，責成各出使大臣出具切實考語，方准咨送回華。其由同文館派出者，歸臣衙門考試，評定優劣，奏請分發沿海沿邊省分差委。其由各省派往者，歸各督撫考試，一體量材委用。俟有成效，然後准其保獎，酌予升階，以勵成材而儲遠器。

以上六條，臣等悉心酌核，是否有當，恭候聖裁。所有遵議出洋學生肄業章程緣由，恭摺覆陳，伏乞皇太后、皇上聖鑒訓示遵行。謹奏。

札北藩司等飭催填送鑛路表譜并金鑛按月呈報收數附單 光緒二十五年十一月十五日

光緒二十五年十月初九日，准兵部火票遞到欽命統轄鑛務鐵路總局咨開：光緒二十五年九月十八日，本總局會同總理衙門奏催填送鑛路表譜并各金鑛按月呈報收數各摺、片。本日奉硃批：依議。欽此。相應恭録諭旨，并鈔録原摺、片，咨行貴督欽遵辦理，并轉飭承辦各局員趕緊造送本總局，以憑稽核，毋再遲延可也。粘鈔等因，到本部堂。准此。查此案前准統轄鑛務鐵路總局咨，當以湖北開辦各處鐵路，均係由督辦鐵路總公司事務大臣大理寺少堂盛主政，將鐵路總表咨送盛大臣查照核辦，并將鑛務總局表札發北布政司、鐵政局會同照樣謄寫，通飭查明湖北所屬各州縣現開各鑛，及已勘未開、已開今閉、已報未勘各鑛，詳細填寫入格，并將應行隨表咨送各欵，逐條聲叙明晰，會詳請咨暨行南布政司移會鑛務總局遵照辦理在案。茲准前因，除咨盛大臣迅速核辦咨復外，合就札催。札到，該司即便遵照會同鐵政局迅速通飭各廳州縣查明填寫入格，并將隨表咨送各欵，逐條聲叙明晰，會詳請咨并查明境內有無開辦金鑛之處，一併詳咨，勿再遲延干咎。切切。

請旨飭催填送鑛路表譜摺

奏為請旨飭催填送鑛路表譜，以備查核，恭摺仰祈聖鑒事。

案查鑛務鐵路總局於光緒二十四年十月初六日會奏鑛務鐵路章程第二十二條內載，由總局另頒表譜分行各省，所有各公司、局、所辦理鑛路情形，應於每年年終如式填寫，具送總局查核。旋經總局將鑛路表譜刷印成册，於是年十一月三十日通行飭遵，并聲明凡從前未經查報之案，迅速查明如式填送，無庸俟至年終，以免遲延各等因在案。是已經查報之案，其表譜填送原可俟至本年年終，而現時距年終亦已不遠，若未經查報之案，亟應先將表譜填送，方昭慎重。乃自行文之日扣至現時，僅據吉林將軍咨送辦理三姓鑛務道員宋鰲填寫未經查報之金鑛表譜一分，兩江總督咨送辦理徐州鑛務候補知府吴惇蔭填寫煤鑛表譜一分，而此外概未之見。臣等伏思國家開辦鑛務、鐵路，原期足國裕民，漸收成效。臣等頒行表譜，俾各鑛、路將開辦後事件衰旺、課欵盈虧一切情形，明列表册，方能有所稽考。若該公司、局、所承辦之員如式照辦，亦足以昭著心迹，不至處於嫌疑之間。在精白乃心、實事求是者，似應樂於從事。乃遲之許久，而從前未經查報之案，迄未據列册具報，誠不知是何居心。應請旨飭下各省將軍督撫及各督辦大臣轉飭各該公司、局、所承辦之員，迅將未經查報之案，填列表譜送核。其已經查報之案，亦一律於年終將表譜照式填送。自此次奏催之後，倘仍前玩泄，即行查明承辦之員，據實奏參。所有催送鑛路表譜緣由，理合恭摺會陳，伏乞皇太后、皇上聖鑒訓示。

再，此摺係鑛務鐵路總局主稿，會同總理各國事務衙門辦理，合併聲明。謹奏。

再，産金之鑛，與煤鐵各鑛不同。漠河金鑛辦理最著成效，該金鑛局員每日將收取金砂數目明列手摺，每月呈報一次，頗為核實認真。應請旨飭下各該金鑛局員，除每年年終填送表譜外，一體仿照漠河辦法，將每日所收金砂數目明列手摺，按月呈送總局備查。如蒙俞允，即由臣局通飭遵照。所有金鑛應按月呈報收金數目緣由，理合附片具陳，伏乞聖鑒訓示。謹奏。

札委德員何福滿兼充緑營將弁學堂教習光緒二十五年十一月十八日

照得鄂省於武備學堂内附設緑營將弁學堂，現只洋教習一人，時刻太暫，亟須添派教習，方有實際。兹查有護軍營兼武備學堂教習德員何福滿，堪以添派兼充緑營將弁學堂教習。即由該教習酌擬課程，稟候核定，盡心教授，會同原派教習德員福克斯分門講習，俾各員弁咸能領悟，學有進益，以副委任。除分行外，合亟札委。札到，該教習即便遵照上項札飭事理，切實辦理爲要。此札。

札委梅際郁調辦本衙門文案光緒二十五年十一月二十四日

照得本部堂查有試用知縣梅際郁，堪以委充本衙門文案委員。該令務須慎密勤敏，常川住院，考核例案，研究事理。月支薪水銀四十兩，由北善後局支給。梅令所遺自强學堂漢文教習兼管堂事務，即飭委分省補用同知況周儀調辦，務須遵照原定課程，隨同提調常川在堂，整飭學規，每日常與諸生當面講論，盡心訓課，俾學業日有進益，造就成材。月支薪銀三十兩，由該堂支給。除分行外，合亟札委。札到，該員即便遵照來轅分辦本部堂衙門文案，隨時稟候核定，勿稍泄漏延誤。是爲至要。

札委周德馨兼辦農務局漢文教習光緒二十五年十一月二十四日

照得農務局漢文教習兼管堂委員試用知縣李堅，委派江夏幫審案件，事務較多，難以兼顧，未便兼充農務局華文教習兼管堂差事。查有優貢知縣周德馨，堪以飭委接充農務局華文教習兼管堂事務。該員務須常川在局，遵照本部堂核定課程，稟承總辦、提調，盡心教授，并隨時勸勉約束，務使學生等恪守堂規，立志向上，學業日有進境，造就成材。應需薪水，按月照李令堅原領數目在農務局經費項下支給。該員仍兼充本部堂衙門文案委員，局課完畢，再行進署，薪水應即停支，另行月支夫馬銀十兩，以資辦公。除分行外，合亟札委。札到，該員即便遵照兼充農務局華文教習兼管堂事務，按照札行事理認真遵辦，勿稍曠誤敷衍，以副委任。切切。

飭委連捷等密查襄河、荆江水師各營有無缺額扣餉各弊 光緒二十五年十一月二十六日

照得本部堂訪聞襄河、荆江水師各營，近來弊端甚多，如舢板勇丁每船缺額有至六七名之多者。長龍缺額尤多，其有舢板之營甚且有每船止勇丁一名者。哨官薪水、勇丁月餉亦多扣減，以及攙用小錢、臨時扣餉、冒領油費、不修礮船等事，不一而足。現在並有人以此項弊端來轅具控，斷非無因，亟應一律委員嚴密確查核辦，以飭戎行。查有現辦襄陽釐局候補知府連捷、現辦沙洋釐局試用知縣沈寶樞、現辦老河口官運川鹽局候補同知鄭葆琛、宜昌土税局文案委員試用知縣高應壬、現辦沙市釐局候補知縣周以翰，堪以札委，就近密查襄河水師右、中、後營，荆江水師前、後營，俾期迅速。合亟札委。札到，該員即便遵照札飭事宜，就近認真嚴密確查該營究係何等弊端，密查之後，再行明查。限札到十日内據實稟覆核辦，不准有一字不實。此事關繫重要，現當整飭營務之際，本部堂必欲力除積習，以期水師有用，故特委員密查。該員如稍有隱匿欺飾，另派他員查出弊端，原查之員定干未便。此札。

札蔣聲耀管帶武防左營并募湘勇二百五十名 光緒二十五年十一月二十六日

照得湘勇向稱勤健得力，鄂省現練洋操之各營中，湘勇尚不甚多，必須加意教練，以開風氣而儲勁旅。惟查武防營一底營二百五十名係屬湘勇，應再添一底營二百五十名，兩營合共五百名。此營名爲武防左營，即委原帶沙防營之游擊蔣聲耀爲管帶，署中軍僉副將爲統帶，與原有之武防中營一律加功精練洋操。計蔣游擊丁憂以後，現已將滿百日，現正回在原籍長沙，此項勇丁即令該游擊就近在湘招募，餉章均照武防中營，正勇月餉四兩二錢。必須實年在二十歲以内者，强壯樸實而又未曾當過勇丁、粘染營混習氣者，且各勇必須人人皆略識文字，庶教練各種軍械戰法，易於領悟，必如此方爲合格。限正月半前到鄂。如經本部堂查驗年有過二十歲者，或其中有不能識字者，定即駁除遣回，責令該營官賠出小口糧川資。所有添出此營勇餉，即將沙防營餉騰出，移作武防左營餉項。其沙防營本因沙市地方關係緊要，飭令駐紮該處彈壓巡防，係爲保衛地方而設，應就本地籌款，以養地方之勇。惟籌定款項尚須數月，即先在沙市補抽土税及宜昌過境經費、北路防緝經費各項内暫行動撥。至此項峽路、防緝經費本撥爲槍礮廠之用，應由善後局查明，沙防營餉於補抽土税支給外，尚須餉銀若干，稟候本部堂飭令槍礮局照數撥還善後局轉發給領，一俟該營餉籌定專款，所有前項過境、防緝經費仍撥還槍礮局應用。其沙防營管帶官，即仍暫令代理之該營中哨官游擊姚紹期代辦。合行札飭。札到，該游擊即便遵照札飭事宜，迅速認真依限辦理。勿違。切切。

咨北撫院工藝局張道煜林稟估造廠屋工程請撥經費籌購機器 光緒二十五年十一月二十七日

據總辦湖北工藝局候補道張煜林稟稱：竊照湖北工藝局原係舊日蠶桑局房屋，工料單薄，極爲卑隘，前經憲台改爲工藝局，

一時籌欵維艱，不得不因陋就簡，權將織機廠屋三排，作爲機器、翻沙、銅鐵、木作等廠。自安設機器後，汽機一開，廠屋均爲震動，本非可能持久之計。詎九月二十二夜不戒於火，職道聞警馳往，率同提調、委員竭力灌救，幸未延燒多處，僅焚去廠屋二排，教習員司住房十餘間，東洋竹工師房屋六間。因廠屋單薄，火勢不大，所有機器均未損壞，惟燬失零星小件。比即查究失慎情由，知係東洋人厨房内起火，延燒廠屋至員司住房爲止。該東洋人素性懶散，屢戒不聽，今果失慎，其勢亦無從譴責。雖屬變生倉猝，爲意外所不及料，究之職道等疏於防護，咎無可辭，業將大概情形，繕具清摺，禀呈鈞鑒在案。幸沐鴻慈，未加深責，自應益加勤慎，冀贖前愆。初與提調梁牧敦彦籌商，擬就原廠基址，照前廠屋大小略加堅固修復，所費不過一二千金，可以蕆事。嗣奉憲台面諭，以原來廠地密邇皇殿，殊非敬慎之意，飭令察勘局外東邊農務學堂隙地，以便籌欵移造等因。職道遵即率同梁牧，勘得該地與局屋毗連，地段寬闊，洵爲美善。第廠屋既移於局外，則一切規模過於卑陋，似於外觀不雅，況周圍起造墻垣，築平廠地，事事從新，以及此次工料必求切實辦法，以期堅久，工程未免較巨。比飭匠首繪成廠圖，連日招集工匠核實估計，機器總廠、手槍廠、藥彈廠共需銀三千餘兩，翻沙廠、銅鐵廠、木作廠、東洋竹工作廠、住屋、教習員司住房以及圍墻等項，共需銀三千餘兩，二共需銀七千兩之譜，職道覆核無異。惟此項工程銀兩應如何領支之處，伏乞憲台鑒核籌撥，俾各廠早日告竣，即可早日開工製造，早著成效，實爲公便。此勘估廠屋之實在情形也。若來年局用經費一項，職局前因添設四廠，禀請預領本年經費銀兩趕辦機器材料，滿望本年底一律布置就緒，來年春間即可製成各器出售，幫補局用，從此每月可以減領經費，以仰副憲台開源節流至意。詎料變生意外，忽爲廠屋延擱。現將歲暮，趕造廠屋亦須明年二月間方可落成，安設機器齊備，總在四月間始能開工製造，雖五六月間可能製出貨物，又不能立刻銷售周轉。職道與梁牧通盤籌算，來年春夏兩季既無各廠貨物出售幫補，所有學生百名，教習、員司、工匠薪水局用等項，極力撙節，每月非得一千五百金。萬不敷用，惟有仰乞憲台終始曲成，俯准展撥半年經費，自二十六年正月起，每月撥領銀一千五百兩。俟六箇月後，職局當可銷貨接濟。從七月起則照前禀所請，每月祇領經費銀五百兩。此即節無可節，需用經費之實在情形也。至於添辦各廠之機器物料，查外省各局廠購辦機器，動輒百數十萬金，而職局前所購辦僅費數千金，實因經費支絀，不得不從廉價購，内多損壞舊件，且不齊全，悉由本廠數月來自行配製，將次就緒。惟機器較小，祇能製造小件器具而已。伏讀叠次上諭，各直省農工商各項事務，亟應認真講求，設局興辦等因，自應欽遵查照辦理。現查職局以前所領經費，每月節下餘資尚存銀八千餘兩，擬即提出趕購各廠所必需之機器數件，以便應用，俟著成效，再求拓充辦法。此籌辦機器之大略情形也。所有估造廠屋工程、請撥經費、籌購機器各緣由是否有當，伏祈批示祇遵等情，到本部堂。據此。除批：據禀已悉。查李牧紹遠前爲工藝局訂購洋蠟、肥皂、香水等機，訂定至遲本年四月到鄂，現已逾期半載，杳無音信。當時又未定購提油機器，即使所定機器到鄂，亦難製造洋蠟。應即飭令李牧向該洋行將合同作廢，將所存銀行定銀提回，合現存官錢局之機器尾價，一併作爲建造廠屋、添修員司住房之用。至該局經費，本應照前禀自明年正月起減領，每月祇領五百兩，但現既須另建廠屋，遷移鍋爐機器，不無展轉躭閣，驟難周轉貼補，亦係實情，姑准照所請，展限六箇月，明年上半年每月領經費銀一千五百兩，自七月起即須減定每月止領銀五百兩，不能再加。仰即遵照轉飭提調梁牧趕緊督率工匠修建新廠，一面迅速配齊機器，早日安竣，開工製造，勿得再延，致負期望而滋糜費。切切。仍候撫部院批示。繳。等因印發外，相應咨明。爲此，合咨貴部院請煩查照施行。

飭江漢關道等妥議漢口販運出口雜糧收捐辦法光緒二十五年十一月二十七日

照得河南地方及襄河以上出產雜糧，本年收成豐稔，經華洋各商販運出口不少，而洋商購運尤多，大率運至外洋美國屬地等處銷售射利，實爲向來所無，自應酌照出口米捐，量減抽收，以節漏卮而充要需。查湖北省城現在遵旨設立農務局，講求農桑種植諸法，實爲有益通省民生要政，需欵甚多，正須籌措興辦。應即以此項雜糧捐欵作爲農務局之經費，最爲允協。其應如何查核抽捐辦法，應令江漢關道督飭夏口廳傳諭各行户體察情形，妥議章程，迅速稟覆查核開辦。合行札飭。札到，該道、廳即便遵照札飭事宜，迅速督飭夏口廳妥議章程稟辦，毋稍遲延。切切。

札委馮啟鈞專管商務局内鑛務光緒二十五年十一月二十八日

照得興辦鑛務，乃目前切要之圖，迭經奉旨飭辦。所有湖北商務局内鑛務一事，關係重要，應即派員專管，以期通商情而開地利。查有試用同知馮啟鈞堪以委充商務局委員，專管鑛務事宜。凡有湖北紳商稟請開鑛者，即行考核詳確，稟候核奪。并須隨時嚴加訪查，如查有奸民、地痞、洋行買辦句串洋商冒充洋行私行租買鑛山，混行開採者，立即稟明，及早查禁，分別拏辦，免致貽害無窮。是爲至要。除分行外，合亟札委。札到，該員即便遵照經管鑛務事宜，并隨時稟明該局總辦妥實籌辦，以副委任。切切。

飭調黄州、興國、德安各協營弁兵來省聽候校閲光緒二十五年十一月二十九日

照得本部堂前經欽奉諭旨，查閲湖北營伍，自去年以來，省城重要事務繁多，未能出省。現值校閲武、漢各營之際，應將近省各營酌調將弁及練習洋槍之兵來省校閲。除將應留防汛地各弁隨後再行輪换來省校閲外，所有黄州協應調該副將及都司、守備、千、把、外、額之汛地可暫離者，并挑選能放洋槍兵二十名隨帶來省。德安營、興國營均應調該參將及守備、千、把、外、額之汛地可暫離者，并各挑選能放洋槍兵十名隨帶來省，聽候校閲。均限十二月十五日以前到省。各弁兵口食已飭中軍酌發，以示體恤。合就札行。爲此，札仰該將即便查照札飭事宜迅速遵調來省，并率同備弁暨挑選能放洋槍二十、十名隨帶來省，聽候校閲，毋稍遲延。

札北藩司嚴催湖北省各州縣勸辦積穀附單光緒二十五年十一月二十九日

照得積穀備荒，最爲惠民要政。前經本部堂奏明，飭令湖北

省各州縣就地籌辦社穀，大縣五萬石，中縣三萬石，小縣一萬石，查係該地方歲收中稔者，分三年將穀數照額捐足。先限令於三箇月内將章程議定舉辦，一年内將本年應捐之穀辦成。無論實任、署事人員，如能於限内捐穀多者，記大功一次，逾限捐穀少者，記大過一次。倘有視爲具文、勸辦不力者，立即撤省，并停其差委等因。於本年二月二十日欽奉諭旨：著照所擬辦法，切實舉辦等因，欽此。當經恭録通飭欽遵，查照認真辦理在案。查自飭辦以後，現已半載有餘，各州縣中已據陸續禀辦大概情形者，共僅三十四處，而其間存穀多寡尚復不齊，甚至或甫議勸捐，并無成數，或原議未妥，已飭另籌。核實計之，辦有積穀者不過十餘州縣，而未據禀辦情形者，竟有三十四州縣之多。以此等奉旨飭辦關繫重要之件，且實係爲該州縣官民慮切膚之害，作防患之圖，乃輒逾限日久，置之不問，實屬疲玩可恨。查湖北連遭水旱災荒，已歷四年，民生困苦，籌賑艱難。前鑒不遠，豈遂忘之。本年湖北各屬歲收甚豐，時不可失。若不趁此力籌積穀，以爲綢繆未雨之謀，以後如遇荒歉之年，試問更將從何措手。合亟開單札催。札到，該司即便會同按察司遵照，飛札通省各州縣一律飭查。其單開未經禀辦各州縣，先行嚴加申飭，記過一次，限令於文到十日之内，查照奏案，酌核地方情形，妥議章程，先行通禀查核，仍自定限期於何年何月，將本年應捐之穀勸辦齊全。如實有爲難情形，亦即據實禀復。其已經禀辦各州縣，亦即一併嚴催，趕緊勸捐如數。即或不能按照原奏年限數目辦齊，亦必將展限日期、每年確實可辦若干石，切實籌定禀覆。總之，無論州縣大小貧富，斷無多少俱不能辦之理。總由地方官膜視民生，視其官如傳舍，痼習太深，以至於此。自經此次嚴催之後，各該州縣倘仍視爲具文，逾限不辦不復，即由司擇尤詳請撤任，以爲玩視要公者戒。至各該管道府均有表率之責，并由司分別移行，飭令分別督催，以期迅速，而重責成。切切。此札。

查湖北省各州縣積穀奏定章程通飭舉辦之後，未據禀辦者共三十四州縣：

武昌府屬　江夏縣　武昌縣
漢陽府屬　漢陽縣　黄陂縣　漢川縣　沔陽州
黄州府屬　黄岡縣　黄梅縣　蘄　州　蘄水縣　麻城縣　廣濟縣
安陸府屬　鍾祥縣　潛江縣　京山縣　天門縣
德安府屬　安陸縣　雲夢縣　應城縣
荆州府屬　石首縣　監利縣　松滋縣
襄陽府屬　襄陽縣　南漳縣　穀城縣
鄖陽府屬　鄖　縣　竹山縣
宜昌府屬　興山縣　巴東縣　長樂縣
施南府屬　恩施縣　來鳳縣
荆門州　當陽縣

咨商湘省鑛局官煤并鐵料、硝磺仍請分別完釐光緒二十五年十二月初三日

案據湖北布政司、江漢關道、善後、牙釐各總局司道會詳稱：竊照前奉憲台札開，准前湖南撫部院陳咨送具奏湘省出運各種鑛砂及行銷各省硝磺，懇請一律免收税釐一摺，行令將煤斤、鐵料、硝、磺四項，體察情形，悉心會議，詳覆核辦等因。奉經

司局等議請除鑛砂等爲新出之物，由湘省發給運照，驗明放行外，其硝、磺、鐵料均係向來所有，運來鄂省，應仍照完税釐。惟煤斤一項，似應分别官開、商開。官辦者關繫官本，自應免釐，商辦者完釐已久，未便一律概免，致損鄂省向有餉需。至官辦與商辦，自應區别，擬請將鑛名、局名先行分别開示，後於運照上填明，庶便稽察而免影射。至焦炭一項雖屬煤類，然已煉成專供鑄鐵之用，與廣銷民間者不同，亦可免完等因，詳奉前撫部院譚會咨。旋奉准前湖南撫部院陳咨覆，以湘省開辦鑛務免收税釐，業經奏准欽遵辦理摺内，即以益陽銻鑛、常甯鉛鑛、甯鄉煤鑛三項併列，聲明以後各鑛無論已煉未煉，概免税釐，迭經咨行有案，應請嚴飭經過釐局，不得稍有留難等因，奉此。竊維湖南開採各種鑛砂，皆係新經創辦所出，期開風氣而裕利源。若鐵料、硝、磺，俱係向來運銷之物，已與創辦之各種鑛砂不同。至湘煤尤爲貨物大宗，商民販運甚多，似不待官爲提倡，已臻暢旺。伏讀前湖南撫部院陳原奏摺内，雖帶叙有甯鄉煤鑛亦已獲數百噸之語，而摺首摺尾均云湘省出運各種鑛砂及行銷各省硝磺，一律免收税釐等因，并未載有應免煤釐字樣。如謂煤斤一項已包括在各種鑛砂之中，不知既稱鑛砂，即係專指五金之砂而言，煤斤雖係鑛産，并非砂質，似難勉强牽合。且硝磺亦係鑛産，俱已逐一指明，何致獨漏煤斤一項，其爲不在原奏聲請免釐之列，已可想見。即就原奏而言，甯鄉煤鑛亦不過數百噸。今查湘省官煤運銷來鄂，不止百倍此數，是近日煤斤已屬極旺。查免釐一事，原爲出産有限，行銷無多，恐致官本虧折起見。今湘省鑛局官煤既已如是之旺，即係奏定之案，亦應體察情形，變通辦理，照常完釐。如謂出産仍止數百噸，何以運鄂之煤幾有百倍之多，其中即難保無商煤混充官煤請照情事。鄂省但憑護照驗明放行，殊無以杜商煤影射之弊，實於釐金大有關礙。況乎免釐原奏并無煤斤字樣在内。其餘各鑛，有官辦有商辦，有商採官收，亦非盡屬官本，更難一概免釐。此司局等所以不得不續請咨商也。雖前年憲台覆電，曾已准其官煤免釐，而事隔兩載有餘，先後情形迥異。查江西萍鄉之煤，從前湘省岳州局本不完釐，近年亦已每煤一百斤抽釐錢一十文。鄂省事同一律，應請仿照辦理。至硝、磺、鐵料，他省出産甚多，來往行銷，無論官本商本，概應照完税釐。即鄂省官辦之硝磺運往他省售銷，亦均完釐有案。今若獨免湘省鑛局之釐，不惟事出兩歧，且恐各處紛紛援案以請，辦理尤多棘手。因思湘省創辦鑛務局，固所以開濬利源，而有無成效，尚係將來之事。鄂省各局抽收釐金，專供京協各餉、抵補鹽釐洋欵之需，關係綦重。每年湘煤釐收爲數甚鉅，即鐵料、硝磺，亦係向應完釐之物。今若因湘省有鑛局之設，即將煤、鐵、硝、磺等項大宗釐金概免完納，是湘利源未必因之遽開，而鄂省餉源必至立形奇絀，有損於鄂，無益於湘。再四籌維，應請咨商湖南撫憲，除鑛砂、焦炭由湘省發給運照驗明放行外，所有硝磺、鐵料均請照完税釐。其煤斤一項，分别官本商本，商辦之煤悉數照完，官辦之煤，酌減爲完釐一半，以示區别，庶於湘、鄂兩省均有裨益等情，到本部堂。據此。查該司局等所稱湘煤一項，爲鄂省釐金大宗，今將鑛局之煤概免完釐，是湘省利源未必遽開，鄂省餉源立致見絀，自係實在情形。且請將商煤全完釐金，官煤完釐一半，亦於整頓鄂省釐務之中，尚寓維持湘局官本之意。至硝、磺、鐵料，各省出産甚多，所請照舊完釐，亦爲預杜他處藉口起見。本部堂於湘、鄂兩省均有統轄之責，未便畸輕畸重，但期各有利益，從無歧視之心。相應據情咨商。爲此，合咨貴部院請煩酌核辦理，見覆施行。

飭調各屬諸生年在二十歲以内者挑入武備、自强兩學堂肄業光緒二十五年十二月初四日

照得本部堂前經調取通省生員年在十八歲以内者來省考核，派入武備、自强兩學堂肄業。現在爲時已將一年，各學陸續申送來省，隨時考校，分派入堂。文理優裕入選者，不能甚多，以致闕額尚多，應再從寬調取。合亟飛飭各學，於該學生員中認真挑選，務擇文理深通，人品端謹，實年在二十歲以下者具文申送，一面催令迅速來省，聽候考録，分别派入兩學堂肄業。慎勿任意遲延，以致額滿見遺，徒貽自誤之悔。合行札飭。札到，該府、州即便遵照迅速飛飭所屬各學，查照札飭事宜妥速辦理。毋延。切切。

飭江漢關道督飭夏口廳另籌農務局經費光緒二十五年十二月初十日

案照湖北遵旨設立農務局，講求農桑種植一切之法，實爲利民要政。前因漢口雜糧出口運銷外洋者甚多，實從來所未有。應即援照米捐辦法，酌量抽捐，以爲農務局經費，業經檄飭該道督同夏口廳妥籌捐辦在案。惟此項雜糧捐欵收數有限，尚屬不敷，應再由該關道督同夏口廳另爲悉心妥籌，總期無損於民，有益於公者，集捐成數，以俾要需。合亟札飭。札到，該道即便遵照督同夏口廳另行悉心妥籌辦法，稟覆查核，毋稍遲延。切切。

札督標中軍示期考驗武、漢各營將弁騎射洋槍并檢閲各勇丁行軍操練光緒二十五年十二月十二日

照得本部堂前經欽奉諭旨，查閲湖北營伍，自去年以來，省城重要事務繁多，未能出省。現值校閲武、漢各營之際，并將近省各營酌調將弁及練習洋槍之兵來省校閲，所有武、漢七營實任、候補副、參、游、都、守、千、把、外、額，期滿武進士、武舉，世職大小各員弁，以及省外調來各營將弁兵丁，本部堂定於自本月十七日起，在本署箭道考驗騎射并洋槍打靶。其各緑營練軍、各防營弁勇，應俟緑營將弁考畢後，聽候示期在城外紅關下至青山一帶地方校閲操練行軍隊。合就札行。爲此，札仰該將即便移行督標三營，及撫標、武昌城守、漢陽協并省外調來各營官弁遵照，聽候於十七日在本署箭道考驗騎射洋槍。并移行各將領遵照，所有各緑營練軍、各防營弁勇，俟緑營將弁考畢後，聽候示期在城外紅關下至青山一帶地方校閲操練行軍隊，均由各該將領分别造具考册，當堂呈賫。毋違。

嚴飭曾傳禄將鮎魚滗閘工認真修固光緒二十五年十二月十三日

照得青山隄内所建武豐閘，前飭委員候補知縣曾傳禄興修，工程未能穩固，早已見有形跡。本部堂前於十月初間面加查詢，反覆開導，令其及早據實稟明，以便設法補救，乃該令一味强詞掩飾，堅執不移。現委徐道家幹前往查勘稟覆。據稱，此處閘基

土性太弱，工竣以來尚未經過流水，左邊閘身已有裂縫，現用橫木數十根左右抵拒，閘底石腳已有擠動等情，是此閘斷不可用。除現已飭委徐道另行擇地建閘妥修完固外，查曾令前此承修此閘要工，既已草率於前，又復支飾於後，耗費妨工，實屬咎無可辭。本應加以懲處，惟念閘基土性本弱，當時復因工程緊迫，趕辦期促，不免諸多粗率，姑予從寬記大過一次，以示薄懲。現在該令會同候補同知吴學莊承修鮎魚滖之姚家渡閘工。此閘工程尤鉅，關係尤重，務須詳察深思，考求良法，核算精密，料足工堅，方可經久無弊。倘仍有粗率情事，定將該令從嚴參處，不能再爲寬假。吴丞亦應一體懔遵妥辦，慎勿有負委任。如或貽誤，該丞亦不能辭其咎也。合亟札飭。札到，該令、丞即便懔遵辦理。勿違。

札委張炳麟接辦川鹽籌捐練兵新餉局光緒二十五年十二月十三日

照得鄂省援案奏准行銷鄂省川鹽每斤加價二文，以充練兵新餉一案，業經咨行示諭川商遵辦，并於宜昌川鹽局詳内，批明此係練兵專款，即名爲練兵新餉，不得用加價二字，以免與舊案加價相混，致生膠葛。并應由省另委專員抽收，另刻關防，即附住該局之旁，免致税司誤會等因，并經飭委補用知縣歐陽柄榮前往宜昌專辦在案。兹查歐陽柄榮另有差委，所遺籌捐川鹽練兵新餉事宜，亟應委員接辦。查有補用縣丞前廣東補用知縣張炳麟堪以飭派。合亟札委。札到，該員即便遵照，前往宜昌專辦籌捐川鹽練兵新餉事宜，即附住川鹽總局之旁。如能不另設局，不須另支局用，最爲簡便得宜。倘必須另行設局，所有局用務須極力撙節，妥爲酌辦。該員將抽收各事循照成案，妥爲辦理，所收錢文，按月易銀解交鹽道轉解充餉，并將收數按旬報查。以後收欵解欵，俱不准稱加價字樣，以免與抵還洋欵之加價牽混。由善後局將前刊加收川鹽練兵新餉局關防截銷，改刊川鹽籌捐練兵新餉局之關防，飭發應用。至該員薪水，應照歐陽令每月支給銀八十兩，以資辦公。仍將到局日期及遵辦情形禀報查核。

札委李相等接充武備學堂東講堂教習兼管堂委員光緒二十五年十二月十三日

照得武備學堂東講堂教習兼管堂委員候補知縣賓豐，現經撫部院會同本部堂札委牙釐總局會辦文案，專管稽查進文兼司書札等事，事務繁重，所有武備學堂東講堂教習一差，須每日按時到堂講授，功課勤密，兼須辦理管堂事宜，不能稍有曠誤，自屬未便兼顧，亟應另行委員接辦。查有即用知縣李相堪以派委接充武備學堂東講堂教習兼管堂委員。惟李令現辦隄工尚未完竣，即委試用知縣徐之棨暫行代理。李令、徐令均務須遵照定章，諸事禀承提調，常川在堂，整飭學規，稽查照料，每日常與諸生當面講論，盡心訓課，俾學業日有進益，造就成材，以副委任。薪水照舊支領。除分行外，合亟札委。札到，該員即便遵照接充武備學堂東講堂教習兼管堂委員。

札委張价充工藝局華文教習兼管堂委員光緒二十五年十二月十四日

照得湖北工藝局考選學生，派入學堂肄業，所有堂中課授華文及稽查彈壓一切事宜，亟應委員經理。查有湖北試用府經歷張价堪以委充工藝局華文教習兼管堂委員，以資訓迪而便約束。應令該員常川駐局，嚴定課程，盡心教授，并隨時勉勵約束，俾學生等恪守堂規，立志上進，學業日有進境，經費不致虛糜。每月應需薪水，由局支給銀二十四兩，以資辦公。除分行外，合亟札委。札到，該員即便遵照充工藝局華文教習兼管堂委員，按照札行事宜認真辦理，勿稍曠誤，以副委任。并將到局日期具報查考。

札北牙釐局建始銅砂運至漢口暫免税釐一年以紓商力 光緒二十五年十二月十五日

據漢口商務局詳稱：案據合利廠商鄒永福、汪寶元、劉恒發、蕭裕豐等禀稱，竊商等貿易漢鎮，上年敬閲鈔報，各省開辦鑛務，商等湊資合股，派人赴各處查勘，於去歲在湖北施南府建始縣屬地名銅廠坡、滿緑山、分水嶺、北鄉山、銅鼓堡、土宇河、大山口一帶，查有銅鑛苗質，試挖極爲暢旺，因商明地方紳耆，禀請各該管地方官示諭，設法開採。該處正值饑荒之後，窮民思得養活，做工甚爲踴躍。數月之内，於銅廠坡、滿緑山等處挖出礦砂一百餘噸，各處附近紳民挖取送售又復收有百數十噸，試用土法化出銅斛，由署建始縣主曾收購，解呈督轅驗試，因土法化煉未精，滓質混雜，不合局用，未蒙飭收。計商等自開辦迄今，歷時兩年之久，先後挖取收購約有三百餘噸，費去工本銀數千兩。商等糾合之貲，議息甚重，不易撑擋，所僱工役及租用地方住食堆鑛房舍，各項開銷費用日不能給。而地方挖鑛窮民以土産石砂既能換錢，又藉工資養活，是以争趨挖售。雖經告以停收，而送售者仍源源而來。若不設法給貲截止，勢必與商等爲難。再四思維，惟有運出漢鎮覓人行銷，庶可收回血本，安置窮民。與經紀行棧商妥代爲出售，所議價值尚堪敷本。惟由開採之處裝運至漢，沿途所過税關釐卡，并無鑛砂税則明文應比照何項章程完納。若待經關卡往返咨查請示，必至拖延歲月，船户固難守候，而展轉需時，山中又有汲汲追呼之勢，商等尤形苦累。欣逢開設商務總局，准各處商民自備貲本，赴各地方試辦等因。商等不勝歡欣，特此奔叩，呈請明示銅鑛砂質税釐章程，給予護照，註明起停載運地方噸數，以免客商船户隱射朦混之弊，俾沿途關卡核驗放行，來漢銷售。可否仰邀鴻慈，逾格念商等創辦艱難，爲數無多，援照別省試辦鑛務，免税一年，屆滿果能銷行暢旺，再遵定章完税，抽利報效，出自鈞裁。如蒙俯允，懇即批示遵行，并給予護照，行知所過税關釐卡查驗放行，不勝公私沾感等詞，環懇示遵前來。職局當據情咨查牙釐總局有無完釐成案，隨准咨覆此項銅砂採運係屬創舉，尚未定有釐章，惟與釐金最輕之煤炭同是石質一類，可與銅砂比擬等因，亦屬臆擬之辭，并無成案。職道等伏查施南所産鑛砂遠在荒僻，該處饑饉之後，該商以工代賑，又復源源收買，窮民賴以養活，不惟開闢利源，實與地方有裨，與尋常各處煤炭情事有別，所請免税亦僅一年，相應呈請核奪批示祗遵等情，到本部堂。據此。除批：據詳已悉。施南開鑛本因代賑而起，查合利廠商在於施南府建始縣開採銅鑛，該處值饑饉之後，窮民藉工作採賣以資生活。現值創辦伊始，必須成本較輕，運銷獲利，始足以資其鼓舞，擴充開採，以盡地利。所有該商運銅出境至漢銷售，經過關卡應准暫免税釐一年，俾紓商力。一俟屆滿，如果銷行暢旺，再行定章納税可也。除行北牙釐局遵照外，仰即移飭遵照。

札工藝局以後月課不准再課時文以收實效 光緒二十五年十二月十六日

照得工藝一局專爲講求各項製造而設，所有肄業學生必須課以有關製造之理法源流，器物切用者，如算學、化學、格致、機器等類，俾使各學生等明曉會通，得以施諸實用。其教習華文之意，一在令學生書理明澈，方能率循禮義。一在令其文義通暢，自然講授易解，漸能自看藝學之書，仍期於工藝之學有益，豈欲其應生童試耶。茲本部堂查閱工藝局月課卷，竟有時文題目，已屬可駭，甚至有截搭題，尤爲大謬。至局中定章所教功課，如機器、格致等學并未出題，殊不可解。其算學題並不評定優劣，亦屬不合。是該局於創設此局之意，全然不知。嗣後應由教習分門擬題，呈候本部堂親自核定酌出，所有各學生課卷并候委員評閱發榜，不准再課時文，以收實效。合亟札飭。札到，該局即便遵照辦理。切切。

札南鹽法道等嚴查撞沉貨船并朋搶貨物之鹽幫船户 附單 光緒二十五年十二月十七日

案據湖北商務局詳：據漢口商人職員李瑞臣稟，該商雇有柴作樹轉雇周作霖船隻，裝運洋貨布紗等項五十件，計銀三千餘兩，行至嘉魚縣簰洲江中，被何家開鹽船撞沉，經湘幫劉先華、周明方，江南幫劉發其等鹽船將各貨乘危朋搶殆盡，當稟由簰洲營礮船彈壓清查，各鹽船恃衆倚强，不准查問，反行凌辱，隨即乘風上駛岳州，僅將何家開鹽船扣留。復經該礮船兵丁同該商號夥王琴甫及周、何兩船户趕至岳州，席請淮鹽局與各號管事向衆鹽船理説，均置不理。經商務局咨准簰洲營周參將查覆，情形屬實，由商務局詳請札飭南鹽法道、南督銷局從嚴查辦，勒令各鹽號將夥搶船户交出，追贓給領，以示體恤等情。正核辦間，旋據湖南督銷局以據運商春和福稟，轉詳請將扣留何家開鹽船釋放，並請飭嘉魚縣將該船水手人等開釋及該船繩索等件發還，以便開江歸岸輪銷。續據嘉魚縣稟，已將引鹽發給運商春和福，另雇船隻裝載，歸岸輪銷。其何家開船隻繩索現仍扣留，著落交出同伴船户，質訊澈究，庶李瑞臣所失貨物不致歸諸烏有，以昭公允而免藉口各等情前來。查此案何家開鹽船撞沉李瑞臣雇運洋貨船隻，已屬非是，乃各幫鹽船輒復恃衆乘危搶貨，迨礮船追查，復敢强阻，竟自乘風開駛，旋經兵丁協同號夥船户趕赴岳州，席請淮鹽局及各號管事向衆鹽船理處，又復置之不理。似此鹽幫船户人等目無法紀，若不嚴行追究懲辦，無以服衆商而安行旅。現經嘉魚縣將引鹽提歸運商行銷，應將何家開船隻扣留，着交同伴船户究追。一面仍應由南鹽法道、督銷鹽局從嚴查辦，勒令各鹽號將夥搶船户劉先華等交出，解歸嘉魚縣追贓給領，嚴訊澈究詳辦，不得稍涉徇延。合亟札飭。札到，該道等即便遵照札飭事宜辦理。毋違。切切。

湖北商務局詳

爲詳請事。光緒二十五年七月初七日，案據漢口洋布疋頭幫商人職員李瑞臣稟稱：緣職在漢開號有年，專辦洋貨布疋，每由舟載運沙出售。七月初二日，號舟柴作樹載洋貨五十件，及運到篺洲江中，被鹽船撞沉，舟破貨出，共計銀三千餘兩，被鹽船同伴數十隻搶竊一空。當請江岸磡委派人搜尋，復恃衆惡阻，磡委亦未深理，足見貨均在船内藏匿，幸船已被號船扣留。且長江一帶遇險涉危，亦常有之，豈容伊等包藏禍心，既搶貨又不准搜尋，其意不可問。為此迫叩台前，迅速飭篺洲司與磡委派人在船督令密查，下欠者着該船賠還，庶貨不至遺失，亦可嚴警將來等語。并粘貨單，懇請飭查追究前來。除批飭遵外，當即咨請失事地方之篺洲營就近查追給領，并札飭嘉魚縣派差確查具覆去後。十五日，據該職續稱朋搶屬實，札追先奔，復懇札飭究追。緣職貨舟途次篺洲被鹽船撞破，致衆泊鹽船乘危朋搶，當經該地磡哨前往起查，敢恃衆阻攔，已於初四日稟請飭京口參府及嘉魚縣迅速派差確查起獲給領在案。因奉札前追，詎意該船等朋搶既飽，即先上奔岳州，希圖免脱，惟撞職貨舟何姓鹽船扣留。據何姓口稱，職貨舟方被撞時，止尾破柁壞，前艙完好，各貨裝牢繩繫，并未漂流，係湘幫劉先華、周明方，江南幫劉發其鹽船等將各貨朋搶殆盡，再用挽鉤鑽破舟底始沉，人口隨求救援，反向水推，幸後來一船救護，送登何船，乃全性命。伏思洋貨重件，搶值三千銀兩之多，險陷性命於危，何船忍向撞破，衆劉與周船止圖謀財，不顧救命，膽又阻攔磡哨起查，先行强奔。職夥趕向岳州，聞即尋獲，但惡等朋搶勢衆，於職夥豈俯容追究。為此再叩台前，鑒情作主，復懇迅飭該岳州地方官從嚴拏辦，追繳原貨給領，以安商旅等語。當批：已據前稟，咨行失事地方之文武衙門確切查明具覆。所請行文湖南岳州之處，應俟聲覆到日，再行核辦，飭令遵照。三十日，又據該職續稱扣留備抵，展懇巧脱，叩請札復封禁。緣職前稟控集義號鹽船何家開等故撞，朋搶洋紗布疋殆盡，蒙分別札飭及嘉魚縣轉飭該汛巡檢查驗等因，當已申覆在案。惟該首從何船當交該地磡哨李、王看守，既經多日，并無影響，兼之李、王另事支吾，聽號夥王、楊仍稟該汛，詳請縣封。正請封間，無如鹽號集義瞞案，串稟湖南總鹽局，飭令駁船恃蠻提鹽。迫稟台前，伏乞立札嘉魚縣及該參將，飭令封禁并派差彈壓。並附節略，聲稱：緣職商李瑞臣等在漢採辦洋紗布疋共五十件，值銀三千八百餘兩。六月二十九日，由船户柴作樹另僱周作霖船裝運赴沙。七月初二日行至篺洲下三方溝地方，被湖南集義鈞號鹽船何家開撞沉，被衆鹽船乘危搶空。當經周作霖就近稟請該汛磡哨李雲生、王耀庭前往彈壓，一面專信來漢，各商號派夥王琴甫、楊國安趕往清貨，稟沐札飭京口參府轉飭該磡哨幫同清查。初七日，號夥等行抵篺洲，而衆鹽船先於初四日開赴岳州。詢據何家開指稱，各號洋紗等件係被鹽幫劉發啓、劉先華、周明方等朋搶潛逃。號夥王琴甫等當以李磡哨不應將衆船放走，該哨答以鹽船抵岳，尚須掛號躭延，囑令號夥趕往查追。李雲生派勇二名，同周、何二船户於十一日抵岳，果見衆鹽船灣泊岳州南津港。當即同向追貨，詎衆鹽船不允贖貨，并將洋紗等件沿路出曬，人所共見。號夥等又稟請岳州分銷鹽局會辦委員吴松岩，并投鳴長郡會首湯敏臣、瞿松崖，席請集義鈞號夥譚沛卿等多人理論，託其同往南津港向衆船户查追贖貨，而譚等恐貨出臟，現執意不往，當經湯敏臣以周船洋貨係被譚號鹽船撞沉，致被朋搶，斥譚不應推諉，與譚爭論各散。號夥王琴甫等擬在巴陵縣稟控，不料次日北風大作，衆鹽船又開船上駛，以致人貨兩空。號夥王、楊二人回至篺洲，稟篺洲司詳請嘉魚縣查封備抵。沐縣允准，而該磡哨李雲生陽代扣留，陰袒同鄉，致縣主正擬查封，忽奉湖南督銷總局專札提鹽，縣主礙難封禁。伏維愛民保商，懇沐嚴飭究辦各等因。除批飭遵外，當札飭嘉魚縣將查勘情形逕稟南鹽道暨督銷局核辦，一面迅覆，以憑核奪去後。緣此岸尚屬一面之詞，應俟地方官聲覆到日，方為確據。嗣於八月初七日，始准簰洲營周參將咨覆，内開：案准貴總局咨開，據職員李瑞臣稟稱，號舟柴作樹載號洋貨，運至簰洲江中，遇鹽船撞沉，舟破貨出，被同伴鹽船搶竊一空。當請礮委搜尋，恃衆惡阻一案，計抄貨單，移請迅飭該處礮委會司查明追繳給領等因，准此。當經轉飭遵照辦理去後。茲據敝營兼護後哨守備李化茂申據該哨四隊把總王光華申稱，竊卑隊汛内於七月初二日，有周作霖扁子船，係號舟柴作樹僱分載之船，載運姚鼎泰、姚裕泰、姜鼎泰、葆和祥、義和祥等號洋貨，在於三方溝地方，被船户何家開裝運集義鈞號内之鹽〔船〕撞覆，以致舟破貨出，當被各幫鹽船數十隻撿撈。是日申末，據該號舟稟報，隨即派兵數名彈壓清查。時已黄昏，未便查理。初三日晨早，卑隊會同鄰汛貳隊李，駕駛舢板，親往勘驗查緝，祇查獲到扒船撿撈洋紗三十五把零八支，及各鹽船恃衆倚强，不惟不由理論，竟然詈罵百端，不准舢板近前。初四日卑隊駕駛飛划，意欲向衆鹽船理説所撈之貨，議錢贖出，孰意方傍灣泊，又被衆鹽船惡阻，不准上船查問，反凌辱末弁，勢燄更有甚於初也。是日午刻，因西南風甫起，衆鹽船乘風上駛，惟何家開之鹽船當即扣留，因衆鹽船開時彼衆我寡，難以阻留。旋復會同簰洲凌巡檢及縣差等同往勘驗，查明洋紗數目無異。初七日，卑隊即遣船内頭兵并二隊船内舵兵、號夥王琴甫及周、何兩船户趕至岳州。十二日，席請淮鹽局與各號管事，向衆鹽船理説，恐有撈撿貨物，願為贖取。詎於十三日衆鹽船乘風齊開，有無撈撿，未果復查。查該號舟被鹽船撞沉之處，離簰洲十餘里，比派兵到三方溝時，船已漂流，貨已散失。現經王琴甫極力勸解，各號東祇候該鹽號人來時，以銷冰案。詎意兩次派人請并致信到鹽號，迄今音信全無，不知是何意見等情，該哨遞報前來。據此。惟此案迭經敝府查訪相符，何家開鹽船撞沉號船固出無意，業將何船扣留。至同伴各船乘便撈撿漂流貨件，雖非搶竊，始則不服汛船查驗，繼則不允贖取還原，恃其船衆人多，竟乘風開去。汛弁致信佈告，鹽號亦若罔聞。似此擱延，終何了局。復思該汛原扣鹽船係裝滿載，簰洲江面寬闊，現值秋水汪洋，近無港汊安泊，有輪船過往，恐波浪縱横，水闊江寬，四面暴風堪畏，或變生莫測，事將若何。茲值長江提督軍門巡閲之際，敝營各船現奉調操漢陽，留守汛者每哨祇一二船，分派兼防，梭巡江程五六七十不等。汛地船兵單薄，各營亦然。深恐所扣鹽船窺伺生計，或遇鹽幫過境恃强偕行，或俟汛船下巡乘風開駛。欲令折舵帆櫓，恐其因恨架誣，暗將鹽過他船，抑或私地賣出，使夥破船縫眼，直説風浪損傷，藉昧天良，圖自脱網。鹽幫船户遇故，往往如斯。聞日前鹽號舢板紅船到汛，要撥鹽去，經該汛弁力阻，致未果行。如後恃衆逞刁，恐難兼顧。素悉鹽幫狡猾强惡横行，該汛弁兵始曾受其侮慢，未便責服，皆由武職無懲辦民權。揣其情形，毫無忌憚。若不經縣押懲，難挽刁風。除仍飭該汛弁加意密防，隨時查察外，相應備文咨覆。為此，合咨貴總局請煩查照裁奪施行等因，准此。經局員及本幫分董毛受謙節次面詢遭事情形，令其叙呈節略，與營汛查覆情事吻合。職道等伏查長江為上下船隻要衝，沿途設有營汛，會哨梭巡，何等嚴密。該鹽船以承載官鹽為護符，恃衆結黨，乘危攫搶。迨礮哨追查，復敢强阻，竟自乘風開去。旋經該隊目協同號夥船户等趕赴岳州，席請淮鹽局及各號管事向衆鹽船理處，又復恃頑，次日即乘風齊開。似此形同刦搶，目無法紀，若不澈底根究，懲一儆百，無以服衆而安行旅。查原禀何家開已指供夥搶之船户湘幫劉先華、周明方，江南幫劉發其等，應飭各官鹽號管事着交追緝。相應呈請憲台俯賜查核，札飭南鹽法道、南督銷鹽局從嚴查辦，勒令各鹽號將夥搶船户交出，追贜給領，以示體恤，實為公便。為此，具詳呈乞照詳施行。須至詳者。

手摺

竊查本年七月初五日據漢口洋布疋頭幫職商李瑞臣禀，由船户柴作樹另僱周作霖船隻，載運洋貨綿紗等件上駛，貨值三千八百餘兩。行至簰洲江面，猝遇何家開鹽船撞沉，貨被該幫同行衆鹽船乘危攫搶一空。當經該地方汛弁攔阻不服，乘風開去，僅將何家開船隻扣留等語。職局隨即咨飭營、縣分别查訊去後。又據李瑞臣續禀，派夥王琴甫協同哨勇赴岳州跟追，見衆鹽船泊該處南津港，曬有被搶洋紗。隨禀岳州分銷局委員吴松巖，并投鳴會首湯敏臣、瞿松崖，席請集義鈞鹽號譚沛卿等理論。該號恐貨出贜現，暗唆各船颺去，迫得抱怨而返等語。又准簰洲營移稱及嘉魚縣禀復，失事情形相符。訊據何家開指供，朋搶船户係劉發啓、劉先華、周方明等船。除迭次由職局隨時批飭嚴辦外，查此案乘危夥搶，情同盜刦，若不從嚴查辦，無以安行旅而恤商艱。八月十七日具詳憲台，請飭南鹽道、南督銷局就近嚴辦在案。嗣據嘉魚縣詳稱，現奉南督銷局專札守提該鹽船上駛，與奉飭扣留之案兩歧，請示遵等因。職局批以何家開係肇事之船，又係此案要證，自應看守，以憑質訊。春和福、集義鈞號承運商鹽，應令提鹽過儎，以重輪銷，各歸各案辦理去後，續據該縣通禀在案。又經李瑞臣上控撫轅，職局先後准臬司、鹽道咨開，奉撫憲于[一]批，會飭嘉魚縣作速着交傳證，質訊究報等因。除遵批會飭外，職道等伏查此案貨船被搶，情罪較重，李瑞臣等商慘遭此厄，何堪繼以訟累，自應從速究追，以示體恤。所有八月十七日具詳該商貨船撞沉被搶一案，伏懇憲台飭查批示遵行。

貨物清單

謹將漢口洋布疋頭幫商人李瑞臣貨船被撞、乘危攫搶失去貨物件數清單，抄呈憲鑒。

計開

姚裕盛　紅金象乚棉紗十件。
　　紅金狗花旗漂五十疋，計一件。
姚鼎泰　紅金象乚棉紗十件。
　　洛陽橋釿布五十疋，計一件。
　　紅金狗釿漂五十疋，計一件。
姜鼎泰　僧帽白斜紋絨二十疋，計一件。
　　紅二喬花旗漂五十疋，計一件。
葆和祥　藍馬頭釿布五十疋，計一件。
　　大歡喜東乚紗十件。
義和祥　大金象乚棉紗十一件。
　　以藍龍棉申紗三件。
共計五十件

[一] 指于蔭霖。

湖南督銷局詳

為詳請事。案據運商春和福稟稱：竊商承運己丑春綱船户何加開、萬念順、謝應庚，於四月二十二日完載領護，由揚開江。七月初二日行至湖北簰洲地方，江水泛漲，流急舟横。有黄陂船周作霖於上游斷纜，水急張頭，與何船相撞，周船被激湍潑沉，何船見伊船壞，停船救周船人六名。乃伊幫船柴作舟控何故撞撈搶，何加開以忍心賊良訴是非曲直，自有明斷。惟商承辦官鹽，國課攸關，勢難久羈江畔，已於七月十六日稟請行文嘉魚縣提鹽歸岸，蒙飭派礮船往簰洲押提，恩至渥矣。迄今月餘，未見提到。頃據船户專丁來省，云八月十九日簰司又飭差將何加開載鹽之船水手收押，并將繩索錨纜概行搬去。竊思大江風波之險，載運官鹽之重，一旦失事，其咎誰歸，祇得稟懇，賞迅賜詳兩江督鹽憲、湖北督憲，札飭嘉魚縣將何加開所載淮鹽一千六百六十四包釋提，歸岸輪銷，深為德便等情。據此。查鹽船載運官引，國課商本，關係重大，即行船相撞，亦屬常事，自應責成船户理落，與運商無干。兹黄陂簰船幫夥柴作舟捏控，嘉魚縣將該鹽船扣留，該簰司復將繩索錨纜等件概行搬去。查該商載運官引至一千六百六十四包之多，釐課商本約計四千金以外。長江風濤之險，設有疏虞，貽累非淺。理合據情詳請憲台俯賜察核，札飭嘉魚縣將該船水手人等立予開釋，並飭將繩索等件發還，以便開江歸岸輪銷，實為公便。除詳兩江督憲外，為此，詳乞照詳施行。須至詳者。

嘉魚縣稟

敬稟者。案照光緒二十五年十月十七日奉兩江督憲、湖南督銷局詳，請飭縣開釋春和福鹽船水手，以便開江歸岸輪銷等情。奉批飭即將該船水手人等立予開釋，并繳繩索等件，以便開江歸岸輪銷等因。奉此。遵即卷查本年七月初十日，卑前縣吴令任内奉湖北漢鎮商務局札，據船户柴作樹、僱主職員李瑞臣稟，柴作樹為伊添僱籍隸黄陂縣周作霖船隻，分載洋貨五十件，值銀三千餘兩，由漢運赴沙市出售。七月初二日船至簰洲下三荒溝，被湖南鹽商運鹽何家開船隻撞沉，致貨物被何家開同伴鹽船搶竊藏匿等情，飭即派差并行簰洲巡檢查明起獲，給主認領，仍嚴究具報等因。當經飭差并行簰洲巡檢查起去後。旋據差稟，伊等查有何家開鹽船一隻，起獲李瑞臣船失貨物内洋紗三十五捆八隻，每捆十六子，存簰洲水師營管帶礮船李千總化茂處，其有同伴各鹽船前已乘風開行等情。并奉湖南督銷局札，據船户何家開僱主運商春和福稟，何家開為伊船載淮鹽一千六百六十四包，於四月十二日領護，由揚上駛，七月初二日行至簰洲地方，撞壞所遇黄陂貨船，將貨漂流，何家開船隻致被扣留。商運官鹽有關課程，應請飭縣并派礮船前往，將何家開鹽船放行等情，飭即遵照辦理等因，又經詳覆湖北漢鎮商務局、湖南督銷局。吴令旋即卸事，卑職到任，接准移交。據李瑞臣以何家開等故撞夥搶等情具稟，并奉湖北漢鎮商務局札催。卑縣將李瑞臣貨船被撞致貨物被衆鹽船乘危搶竊一案，查訊實情，抄録具覆，仍稟湖南督銷局、鹽法道一體嚴辦，以儆效尤而安行旅等因。當以湖北漢鎮商務局、湖南督銷局，一據李瑞臣稟請追貨給主，札飭照辦。一據春和福稟請放行鹽船，札飭遵行。事屬兩歧，礙難適從，先移簰洲水師營，督飭管帶礮船李千總將已獲洋紗給李瑞臣認領，并飭簰洲巡檢暫將何家開鹽船妥為看守，一面勒限摘傳要證，并稟湖北漢鎮商務局等請示遵辦。嗣奉湖北漢鎮商務局先復吴令原詳，批以已詳請憲台分飭嚴辦，勒令各官鹽號將夥搶船户交出，追贓給領。續復卑職原稟，批以何家開為同伴夥搶要證，又係碰壞貨船肇事之人，須將該船扣留，聽候質訊，其裝運淮鹽一千六百六十四包，應准該運商悉數提載，以濟岸銷而昭公允各等因。又遵湖北漢鎮商務局續復卑職原稟批飭事宜，分報湖南督銷局等，并請湖南督銷局給文運商春和福赴縣領鹽。嗣奉湖南督銷局先復卑職原稟，批以已詳憲台，轉飭開釋運商春和福鹽船水手，以便開江歸岸輪銷。續復卑職原申，札以速飭簰洲巡檢將春和福引鹽如數給領，以便歸輪銷售各等因。又遵湖南督銷局續復卑職原申札飭事宜，先飭簰洲巡檢將春和福引鹽如數給領，取狀賫縣核轉，仍將何家開船隻妥為看守，聽候傳證質訊核辦，并諭春和福赴簰洲巡檢衙門請領各在案。并奉前因。伏查此案李瑞臣船沉貨失，是否何家開載運春和福鹽船驟遇誤撞，抑果何家開載運春和福鹽船圖財故撞，并何家開同伴鹽船有無乘危夥搶情事。今春和福官鹽既經遵批，轉飭簰洲巡檢如數給領，該運商不難另僱船隻裝載，歸岸輪銷，其何家開船隻繩索亟應遵湖北漢鎮商務局前批扣留，着落交出同伴船户，質訊澈究，庶李瑞臣船失貨物不致歸諸烏有，以昭公允而免藉口。除仍飭簰洲巡檢遵照前檄發鹽留船，取具領狀賫縣轉報，一面比差傳證質訊究詳外，所有職員李瑞臣貨船被運商春和福鹽船撞沉失貨一案，應給還春和福官鹽，扣留何家開船隻，以昭公允，而免借口緣由，相應稟報大人俯賜查核，訓示祇遵。

札北善後局移行各處購置輿圖 附單 光緒二十五年十二月十七日

照得地理之學最爲切要，無論吏治民生，文事武備，皆宜詳考博通。今日時局，尤以兼明中外全球形勢爲要義。現有湖南新化鄒代鈞譯繪銅印中外全地輿圖已經竣工，陸續印行。此圖蓋採德意志人所作圖本，於天下各國皆備，其尚嫌略者，則採俄人所作中亞細亞、西比利亞二圖，英人所作印度、緬甸、暹羅及北亞美利加、南阿非利加等圖，法人所作越南圖，德人所作南洋羣島圖、阿非利加洲圖以補入之。又以各國中綫不一，復概改歸中國京師爲中綫。而內地直省地圖，則又採會典館本重加鉤稽，均極精詳。輿地之學最宜講求，然古人圖籍詳中略外，未盡賅備。茲圖薈萃中外，蔚然鉅觀，極爲經世有用之書，所裨實多。無論文武各官，以及書院學堂各士子暨農工商各局，皆當肄業及之。應由善後局轉移各衙門、各局、各營、各書院、學堂照購若干分，以備考核〔一〕。現已刊刻印成頭批九十四幅，即可分發。此圖係鄒代鈞邀約同人集資墊辦，自應按照原票發給工本，計每部發給全圖票一紙，計全價每部銀五十元，并先付半價二十五元，餘俟二批全圖刻成，補價分送，各即備價往兩湖書院提調處領取。惟此圖篇幅太多，散漫難閱，當經本部堂飭令付工裝裱，以期整齊，而便披覽。其裱工每分錢二千在外，并交書院提調匯給。所有各衙門購置此圖，應由該衙門公欵發價。其各營所需，由善後局發價。兩將弁學堂所需，由營務處發價。各書院、各學堂、各局所需，由該書院、該學堂、該局經費内發價。以後即留存各該署局、營、書院、學堂，永遠備用，不准損壞散失。合行札飭。札到，該局即便按照單開各處，迅速分別移行一體遵照辦理。毋違。

〔一〕以下正文及附單均據抄本《督楚公牘》補入。

計開各署局各營及各書院學堂應購中外全地輿圖部數

布政司	一分	緑營將弁學堂	一分
江漢關	一分	防營將弁學堂	二分
宜昌關	一分	護軍營	二分
善後局	一分	武愷營	二分
營務處	一分	武防營	一分
武備學堂	二分	洋務營	一分
自强學堂	二分	教吏館	二分
兩湖書院	四分	經心書院	二分
江漢書院	一分	農務局	一分
工藝局	一分	商務局	一分

以上共三十分。

札營務處閲操文武官員一概不准坐轎、均各自帶食物乾糧[一] 光緒二十五年十二月十八日

照得二十一日本部堂親到青山閲看操行軍隊，本部堂去時乘騎，歸時乘車，均不坐轎。所有隨往文武官員及一切人等，在操場附近地方一概不准坐轎，亦不准多帶人役。自本部堂以下以及各員，均各自帶食物乾糧，以示與各營將士事事一律，毫無歧異之意。善後局、江夏縣均勿庸預備，各宜懔遵。除牌示外，合亟札飭。札到，該處即便遵照。

札委周志發接充管帶襄河水師左營 光緒二十五年十二月十八日

照得管帶襄河水師左營記名總兵童福興，現據該營哨弁稟報病故，所遺襄河水師左營，防務緊要。現因查近來水師各營積弊太深，而熟悉水師人才過少，現當加意整飭之際，本部堂曾與漢陽周鎮商明，查有簰洲營都司周志發堪以飭委接充管帶。各哨弁勇，應令選用駕駛迅速，熟悉水性之人，督飭勤加操練。勇丁尤須挑換精强，不准一名短缺，并不得沾染習氣，隨時由該管帶親歷考察。如有缺額懸糧不補，及以疲弱充數，即行撤換，以肅營規。所有巡防緝捕事宜，聯絡上下游聲勢，妥籌辦理，務期奸匪斂跡，河道綏靖。勿稍玩忽疎誤，以副委任。除分行外，合亟札委。札到，該都司即便遵照接帶襄河水師左營。此係本部堂認真整飭水師之意，故於該都司特加委任，務須實力整頓，一掃積弊，認真操練巡防，勿負委任。切切。仍將接帶日期報查。

飭北牙釐局將牙帖執照之欵撥作槍礮局經費 光緒二十五年十二月二十六日

照得迭次欽奉諭旨，擴充製造槍礮。鄂省槍礮廠近經添設罐子鋼、無煙藥廠，并添購大礮機，各項需用浩繁，經費不敷。且欠有機價物料各欵，爲數甚鉅，年終均須清付，關係緊要。查有整頓各屬牙帖執照之欵，本係奏明以一半作爲商務局經費。現在槍礮局待用孔亟，自應先其所急，撥爲槍礮局經費，俾濟要需。

[一] 以下三件録自抄本《督楚公牘》。

現計此欵除支給委員薪水、川資及商務局支用外，尚存銀一萬二千餘兩，錢五萬四百餘串，并各屬已報未解應飭催繳之欵，尚有銀一萬一千數百兩，錢三萬餘串，應由牙釐局查明此項已收未收各欵，一併合計核明共有若干，將此項於全數内先提一半，迅速解交槍礮局，以應急需。至明年商務局經費，應由善後局另行籌濟，勿庸在牙帖項下動支。合行札飭。札到，該局即便遵照辦理。仍將遵辦情形報查。

光緒二十六年

飭北鹽法道籌議鄖、襄等處抑潞銷川辦法〔一〕 光緒二十六年正月初四日

照得襄陽及鄖陽等處，均爲行銷川鹽地界，前因潞私充斥，有礙官銷。迭經札飭地方文武認真嚴緝，一面酌擬辦法，電飭鄖陽府許守、老河口川鹽局委員鄭丞，分別籌議，茲據先後電覆前來。查此項潞私梟販惟利是趨，鄖、襄一帶到處皆是，已屬禁不勝禁。且據許守電稱，鄖陽以上，川鹽久已未至，其處官銷既缺，私販乃愈横行，若不分別妥籌辦法，殊不足以禁抑潞私，暢銷川引。因思私銷之多由於價賤，價賤之故由於本輕。除襄陽及老河口一帶，自鄖陽府以下，惟有嚴行緝私，未便抽釐外，假如將鄖陽以上潞私酌量抽釐，令其本重不能賤售，自難到處洒賣，是亦不禁之禁。惟其中有無窒礙，能否劃清界限，不致官私混淆，并禁其從此浸灌鄖陽府以下延及老河口一帶，應即先行查明妥酌，以防流弊。至許守所請在鄖郡設立分銷川鹽子店，或月運川鹽若干包，由地方官代銷，自爲抵制私販起見。究竟是否可行，能否足償成本運費，應即由北鹽法道確切查明，悉心妥議，務籌一抑潞銷川有益無弊辦法，迅速詳覆，以憑核辦。合亟札飭。札到，該道即便遵照妥速籌議，禀覆核辦。切切。

〔一〕以下八件録自抄本《督楚公牘》。

通飭武漢防、綠各營定期校閲行軍操練并定優劣賞罰光緒二十六年正月初五日

照得去年臘月本部堂在青山閲操，除護軍三營俱經詳閲外，其護軍前營尚未經細閲，餘營相去較遠，未能細看，武防營亦僅見其大略。查武功、升字兩軍，去年填築操場，武愷一軍去年築隄修營，田鎮營甫經到省，除礮隊外亦尚未及操練。督、撫兩標及漢陽協練軍，向無好洋操教習，其各軍優劣，或舉其一端，或採諸輿論，本部堂均已默識於心。然諸軍或因工作，或因初到，或因向無人認真教練，其情尚有可原。從來閲伍大典，必當分別賞罰，即賞者亦當分別等差，方足以昭激勸，斷無一味濫賞之理。方今屢奉諭旨，飭令於查閲營伍認真考核。告戒嚴切，自當欽遵。此時若將各軍分别優劣等差，未免於各統帶營官局面有礙，且兵勇因無人認真依法教練，亦不盡兵勇之咎，此時實難遽分等差，此次暫且不加賞罰。予限一箇月，責成各統帶營官上緊認真操練。現在槍已發齊，并發去步隊操法，每營一部，務須照法學習，或令營官、哨官、哨長等分日前赴校場，看熟練之軍如何操法，以期練習較速。俟本年二月初旬，本部堂當仍親至省城東門外操演行軍隊，將各軍各營一一細看，再定優劣賞罰。操練好者，將卒均優加獎賞，劣者除兵勇無賞外，其統帶、營哨官分別奏明懲儆。各將領營官等多係軍營老手，務宜努力勉之，勿令相形見絀也。除前經本部堂於青山閲操後，即將以上各節手諭交督標中軍傳示各營外，合再札飭。札到，該督帶等即便遵照。切切。

札飭川鹽、土税各局將員司中飽進欵等弊查明歸公并將挂名乾薪各差一律删除光緒二十六年正月十一日

照得迭次欽奉諭旨，飭令清查税釐鹽課各項陋規中飽，提歸公用等因，亟應欽遵認真辦理。查宜昌川鹽總局所收鹽釐，近年漸形短絀，而以光緒二十四、二十五年爲尤甚。惟二十四年川匪余蠻滋事，沿途商販梗阻，鹽釐短絀，尚可云事出有因。迨至上年，余匪已平，川江水亦不大，情形迥屬不同，課收自應較旺。乃飭據該局電稟，上年所收鹽釐仍前短少，竟至與二十四年不相上下，殊不可解，其中顯有别項弊端。且該局用欵自前兩年凌道、趙道迭次稟定核減後，現聞該局大小委員人等進欵尚優，此等錢文若非侵蝕正欵，則係需索商販。又宜昌土税總局及所屬野三關税收較前短絀，而訪聞該局大小委員人等進欵頗優，自必係中飽較多，正税因之日減。至該局委各員薪水局用，亦多糜費。又北路土藥補税局，聞委員進欵亦優。而且減價賣放，不粘印花，諸弊叢生，以致補税經費異常減少，尤爲可恨。總之，川鹽、土税兩項，俱爲鄂省歲入大宗，關繫重要。現當屢次奉旨整頓之際，斷難稍事含糊，致滋弊混。應將鹽釐一項，責成宜昌川鹽總局陳道嚴切查明上年川鹽税課因何收數短絀，其中究有何弊，現應如何大加整頓，始足以使鹽釐大旺，以及該局委員司事中飽之數實有若干，（既）［暨］能提歸公欵若干，該局額支活支各欵每年再能減省若干，悉心妥議，據實稟覆查核。土税一項，責成宜昌土藥總局劉道督同北路土藥補税局歐陽令，各將每年委員司事中飽之數澈底清查明確，悉數歸公報解。一面先行開具清摺稟賫，不

得稍事隱飾遺漏。至減價賣放、不粘印花諸弊，并由宜昌土藥總局督飭北路土藥補税局從嚴禁革，毋再陽奉陰違，致干查究。至宜昌土局及北路土藥補税經費局，該兩局月支委員司事勇丁人等及局用額支活支各項用欵，有可核減之處，亦應實力裁減，稟候核定，以節糜費。合亟札飭。札到，該局即便遵照札飭事宜，認真遵辦。現在時勢艱難，庫欵奇絀，多去一分中飽，即可多歸一分公用。該道、令務須破除情面，認真遵辦。倘敢視爲具文，敷衍塞責，或任聽委員司事矇混，代爲稟覆搪塞，一經本部堂查實，該道、令不能辭其咎也。切切。此札。

札德安營派弁兵前往武勝關工次梭巡彈壓光緒二十六年正月十二日

據總辦鐵路漢局特用道鄭孝胥稟稱：竊鐵路開工已至信陽，均係立定合同，尅期趲辦。其間最難之工，即武勝關山洞，現在亦已開工。惟此處係鄂豫接界之區，鉅役既興，人夫麕集者不下數千人，誠恐匪徒出没，藉端生事。目下雖已由局選派委員駐工彈壓，尚恐有不及預防之虞。擬懇憲台札飭德安營迅派哨弁一員、兵丁十名，赴應山縣邊界與武勝關相接之處，會商路局委員，擇要駐紥。仍令日詣工次，隨同彈壓，以防意外，於大工實有裨益。再前經稟調升字營赴丹水池彈壓，係由路局津貼駐差經費。如蒙飭派德安營弁兵，自應仿照升字營之例，由局籌給月費，以資辦公等情，到本部堂。據此。應即如稟飭令德安營參將遴選妥弁，管帶精壯耐勞兵丁十名，前往應山邊界與武勝關接壤處所，會商路局委員擇要駐紥。每日在工次梭巡，隨時彈壓，勿論匪徒藉端生事。應需津貼，即由鐵路漢局照升字營章程支給。除分行外，合亟札飭。札到，該將即便遵照迅速照數派撥。何時起程到工日期且報查考。

札飭示禁假冒洋牌開設錢店并照會各國領事一體嚴禁光緒二十六年正月十六日

照得前因漢口錢莊錢店家數太多，屢有倒塌，大爲市面閭閻之害。近年以來，漢口錢莊錢店如元和、道昌牲等號，每一倒閉，動輒坑塌數十萬，官欵商民，受害匪輕，至今未完，即洋商亦有受累者。前經本部堂飭令漢陽府限定額數一百家，嚴禁私開。錢店必先取具同行切實保結，稟明地方官核與定章相符，繳捐牌費，方准挂牌開張，并行北布政司轉飭武、漢三廳縣示禁。各錢店不准以後私出花票，復經札飭江漢關道照會各國領事嚴禁假冒洋牌，違抗定章，私開錢莊錢店，新出花票，以重商務各在案。兹據漢陽府稟稱，訪得今年復有奸商數家，垂涎錢店錢莊私出錢票銀票之利，潛謀假冒洋牌，央求洋人包庇，希圖規避，實堪痛恨。若不嚴申禁令，何以杜坑害而遏刁風。查光緒二十五年十二月初六日准南洋通商大臣劉咨准總理各國事務衙門咨，訪聞各通商口岸内外，有等華商暗出小費，串挂洋行牌號，開設店舖貿易，冒充洋商。此皆無賴中國奸商希圖偷漏税釐起見，不惟有礙政體，且亦有損各國聲名，亟行嚴飭查禁，照會各國公使，通飭各口領事轉飭各洋商，以後如遇此等華商冒充洋商牌號，有犯中國禁令等事，自應照中例辦理，洋商不得藉端干預等因，轉行在案。惟錢業生意於商務民生尤有關繫，一有倒塌，貽害非淺，是以天下萬國各有嚴密禁令，以防奸商之詭計，而保良民之資本。本部堂設立錢業定章，專爲防弊起見，華洋商民均屬有益。既定之後，豈容奸商串通影射，任意增添，貽害地方。況百家之額并不爲少，每年漢口錢業皆有停歇。果使資本充足，圖得錢業之利，何妨待有缺額，再行呈請開設，補足百家之額，又何妨合夥添貲，合數小號爲一大號，令其貲本愈厚，利息愈多。今汲汲争開，有加無已，果爲權子母之利乎，抑爲取架空塌騙之巧乎。即使有真正洋商欲在我漢口地方開設錢店錢莊，亦應一體恪遵地方定章，不應違抗。倘擅自開設，本部堂有保護百姓之責，亦得禁止華商華民與之往來交易，以免受害。況真正洋商斷無開設錢店錢莊之理，如或有之，皆係華人奸商假冒洋牌。夫開店之始，即違抗本國官長，取巧規避，其爲狡詐無賴之徒可知，將來倒閉逃遁，亦可必矣，各國領事亦何必袒護此等奸商，致損本國聲名，而害中國百姓。合亟札行。札到，該司、關道即便會同迅速轉飭漢陽府，武、漢三廳縣，一面嚴行示禁假冒洋牌私開錢莊錢店，重申曉諭，凡我中國商民，皆世代食毛踐土，若一旦惟利是圖，串通外人，違抗中國官長，此等作奸犯科之人，本部堂斷不能姑容寬貸，定必盡法懲治，以遏刁風。倘查係他省之人，亦必咨明原籍，從重懲辦，務使不敢行其奸計而後已。即各國領事，亦皆深明政體，周知商律，見其違抗本國定章，意圖坑人利己，定知其爲國奸民，不肯力爲袒護也。并由江漢關道即日再爲照會各國領事，勿爲奸商朦混，查照去年照會，一體切實嚴禁爲要。切速，切速。

會飭方友升接統升字三營并原帶武功兩營共五營，精挑兩營練習洋操，其餘三營仍舊分駐緝私光緒二十六年正月十六日

照得統帶升字營周提督得升因積勞腿疾，請假辭差，業經批准，另委會辦營務處，總司巡查漢鎮在案。所遺升字中左右三營，查有統帶武功營方鎮友升，堪以飭委接統。計原有武功兩營，升字三營，共五底營，均歸方鎮統帶，統名爲武功營。其原派黄、孝、麻、羅緝私之武功一營、升字一營，仍舊分駐緝私，即名爲武功緝私營。其在漢口駐紮之三底營，以一營專充漢鎮巡緝及各廠彈壓之用，名曰武功漢防營。此三營餉章均仍其舊。以兩底營五百人練習洋操。所有各營勇丁，責成方鎮無論升字營、武功營，一律整頓，汰除疲弱。此兩營洋操勇丁，尤爲緊要，更須汰選精强，必須年在二十歲以下者，准其加給餉項，月支餉數照練習洋操之武防營、武愷營一律支給。新加之餉，仍暫行先加一半，俟操練習實有成效，再行全加。各營營官由該鎮揀選數員，稟候核定。惟洋操必須有深諳操法之人教練。其洋操兩營哨官，聽候本部堂於武備學堂内挑選優等學生委充，俾能認真教練。該鎮務須恪遵發去操練章程，督飭營哨認真教練，每五日率隊過江一次，至校場隨同各軍操演，俾收觀摩之益，以期早日練成勁旅。由善後局另刊木質清、漢文合璧統帶武功等營關防，呈賫飭發開用。除分行外，合亟札委。札到，該鎮即便遵照上項札飭事理即行接統，分别妥辦，認真選汰，督飭上緊練習，務成勁旅，以副委任。仍將遵辦情形報查。切切。再，現值封篆期内，本部院會銜未及

會印。合併飭知。

照行鄧正峰裁撤田鎮礮臺并擇出色礮弁派入礮法學堂光緒二十六年正月十七日

照得田家鎮爲鄂省長江下游門户，原設田鎮營專以操練礮法爲要務，該營統領鄧提督正峰，現因鄖陽地方營伍緊要，委令署理鄖陽鎮篆務，所遺田鎮營，省中無人督率操練。查田家鎮皆係舊礮土臺，於現在江防情形不能得力，而槍礮廠大礮機器甫經安好，精鋼尚未煉出，必須大快礮造成，再行一面修造新式礮臺，操練方有實濟。所有田鎮營應即暫行裁撤，以節餉需。即由該提督將礮弁礮目之年青力壯功夫較好且肯用心講求者，酌量選擇三數十人，留於鄂省，聽候派入礮法學堂認真學習，以備將來礮臺之用。俟槍礮廠新廠大礮造成、開造礮臺之時，再行募足營勇，派赴田鎮礮臺操練駐守。所裁營勇原領軍械旗幟等件，即責成鄧提督督率在營官弁逐一查明，解繳善後局點放存儲，槍礮器械不准短少一件。應領月餉，即截至登船之日止，仍照鄂省定章，加發一箇月恩餉，派輪送至江南浦口地方登岸，由管帶官弁押送安徽原籍，遣散歸農。除分行外，合亟照行。爲此，照會該提督即便遵照，督飭官弁務將應發田鎮營正餉、恩餉照數散放，勿任營哨官稍有剋扣，沿途勿許勇丁登岸，逗遛滋事。原領關防截角呈繳核銷，并將遣撤日期報查。切切。再，現值封印期内，本部院會銜未及會印。合併飭知。

會委周提督得升會辦營務處并總查漢鎮事務光緒二十六年正月十七日

照得統帶升字營周提督得升因積勞腿疾，請辭統帶之差，不能不如其所請，業經批准。查該提督資望老成，戰功素著，在漢駐防多年，約束嚴明，與地方官吏、商民均屬相安。茲特委該提督會辦湖北全省營務處，并總司巡查漢鎮事務，由善後局月支薪水銀一百兩。准由該提督募緝勇五十名，以哨官一員管帶，餉章即照鄂省楚軍向章支給，并准用差弁二員，各月給薪水銀九兩，并發去本部堂大令一枝，交該提督祗領。該提督務須督飭弁勇及漢口團練認真巡查。該提督亦不時親出抽查彈壓，無論武、漢何營兵勇，凡督、撫兩標，武昌城守，漢陽協等營練兵額兵，暨護軍武愷、武防、武功等營，以及外營來省勇丁，如有到漢口生事擾民者，俱准該提督隨時拏辦，并稟明本部堂、院將該營官懲處。除分行外，合亟照委。爲此，照會該提督即便遵照辦理，務須隨時督率弁勇認真巡查彈壓，勿稍懈忽瞻徇，以副委任。仍將遵辦情形及弁勇銜名稟報查考。切切。再，現值封印期内，本部院會銜未及會印。合併飭知。

札武愷等營責成哨官教操光緒二十六年正月十八日

照得方今練兵最爲急務，屢奉諭旨飭令認真操練。本部堂段段告誡，不啻穎秃唇焦，而各營操練殊無起色。總由各營統帶、營官中不知振作者頗多，不能仰體朝廷講求武備之至意，因仍積習，一味敷衍，全無真意講求，甚至不講實事，侈口誇張，本部稟，楚釐、緝費兩欵除兑抵外，不敷甚鉅，應如何找補撥解等情，到本部堂。據此。除批：據稟已悉。此項抵解不敷各數應如何找補撥解，仰候札飭准運司、金陵支應局核議稟辦。繳。等因印發外，抄稟札飭核議稟辦。又於十月二十一日奉憲台札開：據湖北督銷局稟，上年閏三月十一日以後，楚釐内攤扣四國洋欵是否免扣，以前扣過銀兩應否補解等情，到本部堂。據此。除批：據稟已悉。查楚釐内攤還洋欵能否免扣補解，抑如何辦理之處，仰候札飭准運司、金陵支應局核議稟辦。繳。等因印發外，抄稟札飭核議稟辦。又於十月二十六日奉憲台札開：准湖廣督部堂張咨，據署湖北鹽法武昌道陳重慶詳，切奉札准兩江督鹽部堂劉咨開，據金陵防營支應局呈明鄂岸應解楚釐，擬請仍扣借欵，餘由昭信股票按數找撥等情，到本部堂。據此。除批：據詳已悉。仰候咨明湖廣督部堂轉飭遵照，并候札行湖北督銷局復查詳咨。繳。等因印發外，相應抄粘咨明查照轉飭等因，行道遵照，再行妥議詳咨。計抄詳一紙等因，奉此。查抄粘原詳内開，鄂岸應撥楚釐内，須攤還洋欵約一萬八千兩一節，前係督局查明具詳，自屬照案辦理。茲湖北鹽道聲請免扣，應仍由督銷局復查詳咨等語。職道卷查鄂岸攤派四國洋欵原案，經兩江督鹽憲批明有援照歸還瑞記洋欵之案，將五正兩卡併計攤派等諭，江運司原詳具在，確鑿可考。查江省還瑞記洋欵，鄂岸并未在楚釐内攤扣一成，乃前辦督銷局志道不加詳查，輒將楚釐攤扣，已屬誤會。今支應局亦稱自屬照案辦理，似亦置前案於不顧，而故為此含混之辭，希圖推諉。殊不知此案雖相沿攤扣二年有餘，實因前署道朱道其煊登時漏未查明詳咨，及本任道孟道繼壎履任，即詳明請咨更正。亡羊補牢，猶為未晚。況現值鹽庫萬分拮据，斷不能以應收釐銀代他省攤還之理。惟有仍請將誤扣攤還洋欵之案，照兩江督鹽憲原批更正，以後免其攤扣，并將以前扣過銀三萬二千八百九十八兩零，如數補解。至江南借付湖北鐵廠一欵，原詳稱在楚釐内抵收，既免互解之煩，兼清彼此懸欠，辦理本極簡便各語。查鐵廠借欵，道署無案可稽，目前撥抵既須往返移查，將來報銷册檔尤多窒礙，案牘紛繁，未見其簡。鹽釐為庫收正欵，例有專支，設有挪移，動干吏議，非同局欵之可以通融劃撥，列入外銷，一經抵收，於道庫實有未便。今支應局必欲以與鹽務無涉之欵强在鹽釐内扣還，實難遵辦。應請仍由鐵政局籌還，各清各欵，較為便捷。現在道庫支絀異常，本年奉部撥補鹽釐一百萬兩，内多無着，而京餉、滿餉、補還洋欵各項無從籌解，善後局各餉待放孔急，亦屢咨道索取鹽釐。掘羅皆空，無欵應付。職道再四籌維，獨此項楚釐為數甚鉅，猶可稍應急需。懇請憲台再行咨請兩江督鹽憲，分飭支應、督銷兩局查照前次詳咨之案，免扣鐵政局借欵，將光緒二十四年閏三月十一日起至今止應解楚釐銀兩，照案於川稅内陸續劃清，連誤扣洋欵銀兩一併補解來鄂，以濟要需，而清案牘。所有遵議楚釐内免扣借項，并更正誤扣洋欵，餘請速為劃清分別補解緣由，理合詳祈核咨等情，到本部堂。據此。除各詳批示外，相應咨請查照，希即分飭支應、督銷兩局查照前次咨案免扣鐵政局借欵，將光緒二十四年閏三月十一日起至本年止應解楚釐銀兩，照案於川稅陸續劃清，連誤扣洋欵銀兩一併補解來鄂，以濟要需等因，到本部堂。准此。查此案昨據湖北督銷局具稟請示，即經札飭該局核議稟辦在案。准咨前因，合行札飭併案議覆各等因，下局奉此。伏查鄂岸鹽釐攤還四國洋欵，前經督銷局在向解楚釐及淮軍協餉、九江關稅、支應局充餉等欵内各提一成，辦理已歷數載。今鄂省因江南還欵未便攤扣楚釐，咨飭免扣補解，司道等一再籌劃，擬請（免）［勉］為通融，將洋欵併歸他項攤扣，即自二十四年閏三月十一日起，毋庸再加楚釐。檢核督銷局來文聲叙，自上年閏三月十一日起至年底止，實應解楚釐銀十五萬九千三百餘兩。除以鄂應解淮之川税銀七萬八千三百餘兩抵兑，并將留存鹽釐、昭信票欵銀五萬四百餘兩儘數撥解外，仍不敷銀三萬六百餘兩。雖值艱窘難籌，未便懸欠。可否請飭督銷局在截留加價及催商續繳昭信股票項下找解清欵，抑或另有應解窜、揚課費截留抵放，一面移知支應局，於撥補鹽釐欵内騰挪劃還。其以前扣過楚釐銀兩，久經解交淮運司彙還洋欵。現由運司聲明實係無欵可籌，邀免補解。此外尚有湖北鹽道緝費一項計銀二萬七千一百餘兩，向在川税欵内撥解。兹川税異常短絀，以之抵支鄂岸緝費、金陵善後經費，不敷甚多，自屬無欵可撥。竊以前出使德國大臣許[一]於南洋匯存欵内，借付湖北鐵廠訂僱煉鋼洋匠吕德阿達姆薪水路費等項德銀折合庫平銀一萬七千五十七兩七錢五分一釐，應由湖北鐵政洋務局、槍礮局、武備學堂分别支銷撥還，經籌防、支應兩局於二十三年十月間詳，蒙憲台咨明湖廣督憲轉飭照撥歸欵，即由局徑咨湖北鐵政洋務局查照各在案。此係借動江南軍需，久應由鄂撥還之欵。今江南已勉力籌補楚釐，難再措足緝費。擬懇咨明湖廣督憲，飭催鐵政洋務局等迅即照案將借項籌還，徑解湖北鹽道，作收川税撥給緝費銀兩，仍不敷銀一萬餘兩，亦由督銷局挪欵撥補，移明支應局劃還。至前項緝費内有奉部行令每年提存裁減銀一萬二千兩，或存或解，并由督銷局核明詳辦。奉札前因，理合具文呈覆。是否有當，伏候憲台俯賜鑒核批示，並咨明湖廣督憲飭知，暨札行湖北督銷局遵照，實為公便。再，此案本係奉飭淮運司、支應局核議稟辦，現准運司移知，應由督銷局會同（抄本下缺）

[一] 指許景澄。

札委毛永興募勇五十名赴田家鎮看守礮臺

光緒二十六年正月二十一日

照得署理鄖陽鎮鄧提督正峰所統田家鎮礮臺營，業經飭令暫行裁撤，所有田家鎮南北兩岸礮臺，亟應派撥弁勇前往駐守。查向駐省城内鳳凰山礮臺教習把總毛永興素諳礮法，即派該弁前赴田家鎮接管各臺事務。應令選募得力勇丁五十名，分駐南北兩岸礮臺看守，應需餉項由北善後局酌議核定給發。所有安設各礮，務須妥爲蓋護，時常勤加擦洗，以及各項什物均須檢點齊全，妥爲存儲，勿令損失。此哨弁勇即歸統帶武愷營吴鎮元愷統轄，該鎮仍須不時親往田家鎮察閲一次，俟槍礮廠新廠大礮造成，開造礮臺之時，再行按照奏定營制，專派營勇駐紮。應飭北善後局委員并由吴鎮派委妥員，前往田家鎮會同鄧提督將大小礮位暨各礮之零件，以及向來存儲之水雷、電綫各項物料點清接收。除分行外，合亟札飭。爲此，札仰該弁即便遵照辦理。仍將遵辦情形報查。

札飭盛春頤將鐵廠出鐵數目按月造報

光緒二十六年正月二十二日

照得漢陽煉鐵廠鎔煉生鐵，自光緒二十二年四月十一改歸商辦之日起，日出生鐵若干噸，未據鐵廠按月呈報有案，無從查悉。查遵旨招商承辦原奏案内，生鐵大爐每一爐日出生鐵六七十噸。究竟商辦至今將近四年，日出生鐵若干噸，總共煉出生鐵若干，亟應查明，以備稽核。應即飭令代理總辦漢陽鐵廠湖北候補知府盛春頤，將鐵廠自本年正月起所煉生鐵數目，以後按季用印文呈報本部堂衙門查考，并將商辦之日起至上年年底止，一併明晰補報備查。合亟札飭。札到，該守即便遵照辦理勿違。

飭盛春頤將修理漢陽赫山至槍礮廠新舊各隄經費妥速勸捐歸墊光緒二十六年正月二十四日

案據漢陽鋼藥廠提調候補知府汪洪霆稟稱，漢陽襄河官隄，自赫山起至冶坊止，又自冶坊以下至槍礮廠止，其間舊有之隄寬狹高低不一，未能修築如式，甚且有已經倒塌坍圮之處，民户田園盡行淪入水内，亟應一律興修堅固寬平，以資抵禦。此雖官隄，而在鐵廠上游，利害關繫極重，若此隄完固，實與鐵廠大有裨益。業與鐵廠提調盛守春頤商明，盛守願爲勸捐集費等語。并據署漢陽縣何蔚紳稟同前由。當經飭委候補知縣宗得福，將自赫山歷冶坊直抵槍礮廠之隄應如何分别堵築興修，詳細勘估工費，稟候核飭興辦。旋據宗令得福稟，勘得漢陽襄河官隄自赫山起，至冶坊止，以及冶坊以下至槍礮廠横隄止，共計一千二百五十餘丈，其中有應加高培寬者，有應遷道改築者，擬分爲十三廣，按段修築，估計土硪工價以及車水填淤、酌購民地等費，共需銀二萬兩之譜。又勘得鋼藥廠迤南之老隄已經坍卸，現擬加築高厚，共估需土硪工價錢七百餘串。已與盛守、汪守會商定議，此項經費由盛守廣勸捐欵濟用，其捐欵未集之前，先由汪守籌墊，一俟捐有成數，陸續歸還等情稟覆前來。當經批准照辦，并札委宗令迅速興修完工在案。查此隄地居鐵廠上游，利害相依，且此隄修成一律平坦，將來於隄上安設鐵軌，并從赫山以上造橋與漢口鐵路銜接，以後鐵廠轉運鋼鐵便捷直速，極有利益。此項修隄經費因須趕辦，先由鋼藥廠提調汪守籌欵墊用，仍應一面由鐵廠提調盛守趕緊設法勸捐集欵，分别歸墊，解濟工需。除咨請、電請督辦鐵路總公司大臣兼督辦湖北鐵廠事宜、大理寺少堂盛轉飭妥速勸集捐欵，并分行外，合亟札飭。札到，該守即便遵照上項札飭事宜，妥速勸捐集欵，分别歸墊，解濟工用，勿稍延誤。切切。

札漢陽協派兵駐護鐵路光緒二十六年正月二十六日

案照升字等營因該統帶周提督得升腿疾辭差，業經會札飭委歸併統帶武功營前總兵方友升接統，飭令以一底營巡防漢鎮地方，以兩底營練習洋操，名爲武功漢防營，分别札行在案。兹據方鎮友升稟稱，前派升字中營右哨哨弁帶勇二十名駐護鐵路，請飭漢陽協派兵前往更换，以便調歸操練等情。應飭漢陽協派撥練兵二十名，選派得力哨弁一員，迅速前往鐵路更换彈壓，以便調回升字營弁勇歸營操練。除分行外，合亟札飭。札到，該將即便遵照迅速照數派撥駐紥，實力梭巡，妥爲彈壓。勿違。

飭荆州道府設法籌欵以爲陸路弁勇薪糧、以後不得再撥水師登陸緝捕光緒二十六年正月二十八日

照得荆江水師後營舢板十九隻，每隻勇額十三名，舢板二隻，每隻勇額十名。現經本部堂密加訪查，該營護送釐金、錢漕各差礮船數隻，勇丁尚不至過少。至在外江内河安泊各船，約只有六七人及八九人不等，并不足額，實屬不成事體。雖該營向兼陸路緝捕，沙市設有卡房三處，每卡須勇丁十名，從前釐局、鹽局皆有津貼錢文，旋經裁撤。陸路弁勇薪糧無著，該營官因在舢板各船抽撥勇丁登岸守卡，是以在船勇丁不能足額。惟即除抽撥陸岸勇丁三十名計之，在船勇丁仍不應缺額如此之多，顯見該營官外藉抽撥陸勇爲名，暗中任意短缺，影射弊混。該營既有此弊，更安望其平日整頓水師，實力巡防。言之殊堪痛恨。查水師以駕駛船隻，慣習風濤，肅清水面，講求操練爲要義。若陸居既久，不慣操舟，終歸無用。沙市陸路緝捕弁勇薪糧，應由荆州道、府設法籌欵，另歸一起辦理。所有礮船弁勇應仍概歸礮船，以後不得再撥登陸。如該道、府以該營弁勇陸路緝捕得力，應飭其另募陸路巡勇若干名，由該道、府自行另外籌給薪水口糧，總不得撥動水師勇額，俾該水師營無所藉口，即當專意水師巡防操練，以符名實。此後倘仍有缺額情事，定將該營官嚴參懲處。除札飭荆江水師後營遵照，以後各船勇丁不許再有缺額情事，認真操練巡防。倘再查有弊端，定干重咎。暨分行外，合就札行。札到，該道、府即便遵照札飭事宜另行設法籌欵，以爲陸路弁勇薪糧之需，以後不得再撥水師登陸緝捕。即將遵辦情形稟報查核。

飭委王樹藩坐辦銀元局兩廠、顧印愚爲兩廠總稽察光緒二十六年二月初五日

照得湖北銀元局近來籌借官欵，招商附鑄，擴充新廠，疏通下游銷路，鑄務日有起色。查銀元局坐辦、候選知縣王樹藩，專辦文案兼管新廠收支補用知縣顧印愚二員常川駐局，經理兩廠事務，最稱得力。王令自開局以來，即委專辦收支，改委總稽查仍兼收支，旋派充坐辦，并未加給薪水。現撥振捐局官鑄之欵，責成王令提撥收付，總核精實，已經運銷四十餘萬。顧令專辦文案已歷五年，二十二年初議招商附鑄，即派該令赴杭滬試銷，嗣後籌付日多，推擴日廣，凡局中商欵事務，多係該令一手經理。去年鑄錢局歸併銀元局，派令兼管新廠收支，亦未添支薪水。新廠開辦以來，經理一切，諸臻妥協。此時新廠鑄數每月議定增至六十萬，舊廠亦議以六十萬爲月額，尤須招徠商欵，源源供鑄。應即派委王令坐辦兩廠，并專管承鑄官欵收撥存解事宜。添派顧令爲兩廠總稽查，仍專管文案暨新廠收支事宜。查王令、顧令均月支薪水銀五十兩，合銀元六十九元。茲特加給每員每月夫馬銀二十八元，自光緒二十六年正月分起支，以資辦公。除分行外，合亟札委。札到，該員即便遵照隨時稟商總辦，認真妥籌辦理。務須實力整頓，袪除弊端，以副委任。仍將遵辦情形具報查考。

札江漢關道查禁悖逆報章光緒二十六年二月初七日

恭閲邸抄，正月十五日奉上諭：前因康有爲、梁啟超罪大惡極，迭經諭令海疆各省督撫懸賞購綫，嚴密緝拏，迄今尚未弋獲。

該逆等狼子野心，仍在沿海一帶煽誘華民，并開設報館，肆行簧鼓，種種悖逆情形，殊堪髮指。至該逆犯等開設報館，發賣報章，必在華界，但使購閲無人，該逆等自無所施其伎倆。著各該督撫逐處嚴查，如有購閲前項報章者，一體嚴拏懲辦等因，欽此。當經恭録札行，欽遵辦理在案。查康、梁二逆在南洋造爲天南新報，在日本造爲清議報。該逆恃其遠在海外，且因洋人不知中國情事，莫能辨其虛實，得以欺矇洋人，任意誣捏，以掩其凶逆之罪，且謬託忠義之名。其逆報大意，專詆朝政，誣謗皇太后，顯違皇上硃諭，以有爲無，以無爲有，肆口狂吠，毫無顧忌。其意不過欲使内地各匪造謡作亂，外洋各國伺便乘機，使我中國不能一日安靖，以遂其凶逆之隱衷而後已。此二報傳入中國，各報館中深明尊親大義不爲所惑者，固不乏人。然亦間有不明事理者，不免以訛傳訛，互相採録，甚至託名京城西友來電，而京城各國使館並無所聞。託名某處訪事人來信，而本省并無其事。長江一帶會匪素多，因之造爲各種揭帖，公然糾衆謀逆，實堪髮指，亟應遵旨嚴禁。以後沿海各省報章，其恪遵諭旨並無悖逆字句者，仍舊准其閲看。如有語涉悖逆者，一體禁止購閲，并禁止代爲寄送，嚴行查拏懲辦。并聞華人有擬在漢口續開報館者。當此訛言繁興之時，恐不免摭拾上海及外洋各報傳訛惑衆，將來開報館之人，必致自蹈法網。與其拏辦於事後，不若豫防於事先。如在華界開設者，禁止購閲遞送，房屋查封入官。即在洋界開設，冒充洋牌，亦斷不准購閲遞送，違者一併拏辦。除會同撫部院出示曉諭，暨札行布、按兩司轉飭通省各屬一體懔遵嚴查拏辦外，查現在中國與各國均係友邦，共敦和好，華民冒充洋商，本爲條約所禁，久經總理衙門咨行照會在案。報館并非洋商生計，各領事斷不肯曲爲包庇。且查外國各報館雖許其議論本國政事得失，然必須事屬確實，語有根據，亦斷不准其捏造黑白，顛倒是非。若造言誣衊，有礙邦交之詞，亦干報律。若如今日沿海報館，專詆中國朝廷，誣衊皇太后。悖逆之言，更不容其傳播煽亂，致傷友誼而礙邦交。況各國洋人或來各埠通商，或來各省傳教，自必願我中國安穩强盛，地方静謐。若聽報館爲匪黨傳播謡言，擾亂中國，商民、教士自必先受其害，亦非各國商民之利。查各國領事訪聞各處有匿名白帖，誣詆洋人造謡惑衆者，一經照會，本部堂無不立即飭令地方官實力嚴禁查辦。今近在租界之内，儻有傳播誣捏之事，悖逆之言，本部堂理宜實力禁阻，各國領事定當協力相助。合亟札仰該關道即便遵照，迅速照會各國領事，勿令華人在漢口冒充洋牌，續添報館，以靖地方而安人心。是爲至要。并由該關道知照税務司嚴行稽查，將來無論何省寄來之報，如有言語悖逆意在煽亂者，斷不准其進口銷售。并轉飭漢陽府、夏口廳，如有購閲悖逆報章及遞送者，嚴行查拏懲辦并禁止，不准續開報館。如有將屋租與報館者，查封入官。懔遵勿違。

札行兩江鹽院咨批北督銷局詳川税抵解楚鹺仍屬不敷，請核定撥補見覆 附單[一]

光緒二十六年二月初十日

光緒二十六年二月初二日准署兩江督鹽部堂鹿[二]咨開：據

[一] 以下七件録自抄本《督楚公牘》。

[二] 指鹿傳霖。

湖北督銷局詳稱，光緒二十六年正月初十日，奉札准户部咨，將萬户沱加抽川釐及加課解淮一半銀兩統歸宜昌鹽釐一併解交稅司歸還借欵，并令將萬户沱加抽川釐一年共收若干，專案報部查核。至向來解交湖北督銷局、江南籌防局各項銀兩，應令在於本部撥補宜昌鹽釐欵内照數分别劃解，以供支放等因，到本署部堂。准此。札局即便查照辦理等因，奉此。查川鹽加課解淮一半錢文，已奉正任憲台劉飭與淮應解鄂之楚釐互相兑抵。緣鄂岸鹽釐每引應解湖北一兩八錢，名曰楚釐，自光緒二十四年閏三月十一日將鄂岸鹽釐抵還英德借欵，每年指撥銀五十萬兩，各處鹽釐停解。嗣奉户部撥補，大半無着，是以有此抵兑之議，以免籌解之難。彼時前辦劉道援照近年解數兑抵，年約不敷銀二三萬兩，聲明届時再行稟辦。乃自二十四年閏三月十一日起，至十二月底止，川釐收數短絀，鄂應解淮之川稅較少，淮鹽銷數暢旺，淮應解鄂之楚釐加多，以鄂應解淮之川稅悉數抵解，楚釐仍不敷銀十二萬五千餘兩。除扣還商借預釐銀四萬四千兩，尚應找解銀八萬一千餘兩。此外，又有解鄂之緝費一欵，向按淮鹽銷數，在於解淮之川稅内按引撥解，計需銀二萬七千餘兩。兩欵併計，爲數甚多。職局因欵無出，稟奉正任憲台劉飭據金陵支應局議詳，指以淮鹽軍需加價、昭信股票兩欵撥補，頗費躊躇，尚難刻期清欵。此時尚有川稅可抵，籌補找解如此維艱。茲奉部文，又將解淮一半之川稅抵還洋欵，雖聲明撥欵照解，無論是否有着，此後川鹽解淮之二文半加課來源已絶，宜局憑何籌解。倘鄂省以後不解川稅，則淮應解鄂之楚釐、緝費兩欵，即無欵兑抵，亦無欵籌解。茲奉前因，理合據實詳乞俯賜查核批示祗遵，并請分咨湖廣督憲、户部查照等情，到本署部堂。據此。查此案前准部咨，既將在淮所收川稅一半錢文併抵洋欵，所有在淮向在川稅項下支放各欵，由部咨明在於貴省所收宜昌鹽釐撥補，必須欵項有着，方無短缺而資抵兑。究竟貴省接到部文後，如何由宜局於川釐内劃出，按年按數撥補，據詳前情，除批示外，相應咨請查照，迅賜核定撥補見覆。又於二月初五日准署兩江督鹽部堂鹿咨開，據江南籌防局詳，萬户沱川釐抵還洋欵，請以楚釐劃抵，不敷銀兩仍由鄂省解還等情，到本署部堂。據此。除批示外，正在轉行間，又據湖北督銷局詳，川稅解淮一半錢文併抵洋欵，以後楚釐緝費礙難照解等情。當以前准部咨既將在淮所收川稅一半錢文併抵洋欵，所有在淮向在川稅項下支放各欵，由部咨明在於貴省所收宜昌鹽釐撥補。究竟貴省如何由宜局於川釐内劃出，按年按數撥補，咨請貴部堂迅賜核定見覆在案。此項萬户沱加抽川釐，事同一律，據詳前情，相應再行咨請查照，併案核覆，以憑飭遵各等因，到本部堂。准此。查此案川鹽加課一半解淮錢文，及萬户沱加抽鹽釐兩項，由户部指撥抵還洋欵，前准部咨，令於撥補宜昌鹽釐欵内解還兩江。當查光緒二十五年撥補宜昌鹽釐各欵無着過多，業經會同北撫部院奏明，遵照户部冬電，將二十四年撥補多收銀數留抵業已解充各餉，早經用訖，現實無欵解還兩江，并會同北撫部院於去年十二月豔電咨請户部另行撥補江省，并奏明以後鄂省只認抵還洋債七十萬，請户部亦只撥補七十萬，其餘請敕部詳核通籌等因，抄録奏稿、電稿咨行在案。又前准兩江督鹽部堂劉咨，楚釐以後免扣洋欵。至湖北鹽道緝費，以鐵局借欵扣抵，并撥補不敷銀兩等因，亦經詳晰札行藩司、鹽道、善後、鐵政兩局核議詳咨在案。是兩江所收一半解淮加課及萬户沱加釐兩項，係由部指還洋欵。湖北無欵解還，業經電達户部另行撥補江省，現在江省應請户部另行指欵撥補，與湖北無涉。乃兩江籌防等局議詳欲將湖北應收楚釐扣抵，實於情理未協。查湖北既經奏明七十萬之外，不願更受撥補虚欵，是加課一半，湖北斷不能解交稅司。如洋欵有誤，應由稅司自向兩江清理核算，湖北不任其責。至萬户沱加釐，乃江省委員自收之欵，經户部派還洋債，事與湖北何涉，湖北更不請户部撥補，何亦取償於湖北，尤屬難解。總之，湖北前年多收之數，已經户部電准留抵去年撥補不敷之欵，是鄂省并無存有撥補未用之項，何能以本省楚釐爲江省代還洋債。且楚釐之欵關係湖北應解京協各要餉，斷難由兩江劃扣前兩項之用，致誤要需。茲准前因，除分行外，合就札行。札到，該司、道、局即便遵照，會核併案議詳請咨。勿延。

江南籌防局詳

為詳請事。竊於光緒二十六年正月初七日奉憲台札開：光緒二十五年十二月二十九日准户部咨北檔房案呈准兩江總督咨稱，上年九月間，奉部咨湖北宜昌鹽釐改由稅司代徵，備抵洋欵一百萬兩，業經部籌的欵撥補，應飭宜昌川鹽局將每年川鹽加課一半解淮錢文，在於撥補欵内照數劃出，解交湖北淮鹽局。此項加課解淮銀兩既奉彙抵洋欵，自應由鄂省截留，統由宜昌鹽釐一併解交稅司，毋庸更議。伏查奉部撥宜昌鹽釐加價作抵洋欵，此次部電係萬户沱加價字樣。兩江光緒十一年在萬户沱設局，係加抽川釐，并非加價，部中通行各省鹽斤加價二文另有專欵，與兩江萬户沱加抽川釐名目不符。今奉行知萬户沱加價應解交稅司，是否鄂省别有萬户沱加價之欵。再准湖北督銷局來文，叙及去年川稅收數短絀，萬户沱加抽川釐每年收數除去局用等項，大致約計籌防局銀十二萬兩或十四萬兩不等，湊放江海防務要需。二十四年解欵尚不及往年之數，并無十五萬兩之多各等因咨行核辦前來。查萬户沱加抽川釐一項，於光緒十年據前兩江總督曾〔一〕奏明，擬仿兩湖鹽斤加價，在萬户沱加抽川釐。本部同總署續借英德洋欵立合同時，是以擬由宜昌鹽釐並萬户沱加價作抵，即係指萬户沱加抽川釐而言，鄂省并無另有萬户沱加價名目。除飛咨湖廣總督即將萬户沱加抽川釐及加課解淮一半銀兩知照兩江總督，統歸宜昌鹽釐，一併解交稅司歸還借欵，并令將萬户沱加抽川釐一年共收若干專案報部查核。至向來解交湖北督銷局、江南籌防局各項銀兩，應令在於本部撥補宜昌鹽釐欵内照數分别劃解，以供支放。相應咨行兩江總督查照辦理可也等因，到本署部堂。准此。合行札飭。札局即便查照辦理等因，奉此。查萬户沱加抽川釐一欵，既奉户部行令統歸宜昌鹽釐，一併解交稅司歸還借欵，自應遵照部議如數撥解。惟此項加抽川釐向係解交籌防局充作南洋防費，關繫重要。現將該欵歸併宜昌鹽釐抵還解欵，應自光緒二十六年正月起，由鄂省在於户部撥補宜昌鹽釐欵内照數劃解，以濟要需。查兩江向有解鄂楚釐一欵。淮鹽定章，每引派楚釐銀一兩八錢，每年約可收銀十八萬餘兩，扣還預釐銀四萬餘兩，尚應解銀十四萬餘兩。鄂省向有解兩江川稅一欵。川鹽定章，每斤解淮加課一半錢二文五毫，每年或收銀七八萬兩或十餘萬兩。自二十四年閏三月十一日起，川稅、楚釐互相劃抵。計二十四年分除將川稅解淮銀兩劃抵外，兩江尚找解鄂省銀八萬餘兩。今萬户沱一

〔一〕指曾國荃。

欸，司道等一再籌商，亦擬以楚釐劃抵，俾免彼此互解之煩。應請憲台咨明湖廣督部堂，轉飭各該道局自二十六年正月起，所有兩江應解楚釐一欸，除照案將川稅解淮銀兩仍行劃抵外，所餘銀兩即作為鄂省撥補萬户沱之欸。該欸每年兩江約收銀十一二萬兩或十三四萬兩不等，雖以楚釐劃抵，仍有不敷，應由鄂省於户部撥補宜昌鹽釐項下如數撥還。并請檄飭鄂岸督銷局，將鄂岸宜局各銷淮鹽、川鹽引數、斤數，各應解釐課銀兩若干，按月咨會籌防局，以便勾稽暨檄飭淮運司、支應局一體查照，實為公便。是否有當，理合具文詳請，仰祈憲台鑒核批示祗遵。

咨南、北撫院批農務局稟呈浙、鄂二省延訂東洋教習合同以備查核附單 光緒二十六年二月二十一日

據總辦湖北農務局、江蘇候補道程儀洛稟稱：竊中國比年延用東西洋教習、工匠，端緒日繁，訂立合同稍或疏漏，往往於辭退及原約期滿之時，聒擾婪索，無所不至。上年春間，職局奉飭延訂東洋蠶桑教習峰村喜藏、中西留應二名來華，由提調汪丞鳳瀛酌訂合同五條。當時職道查閲，以謂大致尚妥，由該丞齎呈憲鑒，旋即發局照繕合同二紙，加蓋職局關防及東教習圖記，彼此各執一紙存查在案。嗣知杭州府林守啟總辦浙江蠶學館，亦係延用東人。該守辦事公正切實，爲職道所稔知。去秋之杪，函商林守，將浙、鄂所訂東教習合同檢出互寄，以資考證。冬初准該守抄寄光緒二十四年十月延訂東教習轟木長合同一紙，計二十條，慎密周詳，與職局所立合同互證參觀，相去奚啻霄壤，實已爽然若失。而林守函告，浙館所訂之轟木長，上年十月一年合同屆滿，百端挾制，悻悻而去，委因職局訂立合同條約太寬，浙館東人廉得其實，以致種種要挾，不復蟬聯。職道撣悉此情，尤爲悚仄。伏查浙省風氣未開，林守調任杭州，念浙絲爲中國大利所關，即延東人教肄蠶學，研考蠶病，製種培桑各事，其用意深遠，而創立合同又如此樸屬微至，已足令人慚感。比因職局合同與浙館兩相比較，致東人攬局颺去，浙省益費周章，尤使職道有無窮之疚也。夫前事之不忘，後事之師。方今中國積衰，未克閉關自守，訂用外人，一切駕馭日形棘手。職道既疏忽在先，不敢諱過護前，重滋咎戾。謹將鄂、浙兩局合同繕呈鈞鑒，以備查核。嗣後訂立東西洋人合同，擬請諭飭在事各員益加慎密，勿得稍涉大意，或瞻徇情面，以致日後糾轕。是否有當，伏祈鑒核批示祗遵等情，到本部堂。據此。除批：據稟并抄呈浙江蠶學館延訂東人合同均悉。該道辦事認真，遠索浙省所立合同與鄂省所立者推求比核，具見用心深密。溯自十餘年來，本部堂諭飭各學堂、局廠延訂東西文武教習以及工師匠目，所立合同無不詳商細酌，始飭訂定，其間亦有厚薄之殊，則悉准所訂之人之學術淺深、官階崇卑而定，固有不可以一概論者。然辦事不厭周詳。嗣後凡遇訂立合同，自應准照所請，諭在事各員益加慎密，勿涉大意。至謂浙館蠶師不蟬聯，皆因廉得鄂省合同太寬之故，殊非確論。浙省蠶館先經奉諭停辦，而在館員紳因廢棄可惜，勉强節費延辦，其中情形，本部堂亦有聞知，毫不與鄂省合同相涉。該道歸咎鄂省，雖係自行引咎，未免誤會。總之，各省延用洋人，例或不同，不容藉口，即如北洋奏請給德商優等寶星，鄂無此例，而交易不因此而停。南洋奏給德武員寶星，鄂省先未援照，而德員不因此挾索。是彼

亦知各省辦事不相沿襲，該道勿據傳聞爲典要可也。此繳。等因印發，并分咨外，相應録批咨會。爲此，合咨貴部院請煩查照施行。

浙江蠶學館聘訂蠶師合同

第一條　現聘定轟本，任浙江蠶學館教習，期以一年為限。

第二條　該教習來杭時，支取盤川洋銀一百元。

第三條　該教習薪水，定每月洋一百五十元，於每月底交取，但不滿一箇月時，按日起算。

第四條　該教習應辦公務，均遵照蠶學館章程，教授館生一切功課，課完之後，可隨意回自己住房。

第五條　該教習勤惰，隨時由總辦派員稽查，以明約束。

第六條　該教習關係蠶學館功課若有意見，即可禀報總辦，惟允否之權仍歸總辦。

第七條　該教習若因患病請假過四十日之後，則薪水減半。若自請假日起過三箇月尚難就職，則應行解約，只給回國盤川一百元。惟所有請假期內，學生館課不得空曠，須自商副教習添課。該教習假滿後，應自補完館課。

第八條　該教習任内或因力職患病致死，即給六箇月薪水為卹銀。

第九條　照第一條所定限期内，如由總辦自欲解約辭回，該教習即給回國盤川一百元，并四箇月薪水。

第十條　照第一條所定限期内，如該教習自欲解約回國，須於兩月前禀報總辦，惟不給盤川及四箇月薪水。

第十一條　照第一條所定期滿後，若不再續合同，回國時應給盤川一百元、薪水兩箇月為酬勞之費。若再續合同，便不給。

第十二條　蠶學館内應備大房一間，并木器傢伙，為該教習住宿，如欲自帶家眷，聽從其便，惟館中不得居住，應由總辦於館外就近租備房屋并木器傢伙，為教習住宿。

第十三條　該教習并家眷自用一切飲食、油燈、柴炭、厨子、僕從等，均歸該教習自辦。

第十四條　該教習若不盡力職任，或不守館中章程，總辦可告日本領事官全廢此合同，即行解約。

第十五條　館中教習以外公務，該教習不得干預。

第十六條　該教習稽查教授成效并館生勤惰，以及學藝優劣，一年分四回禀報總辦。

第十七條　館生若有錯誤，該教習可當面教訓。若不受教訓，則開陳緣由，禀報總辦，以候定奪。

第十八條　蠶學館所定停課日期如左，其外不得妄行停課。

一、暑天停課二十日，年終停課四十日。

一、中國萬壽日、清明、端午、中秋、冬至，蠶學館開學日，各一日。每月房、虚、星、昴四星期，各一日。

一、日本三節日、日本皇祖祭并該教習廟祭、辰誕，各一日。此俱為停課日，但以上日期如遇蠶務忙時，或應移前移後，隨時斟酌變動。

第十九條　該教習由總辦派有館務出外時，其盤川實費由館發給。

第二十條　總辦應僱精通兩國語言通事，為教習幫助教授之用。

右合同照繕中東文各二紙，畫押蓋印，各存一紙，以昭信守，但此合同以中文為正。

大清光緒二十四年十月　日

賞戴花翎在任補用道杭州府知府總辦蠶學館林

大日本明治三十一年十一月　日

大日本鹿兒島縣士族轟木

大日本欽命駐紮杭州署理通商事務領事官速水

湖北農務局聘訂蠶桑教習合同

一、湖北延聘峰村喜藏、中西留應之意，專為教授植桑、育蠶、收繭、繅絲之法，務期盡心訓迪，俾學生底於有成。

一、議定每月薪水一百五十元、一百元，飯食在内，惟住房并房内傢具均由學堂置備。薪水以中歷二月二十日即陽歷四月一號在日本奉文就聘之日起支，以後按月支付。如教授勤勉，兩面相宜，可由學堂總辦禀請督憲酌加薪水。

一、議定西渡并東歸川資各二百元。除來華川資已經照領外，將來回國之日，應照此數由學堂給付。

一、議定此合同以三年為限。如未滿限，教習并無不合之處，而湖北有別故欲辭退峰村喜藏、中西留應，除應給川資外，另給九箇月薪水。如峰村喜藏、中西留應別有他事，自請解退，在鄂已滿一年，則仍照給川資，不給九箇月薪水。

一、議定峰村喜藏、中西留應如不幸在湖北病故，即以川資并九個月薪水作為殯殮及恤銀。

以上共五條二十六年正月二十日補注。

大清光緒二十五年二月　日

大日本明治三十二年四月　日

飭農務局以後需用經費在撥存江漢關雜糧、牛皮等捐項下動支光緒二十六年二月二十五日

照得湖北遵旨設立農務局，實爲利益民生要政。惟方今各局欵項支絀，自應專籌捐欵，以充該局常年經費，俾免動支原有各欵，庶可經久。前經飭令夏口廳籌辦抽收出口雜糧捐欵，作爲農務局經費之用，此欵每年約收銀一萬五六千兩，去冬已據夏口廳禀，批令將捐欵隨時批解江漢關道存儲，聽候撥給農務局應用。又因雜糧捐欵收數尚屬不敷，復飭該關道督同該廳悉心妥籌，總期無損於民，有益於公者集捐成數，以裨要需。旋據夏口廳面禀，業經籌辦牛皮行捐，每年約收銀六千兩，俟收到後亦即解存江漢關道，并作農務局經費等情前來。查雜糧販運出口，及外洋購買牛皮以致各省内地宰殺耕牛者日多，皆爲有妨農務之舉。今以此兩項捐欵興辦農務，情理甚爲允協。所有農務局嗣後需欵，應即隨時移由江漢關道在於前兩欵内動撥領用，仍將領支數目報明本部堂查考。此係新籌捐助農務局常年經費專欵，該局以後勿庸再支米穀釐金，以清欵項。除分行外，合亟札飭。札到，該局、道即便遵照辦理。

飭委方綏定等接帶武功各營光緒二十六年二月三十日

照得前帶升字右營游擊金明亮，性情疲惰，又多嗜好，以致營務廢弛，應即撤差。所遺升字右營，今改名武功漢防營事務。查有候補參將方綏定堪以飭委接帶，并兼充武功中營幫帶。至該

軍原帶緝私營記名提督李清貴，應即調回漢鎮，接帶武功左營，練習洋操。所遺武功緝私營事務，查有儘先補用副將吴得勝堪以飭委接帶。應令方參將、李提督將武功中左兩營恪遵操練章程，督同派定哨官，認真教練，期成勁旅。至漢防營，亦須認真操練巡緝，吴副將督飭各哨，按照原駐地段，分布扼紮，認真整頓，堵緝北私，勿任浸灌入境，以期淮銷暢旺。該營官尤須隨時周歷，巡視考查。倘弁勇有得受私販陋規，包庇縱放及藉端滋擾情事，立即稟請撤换懲辦，以肅營規。以上三營勇丁均不准一名疲弱充數，口糧不得稍有空曠虚懸，以除積習。除分行外，合亟札委。札到，該參將即便遵照，接帶武功漢防營并兼充武功中營幫帶，按照札行事理妥慎操練巡緝，勿負委任。仍隨時聽候統帶方鎮節制調遣。并將接帶日期具報查考。

札北善後局嗣後游學日本員生應需經費每半年一次匯總發寄附單　光緒二十六年三月初一日

案照湖北遵旨選派各員學生，先後兩次前往日本一百人，學習各種武備、農工商務，業經分別咨行在案。茲查除前另案派往日本學習體操之四弁業已回鄂，并此案所派各員生内有游歷兩生亦經回鄂外，目前各員生現在日本者尚有九十八人，内有各營派往武官二十九名，計一年須經費銀一萬二千一百八十元，應由善後局發給。兩湖、經心書院派往各學生二十六名，計年須學費月費銀八千四百二十四元，應由兩湖書院發給。武備學堂派往學生十三名，計年須學費月費銀四千五百十二元，應由武備學堂發給。護軍營、槍礮廠派往工兵、工目三十名，計年須學費月費銀九千七百二十元，應由槍礮局發給。又監督游學員弁各生之奏調差委知府錢恂駐差日本，所有薪水及委員薪水、房租、雜用等項，約月須銀五六百元，應由善後局發給。以上各費如由各局、書院、學堂分起寄東，參差不齊，亦形煩雜。除以前用費參差各欵由錢守分條截清，總計報銷外，應自光緒二十六年起，按半年一次，由善後局匯總，將各費兑成日本幣，寄往日本，移明各局、書院、學堂，將各應出之費解還善後局歸欵。如此欵由善後局提總收發，以挈綱領，由各局、書院、學堂解還該局，以清欵目，辦理較爲得宜。所有本年正月至六月半年需費若干，即由善後局核明，發交現回湖北之監督錢守帶往日本，以資各項經費之用。合行札飭。札到，該局等即便遵照札飭事宜辦理，具報勿違。

游學日本員弁各生應需學費月費單

各營派往武官二十九名内：

統學步騎礮工隊三名，每月每名三十五元，一年一千二百六十元。

步兵隊十四名，每月每名三十五元，一年五千八百八十元。

騎兵隊三名，每月每名三十五元，一年一千二百六十元。

野礮兵隊六名，每月每名三十五元，一年二千五百二十元。

工兵隊三名，每月每名三十五元，一年一千二百六十元。

計年須銀一萬二千一百八十元，由善後局發給。

兩湖、經心書院派往各學生二十六名内：

成城學校陸軍學生九名，每月每名學費二十五元，一年二千七百元。

成城學校陸軍測量學生五名，每月每名學費二十五元，一年一千五百元。

農工商學生各四名共十二名，每月每名學費二十五元，一年三千六百元。

總計二十六名，每月每名月費二元，一年六百二十四元。

計年須銀八千四百二十四元，應由兩湖書院發給。

武備學堂派往學生十三名内：

學習院學生一名，每月學費五十元，一年六百元。

成城學校學習陸軍十二名，每月每名學費二十五元，一年三千六百元。

又每月每名月費二元，一年三百十二元。

計年須銀四千五百十二元，應由武備學堂發給。

護軍營槍礮廠派往工兵工目三十名内：

學習礮兵工科學生二十名，每月每名學費二十五元，一年六千元。

製革學生十名，每月每名學費二十五元，一年三千元。

總計三十名，每月每名月費二元，一年七百二十元。

計年須銀九千七百二十元，應由槍礮局發給。

札張彪調派營勇二哨歸鐵路漢局調遣并募補缺額光緒二十六年三月初四日

據總辦鐵路漢局特用道鄭孝胥禀稱：竊奉憲台發下步隊一底營人數餉數及馬匹衣袴等項清摺一件，并蒙諭飭路工局需用勇若干人、弁若干員以及應加馬若干匹，統由路工局酌核具覆，以便照派等因，奉此。孝胥即同洋工程司地亞孟德統籌全段，擬請調派營哨情形，開呈鈞覽。一、擬請派步隊二哨，每哨計哨官一員，哨長二員，書識一名，護勇四名，號兵二名，伙夫六名，正勇八十四名，馬十二匹，并求札飭該哨歸鐵路漢局調遣，名曰鐵路護營。一、擬派南哨駐紮孝感中段，北哨駐紮武勝關關口，由南哨撥勇一棚駐丹水池鐵路馬頭，由北哨撥勇一棚駐武信中段，其應山縣界内南北兩哨交會之處，由南北兩哨各派一棚駐紮，仍各派馬匹，逐日梭巡，至交界之處爲止。一、謹按底營餉項數目，按數核計，每哨共月餉銀四百六十二兩，計二哨月餉及衣袴各項，共計每月需銀一千一百五十二兩，即由鐵路漢局按月支發，所有槍械子藥各項，仍求札飭善後局按數支發等情，到本部堂。據此。應即如禀，飭令督帶護軍營游擊張彪，於該軍内挑選得力哨弁勇丁，照鄭道所擬兩哨人馬數目，派撥前往，歸鐵路漢局節制調遣，名曰鐵路護營，俟到工次，應如何分段派撥駐紮，馬步聯絡梭巡彈壓，均由鄭道酌核飭派。此兩哨每月應領薪糧自起程之日起，即由鐵路漢局接續支發，所需槍械子藥各項，并即飭令北善後局酌核照數撥給，惟子藥一項，鐵路漢局應認繳一半價銀，移解善後局核收。至護軍營空出此兩哨缺額，仍令該督帶張游擊迅速另行挑選年在二十歲以内精强識字之人，募補足額，以資操練。所需洋操衣靴鼓號各件，一併由局給領。除分行外，合亟札飭。札到，該游擊即便遵照迅速照數派撥，仍即募補足額，分別具報查考。

咨覆張軍門先解槍二千枝、彈二十萬顆光緒二十六年三月二十三日

准貴軍門咨開：案照提督欽奉諭旨，招募壯勇十營，馳赴江北駐紮，作爲武衛先鋒左軍等因，欽此。欽遵在案。旋奉大學士榮〔一〕恭録照會内開：照得本閣大臣於光緒二十六年正月十四日具奏，槍械子藥亟應儲備，北洋軍械局所存無多，僅足供中軍之用，現惟湖北省所造者較爲合用，應請敕下該省督撫轉飭製造局認真挑選，分批撥解該軍，毋任缺乏等因，奉此。提督現經分飭將領赴湘募勇，尅日成軍，亟需槍械子藥發給各該營，俾資操練，應懇迅飭製造局選備合用槍械子藥各若干，以便派員請領，咨請察照。又准函開清摺，請撥小口徑毛瑟槍四千桿，逼碼四百萬顆，又來福槍四千桿，洋藥四千桶，銅帽火四百萬顆，皮紙四十萬張，鉛子四萬粒各等因，到本部堂。准此。查前准欽差大臣總理武衛全軍大學士榮咨抄原奏内開，武衛左右兩軍，槍械子藥亟宜儲備，湖北省所造者較爲合用，應請敕下該省督撫飭製造局，認真挑選，分批撥解該兩軍，毋任缺乏。顧槍枝尤關緊要，近來各局所造，皆不逮外洋之精，緩急恐不足恃。該兩軍應否酌購外洋新式快槍若干枝，專備臨敵較有把握，應俟該提督妥爲籌商，再行酌核奏明辦理等因。查湖北槍礮廠既須一面製造各械，又須添造煉罐鋼廠、造無煙藥廠，經費萬分支絀，本部堂籌畫艱難，日夜焦灼。現准貴軍門咨函，請撥小口徑毛瑟槍四千桿，逼碼四百萬顆，即此兩項核計，需費已二十餘萬兩。且造槍彈之機器尚不敷用，目前亦未能造至此數。至無煙藥廠，現尚趕造未成，藥彈不能遽配，近年所配藥彈，尚係購自外洋，或購自滬局應用，一時實無從籌此鉅欵，自應遵照大學士榮奏案，分批解撥。兹擬先選撥一半快槍二千枝，并就廠中現有裝藥之彈，先行撥解藥彈二十萬顆，暫資貴軍門武衛左軍目前操練之用。再查初招新軍，未諳機簧理法，尚未能遽用快槍。且此等精緻槍械、貴重藥彈，平日操練打靶，外洋教練新兵之法，每一兵練成約需一年，不過用彈子二百顆，以後常年操練，每年不過六十顆，其平日演習瞄準，皆係製有槍架環靶，專練測望取準之法。緣常年操練，若用真彈打靶過多，不惟需彈費鉅，且槍内來復綫亦必受傷，機簧必致鬆損，放至一千出以後，槍力槍準皆須減色。是貴軍門一軍目前似尚可無須多彈，以後陸續解濟，尚可供用。至此項藥彈，自當相度事機緩急，陸續撥濟，每槍一枝，解足彈一千之數。其餘二千枝及藥彈，每槍配藥彈二百顆，應俟明年陸續解足。惟以後應需軍械，誠恐湖北限於財力機力，不能源源應付。似應查照大學士榮奏案，兩軍應否酌購外洋槍枝，應請貴軍門籌商酌辦。至請撥來福槍四千桿，湖北近年并未購儲有此項槍枝，無從撥解。再查大學士榮原奏，係專指湖北槍礮廠所造之槍而言，此外所需軍火，貴軍門一軍駐紮江南，似應另行籌撥。除咨明榮閣大臣外，准咨前因，相應咨覆貴軍門煩爲查照施行。

札各營預備校閲行軍隊光緒二十六年三月二十五日

案照本部堂奉旨勒限上緊操練行軍隊，復加校閲，據實奏聞。

〔一〕指榮禄。

欽此。當經欽遵恭録分别咨行在案。兹本部堂擬於三日内調集各營前赴東門外復加校閲。俟天氣晴穩，定准日期，於閲操之前一日午前懸牌示知。所有護軍、武愷、武防、武功、宜防各營勇丁，及督標、撫標、武昌城守營、漢陽協各營練兵，一體調集前往洪山官道以南，東抵募旗山、西抵梅家山一帶，遵照指定紮營地段，操練行軍隊。各該營務於日内預備齊全，聽候校閲。兹將防練各營兵勇統分爲甲、乙兩軍，每軍由本部堂各特派一將爲指揮官。凡隸此軍者，無論本管之營及外附之營，一應將弁兵勇及隨操之學生，均聽指揮官調度，不得稍有抗違。所有兩湖書院、武備、自强、工藝各學堂學生，均令隨同入隊操練。應令各該提調妥爲布置經理。各將領須知此次操練行軍隊之意，專爲看各軍平日教練是否嫻熟合法，因進有進法，退有退法，皆須操演，是以分爲甲乙兩軍，迭爲攻守。是日兩軍互有進退，午前甲軍進乙軍退，午後乙軍進甲軍退，適得其平，并無軒輊。且所放皆係空槍空礮，并無真實彈子，但以能否聽令合法爲功過，不以進退爲優劣。即責成各將領、各提調於出城紮營之時，將本營兵勇及各學生所帶各件逐一檢查，不准誤帶真實槍彈礮彈，以致傷人，切勿稍有疏忽。并飭各營將領嚴行約束該營兵勇，於紮營處所及行軍經過地方，不准稍有騷擾，禁止擅入民房，毁壞器物等件，踐踏田園禾苗、菜蔬，不得强買争奪食物。其有操演必須經過麥地者，俟操畢後，由地方官查明青苗是否受損，酌量賞給錢文。如有騷擾生事者，將弁兵勇均予嚴懲。并由江夏縣迅速出示，曉諭居民，此係操練所放槍礮皆係空響，并無彈子，不致傷人，兵勇亦經嚴禁騷擾，萬勿誤聽訛言，致生驚懼，是爲至要。至經心、江漢兩書院各生，亦令隨往觀操。并有湖南、安徽派來閲操各員。即令此次派委照料觀操各員分别照料，并由中軍知照省城各標營酌派兵丁，江夏縣酌派差勇一體彈壓。以不過官道爲限，禁阻乘轎及閒雜人等闌入官道以南操場。合將閲操地圖一件，操練行軍隊規條一件，甲乙兩軍營數、將弁銜名單一件，各項執事員弁銜名單一件，每件各〔一〕紙，隨札發閲。

札北藩司等閲軍觀操須屏除舊習繁文〔二〕

光緒二十六年三月二十五日

照得本部堂擬於三日内遵旨調集各營，前赴東門外操練行軍隊，業經分行在案。查操練行軍隊之意，原爲習勞從簡，屏除舊習繁文，以期於兵事實有裨益。本部堂及隨從文武員弁俱係自備食物，善後局、江夏縣均毋庸預備。本部堂於附近操場地方閲操之時，并不設卓椅高坐，即爲時稍久，間須休息，亦只席地少坐，其執事各員及觀操人等，除在官道以北者乘轎及坐起俱可不論外，若越過官道以南，所有執事各員及隨同觀操人等，無論文武員弁及何項之人，均不准乘坐肩輿，擺列高坐，携帶馬扎。若久立疲倦，只可坐地休息。總須力戒驕惰安逸，敬慎將事，以仰副朝廷勤求武備之意。事關練軍禁令，各宜恪遵，合亟札飭。札到，該司、局即便遵照。毋違。

〔一〕底本此處缺一字，下同。
〔二〕以下二十件録自抄本《督楚公牘》。

札北藩司等照數核給鐵路兩哨新製軍裝價銀及撥給馬匹 光緒二十六年三月二十九日

據督帶護軍等營儘先游擊張彪禀稱：現奉憲台札飭，據總辦鐵路漢局特用道鄭孝胥禀稱，竊奉憲台發下步隊一底營人數、餉數及馬匹、衣袴等項清摺一件，并蒙諭飭路工局需用勇若干人、弁若干員以及應加馬若干匹，統由路工局酌核具覆，以便照派等因，奉此。孝胥即同洋工程司地亞孟德統籌全段，擬請調派營哨情形開呈鈞覽。一、擬請派步隊二哨，每哨計哨官一員，哨長二員，書識一名，護勇四名，號兵二名，伙夫六名，正勇八十四名，馬十二匹，并求札飭該哨歸鐵路漢局調遣，名曰鐵路護營。一、擬派南哨駐紮孝感中段，北哨駐紮武勝關關口，由南哨撥勇一棚駐丹水池鐵路馬頭，由北哨撥勇一棚駐武信中段，其應山縣界内南北兩哨交會之處，由南北兩哨各派一棚駐紮，仍各派馬匹逐日梭巡，至交界之處爲止。一、謹按底營餉項數目，按數核計，每哨共月餉銀四百六十二兩，計二哨月餉及衣袴各項，共計每月需銀一千一百五十二兩，即由鐵路漢局按月支發，所有槍械子藥各項，仍求札飭善後局按數支發等情，到本部堂。據此。應即如禀，飭令督帶護軍營游擊張彪於該軍内挑選得力哨弁、勇丁，照鄭道所擬兩哨人馬數目派撥前往，歸鐵路漢局節制調遣，名曰鐵路護營。俟到工次，應如何分段派撥駐紮，馬步聯絡梭巡彈壓，均由鄭道酌核飭派。此兩哨每月應領薪糧自起程之日起，即由鐵路漢局接續支發，所需槍械子藥各項，并即飭令北善後局酌核照數撥給。惟子藥一項，鐵路漢局應認繳一半價銀，移解善後局核收。至護軍營空出此兩哨缺額，仍令該督帶張游擊迅速另行挑選年在二十歲以内精强識字之人，募補足額，以資操練，所需洋操衣韡、鼓號各件，一併由局給領。除分行外，合亟札飭。札到，該游擊即便遵照，迅速照數派撥，仍即募補足額，分別具報查考等因，奉此。標下應即分別遵辦。竊查鐵路護營步隊兩哨，共官弁兵夫二百員名，共馬二十四匹，現就卑營挑選精壯勇丁，循照額數，編哨分棚，一面將空出兩哨缺額另選年在二十歲以内精强識字者，一律募補足額。除俟該兩哨拔隊起程另文申報外，所有該兩哨官二員，必須遴派妥弁充當，以專責成。兹查有原充中營右哨哨官把總王錫林諳練操務，擬派委該弁充當南哨哨官。原充中營前哨哨官外委張永福操練精明，擬派委該弁充當北哨哨官。該二弁均於地方情形素稱熟悉。合無仰懇憲恩俯准飭派，俾各遵照辦理，藉資鐵路彈壓，實有裨益。該兩哨需用兵槍一百八十八桿，隨槍皮盒、皮帶全副，并每槍帶子碼二百顆，一併請由善後局發給。惟現穿衣袴、操韡已經操練半舊，且其號衣製有護軍字樣，用之鐵路似屬不合，因另新製軍裝、旗幟并號衣袴、皮操韡等項給發該各哨，庶軍容齊整，足壯觀瞻。應需製辦銀兩，擬請飭由善後局發給。其馬原擬每哨十二匹，嗣經鄭道面令回明每哨需用二十匹。現在兩哨擬用馬四十匹，奉諭由璞參將於派管武、漢各原營留存馬内撥充，應請飭即照撥。所有卑營奉撥鐵路兩哨弁兵，擬請飭派哨官并請飭給新製軍裝衣韡等價及撥給馬匹各緣由，理合禀請批示祇遵等情，到本部堂。據此。除批：據禀已悉。該游擊所派鐵路護營兩哨哨官，應准以原充中營右哨哨官把總王錫林派充南哨哨官，原充中營前哨哨官外委張永福派充北哨哨官，將此兩哨勇丁帶往鐵路，歸鐵路漢局調遣，聽候分派駐紮，巡防彈壓。此兩哨即作爲護軍營分防外汛之軍，仍歸該游擊統轄，每月派人前往稽察一次，每半年另派兩哨更換一次。需用兵槍一百八十八桿，并隨帶皮盒、皮帶、子碼等件，應由北善後局照數給領，其新製軍裝、旗幟、衣韈等件應需價銀，一併由局核給。所需馬四十四，應飭璞參將在於派管武、漢各原營留存馬内照數撥給。除分飭外，仰即遵照。仍將該兩哨起程日期報查。至募補勇丁，應先遴選樸誠勇敢，熟諳操練之哨官，稟請批飭委充，仍造具勇丁花名清册，呈賫備查，暨候撫部院批示。繳。等因印發外，合就札行。札到，該局即便遵照批飭事宜，照數核給具報。

札行户部咨奏循案撥補本年七處釐金一摺附單 光緒二十六年三月二十九日

光緒二十六年三月二十七日准兵部火票遞到户部咨開山東司案呈准北檔房傳付内稱，所有循案撥補光緒二十六年分七處釐金一摺，光緒二十六年三月初二日具奏。本日奉旨：依議。欽此。相應傳付江南等司，即赴本檔房抄録原奏，恭録諭旨，飛咨各該省督撫，轉飭司道一體欽遵辦理等因。相應抄録原奏，恭録諭旨，飛咨湖廣總督遵照可也。又先於三月二十一日，准户部咨湖廣司案呈同前由各等因，到本部堂。准此。查此次撥補宜昌鹽釐各欵，户部咨奏清單内指撥有鐵廠由商局繳還官本銀十萬兩一欵。查此項商局繳還官本銀兩，業經遵照奏案，陸續撥還華洋各商緊要欠欵，即此後有續繳銀兩，亦應歸還礮、布兩局各要欵。現在並未存有商局繳還銀兩可供指撥，曾經詳細咨覆户部，并分別轉行在案。是此次指撥此項銀兩，係屬無著之欵。其餘各欵，是否均屬有著，應即飭令北布政司、糧鹽二道、江漢宜昌兩關道、善後牙釐兩局，按照部撥各欵，通盤籌畫，會同核議切實辦法，迅速具詳核辦。除分行外，合就札行。札到，該司等即便遵照，迅速會議詳覆核辦，毋稍違延。

户部奏摺

户部謹奏為續借洋欵，訂明釐金作抵，循案將各該省所短釐金照數撥補，恭摺仰祈聖鑒事。竊查續借英德商欵，前經奏准以七處釐金作抵，内蘇州貨釐八十萬，松滬貨釐一百二十萬，九江貨釐二十萬，浙東貨釐一百萬，宜昌鹽釐并萬户沱加價一百萬，鄂岸鹽釐五十萬，皖岸鹽釐三十萬，共釐金五百萬，均自光緒二十四年閏三月十一日起，由税司代徵，抵還洋欵。惟前項釐金業已指明抵還洋欵，各該省京協各餉以及本處防餉等項向取給於釐金者，勢必驟形短絀，是以上年臣部籌欵奏明撥補在案。今本年自三月十一日起，七處釐金仍由税司代徵，各該省所短釐金五百萬，自應仍由臣部撥補。第上年撥補之欵，有可照案提用者，亦有難再提用者，必須另行設措，方能撥補足數。而各省司關道庫，同一拮据，又均無存儲的欵足供指撥。當此財力日絀，用度日繁，不得不於無可搜括之中，為竭力補苴之計。謹將籌撥各欵，開列清單，恭呈御覽，應請旨飭下各省督撫轉飭按照單開數目，分别撥解兑收，以清欵項。惟是各省所短釐金，今經臣部指欵撥補，在協解省分固當不分畛域，勉籌協濟，在受協省分，尤當力為其難，凡向來應解京餉等仍照常報解，不得藉口出入不敷，任意截留，致有貽誤。所有撥補釐金緣由，理合恭摺具陳，伏祈皇太后、皇上聖鑒。謹奏。

謹將撥補釐金各欵，開列清單，恭呈御覽。

計開

一、松滬貨釐作抵銀一百二十萬兩，内准撥補兩淮鹽斤加價銀二十萬兩，河南鹽斤加價銀二萬兩，江蘇截奉天俸餉銀六萬兩。

一、浙東貨釐作抵銀一百萬兩，内准撥補浙江鹽斤加價銀五萬兩，兩浙鹽課并溢課銀八萬兩，浙江鹽商報效銀三萬兩。

一、宜昌鹽釐并萬户沱加價作抵銀一百萬兩，奏明由湖北收欵内抵銀七十五萬兩，由兩江收欵内抵銀二十五萬兩。此次撥補之欵，亦應以七十五萬兩歸湖北兑收，以二十五萬兩歸兩江兑收。計撥湖北裁兵節餉銀十萬兩，湖北丁漕錢價平餘銀三萬三千兩，湖南丁漕折錢平餘銀三萬兩，湖北鐵廠由商局繳還官本銀十萬兩，湖南鹽斤加價銀二萬兩，湖南漕項銀四萬兩，宜昌關洋税銀六萬兩，湖北當税銀一萬四千兩，江漢關洋税銀十萬兩，湖北釐金銀六萬兩，荆州滿營餉項減平銀四萬三千兩。以上撥銀六十萬兩，均歸湖北應用，按七十五萬核算，尚不敷銀十五萬兩，准在湖北本省田房税契、土藥加税、茶糖菸酒加税各欵内如數截留。又撥四川裁兵節餉銀六萬兩，四川鹽斤加價銀四萬兩，雲南裁兵節餉銀四萬兩，山西菸酒加税銀四萬兩，山西減平銀一萬兩，江蘇裁減長江水師節餉銀四萬兩，陝西減平銀二萬兩。以上撥銀二十五萬兩，均解兩江應用。統計各項，共撥足一百萬兩之數。

一、鄂岸鹽釐作抵銀五十萬兩，准撥補准鹽加價銀四萬四千兩，截留協解九江關常税銀一萬四千兩，江蘇裁兵節餉銀十六萬二千兩，山西裁兵節餉銀二萬兩，四川鹽課銀四萬兩，河東鹽課銀一萬兩，宜昌關洋税銀三萬一千兩，山西當税銀四萬二千兩，湖南當税銀三千四百兩，河南當税銀四千一百兩，四川當税銀七千五百兩，揚州關常税銀三萬兩，鳳陽關常税銀一萬二千兩，四川重慶關税銀八萬兩。以上共撥足五十萬兩之數。

一、皖岸鹽釐作抵銀三十萬兩，准撥補安徽裁減兵勇節餉銀十萬兩，安徽丁漕折錢平餘銀五萬兩，江蘇裁兵節餉銀五萬兩，安徽請賦多征銀二萬兩，安徽歷年積成漕折銀四萬兩，安徽釐金銀四萬兩。以上共撥足三十萬兩之數。

統計撥補銀兩，應令各該省、關各按單開數目，分别解支，不得短少遲延，亦不准挪移别用。至協解省分何日起程，受協省分何日收到，均隨時奏咨報部，以備查核。

札北善後局給發操練行軍隊獎賞附單

光緒二十六年四月初一日

照得本部堂於三月二十七日親往東門外洪山一帶，校閲防練各營操練行軍隊。查各營合操行軍隊係屬初次，演習大致尚屬可觀，雖操法生熟不等，但各該員弁、兵勇均屬勤勞奮勉。其間以護軍營，武防中營勇丁、撫標練軍營兵丁爲較勝，武愷各營勇丁優絀相間，未能一律，餘營兵勇又次之，自應酌分等次，各給獎賞，以示鼓勵。此次係格外從優勉勵之意，以後各營務須遵照頒發練兵新章，認真操練，不得任意違背更改，慎勿玩泄懈怠，方可望實有進益，本部堂仍當隨時校閲，分别勸懲。合將分等給獎銜名、銀物開單札飭。札到，該局、中軍即便遵照，迅速移行各該營赴局照數給領獎賞具報。勿延。

清單

計開

統帶武防兩營兼帶中營署中軍副將俞厚安

管帶練軍署撫標中軍參將璞玉
乙軍指揮官統帶武愷各營總兵吴元愷
督帶護軍四營游擊張彪
甲軍指揮官管帶護軍後營游擊王得勝
以上五員各賞袍褂料一套、翎管一枝。
統帶武功兩營前總兵方友升
管帶練軍署督標左營游擊丁大文
管帶練軍署督標右營游擊紀堪榮
管帶練軍署武昌城守營游擊姜成立
管帶練軍代理漢陽協副將吴友貴
幫帶護軍中營千總杜長榮
管帶護軍前營守備姚廣順
管帶護軍工程營把總劉温玉
管帶武愷前營知縣許鼎鈞
管帶武愷左營知縣方悦魯
管帶武愷右營千總鄒正元
管帶武防左營游擊蔣聲耀
管帶武功左營提督李清貴
管帶宜防營都司李相名
以上統帶一員、管帶十二員、幫帶一員，各賞袍褂料一套。
彈壓官署撫標右營游擊連升
幫帶護軍前營外委陳世貞
幫帶護軍後營守備黎元洪
幫帶護軍工程營縣丞銜白壽銘
幫帶武功中營參將方綬定
幫帶武防左營都司宋文彬
幫帶督標右營練軍都司楊運淇
幫帶撫標練軍守備杜進榜
幫帶城守營練軍都司胡光熊
暫充管帶督標馬隊都司胡文達
以上彈壓官一員、幫帶八員、暫充管帶一員，各賞袍料一件。
護軍中營哨官五員
武備學生華承慶
外委卓占標
武備學生徐嘉霔
武備學生余大鴻
千總銜焦坤山
教習正排長軍功李瑞林
教習總礮弁軍功林茂生
護軍前營哨官五員
外委魏仰山
守備吴俊生
外委張振標
外委何玉林
外委胡文炳
教習正排長軍功傅玉璞
護軍後營哨官五員
武備學生孟平
把總李明章

飭選派各員生赴日本游歷游學附單 光緒二十六年四月初四日

案照前經遵旨，兩次選派學生并各營官弁及工兵、工目前往日本，分別游歷及肄習兵農工商各務，業經分別咨行在案。茲經續派總兵吴元愷等六員，并現派充哨官之武備學生艾忠琦等三名、兩湖書院學生陳問咸等六名，均往日本游歷。又兩湖書院學生馬肇禋等二名，工藝局學生劉修鑑一名，派往日本游學，均隨原派監督游學各生之奏調差委知府錢恂一同東渡。除兩湖書院各生應需游費、學費、川資等項，已由該書院發給外，此次游歷大率以四箇月計，所有游歷將官六員，每員應給游費四百元，來往川資一百二十元，又游歷哨官三員，每名游費二百五十元，來往川資一百二十元，應由善後局發給。又游學工藝局學生一名，應先給半年學費一百五十元，川資六十元，應由工藝局發給。該學堂、該局應給銀元，先由善後局按照日本幣價值統行墊發，移知照數還欵歸墊。游歷各費，統交吴鎮，游學各費統交錢守。合行開單札飭。札到，該局、學堂等即便遵照，迅將各欵照發具報。

派往日本游歷游學各員生

總兵吴元愷
游擊張　彪
本任督標右營游擊紀堪榮
游擊劉水金
都司王恩平
護軍工程營幫帶縣丞白壽銘
武愷營哨官武備學生嚴壽民
武愷營哨官武備學生戴　任
武防營哨官武備學生艾忠琦
兩湖書院學生陳問咸　李　熙　盧　弼　左全孝　尹集馨
黄　軫
以上俱赴日本游歷
兩湖書院學生馬肇禋　盧定遠
工藝局學生劉修鑑
以上俱赴日本游學

札發鐵路護營駐工章程附單 光緒二十六年四月初四日

案據督帶護軍等營游擊張彪所派護軍鐵路營兩哨勇丁，現已如禀批令該軍中營哨官把總王錫林、外委張永福二弁，分充南北兩哨哨官，將此兩哨勇丁帶往鐵路，歸鐵路漢局調遣，聽候分派駐紮，巡防彈壓。此兩哨即作爲護軍營分防外汛之軍，仍歸張游擊統轄，每月派人前往稽察一次，每半年另派兩哨更換一次，并分行在案。茲據總辦鐵路漢局特用道鄭道孝胥酌議護軍鐵路營駐工章程禀請核示前來。本部堂查閱各條，均屬妥協，應即札發督帶護軍等營游擊張彪轉飭該兩哨哨官遵照。務須體察章程內各條事宜，實力奉行，認真妥辦，勿得稍有違誤。除分行外，合將章程抄單札發。札到，該游擊即便轉飭遵照辦理。

護軍鐵路營駐工章程

一、南哨駐紮孝感之三汊埠，北哨駐紮應山之廣水驛。

一、南哨撥一棚駐紮灄口，北哨撥一棚駐紮新店，皆以十日調换一次。

一、南北二哨以孝感之花園地方為分段之處，南北二哨各撥一棚駐紮，亦以十日調换一次。

一、南哨逐日於天明派馬六匹向南巡至灄口，又派馬六匹向北巡至花園。北哨逐日照派馬匹向南巡至花園，向北巡至新店。

一、出巡馬匹所過，探有工民滋事，或由鐵路委員及鐵路洋員發信請兵彈壓，應即飛馬報知本哨，立刻出隊，至滋事之處彈壓保護。

一、護營之專責，在不准鄉民小工人等聚衆挾制。如出隊至滋鬧之處，仍當立定隊伍，聽候鐵路委員辦理，事竣再行撤回。

一、南北二哨哨官，皆定於每月初五日親來漢局領餉。

一、哨官當約束所管各勇，嚴守紀律，不得結幫在外滋事。遇鐵路委員，彼此盡禮相待。如遇洋員，亦應禮敬，不可指點非笑，致滋不和。

一、鐵路護營官弁，均不得干預包辦工程各事。

一、護軍鐵路營中逐日操演，不得間斷。

咨南洋大臣炭山灣鑛局購置拖炭小輪行駛長江，煩行知江海關備案光緒二十六年四月初五日

據辦理興國炭山灣煤鑛局兵部候補郎中余正裔禀稱：竊興國炭山灣煤鑛奉飭將辦理情形，隨時禀報備案，謹遵已將開挖小井出炭，陸續購到機器，并兼開大井工程，歷經禀呈憲鑒。又上年聲明井工出炭稍旺，必須購置拖駁小輪，以利轉達，已蒙批准並行知鐵政洋務局、江漢關道各在案。現在小井機器、爐廠均已設妥，井内已設鐵路兩段。此數月内巷道尚未開通，每日出炭一二十噸不等，幸託福庇，近日出得四十噸，至十月内，每日夜可出炭五十噸。本年六月小井初到炭時，洋鑛師測算炭層，知其出數尚有把握，同司員、工程師商明，先在上海浦東新船塢定造拖駁小輪一隻，計長十六丈，寬一丈一尺，吃水五尺，馬力八十匹，合價銀一萬一千兩。頃接船塢來函，已經造成，約期驗收。除由司員函報江漢關道給發護照承領行駛外，將來大井告成，炭數愈加暢旺，不能不於上海設廠分銷。如小輪行駛長江，應否咨明南洋大臣行知江海關道遵照備案，伏祈鈞裁核辦等情，到本部堂。據此。除批示外，相應咨明。爲此，合咨貴大臣請煩查照轉飭江海關道查照施行。

嚴行申飭游學日本各武員弁光緒二十六年四月初六日

照得本部堂訪聞游學日本之武職二十九員弁，其中大率皆能循禮自愛，用心耐勞，本部堂方爲欣慰。惟其中亦間有行止粗鄙，言語不謹，妄肆詆毁者，實屬大負期望。各該員弁宜知派令出洋學習武備，乃係本部堂重視武職，優待厚望之意，正宜同心努力，勤學成材，方能見重外人。若諸事不知大體，任意妄言，自相疑詆。且舉止或不能循謹，不免貽笑外洋，有損國體。本擬澈究嚴懲，因未查明究係何員言行不檢，姑暫從寬，嚴加申飭。現已諭令張游擊彪傳諭各員弁一體懔遵，此後務當砥礪品行，用心學習，言語謹慎，諸事恪遵監督指示。如有爲難情形，不妨請監督錢守

轉禀，錢守自必代爲轉達。本部堂亦必察酌體恤，各同人亦宜同心和睦，不得因細故忿争。經此次申飭之後，各該員弁務須自愛自重，力求進益，庶不負本部堂期望之意。倘有仍蹈前轍者，除撤回外，定行嚴加懲儆。合行札飭。札到，各該員弁即便遵照札内指飭事宜，互相戒勉，以成有用之材，毋再故違干咎。懔之，勉之。此札。

札營務處將武愷營多餘哨官分别發送荆江前營、瓜洲鎮委用光緒二十六年四月十九日

案照前經挑選武備學堂學生充當湖北洋操各防營哨官，其原充哨官各員弁，飭令該營統帶官或改爲副哨官，或另行派充别項差使，酌核辦理在案。兹據統帶武愷等營記名總兵吴元愷申稱，原充左營幫帶兼中哨哨官、長江水師瓜洲鎮標都司用儘先補用守備汪錫齡久歷戎行，諳練樸實，據稱到標有年，擬請給文送回瓜洲鎮標，賞差補缺。其原充中營前哨哨官儘先補用副將賀心田久歷戎行，老成樸實，原充前營前哨哨官儘先拔補外委張福海老成樸實，當差勤慎，原充右營前哨哨官儘先拔補把總王應德老練樸實，差事熟悉，中營中哨哨長儘先補用守備吴國英樸實安詳，老練可靠，右營中哨哨長儘先補用守備蒲連元穩練老成，勤慎差務。該五員弁，擬請均派赴荆襄水師委充哨官等情，到本部堂。據此。應准照辦。除給予守備汪錫齡咨文，飭令賫投長江水師提督軍門，轉行瓜洲鎮遵照，俟該守備回標存記，先行酌予差使，仍遇有守備缺出，照章儘先序補外，其副將賀心田、外委張福海、把總王應德、守備吴國英、守備蒲連元五員弁，應均發往管帶荆江水師前營副將陳迎祥差委。該副將陳迎祥原係武愷右營營官，與此次發往各員弁均能深知底藴。應由該副將酌量材能，分别委充哨官，以資得力。合亟札飭。札到，該處即便轉行荆江水師前營營官副將陳迎祥遵照，分别委充具報。勿違。此札。

札北鹽法道、川鹽局擬開辦川鹽包認湘釐并章程附單　光緒二十六年四月二十日

據湖北川鹽局試用道陳兆葵詳稱：竊照湖南澧州五縣本係川、淮併行引地，近來川銷日疲，多由澧州各屬釐卡層層抽收川鹽釐金，以故商販無利可圖，運鹽日少。且來鳳王村等處多漏湘、鄂兩省之川私，遂致宜局税收大形減色。前督辦局務凌道禀呈川鹽變通辦理條陳，請包認湘釐，以廣銷路而顧引岸等因，業經禀請憲台電商湖南撫憲，查照湘中近來徵收川釐最旺之年包認，由宜局代抽運澧鹽釐，俾川商無所畏阻，似於湘、鄂税收均有裨益，即於淮課亦無甚妨礙等因，禀明在案。兹奉憲台東電内開，鹽釐包認三萬六千串，已接湘撫俞中丞電允，并詢包以何日爲始，以便飭知各卡届期停抽等語，飭即定期包辦速復等因，奉此。職道悉心體察，擬於本年四月十六日開辦，所有運澧之子鹽，每包代抽湘釐錢五百文，巴鹽每百斤代抽湘釐錢八百文。無論宜局收數贏絀，按季籌錢九千串，解交湖南鹽道彈收。即以本年夏季爲始。代抽之後，無論運至澧州何埠，均由新設川鹽各卡驗票放行。如未註明代抽湘釐字樣及在四月十六日以前運往之鹽，該各卡仍行照常抽收，以杜朦混而重税釐。似此則澧州一屬，川鹽庶可暢行無滯矣。伏

查由宜運澧之鹽本無一定之引票，皆係零星販運，有利則趨，無利則止。或因鹽價稍落，任意遷運，遂致侵越淮岸，澧州各卡亦復無可稽查。現職道擬飭令官商各運認定岸口，每月運鹽若干載赴澧銷售，庶私鹽不能繞越，且可杜司巡侵蝕中飽之弊，并諭令除澧屬外，不許浸灌他府州縣，以示限制。且經稟請於永定縣設立分局，三岔河、瓦窰河設兩分卡，將來委員帶同司巡前往駐紮，以便稽查川私，亦應嚴飭川鹽毋得繞越淮界，致滋争議。所有奉飭擬定包認湘釐日期緣由，理合詳請憲台俯賜察核，並將酌擬包釐章程及添設緝私分卡各事宜縷晰條陳，開具清摺。是否有當，統乞核奪批示祗遵。仰懇咨請湖南撫憲，飭知澧州所屬抽收川鹽釐卡，届時一律停抽等情，到本部堂。據此。除批：據詳已悉。此次包釐，該道擬於本年四月十六日開辦，湘省澧州各卡釐金届時應即停抽，業經本部堂電致南撫部院。接准蒸電覆稱，川鹽釐已分飭各卡停收矣等因，當經轉電宜昌川鹽局飭遵在案。所有包認湘釐每年三萬六千串，自本年夏季始，務須依限解交，并嚴飭川鹽官商各運，只准運赴澧屬銷售，不許侵占淮界，以示限制而免藉口。除咨明南撫院暨行北鹽法道外，仰即遵照。仍候撫部院批示。繳。等因印發外，合就札行。札到，該道即便查照。

清　摺

謹將包認湘釐酌擬章程并添設緝私分卡各事宜，開具清摺，呈請憲核。

計開

一、護岸。查澧州所銷川鹽無引無票，宜局及澧州各卡無可稽查。職道已函商四川官運局華道國英，將來運澧之鹽，即由萬縣、夔州等處填票，註明專銷澧岸，以杜淆混。并令該商等自往澧州各埠設號建倉，庶可以維持於不敝。

一、保商。查由宜昌、沙市運湘之鹽，均係零星販户，有利則趨，無利則止，以致應銷川鹽各埠時有缺乏，銷數日疲。現擬飭令官商各號認定口岸，無論有無利益，均須運鹽往售，禁止零星商販運鹽至澧，以示限制。并嚴諭該商等不得侵佔淮界一步，庶商號有自主之權，而引岸亦各有區别。

一、減釐。查湘局所收川鹽釐金，途愈遠則税愈重，以致津市及石門、永定等處銷數尤疲。擬懇憲恩略加輕減，凡子鹽運澧每包由宜局統收湘課五百文，巴鹽運澧每百斤統收湘課八百文。收税之後，無論運至澧州何埠，均不再收釐税，庶沿途無留難之弊，而商民感戴無涯矣。

一、定分撥。查川鹽銷澧各埠，由宜昌分撥者三之二，由沙市分撥者三之一。今既由宜局統收湘課，似應札飭沙市分局不准再行分撥至澧，以歸劃一。

一、杜偷漏。查宜、沙運澧之鹽，三岔河銷數頗多，瓦窰河為津市等處進口要道，今擬於該兩處各設一分卡，每卡擬各派佐雜一員，司事二人，巡丁二人，并刊發驗票放行戳記一顆，常川至河下查驗，照票緝私，俾私販無從繞越。又石門、慈利、永定三縣，歲可銷巴鹽百數十萬斤，并可帶銷子鹽。近因川商畏阻，該處多銷由來鳳運往之川私。職道悉心體察，擬於永定設一分局，由局刊發永定川鹽驗票分局鈐記一顆，以緝私販而廣招徠。查有丁憂在籍前署來鳳縣知縣侯令昌錦遇事認真，情形熟習，擬飭委該員就近辦理，庶人地相宜，官商可藉資聯絡，而銷數必益有起色。

一、籌經費。查津市分局詳定章程，每月局用等項二百二十五串文。永定分局如委侯令昌錦，擬給薪水夫馬五十串文，司事二人薪水共十六串文，巡丁二人辛糧共八串文，跟丁二人工食共八串文，更夫、雜夫各一人工食共七串文，房租火食約計二十串文，合共薪水局用等項錢一百零九串文。瓦窰河、三岔河擬各設哨船一隻，哨划一隻，委員、司事應同住船巡緝。計委員薪水二十四串文，司事二人薪水共十六串文，丁役二人、哨夫二人共工食十六串文，火食雜用十六串文，兩卡合共月支薪水、卡用等項錢一百四十四串文。宜局仍應另派委員一人、司事二人兼理湘課事宜，以專責成，擬月津貼錢四十串文。總計局卡費用津貼等項，每年需支錢六千數百串文，應均在代收湘課項下動支，連包認湘釐之項，按季另文申報，以清界限。如有贏餘，由職局於年終彙解，不敷應准作正開支。是否有當，伏候鈞裁。

以上各條，似於湘、鄂稅收均有裨益，即於淮課亦無甚妨礙。合併陳明。

札委田芸生稽察白沙洲、金口全隄補修工程光緒二十六年四月二十二日

案照白沙洲至金口隄工，前經分作十段派員分修。飭據朱道滋澤查勘，惟第一段工程最爲整齊完固，其餘九段修築均不如法，而尤以第二段工程爲最劣。當經分別記過停委，札飭各員查照朱道摺開各段應行修補各節，趕緊賠修補修如式在案。查此隄關繫極爲重要，承修各員以前辦理既不盡得力，此次責令補修，亦恐未必皆能切實無欺，此次若再有含糊，以後即難於補救。必須遴派妥員切實稽察全工，以臻鞏固。查有候補知縣田芸生辦事切實，堪以派委。各段以第二段補修之工爲最重，草率欠缺，不合法之處爲最多。應令田令即駐在該段工次，認真稽查，并在全隄常川往來，稽察各工。如仍有不如式之處，務令照式補修，總期一律如法，堅實經久，不准再有敷衍欠缺情事。倘各員仍有不知愧奮，草率塞責者，田令務即據實稟聞，定予嚴懲。該令不得稍有瞻徇掩飾，以致代人受過。合行札委。

飭胡煦堃等赴澧州招募湘勇一百名交利川縣蔡令調遣光緒二十六年四月二十二日

照得利川縣匪徒滋事，因該縣係毘連川界，游匪素多，鬧教餘波尚未浄絶。必須有得力勇營，方足以資鎮遏勦捕。經本部堂飭令游擊蔣聲耀派員前往湖南澧州招募湘勇一百名，交利川縣知縣蔡國楨調遣，以資防勦。所有蔡令前在利川所招土勇，俟湘勇招到後即酌量裁減。茲據該游擊稟請委派守備胡煦堃、千總歐陽爵赴澧招募，務須精壯樸實，年在二十四歲以下者，不得以油滑疲弱之人充數，經過地方不准稍有騷擾，致干嚴究。一俟將勇交歸蔡令後，即行回省銷差。除分別咨行并逕行澧州查照外，合亟札委。札到，該守備、千總即便遵照上項指飭事宜，并查照蔣游擊稟定條規辦法，迅速馳往，妥爲辦理。一俟將勇交歸蔡令後，即行回省銷差具報，勿稍違延。切切。

札委德安府鞠承霈兼辦應城井鹽局務

光緒二十六年四月二十六日

照得應城井鹽課税近數年收數短絀，本部堂訪聞弊端甚多，

亟應認真整頓，以裕餉需。李令端榮應即調省，另有差委。查有德安府同知鞠承霈堪以委令兼辦。該丞本係兼辦膏釐，查膏、鹽本屬一體相連，正可兼綜併舉。薪水仍照舊章開支。除分行外，合亟札委。札到，該丞即便遵照，兼辦應城井鹽課務，嚴查井竈，力除積弊，大加整頓，以期課收日有起色。勉之，望之。切切。

咨北學院將武備學堂藉端生事之學生朱建時等三名注劣光緒二十六年四月二十六日

爲照日前操練行軍隊，武備學生竟有與委員滋鬧情事，操演之時亦有亂行嬉戲者，實屬不遵軍律，不敦士品，且查該學生等平日在堂亦多有藉端生事者。查有方賓觀、沈翔雲、朱建時、黄顯榮、黄瑞蘭五人最不安静，均即行革除出堂。其朱建時一名係大冶縣廪生，黄顯榮一名係隨州附生，黄瑞蘭一名係監利縣附生，該三名并即咨請學院注劣。除牌示該學堂提調遵照外，相應咨明。爲此，合咨貴院請煩查照注劣施行。

咨覆南洋大臣湖北向英商瑞樂公司定購蠟皂等機合同作廢光緒二十六年四月二十七日

光緒二十六年四月十五日准貴大臣咨開：查接管卷内據江海關道禀稱，竊本年二月初三日奉憲台札開，准湖廣總督部堂張咨據委辦漢鎮牙釐局李紹遠禀稱，上年三月奉委赴滬購訂各機，八月十七日與英商瑞樂機器公司定購洋蠟、肥皂、香水等機，議定三項共價九八規銀九千兩，八個月運鄂交貨，即交定銀四千兩，偕該公司洎買辦張雲甫面存匯豐銀行，息銀六釐，此時公立合同，并經英領事簽印在案。旋該公司以燭皂牌模久未發下，爲全機所關，請展限三個月交貨，迄未運到等情。查李紹遠與瑞樂公司訂購洋蠟、肥皂、香水等機，迄今逾限已久，尚未運到，實屬延誤，應將合同作廢，所存銀行定銀提回，咨請轉飭江海關道照會駐滬英領事，飭令瑞樂機器公司遵照將合同作廢，原交定銀如數退還，俟該員到滬，徑向匯豐銀行領提回鄂等因，到本署大臣。准此。札道照會轉飭該公司遵辦等因到道。奉此。遵經職道照會英總領事，轉飭該公司遵辦去後。兹准覆稱，據該行禀，本行於光緒二十四年八月間，與湖廣總督所派之李委員商妥定買洋蠟、肥皂、香水等機，言明價銀英鎊一千二百九十一，當立合同，由李委員將銀四千兩存於匯豐銀行，俟該機器運到漢口方能取用，兩造均不能先取，即取時非兩造簽字不可。合同内載該機器八箇月應到漢口，如有耽擱，本行每日應賠銀八兩，餘價商定俟機器運貨單到時，再付銀二千兩，再過兩箇月，將三千六百八十兩清付。本行與李委員所立合同内載，均照以上之條欵。惟李委員總不肯將機器詳細情形早爲相告，雖經迭催，仍未答覆。本行即行知照原議限期不足，再展限三箇月。詎耽延至是年十二月間，始將詳細情形告知本行。當即將機器於去年八月運來一大半裝往漢口，其餘一小半現在上海，請爲轉復前來。查該商與李委員定立合同，該商并未違背，其耽延之咎，係委員不肯早爲相告詳細情形，以致該商無從辦理。雖經先付銀四千兩，該商并未分文到手，況機器既已運到，斷無退還之理，復請查照轉飭李委員仍照原議辦理。

如湖廣總督一定不欲意此項機器，尚可通融設法，准該商另行售賣。應如何設法之處，李委員與該商熟商可也等因，理合據情稟祈察核轉咨等情，移交到本大臣。據此。除批示外，相應咨請查照，酌核示覆，以憑飭遵等因，准此。查蠟皂等機詳細情形，詳載合同，無須待委員相告者。該行機器逾期不到，實係咎由自取，不得諉過於李委員。此項機器逾期大半年，誤事非淺，本應向該行理論賠償，但該行現在既願通融，設法另行售賣，應請轉飭江海關道照覆英領事，飭令該行即將原合同作廢，所有機器，聽該行另行售賣，所有盈虧，均歸該行自認，與湖北無涉，彼此不再理論，以省枝節。除札飭李牧紹遠抽暇赴滬與該行簽字，將存欵四千兩提回外，相應咨覆。爲此，合咨貴大臣請煩查照轉飭施行。

札委凌卿雲總辦農務局光緒二十六年五月初三日

照得農務局前因程道儀洛入都引見，委朱道滋澤代辦。現值官荒已經清丈完竣，亟須撥給田畝開辦試種。日本農學教習已到，新收學生衆多，必須迅速釐定章程，以免曠廢虛糜。一切事務，極爲紛繁，程道回鄂無期，朱道現管善後局，又兼辦各處隄工，斷難常川到局，應即派委總辦，以專責成。查有湖北候補道凌道卿雲堪以飭委總辦農務局事務，月支薪水夫馬銀一百兩，即在該局經費内支給。除分行外，合亟札委。札到，該道即便遵照總辦農務局，務須常川駐局，督率提調、華洋教習、委員人等認真經理，妥爲籌畫，總期早睹成效，勿任曠廢虛糜，以副委任。切切。仍將接辦日期具報查考。

咨呈總署查明英兵迷途駛入内港、鄉民拖船盤問并無毆辱情事光緒二十六年五月初六日

案照前准貴衙門鹽電内開：英使函稱，本國兵船有弁兵三人駕小艇迷途，誤入松滋縣境小河，忽來數隻民船將該弁兵扯去綑打欺虐，請飭速行查明，將滋事華民緝獲嚴懲，希飭該關道查明辦結爲要等因。當經轉飭查明實在情形，何以英國弁兵并無護照，竟入内地小河，何以民船將兵弁綑打欺虐，迅速辦結，仍將辦理情形先行稟覆查核去後。茲據湖北荊宜施道、宜昌關監督奭良稟稱，據松滋縣知縣王萬震稟稱，遵查洋兵三人駕划，由松滋縣黄家埠潰口駛入内港，直至公安縣地方。該縣境内并無民船凌虐情事。又據公安縣知縣王光棣稟稱，遵即密查得正月十六日，有洋兵三人乘坐小太平船駛入内港，至公安縣毛三里與湖南接壤東港地方，該處巡更人等見夜深小船急行，聲喊不應，衆人疑係賊划，有泊岸小船，遂開數隻前往尾追。洋兵見其追上，停船登岸，該處民人遂將其小太平船拖至岸上，向洋人細詢來歷，洋人不解華言，鄉民不通洋語，彼此喃喃。適有周業先到場指告衆人，當以客禮優待，隨邀洋人至家，啖以餅麪米飯，洋人疑而不食。周會其意，先自取嘗，以示無他，洋人始食少許，并飲滚水一勺，瀕行給熟豆升許作路糧。洋人道謝，懷出一紙，上寫洋文，不識何字，其意似令執此領謝。此洋兵迷路，駕划夜行，巡更人等疑係賊划，尾追拖船上岸，向洋兵盤詰實情，并無圍鎖凶毆之事。惟該處民人擅拖洋划，留難洋兵，雖無毆辱情事，究屬無知妄爲，自應嚴行提懲，以儆將來。現已差拏巡更人等，俟到案從重發落，

另文具報，并再示諭，嗣後無論何國洋人游歷到境，務當以禮相待，妥爲保護等情前來。除照覆駐宜英領事查照外，理合稟覆查核，轉咨總理衙門，實爲公便。又據該關道稟稱，前奉札准總理衙門電准英使函稱，本國兵船有弁兵三人駕小艇迷途，誤入小河，忽來數隻民船，將該弁扯去綑打欺虐，經宜昌領事照會荆宜施道請辦，請飭速行查明，將滋事華民緝獲嚴懲等語，希即轉飭該關道查明辦結爲要等因，到本部堂。承准此。札仰該關道迅飭查明實在情形，何以英國弁兵并無護照竟入内地小河，何以民船將兵弁綑打欺虐，一面妥商英領事迅速辦結，仍將辦理情形先行稟覆查核，毋稍違延等因。奉此。迭經飭據公安縣王令稟稱，該縣毛三里民人實只疑竊，擅拖洋划，留難洋兵等情，當經據情稟請憲台轉咨總署，一面照復駐宜英領事韋禮敦查照。三月十五日，接韋禮敦照稱，准本國兵船統領文開，公安縣拏獲滋事之人，須當受辱礮手面加責懲，并罰該鄉民銀二百兩，著該處地保親到兵船代認不是，照請查照來文辦理等因。職道當即照覆滋事華民，催縣拏獲重懲，至罰銀云云，核與中國定例未合，礙難照辦。三月二十三日據公安縣知縣王光棣稟稱，現拏獲民人龍傳郡、劉傳泰到案，訊據供稱毛三里地方屢被賊竊牛隻，公議鳴鑼巡更防守。正月十六夜半雞叫時候，見有小船急行，聲喊不應，疑係賊划，有泊岸小划開出尾追，洋兵見其追上，停船登岸。該民人等遂將其船拖至岸上，詢問來歷，華洋語言不通。適有周業先到場，邀往以禮優待，并未綑毆凌辱。再四究詰，矢口不移。查該民人等雖無毆辱重情，然拖划留難，究屬不應。查定律凡不應爲而爲事理，重者杖八十，當將龍傳郡、劉傳泰從重杖責發落，以儆將來，并傳諭紳保居民，嗣後遇有洋人到境，須加意保護等情。又經照會在案。茲接韋禮敦照會，内稱罰銀等節，必仍請照來文辦理，若監督不克照辦，惟有申報本國駐京大臣核辦等因。查此案因韋禮敦邀同屋克利兵船統領沙得利，在枝江縣百里洲打鳥，彼此相左，沙得利派洋兵三名往尋韋禮敦，以致駛行一百數十里，深入内港，直至公安縣毛三里地方。適該處屢被賊竊牛隻，派人巡更防守，夜半鷄鳴時，該處民人見小划疾行，聲喊不應，疑賊尾追，拖船上岸，向洋兵詢問來歷。有周業先到場，邀往禮待，并無毆辱情事，誠如憲台札，何以英國弁兵并無護照，深入内地小河至一百數十里之遥。照約章論，英兵本有未合，該民人龍傳郡等拖划留難，即屬不應，業經公安縣從重杖責發落，足以蔽辜。向來辦理交涉，無當受辱洋人面責之事。此次洋兵既未受辱，且英兵船已於三月初間入川，返楚無期，豈能將此等貧民日久羈押以待。至罰該鄉民人銀二百兩，更與情理不合。此事衅端，由韋禮敦邀同兵官打鳥，尋伊迷路而起，故存案覓兵洋函兵官親書，領事簽字，稅司借印，其鄭重也如是。且洋兵因覓領事而受凍餒，領事不得不强詞硬索，藉以酬勞，兼以掩過。此時敷衍了事，傭人而往受杖，捐廉而作罰銀，較之他案邀索，尚屬輕鬆。即云喫虧，亦甚有限，宜可從權照辦。惟洋人無照而入内地，未毆而罰銀兩，此端一開，限制全失，異時援爲口實，交涉愈形棘手。詳覈茲事原委，似可據理力争。茲將往來照會抄呈憲覽，究應如何辦理，伏祈賞用己亥密電示遵，無任企禱。至該領事照稱如不照辦，惟有申報本國公使，理合稟請鑒核，迅爲咨明總理衙門備查各等情，到本部堂。據此。除批：已據先後兩稟，咨呈總理衙門，以備辯論矣。查此事彼兵無照深入百里之外，未免冒昧。鄉民先僅驚疑拖船，繼復邀往禮待，即是已經認錯，我又緝拏生事之人，照例懲責，并爲出示儆戒將來，已是力顧邦交。兵船返楚無期，豈能將貧民羈押久候。至若罰一鄉之銀，累及無辜，既非條約所有，亦於情理不合，斷難照辦。惟地保赴船代認不是一節，尚可允從，或令公安縣王令作一函與兵船官，交領事轉達，言該縣鄉民愚魯，不應拖船上岸，洋兵不免勞苦，該縣深爲抱歉抱愧，特專函代鄉民謝過，并送洋酒牛肉或他食物，以犒洋兵。并言俟兵船回荆沙時，該縣當自赴沙市拜候該兵船等語。蓋地方官認過送禮，爲民免累，雖是顧全鄰誼，實則保護吾民，如此較爲得體可行。仍望切商英領事妥爲了結。如彼不允，聽其申報英使可也。除電飭外，仰即遵照。仍候撫部院批示。繳。摺存等因印發外，相應咨呈。爲此，咨呈貴衙門謹請察照施行。

札襄陽道加發緝私馬隊營津貼并添募新勇五十名 光緒二十六年五月初十日

照得游擊李福田管帶馬隊一營共一百五十名，向係派在襄陽所屬一帶緝私。現經本部堂訪聞該馬隊僅有一百名在外巡緝，下餘五十名常留郡城。即在外者亦有缺額，以致巡緝不敷，私販充斥，殊堪詫異，亟應嚴查整頓，以維鹺務。應即飭道嚴飭李游擊，務將此馬隊一百五十名全行派出，分段緝私，不准留一名在城內，致誤要公而糜餉項。并飭老河口官運川鹽局，將此項緝私馬隊每一名每月加給津貼銀一兩，營官津貼十二兩，哨官津貼六兩，由官運局按月給發，責成認真巡緝。并委官運局鄭丞葆琛隨時認真稽察，如人馬有一名短缺，或不全在外緝私，及緝私并不出力，即將此月津貼不發，并即據實稟聞。一面由官運局自行添募緝私馬隊五十名，名爲官局馬隊，由鄭丞派弁招募管帶，專歸該局節制調遣，無論文武何衙門不得調撥差操，所需餉銀馬乾一切，於該局盈餘項下動支造報。照此先行試辦三月，看其有無成效，再行酌量辦理，有效則留，無效則撤。此次不惜鉅款，加發津貼，添募新勇，原爲極力整頓官運起見。倘敢再事玩弛，襄防營馬隊及新募官局馬隊或有短缺情事，定即從嚴懲處。兩項馬隊均不准擅離汛地，充接差擺隊之用，該道亦不得將襄陽防營馬隊無故調至城內，并將襄防營隨時認真稽察。至爲切要。

飭北鹽道轉解川、淮鹽兩局鹽斤加價交善後局撥餉勿延 光緒二十六年五月十一日

案照奏明推廣川淮鹽斤加價，以爲鄂省練兵新餉及荆州滿營挑練閒散旗兵新餉之需。此欵由川鹽、淮鹽兩局解交鹽道，該道應即隨到隨解交善後局查收，以爲分撥各餉之用。此後不准日久存閣，轉解稽延，致誤要需，且免與他欵牽混，或滋挪移之弊。合行札飭。札到，該道、局即便遵照辦理。毋違。

會札方友升將武功等營移交樊國泰統帶 光緒二十六年五月十三日

照得統帶武功等營降補副將方友升，春間經本部堂整頓營制，講求洋操，將該武功中左兩營加爲洋操優餉，特派武備學生五名往充哨官。該副將恐其查出該營弊端，先已屢次推辭，指名索取該副將素識而不通武備之人。及至指定派往後，大拂其意，竟敢不遵營制，擅派中哨哨官李鳳林充當總哨，約束武備學生哨官五

弁，并敢昌言准令李鳳林責打各哨官，以期箝制恫喝，實屬任性妄爲，已堪駭異。嗣經本部堂查出該兩營五哨缺額多至數十名，皆有確憑實據。以此類推，各營短缺之鉅，尚可問耶。方今屢奉諭旨，嚴禁營勇缺額，不啻三令五申。乃該副將竟仍敢如此營私妄爲，不遵節制，實屬狂妄貪劣，萬難姑容。本應即行奏參褫革，始足以整飭軍營惡習。姑念該副將從前久在軍營，尚有勞績，已經由提督降至副將，若再奏參褫革，必致没齒不復。姑予格外從寬，撤去統帶之差，勒令離鄂。所遺武功中營、左營、漢防營，此三營，本部堂、部院查有現署漢陽協總兵銜副將樊國泰堪以委令兼充統帶，看其操練是否得力，再行酌辦。其武功左營仍令提督李清貴管帶，漢防營改委漢鎮都司陳士恒管帶。其管帶黄、孝、麻、羅緝私兩營提督吴建瀛、副將吴得勝，均仍其舊，毋庸另設統帶。但責成緝私營務處、督銷局道員隨時稽查，以省膠葛而滋弊端。其武功營原領未繳之槍械甚多，除操練現用之五響小口毛瑟快槍五百枝並漢防營酌留外，其餘悉令如數繳還軍裝局，不得短少一件。除分行外，合亟札飭。札到，該將即便遵照，將武功中營、左營、漢防營三營移交樊副將統帶。該將即行卸差，并將營中槍械各件照數點交樊副將接收，不得一件短少。其該將原領比槍三百枝及彈三萬七千顆，十響毛瑟槍二百枝彈二萬六千顆，即如數繳歸軍裝局具報。毋違。

札江漢關照會各領事力任保護洋人

光緒二十六年五月二十二日

照得現在北方拳匪滋鬧，長江一帶會匪地痞恐不免亦欲煽惑愚民，藉端生事。當經本部堂出示曉諭，嚴禁造謡生事，札飭地方文武嚴拏痞匪，并各處加派兵役，巡查防範，當不致滋生事端。惟是兩湖地方廣闊，内地教堂林立，洋人外出游玩者，當不乏人，則又不可不慎之又慎。所有有教堂及有洋人居住地方，亟宜查明，加意保護。洋商、洋教士之在内地者，宜勸戒加意檢點，凡與愚民交涉，務宜諸從寬恕，化大事爲小事，化小事爲無事，以冀相安。合亟札飭該關道即便遵照，照會英國領事，告以兩湖地方本部堂力任保護，當不致痞匪滋生事端。即使偶有生事，猝防不及者，烏合之衆，官兵威力亦可立時彈壓撲滅，斷斷不能任其滋蔓。長江下游一帶，有兩江總督部堂劉昨與電商，亦已嚴密布置防範，意見相同，力任保護下游。請英領事轉達英政府，此時長江一帶彈壓痞匪，尚不須外人相助。若英水師遽進長江相助，不惟無益，且内恐百姓驚擾，外恐他國效尤，更致不可收拾。至若恐他國先進干預，吴淞有英國水師，儘可攔阻，英不先入，他國斷不敢入，可請放心。一面囑其將凡有該教士之教堂及有洋人在内地地方，迅速開單前來，以便分飭加意保護。如有洋人携眷入内地者，務須勸令暫行帶回漢口。洋人如無要事，戒飭暫勿外出游玩打鳥，免爲小事致生枝節，方爲謹慎穩妥之道。是爲至要。

札委張守孝謙幫辦江漢書院提調事務[一]

光緒二十六年五月二十三日

照得江漢書院上年添設住院實學生，與兩湖、經心兩書院均

[一] 以下十件録自抄本《督楚公牘》。

經欽遵懿旨，以天文、輿地、兵法、算學四門分課。現值時局艱難，注重武備，兵法一門最爲當務之急。此係欽遵懿旨，切實講求之事，提調等尤宜懔遵，督率諸生，將槍操勤加練習。先習放響，漸習打靶，方爲有用。查江漢書院地址較狹，不便操練，每旬應由監院帶赴經心書院會操一次，以期互相觀摩，日有進境。諸生平日在江漢書院亦須切實講習槍法，不可稍有間斷。惟提調徐道局務殷繁，應即添委張守孝謙幫辦江漢書院提調事務。即責成徐道、張守隨時到江漢書院督練槍操，并會同江漢、經心書院各分教，分赴兩書院考察各門學業分數，不得稍有瞻徇。如兩院諸生有怠惰疲玩，不能勤操勤學者，輕則記過罰扣膏火，重則稟請酌量示懲開除。務期文武一體通達，以仰副朝廷造就人才之至意。合亟札委。札到，該守即便遵照札内指飭事宜，認真上緊辦理，勿稍敷衍怠緩，虚擲歲月。切要。勿違。

會委徐建寅辦理湖北營務處兼教習課吏館武備一門 光緒二十六年五月二十三日

照得湖北方今整飭武備，精練洋操，營務最爲重要，必須得人專司其事，認真講求，方能日起有功。查有直隸候補道徐建寅素於武備製造一切研究極精，著有成書，曾經進呈御覽。業經電商總理衙門，准其奏調。查農工商各務，該道雖皆能諳習，惟武備爲當時急務，該道所學，於此尤深，自應用其所長，酌量委任。應即飭委徐道會同司道總辦湖北全省營務處，所有武、漢防營勇丁、緑營練兵操練事宜，俱責令該道考核講求。該道應隨時考察各將弁才具識見若何，兵勇人馬是否足額，餉項有無扣減，軍械軍裝是否一律精足整潔，操練孰勤孰惰，是否遵章合法，洋教習是否盡心，於本省情形是否皆屬合宜，將弁兵勇有無進益，凡一切有關營務利弊，皆當悉心體察。如該道有真知灼見，必須整飭增補改訂事宜，均可隨時隨事據實詳晰稟陳，萬不可稍有瞻徇，聽候酌核採擇飭辦，以期練兵確收實效。惟不得自行更改章程，徑行調派，以昭畫一而重職守。每月支給薪水銀元一百四十元。又湖北教吏館分門肄習，原設有武備一門，并委該道兼充教吏館武備一門總教習，擇其志向資性願學武備者若干員，酌分班次，立定課程，盡心教導，將武備門内需用之經理製造、格致各種學業，一體切實講明，俾鄂省文員多造成經世禦侮之材，尤爲切於實用，并由課吏館按月支給該道夫馬銀元一百四十元，以資辦公。營務處諸事，仍會商營務處司道及扎道、張道辦理。教吏館諸事，仍會商藩、臬兩司及監督殷道、錢道辦理。除附片具奏外，合行札委。札到，該道即便遵照上項指飭各節，將營務處、教吏館各事宜分別認真遵章辦理，以副委任。仍將到處、到館遵辦各日期申報查考。勿違。

札委姜思治充槍礮廠哨官并加募新勇駐廠操防保護 光緒二十六年六月初一日

據總辦湖北槍礮局署布政司瞿廷韶、分省補用道沈錫周稟稱：竊槍礮廠爲軍械所出。時方多故，憲台綢繆未雨，飭漢防營派兵百名護槍礮廠，武功營派勇五十名護鋼藥廠，并諭槍礮廠原有護勇四十名之外加募百餘名，俟訓練得力，即將護槍礮廠之漢防營兵分撥五十名赴鋼藥廠防護，將槍礮、鋼藥兩廠防護之武功營勇全數撤回漢口防所操練等因。仰見憲台慎重軍儲，布置周密之苦心，本司等曷勝欽佩。應請於舊勇四十名之外，加募新勇一百一十名，共成一百五十名，駐紮槍礮廠内。其餉章舊勇每名月給銀五元，新勇可否每名每月亦一律照舊，各支給五元，恭候核定。近日哥老會蔓延各省，以營勇爲最多。游勇隨在皆是，招募不難。招集之後則爲害無已，與其追悔於後日，不如慎擇於始基。計惟有精選年在十七八歲以外二十五歲以内，樸實不染習氣之人，方准招募。迨經募足，不訓之以義理以激發其天良，不練之以西法以嫻習其技藝，逸居無教，難保不出外滋生事端。是非得一管帶之人選擇於先，訓練於後，則有勇仍未可恃。查武備學生姜思治素有血性，辦事認真，在學堂數年，學有心得，以之管帶廠勇，責以招募訓練，必能得力。可否由憲台札飭武備學生姜思治充當槍礮廠哨官，并每月應如何支給薪水之處，恭候核奪批示等情，到本部堂。據此。應即如禀，飭委武備學生姜思治充當槍礮廠管帶護勇哨官，迅速招募新勇一百一十名，連原有護勇四十名，共成一百五十名，專駐槍礮廠，督飭認真訓練，實力巡防保護。所募之勇，務須精選一律年在二十五歲以内强壯樸實者，如有沾染嗜好及油滑之人，不准濫收。口糧照舊勇向章，每月各給銀五元。該哨官薪水月給銀二十六元，均暫由善後局支領，俟以後時局略定，再行酌核。隨時聽候駐廠總辦節制調遣，仍約束勇丁，恪守營規，無事不准外出，滋生事端。是爲至要。除分行外，合亟札委。札到，該學生即便遵照上項札飭事宜，妥速辦理具報。勿違。

札委蕭貞福代理沙防營管帶 光緒二十六年六月初三日

據原帶沙防營游擊蔣聲耀禀稱：竊卑職頃奉傳詢沙防營代理管帶暨哨弁優劣情形，飭即禀覆等因。伏念卑職於上年十月内奉調晋省，接丁母憂，蒙賞假百日，所有該營管帶事務，即委該中哨哨弁姚紹期暫行代理在案。該弁居心誠實，辦事老成，數月以來，尚無貽誤。現值巡防吃緊之際，該管帶責無旁貸，斟酌遴選，不厭求詳。查有該營前哨哨弁游擊銜儘先補用都司蕭貞福幹練明白，在營有年，從前隨同卑職出差各處，辦事機警，甚爲得力，以之辦理該處現在營務，似有一日之長。該兩弁均係卑職相從舊人，知其皆爲可用之材。而該蕭哨弁臨事機變，尤爲出色等情前來。查蔣游擊聲耀現在管帶新募武防左營勇丁在省練習洋操，正值操練吃緊，勢難再往沙市。既據禀稱都司蕭貞福幹練明白，辦事機警，應即飭委蕭貞福代理管帶沙防營事務，將營中一切事務循照舊章，妥爲辦理，并隨時會同印委各員及營汛水師實力巡緝，認真彈壓，保護教堂，綏輯商民。現值伏莽甚多，總須防患未萌。如遇荆郡地方匪徒藉端生事，立即帶勇嚴加搜捕，務獲解縣究辦，以遏萌芽，勿得稍涉疎懈。尤須認真整頓，力除積弊，餉項不准稍有空曠虚懸，勇丁必須一律精强足額。至游擊姚紹期，應飭仍充中哨哨官本差。除分行外，合亟札委。札到，該都司即便代理管帶沙防營事務，遵照札飭事理認真整頓，勤加操練巡防，以副委任。仍將接帶日期呈報查考。

照委鄧正峰移駐襄陽代理提督事務光緒二十六年六月初三日

照得北方拳匪滋事，京畿紛擾，恐蔓延至山東、河南等省。楚邊襄樊重要，素多伏莽，業於五月二十六日宥電，飭令署鄖陽鎮鄧鎮暫行帶印移駐襄陽，本部堂即奏明檄飭該鎮代理提督事務，所有提、標各營將弁、勇丁，俱歸統轄調度。日内即將提印送襄。如措置有法，訓練認真，當即奏請署理。并由該鎮迅速募勇一千名，上緊操練，彈壓巡防。遇有外省本省匪徒，立即稟明勦捕。此項勇丁或募鄖襄人，或募河南人，或募皖人，妥酌稟辦，以速爲妙。所募之勇必須强壯精健，尤須嚴切查明不可使有匪類混跡其中。是爲至要。其鄖陽鎮事務，即暫委中軍遊擊岳秀代行，俟鄧鎮接提印後，本部堂妥酌一員委署鄖陽鎮，到襄後，即將鎮印交其帶往鄖陽。除先行分電飭知外，合行照飭。照到，該鎮即便遵照，迅速帶印赴襄，一俟提印送到，即行代理提督事務，并即刻速選募樸實安分精壯勇丁一千名，趕緊成軍操練，實力彈壓巡防，以遏亂萌而靖地方。切切。

飭調副將吴得勝緝私一營回漢歸方前鎮調用、吴提督緝私一營募足整營經理緝私光緒二十六年六月初八日

照得北方軍事緊急，遵旨飭派方前鎮友升統領武功五營北上。查副將吴得勝所帶緝私一營，從前曾由該鎮統帶，應飭速回漢口，仍歸方前鎮調用，聽候募足整營，迅速隨同起行。其遺出緝私地段，即責成吴提督建瀛暫行分撥兼顧，速將所帶底營招募補足，成爲一整營，所有黄、孝、麻、羅一帶緝私事務，應即全歸吴提督建瀛經理，按照原紮地段分別填紮。務須督飭哨弁，嚴申紀律，破除積習，認真堵緝。餉項按月放足，勇丁不准短缺。倘弁勇有得受陋規，包庇私販及藉端滋擾情事，即行查明稟請從嚴懲辦，勿稍徇隱。該營俟募足後，即造具弁勇銜名清册申賫查考，聽候委員點驗。除分行外，合亟札調。札到，該將即便遵照迅速拔營馳回漢口，聽候方前鎮調用具報。勿違。

札北善後局爲方統領刊刻關防并撥銀一萬兩製辦號衣等件光緒二十六年六月初八日

據統領湖北武功五營方前鎮友升稟稱：竊標下荷蒙憲恩，飭委統領湖北武功五營，趕緊挑募齊全，成軍北上，諭令一切未盡事宜隨時稟請核辦，標下自應遵照熟籌，以期妥善。伏查軍中公牘往來最關緊要，必須蓋用關防，方足以昭信守。應請迅飭北善後局刊刻統領武功全軍兼帶中營關防一顆，分統武功前後兩營兼帶前營關防一顆，管帶武功左、右、後營關防各一顆，共五顆，敬候頒發，并請隨發湘軍營制一部，以便遵照辦理。再，熊鎮鐵生甲午年統領鐵軍北上時，曾經稟蒙前撫憲吴核准用隨員二十員，什長二員，差官二十員，什長二員。刻值需才孔亟之時，自應預儲將弁，以備臨時調遣。可否按照鐵軍成案，准用隨員差官，其薪餉仍飭北善後局查案給領之處，出自鴻施。如蒙賞准，遵即編入中營中哨，并令自備馬匹，以作日後偵探之用。再，昨面稟蒙恩准賞給各勇小單號褂、褲各一套，領褂各一件，現擬均用青色官布，小袖對襟，襟面以白綫刺成雙鈎武功某營某哨字樣，業經

飭匠趕製。再，所有成軍製辦羽毛、號衣、旗幟、帳棚、鍋碗、鋤鏟、鐵斧，均已分飭定造，其價銀及現在酌募勇丁小口糧等項，擬請飭由北善後局准照鐵軍成案，先給湘平銀一萬兩，隨後據實繕具細數清册呈報。如有盈餘，即當繳還，如尚短乏，再行補領。再，此次卑軍遵陸北上，其鍋擬改用銅質，以期堅固，其價必照舊章稍昂，一併據實具報。以上各節，統候批示祇遵等情，到本部堂。據此。應即飭令北善後局迅速刊刻清、漢合璧文統領湖北武功全軍兼帶中營關防一顆，分統湖北武功前後兩營兼帶前營關防一顆，管帶湖北武功左、右、後營關防各一顆，共五顆，呈賫飭發開用。一面由局先發湘軍營制一本，以便該統領遵辦。所需隨員差官，各准用十員，薪餉查照舊案給領。其募勇小口糧并勇丁小單號褂褲、領褂，以及號衣、旗幟、帳棚、銅鍋等項，均由該統領自行製辦，并飭北善後局即日先撥銀一萬兩，交該統領收領應用，分別趕製，隨後據實開報，以便刻日啟行。除分行外，合亟札飭。札到，該局、統領即便迅速遵照辦理具報。刻日啟行，勿稍延緩。

飭北牙釐局撥米穀釐金銀八萬兩解交善後局應用 光緒二十六年六月初十日

照得米穀釐金，本係奏明以供地方要需在案。現因防務緊要，北上之軍需用尤急，所有械藥、軍裝等項需欵甚鉅，皆須即日匯訂。現已與撫部院商明，即於牙釐局現存米穀釐金項下提銀八萬兩，即日解交善後局應用。除分別咨行外，合亟札飭。札到，該局即便照數撥解應用，勿稍延緩。切切。

會委楊運淇、蕭貞福分別管帶沙防右、左營 光緒二十六年六月初十日

據管帶武防左營游擊蔣聲耀禀稱：竊卑職案奉諭飭速派妥員妥弁，將沙防營勇添募二百五十名，以重沙防。或作爲一整營，即派蕭貞福管帶，或分爲兩底營，另舉一員管帶，均即斟酌禀覆，一面速辦，萬不可遲等因。伏查沙市華洋交涉，當川湘水陸之衝，痞匪最多，教堂林立。現值防務喫緊之際，尤人心不定之時，該原有之沙防一底營兵力較單，勉敷布置。該管帶官允宜常駐在防，隨時彈壓，斷不能兼顧境外，致誤事機。該處北面近距荆州府城，駐防旗、陸各營當可就資鎮攝。至南岸之宜都、松滋、公安、石首等縣，及上游之江口、董市、白洋各地方，或爲貿易繁區，或係鄂、湘接壤，巡防鮮及，奸宄潛藏。若非先事設防，難免乘機竊發。此項添募新勇，似不宜合紮沙市，拘守一隅。如果作爲整營，即當添設幫帶及副哨各官，一經調遣出防，庶不致顧彼失此。但恐事機多變，遥制綦難，雖責任藉可較專，而鞭長終虞莫及。不如別委管帶，另成底營，統歸荆州道一體節制，就各處地方現在情形，擇要分駐，明與沙市氣勢聯絡，俾可分亦復可援。呼應既靈，聲威自壯。然非該管帶官歷練精明，恐難勝任。查有督標操防幫帶、現署中營中軍都司儘先補用都司楊運淇才具開明，辦事練達。該員前充武防營幫帶，曾隨卑職辦理華容匪案，深資臂助。旋在督標幫帶操防，出防廣水等處，緝私有年，歷奉要差，均無隕越。飭委該員管帶新募之沙防一底營，可期得力。再，原有之沙防營勇多係湘人，此次遵諭添募之二百五十名，仍擬在湘招集，以歸畫一。又奉諭飭方鎮友升北上，武防兩營撥給勇丁二百五十

名，仍准自行募補歸額。以上兩項勇丁，卑職擬請率帶哨弁即赴湘中親加遴選，以期周妥而免遲誤等情，到本部堂、部院。據此。查沙市地方華洋雜處，教堂林立，當川湘水陸之衝，匪徒最易混迹。原有之沙防一底營勇丁二百五十名不敷分布，亟應添募一底營勇丁二百五十名，分駐巡防，以昭周妥。應准飭委督標操防營幫帶、署中營中軍都司儘先都司楊運淇，充當新募沙防營管帶。此營即名爲沙防右營，迅速赴湘招募，就近帶赴沙市，稟請派員點驗成營。代理管帶原有之沙防營都司蕭貞福，應即飭委改充管帶，此營即名爲沙防左營。均令聽候荆宜施道節制調遣，隨時會同地方印委各員及營汛水師實力巡緝，認真彈壓，保護教堂，綏輯商民。如遇荆郡地方匪徒藉端滋事，應如何派隊前往搜捕，即由荆宜施道妥酌調度。新募之沙防營勇丁，務須挑選年在二十五歲以内强壯樸實之人，其沾染軍營習氣以及油滑之輩，不准濫收。至武防兩營募補之勇丁二百五十名，并飭蔣游擊聲耀稟商該統帶僉副將厚安派弁赴湘招募，尤須挑選識字合格之人，帶領回鄂，補填足額。該游擊勿庸親往。除分行外，合亟札飭。札到，該都司即便遵照上項札飭事理，妥速辦理具報。勿違。

會委邱俊鳳接帶武功左營光緒二十六年六月十一日

照得管帶武功左營提督李清貴隨同方前鎮友升北上，所遺駐漢武功左營，亟應委員接帶，以專責成。查有記名提督邱俊鳳堪以飭委，仍歸統帶武功營樊副將國泰統轄節制。應令該營官督飭哨弁認真操練，會同印委各員及水陸營汛實力巡防，查緝匪類，保護租界教堂，綏輯商民。勇丁務須汰選精强，餉項按月放足。仍隨時約束勇丁，恪守營規，不准出外閒遊，滋生事端。此營仍名爲武功左營，此時暫不必改换營名。除分行外，合亟札委。札到，該提督即便遵照接帶武功左營，稟商統帶，認真妥爲辦理，以副委任。仍將接帶日期報查。

札織布局查覆借用晉款案據附單 光緒二十六年六月十四日

准户部咨：光緒二十六年四月二十五日，軍機大臣面奉諭旨：御史熙麟奏疆臣動挪鉅款，請飭查一摺，著户部咨催張之洞迅速籌還。欽此。欽遵由軍機處抄交到部，相應飛咨湖廣總督遵照。再查該御史原奏内稱，此項鉅款，晉省何時起解，粤省何時接收，歸入何款，作何開支。由粤至楚，粤中所用何項提補，楚中接收歸入何款，作何開支，現時有無存剩，仿四柱册式，逐一開具簡明清單，限期報部，按款確核，奏明辦理等語。應令該督撫等按照所稱各節，於部文到日，限兩箇月趕緊聲覆報部，並奏明辦理可也，等因。并准山西撫部院毓咨准户部咨同前由，到本部堂。准此。查湖北前由粤省撥借晉款二十萬兩，此款現經熙御史奏稱各省庫儲，督撫輒以己升他省，偕往備用，借曰以備公用，究何解於以備己用。乃初偕之粤，曾否用之於粤，粤不知也。復偕之鄂，曾否用之於鄂，鄂亦不知。請飭查開單報部確核，奏明辦理等語。復查此款係由前兩廣督部堂李，奏請將本部堂原擬在廣東開設之織布局移機鄂省開辦。當因本部堂前在粤省，以海防緊急，借有山西善後局生息銀二十萬兩，尚未歸還晉省。李部堂來電，屬將此項撥歸湖北，作織布廠常年經費之用，并經李部堂奏明，由廣東善後局匯解湖北，并非本部堂偕帶至鄂應用。且查織布局前係委派前湖北督糧道惲升道祖翼、前署江漢關道蔡道錫勇總辦，所有借用晉欵及一切欵項，均由該局總辦委員經理，并屢經解過晉欵息銀，均經迭次詳報，奏咨有案，實以公欵歸諸公用，昭昭可查。惟是鄂借晉欵二十萬，先後已解過息銀十三萬八千兩，本擬布局暢銷利旺，即可早還成本。無如布局行銷不旺，成本難以遽提，曾於光緒二十年奏明分年歸本。嗣因鉅欵難籌，復電達前山西撫部院胡，止利還本，每年還銀一萬兩在案。本年二月間接准前護理山西撫院何來咨，以晉省冬旱災象漸形，奏請提還晉欵備賑等因。當以布局現實銷滯利微，實屬無從提還，仍請照原議歲還萬金惟晉災需欵甚亟，於二月敬電致商何護院、山西李署藩司，擬由鄂代辦晉捐助賑。旋接李署藩司覆電，已詳院辦捐，并將代捐情形奏明。旋經湖北籌賑局司道於三月間函致李署藩司，詳述捐章尚未得覆。復經本部堂於五月元電催詢李藩司，續得覆電，稱鄂中借欵止息，分年還本，并代籌勸賑捐，始終因公情形，即縷晰詳院，請咨部覆奏，并咨本部堂衙門等語。茲復准現任山西撫部院毓函，以接李藩司送閱本部堂元電，鄂借晉欵，現尚無從提還，而晉災需欵既殷，擬爲籌集捐項。恤鄰盛誼，感戴實深。晉省災廣欵艱，但能得有鉅貲，本不必定須索欠。局外不知底細，致有浮言，歉仄萬狀。現在晉捐業於五月十一日開局，一切章程捐册，容當咨達鄂省，請廣爲籌集等因。一俟接准毓撫院來咨，捐章即由湖北籌賑局司道督飭原辦鄂捐得力各員迅速接辦晉捐，源源解濟，以應災黎急切之需。准咨前因，應由湖北織布局按照部咨及原奏各節，確查案據，逐層明晰詳覆，奏咨辦理。

疆臣動挪鉅欵摺〔一〕

掌廣東道監察御史奴才熙麟跪奏：為疆臣挪鉅欵，電覆任意搪塞，延誤晉賑要需，請飭懍遵前此諭旨，迅速籌還，并由部查明確核，以謹庫儲而重民命，恭摺仰祈聖鑒事。竊奴才前閲上年十二月邸抄，護理山西巡撫何樞奏奉上諭：本年夏秋以來，雨澤稀少，直隸、山西、山東、河南等省被旱之區甚廣，明歲青黄不接之時，必需早為籌備。等因。欽此。當即欽遵行司遵辦去後。茲據署布政使李廷簫詳稱：晉省土瘠民貧，户鮮蓋藏，現已交冬，仍無雨雪，二麥不能播種，轉瞬青黄不接之時，實屬不堪設想。該司前於陛見時面奉懿旨，頗以晉民甚苦，厪念不忘。又奉諭旨，飭令預為籌備，自應妥切擬議，以期上慰聖厪。現擬由司庫先行籌動銀十萬兩，以資購運，特為數無幾，不敷接濟。查晉省善後欵內有餘銀二十萬兩，前撫臣張之洞於升任兩廣總督時，偕往粵省備用，嗣因調鄂，又將此欵帶往湖北。現在籌賑方殷，欵無所出。以賑務善後所餘，仍以備辦賑之用，實屬名實相符。並請聖恩飭下張之洞將前借晉省息欵銀二十萬迅速匯晉，以備辦賑之用等語。奉硃批：即著張之洞趕緊設法籌還備賑，毋得膜視，餘依議。欽此。綸音宣布，三晉臣民無不同聲感泣。近閲三月二十四日邸抄何樞奏，晉省上年旱乾之後，收成歉薄，米價迭增，小民困苦情形，日甚一日。近又亢旱日久，麥難播種，民情不無惶慮。鄂借之欵，接准來電，以目前無從提還，晉災需欵，擬俟鄂捐停辦，即飭原辦各員代辦晉捐，鉅欵不難立集等語。展閲之下，不

〔一〕此摺據抄本《督楚公牘》補入。

勝駭異。伏念張之洞奉旨籌還晋欵，曾否具摺奏覆，電內未經申明，無從懸揣。惟各省庫儲，督撫輒以已升他省，偕往備用，借曰以備公用，究何解於以備己用。乃初偕之粤，曾否用之於粤，粤不知也。復偕之鄂，曾否用之於鄂，鄂亦不知。而晋欵虚懸忽已十有餘年，迨晋災孔亟，晋撫入奏，朝廷不加詰責，第飭迅速籌還，毋得膜視，聖恩寬大，亦已至矣。在張之洞應如何愧悚，如何感激。乃覆晋電不但搪塞以目前無從提還之空言，且搪塞以代辦晋捐，鉅款不難立集之妄言。夫晋捐，晋何不能自辦，而必待該督飭辦鄂捐之各員，況代辦果能立集鉅欵。鄂之辦捐已非朝夕，立集鉅欵安在，何以目前竟無從提還。況晋欵為該督偕鄂備用，不敷於己籌之，而仍諉之晋捐，奴才誠不解。張之洞果何所恃而無恐，而於諭旨飭令迅速籌還之欵，竟敢任意搪塞至此。使疆臣人人似此，各省庫儲尚復為國家有乎，隔省災黎尚復有人過問乎。應請嚴飭張之洞懔遵前此諭旨，趕緊設法籌還。若再延宕，立治以挪欵誤賑之罪，以儆將來，以杜效尤。至此項銀兩，無內銷外銷，要皆民脂血帑。并請飭下户部咨行山西、廣東、湖北等省，將晋省何時起解，粤省何時接收，歸入何欵，作何開支，由粤解楚，粤中所用何項提補。楚中接收歸入何欵，作何開支，現時有無存剩，仿四柱册式，逐一開具簡明清單，限期報部，按欵確核，奏明辦理。值此帑藏奇絀，一涓一滴，尚當慎之又慎，豈可以數十萬之鉅置而不問，以開利權在握者侵挪欺隱之漸乎。奴才為謹庫儲重民命起見。是否有當，伏乞皇太后、皇上聖鑒。謹奏。

會飭北布政司、牙釐局出示曉諭各州縣一體行用官錢票〔一〕 光緒二十六年六月十六日

據總辦鐵路漢局特用道鄭道孝胥禀稱：竊查鐵路工程自漢口至信陽，每月需用官錢票約二十萬串。目下漢口官錢票頗形梗滯不行，誠恐工次相繼停塞，則窒礙大工，所關非淺。擬請憲台飭令藩司速行出示，剴切曉諭，遍貼夏口廳，黄陂、孝感、應山各縣地方，并求嚴札通飭，責成各該州縣此項官錢票務須一律流通，如有梗滯不行情形，惟各該地方官是問。但使民間信用，則奸商無從把持。事關大局，仰祈憲台察核，迅飭施行等情，到本部堂、部院。據此。查官錢票之設，原以輔制錢之不足，准令完納丁漕、税釐，便商利民，數年以來，通行無滯。昨因省城地方有奸商抑價造謡，煽惑愚民，紛紛向官錢局索取現錢，隨即如數概行發給，并飭地方文武彈壓。事雖漸已平息，惟訪聞各州縣徵收丁漕，各關局徵收税釐，每有不肖司巡遇有以官錢票完納者，每票一張，或令加錢數文以至十文不等，以致官錢局票滯銷。如果屬實，於官民用項大有關繫。正飭禁間，據禀前情。查鐵路工程爲官錢票第一大銷路，設有梗滯，則官票不行，不但於路工有妨，其有關於京餉各項要餉者甚鉅。亟應札飭北布政司會同牙釐總局，通飭各州縣、關卡，嗣後凡遇民間持官錢印票完納官欵，無論地丁、漕糧、關税、鹽課、釐金，概准一律照收。并嚴查司事吏胥人等，如敢稍有挑剔，甚或藉詞不收及需索加錢情事，立即從嚴重懲。

〔一〕以下六件録自抄本《督楚公牘》。

一面由該司局迅速剴切出示，分撥夏口廳，黄陂、孝感、應山各縣，遍貼曉諭，俾商民一體周知，務使官錢票一律流通，毋稍梗滯。自此次通飭查禁之後，倘各州縣、各釐局仍有前項情弊，以致有誤籌餉大局，定將該印委等撤任撤差，斷斷不能寬容。除分行外，合亟札飭。札到，該司、局即便遵照上項札飭事宜，迅速辦理。仍將所出示稿抄呈備查。勿違。

飭江漢關道等提小口毛瑟槍枝藥彈光緒二十六年六月十七日

照得本部堂前於五月中旬在上海泰來洋行購定小口毛瑟槍一千枝、彈五十萬顆，專爲保護地方、彈壓土匪之用，價已付清。此項槍枝藥彈現已到漢，亟應委員密行提取。合行札飭。札到，該關道即便督同委員照數密行提取，點收清楚。勿延。

飭北善後局發給武防營弁赴湘募勇經費光緒二十六年六月十八日

據統帶武防中左兩營署中軍副將僉厚安稟稱：竊照卑職奉諭，飭由卑部武防中、左兩營共撥勇丁二百五十名，併入武功營，交方鎮友升統帶赴北，遵經撥定。所有卑部中左兩營現缺勇額二百五十名，急應募補足額。現派左營幫帶宋都司文彬、中哨副哨軍功夏錫林、中營差弁把總蔣梓楨，附輪前赴長沙四鄉招募。遵照憲諭認真挑選，總以年在二十五歲以内，并能畧識文字，方爲合格。應請飭局發給招募費銀八百兩，交該弁等帶湘應用，俟募齊到鄂，另行開具細數，報局核銷。再，出省募勇，并祈咨行湖南地方官知照等情，到本部堂。據此。應即如稟，派委武防左營幫帶都司宋文彬等三弁，迅速赴湘招募，必須挑選年在二十五歲以内兼識文字者，方准收録。即由北善後局發給招募經費銀八百兩，以資應用，并飭南按察司轉飭地方官妥爲照料。除咨行外，合就札行。札到，該局即便遵照迅速照數發給招募經費具報。勿違。

札委陳芝誥會辦營務處、張煜林專辦工藝局光緒二十六年六月二十日

照得現值時勢緊急，營務殷繁，亟應添派大員會同總辦湖北營務處，以資得力。查有湖北候補道陳芝誥，堪以飭委會同總辦。月支薪水銀一百元，原支商務局薪水即行停支。諸事會同原委總辦扎道、徐道及藩臬兩司，將通省防、緑各營徵調、操練一切籌餉、備械各事宜，認真講求，稟請核示辦理，以期動協機宜。原委總辦湖北試用道張煜林，即令專辦工藝局，薪水照舊案在工藝局開支，毋庸兼辦營務處。除分行外，合亟札委。札到，該道即便遵照，會同總辦營務處，遇有重要事件，隨時稟請本部堂、部院核示辦理。勿違。

咨榮閣大臣武衛右軍應需槍械藥彈請由江南供撥光緒二十六年六月二十日

據總統武衛右翼先鋒、江西按察使陳臬司澤霖呈稱：竊臬司新募武衛右翼先鋒軍馬步各營、旗，業於本年三月初五日一律成軍，并奉欽差大臣、總理武衛全軍大學士榮批飭，移紮徐州府屬宿遷縣，業於五月初四日移隊到宿，呈報在案。兹因稟奉批准，

添練礮隊兩營，曾在金陵製造局領有兩磅快礮，不甚合用。聞湖北槍礮廠製有三生七開花礮并五生三開花快礮、小口徑新毛瑟快槍等均極精妙。前奉欽差大臣、總理武衛全軍大學士榮札飭，如槍礮不敷，即赴湖北槍礮局請領等因。當經稟請憲台賞發槍礮，并聞左翼張提督領有成案，臬司事同一律。擬請賞發三生七開花礮十六尊，五生三開花快礮十二尊，七生的開花礮八尊，小口徑新毛瑟快槍一千桿，子彈零件均請隨配外，聞另有新式四塊馬馱礮，亦請賞發十六尊，以資操練而備緩急等情。并據陳臬司函同前由，到本部堂。據此。查前准欽差大臣、總理武衛全軍大學士榮咨抄原奏内開，武衛左、右兩軍槍械子藥亟宜儲備，湖北省所造者較爲合用，應請敕下該省督撫、製造局認真挑選，分批撥解該兩軍等因。嗣據陳臬司稟稱，奉貴閣大臣札開，南洋槍礮向供北洋及武衛五軍之用，該臬司成軍伊始，所需軍火，除由南洋撥領外，不敷之處可由鄂省請領，業經咨明等因。查鄂省於本年三月籌撥武衛先鋒左軍快槍二千枝，藥彈四十萬顆[一]，本月續又兩次撥給藥彈六十萬顆，并將湖北槍礮廠經費爲難及趕造無煙藥廠未成各情形，詳細咨明貴閣大臣，并分別咨行在案。茲據陳臬司呈請撥給前項軍械各件，查鄂省經費支絀已極，所有物料工費多係挪借墊欠，陸續湊還，以致各械未能多造。所稱五生三開花礮一種，鄂廠已經停造，其七生的開花礮及新式四塊馬馱礮兩種，鄂省并未製造。其餘三生七礮并小口徑新毛瑟快槍，雖均經製造，惟是鄂廠現祇能造槍礮及彈，因無烟藥廠未成，以致有彈無藥。從前解京之槍礮各彈所用之無煙藥，係向上海製造局轉購，因經費支絀，未能向滬局多購存儲。聞滬局因造藥物料缺乏，藥廠現已停工。現值中外有事，外洋軍械火藥不能進口，加以鄂省現在奉調北上各軍暨本省原有及添募各軍需械極多，藥彈極缺，正在萬分爲難之際。所有武衛左軍槍械藥彈，應勉力由鄂省設法應付。其陳臬司所統右軍應需軍火，應請查照貴閣大臣札行陳臬司原案，請貴閣大臣飭仍由江南供撥，以資應用。除函覆陳臬司并行湖北營務處咨明陳臬司查照外，相應咨明貴閣大臣請煩查照施行。

飭吴元愷募勇五百人、張彪募勇一千人辦防 光緒二十六年六月二十一日

照得現值防務緊要，亟應添募營勇，加意操防，彈壓土匪。應飭統領武愷營吴鎮元愷添募勇丁五百人，督帶護軍營張游擊彪添募勇丁一千人，派委妥幹員弁，赴隨州、棗陽及河南邊界迅速選募，務須樸實精壯，早日回省成軍。其營制大致酌仿新建軍章程，另札行知。人數比新建軍量爲省約，餉章仍照湖北近年新添洋操隊章程，初到時量加一半，操練純熟後再行加足。至招募之費，由善後局酌核發給。除分行外，合亟札飭。爲此，札仰該鎮、游擊即便遵照妥速辦理，勿稍刻延。切切。

札護軍營添派營哨彈壓鐵路工程 光緒二十六年七月初八日

照得漢口至信陽一帶鐵路工程關繫緊要，前經札派護軍鐵路營四哨分駐工次各段以資彈壓在案。查前派甲營第一哨現紮孝感

[一] 應為二十萬顆。參見本年三月二十三日《咨覆張軍門先解槍二千枝彈二十萬顆》。

縣界之三汊埠地方，甲營第三哨現紮孝感縣界之花園地方，甲營第二哨現紮應山縣界之廣水地方，乙營第一哨現紮信陽州之北新店地方。數月以來，尚屬安靖。惟現在豫省匪徒蠢動，饑民紛紛闌入鄂省沿邊州縣，深恐匪徒句結，擾及鄂境，不惟有礙路工，且於邊防大有關繫。亟應添派乙營第二哨駐紮信陽州界內，以防豫境南竄之散匪。并派營官都司謝澍泉督率兩營五哨，務使首尾聯絡，平日照章勤加操練，遇事妥爲彈壓防緝。查信陽州北新店以北有李家寨、柳林等處均可駐紮，應飭該營官到彼察看情形，擇要駐防，仍聽鐵路漢局節制調遣。此新添之一哨爲防扼邊境之用，其餉暫不必由鐵路局發給，仍由北善後局照章給領。一俟地方平靖，當再與盛大臣妥商辦理。

札提督謝得龍總辦沿江緝匪事宜 光緒二十六年七月初十日

照得現經訪聞沿江一帶會匪嘯聚甚多，皆係歷年屯聚窠巢，轉相招引，意圖句結滋事，實爲目前大患。現值時事多艱，江防緊要之際，亟宜嚴密拏辦，以消亂萌。茲特委記名提督謝得龍總辦沿江緝匪事宜。即日先行選帶督標練軍一百名，并准招募勇丁一底營隨後馳往，分赴葛店、陽邏、上巴河、三夾、黃石港、蘄州、漳源口、武穴及沿江一帶有匪處所，購覓眼綫，嚴密訪拏，務將歷年著匪及新聚悍匪多方掩捕，悉數擒獲，解交地方官訊明懲辦。如有拒捕者立即格殺，糾衆抗拒者立予攻勦。并派委襄河水師前營游擊陶運亨酌帶礮船，會同謝提督前往，水陸合力截拏。如有應需沿江各地方文武及長江水師各營協力緝捕之處，即由謝提督、陶游擊等相度機宜，面商函商辦理。該提督此次奉委總查，務須覆其巢穴，期浄根株，以靖地方，不准敷衍銷差，致貽後患。該提督所募之一底營，即名爲江安營，飭由善後局刊刻清、漢文木質關防一顆，文曰總辦沿江緝匪事宜管帶江安營之關防，呈賫札發開用。餉章即照鄂省尋常防營支給。除分行外，合亟札委。該提督即便遵照上項指飭事宜認真辦理。尤須慎密迅速，毋稍漏洩，致令遠颺暫避，隨即潛歸爲害，永無了期也。切切。

札北藩、臬司派員查拏立團演拳紳户 光緒二十六年七月二十六日

據江漢關道稟稱：聞黃陂縣城内，現有前任平穀縣燕調緯第八子，由伊父任上帶回義和拳符籙咒語，立團演習，并傳與本城衆小兒。每日午飯後，即有二百數十小孩在大東門、大西門、後街、城隍街等處操習。又有前任黃陂縣教諭賀時熙由北京回，亦帶有義和拳符籙咒語來傳授衆門斗等情，到本部堂、部院。據此。查北方義和拳妄演邪術，煽惑愚民，糾衆横行，目無法紀，借名仇教，開衅强鄰，不遵諭旨，不循國法，任意焚殺劫掠行旅，震驚宫闕，塗炭生靈，上則貽禍國家，下則流毒畿輔，罪大惡極，罄竹難書。當拳匪肇事之初，節經本部堂、部院會同各省督、撫、部堂、部院奏明此係邪術亂民，請旨痛勦在案。現在北方拳匪業已衔破黨散，逃竄不遑，各省官紳士民宜無不觸目驚心，引爲鑒戒。且查傳習邪教符咒及教演拳棒，均有應得罪名，律禁森嚴，豈容輕犯。乃黃陂縣紳户燕姓及前任教諭賀姓猶敢衍其餘波，尋其覆轍。如果確有其事，實屬荒謬糊塗。若不趁早訪拏究辦，以

遏亂萌，將來愈聚愈多，勢必大爲地方之害。該縣何令慶濤於此等重情乃竟毫無覺察，殊堪詫異。亟應飭兩司會同遴派明幹之員，馳往密查拏辦。合行密飭該司即便遵照，迅即會商密派妥員，刻日馳赴黄陂縣切實訪察。如果有聚衆演習義和拳符咒之事，立即會同地方文武嚴行禁止，責令將符籙咒語諸邪書全行繳出解省。所有倡首聚衆演習如查明實係燕、賀兩人，應即將燕調緯第八子勒傳到案，押解來省，并將賀時熙查傳來省，不准藉詞避匿不到，聽候一併飭發審明核辦。此外儻查明另有倡首之人，并由該印委等查拏解究。惟須確有證據，不得妄累無辜。至聽從學習之小兒人等，大半係無知愚民，受人煽惑所致，自可格外從寬，由縣傳諭各該户長分别自行管束，責令明白開導，務使痛悔自新，勉爲良善。如敢再蹈前轍，即惟該户長等是問。此係特飭查辦之件，務須嚴飭該委員認真遵辦，毋稍含糊徇隱，致釀亂階，自干重咎。如燕、賀兩人不能傳到，定將該委員重懲。仍將委員銜名及遵辦情形具報查考。切切。

札派武愷營赴羊樓峒拏辦紅教匪徒 光緒二十六年七月二十七日

照得訪聞鄂湘一帶，紅教匪徒甚多，自北省沔陽州之新隄，南省臨湘之沅、聶等處，各請調兵緝捕，遂竄聚蒲圻縣羊樓峒地方，約計一千餘人，四出搶劫，受害之家皆畏報復，莫敢控告。近有臨湘縣余全順店被劫，蒲圻縣傳廣楚家被劫受傷，該縣等并不拏究。該匪於是坐堂聚黨視事，槍械環列，生殺在握，張貼僞示，肆無忌憚，并揚言已聚集五營、七營，在於崇陽、通城、蒲圻等縣滋擾，定期起事。其頭目有湖南武舉張姓，并饒正啟、賀禮之、賀時芹等匪。查現值多事之秋，到處匪徒咸思蠢動，地方官應如何防患未然，以靖地方。乃任紅教聚衆搶掠，希圖滋事，并不認真設法防範拏辦，又不早行禀報，實屬昏瞶養癰。值茲匪勢將張，若不及早殲除，必致蔓延日盛，爲地方之大害。茲特委現辦羊樓峒茶釐候補知府盛春頤馳往確切查辦，并飭統帶武愷營吴鎮元愷派委得力員弁，率帶一營馳往羊樓峒地方，會同委員，聯絡撫標練軍及本縣鄰縣文武，實力圍拏紅教首要各匪，務獲究辦。務期擒渠散黨，繳票自新，毋任竄匿，仍舊句結生事。儻該匪等竟敢結衆抗拒，即行剿辦，俾受痛創。各匪畏懼，一散不敢復聚，即可浄絶根株，以清亂源。斷不准敷衍了事，拏辦數人，致令該匪仍無顧忌，於兵去後又復嘯聚多事。是爲至要。合亟札飭該鎮即便遵照，迅速選派得力營員率帶一營，由鐵廠派撥小輪鑛船拖送，駛往羊樓峒地方，會同委員及本縣鄰縣，實力圍拏紅教首要，務獲從重究辦，務期擒渠散黨，毋任竄匿貽害。仍將遵辦情形飛禀查核。勿延。

札武愷等營搜捕匪徒 光緒二十六年八月初五日

照得前因紅教會匪與富有票會匪句結生事，在於湖北沔陽州屬新隄及蒲圻縣地方往來屯聚，并於蒲圻接壤之湖南臨湘縣屬地方聚集生事。當經本部堂飭派武愷、漢靖、威字三營前往蒲圻認真剿捕，并飭漢陽、岳州各鎮分派水師會剿，其臨湘匪徒亦經湘省派營剿捕。現據署岳常澧道顔道來電，各軍所到之處，匪已驚匿。惟查該匪夥黨聚衆，前經訪查，嘯聚不下二三千人，現聞有竄入嘉魚縣屬老灣者。其餘各匪，此拏彼竄，必更多有藏匿處所。月餘以來，各處行劫放票，鄉鎮紳民人人皆知，豈能一旦匿跡銷聲，化爲烏有。總之，派撥各營前往，原爲剿匪而設，斷不能以兵到匪匿爲解。無論竄匿老灣及他處地方，必須分投偵探，購覓眼綫，四處搜捕。查實該匪竄往何處，即帶隊跟踪追捕。其首要各匪，必宜擒獲多名懲辦。其附和及甫經入會餘匪，令其繳票首悔，予以自新。其拒捕者，即行實力剿辦。務使渠魁盡獲，黨羽解散，不致死灰復燃，貽患地方，方爲正辦。儻各營以指定派往地方匪已散匿，并不多派勇隊在各處跟踪搜捕，或不拏一匪，或拏辦數名散匪，敷衍塞責，安坐防所，定干重咎。若無拏獲之要匪，收繳之匪票，不准回省銷差。除另札委候補知府連捷前往各營督察，并飛咨南撫部院暨行岳州關道，分別飭湘省所派營官會合鄂省各營實力搜拏各要匪，以淨匪根，附和餘匪飭令繳票，以散匪黨外，合亟札行。該營即便遵照，認真妥速辦理，飛禀查核，毋稍違延干咎。

札江漢關道照會日本領事嚴懲匪犯 光緒二十六年八月初六日

照得會匪唐才常等謀逆一案，內有日本人甲斐靖與唐才常等同居一屋。當捕拏時，甲斐靖同假冒日本人二名共三人，各持刀槍短刀，攔門拒捕，并在甲斐靖牀下起出來復槍手槍共十枝等情，當經拏獲送交日本領事在案。茲據承審營務處司道禀稱：竊查會匪唐才常案內獲到之甲斐靖一名，已據供稱日本國佐賀縣人，小貿生理，聞漢口商情甚好，纔來查看商情。今到漢已有六七日，在上海時與唐才常會過二三次，後同輪船來漢。唐姓問我到漢住何處，答説住報館，或住東肥洋行，且到漢口再議。迨至漢口，東肥行東回國，唐才常説不如就與我同住，我纔與他同住這洋房內，時常出外考校買賣情形，他們爲匪的事，我毫不知。牀底下起出舊來復槍，不知何人存放，我不曉得。質之唐才常，供與甲斐靖交好，邀他到慎德堂同住，借他掩飾，以好辦事。他牀底下洋槍，是託他藏放的，我所辦事，不過與他商量。至邀來各處匪人，他是東洋人，不能辦，是我們辦理各等語。查日本甲斐靖既稱小貿生理，來漢口考察商情，自應寄住東商行棧，如東肥洋行、大坂公司、三井洋行、漢報館，皆日本商人所開設，豈皆不容託足。乃舍親就疎，獨與謀反之唐才常暱處。且軍火係違禁之物，甲斐靖豈有不知。即非私運售賣，如果不與同謀，豈肯牀下代爲掩藏洋槍。且搜獲各犯私書及訊據各供，已約期七月二十八夜起事，豈肯二十七夜尚容留不知情之外國人同居，斷無此種情理。唐才常又稱有事與他商量，事爲謀反之事，其知情同謀，尤屬顯著。復據去勇禀稱，當進慎德堂時，甲斐靖并偕同改裝之蔡承煜、鄭寶丞等各執手槍短刀攔門拒捕，衆目共覩，實有知情同謀確據。除將甲斐靖解赴江漢關交日本領事官審辦外，理合録具供摺，禀請查核施行等語。查唐才常等串通沿江哥老會匪，置備軍械火藥，謀爲叛逆，定期起事，劫掠局庫商民，佔踞城池，焚殺三日，始行封刀，皆有字據，係在唐才常隨身小篋內查出。此外各種悖逆作亂情節，均經獲有證據，審有供詞，毫無疑義。以國家而論，罪莫重於叛逆君上。以地方而論，惡莫大於焚殺良民。此情此理，天下萬國皆同。今甲斐靖一犯與唐才常等串謀，既據司道等審明，查有種種確據，雖係謀叛中國朝廷，焚殺中國百姓，但中日兩國最爲親睦，是何異謀叛日本朝廷，焚殺日本百姓乎。所有此案中國匪犯一經審實，本部堂業已置諸重典。日本一犯，惟望日本領事盡法處治，以示大公而昭睦誼。且本部堂風聞甲斐靖之外，尚有日本人瞞過領事與匪句通者。查此案搜獲匪犯來往謀亂信札，其姓名似日本人者不少，或係華人仿照日本姓名，希圖混冒，亦未可知。祇以近來中國匪徒此等伎倆甚多，是以未便孟浪查詢。若甲斐靖既有確據，儻尚稍事寬縱，實不足以儆效尤，此後華民必多猜疑，尤礙兩國交誼。況長江素多會匪，因無軍火，尚不足爲大患。假如有日本不好之人爲之包庇，則必致暗運軍械，匪勢愈熾，不獨長江一帶生民受害，抑亦於日本及各國商民商務有害，想各國亦所不願也。合亟札飭。該關道即便遵照，將以上情節供詞照會日本領事，務請其照日本之人在日本謀叛作亂、持械拒捕例治罪，勿稍寬縱，以遏亂匪而安長江。是爲至要。

札知府黄邦俊帶營赴宜昌撫民勦匪 光緒二十六年八月初八日〔一〕

照得宜昌府屬巴東、長陽、長樂等處，會匪素盛，前年鬧教倡亂，雖經勦平，餘孽仍滋。現值多事之時，羣思蠢動。近據宜昌鎮府及野三關委員葉丙勳來電，以匪首黄南亭聚旗百人，燒殺小塘教民，旋增至五六百人，當派宜防營一哨赴野三關彈壓，另派數兵由長陽滋坵馳往小塘偵探。續據長樂縣電，探得巴匪來樂，復疊據該鎮府電，加派一哨赴長樂，一哨赴長陽等語。查現在匪勢甚熾，必須特派委員，帶營往勦，以免滋蔓。茲特委知府黄邦俊，辦理宜昌府屬長樂、長陽、巴東等處撫民勦匪事宜。該守迅即招募樸實精壯勇丁一底營，共二百五十名，爲宜勝營，先行發電探明匪蹤。如現在長樂，即徑由宜都趨漁陽關，先行馳赴長樂，相機辦理。以後諸事會商宜昌鎮府，并防練各營將領辦理。其已派入山之宜昌練軍，及宜防營勇、各縣團勇，均暫聽該守指示調撥，不准抗違推宕，致誤事機。先須曉諭解散，捕拏匪首，撫安民教。如有聚衆不散，燒殺如故，抗拒官軍者，即行勦辦，以靖地方。總須於各匪未經出山之先，即以兵力勦平，毋任猖獗蔓延，竄至漁陽關以下近江地方，致成巨患。如竄出漁陽關擾及宜都地方，定惟該守是問。該守仍歸現委督辦荆宜、荆門防務朱道滋澤節制，遇事一面會商鎮府，一面隨時飛稟飛電朱道，聽候指飭辦理。合亟札委。該守即便遵照，迅速募勇成軍精練，不許一名缺額及以疲弱充數，尤要在嚴查來歷，取有保結，不許有會匪混跡其中，最爲緊要。一面迅速馳往，撫民勦匪，以靖地方。仍將辦理情形隨時飛電飛稟查核，毋稍延緩。

札中書黄忠浩帶勇赴岳州防勦 光緒二十六年八月十一日

照得沿江一帶富有票匪與各處會匪句結爲亂。茲准湖南撫部院俞微電開：據岳州關道顔道稟，查獲逆信，該匪以岳正空虛，意圖起事。又據岳州鎮魯鎮、岳州關道顔道歌電稱，臨湘之沅潭已有匪徒滋擾，亟應派撥得力勇營馳往，會同勦捕。茲特派委黄

〔一〕此件於許同莘刊本《張文襄公公牘稿》作「初三日」，後底本《張文襄公全集》改作「初八日」，但置於初五日一件之前。

中書忠浩，率帶威字營勇四百名，刻日乘輪駛往岳州，會同湖南水陸各營，并湖北派赴新隄、蒲圻勦匪各營，聯絡一氣，嚴密訪查，相機勦捕，尤以嚴拏新出之富有票匪爲要著。總須多擒匪魁，嚴行懲辦，餘黨飭令繳票自新，抗拒者即予攻勦。務將匪燄撲滅，不使句結燎原。是爲至要。

札漢靖等營赴朱河勦匪光緒二十六年八月十五日

前據岳州鎮魯鎮電稱，探聞匪竄朱河，將擾沙市。查朱河係監利縣所屬，距新隄約百餘里。當經本部堂電飭荆州道府并沙防營、荆江水師嚴防勦辦，飭派往新隄勦匪之漢靖營邱提督俊鳳開拔全營馳追，飭武愷營曹參將鳳儀酌留哨勇駐防新隄外，亦即刻拔隊跟蹤前往朱河會同勦辦在案。兹據荆州道奭道電，匪徒竄至朱河，已聚千餘人，逆勢頗張，請速派營赴勦。續據岳州魯鎮電，頃專差回，曹隊初十、邱隊十二先後赴朱河勦辦，囑轉禀等語。兹特飭派黄守邦俊率帶宜勝營一營，即日乘輪上駛，至尺八口登岸，馳赴朱河，會同各營勦辦，并令黄守路過新隄時登岸察看情形。如邱提督所帶之漢靖營及威字營已全赴朱河，則新隄應留武愷營駐防。如漢靖營、威字營尚留有隊伍，該處官民之意以爲足資彈壓，則應飭令曹參將率帶武愷營全數馳赴朱河勦匪，毋庸留勇駐防新隄，即刻將全營開拔，乘利運輪船上駛至尺八口登岸，馳赴朱河，會同沙防營合力勦捕。如該匪因兵至散匿，即跟蹤追勦搜捕，務期斷其竄路，絶其根株，不致蔓延分擾。朱河既平，則新隄、沙市亦自安静。所有派往朱河水陸各營，務須聯絡會商，設法將此股竄匪一舉撲滅。儻或遲延疎漏，縱令該匪四竄滋擾，致貽後患，定干重咎。除分行外，合亟飛札飭遵，該提督等即便遵照札飭各事宜，或轉飭派出營、哨，或親自督飭本營，迅速會同勦辦。仍將辦理情形隨時飛禀查核，毋稍違延。

札提督吴建瀛防勦麻城匪徒光緒二十六年八月二十二日

照得麻城本駐有吴提督建瀛所帶武勝緝私勇丁五百名一整營，前因拏獲富有票匪首，查出簿據書信，句串麻城聚匪甚多。復飭該提督另募武勝新左、新右兩底營勇丁五百名，屯紮一處，認真操練，專備勦匪之用在案。兹本部堂訪聞麻城私販北鹽，價貴八十餘文，官鹽價僅六十餘文，民多食官而不食私，現并無私可緝。復詢之卸署麻城縣令張嘉畹，所禀情形亦同。惟據該令聲稱，麻城東北鄉界連河南之商城縣境内黄柏山，有匪徒夜聚明散情事，派人往查，聚散無常。該山逼近麻城縣邊界，麻民頗形驚惶，必須派勇堵截，以免乘虚而入等語。現據該提督禀，亦稱探報黄柏山匪衆占聚，約有二千餘人，經商城縣前往解散等情。是該處實爲匪衆出没之區，亟宜嚴加防勦。現在麻城既屬無私可緝，自可暫將舊有緝私之勇移爲勦匪之用。所有前飭招募武勝新勇，即不必添募兩底營，以節餉需。祇須添募新勇一底營，即可敷用。該提督所部新舊勇丁共計七百五十名，即速分紮麻城北鄉邊界路口、沙河口、九歇山、西張店等處，擇要布置。其東北之松子關、長嶺關亦宜加派營勇，認真巡緝彈壓，確查各處匪蹤。聚則實力勦辦，散則密偵搜捕，總須將首要各匪悉數殲擒，餘黨繳票解散，以弭邊患而靖地方，是爲至要。合亟札飭。該提督即便遵照札飭各事宜，多方探訪匪踪，認真防緝，多拏各要匪，稟報懲辦，不准以現已無匪及僅捕零星散匪數名塞責。仍將遵辦情形飛稟查核。

咨出使日本國大臣請照會日本政府將甲斐靖按律治罪 光緒二十六年閏八月初六日

案據江漢關道詳稱：漢鎮拏獲會匪唐才常等一案，內有日本人甲斐靖，解交日本領事審辦。茲准該領事照送審問甲斐靖書册一本，理合抄録，詳祈查核等情，到本部堂。據此。查外國國會，乃國家所設下議院之稱，斷非民間所敢僭擬。其民間所設黨會，不過糾約同志，隨時聚集公所，議論公家之事而已，斷無號召徒黨，編立軍營，私刻關防，僞稱官職，公然自立，不認國家，潛圖佔據城池，劫掠府庫，戕害官吏，焚殺商民之理。茍犯有此等逆跡，無論何國，必知其爲叛黨無疑。今唐才常等在漢口造謀作亂，搜獲逆信、逆簿、僞印、僞札、僞檄文、僞告示及軍火旗幟，種種謀反證據，確鑿可憑。唐才常等各匪到案審訊，亦俱供認不諱。是唐才常所謂實行自立黨之本意，即謀反之本意。唐才常所謂計策實力，即謀反之計策實力。唐才常所謂部署一切，即謀反之部署。唐才常所謂起事，即謀反之起事。茲查核日本領事録送甲斐靖口供第七問，答稱唐才常要實行自立黨之本意，一併告訴我了，他們志願所在，我心裏也有幾分同意之處。又稱如果看定他們計策實力有十分靠頭，我要幫他的意思也是有的。十四問，答稱唐姓告訴我，挑三箇地方部署一切，就以安慶爲自立前軍，漢口爲中軍，長沙爲後軍的話。第十五問，答稱我告訴他，若沒有實力，你們東奔西走，也是枉然。二來要起事，須有一死之決心。唐姓答我實有實力，又暗指哥老會，官兵也可以利用的話。又稱我心裏看透他們起事的有靠，那時我也不辭效勞的等語。是甲斐靖非獨與搆陰謀，實且甘心助逆。無論軍火是否代購，當場是否拒捕，但觀其親口供認各節，確係爲罪之實憑，更無絲毫疑義。中國與日本同文同種，唇齒相依，中國如果大亂，日本亦必受虧。況各國商務勢必全局糜爛，於日本尤爲不利。是甲斐靖在中國助亂，即無異在日本謀亂。若不秉公從嚴懲辦，殊不足以昭公道而饜衆心。本部堂深知日本政府素敦睦誼，辦理此案，自必一秉至公。第前據日本領事瀨川之進面稱，甲斐靖所犯案由，查本國刑律并無治罪專條。惟日本領事辦事章程內，有日本人在中國及朝鮮國有妨害是處地方安甯，及壞亂是處風俗之憂，可以禁止在留一年以上、三年以下之文，現止能援照此例辦理等語。查各國條例，凡洋人在中國犯法者，各按本國律例懲辦。所謂按照本國律例懲辦者，蓋即按照在其本國犯法之罪科斷，并無在中國犯法另有擬罪之條。今日本刑律中既無在中國謀反應得罪名，自應照謀叛本國之刑律比擬，毫無疑義。不得援引辦事章程定案，方與條約相符。昔年英國人美生在中國句通匪徒，私運軍火，發覺後經英國政府將美生監禁三年，限滿復加遣戍。今甲斐靖與中國會匪同謀爲逆，供認不諱，情節較美生尤重。相應抄録日本領事所問供詞，暨本部堂前次札飭江漢關照會日本領事文稿一併咨送，即希察核前後供詞之虛實，往復推究之情形，切實照會日本外務省轉達司法省，按照日本人民在日本謀叛例，治以應得之罪。或延聘律師公同判斷，或詢問各國評定曲直，均請斟酌辦理。

咨出使日本國大臣請照會日本政府嚴禁匪人來華 光緒二十六年閏八月初六日

據江漢關道岑春蓂稟稱：日本人大久保並未請有護照，潛入湖南内地，句通匪徒，謀爲不軌。經地方官訪聞查拏，聞風逃逸，由湘潛來漢口，爲日本領事所聞，將其解回本國。現在地方官雖未得有大久保謀逆確據，惟其事蹟顯然，衆所共知，即日本領事亦有所聞，是以解回本國。擬請咨明出使日本國大臣李，將大久保情節照會日本政府。并請以後日本人如大久保者，禁止私來中國，以免潛入内地，句結匪徒，滋生事端等情，到本部堂。據此。查漢口唐才常一案，獲有日本人甲斐靖同謀助逆，經領事官訊供不諱。而湖南地方同時查出又有日本人大久保潛往句匪謀亂情事，實堪駭異。當初赴湘，并未請領護照。至其赴湘句匪，衆論紛紜。現經領事官解回本國，是其情節荒謬，領事必已周知。相應咨請照會日本政府，請其嚴飭日本國各地方官及在中國各口岸領事官，遇有素不安分之人，嚴加禁遏，勿令前來生事，以免有礙中東大局，實紉睦誼。

咨出使日本國大臣送勸戒國會文及示稿 附單 光緒二十六年九月十四日

爲照自立會匪在上海設立國會總會，於各處設立分會，以富有票到處散放，句煽三江、兩湖、兩廣各種會匪，糾衆謀逆，定期在武昌、漢口、漢陽同日起事。當經先期破獲匪首多名正法，在逃首要各匪，咨行各省本省一體嚴密查拏在案。查該匪黨蔓延各省，造謀倡亂，希圖焚殺刦掠，攻佔城池，必致華洋商務全局爲之擾亂。若不布告各國，發其奸謀，杜其滋蔓，後患何堪設想。除將所有拏獲各匪供出在會逃逸最著各匪首通曉文墨，能到外洋者，摘刊一單，另文咨送。應請照會外部，如單開各匪潛赴日本地方，請其不予收留，並轉飭駐華各口領事於各匪蹤跡所到之處，協助華官查拏拘禁，勿得容留，以致再釀亂階外。其該會匪謀逆情形，業經摘叙緊要各節刊刻告示，曉諭兩湖地方周知。兹特將示稿照録刷印咨送，并經本部堂撰刻勸戒上海國會及出洋學生文一通，一併咨送冰案。應請將告示稿暨勸戒國會文一併分給各省留學日本諸生，察其明曉大義，專心嚮學，不爲康梁邪説所惑者，獎勗而護持之。其誤被引誘，隨聲附和而非甘心從亂者，則嚴切告誡而開導之。儻有執迷悖謬，無從冀其悔悟者，則商明各校長設法汰除之，一面咨明原送出洋省分查照辦理。其大同學校生徒，亦請一體散給，并傳諭各家父兄，不時訓戒其子弟，切勿誤受比匪之傷。至東亞同文會員，大半皆彼都人士之通習漢文、多才有志者，并請廣爲散給，俾曉然於該匪黨所爲，實係悖逆凶殘，專欲攪擾亞洲大局。所言中國之事，皆係捏造謡言，所句結同夥作亂之人，皆係無賴會匪，所有對各國人議論假託忠義之言，皆係狡詐欺人，自不致爲其所愚，以致誤逆爲忠，誤邪爲正。素仰貴大臣公忠體國，必能向外部婉商妥辦，以伐狡謀而扶危局，實紉公誼。

同莘按：此件分咨各省及出使各大臣。文略同，不備録。

勸戒上海國會及出洋學生文

六月間，上海設立國會，其規條甚秘，未經刊布。初聞之，以為此殆會集同人，考求時事，發為議論，以備當事採擇，略仿外國下議院之例耳。近日漢口、岳州、長沙諸處捕獲會匪多名，起出偽印、偽檄、匪簿、逆信、富有票、軍械等物。內有正會長康有為、副會長梁啓超偽示、偽諭、偽通飭，有國會總會、國會分會及自立會、自立軍各名目。總會設在上海，分會設在漢口。匪首唐才常供詞頗牽涉國會諸人，其偽札有報明上海國會總會開用關防之語。其弟唐才中供詞，去年康、梁及唐才常設立自立會，今年六月將自立會併入國會，在上海刊印富有票三十萬，分散夥黨，招匪起事等語，不勝駭異。國會人數頗多，并非盡係康黨，其皆通謀知情與否，不敢臆斷，要之必非無因。惟事關重大，尚未得有實據，本部堂姑隱其名，不得不為諸人正告之。國會中人，就所聞知，大率誦讀詩書，或且挂名仕籍，其中多才能文、講求時務者頗為不少，尊親之義豈有不聞，順逆之理豈有不辨。或因目擊中國大局阽危，憤激不已，而又略知外情，進用無階，懷才自負，在滬又習聞民權之説，遂以變本加厲之心，迫而為行險儌幸之計。檢閱往來逆信，其持論宗旨，無非襲康、梁之唾餘，曰人人有自主之權，曰不受朝廷壓力，曰流血以成大事。所談無非慘礉凶險之辭，所傳無非誣罔不道之語，所謀無非犯上作亂之事。不知康、梁以作亂逃亡，故必欲誣謗宮廷以解其罪，煽亂報復以逞其毒。彼自為計耳，於國家何與焉，於士民何與焉。比年以來，康梁邪説久已腐敗暴露，為人之所厭聞。而國會諸人大率本非康黨，忽然驚為新奇至論，相率信其誑語，然其死灰，字字皆是康説，儼同私淑，併為一談，如狂如醉。此則至愚極謬，不可不急思改圖者也。夫國事艱危至於此極，凡朝廷政治之闕失，中外大臣之愆謬，舊弊何者必宜除，要政何者必宜舉，苟有所見，婉切指陳。或大聲而呼，或垂涕而道，以自附於工諫師箴之例，有何不可。乃若自主之權，則亦有之矣。求己之學，是謂自主。果其蒿目世運，立志濟物，不存苟安之心，不為無用之學，博通外事，多譯西書，研求政術，探討藝數。或朋友講習，或傳諸其人，下開士民之風氣，上備國家之任使。時局至此，藏器待用，不患無時。即使不樂仕進，而出其才智保安鄉里，為鄭司農，為田子春，於人有濟，即是功業。此則君子行藏之正軌，抑亦俊傑建樹之坦途也。今計不出此而下喬入幽，去順效逆，其知康黨為亂人而從之耶，抑謂康黨為志士而和之耶。據唐才常辦事規條，皆奉康、梁偽諭，有云指定東南各省為新造自立之國，不認滿洲為國家。康、梁此會之宗旨如此，不知置我皇上於何地。而以之詐騙商人，斂取錢物，靦然號於衆曰，我乃保皇會也。及康、梁偽通飭密教，其黨則曰欲圖自立，必借遵皇權也。欲欺華人耶，已明明放票作亂矣。欲欺洋人耶，此洋文規條數十紙，已為英巡捕查獲持去各國領事、教士傳觀矣。天奪其魄，狡謀畢露，雖使巧詞曲説，其為叛逆之實，何所逃於天地之間。且沿江沿海匪徒如哥老會、三合會之類，其人皆貪淫無法，獷狎無親。其名目口號，皆盜賊無賴，專以焚殺劫掠為事，無論中外，人人痛恨。今不惜委曲，就其名目口號，用貪淫獷狎無賴之人以叛逆君父，而美其名曰勤王，以賊殺商民占奪城池，而飾其説曰保國。以之自立不認國家，而矯其辭曰保皇。返之於己而不安，喻之於人而不解，驗之於事而不相應，揆之於勢而不可行，其萬萬無幸，不待智者而知矣。一旦敗露，幸而脱逃，不過終身匿跡租界，或者假息南洋。跼天蹐地，高厚不容。且諸人父母、妻子、祖宗墳墓，亦豈能盡歸化外。苟有人心，安得一無顧慮乎。且即使匪起亂成，亦終是自取其害。嘗記咸豐季年皖北捻匪分圩角立，出巢千百里，殺掠數月而回。及歸其鄉，則已為他圩之捻殺掠，乃無歸矣。他圩之捻亦然。因互相嗟歎曰，反亂紛紛，何日平乎。近捕獲一湖南人入會者致其家人密書云，某月日，難將作，惟居鄉可免。觀此兩事，自作自怨，抑何其愚。夫兵猶火也，燎原既成，誰能收之。會匪猶決河也，横流四出，誰能限之。沿江沿海會匪本多，今諸人乃設法鼓煽之，游説之，資助之。果如所謀，羣匪併起，各省皆亂，各肆其焚殺，各縱其淫掠，而且展轉迸流，此討彼竄。或一省之内互相攻剽，或數省之間迭相蹂躪，此輩戰鬬所踞之地，拒捕所得之財，豈能拱手獻之國會乎。此郡之人為亂於外郡，而其鄉已為他郡之匪陷之。此州之人為亂於外州，而其家已為他州之匪戕之。恐自立會偽札之墨未乾，而若輩之鄉里親戚殘毁盡矣。又況鷸蚌未決，漁人乘之，徒作滔天之惡，終必無立足之地。强國八九，豈有與朝生暮死之流寇立約通商、使命往來之理乎。且其會以自立為名，以自主為教，此數十萬之會匪自必遵其宗旨，人人皆有大者王、小者侯之思。唐藩鎮王武俊有云，不臣九葉之天子，而臣叛逆乎。吾知諸人之僕隸夥黨，亦皆將為彭寵之奴，翟讓之將。而此起事之諸人，率皆文弱書生，自必先就翦屠，不待言矣。唐才常乃康有為門徒死黨，其逆亂固不足論，何意耳食康説者，亦復為之語云。卿本佳人，何為從賊。吾為國會諸人思之而不得其解也。嘗考康黨作亂之旨，皆依託公羊家謬説。然公羊經師有精言焉，其説曰天下愈亂，春秋愈治。今天下并未全亂，而國會中人反欲使之大亂，又何其與公羊之説相反也。至各省出洋遊學諸生，費國家之鉅欵，賴國家之翼護，資之出洋，俾其就傅，凡所造就，皆出生成。若非藉國家邦交之誼，彼國外部、文部、參謀部、各學校長，誰肯如此優待，如此盡心，專設華生學額，酌定速成課程。苟無人經理培植，倀倀無之，則一流寓覓食之外國人而已。學生中端謹忠純者固不乏人，然聞亦有惑於國會邪説而附和之者。不思朝廷之恩，不念官師之教，乃歆羡逆黨，以為志士才人之所為。稍有一藝片長，轉作反噬倒戈之用，謀以自覆其宗國，古今有如此之悖且忍者乎。外國學校以倫理科為第一科。既悖且忍，外國將鄙惡之不暇，尚能重我助我乎。古今有既悖且忍之人而能成事者乎。惟願自今以後，國會諸人以及外洋各省遊學諸生有則改之，無則加勉，自愛其身，自重其名，勿為康黨所愚，勿蓄異謀以枉其天才，勿助凶人以殘其種類。即使真係康黨，亦多由草野寡陋，不曉朝事，受其欺籠，以逆為忠，致兹絓誤，於是往而不返，入而不出，海島飄蓬，亦復何味。夫鳥窮而啄，獸窮而攫，豈盡本心。今日除康、梁二人外，其康黨曾與詭謀而逆跡尚未昭著者，果能憬悟改行，勿作非，勿惑衆，官司亦自不株連窮治，何必日行荆棘中，以流血為身心性命之學，而以殺召殺哉。即使曾經隨同滋事，現在刊章逮捕之列者，若早能詣官首悔，尚可許其湔洗自新。如其不然，則本部堂粗明大義，有扶植名教之志，忝任疆圻，有保守疆土之責，儻必欲自扞法網，又豈本部堂所能寬。且各省封疆大吏，文武紳民，孰不知有忠孝，孰不愛其身家，何處可以容此輩之窟穴，任此輩之横行。甚至各國洋官西士，亦皆惡其悖亂，視為下流。身名俱喪，進退皆非，清夜自思，何苦為此。吾聞亞洲極西之地有猶太國焉，為土耳其所滅，種人分散，寓處於歐洲各國，不能為士為官，以攙和金銀成色為生業，各國語及猶太人皆鄙賤之。何以鄙賤之也，為其宗國已亡，無復君長也。嗚呼，國家多難，至今日而極矣。然而國雖弱可望其復强，政雖弊可望其復理。若會匪魚爛於先，各國瓜分於後，則中華從此亡矣，不能望其復有矣。神祇為之怨恫，祖考為之號泣，子孫為之窘辱滅絶，奴隸牛馬，萬劫不復，從康之禍一至於此。吾為國會中人説，并為康黨説，是依聽之，是違聽之。在會者迷復不返，未入會者慎之思之。嗟爾康梁，慎勿猶太我中華也。

光緒二十六年八月湖廣總督南皮張之洞書

咨出使英國大臣請飭諭邱菽園及各華商勿信匪黨光緒二十六年九月二十日

案照湖北省於七月間在漢口租界破獲富有票逆匪唐才常等，供認係康有爲主使，擾亂沿江沿海地方，謀爲不軌一案，搜出匪單内列邱菽園爲正龍頭。旋由湖南省緝獲唐才常之弟唐才中，供稱邱菽園寄居新嘉坡，家資鉅富，康有爲常寓其家，唐才常與康有爲信札，即交邱菽園轉寄，唐才常此次滋事，邱菽園曾捐洋五六萬元等語。查邱菽園係福建舉人，經商新嘉坡，家道殷實，自必讀書明理，何致甘心從逆，自覆宗邦。諒因在外洋年久，不知中國實在情形，目擊近來中國積弱受侮，急望中國變法自强，遂誤信康有爲謬託忠義，捏造誣謗之詞，以爲所立保皇會真有造於中國，真有益於皇上，故不惜傾資相助，力贊其成。殆自謂出於忠愛之誠，激於任俠之氣也。不知康有爲居心險詐，乘甲午以後中國人心激昂奮發之秋，掇拾泰西教士唾餘，附會民權，以煽禍亂。迨逆謀既敗以後，反致新政阻格不行。是康非倡新之志士，而爲阻新之罪魁，昭然易見。詎康有爲逃死餘魂，尚不痛自怨艾，反欲倒行逆施，以逞其報復。此次唐才常作亂，捕獲各要犯僉供係康有爲主使，搜出種種逆據，如僞檄文、僞通飭，皆康有爲、梁啓超出名。其告各國洋文規條，有指定東西各省爲新造自立之國，不認滿洲爲國家等語，各領事俱所親見。其通飭匪黨僞札，有欲圖自立，必先自借遵皇權始等語。明言不認國家，又言借遵皇權，以圖自立，將置我皇上於何地。且借之一字，尤爲可惡，其狡譎肺肝，已經自行敗露。其往來逆信，於皇上蒙塵西幸，目爲西竄，有此時此機，萬不可失，我軍不可不急圖向西等語。又其黨句匪入會，動輒以他日富貴許人。似此情詞悖逆，實乃窺竊非常，豈尚有絲毫爲我皇上之心乎。其平日保國保皇之説，果猶足信否乎。現准兩廣德署督部堂來電，惠州之亂，匪黨居然樹立康字旗幟，其僞告示中指斥乘輿，尤屬肆無忌憚，甚至埋藏火藥，炸毁撫署墻垣，轟斃民人多命。凶殘悖逆至此，誠不解南洋諸華商何以甘心接濟之也。本部堂素聞南洋各島旅寓華商好義急公，不忘宗國，每遇各省水旱荒歉，屢輸鉅欵協賑災黎，其眷念中華、愛戴皇上之心，實堪嘉尚。深恐華商中如邱菽園等誤受康有爲虚詞誘惑，於其陰謀異志、叛國殃民之實據未及聞知。除已將摘叙兩湖自立會匪緊要情節示稿，及勸戒國會文暨著名匪首單另文咨送冰案外，其逆黨牽涉邱菽園，請飭告戒勿再接濟資財各節，亦經擇要先行電達。合再將康逆包藏禍心貽害大局情形，詳晰咨請貴大臣照録來文，札飭新嘉坡總領事官立傳邱菽園到案，剴切開導曉諭，俾曉然於康黨之狡詐欺人，勿再爲其所愚。若以好義之心反誤爲助逆之舉，擾亂中華，貽害桑梓，冒天下之不韙，爲公論所難容，想邱菽園斷不至始終執迷不悟若此也。此外合埠華商，并應令領事官通行告誡，嗣後勿再容留康黨，接濟鉅資，擾亂中國，實爲緊要。

咨出使英國大臣切商英外部查禁匪黨

光緒二十六年九月二十日

案照光緒二十六年八月十三日准欽命全權大臣、直隸爵閣督部堂李〔一〕元電開：頃致駐英羅大臣電，東南大局訂約保護，中國官自應力任。惟近來康、梁布散黨徒，暗結廣東著匪區新，三合會首潘新貴、劉福等，聯各省會匪，約在兩湖、三江、兩廣起事，名爲保國，陰圖擾亂。前月大通、漢口唐才常等作亂事發，經劉、張兩帥嚴辦，起獲軍械等據，直認康黨不諱，中外共知。粵省亂黨尤多，均在香港余育之花園、澳門知新報館密謀拜會，最著者有何連旺、何懋齡、徐勤、劉楨麟、麥孟華、陳宗儼、容閎，往來港澳，句結盜匪，訂期起事，槍礮由南洋用棺裝運入粵。若不查辦，必爲北方之續，有礙東南商務大局。請速密商英政府，電飭新嘉坡、香港總督，嚴密查拏拘禁，以遏亂萌，中外同受其福。即電覆云。又於八月十六日准李爵閣部堂諫電開：頃接羅大臣寒電，元電遵達外部，允轉藩部電飭新嘉坡、香港總督查辦。至康逆潛往漢口等處，亦經電飭各領事勿得收留云，各等因，到本部堂，准此。查該逆等詐騙錢財，私運軍火，句串會匪，蔓延東南各省，專爲焚殺劫掠，擾害地方，以遂其倒行逆施之計。雖逆謀敗露，擒誅渠魁多名，惟首逆逋誅，夥黨甚衆，以南洋、港澳及各口租界爲逋逃淵藪。若非中外合力查拏拘禁，勢必死灰復然，多設詭謀，以爲攪亂大局之舉。各省被其滋擾，則華洋商務必致同遭波累，貽害無窮。幸賴貴大臣力挽時艱，協商英政府允准電飭新嘉坡、香港總督查辦，并飭各口領事勿得容留，俾逆徒無從假息，足見英政府顧全大局，甚屬公明。東南各省億萬生靈免遭塗炭，皆受貴大臣及英外部協力保全之惠，本部堂實深佩仰。昨准兼署兩廣督部堂德〔二〕來電，前次照會澳督，即據覆稱果有密謀，即行拘拏，并列三欵：一、澳境不准有聚黨謀亂、關礙中國之士。二、凡寓居該境民人，概加保護。三、嚴查往來客貨，以免暗帶軍火，接濟中國匪徒等因。其辦法甚爲切實，業經本部堂分咨各省，照會通商口岸各國領事，所有此項會匪勿得於租界內容留。界內如有聚衆謀亂關礙中國之事，即請其協助華官嚴密查拏拘禁，并咨請各出使大臣照會各國外部一體轉飭領事照辦在案。惟查香港密邇廣東省城，新嘉坡距華亦近，皆爲匪徒聚集之所。若英國肯認真查匪，尤爲有益。近日惠州作亂匪徒，即係康梁之黨。近於九月初六日復有埋藏炸藥轟毁撫署墻垣，傷斃居民多人之事。接廣東撫藩來電，訊明皆係康黨。若不嚴行查禁，後患何堪設想。擬請貴大臣切商英政府，轉飭新嘉坡、香港等處認真辦理。其通曉文墨能到外洋各著匪姓名，一併黏單，咨請照會英外部轉飭南洋各埠暨駐華各口岸領事，於所在界内一體密查協捕，以浄根株而弭禍亂，實於中外大局有裨，足紉鄰誼。

札武備學堂派學生隨營練習 光緒二十六年十月初九日

據武備學堂優等學生艾忠琦、楊開甲、熊鍾清、李文升、劉恕、劉葆青、陳鍾麟、葉文華等稟稱，方今時勢艱危，生等悲憤

〔一〕指李鴻章。
〔二〕指德壽。

迫切，思圖報效。若蒙念其愚誠，令厠軍中歷習戎事，雖極艱險，所不敢辭等情，到本部堂。據此。查外洋武備學生於學堂功課畢業後，例須發往各營，隨同卒伍遵守營規，操演陣法，親習勞苦，增長實修，俾於平時學業功夫互相印證，所以資習練而廣裁成者，意至善也。此等發營學生，在英德等國謂之旗長，在日本謂之見習。兹據該學生等呈請入營效力，自應准如所請，將艾忠琦、楊開甲、熊鍾清、李文升、劉恕、劉葆青、陳鍾麟、葉文華等（九）［八］名統行派入護軍營，分撥各旗，令其隨營練習。每名酌給薪水銀十六兩，由營另欵向善後局支領轉給。該生等務須隨同各旗營官、哨官講求戰守機宜，歷練行軍規範，應如何分派練習之處，悉聽該營統帶督帶節制調度，不得有違。見營官亦應敬禮。如果恪聽約束，勤慎耐勞，閱歷漸深，足備任使，由該營統帶、督帶隨時考核，禀候本部堂量材録用。除行護軍營統帶遵照辦理外，合行札飭該學堂即便遵照，諭飭該學生艾忠琦等前赴護軍營，聽候該營統帶分撥各旗，隨營練習。一面將該學堂學生底額開除，照章另行選補具報查考。

札江夏縣履勘紅關至青山地段 光緒二十六年十月十九日

照得省城武勝門紅關以北、青山以南沿江一帶地段，將來鄂省官設局所、農田、營房、馬廠，以及一切有益本省地方重要公事，需用甚多。前經本部堂札飭江夏縣前往勘丈，不准民間私行售賣過户税契在案。應即切實丈量圈定，縱量自紅關起，直抵青山武豐閘爲止。横量除隄外地方，自隄外脚起，西至江邊止，自應收歸官用外，其隄内地段，應自隄内脚起，向東量足一千丈爲止，均即派督標中軍、江夏縣會同前往，履勘丈量，先行釘樁掘濠圈出。傳諭該處紳耆、地保、煙户人等知悉，凡在圈内之地，限十日内趕緊將執業契券、糧串赴清丈局呈驗注册，以便由官驗契，立即從優給價收買，不得遲延推宕，致滋流弊。其本無契據或捏造假契，及雖有真契而逾限匿不呈驗意圖抗違者，由官按地段大小，酌給青苗錢文，勒收歸官充用。其村莊廬舍，皆可仍舊不動，有願賣者另行議價。如確係民間自置有契祖産，實有礙難出售情形者，亦須赴官呈明注册，由官勘明該地果與官局所需之地尚無妨礙，可聽其自行執業，但永遠不准私自售於他人，朦混税契。如查有此種情弊，定即將地充公。合行札飭。該縣迅即會同督標中軍遵照上項指飭事宜，先行勘丈四至界址，圈定立樁，先繪草圖禀覆。一面查造地畝細數清册呈賫備案。妥訂買地章程，禀候本部堂核定，即行撥欵發價，毋稍違延。

札江漢關道知照各領事武昌開設通商場 附單 光緒二十六年十月二十二日

照得武昌省城北門外十里内外之江岸，與漢口鐵路馬頭相對，前年美國人勘粤漢鐵路時，即擬在此處一帶爲粤漢鐵路馬頭，將來爲南北東西之樞紐，商務必然繁盛。兹於光緒二十六年十月初八日欽奉諭旨，准在武昌城北十里外沿江地方作爲自開口岸，擇地開設通商場，亟應欽遵妥辦，以資阜民而便通商。除飭江夏縣迅速會同清丈局將地址勘查繪圖外，合將開辦章程五條，先行札知該關道即便遵照，照會駐漢各國領事存案。

武昌城北十里外沿江地方自開通商場開辦章程

一、現在奉旨，在武昌省城外十里外地方自開通商場，現已派員勘擇便宜處所，劃定界址，一俟勘定繪圖貼説，即行照會各國領事傳諭各國商人。

一、劃定地址界内，無論官地民地，均歸本部堂所設之江岸局經理指定地價、議租給據各事宜。一俟界圖繪就，即行照會各國領事傳諭商人，定於某日為始，前來江岸局向官拍租，華洋各商均不得私向民間擅自議租，以免轇轕。界内所有民地其應繳租價，亦由認租各商逕赴官局交納。除由官局酌提成數分給業主外，應將餘欵儲局，專作此一帶地方修築磡岸，墊平沙灘，挑濬内港，培補長隄，修造馬頭，營建馬路，設立捕房等項之費，以期地方興旺，中外商民同受利益。

一、武昌城外既係自開通商場，應准各國商人不分畛域，雜居貿易，一律優待，毋須各分各界。

一、武昌城外通商場内，所有管轄地方、保護商民一切章程，均由本部堂妥定新章，示期頒行。應即由官設立工務局、警察局，所需費用，將來向各租户公平攤捐。

一、拍租地段租地年限、繳納租價一切細章，自應另行妥定專條，并酌採岳州章程辦理，一俟斟酌妥協，即行照會各國領事。

咨呈全權大臣籌議通商傳教償費各節

光緒二十六年十一月二十五日

光緒二十六年十一月初四日承准軍機大臣字寄，奉上諭：鴻臚寺少卿裴維侒奏和議將開、亟圖補救一摺，所奏通商、傳教、償費各條是否可行，著奕劻、李鴻章、劉坤一、張之洞參酌情形，於議欵時妥爲辦理。原摺均著鈔給閲看。欽此。遵旨寄信前來。承准此。查原奏内地處處通商，宜籌限制一節，誠爲自保利源起見。然洋貨早已通行内地，欲籌抵制，亟宜振興工藝，扶持商務，多出土貨，庶可望漸塞漏卮。若欲以向來曾經通商處所爲限制，誠恐勢有難行。至如何預防争端，應俟開議詳約後相機商辦。禁止傳教一節，誠爲杜絶衅端起見，然平時早許通行，今於鉅衅之後，豈轉能概加禁絶，只可俟議詳約時體察情形，婉切與商，量加補救。償欵一節，數鉅期長，無論如何籌畫，總不過取諸民間。若僅止節流一端，恐難省出鉅數。正當開闢利源，藉圖補救，但期經理得人，似未便因噎廢食。至練兵製械等事，皆屬善後切要之圖，斷無從此束手不辦之理。即使各省多開局廠自造，其機器物料數年之内，亦有不能不購自外洋者。必待中國製造之學日精，始能一概取之内地。但期實事求是，有弊必除，果有實用，即非虚糜。以上各節，應統由全權大臣參考衆説，酌量商辦。

光緒二十七年

咨覆兩江鹽院鄂岸應解楚鹽遵飭劃抵一半加課有餘仍請解鄂[一] 光緒二十七年正月二十一日

據湖北布政使瞿廷韶、署鹽法武昌道逄潤古詳稱：竊奉札准兩江督鹽部堂劉咨開，竊於二十六年三月接准部咨議覆湖廣總督奏湖北鹽釐不敷洋債，撥補之欵無著，請認定實數撥補一摺。奉旨：依議。欽此。鈔録原奏，飛咨遵照。除原咨有案邀免冗録外，後開此項一半加課能令宜局併交税司固屬最爲直捷，如其必欲剔歸兩江，請飭該局按月將所收解交兩江，以憑轉付。當將部中撥補之欵，聽候擇取備抵，或即將鄂岸應解楚鹽劃抵一半加課，此項楚鹽應還洋欵，當由本部堂分催部中撥補之欵解濟。似此辦理，於欵項之虛實，兩江實已受虧。想貴部堂關懷時局，俯念兩江爲難情形，當必仰荷慨允也。相應咨請查照，迅賜酌定見覆，以憑飭遵等因，咨院札道，飭令迅速核議詳覆，以憑核咨等因，奉此。查此案川税、楚鹽兩欵，曾於二十六年十一月奉憲台札准兩江督鹽憲咨，以楚鹽一欵應俟二十七年三月初十日一年期滿，核明鄂岸實收撥補之欵，除解洋欵外尚餘若干，再行按引核解。又江南籌防等局議詳，亦請俟鄂岸撥補欵各省撥解有銀或改撥有著，始可轉解楚鹽。至一半加課，據籌防等局議覆，請仍照前詳，由宜昌鹽釐局就欵截留，并由加抽局將截留萬户沱加價銀兩撥交宜昌鹽釐局彙收，一併按月解交税司。如湖北鹽道定欲將一半加課通融借支，應歸鄂省清釐，江省實無從另措。又奉行據金陵防營等局詳覆，查議鄂局摺呈川鹽一半加課抵還洋債情形各等因，先後札行下道，飭令一併核議詳覆。正會核詳覆間，適奉前因。本司等查宜昌鹽釐抵還洋欵一案，二十五年十二月憲台原奏本係按照近年收數，每年儘數認解銀七十萬兩，乃部議令每年認解七十五萬兩，其中不敷甚鉅。且二十六年奉部撥補之欵外省本省無著者，共三十餘萬兩，而應解之京餉、協餉及各處營餉，萬難緩待，設法湊挪，爲術已窮，是鄂省之因此受虧，已屬十分艱鉅。惟洋欵緊要，部議既責令鄂省認解銀七十五萬兩，不得不勉力解足。所有撥補不敷之欵，亦只可羅掘支展，無可如何。其洋欵二十五萬兩既經部議令兩江將一半加課暨萬户沱加價抵還，自不能由鄂徑將加課一項解交税司，亦不能收加抽局之欵代爲轉解，致滋轇轕。至江省應解鄂省楚鹽銀兩，乃係江省代湖北抽收之欵，并非江省税釐協濟湖北之欵，去年屢經本司等稟議，請由鄂省自行設局抽收，嗣經督銷局王道再三懇求而止。此項係撥解各項要餉之需，關係極重。若如江省支應等局所議，請將部撥各省解還鄂岸鹽釐無著之欵作抵，致使鄂省實欵虛懸，未免强人所難，於理於勢自是均難照辦。兹奉憲台行准兩江督鹽憲咨商，允將鄂岸應解楚鹽劃抵一半加課，所有應還之洋欵二十五萬兩，即由江省自行籌還籌抵，具見兩江督鹽憲持論平恕，力顧大局之至意，欽佩莫名，應請遵辦。似此彼此互抵，在江鄂兩省各以應解之實銀於實在欵

[一] 以下十件録自抄本《督楚公牘》。

項，似均無所虧損。至此外江鄂兩抵還洋債各有不敷之數，兩省爲難情形正復相同，已屬無從告語，亦惟有各照部文，設法揩拄。惟以楚鹺劃抵加課，楚鹺尚有盈餘之欵，仍應由道核明確數，咨催淮鹽督銷局補解清欵。至部中指撥鄂岸鹽鹺抵還洋債之欵，斷不能有此項楚鹺在内，緣此項楚鹺在江省所設鄂岸督銷局只算代收，并非協欵，前詳已經聲明。將來江省抵還洋欵之敷用與否，應由江省查照部案自行設法催解，事與鄂省無涉。應請預爲聲明，以免將來再有糾葛。所有遵議鄂岸楚鹺遵飭劃抵一半加課，楚鹺有餘之欵仍應補清解鄂濟用緣由，理合詳祈核咨等情，到本部堂。據此。除批：查閲議詳各節，均係實在情形。今既承兩江督鹽部堂籌畫公平，不分畛域，允以楚鹺劃抵一半加課，可省無數糾葛，具紉鄰誼，自應照辦。已據詳咨覆江省轉飭遵辦見覆矣。至以楚鹺劃抵加課，楚鹺尚有盈餘之欵，即由該道迅速核明確數，咨催督銷淮鹽局補解來鄂，以清欵項，并移宜昌川鹽局知照。仍候撫部院衙門批示。繳。等因印發外，相應咨覆。爲此，合咨貴部堂請煩查照轉飭遵辦，并希見覆施行。

札北臬司等查訊乘危搶貨人證并追獲正犯光緒二十七年正月二十三日

光緒二十六年十二月二十四日准兩江督鹽部堂劉咨開：據湖南督銷局詳，運商春和福稟請轉咨飭追正犯，寬免牽累等情，到本部堂。據此。除批：據詳已悉。仰候咨請湖廣督部堂、湖北撫部院札飭武昌府轉移夏口廳嚴追船户劉先華等到案訊究，該商春和福事不相干，既經開釋，毋得牽連，以免拖累。繳。等因印發外，相應抄詳，咨請查照轉飭遵辦等因，到本部堂。准此。查此案運商春和福所雇何家開鹽船撞沉李瑞臣雇運洋貨船隻，各幫鹽船恃衆乘危搶貨，竟行乘風上駛，不服𠫊船查追一案，經嘉魚縣將引鹽提歸運商春和福歸岸行銷，將何家開船隻扣留，著交同伴船户究追，并由本部堂札行南鹽法道、督銷局從嚴查辦，勒令各鹽號將夥搶船户劉先華等交出，歸嘉魚縣追贜給領，嚴訊澈究詳辦。旋據南督銷局詳覆，飭據淮商公所稟，以各幫鹽船充四岸運鹽之用，現已分途歧出，無從承交。又經批令諭飭淮商公所傳知通岸各鹽號，務將船户劉先華等查出，稟請解赴嘉魚縣質訊澈究詳辦在案。是此案本歸嘉魚縣追辦。現准兩江來咨抄詳，内稱運商春和福被李瑞臣控，經湖北撫轅批行夏口廳著交船户劉先華等到案等語，究係如何情形，本部堂衙門無可稽核。惟此案無論在廳在縣，均應嚴追夥搶船户辦理。現在該商春和福以該商祇雇有何加開等之船，其湘幫劉先華之船非其所雇，意在辨明與該商等無干，冀免著交，以圖卸責。惟各鹽號相與推宕至今，均不將劉先華等交出追究，李瑞臣大宗貨物無故船沉被搶，全無著落，豈能甘心。應令北按察司、商務局轉飭夏口廳、嘉魚縣，就現到人證查訊，設法將真正夥搶船户弋獲，嚴速追贜給領，俾案早結，毋令久訟延累。一面由南督銷局仍嚴行責令各鹽號將劉先華等查出交案，不得以無從承交，空言推宕，致干併究。除分行外，合就札行。札到，該司、局即便遵照辦理。

咨覆兩江督院宜昌鹽釐抵還洋欵勿論收數盈絀必照派定之數解足附單 光緒二十七年正月二十五日

案准兩江督部堂劉咨開：據江海關余道稟稱，竊查續借四釐五金欵，奉文歸滬關經付，由總税務司將所收七處釐金抵還。原議每月應解庫平銀四十二萬兩，照市合鎊，每次不敷，由道籌補足數。嗣因各局釐金短交，按期減解四十萬金，歷經職道如數挪墊湊付。惟此項墊欵爲數甚鉅，關税無銀可撥，均在各省解存四國洋欵項下暫行列墊，本屬偶爾挪移。九月十四日二十三次還期，接副總税務司來函，近來七處釐局除蘇州貨釐外，均有短解。此等還欵關乎大局，如各局續解之欵仍不如數，祇得按照短數解交等因。當以何處短解若干，函詢去後。兹據開送前來，查單開各局解欵自二十四年閏三月起，截至本年閏八月止，計兩年半，各按派解之數核算，松滬貨釐短交規銀七十七萬一千四百九兩八分。浙東貨釐僅收至本年六月止，尚欠三個月應交規銀二十七萬四千兩。九江貨釐短交規銀五萬七千一百八十二兩二錢七分。宜昌鹽釐短交規銀八十五萬四千九百八十八兩五錢，查該局亦僅解至本年六月止，其短交銀兩係連欠解三個月應交之欵在内。鄂岸鹽釐短交規銀六千六十二兩四錢六分。皖岸鹽釐短交規銀八萬二千七百四十二兩二錢四分，該局尚有八月分解欵未交。至蘇州貨釐解數，并未開列。惟查該局按月移知，解欵尚屬有盈無絀。職道按照單開六處所解銀數詳細比較，内以松滬、宜昌兩處短交爲最鉅，九江與皖岸次之，浙東所短之數，即係本年六月十一日起至閏八月初十日止計三個月分文未解。宜昌亦然。鄂岸短交之欵，核與該局每年應解庫申規銀五十四萬八千兩之數計算，并未短少。現查總税務司單開該局每年應交規銀五十五萬二千兩内，計每年多開銀四千兩，致有不符。其所開宜昌每年應交規銀一百萬兩，按照原定庫平核算，則該局每年又少短平銀九萬六千兩。職道伏查各局釐金每月解不足數，有礙四釐五還欵，節次函請總税務司并稟詳憲台，轉飭各局設法解足，不得短欠。現在滬關税收奇絀，撥欵浩繁，竭蹶情形更甚於前，六成洋税入不敷放，本已無可通融，即各省解存四國還欵，雖前年鎊價稍賤略有所餘，曾將籌補四釐五還欵聲明暫行在彼挪墊，然日積月累，前後併計，已墊至一百數十萬兩之多。不特餘欵早空，且已動及應還正項，以致每值四國還欵到期，又須多方搜括，始能敷衍過去。滬關寄庫存欵情形如此，若各處釐金再有短解，如不挪墊，則續借一欵立即失信外人。設再挪移，則四國還欵轉瞬亦然貽誤。籌思及此，旰夕難安。理合稟祈鑒核，俯賜分飭各局無論如何爲難，務須設法按月解足，并將前欠一併補交，維持危局，實爲公便等情並摺，到本部堂。據此。除批：查前准慶親王敬電，七處釐金收數陡絀，恐不敷抵洋債，應令按月照原定之數解足等因，業經分行遵照在案。兹據該關道稟，蘇局解欵有盈無絀，核與該總局呈覆已未解數目尚屬相符，其餘各局均短交甚鉅。該關籌墊不下百數十萬兩之多，無非東挪西應，左支則右絀，此後實萬難再墊。前項續借四釐五金欵，七處分解各有定數，不容稍有短缺。值此時艱孔棘，尤未便遷延貽誤。候即查照摺開數目，咨請湖北、江西、浙江各督、撫院，并分行各該貨鹽釐局，務照派定數目設法照數解足，其前欠銀兩一併補交，均毋短少，以維大局。仰即遵照辦理。繳。印發并分行各司局遵辦外，相應咨請查照，一體飭遵撥解，萬切萬速等因，到本部堂。准此。查光緒二十四五兩年，先後經户部指撥宜昌鹽釐一百萬兩抵還洋欵各等因。當查宜昌所收鹽釐所可解税司者，旺年約可共收七十萬兩，實無百兩之數，經本部堂會同前北撫部院于[一]於光緒二十五年十二月間奏請自二十六年四月起，鄂省認定湊足七十萬兩，解交税司，其以前二十四五兩年不敷洋債百萬之數并非鄂欠，湖北實不能認補，應請敕部另籌等因。旋准户部議覆，奏准嗣後宜昌鹽釐作抵洋欵，鄂省每年認解七十五萬兩，其餘二十五萬兩，由兩江總督將萬户沱加價及一半加課抵還洋欵等因，咨行在案，自應遵照辦理。所有湖北認還洋欵，應以規元銀七十五萬兩科算，從本年起，鄂省無論收數盈絀，必照派定七十五萬之數勉籌解足。至以前兩年不敷洋欵，實屬無法補解，應請兩江督部堂劉酌核辦理，暨咨請部示妥籌辦法。總之，鄂省所徵鹽釐，近年俱已全數解歸洋欵，更無從於鹽釐之外別籌補解也。除此案先於十月内准貴部堂元電，業經本部堂於勘電答覆外，茲准前因，相應再行查案，詳晰咨覆。爲此，合咨貴部堂請煩查照，酌核辦理施行。

謹將副總税務司裴式楷來函并清單録摺

恭呈憲鑒

敬者：本月十四日接准覆函，以七處釐局短解甚多，未知何局短解若干，并請查明見覆，以便稟請上憲，轉催籌補。緣滬關税課較前支絀，而籌防添餉，轉有加增。若再墊應此項釐金短解之欵，力有為難等因，准此。查七處釐局，除蘇州貨釐外，各局皆有短解。茲特查明各局所短之數，另開清單一紙，伏乞轉詳上憲察照。該單内載前兩年係按年比較每年共短若干，後半年係按月比較逐漸短解。如此開明，以便上憲鑒核前因，分別迅飭各該局以後不得短解，貽誤要公。緣此等還欵關乎大局，實非淺鮮。至敝處已由經費項下墊撥數次，現在并無餘欵可支。如各該局續解之欵仍不如數，則敝處亦祇得按照所短之數解交貴道查收。茲准前因，合就布覆。即希查照施行，實為兩便。此頌日祉。

計開

宜昌鹽釐每年應交規平銀一百萬兩，一年分作十二次，即每月一次應交規平銀八萬三千三百三十三兩。

查自光緒二十四年閏三月十一日起，至二十五年三月初十日止，僅收到六十八萬九千九百五十九兩五錢二分，實短交三十一萬四十兩四錢八分。

查自光緒二十五年三月十一日起，至二十六年三月初十日止，僅收到七十九萬七百十九兩九錢五分，實短交二十萬九千二百八十兩五分。

查自光緒二十六年三月十一日起，至閏八月初十日止，半年期内僅收到三箇月解欵十六萬四千三百三十二兩三分，實短交三十三萬五千六百六十七兩九錢七分。

以上兩年半共應交規平銀二百五十萬兩，共收到規平銀一百六十四萬五千十一兩五錢，共短交規平銀八十五萬四千九百八十八兩五錢。

再查自本年三月十一日起，至四月初十日止，僅收到五萬三千六百六十三兩六錢九分。

[一] 指于蔭霖。

自四月十一日起，至五月初十日止，僅收到七萬一千九百三十六兩四錢六分。

自五月十一日起，至六月初十日止，僅收到三萬八千七百三十一兩八錢八分。

自六月十一日起，至七月初十日止，未解到。

自七月十一日起，至八月初十日止，未解到。

自八月十一日起，至閏八月初十日止，未解到。

鄂岸鹽釐每年應交規平銀五十五萬二千兩一年，分作十二次，即每月一次應交規平銀四萬六千兩。

查自光緒二十四年閏三月十一日起，至二十五年三月初十日止，僅收到五十五萬一千五百七十二兩七錢五分，實短交四百二十七兩二錢五分。

查自光緒二十五年三月十一日起，至二十六年三月初十日止，已收到五十五萬二千四百四十六兩六錢四分，實多收四十六兩六錢四分。

查自光緒二十六年三月十一日起，至閏八月初十日止，半年期内僅收到二十七萬三百十八兩一錢五分，實短交五千六百八十一兩八錢五分。

以上兩年半共應交規平銀百三十八萬兩，共收到規平銀一百三十七萬三千九百三十七兩五錢四分，共短交規平銀六千六十二兩四錢六分。

再查本年自三月十一日起，至四月初十日止，已收到四萬六千二十三兩六錢三分。

自四月十一日起，至五月初十日止，已收到四萬六千二十三兩六錢三分。

自五月十一日起，至六月初十日止，已收到四萬六千二十三兩六錢三分。

自六月十一日起，至七月初十日止，已收到四萬六千二十三兩六錢三分。

自七月十一日起，至八月初十日止，已收到四萬六千二十三兩六錢三分。

自八月十一日起，至閏八月初十日止，僅收到四萬二百兩。

札江漢關道就奥鐵路工程師是否被毆一事照覆駐滬奥國領事 光緒二十七年二月十一日

照得上年五月間，據上海道呈送奥斯馬加駐紮上海畢總領事申陳，據盧漢鐵路供役奥工師格德立利之稟稱：住離漢口偏北三百八十里柳林地方，於本年二月二十四日會同奥工師盧基步入鐵路辦公。途經寶塔一座，内住法人三名，一名龐司，一名貝利，一名西塞。本工師偕盧基見有許多華人環繞喧嚷，初不知其底蘊。旋經查係華人向法人索扛材棒，緣言語不通，遂致誤會。因復步近塔根，乃華人疑係現住塔内西人，拋擲石塊。幸盧基乘間先逃，本工師未遑奔避，胸前、腰際、足上俱中石壓傷，請核醫治憑單，足骨已損，未能辦公。當時有老華民見本工師遭此險阨，扶送伊家暫避。嗣回柳林臥床九日，傷勢愈形發動，趕緊來申就醫，據云足骨已損，他傷稍愈，久後可望平復。惟足愈未克定期，不得已急請本署總領事代索償養傷醫費洋銀五千元等情前來。本署總領事查該工師格德立利之所稟中華民石壓傷甚重，五個月以内未能醫愈。再查該工師每月各項進欵，約得洋銀一千餘元。此次所請代索養傷暨醫費洋銀五千元，不爲逾數，自應照准，并應查提滋事華民治罪。爲此，申請鑒核施行等情。續於本年正月二十七日據畢總領事照催前情，先後到本部堂。據此。查自漢口至河南信陽州鐵路工程，本部堂逐段派有營哨，駐工彈壓。該工頭格德立利之果有被華民擲石毆傷情事，自應就近知會駐工營哨官及該地方官查拏滋事華民，一面稟由鐵路總工程師呈報鐵路漢局，派員查明滋事情節，飭醫驗視傷損情形，稟請督辦鐵路公司盛大臣酌核辦理。究竟格德立利之被毆一事，總工程師是否知悉，當時有無函牘知會，有無確實證據，應由鐵路漢局確查，據實稟候盛大臣酌核施行。除咨盛大臣并行鐵路漢局外，合行札飭。札到，該關道即便遵照，先行照覆上海奥斯馬加畢總領事知照。

飭朱滋澤將沙防五營裁撤三營酌留二營光緒二十七年二月十三日

照得沙市地方原設沙防兩底營，專司巡緝捕，彈壓保護租界教堂。去秋因票會各匪陰謀句結蠢動，添募三營，共成五底營，暫資分派防勦。現在匪徒歛跡，商民綏靖，所有沙防五底營應即飭令該統帶朱道滋澤酌留中左二營，其前後右三營即行裁撤，以節餉需。朱道現已請咨引見，其兼帶之中營自應另行委員接帶。查有管帶右營之前湖北試用府經歷蔣聲煌，堪以接充沙防中營管帶。至所留之中左兩營，務須汰除疲弱，挑換精强，期成勁旅。該裁營哨弁、勇丁如有熟諳操法，堪資造就者，酌量挑留換補。該中左營仍當認真訓練，查拏票匪，實力巡防，勿稍疎懈，隨時聽候酌宜施道節制調遣，以靖地方。應遣勇丁，責成營哨各官將原領軍械旗幟等件詳細查明，解繳善後局點收存儲，槍礮器械不准短少一件。應領月餉，即截至遣散之日止，仍照章加發一箇月恩餉。雇用民船，裝載送回湖南原籍歸農。除分行外，合亟札飭。札到，該道即便遵照分別撤留挑換，督飭官弁務將遣勇正餉恩餉照數散放，沿途毋許逗遛滋事。遣竣後，各營官原領關防截角呈賫核銷，并將遵辦情形報查。切切。

札行各司局、營務處牌示護軍各營至新溢州操練行軍隊光緒二十七年二月二十日

督部堂張示：本部堂校閲護軍、武愷、武防、武建、工防各營行軍操法，於本月二十一日親臨大校場，查閲各軍隊伍軍械、衣裝，各軍即依次出城，遵照指定地方，安紥營壘。俟二十二日黎明，齊至保安門外武建軍以南，巡司河以西，蕎麥灣老隄以東一帶地方，操練行軍隊。本部堂及隨從文武員弁，俱係自備食物。本部堂於附近操場地方閲操之時，并不設棹椅高坐，即爲時稍久，間須休息，亦只席地少坐。所有執事各員及觀操官員人等，俱不准擺列高坐。車輿俱不准入操場，東路不得過長虹橋，中路不得過武建軍，西路不得過馬隊營，東洋車不得過蕎麥灣。各宜懔遵勿違。特示。

照得本部堂定於二十一日調集護軍、武愷、武防、武建、工防各營云云，西路不得過馬隊營。除牌示一體懔遵并分行外，合就札行。札到，該司、處、局、縣、中軍即便查照。

札飭各屬新製官錢票反面不准加蓋州縣印信光緒二十七年三月初四日

案據布政司、善後總局司道呈報，札發各屬新製官錢票，准各州縣於錢票反面蓋用印信，以資辨認等語。查此票乃外洋製造，紙質堅厚，花紋精工，紙内藏有暗字，最易照認，正面蓋有藩印及善後局關防，印色鮮明，足昭憑信，且正面背面均編有號數，各州縣所發之票自某字第幾號起至某字第幾號止，該縣所領係某號之票，皆可按號稽查，無虞混淆。官票原期全省流通，若於反面由各州縣再鈐印信，一出該縣即不能用，畛域自分，實多窒礙，萬不可行。該守、該牧即飛飭各該州縣，於奉到此票後，不得於紙背蓋印。若將官票蓋印，定行罰賠。此事萬分緊要，除先行電飭照辦，迅即電覆外，合就札行。札到，該　即便轉飭遵照辦理。

飭委竇以莊招募勇丁五十名在沿江一帶緝捕光緒二十七年三月十四日

照得總辦沿江緝捕謝提督得龍，現經飭回襄河水師中營原防，將所帶江安一底營裁撤。惟沿江匪徒甚多，未可稍形疏懈，自應另行派員辦理沿江緝捕事務。查有本任長陽縣知縣竇以莊堪以派委。招募勇丁五十名，專司沿江緝捕，督飭隨時操練，於沿江一帶擇要駐紮，會同地方官及各防營訪查匪類踪跡，設法嚴密捕拏，務須有犯必獲，以靖地方。應需綫勇餉銀，即在飭募勇丁五十名之内開支，毋庸另行招雇。由該令查明匪蹤，隨時派遣跴緝，按月另給口糧。如獲有要匪，准即照章核給獎賞，以期鼓勵而收實效。除分行外，合亟札委。札到，該員即便遵照，迅速招募，妥籌辦理。仍將遵辦情形具報。勿違。

札飭趙濱彦馳往大冶縣查辦華豐公司煤鑛情形光緒二十七年三月十四日

照得大冶縣桐梓包柴煤鑛，前據職紳胡福保稟稱，與弟胡臨福價買該山，請准集資開採等情。適有候選道員嚴開第來鄂投效，當諭令前往履勘稟覆。旋據覆陳，該處鑛山委係胡紳憑中價買，四至清楚，左近並無田廬墳墓，所産確是柴煤，非機製造所需，與官局毫無妨礙等情，是以姑准其先行試辦，一面飭令妥擬章程，稟候察核。上年十一月間，續據嚴道開第稟稱試辦粗有成效，由職紳胡福保、胡臨福兄弟自備資本，創設華豐公司，約計每年可獲餘利十萬兩或十萬元，擬以五成報效餉需，自二十六年冬季起，按季呈繳等語。當經本部堂從寬酌定，自二十七年春季起，按季呈繳餘利一萬二千五百元，以充餉需，先於年内報解五千元，以資憑信，批飭商務局傳知胡紳福保等到局，查詢明確，稟報查考。十二月又據嚴道開第稟賚華豐公司擬辦章程十八條，并稱地主李枝茂既將鑛山價賣於前，復見利圖詐，捏詞妄控，糾衆逞凶，大冶縣湯令袒庇不加追究，懇請派弁撥勇赴山彈壓等情。併據大冶縣監生李枝茂以胡福保、胡臨福等掯價不交，憑空漁利等詞，來轅呈控。又經批飭大冶縣確查實在情形，秉公訊斷，一面將所擬章程飭發商務局，會同鐵政洋務局核議稟覆，諭令該公［司］自行籌備月餉，稟候撥勇駐防各在案。兹復據嚴道開第稟稱，李枝茂妄控逞凶，意圖索詐一案，經縣訊明斷結後，屢至鑛山句引匪類，聲言仍要聚衆搶局焚窿，并串通教民合謀獻山於教堂，令洋人出面爲難。該道因湯令有意袒護李枝茂，每事與公司齟齬，不得已由該道自行函致教堂商請翁神甫，當派金、柯兩教友到鑛，查明情節，妥爲調停允協等語。查匪徒滋擾鑛山，自應禀官查究，即使果有教民從中播弄，亦應禀由地方官知照教堂，妥爲約束，何得徑自商請神甫派教友出場彈壓。然湯令之不肯保護，膜視商艱，亦可想見。現值振興商務鑛務之際，迭經本部堂電飭札飭，將桐梓包鑛山訟案秉公訊斷。該署令何以任聽李枝茂肆意糾纏，不加禁約，辦理殊屬顢頇。查營務處趙道濱彦現經本部堂委赴大冶縣一帶察勘鑛山，應即委令順道赴桐梓包地方，查明華豐公司與山主李枝茂互控膠葛實在情形，督飭接署縣蕭令澈底根究，持平斷結，會商嚴道妥籌公司辦法，據實禀候本部堂察核飭遵。除行商務局及大冶縣查照外，合亟札委。札到，該道即便遵照指飭事宜切實查明，妥爲辦理。切切。特札。

飭謝得龍裁撤江安營、仍帶襄河水師中營 光緒二十七年三月十四日

照得去年秋間，沿江一帶票匪滋擾，江防喫緊，曾經飭委記名提督謝得龍兼管總辦沿江緝匪事宜，招募江安一底營，分赴下游葛店至武穴沿江一帶緝捕。茲查襄河巡緝亦關緊要，該提督未便久離原防，應即另派委員辦理沿江緝捕，飭令謝提督將所帶江安一底營即行裁撤，以節餉需。即由該提督責成各哨弁查明原領軍械旗幟等件，照數解繳善後局點收存儲，槍礮器械不准短少一件。應領月餉即截至遣撤之日止，仍照章加發一箇月恩餉，飭令哨弁分別押送回籍歸農，勿許沿途逗遛滋事。謝提督俟遣勇事竣，即仍回原防管帶襄河水師中營，督飭認真操練，查緝匪類，實力巡防，勿稍疎懈。除分行外，合亟札飭。札到，該提督即便遵照分別撤回、遣散，督飭哨弁務將正餉、恩餉悉數放足，遣竣後原領關防截角呈賫核銷，速回襄河管帶水師中營具報。勿違。

札知縣蔣楷等充武備學堂稽察委員 光緒二十七年三月十九日

照得本部堂於湖北省城創設武備學堂，講求經史大義、古今兵略、輿地、算學、測繪、馬步礮壘各種攻守戰術，并練習體操兵操、行軍步伐陣式等事，所以振興武學，造就將材，期於有勇知方，足備國家干城之選。故學生以勤學爲務，尤以立品爲先，古人所爲重廉恥將也。茲查該堂學生守分好學者固不乏人，而沾染習氣不自愛重者亦所難免。亟應於課程、行檢兩端派員切實稽查整頓，務使各學生敦品勵學，咸就範圍。查有前山東知縣蔣令楷、前廣東知縣李令鍾玨，均屬才識兼優，辦事篤實勤懇，堪以派充武備學堂稽察委員。務須常川駐堂，督飭領班按照該學堂禀定章程，不時親赴齋舍遍歷巡視。遇有荒嬉廢學、謔浪笑傲、口角鬨爭、嗜好博弈及一切有犯堂規之事，輕者告誡訓飭，重者記過開除，勿得姑息優容，稍涉寬弛。并於學生功課之暇，隨時按班接見，考其所業以驗誦習之勤嬉，察其所論以觀識趣之邪正，勗之忠孝以植其基，勵之廉恥以端其嚮。凡猖狂浮薄之徒不許往來，誣罔悖逆之書不准閲看。總期實力整頓，俾學堂蒸蒸日有起色。

札委奚鴻慈等分赴浙江、江蘇、陝、甘一帶考察蠶業、農業、畜牧情形[一] 光緒二十七年三月二十三日

照得農務局自開辦以來，規模粗具，現飭於武勝門外相地開闢試種場，籌辦種植畜牧事宜。其蠶桑一門，試辦亦漸著成效，均宜加意考查，以興美利而開風氣。查中國農事以江蘇爲最優，蠶事以浙江爲最優，畜牧以陝、甘等省爲最優。亟應派員前往考察，隨時稟呈農務局，俾與西法互相參酌會通，以盡其利。查有丁憂湖北候補知縣奚鴻慈，堪以派赴浙江一帶考察蠶業情形。丁憂湖北試用知縣蔣壽祖，堪以派往江蘇一帶考察農業情形。分省試用同知況周儀，堪以派往陝、甘一帶考察畜牧情形。均從三月分起月給夫馬銀二十兩，在農務局經費項下開支，以資辦公。除分行外，合行札委。札到，該員即便遵照，刻日束裝，馳往浙江、江蘇、陝甘一帶地方，將蠶業、農業、畜牧情形詳細考查，隨時稟報。勿稍疎忽大意，致負委任。切切。此札。

札行在户部咨奏循案撥補二十七年釐金各欵附單 光緒二十七年三月二十四日

光緒二十七年三月初六日准行在户部咨開，本部循案撥補二十七年釐金各欵附片一件，光緒二十七年二月二十五日具奏。本日奉旨：依議。欽此。相應抄録附片，恭録諭旨，飛咨各該省督撫欽遵辦理可也等因，到本部堂。准此。查上年撥補宜昌鹽釐各欵，户部具奏清單内開以七十五萬兩歸湖北兑收，計撥湖北裁兵節餉銀十萬兩，湖北丁漕錢價平餘銀三萬三千兩，湖南丁漕折錢平餘銀三萬兩，湖北鐵廠由商局繳還官本銀十萬兩，湖南鹽斤加價銀二萬兩，湖南漕項銀四萬兩，宜昌關洋税銀六萬兩，湖北當税銀一萬四千兩，江漢關洋税銀十萬兩，湖北釐金銀六萬兩，荆州滿營餉項減平銀四萬三千兩。共撥銀六十萬兩，均歸湖北應用，尚不敷銀十五萬兩，准在湖北本省田房税契土藥加税、茶糖菸酒加税各欵内如數截留等因。本年撥補各欵，應照此次部咨，查明上年所撥各欵截留撥用。惟查商局繳還官本銀兩，早經遵照奏案，陸續撥還華洋各商緊要欠欵，即以後續有繳還銀兩，亦應歸還礮、布兩局各要欵。現實未存有商局繳還銀兩可撥，是此項指撥銀兩仍係無著之欵。至湖南上年奉撥抵補各欵，并未照數撥解來鄂，亦多無著。此外各欵是否悉屬有著，均應切實核計。所有本年以及上年户部撥補此項鹽釐銀兩無著各欵，應如何妥籌辦理之處，應即飭令北布政司、糧鹽二道、江漢宜昌兩關道、善後牙釐兩局，按照上年部撥各欵，通盤籌畫，會同核議切實辦法，迅速具詳核辦。除分行外，合就札行。札到，該司、道、關道、局即便遵照，迅速會議，詳覆核辦，勿稍違延。

行在户部奏片

再，查續借英德洋欵，以七處釐金作抵，内蘇州貨釐八十萬兩、松滬貨釐一百二十萬兩、浙東貨釐一百萬兩、九江貨釐二十萬兩、鄂岸鹽釐五十萬兩、皖岸鹽釐三十萬兩、宜昌鹽釐并萬户沱加價一百萬兩，均自光緒二十四年閏三月十一日起，由税司代

[一] 以下三十二件録自抄本《督楚公牘》。

徵，抵還續英德洋欵。前項釐金既已抵還洋欵，各該省用項向之取給於釐金者，勢必驟形短絀，因按年自三月起，至次年三月止，照釐金作抵數目籌欵撥補，歷經辦理在案。本年將届撥補釐金之期，原應循案撥補，惟臣部案卷被焚，上年撥補原奏所指均係何欵，已無從檢查。各省於臣部指撥各欵或全數已解，或全數未解，或已解仍不足數，現在多未咨報，其存儲候撥各項册籍間有造送行在者，亦未能齊全，實屬難以指撥。第釐金為各省急需，若待行查各省登覆到後，再行撥補，恐時日稽遲，未免緩不濟急。臣等公同商酌，擬令江蘇、浙江、江西、湖北等省查明上年撥補釐金各欵，係在本省截留者，即由本省照案留用，係歸外省協撥者，即咨該省照案撥解。其或上年指撥各欵、本年已動用無存，未能照數批解，仍責成原撥省分自行設法籌措，不得率請改撥。俟扣至一年期滿，或令各省照案籌解，抑或另行指撥，届時再由臣部奏明辦理。是否有當，理合附片陳明，伏祈聖鑒。謹奏。

札委程鼇專充農務局管堂委員，趙西彝、朱學周接充農務局中學教習光緒二十七年三月二十五日

照得農務局中學教習兼管堂委員、拔貢知縣程鼇，應即委令專充該局管堂委員，勿庸兼辦教習事務。又試用知縣馮錫綬已委轉運差事出省，所遺農務局中學教習，亟應委員接辦，以資訓迪，而便約束。查有江蘇恩貢候選直隸州州判趙西彝、江蘇副榜候選直隸州州判朱學周，堪以飭委。應令該員等常川駐局，遵照本部堂核定章程，諸事禀承總辦、提調，并會商總經理委員認真整頓，盡心教授，并隨時勸勉約束，務使學生等恪守堂規，立志向上，學業日有進境，造就成材。均從三月分起，月給薪水三十兩，以資辦公。除分行外，合亟札委。札到，該員即便遵照專充農務局管堂委員，前往農務局接充中學教習，將應辦事宜勤慎辦理，勿稍曠誤敷衍，以副委任。切切。

札委孟憲德接帶江清輪船、魏祚連管帶楚威輪船光緒二十七年四月初五日

照得管帶江清輪船游擊宋德明現經病故，應即飭調管帶楚威輪船五品軍功孟憲德前往充當管帶。該弁所遺楚威輪船，查有湖北候補縣丞魏祚連，堪以派委接充管帶。除分行外，合亟札委。札到，該弁即便遵照，將楚威輪船事務交卸清楚，前往江清輪船接充管帶。該員即便遵照，前往楚威輪船接充管帶。選用上等司機、水手人等，講求駕駛，務須一律精壯嫻習，俾得行駛穩妥迅速。船内鍋爐、機器什物，檢點齊全，擦拭光潔，修整完好，練習風濤，考究沙線，以供要差，勿稍疎率延誤。仍將交卸及接帶日期報查。

札委游擊李應時充鋼藥廠幫同監工光緒二十七年四月十三日

據漢陽鋼藥廠提調、候補知府汪洪霆禀稱：上年北地起衅，軍需喫緊，無煙火藥爲當務之急，當於五六月間晝夜趕造廠屋以及安機等事，百端交集，忙碌異常，總監工馮祖霨一人實難兼顧。因值憲台籌畫兵餉之際，昕夕焦勞，刻無暇晷，未敢以細端瑣事

冒瀆鈞聽，而廠務需人又屬迫不及待。乃商之工藝局，借調兩廣督標補用游擊李應時，於七月初一日到廠，幫同照料一切，於上年冬間工程一律告竣。嗣奉憲飭招募洋匠，業經雇定，不日計可到漢。第念開工在邇，事務日見紛繁，且有五種强水及化學試藥等廠亟須興工建造，在在需人。查李游擊自去秋到廠以來，於機器等事頗爲熟悉，人亦安詳，度必久邀憲鑒。可否將該游擊派充無烟藥廠幫同監工，與總監工馮祖爵互相經理，以免貽誤，卑府亦得藉資臂助等情，到本部堂。據此。應即如禀，派委兩廣督標補用游擊李應時充當無煙藥廠幫同監工，隨時與總監工馮祖爵互相經理。月支薪水銀七十元，自上年七月起開支，以期早睹成效。除分行外，合亟札委。札到，該游擊即便遵照上項札飭事理，幫同馮倅祖爵監工，勤慎經理，以副委任。仍遇事禀請總辦暨提調汪守核示辦理，勿稍粗率曠誤。切切。

札委林向藜充當槍礮廠收支光緒二十七年四月十三日

照得漢陽槍礮廠收支委員、試用知縣朝漢現經病故，所遺槍礮廠收支一差，自應委員按辦，以專責成。查有通判職銜林向藜堪以派委。月支薪水銀四十二元，由該廠支給。除分行外，合亟札委。札到，該職員即便遵照前赴槍礮廠充當收支，務將出納一切欵目悉心核計，勤慎經理，核實支發，勿任司事、丁役人等稍滋弊端。切切。

札委趙貽璹充試種場委員光緒二十七年四月十五日

照得農務局開辦已久，規模粗定，業經飭令於武勝、保安兩門外相地一處開闢試種場，籌辦種植、畜牧、蠶桑事宜在案。查有前在法國農學畢業學生候選訓導趙貽璹，堪以派充試驗場委員，於武勝、保安門外先行選定試種田地一處，預備參仿西法，興辦試種各事宜，以濬地利而裕民生。月給薪水銀七十元，在農務局經費項下支領，以資辦公。除分行外，合亟札委。札到，該訓導即便遵照充試驗場委員，禀商總辦、提調，妥籌辦理，務期確著成效，勿負委用。

札江漢關道照會英領事滇越造路始末事光緒二十七年四月二十三日

光緒二十七年四月初六日，據英國霍總領事面稱，本國國家風聞中國已准法國自越南邊界造路至雲南省城，并准其派兵入境護路，未知確否，請速查明。如果真有准法兵入境之事，關繫甚大，須電知本國設法阻止等語。具見英國關懷中國好意，當即電詢雲南確查。兹於本月十七日准署雲貴督部堂丁[一]諫電開：真電奉悉。滇越議修鐵路一案，係戊戌三月二十日法吕使照會三端內有准法公司自越邊造路至滇省城一欵，原議中國之應備者，惟該路所經之地與路旁地段，經總署覆允照辦。前年法領方蘇雅率路員來，當委員分段會勘。嗣值北變，法員暫回，詳細章程致未

[一] 指丁振鐸。

定議。昨方領復來，尚未議及此事。此滇越造路始末事。至派兵入境護路，不但無是事，亦無是議。請詳告英領，勿聽訛傳。至禱等因，到本部堂。准此。查派兵入境大礙中國自主之權，此端萬不可開。現既查明并無其事，亦無是議，固屬萬幸，但仍恐此後或有他國藉端要請者，不可不防。除札飭江漢關道照會英領事外，相應密行咨明行在總理衙門存案隨時駁斥外，合就札行。札到，該關道即便遵照，照會英國霍總領事轉達英廷，請其遇有藉端要請派兵入境以及有礙中國自主之權之事，隨時協助設法阻止，以杜狡謀。是爲至要。

札吴元愷嚴拏票匪楊洪桂并清查各營有無匪黨溷迹附單 光緒二十七年四月二十八日

據湖南營務處提調、署長沙府知府趙宜琛稟稱：光緒二十七年二月十三日，准管帶親軍後營翟都司廷蔚將緝勇什長譚炳耀拿獲之富有票匪曹士林解送到府。當即督同局員悉心研訊，緣曹士林即曹春生，籍隸善化縣，光緒二十五年十二月投入湖北新武防營充當勇丁，二十六年四月不記日期，聽從同營什長楊洪桂，糾入東台山會內，派充江口老九，旋又僞升管事老五，領得飄布一張。嗣被本棚什長張恒升查知斥責，即將飄布燒燬。楊洪桂嗣復向説現有富有會内匪目湘潭縣人宋春台，在距營不遠之觀音廟内放票糾人，并以每月可得口糧應用之言勸令改途入會。曹士林當即應允，旋經糾得長沙縣人楊雲占、周桂生，善化人周有貴、朱懷德一共四人，暨楊洪桂糾得同棚勇丁九人，宋春台自行糾得之十餘人，均於五月十五日在觀音廟後殿對神斬香盟誓，各在宋春台手内領得匪票一張，由宋春台將曹士林派爲新副，并派楊洪桂爲正辦，每月給洋銀五圓，曹士林爲副辦，每月給洋銀三圓，囑令代爲放票糾人。曹士林復又糾得王振海、鄧南山、石協卿、許萬青、李桂盛、王海齋、何翰丞、馬有桂八人，并由王振海等轉邀不記姓名十餘人，暨周有貴所糾之十餘人，同向宋春台領票入會。七月初間，匪魁林圭探知方統領在武防營選定曹士林暨各營勇丁帶領入衛，起意潛派匪黨在途劫奪軍裝，令曹士林充作内應。曹士林堅執未允，因不願遠行，請假出營，貪得宋春台月給洋銀，即在武昌居住。二十八日聞知林圭已被拏獲正法，潛至武防營，勸令入會匪黨概將票據燒燬，轉回湖南。二十七年二月十二日被親軍後營緝勇拏獲解府各等情，訊據供認不諱。卑府查曹士林以營勇入會爲匪，旋復聽信楊洪桂勸誘投入富有會內，派充副辦，輾轉糾人，實屬罪有應得。擬請發交原籍善化縣監禁二十年，以示懲儆，俟年限屆滿，察看情形，再行核辦。除嚴拏楊洪桂等務獲究報外，是否有當，理合開具供摺，稟請察核批示祇遵等情，到本部堂。據此。查上年秋間，康、梁逆黨在於沿江上下散放富有票，句結滋事。本部堂深恐各防營勇丁被其煽惑，迭次札飭各該統領認真清查約束，不啻三令五申。今據湘省拏獲之票匪曹士林供稱，曾在湖北省新武防營充當勇丁，聽從什長楊洪桂邀約入會，并復輾轉另邀多人等語，何以該統領及營哨各官均各毫無覺察，實屬疎忽已極。應即分別嚴行申飭，責成該統領督同營哨各官，嚴密查拏逸匪楊洪桂，務獲解交營務處審明稟辦，不得再任遠颺，致干參咎。一面將該營隊長勇丁認真清查，如尚有會票各匪溷迹在內，立即拏獲解究具報。合就札行。札到，該統領即便迅速遵照辦理。仍將遵辦情形稟報查核。

曹士林供詞

據曹士林即曹春生供：年二十四歲，善化縣人，父母俱存，兄弟三人，小的第二，娶妻林氏，没生子女。光緒二十五年十二月，投入湖北新武防營當勇。二十六年四月不記日期，聽從同營什長楊洪桂糾入東台山會内，派充江口老九，後又升做管事老五，領得飄布一張，後被本棚什長張恒升查知斥責，就把飄布燒燬。楊洪桂後又對小的説，現有富有會的頭目湘潭縣人宋春台，在離營不遠的觀音廟内放票糾人，并把每月可得口糧應用的話，勸小的改途入會。小的當就應允，就糾得長沙縣人楊雲占、周桂生，善化縣人周有貴、朱懷德一共四人，并楊洪桂糾的同棚勇丁九人，宋春台自己糾的十餘人，都是五月十五日在觀音廟後殿對神斬香盟誓，各自在宋春台手内領得富有票一張。宋春台就把小的派做新副，并派楊洪桂做正辦，每月給洋銀五圓，小的做副辦，每月給洋銀三圓，要小的們替他放票糾人。小的後又糾得王振海、鄧南山、石協卿、許萬青、李桂盛、王海齋、何翰丞、馬有桂們八人，并由王振海們轉邀不記姓名十餘人，暨周有貴糾的十餘人，同向宋春台領票入會。七月初間，會内頭目林圭探得方統領在武防營選定小的并各營勇丁帶領入衛，起意悄派黨與在途打奪軍裝，要小的做内應。小的堅没應允，因不願遠行，請假出營，貪得宋春台月給洋銀，就在武昌居住。七月二十八日聽聞林圭已被拏獲正法，小的悄到武防營勸入會的人都把票據燒燬，轉回湖南。二十七年二月十二日被親軍後營緝勇拏獲到案的。小的實是聽信楊洪桂勸誘投入富有會内，派充副辦，輾轉糾人，并没另犯不法别案。求輕辦。

札委田芸生接辦應城鹽課兼辦膏釐局

光緒二十七年五月二十日

前據署德安府知府廖正華查覆應城岗商上控德安同知鞠成霈加征税課等情，復經飭據任道子齡前往應城確切覆查具禀前來。查鞠丞辦理鹽課膏釐，收數雖旺，而任性妄爲，不洽商情，流弊滋多，應即撤差。所遺應城井鹽課税及兼辦膏釐局事務，亟應委員接辦。查有大挑試用知縣田芸生，堪以派委辦理，薪水照章開支。田令現辦轉運，尚未回省。其未到差以前，即委本任應城縣知縣莊則敬暫行代辦。除分行外，合亟札委。札到，該令即便遵照接辦應城井鹽課税，兼辦膏釐局事務，體察情形，認真整頓，嚴查井竈，力除積弊，務令悉數歸公，以期課釐日有起色。

札委連捷充自强學堂總稽察

光緒二十七年五月二十二日

照得自强學堂爲儲才之地，關繫重要。惟成才以禮法爲先，講學以綱常爲本。該學生衆多，誠恐性情心術未能一致，舊日習染未盡湔除。近日康黨邪説横行，上海康黨各報附和鼓煽，悖謬多端。少年血氣未定，往往爲所誘惑，致入迷途，以致釀成犯上作亂之事。亟應遴派專員總司稽察，隨時在講堂、飯廳、齋舍通行稽察，隨事勸戒。如學生中有聽信邪説妄發議論者，即行正言訓飭。見有閲康黨之逆書逆報者，即行屏棄銷燬。以及羣居蕩檢，結黨妄爲，捏詞曠課一切有違禮法之事，均即嚴切告戒禁止，以期化邪詖而宏造就。查有前候補知府連捷，堪以委充自强學堂總稽察。務須常川住院，并須率同教習、委員等均在飯廳喫飯，隨時隨事認真稽查。倘有桀驁悖妄之學生不守官法，不遵師教，不服該守勸戒者，即據實稟知總辦，告知提調，并稟明本部堂，立予開除，分別懲儆。每月支薪水銀五十兩，即於該堂經費項內支給。除分行外，合亟札委。札到，該員即便遵照，充自强學堂總稽察，查照札行事理認真辦理，勿稍曠誤懈弛。仍將到堂日期報查。

札委沈錫周專充湖北鋼藥廠總辦 光緒二十七年五月二十五日

照得湖北鋼藥廠專爲精鍊罐鋼、製造無煙火藥而設，經營數載，規模粗具，工作方興。現當時局艱難，軍需緊要，鋼藥兩項尤爲最急之需。惟該廠距槍礮廠遠在十里之外，槍礮廠總辦之員斷難兼顧，亟應專派大員駐局，督率經理，以期日起有功。查有前槍礮廠總辦、湖北特用道沈道錫周堪以調充總辦鋼藥廠事務。應令該道常川駐局，詢商洋匠，督飭提調、委員、洋匠等，於鍊鋼製藥諸務加意考求，趲工興作，務期煉製日精，足資利用。其有應行添設各項工程，亦即次第布置，妥籌興辦，俾竟全功。其槍礮廠事務，數月以來，經提調馮丞督率經理，頗能條理秩然。應即仍責成馮丞一手經理，以免紛更。除分別咨行外，合行札委。札到，該道即便遵照，專充鋼藥廠總辦，勿庸總辦槍礮廠務。恪遵上項指飭事宜，務須事事與洋匠籌商，督同該廠提調、委員等捐除成見，用以講求，認真經理。遇有重大事件，隨時稟候本部堂核定飭遵。月支薪水夫馬銀二百兩，於該廠經費項下開支，以資辦公。仍將到廠日期具報查考。毋違。特札。

札委徐家寶專辦保安所火藥局 光緒二十七年五月二十六日

照得保安所火藥局，前經檄委徐故道建寅督辦局務，添設機器，選備物料，造成洋火藥功用與外洋所造無異。該局製備軍火要需，自徐道故後，該局尚未派有接辦之員。茲查候選通判徐家寶學本家傳，前隨徐故道在保安所監造洋藥，親承指授，著有成效。應即派委該員徐家寶專辦保安所火藥局，以資熟手。薪水局用照章開支。該局仍歸善後總局兼轄，該倅隨時稟承善後局司道，認真辦理。除分行外，合亟札委。札到，該倅即便遵照，專辦保安所火藥局事務，選備物料，究心化學，精造廣儲，以應要需。仍將接辦日期報查。

札委孫福保等充當武備學堂中學教習 光緒二十七年五月二十六日

照得武備學堂中學教習、試用同知雙丞壽，已調充經心、江漢兩書院提調，候選知縣徐令鳳銜，已調充農務局蠶桑委員。所遺該學堂中學教習，亟應委員承充，以資訓迪。查有揀選知縣孫福保、議叙知縣何毓駿堪以派委。該員等務須遵照定章，諸事稟承提調，會商稽察課程行檢委員，常川在堂，整飭學規，訓勉約束。每日常與諸生講論古今兵略、經史大義，勖以忠孝，正其本原，四書尤爲切要。俾學業歸於純正，造就成材。一切悖亂猖狂邪説嚴加禁絕，毋許閲看。是爲至要。除分行外，合亟札委。札到，該員即便遵照，會同何令毓駿充當武備學堂中學教習，遵照上項札飭事宜，稟承提調勤慎辦理，盡心訓迪，勿稍曠誤。月給薪水銀三十兩，從五月分起支，由武備學堂經費項下具領，以資辦公。并將到堂遵辦日期具報查考。

札南、北藩司暨鹽道籌議鹽務積弊、酌擬治本治標二策以憑覆奏附單

光緒二十七年五月二十八日

光緒二十七年五月十八日承准軍機大臣字寄各直省督撫，光緒二十七年五月初四日奉上諭：有人奏鹽務積弊酌擬治本治標二策一摺。鹽務爲國家歲入之大宗，亦直省叢弊之淵藪，而兩淮、兩廣爲尤甚。況當此時艱孔急，帑餉支絀之際，尤宜變通整頓。惟各省情形不同，必須因地制宜，期收實效。原摺所陳鹽務積弊及酌擬治本治標各節，不爲無見，著各督撫各就地方情形詳加考核，妥籌辦理具奏，總期興利除弊，以裕餉源。原摺均著抄給閱看。將此各諭令知之。欽此。遵旨寄信前來等因，到本部堂。承准此。查湖南、北并非産鹽之地，惟既奉旨妥籌，所有川、淮行銷情形如有所見，可以裨益餉源之處，亦應籌議上陳，以備採擇。合就恭録札行。札到，該司、道即便會同欽遵，體察情形，詳加考核，并移會宜昌川鹽局欽遵查照，籌議具覆，由該司、道妥籌議詳，以憑酌核覆奏。勿違。

鹽務積弊酌擬治本治標二策摺

奏為謹陳鹽務積弊情形，酌擬治本治標二策，以利餉源，恭摺仰祈聖鑒事。竊鹽務舊制，部頒鹽引，商人領引配運，劃界行銷。其後私鹽充斥，各省各立變通章程，以防官鹽滯銷之病，而私鹽如故，至於今而弊極矣。鹽為民食必用之需，生齒日繁，則需鹽日多，即當銷鹽日廣，而鹽課亦日有所增。以近年生民之庶，比之從前，增加奚啻兩倍，而鹽課所增幾何，情弊顯然，無待智者辨之。各省販運私鹽情形不一，而以兩淮、兩廣鹽梟為最悍，大都豪侈富厚，連檣百十，募用精壯，挾持利器，設遇巡緝輪快各船，往往放礮拒捕，故雖有格殺勿論之條，終無必勝之術以制之。浙江邊海如甯波、慈谿等處，竟不容官鹽設店，屢被焚燒，莫敢再往。直隸永平所屬州縣，亦有官鹽不能行銷之處。若陸運私販，則直、東、四川、晉、豫各省，無處不有。甚者百十成羣，往來僻道，手持軍械，背負鹽包，遇警則聚鹽為壘相距。此輩亡命之徒，而以官募之疲冗巡勇與之格鬭，何肯捨身決戰，以邀不可必得之賞。今第就兩廣鹽務而論，鹽場碁布，例須領運司印票配鹽，而持票到場者不過十之二三，無票私買者恒居八九，名為外配，其數兩倍官鹽有奇。此為真正私鹽，而官中之私不與焉。官船載鹽由海運至官鹽處所，中途無可稽考，一運再運，然後銷票，官商始得繳課承領。而裝包換駁之際，種種偷漏。其灌包之法，每包可增數十斤，枰手神妙百出，令人熟視難察。自此之後，乃得運銷引地。緝私局廠節節盤查，而私鹽早已徧地皆是。夾帶灌包、假報失水諸弊，已防不勝防矣。緝私局廠無從禁止私鹽，但用抽分之法，變立名目，為之紅鹽，以作充公充賞之費。又不責其交鹽，祇令繳銀，委員、司事、巡丁、扦手先飽欲壑，然後以餘歸公。此弊兩淮尤甚，大通等處督銷局員歲入皆以萬計，而其酬應當道節敬、乾脩，更難枚舉。此則官中之私，意在遏抑私鹽，疏通官鹽，而利歸中飽者也。推原其故，由於場竈散在海隅，因而移鹽就掣。不治之移鹽之先，而治之掣鹽之後，是猶縱鳥出樊而後從而羅之，其弋獲能幾何矣。鹽之報數，在於場竈，産鹽

之數如彼，銷鹽之數如此，私鹽兩倍於官鹽之説，并非臆斷。設令化私為官，則課釐歲入千三百餘萬，即當增多二千七百萬。即使約之又約，求多千萬豈為奢望。如此大宗欵項，何可不加意整頓。謹擬治本治標二策，以效土壤涓流之助。查各省大股私梟，大抵皆有頭目，初以販私為業，後有身家，不盡甘於怙惡，特餘黨裹脅不散，則魁傑欲罷不能，且以情罪昭彰，自新無路。倘能撫而用之，即是釜底抽薪之法。既得其人，用以招撫解散緝私，其得力必勝於尋常丁勇，此與收盜賊為捕快，其理相同。少一股私梟，必增一分國課，養以治奸與縱令為奸，得失易辨。且大憝既除，小醜易治，亦不必盡私梟而用之，為費不多，無庸吝也。一面撫梟，一面請查場竈産鹽之數，場以畝計，竈以火計。按月籍之，分季匯總，而計其中數。按年籍之，三年總匯，而計其中數。是本省産鹽確數，可以知其底蕴，於是即以産鹽之地為掣鹽之所，就場徵課，課釐并收。復即産鹽確數，隨時稽查存鹽，是無課有鹽，有鹽無課，必無所遁於二者之外矣。至於分段掣鹽，舊有丁役不敷分布，可將向設緝私督銷局所歸併於此，亦不必别籌經費。此治本之法也。小民販賣私鹽，無非將本求利，意在得錢。惟既倚此為生，不得不鋌而走險。然大股私鹽，仍非拆散無從變賣。應准援照自首之例，凡有私賣鹽斤自行交官求賣者，分别道路遠近，照價給錢，并免科罪。凡官買私鹽，照本給價，不得折價勒買。一面出示曉諭，多方招徠，一面慎選緝私委員，嚴定緝私章程。印委各員如有得賄賣放情事，治以應得之罪，輕者或咨回吏部，或撤委停差，必以私梟私販便於交官，難於偷漏為斷。其收買之法，凡在鹽務當差人員，無論實缺候補，均准入股收買。此係原有引額以外之鹽，即可名為餘鹽。所收鹽斤，委員專管，報明該管司道隨時查核。私鹽既歸官賣，官鹽銷路自暢。准令官商交納半課，承領餘鹽，或按照引地大小定數融銷，或視銷數暢滯隨時增減。惟其舊銷引額不准請減，轉致避重就輕，有虧正課。如此辦法，則從前無課之私鹽得以收其半課，通計歲入，似亦不至甚微。然仍須清查場竈所産鹽數，以為稽核偷漏之根。此治標之法也。現在國用匱乏，籌欵維艱。與其另闢餉源，轉增窒礙，何如就應得之利，設法歸公。所陳二策，尚不至病商病民，似無斂怨之道。可否飭下各直省督撫妥為酌核，并擬定詳細章程，奏明辦理之處，出自聖裁。臣愚昧之見，是否有當，理合恭摺上陳，伏乞皇太后、皇上聖鑒訓示。謹奏。

札委王曜鑾赴雲夢會同方友升赴岳州分起遣散勇丁

光緒二十七年六月十三日

照得新授浙江衢州鎮方鎮友升所統武功五營由晉旋鄂，前隊已到確山，業經本部堂電飭該鎮由信陽入平靖關，避開鐵路，繞道德安，至雲夢縣隔蒲潭，乘船至蔡甸候示，并電飭雲夢縣應付船隻，暨檄行方鎮沿途嚴行約束勇丁等因在案。查此起湘軍武功五營，應即飭令方鎮帶赴岳州，督飭營哨各官妥爲分起遣散，所有月餉及應發恩餉，均截至到岳州府日爲止。亟應派員酌帶月餉、恩餉，馳赴雲夢隔蒲潭，會同方鎮彈壓照料一切，并由省多僱船隻，帶往雲夢，以備勇丁乘坐，及酌帶輪船駛赴蔡甸，迎頭拖帶赴岳州，分起遣散，并酌派輪船拖送過湖。查有補用知府王曜鑾堪以派委，所有應帶月餉、恩餉、船價及該守薪水夫馬，均由北善後局撥給具報。除分行外，合亟札委。札到，該守即便遵照，多傭船隻，酌帶輪船，帶齊月餉恩餉，迅速馳赴雲夢隔蒲潭地方，沿途會同方鎮妥爲彈壓照料，將該營帶赴岳州，分起遣散，毋任滋生事端。所有應繳軍裝軍械，應於到鄂時一律繳齊。是爲至要。

札方鎮友升統帶所部由信陽入平靖關繞道雲夢坐船至蔡甸聽候示遵光緒二十七年六月十三日

案照昨因新授浙江衢州鎮總兵方鎮友升所統武功五營由晉旋鄂，如取道信陽州行走，該處鐵路工程正值興修，人夫麕集，諸多未便，業經電飭由襄陽乘船下漢。旋據方鎮友升電稱，該軍前隊已到確山，距信陽兩站，若走襄陽，必退由新鄭改道，餉已不支，車馬尤難，應懇仍由信陽入平靖關以趨孝感。茲據江漢關道轉據夏口廳稟，接孝感縣函稱，該縣現值農忙，夫車既缺，且湖河水漲，驛路被淹，車輛更不能行等語。復經本部堂電飭方鎮，該部前隊既到確山，即可由信陽入平靖關，避開鐵路，繞道德安府，至雲夢縣隔蒲潭，坐船至蔡甸候示。并電飭雲夢縣多傭船隻，不論大小，應付出境，船價准其開報等因在案。查方軍現既取道德安、雲夢，已飛飭雲夢縣多備船隻，并派官輪至蔡甸以上迎頭拖帶，暨另札委王守曜鑾會同該鎮照料彈壓一切。除分行外，合行札飭。爲此，札仰該鎮即便遵照，統率所部由信陽入平靖關，避開鐵路，繞道德安府，至雲夢縣隔蒲潭坐船至蔡甸，聽候示遵。該鎮沿途務須嚴行約束勇丁，不准騷擾生事。倘敢稍滋事端，定干嚴參。切切。特札。

咨北提鄧正峰將武襄四營裁減二營以節糜費光緒二十七年六月十九日

爲照前因襄樊豫匪竄擾，邊防緊要，當經電達貴提督募勇一千名，分爲武襄四底營，以三營爲步隊，一營爲礮隊，督飭認真操練巡防等因，咨行在案。查近來襄樊一帶，邊防静謐，襄防舊有馬隊一營，新舊步隊二營，再酌留武襄步隊二營，足資巡防緝捕。應即裁撤武襄礮隊一營、步隊一營，以節糜費。除分別咨行外，相應咨會。爲此，合咨貴提督煩爲查照，即將武襄礮隊一營、步隊一營分起裁撤，妥爲遣散。應繳軍裝、軍火、槍礮、器械等件，分別點收齊全，妥爲存儲。其月餉截至六月底爲止，從優發給恩餉兩箇月。務即妥速辦理，勿任逗留生事，并希見覆施行。

札北藩司通飭有隄州縣如有捐款應專辦隄工光緒二十七年六月二十日

案據天門縣知縣梁葆仁具稟籌辦積穀，請照舊積錢，暫緩積穀等情。除批司即飭天門縣將境内隄工應修應補，分晰查明其高鄉應如何積穀，一併妥議章程，稟候核辦外，查天門此項捐款，始於該前縣邵世恩奉飭籌集，前於光緒十六年四月據邵令會同從九余永清具稟按畝抽捐，籌辦育嬰養濟等事。當批：古人云治世以大德，不以小惠。州縣循良，譬之慈父母。所謂慈父母者，謂舉一家之子孫而皆撫育之，保護之，教督之，如此方可稱慈。若鄉里老嫗於大男衆婦、繞膝孫曾全無恩恤，利害漠不相關，但知憐愛襁褓中之幼女，如此可謂慈乎。查濱江濱漢各州縣連年水患，禾稼田廬疊遭傷害。天門即被水之區，近年隄潰河決，防築疏通又復耗費無算，官帑已空，民力亦困。上年散賑修工，籌欵勸捐，甚非易事。今該印委等議以按糧每銀一兩抽捐三百文，是每兩加銀二錢有奇矣。試思設堂育嬰，收養溺女等事，乃係地方義舉，迥非隄工土方畝費可比，何至履畝而捐，累及闔縣。如果民情樂輸鉅欵，何不以之修隄疏河，興辦水利，使該州縣全境之内永遠變澤國爲樂土耶。今不救一州一縣之溺，而救一家一嬰之溺，籌此大舉鉅欵，舍其急而圖其緩，遺其重而務其輕，可謂不知政體者矣。至地方義舉，應由該紳商富户自行量力集貲，斷無按糧派捐辦法。縣志本屬不急之務，況省志近已修成，更不宜爲此派捐，顯係該縣託名收捐，藉圖挪用，實屬大謬。仰北布政司即飭該印委遵照，如本地紳富自願辦理育嬰拯溺等事，自行集欵好善，極屬可嘉，地方官可爲之立案照辦，并先捐廉倡助可也。惟現議此項捐欵，以之興修本縣水利隄工，實於國計民生兩有裨益。既稱民皆樂從，即令照租多寡，酌定等差，妥勸捐收，專欵存儲，爲本地修工防患之需，不准絲毫挪作别用，發交殷商代存，遴派公正紳士經理，由地方官隨時督率稽查，不許吏胥經手。其零星小户及應協本年鍾隄借欵之區，應予劃出免捐。應如何另議辦法，併飭該縣籌議妥善章程，禀候核奪，并飭委員余永清以後所到之處，只可會同地方官勸導紳富，酌籌閒欵，俾資善舉，不得倡此謬議，致干未便。切切。仍録報撫部院暨候批示。繳。等因印發在案。查湖北有隄州縣，於水利隄工多不經心，無論官隄民隄，何處險要宜防，何處單薄宜補，何處低矮宜加，平時漠不關心，絶不爲歲修豫防之計。即見有衝刷塌陷情形，又不及早往勘，相機培補。及至險工已出，臨渴掘井，雖據禀稱如何守護，如何搶險，而土料俱無，狂瀾難挽，不過空言張皇，類多無從補救。即如天門梁令有此存欵，尚不知所措施，其他更可知矣。今年江漢盛漲，黄梅、潛江、蘄州等處紛紛具報潰決，此外有無潰口尚不可知，民間田廬財産漂没損失何可勝計。懲前毖後，雖已失綢繆桑土之防，尚可爲亡羊補牢之計。合亟録批飭行。札到，該司即便由六百里飛速通飭有隄州縣遵照，振刷精神，督率紳耆，將目前隄工趕緊防護，以後修守事宜設法籌辦。仍將遵辦情形報查。倘敢視爲具文，仍前玩泄，定干參處。特札。

札委新設學務處總辦及委員 光緒二十七年六月二十一日

照得本部堂於湖北省城先後奏明創設武備、將弁、自强、農務、工藝各學堂，并將兩湖、經心、江漢各書院課程學規節次斟酌釐定，除行檢、經史外，欽遵懿旨，專課四門實學，以期造就文武人才，上備國家任使。現在學堂既多，學務日形殷繁，亟應添設總匯之所，庶諸事既有責成，教法亦免參差。兹於本衙門設立學務處一所。查有江蘇特用道鄭道孝胥、湖北候補道趙道濱彦，堪以派充學務處總辦。農務局提調兼管將弁學堂湖北試用同知汪丞鳳瀛，經心、江漢書院提調署武昌府同知雙丞壽、自强學堂提調湖北試用通判程倅頌萬、工藝局副提調湖北補用知州查牧雙綏、武備學堂稽察委員前廣東遂溪縣知縣李令鍾珏、前山東莒州知州蔣牧楷、兩湖書院監院遠安縣訓導劉訓導洪烈、本署文案委員通判職銜王倅孝繩，堪以派充學務處委員。自總辦以下，均須常川到處，總辦暨各委員隨時討論，悉心籌議，禀候本部堂核示辦理。所有關涉學務之章程、經費、委員銜名、學生人數、功課年限、時刻圖表、考課題目，均須彙總隨時呈覽，以備考核而覘進退。其一切文牘案件，即派王倅孝繩經管。該員等均有本差，毋庸另支薪水夫馬。除分别咨行外，合行札委。札到，該道、員即便充當本署學務處總辦、委員，遵照上項指飭事宜妥籌辦理，毋負委任。切切。特札。

札飭利川縣將利防一底營全行裁撤光緒二十七年七月初二日

案照上年利川縣匪徒滋事，邊防緊要，當經飭募利防營勇丁二百五十名，歸利川縣蔡令國楨調遣，以資防勦在案。查近來利川縣地方已臻安静，所有前募利防一底營，應即全行裁撤，以節餉需。即由該縣將應繳軍裝、器械等件，照數點收清楚，妥爲存儲，月餉截至遣撤之日止，照章加發恩餉一箇月，不得再爲求多。務將湘勇、土勇分别押送回籍歸農，勿任逗遛滋事。除咨行外，合就札行。札到，該縣即便遵照妥速遣散具報。勿違。

札委任子齡赴岳州遣散方軍勇丁光緒二十七年七月初四日

照得方鎮友升所統武功五營由信陽州入平靖關，繞道德安至雲夢縣隔蒲潭，坐船至蔡甸，派輪拖帶至岳州分起遣散，原輪拖送過湖，業經飭委王守曜鑾酌帶輪船及應發月餉恩餉，前往會同方鎮妥爲辦理在案。查方軍日内即可到鄂，應再加委總辦營務處任道子齡，會同方鎮督同王守，乘輪駛往岳州，仍由原輪原船拖帶過湖，按名給餉，妥爲遣散，壓令各回原籍，勿任逗遛滋事。除分行外，合亟札委。札到，該道即便遵照會同方鎮督同王守妥速辦理具報。勿違。

咨北學院自强學堂諸生毁牌滋事分别懲辦光緒二十七年七月初九日

據湖北自强學堂候補道趙濱彦詳稱：竊職道前稟三月初一日奉到憲台遴派自强學堂教習牌示，遵即懸挂學堂轎廳。初二日午間，職道到堂，據滚令面稟，此牌於昨夜被人掇去。本日清晨，經内號房向荷池邊柳樹上尋獲，查看牌上挖去教習二字，各教習之名，除陳問咸外，其餘均有劃破刀痕，惟胡鈞一名尤甚。職道查驗屬實，不勝駭異。當飭滚令嚴究丁役人等，并查問閤堂諸生。據該令稟稱，先訊丁役，據稟此牌於二更時尚懸轎廳，自大門落鎖後，人迹已稀，實不知幾時取去，各領班學生亦稱均不知情。復飭該令再行切實密查。嗣據稟稱，據内號房韋清訪得初一夜，有東文學生羅澤昫、楊熙祥、何焜與俄文學生向煜、張柏青五人，在俄文齋聚談。至三更後，東文學生三人始回齋房，並向厨房索取飲食。又據法文學生莊啟稟，初一日懸牌後，即有俄文學生向煜、張柏青二人至東文羅澤昫齋房，并有東文學生楊熙祥、何焜二人在坐，羅澤昫因問張柏青云，爾係本省人，此次派來教習，以何人爲優，張柏青云以陳問咸爲優，若陳毅、胡鈞、左全孝三人，均有皮氣，學問亦不佳，田吴炤則彼善於此。向煜云，此等人何足以當教習，不如挖去教習二字，然不可聲張。此莊啓在房所親聽者各等語。職道今日復傳内號房韋清親訊，所稟相同。又傳俄文齋齋夫秦洪升嚴訊，據供初一日傍晚，有東文學生何焜、楊熊祥、羅澤昫、魯學藻四人至俄文學生向煜房内，張柏青與不識姓名之法文新生亦同在坐，談論教習不好等事。至三更後，向煜等七人同往前邊，有一點多鐘，始由講堂之圓門外回來。此係小的目覩實在情形，何人取牌毁壞，實未看見，不敢妄供等語。再四研究，矢口不移。職道細核各情，以學生莊啟所禀、齋夫秦洪升所供最爲確鑿，雖未指出毁牌實據，而考證情節，實係向煜等七人所爲，已無疑義。似此膽大妄爲，實屬不堪造就。除不知姓名之法文學生一名再行查究外，其向煜、張柏青、何焜、魯學藻、楊熊祥、羅澤昫六名，應如何懲辦之處，伏乞鈞示祗遵。初五日奉憲台批示：據趙道禀，該堂學生毁壞牌示，不服教習各節，實屬謬妄膽大，目無法紀，必須嚴懲。即將向煜、張柏青、何焜、魯學藻、楊熊祥、羅澤昫等六名及法文新生一名，發交武昌府嚴訊禀辦，其係附生者，即由該道具詳咨學院褫革等因。武昌府余守隨即來堂，續奉批示，余守即時親赴自强學堂，會同趙道傳訊向煜等六生，務須究出實在情形，分别戒責驅逐詳辦。如有抗違，即行帶赴武昌府收審等因，奉此。遵即會同余守傳集向煜等六生到公事廳，逐一研訊。該生等再四抵賴，當傳法文學生莊啟出證。隨據向煜自認看牌後，曾與張柏青議論教習不好，不應派其來堂之語，張柏青亦認至羅澤昫房内議論此事，至挖毁牌示，仍不肯認。隨訊何焜等四人，亦不承認。又傳俄文齋齋夫秦洪升到廳，令其認明各生，一一指證，該生等雖仍不認毁牌，而佐證確鑿，是此次實由向煜、張柏青二人起意，何焜、魯學藻、楊熊祥、羅澤昫四人夥同滋事，已屬顯然。向煜、張柏青二人久充領班，不能表率學衆，反敢倡率生事，情節較重。何焜雖係附和，而又在堂頂撞教習。當將向焜、張柏青、何焜三名飭令提調漆令重加戒責後，同楊熊祥、魯學藻、羅澤昫三名立時驅逐出堂。查諸生内惟張柏青、魯學藻二名係湖北附生，其向煜、何焜、楊熊祥、羅澤昫四名均係文童。除已分别責逐外，謹擬詳請查核，咨明湖北學院，將漢陽縣學附生張柏青立予褫革，嘉魚縣學附生魯學藻注劣等情，到本部堂。據此。除批示：查學堂學生，必須規矩嚴肅，行止端謹，始可範其聰明才力，造成有用之材，不獨不可有邪僻放肆之行，并不可有囂凌矜張之氣。此次所派各教習，乃本部堂向兩湖書院選取品學兼優之高等生，無非爲成就該堂學生學業之厚意。今自强學堂學生輒敢不服本部堂所派教習，竟將牌示挖毁棄置，實堪駭異。本部堂建立學堂，籌欵定章，不知費幾許心力。乃各生疊次滋事，有負培植之心，已屬愚妄。今且於所派教習，竟敢不服滋鬧，并敢毁棄牌示，更屬藐法已極。充此舉動，實開犯上作亂之漸，如此而不加深儆，立此學堂何用。除向煜、何焜、楊熊祥、羅澤昫四名均係童生，無可斥革，業經分别戒責，驅逐出堂。其文生張柏青、魯學藻二名均應一併褫革，不得曲示寬假。除咨明湖北學院將該兩生一併褫革外，仰即知照。此繳。等因批發外，相應咨明。爲此，合咨貴學院，請煩查照，希將漢陽縣學附生張柏青及嘉魚縣學附生魯學藻一併褫革，見覆施行。

札委蔡琦接辦槍礮廠兼鋼藥廠採辦事務

光緒二十七年七月十四日

照得漢陽槍礮廠兼鋼藥廠採辦高守松如，現已調派坐辦官錢局事務，所遺採辦事務，亟應遴員接辦。查有分省補用同知蔡琦，堪以派委槍礮廠兼鋼藥廠採辦，月支薪水銀五十兩，由該兩廠支給，其武備學堂收支事務，仍令該丞兼辦。所有槍礮、鋼藥兩廠採辦一切物料，價銀在五百兩以下者，槍礮廠事務聽候瞿藩司、馮丞開單交辦，鋼藥廠事務聽候沈道開單交辦。價銀在五百兩以上者，隨時隨同瞿藩司、馮丞、沈道開具説帖，禀請本部堂核定飭辦，勿得自行訂購。務須向各洋行詳加考校，認真貨色高下、分兩輕重、價值貴賤，詳慎採辦，免受洋行欺蒙，勿任司事人等稍有含糊滋弊，以副委任。除分行外，合亟札委。札到，該丞即便遵照接辦槍礮廠兼鋼藥廠採辦事務。仍將到廠日期報查。

札鄖陽府於鄖縣、鄖西兩屬抽收潞釐由商包繳并設卡緝私 光緒二十七年七月十四日

據署湖北鹽法武昌道逄潤古詳稱：案查前奉憲台批鄖陽府知府許有麟禀遵議鄖陽潞鹽抽釐情形，請示祇遵一案。奉批：據禀籌議鄖縣潞鹽抽釐，由商包繳，每年以三千串爲率，鄖西則照四分之一繳釐。其餘保康係食川鹽，與現食甯鹽之房縣、兩竹[一]，均免置議各節，均悉。仰北鹽法道核議，詳覆核奪。至應否飭川鹽局在鄖開設子店，減價售賣以相抵制之處，并由該道一併議覆等因，奉此。遵查許守原禀，内稱遵憲台電飭，查明鄖郡係川、淮併銷引地，因道遠價昂，官鹽久不上運，民食潞私，由來已久，殷實駝運售賣，貧民挑負圖利，一經堵緝，兵役藉端擾害，弊不勝言。而官鹽未來，民間又難淡食，惟有抽釐一法。復查光緒十七年，卑府會同前辦川鹽局杜倅曾議每駝抽錢四百文，每挑抽錢一百二十文，以補鹽課之不足，即責成府城鹽店每年包繳三千串，鄖西縣鹽店每年包繳八百串。而衆商始終觀望推諉，致未果行，僅由局月運鹽五十包發商代銷。又因灘險載重，轉運艱難，旋作罷論。現經卑府傳集紳士靳明謙及府城鹽店三家再肆開導，始允以三千串爲率，試辦一年，按兩季呈繳。鄖西縣鹽釐，迭飭吴令仿照辦理。現據覆稱，擬按鄖縣數目四分之一，勉力試辦等語。職署道查鄖縣、鄖西兩屬既爲川、淮併銷引地，自應力堵潞私，飭官運局運鹽往售，方爲正辦。乃自十七年内該府因官鹽艱於運銷，潞私難禁，創議抽收潞釐，欲令販私者本重不能賤售，亦是不禁而禁之法。禀經前升道瞿奉飭核議，當以潞私抽課行銷，與昔年川、淮分認引地之案不符，奏咨恐干駁詰。且收數甚微，不便登諸奏牘，恐爲淮商藉口。又與請咨豫省於距鄂境三十里以内，潞鹽行店一律撤退之案兩歧，並請留此二縣作爲藩籬，以免私鹽下灌均、光各處等情，詳具説帖，禀明憲台札飭該府，令殷實紳商赴河口領鹽銷售，并委員查明妥議章程禀覆在卷。迄今十年之久，辦無成效。鄖西紳商始則議定月撥鹽五十包，減價分銷，繼則不但不如數領售，甚至所賣價值延不繳局，又將運上川鹽倒灌均、光，不能敵私，反礙官運，經該局以轉運艱難申請停止。今許守請抽潞釐，亦因深悉此種難辦情形，爲小民淡食起見，不得不權爲試辦，以冀於國課民生兩有裨益，自應俯如所請辦理。惟所議每駝收釐錢四百文，每挑收釐錢一百二十文，以觔分計，每觔只抽二文之譜，爲數甚微。該私販等成本仍輕，恐難抵制，且難杜賤售洒賣之弊。擬請飭令該府傳集紳商再行妥議，鄖縣潞釐酌加二千串，令該商等每年包繳釐錢五千串文，鄖西即按鄖縣抽

[一] 即竹山、竹谿兩縣。

數四分之一，統按四季解由該府轉解道庫核收，不准拖延。此係責成紳商包釐，地方官不准藉口請設局卡以及開支薪水工食解費一切用項，以昭核實。至該府所請在郡城設立川鹽子店減價抵制等語，飭據老河口官運川鹽局委員鄭丞葆琛禀稱，現在緝費收數不旺，經費難籌。請由該府縣諭令殷實紳商備價就近赴均州子店照價領銷繳價，以兩箇月爲期，仍先出錢舖期票交局待兑，并請在下游琵琶灘、安洋口設立查卡，移請水師後營選派礮船嚴緝，不准潞私越界，以免浸灌均、光一帶，有礙川銷。職署道細核禀情，亦係慎重官運辦法，若欲抽收潞釐，自應明立界限，嚴申禁令，設卡認真緝私，方無顧此失彼之虞。仍令該守等先行試辦，一俟著有成效，再具妥詳呈請奏咨立案。所有遵議鄖縣、鄖西兩屬抽收潞釐由商包繳，并令該府縣飭商領銷川鹽以資抵制及設卡緝私緣由，是否有當，理合具文詳請查核批示，以便轉飭遵辦等情，到本部堂。據此。除批：查鄖縣、鄖西兩屬，本係川、淮併銷引地，今議潞私抽課行銷，實因鄖陽地方路遠灘多，官鹽艱於運銷，民間又未便淡食。爲此權宜試辦之舉，以期潞本加重，不禁自禁。許守原議每駝抽錢四百文，每挑抽錢一百二十文，責成府城鹽店每年包繳錢三千串，鄖西縣鹽釐按照鄖縣數目每年包繳四分之一，爲數太微，難期抵制。應如該道所議，鄖縣潞釐酌加二千串，令該鹽店每年包繳錢五千串，鄖西即按鄖縣抽數四分之一，分四季解由該府轉解道庫核收，不准絲毫拖欠，并不准開支別項薪水解費，以昭核實。餘如詳辦理。仍應立定界限，嚴禁潞私，不得浸灌均、光一帶，致礙川銷。俟試辦著有成效，再行詳請奏咨。仰即轉飭遵照辦理。仍候撫部院批示。繳。等因印發外，合亟札飭。札到，該府即便遵照辦理。

札委朱椿林、鄒祖蔭及吴正濂分别充任工藝學堂中學教習及管堂委員光緒二十七年七月十四日

照得本部堂創設工藝學堂招選學生，講求算學、化學、機器製造等學，然無論何項學藝，總以中學爲根柢。中學以講明四書大義，尤爲切要。務令學生咸知忠孝爲行己之原，廉恥爲立身之本，俾心術歸於純正，一切悖亂邪説嚴禁閲看，桀驁惡習嚴行懲戒，以端始基。故中學教習關係尤爲緊要。兹查工藝學堂原有學生文理太屬粗淺，習氣亦多不謹。現已飭令該堂提調、坐辦嚴加沙汰，另招明通謹飭之學生，將學規嚴加整頓，以期造就有成。所有中學教習亟應選擇另委，以期得力。查有議叙知縣朱椿林、候選訓導鄒祖蔭兩員，均堪委充工藝學堂中學教習。均月支薪水銀三十兩。除分飭遵照外，合行札委。札到，該員即便充當工藝學堂中學教習，常川住堂，會同遵照上項指飭事宜，於學生行檢功課盡心講貫，嚴加約束，總期諸生學行兼修，造就成材。毋稍曠誤敷衍，致負委任。切切。特札。

照得工藝學堂原有學生文理太屬粗淺，習氣亦多不謹。現已飭令該堂提調、坐辦嚴加沙汰，另招明通謹飭之學生，將學規嚴行整頓，以期造就有成。其機器製造，亦經飭令添建廠屋，專造新式前膛槍礮，精求工作，以利軍資。查有原派該堂教習候選府經歷吴正濂，堪以改委充當工藝局管堂兼監工委員，月支薪水銀二十兩。除分飭遵照外，合行札委。札到，該員即便充當工藝局管堂兼監工委員，務須常川住堂，禀承提調、坐辦，將學生工匠

嚴加約束稽查，勿任犯規偷惰，曠學誤工。是爲至要。切切。特札。

札北藩司等查明兩江督院咨送私販硝磺鄂發運票光緒二十七年七月十七日

光緒二十七年六月二十八日准兩江督部堂劉咨開：據金陵洋火藥局楊道稟稱，竊職道前因長江一帶匪徒蠢動，曾於三月初間拏獲私販火藥發縣嚴辦，并將公所值年更换，飭令認真查緝，均經稟明在案。茲據該值年以下關姜復茂花爆店私藏硫磺甚多呈報，旋鳴保查獲私磺五百餘觔并洋火藥三十餘觔，呈報到局。即據姜復茂稱係鄂省官磺，呈出湖北通省硝磺商務總局運票五張，報經職道察閲。查票開：湖北通省硝磺商務總局爲給票事。案奉藩憲、善後局憲轉奉督撫憲核准，本局定章，凡須用硝磺，各户來局請領，觔數多寡不一，應由本局隨貨給發照票，以利運行。茲據某縣商人某到局承買官磺若干塊，計重若干觔，運赴某地方，爲某項之用，除取具保結外，所有應繳餉銀，業經照章收訖，合行給票該商收執，經過關卡呈驗蓋戳，以免重徵釐税。倘貨數與票不符，票外餘貨扣留充公。或竟無票，即以私販論，應送由地方官按律懲辦。此票只准若干日，過期即爲無用。票内填明地方，不得轉運他處，如違查究。切切。須至票者等因。伏思鄂局推廣磺觔之銷場，以擴利源。職局嚴查舖户之存儲，以防隱患。惟查所呈運票二張，爲光緒二十五年六月所給，與票内只准三十日之期，相距已逾兩年，一不合也。三張係光緒二十七年五月初四日所給，與票内四十五日之期雖合，然細閲所填年月，以墨蓋硃，且有塗改，顯係空白由該商自行填運，二不合也。票内稱經過關卡驗票放行，而所呈各票并無沿途關卡驗訖一戳，顯係私行繞越，三不合也。又票内填明地方不得轉運他處，今以所獲硝磺核計，是其填運蕪湖、鎮江、瓜洲等處之磺，概行運至南京，四不合也。况鄂省商務局硝磺運售南京，是否曾由湖北督憲、湖北撫憲咨明憲台准行，職局并未奉有鈞札。竊以爲雖有鄂票，仍應以販私論。且票之真僞本不可知，即令無僞，而湖北通省硝磺商務總局之票，蓋用採運硝磺商局之戳記，運行二千餘里之長江，偷越數省林立之關卡，其中難保無影射圖利，更難保其不接濟匪人。又二張加蓋江夏硝磺官局驗發戳記，三張加蓋課税業經繳訖，凡遇關卡驗票放行，毋須重徵。戳記兩不相符，殊難見信。又票内所稱應繳餉銀業經照章收訖，然鄂省何獨於硝磺包徵數省之餉。種種罅漏，令人可疑。擬將原票五張詳請憲台咨送湖北督憲、湖北撫憲飭查辦理。至湖北商務局官磺是否准其通行長江一帶免徵釐税，職道未便擬議，應俟憲台酌核。此次拏獲磺觔，擬飭令繳局，照章提半作價充賞，其私藏磺觔之舖户姜復茂，并有私藏洋火藥情事，擬發縣從嚴懲辦。是否有當，統候示遵等情，并運票到本部堂。據此。除批：據稟已悉。查硝磺一項，軍火攸關，洋火藥尤爲營中要需，豈容私藏私販。乃該舖户姜復茂膽敢私藏硫磺五百餘觔，洋火藥三十餘觔之多，實屬藐玩已極。究竟此項硫磺、火藥係從何而來，有無濟匪情事，仰即飭縣立提該舖户到案，嚴加澈究，務得確情，録供通詳察辦。至所送運票五張是否湖北硝磺局發給，該局硝磺是否准其通行長江一帶，係如何定章，并候咨會湖廣督部堂轉飭查明見覆，再行核辦。此批。運票存送印發外，相應將運票咨送查照，轉飭查明見覆，以憑核辦等因，到本部堂。准此。

查核來咨各情，種種無理無案，殊堪駭異。此必係奸商朦蔽善後局委員，妄爲射利，必應嚴行查實究辦，斷不能任其含糊搪塞。合就札行。札到，該司、局即便會同善後局、商務局查照兩江來咨所指各節，秉公據實確切查明詳覆，以憑核辦咨覆。勿違。

札委查雙綏充工藝局坐辦并添廠購機專造前膛槍礮

光緒二十七年七月十九日

照得槍礮爲行軍要需，現值外洋議禁軍火進口，亟應未雨綢繆，多造廣儲，以厚軍實而備不虞。新式快槍快礮固須講工趕造，精益求精，然價值過貴。即前膛槍礮，以禦內寇，亦屬緊要之需。現在長江及襄河水師原領槍礮年久，頗多朽損，不時來省換領槍礮，亦須有以應之。自去夏以來，防務喫緊，各州縣募勇立營，紛紛請領軍火，存械爲之一空。去冬向廣東購買前膛槍三千枝，粤省甚爲不願，甚費周折，槍并不佳，而價復不廉。此後各屬隨時辦理團防，亦豈能徒手從事，是前膛槍礮需用甚繁，且此後亦無處購買，斷不能不預籌儲備。如將來製造日多，本省撥用有餘，并可備他省之採購，尤爲善策。查去年秋冬以來，經本部堂創造前膛西門鋼管礮、前膛西門鋼管槍多件，其式樣、長短、厚薄、輕重、口徑、內膛以及礮車法式，均經本部堂詳細考求，疊次試驗比較，親自裁定，分飭外委何榮承造礮位，馮丞啟鈞承造槍枝，其堅固靈捷、致遠有準，實與洋製無異。惟漢陽槍礮廠承造新式快槍快礮，亟宜專意講求，日期進步，未便附造前膛槍礮，以分機工日力。所有製造前膛精鋼槍礮事宜，應即責成工藝局專辦。馮丞啟鈞提調漢陽槍礮廠務，責重事繁，毋庸兼管前膛新槍工作。第工藝局原建機器廠一所，不甚寬展，止能專作槍廠，應再就近另覓地段添造礮廠一所。槍廠所需機器即由馮丞將現有及新造各件移撥應用，其礮廠機器及建廠地方式樣工費，即派何榮籌畫估計，速向上海定購。所有該局事務，查原派提調梁直牧敦彥兼充本衙門交涉委員洋務，事體繁重，未能常川到局。查有原派該局副提調候補知州查牧雙綏，堪以改充坐辦。所有該局工廠各事，及學堂課程以及籌計經費、稽核工料一切事宜，統歸查牧切實經理，以專責成。其勘估廠工、機價，即委外委何榮辦理。其製造槍礮監工委員，查有補用千總黃福華嫻習製造，堪以派委。其經費即由善後局於採製軍火項下支給。除分飭遵照外，合行札委。札到，該牧即便遵照改充工藝局坐辦，責令將該局務、學務一切籌計經費、稽核工料各事宜，認真經理，并與原派提調梁直牧商辦。其舊學生之文淺行劣者，切實沙汰，另選明通謹飭之生認真考試，擬取後將原卷呈候本部堂核定，挑補足額，釐定學規，嚴加管教。遇有一切緊要事件，仍隨時稟候本部堂核定飭遵，毋稍敷衍推諉，致負委任。切切。特札。

咨直隸提督送毅軍張總兵相泰等回營

光緒二十七年七月十九日

爲照鄂省上年因防務喫緊，添募勇營，當經於十月初一日電致前山西撫部院錫〔一〕轉致貴軍門，借撥熟習洋操哨官勇目四五十人來鄂，官階不必大，參、游、都、守、千、把均可，年歲必

〔一〕指錫良。

須輕，三十歲以下者最好，萬不得已亦須四十歲以下者。只須充幫帶哨官、哨長即可，以備選擇任用等因在案。嗣准錫撫院咨知貴軍門，已派總兵張相泰帶營哨官二十員、副哨勇目五十名前來。復經於十一月初二日電致錫撫院，聲明湖北局面褊小，張鎮官已總兵，早充統帶，局面已甚開展，才具自必恢張。深慮到鄂位置未愜，屈就爲嫌，鄙衷翻覺歉然。如未起程，可否請張鎮緩來，馬軍門處并希代謝等因。未知此電錫撫院曾否達到。旋准貴軍門咨送張總兵相泰、都司周保林等到鄂。據周保林稱，官階係屬副將。現在所有帶來之哨官勇目，除自行請假外，均已全數留用。惟張總兵相泰、周副將保林二員官階較大，鄂省現值裁營節餉之際，一時實無相宜位置。現在貴軍門所部已調回直隸搜捕餘匪，彈壓地方，該總兵等素稱得力，相需正殷，亟應咨送回營，俾得及時效用，收駕輕就熟之功。除該二員薪水均從到鄂之日起按月分別支送。并飭局核給川資，交張總兵相泰、周副將保林，起程回營，聽候差委暨咨行外，相應咨會。爲此，合咨貴軍門請煩查照施行。

札河南撫院鐵路漢局派員赴信陽以北測量，請飭各屬照料附單　光緒二十七年七月二十五日

據總辦鐵路漢局鄭道申稱：案據總工程司沙多函開，現在興辦信陽州北路至黄河南岸測量事務，已派測量段長李嘉和率同各洋員剋日首途，請即選派得力委員伴護照料，并知會沿途經過各地方官妥爲護送等情。據此。除已禀請憲台電達豫撫轉飭各地方官在案。兹於七月二十一日委彈壓委員方令炳坤會同洋員李嘉和等由漢起程。理合將華洋各員職名申呈轉咨等情，到本部堂。據此。除先經電達接准電覆外，相應咨明。爲此，飛咨貴部院請煩查照，飛速轉飭經過各屬地方官一體妥爲照料，并希見覆施行。

計開

洋員五人

測量段長李嘉和　副段長錫樂士

測量司拍司哥士機　副測量司李華耳

照料測量員戴伯拉

華員七人

彈壓委員方炳坤　收支繙譯委員楊濟成

副收支楊濟時　畫圖趙鶴翥、何豫德

通事劉芝田　護軍哨弁張永漢

札北藩司等撥解槍礮局銀兩光緒二十七年七月二十七日

據湖北槍礮局瞿藩司申稱：奉憲台批發槍礮局收支委員周令林呈遞説帖内稱，竊槍礮廠所欠物料價共六萬餘兩，前已開單上呈，原議前月底先付銀三萬五千兩，嗣以局無存欵，絲毫未付。本月初收到川淮局解欵共一萬數千兩，當即撥銀一萬兩交廠作物價付欵外，尚欠銀五萬數千兩，即仍照前議，亦尚少銀二萬五千兩。川淮、宜局均須下月始能解到，萬無如何，昨向有成商號議借銀三萬兩，月息九釐，兩箇月歸還，并言明俟禮和借欵到日給付。可否之處，伏祈示遵，以便書票蓋印借用。至本月應鑄工食

銀元一萬數千兩，以及兩廠額支之費，應請飭催荆關之一萬兩，并北路土税今年絲毫未解，務於月之中旬趕解到省，免誤要需等情批示照辦等因，奉此。除遵照書票，於七月十五日向有成銀號借到銀三萬兩濟用外，理合具文報明憲台俯賜察核。除宜昌關應解經費銀一萬兩已行解交外，并懇飭催北路土税速爲趕解，以濟急需等情，到本部堂。據此。查此欵據安襄鄖荆道朱道七月删電稱，河口土局共解一萬三千兩，撥解軍械委員楊令車價七千兩，撥辦雜糧六千兩等語。所有運陝軍機七千兩應由善後局撥還，購辦運陝雜糧六千兩應由糧道撥還，均即迅速分别照數解交槍礮局兑收濟用，以應急需。合行札飭。札到，該司、局、道即便遵照，速將前項銀七千兩、六千兩解交槍礮局應用具報，勿稍遲延。

札飭司局速議發給各營火藥稽查限制章程詳候核辦光緒二十七年七月二十八日

照得火藥爲軍實要需，關繫最重。乃防緑各營將領支領火藥，有并不操練，任令抛棄偷盜者。有操練廢弛，存藥甚多，過數月後始補領前數月火藥者。有領去經費、硝磺，侵蝕變賣，并不製造者。有句通局員空存藥票在局，減成折價，通同漁利者。有既經私賣，不擇售主，展轉濟匪者。弊竇叢生，歷經犯案。如光緒十五年衛昌營守備李鵬漢用油簍裝火藥帶省，二十年沙市釐局李令汝釗查獲私磺四千餘斤，二十六年拏獲富有票匪李廣順供有匪首林述堂在漢口大花路向營中買得火藥四五石之事。又近日據稽查襄河小輪委員禀稱，有查獲私運火藥三十餘斤之事。總由各營濫支火藥硝磺，漫無稽考，徒糜鉅欵，無益軍實。充其流弊，必致私賣濟匪，爲害無窮，實堪痛恨。上年十月，經本部堂通飭水陸各營嚴查澈究，并責成營務處、善後局籌議稽察限制之法禀復核辦在案，迄今未據禀復。至本年正月，據提標左營游擊蕭忠訓禀，中軍守備魏經明積年請領公費，并未製造火藥。七月據鄖陽鎮標左營游擊蕭光友禀，中軍守備饒敷國請領硝磺歷十餘年，並未造過火藥。又據棗陽縣拔貢劉華瓊等公禀，提標後營守備王開銀私賣火藥與礮房及獵户等情。膽大妄爲，毫無驚畏。除將該守備等均即行撤任，分别飭查參辦外，亟應嚴定章程。飭善後局、軍火所、保安火藥局以後發給各營火藥，均令減半發給。當此經費支絀，所有保安火藥局每年應造土藥，即行停造。至土洋藥暨仿真洋藥，均令減半製造。其距省過遠各營，向係請領製造火藥公費，及領用硝磺自行製造者，應即一併減半發給，以節虛糜，而杜濟匪。其以後如何嚴立稽察章程，令其不能私賣，並須杜絶各營與軍火所私立存票、減折漁利之處，并由北布政司、善後局、營務處會同體察情形，迅速切實妥議，限五日内詳覆。除分行外，合亟札飭。札到，該局、司、處即便遵照札行事理迅速會同切實妥議，依限詳辦，毋稍刻延。

札司局支發官欵改用銀元光緒二十七年七月二十九日

照得湖北省鑄造銀元，前經奏准支發官欵，一體搭用等因，通行在案。現復欽奉電傳七月十三日上諭：鑄造銀元必須明定章程，推廣暢行。銀元惟廣東、湖北成色較準，沿江沿海均已通行。應即多籌銀欵，源源鑄造，即應解京餉，亦准酌量撥作成本，以期行用周廣等因。欽此。亟應欽遵辦理。恭繹諭旨，有報解京餉、錢糧、税釐及發欵均搭用三成之語，自係以銀元當作庫平紋銀計算，故先以搭成試行。惟湖北近年辦法，發用銀元俱按紋銀及制錢市價折合，即與紋銀無異。民間既已暢行，毫無虧損，若官發出銀元爲數過少，商民即無從購覓此三成以爲完納錢糧、税釐之用，自應一體行用，以昭畫一而通銀幣。所有湖北武漢地方緑營兵餉、米折、馬乾、公費銀兩，及水陸各防營勇餉、薪費銀兩暨操防練軍薪費、津貼錢文，各衙門俸廉公費，各局委員薪水局用，各書院學堂監督、分教、教習、委員及洋教習等師生脩薪膏獎，以及由官興辦工程購買物料等事，無論向來或發銀或發錢，均應一律改發湖北官局所鑄龍紋銀元。其銀欵按照銀元市價折合向來原領平色，其錢欵按照銀元市價折合現在制錢市價，其尾數在一百元以下者，俱用小銀元湊足，仍按小元市價折合，不得減少。各項一律照此支放，以廣流行，騰出銀兩即隨時撥解銀元局供鑄，騰出現錢專以供官錢局支發官票取錢之用。總之，以後餉錢所之錢只准官錢局動用，他項概不得動支。似此發欵畫一，官兵商民無分析瑣碎、兑换虧損之累。多存現錢，官錢局有票本充裕應付不窮之益，源源周轉，實於官帑民用，裨益均非淺鮮。此外省外各府勇營餉項及襄陽、鄖陽、宜昌、施南操防練軍津貼，有向來折發錢文者，有就近撥用釐錢者，均一律按照原定餉章及現銀市價，折合現銀給發。該處如係通行銀元地方，即按照市價折合銀元給發，斷不准折發錢文，以免多耗制錢不能運省之弊。其省外文武衙門各項發銀之欵，俟辦法暢行後，再行酌核推廣。至通省錢糧、税釐完納收解詳細章程，應俟另行檄飭司道關局籌議詳辦。

會札裁撤宜勝營、襄防新營、漢靖各一營并周提督所帶緝勇五十名光緒二十七年七月三十日

照得前因北方多事，鄂省票匪及各會匪乘機煽亂，防勦緊要，長江上下游及邊境各要地，分別招募勇營，以資巡防。現在防務已鬆，匪徒迭經勦捕懲治，地方漸就安謐，業將各營酌度緩急情形，分別裁減，以節餉需。現復欽奉諭旨，飭將上年添募勇營酌量裁撤，自應欽遵辦理。所有候補知府黄邦俊管帶宜勝一營應即裁撤，其該營原紮鼓樓背地方爲宜昌門户，關繫重要，應將宜昌鎮傅鎮所帶宜防營勇調撥兩哨移紮鼓樓背，照常操練。每三箇月换防一次，以資防緝而化疲惰。又游擊劉高義管帶襄防新勇一營應即一併裁撤。又署漢陽協副將樊國泰管帶漢靖一營亦應裁撤，仍留駐紮新隄提督邱俊鳳漢靖左營。其樊副將派護槍礮廠漢靖營勇五十名撤去後，即由邱提督另派勇五十名填紮鋼藥廠，餘仍駐紮新隄，以資巡緝。又周提督得升所帶之漢口緝捕勇五十名，應即一併裁撤。以上裁撤各營月餉，均截至文到後三日爲止，另發恩餉兩箇月，由各兼帶管帶妥爲遣撤歸農，毋得稍滋事端。飭將軍械一律照數繳清，不得短少一件，解交善後局軍裝所點收存儲。合行札飭。札到，該守等即便遵照札飭事理妥速辦理。仍將裁撤日期稟報查考。

照行宜昌鎮派撥宜防營勇丁兩哨前往鼓樓背地方填紮光緒二十七年七月三十日

照得前因北方多事，鄂省票匪及各會匪乘機煽亂，防勦緊要，

長江上下游及邊境各要地云云，以資防緝而化疲惰。所裁之宜勝營月餉截至文到後三日爲止，另發恩餉兩箇月，由該管帶妥爲遣散歸農，勿得稍滋事端。軍械一律照數繳清，不得短少一件，解交善後局軍裝所點收存儲。除行黄守邦俊遵辦并分行外，合亟照行。爲此，照會該鎮即便遵照上項事理，迅速派撥宜防營勇丁兩哨，選派得力營哨官帶往，前往鼓樓背地方填紥，督飭認真操練，實力巡防。每三箇月换防一次，不准偷嬾廢操及任意出營滋擾地方。如敢有違，查出定行撤參。即將遵辦情形具報。勿違。

飭工防營聽候槍礮廠專辦張游擊、提調馮丞節制調遣光緒二十七年八月初一日

照得工防營專爲防護槍礮廠而設，應即飭令管帶工防營、江蘇候補縣丞姜思治，將該營聽候槍礮廠專辦張游擊彪、提調馮丞啟鈞節制調遣，并由張游擊彪隨時督率操練，以資得力。除分行外，合亟札飭。札到，該營官即便遵照，聽候專辦、提調節制調遣，并督飭所部認真訓練，實力巡防保護，勿稍懈忽。

札飭刊給湖北防營將弁學堂關防呈賫飭發光緒二十七年八月初二日

照得湖北防營將弁學堂，前經本部堂飭派本衙門洋務委員、試用同知汪丞鳳瀛，統帶護軍全營儘先游擊張游擊彪會同管理。現在該學堂改章開辦，事務紛繁，與各營、局時有文牘往來，即常年請領經費，核造報銷及學堂考試出榜，均須鈐用關防，方足以昭憑信。應由北善後局刊給木質關防一顆，文曰湖北防營將弁學堂關防。爲此，合行札飭。札到，該局即便遵照查明各學堂關防成式，迅速篆刻成文，銅鑲堅固，刻日呈賫來轅，聽候飭發啓用，毋稍舛誤。此札。

札北營務處更定防營將弁學堂章程光緒二十七年八月初二日

照得湖北防營將弁學堂前令各防營營哨官弁分班輪赴學堂，聽洋教習講授軍制、戰法、地形、測算、繪圖等學，以練將材。嗣因防務喫緊，勦捕自立會匪，各營均有調遣，其留駐省城者，巡防彈壓事務亦甚紛繁，即平日兼顧差操，於學堂功課終未能專心講肄，十寒一暴，獲益無多。體察情形，非更定章程，不足以收實效。現經本部堂詳加籌度，飭令各防營於哨官、哨長、什長、正勇各項内，挑送文理明通、秉性忠勇、確有義氣者，委派學務處總辦鄭道孝胥、趙道濱彦扃場考試評閲，呈由本部堂覆核選定正取一百名，擇於八月初一日送入防營將弁學堂肄業。其原派哨官、哨長各差及原充什勇各額均即開去，由各該營另行選派募補，以重操防。并仿照外洋學堂專設教導團之意，添設教練隊勇一百名，應派哨官以下各弁目，均照防營規制辦理，俾教習與學生講求行軍布陣、分合進退、攻守迎拒、設伏包抄一應調度指揮之實際。所有選入學堂之弁勇，均仍照在營原領薪糧之數，按月支給。其教練隊正勇，准照各防營新募成軍之正勇每名每月三兩六錢之例給發。

飭將漢防兩營改爲護軍鐵路丙丁兩營，與原派之甲乙兩營輪流换防[一] 光緒二十七年八月初二日

照得湖北原派鐵路甲乙兩營，分紥灄口起至信陽州一帶，專爲彈壓路工而設。迭據總辦鐵路漢局鄭道孝胥稟轉據洋工程司聲稱，鐵路甲乙兩營分段防護，統帶不能親往考察，日久不免間有操練懈怠之處。且各有地段之責，未能會集操練。請於護軍各營中添派兩營，與原派之兩營輪流替换，俾於巡防、操練兩無所礙。但换防若非護軍營勇，洋工程司斷不要派等情。查護軍各營駐紥省垣，令其鎮撫地方，以備緩急，若不時抽撥派赴鐵路，事涉紛擾，於營制諸多不便。且本部堂所練重兵，豈能常供路工驅遣。若再另添兩營勇丁，經費實難籌措。本部堂詳加酌核，惟有將原有漢防三營中撥出兩營，改爲護軍鐵路丙營、丁營，派委原統鐵路營之張游擊彪兼統。其餘漢防一營仍歸陳都司士恒督帶，以清眉目。此後鐵路四營，以兩營分紥各段，以兩營仍紥漢口，每三月换防一次，輪流操練，以習勤勞而資熟習。且丙丁兩營可駐紥漢口，地居江北，正在鐵路發端地方，照料來往亦屬便利。其换防事宜，飭鄭道隨時會商張游擊辦理。除分行外，合亟札飭。札到，該游擊即便遵照，將都司陳士恒撥出之漢防兩營改爲護軍鐵路丙營、丁營，歸併該游擊兼統，與原統之護軍鐵路甲營、乙營，以兩營分紥鐵路各地段，以兩營仍紥漢口，督飭認真操練，實力巡防彈壓，每三月换防一次。具報。勿違。

會委張彪兼統武建軍八營，鄭孝胥仍充武建、武防各營監操官 光緒二十七年八月初二日

照得現在欽奉諭旨，各省兵勇除素稱得力及練習洋操著有成效者，一併酌量裁撤，自應欽遵辦理。是此時講求洋操，最爲急務。去秋新募武建八營一軍，經原派武建軍督操官張游擊彪督操以來，講求西法，訓練精勤，著有成效，應即派委張游擊彪兼統帶武建軍，以專責成而資訓練。所有該軍八營哨官弁、勇丁，均即聽候張游擊彪節制調遣。原派武建軍監操官鄭道孝胥仍充該軍監操官，隨時常到該軍稽察考核一切，以期更臻精進。其武防營督帶官游擊蔣聲耀請假回湘，返鄂太遲，平日於操練不能盡心講求，緝匪亦不認真，惟彈壓地方尚能妥洽，應即調赴沙市，充沙防中左二營督帶官。原委管帶沙防中營前湖北試用府經歷蔣聲煌，應令即行銷差，勿庸充該營管帶。該營即改歸游擊蔣聲耀兼帶，仍聽荆宜施道節制。統帶武防營吴鎮元愷，署理督標中軍，事務殷繁，未能常川到營躬親督率操練。所有武防四營，即派委營務處鄭道爲監操官，幫同吴鎮經理操練事宜。此四營仍照舊歸吴鎮統帶，但操練一切，責成鄭道會商切實速辦，務期日有進益。如營哨官有不得力者，應准鄭道一面稟明，一面商明吴鎮撤换，以資整飭。

[一] 以下十四件録自抄本《督楚公牘》。

札南、北藩司通飭各屬鑛苗山地概不准賣與外國人及教堂光緒二十七年八月初七日

據署湖南臨湘縣知縣王寓生稟稱：竊照卑縣萬山環繞，間或產生鑛質，縣屬丁家畈地方出產鉛鑛，曾經寶成公司職商方錫惠等稟奉鑛務總局批准給帖開採在案。是處尚有毘連之山場，名曰南山，亦露鑛苗，該職商已向山主還價六十串文未就。適有聶市天主堂教士、法國洋人龔修理欲圖買受開挖。上年年底，卑職廉得其情，誠恐利柄爲外人所奪，迭次諄勸職商方錫惠等一併承買，照章稟請開採。無如該處丱質甚不暢旺，該職商不願多出價值，以致舍而未購。詎料龔教士受人籠哄，出備重價，竟將該山租買立約，檢呈二契請印前來。核閱契載地名，均係汀畈、南山，出筆人一載李金元等，契價二百一十四串文，一載李柏山等，契價二百零四串文。前奉鑛務總局派委陳令永惠下縣清查各處鑛地，維時該教士尚未携契請印。兹據呈送契據。卑職伏查定章，雖有本人身故、不准將承領股票以别國人頂替等語，況以别國人買山開鑛，固屬違背章程。惟該教士來在卑縣，傳教多年，性情驕傲，遇有交涉事件，往往多方挾制，不能以理喻言争。上年秋間，匪風平定，由漢遄返，尤覺妄自尊大，氣燄凌人，即如毁損聶市沙灘教堂，趙令賠償鉅欵，旋即翻異，不服勸導，是其明驗。卑職曉以中國定例，活契概免納税，租買契據原可毋庸請印，乃該教士遣人坐守，不次函催，且有仍不理會，日後慎勿言教堂不情，欲與爲難之語。因思時艱孔亟，外侮紛乘，今昔情形不同，本年合局甫定，若不俯如所請，轉恐另生枝節，有礙大局，致煩憲廑，遂即遷就允從，税印交還。回憶李紳鴻昌曾向卑職轉述，謂龔教士買山如能有成，擬租給寶成公司開採，伊止抽取砂利，并不自行採取。查該山均係一綫土地，既不寬大，鑛苗復不茂盛，以寶成公司棄置不買之山，仍欲轉租該公司開辦，自己從中漁利，恐該公司亦未必允受，將來能否開成，現尚難逆料。第既關交涉，自不敢壅於上達。所有龔教士已在卑縣屬之汀畈、南山地方租買鑛地、投税緣由，理合照録契紙，開具清摺，稟報查核等情，到本部堂。據此。除批：據稟已悉。查向例雖准教堂在内地置買房産，原因其添設分堂、醫院、學塾等所皆係善舉，并非爲牟利起見，故格外通融辦理。若鑛務另有專章，斷非教士所能承買。該縣於龔教士契買縣屬汀畈、南山鑛地投税一案，明知與例不符，輒因該教士虚詞恫嚇，并不稟請核示，擅予印税，實屬荒謬。此端一開，將來各國洋人影射，教堂出名，紛紛援例置買鑛山，到處開採，流弊伊於胡底。此案應責令該縣自行籌欵設法，向龔教士將所買汀畈、南山鑛地退價收回充公。如再辦理不善，定惟該令是問。仰南洋務局會同布政司轉飭懍遵，一面通飭各屬傳諭紳耆、地保、業户，凡有鑛苗山地，概不准私自賣與外國人及各教堂。如有擅違禁令者，即勒追賣價充公，其有教堂以鑛山契券投税請印者，概行駁回。倘含糊印税，定干嚴處。除咨明撫部院查照暨行北布政司通飭湖北各屬遵辦外，仰即遵照。仍候撫部院批示。繳。清摺存等因印發外，合就札行。札到，該司即便轉飭所屬各廳州縣一體懍遵辦理。

札北鹽法道等將川淮兩局所收練兵新餉解交善後局兑收濟用光緒二十七年八月初十日

據湖北善後總局司道詳稱：案照鄂省前因遵旨添練新軍，并荆州滿營挑練閑散旗丁，需餉甚鉅，當蒙奏准將行銷鄂省川淮鹽每斤加價二文。統計此項所入，每年約可得銀十六萬兩，以十二萬兩作爲添練新軍及洋教習薪費、軍火、營房、器具等項之需，以四萬兩作荆州挑練駐防閑散旗丁新餉并採購軍火雜項等用。淮鹽歸漢口督銷局、川鹽歸新設宜昌練兵新餉局經收，統解鹽道衙門轉解本局分别撥用在案。惟前項應支月餉及製造等欵均係按月撥發，而鹽道衙門動需半年方能轉解。值此局庫如洗，實屬挪墊俱窮。本司職道等公同商榷，惟有擬照光緒十五年成案，將漢口淮鹽督銷局及宜昌川鹽練兵新餉局所收練兵新餉，自本年八月起逕解本局兑收，仍將收到日期數目隨時咨明鹽道查考，以歸簡便。其鹽庫截至七月底止，已收餉銀應即掃數解局，用濟要需。理合詳請查核，批示飭遵等情，到本部堂。據此。除批：據詳已悉。鄂省添練新軍并教習、營房器具等項，及挑練荆州滿營閑散旗丁，需欵甚鉅，奏准川淮兩鹽加收練兵新餉。查漢口淮鹽督銷局及宜昌川鹽練兵新餉局所收銀錢，統解鹽道衙門轉解，動需半年方能轉解善後局，實屬無理，明係挪作别用。而善後局應支月餉及製造等欵既應按月撥發，難以挪墊，應准飭令漢口淮鹽督銷局及宜昌川鹽練兵新餉局，以後所收練兵新餉銀錢，即自本年八月起，逕解善後局兑收應用，不准稍延。仍由該局將收到日期數目隨時呈報本部堂及咨明鹽道查考。其鹽道已收前項新餉銀錢，應即截至七月底止，掃數解交該局，以濟要需。除行北鹽法道、漢口淮鹽督銷局、宜昌川鹽練兵新餉局遵照辦理外，仰即移飭遵照。仍候撫部院批示。繳。等因印發并分行外，合就札行。札到，該道、局即便遵照批飭事宜辦理具報。勿違。

札飭江漢關道將僞設硝磺商務局封閉查搜光緒二十七年八月十九日

光緒二十七年六月二十八日准兩江督部堂劉咨開：據金陵洋火藥局楊道禀稱，竊職道前因長江一帶匪徒蠢動，曾於三月初間拏獲私販火藥發縣嚴辦，并將公所值年更换，飭令認真查緝云云，相應將運票咨送查照，轉飭查明見覆，以憑核辦等因，到本部堂。准此。查核來咨各情，種種無理無案，殊堪駭異。此必係奸商朦蔽善後局委員妄爲射利，必應嚴行查實究辦，斷不能任其含糊搪塞。除行北布政司、善後局、漢口商務局會同確切查明詳覆核辦外，合就札行。札到，該關道即便遵照，督飭夏口廳迅將此項硝磺商務局封閉，嚴拏僞設之人，搜查鈐記、票板到案，嚴行澈究，務須水落石出，秉公據實詳候核辦咨覆，勿稍徇延。切切。

札委何榮充當工藝局新槍廠製造監工委員光緒二十七年八月十九日

照得鄂省製造新式精鋼前膛槍礮事宜，業經札飭工藝局責令專辦，并委千總何榮將工藝局添造礮廠機件工程及兩廠應添應配機器，迅速分别核實勘估，繪圖貼説，逐項注明價值，禀候本部堂核飭遵辦，暨委千總黃福華充當工藝局新槍廠製造監工委員，督飭製造在案。玆查千總黄福華於工藝局不甚相宜，應即改委儘先千總何榮充當工藝局總監工，專司製造新式精鋼前膛槍礮事宜。務須常川到廠，慎選工匠，隨時監視製造，悉心考究，將新式前膛精鋼槍礮工作精益求精，趲工趕造，以資利用。需用物料，呈明坐辦查牧核定，先期儲備，撙節動用，勿稍虚糜。除分行外，合亟札委。札到，該弁即便遵照前令札飭事理妥速認真辦理，勿負委任。切切。

札武備、將弁兩學堂添設教練隊光緒二十七年八月二十二日

照得東西洋各國練將講武，均於學校内設有教導隊，以備教習與學生講求行軍布陣、分合進退、攻守迎拒一應調度指揮之法，列入課程，謂之實修。意美法良，於兵學極有關繫。湖北創設武備學堂并防營將弁學堂，所定課程均仿照外洋成式。屢據洋教習禀請添設教練隊，以資學生實歷。徒以經費不充，規模未能完備。現在欽奉電傳諭旨，責成南北洋、湖北、山東等省各就原設學堂酌量擴充，認真訓練等因，亟應欽遵辦理。玆本部堂詳加籌度，飭令武備學堂、防營將弁學堂均添教練隊一營，各先招募正勇一百名，暫資訓練講習，應派哨官、哨長、督排、什長、伍長、護勇、鼓號、書識、火夫等項，均仿照防營規制辦理。所需薪水口糧，照防營新募成軍例，由善後局在練兵新餉項下動撥支放。至教練隊操法，當由本部堂酌採東西洋步兵操典，另訂專書札發，俾資訓練而歸一律。

札黄忠浩裁汰威字三旗、挑留兩底營光緒二十七年八月二十三日

案照前因北方多事，長江一帶票匪句結各會匪乘機煽亂，防勦緊要，經本部堂咨商南撫部院，將候選中書黄忠浩所帶威字中、前、左三旗調鄂勦捕湘鄂邊境各匪，自七月後即由湖北發餉。現在匪類迭經捕治，地方漸就安謐。近日欽奉諭旨，飭將上年添募營勇裁撤，自應欽遵辦理，業將武襄營、襄防新營、漢靖營、宜勝營分别裁減在案。查岳州爲南北兩省咽喉，地處武漢上游，又爲會匪麕聚之所，必應仍駐得力之營以資控扼。所有黄中書統帶之三旗一千餘人應即裁汰，挑留兩底營，照湖北營制，每營二百五十人，每營共分三哨，仍紮岳州，操練巡防，聽候隨時調遣，以資防緝。改名爲岳防營，飭局另行刊發關防。所裁之勇，即由黄中書督飭各管帶，將各勇月餉截至八月爲止，另發恩餉兩箇月，在湘妥爲遣撤歸農。飭將裁撤各勇軍械一律繳清，毋任稍滋事端。合亟札行。札到，該中書即便遵照妥速辦理。仍將裁撤日期，禀報查考。

札派朱滋澤等赴日本閲操光緒二十七年八月二十九日

照得日本國於本年九月間舉行陸軍大操，前由日本參謀本部陸軍少將福島知會，請派文武各員前往參觀，以資考鏡。查日本近來講求海陸武備，惟日孜孜，不遺餘力，其陸軍尤爲精練。現在欽奉諭旨，整頓戎行，飭令各直省營伍一律改習西操，誠以講武練兵爲自强第一要政，必須出洋閲歷觀摩，於其行軍布陣、分

合進退、攻守之法及測量繪圖，經理輜重轉運，溝壘工程一切動作之方，細心體察，隨事考求，方能知彼所長，以輔吾所短。茲值日本陸軍大操之際，亟應遴派文武各員前往閲看，詳加考究。查有總理湖北全省營務處三品銜湖北候補道朱道滋澤、前帶宜勝營三品銜湖北候補知府黄守邦俊、交涉局委員三品銜湖北候補知府存守蕭、德安府清軍同知鞠丞成霈、督帶漢防營副將銜儘先參將陳參將士恒、督帶武建左旗四營同知劉丞承恩、管帶護軍馬隊營游擊銜儘先都司黎元洪、管帶護軍工程營游擊銜儘先都司劉温玉、督帶護軍礮隊營都司銜儘先千總杜長榮、管帶武建左旗第三營守備何豐裕、管帶武建左旗第四營千總曹福禄，堪以飭派。應需川資旅費電費，共先行酌給銀三千兩，統由善後局給發。除咨明出使日本國大臣照會日本外務省轉咨參謀本部查照暨分行外，合行札派。札到，該員即便遵照，刻日會齊，束裝東渡，馳赴日本大操所在地方，按照上項指飭事宜細心體察，隨事考求，各自登記成册，以便回華後呈候本部堂考核。并於觀操之暇，將其政治、學校、營伍、工廠各要務分別考查記載，以資回鄂採擇，毋稍粗率忽略，致負委派。切切。特札。

咨駐日公使李盛鐸請照會日外務省保護照料湖北所派觀操遊歷各員光緒二十七年八月二十九日

爲照日本國於本年九月間舉行陸軍大操，前由日本參謀本部陸軍少將福島知會，請派文武各員前往參觀，以資考鏡，具徵日本於中國練兵一事關切敦勉之意。茲本部堂酌派總理湖北全省營務處三品銜湖北候補道朱滋澤、前帶宜勝營三品銜湖北候補知府黄邦俊、交涉局委員三品銜湖北候補知府存蕭、德安府清軍同知鞠成霈、督帶漢防營副將銜儘先補用參將陳士恒、督帶武建左旗同知劉承恩、管帶護軍馬隊營游擊銜儘先都司黎元洪、管帶護軍工程營游擊銜儘先都司劉温玉、督帶護軍礮隊營都司銜儘先千總杜長榮、管帶武建左旗第三營守備何豐裕、管帶武建左旗第四營千總曹福禄，并本部堂之孫知府職銜張厚琨、同知職銜張厚瑗，一同前往日本此次大操地方參觀考察，以資仿效。觀操之暇，并令各員於政治、學校、營伍、工廠各要務，分別詳細考察。張厚琨於觀操後，仍令赴學習院留學，以期畢業。張厚瑗應令觀操後到各學各軍各工廠遊歷考究，聽候鄂電，再行回鄂。除分行外，相應咨會。爲此，合咨貴大臣請煩查照，迅賜照會日本外務省，分別轉咨，妥爲保護照料，實紉鄰誼。望切施行。

札南、北藩司等遵旨籌議更定兵制餉章奏明辦理光緒二十七年八月二十九日

光緒二十七年八月二十二日准政務處咨開：光緒二十七年七月三十日，内閣奉上諭：前因各省制兵、防勇積弊甚深，業經通諭各督撫認真裁節，另練有用之兵。因練兵必先選將，而將才端由教育而成，自非廣建武備學堂，挑選練習，不足儲心腹干城之選。但學堂成效既非旦夕可期，其各省之設有學堂者，學成之員現尚不敷分調。惟有先就原有將弁擇其樸實勤奮者遴選擢用，著各省將軍、督撫將原有各營嚴行裁汰，精選若干營分爲常備、續備、巡警等軍，一律操習新式槍礮，認真訓練，以成勁旅，仍隨

時嚴切考校。如再沾染習氣，窳惰廢弛，即行嚴參懲辦。朝廷振興戎政，在此一舉。各該將軍、督撫務當實力整頓，加意修明，期於日有起色，無負諄諄申儆之至意。所有改練章程應如何更定餉章，著政務處咨行各省悉心核議，奏明辦理。將此通諭知之。欽此。欽遵抄録到本處。查緑營、防勇統計，各行省兵數不爲不多，每年動支餉項爲數亦復甚鉅，而遇有戰事，兵勇多不得力者，實以營制操章不合時用，將愚兵惰，器鈍謀疏，種種積弊，不可殫述。若非大加釐訂，既不能使將士皆歸實用，尤不能使餉項盡祛虛糜。按中外臣工條奏，無不以我中國疲弱至此，非極力講求武備，萬難立國。今欽奉明詔，諄諄申儆，應舉緑營、防勇通盤籌畫，更定兵制，核實餉章，各省均歸一律，練習新操。每省酌定兵勇額數，分爲三等，一曰常備軍，挑選年少精壯、樸勇敢戰者，優給餉項，嚴加訓練若干營，按省分大小，酌定一二大枝，於省會及扼要處所屯駐，不得零星散紮。一曰續備軍，分紮訓練，餉數差減，亦使足以自給，亦按省分大小酌定若干營。考中國歷代兵家之理，採德、日陸軍兵學之法，延聘教習，實力訓練，以成勁旅。一曰巡警軍，應將舊有各營裁去老弱浮惰，餉或仍舊或酌增，另定操章，酌量歸併若干營，分撥各處，兼歸州縣鈐束，專爲巡防警察之用。各營軍械不一，實爲軍中一大弊。現欽奉諭旨，一律操習新式槍礮，所有舊日兵器籐牌、長矛、土槍等類，一概停止，不得攙雜練用，徒耗兵力。近見各軍領有新式槍礮，械彈潮鏽，零件損失，全然不知，鹵莽愚惰，實爲可恨。嗣後各營將領員弁，皆當考究軍械之學，教導兵士，俾知新械之精，價值之貴，製造之難，修理愛護不可疏忽。陸軍以步隊爲大宗，近各國尤以礮隊爲重。馬隊功用，雖次於步隊，而亦相輔而行。除步、礮、馬各隊須精練外，輜重、工程各隊，隨營醫藥，爲軍中所必需，缺一不可，均應詳慎籌備。此次更定兵制，各省所練新軍，應與已練洋操省分一律精益求精。務當認真考校，勿得僅襲皮毛。如有不得力者，即當裁革更換，勿稍遷就。凡將弁必使粗通文字，略知測算，相率留心考究一切行軍竅要，各國操章戰法。欽奉諭旨，先就原有將弁擇其樸實勤奮者遴選擢用，仍隨時嚴切考校。如再沾染積習，窳惰廢弛，即行嚴參懲辦。應將舊日營哨各官嚴加甄別，擇其可留者均令入學堂隨時講習，凡巧滑浮惰，固執己見及有嗜好者一概革除，切勿瞻徇。其中如有立功夙將，准以原官回籍，酌予恩餉，以示體恤。此後武備學堂林立，將才日出，緑營逐漸裁汰，新軍漸立規制。各省營汛武員如何選用、敘補、升擢，應就各省情形詳訂章程，統歸入兵制餉章，另行覈定，不得仍以舊日操章規制敷衍陳奏，視爲具文。所有更定兵制餉章以及録用武員、訓練規條各詳細章程，并各該省原有兵數餉數各若干，裁革歸併一律改練新軍實有兵數若干，騰出節省餉項若干，新軍應支各項餉項若干，一併詳細分别聲明，請旨辦理。各省駐防滿營官兵應如何革除舊習，改練新軍，或就旗營添設武備學堂，或挑選精壯附入各省學堂練習之處，應一併遵旨認真辦理。統希查照，務於三個月内覆奏，恭候欽定，以便一律遵行可也等因，到本部堂。准此。除分行外，合就札行。札到，該司、局、處即便遵照，會同迅速將更定兵制餉章及武員選用升補章程，裁併改練事宜切實籌議，周諮博訪，各抒所見，酌擬辦法，刻期呈候本部堂酌核，咨商各省，或定爲畫一章程，或就各省情形酌辦定議後，奏明辦理，切勿因仍舊習，敷衍延宕。切切。

札派汪樹璧、彭在中隨同前往日本觀操傳譯記載光緒二十七年九月初三日

照得日本國於本年九月間舉行陸軍大操，前由日本參謀本部陸軍少將福島知會，請派文武各員前往參觀，以資考鏡。業經飭派總理湖北全省營務處三品銜湖北候補道朱道滋澤、前帶宜勝營三品銜湖北候補知府黄守邦俊、交涉局委員三品銜湖北候補知府存守燾、德安府清軍同知鞠丞成霈、督帶漢防營副將銜儘先參將陳參將士恒、督帶武建左旗四營同知劉丞承恩、管帶護軍馬隊營游擊銜儘先都司黎元洪、管帶護軍工程營游擊銜儘先都司劉温玉、督帶護軍礮隊營都司銜儘先千總杜長榮、管帶武建左旗第三營守備何豐裕、管帶武建左旗第四營千總曹福禄等刻日東渡，馳赴日本閱操，并咨明出使日本國大臣照會日本外務省轉咨參謀本部查照在案。兹查此次閱操遊歷，東文東語最關緊要，亟應添派東文繙譯官一員、書記官一員，隨同前往，以資傳譯記載之需。查有浙江試用縣丞汪樹璧堪以派充東文繙譯官，江蘇候補知縣彭在中堪以派充書記官，飭令隨同朱道等前往。并派本部堂之孫知府職銜張厚琨、同知職銜張厚瑗一同前往日本此次大操地方，參觀考察，以增學識。張厚琨於觀操後仍令留學日本，以期畢業。張厚瑗應令觀操後，到各學各軍各工廠遊歷考究，聽候鄂電，再行回鄂。除分别咨行外，合行札派。札到，該員即便遵照，充當東文翻譯官、書記官，隨同朱道等刻日束裝東渡，駛抵日本神户口岸，即一律登陸，由火車馳赴東京，以期迅速。毋稍粗率忽略，致負派委。切切。特札。

札飭朱占恩將所帶武勝新營裁撤光緒二十七年九月初五日

照得上年富有票匪句結麻城界連豫省邊境匪徒陰謀煽亂，防務喫緊，當經飭令管帶武勝防緝營提督吴建瀛添募武勝新營一底營，以資分布巡防。此時匪戢民安，麻城邊境早臻靖謐。查現經欽奉諭旨，飭將上年添募勇營酌量裁撤，自應欽遵辦理。所有提督吴建瀛添募之武勝新營一底營應即裁撤，以節餉需。即飭該提督督飭營官守備朱占恩，責成各哨弁將原領軍裝器械等件，詳細查明，解繳善後局軍裝所點收存儲，不得短少一件。應領月餉，即截至奉文之日止，仍照章加發恩餉兩箇月。分途押送，各回原籍歸農，勿任逗遛滋事。除分行外，合亟札飭。札到，該守備即便遵照札飭事理妥速辦理，務將遣勇正餉恩餉照數散放。俟遣竣後，仍將原領營官關防截角呈賫繳銷，并將遵辦情形報查。

札派李臬司總辦武備學堂并飭徐道勿庸代辦提調光緒二十七年九月初九日

照得湖北武備學堂爲今日要政，事務繁重，亟應添派大員總辦，以資督率。查有湖北按察司李臬司專管局所較少，堪以委派總辦。即會同原委總辦瞿藩司，督率洋教習暨中學教習、稽察蔣牧楷、李令鍾珏及各委員等，將應辦功課一切事宜切實考究，認真約束，多方勸勉。務須常川到堂，親加考核。如有重要事件，隨時禀請本部堂核定示遵。至代辦該堂提調湖北候補道徐道家幹，現在總辦善後局、營務處，事體甚繁，應即勿庸兼辦該堂提調。除分行外，合亟札委。札到，該司即便遵照，總辦武備學堂事務。

務須認真辦理，以副委任。并將到堂總辦日期具報查考。

札官錢局坐辦高松如兼充善後局總辦文案光緒二十七年九月初十日

照得湖北設立官錢局，原所以濟善後要餉之需，必須加意維持，使官票流通，民間咸知寶貴，始能周轉不窮，用舒財足。兩局亟應一氣貫注，酌劑盈虚，彼此無隔閡之虞。凡有京餉洋債等緊要之欵，官錢局自不能不騰挪濟急，而善後局必須將騰挪之欵預先籌定，指欵陸續歸還官錢局，俾得以隨時應付官票。其官錢票發至各州縣及宜、沙兩局行用者，其取來之銀，必應仍繳歸官錢局以資周轉，方不致官錢局并無收回實銀之益，轉受多票取錢之累。其宜、沙兩局即作省城官錢局分局，其領票繳銀，一切統歸省城官錢局酌核飭辦，兩分局委員即歸省城官錢局管轄考核，稟請委用。蓋善後局爲籌欵之來源，官錢局爲運動之樞紐，兩局迭爲接濟，取用不竭，則官票日貴，餉源日寬。至商民有赴官錢局購買官票者，尤須堅持定見，務令錢價與市面錢價畫一，不得減讓分毫，萬不可圖一時之應急，致受無窮之虧折，且免奸商乘機傾擠，以致官票壅滯，有害餉需。兹特專札加派官錢局坐辦高守松如爲善後局總辦文案，兼收支事務，與現在善後局總辦文案委員周令縠生會商一切，將兩局事宜分計統籌，聯絡一氣，彼此騰挪接濟，悉有裨益。

札武防營撥勇充武備學堂教練隊光緒二十七年九月二十日

照得湖北武備學堂應設教練隊以資教習，惟招募新勇訓練多需時日，又須另籌餉項，不如就原有之防營酌撥應用，最爲妥協。查武防營與該學堂相距最近，應即就武防四營中酌撥一營，歸該學堂洋教習教導訓練。先從第一營起，每三箇月更换一營，仍前到堂訓練。所有該營規制一切照舊，原設營哨官弁概不更動，營中之事均無庸學堂干預。惟到堂教練時，歸學堂管轄節制。即派該學堂稽察委員知州蔣楷、知縣李鍾（玨）［珏］爲管轄教練隊之員。該營務須恪聽洋教習指揮訓練，并聽管轄教練隊委員約束。似此辦法，不獨武備學生於軍隊之一切指揮運動得資實歷，而該營官弁勇丁得以日夕勤操，增長才藝，實屬兩有裨益。此項勇丁責成該營監操官鄭道孝胥會同吴統帶元愷認真挑選沙汰，必須年力精壯、毫無嗜好習氣者方准派往。除分行外，合亟札行該統帶即便遵照妥速辦理，并將派往教練隊之營如何挑選沙汰之處，及該營營哨官弁銜名具報查考。

札川、淮鹽局凡川、淮鹽行銷鄂境者自本年十月初一日起每斤加抽四文〔一〕光緒二十七年九月二十二日

照得近日督同司道詳議，不獨户部分派鄂省賠欵數鉅期迫，即舊案洋債鹽釐撥補無著之欵、新增加撥無著之欵，爲數已逾八九十萬。去年防務鐵路新增之欵，不敷甚多。且武、漢乃各國屬目之區，自强要政如興學、練兵、製械、遊歷諸大端，勢不能不趕緊舉辦，斷不能因循停緩，致啟外侮之心。但鄂省枯窘萬分，

〔一〕以下九件録自抄本《督楚公牘》。

籌款亦非一項所能集事。惟有先辦鹽釐加價一事，較爲平允易行。兹就鄂省境内籌計，無論淮鹽、川鹽，凡行銷湖北境内者，一律加抽四文，以爲湊補新舊各項要款之需。八月内已與兩江督部堂劉、四川督部堂奎叠次商妥。旋經電奏，於九月十六日准行在户部删電開：真電已繳樞廷代奏，淮鹽、川鹽行銷湖北一律加抽四文，即歸鄂省留用一節，希與江督、川督商定等因，到本部堂。准此。查此案原電奏内業經聲明八月間已與兩江督部堂叠次商妥，并同時電商四川督部堂等因在案。鄂省需款萬緊，自當迅速舉辦。查江省加價四文，係於本年十月初一日開辦，鄂省淮鹽、川鹽凡行銷湖北境内者，均應自本年十月初一日起，每斤再加抽四文，飭令川、淮各商一律完納。本月二十日，業經本部堂、院會同電奏開辦。除咨兩江、四川督院暨行北鹽法道外，合亟飛札行知。札到，該局即便遵照，曉諭各商，將行銷湖北境内淮、川鹽自本年十月初一日起每斤加抽四文，按月收數，均即行移解北鹽法道查收具報，勿稍延緩。切切。

札江漢關道等會同税務司妥議富籤捐章程稟定舉行 光緒二十七年九月二十四日

照得鄂省籌辦學堂、農商、工藝各項自强要政，需款甚鉅，籌款實爲急務。武、漢乃水陸四達之區，現在外來之吕宋票、闈姓票、南北各省賑捐彩票紛至沓來，不可究詰，無從禁阻。湖北銀錢日消月耗，散於四外者不知凡幾，亟應妥籌辦法，以杜外耗而應要需。查外洋各國籌款，向有富籤票辦法，於貧民毫無妨礙，名正言順，應即仿照辦理。派委江漢關道岑道春蓂、奏調湖北差委廣東候補道王道秉恩，會同江漢關税務司，仿照外國富籤票，設立富籤捐，迅速妥議章程，稟候核定，於漢口設局，刻日舉辦，以應各項要政之需。除分行外，合亟札委。札到，該道即便遵照札行事理，會同王道暨税務司，採取外國辦法，酌擬富籤捐章程，迅速妥議稟候核定舉辦，毋稍刻延。

札北善後局撥款興修護軍右旗及鐵路丙丁兩營營房 光緒二十七年九月二十六日

據統帶護軍鐵路等營儘先副將張彪稟稱：竊照卑部右旗步隊四營於去秋新募成營，在於武備學堂前面操場空地儘就原基搭蓋四營暫住，草房覆以泥塗，僅可遮蔽日光，實與帳棚無異。其餘各項屋宇，因爲時過急，且屬無地布置，原期一時取速，將來仍須改造也。伏查自成軍至今已逾一載，去冬歷經冰雪，草泥腐落，滲漏不堪。今年春夏屢遭狂風大雨，柱壁均已傾斜，坍塌尤多，非惟槍彈、軍裝等件恐因潮溼而致損傷，且一遇雨天，屋漏積水有深至尺餘之時，人更不能棲止。至二、四兩營屋頂草泥全行飛落盡浄，並難遮蔽日光。又以講堂、測繪、體操房、軍裝庫皆未修蓋，雖就近與工程營通融借用，而時限有定，仍恐於操課事宜有曠誤。而圍墻仍係原來木柵，亦屬未能嚴密。種種情形，殊多缺陷。前奉憲諭，飭在原地擴充地基，另行建造營房。遵即勘得該營基東界陳姓田地一段，與地主商明可以購買，按照地勢變通辦理，起造樓房，足敷應用。惟該處基地低窪，每逢大雨，外水内灌，積聚難消，必須就原基加高二三尺不等，方免此患。曾將布置情形繪具圖説恭呈憲閲，仰蒙俯允。查該營原基約計東西寬三十七八丈不等，南北長五十丈，今擬向東界展寬二十丈之譜，南北長仍照原基，計需地九百數十方丈。按照地勢布置，該旗四營每營建造樓房一座，上下兩層，每層房十七間，官兵均住其内，關防更覺嚴密，其餘講堂、集會所、體操房、休息所、守衛房、看望所、沐浴房、厨房並伕役住房、馬棚、厠所，一律照章修建，規模甚屬整齊，操場亦較寬大。此擬造卑部右旗四營營房之大概情形也。又查奉改鐵路丙、丁兩營，原紮漢口居仁門内之漢防營營壘。該營與城牆相接，原僅一營居住，尤屬兵房民房互相攙雜，時歷年久，早經朽壞，房屋塌倒甚多，現止容住一哨。因係分段設卡，并未同住營内，故能遷就駐紮。然營房雖屬無多，而尚有餘空地基。茲既改換營制，專事操練，擬請改造營房，添蓋各項屋宇，俾資講求操課。現經勘得該營應行蓋房基址，地勢尚覺稍高，而操場過於低窪，必須填高，以期平坦，但以一營地基建造兩營房屋，擬照右旗辦法，改造樓房以及各項屋宇，方敷應用。謹一併繪圖呈覽，可否之處，出自憲裁。以上右旗步隊四營已無營房棲止，鐵路丙、丁兩營暫用帳棚駐紮，指届冬令，冷凍堪虞，實屬迫不容緩，合無仰懇憲恩俯准照辦，并祈一面飭縣丈量右旗應添地段給價購買，一面飭局委員迅速一律估工興修，俾得早日竣工，庶兵勇棲身得所，操練安心，有裨營務，實匪淺鮮。再添購基地方丈數目，及各房間寬長丈尺各細數，圖中註説明晰，一俟工程將竣，仍須安設屋中牀鋪，講堂棹櫈，體操架、鐵木器械，隨時另行估辦。并右旗舊房木料暨原漢防營餘存零星磚木應如何就料改用，估工時由局酌辦，合併陳明。所有卑部右旗四營及鐵路丙、丁兩營擬請修造各營房緣由，理合繪圖禀請批示祇遵等情，到本部堂。據此。除批：據禀及營房兩圖均悉。查護軍右旗步隊四營去秋新募成營，暫在武備學堂操場空地搭蓋草房分紮，原屬一時權宜之計。現在草房半已傾塌，應請另行建造營房，以資棲止。茲經勘得該營基東界田地一段，與地主陳姓商明可以購買，擬向東展寬二十丈之譜，建造該四營樓房以及講堂等項屋宇。又護軍鐵路丙、丁兩營所駐係漢防營舊壘，原僅一營居住，兵民攙雜，年久朽壞，房屋塌倒甚多，亦經勘定地基，擬照右旗辦法，改造樓房，添蓋各項屋宇，俾資講求操練等情，應即照准。除飭北善後局遴派委員，按照發去營房圖式二紙，分往會同該統帶督匠核實估計工料，即日撥款興修。查武愷營營房係善後局委員承修，費款亦屬不少，修成不過半年，一遇大風，即行傾倒，糜款傷人，實堪痛恨。此次修造營房，其款即發交該統帶督飭各該營督帶承修。該軍自謀棲止，庶不至有草率虛糜之弊。并飭江夏縣刻日親往丈量右旗應添地基，估價收買，應需地價一併由局核給外，仰即遵照，迅將兩處營基督飭勇丁一律填築加高，趕緊興工，依式建造。務須工堅料實，不准偷減草率，尤須刻期竣工，俾禦冬寒，勿稍延緩。餘悉如禀辦理。仍候撫部院批示。繳。兩圖均存等因印發外，合亟札飭。札到，該局即便遵照，迅速遴派委員，按照發去營房圖式二紙，分往會同該統帶督匠核實，估計工料，即日撥款興修。即責成該統帶督飭各該營督帶官迅速認真依法修造，勿稍草率虛糜。切切。

咨送自費生赴日游學請駐日公使隨時照料并外務部備案附單　光緒二十七年十月十三日

爲照光緒二十七年八月初六日欽奉上諭：造就人材爲當今急

務。前據江南、湖北、四川等省選派學生出洋游學，用意甚善，著各省督撫一律仿照辦理。務擇心術端正、文理明通之士前往學習，於一切專門藝學，認真肄業，實力講求。學成領有憑照回華，即由該督撫、學政按其所學分門考驗。如實與憑照相符，即行出具切實考語，咨送外務部覆加考驗，據實奏請奬勵。其游學經費，著各省妥籌給發，准其作正開銷。如有自備資斧出洋游學者，著由各該省督撫咨明出使大臣隨時照料，如果學成，得有優等憑照回華，准照派出學生一體考驗奬勵，均候旨分別賞給進士、舉人各項出身，以備任用而資鼓舞。將此通諭知之。欽此。欽遵通行在案。茲據兵部武選司行走七品小京官汪榮寶、指分河南試用知州岳開先、分省試用知縣鄒致鈞、中書科中書職銜監生慕學煒、監生羅澤暲等先後來轅呈稱，情願自備資斧出洋游學，前往日本肄習專門藝學，懇請給咨等情前來。查該員等青年嚮學，均願自備資斧出洋肄業，洵屬志趣可嘉。除分別奏咨外，相應咨送。爲此，合咨貴大臣請煩查照，隨時妥爲照料，實紉公誼。望切施行。

計咨送

兵部武選司行走七品小京官汪榮寶，現年二十二歲，係江蘇蘇州府元和縣人。

指分河南試用知州岳開先，現年二十歲，係四川成都府成都縣人。

分省試用知縣鄒致鈞，現年十九歲，係四川成都府華陽縣人。

中書科中書職銜監生慕學煒，現年十八歲，係山東登州府蓬萊縣人。

監生羅澤暲，現年二十一歲，係四川綏定府東鄉縣人。

竊照光緒二十七年八月初六日欽奉上諭：造就人才爲當今急務。前據江南、湖北、四川等省選派學生出洋游學，用意甚善，著各省督撫一律仿照辦理。務擇心術端正、文理明通之士前往學習，於一切專門藝學認真肄業，實力講求。學成領有憑照回華，即由該督撫、學政按其所學分門考驗。如實與憑照相符，即行出具切實考語，咨送外務部覆加考驗，據實奏請奬勵。其游學經費，著各省妥籌給發，准其作正開銷。如有自備資斧出洋游學者，著由各該省督撫咨明出使大臣，隨時照料。如果學成，得有優等憑照回華，准照派出學生一律考驗奬勵，均候旨分別賞給進士、舉人各項出身，以備任用而資鼓舞。將此通諭知之。欽此。欽遵通行在案。茲據翰林院庶吉士周渤、兵部武選司行走七品小京官汪榮寶、指分河南試用知州岳開先、分省試用知縣鄒致鈞、中書科中書職銜監生慕學煒、監生羅澤暲等先後來轅呈稱，情願自備資斧出洋游學，前往日本肄習專門藝學，懇請給咨等情前來。查該員等青年嚮學，均願自備資斧出洋肄業，洵屬志趣可嘉。除分別奏咨外，相應咨呈。爲此，咨呈貴部謹請查照備案施行。

計開

翰林院庶吉士周渤，現年二十九歲，係湖南長沙府長沙縣人。

餘同前稿。

札委錢恂充湖北交涉委員 光緒二十七年十月十三日

照得湖北前因選派員弁學生遊學日本，人數衆多，特委奏調湖北差遣分省補用知府錢守恂爲監督，往駐彼都督率照料。開辦之初，布置經營，諸務悉臻妥協。茲查兩年以來，諸事俱有定章可循，各學生分入各項學校後，一切行檢功課，均歸日本校長、教師稽查管束，監督事務甚簡，勿庸專設大員監督，大事可請欽差出使大臣督察照料，小事可另派委員經理。且監督遊學生祇新政之一端，現在鄂省遵旨籌辦新政，凡編譯教科書籍，仿行警察章程以及兵農工商諸要政，急需切實整頓擴充，必須添派得力之員，在鄂籌辦。惟試辦伊始，以上各事大致取資於日本爲宜。將來募聘官師，振興庶務，與日本交涉事務日見殷繁，并應派員妥爲經理。該守學識賅通，見聞廣博，周知各國情形，於外交因應機宜深所諳練，應即派爲湖北籌辦處及交涉事務委員，常川在本衙門籌辦處辦理一切，并以時前往日本，遇事考察籌商，每半年回鄂一次。除往返程途日期不計外，每次必留鄂三箇月，以資籌議而收實效。月支薪水夫馬銀二百兩，由北善後局開支。除分别咨行外，合行札委。札到，該守即便遵照札飭事宜，將奉旨飭辦各項新政在鄂妥籌辦理。其前赴日本時，隨事稟承本部堂指示，妥爲考究詢商，聽候核示遵行，毋稍輕忽，致負委任。切切。特札。

札委江漢關道岑春蓂總辦鋼藥廠事務光緒二十七年十月十八日

照得湖北鋼藥廠關繫軍儲要需。現值各國禁止軍火入口，精造鋼藥尤爲當務之急。總辦鋼藥廠事務沈道錫周已據報丁憂，亟應另派大員督率經理。查江漢關道岑道春蓂，距鋼藥廠僅隔襄河，堪以就近兼顧。應即派委該道總辦鋼藥廠事務，毋庸開支薪水。每月一旬之内，或一次或兩次到廠認真督察，督飭提調、洋匠、委員、工匠人等，於煉鋼製藥諸務悉心講求，務須事事合法，催趲工作，精益求精，考核經費必須核實，員司人等必須常川在廠各勤職業，不得曠廢虛糜。除分行外，合亟札委。札到，該道即便遵照總辦鋼藥廠事務，按照札行事宜認真辦理。遇有重大事件，隨時稟候本部堂核定飭遵。仍將接辦鋼藥廠日期具報查考。勿違。

札羅振玉等赴日本考求編譯教科書并咨駐日公使督察照料光緒二十七年十月二十五日

照得外洋各國中小學堂之教科書皆由官爲編定，故師皆善教，教有定程。湖北現擬遵旨開辦中小學堂，自以編譯教科書爲第一要義。經本部堂電商兩江督部堂，會派湖北農務學堂總經理委員、候選光禄寺署正羅振玉，前往日本考求中小學堂普通學應用新出教科書本，董理編譯事宜。查應編之書，科目繁多，亟應遴派學有根柢之高材生，隨同羅署正前往採訪購買，分門編譯，以期迅速成書，早資應用。查有原派自强學堂之漢文教習陳毅、陳問咸、胡鈞、左全孝、田吴炤五員，堪以派往。應令該教習等商同羅署正，將新出普通學教科各級應備之書廣爲採訪購買，參酌採擇，妥爲編纂，呈候本部堂核定，發刊頒用。并以時分赴日本各學校詳細考察管理學堂之章程規則及各堂教法之實事，以資仿辦。並派兩湖書院北監院劉訓導洪烈率同前往，將考究教法、管學兩事暨訪購書籍，率同各生妥爲辦理。隨時遊覽日本各學校，考其學舍建築之規模，員司經理之規制，訓課之情形實效，詳加體察記載，呈備採擇施行。羅署正振玉應月給薪水火食用費一百六十元，陳毅、陳問咸、胡鈞、左全孝、田吴炤各月給火食用費五十元，劉訓導洪烈月給火食用費一百元，以上各員生每人各另給往返川資一百二十元。所有各員生應支薪水、月費、學費，均先酌發三箇月，連同川資并另備採購日本教科書籍價一千元。不敷者到東後隨時電請補匯，統由北善後局核明確數動支，飭發劉訓導洪烈承領分別轉給。劉洪烈原支兩湖書院監院薪水，陳毅、陳問咸、胡鈞、左全孝、田吴炤原領自强學堂教習薪水，仍准按月照數留支，俾贍家用。除咨請出使日本大臣隨時督察照料，并照會日本外務省轉達文部省查照暨分行外，合亟札行。札到，該員即便遵照札飭事宜刻日束裝，率同陳教習等前往日本，妥慎從事。仍將起程日期具報查考。切切。特札。

爲照湖北省現派候選光禄寺署正羅署正振玉，偕同湖北自强學堂漢文教習陳毅、陳問咸、胡鈞、左全孝、田吴炤等前赴日本，參考編譯中小學堂新出普通學各級教科書本，并派兩湖書院監院湖北遠安縣訓導劉訓導洪烈同往，將考究教法、管學兩事暨訪購書籍等務妥爲辦理，隨時分赴日本各學校，考其學舍建築之規模，員司經理之法制，訓課之情形實效，詳加體察記載，以備回華後呈候採擇施行。除分檄飭遵外，相應咨會。爲此，合咨貴大臣，請煩查照，照會日本外務省轉達文部省查照辦理，并希隨時督察照料，實紉公誼。望切施行。須至咨者。

咨出使日本大臣送自備資斧前往日本游學各生請爲照料光緒二十七年十月二十七日

爲照光緒二十七年八月初六日欽奉上諭：造就人材，爲當今急務。前據江南、湖北、四川等省選派學生出洋游學，用意甚善，著各省督撫一律仿照辦理。務擇心術端正、文理明通之士，前往學習，于一切專門藝學認真肄業，實力講求。學成領有憑照回華，即由該督撫、學政按其所學，分門考驗。如實與憑照相符，即行出具切實考語，咨送外務部覆加考驗，據實奏請獎勵。其游學經費著各省妥籌給發，准其作正開銷。如有自備資斧出洋游學者，著由該省督撫咨明出使大臣隨時照料。如果學成得有優等憑照回華，准照派出學生一體考驗獎勵，均候旨分別賞給進士、舉人各項出身，以備任用而資鼓舞。將此通諭知之。欽此。欽遵通行在案。兹據湖北施南府附生饒鳳璜、饒鳳瑄、饒鳳璪等來轅呈稱，情願自備資斧至海外游學，擬前往日本肄習專門藝學，懇請給咨等情前來。查該生等青年嚮學，均願自備資斧前往日本肄業，洵屬志趣可嘉。除咨外務部查照外，相應咨送。爲此，合咨貴大臣請煩查照，隨時妥爲照料，實紉公誼。望切施行。

札洋務局等大冶縣鑛山一律由官圈購，凡有租辦須地方官查明稟請立案光緒二十七年十月二十九日

據署湖北大冶縣知縣蕭端澍稟稱：竊照卑縣鑛産最爲著名之區不下數十餘處，遐邇傳播，遂有浮薄好事之徒紛至沓來，羣以爲開鑛即可致富。究其實所挾既無真本，所交又非正紳，不過句

串地痞甘餌業主，誘令合夥挖窿，希圖就樹開花，憑空獲利。以故近數年内，或因資本虧竭輟於半途而夥帳不清，馴至興訟者有案。或因鑛山素本封禁，有關廬墓，暗結劣衿捏改山名，即意圖朦佔者有案。或因山價過昂，無力購買，即營覓山邊地畝就近開窿，横穿斜入以達本山，往往纏訟不已者有案。近更愈出愈奇，甚至冒稱大憲子弟，肆行無忌，誑騙鄉愚，以勢籠罩者又有案。種種奸謀，指不勝屈。然不意此等伎倆，竟有出諸簪纓世胄之人亦甘受其愚弄。夫以今日之庫欵奇絀，亟應廣開利源，苟有殷富正商携持鉅本，認真承辦，得以上裕國課，下益民生，卑職身任地方，招之且恐不及，豈肯拒而不納。無如來者類多空拳網利之輩，以致殷商裹足不前。即如卑縣桐梓包之華豐公司，始而以空言報效聳聽，迨經印契到手，始行東塗西抹，邀集無賴，儌倖一試，又復招引教民在内，幾至滋生事端，卒至屢有營謀，迄無成效，於公家未見絲毫之益，於邑境實增獄訟之繁，其爲害情形不一而足。凡此皆已面陳憲聰，不敢扶同隱徇。此外更有補用參將姜正清、職員陳德欽、郭章鎮等，禀請開辦卑縣保安堡、石家山一帶煤鑛，尤爲架空圖騙者流，迭被紳民呈控前來，斷難任其滋擾。所有桐梓包煤鑛山主汪攀桂既無力開挖，而華豐公司亦徒有虚名。可否一律圈購，以歸劃一，免生事端，卑職未敢擅專，伏候裁奪。抑卑職更有請者，嗣後凡有購辦鑛産，須先禀由地方官考察，果係真正殷商，其所指購之山勘明一切無礙，取具紳鄰山主甘結，加具印結，由縣禀請立案，方准開採。如此定以限制，庶幾可收實效而杜狂謀。是否有當，理合禀祈核示祗遵。又據另單禀稱：竊卑職叩辭回縣，地方静謐如常，奉諭先購象鼻山，刻因徐紳映丹、李紳華廷赴省，應俟其回冶之日，即傳山主前來議價，斷不致有私賣等情。將來圈購鑛山，所有山價，擬請飭令山主執持印契自詣善後局請領，局中即照契價給錢，不但省造報之煩，亦可杜侵漁之弊。卑職辦事求實，不敢稍涉虚糜，其每次履勘各山及紳士往還夫馬，均由卑職備送，並未擾及地面分文。該紳等家計頗殷，廉謹自好，得其相助爲理，大可放心。至嚴道開第，又經地痞華允順句來，私行挖窿開採，如不速禁，必釀禍端。應請迅賜嚴批，庶可消患未成各等情，到本部堂。據此。除批：據禀該縣鑛産最多，近聞開採之輩，大都地痞劣紳，架空圖騙，擾害地方，時常牽涉訟案，并無正紳殷商承辦，應准將縣屬鑛山一律由官圈購，應給山價暫由該州縣墊給，赴善後局請領歸欵，以期迅速。俟圈購後，凡有鑛山，均即勒刊官購山名、丈尺、四至界限，不准私相買賣。嗣後如有購山開鑛之人，須先禀由該縣查明實係真正殷商，指購之山勘明并無窒礙，取具紳鄰山主甘結，由縣加具印結，禀請本部堂核定批准後，方准開採，庶可杜奸謀而絶虚妄。桐梓包之華豐公司既係有名無實，且其中人多淆雜，及參將姜正清等禀開之保安堡等處煤鑛，迭被紳民呈控，均應嚴禁開採，一律由官圈購，以免滋生事端。除行洋務局會同北布政司轉飭外，仰即遵照。仍候撫部院批示。繳。印發外，合併札行。爲此，札仰該局、司即便會同迅速轉飭遵照。

札大冶縣知縣蕭端澍兼充鑛務提調 光緒二十七年十月二十九日

照得開鑛一事爲今日自强要圖，所關甚重。近有不法痞徒往往違背定章，暗合洋股，或捏稱已經批准，或假託奉有札文，朦買鑛山，私開漁利者不一而足，而尤以大冶、興國、武昌等州縣爲最多。蓋緣該處鑛苗旺於他邑，最爲痞徒覬覦。若不設法整頓，殊不足以維鑛務而杜弊端。應即在洋務局專設鑛務提調一員，責令將開鑛事宜隨時悉心考究，一面嚴密稽查。如各州縣有前項痞徒未經稟奉批准輒即購地開鑛，或雖已稟准而暗藏有洋股在内違章朦混，立即分别驅逐封禁，一面稟明立案。如敢恃强不服，并許稟請嚴拏究辦。遇有重要事件，即稟明本部堂核示，以昭慎重。查有現署大冶縣知縣蕭端澍，堪以委令兼辦洋務局鑛務提調。合亟札委。該令即便兼充洋務局鑛務提調，遵照札飭事宜妥爲辦理。

札飭大冶縣、興國州購買龍角山銀鑛[一] 光緒二十七年十月二十九日

照得本部堂訪聞有漢口前開藥材行之胡金林，句同沈姓、劉姓，至大冶縣城内天主堂鄰近租房居住，聲稱係奉本部堂札飭購買龍角山銀鑛等語。查大冶縣、興國州境内各鑛，久經批定統歸官廠議購開採，不准商民私行勘買，并飭該州、縣等出示曉諭在案。兹查龍角山坐落興國、大冶交界地方，係在議禁界内，乃胡金林膽敢假冒，捏稱奉有本部堂札飭，希圖朦買，實屬藐法妄爲。應即飭令大冶縣、興國州迅即出示嚴禁，一面將龍角山價買歸官，以免别生枝節。查現署大冶縣蕭令端澍，遵飭圈購鑛山，辦理甚爲得法，現已委充洋務局鑛務提調，該縣一切均應迅速會商蕭令，會同仿照辦理。合亟札飭。札到，該州、縣即便遵照，先行查案出示曉諭，嚴行禁止私買私賣。一面將坐落該州、縣境内之龍角山，迅速備價購買歸官。一切會商蕭令、興國州周署牧會同辦理。所有價錢，先由該州、縣墊給，由善後局如數發還。仍將遵辦情形稟報查核。切切。

札武昌縣圈購鑛山 光緒二十七年十月二十九日

據武昌縣紳耆王世瀛等稟稱：邑之南洪鄉地名松嶺堡，一曰廣山，一曰馬婆山，均産鉛苗。光緒二十五年經謝通守漾渠辦理，佳苗漸露，迄今三載，調處得宜，懇察核批准等情。又據候選通判謝漾渠稟請試辦前來。查武昌縣鑛山久飭封禁，歷經批行有案。該職等請試辦之馬婆山、廣山等處，訟案尤多膠葛，亟應一律由官圈購，應禁應開，隨時體察情形，酌量辦理。即飭該縣迅速遴派公正紳士，查明境内鑛山，無論煤鐵金銀鉛鑛，凡有鑛苗，驗明質佳産旺、與田園廬墓無礙者，一律由官圈購，隨時稟請撥欵購辦。所有民間置買田地、山場，凡有鑛産，均應稟官查驗圈購，如有私行賣買擅予印契者，查出定將該産充公，地方官嚴行參處。查現署大冶縣蕭令端澍遵飭圈購礦山，辦理甚爲得法。現已委充洋務局鑛務提調，該縣一切均應迅速會商蕭令，會同仿照辦理。

咨行軍機處來電旨准各省所攤賠欵減免三成各節附單[二] 光緒二十七年十一月初八日

爲照本部堂於十月十六日會同貴部堂、院、大臣暨兩江、兩廣、四川、閩浙、雲貴各督部堂，江蘇、安徽、江西、浙江、山西、廣東、廣西、雲南、貴州、湖南、湖北各撫部院，會辦商務

[一][二] 録自抄本《督楚公牘》。

大臣盛，電奏瀝陳新派各省賠欵爲數過鉅，籌措萬難，籲請減免三成以及明年五月還期如不足數暫行商借洋欵一案。茲於十月十七日承准軍機處來電內開：諫電已進呈。所籌稍紓民力，將户部分派各省賠欵減免三成辦法，及明年五月還期如不足數商借洋欵各節，奉旨均可准行。仍希貴督電知各督撫暨盛京卿、上海道合力通籌，來年務足七成之數，分別隨時具奏辦理。樞。篠。等因，到本部堂。承准此。除當即電達外，合亟抄録電奏原稿，一併飛咨。爲此，合咨貴部堂、部院、大臣請煩查照施行。

十月十六日會銜致軍機處電

各省分派賠欵，為數過鉅，籌措萬難。方今民生困窮，商業彫敝。經去年之變，各省商民元氣大傷，種種籌欵之法，歷年皆經辦過，久已竭澤而漁，若再痛加搜括，民力既不能堪，賠欵仍必貽誤。且沿江沿海五省鹽釐貨釐久已抵還舊案洋債，撥補大半無著。近年加撥各欵，多係有名無實，無法籌解。而自去年以來，南北各省鬧教賠欵，多者二三百萬，少者數十萬。即不鬧教省分，攤派直隸教案賠欵亦二三十萬至十數萬。此又出於各項餉需之外，民怨已深，正苦無從設法。自新案大賠欵經全權定議後，數月以來，屢與司道各局籌商，無不焦思束手，雖勉强蒐羅，斷難如數。且即所擬議奏明籌捐加收之數，將來亦恐難收足，實無把握。間有議加貨釐者，乃是無聊之極思，竊恐驅魚驅爵，徒歸洋旗子口，收數轉不能多。若按糧捐輸，少則無益，多則必然扞格。房捐雖有辦者，亦不能多。此外各種籌欵之法，無一易辦者。總之，無論如何籌加籌捐，無非取之於民。當此時勢，民心為國家第一根本，以民窮財盡之時，倘再儘力搜括追呼，以供外國賠欵，必然內怨苛政，外憤洋人，為患不堪設想。否則商挂洋旗，民入教堂，國勢何由固結。某等渥受厚恩，分膺疆寄，若因籌賠欵之故，以致稍生事端，罪戾滋重。若百事俱廢，專湊賠欵，將興學、練兵、農工、商務一切養民衛民之自强要政概行擱置不辦，則民心日渙，士心日離，國勢日微，外侮日甚，內亂將作，大局亦必難支。惟賠欵豈能失信，竊擬一稍紓民力之法。蓋各省賠欵數鉅，籌足固難，而尤以明年上半年一期為更難。籌欵甫經試辦，尚無端緒，期限已迫，必然貽誤。查十月初一日起，洋貨加足值百抽五一條，據上年二月總署咨赫德條議，每年可加增三百萬以內，即按九成核計，亦可歲增二百七十萬。向來免税洋貨亦按抽五納税一條，據税司賀璧理現開節略，照二十四年免税各物計，每年可收三十二萬，據盛京卿宣懷條議，為數更多。常關歸税司代收一條，據德國穆使自天津來與之面言，津海一關，税司代收每年可多收三十萬，準此類推，除粵海關不歸税司外，赫德初次指定之十四關，及外務部咨赫德二次添指之十關局，合之天津關，共二十五關局，每年必可多收一百五十萬，有盈無絀。折漕一事，現經漕督張奏，請以二兩折放九十餘萬石，令江浙購米五十萬石備用。折解折放者，每石省運費一兩三四錢，每年可省一百三十餘萬。即照倉場文令，江浙運米一百萬石，每年亦可省約七十萬，合之山東折漕，省出運費約二十萬，省挑挖運河等費約十萬，南北各省折漕合計總可省一百萬。以上四項統計，或增收或裁省，共得五百五十萬。就每年各省賠欵一千八百萬之數，核計正得三成有奇。伏思洋貨加足抽五、免税之貨完税、常關税司兼辦、全漕改折四欵，乃各國公使及全權所指定者，本議明專為賠欵而設，户部咨亦有關税增數專為賠欵，各省攤數尚可酌減之語，具徵體恤。竊擬籲懇聖恩，俯念民生困苦，鉅欵難籌，准將各省賠欵減免三成，即將上項所指加增裁省之欵湊足，各省上半年止解二成，下半年解五成，以紓民力而免貽誤。此減賸七成，自必如期籌解，不敢延欠。惟所指抵湊三成之欵，必須明年十一月方能收齊，而明年上半年五月還期，萬不能緩。擬請敕下户部、盛宣懷及上海道，向外國銀行如匯豐、德華之類，商借五百四十萬，約定明年五月半交銀，一年歸還，酌給利息，能止借八箇月尤善。國家止借此數，并不為難，年限既少，即利息稍重亦屬有限。俟明年十二月間，核計所指增收裁省各欵實得若干，如足數三成及息銀，即請於光緒二十九年起，令各省以後即照此七成之數籌解。如洋常兩税於抵足三成外能再多收一成一百八十萬，各省即再減一成，能再多收半成，即再減半成。如尚不敷三成及息銀，則請由各省照數分攤，解部補還，限後年二月解足。蓋減少三成，薄海商民固感朝廷寬卹之恩，且展至下半年始解鉅欵，亦可從容妥籌，免致操切生事。此外，北方各省尤為瘠苦，情形亦必相同。某等為仰體皇仁紓民力固邦基起見，不得已勉籌此策，仰懇聖裁施行，不勝惶迫待命之至。請代奏。某某等同叩。

札商報館兼辦湖北官報 光緒二十七年十一月初九日

照得報館之設，仿自泰西。採摭新聞，發攄清議，所以宣達下情，啟迪民智，開内地之風氣，傳外國之情形，關繫觀聽，極為重要。乃近日海外亂黨各報，專以誣善謀逆爲事，狂悖喪心，令人髮指。至沿海各省新出各報日增日多，亦頗淆雜。加以主筆者屢屢更换，宗旨并不畫一，其中核實平心者固多，而別存私見、捏造黑白、變亂是非者，亦間有之，甚至有專意煽惑良民，導人以犯上作亂者。西國報館如林，亦從無此體例。邪説暴行，相因而起，尤爲世道人心之患。鄂省上游重鎮，南北樞紐，士習民氣素知禮義，豈可令邪説流行，惑亂官吏士民之心志。亟應於省城地方創設官報館，刊布旬報，博採通人宏議、正士公論，擇其可刊入報者，選取繕録，呈候本部堂核定，飭發刊布。其大指有三：一曰崇正黜邪，二曰益智愈愚，三曰徵實辨誣，以定民志，以遏亂萌。查有湖北試用知府王守仁俊，識趣端正，學問賅通，夙以昌明正學爲心，堪以派委辦理湖北官報事宜。應令商報館總辦王道延訪品端學贍之文士及深通東西文之譯才，分司報務，以資襄助。并即妥議章程，稟候本部堂核定開辦。該報即附設於商務報館内，應需經費即併入商報館經費，由商報館總辦核定，稟請本部堂札飭北善後局籌欵支給。

札委歐陽勝等分段承修白沙洲至金口一帶江隄培補加築工程[一] 光緒二十七年十一月十五日

照得本年夏汛盛漲，白沙洲至金口一帶新隄險工迭出，當經本部堂派員分段駐工防護，飭令加築子隄一道，一面將滲漏裂縫塌陷處所趕緊厢補填築，外下土袋，内作撑幫，俾資堵禦。本部堂仍不時親臨工次，督工趕作，全隄幸免疎虞。惟當時水勢浩大，取土爲難，隄身隄脚被掃坍削之處甚多，且子隄不過全隄之少半，

[一] 以下三件録自抄本《督楚公牘》。

未能内外一律加高，令隄面齊平。應趁此冬令水涸之際，趕速興工，將子隄一律加寬，作成平面，高視武泰閘頂，按段用水平較準，不得稍有參差。其隄外護脚，應厢築坦坡，并培補内幫，務令堅實。仍於隄根起至江灘，徧種蘆葦、柳樹，以禦風濤，并設法認真守護，勿令閒人毁折。總期隄身永遠鞏固，足爲捍衛之資，以竟前功而弭後患。查夏間派委文員搶築修防，糜費過多，此次應改派武委員，取其耐勞而省費。此項工程照前仍分十段，每段派武委一員，月給薪水錢十五千文，火食錢三千文，柴草錢二千文，共二十千文。每段准用外、額兵目二名，辦理司事之事，月給薪水錢六千文，火食錢二千文，柴草錢一千文，共九千文。巡兵四名，月給口糧三千文，火食錢二千文，柴草錢一千文，共六千文。統由閘工局支給。所有第一段，即派武昌城守營四司把總歐陽勝承修。第二段，即派武昌城守營候補把總劉紹選承修。第三段，即派候補外委馬光富承修。第四段，即派督標中營期滿武舉顧兆松承修。第五段，即派督標中營期滿雲騎尉王崇元承修。第六段，即派武昌城守營額外王洪元承修。第七段，即派督標中營候補把總熊連泰承修。第八段，即派督標中營候補把總黃宗惠承修。第九段，即派撫標左營三司把總何光進承修。第十段，即派武昌城守營候補把總徐正岳承修。每段准用之司事二員、巡兵四名，即由各該員自行選用，以專責成。該員等應即迅速會同周歷勘驗，繪圖貼説，估計需用土方人工確數，詳細開單，呈候本部堂核飭遵行。除分别咨行外，合行札委。札到，該弁即便遵照札行事理迅赴工所，各按分定地段，趕速集夫備土，以便刻期興作。務須層土層硪，一律堅實，毋稍草率虛糜，亦不准延誤。切切。特札。

札南藩司等趕緊撥解近三年奉部撥補宜昌鹽釐銀兩 光緒二十七年十二月初一日

據湖北鹽法武昌道凌卿雲詳稱：竊查光緒二十六年十一月二十五日奉憲台札開：光緒二十六年十月初三日准湖南撫部院俞[一]咨開，據湖南糧儲道但湘良詳議覆前署道逢道詳明鹽釐支絀，懇請咨飭湖南速將撥補宜昌鹽釐銀兩解鄂濟用一案。原詳内稱，查應解漕項銀四萬兩，前經職道查明庫儲漕項銀僅祇二萬零八百餘兩，不敷撥解。蓋湘中漕項等款，每年共只額徵銀三萬三四千兩，除應支支解各款外，實可留存報撥者不過三四千兩上下。昔年撥解有常，故得銖累而積，以應上年之撥，亦可偶而不可常也，焉能援例以求。緣奉前因，合將實難籌解情形具文詳請察核，咨鄂行道，札令遵照迅速核議詳辦等因，奉此。當經前署道逢道以宜昌鹽釐，乃向來專支京餉、滿甘各餉及撥交善後局支放本省防練各餉之需，皆係必不可少之款。自抵洋債以後，來源頓竭，司局各庫掘羅皆窮，而鹽庫待支京餉、滿餉及各兵餉更屬無從籌措，專望撥補接濟，并非援例以求，實係遵撥請解。復詳憲台咨明湖南撫憲，轉飭湘糧道按照户部指撥款項，設法籌解，并飭湘藩司、善後、督銷各局，將奉撥二十五年分鹽觔加價銀二萬兩，并允准去年秋後起解之丁漕平餘及二十六年分奉撥各款，一併迅賜籌解來鄂，以濟燃眉，亦經奉批咨明湖南撫憲轉飭遵辦在案。迄今將及一載，分釐未解，亦未咨覆。又二十七年所奉部撥之款，亦均

[一] 指俞廉三。

分文未解。現鹽庫各餉待支甚急，實係挪墊俱窮。再四思維，惟有委員坐催，庶可濟急。查有補用知縣錢樹焕，堪以往催。除由道查明各年欠款，分別開單逕行咨催，并一面札飭委員前往守催外，理合詳請檄飭湖南藩司、糧道、督銷局，速將奉部撥補二十五、六、七三年分宜昌鹽釐銀兩，籌解來鄂，以濟要需，并請咨明湖南撫部院轉飭遵照等情，到本部堂。據此。查宜昌鹽釐一項，向係供支京餉、甘餉及滿營要餉之需，所關極重。乃自抵還洋欵以後，撥補各省之項半多無著，來源頓竭，而應解應支各欵，又屬萬難停待。該道所稱羅掘俱窮，自係實在情形。此項撥補銀兩，本部堂前於光緒二十五年十二月曾經奏請專撥湘、鄂兩省之欵，原期易於催解，不致如各省之久懸無著。乃湘省應解光緒二十五年撥補鹽釐之丁漕平餘、鹽斤加價等欵，迄今兩載有餘，尚未籌解來鄂。至二十六七兩年撥補之欵，所有丁漕平餘、鹽斤加價、漕項三項，均係分釐未解，實屬任意玩延。現在各項要餉待解孔急，設有貽誤，咎將誰歸。既據該道檄委補用知縣錢樹焕赴湘坐催，應即嚴札飭令南布政司、糧儲道、鹽法長寶道，迅將奉部撥補光緒二十五、六、七三年分宜昌鹽釐銀兩，照案趕緊設法籌撥，交該委員錢令解鄂，以濟要需。除批示外，合亟札飭。札到，該司、道即便迅速遵照辦理，勿再宕延。切切。

會委金鼎接辦善後局總文案事務光緒二十七年十二月初八日

照得善後局總文案委員、湖北候補知縣周穀生，現經委署應山縣篆務，所遺善後局總文案事務，查有湖北候補知府金鼎，堪以飭委接辦。所有前委官錢局坐辦、善後局總文案兼收支事務高守松如，應令與金守鼎會商辦理。凡有應解京餉洋欵及各項要餉，何欵應由何處解交，隨時查明，分別勸催，總須先期籌畫，届時照數撥解，勿稍遲逾。其收支一切欵項，皆當認真稽核，撙節動支，勿稍浮濫。金守應領薪水，照舊按月支領，以資辦公。除分行外，合亟札委。札到，該守即便遵照接充善後局總文案，隨時會商高守，認真妥爲辦理，以副委任。切切。

札銀元局試鑄銅元光緒二十七年十二月十九日

照得圜法爲國家利用便民之大政，而輕重大小，宜與時消息，以盡變通之利。現在銅價奇昂，制錢每被奸民私燬，消耗之多，不可窮詰，以致錢價日貴，銀價日賤，殊與國計民生大有妨礙。查廣東、福建、江南等省，均已仿照香港銅仙、日本銅幣式樣，製造當五、當十銅元，與舊銅制錢相輔而行，民間行用極稱便利。鄂省制錢缺少，亟應仿照試辦，以維圜法而便民用。爲此，合行札飭該局即便遵照，查取廣東、福建製造銅元輕重、大小、成式及行用章程，參酌擬議，稟候本部堂、部院核定飭遵。一面購買銅片，摹繪錢樣，鎔鑄鋼模，先行試造樣錢呈驗。所需經費，即由鹽道庫將寶武局經費撥解充用，勿稍延誤。

札胡得立等勘驗湯、月兩湖水陸各地收買歸公[一] 光緒二十八年正月初六日

照得槍礮、鋼藥兩廠收買湯、月兩湖水陸各地一案。查該湖地爲同福堂公業，經郭銀山等出售，價銀八千兩。嗣業户楊耀元等以郭銀山等藉湖佔陸，妄將陸地指爲湖中淤生，概行混賣等情控争。經漢陽府縣訊斷，將銀八千兩分七成爲買湖地之價，分三成爲買陸地之價，各業户仍復歧控未已，經本部堂批查。據槍礮局詳覆，飭派委員會同漢陽府、縣暨兩廠提調勘訊定斷。兹據該府、縣印委各員稟稱：勘明陸地共六百餘畝，以前分三成二千四百兩之價銀不敷，請加發四千六百兩，共七千兩，以給湯湖、月湖之陸地。此外斷給同福堂之七成，計銀五千六百兩，仍照原斷給發等情前來。查此案之所以糾纏不清，由於當初購地時并未勘地驗契，查明給價，以致興訟。其後漢陽府、縣斷分三成、七成，判作水、陸地價，仍是以意定斷，并非確有分曉。今該府、縣印委等雖經會勘，仍未將各業户契據驗明，分别給價若干，輒統請加發四千六百兩，如加發之後，各業户分攤不匀，勢必仍致纏訟不休，何能斷絶葛藤。兹特飭派知州胡得立、知縣徐冠瀛即日前往該地切實勘丈，一面傳集各業户，調集契據，眼同勘明驗明。其中有地無契及雖有契而與地段畝數不相符合者，均當推勘明白，以憑定斷。勘地驗契之後，酌定價值，榜示各户分領完案，庶可永清膠轕，不致再有混争情事。又據該府、縣印委稟内，并稱有彭家山西北以及藥廠南面尚有餘地，須盡行購回。已由楊縣丞會同地方紳士量見八十六畝有零，約價銀一千三百兩等語，并應由胡牧、徐令一併復勘驗契，酌價按户發給。至此項地段寛廣，民户夾雜，訟棍、書役均不免從中架唆弊串欺朦。該委員等應會同漢陽府縣及兩廠提調妥速將此案查辦完結。如查有訟棍、書役前項情弊，即當嚴究重懲，以期速結，不得稍涉寛縱。倘任聽蔓延，横生枝節，仍復日久宕閣，不能完案，定干未便。所有此地龍燈堤以上應歸鋼藥廠之用，龍燈堤以下應歸槍礮廠之用，并即飭知。合行札委。札到，該員即便遵照札飭事宜，妥速辦理完結稟覆查核，毋稍違延。切切。

札委李祖蔭管帶襄河水師中營 光緒二十八年正月初八日

照得管帶襄河水師中營記名提督謝得龍，現據該營領哨呈報，業經在營病故，所遺襄河水師中營，亟應遴員接帶。查有本任襄陽縣知縣李祖蔭辦事認真，長於緝捕，堪以飭委管帶襄河水師中營。查謝提督近年來時常患病，不常在營，該營水師不免廢弛。新委接帶之員必應認真大加整頓。應令督率弁勇，勤加操練，會同地方官，聯絡上下游水師實力巡查，嚴緝盜匪，以安商旅。餉項按期放足，哨官不准居住岸上，勇丁不准一名缺額。該營官亦毋得遠離汛地，常住岸上，停船缺勇，怠玩欺飾，致負委任。所

[一] 以下五件録自抄本《督楚公牘》。

有該營長龍舢板及軍裝器械等件，驗明點收清楚，時常收拾光潔，不准稍有損失。損壞無用之件，禀明請領。除分行外，合亟札委。札到，該縣即便遵照上項札飭事理，管帶襄河水師中營，認真切實辦理，務收實效。仍將到營接帶日期具報查考。再，謝提督病故後，該營屢有禀來調换哨官，顯係倒填年月，希圖朦混濫派。除均經駁斥不准外，即由該營官查明該營各哨官如有不得力者，即行禀請撤换，合併飭知。

札委李祖蔭兼充襄河水師五營總查光緒二十八年正月十一日

照得總查襄河水師五營記名提督謝得龍現已病故，所遺總查事務，即飭新委接帶襄河水師中營本任襄陽縣知縣李祖蔭兼充。查襄河水師五營上起老河口，下至漢口，綿亘千餘里，必須聯絡一氣，呼應靈通，方有實濟。責成該員將上下游各營各船情形，時常親巡周歷，切實稽查，隨時據實禀報，勿稍疏懈徇飾。此差爲整頓襄河水師而設，關繫重要。總查公費月支銀二百兩，以資辦公。除分行外，合亟札委。札到，該員即便遵照，兼充總查襄河水師五營事務。務需秉公勵精，破除情面，認真辦理。斷不可任聽各營哨官懶惰廢弛，諱盜殃民，以期盜戢民安，勿負委任。切切。

嚴飭武、漢、黄、德所屬各州縣出示嚴禁舖户居民囤販私鹽光緒二十八年正月十九日

據湖北督銷淮鹽局江蘇補用道沈邦憲禀稱：竊照鄂岸行銷淮鹽，自光緒二十四年閏三月起，所收釐金銀兩奉飭抵爲洋欵之用。現復因新約賠欵，遵照部議，按票加收課釐并鹽斤加價等項，限定數目，飭令按期解交償欵，爲大局所關，不容稍有延誤。此外，如江南則有應解原徵之加課及軍需加價兩欵，湖北則有應解原徵之楚釐并江防經費、練兵新餉及此次新加鹽價四欵，統計每年應解各欵至一百數十餘萬兩之多，全賴淮引暢銷，俾資接濟。乃自十月加價以來，叠據各該委員以私鹽充斥較前愈多，小民食賤食私，銷數益形疲滯，禀請設法堵截前來。伏查職局所收湖北加價各項，或爲製造專欵，或爲計授要需。當此庫儲奇窘之時，關繫何等重要。至所收江南鹽釐各欵，均係抵爲洋債之用。以無定之收數，抵有定之用欵，銷數稍有短絀，還欵即無從應付，貽誤大局，更非淺鮮。現奉兩江督鹽憲札，以淮鹽銷數有關新約賠欵，飭定三月比較，溢銷記獎，滯銷撤參，定章極爲森嚴。職道忝任督銷，責無旁貸，時會所值，焦灼莫名，自應及時圖維，以資補救。竊惟鄂岸爲水陸交衝之地，處處可以灌私，而尤以北私及浙私爲尤甚，道路錯雜，防不勝防。雖經嚴飭各分局及緝私各員設法疏緝，終以主客異勢，呼應不靈。且梟販結隊成羣，性多獷悍，各緝私分卡衹此巡勇數名，不敷巡察。若會營堵截，又恐激成事端，轉爲地方之害。一再籌思，惟有由各該州縣嚴禁居民舖户，不准囤販私鹽。銷路既絶，或可稍塞來源。蓋舖户各有身家，非若私梟之無賴亡命可比，一經嚴禁，斷不敢以身試法。各該州縣本有疏緝之責。光緒十年經職局詳定各州縣額銷引數，并嚴定功過章程，蒙前憲台批准通行有案。近年以來，各該州縣銷數溢額者十之一二，銷數足額者十之二三，銷不足額者十之六七。鹽爲民生日用所需，斷不能一日淡食，若非舍官就私，必無銷不足額

之理。擬請憲台飭令各該州縣出示曉諭，嚴禁舖户居民囤販私鹽，責成各鄉鎮公正紳耆剴切勸導，不得稍有違犯。倘敢干冒法令，即行照例嚴辦，懸爲厲禁，決不稍寬。如能將窩囤之奸商，及包庇私販之刁生劣監嚴辦一二人，風聲所樹，亦可稍儆其餘。一面稽查城鄉舖户共有若干，按貿易之大小，按月派銷淮引若干，不准稍有短少，取具承銷不得販私切結存案，仍隨時抽查淮引水程，以杜弊混。并由職道嚴飭各分銷緝私委員，隨時會商各該州縣協力同心，妥爲辦理。果能實力奉行，在銷不足額之州縣由此可以拓銷，即足額之州縣，亦可漸推漸廣，日起有功。職道薄植菲材，忝筦局務，疏銷督緝，本屬責有攸歸。倘蒙憲台以淮銷之盈絀，分各該牧令之勤惰，信賞必罰，益可收事半功倍之效。合無仰懇憲恩，俯念淮鹽銷數實與江鄂兩省課欵大有關繫，嚴飭武、漢、黄、德四府所屬各州縣一體遵照，認真辦理，實爲公便。職道爲籌欵艱難，力顧銷數起見，伏候批示祇遵等情，到本部堂。據此。查淮鹽行銷鄂境，不獨爲江南課釐所出，即如湖北原徵之楚釐并江防經費、練兵新餉及此次新加鹽價四欵，歲收約數十萬，乃鄂省軍餉要政所必需，豈能任聽私鹽充斥，致礙官引。各州縣疏銷鹽引，定有考成，營勇緝私，尤其專責，乃州縣積習，往往膜視鹽務，以緝私爲多事，以販私爲良民。此等謬見惡習，實堪痛恨。至緝私營哨捕務懈弛，并不認真查緝，甚至任令弁勇得規包庇賣放，遂致私梟充斥。若不認真整頓，必致銷數日虧，要餉無出，所關非輕。兹特嚴飭武、漢、黄、德所屬各州縣，出示嚴禁舖户居民囤販私鹽，責成各鄉鎮公正紳耆剴切勸阻，毋許稍有違犯。仍隨時嚴密查訪，如有窩囤之奸商及包庇私販之刁生劣監，立即拏案審辦，隨到隨懲，不得意存偏袒，彌縫了事。至所請查明城鄉舖户按貿易之大小，按月派銷淮引，不准短少一節，并由該州縣等體察情形酌核辦理具報，不得稍事推延。并嚴飭管帶武勝防緝營提督吴建瀛、管帶緝私營副將洪貞祥，會同地方官一體認真查緝，尤須嚴禁弁勇得規包庇賣放。倘各該州縣營官仍有以上情弊，即由督銷局沈道據實密稟，以憑查究。如該州縣營官等胆敢陽奉陰違，以致要餉短缺，貽誤大局，定即分別撤參，決不姑寬。合亟札飭。札到，該州縣即便遵照上項札飭事理，務須破除積習，認真查緝疏銷，勿得仍前視爲具文，意存徇縱，自干重咎。仍將遵辦情形先行報查。

札江漢關道等會同察勘德租界後添設枝路一案光緒二十八年正月二十三日

光緒二十八年正月十一日據駐湖北夏口德國禄領事照稱：案查光緒二十五年三月初四日准江漢關俞道照開，光緒二十五年二月二十九日奉督部堂張札開，漢口德國租界後添設枝路一案，本月二十一日德國禄副領事偕柯委員來署面商後，當經本部堂再行切實電商督辦鐵路盛大臣。昨接覆電，仍以鐵路公司代德界添造枝路，恐各處效尤，公司受累，必須德界出造路之費，方可照辦。惟查當日係因德界下添開日本租界，致德界與鐵路總站相隔。本部堂調停其間，有於德界後添設枝路之議，他處他國情形不同，斷不能援引爲例。但盛大臣恐他處效尤，公司受累，不願照辦，而德領事又堅不肯出費，均難强勉。本部堂以中德兩國交誼爲重，不願因此小事致多費唇舌，特於前日飭該關道與禄副領事及柯委員面議。業已議定，若將來幹路路綫能稍移近德界，不拘何處，有一處與德界後邊界相切，則無庸另設枝路。若幹路與德界後界離開，則由本部堂籌欵，交由鐵路公司造一至短枝路，由幹路通至德界後邊界爲止。至將來應給一切往來運費，禄副領事及柯委員應允德界認給。且知此係本部堂格外通融調停辦法，因從前有添日界許修路兩層，故從中調停了事，他處他國均不能援以爲例。此外所有行車時刻、車輛數目以及一切詳細事宜，應由鐵路公司妥酌，務與公司章程有便而無礙，德領事決不格外苛求挑剔。但口議無憑，除咨明盛大臣外，合就札行該關道即便遵照，照會德國禄副領事查照爲要等因，奉此。照請查照等因，准此。本領事查鐵路公司幹路現已定準，隄埂俱已築就，應請貴督部堂查照前文，迅速札飭鐵路公司，即將通至本租界枝路一併購地築造。現在枝路通至本租界，尚非目前急需。雖然如此，必應及早布置，因爲本租界後面地址業户紛紛零碎（買）〔賣〕與他人造用，以後開辦枝路，購買地址，越多凝難。而且地價日日增高，恐致於貴督部堂實在好處，不無失誤工夫。本領事願意尤敦和好，先行設法將枝路應用之地購成，諸多容易。似此將來枝路接連幹路一頭應在何處，貴督部堂可以隨便酌定，惟接連本租界一頭，必須本租界西面正中之處停頓爲妥，并請貴督部堂行知鐵路公司，於未開辦枝路之先照會本領事知照，此項枝路定在何處，並如何行走。務希早日見覆，至以爲要。相應照會，請煩查照辦理，見覆施行等情，到本部堂。據此。查德國租界後添設枝路，所需地段應如何擇宜購買以及添造枝路接連幹路各情形，亟應即行察勘明晰，以憑妥籌辦理。合亟札行。札到，該關道、局即便遵照，會同鐵路局迅將德租界後添設枝路接連幹路及應購買地段各情形察勘明晰，核實妥籌辦法，禀覆核奪。一面照覆德國禄領事知照。切切。

札江漢關道照覆法領事駁展租界光緒二十八年正月二十九日

據法國領事瑪璽理照稱：准江漢關函開，奉貴部堂函諭，昨瑪領事來見本部堂，本欲自德國後界直展一綫至城墻，爲法國展界，而瑪領事尚嫌狹隘。兹特格外寬讓，准由現在兩旁界綫向後直伸，展至距鐵路旁六十丈爲止，以敦睦誼。核計又多數千方，不爲少矣等因。本領事查漢口各國貿易，德商第一，法商第二，本國人知漢口商務興旺，又悉貴部堂甚受商量，保護認真，均願給鉅欵與貴國國家爲修造蘆漢鐵路，核算本國共給法蘭克四十餘兆之多，係爲興旺貴部堂所屬之地，較之在漢他國未有捨此鉅欵者。法人既如此竭力爲貴國國家暨貴部堂，兹查漢口法國租界與英界比較，法界祇有四分之一。合准展界再與英界比較，法界亦祇有三分之一，與德界相較未及其半，請教公道與否。查條約内載利益均沾，在揚子江省分之中，有一二國獲利較大，祇將租界一事而論，似有偏向之意。此事所關甚大，除詳禀本國駐京大臣暨本國國家外，相應備文照會，請煩詳細查核等語，到本部堂。據此。查開設法界之時，法界之下尚無德、日各界，城外餘地甚多，而此時未聞法人嫌其租界過少。及開設德界之時，法領事亦無展界之意。今各界業已早定，法國租界前有大江，右有俄界，左有德界，後有鐵路，乃法領事忽欲增地，與他界絜短論長，不怪其自失機會於前，而强謂本部堂偏待他國，未免太非事實矣。以平常情理而論，租界已定，斷不能隨時增展。但本部堂念中法兩國交誼，又以法領事允許於亨達利一案極力相助，特於無可設法之中爲之設法，允將中國費用鉅欵建築、經歷數十年之堡垣拆卸，將法界展拓伸出各界之外。法界原有地一萬一千二百餘方，今許其展至距鐵路六十丈止，計又添一萬一千六百餘方，不止倍其原數。比人乃承辦鐵路之人，近日請給租界，本部堂亦止給至距鐵路六十丈爲止，與法界展拓之限制事同一律。至若英、德、俄、日各界距鐵路更遠。本部堂自以爲如此遷就，法領事必知本部堂之苦衷厚意。然尚恐他國藉口法界出各國租界之後，謂本部堂偏袒法國，難於應付，不圖法領事反謂偏待他國也。夫中國創辦鐵路，其便行旅通百貨，爲萬國均霑之利益。其運兵械轉糧物，則爲中國獨享之主權，二者均不容稍有虧損。鐵路所經及兩旁之地，必須全歸中國管理，然後中國方能均待各國，不致畸輕畸重，亦方能自保主權，不致喧賓奪主。設有一處與一國租界相連，中國主權便有虧損，中國固不能通融，即各國行旅貨物亦嫌不便，同此不願也。前者盛大臣原議，係與比國訂立合同，借欵修造蘆漢鐵路。今法國商人以此路有利可圖，多買股票。然無論比商、法商購股，其鐵路總是中國鐵路，管路之權斷斷不容旁落，距鐵路六十丈之界斷斷不能逾也。法領事若平心察理，略爲中國設想，將此事詳細實在情形轉達法國駐京大臣，定能相諒，必不以本部堂爲非也。

札水陸各營禁止違例擅殺 光緒二十八年二月初一日

案據管帶襄防馬隊右營姜游擊成立呈報：勇丁馬光甲糾衆鬧餉，詈辱營官，派弁往拏，持刀拒捕，且有姦拐民婦情事，當將馬光甲拏獲正法等情，當即札飭隨州趙牧確切密查稟辦去後。茲據該牧確查稟覆前來。查該勇丁馬光甲於裁勇領發恩餉後，膽敢糾衆將營門關閉，任意要挾，詈辱營官，差弁往拏，猶敢持刀拒捕，且有姦拐情事。似此行爲，實屬目無法紀，罪無可逭。惟該游擊因該勇丁鼓衆捏詞鬧餉，復被人控發姦拐，此等衆目昭彰之事，拏獲後何以并不交地方官審辦，輒自訊明正法，實堪駭異。查軍法從事，乃行軍交戰時身臨前敵，事機緊急，管帶官始有立行懲辦之權，然亦須傳集各哨官查訊確實，衆論僉同，方可立申軍律。至防營并非行軍可比，此端何得妄開。該游擊似此擅殺，實屬謬妄膽大。本應從嚴參辦，姑念馬光甲情節本重，該游擊平日於地方彈壓事宜尚無貽誤，并查無扣吞餉項情事，從寬摘去頂戴，記大過二次，以示薄懲。并即通飭通省防練各營，此後如遇所管兵勇犯有重大情事，一面交由地方官審訊，一面飛稟電稟請示。無論統帶、營官，斷不准違例擅自殺人，致干參辦。除嚴札申飭該游擊外，合行通飭札知，該　即便遵照，并一體轉飭懍遵，勿得違例妄爲，致干參革懲辦。慎之。

札川鹽總、分局籌議酌提官用辦法〔一〕

光緒二十八年二月十四日

照得有人稟稱，鄂省奉派賠欵，數鉅期迫，已難籌辦。且舉行新政，如設學堂、練兵等各要務，用欵尤爲繁重。當此羅掘已空，各庫奇絀之時，措辦鉅欵殊屬萬難。然實逼處此，於無可設

〔一〕以下二件録自抄本《督楚公牘》。

法之中，不能不勉力籌維。嗟補苴之乏術，惟集腋以成裘，或相期於有濟。查川鹽行銷五府二州，沙市乃總匯之區，所設川鹽分局爲鹽務之樞紐，原以督率商販分銷鹽斤併收官用，以濟餉需，各鹽行隸焉。向章川商鹽船到岸，即行赴局挂號，呈繳宜昌總局。水陸各鹽行爲商販經紀，買賣各販户購定鹽包，亦即報明，由局派役督同商販行户過秤蓋戳，方准起撥，完納官用後，發給分撥印票，以便分頭運售，此定章也。鹽行於鹽觔正價外，每包收各販户行用等項銀四錢八分或五錢不等，除代爲完納釐金官用，發給撥船抬力等項費用外，約可餘錢二百文。每年以行銷三十五萬包計之，約可餘錢七萬串。此項鉅欵與其爲行户所剥削，不若悉數歸諸公中。且行户每多紊亂行規，虧空倒塌之弊，商販屢受其累，以至鹽銷疲滯，於課税大有關礙，自應亟行整頓，庶冀銷路暢旺。擬請將荆沙川鹽分局改爲督銷荆沙川鹽局，所有鹽行一律裁革，牙帖飭令繳銷，原繳帖本一千兩如數發還，以示體恤。此後商販買賣統歸局中主持，鹽價既不准高抬抑勒，又不至有倒塌等弊，商號無瞻顧之虞，販户無欺矇之害。其應收之欵，仍照鹽行現收數目不稍加增，諒各商販必所深願，無不樂從也。是一轉移間，鹽銷可期暢旺，而賠欵可資撥充，公家、商販均有裨益。再，宜昌府城暨下游各縣以及羊谿、董市、江口等處，所銷川鹽因向無鹽行，悉由商號自售，是以俱未抽收官用，與沙市相形，似不足以昭公允。況有奸狡販户圖漏官用等項，每多前往宜昌等處購辦，尤屬取巧可惡，自應一律抽收官用，以杜弊端。擬請由宜昌川鹽總局查明，除運往沙市之鹽不收官用外，如宜昌本處暨下游各縣以及羊谿、董市、江口等處售銷之鹽，每包酌收官用錢二百文，完納後始准開售下運，庶歸平允。每年以行銷十五萬包計之，約可收錢三萬串，合沙市所收，綜計共可收錢十萬串。如此辦理，鹽銷可期暢旺，課税自臻豐盈，無損於商販而有益於庫儲。一舉而數善備，似較他項有著而易行。又禀稱：查沙市鹽行類多朋充頂替，都非殷實之户，且自相争奪，行規久難遵行，往往虧空倒塌者，職是故也。蓋始則争攬主顧，貪圖厚利，先向商號囤買鹽觔，及至販户登門，極意招徠，市價高則照所購之價出售，無利可獲。市價低則勢必折本銷去，并應允賒欠，多方遷就，以至虧空者一也。繼則資本短絀，難以掩蓋，祇得挪東補西，重則借貸，日積月累，已屬不支，倘被販户倒塌，尤必折本，以致虧空者二也。局面則儘力鋪張，以圖掩人耳目，用度則任意揮霍，以示闊綽有餘。甚且用人不力，串通舞弊，以致虧空者三也。有此三弊，是以每多倒塌，歷年商號受其累者，不可勝數矣。因之心驚膽怯，遇稍有不穩妥之鹽行向其購鹽，瞻顧遲疑，不敢多售。鹽行又不肯實告販户，設詞支吾，而販户以向係與該行往來，又未便他往，且圖其賒欠，只得聽其播弄，遷延時日，以至鹽銷暗中受其牽掣遲滯，爲害實非淺鮮也。若局中督銷，商號無賒欠倒塌之虞，自必放膽出售。販户無欺矇遷延之累，自可盡力購銷。鹽價即有不敷，如有確實保户，亦可酌量賒欠，尤必踴躍争運，銷路自必日臻暢旺也。且鹽價每多高抬抑勒之弊。緣到埠鹽船較少，商號價必高抬，則於販户銷路有礙。若商號需銀急迫，鹽行必故意抑勒，則於商號資本有虧。如局中爲之主持，不准高抬抑勒，自悉歸於公平，商販均不受虧損矣。所擬每包可餘二百文之欵，乃係商販本應輸出之項，爲鹽行所中飽。現將此項提歸公家，於商販并非絲毫擾累。再，沙市所銷之鹽，向章每百觔收官用錢七十九文二毫，如盤提運往内河各處之鹽，每包加收緝私經費錢二百四十文。而宜昌下游各處俱未設有鹽行，是以未收官用，并無緝私經費，與沙市相形，似覺便宜過多。今若每包由宜昌總局收錢二百文，兩相較量，尚屬從輕，亦略足以昭平允。况宜昌此項若不抽收，難保鹽行人等不鉤引商販赴宜昌、羊谿、江口、董市等處私相買賣，與沙市督銷殊有關礙也等情。以上各節，就荆沙各鹽行向有之行用而言，係商販已出之財，與鹽課釐金毫無增損。至宜昌本城暨下游各縣以及羊谿、江口等處，本無鹽行，未收官用，與荆沙相形，似不足以昭公允。所議是否可行，有無窒礙，抑或別有辦法，可期立籌鉅欵，於鹽銷仍復暢旺，俾公家、商販均有裨益，應即飭委現辦荆沙川鹽分局委員、知縣劉肇墀體察荆沙情形，并飭宜昌川鹽總局體察宜昌本城暨下游各縣以及羊谿、江口、董市等處情形，分別籌議詳細斟酌，務使於公有益，於商無擾。各將籌議辦法，迅速稟覆，以憑酌核飭遵，勿稍諉延。除分行外，合亟札飭。札到，該局員即便遵照迅速查明，妥議稟辦，毋違。切切。

札委徐鈞溥接充鋼藥廠總稽察兼文案光緒二十八年二月十五日

照得鋼藥廠專辦文案委員揀選知縣岳嗣佺，現經委辦縣河口釐金。查有湖北候補同知徐鈞溥，前充槍礮廠稽查，頗資得力。應即飭委徐丞接充鋼藥廠總稽察，兼管文案，月支薪夫銀一百元。務須常川駐廠，將鋼、藥兩廠欵目物料工作等項切實稽察，隨時稟請本部堂核示，不得稍有含糊徇隱。如有應行整飭之事，即會商提調并稟明總辦辦理。除分行外，合亟札委。札到，該員即便遵照常川駐廠，認真稽察，勿稍瞻徇疏懈，致負委任。

札司道通飭各屬興辦農工光緒二十八年二月十五日

准軍機大臣字寄，奉上諭：政務處奏遵議山西巡撫岑春煊奏請振興農工商業以保利權一摺。農工商業爲富强之根本，自應及時振興。除商務已特派大臣專辦外，其農工各務，即著責成各該督撫等認真興辦。查照劉坤一、張之洞原奏所陳，各就地方情形，詳籌辦理，並先行分設農務工藝學堂以資講習。將此各諭令知之。欽此。遵旨寄信前來等因，到本部堂、院。承准此。查湖北省城前經奏設農務學堂、工藝學堂，講求種植畜牧之方，理化製造之術。欽奉前因，應令兩學堂提調諸員，會督教習、學生人等益加講求，以期日著成效。其省外各府州縣，亦應一體認真興辦。上年，本部堂會同兩江督部堂劉具奏變法摺内，所陳修農政、勸工藝兩條，兹特排印札發，應由藩司轉發通飭各州府縣欽遵查照辦理。無論山鄉水鄉，通都僻壤，各就地方情形，將農工兩事迅速切實舉辦，總期野無曠土，凡土皆有出產。境無游民，凡民皆有技能，方爲講求吏治民生之實際。斷不准視爲具文，延閣不辦。限文到一月内，先將遵旨籌辦大略情形切實稟復，將來升、補、提、署，即以此事爲殿最。合就恭録札行，仰該司、道即便欽遵查照，通飭各府州縣認真興辦，稟報查核。如府州縣奉行不力，又不加考核督催，是則藩司及本管道府之責無可諉卸。勉之，望之。

札委蔡琦充槍礮廠副提調〔一〕光緒二十八年二月十八日

照得漢陽槍礮廠關係重要，必須有得力之員常川駐廠，於工作及彈壓諸事躬親督察，方足以昭慎重。該廠提調同知馮啓鈞，現經委署夏口廳，勢難常川駐廠。兹特飭委槍礮廠兼鋼藥廠採辦委員指分湖北試用同知蔡琦兼充槍礮廠副提調，務須常川駐廠，不准擅離，月支薪水夫馬銀一百四十元。遇事會同原委提調馮丞暨槍礮廠專辦製造事宜副將張彪，督飭在廠洋匠、員司、工匠人等，將製造等一切事宜，悉心籌辦，總期用欵核實，出械精速。倘在廠員司辦事不力或工匠不實，虚糜物料以及怠惰疲緩，出械不多，製造粗率，不能如法，查出即行稟明撤换示懲，勿稍徇隱。除分行外，合亟札委。札到，該員即便遵照充當槍礮廠副提調，常川駐廠，會商妥籌辦理，以副委任。仍將到差日期具報查考。

札委王億年充當將弁學堂管堂委員光緒二十八年三月初六日

照得湖北防營將弁學堂現經修造齋舍、飯廳，令學生一律留堂食宿，并於講堂外另設自修所，俾各學生温習功課，相與觀摩。惟開辦之初，規條甫立，必須認真整頓，實力奉行，俾學生循規蹈矩，禮法秩然，方足以昭整肅而收學益。亟應派委管堂委員常川住堂，將學生行檢功課隨時考察勸戒。其在堂雜役人等，尤宜從嚴約束，勿任亂規生事。查有湖北試用知縣王億年，堪以派充將弁學堂管堂委員，月支薪水龍銀五十元，以資辦公。除分别咨行外，合行札委。札到，該員即便遵照充當將弁學堂管堂委員，務須常川住堂，按照該學堂章程，遇事會同總經理委員護軍左旗督帶官都司姚廣順切實辦理。該令年力富强，并可於兵學各門實際隨事講求，用資歷練。毋得無故離堂，稍涉疏懈，致負委任。切切。特札。

札鍾祥縣收買猴兒砦青平山并復勘開挖鑛石呈驗光緒二十八年三月十六日

據湖北鍾祥縣知縣徐嘉禾稟，卑縣東鄉猴兒砦青平山所出石子與金剛石相似，採取六十顆，乞批示遵行等情，到本部堂。據此。除批：據稟已悉。呈到鑛質，經飭鐵廠、銀元局各化學房詳加化驗，據稱内含沙質，係水晶一類，惟顆粒甚小，不合於用。若産有大塊，質料能製成器皿，開採始有利益等語。是此項鑛質并非鑽石，所請將該地收買入官以免轇轕之處，應由該令詳細覆勘，開挖一二處，有無大塊晶料及别項鑛砂，再行呈驗，稟候核奪，仰北布政司會同洋務局飛速轉飭遵照。仍候撫部院批示。繳。等因。印發外，又據鋼藥廠洋工師化驗得此石係最潔浄之鑛晶，在墨西哥國内出有極大之塊，可製爲天平法碼，永無消磨減輕毫釐之弊。小者用精細工作，造作玩具首飾，可以假充鑽石，故近人謂之水鑽等語。合亟札飭。札到，該縣即便遵照批飭事理辦理，勿違。

〔一〕以下八件録自抄本《督楚公牘》。

照委王編修同愈充湖北學務處總辦兼充兩湖大學堂監督光緒二十八年四月初七日

照得湖北省前因各學堂各書院改章整頓，事務殷繁，亟應添設總匯之區，以資籌議，特於本衙門設立學務處一所，派委江蘇特用道鄭道孝胥、湖北候補道趙道濱彦會同總辦在案。現在遵旨更定學制，改設文武大中小各學堂，并添建師範學堂、方言學堂、仕學院、教士館等所。兼之各府廳州縣紛紛請設學堂，及民間私設學堂亦復接踵興起，均應由學務處督飭舉辦，核定考察，庶學制教程可期畫一，邪説詖行無自萌生。此後該處應行籌辦事宜，益形繁重，亟應添派得力之員總理一切。又兩湖書院現擬改爲兩湖大學堂，亦應添監督督率，總司教法。查貴編修道藝賅通，深諳學務，擬即委充湖北學務處總辦，兼充兩湖大學堂監督，月支學務處薪水龍銀一百四十元，由善後局支給。兩湖大學堂監督薪水龍銀一百四十元，由兩湖大學堂經費項下支給，以資辦公。除分別咨行外，合行照委。爲此，照會貴編修即便查照辦理，以副倚任可也。須至照會者。

札委黄紹第充學務處總辦，梁鼎芬、黄以霖充學務處提調光緒二十八年四月初七日

照得湖北省前因各學堂各書院改章整頓，事務殷繁，亟應添設總匯之區，以資籌議，特於本衙門設立學務處一所，委派江蘇特用道鄭道孝胥、湖北候補道趙道濱彦會同總辦在案。現在遵旨更定學制，改設文武大中小各學堂，并添建師範學堂、方言學堂、仕學院、教士館等所。兼之各府廳州縣紛紛請設學堂，及民間私設學堂亦復接踵興起，均應由學務處督飭舉辦，核定考察，庶學制教程可期畫一，邪説詖行無自萌生。此後該處應行籌辦事宜益形繁重，亟應添派總辦、提調各員，以資分任。查有奉旨發往湖北差遣翰林院編修王編修同愈，業經照會委充學務處總辦，兼充兩湖大學堂監督在案。兹查有湖北試用道黄道紹第，堪以添派充學務處總辦，并充文普通中學堂監督。署武昌府知府梁守鼎芬，堪以派充學務處文學堂提調。湖北候補知府黄守以霖，堪以派充學務處武學堂提調，并充武普通中學堂監督。以期各修其職，即日觀成。黄道月支學務處薪水龍銀一百元，文普通學堂監督薪水龍銀一百四十元。黄守月支學務處薪水龍銀七十元，武普通學堂薪水龍銀一百四十元。均按月由北善後局給領，以資辦公。除照委王編修暨分別咨行外，合行札委。札到，該道即便遵照，會同王編修暨原派之鄭道、趙道常川到處，督同提調委員等將學務處應行舉辦事宜隨時籌議，稟請本部堂核定，切實經理，以副委任。此札。

札委吕紹斌充北洋偵探光緒二十八年四月十一日

照得北洋爲畿輔要區，外兵尚未全撤，現辦善後事宜，皆關重要。所有一切詳細情形，亟應委員確切探訪，隨時電稟、函稟本部堂，以資考核。查有直隸候補通判吕紹斌堪以派委，月支薪水龍銀七十元，由北善後局給領，以資辦公。緊要事體准發官電，電費由鄂省開報。除咨明北洋大臣并分行外，合亟札委。札到，該員即便遵照，將北洋一切情形確切探訪，隨時電稟、函稟查考，毋得稍有虛訛。切切。

札委桑寶總辦農務學堂事務光緒二十八年四月十一日

照得湖北農務局設有農務學堂，前經本部堂撥給官荒地畝，試辦種植畜牧事宜。該局所設學堂，現經增選學生，并擬移建城外，以便學生實習，該局即改名爲農務學堂。原派該局總辦凌道卿雲，業經奏補湖北鹽法武昌道，飭赴本任，未便兼顧，自應遴派大員接辦，以資整頓。查有調鄂差委河南特用道桑寶堪以派充農務學堂總辦，月支薪水龍銀一百四十元。除分行外，合行札委。札到，該道即便遵照總辦農務學堂事務，務須常川到堂，督同提調、教習、委員，將該學堂一切應行興辦事宜悉心經理，以副委任。切切。特札。

會委殷李堯接辦宜昌川鹽局務光緒二十八年四月十一日

照得督辦川鹽局陳道兆葵在宜已久。前據面禀，懇請回省供差，應即調省另加委任，以均勞逸。所遺川鹽局務，亟應遴員接辦。查有湖北候補道殷李堯，堪以派委。除分行外，合亟札委。札到，該道即便遵照，前赴宜昌接充督辦川鹽局務。現當屢次加價之後，需餉尤急，商弊尤多，應將抽收川鹽課釐事宜，循照歷次定章，督率在局人員盡心籌畫，實力整頓，剔除弊端，撙節糜費。務須課收日有起色，開支毫無浮濫，洋欵、餉需各項，皆無貽誤，方爲不負委任。并將接辦日期具報查考。

札北藩司轉飭各屬行用銀元票光緒二十八年四月十六日

照得本部堂前經會同前撫部院奏明，於武昌省城設立銀元局，開鑄銀元，行用已久，工精色足，商民稱便。旋因制錢缺乏，銀元亦不敷周轉，本部堂、部院念市面之艱，特飭在日本鑄造銀元票，每張一元，以補銀元之不足。正在行用間，復欽奉光緒二十七年七月十三日上諭：鑄造銀元，與圜法相輔而行，較爲利便。各省所鑄銀元，惟廣東、湖北兩省成色較準，應即就該兩省多籌銀欵，源源鑄造，即應解京餉，亦准撥作成本，并兼鑄小銀元以便民用。每次報解京餉，准其搭解三成，此外各省并可撥欵附鑄，亦准搭解京餉。各省關解部庫，均按三成搭收，一切支發俸餉等項，亦統按三成搭放，俟暢行後，再行按成遞增，以期行用日廣。著户部及各直省一體遵照辦理等因。欽此。查現在奉旨暢行銀元，自應設法流通。且漢口籤捐、彩票盛行，各欵需用銀元更鉅，尤應因勢利導，以裕餉源。兹特將前項銀元票發給官錢局編列字號，加蓋圖記，與官錢票相輔而行，按照銀元市價，折合銀錢，准其完納丁漕、關税、鹽課、釐金、土税、膏捐及一切捐欵各官項。并飭武漢官錢局，凡持此票呈繳官項及兑取銀元者，即由該局一律照收兑發，勿得阻滯。惟此票係屬創行，特恐各關卡、州縣及遠近商賈不能周知，合亟札飭，仰該司即便迅速會同糧、鹽、關道及善後、牙釐兩局，迅即遵照指飭事宜，通飭各關卡、州縣，并飭該州縣出示，曉諭地方當商、錢業及百貨、店鋪，務照官錢票一體行使。該各關卡、州縣儻敢藉詞不收，或吏胥人等稍有弊混梗阻情事，立即據實禀明控告，本部堂、部院定即分别參辦，決不寬貸。并札發銀元樣票四百張，由司、局、糧鹽關道分別發給各關卡、州縣知照，將來行使，以便核對。務即轉行嚴切通飭遵照，毋違。

札北鹽法道於練兵新餉内分批撥發建造製皮廠屋價銀附單〔一〕

光緒二十八年四月二十三日

據槍礮廠專辦、儘先補用副將張彪，提調、署夏口廳同知候補知府馮啟鈞，副提調、湖北試用同知蔡琦禀稱：竊製皮廠建造廠屋，前經標下彪、卑職啟鈞晤商康洋匠，飭令繪就圖樣，交礮廠監工委員千總何榮按圖核估價值，經將原估手摺賚呈憲鑒在案。旋奉宮保批示卑職琦速召工核估，多問數家禀定。遵即招到包工五家，分別飭估價值，其中以張同昇估銀一萬三千七百有奇，其價最廉，禀奉批用此家等因。卑職琦按照向章，復令張同昇覓具殷實保户去後。兹據覓到漢鎮李萬潤木號、錦記綢緞莊兩家作保，同具承攬字據，呈遞前來，謹另摺照録呈鑒。其工料銀兩，係請五期分領。自開工日爲第一期，洋松木料到廠爲二期，墻頭做高、按放大料爲三期，屋面裝好鐵瓦爲四期。此四期均每領銀三千兩。至第五期，須於樓板窗門油漆一應工竣，找尾銀一千七百零一兩二錢。限期至速，以五箇月完工。如遇陰雨，日期照除。倘逾期限一日，則罰銀十兩。驗放之後，一年以内如有屋漏墻壞情事，責令該匠修理。查皮廠事宜，標下彪前面奉憲諭，歸槍礮廠經理，所有建廠需欵，應由何處支給，理合禀請批飭撥發，以便刻日興工等情，到本部堂。據此。查製皮廠係專製槍礮廠所造槍礮應需配用之皮帶、彈合、刀鞘、馬鞍及軍靴、皮袋等件，業經雇定德國洋匠康馨士來鄂。現勘定廠基於保安門外天平架地方。兹據禀，按照圖樣，召匠包估工料價值銀一萬三千七百零一兩二錢，自應照准興修。所需修費，即飭鹽法道於練兵新餉内撥發，該廠分批領用。除將賚到攬摺札發槍礮局存查外，合亟札飭。札到，該道即便遵照，照數分批撥發領用具報，勿違。

照録張同昇包造製皮廠屋承攬

立承攬字張同昇，今包到武泰閘製皮貴廠一座，長短大小、各料尺寸工程，一切均照圖樣細帳，工程做全，共計洋例銀一萬三千七百零一兩二錢正。分領五期。第一期開工，領洋例銀三千兩。第二期洋松到廠，領洋例銀三千兩。第三期墻頭做高、按放大料，領洋例銀三千兩。第四期屋面鐵瓦做好，領洋例銀三千兩。第五期樓板窗門油漆一應工竣，領尾找洋例銀一千七百零一兩二錢。限期五箇月完工，如遇雨天，照除日期。倘若半途而廢，憑中保人是問。倘然過期一天，罰銀十兩正。工畢驗看，一年之内倘有屋漏墻壞，仍歸張同昇修理。如一年之外，與張同昇無涉。三面言定，各無異言。恐口無憑，立此承攬據存照。再批貴廠物料如自辦，一應憑原估單照除，其銀亦派五期照扣。倘做估帳之外工程，另行面議。恭呈總辦大人台前。

立承攬據　張同昇木作坊

中保　漢鎮李萬潤木號　錦記綢緞號

光緒二十八年三月　日立

〔一〕録自抄本《督楚公牘》。

札學務處專設辦公處所 光緒二十八年四月二十六日

照得湖北省遵旨興建大中小各學堂，現經籌商定議，將兩湖書院作爲兩湖大學堂，以課高等專門之學，以原有武備學堂暨防營將弁學堂作爲武高等學堂。設立文普通中學堂一所，以自强學堂屋舍充用。將兩湖、經心、江漢三書院學生通行合校等差，或歸入高等，或歸入普通，分別辦理。設立武普通中學堂一所，擇地於壋子山迤南創建。該學堂未造成以前，暫借江漢書院先行開辦。其農務學堂移設武勝門外真武廟地方，令與試驗場相近，已經繪有圖式，從速興造。工藝學堂應行添屋添廠，定章定額，另行詳辦。設立方言學堂一所，以城内舊日農務局屋舍充用，即將自强學堂原有學生移入，仍另行定章，分別去留。又設立師範學堂一所，擇地於黄土坡一帶創建。該學堂未造成以前，暫借安徽會館先行開辦。又就省城内分中東西南北五路，共設高等普通小學堂五所，以作各州縣城鎮應設小學堂之標凖，均已擇有地址，其東路小學堂即附設於師範學堂之旁。另將經心書院改爲勤成學堂，以教文優年長、有志嚮學而不能入學堂肄業之生員。并擬於教吏館東面增修屋宇，添設仕學院，令各官講求中西各門政治之學，均已分別延聘華洋教習。各該學堂應行修改、創建工程，亟須刻期分投興作，以速觀成。各學堂課程門目、畢業年限、管理人員職守，應再統行詳議。凡異等者應另立章程，同等者應會通畫一，此均係學務處應辦之事。至各州府縣應設中小各學堂暨民間私設各學堂，亦宜歸學務處隨時稽察考核。此後學務文牘紛繁，圖書薈萃，人員衆多，應專設學務處一區，以便會集籌辦。查有坐落水陸街之城守營守備衙門暨西鄰官房一所，堪以改作湖北學務處以爲辦公之所。該處需用常年經費，應飭北善後局籌議詳辦，并由該局刊刻清、漢文木質關防一顆，文曰湖北全省學務處之關防，刻日呈賫來轅，聽候飭發開用。所有原派總辦、提調、坐辦暨委員、參議等，務須常川到處，將應行籌辦考察事宜公同商酌，分門別類，悉心經理。

會委梁守鼎芬充師範學堂監督[一] 光緒二十八年四月二十六日

照得湖北省城創設師範學堂，應委准補漢陽府知府、署武昌府知府梁守鼎芬充師範學堂監督，委自强學堂中學教習陳毅、胡鈞，均充師範學堂堂長，委兩湖、經心書院算學領班曹履貞、易奉乾，充師範學堂監學。又現設學務處公所，應委湖北候補知府、學務處委員汪守鳳瀛，充學務處坐辦，委自强學堂中學教習陳毅、胡鈞、左全孝、陳問咸、田吴炤，均充學務處參議。除分行外，合亟札委。札到，該守即便充當師範學堂監督，將該學堂一切應行舉辦事宜，督同堂長等員迅速妥籌布置，議擬章程，稟候核定，刻期開辦，以速觀成。是爲至要。切切。

札委雙壽帶同學生弁目前赴日本學習師範警察附單 光緒二十八年五月初一日

爲照湖北省前議選派學生、弁目前往日本分途學習師範、警

[一] 以下三件録自抄本《督楚公牘》。

察兩門，曾商明日本政府，應允隨時可以派往在案。茲特遴派學習師範生三十名，學習警察弁目二十名，委員率同前往。除將各該學生、弁目姓名、年歲、籍貫暨分班願學年限，另造清册咨送外，相應咨會。爲此，合咨貴大臣請煩查照，迅賜照會日本外務大臣轉商内務、文部兩省大臣，分飭師範學校校長暨警視廳長，將湖北送往學生、弁目照開年限分撥入學，并希貴大臣隨時妥爲督察照料，實紉公誼。須至咨者。

以上咨出使日本國大臣　計咨送學生、弁目清册各一本

照得湖北省現就兩湖、經心、江漢三書院選派學習師範生三十名，就護軍營選派學習警察弁目二十名，派委雙丞壽帶領，前赴日本東京分途學習師範學、警察學兩門，并帶日本人東文繙譯一員。應需整裝、安家、川資、學費及委員薪水、公費等項，應飭北鹽法道先行籌撥銀元二萬元，以一萬二千元匯交日本使署充作學費，以八千元交該委員具領，以資應用。除札委署武昌府同知雙丞壽帶領學生弁目刻日束裝就道，并咨明出使日本國大臣查照外，合亟札飭。札到，該道即便遵照，迅速於練兵新餉外銷項下支發應用，仍具報查考。

以上札北鹽法道

照得湖北省前議選派學生前赴日本學習師範科各學，當經選遴兩湖、經心、江漢三書院學生，另延東文教習專設東語學堂，教授東文東語，以資練習在案。現在省城及各府廳州縣均當次第開辦中小學堂，師範尤關緊要，亟應飭令將原選各生，共挑三十名，迅即束裝，隨同委員雙丞壽帶領前往日本。每名各給整裝費二十元，安家費三十元，此外川資旅費，統歸該委員領欵支給，其學費亦經匯交出使日本大臣衙門隨時支給。諸生須知師範爲學堂表率，到日本後，務各束身自愛，勤學好問，以無負師範之名，有厚望焉。除咨出使日本大臣隨時督察照料外，合亟札飭。札到，該提調即便傳知原選師範各生一體遵照。

以上札兩湖、經心、江漢書院提調

照得湖北省前議選派弁目前往日本學習警察事宜，業經飭據護軍營統帶張副將彪挑選弁目二十名，呈請派遣在案。茲查省城警察局雖已開辦，將來漸次推廣，需用警察弁目甚多，亟應飭令原選各弁目迅即束裝隨同委員雙壽帶領前往日本。每名各給整裝費二十元，此外川資旅費統歸該委員領欵支給，其學費亦經匯交出使日本大臣衙門隨時付給。該弁目等須知警察爲推廣新政之根基，責任所關，極爲重要。到日本後，務須束身自愛，恪聽所隸警察部長官指揮約束，將警察所應辦各事宜悉心考究，以備將來任使。除咨明出使日本大臣隨時督察照料外，合行札飭。札到，該統帶即便傳知原選警察各弁目一體遵照。

以上札統帶護軍等營副將張彪

照得湖北省現派師範生三十名、警察弁目二十名，前赴日本學習師範、警察學，一應理法事宜，應即派員帶領前往。茲查有署武昌府同知雙壽堪以委派，月支薪水夫馬二百元，并帶日本人東文繙譯一員。至學生、弁目所需學費及整裝、川資，業經札飭北鹽法道先行酌撥銀元二萬元，以一萬二千元匯交使館充作學費，以八千元交該員具領應用。師範生暨警察弁目每名各給整裝費二十元，師範生另給每名安家費三十元，此外川資旅費及該委員在東公費暨回國川資，統歸該委員核實開支報銷。除咨明出使日本大臣隨時督察照料暨分行外，合亟札委。札到，該員即便遵照札行事理，率同各該學生、弁目等刻日束裝就道，毋稍遲延。仍將

在鄂起程及由滬放洋及抵日本各日期，隨時稟報電報查考。

以上札署武昌府同知雙壽

選派出洋師範學生履歷并願學年限

第一班，願學八箇月，學生十二名

李　熙　湖北漢陽府漢川縣學廩生，年三十歲。

盧　弼　湖北漢陽府沔陽州廩貢生，年二十七歲。

李實榮　湖北漢陽府學附生，孝感縣人，年二十八歲。

周龍驤　湖北黄州府麻城縣學附生，年二十五歲。

羅　襄　湖北武昌府江夏縣學廩生，年二十八歲。

左德明　湖北德安府應城縣學附生，年二十七歲。

李　鑫　湖北黄州府蘄水縣學廩生，年三十二歲。

馮開濬　湖北襄陽府南漳縣學附生，年三十一歲。

王式玉　湖北德安府學廩生，安陸縣人，年二十三歲。

張繼煕　湖北荆州府枝江縣學廩生，年二十五歲。

萬聲揚　湖北武昌府江夏縣學廩生，年二十四歲。

李步青　湖北安陸府京山縣學增生，年二十四歲。

第二班，願學一年半，學生六名

金華祝　湖北漢陽府黄陂縣學附生，年二十八歲。

黄　軫　湖南長沙府善化縣學附生，年二十八歲。

佘德元　湖北鄖陽府房縣學廩生，年二十八歲。

沈明道　湖北宜昌府東湖縣學附生，年二十九歲。

紀　鴻　湖北武昌府武昌縣學附生，年二十六歲。

汪步揚　湖北武昌府學廩生，江夏縣人，年二十九歲。

第三班，願學三年，學生十二名

談錫恩　湖北宜昌府興山縣學增生，年二十八歲。

陳英才　湖北漢陽府學附生，漢川縣人，年二十歲。

胡　錚　湖北漢陽府沔陽州學附生，年二十一歲。

程明超　湖北黄州府學廩生，黄岡縣人，年二十二歲。

阿勒精阿　湖北荆州府駐防附生，年二十八歲。

向國華　湖北漢陽府沔陽州學附生，年二十二歲。

陳鴻業　湖南長沙府湘陰縣學附生，年二十三歲。

馬毓福　湖北漢陽府漢川縣學增生，年二十九歲。

周維楨　湖北鄖陽府學附生，保康縣人，年二十歲。

李書城　湖北安陸府學廩生，潛江縣人，年二十一歲。

陳文哲　湖北黄州府廣濟縣學廩生，年二十八歲。

施呼本　湖北荆州駐防學生，年二十一歲。

以上學習師範學生三班共三十名

選派出洋學習警察事宜弁目銜名籍貫

右旗一營哨長八品軍功竇洪勝，年二十四歲，湖北江夏縣人。

右旗二營哨長五品軍功何萬福，年二十四歲，湖北鍾祥縣人。

右旗四營哨長五品軍功劉慶恩，年二十八歲，四川德陽縣人。

左旗二營哨長八品軍功杜錫鈞，年二十歲，直隸故城縣人。

左旗四營什長六品軍功陳從義，年二十二歲，安徽合肥縣人。

左旗四營什長八品軍功張漢清，年二十六歲，江西德化縣人。

左旗一營什長八品軍功王文卿，年二十六歲，湖北襄陽縣人。

右旗三營什長八品軍功劉國祥，年十九歲，湖北漢陽縣人。

左旗三營什長八品軍功楊金榜，年二十二歲，湖北黄岡縣人。

馬隊營什長八品軍功鄧賢才，年二十三歲，湖北京山縣人。

右旗一營什長八品軍功王寶恒，年二十一歲，湖北隨州人。
工程營什長八品軍功陳錦章，年二十歲，湖北江夏縣人。
工程營什長八品軍功徐榮生，年二十一歲，江蘇上元縣人。
右旗一營什長八品軍功張策平，年二十一歲，直隸正定縣人。
左旗二營什長八品軍功王占海，年二十六歲，河南信陽州人。
右旗二營什長八品軍功張明遠，年二十四歲，湖北荆門州人。
左旗四營什長八品軍功羅連陞，年二十一歲，湖北江夏縣人。
左旗二營什長八品軍功山有升，年二十五歲，湖北漢陽縣人。
右旗一營什長六品軍功馬鏞桂，年二十四歲，湖北光化縣人。
礮隊營什長八品軍功雷雲山，年二十四歲，湖北崇陽縣人。

以上學習警察弁目共二十名。

咨會出使日本大臣飭派漢陽縣文童易迺觀等自備資斧前往日本游學附單

光緒二十八年五月初二日

據湖北漢陽縣文童易迺觀，沔陽州監生程蔭南、文童黄立猷、盧啟泰等稟稱，情願自備資斧，前往日本游學，懇請給咨照料等情前來。當經本部堂飭據學務處傳見該生等，詳加察看。據該處稟復稱，易迺觀願學政治，程蔭南、黄立猷、盧啓泰等願學工藝，均屬青年嚮學，志趣端正，堪期造就成材等語。自應准如所請，飭令隨同現派出洋學習師範生一起成行，沿途統由委員督率照料。所有該生等川資、學費係屬自行籌備，毋庸官爲支給。除札飭現派督率出洋學生委員、署武昌府同知雙丞壽隨帶同行，妥爲照料外，相應開具該生等年貌籍貫，粘單咨會。爲此，合咨貴大臣請煩查照。該生到日本後，務希與湖北官派學生一體看待照料，并隨時切實約束考察，俾得造就成材，免致誤入歧趨，實紉公誼。須至咨者。

清　單

易迺觀　年十九歲，漢陽縣文童，願學政治。

程蔭南　年二十二歲，沔陽州監生，願入東京高等工業學校學機械科。

黄立猷　年十八歲，沔陽州文童，願學工藝。

盧啓泰　年十五歲，沔陽州文童，候選巡檢，願學工藝。

札駐日委員傳諭戒勉游學諸生光緒二十八年

五月初三日

照得湖北省先後派遣游學日本學生、弁目暨自備資斧、稟由本衙門給咨前赴日本游學各生，人數衆多。爾諸生均能體念時艱，遠游嚮學，本部堂實深嘉許。惟諸生遠適異國，所當時時念念常存不忘君、不忘親、不忘聖三大端於心，趨向必正，立志必定。勿暱比匪人，勿誤聽邪説。不論在何學校，務須恪聽欽差出使大臣及所派監督暨本部堂派赴日本管理學生之委員考察約束，不得稍有違犯輕侮。至日本學校各師長，自宜遵照學規，聽受講課，日有進益，以免爲他邦人士所輕。諸生亦宜互相規勸，互相切磋，庶幾行檢修飭，學問日進，聞譽日彰。將來造就成材，足備國家任使。本部堂愛之重之，樂觀厥成，實於爾諸生有無窮之望焉。

札江漢關道照會德領事阻止在華界安設躉船 光緒二十八年五月初八日

據駐紮夏口德國禄領事照稱：案查三月初五日照會貴督部堂，以美最時洋行擬開建碼頭停設躉船，在大阪商輪公司之上，並聲明將來還可辯論等因一事。茲美最時禀明本領事，請照會貴督部堂，務將前請各節俯賜允准等情，到本部堂。據此。查漢口係華洋通商口岸，沿江可靠輪船以及大小船隻之處，歷已分給英、俄、法、德、日各國各爲租界，中國官商僅留自襄河口起至英界區區之地，可以上下行李貨物，以及停泊大小民船之用。我之優待各國可謂至矣，各國亦自應知足，不可再侵佔華人地段。試問我若再讓，將置華商民船於何處乎，抑漢口沿江一帶華商不應有上下之碼頭乎。況德商美最時所租地段，緊靠龍王廟碼頭。此處爲官商民船渡江孔道，又去襄河口不遠。夏時水漲，民船流至躉船錨鍊，立即覆沉，既佔民船來往道路，復礙百姓生命。且所租兩棧寬不過百尺，而欲設躉船長二百餘丈，侵佔鄰居碼頭，亦不平允。本部堂雖欲優待各國，能不計及華商船隻，不保全華民性命乎。若謂此處曾設躉船，則此躉船不過暫時准設，長僅數丈，與美最時之躉船大小懸殊，且不過停泊輪船兩次，亦因見其於民船有險，本屬不合，故已令其撤去。今欲設更大數倍之躉船，豈有反准之理。況從前若有疎忽錯誤之事，旋經查出更正，豈能援以爲例乎。若謂德界之前，今年生有浮沙，故須侵佔華商之地。須知長江浮沙隨時遷移無定，前十餘年英界之前即曾有浮沙，今已遷去，即其明證。今年浮沙積於德界之前，復數年即可移至他處，何人可保何處永不長浮沙乎。此層可不必深辯，禄領事想亦知之。總之，華商所留地段有限，斷不能再讓他國商人。美最時所租之地太近襄河，安設躉船，實於民生民命均大有妨礙。無論華洋商人，均不能准其安設躉船。即或查明無險，亦只可留爲華商之用，斷不能再讓洋商。此兩層之理，本部堂已熟思詳審，斷不能再讓。本部堂係爲保全華人利益，保全華人生命起見。至德人或有間言，亦在所不免。然若於華人無礙，本部堂亦斷不爲所動也。

咨覆南撫院轉飭總兵董文華勿庸來鄂投效〔一〕 光緒二十八年五月初八日

光緒二十八年正月初六日准貴部院咨開：據奏留湖廣總兵董文華禀稱，竊沐恩猥以庸夫謬蒙特賞，由水師而調陸師，以督帶而除統帶，遇極隆矣，恩至渥矣。此正人生感恩知己之時，而尤下士報效涓埃之日，沐恩不能仰體厚德，自取愆尤。而恩憲憫其愚憒，不加申斥，僅予薄懲，此恩憲曲全沐恩之苦衷，而沐恩重負恩憲之大咎也。銷差後閉門思過，無地自容。用是疽發於背，創鉅數月，不獲隨時晉謁，匍匐謝罪，然猶時時天良奮發，仰望宮墻，拔劍自負，恨不得一當捐頂踵，以報恩施。此則沐恩區區欲盡之心，而不敢望信於恩憲者也。沐恩自顧戎馬生平垂數十載，迄今年將六十矣，身事曾文正、胡文忠、曾忠襄數公以後，國士之遇，未有如恩憲者，然猶難克終。厥職自外生成，自今以往，允宜置散投閒，長爲農夫以没世，終不敢復與聞戎政事。竊念時艱孔急，朝廷方卧薪嘗膽，有志振興，封疆大府莫不掃除舊習，

〔一〕以下二件録自抄本《督楚公牘》。

努力維新。沐恩不於此奮自濯磨，力圖晚蓋，則始終辜恩背德，不惟累恩憲知人之哲，且深負前後曲成之恩。用敢再懇鴻施，賞准給咨赴鄂效力，俾得前愆自贖，末路可追，則異日捐軀效命之時，皆恩憲有加無已之德等情，到本部院。據此。除批示外，相應咨請查照等因，到本部堂。准此。查閱該總兵禀詞，係在湘省獲咎撤差，因而避湘就鄂，當經電詢該總兵在湘究係如何情形。旋接貴部院函稱，董文華統帶發字兩旗，駐紮岳州，禀請明定章程，向營官酌提統帶公費。適發旗營官摭拾他事禀訐，當以彼此均有不合，并行撤退等因。查該總兵從前在湖北差委，忽來忽去，去就無常，已足見其油滑。此次經貴撫部院委充統帶，復禀請向營官酌提公費，實屬鄙劣。該總兵在湘既有此謬舉，湖北正當整飭營制，掃除向來統帶營官積習之際，縱來鄂省，亦不能希冀委任。應請貴部院轉飭該總兵毋庸來鄂效力，相應咨覆。爲此，合咨貴部院請煩查照施行。

札委沈鳳鏘充學務處收支委員 光緒二十八年五月十三日

照得湖北省現在專設學務處公所，所有該處收支一切欵項及存儲圖書、儀器、書版及各門學問應備考究之各種器件、模式，日積日多，必須派員常川駐處，經理典守，以專責成。查有湖北候補知縣沈鳳鏘，堪以派委充當學務處收支委員，按月由學務處經費項下支給薪水銀四十元，以資辦公。除行學務處外，合亟札委。札到，該員即便遵照充當學務處收支委員，務須核實經理，撙節支用，明晰開報，并將存儲各件細心典守經管，毋違。切切。

札廷啟、石沅赴日本學習警察事宜兼游歷考察政治法律等事 光緒二十八年五月十三日

照得湖北省現在開辦警察局務，當經選派弁目二十名前赴日本學習警察事宜，分別咨行在案。查警察弁目將來只可備管束警察軍之用，至籌辦警察局務尤需文員，必須深明警察本源精義、立法綱要，方能有益，且可隨時隨地斟酌變通。亟應選派年少有志之文員前往日本學習，庶他日可收經理得宜之效。兹查有湖北補用知縣廷啓、浙江補用鹽知事石沅，堪以派赴日本學習警察事宜。該員等應親入警察學校，於日本現行一切警察規法，悉心學習討究，并於星期、暑假閒暇之日前赴各處遊歷，將政治、法律、工藝、商務各門隨時細心考察講求，務得實際，用備他日任使。其原派警察弁目二十名，即由該員等就近督率照料。所需學費，應請使館在彙存學費項下動支。除札委外，相應咨明貴大臣請煩查照，迅賜照會日本外務部等衙門，轉飭警視廳長暨各學堂局廠知照，并希貴大臣隨時督率考察，實紉公誼。望切施行。

札司道核議直隸試用道陸樹藩條陳印花稅一摺附單〔一〕 光緒二十八年五月十四日

光緒二十八年五月初十日承准外務部咨開：光緒二十八年四月二十一日，本部會同户部議覆直隸試用道陸樹藩條陳印花稅一

〔一〕以下二件録自抄本《督楚公牘》。

摺。奉硃批：依議。欽此。相應恭録諭旨，抄録原奏，咨行貴督查照欽遵辦理可也。粘抄等因，到本部堂。承准此。查外洋各國賦税，大都以印花税爲進項鉅欵。中國各省近來認籌賠欵，竭蹶萬分，印花税所取甚輕，自宜仿照辦理。惟各省俗尚民情，各殊風氣，應粘印花税各色，查照原奏有無應增、應減及應如何分别價目等差，應飭北布政司、江漢關道、北善後局就湖北地方體察情形，妥議詳辦。除咨沿江、沿海督、撫院會商妥定畫一章程，再行覆奏并分行外，合亟札飭。札到，該司、關、局道即便遵照，迅速酌核妥議詳覆，勿延。

遵旨議奏摺

謹奏為遵旨議奏仰祈聖鑒事。光緒二十八年二月初八日准軍機處交片，本日軍機大臣面奉諭旨：外務部代奏直隸試用道陸樹藩條陳一摺，所擬開辦印花税一條，著外務部會同户部核議具奏。欽此。臣等公同會議。查閲原摺，稱各省遵籌賠欵，或籌丁税，或議房捐，孤寡小民驟加租税，不惟窒礙難行，并恐民心涣散。莫若改行印花税，如民間之婚帖、借券、合同、執照、發票、收條、銀洋、鈔票等類，凡有關銀錢，無一不可逐項收税，勝房捐、畝捐遠甚等語。臣等查印花税法，自近歲庫帑支絀，條陳擬議已閲數年。光緒二十二年御史陳璧奏請於前，二十五年出使大臣伍廷芳奏請於後。經總理衙門請旨，咨由各出使大臣採訪章程，會同户部覆奏，先於通商口岸試辦，俟有成效，群情帖然，再行推廣。奉旨依議在案。去年兩江總督劉坤一、湖廣總督張之洞會奏變法摺内，亦以西法印花税為當採用，是此税為利多害少，固不待言。第創辦之始，仍不可不博訪兼諮，以期推行盡利。臣等復札行總税務司赫德，令議辦法。據赫德申稱：印花税計有兩端，一係赴官署當堂領票粘貼，一係在官准之局所、鋪户買票粘貼。買取之價即是完税之欵。英國章程頭緒太繁。中國欲立印花税，入手基礎應一面將各衙署所辦之事實力整頓，化私為公，一面將民間必行之事擇其便而要者，增定印花章程，并擬呈開辦大略七條前來。所稱英國章程周密，與其國民情風俗相准，易地而行，即恐不相浹洽。劉坤一、張之洞會奏亦稱初辦時隱匿必多，推敲太細，不免紛擾，祇可稍為從寬，不求算無遺策。臣等伏惟理財之要旨，務在取民之不擾，尤在行法之得人。印花税誠為各國通行，不妨仿辦。而在今日民情尚隔，元氣未紓，揆度情形，只可視為籌欵之一端，不能期以豐財之速效。凡事起於簡要者，其終必達於精詳。始以苛細者，其究必成為叢脞。昔年江、楚釐金創辦時，不過大宗貨物數項，簡而易行，積日累時，漸推漸廣，遂為國帑歲入鉅欵，其明證也。至於試辦之地，臣等擬請仍照總理衙門原議，先從沿江沿海各省試辦，其有應商税務司之處，即由各關道妥與商酌，逐漸推廣，以冀暢行無阻。一面先由户部審定印花式樣，購置機器造制印紙，數月之後即議開辦。至應粘印花各色，赫德申呈酌擬婚帖、借券、合同、發票、收條、銀票、鈔票、當票等類。内婚帖一項，中國與東西洋禮俗不同，勢難盡人而取，恐滋紛擾，應從緩辦。其余各項應增應減及價目等差，應由沿江沿海各省督撫會商妥定，畫一章程，先行奏咨立案。總之，章程務須簡明，辦法務須核實。果使各省通行，一切雜捐均可次第裁除，庶幾國用既紓，而民情亦無不順矣。所有臣等遵議緣由，理合恭摺覆陳，伏乞皇太后、皇上聖鑒。謹奏。

再，此摺係外務部主稿，會同户部具奏，合併陳明。謹奏。

咨覆綏遠城將軍請調撥彈槍片光緒二十八年五月十七日

光緒二十八年四月二十日准貴將軍咨開：竊照本將軍遵旨酌議改練新軍，建設學堂辦法并請調撥洋槍一摺，於光緒二十七年十二月二十八日覆奏。奉硃批：著照所擬辦理。務當認真訓練，隨時考察，期收實效。欽此。欽遵將新軍及學生一律挑選足額，惟槍枝需之甚亟。經本將軍於本年二月十二日片奏，請由貴省制造軍械局調撥毛瑟槍一千枝，多隨子彈，配齊佩帶，運解來綏，俾資操練在案。兹派驍騎校阿克敦書元等持文前往承領，并抄録原片，咨行貴督部堂請煩遵照。希即飭局將單出老毛瑟槍勻撥一千枝，多隨子彈，配齊佩帶，盛箱發交該差員承領運回，以濟操需。倘貴省現未存有此項槍枝，或五出毛瑟槍，或别項機簧堅固耐用之槍均可。總希如數照撥，免誤演練，是爲至要。並望飭知沿途經過各地方官按站供給船隻、車輛，撥兵妥爲照料，以昭慎重。相應咨請查照，迅飭遵辦。又先於四月初六日准貴將軍咨開：竊照本將軍於光緒二十八年二月十二日附奏酌擬改練新軍並請調撥洋槍派員領解來綏俾資操練一片，前已派員持文前往承領，并抄録原片，咨行在案。兹於本月二十五日接到原片，奉硃批：知道了。欽此。欽遵等因前來。相應恭録諭旨，咨請欽遵查照各等因，到本部堂。准此。查湖北漢陽槍礮廠係就本省自籌之欵製造新式快槍、快礮、彈藥等項，并無單出老毛瑟槍。所造新式快槍、彈藥，因外洋物料奇昂，槍價亦隨增貴，每槍一枝連藥彈五百出并皮盒、皮帶等件，須庫平實銀六十餘兩。前因經費支绌，業經於光緒二十四年閏三月十一日附片奏明各省及各路軍營如有取用鄂廠槍礮者，應照外洋現時價值給價撥付等因。奉旨允准，欽遵在案。近年各省指撥鄂廠槍礮，皆先匯現銀來鄂預定。兹准咨指撥鄂廠毛瑟槍一千枝，子彈、佩帶全，派員來鄂領運。雖經奏明調撥，惟應如何繳價撥付，咨内并未聲叙明晰，似與鄂省原奏案據不符。且鄂廠經費不足，自前年以來，皆以重息挪借商欵，積欠甚鉅。若各省軍火皆欲取給於鄂廠，鄂省財力奇艱，實屬難於應付。應俟將來寬籌經費，製造日出不窮，再行酌量借撥。相應咨覆。爲此，合咨貴將軍請煩查照，尚希鑒諒爲幸。須至咨者。

咨督辦鐵路大臣申明租界後面添築枝路辦法光緒二十八年五月十七日

案准貴大臣咨開，准咨漢口德國租界後添設枝路一案，請查照籌辦等因，當經分飭鐵路總公司漢局總辦鄭道、法文參贊柯道速與總工程司沙多妥商酌定禀覆去後。兹據柯道鴻年禀稱，遵即與沙多妥商。據云，鐵路公司章程，無論何人均可向公司商築枝路，以便裝卸客貨，然其辦法有二。一曰承租。承租者由鐵路公司出貲築造枝路，承租之人租此枝路，每年應納與公司租金若干。一曰承受。承受者將公司所築枝路之費若干認還公司，而枝路則歸其人管理。兹查德國租界後添築枝路，既經湖廣督部堂張與德國禄副領事議定，由湖廣督院籌欵，交與鐵路公司辦理，將來應給一切往來運費，德界應允認給等因。此節可由公司勘定地段，將築造枝路所用工料應欵若干，具册呈報湖廣督部堂查核給發。至一切運費，則由公司照章向德界結算。惟查禄副領事照咨湖廣督部堂内開，枝路一頭接連幹路，一頭必須在德租界西面正中之處停頓等語，此節公司亦可以照辦。至云如何行走，此語殊爲不解。凡鐵路行車所經之路，公司自定有時刻章程，萬不能因有枝路另定枝路行車，將火車由幹路行入枝路，然後再出幹路之理。惟枝路欲隨時需用若干車輛，可致函車站派車到枝路接幹路之處，由枝路自行派人將車輛推到裝貨處裝後，仍推至枝路接連幹路之處，候公司將此車輛搭挂上路。如或與公司商議枝路接連幹路之處蓋一小車站，以便挂卸枝路車輛，公司亦允勘定此地可否起蓋小車站，再行定議各等語。理合禀復，懇即核奪咨覆等情前來。相應咨請查照轉覆等因，到本部堂，准此。查前因專案，本部堂應允德國禄領事暨柯委員，自鐵路幹路起，至德國租界後界止，造一枝路，以便德界商人。而禄領事暨柯委員亦曾應允本部堂，將來運貨搭客均給還運費。兹准前因，則此段枝路自應及早興辦，由鐵路公司勘定地段，將築造枝路工料等欵一面報明，一面興辦。但此段枝路係湖北出欵建築，既非鐵路公司之路，亦非德國租界之路，必須聲明係湖北省官路。將來此段枝路運費，由鐵路公司代本部堂酌定，向運貨商人暨來往搭客照收。除鐵路公司照料費用外，按季撥還湖北省。所有一切詳細事宜，由江漢關道就近會商德國禄領事暨漢口鐵路局，隨時禀候本部堂核奪。

札自强學堂轉邀中野太郎接充自强學堂東文教習[一] 光緒二十八年五月二十六日

案據自强學堂禀稱，東文教習柳原又熊現因家事，禀請給假回國等情。查自强學堂現擬移設改作方言學堂，必須添習普通學科，本非柳原又熊所長，應即辭退。仍酌給三箇月薪水并回國川資一百兩，以示體恤。所遺方言學堂東文教習，查有中野太郎長於漢文，教課得宜，堪以勝任。應飭該學堂一面轉致柳原又熊銷差回國，一面轉邀中野太郎接充該堂東文教習，月給薪水一百四十元，其原支武備學堂東文繙譯薪水即行停給。除分行外，合亟札飭。札到，該學堂即便遵照辦理。切切。特札。

札北藩司等議濟美學堂認捐章程 光緒二十八年五月二十七日

照得湖北省城現在遵旨創設大中小各學堂，皆係就地籌欵，爲本省振興實學，教養人材。所有宦鄂官員子弟，自不便羼雜其間，啟瞻徇之私情，佔寒畯之學額。近來頗聞有官員子弟在省城私設學堂，以爲講求新學之計，其志亦屬可嘉。而首事諸人於教育理法素未考求，經理未必盡善。且經費無多，亦難持久。疊經與司道府縣等官公同籌商，擬由官自行集資，另建學堂一所，名曰濟美學堂，專教官員子弟。以二百名爲額，每學生一名，每年出學費銀一百兩，父兄任教養之費，子弟得陶冶之方。一切教法務須嚴肅切實，不容踰越，俾之敬業樂羣，相觀而善，庶幾成就較多。業於城中黄土坡地方擇得爽塏之地一區，足備建造學堂之用，并已分别延聘華洋教習，分司普通各門課程。惟創辦之初，如買地價值、建造工程、購備圖書儀器及一切器具，需欵甚鉅，自應由各官員量力輸資，早爲籌備，以便刻期興工營造。除由本

[一] 以下十二件録自抄本《督楚公牘》。

部堂、院各倡捐銀一千兩外，現任司道府廳州縣，不論實缺署任，均應酌量認捐，助成美舉。其候補道府以下各官及外省官員，願捐助經費者聽。大致捐銀二百兩者，准送子弟親族一人入學，捐銀四百兩者，准送子弟親族二人入學，其捐至千兩、數千兩者，照此類推。所有該學堂約束考核之法，應如何嚴定條規，令其不滋流弊。功課程度應如何分設科目，分別等級年限，該司等即會同學務處，詢訪曾經出洋明於學務之員生詳酌妥議，稟候核定，再行刊布章程。在堂畢業學生，本部堂、院當奏明請旨照官設學堂例一體發給憑照，給予出身，以昭鼓勵。當此時局艱難，羣情思奮。搢紳子弟非及時講求實學，他日將何以立身，何以克家，何以報國。凡我寅僚，各有子弟，咸望成材，諒無不以此舉爲當務之急也。爲此，札仰該司即便遵照會同按察司、布政司迅速妥議認捐章程，稟明核定，分別移行辦理具報。

札委孫廷林總辦沙市川鹽督銷保商局

光緒二十八年五月二十九日

據湖北鹽法道凌卿雲詳稱：川鹽運銷鄂省，向賴湖北設法維持，得與淮鹽併行而無阻。惟近年因餉需竭蹶，撥欵繁增，不得已酌加鹽斤價值，以濟要需。雖加價攤諸食户，仍出自湖北居民，而成本較重，商運不免漸疲，核較本年銷數，視上年頗爲減色。體察情形，若不亟加整頓，官爲維持，何以恤商艱而暢銷路。應請遴派大員馳赴沙市地方設立川鹽督銷保商局，如嚴緝私販、疏銷官引、付欵不得逾期、積欠代爲追繳。凡有可以便商利民之法，應參酌淮鹽督銷局成案，妥定章程，認真經理。所有原設之川鹽分局、川鹽緝費局，擬請裁撤歸併督銷保商局兼辦等情。查該道所擬辦法係爲力顧川鹽銷路、稅項起見，自應如詳辦理。查有湖北候補道孫道廷林堪以派委總辦川鹽督銷保商局務，并派善後局總辦朱道滋澤即日馳赴沙市，會同擬章開辦。其原設之川鹽分局、川鹽緝費局，均即裁撤歸併該局辦理。應需常年局用經費，由朱道、孫道會同核實估計，稟候核定。需用委員、司事亦即由朱道、孫道會商鹽道酌量調派，呈報查核，并由北善後局迅速篆刻清、漢文木質關防一顆，文曰：湖北川鹽督銷保商局之關防，刻日呈賫飭發。除分行外，合亟札委。札到，該道即便遵照札行事理，即日束裝馳赴沙市地方，會商朱道妥擬章程，迅速設局開辦，勿負委任。仍將開局日期具報查考。切切。特札。

咨呈外務部委員帶同學生營弁前赴日本學習師範警察各事

光緒二十八年六月初二日

竊照湖北省現在創設師範學堂并開辦省城警察局務，應派學生、弁目前往日本學習師範、警察兩門，曾經商明日本政府，應允隨時可以派往。兹就省城各書院選派學習師範生三十名，并就護軍營選派學習警察弁目二十名，飭委署武昌府同知雙壽帶領前往，前赴日本東京分途學習師範學、警察學兩門，爲推廣各屬學堂、警察之用。派委署武昌府同知雙壽帶領前往，并派委湖北試用知縣廷啟、浙江補用鹽大使石沅前往日本，留駐東京，親入警察學校學習警察各門規法，就近將派往警察弁目管束照料。并令該員等相機游歷，隨時考求政治、法律、工藝、商務一切有用之學，務得實際。除咨出使日本大臣隨時督察照料，一面照會日本外務大臣轉商内務、文部兩省大臣，分飭師範學校校長、警視廳長暨各學校、局、廠知照，并嚴諭各該委員、學生、弁目，務須恪聽出使大臣約束考察外，相應咨明。爲此，咨呈貴部謹請查照備案施行。

札委李祖蔭照舊管帶襄河水師中營兼總稽查襄河水師事務光緒二十八年六月初六日

照得管帶襄河水師中營兼總稽查襄河水師、本任襄陽縣知縣李祖蔭現經委署鐘祥縣篆務，其原帶襄河水師中營兼總稽查襄河水師事務，應仍飭派該員照舊兼管，以期得力。除分行外，合亟札委。札到，該員即便遵照，照舊兼管。務須破除積習，督飭認真操練防緝，期於營務日有起色，河道悉臻靖謐，并隨時認真考查襄河上下游各水師，力除積弊，勿稍徇諱，地方及水師營務均勿偏廢，以副委任。切切。

札委軍事幕僚鑄方德藏充兩湖大學堂兵學教習兼仕學院講友并充防營將弁學堂總監察光緒二十八年六月初十日

照得練兵一事，實爲今日要政。本衙門應設軍事幕僚一員，以備諮訪而資整頓。至兩湖大學堂暨教吏館内添設仕學院一所，均分理化、法律、兵學、財政四門，分科講習。查有日本中佐鑄方德藏，韜鈐夙裕，學問優長，前經延聘來鄂，堪以派充本衙門軍事幕僚，并充兩湖大學堂兵學教習兼仕學院兵學講友，兼充防營將弁學堂總監察。除分行外，合行札委。札到，該幕僚即便遵照，將兩湖大學堂、仕學院兩處兵學酌擬詳細課程，呈候核定舉辦。其將弁學堂教習功課，均歸該幕僚總司監察。務期確有成績可觀，以副委任。切切。特札。

札北鹽法道暨蘄州等查緝販賣私鹽光緒二十八年六月十八日

據湖北蘄州知州凌兆熊禀稱：竊卑職奉本府札奉憲台暨撫憲端[一]札開，據湖北督銷淮鹽總局沈道禀稱，鄂岸行銷淮鹽，所收釐金抵爲洋欵之用，復因新約賠欵，全賴淮引暢銷。自加價以來，私鹽充斥，較前愈多，小民貪賤食私，銷數益形疲滯。飭即先行出示嚴禁囤販私鹽，責成鄉鎮公正紳耆剴切勸導。倘敢冒干法令，即行照例嚴辦。并稽城鄉鋪户，按貿易之大小，按月派銷淮引若干，不准稍有短少，取結存案，隨時抽查水程，以杜弊混，認真督緝等因，奉此。卑職當即飭各鋪户取具不得販私切結，按月將承銷淮引水程繳驗，并諭城鄉公正紳耆稽查勸導，毋許稍有違犯。惟查卑州濱臨長江，輪船經過停頓，防不勝防。兼之鹽船水手常有夾帶私鹽，在於僻静處所彎泊發賣。鋪户各有身家，尚知畏法，不敢購囤販售。而鄉民貪其賤價，私行購買。鹽觔愈貴，食私者愈多，雖經設法疏緝，終以聚散無定，沿江一帶處處可以灌私，實難巡察。茲據卑州茅山巡檢劉錫恩禀稱，遵查江面地岸，唐家渡、艾家洲、茅山港、柘林埠等處約六十餘里，係與鄰境蘄

[一] 指端方。

水、大冶等縣交界之地，每有湖北、湖南引鹽船隻灣泊，賣販私鹽，均由船上水手挑送，結隊成羣，異常獷悍，一經查拏，恐釀事端，稟明請示等情前來。卑職伏查該員所禀，尚屬實情。唐家渡等處均與鄰境蘄水、大冶各縣交界，買食私［鹽］之户概係無知愚民，更恃有水手挑送，愈無忌憚，若不力籌防緝，則私路不絶，銷路難期暢行，浸灌無所底止。卑職再四籌維，擬請憲台先行頒示嚴禁，由卑職會商蘄水、大冶兩縣協力察緝，并請飭知湖北督銷淮鹽總局，專派礮船員弁在於各處地方實力梭巡。如能拏獲一二，就近解送嚴辦，亦足以示懲儆。卑職因與鹽課大有關繫，現復奉飭認真督緝，不得不據實直陳。所有訪查販賣私鹽情形，理合禀明查核，批示祗遵等情，到本部堂。據此。除批：據禀該州江岸唐家渡等處約六十餘里，係與蘄水、大冶等縣交界之地，每有湖北、湖南引鹽船隻灣泊，販賣私鹽，均由船上水手挑送，結隊成羣，異常獷悍。買食私鹽之户概係無知愚民，恃有水手挑送，愈無忌憚。擬請先行頒示嚴禁，并飭督銷淮鹽局專派礮船員弁，在於各處地方實力梭巡等情。應即飭令北鹽法道會同督銷局迅速撰就簡明告示，飭發各該州縣，分貼唐家渡等處嚴禁。一面由局酌派礮船員弁，馳往各該處地方實力梭巡。如有販賣私鹽之人以及船上水手挑送，即將人鹽一併拏獲，解送地方官訊明嚴辦，以示懲儆，而肅鹺政。仍飭該州會同蘄水、大冶兩縣一體協力查緝，以期私梟盡絶，官引暢銷，勿稍疎懈。除另札分行外，仰北鹽法道轉飭遵照。仍候撫部院批示。繳。等因。印發并分行外，合就札行。札到，該道、局即便會同北督銷局、鹽法道遵照，迅速撰就簡明告示，飭發各該州縣分貼唐家渡等處嚴禁，并飭該州會同蘄水、大冶兩縣一體協力查緝，以期私梟盡絶，官引暢銷，勿稍疎懈。

咨北撫院録批查覆漢口銅貨擬統抽捐欵光緒二十八年七月初八日

據署湖北夏口撫民同知馮啟鈞、補用知縣李堅禀稱，查覆漢口銅貨擬統抽收捐欵，請示遵等情，到本部堂。據此。除批：查銅器以煙袋爲大宗，本屬供人嗜好之具。其餘各貨，或屬玩好，或係用物，類皆購自有餘之家，無一爲窮民日用所必需。據禀查明漢鎮每年約銷銅二萬餘石，合之鉛錫，共售銀七十萬兩上下，銷路甚廣，耗費甚鉅，自應酌收銷費税，以濟要需。惟各銅貨店散漫難稽，查捐不易。現擬於經售銅斤、鉛錫店棧，於各舖購銅時，由該店棧收捐彙繳，較爲扼要。各銅貨舖准於賣貨時，按捐加價，是仍取於買客，於舖户無損。應暫酌照值百抽五之數抽捐，即由該令會同該廳集商籌議，妥定章程，禀覆查核，聽候委員開辦。所收捐欵，專充工藝學堂經費，應即逕解省城工藝學堂彈收。仰北布政司會同善後局迅飭遵照辦理。仍候撫部院批示。繳。等因。印發外，相應録批咨明。爲此，合咨貴部院請煩查照施行。

咨北撫院録批查覆牛皮抽捐章程光緒二十八年七月初八日

據署湖北夏口廳同知馮啟鈞、坐辦省城籌餉局補用知縣李堅會禀查覆牛皮行捐欵情形，并遵擬改辦章程，請示遵等情，到本部堂。據此。除批：禀悉。此項牛皮、羊皮、牛油、牛角等項捐欵，應仍照舊章，以八釐抽捐，從本年起，改爲官督商辦。除照捐數撥出一五成爲該業首人暨公所用人各項之需外，仍於捐欵内劃出向解漢陽府商捐一項，照數逕解善後局兑收，餘即儘數按月逕解農務學堂兑收，以爲農務學堂經費專欵，毋庸再行分解江漢關道、漢陽府轉解。此項創辦伊始，捐欵動關交涉，漢口洋街會審委員、知縣董治勛熟悉情形，應令董令設局督率開辦，妥籌經理，收捐繳解，并派該員李令會同該署廳馮守，隨時赴局認真稽核辦理。所有設局、薪水用度一切，即於捐欵内提出七釐，以備開支。嗣後捐欵或多或寡，總照七釐提用爲斷。其餘所擬章程，均屬妥協，應即照辦。仰北善後局即行分别轉飭遵照辦理，并移江漢關道及飭漢陽府查照。仍候撫部院批示。繳。等因。印發外，相應録批咨會。爲此，合咨貴部院請煩查照施行。

通飭遵旨鑄就銅元無論錢糧釐金及一切官欵一律收用 光緒二十八年七月十二日

照得光緒二十七年十二月二十四日欽奉諭旨，飭令各省開鑄銅元，以補制錢之不足。查廣東、福建、江南等省均已仿照香港銅仙、日本銅幣式樣，製造當五、當十銅元，與舊鑄制錢相輔而行，民皆稱便。鄂省錢缺民艱，當經飭局仿造。此項銅元現已如式鑄就，凡有官商士庶，自應遵旨一律通行，周流無滯，庶足以維圜法而利民生。合行札飭。札到，該道、司、局迅即通飭所屬各局卡、關卡、府州縣、釐局一體遵照。須知此項銅元，係奉旨鑄造通行，本爲便民利用而設，無論丁漕、關税、鹽課、釐金及一切官欵，凡向用制錢者，但係湖北本省所鑄銅元，均應准其完納，與原有制錢一律收用。當十銅元一百枚，即抵九八制錢一千文。民間大小買賣亦同，不准稍有遏抑，亦不准任意折減。倘敢有意阻撓減扣，一經發覺，在官吏則從嚴參處，在商民則按律究懲。事關維持圜法，體恤民艱，務宜各飭懔遵。切切。此札。

咨催盛大臣飭將鐵廠尚欠職商劉錦藻等銀八萬兩迅速撥還 光緒二十八年七月十八日

爲照湖北紡紗局改歸官辦，有應還商本銀十五萬兩，前於光緒二十四年咨請貴大臣轉飭鐵廠，在於軌價應還官本項下劃撥銀十五萬兩，付給紗廠商人，仍備文作爲解交鐵政局列收鐵廠預繳官本之欵等因。旋准貴大臣兩次來咨，已由鐵廠先後撥還該商銀七萬兩在案。兹據湖北紡紗局詳，據職商劉錦藻等迭次禀函，以劃撥鐵廠尚欠付該商銀八萬兩。此項商欵皆係零星招集，花户繁多，衆口嗷嗷，追呼急迫，懇請咨催速飭鐵廠撥還，情詞甚爲迫切，相應咨催。爲此，合咨貴大臣，請煩查照，飭將鐵廠尚應付該商銀八萬兩迅速撥給，收回該商所執印票，即作爲鐵廠應行預繳官本之欵。望切施行。

札委張焕斗勘估各學堂應行修改創建各項工程 光緒二十八年七月二十二日

照得湖北省城遵旨興建大中小各學堂，或就原有書院、學堂、公所酌量修改，或就平地創建，規模工程重大，頭緒紛繁，非有熟悉營造之員確切勘估，難期核實。兹查有漢陽鋼藥廠監工委員、分省試用通判張焕斗堪以派委。合亟札委。札到，該員即便遵照，隨同各學堂監督、總辦、提調，將各該學堂應行修改創建一切土木、磚石、油漆各項工程，按照圖式，詳細履勘確實，估計工料價目，送由該學堂覆核，呈候本部堂核定飭辦，毋稍疎率，切切。特札。

札知府高松如兼充銅幣局提調 光緒二十八年八月初一日

照得省城鑄錢局前因停鑄制錢，將該局歸併銀元局作爲新廠，分別飭遵在案。上年十二月間欽奉諭旨，飭令鑄造銅元，以補制錢之不足，當令銀元局新廠仿照廣東、福建、江南等省所鑄當十銅元成式，先行鑄造一百萬枚，飭發官錢局暫爲試銷。現在察看市面流通，商民甚爲利便，自應源源接鑄，以廣推行而維圜法。所有原設之鑄錢局應即改爲銅幣局，與銀元局畫分界限，各司各事。此後銅幣局專管鑄造事宜，其籌撥工本、購買銅鉛、推廣行銷，均責成官錢局經理，庶可聯絡一氣，相輔而行。銀元局除司、道、局撥欵定鑄，及外省官欵商欵解局附鑄，仍照舊章辦理外，其行銷本省市面銀元，亦可由官錢局隨時撥欵交鑄，以資利用。查有湖北試用知府高守松如自委辦官錢局務以來，整頓局章，維持市面，條理井然，日有起色，應即委令兼充銅幣局提調，遇事稟商藩司，認真經理。除分行外，合亟札委。該守即便兼充銅幣局提調，妥訂章程，慎選原派在局委員司事人等，分別去留，遵照札飭事宜悉心籌畫興辦。遇有重大事件，仍稟候本部堂、部院核飭遵行。所有新廠機器、鋼模、鎔銀鑪罐等件，如銅幣局留用有餘，即將餘件悉數撥還銀元局應用。該守務須常川到局，加意整頓，勿稍瞻顧推諉，致負委任。

札籤捐局劃撥銀十萬兩解充各學堂工程經費（一） 光緒二十八年八月初九日

照得湖北省城興建大中小各學堂，工程緊要，需欵孔殷，除黄岡紳士劉提督維楨報效學堂經費十萬兩，尚須分年呈繳，應飭署武昌府梁守先行設法息借抵用，一時尚難濟急。應再於漢口籤捐總局餘利項下，將前與藩司議定解充閘工之欵劃撥十萬兩，改充學堂工程要需。即由該局隨時儘欵移解北藩司，立即轉發學務處，由署武昌府梁守發交官錢局隨時提用。其武泰閘工程，已飭本年暫行緩辦。除分行外，合亟札行。札到，該局、司、處即便遵照辦理。切切。特札。

札行大冶縣稟遵札圈購縣屬及毗連各鑛山情形 光緒二十八年八月十一日

據署大冶縣知縣蕭端澍稟：遵札圈購縣屬及鄰境毗連各鑛山情形，繪列圖表，造具報銷，封禁契底各册，并呈鑛質、界刻等件，請立案等情，到本部堂。據此。除批：據稟籌辦鑛務六端，詳明周妥，足見該縣才長心細，辦事勤能。此次購定各鑛山，預杜窺伺，挽回利權，裨益地方，實非淺鮮，深堪嘉尚。隨同辦理縣境鑛山出力之五品頂戴候選直隸州州判徐映丹、五品頂戴太常寺博士銜候選訓導李華廷、廪生徐龍光三員名，均准先飭司局存記，遇有内奬保案，即照該縣擬保官階開列，詳候匯核辦理。道庫大使銜監生劉坤祥、監生姜大生均准塡給五品功牌，并另給五

（一）以下三件録自抄本《督楚公牘》。

品空白功牌二張、六品空白功牌三張，由該縣酌量填給稟報查核，以示鼓勵。至清摺三件，一稱圈購各山可用土法試開，准由該縣斟酌辦法，稟候核奪示遵。一賚到屋後山等九處買契四十七張，即由司蓋印移交鐵政局查收存儲。一禁止從前干預該縣鑛務假冒漁利之郭炳奎即炳文等三十四名，應即嚴加飭禁，不准再行出頭覬覦，如敢抗違不遵，即由該縣稟明，查究懲辦，以免滋生事端。仰北布政司會同鐵政局遵照辦理，并將發去劉坤祥等五品功牌二張及五品空白功牌二張、六品空白功牌三張飭發該縣，分別填給，遵照辦理。仍候撫部院批示。繳。稟單并清摺三合鈔發，山契四十七張并發，表圖、鑛質、界刻、契底報册均存等因印發外，合就札行。札到，該縣即便遵照。

札委汪聲玲等任防營將弁學堂總稽查等職 光緒二十八年八月十三日

照得湖北防營將弁學堂現經改章開辦，學生均須住堂肄業，又添設教練隊一營，人數衆多，課程繁密，必須有總司稽察及專司經理之員常川到堂，會同稽察約束，核其功課之勤惰，察其行檢之純疵，隨時加之訓誡，示以勸懲，方足以資整頓而收實效。查有知府分省補用直隸州汪聲玲，堪以派充防營將弁學堂總稽察委員，護軍左旗督帶官儘先補用守備姚廣順堪以派充防營將弁學堂總經理委員。該學堂現設教練隊一營，暫先募撥正勇一百名，分立三哨，一切均照湖北洋操防營規制辦理，以資教習，與學生講求行軍布陣一應調度指揮之法，亟應派員管帶，用資鈐束。查有儘先守備督標右營千總馬光啟，堪以派充防營將弁學堂教練隊隊長。除分飭遵照外，合行札委。札到，該員即便充當防營將弁學堂總稽察委員，遵照札飭事宜，將學生功課、行檢隨時認真考察，勤加訓勉，俾學生咸知自愛、自重，專心嚮學，冀成他日將領之才，毋稍敷衍含糊，致負委任。

札江漢關道照覆德領事會勘襄河口 光緒二十八年八月二十九日

准外務部咨：德商美最時擬在漢口設立躉船一事，准德葛署使照會稱，鄂督至今日又將傷害性命、恐滋事端之語爲詞，所駁均不足以取信。他國船行徑准在大江各口任便設立躉船，獨至德國立即百般攔阻，此係本署大臣不解之事。查德國駐漢口領事官甚願將此事和衷辦結，早經當面并函信向張制軍代爲畫策，請派員會同查詢該處設躉船是否實與華人民船有險，并擬派官爲行內之官，奈張制軍不願照辦。現應切請轉飭照該領事之意辦理，毋再攔阻。假令再固執不願，本署大臣自應酌量他法，以免損我德國緊要利權等因。相應照録原文，咨行貴督查照核奪見覆等因，准此。又據德國駐紮夏口倫署領事照會，請將此事再加（勘）［斟］酌，准予美最時可以停設，并盼妥速辦結等情，到本部堂。據此。查中國與德國素敦睦誼，而本部堂與前任駐漢口禄領事暨現駐漢口倫署領事均交情最厚，以是數年以來凡事之可通融者，無不彼此和衷妥辦。前美最時洋行欲在襄河口下安設躉船，本部堂當即飭查，如果於中國商民無礙，而於德商有益，自必早如所請，准其設立。乃據查明德商此舉，有萬難遷就者數事。貼近襄河口之龍王廟馬頭，水勢湍急，躉船錨鍊必致多傷來往武、漢官紳商民。本年七月內，該處傷斃人命已有數名之多，是其明證。一也。德國本已有租界，不應又另行侵占華界江岸。二也。美最時所租岸上棧房僅寬五丈，乃欲設躉船二十餘丈，豈不佔礙鄰户馬頭。三也。此均係確有實據之窒礙，并非設詞駁阻，中外商民共知共見。本部堂有保護華民利益生命之責，實屬礙難照准，均已明白札飭關道照會在案。乃德國葛大臣只知保護美最時一家利益，不知華民權利亦須存留，華人性命尤須保護。其照會外務部，不查德商所言之虚實，竟謂本部堂之言爲不足取信，殊屬臆斷，於情理太欠允協。又謂許他國船行設立躉船，獨於德國攔阻，獨不思他國乃言明暫借，日後必須索還，何嘗許他國船行設立耶。再查泊船處所，應由海關指定，商人遵辦，天下萬國莫不皆然。今既經海關查明此處不能設立躉船，德商不肯遵從，已不合理，且德商已有江岸三百丈，又欲占華商區區之地，試問英界、法界、俄界亦有江干，肯讓德商尺寸之地否。凡商務事體，必須情理公平，於己有益，於人無害，商業方能興旺獲利。此由葛大臣未親見襄河口水勢情形，但因德商懇請，故未爲中國商民設想耳。須知中國人民生命，地主商民權利，較德商美最時一家之利益尤爲切要。既經切請會查，又因倫署領事深念交誼，但願妥商，不願勉强，本部堂亦願公同查明，庶可以明事理而昭公允。即由江漢關道將以上各節，照會倫署領事暨税務司，請倫署領事派德船管駕官與海關理船廳，會同本部堂委員梁道敦彦履勘該處，公同確切查明，繪具圖説德商應否在此設立躉船，以免争辯各執，致傷睦誼。

札江漢關道照會日本領事遷移躉船 光緒二十八年九月初三日

照得前年日本永瀧領事與該前道函商，擬在漢鎮馬王廟建立大阪公司輪船馬頭，經該前道以該處市廛林立，河下船隻櫛比，極形擁擠，建立馬頭於民間不便，函覆不如俟日本租界定後，即在租界内修築爲妥。永瀧領事旋以彼國租界未定，輪船已開，假定馬頭，實出於不得已，函請傳諭商民，無有阻撓，即經該前道轉飭地方官知照保護在案。是日本大阪公司輪船馬頭，原因彼時租界未定，暫准假設，以敦睦誼。現在日界早定，自應移往租界，以免永占華商江岸。且查近年每遇襄河水發，江水盛漲，水勢湍急之時，過往船隻輒多覆没，近一月之内溺斃華民六七名。本部堂有保護華民生命之責，每念及此，深抱不安。查日本租界自劃定至今，已有六載，日本既請租界，自應早日開辦，方符原議。乃至今毫無動静，於情理殆有未洽。若永不興辦，躉船即永不遷移，即聽其年年溺斃華民多名耶，斷無是理。亟宜即日照會日本領事，轉飭該公司及早設法將躉船從速遷移，以免傷害華民性命而符原議。即使一時未能即遷，亦須訂一切實期限，不得過久，斷不能永遠推宕也。

札北藩司等撥補宜昌鹽釐之欵由各處徑解(一) 光緒二十八年九月十一日

照得撥補宜昌鹽釐之欵，關繫京協各餉要需，向由各處交解

(一) 以下七件録自抄本《督楚公牘》。

鹽道，由鹽道轉解。各項餉需，均係緊要之欵，不能延誤。惟由鹽道轉解多一周折，各處亦因無所責成，并不將應解鹽道之欵認真籌解足數。司局因名目本係鹽道之欵，遂不隨時查核，咨催詳催。鹽道權力不足，難以催解齊全，不能如期應付，殊多窒礙，以致鹽道與司局互相推諉，遂致將鹽道各項要政專欵挪湊供支，鹽道司局彼此催索扣抵，徒滋筆舌，仍於實欵無補。以後應將鹽道轉解之欵，責成撥欵各處自行逕解，庶無可推宕，不致仍前延欠，以免貽誤而省膠葛。所有撥補欵內，如指撥之湖北釐金，應由牙釐局逕解善後局。湖北裁兵節餉、荊州滿營餉項減平並當稅及丁漕平餘，由布政司、糧道逕解善後局。田房稅契、茶糖煙酒加稅一切等項，由善後局自行籌解。江漢、宜昌關洋稅及宜昌土藥加稅，由各該關道逕解善後局。將來批解奏咨時，均與鹽道會銜詳報批解，毋庸徒循空名，專向由鹽道催解，臨時扣抵，以期核實直捷。各處積欠之欵，即由司局隨時查催，並詳請委提，庶可有益。惟各處應行撥補之欵，與鹽道應解各餉之數多寡不一，應以何欵抵作鹽道，何欵報解，必須通盤籌畫，預先分別認定，指解方免貽誤。應即飭令北布政司、鹽道、糧道，江漢、宜昌兩關道，善後、牙釐兩局查明各欵，會同妥籌切實辦法，議詳飭遵。除分行外，合就札行。札到，該司、道、關、局道即便遵照，迅速會同籌議，詳覆核辦。毋違。

札江漢關道等籌備參加日本勸業博覽會 光緒二十八年九月十二日

案據漢日本國山崎領事官函稱，本國於明年二三月間在大阪地方開設勸業博覽會，奉其政府命，敦勸湖北送貨入會等情。本部堂以此舉於鼓勵商情，疏銷土貨最有裨益，業經照允飭辦在案。查此項貨物大致約分二類。一天然品，如各種金石、鑛砂、煤炭、絲繭、禾麻、菽麥、竹木、籐、茶、靛、漆、藥材、毛羽、皮革、骨角一切有用之材料。一製造品，如綢緞、布帛、織繡、竹木、陶漆、銅錫器皿一切人工之器貨。每種皆只作式樣，不必甚多。天然之品種類宜多，以備外國人選擇，人造之品須選精好者。各將出產地方及培植工作暨物之性能用處，每種標記一籤，種數愈多愈好。一物之中，細分又有數類，無妨數類俱備。應即派江漢關道會同商務局，督飭員司悉心籌辦。各州縣所出土產，如有必須由該地方官採辦者，迅即由該關道徑行札飭採辦送省，其運送出洋照料一切，另委洋務局繙譯委員鄺國華妥爲辦理。所需經費，迅即估計大數，稟候籌定欵項，隨時撥給。除分行外，合亟札飭。札到，該關、道、局、員即便遵照辦理。切切。特札。

飭副將張彪在大高嶺地方建造無煙藥、黑藥庫各二所 光緒二十八年九月十二日

據統帶護軍等營張副將彪稟稱：竊照省城舊設永靖火藥庫地方，不但距護軍右旗營房暨武備學堂太近，且城中居民稠密，萬分危險。庫內儲藥至三十餘萬磅之多，關係極重，尤爲可慮，急宜改設。洋員屢以爲言，火藥庫應設於城外人煙稀少之處，方爲相宜。旋奉憲飭，會同洋員在南門外高山口地方勘得基址一處，頗宜建造藥庫。惟因距驛路太近，距江路亦不甚遠，恐不能十分謹嚴。復又會同洋員前往南門外一帶十里左近再三測勘。茲經勘

定湯孫湖迤北大高嶺地方有基址一處，三面濱水，人煙稀少，與驛路江路又復甚遠，乃天然地勢，極合建造藥庫之用。三面皆水，惟東面有土埂一條，若將土埂挖去，則四面環水，極爲謹慎。西邊河面稍窄，擬俟水退之後再行挖寬，使四面皆通，可以保險，且易於守護。其藥庫形式丈尺，業於前圖呈明。共造四庫，能容無煙藥、白藥約四十萬磅之譜。每庫相離之空檔，擬設隔堆、圍墻及兵房各項。有隔堆則彼此間隔，可免意外之事。有圍墻則各有關攔，不致曠而無束。至於兵房，則住護庫兵丁，免致擅離職守。如此似覺慎密，可以無虞。惟該基地内有民房、墳墓數處，擬請給價令其遷移。理合將詳細情形繕摺呈請鑒核，并祈派員估購，迅速監造，以備移儲。不特軍需有關，且於合城人民亦大有裨益等情，到本部堂。據此。查火藥庫必須設於僻静慎密之處，方足以儲軍實而臻穩固。省城内之永靖火藥庫逼近學堂、營房、民舍，危險已極。既經華洋各員迭次查勘大高嶺地方僻曠，又復周環皆水，頗屬相宜，自宜將火藥庫改建於此。即照該副將所稟辦法，如式修造。應飭由北善後局迅速派員前往大高嶺地方，查照所發圖式，丈量圈購，内有民房、墳墓數處，即行給價令其遷移。將應建藥庫工程切實勘估，繪圖貼説，需費若干，稟覆查核。此等藥庫事事須合西法，即責成統帶護軍等營張副將彪承修，趕緊興造竣工，應需經費，即由善後局發給。合亟札飭。札到，該將即便遵照辦理，勿稍違延。

札委吴政修會辦農務學堂事務光緒二十八年

九月十五日

照得農務學堂前經飭委桑道總辦，現在改移武勝門外勘定地址，即日興工建造，并撥給官荒地畝試辦種植畜牧。該處距城較遠，創辦伊始，事體較繁，必須遴派大員會辦，以資襄助。查有試用道吴政修堪以派充農務學堂會辦，務須會同桑道輪流常到學堂工所，督同提調、教習、委員監視城外建造工作并堂中應辦一切事宜，悉心經理。應需薪水夫馬每月支給龍銀一百元，以資辦公。除分行外，合亟札委。札到，該道即便遵照上項札飭事宜會辦農務學堂，妥爲辦理，以副委任。切切。

札委卞綍昌充當湖北游學日本學生監督光緒二十八年九月十五日

照得前准出使日本蔡大臣函稱：南北洋現皆專派學生監督來東久住，查察照料較前周密，務祈早日派委幹員東渡，以專責成等因。當經本部堂於本年七月初電致出使日本蔡大臣，以湖北游學日本官派學生人數較多，亟應遴派監督一員就近督察照料，以專責成。查有現充出使日本隨員、分省補用知府卞綍昌，係蔡大臣奏調在洋飭令料理湖北學生事件之員，應即派充湖北游學日本學生監督。諸事稟承蔡大臣妥爲經理，月給薪水日本幣一百四十元，因公雜用、電費，准按月核實開報，均在學費項下支給，隨時匯寄等因，由電咨請轉飭遵照在案。查卞守現在因公來鄂，所有薪水應自七月分起開支，由北鹽道在於練兵新餉外銷項下發給七、八、九三箇月薪銀，飭令卞守具領，以後匯同學費匯寄日本轉發。至監督游學生關防，據前辦委員錢守恂帶回呈繳，現仍應飭發卞守領用，以資信守。除咨明出使日本蔡大臣查照外，合行加札飭委。札到，該守即便遵照充當湖北游學日本學生監督，遇事稟承蔡大臣妥爲經理，毋稍懈忽，致負委任。切切。特札。

札委李發宜前往澧州設局開辦督銷川鹽事務光緒二十八年九月十五日

案照川鹽由湖北運銷湖南澧州地方，宜昌川鹽局抽收正、加各税，并包收湘釐認解。近因湘省開辦鹽斤口捐，澧商裹足，致包釐之數不敷，未便令澧岸坐失，於鄂省鹽釐大局甚有關繫，亟應派員專駐澧州設局，督銷疏暢川引，以保澧岸而裕税課。現據北鹽法道詳擬辦法，業經批准，應即剋日開辦。查有湖北即用知縣李發宜，堪以派委辦理。除詳細章程飭由北鹽法道會同宜昌鹽局隨時商酌稟請核飭遵辦并分行外，合亟札委。札到，該令即便遵照前往湖南澧州，迅速設局，按照北鹽法道詳定辦法，開辦督銷川鹽事務，體察情形，認真維持整頓。此於鄂、湘鹽課關繫甚鉅，務須保衛商業，使鹽銷日有起色爲要。仍將設局日期及開辦情形稟報查核。〔一〕

札委丁韙良充濟美學堂總教習兼仕學院講友光緒二十八年九月十六日

照得湖北省城議設濟美學堂，分普通中學、普通高等小學兩班，專教官員子弟，免佔各學堂學額。又於教吏館内增設仕學院一所，凡府廳州縣佐雜各班候補人員，有志講求實學者，均可入院肄習公法、法律、財政、兵略、理化各學科。當經本部堂電咨出使美國伍大臣〔二〕，代聘美國耆儒、前充中國京師同文館大學堂總教習丁韙良，來鄂充當濟美學堂總教習兼仕學院公法講友。議明濟美學堂總教習每月薪水銀五百兩，仕學院講友每月薪水銀二百兩，由美來鄂川資英金一百鎊等因，電鄂覆准照辦。旋准伍大臣電知，丁總教習准於西八月起程來華等因。現查該總教習業已到鄂，本部堂實深欣悦。應即專札飭派，以重委任。爲此，札仰該總教習即便遵照，充當湖北濟美學堂總教習，兼仕學院公法學講友，一切聽受本部堂節制。一俟濟美學堂擇期開辦，務即常川到堂，妥訂教育課程，督率各分教將普通學分別等差，認真訓迪，尤要在將各學生行檢盡心約束，隨時考察，範以準繩，務期各學生遵守禮法，奮勉嚮學，成效卓然可觀。一面分定鐘點時刻，前往仕學院，將公法學與各官員切實講解討論，俾各知交涉之宜。該教習品端學粹，資望老成，必能啓發濟美學堂各學生暨仕學院各員，蔚爲有用之才，本部堂有厚望焉。所有來華川資英金一百鎊及從洋八月分起每月應領薪水，應由北鹽道衙門支給，以資辦公。合併飭知。此札。

札商務局創設商學、商會光緒二十八年九月十六日

照得商務實富國之基。泰西以商立國，有商學以攷各物製法，各貨銷路，各國嗜好，各業衰旺，有商會以集思廣益，互相聯絡，故能力厚旺，廣設公司。若華商因仍舊業，隨人作計盈虧，聽其遷流，憑諸運數，既無商學以探製造銷行之源，而且志小力薄，各謀生理，甚至彼我相忌，囿於近利小數，又無商會以收同心合

〔一〕此札内容同日咨會湖南巡撫。
〔二〕指中國駐美公使伍廷芳。

力之效。現欲挽回利權，亟應創設商學、商會，以資啟發。本大臣奉旨督辦商務，自以開商智、培商力爲亟。況漢口東西爲長江上下之衝，南北爲鐵路交會之所，實爲中國商務樞紐，是欲講求商務，尤必先自漢口始。現經會同湖北撫部院籌商，應飭令商務局勸集商欵，於漢口地方創設商務學堂、商會公所，以立其基。查有漢口職商黄訓典前曾報效鉅款，并有以後每年樂輸鉅欵之議，其急公好義之誠，實爲人所難能。應派該職商充當商業總董，由商務局督同該職商并各幫商人，廣爲勸導捐輸，擇購地址，建立商務學堂、商會公所，迅速妥議章程，稟覆核定飭遵。將來商學有成，悉屬貨殖之通材，商會既廣，自有衆擎之美利，本大臣實有厚望焉。合行札飭。該局即便遵照札飭事宜轉飭遵辦，迅速稟覆。

札知府高松如等創辦勸業場光緒二十八年九月二十二日

照得各國都會地方，多設有勸工場及商品陳列所，聚百貨於其中，分行羅列，以類相從，物標定價，聽人觀覽購取。工者價昂而售速，劣者價貶而滯銷，彼此相形，自生激勵。此外又設立博覽、賽珍等會，所以勸工商實業者，洵屬法良意美。湖北武、漢地方，東西據長江上下之衝，南北爲鐵路交會之所，商貨日見輻輳，工業必漸繁興，凡各國所以勸工勸商者，亟應酌量仿辦，以開風氣。查省城長街三佛閣迤南路西一帶，原歸兩湖書院管業，市房十三棟，南北長二十三丈有奇，東西深五丈有奇，應即撥充公用，就地建設勸業場一區。內分三所，一曰內品勸業場，凡本省人工製造之品，招商分類，羅列其中。一曰外品商業場，凡外省外國各種貨物、機器切於民用者，招商分類，羅列其中。仍於兩所之中劃留一大間，名曰天產內品場，陳設兩湖各種土產、五金鑛質、煤炭各項有用之土石泥沙，以及各種穀果、茶麻、油漆、竹木、藥材、皮革、骨角、毛羽，以備外省及外國人遊覽，考辨採取，製造供用。其房屋巷道及陳列層次，務須仿照東人法式，令其明朗整潔，出入無礙，便於詳觀。內品場以勸工，外品場以勸商，天產內品場以統勸工商，兼可勸農。此項勸業場專備工商各業陳設各件，斷不收取房租地租。所有前項工程，飭委湖北試用知府高守松如、請補鶴峰州知州查牧雙綏會同承辦，并委署武昌府知府梁守鼎芬、代理江夏縣知縣李令堅隨時監察照料。其招集商販赴所設肆各事，應責成署夏口廳同知馮丞啟鈞、商務局坐辦張守賡颺會同妥爲勸導招徠。應需經費，由梁守在於經管漢陽新關解存餘存公用專欵項下，撙節動支具報。除分行外，合亟札委。該守、牧即便遵照，迅速核實估計，繪圖貼説，呈候本大臣核定。毋稍遲誤。

札江漢關道照覆德領事定期會勘襄河口光緒二十八年九月二十二日

據德國駐紮夏口倫署領事照稱：准江漢關道照，奉貴督部堂札以美最時設立躉船一事，札由江漢關道迅與本署領事暨税務司妥商，定期會勘等因，照會前來。本署領事接閱之下，深爲謝謝。雖內有幾句不甚和協之詞，但喜貴督部堂願意此事和睦辦結。不過派員一層，本署領事願添德國領事官，或代理領事之副領事官，亦得會同各員前往查勘，并請定期見覆等情，到本部堂。據此。查美最時請在襄河口下設立躉船，有萬難照准者數事，詎德國葛署大臣暨德國領事未肯見信，辯論不已，故特派江漢關之理船廳與本署委員梁道，會同德國兵船管帶，前往該處就地將萬不能照准實在情形詳細指明，使知本部堂并無偏袒，以釋其疑而速了結，并非令其公斷也。今倫署領事既欲添派領事或副領事會同前往，自無不可。蓋既非公斷，自不論人數多少，人數愈多，則事理愈明。現因梁道不日須隨本部堂前往江南，此件係湖北事體，并擬添派江漢關道岑道暨交涉委員魏道瀚會同前往，以便將來易於接洽，并無他意。如德國尚欲更添派數員，亦自無不可。兹定期本月二十三日上午十點鐘，江漢關道與魏道、梁道、理船廳，在江漢關與德國所派各員會齊，一同前往。

光緒二十九年

咨呈外務部譯送各國鑛務章程光緒二十九年十月二十四日在京寓發

案准貴部咨開：光緒二十九年七月初九日准英國薩使照稱，查商約批准之據已經互换，其中第九欵内允自簽押此約之日起，於一年内自將中國現行鑛務章程從新改修妥訂等語。此事總盼一簣功成爲幸。合行照會，并希玉覆，以便轉咨本國等因。查上年七月初九日奉上諭：鑛務爲今之要政，昨經劉坤一、張之洞電奏，應採取各國鑛章詳加參酌，妥議章程等語，所見甚是。即著該督等將各國辦理鑛務情形悉心採擇，會同妥議章程，奏明請旨，務期通行無弊，以保利權而昭慎重。欽此。欽遵在案。中英續議條約，係上年西九月五號簽押，扣至本年七月十四日，已一年届滿。兹英使照稱前由，相應咨行查照，即將現在辦理情形聲覆，以便照覆英使等因，准此。當於七月十五日函覆，内開：昨日承准大咨，以英約内所允修改鑛章一欵，現准英國薩使照，詢屬將現在辦理情形聲覆，以便照覆英使等因。查此事係洞在鄂時電奏請辦，前奉上諭，飭洞會同江督劉，採擇各國鑛章妥議具奏。正在會商辦法，旋值劉忠誠開缺，洞調署兩江，當即派員在滬設局，延聘譯員，採購各國鑛章，詳慎譯輯。惟各國鑛章購寄需時，又經劉忠誠之變，中間不無轉折。現接滬電，已於一年限内，將各國鑛章繙譯完竣。適洞述職來京，因公久住，致所譯章程尚未寓目。

昨已電催滬局從速鈔寄，一俟寄到，即當詳細參酌，擬再與熟諳西律之伍星使互商審訂，繕呈鑒定後，即可具奏請旨，爲期當不甚遠，請先照覆英使在案。兹據該洋員等將泰西各國鑛務章程擇要譯録成書，郵寄前來。本大臣詳加披閲採輯，尚爲賅備。惟中國參酌各國辦法，自行改訂鑛務章程，必須將從前貴衙門原定章程，及所訂各省華洋鑛務公司合同統加校核，應如何斟酌損益，再爲詳細考求，始能得其竅要，相機立法，處處爲取益防損之計。即從前章程或有未盡周密，合同或有不免受虧之處，亦可趁此補救挽回，利害所關甚鉅。查此項鑛務章程，係本大臣奉旨採擇議奏之件，當經派員設局，將泰西各國章程擇要譯録成書，本應即行悉心採擇，會同妥議，無如貴衙門原定章程及各省鑛務公司合同，本大臣行次并無案牘可稽。因思商部左侍郎伍大臣熟諳泰西各國法律，此項鑛務章程，擬請由貴部咨交伍侍郎先行詳加審擇，妥爲酌定，寄由本大臣復加校核，送請貴部鑒定後，再行會同伍侍郎具奏請旨。合將現譯各國鑛務章程十二本咨呈貴部，謹請察照施行。

光緒三十年

札江漢關道照覆德領事轉飭洋商勿受誑騙光緒三十年二月初六日

查接管卷内准德國倫署領事照稱：禮和、亨達利洋行在興國州龍角山，又在房縣、保康、南漳、竹山各等處與華商合辦鑛務。上年十一月初一日暨十二月初八日，兩次接准江漢關陳道照，奉貴督部堂札飭等因，照覆到本署領事，准此。當經轉飭該洋行等知照去後。兹據稟稱，該山業主自立天富公司，該公司又與禮和、亨達利當面在德領事衙門簽字，立定合同，以便會同開鑛。此合同按照律例，與鑛務章程及新訂各商約條欵，無不相符，華洋均有利益。儻有阻撓，中國國家應盡自然本分，認真維持，本行甚願隨時詳細稟報開鑛情形。此意已經馬樂熙東家前見端督憲當面陳明并應允，將來政府要如何辦理，本行亦可按力遵辦各等情前來。本署領事查該洋行所稟各節甚是，該各地方官所稟礙難緣由，并非實情，不過借故推除洋商合辦耳。應請轉咨外務部批准，給予開辦憑據等情。前兼署部堂未及核辦，移交前來。本部堂查各國鑛務，無論官地民地，均歸國家管理，民間不得私相授受。至地腹之鑛産，尤非地面業主所得，自專其利。凡有産鑛之地，非經國家查明批准，給予執照，即地面業主，亦不得私與他人訂立合同，各國通例皆然，諒禮和、亨達利洋商皆所深悉。兹查興國州之龍角山，歷經各業户稟請封禁，有案可稽，足見該處正經業户均屬不願。現在各處鑛山雖不應封禁，然何處鑛山應先開採，何處鑛山暫緩開辦，各國國家皆有主權，可以酌度情形，分别指定，斷不能聽無賴奸民串通朦混，不由國家作主，任意妄自指定也。況該華商天富公司何年設立，作何貿易，開設何處，股東何人，資本若干，并未據向地方官衙門禀請立案，亦未遵照新章呈請在商部註册，顯係奸民假立名目，希圖誆騙外人，情殊可惡。況龍角山界連兩縣，周圍八九十里，依山而居者不下十萬户，其中業主不知凡幾。乃張德春等膽敢以禀官封禁之山，私與洋商擅訂合同，節經前兼署部堂飭據大冶縣、興國州查明，原請封禁各業户并無向該公司出具情願開採字樣，其據内劉赤、曹香舟、曹相南、熊奎斗、石清泉等均稱不知其事。甚至將業已身故之侯子裕、熊里三等，亦列名其中，其爲盗名捏造，毫無疑義。業經札行前署該關監督陳道照覆德領事，轉飭禮和、亨達利洋行知照，免再受人愚弄。不意張錦堂、傅清順等猶敢逞其狡獪伎倆，串通匪人，捏造公議憑單，期朦洋商。試思以周圍八九十里居民萬户之地，而此區區百數十人便可將全境鑛山擅許該公司開採耶。此種毫無情理之事，一經説破，想倫署領事自必恍然大悟矣。應即飭令該關道迅即照覆德領事，轉飭禮和、亨達利洋行勿再甘受人愚，徒多耗費。一面飛札興國州、大冶縣飭提張錦堂、傅清順等，查追天富公司案據，研訊盗名捏據情弊，禀候從嚴懲辦，以爲誆騙洋商者戒。

札學務處改修兩湖師範學堂光緒三十年六月初二日

照得振興教育，必先廣儲師資。師範不敷，學校何從興盛。本部堂前經飭購城東地段興建師範學堂，日久尚未修造，暫係借地辦理。現在湖北全省各處學堂教員缺乏，待用尤殷，不得不先其所急。查舊日之兩湖書院規模宏壯，修改較易，應即將原設兩湖高等學堂改作兩湖師範學堂，以能容師範生一千人爲度。其間暫行分别優級師範、初級師範兩等。所有講堂齋舍及一切應備操場、屋宇，應即責成原派師範學堂監督、武昌府梁守，督同堂長胡孝廉鈞等，就原有房屋基地分别勘估改造。如不敷用，酌量添購附近民地，以備展拓。一面先行繪圖貼説，雇匠估工，呈候察核，撥欵興修。其兩湖高等學堂即設在城東購定地方，亦應即日繪圖估工建造。

札學務處辦敬節、育嬰學堂光緒三十年六月初十日

照得奏定學堂章程，各省設立蒙養院，應就育嬰、敬節兩堂擴充屋舍，增加額數，即於堂内劃出一區，爲蒙養院，令其講習爲乳媪及保姆者，保育教導幼兒之事等因。欽奉諭旨，通行各省，欽遵查照在案。兹查湖北省城所設幼稚園，係在奏定學堂章程未經頒發以前，以致辦法未能畫一。且於園内附設女學堂，聚集青年婦女至六七十人之多，與奏定章程尤爲不合。若不亟予更正，誠恐習染紛歧，喜新好異，必致中國禮法概行淪棄，流弊滋多。本部堂審慎教法，體察世風，斟酌再三，亟應另定辦法。查省城賓陽門内之敬節分堂地方僻静，應即將該堂擴充屋宇，添建講堂，即名曰敬節學堂。挑選粗通文理之節婦一百名，作爲傅姆科正額。延聘日本女教習，講習女子師範家庭教育，以備將來紳富之家延充女師之選。又該堂西南有保安火藥局基地兩所，地段廣闊，堪

以歸併修建，改作育嬰學堂，附設蒙養院於其中。挑選略能識字之乳媪一百名，作爲保育科正額。延聘日本女教習講習保育幼兒、教導幼兒之事，以備將來紳富之家雇用乳媪之選。至歷年舊有之敬節、育嬰兩堂，聽其循舊辦理，不與此兩學堂相涉。其原設幼稚園内附設之女學堂，即行裁撤。所有原在該學堂有夫家之婦人，有願學習女子師範、家庭教育及保育教導幼兒之事者，准其分别附入敬節、育嬰兩學堂内，一體教授。每堂不得過三十名，其未出嫁之室女即勿庸附入此兩學堂，以示限制而昭區别。如有少年處女志切就學者，該女子父兄儘可邀約親族戚誼，公同籌商，於鉅紳世族家中開設女義學，妥擬章程，限定額數，稟明官師批准，延聘中外女師，俾戚友處女附學其中。斯爲妥善無弊，方與奏定章程相合。此時所有該兩堂工程、學務，亟應委員管理。查有湖南截取同知劉德馨堪以委充敬節學堂監督。湖北補用同知高凌霨堪以委充育嬰學堂監督。應令各將該堂興建規模繪具圖説，開辦章程分擬條目，務於敬教勸學之中，仍寓杜漸防微之意，呈候本部堂核定舉辦。

札臬司飭各屬清釐庶獄建設遷善、習藝等所并嚴禁濫刑 光緒三十年六月十五日

照得各牧令身任地方，矜卹罪囚，清釐庶獄，乃其本職應辦之事，士大夫應盡之心。果能勤求民隱，何難感召天和。方今亢旱連旬，三農失望，毋亦囹圄多所繫累，獄訟有所未平歟。大抵近來州縣視部民有如路人，視罪囚直如異類，以致鎖繫纍纍經月不訊，詞訟細故羈及多人，刑責苛濫，拘繫嚴酷，寃氣抑鬱，怨聲流聞。官民久已隔閡，痛苦了不相關。興言及此，本兼署部院實所疚心蹙額者矣。兹特切實申戒，凡各該州縣等所管監獄及待質各所羈押人犯，當兹夏令，務宜用心清理。其有情罪重大，無可減免者，雖照例囚禁，仍應設法體恤，勿得凌虐法外。若軍流以下人犯，例無死罪，應即早日議結，分别發遣安置，以免長此羈繫。若候審待質各所，均屬尋常詞訟，不難隨時判結，立予省釋。即有屢犯不悛，難於開除者，亦宜選擇寬敞地基，建設遷善、習藝等所，選匠教習，振其懶惰之心，予以自新之路。將來學藝成就，可以自食其力。亦准取具切實保狀，一併開釋。凡問案訊供，總以不用刑求爲正理。如有萬不能不用刑嚇者，及奸徒强暴有不能不懲儆示衆者，亦宜審慎斟酌，哀矜勿喜，適可而止，萬不准用非刑重枷，濫責酷禁，令其血肉狼籍，呼號寃慘。罪不至死者死於刑禁之虐，罪止於死者多受法外之苦，憫惻毫無，滅絶人理。自失爲民父母之職，致拂上蒼仁愛之心。其監獄、待質各所，地板務宜升高，溝道務期通濬，并嚴飭管獄、家丁、看役、禁卒人等隨時打掃潔净，毋令穢氣上蒸，并捐廉多備藥料，不時焚薰，以防疾疫。似此清獄省刑，實爲修政之大端，即爲格天之實際。各宜激發天良，切實辦理，毋得視爲尋常文告。如敢漠然不理，仍前有苛繫拖累，濫責酷刑等事，查出定即參劾，斷不姑寬。

札司道酌定營務處新章 光緒三十年六月二十三日

照得練兵爲今日急務，而營務處爲練兵根基。營務處一差，實合外國參謀部、經理部、總監部三項之義而有之。或司發蹤，

或司實習，或司儲材，或司豫備，必須於此先握樞紐，然後兵備有成效可觀。茲將湖北省營務處分列四門，責令各舉其職，與北洋營務處章程節目間有小異，大指均屬相同。一曰營務處參謀所，專管籌畫戎機，增減兵數，斟酌營制，閱看各報，設立軍學，繪畫輿圖，偵探軍情，修理道路各事。即委藩司爲參謀營務處總辦。二曰營務處執法所，專管申明紀律，核定功過，剔除積弊，考核本省外省軍隊人才等事。即委臬司爲執法營務處總辦。三曰營務處督操所，專管各營操練之法，參考各國書籍，體察中國將士情形，編定操典。凡軍、鎮、協、營、隊、哨各級規制，步、礮、馬、工、輜各門操法皆具焉。各營器械是否精利完備，操場是否合法，皆歸該所管理。即委督糧道爲督操營務處總辦。四曰營務處經理所，專管行軍應用槍礮、彈藥、器具、衣裝、輜重工程應用各件，購備運載騾馬、糧米、行糧、軍醫、藥料、獸醫等事。即委鹽法道爲經理營務處總辦。參謀所設提調三員，以武昌府知府梁鼎芬、候補知府黄以霖、候補知府汪鳳瀛充補。軍謀學諮議四員，以劉邦驥、劉道仁、舒清阿、藍天蔚四員充補。執法所設提調三員，以武昌府知府梁鼎芬、候補知府彭覺先、候補知府周以翰充補。軍律學諮議二員，以劉邦驥、吳茂節充補。督操所設提調三員，以候補知府黄以霖、候補知府齊耀珊、直隸州知州許鼎鈞充補。操練學諮議四員，以盧静遠、單啟鵬、應龍翔、蕭開桂四員充補。經理所設提調三員，以候補知府金鼎、候補知府汪鳳瀛、夏口廳直隸同知馮啟鈞充補。經理學諮議三員，以易甲鷴、易迺謙、敖正邦三員充補。原派營務處之候補道趙濱彦、扎勒哈哩，應改爲營務處參議。署督標中軍總兵張彪，應委充營務處參謀、執法、督操、經理四所幫辦。自派定以後，務須切實討論，各修其職，外考各國兵制，内察中國及本省向來將校士卒舊章、素習地勢餉需各情形，必須力除積弊，又須切實可行，隨時稟請本部堂核定舉辦。至藩、臬兩司爲總司通省政務之員，所有營務處各事，除應管本所外，其餘三所事務如有關繫重要之件，該兩司確有見聞，亦准一律籌商稟辦。此外如有挂名會辦之員，均即銷差，以昭核實。惟營務綱目繁多，存儲圖書器具極爲浩博，尤宜州居部別，方能條理分明，秩然不紊。舊日營務處屋宇狹隘，不敷辦事之用。現已勘定督標中軍衙門之東地段，尚屬相宜。應飭善後局會同營務處，迅速派員勘估購地，估工修造。目前即先就舊營務處公所，酌擬簡要大略章程，即日舉辦。除分行外，合就札委。該司道即便遵照，將應辦各事宜，督率提調、諮議各員并會商幫辦、參議，認真籌度核議，妥擬詳細章程，隨時稟請本部堂核定飭辦。務期鄂省兵隊諸事完備合法，日有成效，以副委任。此時先擬一簡要大略章程，先行開辦，勿稍遲緩。

札北藩司撥賑糶米捐收買粵漢鐵路美公司股票光緒三十年六月二十五日

照得兩湖賑糶米捐，原備荒年賑糶及地方要務之需。迭據湖南在籍紳士龍侍郎湛霖、王祭酒先謙等電稱：湘省抽收米捐，原爲賑糶而設。第目前需款甚急，儻移賑糶之款辦地方要需，商民亦所樂從。如該款内撥歸鄂省一半，經宫保振興商務，爲地方謀久遠之利，萬民感戴，咸樂輸捐。惟湘省一半收款，紳等見本年四月以前之項業由外銷用罄，今以鐵路購股急需，迭次呈請護院將五月以後收款撥借應急，呼籲環求，漠然不應。竭民力以供官場不急之用，而地方防患固圉要事，竟不能借支分釐，紳民均爲失望，甚不願以商民販運微資，供湘省外銷雜支。擬請嗣後賑糶米捐除鄂省應佔一半仍照舊遵抽外，其湘省一半，請即停止，以蘇民困等語，電達前來。本部堂查粵漢鐵路，前因美公司違背合同，將公司底股轉售比國，經湘省在籍諸鉅紳切商督辦鐵路總公司盛大臣，議將美公司出售比國之股分票由中國加價收回。湘省擬購二千股，約需銀六十萬兩。本部堂當以此項股票關繫路權，甚爲緊要，由湘達鄂其鐵路之在鄂境者不下三百餘里，湘省既知力争，鄂省豈容膜視。當即電達盛大臣，美公司底股由鄂認購一千二百股，約需銀三十餘萬兩。此外自購鐵路基地，以保地權，收買金元小票，以挽利權，必須有大宗的欵足供挹注，方可抵制外商。前據湘紳公呈，請撥賑糶米捐六十萬兩，以備購股之用，經本部堂電商南護撫院，允撥三十萬兩。湘紳猶以未能如數照撥，嘖有煩言，議請將湘省一半米捐停止抽收。鄂省若不早爲撥定，設被湘省牽掣，坐失鉅欵，并鐵路之利權亦將無從挽救，甚非以公濟公之善策。從前開辦賑糶米捐，原議本係因留備地方要需而設。鐵路關繫國家主權，争回一分之利，即少受一分之害，地方要政莫急於此，自應將此項賑糶米捐歸鄂一半收欵，盡數撥充收買粵漢鐵路美公司股票及購置地基、贖回小票之用。此後所收一半米捐無論多寡，應即隨時解交官錢局，匯存上海妥實銀行，先儘收買股票，以應急需。其餘購地基、購小票需欵浩繁，聽候陸續撥用。至前經札飭以賑糶捐撥充漢口隄工之用，應俟江漢關道核估該隄工程需用實數，暫准在此項存欵内借撥應用，仍俟隄成後查明受益地畝，將用欵分年攤派，徵收歸墊，專供鄂境内粵漢鐵路經費，并儲備川漢鐵路購票購地經費。應飭北藩司會同北善後局，查明賑糶米捐現在實存若干，連同提存司庫之米捐二十萬兩，一併撥交官錢局妥匯上海殷實銀行，存儲備撥。除咨明督辦鐵路總公司盛大臣代鄂省迅速收買美公司底股一千二百股以符原議外，合行札飭。該司即便遵照，將前次提存司庫之賑糶捐欵二十萬兩，先行撥交官錢局迅速匯滬，勿稍延誤。

札學務處捐助畿輔附學生學費光緒三十年七月二十五日

照得本部堂前因北方風氣未開，擬於原籍地方興建學堂，一時難於訪求師範。據兩湖師範學堂監督梁守會商各學堂紳董，稟請遴派教員前往教授。本部堂以爲往教不如來學，自當殫負笈千里之勤勞，冀收莊嶽數年之功效。兹議於湖北省城師範及中小學堂各附額十成之一。各該學堂監督、教員僉謂本部堂十數年來於學務一事頗費經營，今鄂省學堂已經廣設，成材已多，各教員於畿輔學生隨同訓課，并不加勞，咸願以義務自任，聲請毋庸另繳學費等情。具見各教員大雅宏達，不分畛域，甚爲可嘉。在國家宏宣教育，同此國民，南北本無區别。惟此次挑選津郡來鄂附學學生共二百名，爲數較多，若學費概令免交，本部堂心有不安。查各學堂學生在堂一切費用，每人每年約需銀五十兩左右，通計學生二百名，全年應交學費一萬兩。兹由本部堂捐助其半，全年共交學費五千兩，聊附自行束脩之義。現各學生將次抵鄂，應先發交一半銀二千五百兩，暫歸學務處另欵存儲，俟學生分撥各學堂入學後，按照名數，由學務處分别發交濟用。其下餘一半學費，俟半年後發交。

札各屬免解賠欵留辦學堂 光緒三十年七月二十七日

照得和局大定以後，賠欵一項，經户部行令各省攤籌。湖北一省，派至一百二十萬兩，爲數甚鉅。鄂省民力本屬難支，特以大局所關，各省一律派認，不能不勉力遵籌。嗣經本部堂會同撫部院督同司道各府州縣籌議，傳集紳董勸辦，分認足數。雖各處情形不同，辦法亦異，然核其所出，大率出於丁漕串票等項，或兼資税契，或取給鋪捐。在民間急公紓難，固爲可嘉。而湖北民力久困，杼柚已空，目前勉力輸將，已甚不易。自今以往，尚有三十七年，爲日方長，悉索追呼，何以堪此。加以鎊價未定，以後增加若干，殊難豫料。言念及此，夙夜疚心。本部堂兩三年來，多方籌畫，亟思爲民間除此鉅累，惟苦於未得其策。本年自回任以來，體察民艱，關懷教育，綜核度支，通盤權度。查土膏捐一項，近年來收數尚旺，又有鑄造銅幣一項頗有盈餘，籤捐一項尚足取信遠邇。合計此三項，必可籌出一百二十萬兩抵補。通省賠欵既别有籌欵之法，即不忍以此重累吾民。特此飛札通飭，自本年八月爲始，所有各州縣賠欵捐，均予免解省城，以蘇民困。查方今惟學堂一事，最爲有益地方、强盛中國之大端。如果學堂徧設，則不惟各州縣民智廣開，人才蔚起，而且農工商各項實業亦必事事開通，富足興旺。特各州縣因籌欵不易，多未能一律舉辦。即有開辦者，規制亦未完備。應即將此項賠欵捐全數留於各該州縣，專爲該處辦理學堂之用。通省各衙門一體立案，均即將此項更名爲賠欵改學堂捐。該州縣務須督飭各紳董，將此項賠欵捐原案數目核明，照案催收，不准向來繳捐之户藉詞延欠。以後應交存公所存儲，由官督正紳經管，斷不准吏胥經手，亦不准刁生地棍干預把持。至各州縣近年多有勸辦鋪捐者，除省城、漢口、沙市、宜昌、樊城、老河口六處鋪捐應留辦本處警察，改名警察捐外，其餘各州縣如該處鋪捐一項已經地方官稟定歸入賠欵捐湊解者，固應一併改爲學堂捐。如該州縣向辦之鋪捐係另行報解支銷，亦即併入賠欵改學堂捐項下，收繳支用。此係學堂定名捐欵，無論該處何項緊要公事，均不得擅行挪用。今以向來專供外國漏巵者，移作培植鄉里人材之用，一出於鬱結勉强，一出於興會發舒，苦樂異情，判如霄壤。父兄以成材期望其子弟，子弟以樂施贊成其父兄，更當踴躍輸將，無待督趣。惟既有常欵，應即勒限一月內，將該處學堂辦法擬設幾所，係何等級，仿何規模，坐落何處，擬就模式章程，繪圖呈核，即日開辦。如地方官或私行挪用，或故意推延，即由經管學堂之紳董據實稟呈，查明撤參。如有紳董因不歸賠欵抗不繳捐，該州縣亦即稟明提省嚴辦。有此官籌常欵以爲根基，尤望本地紳富捐助增益，愈加恢廣，以期欵項日裕，教育日昌。此項賠欵及鋪捐改充學堂經費之欵，應即名爲賠欵改學堂捐，其各州縣原籌學堂各欵，無論出自何項，均統名爲原案學堂經費，將來如有官紳商富續籌續捐之欵，均名爲推廣學堂經費，以昭區别而免牽混。所有原案學堂經費及推廣學堂經費，仍應一體照撥催繳，不得因此改作别用，以及拖延減少。合亟札行。該　即便飛速轉飭所屬遵照，限文到五日內，將遵辦情形具覆，并由學務處按限嚴催詳核各州縣覆稟是否切實，辦法是否合法。勿任捐欵稍有拖欠，以及延閣挪移，草率搪塞等弊，隨時查核稟辦。

札警察局除免小户房捐光緒三十年七月二十九日

照得省城警察局經費抽收房捐充用，以該户房租核計，按租價十捐其一，主客各半，自千數百文以至二百文不等，歷經該住户遵繳無異。查警察之舉，凡係城關内外官民，貧富大小各户同受其益，自應一律收捐，方爲平允。且大户墻垣堅固，人丁衆多，即遇有水火盜賊等事，防護較易。若小户則家計有限，一遭意外之患，即使生計蕩然，故警察一端，在小户尤所倚賴。惟是近來鄂省情形，諸物漸形昂貴，生計殊覺艱難。小屋下户，或本家棲止，或租與貧人，生計都屬微末。若令按月繳捐，爲數雖少，而在該住户已覺喫力。現在時事多艱，各項要政需用孔急，勢不能將房捐概行除免。本部堂體念民依，特予曲加體恤，嗣後應寬定捐格，凡從前月捐至三百文以上者，嗣後仍令照捐，其不及三百文以下各小户，自本年八月分爲始，概予免捐，以示體恤。至捐數在三百文以上至一千文以外者，房屋較多則生計較充，誼應踊躍輸捐，不得因此觀望，仍應照案嚴催。即由該局出示曉諭，并分飭各路各分局遵照。至該局經費不敷，本部堂當另行設法籌足。

札學務處立學堂應用圖書館光緒三十年七月二十九日

照得省城學堂林立，各屬中小學堂亦漸多開辦，各該學堂需用圖書、儀器、表尺、紙筆、石板、標本、模型、卓凳，以及工藝需用之刀板、衣物一切等項，種類繁多。或須購自上海，或須購自外洋，必經旬累月始能運到。且各學生有須自備之參考圖書，道遠購遲，費亦加重，於勸學之道尚形不便，亟應設立學堂應用圖書館，以資取給。查省城長街三佛閣口原建有益智場，屋宇堪充此用。凡學堂一切需用之品有關於學術者，均即分往上海及外洋擇宜採購，廣爲儲備，聽各學堂隨時購用。凡學生自行備用之參考圖書、測繪儀器、表尺、紙筆、標本、模型等件，持有各學堂證據來購者，酌減原價十成之二。各學堂教員來購者，酌減原價十成之一。省外各學堂管理官紳來購者，亦減原價十成之一，以廣教育而便取求。均須持有確切執照憑據，以免市儈影射。此館即歸學務處統轄，所需經費即在原撥學務處經費項下動支具報。該館創設之初，事務殷繁，自應遴委妥員認真經理。茲查有湖北試用知縣張汝漪，堪以派充管理學堂應用圖書館委員。除札委該員遵照，迅速妥擬開辦章程，需用司事人數，估計應購圖書等項，製造架閣，一切經費呈候核定，迅速前往上海、日本等處分别採購，轉運來鄂，以便早日開館外，合併札行。該處即便轉飭遵照。

札鐵政洋務局改設六科定名洋務局光緒三十年八月十一日

照得湖北鐵政洋務局前經本部堂飭令分設四所，一曰交涉所，二曰鐵路所，三曰學堂所，四曰製造所，遴委各員分别辦理在案。茲查學堂事務現已專設學務處，洋務局學堂所應即裁撤。其製造事宜之關繫軍備者，應專歸駐省槍礮總局經理。至洋務譯書局，昨經札飭歸併學務處辦理。茲查學務處事務殷繁，未便兼顧，且該處屋宇無多，并無餘地可爲藏書及編譯各員辦公之所，應仍歸入洋務局，列作一科。茲將原設四所改爲六科：一曰交涉科。凡關華洋交涉，若公法、條約、遊歷、傳教、租界等事皆隸焉。二曰編譯科。凡編譯洋務各書，及繙譯各國報章之事皆隸焉。三曰鐵路科。凡關鐵路、鐵廠及向來鐵政之事皆隸焉。四曰鑛務科。即以歸併鑛務局之事隸焉。五曰實業科。凡通省講求新法，或種植，或製造，或貿易，或設立公司，或修理運道馬頭，或延聘外國工師匠目，有關利益中國民人生計財用之事，皆隸焉。六曰商税科。凡各國近年所議通商行船條約，及免釐加税、銷場税等事隸焉。該局原稱鐵政洋務局，現應專稱爲洋務局，將鐵政字様删去。其局内併設之槍礮局，應改名爲駐省兵工總局，另爲一事，應仍其舊。

札江漢關道興修後湖長隄 光緒三十年八月二十八日

照得漢口後湖一帶，地面寬廣，春夏之際，江、漢盛漲，動遭漫溢，幾同澤國。該處隣近鐵路，若築長隄以禦水患，則隄内保全之地，即爲商務繁盛之區。本部堂前於光緒二十七年節經派員前往該處勘丈繪圖，飭議籌欵興修。近據德國領事照稱，洋商德和包工局擬欲承攬此項隄工，本部堂當以此項隄工極關緊要，湖北當自行籌辦，毋庸由德商干預。復經札飭江漢關道詳細履勘確估工程，稟候核定，今秋水落定即興工，所需經費，准在撥充粤漢鐵路購股買地專欵之賑糶米捐項下先行借撥應用，照復德領事，并分别咨行各在案。現距霜降水落之期不遠，亟應派員從速估工興辦，以符原議。兹查有署督標中軍副將記名總兵張鎮彪、湖北候補知府彭覺先、夏口廳同知馮啟鈞、漢口都司陳士恒，堪以飭委。應令該鎮等迅即會同前赴漢口後湖一帶，察勘地勢。從鐵路第一號車站起，至第十五號車站止，共長若干丈，隄身應高若干丈。并就隄外開挖引河一道，上通襄河，下通灄口，即以開河取出之土，爲築隄之用。河身應寬深若干丈，務須測量算準，切實估計工程共需經費若干，繪圖貼説，造具詳細估册，呈候核定，撥欵興修。將來隄成之後，其涸出官地，應由官丈量，劃清界址，撥歸官用。此外各地凡在隄内受益田畝，無論華洋商民執業，均應一律攤徵隄工經費，歸還借撥專欵。除札委外，合併札行該道即便查照。

札學務處分設六科 光緒三十年九月初十日

照得學務處爲總司全省教育之區，關繫重要，前已飭委藩司總辦該處事務在案。查湖北全省學堂建設日多，出洋遊學員生人數日衆，以後學務處事體益繁，經費益鉅，必須分析條理，各有專司，則考察利病方能切實，綜核度支不致散漫。亟應循照奏定京師學務處分設屬官章程，將學務應辦之事釐爲六科：一曰審訂科。凡審定各學堂教科書及各種圖書、儀器，檢察私家撰述刊布有關學務之書籍、報章等事皆隸焉。二曰普通科。凡普通學科事務，如優級、初級師範，高等中小各學堂教課程度、進退教員、獎黜學生一切有關考核之事皆隸焉。三曰專門科。凡專門學科事務，如仕學院、醫學堂、武高等、武中等各學堂教課程度、進退教員、獎黜學生一切有關考核之事皆隸焉。四曰實業科。凡實業學科事務，如農工商各項實業學堂教課程度、進退教員、獎黜學生一切有關考核之事皆隸焉。五曰游學科。凡出洋游學游歷事務，如料理官派遊學遊歷東西洋各員生，及考察自備資斧呈請出洋游學游歷各員生等事皆隸焉。六日會計科。凡各學堂及各國游學游歷官員生徒各項經費，暨圖書館支用欵目，以及建築工程、採購器物，有關動用欵目、籌計盈絀、考核銷算等事皆隸焉。審訂科應派委專辦一員，該科事務最爲繁難精細，應派委幫辦若干員無定數，因人因事，隨宜酌派。普通科應派委專辦一員、幫辦一員。專門科應派委專辦一員、幫辦一員。實業科應派委專辦一員、幫辦一員。游學科應派委專辦一員、幫辦一員。會計科應派委專辦一員、幫辦兩員。其原派文武管理提調武昌府知府梁守鼎芬應改爲學務處總提調。原派武學堂總提調候補知府黄守以霖、原派文學堂總提調候補知府汪守鳳瀛均應改爲學務處幫總提調。其原派參議各員應改稱爲諮議員。原派坐辦及會計官名目并無承辦之事，即可勿庸委派。

咨南撫院飭局解欵籌備鐵路廢約 光緒三十年九月十二日

案照兩湖賑糶米捐，原備荒年賑糶及地方要需而設。迭據湘紳公呈公電，請將湘省應收一半賑糶捐欵，撥充粤漢鐵路湘境工程之用，商准貴部院允撥三十萬兩在案。查美國合興公司違背合同，私將公司底股售與比國，數逾大半，於中國路權大有妨礙。本部堂深維此舉關繫大局利害，非全力與争廢約，實屬無從挽救。迭經電致外務部暨督辦鐵路總公司盛大臣堅持力拒，以期收回路政，保我主權。惟廢約一事，無論如何辦理，總以先行籌集鉅欵爲第一要義。前聞湘中紳富有自行勸辦穀捐之議，具見關懷大局，克盡義務，自應由官竭力提倡，相濟爲用。查由湘達鄂鐵路之在鄂境者，約計三百餘里，較湘省路工不過三分之一，將來攤派欵項，自當以此爲衡。鄂省庫儲雖甚竭蹶，一切新政需用浩繁，然此路關繫國家主權，争回一分之利，即少受一分之害，地方要政，莫急於此。當經札行司局，飭將兩湖賑糶捐鄂省應得一半之數歲收約五十萬兩，盡數撥充粤漢鐵路内鄂境路工及與美國合興公司議廢合同一切應攤欵項之用。此以地方捐欵籌辦地方要政，名實相符。爲鄂計即所以爲湘計，當爲兩省紳民所共喻。查此項賑糶米捐，前據南釐金局報解至本年三月分止。應自本年四月分起，按三箇月解鄂一次。現在已届半年，該局務須即日將鄂省應分一半米捐銀兩掃數清解來鄂，以便發交銀行存儲，專備撥充籌辦鄂境鐵路要需，不得遷延短解，以昭公允。總之，廢約一事必須實有現銀積存，方能力持廢約。若湘省於此欵稍有蒂欠，則於全局大有妨礙，廢約僅託空談，本部堂無憑主持辦理。是此欵之如數解鄂與否，關繫甚重。除行南省司局遵照外，相應咨會貴部院請煩查照，轉飭施行。

札學務處開設師範傳習所 光緒三十年九月十三日

照得各屬興辦學堂，全賴師範得人，課程方能合度，管理方能得宜。省城師範學堂速成科畢業生，現尚不敷分派，亟應查照光緒二十九年欽定學堂章程，先於省城開設師範傳習所多處，以便各屬選派備充小學堂教員之舉貢生員，來省分入各師範傳習所，講授教育學管理法及初等小學堂各科學之要旨大義，俾粗諳師範規程，從事教育不致茫無措手。將來推行各屬，遞相傳習，庶師資易得，各州縣初等小學可以隨地擴充。此項師範傳習所逐漸增設，不厭其多，而分布各處，事理極爲繁重，必須有總司督察之員認真考核，庶不致散而無紀。應於省城專設各屬師範傳習所監督一員，正副提調各一員，以資經理。查有奏留在籍刑部主事陳紳曾壽堪以委充各屬師範傳習所監督，署江夏縣教諭杜宗預堪以委充各屬師範傳習所正提調，江夏縣訓導徐毓華堪以委充各屬師範傳習所副提調。除分行外，合亟札飭該處即便遵照，迅速照會陳主事曾壽充當各屬師範傳習所監督，督同正副提調，將一切應辦事宜妥爲經理，以副委任。

札北臬司通飭各屬查禁逆書光緒三十年十一月初三日

照得刊布逆書，罪在不赦。造言惑衆，律有專條。各國通例，凡民間著書有紊綱紀、害治安之字句者，必查禁銷燬。誠以法律範圍，固斷不容稍有踰越者也。近來票會匪黨，專以悖逆不軌之詞，編造成書，到處傳播，冀以陰結死黨，煽惑人心。若不嚴加防檢，隨時查禁，何以定民志而遏亂萌。茲經本部堂訪獲警世鐘一書，係自上海傳來，誣謗朝廷，攙擾和局，詆良民爲奴隸，贊會匪爲志士，狂吠毒螫，凶慘萬狀。其倡言排外，將以繼窮凶極惡之拳匪而激成瓜分。其妄談革命，將以聳茫昧無知之愚民而自戕同類。以髮匪洪秀全之凶殘殺掠，荼毒生靈，而戴之如父母。以忠勳曾文正之奠定東南，削平大難，而疾之若仇讎。窺其意，惟恐中國邦本之不摇，人種之不滅，無以遂其乘機焚殺淫掠之思。喪心病狂，大逆不道，言之實堪髮指。又有猛回頭一書，詞意亦極悖謬，與警世鐘大同小異，亦係此等亂黨所爲。當此邊氛未靖，時局孔艱，凡吾國民，正宜講明忠君愛國之大義，同心固結，努力自强，各安生業，勿啟釁端，共享太平，日臻富庶，以謀保國保種之道，豈可自相殘賊，召侮速亡。此等逆書，亟應嚴拏查禁。除札飭江漢關道照會稅務司於入口書籍從嚴檢察，遇有逆書如警世鐘、猛回頭等類立即扣留，解由關道送省銷燬，并根究販運逆書之人提案懲辦，一面訪察造書之人，另行設法辦理外，合亟札行。該司迅即通飭各屬遵照，出示嚴禁。嗣後無論坊賈居民，概不准將警世鐘、猛回頭等逆書行銷傳送。如先經存有是書者，立即送官銷燬。儻敢故匿不報，或翻印傳布，一經查出，定即治以應得之罪。仍將查禁情形據實稟覆。此係特飭查禁之件，各地方官慎勿視爲具文，含糊了事，致干未便。

札學務處減收外省附學學費光緒三十年十二月初六日

照得湖北省城各學堂光緒二十八年原定章程，凡外省學生願來附學者，每人每年酌收學費一百六十元。湖南係兼轄省分，特於各學堂酌定學額，凡附學學生應繳學費，量予寬減，定爲每人每年酌收學費一百元，通飭遵行在案。茲查上年本部堂會同學務大臣奏定學堂章程内學務綱要，有各學堂應令學生貼補學費一條，聲明學生應繳學費若干，聽各省斟酌本省籌欵情形，核計該學堂所需常年經費，隨時酌定等語。誠以開辦學堂費用甚鉅，必須學生貼補學費，不致全仰給於官欵，庶可持久不廢，且可漸次擴充。惟念來學生徒多屬寒士，目前興辦之始，若學費過重，力有未逮，或不免阻其嚮學之心。是以本部堂特飭省城各學堂，凡考取本省學生，暫時概不收費。在本省學生學費既已普免，則外省附學學生，其學費亦宜酌量遞減，以示體恤而宏教育。應飭省城各學堂凡外省附學生原定每人每年酌收學費一百六十元者，今減去六十元，只收一百元。湖南附學生原定每人每年酌收學費一百元者，今減去三十元，只收七十元。此項附學學費，湘省本籌有專欵，係批准由竹木茶油四項抽捐，而鄂省所設湖南中學堂經費頗形不足。應自明年正月起，所有省城各學堂減收湘省學生學費，每歲約計省出四千數百元，即盡數撥給湖南中學堂，作爲補助之欵，俾其用度寬舒。

札學務處發學歌軍歌附學堂歌軍歌　光緒三十年十二月初六日

照得膠庠之有絃誦，軍旅之有雅歌，歷世相傳，其風甚古。近來外國學堂及行軍皆有唱歌一門，深與中國古風相合。前由本部堂自撰學堂歌及軍歌各一通，飭發各學堂學生、各營兵勇，令其熟讀歌唱，以期感發其忠愛之忱，鼓勵其自强之志。詳加體察，各學生、各兵勇於唱歌之際，大足以振奮精神，發皇志氣，實屬大有裨益。亟應廣爲刊布，徧發湖北通省各學堂、各軍營一體歌誦，以助訓士訓兵之用。除軍歌另行飭發刊刻外，合行札發。該處即便遵照，將發去學堂歌五千分，并附發軍歌一百分查收，先行分發省城各學堂散給各學生，令其熟讀歌唱，以資感發。務須人給一紙，不可遺漏。一面仍將學堂歌迅速放大字樣，工寫精刊，用好紙刷印一萬本，裝訂成册，呈解來轅，聽候酌發省外各學堂，勿稍延緩。

學堂歌

天地泰，日月光，聽我唱歌贊學堂。
聖天子，圖自强，除去興學無别方。
教體育，第一椿，衛生先使民强壯。
教德育，先蒙養，人人愛國民善良。
孝父母，尊君上，更須公德聯四方。
教智育，開愚氓，普通知識破天荒。
物理透，技藝長，方知謀生并保邦。

以上第一段

最尊貴，是太陽，行星地球繞其旁。
地球圓，微帶長，萬國人物生四方。
熱帶暑，寒帶涼，南北極下皆冰洋。
温帶下，中華當，赤道二十三度强。
測經度，直綫量，京都起算作中央。
三百六，全球詳，武昌偏西兩度强。
測緯度，横綫長，赤道南北定準望。
四十度，北京方，三十度半是武昌。
五大洲，非渺茫，地球東半亞洲廣。
歐西方，澳南方，美洲對我如反掌。
阿非洲，西南望，天氣毒熱地多荒。
中國圓，日本長，同在東亞地球上。

以上第二段

我大清，初發祥，南抵鴨緑北龍江。
奉吉黑，東北方，包在舜代幽州疆。

十九省，禹跡廣，從古文明最盛强。
内蒙古，六盟長，從前曾服漢與唐。
外蒙古，四汗王，元朝和林建牙帳。
西北數，是新疆，都護屬漢北庭唐。
指西南，是衛藏，國家設官佛坐牀。
崑崙山，來脉長，轍跡曾見周穆王。
黄種古，白種强，黑蠢棕微紅種亡。
我黄種，徧東方，滿蒙漢人都一樣。
中國水，三大綱，黄河黑水揚子江。
淮通江，濟入黄，四瀆今只二瀆長。
中國山，兩幹强，南幹五嶺北太行。
數名山，五嶽望，四鎮亦載周職方。
中國海，東南方，奉直東蘇浙閩廣。
開口岸，入内港，四十餘處新通商。

以上第三段

闢中國，始三皇，黄帝堯舜垂衣裳。
洪水平，五倫講，黎民於變愚變良。
稼穡教，禮樂匡，夏忠商質周文章。
指南車，定方向，天下地圖司徒掌。
舌人官，譯寄象，書名文字達四方。
講化學，美土疆，天官地官冬官詳。
寓兵制，農隙講，士民射御人人强。
重路政，通旅商，道多茀草知陳亡。
最文明，此五樣，莫道聖王薄富强。
孔聖出，六經昌，三千弟子共學堂。
作春秋，振王綱，亂臣賊子敢猖狂。
兼文武，門人强，貢若冉樊存魯疆。
焚古書，聖道喪，愚害中國秦始皇。
文明世，漢最强，其次威力數李唐。
六朝弱，五代莽，中國教育久蕪荒。
宋一代，空談尚，重文輕武取滅亡。
元兵猛，歐洲降，因無教化不久長。
明一代，少聖王，專重科舉棄良將。
戮忠臣，任閹璫，天下無主歸李闖。
我大清，起遼陽，掃平流賊民歸向。
聖繼聖，德澤長，極盛尤推康熙皇。
薄賦税，輕刑章，漢人一體為將相。
我慈聖，臨朝堂，中興盛業合同光。
平内寇，和萬邦，如此功德豈可忘。
切不可，信亂黨，亂黨推戴太平王。
毒天下，是洪楊，殺害同種如草莽。
贊髮賊，罵湘鄉，此人豈非病風狂。

以上第四段

説科學，須兼長，一日六鐘並不忙。
讀五經，誦勿忘，先講大義後精詳。
修身學，重倫常，孝弟愛衆尊師長。
歷史學，知已往，世界變遷弱變强。
地理學，先本鄉，由近及遠分方向。
中國外，有列强，勿學井蛙拘坳堂。
算數學，簡為上，比例代數捷非常。

八綫表，不用想，能通幾何包九章。
博物學，窮天壤，衛生益智心開朗。
理化學，原質詳，配合製造通陰陽。
辨炭酸，分硫養，火藥全仗硝磺鏹。
電鑛汽，力聲光，理化門門有專長。
圖畫學，摹物狀，先用毛筆後尺量。
政法學，治國方，後生淺學莫躁妄。
陸軍學，分兩堂，戰術計畫戒鹵莽。
溝壘速，地形相，火器測準馬善養。
體操學，關衰旺，人人勝兵其國昌。
小學略，中學詳，外國語文習一樣。
高等學，通兩邦，師範須明教育方。
實業學，農工商，謀生有術國力强。
方言學，少勝長，專備交涉使四方。
大學内，分八項，專門經濟佐廟堂。
通儒院，精思想，新理著書勝列邦。
識字多，有理想，不入小學如聾盲。
小學成，知識亮，改業謀生並無妨。
學國文，文理暢，方解經史古文章。
學英文，用處廣，英國商務徧華洋。
學日文，近我邦，轉譯西書供採訪。
學法文，各國尚，條約公牘須磋商。
學德文，武備詳，專門字義皆確當。
學俄文，交界長，教習雖難也須講。
臘丁文，古義藏，隨意學習不勉强。

以上第五段

説鄉賢，知趨向，願學孔道楚陳良。
不愛錢，叔敖相，賢子負薪無宦囊。
不愛官，子文尚，仕已無愠忠名揚。
讀書多，左倚相，能道訓典宗先王。
申包胥，忠勇將，乞師恢復楚家邦。
屈靈均，志行芳，忠言力諫楚懷王。

以上第六段

説名宦，知宗仰，湖北宦蹟多忠良。
漢諸葛，扶漢皇，聯孫破曹定荆襄。
晋陶侃，惜時光，登舟起義復建康。
宋岳飛，封鄂王，精忠刺字保宋皇。
至我朝，胡益陽，愛民禮士選良將。
東征本，在武昌，越境出師髮賊亡。
東西境，貫長江，南北鐵路通兩洋。
湖北亂，擾四方，湖北治安天下强。

以上第七段

庚子年，拳匪狂，北省兵火三次殃。
湖北省，和約倡，長江人民享安康。
派賠欵，搜索忙，各省分派民與商。
湖北省，免捐項，就將此欵興學堂。
早興學，民盼望，各省開辦無定章。
湖北省，二百堂，武漢學生五千强。
派出洋，學外邦，各省官費數不廣。
湖北省，採衆長，四百餘人東西洋。

我同學，生此方，切莫孤負好時光。

以上第八段

衛文公，守殘疆，訓農勸學是首倡。
既惠工，又通商，革車三百季年强。
越句踐，把膽嘗，生聚教訓忙培養。
式怒蛙，士氣揚，六千君子破吴王。
燕昭王，國恥傷，黄金臺上招賢良。
趙樂毅，來外邦，七十二城奪齊疆。
俄國强，彼得皇，親到荷蘭學船廠。
德國强，由畢相，人人當兵復故疆。
勝强敵，合聯邦，皆因小學人才昌。
日本强，由尊王，志士伊藤與西鄉。
三海島，雄東方，一國三萬小學堂。

以上第九段

波蘭滅，印度亡，猶太遺民散四方。
埃及國，古老邦，衰微文字多彫喪。
越與緬，出産旺，權利全被他人攘。
看諸國，併於强，只因不學無增長。
中國弱，恃舊邦，陳腐每被人譏謗。

以上第十段

守舊黨，老且尪，奉勸警覺醒睡鄉。
第一戒，抛煙槍，壯夫志氣皆銷亡。
少行動，多卧牀，百歲光陰燈畔荒。
第二戒，纏足放，刖刑殘廢也相仿。
不耐勞，嬌惰養，生下子女不强壯。
第三戒，風水妄，不敢開山與通江。
美富多，五金鑛，任他抛棄在山岡。
第四戒，若禍殃，切莫鬧教起風浪。
青島澳，屬外邦，旅順廣灣教照樣。
拳匪亂，驚廟堂，賠九百兆本利長。
第五戒，鄙外洋，切莫自大學夜郎。
頑固見，須掃蕩，中國方可望發揚。

以上第十一段

維新黨，多躁狂，奉勸少年須安詳。
自由字，莫誤講，法律範圍各國章。
民權字，莫狂妄，法主暴虐亂民張。
我倫理，莫踰蕩，外國愛親敬君王。
我聖教，莫抛荒，文明國粹保久長。
看日本，改西裝，孔教漢學最尊仰。
革命話，莫鴟張，悖逆之名不可當。
入外籍，莫炎涼，身後遺産歸公帑。
女平權，莫改常，外國議院無女妝。
叛逆報，莫受誑，此輩甘作會匪黨。
哥老會，燒殺搶，猶如黄巢與獻闖。
中國好，外人想，賴有共主坐朝堂。
國無主，瓜分亡，漁人得利乘鷸蚌。
好兄弟，不鬩墻，何況背主取滅亡。

以上第十二段

衆同學，齊奮往，造成楚材皆賢良。
文善謀，武知方，學中皆是國棟梁。

荀卿子，歌成相，此歌勸學略摹仿。
中國盛，聖教光，黄種尊貴日蕃昌。
上孝慈，下忠良，萬年有道戴吾皇。

以上第十三段完

凡學生整列入學時，放學時，整列移動時，出隊操演時，行步俱以歌為節。上六字緩讀，每一字一步，此六字略一停頓，下七字急讀，七字共四步。

軍歌

大清深仁厚澤十餘朝，列聖相承無異舜與堯。
刑罰最輕錢糧又最少，漢唐元明誰比本朝高。
愛民説士善政説不了，我祖我父世世受恩膏。
況我兵丁重餉蒙温飽，養之千日用之在一朝。
我等天性忠勇思報效，作歌奉勸軍中我同袍。
我朝龍興長白非荒渺，醫巫閭山古名經書標。
近距直隸不過三千里，不比廣西雲南萬里遥。
天下一家建設東三省，内外蒙古新疆一齊包。
滿蒙漢人皆是同黄種，同種固結外人難動摇。

以上第一段

朝廷欲將太平大局保，大帥統領遵旨練新操。
第一立志要把君恩報，第二功課要聽官長教。
第三行軍莫把民騷擾，我等餉銀皆是民脂膏。
第四品行名譽要愛好，第五同軍切莫相争呶。
方今湖北文武學堂造，不比市井蠢漢逞粗豪。
各營之中槍隊為最要，望牌瞄準莫低亦莫高。
礮隊放時須要看礮表，安放藥引須按度數標。
輕礮分扛不愁路窄小，重礮車載馬拉不覺勞。
馬隊自己須將馬養好，檢點蹄鐵切勿傷分毫。
臨敵偵探先占地險要，我軍酣戰從旁速包抄。
工程一隊技藝須靈巧，陸地築壘遇水便搭橋。
輜重隊裏事事算計到，衣糧軍火缺乏不須焦。
軍醫一隊用意真箇好，無傷無病奏凱同還朝。

以上第二段

莫説武夫學問難通曉，外國武官學比文官高。
槍礮綫路須知算學妙，應敵安營先將地圖描。
物理化學亦須略知道，鋼鐵漲縮拉力細推敲。
無煙藥浄不比炸藥暴，槍藥礮藥白藥莫混淆。
中外地理關繫尤緊要，邊疆海陸界與何國交。
沿海長江共有幾千里，現造鐵路共有幾多條。
東西通商各國誰大小，須看待我情誼聯外交。
莫將洋人一筆全抹倒，令人謂我無異野蠻苗。

以上第三段

方今五洲萬國如虎豹，倚恃强兵利械將人驕。
我國文弱外人多恥笑，若不自强瓜分豈能逃。
請看印度國土并非小，為奴為馬不得脱籠牢。
請看猶太國名本古老，只因無君踐踏如草茅。
請看日本區區三海島，威我强國全球敬且褒。
不羡日本善用船與礮，只羡全國人心如漆膠。
我有同種國民四百兆，何難發憤為雄展龍韜。
欲保國家須要精兵保，欲保種族須聯我同胞。

保國保種必須保孔教，聖門學生佩劍兼用矛。
楚軍楚將從古聲名好，封侯拜相平地登雲霄。
聖人在上萬年長有道，忠孝為本方是真英豪。
以上第四段

札學務處飭中學暨實業各學堂補習小學功課 光緒三十年十二月初七日

照得湖北省城及各屬現有中學暨實業各學堂，所取生徒均非由高等小學畢業出身，其高等小學生徒亦非由初等小學畢業出身。開辦之初，原准量予通融，分別考選。但程度既未合格，教育即不容躐等而施，雖有權宜之章，亦必思補救之法。蓋經史、國文，最爲學校根柢，故小學堂宗旨，首重在講經書，知史事，綴文法，習字體。必使學童義理明通，知遵聖教之倫紀，文筆條達，能解經典之文章，則既無離經畔道之言，自無犯上作亂之事，如此方足爲將來立身應事之基。而初等小學功課，尤爲蒙養緊要關鍵，萬不可忽。若學童於經書未曾多讀，中史未經講説，義理不能明通，文筆不能條達，則立身之趣向必不端，愛國之心思必不篤，所謂國民教育者安在。此等生徒强令肄業中學課程，安能領悟貫通，欲望其造成人才，不流邪僻，不其難乎。此乃見好目前誤人子弟之事，本部堂斷斷不爲。應飭學務處通行湖北省現有普通中學暨各項實業學堂，凡肄業生徒一律補習高等小學功課，高等小學生徒一律補習初等小學功課，并將補習兩等功課遵照奏定學堂章程，開列學科程度，排定鐘點，酌加畢業年限。其補習學期，至少以二年爲度，擬訂章程，呈候本部堂核定通飭遵行。再中學堂以下肄業各生非由高等小學畢業者，止准稱爲生徒，不得稱爲學生，并即由處分飭各該學堂一體恪遵。

札江漢關道委修後湖隄工 光緒三十年十二月初十日

照得漢口後湖隄工，前經飭委該道等會同履勘測量，估工興辦去後。茲據稟覆，現勘築隄基址，擬請自鐵路第一號地方皇經堂之裕豐垸舊隄起，計長三百三十一丈五尺，接築新隄四百四十一丈五尺，至長豐垸舊隄。復從長豐垸舊隄增高加修，至該隄閘口止，計長一千三百六十丈。由閘口循東北而上，自杜家灣經寶蓮菴至觀音寺止，計長一千一百丈，岡地綿亘，較隄外湖淌高五六尺不等，築隄均有根據。由觀音寺至戚家墩前，計長八百二十丈，地勢漸低，内外湖汊縱横。由戚家墩歷小金潭、大金潭，斜接戴家山西頭，長一千二百九十丈，係十八淌衆水去路，地極低窪，外臨捷經河，較爲險要。戴家山頭長一百五十丈，高有數丈十數丈不等，不須築隄。從該山東尾起，過龍骨溝、藤子岡，前循王家嘴直抵鐵路一百五十號止，計長七百二十丈，地雖低而水勢平順。以上共約六千二百餘丈，約三十四里零。此斟酌前後所勘，擇定上開地段爲應修之隄址。又查得捷經河有一横港，向繞陳家墩以至大石橋。擬請由大石橋至桃林岡開一馬路，約八百丈之譜，而於桃林岡築爲馬頭，則水漲之時船隻可抵桃林岡起卸，水小之時亦可至大石橋灣泊，再由馬路而及桃林岡。如此雖不能依隄灣泊，而有此横港以及馬路，無論水之大小，均便於直抵桃林岡隄址，該處地面可期繁盛等語。本部堂詳閱通籌所擬隄工經由地段，均擇地勢較高之處，工程較省，既不開通漢水，亦不挑引府河，但於大智門外自何家墩起，修一南北馬路直通桃林岡之萬家墩，隄下築爲馬頭，再由萬家墩隄外接修馬路，面鋪石板，直抵大石橋。水漲時民船可直到隄根萬家墩起卸，水落時即由大石橋登岸陸行達萬家墩大隄，商貨行旅經年無阻，於地方商民生計利益甚多，洵屬穩實可行。應即照此定議，趁此霜清水涸之時，趕緊估工興辦。查隄長至三十餘里，必須分段派員承修，庶責成既專，竣工亦速。茲特派署江漢關道桑道爲總辦，常備軍第一鎮統領張鎮爲會辦，夏口廳馮丞啟鈞、漢口陳都司士恒總司巡察彈壓。應飭桑道、張鎮等酌量地勢高低，工程難易，劃分十段，每段各委一員，以便分投雇夫，即日興築。除委員分段興工外，合行札委。該道即便遵照充漢口後湖隄工局總辦，一面迅速將全隄工料核實估計確數，今年冬先修土工，明年冬再修石工，繪具分段細圖呈候核定，一面先行稟請撥發款項，督同各委員等即日按段興工，隨時督催考核，務期工堅料實，全隄悉臻穩固，并須迅速完工，勿待春水漲發，致廢全功。儻各委員中有草率克減、疲玩延緩、不能得力之員，并准據實稟請撤換，勿稍徇隱。

札各府暫停中學、先辦師範講習所

光緒三十年十二月十一日

照得國民教育，必自小學始。欲得小學教員，必自養成師範始。各國皆以初等小學任爲國民義務，以期教育之普及，是各州縣初等小學，尤爲教育國民之根本。本部堂念各州、縣興辦小學籌款爲難，率皆敷衍因循，有名無實，特於八月間〔一〕通飭各州縣將賠款捐改爲學堂捐，免予解省，悉數留於本地爲廣設初等小學及興辦高等小學之用。誠以小學不興，不但普通、實業各中學永無合格學生，而國民教育亦終無普及之一日。惟小學教員非由師範學堂畢業出身者，其於教授法、管理法必致茫然無所措手，是以興辦師範，尤爲小學之先務。乃近閱各該府稟報籌辦學堂情形，并不認真督催各州縣興辦小學，亦并不知各州縣小學教員之亟需師範，惟汲汲於中學堂是設。自顧門面，聊以塞責。其中惟武昌府設有師範學堂，施南府、荆州府均設有師範講習所，此外各府概未籌及。黄州府中學堂學額多至二百四十名，荆州、鄖陽兩府中學額皆多至一百六十名，實爲懵昧可異。徒恃有各州縣賠款改學堂捐可以攤派，任意多定學額，以期多提學費，致各州、縣以分任府中學堂經費之故，不能多設初等小學。其實府中學堂此時安有許多合格學生，此正如無根之條，終歸於萎，雖長奚爲。無址之墉，立見其傾，雖高安用。徒張虚名，不求實濟，始基一壞，補救無從，可謂不思之甚，錯謬之甚者矣。查奏定學堂章程雖定有中學堂學額，應以四百名以下、三百名以上爲合格一條，原文即又聲明云此時初辦，學生額數暫不拘定，不獨爲經費之難籌，亦正爲學生之難選也。茲經本部堂妥爲審酌，應飭各該府將所設中學堂一律暫改爲初級師範學堂，或先辦速成師範，或先辦師範講習所。其教員或選聘出洋學習師範畢業生，或選聘省城師範學堂畢業生，均聽酌量辦理。其額數縣屬多者以六十名爲限，縣屬少者以四十名爲限。所有現已考取生徒，擇其年長文優者留

〔一〕本年七月二十七日札各屬免解賠款留辦學堂，通飭各州縣自本年八月為始，賠款捐免解省城。

堂改習師範，其餘各生徒悉數退回各該州縣，分別撥入高等、初等各小學堂，以爲正本清源，循序漸進之計。俟將來各州縣高等小學堂生徒畢業有期，再將府中學堂開辦。届時體察情形，另行酌定學額。儻以各州縣歲科試學額作比例，則此時歲科試尚未停減，將來科舉果停，高等小學畢業生徒果屬衆盛，則升入府中學者自然日多，即將府中學額增至四百名上下，亦尚不難。以後每年皆有升入中學堂之學生，自必較歲科試之三年兩試所取者有增無減。目前既無合格學生，則斷斷不能援之以爲比例，徒致以貪多欲速之故，自誤後起之美質良才。所有應派各州縣學費，目前即以現定師範學生名額，按額攤解，不得額外多提。

光緒三十一年

札江漢關道設漢鎮馬路工程局光緒三十一年正月二十五日

照得漢鎮大智門至玉帶門一帶議築馬路，勘估工程。據前任江漢關道梁道稟，經批准將火油池報效之欵撥充修費，其餘不敷之數，原議將城濠餘地建屋招租。嗣據署江漢關道桑道督員履勘，稟稱填路取土，需欵甚鉅，不如招商租地，令商自行填土建屋，以興市面。但商人承租成本既大，必須寬以限期。擬酌量地勢繁僻，分別等第，每方租銀二三兩，以二十年爲限。先交第一年租價作爲修路之費，以後免租四年，償其填土建屋之本。至第六年再令納租，以紓商力。至將來經費充足，擴後街馬路可以直達江岸。目前須將街道逐漸展寬，凡馬路兩旁及通鎮修建房屋，均須報驗後方准興修，以便展拓界址。其拆卸城垣甎石，即以接濟隄工，藉省鉅費。以上各節洵屬有益地方街衢要政，均准照辦。應即設立馬路工程局，委員駐局辦理，以專責成。查有湖北候補知府周以翰堪以委充。除札委外，合就札行。該關道即便遵照，督飭妥籌辦理。

札知縣張延鴻查勘由襄陽至信陽鐵路地段光緒三十一年二月初二日

照得川漢鐵路，川省現擬籌欵開辦，將來由川入鄂，其鐵路之在鄂境者，自應由鄂籌辦。計由巴東至宜昌，由宜昌至荆門州，由荆門至襄陽，由襄陽、隨州取道徑達信陽，直接盧漢鐵道幹路，大段辦法如此。惟由襄至信，其間相距尚數百里，究竟何處道路較平，何處程途較近，何處爲繁盛市鎮，何處有鑛山、土貨以及水道、橋梁爲路工所必須籌計者，均當預爲相度。應即委員按程確切勘明，以資考核。查有前黄陂縣知縣張延鴻籍隸河南，於豫省地形較爲熟悉。合行札委。該令即便遵照，帶同武高等學堂測繪學生前赴襄陽，確查由襄徑達信陽之路如何取道，迅速分段察看情形，勘丈里數，繪圖貼説，注明山川道路、險易形勢，稟候察核，毋得疏略。

咨直隸督院捐建南皮學堂請奏明立案

光緒三十一年二月初八日

爲照疊次欽奉諭旨，以興學育才爲要務。直隸全省學堂，已蒙貴部堂通飭全省州縣一律興辦。本部堂本籍南皮縣，亦經開設學堂。惟思敝縣地處偏僻，風氣尚未大開，人才成就宜廣，若專仰地方官長籌欵興辦，寸衷究有不安。兹本部堂於本籍南皮縣雙妙村地方，購地捐資，建造中學堂一所，并建造高等小學堂一所。兩堂毗連，出入共由一大門，以教本縣子弟生徒，内容中學學生三十人，高等小學學生六十人。擬酌定額數，同族學生暨外姓學生，兩堂皆各居其半。一切講堂齋舍建置規模暨學科門目、程度、年限，以及隨時呈請地方官考核各節，均遵照奏定學堂章程辦理。所需常年經費必須寬籌的欵，以期經久。謹將光緒二十九年十一月二十七日蒙皇太后恩賞銀五千兩全行捐出，並將本部堂歷年廉俸所餘陸續湊集銀二萬二千兩，連同恩賞銀五千兩，共銀二萬七千兩。以一萬七千兩兑换大錢一萬七千串，合京制錢三萬四千串之譜，典得同族張珠樹堂唐家務莊田一所，計地十七頃有奇。又以銀一萬兩存放商號，按月取息。此兩項所得田租、商息，均專充該學堂常年經費，永遠不准挪作别用。謹名曰慈恩學堂，以紀殊施而宏作育。本部堂渥荷天恩，備官疆吏，以後仍當竭力設法擴充，以廣皇仁。擬請貴部堂核明奏咨立案，俾垂久遠，并擬請援照獨捐鉅欵以作義舉之例，仰懇皇上賞給御書慈恩學堂扁額一方。可否并懇皇太后賞給御書扁額一方，庶幾懿訓昭垂，俾合縣父老子弟常懷戴德之忱，益堅報國之志。出自逾格恩施，可否之處，伏祈酌核上陳。除遣家屬呈報本籍南皮縣轉詳外，相應咨明貴部堂，請煩查照酌核具奏，實紉公誼。

札學務處改辦武師範學堂光緒三十一年二月二十八日

照得武高等學堂，原爲武普通中學畢業學生升進研究各專門高等學科之地，曾經奏明有案。查光緒三十年八月准練兵處咨送奏定陸軍學堂章程，各省但准設陸軍小學堂，湖北省與南北洋、廣東四處兼准設陸軍中學堂，其陸軍兵官學堂、陸軍大學堂皆專設京師，并無武高等學堂名目。惟原奏聲明陸軍各學堂層累遞進，取效較遲，應分别設速成陸軍學堂及速成師範學堂等語。湖北長江上游，五方雜處，輪軌交通，非兵多不足以資鎮撫，非練將無以統馭多兵。若必待京師兵官學堂成立，足以收容外省陸軍中學畢業學生，又加一年六箇月畢業之後，始足以備任使，誠有如原奏所謂十年以後始覩成效者。此十年以内之軍校弁兵設無講習討論之區，學術何以期其深通，技藝何以期其純熟。若有調發，誰爲補充。若有增募，誰爲教育。本部堂詳加籌度，亟應查照原奏，即將武高等學堂改爲武師範學堂。先設速成科，仍仿日本陸軍士官學校，學科一年畢業。其挑選學生之法，必取在營充當哨官以下、曾習兵事三箇月以上者，考以論説及荅問各一場，合格者留堂肄業。查日本士官學生皆係考取中學畢業，必先入營充當士官候補生一年，目覩身親，備嘗艱困，始能送學，可知未受軍隊嚴毅教育，斷難受學堂高等教育，以相與有成也。現在各營兵士經本部堂疊次切飭將領汰舊募新，其中文理明通者實不乏人，雖無中學畢業之資格，然平日既能讀書明理，目下又能投筆從戎，不辭勞苦，以之考選入學，必能恪守規矩，謹受教育，以備干城之選。其武高等舊班學生不過十餘人，年資既久，學術亦有可用，且其測繪尚屬可觀，應即在該堂内別劃一區，另設測繪專科，俾資研習，以備將來陸軍測量之用。其由將弁學堂併入之學生，在堂已經一年，應由該監督嚴行甄别，擇尤聽候委用。其濫竽充數及平日無長進有劣跡者，即行遣散，勿庸瞻顧留堂，以免敗羣。此次所考選新生，仍照原額支給薪糧，按月由學堂給領。學成之後，仍發回原營充當差使，名曰學習哨官，隨同哨官辦事六箇月之後，由本管官長出具考語，彙交營務處，用積分之法，最優者及優等者均作爲哨官，中等者什長，下等者伍長，最下等者即行遣散，以收實效而免濫竽。其哨官在營二年之後，再行酌量挑選，别設優級師範，以授高等學科，仍候京師兵官學堂及陸軍大學堂畢業有人，足敷各省之用，再行另籌辦法。查武高等學堂監督黄守以霖究心軍學，辦事勤敏，應即改充武師範學堂監督。參謀營務處諮議官揀選知縣劉邦驥原係遊學日本士官學校畢業學生，品行端潔，學識通達，堪以派充武師範學堂堂長。所有改辦武師範各章程、課目，應即由黄守督同劉令詳加商榷，妥速分擬稟辦，毋庸另設總辦。

札知府彭覺先提追蘄水縣欠繳錢糧書差

光緒三十一年三月初二日

照得已故蘄水縣知縣高培蘭虧短正雜各欵二萬八千餘兩，催據該家屬陸續呈繳，計尚欠一萬九千八百餘兩，業經奏參革職，勒限完繳。惟據該家屬稟稱，蘄水書差歷年欠繳該故令正雜錢糧爲數至二萬一千餘兩之多，前經飭司委員催提，如敢抗延，即將該書差提省嚴辦。乃追欵既甚有限，提人竟不解省，委員固敷衍含糊，後任更因循膜視，坐令奸書蠹役乾没鉅貲，糢糊顛倒，至於此極，實堪痛恨。查州縣虧短錢糧逾限不交，例應參革，查抄家産，并提家屬監追治罪，功令何等森嚴。現在高故令家屬，已據司詳請押解發交江夏縣看管，比追其原籍財産，查封備抵。而書差拖欠官項數至累萬，若竟聽其漏網逍遥，置諸不問，天理何在，國法又何在。且置坐擁厚資沃産之書差於不問，即將高故令家屬瘐斃獄中，於庫欵有何絲毫益處。查蘄水書差向來催徵錢糧，中飽拖欠，動輒積成鉅欵，已成慣技。若再不加整頓，以後蘄水正賦奏銷尚可問耶。亟應嚴提解省，照數勒追，盡法懲辦，以重實欵而昭平允。兹特派委湖北候補知府彭覺先馳往蘄水縣，督同該署令原恩瀛，查照單開指提各書役，立即按名拏解來省。聽候比追嚴懲。其餘各書役，應飭該署令傳提到案，勒限比追，飭令各將欠繳欵項如數清繳，不准分文短少。如單内指提各户有聞風避匿者，即將其家屬拏解來省，儻有一名脱漏或有一名提不到省，必是情賄瞻徇，定將該守撤差停委，該署令撤任嚴參。本部堂決意爲湖北全省整頓書差吞欠錢糧之惡習，此案法在必行，斷不容藉詞諉卸。除行司外，合亟札委。該守即便遵照，刻日馳往辦理，勿稍延誤干咎。此札非同具文，該守務須詳細閱看。切切。

札北藩、臬司酌定仕學院大綱章程 光緒三十一年三月十二日

照得世變日多，内治尤亟，若大小官員於中外時勢茫昧無知，於新政新法迷謬不解，所諳者僅止吏牘故套，官場儀文，斷不足以保安人民，弭禍亂而勝艱鉅。湖北省城設有仕學院，原所以造就政事之才。惟從前京師并未設立仕學院，故外省亦只屬試辦，章程未能詳密嚴肅。學科雖定有八門，准學員自行分門認習。畢業雖定有年限，其講堂每日功課并未排定鐘點，學員到堂與否，亦聽自便，以致各學員作輟不常，去來無定。查核學務處開呈清摺，歲糜二萬餘金，有何益處。現在仕學院已定議移設裁缺巡撫衙門，亟應釐訂章程，認真辦理，以期人才蔚起，仕學交資，庶幾指臂無乏才之虞，地方有治安之效。兹經本部堂酌定大綱章程五條，開列於左：

一、學額　定爲府廳州縣五十員，知府月給薪水四十兩，同、通、州、縣每員月給薪水銀三十兩。佐雜一百員，每員月給薪水銀十八兩。均須考取品行端正，文理明順，年在三十五歲以下、體質强壯、毫無嗜好之人，方爲合格。

二、學科　照前定門目量爲增損，今定爲九門。一、法律以中國典章律例爲主，並參考外國政治法律。二、地理。三、財政。四、格致。五、圖算。六、武備。七、交涉。八、文牘。九、方言。以上九門，各學員均須全習。其體操一門，准定爲隨意科，各學員年輕體壯、有願習練體操者尤善。應由監督、提調會商各講友，核計各門課程之繁簡，排定鐘點，詳列表式，分日講習。各學員每日上講堂聽講及在自習室温習功課，均與各學堂一律辦理，不得任便作輟。

三、學年　上條所載學科，應分爲正科、簡易科兩等。正科講授加詳，限三年畢業。簡易科講授稍略，限兩年畢業。未畢業之前，概不准委缺委差，俟畢業後考驗及格，分别等第，立予録用。簡易科畢業者酌委差缺，正科畢業者儘先酌委要差要缺。

四、額外　現有差務各員，不能終年按日入學堂治功課者，准其到堂聽講，名曰旁聽員，惟不給薪水。

五、學規　在堂規矩禮法與各學堂學生同。務將官場中驕惰油滑、縱佚巧詐等習氣洗滌净盡。不率教者，監督、提調禀聞撤學，分别情節，記過停委。

以上五條，綜舉大綱，其詳細節目，應由布、按兩司會同監督督同提調，諮詢各講友妥商酌擬，開列清摺并課程表，呈候本部堂核定。務即就暫借糧道衙門迅速開辦，考選有志嚮學之員，取具就學願書，擇尤録取，俾得及時入院講習，總以多造循良，足資治理爲斷。

札學務處考驗出洋游學生 光緒三十一年三月十三日

案查奏定出洋游學自行酌辦立案章程第三條，載明此次定章以後，各省自備資斧之出洋游學生，應先由其家父兄親族呈報本籍或留寓所在地方官，查明本生性質馴良，文理明順者，准其申送該省學務處詳加考驗，稟請督撫覆核，發給咨文，轉給該學生領賫出洋等語，通行在案。誠以從前自備資斧出洋學生，品類不齊，多滋流弊。與其嚴行防禁於出洋之後，何如慎重考察於出洋之前。正本清源，立法具有深意，前於北學務處詳請自備資斧候選縣丞廷治赴東游學案内，明晰批示并通行遵照在案。查近年各州縣稟派自費出洋學生，於學生性質是否馴良，文理是否明順，并不聲叙，亦不加具考語，尤屬含糊，殊非慎重考覈之道。應即札飭北學務處通飭全省各府廳州縣遵照，嗣後凡遇自費出洋學生，均須由該地方官詳加考驗，必須品學合格，方可出具切實考語，申送學務處復驗，將品行文理切實加考詳，候本部堂傳見該生，親加察驗。果屬材堪造就，再行繕給咨文，以防流弊而肅學規。如該州縣地方官無切實保結，學務處無切實考語，斷不咨送。

札學務處收畿輔學生附學經費 光緒三十一年三月十七日

照得湖北巡撫衙門公費一項，向章由鹽法武昌道按月批解庫平銀九百兩，每年共一萬零八百兩，牙釐局按季批解估平銀一千兩，每年共四千兩，兩共一萬四千八百兩。其牙釐局另供巡撫衙門雜支之欵在外，向無定數。現在本部堂奉旨兼管巡撫事，所有前項公費，例應解歸本衙門，以充辦公之用。惟本部堂前因北方風氣未開，學堂較少，招致畿輔學生二百人來鄂，分送各學堂肄業在案。查湖北現行章程，外省附學生每人每年應繳學費龍銀一百元，此項畿輔學生學費每年共計龍銀二萬元。擬即將本衙門應收兼管巡撫公費銀一萬四千八百兩，自本年正月分起全數撥解學務處，備充各學堂畿輔學生學費。約計此兩欵折合龍銀二萬餘元，有盈無絀，應即由鹽道、牙釐局分批逕解學務處。除分行外，合就札飭。該處即便遵照，將解到畿輔學生學費隨時列收報查，并轉行收有畿輔學生之各學堂一體知照。

札飭江漢關道等提解漢口清丈局餘欵銀錢〔一〕 光緒三十一年四月初五日

照得漢鎮城内外田房基地，向由漢陽府、縣税契，前於光緒二十五年經本部堂飭據司道議詳，改歸江漢關道專設清丈局派員經理，由道税契鈐印等情，批准照辦在案。查漢口商務日繁，田房買賣過割之户日多，歲收契税爲數甚鉅。除撥給夏口廳津貼及局用開支外，歲有餘欵，自應報解善後局濟用。乃該局自二十五年開辦以來，支存銀錢迄未報解，即三十年四月以後收支實存，亦未册報。究竟歷年滚算，截至本年三月底止，除解藩庫税銀并津貼酬勞薪工口食紙張雜費外，净存銀錢若干，本部堂無從稽考。實屬不成事體。應即由該道督飭清丈局員刻日查明，核算清楚，將三十年四月初一日起，至本年三月底止所有管收除存，分項列

〔一〕以下九件録自抄本《督楚公牘》。

冊，迅速呈核。其歷年支存銀錢，即於五日内儘數解交善後局，湊支要需。省局需欵繁急，以後該道務須督飭局員核實開支，按季册報，支餘銀錢亦須按季報解，勿得延誤。如到期不解，即由善後局催提。除行善後局遵辦外，合行札飭。札到，該道立即遵照辦理。毋違。特札。

札行李祖蔭禀奉派出洋游歷擬懇賞准在善後、牙釐等局歷練光緒三十一年四月初六日

據本任襄陽縣知縣李祖蔭禀稱：伏奉學務處轉奉札開，凡實缺州縣，必應派令出洋遊歷一次，博覽周諮，方足以破迂謬腐敗之習，鼓勵精圖治之念等因，蒙此。竊聞同僚私議，報紙陳説，皆以出洋爲仕宦捷徑。又或夙負官謗，藉洗舊染。卑職誠不勝懽欣鼓舞。緣自去年横被口語，包羞忍詬，八月於茲。已分朽材，難承器使。而乃導令出洋，示不終棄，此蓋伏遇宫保明無遺照，曲予均陶。是則奔走承應，允爲孤賤所宜。無如牽率彌縫，未免嫌疑可畏。願終嘉惠，稍霽威嚴。姑念掩著爲小人之常，且許閒居爲省過之計。又況日本維新如彼其久，留東員生如彼其盛，謳歌所被，輶軒所書，綱領畢陳，曲指能算，自可次第倣行，不待再勤遠涉。至該國帷幄訏謨，韜鈐密寄，羈旅下吏，耳目何階。中土要政尚且不能與聞，異地考察恐亦徒存虚願，於公家無纖塵之益，於私計有聚糧之費，將何以仰副鈞指，無忝斯行。思之至深，進退失據，披露愚悃，不敢面從。即如財政、武備、製造，卑職從未獲一窺門徑，設令彼人轉詢鄂中情事，懵不知對，則迂謬腐敗，貽笑外人。竊意凡屬考察，必已確知其一面以爲根據，然後博涉旁求，始能相觀而善。倘蒙賞准在善後、牙釐、兵工、銅銀幣各局廠歷練數月，以爲先河，尤不勝榮幸大願等情，到本部堂。據此。除批：覽禀殊堪詫異。該令向來見解素偏，氣質復粗，愆尤不少。本部堂以該令辦事尚屬認真，特加節取委用，曲予保全。因念該令於時務交涉多未諳練，又係歷任優缺，上年八月甫由荆門州卸署回省，籌備資斧非難，特派出洋游歷，俾於中外情勢及外國政治、法律、學堂、警察及一切農商、工藝辦法，對鏡參觀，冀增閲歷而廣見聞，所以造就該員者用意不爲不厚。乃該令妄肆揣測，不以出洋游歷爲增進學識之途，而指爲仕宦捷徑，及夙負官謗藉爲湔洗之路。又謂中土要政尚不與聞，異地考察徒存虚願，於公家無纖塵之益，於私計有聚糧之費，願在善後、牙釐、兵工、銅銀幣各局廠歷練等語，實屬利令智昏，無理妄談，異常荒謬。夫百聞不如一見。見人之長，乃可知己之短。苟非冥頑不靈，則考察所及，見深見淺縱各不同，安能一無觀感興起之念。環球如歐美、日本各國，皆係最重游歷，每年派出游歷外國之員踵錯於途。果皆徒勞跋涉，無益纖塵者耶。即欲資歷練，豈有指名要索善後、牙釐、兵工、銅銀幣各局廠，經手銀錢最鉅之所者耶。似此苟安近利，而且膽大狂妄，任意干求，實出本部堂意料之外，可謂不堪造就。仰布政司會同按察司，將該令嚴行申飭，即將該令派往游歷之案撤銷，并將該令記大過一次註册。如再不悛，定行懲處，懍之。此繳。禀抄發等因印發外，合就札行。札到，該司等即便遵照。

札行選派實缺各州縣自備資斧赴東游歷光緒三十一年四月十一日

照得實缺州縣，必應派令出洋遊歷一次，博覽周諮，方足以破迂謬腐敗之習，鼓勵精圖治之念。茲查有准補荆門州慶春、准補黄岡縣潘誦捷、准補蘄水縣徐培光、准補鍾祥縣楊壽昌、准補天門縣陳鈞、准補武昌縣趙永清、准補松滋縣劉肇墀、本任孝感縣蔣有霖、本任黄安縣滕松、本任隨州趙振聲、本任棗陽縣陳閬，以上各員，或已准補調而尚未赴任，或先經到任而現甫交卸，均無職守羈身，正可及時遊歷。所有往來川資旅費，應由該員等自行措備。其游歷日期除往返程途不計外，以在東實有半年爲限。到東後，凡屬有關政法之事，如學校、警察、監獄、道路、水利、財政、武備、製造及一切農工商漁等實業，均須隨時悉心考察，縱不必人著一書，亦須擇要記録，以備回鄂後呈候核閲，以考其心思深淺，識見明昧。除准補江陵縣李天柱年歲較老，毋庸派往外，楊壽昌現有要差，應俟差滿時派往。本任當陽縣龍賡言、本任京山縣現署崇陽縣龍燦章、准補來鳳縣現署歸州張德柄，均應俟在任滿一年後，再行派往。自此次酌派之後，其續經補選各員，均應於到任之先一體派往游歷一次，著爲定章，届期由藩司、學務處詳請，均不得藉故推諉。除咨明出使日本大臣暨行湖北游學日本學生監督隨時妥爲照料外，合亟札飭。札到，該員即便遵照札行事宜，刻日束裝，領取咨文，自備資斧赴東游歷，毋稍延緩。切切。

札南、北藩司出示招商承辦製造大呢氊毯廠、製造水泥廠光緒三十一年四月十二日

照得本部堂現經購地於武勝門外營坊口地方建設製造大呢氊毯廠暨造紙貨廠，又於保安門外天平架地方早經建有製皮廠，又大冶石灰窯産有水泥石料，并擬就該處度地建設製造水泥廠，購機開辦，均經估計資本確數，酌定新章，招商集合公司承辦。如有願承辦湖北製造大呢氊毯廠者，或承辦製造皮革廠者，或承辦製造紙貨廠者，或承辦製造水泥廠者，均准其專利十五年，并由官爲保利五年，官利定爲五釐。倘創辦前五年公司所獲盈餘不足官利五釐者，由官撥補，必令足五釐之數。俟五年後獲利漸豐，由公司查照外洋公司通例，酌提紅利繳官，以爲報效。此等工業事屬創辦，獲利必豐。特此示諭紳商，無論何省之人，果係身家殷實，聲望素孚，能集鉅大股本來鄂承辦者，准其來轅具禀，酌擬辦法，呈候本部堂核定，給札開辦。凡有需官力提倡保護之處，必當盡力維持。所有告示[一]，合行札發。札到，該司即便遵照查收，酌發所屬各廳州縣本城及繁盛市鎮張貼曉諭，俾衆周知。仍將貼過處所開單報查。

札將弁學堂學生分別入營練習毋庸留學光緒三十一年四月十二日

照得武高等學堂改爲武師範學堂，所有將弁學堂撥入武高等之學生，業經札飭該監督黄守以霖嚴行甄別各在案。茲據該監督

[一] 此告示見本集《公牘·諭示》類。

呈送一年期滿考試分數單統計七十九人，并據面禀，内中好學耐勞者亦復不少，應飭該監督即日將前項修業期滿學生造具履歷清册，會同兩鎮統領，刻日點驗入營，聽候差委。又據該監督面禀，此次各生之中尚有願意留學者。本部堂查陸軍學生全賴精鋭之氣，若在學太久，恐精氣由此而耗，即鋭氣由此而減。該生等既已在學一年，應即飭令回營，加以歷練。其中有意嚮學者，可遵照將弁講習所章程，一律分班赴將弁講習所聽講，一面在營内練習操法，較有實際，無庸再留武師範學堂肄業，以免新舊攙雜，難於約束教授。且班次參差太甚，辦理亦多紛淆。至該生等入營以後，仍由兩統領嚴加察看。六箇月之後，如有學行俱美者，應即詳請前來委派哨官，其次者以次遞降，酌委差使。儻有不遵軍紀者，仍由兩鎮詳請分别懲辦，本部堂認真整飭，決不遷就姑容。查日本士官學校，其初限八年畢業，其後改爲五年，旋又改爲三年，旋又改爲一年，現以軍事孔亟，改爲八箇月。可見軍事學以勇氣精氣爲主，萬不可徒鑽故紙，坐耗日月。該生等入營查看一年之後，如有品學兼優之士，無難再行選拔入學，加習高等專門學科，以期深造，非目下所亟亟也。除分行外，合行札飭。札到，該鎮、協統等即便遵照，刻日會同點驗入營，分别辦理，毋違。特札。

札南農工商務局查禁湘省和豐公司冒牌火柴混銷鄂漢

光緒三十一年四月十七日

據夔昌火柴公司候選同知宋煒臣禀稱：冒牌確鑿，屢禁不悛，近更混銷鄂漢，逼迫難堪。懇恩實施保護，務使奉行，以重商標而保工業事。竊商廠承用滬廠雙獅捧球老牌，各埠風行。湘省和豐公司牌號各别，二十五年夏，忽見假冒獅牌火柴，以低貨混雜漁利。經商廠禀蒙移禁，該公司或指爲狻，或指爲猊，借名狡飾。前湖南撫憲俞并未考驗，輒謂雙獅與雙狻形狀不同，尚非假冒，模棱咨覆，該公司益肆妄爲。上年十一月間，有黄陂街永泰昌號蘇敬初由和豐訂運僞貨分售，旋於蔡甸查獲冒牌火柴十五箱，并聞另有百箱躉存夏德昌堆棧，均經禀請夏口廳查封究辦。爲此附呈和豐前後假冒獅牌及商廠真牌，叩求俯賜轉咨湖南撫憲秉公查辦，并求嚴飭夏口廳迅提蘇敬初到案究辦。再，該公司僞貨貽害各埠，今并漢鎮一隅亦包括無遺。施强硬之手段，絶商廠之生機。又據禀稱：冒牌發封，挾勢索還，强分界限，破壞商標，迫再叩賜查禁嚴究事。竊湘省和豐公司假冒商廠獅牌，向祇在湘混售。去冬串通永泰昌號逕運漢鎮摇銷，曾經禀懇嚴禁，按律懲辦。近因商務總局接湖南農工商務總局咨開，准和豐公司移文，指夔昌攔貨妄捏，索還原貨，并由南商務局主稿，冒牌概置勿論，嚴定章程，嗣後區分界限，夔昌之貨不准上溢湖南，和豐亦不下灌湖北，如有違背，即以私論議罰，咨請北商務局立案。旋奉商務總局牌示，永泰昌販運和豐火柴至漢，爲夔昌公司攔截，是否冒牌，應向和豐理論，諭令夔昌不得與永泰昌爲難，以免糾葛等因。内地製造惟當考究己之牌貨，力求精進。倘分地之計果售，懼各憲慎重商標之美意全隳於此舉。爲此叩請轉咨湘憲，飭令和豐改良製造，永不再冒獅牌，保全官紳公司名譽，并嚴飭區分界限謬説，庶免商受强勒，工阻進步，抑强植弱，以維實業各等情，到本大臣。據此。查夔昌公司在漢口開設火柴廠歷有多年，所用雙獅捧球牌號，製造尚精，銷行甚暢。乃湖南和豐公司以雙狻捧球，假冒該雙獅牌號，以僞淆真，影射圖銷，大屬不合，實爲商務所深忌。天下動植各物堪以雕刻花紋作爲招牌標識者甚多，何以必用形狀似獅非獅、字音似獅非獅之物以作牌號，且何以不用三數、一數，而必仍用雙數，對列左右。謂非意圖影射，誰其信之。況火柴一物并非十分秘奥精巧之貨，湖南火柴公司開設已有數年，貨色想亦與燮昌貨色相彷，何必描此依樣壺盧，作此無志無益、招人非笑之事耶。應飭湖南農工商務局剴切開諭，嚴行查禁，妥定章程，諭令和豐别製顯有區别之牌號，不得仍前混淆。各憑貨色之良楛，聽客商隨意選擇購用，乃至正至公之理。至該商禀内所稱湖南農工商務總局嚴定章程，嗣後區分界限，燮昌之貨不准上溢湖南，和豐亦不下灌湖北，移請咨北商務局立案等語，實堪詫異。查和豐公司究係商人，何得與南農工商務局擅用移文，實屬有乖體制。此後應不准再用移文。現在正當振興商務之際，宜求百貨流通，洋商貨物尚聽其各省行銷，毫無限制，豈有華商貨物反令區分界限，各銷各省之理。況湖北并不禁和豐公司之火柴行銷鄂省，湖南安得禁燮昌公司之火柴行銷湘省耶。總之，各造各貨，自立牌號，但當於製造之法力求進步，務底精良，以爲争勝之具，廣銷之計，方是商業正經辦法。萬不可希圖影射，自壞聲名。而且於定例之外創立限制，不惟臆造商律，抑且不合公理。假使和豐公司火柴實能製造精美，爲人所樂用，人自争購之不暇，又何牌不能獨立，何處不可通行。今該局不責和豐公司另立牌號，加精工料，以求勝人，但令分界銷售，以免競争，適足阻工業之進步，塞商貨之流通。窒礙多端，斷斷無此辦法。應即將該局前批駁正銷案，以維商務而昭公允。合亟札飭。札到，該局即便遵照指飭事宜，迅速剴切開諭，嚴行查禁。仍將遵辦情形詳覆。毋違。

札江漢關道照覆美領事確查螺山鎮鬧教滋事實情，聽地方官秉公訊斷光緒三十一年四月二十一日

光緒三十一年四月十五日據美國馬總領事照稱：光緒三十一年三月二十八日，據本國聖公會牧師譚茂林禀稱，接據監利縣螺山鎮本堂教讀電稱，該鎮土惡顧華廷等聚衆湧入教堂，重傷數人，器具全毁，并搶去錢物細軟，禀請地方官派兵保護拏辦等情。據此。當經電照荆宜道蔡，請飭令彈壓查辦，隨復備文照會。旋接關道蔡覆電，云已派員往查各在案。又據該牧師續禀，此次在監利縣螺山鎮設堂，已禀准縣轅出示曉諭。況首惡顧華廷久已佈告該鎮不准設堂傳教，而縣尊竟置若罔聞，延不示禁，致令土惡等集聚四五十人之衆，皆持有刀矛、洋槍等器。此器均係縣衙内之物，該縣尊亦不過問。係於前三月二十四日傍晚湧入教堂，先將管堂人打傷在地，當已昏迷。隨將陳先生人等打傷，内一人傷破頭顱，血昏不醒。該惡等見堂内教士奔散，即將該堂所有之物輕者分搶，重者打毁。譚牧師聞警之後，當請醫士往驗，據云傷重者甚多。後聞關道蔡已派兵五十名彈壓等情。本總領事現尚未接該關道回文，諒在查拏分别懲辦。豈知昨又據該牧師禀稱，該鎮雖有彈壓兵丁五十名，而惡等仍有時來打擾之舉。如此兇惡，該地方官不僅未照所請辦理，且如袖手旁觀之概。首惡顧華廷等亦未拘案懲辦，所傷之人亦不醫調，所損失各件亦不議賠，即刀矛、洋槍等器，該縣尊亦不收回。縱有一二彈壓員弁欲秉公商辦，均被壓制，不敢言公等情。據此。查此鎮離省不過五六百里，事經

兼旬，地方官不能壓服，亦不將兇惡等拘案懲辦。或因貴督部堂政躬違和，該關道等未將此等真情稟達上聽。但此案如久延不了，誠恐釀成巨案。照請飭派不畏彊禦之幹員，速往查辦，勒令撫恤無辜被傷之人，賠償所毁各器具及所搶去之錢文細輭等等，以警效尤，而安民教。望切施行等情，到本部堂。據此。查此案前據署荆宜道蔡道三月二十五日電禀，監利縣螺山鎮顧姓兄弟因争産在縣搆訟，一投聖公會，一投天主教。經縣訊結，聖公會司事鄭焱燐主使違斷，并縱教民與天主教民争鬧，兩教司鐸牧師各以傷毁等詞，函電紛投。已由道派弁前往彈壓，一面檄委張倅紹文會縣查辦等語。是顧華廷等因争産投教，藉教互争，核與美領事照會情節迥然不符。除電飭荆州道、府嚴飭監利縣會同委員，迅速秉公確查滋事實情，傳齊兩造，剴切開導，持平訊斷，禀報察核外，合亟札飭。札到，該關道即便照復美國馬領事轉飭該處聖公會牧師譚茂林，切戒司事鄭焱燐勿得從中干預挑唆，并約束教民，静聽地方官秉公訊斷了結，毋再生事。切切。

札金鼎前往日美等國考察湖北游學生品行學術光緒三十一年五月初二日

照得湖北省近年遣派游學東西洋學生人數衆多，其中勤學精思、志端行粹之士固多，而游惰不知嚮學、放縱不守範圍者，亦難保其必無，亟應派員前往考察勸勉，以資去損獲益。查有湖北試用知府金鼎勘以飭委。應令該守即日束裝，前往日本及美、德、法、比等國，將所在湖北游學生品行、學術詳加察訪，優劣勤惰，分別登記。遇有應行整頓之事，即會商原派駐洋監督，或就近禀商出使大臣，妥酌辦理。務將本部堂勸勉告誡，期望深厚之意，懇切宣布。總期各學生及時感奮，各勤所學，恪守禮法，勿越範圍，以備學成回國，一人得一人之用，以免虚糜而收實濟。

札江漢關道照覆德領事美最時價買洪元寺基地一案光緒三十一年五月初九日

光緒三十年十二月十七日據夏口德國碩領事照稱：本月十二日據本國美最時洋行禀稱，竊本行疊禀照催，價買美記買定轉售之洪元寺基地，曾將核實之新老各契送請换給官契一案，今奉傳諭前調關憲梁覆文，猶藉口按糧給地四字，稱有官河及公地在内，或給還原價等因。伏讀之下，惜此數層議論在本行承買之時及漢陽府税印之時，最後前升關憲岑面與本國前調禄領事議定，由本行自與法商劃分，經彼此官員會勘之時，均皆未曾言及。直至近今，忽然生出此等辯論，故意留難，藉按糧給地一層以爲壓力。雖前升關憲岑面議之言不足恃，何日前報載宫保督憲張議覆赫總税務司條陳籌餉摺内，謂各省畝法不同，賦則不同，一省之中畝法賦則又各不同。誠以地有肥磽，即賦有輕重，斷無齊而同之等語。究竟糧如何按，地如何給。地寬糧輕，中國所在皆有，能强而歸之一律乎。該地糧縱不足，地由中國人自售，糧由中國人自載，本行惟知照契管業，遑問其他。若謂官河及公地在内，更屬虚誕無稽。漢陽府係該管地方官，内中果有官河公地，當時何得税印，關道辦理交涉，何得派員會勘劃分。既經税印劃分，業歸本行承管，固已明明白白，縱有他故在内，亦由中國地方官擔任不是，安能藉以爲詞。中外一理，何所用其越争。至給還原價一層，尤爲可笑。地球上買賣早晚時價不同，而況歷十餘年之久。現租界廣闢，地價百倍於曩昔，論該地時價，值銀在十餘萬兩，而竟以原價爲言，明係覬覦利益，希圖争奪。況指契逼勒，即施之中國商民，尚不足以昭平允，以之淩逼遠人，誰能堪此。案内所有始末情節，數年來疊經詳禀照會關憲衙門，有案可稽。指抗延擱，爲時過久。現在該地有人承買，價銀按照時值，惟因官契不换，原契不還，致未成交，亦若軟困。本行管業無據，出售不能，若再任其卡延，本行喫虧之處不可勝言。今關憲蒞任，尚未禀照。茲謹瀝懇迅賜照請换給官契。契如不换，即將原送之新老各契立刻照還。儻現任關憲仍以空言敷衍，則是不講道理，不近人情。過此以往，承買無人，乃地方官故生枝節，有心令本行爲難，則該地值價銀十餘萬兩憑空無着，受害伊於胡底。務懇一面再催關憲，一面照乞宫保督憲核辦，速了此案，恩便德便等情。據此。本領事查此案往返駁辯，延擱數年，該洋行喫虧實已無算。現當清結行欵之際，若貴國地方官能照時值價銀收回固好，即不然，務請貴督部堂飭令江漢關道换給官契，再不然，即將前送新老各原契照還轉給，以便該洋行另籌辦法，清結行欵，千萬勿再軟困，致又起有絶大糾葛也。除據請照催江漢關道外，相應備文照請查照，迅速辦理見覆等情，到本部堂。據此。查洪元寺地基本係公産，爲民間私行盜賣無疑。惟案經往返辯論多年，亟應從速議結。此地既係公産，定當收買歸官，若必照當時原價給還，亦非平允之道。本部堂以敦睦爲懷，不欲使遠商向隅。惟當日買賣此地本多弊混含糊，應飭江漢關道迅速遴委妥員，查明該處地段情形，準情酌理，公平定議，不得任聽洋商抬價居奇，任意浮索。一俟議妥，禀候本部堂核定，即行交價收地，永杜葛藤。合行札飭。札到，該關道即便迅速遵照辦理，一面照覆德領事查照。

札北牙釐局議辦省城貨釐認捐 光緒三十一年五月十三日

照得本部堂現辦統捐，以恤商民。省城爲四方之表，政治之所從出，尤應首先清釐。查鮎魚套一局，向收省城落地百貨釐金，苛瑣殊甚。所徵皆係粗賤零星之物，歲額不過五千串，而九門設卡，小民苦其煩擾，司巡任意侵漁，殊屬無謂。應飭牙釐總局將鮎魚套釐局即行裁撤，遴派廉幹之員，查明省城各行户大鋪，將原有落地釐金分别酌量認捐，按月徑繳牙釐總局，一洗從前司巡隔閡煩擾之弊。其貨物向在漢口完過落地捐分撥來省者，准以漢口釐局分撥印票呈驗抵算，以免重徵。除裁撤鮎魚套釐局，歸入統捐案内，出示曉諭并行知外，合亟札飭。該局即便遵照，會同布政司即日酌擬認捐章程，遴委妥員，親赴各行棧鋪户宣布本部堂寬恤商鋪之意，令各將應繳所銷售貨物之落地捐分别認捐，按月赴牙釐局呈繳，迅速定議詳辦。

札北牙釐局等分發改辦統捐告示章程[一] 光緒三十一年五月十五日

照得鄂省釐局業經本部堂分别裁留，一律改辦統捐。現刊就告示章程，合行札局迅速轉發。除行北布政司遵照外，爲此，札仰該總局即便遵照，迅速將發去大小告示，分别各局繁簡，斟酌

[一] 以下三件録自抄本《督楚公牘》。

分發。大告示分貼曉諭，小告示分給來往商民閲看。并通飭各局，均於五月二十日一律開辦。務各遵照本部堂告示章程内指飭事宜、禁戒條欵，認真辦理。務期弊絶風清，惠商裕餉，各勵清名。本部堂嘉許敬佩，必當優予奬賞。慎勿再蹈故習，孳孳爲利，主使司巡人等浮收勒索，藉口留難。如敢故違新章，弊混牟利，一經本部堂查出，或被商民告發查實，定行嚴參罰追，并將司巡鎖拏治罪，官吏均不姑寛。并飭各局將開辦情形具報。勿稍延緩。此札。〔一〕

照會英總領事楚報議論謬妄，請查照新定律法從嚴究辦 光緒三十一年五月十八日

照得楚報館創設之初，本部堂訪聞其所延主筆内有實非良善之人，特派員面商貴總領事設法禁阻。承貴總領事允爲切實告誡，不准其妄發議論，違犯官長，具徵貴總領事立心公正，敦睦邦交之意。不料該報館甫經出報，即專與湖北官府爲難，妄肆詆誣，每以毫無影響之事，揑造謡言，意在阻撓新政，奬助亂人，蔑棄禮義，妨礙治安。實屬違背律法，損害邦交。茲特舉該報所載各條辨别是非，請貴總領事詳加閲看，即可知該報館主筆居心叵測，斷斷不可姑容。其條分列於下。

一、該報四月二十七日載有銀幣折閲一條，謂湖北官錢局凡遇銀幣兑换銀元、銅元者，無不極力折閲三四分之多，如不聽受，概不兑换等語。查湖北所鑄一兩銀幣，經本部堂奏准，作爲大清國幣，通行全國，以期幣制漸歸畫一，此即實行新定商約中設法立定一律國幣之要政。其銀幣平色，惟恐商民行用稍有參差。經官錢局稟定，按照藩署三六庫平足紋，折合各種銀價，刊單分給武漢各商店，并每日登入漢報，俾衆周知。凡以銀幣赴官錢局兑换銀元、銅元者，均照當日市價核算，從未折閲絲毫。無論何人兑换，均歸一律。每日來兑换銀元銅元者不知凡幾，從未稍有争論。乃該報於國幣初行之際，憑空揑造謡言，任意誣謗，以阻流通之機，不解是何用意。事經官報刊單辨正，並由官錢局向之詰問，該報館主筆并無絲毫證據，自認傳聞之誤。乃五月初二日，該報又載銀幣果不折閲乎一條，既謂官錢局於銀幣兑换銀元、銅元皆無折閲，末又謂折閲之傳聞，亦非無因，記者姑不與深究等語。故意閃鑠其詞，以淆惑衆聽，尤爲狡譎。初三日，該報又載添購銀元票一條，謂湖北官錢局現向日本定購舊日七錢二分之銀元票七十三萬張，不日即可運到等語。湖北既行一兩銀幣，豈有再造舊日七錢二分銀元票之理。官錢局向日本定造者，乃一千文之官錢票，該報故意指爲銀元票，將藉此以隱助其銀幣不能流通之説。初四日，該報又載銀幣停鑄一條，謂銀幣局鑄銀幣將及五萬枚，忽於日前停鑄，莫明其妙等語。查湖北一兩銀幣已製成六十餘萬枚，行銷省内外者亦四十餘萬枚，并無停鑄之説。而該報揑造此言，無非欲阻礙國幣，使人疑惑，不敢信用。又於是日連載銀幣流通大觀一條，謂銀幣發行以來，爲數僅三四萬元。考其流通之法，係由官錢局行於各局處，其發行各錢店者，各該店以之上兑藩庫，藩庫不收。即各屬報解於藩庫者，亦未聞收等語。查藩庫收兑銀幣已及二十萬元，何嘗有不收之事。該報任意誣揑，

〔一〕此告示并章程載本集《公牘·諭示》類。

總欲疑誤商民，使銀幣不能暢行而已。此其阻撓國幣之一大證也。

一、該報於四月二十七日載有吹縐一池春水一條。五月初二日載有無諸己而又求諸人一條。大致謂湘省派遣出洋學生過鄂，因與升任襄陽道梁道語言不合，大相齟齬，經梁電稟湘撫撤回。又謂湘省學生過鄂時，并非與梁觀察口角齟齬，實因進見時長揖不拜，致觸梁怒各等語。查湖南各學堂學生大致固多明理好學之佳士，然其中亦頗有荒謬不法者，習聞從前自由平權之邪說，附和近今排滿革命之逆書，其性氣乖張，宗旨悖謬者，所在不免。湘撫院及老成公正之紳士多以學生不循禮法爲憂，屢次函致鄂省，懇爲設法挽回補救。此次端撫院選派學生出洋游學，令其於過鄂時謁見本部堂，恪聽訓誨，端撫院復電致本部堂，請於學生來謁時，剴切告誡，示以指歸。不意該學生到鄂後，内有二三人自知向日宗旨不正，恐各學生謁見本部堂聽受訓詞，改其趨嚮，故以湘鄂學堂禮節不同爲詞，暗地把持，不許各學生來轅謁見。事爲端撫院所知，嚴電申飭，并派學員來鄂詳切開導，各學生旋亦悔悟，謁見本部堂如儀。本部堂餞送各學生於礮隊營，加以訓勉，各學生均皆聽受。湘紳因本部堂以禮法範圍諸生，均甚感謝。而該報以此爲梁道與湖南學生爲難，其意蓋欲破壞中國禮法，導學生於不軌之途，肺肝如見。此其阻撓學務之一大證也。

一、該報於四月三十日載有營務處之舉動一條，謂營務處以政府方針已變，羅致湘、淮宿將作爲腹心干城，隱示防困留學生之意等語。查各省遊學外洋學習武備畢業學生，無不加以録用，政府并無防困留學生之事。而該報揑造此言，冀以煽惑軍人，懈其報國之心，用意尤爲險毒。此其阻撓軍事之一大證也。

一、該報於五月十一日載有記秘密社會一條，十三日又載有記香港秘密社會感書一篇。查近日亂黨倡造排滿仇洋之説，到處喧騰，其爲違背律法，妨害治安，爲各國所同，認爲秘密會即係此等敗法亂紀之人所糾合，與俄國虚無黨相類。該報獨獎之譽之，馨香祝之，以冀其必成。似此倖災樂禍，惟恐中國之不亂，試問是何居心。此其比附亂黨之一大證也。

以上各條，貴總領事閲之，諒亦能灼知其謬妄猖狂，不容曲貸矣。此外無中生有，揑誣巧詆之事，不一而足，幾於無日無之。本部堂訪聞該報館主筆廣東人吴某，原係上海警鐘報主筆，爲鄒容、章炳麟等之同黨，事發脱逃，潛來湖北，又倚恃此報係律師賀立克出名，輒敢借楚報以肆其煽亂之謀。因本部堂之職守本以靖國安民爲責任，故於會匪逆黨及售賣警鐘報、猛回頭等逆書之亂黨，懲辦甚（下缺）。貴總領事敦睦邦交之意大相違背。應請貴總領事查照貴國所定在中國開報之律法，從嚴究辦，以免摇惑人心，阻撓政治，誘啟亂萌，妨損商務。是爲至要。合行照會。爲此，照會貴總領事希即迅速查辦見覆是荷。須至照會者。

札委寶豐等分赴江甯、山東、青口等處密查署兩江督院被參各節據實稟覆 附單

光緒三十一年五月二十日

照得本部堂承准軍機大臣字寄，光緒三十一年四月二十六日奉上諭：有人奏，署兩江總督周[一]内政外交不能勝任等語。著張之洞按照所參各節確切查明，據實具奏，毋稍徇隱。原摺著鈔

[一] 指周馥。

給閲看。將此諭令知之。欽此。遵旨寄信前來。亟應派委大員馳往江甯、海州、青口及山東等處，欽遵確查。茲特照鈔原奏，派委湖北特用道竇道豐，率同試用同知雙壽、知州詹貴珊，前往江南，按照原奏各節分别詳查確訪，務得實在情形，據實稟覆，以憑查核覆奏。除海州、青口及山東等處事件另行委查外，合亟札飭。札到，該道即便遵照指飭事宜，刻日束裝前往江甯，妥慎查覆，勿稍疎率含糊。是爲至要。特札。

督臣老悖請即罷斥摺

奏為督臣驕貪老悖，威福恣横，放棄主權，破壞條約，請即罷斥以全大局而儆將來，恭摺仰祈聖鑒事。竊維封疆之寄，得君尤在得民。時勢之艱，治外乃能治内。現署兩江總督臣周，才非公輔，歲迫懸車，漸綰藩條，旋膺閫寄，侵官傲物，滅義賊仁，乃墮山海之防為叢敺爵，弛金湯之固放虎入林。鬨動列强，釀成奇變。種種謬戾，物論囂然。請先陳該督内政之弊。江南師範、陸師各學堂久經開辦，規模程度應有可觀。該督意為更張，致激生徒大半散去。各處釐金向屬藩司專政，該督以皖人主之，札行藩署無庸會銜。州縣委署，藩司懸牌，首書奉督憲諭，不知是何體制，是皆前督臣所不敢為者也。該督之子學海，以江蘇道員迴避入署，用事擅權。今年正月，有道員曾廣祚賄買大通督銷局差，由督署文案知縣洪壽彭串通家丁張貴，及充釐金司事之秦克昌、彭雲蔚等從中説合，委札已經用印，因過付口角，闔署喧傳，周道、洪令始懼，自行舉發。該督知其委折，因授意兵備參謀處道員拘訊張、秦、彭三人，威嚇衹認招摇，遽殺秦克昌以滅口。詢其罪名則云以游勇正法，又改秦姓為岑，以錮覆盆之寃。設計狡毒，暗無天日。夫一細民不足惜，所惜者朝廷之法耳。此該督不謹於内政之大端也。臣請續陳該督外交之失。其任山東巡撫，一惟德人之言是聽。膠澳租約原國家不得已之舉，乃由膠濟鐵路而兼營浦濟，由鑛權利益而漸奪政權。原約所訂鑛産之利在鐵路相距十英里内，繼又欲禁華人開採在開鑛之處五英里内。豈不知鑛穴漸移，省界立盡，愚莫甚焉。原約本有華商合辦一層，乃鑛産禁用機器火車，賤待華人。其總辦錫樂巴陰柔狡狠，玩大吏如嬰兒，該督反受其寶星之賞，恥莫大焉。及署兩江總督，即欲德員辦理製造局及陸師學堂，因其要索操場，擅以城内獅子山下地畀之。聞德人引綫作圍，擬將山上礮臺圈入。以守土之疆臣，輒以要地予人，若非别有原因，何至如是。年來鄱陽、洞庭，兵輪屢犯，蓄意伺時，先據要害，剥牀切近，情勢灼然，安可不察也。近復暗規青口，水兵上岸，升礮竪旗，乃以測量沙綫為名，發端嘗試。一有微釁，即擬膠灣，實行佔據，溝通清濟，藉瞰長淮。查德國殖民，隘於各國，野心勃勃，勢所必然。故論者謂江北分省，利用淮徐勁悍，化瘠為腴，足以建威銷萌，非無謂也。但得其地則安，亦得其人則理。既設江北提臣，即以江督轄之。淮徐人心發動，鼓舞振興，何難為治。且鹽場為國家命脈，近又有通海、海贛兩處墾牧公司，尤宜善為鎮攝以保利源，斷非該督之所能勝任。又聞該督終日往返下關，迎送洋員、教士，饋遺酒食，卑瑣難堪，不恤人言，實傷大體。此該督不審於外交之大略也。臣維江海通衢，東南沃壤，人文淵藪，才賦本根，非有宏濟之才，難言底平之效。即使易一督臣宜於内政或不宜於外交，則眈眈環視者，無以應倉猝而合機宜，是則可憂之最大者也。方今用人，與其儒柔謹慎，不若沈勇堅剛。應請聖心獨斷，選置重臣，以固南洋門户，大局幸甚。再，近日南洋兵輪、上海鐵路已歸北洋統轄，漢世寇賈，唐代李郭，殊不相下，仍應和衷共濟，以救時艱。如方面多才，則偏重亦宜矯正。微臣私憂過計，冒昧瀆陳，不勝惶恐待罪之至。伏祈皇太后、皇上聖鑒。謹奏。

照得云云覆奏。除原奏照鈔粘附寶道札内勿庸重録外，合亟札委。札到，該丞、員即便遵照指飭事宜，隨同寶道豐，刻日束裝前往江甯，妥慎查覆，勿稍疎率含糊。是爲至要。各該學堂激散生徒究竟是何情節，更張究係何事，學生散去有無不合。此節於今日士習學規甚關緊要。該丞、該牧、該員尤須詳切考查，隨同寶道親往閲看，不得稍有偏徇遷就。切切。特札。

行　湖北（補）[試]用同知雙壽、分省試用知州詹貴珊、分省試用府經歷楊本适

照得云云。欽遵確查。茲特照鈔原奏，派委湖北試用知府楊汝康，前往江南，按照原奏各節，密切考查探訪，不得稍有洩漏。務得實在情形據實稟覆，以憑查核覆奏。合亟札委。札到，該守即便遵照指飭事宜，刻日束裝前往江甯，密切妥慎查覆，勿得疎率含糊，稍有洩漏，切切。特札。

密行　湖北試用知府楊汝康、湖北候補道馨齡

照得云云。欽遵確查。茲特摘鈔原奏，派委馳往山東，按照原奏情節，分別密行查訪，并咨請山東撫院密飭洋務、鑛務各局，准令該員等前赴該局詳閲歷年條約案，據務得實在情形，據實稟覆，以憑查核覆奏。合亟札委。札到，該守、道、令即便遵照指飭事宜，刻日束裝，馳往山東地方，妥慎查覆，勿稍疎率含糊，是爲至要。切切。特札。

密行　候補道張道雲錦、候補知府毛承霖、候補知府金守鼎、候補知縣楊令其昌

照得云云。欽遵確查。茲特摘鈔原奏，派委前往江蘇省之海州、青口等處，按照原奏情節，明查密訪，務得實在情形，據實稟覆，以憑查核覆奏，合亟札委。札到，該道、守即便遵照指飭事宜，刻日束裝，馳往海州、青口等處地方，迅速妥慎查覆，勿稍疎率含糊，是爲至要。切切。特札。

密行　候補道馨道齡、候選知府鄺守國華

爲照云云。遵旨寄信前來。查原奏各節，有應咨請聲覆者。如江南師範、陸師各學堂有無因更改學章，致生徒大半散去之事。又現在金陵牙釐局係委何員總辦，有無札行藩司無庸會銜之事。又江藩司委署州縣牌示，果否書有奉督憲諭字樣。又貴部堂之子江蘇道員周學海，係何年月日到省，迴避後是否隨侍貴部堂任所，常年在署。其曾廣祚賄買大通督銷局差一案，究係何人在外招摇説合。前經正法之秦克昌，是否與此案實有牽涉，該犯究係何等人，有無改秦姓爲岑之事，諒經訊有切實口供。又上海製造局及金陵陸師學堂曾否添派德國洋員辦理，德兵艦要索操場，貴部堂允給以城内獅子山下之地。現在德人引綫作圍，擬將山上礮台圈入，是否確有其事。所圈之綫周圍若干丈，距城下登礮臺之道路若干丈。又德兵船至青口，以測量沙綫爲名，派兵上岸，升礮豎旗，曾否與貴部堂詢商，究係如何情事。以上各節，均應請貴部堂確切查明，録送原案，以資考證。除分別行查外，相應咨查。爲此，合咨貴部堂請煩查照，見覆施行。

咨兩江督院

照得云云。遵旨寄信前來。查原奏各節，應由該司據實聲覆者，如金陵牙釐局公牘，是否例由江藩司會銜，周督部堂有無札

行該司無庸會銜之事。其委署州縣，該司果否於牌示上書有奉督憲諭字樣，係何缺之牌如此書寫，抑係每缺一律如此。合亟札查。札到，該司即便遵照，分別據實登覆，以憑查核覆奏，勿稍虛飾，是爲至要。切切。特札。

密行　江甯布政司

照得云云。遵旨寄信前來。查原奏内稱周督部堂之子學海，以江蘇道員迴避入署，用事擅權。今年正月有道員曾廣祚賄買大通督銷局差，由督署文案知縣洪壽彭串通家丁張貴及充釐金司事之秦克昌、彭雲蔚等從中説合，委札已經用印。因過付口角，闔署喧傳，周道洪令始懼，自行舉發。該督知其委折，因授意兵備參謀處道員拘訊張、秦、彭三人威嚇祇認招摇，遽殺秦克昌以滅口。詢其罪名則云以游勇正法，又改秦姓爲岑，以錮覆盆之寃等語。此案既經該處拘訊，當必取有確實口供，是否由督署文案知縣洪壽彭串通家丁張貴及充釐金司事之秦克昌、彭雲蔚等從中説合，如何自行舉發，張貴、秦克昌、彭雲蔚是否均供認招摇，秦克昌究因何案正法，是否實係秦姓改爲岑姓，亟應飭查登覆。爲此，札仰該處即便遵照指詢各節，調查全案供招，照録一分，迅速呈送本部堂處，以憑查核覆奏。毋稍虛飾。是爲至要。

密札行　江甯兵備參謀處道員

照得本部堂承准軍機大臣字寄云云。遵旨寄信前來。查原奏内稱江南師範、陸師各學堂久經開辦，規模程度應有可觀。該督意爲更張，致激生徒大半散去，又欲以德員辦理陸師學堂各等語。各該學堂激散生徒，究竟是何情節，更張究係何事，學生散去有無不合。此節於今日士習學規甚關緊要。又金陵陸師學堂向聘有德國武員充當教習，近來有無添派德員辦理該學堂之事，亟應飭查登覆。爲此札仰該處，即便遵照指詢各節，迅將實在情形據實聲覆，以憑查核覆奏，勿稍虛飾。是爲至要。

密行　三江學務處

照得本部堂承准軍機大臣字寄云云。遵旨寄信前來。查原奏内稱，其任山東巡撫，一惟德人之言是聽。及署兩江總督，即欲德員辦理製造局及陸師學堂。因其要索操場，擅以城内獅子山下地畀之。聞德人引綫作圍，擬將山上礮臺圈入。以守土之疆臣，輒以要地予人，若非别有原因，何至如是。年來鄱陽、洞庭兵輪屢犯，蓄意何時，先據要害，剥牀切近，安可不察。近復暗規青口，水兵上岸，升礮豎旗，乃以測量沙綫爲名，發端嘗試，一有微釁，即擬膠灣，實行佔據，溝通清濟，藉瞰長淮。又聞該督終日往返下關，迎送洋員、教士，饋遺酒食，卑瑣難堪，不卹人言，實傷大體各等語。查陸師學堂向本聘有德國武員充當教習，現在有無添派德員辦理該學堂之事，其上海製造局所用德員，係派辦何廠何事。又查獅子山緊接城垣，上築礮臺，爲保護省城第一要衝。周督部堂是否確以該處山下之地給予德兵作操場，有無文牘字據。現在德人是否已就地作圍，擬將礮臺圈入，所圈之綫周圍若干丈。如未將礮臺圈入，其圈綫距城下登礮臺之路若干丈，是否將登山之路包圍在内。其德兵船至青口，以測量沙綫爲名，派兵上岸，升礮豎旗，事前曾否知照周督部堂，究竟是何情節，有無行文駁詰及預籌抵制辦法。又洋員、教士之謁見周督部堂者，是否皆親往下關迎送。該局職司洋務，自必與聞其事，亟應飭查登覆。爲此札仰該局，即便遵照指詢各節，據實詳細聲覆，以憑查核覆奏，勿稍虛飾。是爲至要。

密行　金陵洋務局

爲照本部堂承准軍機大臣字寄云云。遵旨寄信前來。查原奏內稱，其任山東巡撫也，一惟德人之言是聽。膠澳租約原國家不得已之舉，乃由膠濟鐵路而兼營浦濟，由礦權利益而漸奪政權。原約所訂鑛產之利在鐵路相距十英里內，繼又欲禁華人開採在開鑛之處五英里內。豈不知礦穴漸移，省界立盡，愚莫甚焉。原約本有華商合辦一層，乃鑛產禁用機器火車，賤待華人。其總辦錫樂巴陰柔狡狠，玩大吏如嬰兒，該督反受其寶星之賞，恥莫大焉。近復暗規青口，水兵上岸，升礮竪旗，乃以測量沙綫爲名，發端嘗試。一有微釁，即擬膠灣，實行佔據，溝通清濟，藉瞰長淮各等語。查德人自租膠澳以後，其於山東鐵路鑛山所得利益，漸次恢張，而於華人則多所限制，諒非周前撫院一任之事，自必有條約案據可證。除欽遵派委湖北候補道張雲錦等赴東密查外，相應密咨。爲此，合咨貴部院請煩查照，密飭洋務鑛務等局，准令該員等前赴該局詳閱歷年條約案據，務得實在情形，據實稟覆，以憑查核覆奏。望切施行。

密咨　山東撫院

札北臬司、北鹽道開辦支郡師範學堂

光緒三十一年八月初四日

照得省城原議酌設師範傳習所，以教外府州申送來省之師範生。惟查各屬所送人數既多參差，而傳習所課程較淺，年限較促，未足以資深造。前經通飭各府州將中學堂改辦師範，而省外師範教員延聘不易，尚難普及。亟應就省城擇地開設支郡師範學堂，酌定學額，分府録取，查照武昌道府師範學堂課程、年限，一律辦理。目前先設六堂，俟陸續再行添設。應即派委監督大員，督率開辦。兹特委湖北按察使岑臬司充支郡師範甲丙戊三堂監督，鹽法道馮道充支郡乙丁己三堂監督。除各該堂應派堂長、監學、教員另飭學務處選舉詳委外，合亟札委。該司、道即便遵照監督支郡師範甲丙戊、乙丁己三堂事務，迅即會商學務處，將各該堂開辦事宜妥擬章程，稟候核定。一面審度相宜公所、廟宇、民房，分别賃借，酌量修改，務合學堂之用，以廣師資而宏造就。是爲至要。

照會英總領事聲明造路借欵各節

光緒三十一年八月十一日

照得此次贖回粵漢鐵路之欵，承貴總領事代爲介紹，借欵辦法甚爲公道，將來粵漢鐵路修造之欵，除中國自行籌集外，如須向外洋借欵，當先向貴國詢商，開價如與他國所開息扣比較相同，先儘英國銀行承辦。如他國所開息扣等項較英國所開公道便宜，仍由中國酌擇公道便宜者另行籌借。如修造粵漢鐵路之欵已向英國借定，則將來粵漢鐵路需用機器、材料除中國自有自造外，如向外洋購辦，應先向英國商廠詢問，開價仍與各國商廠開價比較，價同則先儘英廠承辦。如他國所開貨美價廉，仍由中國擇宜訂購。此外湖北、湖南境内另有修造鐵路之事，儻亦須向外洋借欵，并可照上條修造粵漢鐵路借欵辦法，一律辦理。至修造鐵路需用之工程師，言明一半用借欵之國人，一半用日本國人，將路工分段承辦，各辦各事。凡鐵路公司一切用人、擇地、管路、行車等事，均由中國自主。工程師但管分内應辦工程之事，餘事皆不得干預。

再，此事經本部堂議定後，凡湖北、湖南、廣東三省現任、後任督部堂、撫部院有管理鐵路之權者，均照此次照會各節辦理，合併聲明。

咨兩廣督院、湖南撫院咨送贖路借欵合同附單 光緒三十一年八月十七日

案照此次贖回粵漢鐵路用欵，前准貴部堂、前部院端暨本任湖南撫部院端、兩廣督部堂岑電請由本部堂合借分還，并商准以三省膏捐作抵。當經本部堂向英國商允，借給英金一百一十萬鎊，定期十年還清，由三省分派攤認，一切辦法均詳於合同十條之內。先經奏奉諭旨允准，當於八月十一日會同英國駐漢總領事彼此畫押，准於中歷九月初八日全欵交清。其八月初八日應付合興第一期欵，係暫向匯豐銀行息借，如期電匯紐約交欵，應於現借欵內扣還。查此項借欵，利息極輕，并無折扣。據英領事聲稱，該欵係香港政府借出，實屬格外公道克己，以敦友誼等語，係屬實在情形。除俟出使美國梁大臣將此次付還合興本息各欵及延聘律師一切用項實數開送到日，再行按照三省鐵路長短里數分別攤派認還外，所有華、英文合同暨另備照會稿一件，相應咨送貴部堂、護部院請煩查收施行。

粵漢贖路借欵合同

此合同係大清國太子少保湖廣總督部堂張宫保，與大英國香港政府訂立。張宫保係欽奉特旨，籌辦收回粵漢鐵路事宜。此次借欵奏奉中國皇上諭旨允准，為湖北、湖南、廣東三省督撫現任後任訂立。查粵漢鐵路一切事宜案件，均歸張宫保辦理。因需欵項將前給美國公司代為修造之權利贖回。茲經張宫保商請英國國家借助其欵，發給該美國公司，買回股分，以完張宫保之專責。英國政府乃託令香港總督允許照籌借助所需之欵項。現訂合同於左。

一、香港政府應允借與湖北、湖南、廣東三省共一百一十萬金鎊，其交給辦法聲明於下第七條。至三省如何分派攤認，其確數俟議定再行知會。

二、此項借欵以十年為期，自光緒三十一年九月初八日起算。此項借欵本銀分作十期歸還，每一年一期，每期一十一萬金鎊，以第一年尾即丙午年八月十九日為第一期。但自第五期本分還清之後，如三省欲將下餘未還本銀一時全還，只須六箇月之先豫為知會，方可將該本及至還日之應給利銀同時交清。而自其本利全還之日後，此合同則作為廢紙。

三、此項借欵利息，係按每年每百金鎊四鎊半合算，每半年按照隨時下餘未還本銀，核算利息一次。

四、所有歸還本利數目、日期，均照本合同附開清單，隨時在香港交其度支院使。金鎊即照兑票若干鎊數查收，或聽香港政府於各期照當時鎊價折合現銀，收兑其項。

五、此項借欵以湖北、湖南、廣東三省煙土之税捐作保。作為抵押，此項煙土税捐，總以此次借欵本利儘先償還。此欵全未還或未還清，均不得再有用此項税捐借抵他欵，用付本利一切事宜。將來若再有訂立或專或兼抵三省煙土之税捐之借欵，總不得訂明在此次借欵之前，亦不得訂明與此次借欵平行辦理，務必於合同内載明，所有付還本利等事，俱在此次借欵之後辦理。儻將來三省煙土之税捐不敷應付，湖廣督部堂可商明湖南、廣東，核

明係何省還欵不敷，即由何省添撥他項税釐歸還此欵。儻仍不能應付各期本利，英國國家可請湖廣督部堂商明湘粤，核明係何省還欵不敷，即由何省另撥他項妥當税釐歸海關管理，以保此次借欵。

六、此項借欵，尚須交存漢口英總領事處金鎊釐金票作保。此票銀數合與此項借欵本利總數相同，其上蓋用湖廣總督部堂關防，漢口税務司簽字。儻每期應還借欵本利届時在香港不交香港度支院使，即可將此票在於湖北、湖南、廣東境内作為完釐之用。所有三省官員有關此事者，即須一體飭知遵照。

七、此項借欵，訂明由香港政府於西歷本年十月六號，一面將英金四十萬鎊寄至漢口匯豐，轉交張宫保名下收用，一面將英金七十萬鎊匯至紐約，交中國駐美欽差梁大臣查收。香港政府仍可託駐漢口英總領事隨時請張宫保給予憑據，以見此次借欵確係為以上所議諸事之用，即係為買回粤漢鐵路權利之用。

八、此次本合同畫押之前，已由張宫保奏明欽奉上諭允准此次借欵合同，應即由外務部備文照會英國駐京大臣。

九、本合同内既提及廣東煙土之税捐兼作保抵此次借欵，經張宫保電商廣東，已經兩廣總督復允情願將該煙土之税捐作保，暨本合同干涉廣東各條，將來必無異辭。

十、此合同用華文、英文繕成六分，一交湖廣總督衙門，一交兩廣總督衙門，一交湖南巡撫衙門，一交香港總督，一交駐京薩大臣，一交漢口英總領事存案。此合同將來儻有疑義，即以英文為正。

督部堂張　押

英總領事法　押

大英國借與湖廣總督之欵本利撥還年期清單

計開

一千九百零六年四月初六日丙午年三月十三日　還利息英鎊二萬四千七百五十鎊。

一千九百零六年十月初六日丙午年八月十九日　還利息英鎊二萬四千七百五十鎊，本一十一萬英鎊。

一千九百零七年四月初六日丁未年二月二十四日　還利息英鎊二萬二千二百七十五鎊。

一千九百零七年十月初六日丁未年八月二十九日　還利息英鎊二萬二千二百七十五鎊，本一十一萬英鎊。

一千九百零八年四月初六日戊申年三月初六日　還利息英鎊一萬九千八百鎊。

一千九百零八年十月初六日戊申年九月十二日　還利息英鎊一萬九千八百鎊，本一十一萬英鎊。

一千九百零九年四月初六日己酉年閏二月十六日　還利息英鎊一萬七千三百二十五鎊。

一千九百零九年十月初六日己酉年八月二十三日　還利息英鎊一萬七千三百二十五鎊，本一十一萬英鎊。

一千九百十年四月初六日庚戌年二月二十七日　還利息英鎊一萬四千八百五十鎊。

一千九百十年十月初六日庚戌年九月初四日　還利息英鎊一萬四千八百五十鎊，本一十一萬英鎊。

一千九百十一年四月初六日辛亥年三月初八日　還利息英鎊一萬二千三百七十五鎊。

一千九百十一年十月初六日辛亥年八月十五日　還利息英鎊一萬二千三百七十五鎊，本一十一萬英鎊。

一千九百十二年四月初六日壬子年二月十九日　還利息英鎊九千九百鎊。

一千九百十二年十月初六日壬子年八月二十六日　還利息英鎊九千九百鎊，本一十一萬英鎊。

一千九百十三年四月初六日癸丑年二月三十日　還利息英鎊七千四百二十五鎊。

一千九百十三年十月初六日癸丑年九月初七日　還利息英鎊七千四百二十五鎊，本一十一萬英鎊。

一千九百十四年四月初六日甲寅年三月十一日　還利息英鎊四千九百五十鎊。

一千九百十四年十月初六日甲寅年八月十七日　還利息英鎊四千九百五十鎊，本一十一萬英鎊。

一千九百十五年四月初六日乙卯年二月二十二日　還利息英鎊二千四百七十五鎊。

一千九百十五年十月初六日乙卯年八月二十八日　還利息英鎊二千四百七十五鎊，本一十一萬英鎊。

共計利二十七萬二千二百五十英鎊。

共計本一百一十萬英鎊。

總共本利一百三十七萬二千二百五十英鎊。

光緒三十一年八月十一日

西歷一千九百零五年九月初九日

咨兩廣督院、湖南撫院就鄂省設粤漢鐵路總局 光緒三十一年九月二十八日

爲照粤漢鐵路，前因美國合興公司違背合同，經本部堂倡議廢約，合三省紳民極力争持，并迭奉諭旨，責成本部堂妥籌辦理，以保利權。現已將全路權利向美公司悉數收回，亟應妥籌開辦。惟查此路合鄂、湘、粤三省併計，袤延二千餘里，計在鄂者雖止數百里，然章程利病，與湘粤皆有關涉。凡一切籌欵項、招股分、募工師、定路綫、購地基、勘估工程、酌定權限、稽核欵目，及路成後管路行車、計本分利一切應辦事宜，有歸鄂省自辦者，有應與湘、粤兩省籌商者，必須有總匯之所，籌議舉辦，并應於總局内選集湘、粤、鄂三省官紳，一併籌議，以期聯合貫通。應即就湖北省城舊洋務局設立粤漢鐵路總局，派委湖北藩、臬兩司充該局總辦，梁署臬司兼充該局參議，鹽法道、江漢關道充該局會辦，署武昌府黄守以霖、署漢陽府汪守鳳瀛充該局提調，湖北候補道曾道廣鎔、李道祥霖、在籍陝西候補道黄道嗣東、候選道鄧道奇勳、分省補用道王道銘謙、廣西保送知府曾守廣鈞、夏口廳同知馮丞啓鈞、分省試用同知劉丞邦驥、候選知府鄺守國華，均充該局參議。除分别札委，并分飭各員將上項指飭粤漢鐵路一切應辦事宜秉公察理，同心籌畫，先爲鄂計，兼爲湘粤計，不得偏重一省，務須平允可行。臚列條目，分别緩急次第，隨時禀候本部堂酌核咨商湘、粤兩省辦理。此事爲日甚長，其難處專在籌欵。所有在局各員紳一律不支薪水，至局用一切，亦須極力撙節，以杜虛糜，兼防營謀入局挂名領薪之弊。事當慎始，務宜恪遵外，相應咨會貴部堂、部院請煩查照施行。

咨四川督院就鄂省設川漢鐵路總局 光緒三十一年十月初三日

爲照川漢鐵路，目前亟須舉辦。此路道里綿長，計在鄂境者

一千二百餘里，前經電商川省，脈絡務取貫通，而界限必須清楚。事關西南大局，亟應妥籌開辦。凡一切籌欵項、招股分、募工師、定路綫、購地基、勘估工程、酌定權限、稽核欵目，及路成後管路行車、計本分利及一切應辦事宜，有歸鄂省自辦者，有應與川省籌商者，必須有總匯之所，籌議舉辦。并應於總局内選集川、鄂兩省官紳，一併籌議，以期聯合貫通。應即就省城舊洋務局設立川漢鐵路總局，派委湖北藩、臬兩司充該局總辦，李藩司兼充該局參議，鹽法道、江漢關道充該局會辦，署武昌府黄守以霖、署漢陽府汪守鳳瀛充該局提調。湖北候補道劉道保林、在籍陝西候補道黄道嗣東、分省補用道王道銘謙、湖北候補知府施守紀雲、王守元常、分省試用同知劉丞邦驥、現署江夏縣知縣鄒令履和，均充該局參議。除分别札委，并分飭各員將上項指飭川漢鐵路一切應辦事宜秉公察理，同心籌畫，先爲鄂計，兼爲川計，不得偏重一省，務期平允可行。臚列條目，分别緩急次第，隨時稟候本部堂酌核，咨商川省辦理。此事爲日甚長，其難處專在籌欵。所有在局各員紳一律不支薪水。至局用一切，亦須極力撙節，以杜虚糜，兼防營謀入局挂名領薪之弊。事當慎始，務宜恪遵外，相應咨會貴部堂請煩查照施行。

咨度支部查覆衛田情形光緒三十一年十一月十二日

准貴部咨開：湖北清理衛田章程另籌簡易辦法，將原定上中下則概行删除，按照司、道兩庫額徵正雜各欵，每完銀一兩，均令酌繳税契及局費錢八十文，徒有認税之名，而於事毫無實際。查税契根於産業，今舍地價而以錢糧核計，名實不符。正其名曰税契，按畝計值，於義似無可再易。應飭經理各員遵照疊次奏案，酌量變通辦理，其按照錢糧完税辦法，應毋庸議。至章程内豁除閒丁一欵，是否與額徵錢糧有礙，并應查明再核。相應飛咨轉飭，酌核辦理，從速聲覆，以便具奏等因。正飭查咨覆間，續准貴部咨稱：前由内閣鈔出湖北清釐衛田章程，名實不符，當經咨行酌量另籌變通辦法在案。兹據送到摺稿，檢查章程内所稱係八千文，前次閣鈔自係筆誤。惟完銀一兩，繳税契局費八千之數，比之從前奏定地價核算，僅及五分之一。若慮屯户不便，力求輕減，或從輕照舊例收税三分，以示體䘏。似此辦法，比之完銀一兩酌繳八千之數辦理，似較妥愜。至各屯繳税時應發契紙，擬改爲發給執照，便可永遠管業等情，准此。當即轉飭確查去後。嗣據湖北布政使李岷琛具覆前來，本部堂復詳加考核。查鄂省衛田從前本係無主荒地，安插屯丁開墾，其近水者半屬沮洳，每有沈塌。近山者内多磽确，不免荒蕪，祇以地乏膏腴，收成甚薄，故其價值比之民田大相懸殊。且向無確實畝數，亦無上中下則之名，歷來俱係私頂，從不投税。一旦清查，分别責令完繳税價，實非屯户本願。此次委員會同地方官辦理丈量，比照民田分别上中下則估價徵税，而屯户觀望，違抗齟齬時聞。距省較遠州縣，多未開丈，間有已報丈畢者，多係約計畝數，酌分等則，造册賫呈。估價既不悉當，收税亦復寥寥，久無成效可覩。本部堂鑒及於此，籌思至再，與其曠日持久，不愜民情，仍無功效，不如變通辦理，歸於簡易，使其樂從。是以將前定上中下等則一併删除，議照向完正雜各欵，每銀一兩令繳税契局費共錢八千文。其名雖非按畝分則估價，而其實則與按畝分則估價無異，且可杜屯户争執之口。蓋屯糧均載徵册。從前科糧，本係按田之高下定銀數之多寡。鄂省衛田不及民田，瘠薄居多。所稱上田，每畝值價不過八九串，中田僅值五六串，下田僅值二三串。以此通計，上田二十餘畝，約共值錢二百串，中田三十餘畝、下田六十餘畝，所值亦復相同。以二百串之價飭繳契局費錢八千，除局費二串外，其徵稅與貴部所謂照舊例收稅三分之數相合。此項屯田，從前本因宜城屯丁滋事，就宜城一縣所有屯田科算。今復細合各衛屯田詳加考核，其完正項一兩，通上中下田合計牽算，尚有不滿二十畝者。其價值之賤，亦尚有每畝僅值千文者，更不能不通融辦理。且此項屯田雖係公產，相沿數百年，彼頂此卸，在屯户已視爲世守之業，矧貧苦者居其大半。此時徵稅係屬創辦，似不得不稍事通融，暫從輕減，以示體恤。若完稅給照之後，將來再有轉賣承受者，必係有力之家，責令遵照新章，每串六分稅契，彼既有力，亦屬義無可辭。自與現在情形不同。夫人情每趨於所樂而避其所苦，每願其所易曉，而畏其所難知。各屬衛田畝糧雖有糧册可稽，而屯户管業率以升斗計數，并不知田畝確有若干弓丈。又各處丈尺不同，畝數遂不能一律，田價亦復各處互異。前此印委各員初擬就田分别上中下等則，而屯户互相爭執，以爲不公，率皆按糧攤算，即就糧册所載，約略估計等則，屯户猶多異議。今不論田畝多寡，按額徵糧銀，正雜併計，每完銀一兩繳稅八千，事既簡易，屯户易知。輕重繫於糧額，胥吏無從上下其手。示諭一出，各屯户疑懷頓釋，藉口無從。近來各處遵章繳稅，毫無異言，是於民情大爲允洽。應請仍照前奏辦理，勿庸按畝估價，致滋擾累。查此項正雜銀數，鄂省每年額征九萬兩有奇，除去歷年水沖沙壓，暫行豁免外，實存可徵額銀八萬四千餘兩。以每兩繳稅費八千計之，約可徵錢六十七萬二千餘串。即再除去每兩二千局費，尚有錢五十二萬有奇。雖止收一次，爲數亦不爲少。若再欲多收，實恐民情扞格，斷難遵繳。至契紙一項，自可遵照來咨改爲執照，一律發給。其閒丁一欵，每年各衛額徵九百餘兩，似與正額無礙，應准豁除，以示體恤。理合咨請貴部一併查照前奏辦理，實爲公便。

札各學堂酌定學生冠服程式頒發試辦

附單　光緒三十一年

照得此次奉發奏定學堂章程，第一卷各學堂學生冠服宜歸畫一條內，云學生衣冠、服帶、被褥，俱宜由學堂製備發給，以歸畫一而昭整肅。且免學生多帶行李，以致齋舍雜亂，即或游行各處，令人一望而知，自可束身規矩，令人敬重。至各等學堂宜加區别，以示遞加優異。尤須嚴禁奇衺服飾，并宜嚴禁學外之人仿造冒混等因。自應欽遵奉行，酌定畫一冠服，以昭整肅。且於各等學堂量加區别，以示等差。至於嚴禁奇衺服飾一節，尤關重要，必應定有程式，方免各堂無所適從，意爲紛更。嘗考禮記表記，孔子有云，君子莊敬日强。禮記聘義又云，强有力者將以行禮也。勇敢强有力，天下無事則行之於禮義，天下有事則用之於戰勝，是知日强未有不由於莊敬者，勇敢未有不本於行禮者。聖經炳然，實爲文武會通之正軌。茲經本部堂督同各學堂教員、管理員詳加酌核，各文學堂學生應定禮服爲一式，講堂服爲一式，操場及整列出行服均同一式，共分三項。至尋常隨意游行之常服，惟不准短衣，餘無定式。武學堂學生定禮服爲一式，講堂、操場及整列出行常服均同一式，共分兩項。高等、初等小學堂學生冠服從簡，只用一式。似此明定格式，絶不染近日奇衺惡習，國容軍容各隨所宜，既貴結束謹嚴，仍復莊重不佻，務令其與工匠、賈販、雜役、水手人等迥然不同，正所以重視學生，特加優異。城闕街市，令人一望而知，自必倍加敬重。且處處與外國裝飾顯然有別，乃是國民教育要義。至於向來迂緩沓拖之狀、頽唐委靡之習，已經一掃而空。從此膠庠塾序，皆具有尚武之精神，尤存有秉禮之規範，庶足爲自强之基。應即先行試辦，俟體察情形，毫無窒礙，再行奏請通行，頒爲定制。合行刊章札發該學堂，即便通飭各學生一體遵照辦理，勿稍踰越歧異。是爲至要。

文中學堂同等各學及高等學堂學生冠服式

禮服

冬呢檐紅緯暖大帽。呢檐取其經久而價廉。有頂戴者大帽用其應戴之頂。無頂戴者准戴頂座。

夏紗胎紅緯涼大帽。紗胎取其價廉，願用羅胎者亦聽。

天青羽毛長外褂。學生身材長短肥瘦不同，褂內所套衣服厚薄亦異。其外褂身長尺寸，應定為三號。頭號工部尺三尺八寸，合裁尺三尺四寸五分有奇。二號工部尺三尺六寸，合裁尺三尺二寸七分有奇。三號工部尺三尺四寸，合裁尺三尺零九分有奇。至腰身、袖口應定為兩號。腰身寬者工部尺一尺一寸，合裁尺一尺有奇。窄者工部尺一尺，合裁尺九寸一分。袖口寬者工部尺一尺，合裁尺九寸一分。窄者工部尺九寸，合裁尺八寸一分有奇。不准過窄過短。

春秋冬用淺藍色竹布長衫。學生身材長短不同，其竹布衫身長應定為三號。頭號工部尺四尺二寸，合裁尺三尺八寸二分有奇。二號工部尺四尺，合裁尺三尺六寸四分。三號工部尺三尺八寸，合裁尺三尺四寸五分有奇。大約外褂比長衫短四寸，束帶後長衫距鞾面只可五寸，不准過窄過短。至腰身、袖口，應定為兩號。腰身寬者工部尺一尺，合裁尺九寸一分。窄者工部尺九寸，合裁尺八寸一分有奇。袖口寬者工部尺六寸，合裁尺五寸四分有奇。窄者工部尺五寸五分，約合裁尺五寸弱。無論內著何項衣服，或袍襖，或馬褂背心，或棉皮，或夾單，外面統以此長衫為袍罩罩之，於一切典禮及上講堂時，長衫外必束帶。尋常出門，束帶與否聽便。

夏用淺藍色夏布長衫。身材長短分三號，比竹布長衫均各減一寸。夏布長衫腰身寬者工部尺九寸五分，合裁尺八寸六分有奇。窄者工部尺九寸，合裁尺八寸一分有奇。袖口寬者工部尺五寸五分，約合裁尺五寸弱。窄者工部尺五寸，合裁尺四寸五分有奇。夏令無論內著何衣，均以夏布長衫罩之。於一切典禮及上講堂時，長衫外必束帶。尋常出門，束帶與否聽便。春秋冬裹衣較多，故竹布長衫須略肥略長。夏令裹衣少，故夏布長衫可略瘦略短。

袴顔色、質料均與衣同。

束腰用藍色棉綫織成板帶。專用藍色，不准用黃紅等色。學中寒士居多，棉綫帶較絲綫帶價省四分之三，然亦光潔緊密，耐久與絲帶無異。帶之寬窄須一律，中學以上帶寬工部尺一寸一分，約合裁尺一寸，鉤寬窄酌配。高等初等小學帶寬工部尺八分，約合裁尺七分强，鉤寬窄酌配。帶鉤式略如軍隊所用，惟上鑄一楷書學字。高等小學初等小學均即用銅質，學字之外無花紋。中學以上銅質鍍金，學字兩旁加雙龍紋。

青羽綾鞾。緞鞾磨擦易破，多費而不經久，故用羽綾。如願省費，用青布鞾者聽。

凡言尺寸，皆按工部營造尺計，不得錯誤。大約工部尺一尺，合裁尺九寸一分。

以上為禮服。凡國家慶賀典禮、上學及聖誕恭謁至聖先師、春秋釋奠、朔日行香、管學大員初次臨堂、開學散學日、發給憑照日等事用之。

講堂服

有頂草帽。近日各學堂上講堂及體操時、自習時，皆著瓜皮小帽，殊屬輕褻不壯。若終日皆令戴大帽，亦多拘苦不便。體察衆情，自以草帽為宜。查中國北方各省，向來商賈、行客、富翁、武士夏日皆戴麥草帽，取其蔽日來風。湖北武備、自强學堂諸生戴用此帽已經多年，惟式樣尚有參差。兹特定為畫一之式：前後兩檐俱深，取其足以蔽陽光、遮雨雪。右檐上釘一襻，帽頂之右釘一扣，可捲向上，取其無礙於扛槍。中屋略高，取其體操兵操時，足以容盤挽髮辮而不悶。種種皆為有益於衛生，并利便於動作。帽上安頂，以别於外國裝飾，兼異於工匠、水手、雜役。初等小學堂學生帽頂用紫色綫結，高等小學堂亦用紫色綫結，中學堂以上用紅綫結，均如龍眼大，不得過大，以别於教員、管理員。學生帽章，用銅圓片鑄各學堂名目，楷書如帽花，然初等、高等小學用銅片鍍金，光邊，圓徑工部尺一寸，約合裁尺九分强，無雙龍紋。中學及同等各學亦用銅片鍍金，光邊，徑工部尺一寸二分，約合裁尺一寸强，加雙龍紋。高等亦用銅片鍍金，光邊，雙龍紋，徑工部尺一寸四分，約合裁尺一寸三分强。各堂學生冬日皆於草帽上加藍色呢罩。至朔望上講堂，則四時皆戴禮服大帽，以昭肅敬。

春秋冬用淺藍色竹布長衫。尺寸見前。無論内著何項衣服，或袍襖，或馬褂背心，或棉皮，或單夾，外面統以長衫為袍罩罩之，外必束帶。僅止單布長衫，且有帶束腰，斷無拖沓不便之患。

夏用淺藍色夏布長衫。尺寸見前。

袴。與衣同。

束腰用棉綫板帶。式與禮服帶同。

青布鞾

以上為講堂服，惟每月朔望上講堂戴大帽，冬日用呢檐紅纓大帽，夏日用紗胎紅緯大帽，餘日皆用有頂草帽。

下講堂後，自習室、寢室均無須罩藍布長衫。

操場服

有頂草帽。式與講堂帽同。

操衣。冬用藍羽毛質，夏用藍夏布質。均即用藍色羽毛。夏布鑲作雲形，以青色緣界之，不另鑲他色邊，取其顔色純净，遠望易辨。領章繡各學堂名目。外國文武服式不同，故學堂亦宜加以區别，練兵處章程武員禮服用青，故學堂用藍。

操袴。冬夏顔色、質料均與操衣同。

操場束腰，或用皮帶，或用棉綫帶均可。中學以上帶寬工部尺一寸一分，約合裁尺一寸，鉤寬窄酌配。高等小學、初等小學帶寬工部尺八分，約合裁尺七分强，鉤寬窄酌配。帶鉤式畧如新操軍隊所用，惟上鑄一楷書學字。高等小學、初等小學均即用銅質學字，之外無花紋。中學以上銅質鍍金，學字兩旁加雙龍紋。

青布鞾。漢口有用外洋熟皮製鞾售賣者，堅韌柔熟，步趨甚便，但價值較貴，故暫用青布鞾。

整列出行操演服

整列出行操演時，冠衣鞾帶均照操場式。

常服

尋常出門隨意游行，戴草帽與否，束帶與否，著鞾與否，均聽其便，惟必須罩長衫，不准短衣。

凡文高等學堂、存古學堂、優級師範學堂、初級師範學堂、文普通學堂、方言學堂、農工商各實業學堂，冠服均同此式。

文武學堂禮冠禮服，均由官備。

武學堂學生冠服式

禮服

大帽。冬用緞胎呢檐，夏用紗胎紗檐，帽頂鑲五色雲形，緣以紅緣，不用紅纓。後用雙叉貂尾，冬用真貂尾，夏用夾紗仿貂尾。帽上均釘帽章。

軍衣。冬夏皆用石青羽毛質，以石青色緣鑲作雲形，不鑲他色邊。領章繡各學堂名目。恭查大清會典，補服皆用石青。

袴。顏色質料均與軍衣同。

戰裙。冬用紫呢，夏用紫羽毛。武高等有戰裙，普通以下無，惟一切典禮用戰裙。此外不拘何等學堂，除管理員、教員係文職五品以上者准用戰裙外，凡學生均不准用戰裙。

皮帶。式與文學堂同。

皮快鞾。如為省費，暫用青布快鞾亦可，但須全堂一律。

以上為禮服。凡國家慶賀典禮、上學及聖誕、恭謁至聖先師、春秋釋奠、朔日行香、管學大員初次臨堂、開學散學日、發給憑照日等事皆用之。

講堂服

有頂草帽。式與文學堂同，惟冬日帽罩用青呢。

軍衣。冬用青布質，以青縧鑲作雲形。夏用子花布質，以本色縧鑲作雲形，均不鑲他色邊。領章與禮服同。

袴。顏色質料均與軍衣同。

皮帶。式與禮服同。

皮快鞾

以上為講堂服。惟每月朔望日、上講堂改用大帽，冬用真雙貂尾帽，夏用夾紗仿貂尾帽。

操場服

有頂草帽。式與上同。

軍衣。式與上同。

袴。顏色質料均與軍衣同。

皮帶。式與上同。

皮快鞾

以上為操場服。

整列出行操演服

整列出行操演時，冠衣鞾帶均照操場式。

常服

尋常出門，帽衣鞾帶亦與操場同，不准不繫帶，亦不准不著鞾。

凡武普通中學堂、軍醫學堂，冠服均同此式。

陸軍小學堂現在甫經開辦，并無畢業高等小學生，係就營兵中挑選年齡較輕、文理通暢者充之，令其補習高等小學功課，一切服式禮節，均仍照在營軍隊一律。

高等小學堂及初等小學堂冠服式

有頂草帽。式與文武各學堂同。帽頂高等用紫棉綫結，初等用紫棉綫結略小。

操衣。冬用藍棉布，夏用藍夏布，均即用藍棉布、夏布鑲作雲形，以青色縧界之，不鑲他色邊，取其顏色純淨，遠望易辨。

袴。顏色質料均與操衣同。

棉綫板帶。式與各學堂同，惟寬止工部尺八分即可。

初等小學束帶與否聽便。

青布快鞾

初等小學著鞾與否聽便。

高等、初等兩項小學堂學生，論外國學校通例，皆係十六歲以下之學僮。論中國學校舊章，其等差只如未進學之童生。初等小學其分際只如在書塾未出考之學僮，經典謂之幼學。總之，年皆未冠，應循童子不衣裘裳之義。且貧戶幼童在家亦罕有長衣，無論禮服、講堂服、操場服、整列出隊服、尋常出門服，均用一式，以歸簡易。至初等小學尤多小户貧家，其不能購置帶韡者聽，惟衣袴草帽應歸一律。

各學堂教員、管理員冠服式

凡典禮，講堂學務官應各按品級用禮服。若操場演習及整列出行，學生服軍衣時，督率領隊之學務官亦應軍裝，惟服式尚未奏定，惟有各視其本官職任相當之武職，暫行酌擬，依練兵處奏奉欽定之服式用之。除督撫、學院、兩司、實缺道員不計外，一級學務官比正參領，二級比副參領，三級比協參領，四級比正軍校，五級比副軍校。現將練兵處頒發陸軍冠服圖式繪印成册，頒發通省，自可照式製造。惟軍帽自係陸軍專門體式，不得誤行仿用。是為至要。

至新章武職禮服用青色，文學堂學務官應與學生一律用藍色，以示區别。若實缺官不便著軍衣者，可以行裝代之。

擬分學務官階級表

日本學務官分十二級以定俸薪，中國現在初辦，擬暫分為五級。

堂别／等别	一級學務官	二級學務官	三級學務官	四級學務官	五級學務官
學務處	總辦	提調	分科專辦 幫辦	庶務大委員	庶務小委員
文高等 存古 優級師範 高等實業	監督	提調 堂長 此兩項該堂只酌設一項	監學 教員	庶務大委員	庶務小委員

堂别／等别	一級學務官	二級學務官	三級學務官	四級學務官	五級學務官
省内外初級師範 省内外簡易師範 省内外文中學 省内外方言學 省城軍醫學 省内外中等實業 省城武中學 省城警察學	實缺司道兼充之監督	候補道及實缺候補知府以下委充之監督	提調 副監督 堂長 教務長 此三項該堂只酌設一項	監學 教員 庶務大委員	庶務小委員
省内外高等小學 省城陸軍小學			總提調 總長 堂長	監學 教員	庶務小委員 董事
省内外初等小學 省内外蒙養院				總提調 總長 堂長	監學 教員 庶務小委員 董事

學務官階級清單

一級學務官

學務處總辦

優級師範學堂監督

文高等學堂監督

存古學堂監督

高等實業學堂監督

實缺司道兼充各學堂監督

二級學務官

學務處提調

優級師範學堂提調或堂長

文高等學堂提調

存古學堂提調

高等實業學堂提調或堂長

省内外初級師範、簡易師範、文中學、方言、軍醫及中等實業、警察各學堂監督。外府中等相當學堂之監督，均以現任本府兼充，如有聘用之監督，次序在地方官之次。

省城武中學堂監督

三級學務官

學務處分科專辦、幫辦

文高等、存古、優級師範、高等實業各學堂監學、教員，省城初級師範、簡易師範、文中學、方言、軍醫，中等實業、警察各學堂副監督、提調、堂長

外廳州縣初級師範、簡易師範、文中學、方言、中等實業、警察各學堂堂長。外廳州縣中等相當學堂堂長，均以現任本廳州縣兼充，如有聘用之堂長，次序在地方官之次。

省城武中學、陸軍小學提調或教務長

省城高等小學總提調、總長、堂長。每一屬高等小學不止一所，故以本廳州縣兼充總長。

四級學務官

學務處庶務大委員

文高等、存古、優級師範、高等實業各學堂庶務大委員

省内外初級師範、簡易師範、文中學、方言、軍醫、中等實業、警察各學堂監學、教員、庶務大委員

省外高等小學總長、堂長。總長以本廳州縣兼充。

省内外高等小學堂監學、教員

省城初等小學堂總提調、省城蒙養院堂長

外廳州縣初等小學堂、蒙養院總長、堂長。總長以本廳州縣兼充。

五級學務官

省内外初等小學堂、蒙養院監學、教員

學務處庶務小委員

省内外各學堂庶務小委員、董事

以上學務官階級，專以學堂之任務為等級，雖大略視其官階之高下，然亦不能甚拘。但欲令覽者知學務責任之輕重，且於考選委任人員及升等諸事略示準繩。中外大學堂出身、品望學業俱優、衆論推服者，不論官階。

守巡道必兼本道中學相等各學堂監督，知府必兼該府中學相等各學堂監督，直隸廳、直隸州、知州、知縣必兼該廳州縣高等小學總長及初等小學總長。如外廳州縣有中學者，兼充及聘用者均只稱為總長、堂長。府治首縣并兼本府師範中學提調。

此時創辦之始，人才半多遷就，學業與官階資望不能一一恰合，所有學務各員其本來實在官職高於所受任務者，則服色仍從其本職，不論其加銜及職銜、頂戴。若其本來官職卑於所受任務者，則各從其本堂任務之級。

以上等級，係為委任各差時分別人才差等而設，且為操場軍衣服色必宜酌分等級，以便比照武職冠服服用，其薪費之數亦即照此酌分等差。

各學堂管理員便帽式

凡學堂教員、管理員，除典禮要事、操場演習、整隊出行應分別用禮服、操衣外，其尋常上講堂及帶學生出外游行，可用便服便帽。惟管理員便帽應有一定式樣，以昭莊重而辨等差。應用秋帽式。湖北此式盛行，店鋪多有。如願用有頂草帽者，亦聽其便。

頂上飾紫色盤雲，以别於學生。冬日亦視該學文武，分别用藍呢青呢罩。學務官不荷槍，其草帽右檐勿庸釘扣襻。秋帽、草帽皆安紅結如朱李，大帽前釘帽章，徑工部尺八分，約合裁尺七分强，較學生略小，發有式樣。上鑄雙龍鏤花邊，中鑄篆文學字。其在講堂時自願大帽外褂，不换便帽便服者聽。科頭不戴便帽者亦聽。其便服一律罩長衫，束帶，上堂後願解帶與否聽便，惟不可脱長衫。至上堂下堂、率學生行動時仍須束帶，戴有章便帽，不得露頂。

各堂教員其便帽願照管理員各式樣與否，悉聽其便。其便服束帶與否聽便，惟在講堂及與學生同行時，除操衣外，均不准短衣。

光緒三十二年

札洋務局頒發擬訂鑛務章程 光緒三十二年

正月

案照光緒二十八年七月奉上諭：鑛務爲今之要政，昨經劉坤一、張之洞電奏，採取各國鑛章，詳加參酌，妥議章程等語。所見甚是。即著該督等將各國辦理鑛務情形悉心採擇，會同妥議章程，奏明請旨，務期通行無弊，以保利權而昭慎重。欽此。當經本部堂欽遵，購取歐美各國鑛章，詳加譯録，纂成中國鑛務正章七十四欵，中國鑛務附章七十二條，繕寫成帙，於光緒三十一年十二月二十六日奏奉硃批：外務部、商部議奏，書併發。欽此。查開鑛爲當今要圖，富國利民，兼而有之。湖北近年風氣漸開，商民已有集資開採之舉。新與各國議定商約，又有中國政府允願招致華洋資本興辦鑛業明文。將來鑛務日興，鑛商中外不一，若非明定章程，斷不足以闢利源而防流弊。所有本部堂擬訂鑛務章程，除俟部議奏准奉旨再行恭録飭知外，合先札發該局即便遵照，將發來章程轉發各府廳州縣一體查照備用。勿違。

大清國鑛務正章

第一章　總要

第一欵　新章頒行舊章收回

此章自宣布之日起，即當奉行，所有從前頒行鑛章一概收回。

第二章　管理

第二欵　商部設立專司之職掌

商部設立專司，專管鑛務一切事宜，令各省遵照此次奏定之鑛律鑛章，以歸畫一。并以後增修章程，推擴鑛務，核給開鑛執照，及收掌、咨移、照會、呈稟圖册一切文報，兼録用鑛師，并延聘外國鑛務律師以資輔助。遇有洋商合股，應於核給開鑛執照之先，叙明該洋商來歷及現往處所，咨照外務部。

第三欵　各省鑛務總局之職掌

各省城設立鑛務總局一所，例應歸該省藩司總辦。如因藩司事繁，本省督撫亦可另委本省道員一人，駐局會同辦理。該局事務所司，係發給勘鑛執照，畫分鑛界，增減鑛界，派委稽查鑛務委員等事，并收驗圖册，隨時詳由本省督撫核定，咨報商部，及章程所載各項鑛務，均歸該總局管理。各縣境内如需設派鑛務委員，即由總局總辦詳委妥員，會同該地方官按照律章遵守辦理。凡關涉鑛務事宜，最要者須詳候本省督撫核定准駁，次要者歸鑛務總局核定。其尋常事件，即歸各州縣鑛務委員核辦。其開鑛執照，應由各省咨明商部核准給發。如係洋商合股開辦之鑛，並應咨明外務部立案。

第四欵　鑛務委員之職掌

凡總局所派駐各州縣之鑛務委員，凡關係鑛内之事，無礙於地方者，准由該委員秉公辦理，或勸解調處，或執法判斷，均由該委員酌辦，總以無礙法律，有益鑛務為主。若一經牽涉鑛外，該委員應會同地方官訊辦，不得擅自裁判。

各省鑛務總局所用委員，皆以中國官員承充。惟選擇通曉鑛學之人為鑛務顧問官，則不拘華洋，均可任用。該鑛務顧問官如係洋員，應遵守中國法律，聽總局節制調遣，奉行總局照章派任之職事。鑛務總局并可特派委員，偕同鑛務顧問官巡歷有鑛各地，以便考察鑛工，回省時詳確稟報總局核奪。惟顧問官祇有稽察鑛務利病，條陳應辦事宜之權，并無裁判定斷、行文之權。

第五欵　清查鑛地，考核鑛商，均必須先經各省鑛局及地方官查明詳咨，以為根據。

凡各省鑛地與地方有無關礙，其産業有無膠葛，又鑛商之籍貫來歷及其資本是否充足實在，有無影射含混，均非在本省就近確查，不能清晰確實。如鑛商願請勘鑛執照者，無論華洋，均應在本省鑛務總局遵章呈報，候行地方官查明實在情形是否合例，有無膠葛，據實稟覆，方能核辦。其應行核准者，總局即詳請本省督撫核准，由督撫咨報商部查考。如有鑛商逕赴商部具呈者，應由商部批飭該鑛商自赴本省鑛務總局呈候行查核辦，以杜欺朦。

第六欵　鑛務繳欵分三項

凡鑛商請領開鑛執照應繳照費，應全數報解商部充用。

凡鑛商呈繳之鑛界年租一，及鑛産出井税二，并官地與鑛商合股應分之紅利三，其銀兩統由各省鑛務總局彙收，以一半解商部，以一半解司庫充本省餉需。每年年終，將收數彙造清册，呈院轉咨商部一次。

勘鑛執照公費，應留充本省鑛務總局局用，其鑛務委員所收之局費，應報解總局，分别撥充各州縣鑛務委員之局用。

第三章　舊商限制

第七欵　清理舊商鑛界

凡現在開鑛之鑛商與已經准領鑛地之人，必須將原有鑛産稟報本省總局，照現定章程立案，核明數目，劃分鑛界，准自此章頒行之日起，儘二年之内一律辦清。一切須遵照本次所定鑛章辦理。

第八欵　舊鑛商之章程不妥者，宜設法修改增補

凡現在開鑛之鑛商與已經准領鑛地之人，若以新章之某一欵或若干欵與其已得之權利有所損礙者，准自新章頒行之日起儘六箇月内，將其損礙之情形具稟本省鑛務總局，詳請督撫轉咨商部察核定奪。其關繫洋商者，并咨外務部會核。必須於華民生計及中國主權、地方治理均無侵奪妨損，方可酌予通融。如從前所訂合同條欵有占奪華民生計及有礙中國主權、地方治理者，仍應妥為修改，期與新章不致違背。此外，各商凡於新章頒行後呈請開鑛者，一切均按新章辦理，概不得援舊日鑛商為例。

第四章　新商限制

第九欵　外國鑛商不能充地面業主

中國人民遵照國法向例，執有地面者為該地業主。與華商合股之洋商在中國地方合股開鑛，止准給予開採鑛務之權，以鑛盡為斷，無論用何方法，不得執其土地作為己有。

第十欵　中外人承充鑛商之區别

凡為鑛商者，除中國人民自應准其承充外，凡與中國有約之各國人民，允願遵守中國之法律，皆得在中國與華商合股稟請承辦合律之鑛産。作為鑛商，其外國人民與華人合股者，辦法有二：

一、業主以鑛地作股，與洋商合辦，則專分餘利，不認虧耗。如業主願得地價，不願入股，則該地應由官收買，租與鑛商合辦，官即作為業主，照後開乙字、丙字等差，分别三成五成兩辦法，分收餘利。外國人民概不准收買鑛地。

二、華商以資本入股與洋商合辦，則權利均分，盈虧與共。華洋股分以各佔一半為度。如洋商但與地面業主合股即以鑛地作股。而别無華商銀股者，洋商應留股分十成之三，聽華商隨時入股，照股本原價付銀。留五年華股無人，准將所留三成股票售去一成五，仍留一成五股票，聽華商仍照原價付銀入股。又五年，華股如尚未招足，聽其將餘股儘數售去。惟十年後仍有華商按照時價收買洋股與之合辦者，隨時皆可入股，洋商亦不得拒絶。

凡華洋商民稟請辦鑛，如犯下開各項者，不得有此權利。

一、中國人民曾違犯法律者。

二、僧道及各教會教徒以其教為業者。

三、外國人民其國未與中國立有條約者，與其國不以同等開鑛權利予中國人民者。

四、外國人民不守中國法律者，及曾違犯中國或本國法律者。

五、外國國家及國家所使令者。

六、任外國國家職事尚未交卸者。

七、中國國家特發禁令禁止者。

第五章　鑛質分類

第十一欵　鑛質分三類

鑛地所出之鑛質，或在地腹，或在地面，無論如何變質，綜分三類，以便分别辦理。

甲　凡土性之鑛質，如矽石Siliceous rocks、青石Slates、沙石San stones、巒石Granites、土灰Earthy line、白石即灰石Lime Stone、雲石Marble、元精石即石膏Gypsum、火泥Fire clay，及一切有關建造應用材料。各種鑛質由開坑而取者，分之為第一類。

乙　所有散Placers、流積鑛Metalliferous and or alluvlel deposits、鐵養鑛即無名異Bog-Iron ore、錳養鑛Rog manganese ore、

寶砂Emery、可倫都末即寶砂石orundum、不灰木Asbestos、千層石或千層紙鑛Mica、紅黃土類Ochres、紅土礬石波格歲得Bauxite、雪形石Cryolite、含淡養五之質Nitrates Phosphate of lime、燐養灰Baryra、鋇養鈣弗石Fluer spar、肥皂石Steatite、石脂即漂白家泥Fullers earth、貝里底亞司土pyritous、鎂養土Magnesian earth、開所嘉爾Kieselguhr、梯來波勒特Tripolit、燒瓷泥筆鉛礦水類鹽水不計琥珀美耳山末石Mecrschaum、硼砂比得浮石Peat and Pumicestoue，分之為第二類。

丙 所有金屬礦質，如銻Anlimony、鉀Arsenic、鉍Bismuth、銅鉻Chromium、鑽Cobalt、金鉢Iridium、鐵鉛猛錳養鑛不計永鉬Molybdenum、鑷Nickel、銖Osium、鉑即白金Platinum、銀錫積流不計Tin、鈾Uranium、鋅Line，無論原質或構質皆包在內軟石油Petroleum、礦油類Mineral oil、阿司佛辣得Asphalt、柏油Bitumen、硬煤Authracile、煙煤Coal、木煤Lignite、流鑛Sulphur、寶石，綜分之為第三類。

凡各種鹽係歸國家專司，不在此律之內。

第十二欵 續出之鑛質

設有鑛質為本章第十一欵所未詳載者，其應列歸何類如不能辨別詳確，應咨送商部核定，通咨各省嗣後照辦。

第六章 地權

第十三欵 地面地腹釋義

按照第十一欵，凡有鑛質各地，應分為兩層。

甲 第一層指地面而言，其厚至業主平日所用之深處，以耕種、築造并其他土工所及不關於鑛務者為限。

乙 第二層指地腹而言，即第一層之下，其厚所及之深處并無限制。

第十四欵 地面地腹權利之區別

地面權利除業主准其自用外，至承辦地腹各鑛之鑛商，并不能有地面業主應有一切之權利。惟於執照所准之地界，按章業已奉官局允准遵繳各費，則所有開鑛應辦一切事宜，該業主及他人亦均不得阻礙。

各國通例，地腹皆為國家所有，凡五金之屬及一切貴重鑛質，非官不得開採，業主民人不能沾地腹之利。中國政崇寬大，務在體恤民生，所有地腹鑛產之利，除照章征收鑛界年租及鑛產報效銀兩外，其合股餘利惟丙字類之鑛質，國家應酌提紅股一半，歸地面業主分霑一半。總之，國與民共分此全數餘利十成中之五成，以示與民同享樂利之意。

凡合格之鑛商繳捐合辦者，無論華商洋商，均不能將地權給與該鑛商掌管。鑛商如係華洋合股，應先將開鑛需用之地面，與業主商明是否願以鑛地作股。其不願以地入股而願得地價者，准業主呈報鑛務總局，按照相當價值由官收買，再與鑛商合股開辦。如業主不願將鑛地出售，可由官查詢原委，斟酌辦理，鑛商不得絲毫抑勒强迫，致拂民情。其由官核准給照之鑛地，該鑛商止有權辦理鑛上一切事宜，不得管及地面，官亦不以定章以外之科條阻礙鑛事。俟開鑛事竣，仍將地面交還官局。官局收回地面，即將該商所領開鑛執照注銷。

開採之權屬之國家，無論官辦民辦，或華洋商人合辦，均以奉官局批准為度。儻有民間私將鑛產賣於外人者，由官局查明，除鑛地充公外，并將該業主照盜賣律治罪。

如無華人合股，斷不准他國鑛商獨自開採一鑛。

第十五欵　銀股地股之區别

凡華洋商合資開採一鑛，謂之銀股。或中國鑛商力有不足，官家助以資本者，謂之官銀股。

凡業主有地無資開採，願與鑛商合力，呈請領辦者，民業主應分之利謂之地股。或官家之地官不自開，准給鑛商領辦者，官家應分之利謂之官地股。

第十六欵　甲字類鑛專歸業主開採

第十一欵　甲字類鑛質如在民地，應准地面業主任便開採。如在官地，應稟明鑛務總局批准，方可開採。一切税捐仍照本省舊章辦理，勿庸徵收年租及報效銀兩。

第十七欵　乙字類鑛合股辦法

第十一欵　乙字類所載各鑛質，如在官地，應由官辦。如在民地，准業主儘先開採。如業主無力自開，准其以地作股，與鑛商合股開辦。所得鑛利除開支一切用費外，凈存餘利。此類鑛質利息不多，業主應得十成之三，鑛商應得十成之七。官但照章徵收鑛税年租，不提業主餘利。

第十八欵　丙字類鑛合股辦法

第十一欵　丙字類所載各鑛質辦法，悉與上條乙字類相同，惟所得鑛利除開支一切用費外，凈存餘利業主應得十成之二五，國家酌提十成之二五，鑛商應得十成之五。

第十九欵　稽查鑛産總數

無論官地民地、公用民用，所開出之鑛質數目，按季呈送鑛務委員，轉遞總局詳咨商部，以備核算通國每年鑛産總數。

第二十欵　鑛地不得私自换賣及質押

鑛商領辦鑛地，不得私行買賣交换及作為借貸抵押，必至原給照處呈明事由，經鑛務委員查明批准，方可遵辦，違者依私自買賣鑛地律治罪。惟該鑛商此外所有産業，不在此列。

第七章　以地作股

第二十一欵　鑛地作為紅股

凡業主所有鑛地，准其以鑛地作為成本，與情願租辦之鑛商合股經營。其鑛地即作為紅股，應占本鑛股本若干，視鑛質為定。如係乙字類鑛，則所得餘利鑛商七成，地面業主三成。如係丙字類鑛，則所得餘利鑛商一半，地面業主二成五，國家二成五。無論鑛之大小難易，總以除去地租、鑛税、用費、公積外，其地股之業户與銀股之鑛商，照上列成數各分餘利為斷。如鑛係官地，則除鑛商所得外，統歸國家所得。如鑛商不允照此辦法，即不能承辦各種鑛務。凡以鑛作股與他商合辦者，一切開鑛事宜，均歸出資之鑛商經理。如有虧耗，專歸鑛商承認。惟既報虧耗，則業主自無餘利可分，應准地股之業户得隨時查考該鑛商出入欵目帳簿，俾可知是否虧耗，有無餘利實情，以免争執。

凡官地即作為官股。無論華洋商民，稟請給領官地開鑛者，其股分只許占一半，不得逾於官股之數。官股應分餘利，悉照上節辦理，并須由官派員駐鑛，隨時稽核欵目，考察鑛工。

凡地股之業户如兼有銀股，除地股不認虧耗外，其銀股仍一律按股公認，民股官股皆同。

第八章　執照

第二十二欵　辦鑛須請執照及其限制

除甲字類鑛質外，凡欲請辦第十一欵乙丙字下所載之鑛質者，必須先行具禀該省總局請領辦鑛執照，方准開採。至各種鹽乃國家專有之權利，中國向不作為鑛類，領執照者不准以鹽作鑛。領執照者不得將其執照上之權利轉授他人。

第二十三欵　執照分兩種

執照分為兩種，一為勘鑛執照，一為開鑛執照。領照者無論獨辦或數人合辦，或合股公司，均可稟領。

甲　勘鑛執照

第二十四欵　請領勘鑛執照辦法

呈請勘鑛執照之人，須開明履歷并所擬履勘之地址及所擬探之鑛質，詳稟陳明，并須將擬勘之地繪圖貼説，稟呈總局，聽候總局行查該地方官及鑛務委員，俟其稟覆核奪。儻該請領勘鑛執照之人不能合格，或所請之鑛地别有違礙，即不能准給執照。或别有可疑之處，可令其呈具保單。

第二十五欵　勘鑛執照期限及其限制

勘鑛執照定以一年為限，如因要事，可准展至十八箇月為止。若領到執照後兩箇月之内不派有鑛務學校畢業文憑之鑛師前往履勘，不論何故，概不准展限。每張勘鑛執照所准履勘之地，至多不得逾一百方中里，并須坐落一縣界内。如係數人均票請勘鑛執照，而同指一地者，該執照祇予首先具稟之人，儻另有未經稟勘鑛地，仍准一人兼領數張勘鑛執照。惟勘鑛執照不准典押，不准互換，不准出售及不准他類變動辦法。

第二十六欵　履勘鑛産限制

凡公地并非官家留作别用者，及與地方毫無關礙者，准領勘鑛執照之人在界内履勘第十一欵乙丙字下所列之鑛質。如開坑驗鑛，其深闊處均不得過工部尺三十尺。以後凡言丈尺里數畝數，俱係按工部尺計算，省文即曰中尺。惟在勘鑛執照限期之内若須用鑽石打鑽驗鑛者，其深處則不能預定限制，但至深不得過工部尺五百尺。如再須鑿深，須與業主商允方可。凡民地如須擬勘，皆須先商業主或其代表人應允，不得絲毫勉强，致啟争端。

第二十七欵　續請勘鑛限制

凡鑛地所有已經稟領鑛界在案者，隨後有人稟請勘鑛，至少須離前領界外六百中尺，惟已經廢棄之鑛，則准其履勘。

乙　開鑛執照　鑛界

第二十八欵　勘鑛界限

凡勘驗乙丙兩項之鑛質，其所開之坑長處深處有逾三十中尺者，即作為開鑛論，必須加領開鑛執照，方准辦理。

第二十九欵　開鑛界限

凡開採第十一欵乙丙兩類之鑛質，須將所領鑛地劃成鑛界，計算准地面平方每邊三百中尺、横直相等者，為一鑛界，領辦者於地中採鑛之界綫，須與地面所劃界綫同，不得横斜出所准領地面以外。

凡所採鑛質無論乙丙兩項何類鑛砂，其深處至鑛質竭盡為止，不得再向下掘。

第三十欵　鑛地面積界限

所請開鑛執照，或為一界，或為數界，均可并載一張之内。所請之地如不止一界，其毗連之邊徑必須相連，不得隔斷。惟一人所領鑛地無論若干界，每人至多不得過面積九百六十中畝即一百六十英畝。鑛照批發後，如續行請展鑛界，須再稟候核奪，與請領新地同。

第三十一欵　請領毗連鑛界辦法

如有未領之地坐落兩三鑛界之間，其形式大小與本章所定鑛界不合，准毗連此地鑛商中之先具稟者領之。如不願領，准此外合格之人先具稟者領之。

第三十二欵　減鑛棄鑛辦法

設使領有開鑛執照之人欲減去若干鑛界，或全行捨棄，准照鑛務附章所定辦法，在總局具稟聲明。

第三十三欵　請領開鑛執照辦法

凡已領勘鑛執照，於勘畢後擬稟請開鑛執照者，須遵定章在鑛務總局具稟。該具稟人無論獨辦或合辦或公司，須將來歷詳細聲明。獨辦或合辦，須將出資本者及諸經理人之履歷開呈。若係公司，須開呈各董事及領袖辦事人履歷，并開呈資本數目，用何法開採，所請鑛地四至及界石并鑛界若干，擬辦何項鑛質，均須一併聲叙明晰。

第三十四欵　酌定業主自開期限

凡稟請鑛地，准其先請先得。但第十一欵乙字所載各鑛質若在民地，其業主自願開辦，應准業主儘先開採。惟總局可豫定一期，諭令於期内開工。過期不開，可由總局將該鑛地給價收買歸官。

第三十五欵　需用地面有糾葛應聽官斷

設若所請鑛地中之某段在民地之内，具稟人如需此段地面以作附屬鑛地之用，或需全段地面以作開採散鑛或流積鑛質之用者，務與業主商辦。其如何商辦之處，亦應聲明稟内。如業主不允與具稟人商辦，應由總局確查情形，如與民間别無妨礙而又為開鑛必不可少之地，可按官斷規條辦理。

第三十六欵　分别一鑛有乙丙兩類鑛質辦法

一鑛地之内，有第十一欵所載乙丙兩類之鑛質而不能同時開採者，可准首先合格之具稟人領辦。儻稟請開採丙字内鑛質者，可准兼採乙字類鑛質。如只請開採乙字類鑛質者，則不准兼採丙字類鑛質，若欲兼採丙字類鑛質，必須另行具稟。

第三十七欵　核准鑛地辦法

總局收到呈請鑛地之稟，查明係未領之地，并與地方毫無關礙，即將原稟事由榜示局前，以備或有轇轕，即便核辦。嗣後總局飭測繪委員定立界址，無論彼處有無鑛質、已未施工，均照立界。界内如有房屋、道路及營造等事亦無礙。惟開採工程須遵守鑛務警察章程及第四十四欵并附章第四十二條辦理。

第三十八欵　填發執照須憑實據

所請鑛地一經測量定界之後，且經證明實係未領之地，並查與地方毫無窒礙及曾領得勘鑛執照在先，總局即可照章填發鑛照，給具稟人收領管業。

第三十九欵　給照後立可興辦鑛工

凡遵守條例請領鑛地，經總局核准領到注册之鑛照後，該鑛商可以立時興工，將照内指定之鑛開採。

第四十欵　開闢隧峒所關事項

因開闢隧峒洩水通氣或轉運，而其地工程乃在所領地界以外，如彼處有未領之地可資開辦本鑛所載之工程者，則須遵照稟請鑛地之例，另行請領所需之地。儻該工程須越别人鑛界者，該具稟人必須先與别界之鑛商妥商，并須議明設因上開工作而獲鑛質，理應如何分派。儻與别界之鑛商未經議妥，除經總局按官斷規條斷准外，則不得擅行開工。

凡開隧峒遇見乙丙類鑛質，鑛商應即稟報鑛務委員，并按第四十五欵交納報效銀兩。

第四十一欵　詐領執照應予懲處

凡稟領執照由詐術者，總局訪查得實，應將所給執照立刻收回，從嚴懲辦。

第九章　鑛界年租

第四十二欵　鑛界年租等差

所領之鑛地，應按年遵照下開各條納鑛界租。

乾　按第十一欵乙字所載各鑛質，按年每一鑛界繳租銀一兩五錢，合每畝銀一錢。

元　按第十一欵丙字除黄金、白金、銀、寶石外，其餘各鑛質按年每一鑛界繳租銀三兩，合每畝銀二錢。

亨　黄金、白金　銀、寶石各鑛，按年每一鑛界繳租銀四兩五錢，合每畝銀三錢。

利　按元字所載之鑛質，每年本應納租銀三兩，如其鑛質中含有黄金、白金或銀若干成數，則應納鑛界之年租，須照亨字一條交納，即每年每一鑛界繳租銀四兩五錢，合每畝銀三錢。

貞　此項鑛界年租乃在地面錢糧之外。

第四十三欵　繳租期限

此項鑛界年租分為兩季先繳。如有短繳，無論若干，但逾六箇月者，則注銷執照，封閉該鑛。如領官地，即行收回。

第四十四欵　勘鑛地租及免租事例

凡准履勘之鑛地，民地應由鑛商與業主商妥，稟官立案。如在官地，應繳納勘鑛地租，每一鑛界銀二兩，展限半年者應加納半數，均於批准或准展以前交納鑛務總局或鑛務委員。

凡專為開闢隧峒洩水通氣或轉運之用，稟請應需之地者，免納鑛界年租。

第十章　鑛税

第四十五欵　鑛産出井税等差

除納鑛界年租外，尚須按照所採獲鑛産之數，交納報效銀兩，作為出井鑛税。其數如下。

一　凡煤炭或煙煤、或硬煤每噸納銀壹錢。

二　凡鐵苗每噸納銀壹錢。

三　凡此鑛專係黄金或白金或銀，按照市價抽取百分之十。

四　凡他項鑛質中含有黄金或白金或銀，其成數多少無定。應臨時查其所得金銀實數，按照市價抽取百分之五。

五　凡汞苗與錫苗Lus of tiu及銅苗，按其價值抽取百分之三。

六　凡各色玉類并寶石類，按其價值抽取百分之十。

七　其餘第十一欵乙類所載之鑛質，按其價值抽取百分之一。

第四十六欵　鑛産出井税繳納期限

鑛産出井税銀兩，乃按上月所出之鑛産，於本月十五日交納。

凡鑛税銀兩並鑛界年租，皆在所設鑛務委員處交納，呈解總局。

第四十七欵　出井鑛税延逾之罰

儻於每月十五日應繳上月出井鑛税未經全繳，而延至三箇月之久者，即注銷執照，將鑛封閉。如領官地，即將鑛地收回。

第四十八欵　出口鑛産進口開鑛機器物料之税則

凡鑛産裝運出口者，無論其為鑛苗之原質，或提淘之粗胚，或製煉之净質，須按海關税則交納出口税。

凡機器料件裝運進口為辦鑛之用者，亦須按海關税則交納進口税。

第十一章　鑛商應遵之禁令

第四十九欵　開辦停辦之判斷

凡有約各國人民既願與華人合股充為鑛商，即作為已允遵守中國法律，并歸中國官員節制，及按照現定鑛章辦理，或他日續訂開鑛新章，或別項有關係法律，如公司法律之類。亦允遵守照辦。如果切實遵守，即任其興辦應需之工業。即如開採之緩速，或因需工之多寡，不免暫時停工，如停工一年不採鑛質，即作為鑛商永遠停辦該鑛，鑛務委員即可准他人按章稟請接辦。至設辦溝渠、風穴、採運鑛苗，悉從其便。惟因工程不善以致有險害等事，該鑛商承任責成，應速講求豫防之法。又因別種辦法致損別人產業之利益者，均歸該鑛商賠償，并由地方官及鑛務總局體察情形，責令該鑛商暫行停辦，另籌妥善之方，再行開辦。一經總局知照，當立即停工，不得借故延諉，或恃强不遵。凡因停辦所損失之利，由該鑛商自認，鑛務總局一概不理，即領事公使均不得干預。

第五十欵　公同利害之處置

道路、溝渠、水道、氣道或在鑛地之內，或在毗連鄰産之內，均同獲其利或同受其害，如欲勒令遵行本欵義務，或欲估計賠償之數，除照鑛務附章載明辦法外，均應遵行該省通行律例。

第五十一欵　鑛地洩水法

鑛中之水屬鑛商者，應由鑛商自行設法挹注，惟挹注時不得損礙別人產業，如在地面挹注，照本地向例，放水不得阻礙現有水道。

第五十二欵　洩水受害者應予賠償

儻因鑛中積水，或因別故，該鑛商雖已得知，仍不遵照章程所定期内設法疏洩，以致鑛内鑛外別人之利益受損，該鑛商應訂立合同賠償，或由本省總局斷賠。

第五十三欵　鑛局有迫令除患之權

設使數家鑛産同在一處，因有水患以致被災，不能開採，如果各該鑛商曾經倡議設法除患，而未能協商定議者，總局應即迫令各該鑛商公同捐貲設法除患，酌量定斷辦理。

第五十四欵　不准施工之界限

無論何項鑛工，儻無該業主切實允許，均不得在其本宅或其附屬業産界綫外一里之内施工。儻無該處地方官明文准可，亦不得在衙署、會館、公所等類與井泉及緊要水利之處、公用道路、鐵路、運河等類，以及別項公産之界綫外三里之内施工。至若礮臺、營寨及一切軍用局廠所在之地，除該管官員特圈劃施禁不論遠近外，凡鑛務工程，不得於距其界綫三十里以内施工。

第五十五欵　帳册宜遵格式

所有辦鑛人，或獨辦或合辦或公司，須遵妥定帳册格式，隨時記載辦鑛確實帳目，以備總局委員隨時查閲。

第五十六欵　鑛圖宜遵格式

各鑛須遵頒行格式，預繪地腹工程之準圖，以備總局隨時委員稽查驗看。

第十二章　樹木水道

第五十七欵　鑛地樹木

砍伐樹木，或因清道之故，或因開鑛之用，均不列在勘鑛及開鑛執照准行之内。如所在係官地，應在鑛務委員處請領伐樹准單，所伐之樹按照該處市價納繳。如係民地，則須備價向業主商購，經業主允許，方能砍伐。或由地方官按律定斷，飭令交出方可。

第五十八欵　鑛地水利

各省内地之江河湖港可行舟艇之處，均歸國家管轄，官民公用。所有江河等處水道，鑛商不得藉故擅擬更改，亦不得分注上流之水，致奪下流居處之水利。

第十三章　外人合股

第五十九欵　外國商民之名籍職業及保證限制

凡合股洋商照章具稟領辦，須投有該國領事公文，證明其人能切實遵守本章及附章所有已載未載各條欵，并須由該省鑛務總局查實其人果合第十欵鑛商格式，然後發給執照，准令照章辦鑛。該總局并應令具切實保單，保其遵守本章及附章，斷無違背。果於定章毫無窒礙違背，方能核准令其承辦。除鑛商承辦鑛務外，至於外人入内地須領護照，及外人不准在内地租地、賃房、造屋、設立行棧，暨經營他項事業諸類條欵，仍舊施行，絲毫未有更改，即因勘鑛或開鑛外人入内地，須照舊請領護照。

第六十欵　外國商民訴訟法

凡合股洋商在内地辦鑛，如與中國人民或他國人民有錢債爭訟、關係兩造私自權利者，中國執法官吏可按照國律向例，秉公剖斷。如有案情别出為現在律例所未備載者，並可按照現今各國通例，并參酌中國法律情形，公平斟酌辦理。

第六十一欵　外國商民犯罪處置法

凡合股洋商在中國内地辦鑛，如有犯罪事件，中國執法官吏可往查問案情，搜檢證物。若遇該國領事遠隔、犯人有逃走之虞者，并可暫時捕拘，移送就近領事官，仍按照條約照會該國領事官，用該國律例處斷，中國官吏並不强行干預。如領事處斷不能得中國官吏許可，商民悦服，以後該國民人即不准在本省再請開鑛執照。

第六十二欵　外國商民上控限制

凡關係鑛務事件，受斷者無論何國人不服鑛務委員所判，准至本省鑛務總局上控。如仍不服，至本省按察使司、督院、撫院及至商部為止，無論何國領事及公使均不得干預，但無論控至何處，均宜按此鑛律剖斷。惟於此項鑛律未經著有明條者，方可援引外國鑛律，仍不得與中國鑛律意義觸背。

第六十三欵　保護開鑛外國商民各條

外國人民既與華民合股辦鑛，不拘何時，如有打獵跑馬及種種游戲事件有危險之虞者，須稟明該處地方官指定地界，限定時日，遵照辦理，其餘仍按外人游歷内地章程從優管待。

外洋合股鑛商除本人外，暨延訂鑛師及管理機器者數人，非與該鑛確有關係，未經總局允准請有合格護照，地方官不認保護之責。

第六十四欵　宣示有鑛地方阻礙事由

鑛務總局如以某處地方尚未安謐，或經地方官隨時稟明有礙地方安謐，不宜外人入内辦鑛，可將事由宣示稟領鑛照者，即不批准。

第十四章　鑛工

第六十五欵　鑛商所定鑛工規條須經官准

凡開採鑛物及從事開鑛業務之華人，謂之鑛工。

鑛商所定之鑛工規程，必先稟明鑛務委員，然後施行。

第六十六欵　鑛工須有詳細簿籍

鑛商宜備鑛工名簿，記載其姓名、年歲、籍貫、職業及被雇、辭退之年月日，以備查考。

第六十七欵　鑛工罷役各條

如犯下開各項者，鑛工無論何時可以罷役。

一、鑛商及其使用夥友有虐待之事件。

二、工銀不按時支給，或有尅扣等情。

三、鑛工作工時刻過多，有不勝其勞苦以致多成疾病者。

第六十八欵　體恤鑛工各條

鑛商宜體恤工人，其體恤規條必先稟明鑛務委員。

一、非鑛工之過失，因就業時負傷，應補給醫藥、培養等費。

二、因負傷培養時，應給以相當之火食費。

三、或因負傷以致身故者，應優給埋葬費

四、或因負傷以致殘廢者，應酌定期限給與補助費。

以上四項，鑛商與鑛務委員公同商酌給發。

第六十九欵　辭退鑛工各條

如犯下開有礙鑛商各欵，無論何時，鑛商可以辭退鑛工。

一、違犯中國律例，擾害地方人民者。

二、窩藏匪類混作鑛工者。

三、投身教堂，自稱教民，混作鑛工，不受地方官員約束者。

第七十欵　懲辦鑛工各條

如犯下開有害地方各條，無論何時，鑛務委員亦可迫令鑛商清查此等工人，交地方官懲辦，不准鑛商庇護。

一、不聽鑛商指揮使用者。

二、對於鑛商及其夥友有横暴之行為者。

三、鑛商并無虐待尅扣情事，藉端罷工要挾者。

第七十一欵　修改鑛工章程

凡國家保護鑛工及查禁鑛商虐待工人情弊條欵，如有應行修改增益之處，可由本省督撫隨時咨明商部核定辦理。

第十五章　鑛務警察

第七十二欵　鑛務警察之責任

鑛務警察事務，由總局飭知鑛務委員攝行其事，大端列左。

一、關於坑内及鑛地所施設之工程有無危險事。

二、關於鑛工之生命及其他衛生事。

三、關於保護公益事。

第七十三欵　鑛務警察之權限

礦務委員如實見所管鑛地有危險之虞，或有害公益者，應稟請總局命其停工。如事迫不及稟請總局者，該委員亦可命其暫行停工。

第七十四欵　停工開工之辦法

鑛地因事故停止開採，如果加工設法改正後，由鑛務委員勘實即仍准開工。

各國鑛地限制備考

英國

第一等鑛地四百英畝。

第二等鑛地二百英畝。

第三等鑛地一百英畝。

美國

每人所請鑛地不得過二十英畝

或數人同請在八人以上，不得過一百六十英畝

法國

自二十英畝起至多以六方里為限

德國

十一英畝至二百二十英畝

奧國

十一英畝

日斯巴尼亞國

至少須縱横各四百米忒

大清國鑛務附章

第一條　各省鑛務總局派員分理鑛務

各省鑛務總局總辦，應就本省産鑛之區，酌派委員分理鑛務。所派委員歸總局節制，凡有呈請勘鑛、開鑛或餘地執照之稟者，該委員應照定章經理其事，凡正章、附章所定委員應辦各項職事，均應遵辦。

第二條　鑛務委員應迴避條欵

凡有關涉下開各事者，鑛務委員應當迴避。

甲　凡有關涉委員之利益者，無論直接間接，應當迴避。

乙　凡事有涉委員之宗族親戚者，查照大清律例吏部則例應迴避者，均照例迴避。

丙　如委員或其宗族親戚因在所管界内争執地産，聽候審官判斷之時，應當迴避。

丁　如鑛務委員與兩造中素有交誼及錢財交涉者，均應迴避。

第三條　鑛務委員之責任

鑛務委員之責任

一　應照鑛章所定辦法，代具稟開鑛人轉達各事。

二　應照鑛章所定辦法，代具稟勘鑛人轉達各事。

三　如具稟人願請注銷所具之稟，或稟加減，或稟改正，所請鑛界應照定章代為稟達辦理。

四　按每月初十日之内應將上月所收呈請勘鑛開鑛執照之稟詳細具報總局

五　鑛務委員應將駐紮辦公地方，并每日辦事時刻，宣布鑛商俾各周知。

六　遵奉鑛務警察法律，隨時查勘已經施工之鑛區。

第四條　鑛務委員、開鑛小工、巡查兵役三項，均不得用外國人

派駐各州縣之鑛務委員，專係中國官員充當，但須選擇事理通達、略知鑛學或於鑛務曾有閲歷者。外國官商人民不得充當。其鑛務總局選用之鑛務顧問官，則不拘此例。

所有鑛工及執役巡查人等，皆專用中國人民，不得攙用外國人民。

第五條　呈請勘鑛執照法

呈請勘鑛執照之稟，必須謹遵鑛務正章第二十四欵所載照具正副兩件，送呈該處鑛務委員及該省鑛務總局查核。所請勘鑛之地，由總局飭知地方官查核稟覆。合格者，詳稟本省督撫批准，再飭該處鑛務委員即於副稟標明收稟之日期，備録督撫及總局批准全文，蓋印發還原稟人收執。此發回副稟，即可認作勘鑛執照無異。

第六條　允許勘鑛字據

呈請勘鑛稟内，須將擬勘鑛界或係官地或係民地聲叙明白。如為民地，必須酌給津貼，妥商該地業主給予允許字據，方與批准。

業主允許勘鑛字據格式如下：

立允許勘鑛字據人某某今有坐落某某省某某縣境内自己鑛地

段，編列第　　號，東至　　西至　　南至

北至　　允許某某於上開界內探勘鑛質，所有應給津貼及賠償該地損失之項，業經彼此議明付清，今欲有憑立此存照。

地主某某某簽押

中證某某簽押

此項允許字據，應須繕寫兩分，一分給勘鑛人收執，一分由勘鑛人送呈該處鑛務委員查核備案。

所勘之地無論官地民地，當批准時，鑛務委員務須批明勘鑛人所掘之地應在所准勘鑛界內，無論横直寬深，不得逾工部尺三十中尺以外。

第七條　勘鑛次第

設使稟請勘鑛執照者，有數人皆指請一處之地，其最先具呈之稟，應當儘先核奪。如果該稟不能核准，即按各稟次序先後核奪。

第八條　允許勘鑛期限

儻業主或其代表人與領有勘鑛執照人所商未協，該勘鑛人可向本地鑛務委員處具稟聲請并具保單，以備津貼業主、賠償損失兩項用費，該委員即將勘鑛人所稟之事知照該業主，儘兩箇月內，可以來局申訴不允之故。如業主并無事故，期内不來申訴，逾期即作已經允許論，且於期滿以後，該委員應即妥定辦法。如須妥計保單數目，即應按照所估之數妥定，惟不得逾於實應津貼、賠償之數，俟保單填寫明白、呈請批准後，該委員即按下開格式，批注在正副兩稟之尾。

某某縣鑛務委員某某為批注事。照得某某省某某縣境内段鑛界，東至　　西至　　南至　　北至

編列第　　號。現經該地業主允許某某前往該地。勘鑛人呈送保單一紙，計銀　　兩，交存本委員處代收，以備將來應賠該地損傷之用。至應賠若干，再由本委員估計，估定之後即在此項保單内提付。須至批注者。

此項稟單既批注後，交還具稟人收執，與所領勘鑛執照均不得遺失。

第九條　勘鑛期限

自發給勘鑛執照之日起，於限定一年期内，除原請勘鑛執照之人外，鑛務總局不得於已准履勘界内，另准别人請領開鑛執照。

第十條　呈請開鑛執照法

凡欲具呈請領開鑛執照之稟，須繕兩分，并須將下開各欵填入。

甲　該具稟人姓名、住址、行業、籍屬何省或何國。如係公司，亦應遵中國法律註册。

乙　所請之地共計鑛界若干，必須填寫明準。

丙　所有鑛界坐向。

丁　該地坐落縣内何處。

戊　所請之地有何種極顯之天然標記，以便認識。

己　擬採何種鑛質。

庚　所覓鑛積之形勢地位，或脈積，或層積，或散鑛，或别式，均須聲明。

辛　所請鑛地在該處鑛務委員所管界内何處。

第十一條　補領鑛照辦法

鑛商如將第五條及第十條之鑛照或有毁損，或遇意外遺失之

事，必將其事由稟明鑛務總局，再行補領。

第十二條　接充鑛商辦法

鑛商或因身故，覓有合格之接替人，限三十日内必將其承充人姓名稟明鑛務委員，轉詳總局。

第十三條　業主自行開鑛應立期限

凡稟領開採鑛章第十一欵内乙字之鑛質者，若在民地界内，該處委員或本省鑛務總局應自收稟之日始，於十日内行知該鑛地業主。該鑛地業主應自奉諭之日起，儘一箇月内，即須聲明或願自辦，或因何故不允具稟人辦理。如該業主欲留為自己開採之用，鑛務總局即可酌定期限，飭令該業主應在期内興工開採，仍將前稟存案，以觀該業主是否切實施工，然後為斷。如該業主奉諭後，於所定一箇月内并不聲明其意見如何，即為該業主自己放棄不辦。

設使該業主并不稟覆，抑或推卻不願自辦，又不許別人承辦，或聲明自辦又不如期開辦，總局可按附章第三十九條妥為商辦，如再不聽商酌，可詢訪該地方紳民公論是否宜開，秉公定斷。

第十四條　業主悔議應償還勘鑛人工費

地面業主如已得受津貼賠償，給予允許勘鑛字據，自總局發勘鑛執照，准予別人履勘之日起，於一年期内决定自辦，該業主應償還該勘鑛人所用之工費。設使兩造不能互相妥商工費之數目，即按本附章第三十九條所載公斷之法辦理。

第十五條　鑛務委員有詰問開鑛人之權

如所呈請領開鑛執照之稟未曾妥遵本附章第十條章程，詳敘明白，即不得核准，亦不得註册。即使業經妥遵叙明，而鑛務委員尚有疑惑之處，仍可詰問具稟人，并將其所答之詞當面記入正副兩稟内，并注册備案。該委員備呈案卷與總局時，須將疑惑之原由及與具稟人之問答，稟明總局察核批斷。

第十六條　鑛務委員應注明收稟日期次序

鑛務委員收到請領開鑛執照之稟，應當具稟人之面，將收稟日期并案卷號數，登入所備專記開鑛執照之注册簿内，并批於正副兩稟之尾為憑。

凡注册稟件，必須確按收稟日期之次序登入册簿，先後勿紊，不得間留一行空白。

第十七條　鑛務委員不收同地未批之稟

呈請開鑛執照之稟既收之後，當鑛務總局未經批發以前，所有別人呈請開此鑛地之稟，概不接收。

第十八條　開鑛次第

如係數人同時請領開鑛執照，所請或方形或角式皆在一地，則按本附章第七條辦法參酌辦理。

第十九條　測繪鑛界期限及其費用

自稟領開鑛執照呈請注册之日起，於十日内，應由鑛務委員飭派測繪委員照測所請鑛界形式，并繪界圖。其鑛界之界誌，於周圍最少三百中尺内鄰界，均須標明圖内。測繪費用，由鑛務委員估定，由具稟人照付。

第二十條　測繪委員呈報鑛圖期限及禁止阻撓辦法

鑛務委員應准該測繪委員儘六十日内，將所測繪之鑛地圖式并所具之詳細説帖，各備三分，如期呈核。并由委員給與該測繪委員文據一件，載明儻有官已批准，而該處民人有藉端阻撓該測繪委員鑛場所作工程者，即當交地方官按律懲辦。

第二十一條　測繪鑛界定綫法

凡奉委測繪鑛地之測繪委員，當在鑛地測量之時，須定該鑛邊界直綫，再由所定直綫按準子午綫，以定角綫。

第二十二條　鑛界標識法

在地面分別鑛界，須按以下各節，以界牌或界石為標記。

甲　所立界牌或界石既經定為鑛界標記，如鑛界一日不改，則此界牌、界石一日不得移動。

乙　所立之界牌或界石必須工作堅固，并須隨時修理，不得聽其毀壞。

丙　所立界牌或界石之號碼及地位，不論由何號界石以及前後所立者，務須顯而易見，石上務須刻有該鑛商姓名，并挨次號碼。

第二十三條　測繪委員標定界誌辦法

測繪委員應在地面標明竪立界誌之地位，且須將所定之地位標繪圖內，與説帖一併呈送。

第二十四條　測繪委員圖説錯誤責任

凡測繪委員所作工程、所呈圖説報告如有錯誤，均須擔承其責。

第二十五條　開鑛人宜恪守鑛界

凡領開鑛執照之人，係按鑛照所載之地為準，不得增多減少。設因測量不準，或因誤竪界牌、界石，致與鑛照不符，須照更改，若係有意朦混多佔地段者，議罰。

第二十六條　鑛務委員經理告發事件辦法

請領開鑛執照，如有他人具稟不服，應由鑛務委員將具稟人之姓名及所以不服之故，一面行知具稟請領開鑛執照之人，一面稟報總局。

第二十七條　告發開鑛人期限及其條欵

如有與稟領開鑛執照者因不服之故竟擬興訟，須在該領照人稟批榜示之日起，儘四箇月內具稟聲訴。但其所以不服之故最少須有下開之一端，方可准稟。

一　有與業主不合者。

二　侵占毗連方形角式鑛界者。

三　設有已領之地或全段或一隅在其所請方形或角式鑛界之內者。

四　藉執照為護符魚肉鄉民者。

五　所領開鑛執照與該地情形不合者。

六　領執照之人不合鑛商資格者。

七　所領執照有第二十欵所開各弊者。

八　領執照之人一切行事有故違此次定章者。

第二十八條　鑛務委員處置訟案權限

除具稟人得悉之後，自行來局請將原稟註銷外，鑛務委員應將其不服之稟留存局內，即飭測繪委員前往該處考查。該測繪委員查明稟覆，俟具呈圖説之時再行核奪。

第二十九條　測繪委員處置訟案權限

當測量鑛界時或有人來與之争論，無論係領照之人或係已稟不服之人，或係擬稟不服之人，該測繪委員務須留心聽記，祇可具詳細説帖呈遞鑛務委員查核，不可自為評論。

第三十條　鑛務委員據稟不實駁還辦法

如有業主具呈不服之稟，聲稱并無鑛積在其地内，惟據測繪委員之報告，所稱鑛積顯然暴在地面，或顯有探峒，或顯有探勘工程，如此則鑛務委員可以駁還所具不服之稟。

第三十一條　鑛務訴訟期限

鑛務委員收到該測繪委員覆稟，即行傳諭兩造儘於十五日内到局，飭令合商。

當合商時，鑛務委員應剴切勸導兩造，以免涉訟。儻竟不能遵勸，即應停議，并將所有情形立時移知地方官。如於四箇月内兩造并不到堂，鑛務委員即可稟請總局發給開鑛執照。

第三十二條　鑛務訴訟案卷歸結法

如四箇月期限已滿，并無人具稟不服，或所不服之事不在第二十七條各節所應准者，又或不服涉訟經地方官審察斷結者，則所有涉訟一切案卷，鑛務委員應儘十五日内將案卷全分并圖稿一切，鈔送該省鑛務總局察核。

第三十三條　鑛務訴訟審斷法

如所呈之案卷不合批准格式，其不合之處并非具稟人應執其咎，即由總局將不合之處批明案卷之後，定一期限，飭令鑛務委員遵照所指之處速為更改。

假如不合之處咎在具稟之人，律應反坐。

第三十四條　開鑛執照給領法

總局察核所呈案卷後，如可批准，即按照本附章第三十五條填發鑛照一紙，并將測繪委員所繪界圖照描一分，發交鑛務委員轉給該具稟人收執，為批准之據。

第三十五條　開鑛執照格式

請領開鑛執照之稟，由鑛務總局查驗合格，即詳稟本省督撫轉咨商部。一經核准，即由總局按照下開格式填發鑛照一紙，給該領鑛人收執。格式如下：

某某省鑛務總局為發給鑛照事。照得本省某某縣境内編列第　號鑛界，現據某某某於　年　月　日具稟，請領開採鑛質前來。業經從細考核，并無鑛章第十欵不合法律格式之處，合行填發鑛照一紙，發給該具稟人收執，准其於附開來稟所指四至之界内，開採鑛章第十一欵第　節所載　鑛質，惟止有權開鑛，并非給與地權，并須於鑛務正章、附章所開條欵切實遵守，須至鑛照者。

第三十六條　外人稟請合股開鑛辦法

凡稟請開鑛，如係合股而兼有外國人民具名者，鑛務總局應按照鑛務正章第九欵，查明合股辦法，是否地面業主允准以鑛地作股與外國人合辦，抑係華商出資附股與外國人合辦。如係業主以鑛地合股，須呈驗合股字據，確與鑛務正章第十欵之内所載辦法相符，方准填給鑛照。如僅係華商出資合股，而地面業主不願合股，願得地價，則應由官將該鑛地收買，作為官地股，照鑛務正章第十欵所載辦法，與該鑛商議訂合同，彼此允洽，再行給發鑛照。

第三十七條　鑛章不載者應遵國家律例

辦鑛所有産業合股人或有争執，如不在鑛務正章、附章所載條欵之内者，皆按國家向定産業之律例，交地方官辦理。

第三十八條　鑛質與鑛照不同之辦法

按照鑛務正章第三十六欵，領照人在其稟准之界内開採各種鑛質，設使所開欵質并不在所具之稟與所領鑛照之内所載者，則須另行稟明，由總局核准，方可開採别種鑛質。

第三十九條　處斷鑛商與該地業主糾葛辦法

設如領有勘鑛執照之人，或係領有開鑛執照之人，因勘鑛、開鑛，或取散鑛所需地面業主不止一人，而其中有一段地面或因該地地價之高低與該地業主不能商妥，地方官即按照下開辦法妥為商辦。如全地業主皆不允願，應由官體察情形，另行酌辦，不得拘定下開辦法。

元　應由兩造各派一估計人代為估計。該估計人應自派定之日起，於十日内將其所估之數覆呈地方官察核。

譬如兩造之估計人所估不一，即由地方官另派一估計人公斷，該公斷人亦應將其意見於十日内具覆。

地方官既將各估計人之意見及兩造與各估計人所言詳細察核，證據明確，亦應於十日内判定所需該處地面之廣狹及應賠償之多寡。

亨　設該地業主既經地方官飭知後於十日内不派估計人，即由地方官自派一人估計。該估計人無論業主或執照之人為華商洋商，必須秉公核估。儻有受賄或偏袒之處，一經查出，定行議罰。

利　若不知該地業主究係何人，抑或知而不實，即由地方官代派一估計人。儻辦鑛人所派之估計人與地方官代業主所派之估計人所定賠償之數目不相符合，即由地方官自行斷定。其斷定賠償之欵，應代留存，備交應得之業主。

貞　凡為估計人，應將下開三則作為估計鑛界之底本，一則估計地價，二則估計該地所受損之處，三則按照本附章第四十二條所載應為之事。

第四十條　鑛界以外鑛質之辦法

設如原案僅准開通隧峒，衹作洩水通氣轉運所用之地界内覓出鑛質者，應在動工之前，按照請領開鑛執照條欵，禀由總局核准給照。

第四十一條　隧峒承領人之利益及其限制

凡有禀請地段僅開隧峒以作洩水通氣轉運之用者，如經批准，則所領地段界内，准該隧峒承領人有先請開鑛執照之權。如有別人擬於該處請領開鑛執照，或全領或分領者，總局應即知照該隧峒承領人，是否有意添請此地以為開鑛之用。該隧峒承領人應自知照之日起，於三箇月内具禀聲覆。如該隧峒承領人覆稱不願添領，或不如期禀覆，則期滿之時，總局可將此地准予別人領照。惟該隧峒承領人所有禀准開通隧峒之利，仍舊不失，而後來鑛商亦不得損壞，或更改，或干預其原有地腹之工程。

第四十二條　正章第五十欵所指辦法

按鑛務正章第五十欵所指，本章附欵詳列於下。

一、溝渠之合例義務。設若甲主不防護硔内溝渠，以致乙主產業受損，或甲主不如法極力防護該溝渠，以致其水流至乙主產業者，甲主應當賠償乙主。

二、如鑛商未經彼此商定，除實在不得已外，不能穿越別人鑛界以開隧峒。

三、按本條第二節所載之情形，如隧峒所經之地之鑛商因得隧峒泄水之益，應照硔工所沾之益，貼補該開隧峒之人，其如何貼補，乃按各硔體質及當下情形為定。

四、凡擬開隧峒者，必須先行禀明，俟由總局批准給照，方許動工。但總局須在給照之前，詳核鑛務委員所陳之附禀及所呈之圖，其擬開隧峒之横直各段工程，應詳晰分載。

五、當開隧峒經過某硔之時，其鑛商可派一人監工。如見其辦理不合，衹能報知鑛務委員，或稽查委員，或該處地方官查核，不能干預工程。

六、設該隧峒與硔工交通者，當開通時，應自行妥設隄防，以免阻運道及路徑。

七、按照本條第三節所開公共隧峒，若非各有關涉之人公同依允，并立約據，且在鑛務委員處注册存案，該隧峒不得另作別用。

按照本條第六節所開運道路徑及一切詳細情形，於所立約據之内，應聲明如有不遵者，應將此約作罷。

八、如有新開之硔亦在已設總隧峒之處，而亦可以分沾該隧峒之利益者，即須遵照本條之第三、第五、第六、第七各節辦理。

九、鑛商若須耗費鉅欵，始能在本界内設辦通氣峒者，其鄰近鑛商即應准該鑛主就近在其界内租用通氣峒，以免耗費鉅欵。

十、除由此界鑛商與其鄰界鑛商互相立約，并將該約在鑛務委員處注册存案外，彼此應在本界之内隨時妥設隄防，以免阻運道及路徑通行。

十一、除本條第九節所載外，本界鑛商所開硔工若令數家之硔工受其通氣之益，本鑛商不得索取酬資。而此家受通氣之益者，亦不得干預本鑛商硔工之利益。

十二、凡開闢通氣工程，并陸續保存通氣工程，所有費用之欵項，應由請領開闢工程執照之人自行開支。

十三、凡為建造鑛章所載之地腹工程專為轉運之需者，須當遵照第二、第三、第四、第五、第六、第十二各節方法辦理。

十四、凡為開隧峒而在掘起之土沙中得獲值價鑛苗，若由批准鑛地之界内而得者，應將該苗歸還該鑛原主。若僅由准開隧峒之界内而得者，應歸開峒之人領受。設此工程係屬數家合辦者，即按合辦分數照派。

十五、凡於甲鑛利便而於乙鑛阻礙，必須照下開辦法方為合例。或由該鑛主將其許可之事訂立合同，呈請鑛務委員注册。或由鑛務委員會同地方官審結，或由鑛務總局斷結。若乙鑛主不許可，甲鑛商應先稟請鑛務委員裁判。若不服其裁判，再行稟請該地方官判斷。如再不服，即儘兩箇月内上控鑛務總局斷結。

十六、如有擬按本條第四、第九、第十二各節造地腹工程者，必須先具一稟，隨同所擬建造工程之全圖及段圖，併呈鑛務委員，轉詳總局請領執照，方為合例。所呈之圖須按訂準之級數為程度，且將所擬建造工程之分段及其餘詳細情形標明圖内，以憑察核。

第四十三條　鑛務册報

辦鑛各廠、化鑛各廠、提煉金屬各廠、煅鑛各廠、鑛内各廠及其餘工業各廠之承辦商人，自開辦起，每月應將上月所辦工程、所用人工、所獲功效，悉行開具校正册報三分，送呈本處鑛務委員查核。

此項册報務須按月儘初十日以前，送到本處鑛務委員處，並須遵照鑛務總局隨時頒行之格式，填寫明白。即使本月之内並未出有鑛砂，亦應據實具報。

第四十四條　册報格式

按照上條所載，所有應具月報之人，可向鑛務委員發册處預先請領一月或數月册報格式。該項應需册報格式儻不先期預為備領，則所有干係，應歸該具月報之人自行承擔。

第四十五條　鑛務特別册報

本附章第四十三條所載各廠商，除呈送月報外，凡有本省鑛務總局應需之别項鑛務情形，以備編造册報之用者，應當隨時稟呈鑛務總局。

第四十六條　册報考查法

按照本附章第四十三條、第四十五條所載之册報，於送呈後查無錯誤，即將所呈三分中之一分交還呈報之人，并將收到日期批於所還册報之末。

如所呈册報查出册報不實不盡或含混不明，該呈報之人應當科罰，惟所罰之銀不得過二十五兩。此欵若不照繳，該呈報人應當監禁，惟監禁之期不得逾兩箇月，并將所呈册報退還，飭令從速更正呈核。

第四十七條　鑛界租完納法

鑛界年租分為兩季先繳，即二月十五日與八月十五日兩期。

鑛界年租應在鑛務總局取租處繳納。

所有稟准承領鑛照之人，必須如期親到鑛務總局繳納。

鑛界年租無須預先知照，以免藉端推諉延誤。

第一次應繳半年鑛租，不論何日發照，應在發照之日繳納。

第四十八條　完納鑛界租券格式

年租既經繳納，即由該局發給印板收單與繳租人收執。該收單應載之文如下：

甲、單名，鑛界年租收單

乙、某省某縣

丙、鑛名，鑛地坐落地方，鑛商名姓，應納鑛租之鑛界數目，鑛照注册號碼。

丁、半年應納鑛租若干。

第四十九條　鑛産出井税銀兩辦法及格式

按鑛務正章第四十五欵所載，鑛産出井税項，應於每月十五日按上月所出鑛産之數目，如數在鑛務委員處或在本省鑛務總局繳納。

鑛務總局所給出井税銀兩收單，與鑛界年租之收單格式相同，另加戊字一欵，載明何種鑛砂，并出産數目及總值若干。

鑛務總局收得各項年捐鑛税銀兩，應以一半解呈商部，一半留存本省充餉。

第五十條　鑛産出井税價格豫報法

鑛務總局應於每年正月、七月發一諭單，通飭各鑛商此後每半年之内，某鑛砂應按某價值為收取鑛税銀兩之準則，酌定各項鑛質價值，應按前六箇月各省會之市價折中核算為定率。

第五十一條　出井税數目核准法

每月出井税項之多寡，應照該鑛商或其代表人報呈鑛務總局該鑛每月所産鑛砂數目定奪。如有不實之處，即按懲治條欵科罰。

第五十二條　短納鑛界年租及出井税銀兩懲治法

如鑛商短繳礦界年租或鑛産出井税銀兩者，應由該處鑛務委員立即申稟鑛務總局，以便按照鑛務正章第四十三欵或第四十七欵辦理。

第五十三條　鑛局簿記法

鑛務總局及鑛務委員處應備注册簿記，詳載辦鑛事務。

此項注册簿記，應按收到文件日期、時刻先後登記。所有下開各欵，務須查詢明白，詳注備考。

一、具稟人姓名、職銜，或公司名號，或獨辦，或合辦，或公司。

二、擬用何種辦法。

三、擬以何日興工。若已興工，即應指明係在何日興工。

四、具稟人住處與所有各處分廠，其分廠雖在别處已經注册，亦應在該處鑛務總局聲明存案。

五、訂約、更約、廢約，無論合辦及合股公司，皆應聲明。

六、凡用授權文件委派總理人、代表人或執事人，或由以上各人繳回該文件者，皆須報明注册。

七、無論合辦及合股公司，凡有加減股本者，皆須報明注册。

八、鑛業所有一切契據。

九、典押鑛業。

第五十四條　鑛務注册辦法

鑛務注册應在鑛地所在之州縣衙門，并在本省鑛務總局辦理。

第五十五條　注册文件作為合例證據

所有遵章注册存案之文件，自注册之日起，即認為合例證據，不得因有在前在後未經注册之文件，以致此項已經注册之件成為無用。

第五十六條　鑛局公費

鑛務總局應收公費開列於左：

凡呈請開鑛，經鑛務總局填給鑛照，如所開鑛質係黄金或白金或銀或寶石者，按每鑛界收公費銀十兩。雖非此等鑛質，其中含有若干分數係黄金或白金或銀或寶石者亦同。其不及十鑛界者，仍可收足公費百兩之數。

凡呈請開鑛，經鑛務總局填給鑛照。如所開鑛質并非黄金、白金、銀及寶石，亦無此等鑛質夾雜在内者，按每鑛界收公費銀二兩五錢。其不及四十鑛界者，仍可收足百兩之數。

凡呈請勘鑛，經鑛務總局批准者，每執照一紙，收公費銀百兩。

凡請減少、增加、改正鑛界，經鑛務總局批准者，每紙收公費銀二十兩。

凡請勘鑛執照之稟，須經鑛務委員加簽者，每紙收公費銀五兩。

所有各項文件、鑛圖應呈鑛務委員或鑛務總局批驗者，每紙收公費銀二兩。

此條以上各項公費，均歸鑛務總局經收，其填給開鑛執照之費，應由總局照章代收，全數解交商部。

第五十七條　鑛務局費

鑛商除在總局繳存公費外，按照外洋通例，尚有隨時零繳之費用，由該管鑛務局就地收納，即名曰局費。但此項費用由鑛務委員經收，應按月彙報總局，以便查核。所有該委員薪水、夫馬及應得津貼，暨委紳司事吏役薪工川資并局中燈火雜用，均由總局詳定章程，按月支給，此外不得私自向鑛商需索分毫。惟鑛務委員甚屬勞苦，或周歷山溪，或深入井底，種種艱苦危險，非同尋常差事。總局必須從優核給薪水、夫馬、局費、雜支，以示體恤而除流弊。其局費條目列下：

一、加簽呈請勘鑛執照與注册者，應納局費銀一兩。

二、凡因業主不允請照人勘鑛，以致來局交涉者，應納局費銀二兩。

三、凡稟請承領，或加添或更改鑛界者，每呈一稟，應納局費銀一兩。

四、凡有代書事件、校對事件、加簽事件，無論驗准與否，每千字或不滿一千字者，應納局費銀一兩。

五、凡有呈請鑛務委員出局辦理公事者，應按往來路程，每里收取局費銀二錢。

六、凡須鑛務委員出局履勘地面情形并開具稟報者，須納局費銀五兩。

七、凡須鑛務委員往勘硔内情形者，應按深處每三百尺或不滿三百尺，納局費銀五兩。若須開具禀報者，另須加局費銀五兩。

八、凡校對加簽測繪委員所呈之圖者，納局費銀一兩。如來局描畫局中所存圖稿，另須局員校對加簽者，亦納局費銀一兩。

鑛務局只能照以上各欵收取局費，如有格外事件、本條所未載及者，須禀請鑛務總局核定數目。

第五十八條　鑛商帳簿格式

辦鑛者，無論華商獨辦，或華洋商合辦，或合股公司，最少須備帳簿三本，一為記載所有産業物件與贏虧帳目，一為流水簿，一為各户往來總帳簿。另備帳目一本，記載各分理處辦鑛用費與所出鑛苗净鑛之數目，并出售數目及價值。該帳簿必須由鑛務總局頒發一定格式，以歸一律，且裝訂完善。

第五十九條　鑛地各圖之準備

除批准鑛地之時由測繪委員所繪之圖外，各開鑛處均應備存下開各圖，以便隨時察看。

甲、按測繪委員之原圖預備一張，或由原圖描出須經校準者亦可，指明所准鑛地之界限，之路徑，之通氣溝渠，之安置機器之處，設廠之地址，并別項地面所占各鑛界之界綫，鑛界之數目，邊徑之角度。此圖應與乙圖之程度相同。自圖成之日起，最遲於六箇月内，即應隨時將情形添注更正。

乙、鑛産所屬地面之總圖，或由原圖描出已經校準者，指明所屬鑛産界限，脈槽之斜形與面層，或沖積面層，或壞鑛所有地面工程，或孔穴、井眼、鑽孔、屋宇、水道、水壍、貯存雜質之處，官路、鐵路、車路、通電力綫、電報綫、電話綫接電拖繩、大小陰溝、圍棚，及地面所見之物須當保護，不許其下面掘空者。此圖自告成之日起，最遲於一年内即須隨時更正。

丙、硔圖或由原圖描出校準者，指明鑛産界限，各種穴口隧道横徑，内井凸形穴横徑，鑛堀撑柱，地腹之路站，火藥庫，現採之鑛脈，鑛槽、鑛牙，所有隔斷鑛積之石，并突入鑛積之石。凡遇槽脈緊要之更變，亦應標明。所有別式之鑛脈，或鑛積之層次疊覆者，應照鑛務委員所囑，將其遞層所作之工程別圖載明。

此圖應自告成之日起，最遲於三箇月内即須隨時更正。

丁、硔工段圖，應由鑛井起，指明分段硔工或全段硔工，并層脈槽各種形勢，暨所有離位之層次及衝突石等類。

此圖自告成之日起，最遲於一年内即應隨時更正。

第六十條　鑛圖之比例尺

所有各圖，定以十百千萬之級數為比例。前條甲乙兩節所載之圖，乃按鑛地大小為定，或五百分之一，或千分之一，或二千五百分之一，或三千分之一為限。但丙丁兩節所載之硔圖，或以五百分之一，或以千分之一為限。

第六十一條　捨棄鑛界辦法

有擬捨棄其鑛者，無論全界或分界，須將鑛圖先行辦竣，直至捨棄之日。如有捨棄硔工者，必須先將各處硔工詳細測量妥當，然後方准捨棄。

鑛商若因事故廢棄其鑛，則當呈報鑛務委員，限六十日内將其因鑛業所建設之房屋及其他之建造物一律撤去。若踰期不撤，即將所有者歸地面原主。但鑛務委員應履勘窿内外凡有關地方安全之物，則不得撤去。

若鑛商逃亡不知蹤跡，則亦依此條之法辦理。

第六十二條　鑛商應存圖一分於總局

各鑛商應將第五十九條所載原圖描出校準，各具一張，呈交鑛務總局備查。

第六十三條　鑛商呈圖之期限

按照第五十九條所載，乙字之圖應由鑛商每年六月初一日以前校準，交與鑛務總局，計每年一次。又丙字之圖應於每年六月初一日并十二月初一日以前校準，照呈鑛務總局，計每年兩次。

第六十四條　鑛商不呈圖之辦法

假如鑛商不按章程備存校準各圖者，或不按章程將以上所載各種鑛圖呈送鑛務總局者，或應須添注之處而不添注者，鑛務總局即另飭繪圖或添注，所漏繪之處，令鑛商照繳繪費。

第六十五條　保存鑛圖禁令

鑛務總局不得將以上各條所載之鑛圖，給與不應給與之人，或圖中所載之事告知不應告知之人，亦不得將此項鑛圖與未經該鑛商許可之人觀看。

第六十六條　鑛圖不完全之罰

如鑛商將某段之鑛圖不呈送，或某段之工程隱匿不報，或故知各圖有錯而不更正者，該鑛商應當科罰，惟罰欵最多不得過銀二千兩，如不繳此欵，即當監禁，惟監禁之期，最遠不得過一年。

第六十七條　防護積土傾塌

凡因勘鑛開坑者，應將所掘之土堆在兩旁，如山脊式，并須不令坍塌，且須設法妥為防護，以免行人傾跌坑内。

第六十八條　防護開鑛有妨礙之地面

設使鑛務稽查委員查有已勘之地有妨生命，或與大衆往來有礙者，該稽查委員當飭該勘鑛人或該地業主即將此坑填滿與地相平，或妥設堤防防護。

第六十九條　防護工程

凡有井口或進硔之道暫時不用，或只為通氣之用者，與各種工作口門非尋常驗鑛之小坑，并提高臺墩及提高梯路，皆應察奪形勢，妥設隄防。

第七十條　保護地方墳墓民業生計

鑛地如有墳墓，須儘力保護，所有一切工程，應在距離該墳定章尺寸以外，方許施工。歷代有名帝王聖賢陵墓，相距三十里，先賢名宦墓，相距三里，尋常士紳墓，相距一百步，地下亦不准横斜侵入限内。萬一墳墓於鑛有礙，勢難兼顧者，應稟明地方官，并知照該墳墳下直屬子孫妥為商辦，量其情形，從優酌給遷費。

凡鑛産該處地方，不能以有關風水積習空談，阻止開採，惟於民間營業生計實有妨礙，民情不能允服者，不得稍有强迫，准由該鑛商稟請官局詣勘，再行酌辦。

第七十一條　鑛界減少法

鑛商如欲將所領鑛界減去若干，應稟明鑛務總局，并將原領鑛照與鑛圖隨稟繳呈，所擬減去鑛界若干，亦應注明圖内。

當將鑛界減去若干時，務須按照鑛務正章第三十二欵所載照減，不可隨意劈分，畸零所畫定鑛界，并不可割分互相毗連之處。

第七十二條　鑛地減少之布置

礦務委員收到呈請減少鑛界稟件，即派測繪委員一人測繪所剩鑛界之圖，并遵章安置應立之界誌，且須遵照總局所定六十日期限之内告竣。測繪委員用費，應由具稟人照付。

圖工告竣呈進，該委員應在請領開鑛執照注册簿内，及鑛照之上載明所減鑛界之數目，然後將原照交還原人收執。

第七十三條　鑛照注銷法

設使鑛商欲將所領之地全行注銷者，應即禀明鑛務委員，或逕禀總局。總局收禀，應即照禀注册備案，仍當遵照本附章第六十一條辦理。

照行鎮筸鎮添撥營學息欵光緒三十二年三月十三日

照得湖南鎮筸鎮地方，向多材武忠勇之士。中興以來，人材輩出，屢著功勛，歷可舉數。兹據該鎮周鎮來鄂面禀，就營中創辦學堂，專教本標兵家子弟，將舊有積存公欵六千金發典生息，每年可得息銀七百兩，爲該鎮本標營學堂經費。計自創辦之年，額設學生六十名，此後人漸知學，遞年加增。今年擬添爲二百名。惟經費尚形支絀，已商懇南撫部院允爲歲撥的欵，以助擴充等情。方今朝廷注重武備，採取東西洋戰術，令各省講求軍學。誠以中國今日時勢，欲儲將才以圖自强，斷非取材學堂不可。今該鎮僻處苗疆，乃能就本營籌欵設學，培植將校之才，洵屬無愧專閫。惟教育事體繁重，需費甚多，尚慮經費不敷，自應助成其美。兹本部堂督飭各局於新籌各欵項下籌撥銀六千兩，由善後局即日匯交湖南藩司照收，轉解辰沅道衙門承領，發交所屬州縣生息，定爲每月八釐，按季解交該鎮，作爲鎮標營生學堂常年經費，合之該鎮原有存欵及南撫部院按年撥助之欵，當可足備學堂之用，不虞缺乏。其該鎮原有義學八處，應令照章改爲初等小學堂。萬勿提取歸併，以阻向學之風。

札知縣田芸生嚴查隄工光緒三十二年三月十四日

據駐漢英國法總領事[一]函稱：漢鎮後湖長隄一事，前曾代詢穆工師如何可以保固無虞，并偕其往勘一週。當將所云修補保固之法函達鈞鑒在案。昨日本總領事復往隄上遊覽，見外面斜坡被水激空之處，仍係填補浮土，面砌石塊，并未照穆工師所云滿填碎石之法辦理。至緊要危險處，雖打梅花樁，中嵌石塊，然未將木樁用鐵條連貫，恐仍不能保固經久。并見有成排木樁之處，亦應將木樁鐵條連貫，使其彼此保持。且排樁内應用三合土築結，方可無虞。并見隄面甚平，多有坑窪之處，如經大雨，其水必存留坑内，浸入隄身，久必鬆動。現在已有崩塌，即此原故。按西國隄面辦法，應成凸形，兩邊築溝，相隔數丈，即在斜坡之上另築消水之溝，不令有損隄身。現只將隄面以及兩邊斜坡築平，飾爲美觀。至於已築碎石之處緊要工程，不到三十分之一。合將目覩現辦情形函請查照等語，到本部堂。據此。查後湖地方，本部堂不惜鉅欵，修築長隄，原欲爲一勞永逸之計，使隄内涸出地畝闢作市場，永無水患。上年各該段承修委員修築未盡合法，致屢出險，駐工極力搶護，糜費不貲。本年復續撥鉅欵，責成各該員加工培補，添砌石坡。該員等應如何激發天良，實心實力，以期填築穩固，克竟全功。若如英總領事所言，令人驚心駭目。是該隄工程草率偷減，設經盛漲，全無實用，豈不貽誤大局，深可痛恨，亟應趕緊查辦。昨經本部堂飭委林倅向藜駐工監查，凡員司勤惰，工料虛實，均令確切稽查，據實禀報。兹特添派大挑知縣

[一] 即法磊斯。

田芸生駐工稽查。應即責成林、田兩委員按照英總領事函稱各節，挨段詳查，限兩日内稟覆。以後不論何段工程，但有不盡不實之處，立即將所查情形馳稟本部堂查核，以憑澈底根究，從嚴參處勒賠，以重要工而示懲儆，斷不姑寬。慎勿扶同徇隱，并干咎戾。

札道員桑寶覆丈後湖地畝附單　光緒三十二年三月二十七日

照得漢口後湖隄内各地，前經本部堂札飭江漢關道督飭清丈局，會同夏口廳查傳業户呈驗印契，以便分別官荒民産，聽候酌核辦理。詢據現署夏口廳馮丞稟稱，至今各户呈驗印契者甚屬寥寥，實屬有意違抗。兹接駐漢英國法總領事、德國樂領事、法國喇領事，瑞典、那威彭副領事先後來文，均以洋商所買隄内各地亟望税契管業，聲請查照核辦前來。本部堂查後湖地方未經築隄以前，每遇水漲之時即成鉅浸，故該處業户大率完繳漁課者居多。向例完納漁課之户，止管水業，不能管及陸地。今本部堂不憚勞費，借撥鉅欵修築長隄，使隄内各地永免水患，沮洳頓變膏腴。乃無知小民，竟以不能管及陸地之水業，輒藉漁課舊契指爲己産，竟將該地私相賣買，其實與侵占官地何異。本應將該處涸出地畝一律充公。兹本部堂格外從寬，酌定章程，凡執有真正紅契糧單，界址四至丈尺相符，情願遵繳隄費者，准於呈驗契據後换給板契，聽其管業，轉售照章投税。此外僅有白契各户，均應照現定章程，分別辦理。無論華洋商民，凡不遵守章程，不遵繳隄費者，一概不准税契。除將章程刊發江漢關道照復各國領事，轉飭各洋商一體遵照外，應即飭委准補施鶴道桑道寶，會同江漢關道督飭署夏口廳馮筫暨委員等，按照隄内地畝現造之魚鱗清册，挨户嚴催，責令呈繳契據糧單，復加勘丈，彙送清丈局分別照章辦理。如再有業户任意違抗，匿契不行呈驗，應將該户地畝全數充公，即時樹立石樁，作爲官地界址。除分行外，合亟刊發章程，札委該道即便遵照，會同江漢關道，督飭印委各員按照現定章程，妥速認真辦理。

酌定後湖地畝驗契覆丈分別印税章程

一　隄内地畝現已繪造魚鱗圖册，應即逐段派委，按照圖册所開，挨户嚴催，責令呈繳契據糧單。無論紅契白契，但有糧單户柱，一律將契收繳，當填印收給業户收執。一經覆丈相符，即行彙送清丈局，分別照章辦理。

一　業户紅契覆丈相符，清丈局務於十日内更换板契，黏貼藩司契尾，只收司契紙費庫平紋銀三錢二分，不收分釐税價。准業户自持印收來局更换，掣回安業，聽憑耕種，以及買賣典押、展轉租佃，均無禁阻。

一　雖無印契，而白契四至及糧單户柱銀數覆查與地尚屬相符，委因年久印契遺失，并無影射混占之弊，自未便概作官荒。然多年不請補税，照例即應充公。兹本部堂格外從寬，此項地畝准用清丈局關防給與執照，仍予自行耕種管業，但不得展轉租佃，買賣典押，違者仍即充公。

一　給有執照，准其自行耕種管業之地，儻欲展轉租佃，買賣典押，與已給印契者無異，須按照所有地畝以一半歸公，充作開闢道路溝渠、起造局所廠棧之用，方准通融印税，仍應照通行税契章程，完納税銀及司契紙費等項。

一僅有白契并無糧單户柱，或有糧單户柱而銀數多寡與地迥不相符者，明係飛灑圖占。應即作為官荒，由委員勘明丈尺，會同清丈局樹立石界，收回歸公，不准民間私占。儻敢不遵，即行夏口廳傳案懲辦。

一洋商承買隄内之地，如老約并非真正紅契，自應分别由清丈局總辦會同關道，查照去年照會彙案，開單駁還，令其自向賣主退價。儻願遵第四條辦法，以一半歸官充作公用，應准照華民一律印税，以示利益均霑。惟洋商並無自行耕種之人，不得援第三條請發清丈局關防，執照管業。

一此次委員按照圖册清查契紙，如各業户一月以内仍不按照定限呈請查驗，或藉口契已質押，一時不能呈繳，即係有心違抗，無論有無契據，應即全數充公。此後該契再出，不得為據，儻華洋商民被朦承買，均應向賣主退還原價，不准絲毫短少，庶民間知所儆懼，不敢再延。

一後湖修築長隄，民間利益至為宏遠，公家建築之欵已逾百萬，自應按年分别收回。且此後防險歲修，亦須籌有的欵。應按地勢高下及距鐵路租界遠近，酌分五等，按年分攤已用隄費，以歸公欵，并將每年防險歲修之欵，核定數目，一律攤派，以備不虞。此項章程另候刊發。

札知縣吴琳委修專祠

光緒三十二年三月三十日

照得咸豐年間克復湖北省城，惟羅忠節[一]之功爲最偉，且係力戰捐軀，尤爲壯烈。當經奉旨建立專祠。乃事歷多年，未經舉辦。屢經紳民呈請，本部堂飭議建造，皆以他事延閣未辦，實屬闕典。必應早日落成崇祀，以符諭旨而順輿情。查賓陽門外洪山爲羅忠節駐軍殉節之地，建祠最爲相宜。兹經本部堂勘定洪山之寶通寺東圍墻内，地勢高爽寬宏，足資興建。該處山下東圍墻内原有宋岳鄂王祠一所，載在祀典。惟規模狹陋不合，屋宇傾頹殆盡，亦非重修不可。應即於羅忠節公專祠之後，約在山半地方，另行建造。合亟委員一併勘估興修，以肅祀典。查有湖北候補知縣吴琳堪以委辦。合行札委，該令即便遵照，迅速就勘定地址，相度形勢，將應修兩祠屋宇先行繪圖貼説，呈候核定，即速招匠核實估計工料確數呈核。所需經費，應在官錢局盈餘項下動支。務須認真辦理，勿稍草率。

札夏口廳暨江、漢兩縣出示展寬街道

光緒三十二年閏四月初一日

照得武、漢三鎮，地廣人稠，街道窄狹，民間一遇失慎等事，往往過街延燒。縱有各衙署局所、善堂等處水龍竭力灌救，而市房櫛比，觸處障礙，以致施救爲難，動輒延燒多處。向使街道寬廣，何致救護無從措手。亟應嚴定章程，此後遇有失慎地方，凡臨街房屋修建時，應讓出官街三尺。即非失慎地方，但係改造房屋，無論鋪面、住宅、公所，亦均應讓出官街三尺。務令房主於事前稟報警察局，督同勘明較原造基址所讓官街三尺確係相符，方許興作，永爲定例。儻有不遵，雖修成以後，亦必勒令拆卸。

［一］指湘軍將領羅澤南。一八五六年（咸豐六年）四月克武昌時被太平軍擊斃。

即由該廳縣刊刷告示，徧貼通衢，俾家喻户曉，以弭火患而衛民生。

札知府廖正華辦駐東鐵路學堂附單 光緒三十二年閏四月初六日

照得湖北現就日本東京原有路鑛學堂籌撥經費，改爲湖北鐵路學堂，專教鐵路學識技藝，冀以養成鐵路人才，備本省他時之用。酌定湖北學額六十名，外省附學額二十名。湖北官費生以原有湖北自費生撥充。亟應遴委妥員赴東，派爲湖北駐東鐵路學堂提調。先就現在該堂學生訪察平日品行，認真考驗學業，嚴加甄別，分別去留。如不足額，再擇他堂資格相合者考試挑補。學費仿照成城、振武辦法，由該提調按月直接交與本堂會計員。畢業年限作爲三年。在堂學生，無論本省外省，均應遵守章程，聽受約束。所有各事，另訂專章。查有前保送知府廖正華堪以派充湖北駐東鐵路學堂提調。所有選取學生、支發學費暨一切應行籌辦事宜，務須按照章程悉心妥辦，勿負委任。

湖北駐東鐵路學堂簡章

第一節 定名

就原有東京路鑛學堂，專為造就湖北官費鐵路學生起見，故改名為湖北鐵路學堂，專教鐵路學識技藝。

第二節 宗旨

以養成鐵路人才，備本省他時之應用為宗旨。

第三節 辦法

堂內湖北官費學生定額為六十名，外省附學學生定額為二十名，共八十名。如湖北前已有官費生若干人，俱算入六十名定額之內。湖北官費生以原有湖北自費學生撥充。應先就現在該堂學生嚴加甄別，分別去留。如不足額，由本部堂特派之提調擇他堂資格相合者，一律考試挑補足額。外省學生願附學者，定額二十名之外，不再增廣，仍酌收半費。已改官費學生俱應寄宿，不准通學，以免荒廢學業。其外省附學學生聽其通學，不留寄宿。

此次官費所定之額，以畢業為率。如未經畢業因事回國，致有缺額，亦不再補。

定額六十名，按鐵路所需建築、營業各科，分門專習，總以學科完備，異日合羣辦事，不致有偏而不舉之虞。

堂內一切標本器械，俱由本堂購置。惟學生參觀旅費，可臨時稟請提調酌予津貼。

學費仿振武、成城辦法，由提調按月直接交與本堂會計員。至學生月費，定為每名每月五元，按月付給，不准支借。

既改名為湖北鐵路學堂，所有一切辦法俱由本省提調主持。所改官費學生，自甄別留學之日起，作為鐵路官費學生，所有以前轇轕事情，一概不管。

第四節 管理

該學堂提調，除本部堂專札委派，咨明出使楊大臣外，並派湖北留學較久之學生程明超、黃恭謙二人為鐵路學堂庶務員，隨同提調商酌教科事宜，并隨時稽察學生之勤惰，仍聽提調統屬節制。

此次官費係專造就鐵路學生，定為鐵路官費學生經費。如已補官費，欲退校改習他門者，即非鐵路學生，不准再支取官費，本堂應即開除名額，另行補入。

堂内原分一年半、三年兩班，今一律改作三年，以期有成。

他省學生附學者，與湖北官學生一律管理。如不遵照湖北所定章程，本堂應即斥令退學，以肅學規。

官費學生畢業後，概歸湖北調用，應盡義務六年。義務年限内如未經湖北調用輒往别省就事者，定勒追在東學費。其堂内他省畢業學生，應在湖北盡義務三年，歸湖北調用。義務限滿，或願留鄂省，或願前往他省，俱聽其便。

札北善後局撥欵修建存儲案卷所 光緒三十二年五月初五日

照得鄂省自裁撤巡撫衙門歸本部堂兼管，一切案卷概行歸併，兼以本衙門各案卷堆積層累，叢疊如山，不特清理爲難，抑且難防火燭。亟應擇一廣大房屋，以備存儲。查本衙門照墻迤南，前數年建有市亭一區，頗爲寬展，而賈販并不往該亭内陳列，徒成閒曠，應即改爲堆積案卷之所。該市亭上面屋頂均尚完整，毋庸改作，但將四面築造圍墻，周圍安設窗櫺，以通光綫空氣。屋中縱横排列高大木架多層，以便分别皮閣。屋中東西隔爲兩大間，東間存儲督署案卷，西間存儲撫署案卷。兩間各開一向北大門，房屋之外四面一律安設鐵柵欄，以防閒雜人等窺探。此項工程，應即從速照辦。查有督標右營守備徐棠、督標左營千總儘先守備馬光啟堪以派委承修。即迅速核實估計，開單禀候核定，其欵即由北善後局照發。

札道員扎勒哈哩等辦理閘工 光緒三十二年六月初三日

照得省城保安門外武泰閘，宣洩南湖、湯孫、青菱等湖之水，前因閘門損壞，不能啟閉，以致江漲時築壩攔水，湖内之水不能及時外洩，沿湖之地涸復不能甚多，即冬令開壩洩水，水漲又須堵築，終非長策。兹本部堂商調南河諳悉閘工委員到鄂，詳細勘估，就其形勢興修，擬建三孔蓋面新閘，冬令宣洩，夏令關閉，自爲一勞永逸之計。現經估定工料，分級興修，擬表呈閲前來，應委員迅速舉辦，以期核實。查有湖北補用道扎道勒哈哩、候補知府鄭守葆琛堪以委令會同督修閘工。候補知縣鄧端巘、試用知縣魯樾、拔貢知縣王祜、試用知縣江紹宗、試用通判惠澧等五員堪以委令隨同辦理閘工。每員各分任一事，以專責成。此工關繫地方民生，利害甚爲重大。該欵乃萬不得已，飭局向商號息借。該道府及該員等務當激發天良，盡心核實，事必躬親，痛除積習，不准稍滋弊端。并須日日到工，按表督催，不准一日延誤。總以工程堅實，能垂久遠不致虚糜爲度。萬勿性躭安逸，含糊濫費，致負委任。如不能辦理妥善，責有攸歸。每一旬之内，本部堂必親往查工一次，五日之内藩臬兩司及武昌府必親往查工一次，以考勤惰虚實。

札北臬司限制江夏外監人犯 光緒三十二年六月初四日

照得江夏縣新監不日即可完竣，所有稽查管理各事宜，應即妥定章程。本部堂聞江夏内外監積押至三百餘名，爲數太多，殊失古人矜恤之意。且聚羣不逞之徒於一區，醜類繁雜，習染煽誘，管教既屬不易，則寬恤亦有難行。自應詳加清釐，予以限制，然後體恤董戒化導諸法，方有可施。查内監人犯業已擬定罪名，無可解免，應予收入内監，照管獄章程辦理。其外監人犯有因案備質，由司府發押者，有僅犯争鬭攘竊等細故，由警察總局隨時發交看管者，亦有該縣自理待質及犯竊押候者，均應設法限制，俾免闐壅。茲本部堂酌定限制之法如左。

一外監總計人數不得過一百名。

一外監人犯既有限數，一須疏其壅滯，一須減其來源。

一外監人犯如已將滿額，應隨時分别疏通。案情較輕者取保開釋，或遞籍管束。案情較重者或酌量枷示，或罰作苦工。至作工應以情罪爲等差，并須嚴加防守。

一以後北按察司、武昌府發縣羈管外監人犯，須飭縣查明現存人數，酌核辦理，并將永遠及限年監禁人犯酌議分禁司、府兩監，以示區别。

一以後警察局遇有拏獲之犯，如關人命、强盜、姦拐等項重情，仍送縣收管訊辦。其因口角細故爭扭到局，隨時開導排遣。若爭毆重傷者，仍送縣查驗訊究。至攘竊小賊并無重情者，即可由局逕行發落。如須追繳失贓難以遽釋者，由總局分交各局輪派警勇看守，追出贓物後，或枷責，或送至工程處照章罰作苦工。其擾害地方之地痞尚無確實罪名可科者，一體由局枷責罰作苦工，作工之犯均須移縣備查。

一羈押人犯應分别情節某某幾項，交候審所羈管，俾各員分擔責成，即可學習管獄之法，於將來臨民有益。

一京控省控案件，如日久人證不齊，不能訊結，中有意圖拖累情弊者，應分别案情，酌擬章程，量加保釋，設法疏通。

以上七條，合行飭議。札到，該司即便遵照，督同武昌府、警察總局轉行江夏縣候審所詳加清釐，遵照札列各條，迅速妥擬章程，詳候本部堂核定飭遵。

札警察局、江夏縣嚴禁侵占官湖光緒三十二年六月二十九日

照得省城内各官湖從前均極寬廣，原慮入夏以後，江水盛漲，各閘封閉，以備消納城中積水，免致漫溢。乃查近來濱湖居民，往往私將沿湖地段填土建屋，以致水道壅塞。一經大雨輒至，泛濫四出，淹壞民房，大失從前立法本意，殊堪痛恨。查省城警察總局、江夏縣均有稽查地方之責，亟宜認真查辦。合行札飭。該局、縣即便遵照，尅日出示嚴禁，凡係官湖地段，不准任意侵占，并由局派員督飭巡勇，由縣派令弓手工房，將湖面寬窄若干，逐細丈量，造册繪圖詳記，先釘木樁以示限制。一面刊刻石碑，明定界址，不得再有填占。其有從前侵占并無契據者，一律勒令拆讓，挖濬深寬，仍還湖面舊觀，不得任聽抗違，自取咎戾。

咨南撫院另勘常德商場光緒三十二年六月三十日

爲照常德開埠一案，前據韓道慶雲來禀，擬用常郡對岸善卷村洲地。經該郡紳士易道順鼎、余守嵩慶、李倅華傑等禀以善卷村如築堅實石岸，勢必逼水北趨郡城，萬分危險，陳請另擇相宜之地。當由本部堂批飭，就蘇家渡一帶相度地勢，暨咨請貴部院轉飭遵辦，并請另委熟悉地形水勢之官紳，前往會同該道再行詳

細履勘，虚衷籌議，稟復核定在案。旋准貴部院來咨，據韓道稟稱，蘇家渡與鬧市隔絶，不能合用，擬仍在郡城外劃界通商，請將原圖咨覆本部堂查核銷案等語。查閲圖内紅綫，係就皇經閣以上至仁智橋止，作爲商埠。此處乃華商貿易薈萃之區，安有奪華商固有之基業，以供外人占踞之理。韓道迭奉本部堂批檄，并不虚衷籌議，稟復候核，輒朦請貴部院咨覆銷案，專擅謬妄，實堪駭怪。正在博訪湘員，討論利害。常郡商民郝開運、謝春皆、李義和、吴桂源暨各行店等以韓道逼勒朦稟，不顧民瘼等詞，來轅呈訴，情詞迫切，同抱不平。詢據籍隸常德之在鄂官紳，僉稱該地係商業最爲繁盛之地，若竟强奪以畀外人，輿情斷難允服。且逼近郡城，將來延蔓入城，必蹈長沙故轍等語。本部堂酌度情形，仁智橋至皇經閣一帶，斷不可讓開商埠，自奪華民生業。各省開闢商場，皆就閒曠之地劃界，從未聞以向來鬧市割以予人者。況常埠我所自開，埠地由我自擇，何以必欲損己利人，韓道居心實不可問。即云該處止有長隄較高，隄外皆屬低田，增高培厚需費較鉅。不知洋商果願來承租，自不惜資本填築，何得奪民地以便外商。如該道敢於不恤民瘼，擅作定局，徑請開闢，本部堂定加嚴劾。亟應派委廉正大員馳往常德，另勘相宜之地開埠，萬不准用皇經閣以上一帶地段，免致拂民生事，當經本部堂電致貴部院。旋接電覆，擬派賴守承裕前往履勘等因，准此。應再由鄂遴派大員馳往會勘，以昭慎重。兹特飭委原派赴常查辦事件之湖北試用道劉道秉彝、湖北候補知府余守嵩慶，馳赴常德，與賴守妥商會勘，務得相宜之地，繪圖貼説，分稟湘鄂兩省，聽候會核酌定，再行會銜具奏。此次復勘常郡商埠，利害所關甚鉅，韓道難保不偏執迴護。應飭該道毋庸干預。

札江、漢兩縣購買沿江地段 光緒三十二年十月十五日

照得川漢、粤漢鐵路，現均查勘路綫，次第舉辦，將來以武、漢爲總匯交通之所。所有江東岸江夏縣所屬之地，上自新白關起，下至紅關隄工之丁段止，及環繞省城北東南三面路綫所經之地。江西岸漢陽縣所屬之地，上自沌口下之蝦蟆磯起，下至河泊所止，及漢陽府城迤南西行至橋口以上十里路綫所經之地。以上沿江兩岸地段，皆與鐵路多有關涉。合計路綫、馬頭、車棧、堆棧等一切局廠，以及修造磡岸、馬路，需用甚多，自應先由地方官勘估購買，以備應用。查江東岸一帶，應委江夏縣購買，江西岸一帶，應委漢陽縣購買。該縣即日親詣詳細查勘，凡鐵路所必經，馬頭、廠棧、馬路等項所必占之地，分别何段爲官地，何段爲民地，有無老契呈驗，現歸何人管業，均各估定價值，由官購買，他人不得攙越。其有近年已賣他人者，如有確切印契，均令呈驗，照原價讓出，不得藉詞居奇，有礙地方要政。并挨段繪具圖説，呈候核奪。上項所指地段，此時暫停税契，嚴禁吏胥朦混蓋印，倒填年月，查出定予從嚴懲辦，罰令充公。務宜恪遵，不得玩違。

札道員李孺等赴日本驗收礮艦雷艇 光緒三十二年十月二十三日

照得湖北省前向日本神户川崎造船廠訂造礮艦六艘、雷艇四艘，飭由善後局司道，會同日本駐漢永瀧領事與該船廠訂立合同，議定條欵，分行在案。現據駐漢水野領事函稱，川崎廠來電，礮

艦三艘、雷艇二艘業已先行造成下水試驗，請派員驗收等情前來，應即派員前往辦理。查有廣東候補道李孺堪以派往驗收，并派候選知府黄顯章、遊擊李應時、守備何榮、許珊茂隨同前往。并會同前帶江元兵輪、現駐神户監造江南兵船千總饒懷文，前往辦理一切驗收事宜。應赴善後局查明原訂合同及圖様清單，會同悉心考察，試驗合法，即便一面據實稟報，一面酌量礮艦、雷艇每艘募用日本弁兵若干人駕送到滬，由滬抵鄂，方能作爲接收。該道即督同各員，每員分坐一船，押回武昌。所有由該船廠駕駛至上海及由上海至武昌一切用費，及此欵應交付何處，暨如何分起撥付，該船廠現呈草合同一紙，應即鈔發善後局暨該員等詳酌，稟候核定，由善後局及該員等與日本領事議定辦理。該道等并酌帶川資旅費備用，由北善後局核給。

札南學司整頓學務光緒三十二年十一月二十六日

案照承准軍機大臣字寄，光緒三十二年七月十六日奉上諭：學部奏請飭查湖南學堂利弊以資整理一摺。據稱近年以來，湖南士風日變，往往鼓其血氣之勇，不顧義理之安，甚至輕視禮法，蕩軼範圍等語。朝廷以學堂培植人才，爲學生者應如何感激奮發，敦品力學。若徒沾染習氣，任意囂張，大失國家儲才之意，此等澆風斷不可長。著張之洞隨時詳查該省學堂利弊，會商湖南巡撫，切實整頓，認真經理，毋稍姑息。等因，欽此。當經恭録札行南布政司、學務處，迅將湖南學堂利弊訪查明確，應如何切實整頓，俾學生恪守禮法，敦品力學，以端士習之處，妥議辦法，詳覆核奪，飭遵在案。查從前湖南承辦學務處之員，遇事并不稟報本部堂衙門，以致無憑整頓。兹既欽奉特旨，飭令本部堂詳查整頓。本部堂豈敢區分畛域，坐視士風日敝，禮法淪夷，以致養成禍亂。現在該學司已經到任。合亟恭録札行，仰該司即便欽遵，將湖南學務利弊擇要探原，認真整理，仍隨時詳稟本部堂衙門，以憑會商南撫部院欽遵諭旨，切實整頓，認真經理。勿違。

光緒三十三年

咨學部録送湖北存古學堂課表章程 光緒三十三年五月

咨文闕

經學門分年功課表

學科＼各年鐘點	第一年每星期鐘點	第二年每星期鐘點	第三年每星期鐘點	第四年每星期鐘點	第五年每星期鐘點	第六年每星期鐘點	第七年每星期鐘點
經學	二十四	二十四	二十四	二十四	二十四	十八	十八
史學	三	三	三	三	三	三	三
詞章學	三	三	三	三	三	六	六
博覽古今子部諸家學				二	二	五	五
算學	三	三	三	一	一	一	一
輿地學	一	一	一	一	一	一	一
外國史	一						
博物		一					
理化			一				
外國政治 法律理財				一			
外國警察監獄					一		
農林漁牧 各實業						一	
工商各實業							一
體操	一	一	一	一	一	一	一
合計	三十六	三十六	三十六	三十六	三十六	三十六	三十六

備考：經學為主課，史及詞章為補助課，其餘各學為通習課。

史學門分年功課表

學科＼各年鐘點	第一年每星期鐘點	第二年每星期鐘點	第三年每星期鐘點	第四年每星期鐘點	第五年每星期鐘點	第六年每星期鐘點	第七年每星期鐘點
史學	二十四	二十四	二十四	二十四	二十四	十八	十八
經學	三	三	三	三	三	三	三
詞章學	三	三	三	三	三	六	六
博覽古今子部諸家學				二	二	五	五
算學	三	三	三	一	一	一	一
輿地學	一	一	一	一	一	一	一
外國史	一						
博物		一					
理化			一				
外國政治 法律理財				一			
外國警察監獄					一		
農林漁牧 各實業						一	
工商各實業							一

學科＼各年鐘點	第一年每星期鐘點	第二年每星期鐘點	第三年每星期鐘點	第四年每星期鐘點	第五年每星期鐘點	第六年每星期鐘點	第七年每星期鐘點
體操	一	一	一	一	一	一	一
合計	三十六	三十六	三十六	三十六	三十六	三十六	三十六

備考：史學為主課，經及詞章為補助課，其餘各學為通習課。

詞章門分年功課表

學科＼各年鐘點	第一年每星期鐘點	第二年每星期鐘點	第三年每星期鐘點	第四年每星期鐘點	第五年每星期鐘點	第六年每星期鐘點	第七年每星期鐘點
詞章學	二十四	二十四	二十四	二十四	二十四	十八	十八
經學	三	三	三	三	三	三	三
史學	三	三	三	三	三	六	六
博覽古今子部諸家學				二	二	五	五
算學	三	三	三	一	一	一	一
輿地學	一	一	一	一	一	一	一
外國史	一						
博物		一					
理化			一				
外國政治法律理財				一			
外國警察監獄					一		
農林漁牧各實業						一	
工商各實業							一
體操	一	一	一	一	一	一	一
合計	三十六	三十六	三十六	三十六	三十六	三十六	三十六

備考：詞章為主課，經史為補助課，其餘各學為通習課。

存古學堂各學科分年教法如左

一、經學

第一、二年共兩年。徧覽九經全文，講明羣經要義大略。此兩年課程，意在使學者統觀羣經大指，胸有全局，以為將來貫通羣經之根基，且使學者自揣性之所近，以定擇習一經之趣向。

先看御纂八經一偏，傳、說、義、疏均須依篇點閱，約一年。

次看有關羣經總義諸書，如經典釋文叙録、傳經表、通經表、歷代正史藝文志、經籍志之經部、四庫全書提要經部、歷代正史儒林傳、惠棟九經古義、余蕭客古經解鉤沈、王引之經傳釋詞、經義述聞、陳澧東塾讀書記經類、九經古義。以上略舉數部，此外類推。約一年。

第三、四、五、六年。共四年。治專經之學，總以一人能治一大經、兼治一中小經為善。大率每星期中以一日研究古注疏，以五日研究國朝人經說。

點閱所習本經注疏，每星期約四點鐘。

點閱所習本經國朝人著述。如孫星衍周易集解、胡渭易圖明辨、閻若璩古文尚書疏證、孫星衍尚書今古文注疏、胡渭禹貢錐指、陳奐毛詩傳疏、馬瑞辰毛詩傳箋通釋、胡承珙毛詩後箋、顧棟高春秋大事表、梁玉繩左通補釋、顧炎武左傳杜解補正、惠棟春秋左傳補注、馬宗槤春秋左傳補注、沈欽韓左傳補注、孔廣森公羊通義、鍾文烝穀梁補注、王鳴盛周禮軍賦說、沈彤周官禄田考、江永周禮疑義舉要、程瑶田溝洫疆理小記、考工創物小記、段玉裁周禮漢讀考、近人周禮正義、胡培翬儀禮注疏、金榜禮箋、孔廣森禮學卮言、段玉裁儀禮漢讀考、鄭珍儀禮私箋、朱彬禮記訓纂、劉寶楠論語正義、焦循孟子正義、郝懿行爾雅義疏、王念孫廣雅疏證。以上關本經者皆須點閱。此舉其最精要者，並非以此數種為限，如能博綜，可以例推。

每星期約二十點鐘，此外如學海堂刻皇清經解、南菁書院刻皇清經解續編中之精粹者，暨兩經解以外諸名家經說中有與本經相涉者，以及古經解彙函、小學彙函，皆可參考。

第五、六兩年內，須參考所習本經外之他經，及子部、史部可以證明本經要義者。

第七年。專考求本經自古及今致用之實效見於史傳羣書者。其研究之法，已詳奏定大學堂章程經學門。

凡專經者，其經文皆須背誦全文，或默寫三百字以上。其漢以前授受師承一，南北朝以後至今解經派別二，本經要義三，歷代經師諸家於經文經義緊要處之異同四，皆須能應對純熟，解說詳明無誤，以此為考核等第之實據。畢業時，必令呈出所習專經之心得、箸述、札記。

說文、爾雅學，漢書藝文志謂之小學，為求通經學者之鈐轄。小學應附於經學門內，音韵之學即附小學門內。金石學可為考經證史之資，然要以考釋文字為先，亦附小學門內。每一星期，應於經學鐘點內，匀出一點鐘講習小學，此首尾七年中皆同。其研究之法，已詳大學堂章程中經學門。

二、史學

第一、二、三年，共三年。先博覽全史要事大略。

點閱御批通鑑輯覽及五種紀事本末，約一年半。

點閱歷代正史中之志及後世補志，并點閱考核全史之書有關致用者，如廿二史札記、十七史商榷、日知録第八卷以下、十駕齋養新録考史各條，陔餘叢考考史各條、史通之類略舉數部，餘可例推。廿二史考異極博極精，但詳考据而略致用，卷帙又繁，止可參考，不必點閱。約一年半。

第四、五、六年，共三年。治專門史學。

廿四史之中，聽學者認習一類。史記、前、後漢書、三國志為一類，晉書至隋書為一類，新舊唐書、五代史、宋史為一類，遼金元三史為一類，明史及國朝事實合為一類。治正史者，每人須認習一類，不得僅治一朝之史。三通鑑為一類。謂司馬資治通鑑、畢沅續通鑑、夏燮明通鑑三種，若通鑑前編、通鑑外紀不必專習。三通考為一類謂文獻通考、續通考、皇朝通考三種。通典止資考古，通志實用不多，可參攷，不必專習。其研究之法，已詳奏定章程大學堂中國史學門。

第六年內，須兼考所習專門何史外之他史可以證明本史者，并考經義、諸子之可以證明本史者。

第七年。專考所習何史，此數朝得失治亂之大端，或與今日相類之處，或與今日相反之處，可為今日法戒者。

凡專治何史者，其統系、疆域、重鎮、職官、財政、典禮、教派、學制、兵制、刑律、鄰國邊界均須能畫出圖表。一朝治亂大事、變古大事、創立法制、創造有益民用軍用之物、取民之制、度支之數、户口息耗、物産盛衰、工役大舉、關繫農工商各項人民生計大事、外交宗旨大事，均須能立表詳說。若治三通鑑三通考者，列朝均須考究貫串。畢業時應令呈出所習何史之心得、箸述、札記。

三、詞章

第一、二、三年，共三年。先縱覽歷朝總集之詳博而大雅者，使知歷代文章之流別。

點閱古人有名總集。如文選、續文選、古文苑、續古文苑、文紀、漢魏六朝百三家集、唐文粹、宋文鑑、南宋文範、金文雅、元文類、明文衡、姚椿編國朝文錄、王昶編湖海文傳、張溥選歷代名臣奏議、御選唐宋文醇、詩醇、古文辭類纂、駢體文鈔、唐駢體文鈔、宋四六選、四六法海、國朝駢體正宗、詩紀、樂府詩集、全唐詩録、宋詩鈔、中州集、元詩選、明詩綜及古人詩文評諸書。其過繁者若上古文紀、全唐文、文苑英華、李祖陶編國朝文錄、全唐詩、全宋詩、全金詩、明列朝詩集之類。義取求備，卷帙過多，以備參考可也。

練習作詩文。

第四、五、六年，共三年。講讀研究詞章諸名家專集。

第六年内兼須博考經部史部子部之可以發明詞章要指者。

第七年，專考古今詞章之有益世用者。

之所近習之。其研究之法，已詳奏定大學章程中國文學門。

或散體古文，或駢體文，或古詩古賦詩賦共為一門，視學生性

至考核詞章所學深淺之法，除論辨源流，疏解事實，闡發利病，證明經史等事必應考核外，尤須以能自作為實際。與經史他門不同，自第一年至第七年，均須隨時練習製作。

畢業時，應令呈出所習詞章之心得、箸述、札記。

書法學　兼古文即大篆、籀文、小篆、八分、隸書、草書、六朝正書、唐以後正書、行書。各種書法不惟講舊學者解經考史所必需，且亦為居官行政、商民生業所不可廢。若字體太涉惡劣，讀書不能識篆隸，下筆不能作行草，於學古應世均有窒礙，故必須習之，外國書寫洋字亦分優劣工拙，日本歸之於美術一門。應附入詞章門内，可以助詞章之興會。其以詞章為專門正課者，每一星期講授研究兩點鐘，七年皆同。其以詞章為補助課者，前二年每兩星期講授研究一點鐘，後四年每一星期講授研究一點鐘。至學生於自習室自行臨摹練習者，悉聽其便。

四、博覽子部學

周秦諸子，思精而理駁，不宜專攻，亦不能盡廢，以其中多引古書，説古事，用古言古義，故多有可以證佐經典奥義之處。且其詞旨奇詭，可以資益文章之處尤多。漢以後子部義類頗雜，其膚淺者無裨於事理，其較深者亦不能抗衡周秦諸家，且多有義例本非子部而强附屬於子部者。然古今事理無窮，廣蒐節取，取益無方，故以古今子部列為博覽一門。所以優游治經史者之心思，增助治詞章者之風骨。但切不可偏嗜沈溺，致違聖人異端貽害之戒。

五、算學

前四年宜習西算，取其簡而易入。後三年研究國朝各家算術，遞溯元明歷漢唐以至三代上古算術，以存中國古法。

六、輿地學

第一、第二兩年，講習中國今日地理，國朝疆域，海陸邊界，各省重要城鎮，水陸道路，通商口岸。第三、第四兩年，宜講習地球全體，及外國名山大川，重要都會，港口險要，人種風俗，宗教政體，天候物産等事，以擴充學者之耳目，而啟發其愛國愛種愛教之心思。第五、第六第七三年，宜講習中國前代歷史地理，及各國國際地理，各國歷史地理，使知疆域之沿革，險要之變遷，强弱之形勢，政策之失得，以激勵學者憤發之心。并宜博覽輿地叢書，旁及中外各家游記之類，以擴見聞。自第一年起，即須兼習描摹地圖，先略後詳。

七、外國史

先講近百年來之大事，漸次及於近古、上古，使知時局變遷之所趨。

八、博物

九、理化

講世間各物之門類、性質、功用大略，務使學者知即物窮理之有實用，不僅空談。

十、外國政治、法律、理財

講外國立政大意，務使學者知外國政法有當採取處，有情勢不同不能强學處，且可知外國之所謂平權、自由，皆在法律之範圍以内，而邪説詖辭自無由生。

十一、警察監獄

講外國安民、防患、慎獄、恤刑大意，使學者知中國古來比閭之制，獄訟之法，外國多與之暗合，以備入仕臨民之用。

十二、農林漁牧各實業

講其大意，使略知治生之法，於寒士謀生及作吏治民，皆有裨益。薛文清所謂為學必先治生，孟子所謂不飢不寒，王道之始，此其實際也。林漁牧皆與農相類，而各有極大功用，故特分標其目。

十三、工商各實業

講工商實業大意，使知凡係國民，人人宜各盡自食其力之才，以為共保利權之計。其用意與前農林漁牧條略同。惟工業之製造，商業之販運，今日多與外國有交涉處，故較農業尤為精細廣博。按，各實業本係專門，非一年數月所能周悉，但能知其大要，已不致流於腐陋偏執，空談誤事。

十四、體操

除練習甚難、用力甚猛者勿庸肄習外，凡柔軟體操、器械體操、兵式體操，皆宜肄習，使文學彬雅之士，亦具有自强之志氣，衛國之精神，不致流於委靡。